ISBN 978-0-332-23752-7
PIBN 11019510

1 MONTH OF
FREE
READING

at
www.ForgottenBooks.com

By purchasing this book you are eligible for one month membership to ForgottenBooks.com, giving you unlimited access to our entire collection of over 1,000,000 titles via our web site and mobile apps.

To claim your free month visit:

www.forgottenbooks.com/free1019510

English
Français
Deutsche
Italiano
Español
Português

www.forgottenbooks.com

Mythology Photography **Fiction**
Fishing Christianity **Art** Cooking
Essays Buddhism Freemasonry
Medicine **Biology** Music **Ancient**
Egypt Evolution Carpentry Physics
Dance Geology **Mathematics** Fitness
Shakespeare **Folklore** Yoga Marketing
Confidence Immortality Biographies
Poetry **Psychology** Witchcraft
Electronics Chemistry History **Law**
Accounting **Philosophy** Anthropology
Alchemy Drama Quantum Mechanics
Atheism Sexual Health **Ancient History**
Entrepreneurship Languages Sport
Paleontology Needlework Islam
Metaphysics Investment Archaeology
Parenting Statistics Criminology
Motivational

Geschichte

Maria Theresia's

von

Alfred Ritter von Arneth.

Zehnter Band.

Wien, 1879.

Wilhelm Braumüller

k. k. Hof- und Universitätsbuchhändler.

Maria Theresa

Wien, 1879.

Wilhelm Braumüller

k. k. Hof- und Universitätsbuchhändler.

Maria Theresia's

letzte Regierungszeit.

1763—1780.

Von

Alfred Ritter von Arneth.

Vierter Band.

Mit dem Bildnisse der Kaiserin und einem Facsimile.

Wien, 1879.

Wilhelm Braumüller

k. k. Hof- und Universitätsbuchhändler.

Inhalt.

Erstes Capitel.

Inhalt.

Neuntes Capitel.

Zehntes Capitel.

Elftes Capitel.

Fünfzehntes Capitel.

Sechzehntes Capitel.

Siebzehntes Capitel.

Achtzehntes Capitel.

Neunzehntes Capitel.

Zwanzigstes Capitel.

Erstes Capitel.

Die österreichischen Länder.

— —

Die Geschichte der Reformen, welche Maria Theresia für ihre Staaten überhaupt ins Leben rief, ist auch so ziemlich diejenige der einzelnen österreichischen Provinzen. Was immer im Wege der Gesetzgebung und der Verwaltung zu gründlicher Verbesserung der früheren Zustände geschah, kam der Bevölkerung all der Länder, für welche jene Vorkehrungen getroffen wurden, gleichmäßig zu Gute. Darum wiederholt sich auch in fast allen Bestandtheilen der österreichischen Monarchie die Erscheinung, daß die Regierungszeit der Kaiserin Maria Theresia, und insbesondere die Epoche vom Abschlusse des Hubertsburger Friedens bis zum Tode der Kaiserin den glücklichsten beigezählt wird, welche diese Länder jemals erlebten.

Man darf sich nicht wundern wenn man sieht wie die ersprießlichen Folgen des Wirkens der Kaiserin zunächst dem Centralpunkte ihrer Staaten, der Hauptstadt zum Nutzen gereichten. Denn es lag in der Natur der Sache, daß eine Reihe von Anstalten, welche durchaus nicht für Wien allein, sondern für die ganze Monarchie bestimmt waren, sie mochten von Alters her bestehen oder neue Schöpfungen der Kaiserin sein, in Wien und nicht anderswo ihren Sitz hatten. Was also Maria Theresia für diese Anstalten that, gereichte zwar dem Staate im Allgemeinen, zunächst aber und in ganz besonderem Grade Wien zum Vortheil. Und außerdem wird man unter allen Umständen die Erfahrung bestätigt finden, daß der Ort, an dem man ununterbrochen sich aufhält, daß die Menschen, in deren Mitte man lebt,

unwillkürlich die Aufmerksamkeit zunächst auf sich ziehen, daß sie Theilnahme und Fürsorge in gesteigertem Maße erwecken.

Die Wahrheit des hier Gesagten wird Jedermann klar werden,
der sich zum Beispiel an die ganz außerordentlichen Leistungen der
Kaiserin zu Gunsten der Wiener Universität, der sich an die von ihr
vollzogene Gründung des Theresianums, der orientalischen Akademie
und der Akademie der bildenden Künste erinnert. Auch das im Jahre
1775 errichtete Erziehungsinstitut für Töchter von Offizieren, das
Anfangs in St. Pölten sich befand und im Jahre 1786 von Kaiser
Joseph nach Hernals bei Wien versetzt wurde, mag dieser Kategorie
zugezählt werden. Alle diese Anstalten waren keineswegs für Wien
allein, sie waren für die ganze Monarchie berechnet und erstreckten
auch auf sie ihre heilsame Wirkung. Und dennoch wird Niemand
bestreiten können, daß Wien aus ihrem Bestande, ihrem Emporblühen
und Gedeihen verhältnißmäßig noch größeren Nutzen zog als die
übrigen österreichischen Länder.

Wie dem aber auch sein mag, nachdem wir uns schon früher
mit den Einrichtungen beschäftigten, welche den Staat im Allgemeinen
angingen, so soll jetzt nur mehr dasjenige in den Bereich unserer
natürlicher Weise nur ganz übersichtlichen Darstellung gezogen werden,
was dessen einzelne Theile betraf. Wenn wir unter dieser Voraussetzung wie billig mit dem Mittelpunkte des Reiches, mit Wien beginnen, so muß vorausgeschickt werden, daß dasjenige, was unter
Maria Theresia's Regierung für diese Stadt geschah, sich wohl so
ziemlich nach allen Richtungen hin erstreckte, welche hiebei überhaupt
in Betracht kommen können. Machen wir mit den geistigen Interessen
und den Wohlthätigkeitsacten den Anfang, so ist, ganz abgesehen von
der so ausgiebigen Förderung der Wiener Universität, insbesondere
dasjenige ins Auge zu fassen, was durch Gründung der ersten Normalschule im Jahre 1771, dann durch Errichtung mehrerer Haupt- und
Trivialschulen für den Volksunterricht geschah. In dem Waisenhause
wurden über vierhundert Kinder beiderlei Geschlechtes unentgeltlich
unterrichtet [1]), und dieser Umstand mochte nicht wenig dazu beitragen,

daß sich überhaupt dieses Institut der besonderen Fürsorge der Kaiserin erfreute. Hatte sie schon in den allerersten Jahren ihrer Regierung das Schloß und die Herrschaft Ebersdorf bei Wien und die hiezu gehörigen Einkünfte zur Unterbringung der Armen gewidmet, so ließ sie im Jahre 1745 die Waisenmädchen dorthin versetzen. Im Jahre 1761 errichtete Maria Theresia eine Stiftung für hundert Soldatenkinder, und zwei Jahre später kaufte sie ausgedehnte Gebäude und Grundstücke, die sie dem Waisenhause in der Vorstadt Landstraße zum Geschenk machte. Im April 1767 wurden auch die Zöglinge der noch aus dem siebzehnten Jahrhunderte herrührenden Stiftung des Freiherrn von Chaos, deren Zahl von zwei und achtzig auf hundert vermehrt wurde, in das Waisenhaus übersiedelt [2]).

In einer gewissen Verbindung mit dem Waisenhause wird auch des Institutes für Taubstumme gedacht werden dürfen, welches nach dem Muster der gleichen, durch ihren Gründer, den Abbé de l'Epée so berühmt gewordenen französischen Anstalt, wenn auch Anfangs nur in sehr bescheidenen Grenzen errichtet wurde. Kaiser Joseph, der auf seiner Reise nach Paris im Jahre 1777 die persönliche Bekanntschaft des Abbé de l'Epée gemacht und sich von den überraschenden Erfolgen seiner Methode überzeugt hatte, sandte nach seiner Rückkehr den Priester der Wiener Erzdiözese Johann Friedrich Storck nach Paris, um dort die erforderlichen Studien zu machen. Im April 1779 wurde Storck ein Zimmer im Bürgerspitale eingeräumt, um mit dem Unterrichte der Taubstummen zu beginnen. Er selbst erhielt achthundert, sein Gehülfe May aber vierhundert Gulden Gehalt [3]).

Außer der schon an früherer Stelle erwähnten, im Jahre 1770 errichteten Real-Handlungsakademie [4]) wird auch die Thierarzneischule, zu der Maria Theresia im Jahre 1767 die erste Grundlage darbot, nicht mit Stillschweigen übergangen werden dürfen. Im Jahre 1775 wurde in der Person des Doctors Adami ein eigener Lehrer für Thierarzneikunde angestellt, der der Bevölkerung bei Viehseuchen Rath und Hülfe angedeihen lassen sollte [5]).

Was die Stadt ſelbſt betraf, ſo geſchah nicht wenig, um ſie
zu verſchönern und ihren Bewohnern größere Bequemlichkeit zu ver=
ſchaffen, als ſie bisher genoſſen hatten. In den Jahren 1769 bis
1771 wurde eine gute Fahrſtraße um die ganze Stadt, und aus jeder
Vorſtadt ein Fußweg über das Glacis nach der Stadt angelegt, das
unebene Terrain ausgeglichen, manche wüſte Stelle in einen freund=
lichen Grasplatz verändert. Im Jahre 1770 wurden ſämmtliche Häuſer
Wiens mit Nummern verſehen, während man ſie bisher nur durch
beſondere Bezeichnungen von einander unterſchied. Im Jahre 1772
erhielt Wien die ſogenannte kleine oder die Stadtpoſt. Und die ſchon
in den letzten Jahrzehnten des ſiebzehnten Jahrhunderts eingeführte
Beleuchtung der inneren Stadt wurde im Jahre 1776 auf die Vor=
ſtädte ausgedehnt.

Schon zu Anfang der ſechziger Jahre hatte Kaunitz von der
Kaiſerin die Bewilligung erlangt, Pflaſterer aus Paris und aus
Brüſſel zu berufen, um auch Wien die Wohlthat eines beſſeren
Pflaſters zu Theil werden zu laſſen. Die von ihnen ausgeführten
Probearbeiten gelangen 6), dennoch gerieth die Sache aus bis jetzt un=
bekannten Urſachen wieder ins Stocken. Mit umſo größerem Beifalle
wurde es von Kaunitz begrüßt, als zu Anfang des Jahres 1778 die
Hofkanzlei mit einem neuen Projecte zur Einführung einer beſſeren
Pflaſterung hervortrat. In Folge deſſen begann man die belebteren
Straßen an beiden Seiten mit würfelförmig behauenen Granitſteinen
zu pflaſtern. Und Kaunitz rieth der Kaiſerin, denjenigen eine öffentliche
Belohnung zu verſprechen, die an der Donau zwiſchen Wien und
Paſſau Steinbrüche entdecken würden, aus welchen Wien mit den
erforderlichen Pflaſterſteinen verſehen werden könnte 7).

Die Erbauung der Paläſte für die Staatskanzlei auf dem
Ballplatze, für die böhmiſche und öſterreichiſche Hofkanzlei auf dem
Judenplatze, für die ungariſche und die ſiebenbürgiſche Hofkanzlei in
der Schenkenſtraße trug nicht wenig zur Verſchönerung der Stadt
Wien bei. Und nicht allein bei Staatsbauten nahm man auf ſie
Rückſicht, es wurde dringend gewünſcht, daß dieß auch bei Privat=

bauten geschehe. Als es um den Verkauf des ganz verfallenen Frei-
singer Hofes sich handelte, welchen der Hofbuchhändler von Trattner
später in ein palastartiges Gebäude umwandelte, bat Kaunitz die
Kaiserin, es möge im Interesse der Verschönerung der Stadt ein
allgemein gültiges System festgesetzt werden, welchem künftighin die
Façaden der neu zu errichtenden Häuser anzupassen wären. Zur
Durchführung dieser Maßregel wäre eine eigene Commission, aus
sachverständigen Architekten bestehend, niederzusetzen, bei welcher die
Risse der neu zu erbauenden Häuser eingereicht werden sollten; die
Façaden der letzteren müßten nach den von der Commission zu ertheilenden Vorschriften ausgeführt werden. Maria Theresia genehmigte
diesen Antrag und erließ an die Hofkanzlei den ihm entsprechenden
Befehl⁸). Und als es wirklich zum Baue des neuen Hauses gekommen
war, rieth Kaunitz der Kaiserin, der Bitte Trattners um Gewährung
eines Darlehens von hunderttausend Gulden zu willfahren. Denn ein
Bürger der Stadt verdiene bei einem großen Unternehmen, welches
zur Ehre, zur Schönheit und zum Nutzen derselben gereiche, schon an
und für sich, und auch aus der ferneren Betrachtung alle mögliche
Unterstützung, weil hiedurch auch noch andere Bürger zu ähnlichen
Unternehmungen angeeifert würden⁹).

Die schon im Mai 1766 geschehene Eröffnung des Praters ist
bereits an früherer Stelle erwähnt worden¹⁰). Neun Jahre später,
am 30. April 1775 that Joseph, welchem Maria Theresia in dieser
Beziehung ganz freie Hand ließ, einen zweiten, durchaus ähnlichen
Schritt. Den kaiserlichen Lustgarten am linken Ufer des Donau-
canals, früher die alte Favorite, später der Augarten genannt, hatte
er beträchtlich verschönern lassen und räumte ihn nun der Bevölkerung
ebenfalls ein.

„Wir waren", schrieb ihm Lacy am 6. Mai 1775, „vergangenen
„Sonntag Alle im Augarten. Das Zuströmen aller Stände war
„erstaunlich und bot inmitten der blühenden Bäume, die durch den
„ganzen Garten einen köstlichen Geruch verbreiteten, ein sehr lachendes,
„heiteres und fröhliches Schauspiel. Die Anordnung des Gartens und

„seine Bestimmung bildeten den Gegenstand der allgemeinen Bewunde=
„rung und der Lobpreisung des Geschmackes und der Güte Eurer
„Majestät"[11]). Und nicht nur in den ersten Tagen nach Eröffnung
des Augartens strömten die Wiener schaarenweise dorthin, sondern
er wurde auch noch lange Zeit nachher, insbesondere seit der Kaiser
selbst in einem der bescheidenen Gebäude, die sich dort befanden,
seinen Sommeraufenthalt nahm, mit großer Vorliebe von ihnen
besucht.

So wie Joseph im Augarten und im Laxenburger Lustschlosse;
so weilte Maria Theresia am liebsten in Schönbrunn, dessen glänzendste
Aera die Regierungszeit der Kaiserin war. Schon im Jahre 1744[12])
begann der Umbau des Schlosses, bei welchem Maria Theresia keine
Kosten gespart wissen wollte[13]); nach etwa sechs Jahren war es so
ziemlich in seiner heutigen Gestalt vollendet. Der Plan rührte von
dem Architekten Anton Paccassy her; der Baumeister Valmagini leitete
die Ausführung. Das Hauptgebäude wurde um ein Stockwerk erhöht
und mit der nach dem Schloßhofe herabführenden Doppeltreppe ver=
sehen. Die beiden Seitentracte wurden ganz neu erbaut, die Neben=
gebäude aber vollendet. Die innere Einrichtung des Schlosses wurde
fast durchwegs neu beschafft.

Gleichzeitig mit dem Umbau des Schlosses begann auch die
planmäßige Umgestaltung des dasselbe von drei Seiten umgebenden,
weit ausgedehnten Parkes. So lang Maria Theresia lebte, wurde an
diesen Anlagen gearbeitet, und zu wiederholten Malen finden sich
Spuren des werkthätigen Antheils, den Fürst Kaunitz hieran nahm.
„Ich trage Sorge dafür", schrieb er der Kaiserin im Juli 1775,
„wenigstens einen von zwei Tagen nach Schönbrunn zu gehen, um
„die Ausführung dessen zu überwachen, wovon Eure Majestät mir
„den Wunsch ausdrückten, daß ich es während Ihrer Abwesenheit
„in Bezug auf die Statuen im Parterre und auf die zwei ersten
„Rampen des Berges ausführen lasse. Auf dem Punkte, auf welchem
„wir uns befinden, zähle ich darauf, daß Sie bei Ihrer Rückkehr dieß
„Alles fertig finden werden. Und es wird mir nichts zu wünschen

„übrig bleiben, wenn Eure Majestät mit dem zufrieden sind, was Sie
„sehen werden" [14]).

Die Abwesenheit der Kaiserin, von welcher Kaunitz sprach, war
durch die Fahrt derselben nach Wiener-Neustadt, um in der Nähe
dieser Stadt den aus Mailand kommenden Erzherzog Ferdinand und
dessen Gemalin zu begrüßen, so wie durch den hierauf folgenden Aufenthalt
des Hofes in Laxenburg verursacht worden. Maria Theresia aber beantwortete die Zeilen des Staatskanzlers mit den folgenden Worten:

„Ich kenne die Mühe, die Sie sich geben, und seien Sie über-
„zeugt, daß ich deren ganzen Werth zu würdigen weiß. Dieser schöne
„Garten, der allein Ihr Werk ist, wird mir dadurch nur um so
„lieber" [15]).

In demselben Jahre 1775 wurde auch der Bau der Gloriette
vollendet, welche den Berg krönt, von dem in dem Briefe des Fürsten
Kaunitz an Maria Theresia gesprochen wird. Unabläßig und mit
fortwährender Theilnahme des Fürsten dauerten die Verschönerungs-
arbeiten fort. „Da gutes Wetter ist", schrieb ihm einmal Maria
Theresia, „möchte ich Sie veranlassen, nur einen Blick auf Schön-
„brunn zu werfen, um den Platz, auf welchem das Bassin angebracht
„wird, zu sehen und zu prüfen, ob dasselbe nicht allzunah vom Hause
„und zu sehr in die Länge gezogen ist; man könnte noch abhelfen.
„In den kleinen wie in den großen Dingen bin ich nur ruhig, wenn
„ich Ihre Zustimmung erhielt" [16]). Noch im Todesjahre der Kaiserin
kam das große Bassin, von dem hier die Rede ist, sammt der
Neptunsgruppe, einer der schönsten Zierden des Parkes zu Stande.

Maria Theresia hegte den leicht begreiflichen Wunsch, auch
Eigenthümerin der zunächst des Schlosses gelegenen Gebäude und
Grundstücke zu werden. Wie dieß zu allen Zeiten geschah, machten
sich auch damals der Eigennutz und die Habsucht der Menschen in
recht häßlicher Weise bemerkbar. Die Eheleute Pichler verlangten für
ein unbedeutendes Haus, die sogenannte obere Mühle, den für jene
Zeit sehr beträchtlichen Preis von zehntausend Gulden; er war sogar

der immer zur Großmuth neigenden Kaiserin zu hoch. „ich finde",
schrieb sie auf den Bericht des Kreishauptmannes Freiherrn von Pilati,
„exorbitant den preys; ob man es um 9000 f. haben könte, will
„ich es nehmen; sehen die sach auszumachen, aber abdrucken möchte
„ich es nicht" [17]).

Die gleiche Gesinnung bethätigte Maria Theresia auch bei der
Erwerbung einer der Gemeinde Hietzing gehörigen Viehweide, für
welche im Tauschwege ein anderes Grundstück im Werthe von fünf-
zehnhundert Gulden verlangt wurde. „nur zu sehen", befahl die
Kaiserin dem mit der Verhandlung betrauten Freiherrn von Manna-
getta, „damit alle leüt, besonders die gemeinde, zufrieden sey, wann
„ich auch was mehrers zahlen sollte als werth ist." Diese letztere
Bemerkung wurde denn auch richtig zur Veranlassung, daß die
Gemeinde zweitausend Gulden und noch andere Vortheile verlangte.
Ihre Begehren wurden gleichwohl genehmigt [18]).

Geringere Vorliebe als für Schönbrunn hegte Maria Theresia
für Laxenburg, obgleich sie auch dort sehr häufig einen vorübergehenden Aufenthalt nahm. Von dem Augenblicke angefangen, als ihre
Tochter Marie und deren Gemal Prinz Albert von Sachsen in
Preßburg residirten, kam sie auch ziemlich oft nach Schloßhof,
jener Schöpfung Eugens von Savoyen, die nun im Sommer von
der Erzherzogin und dem Prinzen bewohnt wurde. Sonst war noch
Wiener-Neustadt ein Zielpunkt nicht gerade seltener Ausflüge der
Kaiserin. Sie wohnte dort jedesmal im Stifte der Cisterzienser,
aber ihr Besuch galt ihrer Lieblingsanstalt, der Militärakademie, und
noch viele Jahrzehnte nach dem Tode der Kaiserin lebte die dankbarste Erinnerung an sie in den Herzen und Gemüthern wackerer
Kriegsleute fort, denen das Andenken an die wahrhaft mütterliche
Theilnahme, welche Maria Theresia ihnen als Zöglingen der Neu-
städter Akademie hatte zu Theil werden lassen, aufs tiefste einge-
prägt war.

Was übrigens die Einflußnahme der Kaiserin auf das Erz-
herzogthum Oesterreich unter der Enns als solches angeht, so hat

hiefür dasjenige, was früher von den österreichischen Provinzen im Allgemeinen gesagt wurde, ganz besondere Geltung. All die Reformen auf den verschiedenen Gebieten der Gesetzgebung und der Verwaltung, deren im Hinblick auf die ganze Monarchie oder wenigstens auf die deutschösterreichischen Länder schon Erwähnung geschah, kamen auch in Niederösterreich zur Ausführung und brachten hier gleichfalls die wohlthätigsten Wirkungen hervor. Zieht man die Zeit nach dem Abschlusse des Hubertsburger Friedens in Betracht, so waren die Statthalter Schrattenbach und Seilern, denen wir im Verlaufe dieser geschichtlichen Darstellung schon oftmals begegnet sind, die Werkzeuge zur Durchführung dieser Maßregeln, insofern sie Niederösterreich betrafen. Erst im Jahre 1779 erhielt, wie gleichfalls schon erwähnt wurde [19]), der bisherige Vicestatthalter Graf Joseph Herberstein den Posten des zum Präsidenten der Obersten Justizstelle beförderten Statthalters Seilern. In die Zeit der Amtswirksamkeit Herbersteins fällt eine Verfügung der Kaiserin, die sich ausnahmsweise auf Niederösterreich allein bezog, und die hier nicht ganz mit Stillschweigen übergangen werden kann.

Die Schuld des Staates an die niederösterreichischen Stände für Darlehen, welche sie ihm bis zum Ende des siebenjährigen Krieges vorgestreckt hatten, war auf nicht weniger als sechzehn Millionen Gulden gestiegen. Zur Rückzahlung dessen, was bisher an dieser Schuld noch nicht abgetragen worden war, glaubte man ausgiebigerer Mittel zu bedürfen, als durch die bisherigen, wenn auch sehr drückenden Steuern aufgebracht werden konnten. Es wurde daher der Vorschlag gemacht, und er scheint von einer der besonderen Vertrauenspersonen der Kaiserin, dem Hofrathe von Greiner ausgegangen zu sein, in Niederösterreich die sogenannte Tranksteuer, d. i. eine Verzehrungssteuer auf geistige Getränke jeder Art einzuführen, wie eine solche in Mähren bereits bestand. Um jedoch der neuen Steuer bei der Bevölkerung leichter Eingang zu verschaffen und sie ihr weniger drückend erscheinen zu lassen, dachte man dagegen eine ganze Reihe geringerer Abgaben, deren Gesammtertrgniß ziemlich weit hinter dem zurückblieb, was man sich von der Tranksteuer versprach, fallen zu lassen [20]). Es wurde veranschlagt, daß die aufzuhebenden Steuern — für Wien waren deren nicht weniger als neun, für das Land Niederösterreich aber sogar zwölf zur Beseitigung bestimmt — bisher 1,400.000 Gulden eingetragen hätten [21]), während die Trankfteuer über diese Summe hinaus noch etwa 400.000 Gulden Ueberschuß abwerfen werde.

Ganz eigenthümlich war der Weg, den man einschlug, um diese Sache in Fluß zu bringen. In der ersten Hälfte des November 1779 erhielt das Collegium der Verordneten der niederösterreichischen Stände von der Kaiserin eine anonyme Schrift, in welcher zur Umwandlung einer größeren Anzahl der in Wien und dessen Umgebung bestehenden Abgaben in eine Trankfteuer dringend gerathen wurde [22]). Der Autor wies vor Allem auf das günstige Ertägniß hin, welches diese Steuer in Mähren geliefert habe. Er behauptete ferner, daß hiedurch die mährischen Stände aufs höchste befriedigt worden seien, während dort das Volk eine Monarchin preise, welche eine Steuer eingeführt habe, durch die jeder Zwang zur Entrichtung derselben von vorneherein beseitigt erscheine. Denn es liege ja in der Willkür eines Jeden, durch Enthaltung von geistigen Getränken sich auch eine Steuerzahlung zu ersparen, die nur auf den Verbrauch derselben Anwendung finde. Der wahrhaft Arme endlich, der in Anbetracht seiner kärglichen Mittel ohnedieß keine geistigen Getränke genießen könne, bleibe der Natur der Sache nach auch von der Steuerentrichtung verschont. Die Finanz= kundigen müßten sich daher aufs höchste verwundern und die übrigen österreichischen Provinzen es lebhaft bedauern, daß die Trankfteuer, welche eine so große „Wohlthat und Gnade" für Mähren genannt werden könne, nicht schon längst allgemein eingeführt sei. Es gewinne fast den Anschein, als ob man die Bewohner der übrigen österreichischen Länder als Stieffinder, und als des Glückes, ihre Steuerentrichtung von ihrer eigenen Willkür abhängig zu machen, nicht würdig betrachte.

Die etwas überschwenglichen Ansichten des Verfassers der ano= nymen Denkschrift über die Trankfteuer werden wohl nur von Wenigen getheilt worden sein. Es scheint vielmehr, daß sich gleich Anfangs ziemlich viele und sehr beachtenswerthe Gegner wider sie erhoben, und der Kampf, der sich alsbald über diese Frage entspann, wurde von beiden Seiten mit einer kaum glaublichen Leidenschaftlichkeit geführt. Insbesondere war es Greiner, der für das neue Steuerproject mit eben so viel Feuer als Hartnäckigkeit stritt. Als man ihm einwendete, ein Mehrerträgniß der Steuer von 400.000 Gulden müsse nothwendiger Weise auch eine Mehrbelastung der Bevölkerung um die gleiche Summe nach sich ziehen, wurde diese Ansicht von ihm aufs heftigste bekämpft. Denn er behauptete, die bisherige Last sei von einer dreimal geringeren Anzahl von Personen getragen worden, als an der neuen Steuerzahlung sich betheiligen würden. „Wenn aber", schrieb er an Maria Theresia, „und das ist gewiß die wahre Proportion, zu „den vorigen 1,400.000 Gulden kaum 300.000 Menschen concurrirten, „und jetzt alle Seelen im ganzen Lande, mithin bey 900.000 Menschen „die gleiche Last mittragen, so ist auch wieder gewiß wahr, daß 900.000 „leichter 1,800.000 als 300.000 Menschen 1,400.000 Gulden zahlen „können, und daß die 300.000 Menschen, die die vorigen 1,400.000 „Gulden tragen mußten, doch itzt zu den 1,800.000 Gulden weit „weniger zahlen werden. Daß aber zu den vorigen Abgaben kaum der „dritte Theil der existirenden Bewohner des Landes Niederösterreich „beygetragen habe, traue ich mich so gewiß zu erweisen als zweimal „zwei vier ausmachen" 23).

Man sieht wohl, welcher Art die Beweggründe waren, durch die nach Greiners genauer Kenntniß der Anschauungen der Kaiserin dieselbe einzig und allein für seine Vorschläge gewonnen werden konnte. Nur wenn man Maria Theresia zu überzeugen vermochte, daß die Einführung der beantragten Steuer nicht so sehr im Interesse des Staatsschatzes gelegen sei, als der Bevölkerung zum Vortheile gereiche, durfte man hoffen, sie hierauf eingehen zu machen; ihre eigenen Worte lassen keinen Zweifel darüber aufkommen. Auf eine der beredtesten Vorstellungen Greiners, in der er sie versicherte, daß die Folgen der Annahme seiner Vorschläge für die Allgemeinheit „groß „und günstig" sein würden, und daß sie von den niederösterreichischen Ständen bereits gewünscht werde, schrieb Maria Theresia mit eigener Hand: „mich freuete zu vill, wan das Tranckstenerwerck zu nutzen des

„publici ausfalete. eben darum beforge mein gignon oder unthättigkeit „in allen" 24).

Der Standpunkt der Kaiferin in diefer Angelegenheit war auch fo ziemlich derjenige ihres Sohnes. Wie Maria Therefia an Greiner fchrieb, erklärte der Kaifer, er wolle nur dann kein Bedenken gegen die Trankfteuer erheben, wenn ausreichend dargethan wäre, daß fie dem Unterthan zur Erleichterung und nicht zum Nachtheil gereiche 25). Um diefen Punkt drehte fich denn auch hauptfächlich der ganze mit fo viel Erbitterung geführte Streit. Nur allzuleicht war Greiner geneigt, wie es ja auch noch heut zu Tage in Oefterreich und anderswo leidige Gewohnheit ift, an feinen Gegnern nicht die redliche Abficht und Ueberzeugung zu refpectiren, fondern ihrer Handlungsweife unlautere und eigennützige Beweggründe unterzufchieben. Und wo er das nicht kann, fucht er die Kaiferin mit Mißtrauen gegen die Einficht und die Sachkenntniß feiner Widerfacher zu erfüllen.

Auch der Präfident der Hofkammer, Graf Leopold Kolowrat zählte zu den letzteren, während die Hofkanzlei auf Greiners Seite für Einführung der Trankfteuer ftritt. „Die Kanzlei, follte ich meynen", fchrieb Greiner hierüber an Maria Therefia, „müßte doch „beffer als der Graf Kollowrath, der nur ein Böhmifcher Cavallier „ift, wiffen was dem Lande Oefterreich vortheilhaft ift. Und fo weit „kann fie fich doch nicht irren, daß das, was fie für das Land als „den wefentlichften Nutzen Eurer Majeftät anpreifet, von dem Grafen „Kollowrath als höchft nachtheilig für eben daßfelbe Land zu feyn, „grundhältig bewiefen werden könnte. Wenn das möglich wäre, fo „müßten Eure Majeftät die ganze Kanzlei und das ganze Verordneten- „Collegium mit Schimpf und Schand caffiren. Ich wenigftens unter- „werfe mich der Erfte diefem Paroli" 26).

Wenn Greiner die Meinung des Collegiums der landftändifchen Verordneten von Niederöfterreich zu Gunften der von ihm vertretenen Sache anführte, fo konnte er für diefelben in der That die Voraus- fetzung größtmöglicher Sachkenntniß in Anfpruch nehmen. Und wirklich mochte er damals fchon wiffen, daß die Verordneten fich dahin geeinigt

hatten, den Antrag wegen Einführung der Trankſteuer in Nieder=
öſterreich vor den Landtag zu bringen und bei demſelben zu unter=
ſtützen. Aber vollkommen gewiß war er des Ausganges der ganzen
Angelegenheit doch nicht. Insbeſondere ſchien ihm Graf Anton Pergen,
der nach ſeiner Rückkehr aus Galizien zum Landmarſchall von Nieder=
öſterreich ernannt worden war, nicht der geeignete Mann, den etwa
widerſtrebenden Mitgliedern der Stände durch ſein Auftreten zu im=
poniren; ja er beſchuldigte ihn in wahrhaft draſtiſchen Ausdrücken
der Muthloſigkeit. „Wäre der Landmarſchall Graf Pergen", ſchrieb
er über ihn an Maria Thereſia, „beherzter, und geriethe er nicht bei
„jedem Zufalle wie ein gebährendes Weib in eigentliche Wehen, ſo
„wären noch manche Auswege, allein er iſt nun einmal ſo und man
„muß Geduld haben" 27). Und als es um die ſtändiſche Sitzung ſich
handelte, in welcher der entſcheidende Beſchluß gefaßt wurde, berichtete
Greiner: „Sie ging noch ſo ziemlich ruhig. Graf Pergen hat ſich
„ganz außerordentlich darauf geforchten, und da er mich geſtern vor
„der Sitzung zu ſich holen ließ, ſo fand ich ihn faſt mit einem Fieber
„behaftet, ſo außerordentlich wallte ihm das Blut. Der Geißler war
„blaß vor Angſt, und ich konnte mich kaum des Lachens enthalten.
„So ſehr hat es dem Grafen Sinzendorf gelungen, mit ſeiner Heftig-
„keit Alles in Furcht zu ſetzen" 28).

Johann Georg von Geißler, von dem Greiner hier ſpricht, war
Adminiſtrator des Trankſteuergefälls in Mähren und dazu auserſehen,
deſſen Einführung in Niederöſterreich zu leiten. Während Maria
Thereſia offen erklärte, daß ſie kein Vertrauen in ihn ſetze 29), wurde
er von Greiner energiſch unterſtützt. Graf Prosper Sinzendorf aber,
welchen Greiner als den erbittertſten Widerſacher der Trankſteuer
hinſtellt, war niederöſterreichiſcher Regierungsrath und Mitglied der
Stände. Doch finden wir nicht, daß in der Sitzung der Letzteren vom
26. Jänner 1780, in welcher der entſcheidende Beſchluß gefaßt wurde,
gerade Sinzendorf es war, von welchem der Widerſpruch ausging.
Derſelbe wurde vielmehr von den Prälaten, insbeſondere den Aebten
von Melk, von Göttweih und des Schottenſtiftes erhoben. Nicht mit
Unrecht wieſen ſie auf die ſehr große Verſchiedenheit der Verhältniſſe

in Mähren und in Niederöſterreich hin, indem in dem letzteren Lande
die Weincultur eine ganz andere Rolle ſpiele als in Mähren. Ihnen
ſchloſſen Freiherr von Penkler vom Herrenſtande und der Hofrath bei
der Oberſten Juſtizſtelle, Franz Georg von Keeß ſich an. Aber zuletzt
ließen ſie mit einer einzigen Ausnahme ſich Alle wieder beſchwichtigen,
nur der mit Recht hochangeſehene Prälat des Schottenſtiftes, Benno
Pointner blieb übrig, welcher, wie das Protokoll [30]) ſich ausdrückt,
den geſtellten Antrag „gänzlich verwarf“.

Der gefaßte Beſchluß lautete dahin, daß nachdem es bei Einführung der Trankſteuer nicht auf eine neue Belaſtung, ſondern nur
auf Vereinfachung der ſchon vorhandenen Abgaben ankomme, nachdem
überdieß außer der Trankſteuer kein Fond vorhanden ſei, aus welchem
dem ſo ſehr bedrückten Unterthan eine Steuererleichterung verſchafft
werden könnte, ſo ſähen die Stände ſich veranlaßt, dem ihnen gemachten
Antrage auf Einführung der Trankſteuer in Niederöſterreich einfach
zuzuſtimmen. Ja ſie ſeien hiefür ſogar zu unterthänigſtem Danke verpflichtet, wobei ſie freilich vorausſetzten, daß ihnen wie in Mähren die
Einführung und Verwaltung dieſer Steuer im ganzen Lande mit
Inbegriff von Wien ſo wie aller ſonſtigen Städte und Marktflecken,
dann ihre Verwendung zum Beſten des Landmannes ohne anderwärtige
Einflußnahme einzig und allein anheimgegeben werde [31]).

Hocherfreut war Maria Thereſia über dieſes mit ihren Wünſchen
im Einklange ſtehende Reſultat. Ihre ganz beſondere Zufriedenheit
gab ſie den Ständen zu erkennen, und ſie verſicherte dieſelben, daß
ihnen ſowie in Mähren die Verwaltung der Trankſteuer ohne eine
andere Abhängigkeit als von der Hofkanzlei überlaſſen bleiben ſolle.
Ueber die näheren Modalitäten der Einführung der neuen Steuer
hätten ſie ſich ihrem Anerbieten gemäß mit Geißler ins Einvernehmen
zu ſetzen [32]).

Hiemit waren jedoch die zu überwindenden Hinderniſſe noch
keineswegs beſeitigt, ja dieſelben traten erſt recht in ihrer ganzen
Schroffheit hervor. Schon inmitten der niederöſterreichiſchen Stände
ſcheint Uneinigkeit geherrſcht zu haben, indem Sinzendorf mit Heftigkeit

und nicht ohne Erfolg denjenigen widersprach, welche Geißlers Vorschläge einfach annehmen wollten. So wie der Präsident der Hofkammer,
Graf Kolowrat, scheint auch derjenige der Hofrechnungskammer, Graf
Franz Anton Khevenhüller dem neuen Projecte abgeneigt gewesen zu
sein, und im Staatsrathe trat ihm außer Hatzfeldt auch noch Kreßl
entgegen. Allerdings trug Greiner kein Bedenken, auch gegen den
Letzteren den schon wider Kolowrat erhobenen Vorwurf zu wiederholen,
daß er das Land Niederösterreich nur sehr wenig kenne. Und selbst
diejenigen, welche seinen Anschauungen beistimmten, erfuhren seinen
Tadel, wenn sie nach seiner Meinung zu lau und zu lässig waren in
der Vertheidigung einer von ihm so hochgehaltenen Sache. „Der
„Oberste Kanzler", sagt er von seinem eigenen Chef, dem Grafen
Blümegen, „soutenirt niemalen eine Sache mit Heftigkeit, und die
„Andern sprechen mit Hitze eher tausend Worte als er eines sagt.
„Was kann ich da für einen Fortgang versprechen? Wenn nur
„erst das Gutachten der Kanzley abgegeben wäre, dann mögen
„zehn Sinzendorf dagegen lärmen, das solle mir nichts verschlagen.
„Aber gleich beim ersten Schritte kann ich mich nicht so anfallen
„lassen" [33]).

Es ist ohne Zweifel ungemein bezeichnend für die Freiheit der
Meinungsäußerung, welche Maria Theresia den Männern gestattete,
von deren Vertrauenswürdigkeit sie überzeugt war, wenn man sieht,
wie Greiner mit seinen Vorwürfen sogar die Kaiserin selbst nicht ver-
schonte. Aus den schon angeführten so wie aus anderen zahlreichen
Kundgebungen derselben weiß man, daß sie die Einführung der Tranksteuer wünschte und sich günstigen Erfolg von ihr versprach. „er hat
„mit einer starcken partey zu thun; nur still und langsam;" —
„lasse er die Sache noch nicht sinken, habe beeden Finanzpresidenten
„gestern bang gemacht, leyder sind sie nicht die größten zu über-
„winden; — ich werde gewis niemand nichts sagen, ligt mir zu vill
„daran"; aus diesen und ähnlichen Bemerkungen der Kaiserin ist zu
entnehmen, daß sie mit ihren Sympathien auf Greiners Seite stand.
Da sie jedoch, nach seiner Auffassung wenigstens, nicht entschieden
genug für dieselbe eintrat und ihrer Gewohnheit nach vor einer

definitiven Entscheidung auch noch andere Stimmen zu hören be=
gehrte, war Greiner hierüber nicht wenig betroffen und verhehlte ihr
das in gar keiner Weise. Als Graf Blümegen ihm mittheilte, die
Kaiserin sei durch eine mündliche Vorstellung des Grafen Sinzendorf
zu dem Befehle bewogen worden, daß unter Blümegens Vorsitze
mit Zuziehung Kolowrats, Pergens und Sinzendorfs eine Berathung
über die Modalitäten der Einführung der Trankſteuer abgehalten
werden solle, da ſchrieb Greiner an Maria Thereſia die folgen=
den Worte:

„Eine Blaſe, allergnädigſte Frau, ſchwimmt gewiß ober dem
„Waſſer; an dieſer Wahrheit wird gewiß kein Menſch zweifeln. Wenn
„ich aber dieſer Blaſe ein Gewicht von mehreren Pfunden anhänge,
„ſo wird dieſes ſie unter das Waſſer hinabziehen und die Blaſe wird
„untergehen, ſo gewiß ſie auch mit einem proportionirten Gewichte
„oben auf geſchwommen wäre. Die Trankſteuer wird gewiß, und
„gewiß mit Nutzen eingeführt werden, ſo gewiß als die Blaſe ſchwimmt.
„Wenn aber Eure Majeſtät mir zween ſchwere Gewichte an die Arme
„binden, ſo verſink ich mit der Trankſteuer wie die Blaſe, von der ich
„geredet habe" [34]).

Noch höher ſtieg der Ingrimm Greiners, als er den Verdacht
ſchöpfte, Kolowrat und Khevenhüller wollten die Verhandlung über
die Modalitäten, unter denen die Trankſteuer in Niederöſterreich ein=
geführt werden ſollte, dazu benutzen, um noch nachträglich die ganze
Sache zum Falle zu bringen. Er ſchrieb dieſe Haltung der beiden
Präſidenten ihrem vermeintlichen Aerger zu, daß die Verwaltung der
Trankſteuer den niederöſterreichiſchen Ständen mit der Verſicherung
zugeſprochen worden war, ſie würden hiebei nur von der Hofkanzlei
und nicht von den Finanzſtellen abhängig ſein. „Ach hätten Eure
„Majeſtät", ſchrieb er der Kaiſerin, „meine allerunterthänigſte Bitte
„erfüllt und den Kammerpräſidenten bloß angewieſen, ſammt dem
„Grafen Khevenhüller ſich bloß über das quomodo in der Zuſammen-
„tretung mit der Kanzlei zu äußern. Ich weiß es gewiß, wir wären
„ohne großen Widerſpruch weggekommen. Ich bin gleich erſchrocken,

„wie mir der Oberste Kanzler sagte, Eure Majestät hätten eine
„besondere Meinung von den Finanzstellen gefordert. Und ich sah
„wohl vor, daß sie diese ihnen dadurch gegebene Gelegenheit, ihre
„Galle auszuschütten, nicht ungenützt lassen würden. Jetzt wird es
„viermal härter seyn, auszulangen, weil sie eine einmal gegebene
„Meinung nicht werden redressiren wollen. Ich habe nichts zu verlieren
„und nichts zu gewinnen, ob die Tranksteuer eingeführt oder die alten
„Abgaben belassen werden. Aber das weiß ich gewiß, daß durch die
„Tranksteuer die Unterthanen erleichtert, die Stände erhalten und
„Alles veranlaßt werden würde, die Allerhöchste Milde zu segnen.
„Ich weiß aber auch gewiß, daß wenn das nicht geschieht, das Erz-
„herzogthum Niederösterreich nicht mehr im Stande ist, die auf solches
„überspannten Anlagen zu tragen, und daß Eure Majestät, wie
„in Böhmen und Mähren schon geschehen, beträchtliche Nachlässe
„machen müssen" [35]).

So wie für die Einführung der Tranksteuer überhaupt, so
kämpfte Greiner auch dafür, daß sie in der Art und Weise vor
sich gehe, in der sie in Mähren mit günstigem Erfolge durchgeführt
worden war, während die niederösterreichischen Stände zumeist auf
Sinzendorfs Antrieb andere Vorschläge machten. Ja Greiner bat
dringend, daß Ersteres ohne längere Verzögerung geschehe, und daß
der 1. Juni 1780 als der Tag festgesetzt werde, von welchem ange=
fangen die neue Steuer in Wirksamkeit trete [36]). Er hatte die Genug=
thuung, daß auch Fürst Kaunitz seiner Anschauung zustimmte [37]), und
diesem mächtigen Beistande mag es nicht am wenigsten zuzuschreiben
sein, wenn der Antrag der Stände abgelehnt wurde und endlich der
ganze Widerstand gegen das neue Steuerproject allmälig erlahmte.
„Nun habe ich das Vergnügen gehabt", schrieb Greiner der Kaiserin,
„zu sehen, daß die ehemaligen Feinde der Trankfteuer, Graf Kheven=
„hüller, Graf Kollowrath und Hofrath Peter Bolza für dieses neue
„Gefäll aus einem ganz anderen Tone sprechen". Maria Theresia
aber erwiederte hierauf in der ihr eigenen charakteristischen Weise bloß
die wenigen Worte: „ist indessen schon was. bestand wüntsche" [38]).
Und da Greiner gleichzeitig ermächtigt worden war, die Ausarbeitungen

zu vollenden, welche zu wirklicher Einführung der Trankſteuer noch
geliefert werden mußten, zeigte er der Kaiſerin die Erfüllung dieſer
Aufgabe mit den Worten an: „Heute morgens bin ich mit Allem
„fertig geworden, was die Einleitung der Trankſteuer betrifft. Alle
„Expeditionen laufen dieſen Nachmittag, und mir iſt als ob ich wie
„ein dem Ertrinken naher Menſch dem Waſſer entſchwommen wäre.
„Aber ich habe gerudert wie ein Galliot“ [39]).

Noch einen gewaltigen Schrecken mußte Greiner in dieſer Sache
erleben; er beſtand darin, daß Maria Thereſia den Entwurf des zu
erlaſſenden Patentes dem Staatsrathe zur Begutachtung mittheilte.
„Ueber dieſe Zeitung“, ſchrieb er der Kaiſerin, „bin ich um alle
„Courage gekommen. Ich bin ſicher, daß Baron Kröſel und Graf
„Haßfeld zwanzig Anſtände machen werden, ja müſſen, weilen die
„ganze Sache gegen ihre Meynung decidirt worden iſt. Durch dieſe
„Anſtände wird die ganze Anliegenheit der Trankſteuer in neue Ver-
„wirrung gebracht und Alles gehindert werden. Die Widerſacher
„werden Zeit gewinnen, friſche Einwendungen zu machen, und endlich
„werden meine Kräfte gegen Alle zu kurz werden. Das Patent kann
„nicht anders gefaßt werden als es die vorgeſchriebenen Modalitäten
„erfordern, und man hat es nur um die Allerhöchſte Beſtätigung
„hinauf gegeben. Wenn Eure Majeſtät über dieſes ſo gänzlich er-
„ſchöpfte, ſo gewaltig angefochtene, ſo klar bewieſene und gegen tauſend
„Einwürfe glücklich verfochtene Geſchäft und von der ganzen Kanzley
„berichtigte Patent noch einen Zweifel hatten, ſo hätte ich gewunſchen,
„daß nur der Fürſt Kauniß darüber vernommen worden wäre. Nun
„kommen wir gewiß zu keinem Patent, mithin iſt gar nicht zu hoffen,
„daß wir a prima Junij anfangen werden. Ich thue Alles und mehr
„als jemals ein einzelner Menſch in ſolcher Anliegenheit gethan hat.
„Wenn ich aber das Patent nicht hinausbringen und dadurch den
„auch in tauſend Zweifel verſunkenen Grafen Pergen nicht ſtärken
„oder ſchweigen machen kann, ſo weiß ich mir nicht zu helfen. Ich
„bitte Eure Majeſtät allerunterthänigſt um Vergebung über dieß
„Klaglied Jeremiä, aber ich bin gewiß in der größten Verlegenheit
„und Sorgen. Wollte Gott, daß ich mich vergebens geſorgt hätte“ [40]).

Und in der That, der Erfolg war günſtiger, als Greiner noch
im letzten Augenblicke zu hoffen gewagt hatte. „er wird ſchonn ſein
„patent haben", antwortete ihm Maria Thereſia auf ſeine vorſtehen=
den Zeilen: „mit auslaſſung deren wenigen worten, die ausbleiben
„müſſen ad captandam benevolentiam." Vom 1. Mai 1780 war
das ungemein weitläufige Patent datirt, welches die Kaiſerin wegen
Einführung der Trankſteuer in Niederöſterreich erließ. Wie Greiner es
ſo ſehnlich gewünſcht, ſollte die neue Abgabe vom 1. Juni 1780
angefangen in Kraft treten, während die zu beſeitigenden Steuern mit
dem gleichen Tage erloſchen⁴¹). Geißler wurde zum Adminiſtrator
des Trankſteuergefälls in Niederöſterreich ernannt, doch behielt er
gleichzeitig dieſelbe Stelle auch in Mähren. Eine Hofcommiſſion, aus
Mitgliedern der Stände und der niederöſterreichiſchen Regierung ge=
bildet, ſollte die Leitung der ganzen Angelegenheit beſorgen⁴²).

Wie ſehr es der Kaiſerin Ernſt war mit der Abſicht, die neue
Steuer nicht etwa zu einer Mehrbelaſtung der Bevölkerung werden
zu laſſen, bewies ſie auch dadurch, daß ſie nach Einführung derſelben
ſorgſam darüber zu wachen ſich bemühte, daß nicht durch irgend
welchen Mißbrauch eine Bedrückung der Betheiligten entſtehe. „die
„wirth geben", ſchrieb ſie einmal an Greiner, „um ein halben und
„ganzen kreuzer dem wein höcher, das iſt nicht zu geſtatten; vor ſie
„iſt geföhl nicht"⁴³).

Trotz dieſer gutgemeinten Abſicht der Kaiſerin zeigte es ſich
jedoch bald, daß die Vorausſetzungen, unter denen man die Trank=
ſteuer in Niederöſterreich eingeführt hatte, nicht ganz in Erfüllung
gingen. In Bezug auf ihr Erträgniß war dieß freilich der Fall, und
ſo reichlich war daſſelbe, daß man gegen Ende des Jahres 1780 ſich
mit dem Gedanken beſchäftigte, ſie in Anbetracht dieſes günſtigen
Ergebniſſes auch in Steiermark ins Leben zu rufen. Aber man konnte
ſich doch auch nicht verhehlen, daß die Bevölkerung von Nieder=
öſterreich ſich mit der neuen Steuer nur wenig befreundete, ja daß
ſie nicht nur in Wien, ſondern im ganzen Lande nur ungern ertragen
wurde. Faſt um die Hälfte ſtieg der Preis der Getränke, an welche

2*

man nun einmal gewöhnt war und deren auch nur theilweise Ent-
behrung man als ein schweres Opfer empfand. Hiezu kam noch, daß
ein Theil der aufgehobenen Steuern, wie z. B. diejenige auf die
Pferde, bisher nur von den bemittelten Classen getragen worden war.
Die Einführung der Tranksteuer gab daher auch einen wenigstens
scheinbaren Anlaß, über eine Mehrbelastung der Armen zu Gunsten
einer Erleichterung der Reichen zu klagen [44]). Und wirklich kam es im
Gegensatze zu den Erwartungen Greiners so weit, daß statt der so
zuversichtlich verheißenen Segnungen von Seite des Volkes, die Einführung der Tranksteuer in Niederösterreich mit Recht als die einzige
Maßregel bezeichnet wurde, welche der sonst so tief eingewurzelten
Anhänglichkeit der Bevölkerung an Maria Theresia einigen Abbruch that [45]).

Die Wahrnehmung, daß Alles, was die Provinz als solche
angeht, in Wien geringere Beachtung findet und weniger Eindruck
hervorbringt als in den übrigen Ländern der österreichischen Monarchie,
war schon zur Zeit der Kaiserin Maria Theresia gerade so berechtigt,
wie sie dieß noch heut zu Tage ist. In erster Linie das Reich und in
zweiter die Stadt: das sind die beiden Brennpunkte, denen in Wien
die öffentliche Aufmerksamkeit am meisten sich zuwendet und um derentwillen dem, was auf das Land Niederösterreich sich bezieht, nur
geringere Beachtung zu Theil wird. So wurde es in Wien kaum
bemerkt, als in den fünfziger Jahren des vergangenen Jahrhunderts
ein Ausländer, der aus Schlesien eingewanderte Heinrich Wilhelm
Freiherr von Haugwitz, als Präsident der Repräsentation und Kammer
an der Spitze der niederösterreichischen Landesregierung stand. Im
Lande Oesterreich ob der Enns brachte es dagegen einen recht ungünstigen Eindruck hervor, als der gleiche Posten ebenfalls einem
Ausländer, dem Grafen Franz Reinhold von Andler und Witten zu
Theil wurde. Allerdings war er ein rechtschaffener Mann, aber er
kannte das Land und seine Bevölkerung, seine Rechte und Gewohnheiten nicht [46]). Da er auch als Landeshauptmann den Vorsitz
in den Versammlungen der Landstände führte, machten sich diese
Mängel doppelt bemerkbar. Und sie wurden um so bitterer empfunden,

als gleichzeitig jene Beschränkungen der bisherigen Wirksamkeit der Stände in Kraft traten, welche allerdings im allgemeinen Interesse gelegen sein mochten, die den Ständen selbst aber und der sehr großen Anzahl von Personen, die von ihnen abhingen oder sonst in näherer Beziehung zu ihnen standen, ebenso unwillkommen waren, als sie dieselben für ungerecht und unheilbringend ansahen.

Eine andere Gruppe österreichischer Länder als die Erzherzogthümer unter und ob der Enns bildeten die Herzogthümer Steiermark, Kärnten und Krain, welche zugleich mit den gefürsteten Grafschaften Görz und Gradisca auch unter der Bezeichnung „Inneröfterreich" als ein Ganzes zusammengefaßt wurden. In der Zeit zwischen dem Abschlusse des Aachner und des Hubertsburger Friedens finden wir eine innerösterreichische Regierung, als deren Präsident eine Reihe von Jahren hindurch Graf Corbinian Saurau fungirte; sie hatte jedoch nur die Leitung der Justizgeschäfte für alle drei Herzogthümer zu besorgen. Jedes derselben besaß seine eigene Repräsentation und Kammer sowie sein eigenes Landrecht.

Nach Beendigung des Kampfes gegen Preußen ging auch in dieser Beziehung eine durchgreifende Veränderung vor. Ein kaiserlich königliches Gubernium in den innerösterreichischen Landen wurde eingesetzt und Graf Johann Wildenstein zu dessen Präsidenten ernannt. Aber es gab neben ihm noch fortan die innerösterreichische Regierung unter dem Grafen Karl Thomas von Breuner, dann Landeshauptmannschaften in Steiermark, Kärnten und Krain unter den Grafen Leopold Herberstein, Gottfried Heister und Heinrich Auersperg; unter letzterem standen auch Görz, Gradisca und Triest.

Selbstverständlich gingen im Laufe der Jahre in der Besetzung dieser Posten, ja in ihnen selbst mannigfache Veränderungen vor; so wurde Görz und Gradisca eine eigene Landeshauptmannschaft mit dem Sitze in Triest zu Theil. Allerdings bekleidete Graf Heinrich Auersperg Anfangs seine dortige Stelle gleichzeitig mit der eines Landeshauptmannes in Krain. Als er jedoch anderswohin versetzt wurde, trennte man seine beiden bisherigen Posten; der in Krain wurde dem Grafen

Joseph Auersperg, der in Görz und Triest dem Grafen Franz Adam Lamberg verliehen.

Während heut zu Tage unter dem Namen „Oberösterreich" insgemein das Land ob der Enns verstanden wird, galt zur Zeit der Kaiserin Maria Theresia jener Ausdruck als offizielle Bezeichnung für Tirol. So bekleidete im Jahre 1763 Freiherr Cassian Ignaz von Enzenberg des Amt eines Präsidenten der Repräsentation und Hof-kammer in den oberösterreichischen Landen. Er behielt diesen Posten und wurde noch überdieß in den Grafenstand erhoben, als auch in Tirol ein kaiserlich königliches Gubernium an Stelle der früheren Landesbehörde trat. Neben dem Gubernium stand auch hier die Regierung, welcher die Besorgung der Justizgeschäfte oblag; an ihrer Spitze befand sich Graf Paris Wolkenstein als oberösterreichischer Regierungspräsident.

Die Geschichte Tirols in jenen Tagen glich natürlich so ziemlich derjenigen der übrigen österreichischen Provinzen. So lang der sieben-jährige Krieg noch dauerte, standen unter den Berührungen der Kaiserin mit Tirol die unabläßigen Begehren um Geld bei weitem in vorderster Reihe. Es kann nicht gesagt werden, daß sich die Stände Tirols in dieser Beziehung besonders willfährig gezeigt hätten. Die erste, im Juli 1756 gestellte Forderung um Bewilligung eines Darlehens wurde rundweg abgeschlagen, und auch im folgenden Jahre erhielt man nur hunderttausend Gulden, den vierten Theil der verlangten Summe; ja auch dieß nur mit der Bemerkung, daß die Stände Tirols zu den Kosten eines „auswärtigen" Krieges eigentlich nichts beizutragen brauchten. Und als im October 1758 eine Capitalisten- und Kriegs-steuer auch für Tirol ausgeschrieben wurde, da erklärten die Stände, daß eine ohne ihr Vorwissen auferlegte Abgabe in dem steuerfreien Tirol ungültig sei. Sie bewilligten nur das gewöhnliche Postulat von 140.000 Gulden, und außerdem ein Darlehen von 200.000 Gulden. Doch stellten sie hiebei die ausdrückliche Bedingung der Anerkennung ihrer Freiheiten und insbesondere ihres freien Versammlungsrechtes, worauf denn auch die Kaiserin einging. Und als sie noch überdieß versprach, Tirol mit jeder weiteren Steuer zu verschonen, da erhöhten die Stände ihr Darlehen noch um fünfzigtausend Gulden.

Aber gar bald zeigte es sich, daß Maria Theresia der von ihr gemachten Zusage nicht gerecht zu werden vermochte. Schon im Jahre 1759 wurden neue Anforderungen an die tirolischen Stände gestellt; nach langen Verhandlungen bewilligten sie wieder 200.000 Gulden. Im Jahre 1760 blieb es, weil Tirol durch Wasserschaden gar sehr gelitten hatte, bei dem einfachen Postulate. Aber schon im folgenden Jahre erneuerten sich wieder die Forderungen und die Einwendungen dagegen, bis man sich auch jetzt auf eine inmitten liegende Summe vereinigte.

Hatte man wie in den übrigen österreichischen Provinzen, so auch in Tirol den Abschluß des Hubertsburger Friedens hauptsächlich aus der Ursache mit besonderer Freude begrüßt, weil dieses Ereigniß gegründete Aussicht auf Erleichterung der schon unerträglich gewordenen Steuerlasten darbot, so ging diese Hoffnung doch keineswegs in Erfüllung. Im August 1763 ließ die Kaiserin den tirolischen Ständen erklären, daß sie die allgemeinen Erfordernisse des Staatshaushaltes, die Erhaltung des Heeres und die allmälige Abtragung der Schulden mit eingerechnet, ohne außerordentliche Beihülfe nicht zu bestreiten vermöge. Ihr dieselbe zu verschaffen, wurde außer der Beibehaltung des schon bestehenden Erbsteuer- und Stempelgefälls eine Reihe neu einzuführender Abgaben und schließlich auch das Tabakmonopol in Vorschlag gebracht. Hiebei wurde in ihrem Namen die charakteristische Aeußerung gemacht: sie kenne wohl die besondere Verfassung Tirols. Aber sie wisse auch, daß die dortigen Stifter und Stände keine Privilegien besäßen, durch welche sie von der Verpflichtung befreit würden, ihr in so großer Noth zu ihrem selbsteigenen Besten, ja ihrer eigenen Rettung Beistand zu leisten. Um jedoch so viel als nur immer möglich die tirolische Verfassung zu respectiren, stellte die Kaiserin den Ständen die Wahl frei, sich entweder allen, zur Schuldentilgung in den übrigen Erbländern eingeführten Steuern zu unterwerfen, oder ihren sämmtlichen Forderungen an den Staatsschatz zu entsagen [47]).

Umsonst rieth Enzenberg dem Hofe, die Begehren an das Land Tirol nicht allzu hoch zu spannen; die Noth drängte und beseitigte jede besondere Rücksicht. Auf die ausweichende Antwort der tirolischen Stände wurde die Forderung der Staatsregierung nur mit verdoppeltem Nachdrucke erneuert. Die Nachlassung der während des siebenjährigen Krieges vorgeschossenen Totalsumme von 610.000 Gulden und die Zahlung des Postulates von 140.000 Gulden bildeten die Hauptpunkte dieser Begehren. Nach Ermäßigung der letzteren Forderung auf die Hälfte wurde alles Uebrige, wenngleich ungern, aber doch schließlich bewilligt 48).

Es mag leicht sein, daß diese Vorgänge dazu führten, in der Bevölkerung von Tirol eine gewisse Verstimmung zu erzeugen. Aber dieselbe verlor sich gar bald, als man von dem Entschlusse der Kaiserin Kunde erhielt, sich im Hochsommer des Jahres 1765 mit ihrer ganzen Familie nach Innsbruck zu begeben, um dort die Vermälung ihres Sohnes Leopold mit der Infantin Louise von Spanien zu feiern. Die Bemühungen der Kaiserin, ihre Anwesenheit in Tirol zu einer dem Lande segenbringenden Begebenheit zu machen 49), und die gewinnende Huld, mit der sie Jedermann begegnete, brachten natürlicher Weise einen ungemein günstigen Eindruck hervor. Hiezu gesellte sich noch die Empfindung des Mitleids, als Maria Theresia durch den plötzlichen Tod ihres geliebten Gemals in die tiefste Betrübniß versenkt wurde. Gerade dieses für sie so schmerzvolle Ereigniß war es jedoch, welches das Herz der Kaiserin für ihre ganze noch übrige Lebenszeit noch inniger an Tirol knüpfte, als es sonst wohl geschehen sein würde. Der rührenden Worte, in denen sie während der ersten Zeit nach ihrer Rückkehr nach Wien ihrer Sehnsucht nach Innsbruck Ausdruck verlieh, ist schon an einer früheren Stelle Erwähnung geschehen 50). Und eine Reihe von Maßregeln traf sie, welche der Erinnerung an den verstorbenen Kaiser und an ihren gemeinschaftlichen Aufenthalt in Tirol gewidmet waren.

Unter denselben wird wohl die Gründung des Damenstiftes in Innsbruck für zwölf adelige Fräulein in erster Linie genannt werden müssen. Außer der Absicht, einen Act der Wohlthätigkeit zu üben, lag diesem Entschlusse der Kaiserin auch noch ein anderer Gedanke zu Grunde. Sie hatte das Sterbezimmer ihres Gemals in der Hofburg zu Innsbruck in eine Capelle verwandeln lassen, und die Stiftsdamen sollten daselbst zu bestimmten Zeiten für das Seelenheil des verewigten Kaisers beten. „Nichts interessirt mich", schrieb in jenen Tagen Maria Theresia, „als die Capelle und das Capitel". Die Freiin von Enzenberg, eine Schwester des Präsidenten, und die Gräfin Cavriani, welche beide bisher in dem Prager Damenstifte gewesen waren, wurden, die Erste zur Dechantin, die Zweite zur Unterdechantin des neugegründeten Stiftes ernannt [51]). Als sie sich, um von dieser Stellung Besitz zu ergreifen, von Prag über Wien nach Innsbruck begaben, versah sie Maria Theresia mit folgenden eigenhändig niedergeschriebenen Zeilen:

„lieber graff enzenberg. die stifftdamen enzenberg und gavriani „werden ihme disen brieff übergeben. ich recomendire sie ihme be- „sonders, das er nach seinen gewohnten eyffer ihnen in allen an die „hand gehete und dis neüe werck, was mir so an hertzen ist, zu seiner „vollständigkeit bringen mögte. was das stifft und die statuten an- „belangt, auch ihre innerliche regirung, weis die enzenberg schonn von „prag aus, was zu observirn ist, und hat sich niemand in selbe zu „mengen, indeme gantz independent sind, wohl aber wird sie in all „übrigen höchst nöthig haben seines raths und hillff. es ist ein neües „werck, welches geduldt brauchet, welches er wohl capable ist zu „haben. mit schwären hertzen sehe ich sie abreysen, wüntschte mit „ihnen zu seyn, denn tyrol niemahls vergessen werde; habe ihnen „auffgegeben, an alle leüt vill gnädigs zu sagen. hoffe die einrichtung „der capellen wird gnugsam sein; wan was abgehet, es mir nur zu „errinern. das meesskleyd, wo was von meiner arbeit dabey ist und wo „ein goldener zeig mit rotten blumen ist, ist der schlaffrock, dem der „seligste Kayser niemahls unterlassen, in meiner glückseligsten ehe, deren „29 jahren, 6 monath, 6 tage, in der nemblichen stunde, wo ihme „die hand bey dem altar gegeben, hat mir ihme gott widerumb ent- „rissen, nemblich halbe 10 uhr abends. disen schlaffrock hat er „niemahls unterlassen, alzeit zu tragen an demselben tage, der der

„glückseligste meines leben ware, nemblich der 12. februarij, alf wie
„der 18. august der unglückseligste seyn wird. es hat mir vill gekostet,
„disen von mir zu laffen, ich habe aber geglaubt, gott kein grösseres
„sacrificio machen zu können, alf selben zu seinen dienst widmen. das
„schwartze meesskleyd ist auch von meiner arbeith, und zwar erst seith
„das wittwe bin. an all andern haben meine töchter gearbeitet, nicht
„aber allein verfertigt. dem tag der introduction mus er eine grosse
„taffel und auch die zwey nachfolgende tage halten in dem stifft
„selbsten auff meine unkosten; selbes a parte hieher mayer schicken.
„dem stifft wäre, a prima novembris zu rechnen, 10.000 f.
„alle quartall richtig ohne abzug abzuführen, ihnen indeß das erste
„zu anticipirn, welches sonsten ultima januarij fallete. mayer wird
„alles von hier wieder ersetzen, bis das stifft eygne fonds bekomt, dan
„wohl wüntschte, das es gütter oder einige stifftung er mir ausfündig
„machen kunte" [52]).

Dem Wunsche der Kaiserin zufolge fand die feierliche „Intro=
„duction" der neu ernannten Stiftsdamen, einstweilen sechs an der Zahl,
am 8. Dezember, dem Geburtstage des verstorbenen Kaisers statt [53]).
Gleichwie in Bezug auf die Festlichkeiten, welche hiebei zu beobachten
waren, schrieb Maria Theresia auch alle anderen, selbst recht gering=
fügigen Dinge, welche ihre Schöpfung angingen, mit Genauigkeit vor.
Und sie ließ keine Gelegenheit vorübergehen, dem Stifte sowohl als
der von ihr hochgeachteten ersten Vorsteherin desselben Beweise ihrer
huldvollen Erinnerung zu geben. „liebe enzenberg", schrieb sie ihr
einmal, das „erste portrait von mir als wittib ist dem chapitre
„geeygnet, und wird sie selbes alf ein zeichen meiner liebe gegen selbes
„als auch vor das land empfangen. mein hertz, meine gedancken seind
„mehr bei ihr alf zu wienn, und bin gantz ruhig, weillen von ihr
„nichts vernehme, das alles in bester ordnung vor sich gehet."

„liebste enzenberg", so lautet ein vom 10. Dezember datirter,
ebenfalls eigenhändig geschriebener Brief der Kaiserin an die Dechantin
des Stiftes. „was sie mir wegen der taffel meldet, kan nicht geändert
„werden. sie weiß am besten, was vor inconvenienzien in prag wegen

„selber sind, und kan mir nicht einbilden, wan auch die kost ein oder
„andern tag nicht so gutt ist, das dessenthalben damen einigen verdrus
„haben solten. wir leben ja nicht um zu essen, wohl aber nur zu essen
„so vill, das wir in stand-erhalten werden, unsere schuldigkeiten zu
„thun. ich mögte auch das sie, wo jetzund 10 schonn vorhanden sind,
„alle monath oder wenigstens alle drey capitel halte und mir ein=
„berichte, ob alles in ordnung ist über alle puncten, dan mit so
„wenigen besonders gleich in anfang man genau auff selbe halten kan
„und solle, besonders wegen des chor, gebett und sitten."

„in dem augenblick empfange ihr schreiben samt des präsidenten
„seines von 6ten dezember. es schickt sich niemahls, das ein man bei
„einer von stifft esse, ausgenohmen wan die oberin selben will bey
„der stifftstaffel einladen, niemahls aber einen andern als ein Vatter,
„bruder oder Vormünder oder Curator und meine erstere ministre;
„niemahls in ein a parte zimmer, in advent und fasten aber gahr
„niemahls, weillen dise zwey zeitten mehr in andacht und retraite
„zubringen sollen. wegen der cavriani verwundert es mich und wäre
„ihr bis vorzulesen, wo sie es vor gutt findet. denen zwey damen
„werde schreiben lassen, damit nicht noch mehr verdrus daraus entstehet;
„besonders in einen kleinen orth mus man sich suchen besser zu ver=
„stehen: ein eintziger unruhiger geist ist capable, alles unter einander
„zu bringen. mein arme tochter die marianne hat mir grosse sorgen
„gemacht, indeme sie anfangs wie ein fieber, nachgehends blutt aus=
„würfft. ist zwar etwas besser, doch nicht gantz hergestelt; glaube nicht
„das so bald zu gedencken ist, das jemahls nach prag komet. halte sie
„sich, meine liebe enzenberg, in allen an presidenten, und sehe sie ver=
„sichert all meines schutzs in allen."   „Maria Theresia."

Wir können der Versuchung nicht widerstehen, noch zwei kurzen
Briefen der Kaiserin an die Freiin von Enzenberg hier Aufnahme zu
gewähren: dem einen, weil dessen Inhalt charakteristisch ist für Maria
Theresia selbst, dem anderen, weil er neuerdings zeigt, in welch hohem
Grade die ganze Familie Enzenberg der Huld der Kaiserin sich erfreute.
„liebste enzenberg", schrieb ihr Maria Theresia offenbar im Jahre 1769

durch ein Fräulein von Buccow, „ich recomendire ihr die überbringerin,
„ihr in allen an die hand zu gehen, was Seel und Leib angehet. die
„Seelle, hoffe, ist gerader alß der leib, und erwarte von ihr von einer
„zeit zu der andern, wie sie mit ihr und sie mit Throl zufriden ist,
„zu vernehmen; mit freüden mögte an ihren platz sein. ich bin gantz
„ruhig und getröst, das alles gutt gehet unter ihrer direction. sie hat
„widerumb eine Tochter von mir gesehen*), schreibe sie mir auffrichtig,
„ob man mit ihr wie mit der Königin**) zufriden ware? dise
„gehet mir sehr ab, ein guttes Kind, das mir keine chagrins gegeben.
„seie sie versichert alzeit von meiner freundschafft.“

„Maria Theresia.“

„der gavriani meinen gruß.“

Der letzte Brief der Kaiserin an die Dechantin Enzenberg, den
wir hier mittheilen wollen, lautet folgender Maßen:

„liebe enzenberg. ich habe ihren brudern mit dem charman-
„testen neveu gesehen; seine jahr und grösse können ihme nicht mehr
„vorsehen lassen, mich zu bedienen alß knab. habe also geglaubt, ihme
„und sie zu obligirn, selben in das theresiano zu versetzen, allwo
„er noch besser seine talenten und gutten grund, deme sein vatter ihm
„gegeben, cultivirn könne, umb dem staatt künfftig nutz zu sein, wie
„sie meinen stifft so nützlich vorstehet, und verbleibe alzeit ihre ge-
„treüeste   Maria Theresia“ 54).

An eine andere Trägerin des Namens Enzenberg, die Schwägerin
der Dechantin, richtete die Kaiserin bekanntlich jene vertraulichen Briefe,
welche für ihre eigene Charakteristik so überaus werthvoll sind. Aber
auch sonst enthalten sie eine Fülle höchst bezeichnender Bemerkungen,
sei es über die Zeitereignisse im Allgemeinen, sei es über die Personen,
die eine Rolle dabei spielten. Hie und da kommt auch Einiges über
Innsbruck und über Tirol vor, und dieß allein ist es, auf das wir
hier noch einen Augenblick eingehen wollen.

---

*) Die Erzherzogin Amalie.
**) Caroline von Neapel.

Ihren eigenen Worten zufolge empfand Maria Theresia für das von ihr neu gegründete Damenstift und für die von ihr eingerichtete Capelle in der Innsbrucker Hofburg das höchste Interesse. Aber auch sonst beschäftigte sie sich viel mit der von ihr angeordneten Restaurirung dieses Gebäudes. Die ihr vorgelegten Entwürfe hiezu erhielten ihre Genehmigung; nur das verwarf sie, was sich auf den Umbau des großen Saales bezog; mit Ausnahme einiger Ausschmückungen und Malereien wollte sie ihn in seiner bisherigen Gestalt erhalten [55]). Als sie ihr eigenes Bildniß für das Damenstift anfertigen ließ, bestimmte sie ein zweites Exemplar, dann eines des verstorbenen Kaisers, endlich Porträts des Erzherzogs Leopold und seiner Gemalin zur immerwährenden Erinnerung für die Hofburg in Innsbruck [56]). Bald darauf kündigte sie ihre Absicht an, dorthin auch die Bilder der lothringischen Herzogsfamilie zu spenden, welche einige Zeit hindurch daselbst ansäßig gewesen war [57]). Und als sie binnen kurzem das Porträt ihres Gemals nach Innsbruck absenden konnte, schrieb sie der Gräfin Enzenberg, sie erhalte in demselben das größte und liebste Geschenk, das sie ihr überhaupt machen könne. „Ich sehe Sie vor „mir", fügte sie hinzu, „indem Sie es empfangen, und ich werfe mir „vor, daß ich Sie weich stimme und Ihren Schmerz erneuere. Da „ich aber die Anderen nach mir beurtheile, scheint es mir, daß darin „der einzige Trost besteht, diesen geliebten und anbetungswürdigen „Herrn überall gegenwärtig zu haben" [58]).

Was die sonstige Ausschmückung der Hofburg anging, wünschte die Kaiserin dieselbe bis zum Monate October 1767 beendigt, jedoch dabei allen übertriebenen Aufwand vermieden, den Saal aber, ihrer früheren Meinung entgegen, ganz beseitigt zu sehen. „Keine unnöthige „auszierungen", schrieb sie am 1. Mai 1766 dem Grafen Enzenberg, „oder die in zu große Kosten komen sollen, wolte nicht anwenden, „besonders in dem schlos, das nicht mehr zu einer freüdigen bewohnung „dienen wird, sondern höchstens vor eine retraite einer alten frau „oder princesse von haus, mithin alle doruren, alle zu grosse Zimmer, „der Saal besonders unnöthig scheinet. so lang er in seiner anti- „quitætt mit seinen risen exiftirt hat, ist alles paffirt; seith deme

„aber, das er völlig neu solle gemacht werden, so wurden die un=
„koften wohl zu vill sein und nicht leicht was untadelhaftes verfertiget
„werden können, mithin aus selben besser wohnungen können formirt
„werden, weillen das arme insprug wohl nicht mehr einen brillanten
„hoff, wohl aber einen retirirten wird hoffen können. ein landtag
„kan in saal der universitätt gehalten werden; wird ohnedem nicht
„so bald sein. ich sehe die unkoften zu gros an, umb bisen saal zu
„ornirn."

Wie sehr die entsprechende Ausführung dieser von ihr ange=
ordneten, jedoch sich nach ihrem Willen nicht gerade sehr weit erstrecken=
den Arbeiten und ihre Beschleunigung von der Kaiserin gewünscht
wurden, zeigte sie auch dadurch, daß sie ihren Hofarchitekten Paccassy
eigens nach Innsbruck sandte, um dort ihre Anschauungen deutlicher
zu erklären und sie möglichst rasch verwirklichen zu helfen. In ihrer
gewöhnlichen rücksichtsvollen Weise beauftragte Maria Theresia die
Gräfin Enzenberg, den Ingenieur Walter, der bisher die Arbeiten
geleitet, nur ja zu beruhigen, indem die Sendung Paccassy's durchaus
kein Kennzeichen der Unzufriedenheit mit ihm sei; Paccassy kenne eben
besser ihren Geschmack und ihre Absichten [59]).

Nicht nur der baldigen Vollendung der Arbeiten in der Hof=
burg, sondern auch derjenigen an dem Triumphbogen, welchen die
Stadt Innsbruck zur Erinnerung an die Anwesenheit der Kaiserin
und die Vermälung des Erzherzogs Leopold errichtet hatte, sollte
Paccassy seine Aufmerksamkeit zuwenden. Und auch hier wollte Maria
Theresia, daß Alles mit Solidität und Geschmack, aber ohne zu großen
Luxus und Aufwand ausgeführt werde. „das haubtwerck ist", schrieb
sie an Enzenberg, „das einmahl die so gut ausgedachte triumpffporten
„in eine der bittersten verwandelt werde" [60]).

Zu den Angelegenheiten des Landes Tirol zurückkehrend, wird
hier noch der Streitfrage Erwähnung geschehen müssen, welche sich im
Jahre 1771 wegen des dortigen Land= und Feldregimentes erhob. Im
Jahre 1744 hatten die tirolischen Stände sich anheischig gemacht, statt
der militärischen Conscription, von welcher Tirol verschont blieb, ein

Regiment zu stellen, das aus zwei Bataillonen und einer Grenadier-
compagnie bestehen, wenn möglich aber auf drei Bataillone und zwei
Grenadiercompagnien gebracht werden sollte [61]). Die beträchtliche Erhöhung dieses für ein Land wie Tirol allzu geringen Antheils an der
Aufbringung der Heeresmacht wurde natürlicher Weise in Wien sehr
lebhaft gewünscht. Nach einem vergeblichen Versuche im Jahre 1769
trat Maria Theresia zwei Jahre später mit entschiedenen Forderungen
auf. Einen eigenen Hofcommissär, den Landeshauptmann von Kärnten,
Grafen Gottfried Heister sandte sie nach Tirol. Im Juli 1771 legte
er den versammelten Mitgliedern des ständischen Ausschusses den Plan
der Kaiserin vor. Ihm zufolge sollte das Tiroler Land- und Feld-
regiment um viertausend Mann, lauter Landeskinder vermehrt, und
somit dessen Stand auf 6750 Mann erhöht werden. Vom Staate
wäre weder Werbgeld noch sonst eine Vergütung zu leisten, jedoch die
Kleidung, die Bewaffnung und die Gage zu bestreiten. Die Dienstzeit
sollte neun Jahre dauern, doch durften die Soldaten den größeren
Theil des Jahres zu Hause und bei den Ihrigen verbleiben. Daß
auch dieses Regiment gleich dem früheren im Falle eines Krieges
außer Landes verwendet werden dürfe, wurde als selbstverständlich
betrachtet.

Das Begehren der Kaiserin fand bei den Repräsentanten der
tirolischen Stände die ungünstigste Aufnahme. Um sie zu besänftigen
und doch etwas zu erreichen, machte Enzenberg aus eigenem Antriebe
einen vermittelnden Vorschlag, demzufolge das Landesregiment künftighin
aus sechstausend Mann bestehen sollte. Auch dieser Antrag wurde von
den ständischen Deputirten verworfen und durch ein noch weit geringeres
Angebot ersetzt [62]).

Der Streit über diese Angelegenheit wurde zwischen Heister
und den tirolischen Ständen mit sehr großer Lebhaftigkeit, ja man
kann wohl sagen, mit Erbitterung geführt. „Ihre häßlichen Tiroler",
schrieb Maria Theresia am 23. October 1771 der Gräfin Enzenberg,
„gewöhnen sich daran, das ganze Regiment abzuschlagen." Sie beklagte
die Zurückweisung des Antrages des Grafen Enzenberg und fügte in

Bezug auf die Tiroler hinzu: „Sie kennen ihre Interessen nicht;. es „wird ihnen hundertfältig eingedrungen werden" [63]).

Schließlich kam es doch besser, als Maria Theresia besorgt hatte. Die tirolischen Stände bequemten sich zur Annahme des von dem Grafen Enzenberg herrührenden Vorschlages; von den sechstausend Mann, welche das Regiment künftighin zählen sollte, durften viertausend Mann im Nothfalle zur Vertheidigung der österreichischen Monarchie außer Landes gebraucht werden. Und um das ganze tirolische Defensionswesen zu ordnen, ernannte die Kaiserin im Jahre 1772 eine gemischte Commission, aus sechs Civil= und ebensoviel Militärpersonen bestehend, welche zur Vornahme der Conscription das ganze Land durchzog. Schon im folgenden Jahre wurde diese Arbeit vollendet [64]).

Noch war dieß nicht geschehen, als Maria Theresia den Mann verlor, dem sie das vollste Vertrauen schenkte, und der ihr in Tirol die wichtigsten Dienste erwiesen, sich gleichzeitig aber auch hochverdient gemacht hatte um das Land. Im Jahre 1772 starb Enzenberg, von welchem ein competenter Beurtheiler sagt, er sei der einsichtsvollste und thatkräftigste, überhaupt der tüchtigste aller Statthalter gewesen, welche Tirol jemals besaß. Er begriff die Forderungen seiner Zeit und trachtete sie zur Geltung zu bringen. Das Interesse des Kaiserhauses wußte er mit demjenigen des Landes zu vereinigen, so daß er einerseits zu weitgehende Forderungen der Staatsregierung zu mäßigen, und andererseits die widerstrebenden Stände zur Nachgiebigkeit zu bewegen verstand [65]).

Wie schmerzlich Maria Theresia den Tod des Grafen Enzenberg empfand, geht wohl am besten aus dem eigenhändigen Briefe hervor, den sie am Tage nach dem Empfange der Todeskunde der Witwe schrieb. Er lautet folgender Maßen:

„Meine liebe Freundin. Gestern Mittags erhielt ich die traurige „Nachricht von dem Tode Ihres Gatten, meines getreuen und eifrigen „Ministers und Freundes. Sie, die Sie mein Herz kennen, meine

„Dankbarkeit, meine Beständigkeit in meinen Freundschaften, Sie
„können es beurtheilen, wie peinlich mich diese Botschaft berührte. Der
„Schmerz, den ich Ihretwegen empfinde, beschäftigt mich in diesem
„Augenblicke mehr als mein eigener, denn ich werde keinen Enzenberg
„mehr in Tirol finden. Theure Freundin! Geben Sie mir Kennzeichen
„Ihrer Freundschaft; erhalten Sie sich für mich und Ihre lieben
„Kinder. Verfügen Sie über mich, denn ich nehme mir vor, ihnen
„gegenüber die Stelle ihres guten und redlichen Vaters zu versehen;
„ihre Namen werden mir immerdar theuer sein. Wenn Sie das Land
„verlassen wollen, kommen Sie, sich hier niederzulassen, ich will Sorge
„für Sie tragen; wollen Sie jedoch daselbst verbleiben, dann rechnen
„Sie für immer auf Ihre Wohnung in der Burg. Will Ihr Sohn
„anderswo angestellt werden, so werde ich trachten, ihm behülflich zu
„sein; will er bleiben, so soll das Gleiche geschehen. Zählen Sie
„schließlich in Allem auf mich, öffnen Sie mir Ihr Herz, ich werde
„zufrieden sein, wenn ich Ihre Lage erleichtern und Ihnen den
„hundertsten Theil der Dienste vergelten kann, die Ihr würdiger
„verstorbener Gatte mir geleistet. Ich rede Ihnen nicht von der Unter=
„werfung unter die Rathschlüsse Gottes; nicht davon, daß jeder Tag
„denen uns näher bringt, die wir verloren, daß wir darnach trachten
„müssen, uns für das andere Leben Verdienste zu erwerben, daß hier
„Alles Elend und Jammer ist, daß diejenigen, welche in dem Herrn
„entschlafen sind, glücklich gepriesen und beneidet werden müssen; die
„Religion ist der einzige Trost in so schmerzlichen Momenten, und
„der Besitz von Freunden. Zählen Sie mich zu ihnen, wie ich nur
„mit meinen traurigen Tagen aufhören werde, mich so zu nennen."

„Maria Theresia" [66]).

Bezeichnend für die Kaiserin ist es, daß sie, indem sie auch
später noch einmal der Ueberzeugung Ausdruck verlieh, sie werde
Niemand finden, der Enzenbergs treffliche Eigenschaften besäße, dessen
Witwe über den Nachfolger zu Rathe zog, den sie ihm geben
solle [67]). Wir wissen nicht, welche Antwort sie auf diese Frage erhielt,
aber Maria Theresia fuhr fort, dieselbe der Gräfin Enzenberg gegen=
über näher zu erörtern. „Kreßl ist ohne Zweifel", schrieb sie ihr

hierüber, „ein sehr tüchtiger Mann, aber seine Dienstleistung ist
„anderwärts nöthig, und er würde gewiß nicht wünschen, nach Tirol
„zu übersiedeln, indem er sich hiedurch so weit von Böhmen entfernen
„müßte, wo er Einiges besitzt. Spaur hat manche gute Eigenschaften,
„aber ich traue ihm nicht so viel Talent zu, um an die Spitze der
„Regierung eines Landes wie Tirol gestellt zu werden; außerdem
„würde seine Beförderung eine zu große Kränkung für Künigl sein.
„Ich habe daher mein Augenmerk auf Heister in Kärnten gerichtet,
„der schon einige Kenntniß von Tirol besitzt. Aber ohne wenigstens
„elftausend Gulden Gehalt erklärt er diese Stelle nicht annehmen zu
„können, ohne sich der Gefahr auszusetzen, Schulden machen zu müssen.
„Ich weiß ihm dafür Dank, daß er, ehe er eine Laufbahn einschlägt,
„die seine Vermögensverhältnisse zerrütten könnte, sich über das,
„was er zu leisten vermag, so freimüthig ausspricht. Aber ich
„verbleibe in der Ungewißheit über die Wahl des Nachfolgers Ihres
„Gatten, obgleich ich überzeugt bin, daß es am Ende nothwendig sein
„wird, hiezu einen Fremden zu ernennen" [68]).

Zu diesem letzteren Entschlusse gelangte übrigens die Kaiserin
doch nicht. Graf Gottfried Heister, ein Enkel jenes Feldmarschalls
Siegfried Heister, der sich im spanischen Successionskriege um die
Landesvertheidigung Tirols und in Ungarn um Rakoczy's Besiegung
so verdient, gleichzeitig aber durch sein grausames Verfahren in dem
letzteren Lande so verhaßt gemacht hatte, erhielt die Stelle eines
Präsidenten des tirolischen Guberniums. Wenngleich die Vollmacht, die
ihm ertheilt wurde, eine noch weitergehende als die seines Vorgängers .
war, so wußte er denselben doch in keiner Weise zu ersetzen [69]).

Von den während seiner Verwaltung durchgeführten Reformen
möge hier nur der Verbesserung des Schulwesens gedacht werden,
welche in Folge der im Jahre 1774 erlassenen allgemeinen Schulordnung auch in Tirol ins Leben trat. Wie ein Jahrhundert später,
so hatte sie schon damals mit sehr großen Schwierigkeiten zu kämpfen.
Die letzteren aus dem Wege zu räumen, war außer der Staatsregierung auch noch der Bischof von Brixen, Graf Leopold Spaur

eifrig bemüht. Nichts weniger als ein lässiger Kirchenhirt, kam er doch den Reformen der Kaiserin auf kirchlich-politischem Gebiete mit Verständniß entgegen [70]). Und auch noch andere Priester waren es, zu ihrer Ehre sei es gesagt, die sich um die Verbesserung des Schul=wesens in Tirol sehr große Verdienste erwarben. Einer aus ihnen, Agsthofer, hatte schon in den Jahren 1770 und 1771 eine lang=dauernde Reise durch die Diözesen von Brixen, Trient und Chur zur Verbesserung der dortigen Schuleinrichtungen unternommen. Aber troß seiner übergroßen Anstrengungen errang er nur geringen Erfolg, den er noch überdieß mit seinem Leben bezahlte.

Glücklicher als er war Philipp Jacob Tangl, der sich Anfangs September 1770 mit drei anderen Priestern nach Breslau verfügte, um dort die von Felbiger herrührende, sogenannte Saganische Methode zu studiren und sie sodann in Tirol einzuführen. Im Schuljahre 1773/1774 konnte an der Normalschule zu Innsbruck, deren Leiter Tangl seit 1768 war und zu deren Director er im September 1773 ernannt wurde, der erste Lehrercurs eröffnet werden [71]).

Nachdem die neue Schulordnung erschienen war, machte Tangl im Herbste 1775 eine Reise durch einen großen Theil von Tirol und fand wenigstens in den bedeutenderen Ortschaften eine ziemlich will=fährige Aufnahme. Als aber die zu Innsbruck in der neuen Methode unterrichteten Landschullehrer nach Hause zurückkehrten und sie dort einzuführen begannen, da bedurfte es nachdrücklicher Verordnungen des kaiserlichen Guberniums und eines eindringlichen Hirtenbriefes des Bischofs von Brixen, um die große Aufregung allmälig zu be=schwichtigen. Unermüdlich setzte Tangl seine Inspectionsreisen fort, und zwar mit wechselndem Erfolge. Oft waren seine Wahrnehmungen erfreulich, oft aber auch in hohem Grade bedauerlich; so wollten die Sarnthaler Bauern den Lehrer sammt der neuen Methode zum Thale hinausjagen [72]). Aber troß solch peinlicher Ergebnisse setzte doch Tangl seine heilbringende Wirksamkeit bis zu seinem Tode unermüd=lich fort. Als die Nachricht von seinem Hinscheiden nach Wien kam, meldete Greiner sie der Kaiserin mit der Bemerkung, daß ihm leid um ihn sei. „mir auch", entgegnete Maria Theresia, „ware ferne" [73]).

Neben den Erzherzogthümern Oesterreich unter und ob der Enns, neben Inner= und Oberösterreich wurde damals unter der Bezeichnung der österreichischen Länder im engeren Sinne des Wortes auch Vorderösterreich verstanden. Zur Zeit der Thronbesteigung der Kaiserin Maria Theresia war der Sitz der Landesbehörde, auch hier Repräsentation und Kammer genannt, in Freiburg; im Jahre 1752 wurde sie jedoch nach Constanz verlegt, während die eigentliche Justiz= behörde die Regierung hieß und in Freiburg zurückblieb. Sieben Jahre später, im Jahre 1759 wurden beide Stellen wieder in Freiburg unter dem Namen der Regierung und Kammer vereinigt. An ihrer Spitze standen nach einander Anton Freiherr von Summerau und Karl Ferdinand Freiherr von Ulm.

Der Letztere war noch auf diesem Posten, als in der zweiten Hälfte des Juli 1777 Kaiser Joseph, auf seiner Rückreise aus Frank= reich durch die Schweiz kommend, in Freiburg eintraf. Fünf Tage hielt er sich dort auf, um, so viel als die Kürze der Zeit es erlaubte, die Zustände des Landes und seiner Regierung zu studiren. Mit der letzteren war er nichts weniger als zufrieden, und er theilte das Ergebniß seiner Wahrnehmungen der Kaiserin in einem Briefe mit, der um seiner Wichtigkeit willen hier großentheils Aufnahme finden muß.

„Gewiß ist es, daß wenn man dieses Land genau betrachtet, „man sieht, daß man sehr wenig Nutzen daraus zu schöpfen vermag. „Sobald es aber keinen solchen gibt, scheint die Vernunft zu fordern, „daraus wenigstens so viel zu ziehen und gleichzeitig die Unterthanen „so glücklich zu machen, als nur immer möglich erscheint. Aber durch „das gegenwärtige Verfahren verfehlt man beide Zielpunkte, denn eine „kostspielige, zahlreiche und schlecht zusammengesetzte Regierung ver= „braucht die Einkünfte und verbreitet Unzufriedenheit unter den Ein= „wohnern. Zwanzig Räthe, welche mit den ihnen untergeordneten „Beamten in einem Lande, das, Alles zusammengenommen, nicht „300.000 Gulden abwirft, 140.000 Gulden kosten, grübeln, da doch „Jeder irgend etwas thun muß, erfinden, befragen, schreiben und

„spannen dadurch die Geduld der Unterthanen aufs höchste. Ein
„Präsident, der nicht die Befähigung besitzt, sie im Zaume zu halten,
„der mit seinen Ausgaben nicht Haus hält und zweideutige Mittel
„anwendet, um sie bestreiten zu können, ruft üble Nachrede wach. Die
„Universität ist ungefähr in dem gleichen Falle: sie zählt vier und
„zwanzig Professoren, von denen Einige sieben bis acht, Einige etwas
„mehr Studenten haben, und sie scheint daher weder das werth zu
„sein, was sie kostet, noch sich an einem geeigneten Platze zu be-
„finden, um jemals mehr Leute an sich zu ziehen. Die Regierung ist
„gleichfalls am Ende des Landes, entfernt von den zu ihr gehörigen
„Landstrichen und von der Hauptstadt, wodurch eine beträchtliche
„Verschleppung verursacht wird. Die juridischen Gegenstände sind mit
„den politischen vermengt, keine Ordnung besteht in den Sitzungen
„der Regierung; ein Generalcommando, mit Allem was dazu gehört,
„ist für zwei Bataillone vorhanden, was in Wahrheit abgeschmackt
„genannt werden muß. Wenn ich erst die anderen Landestheile und
„insbesondere Vorarlberg gesehen habe, werde ich Ihnen mehr davon
„sagen können. Mein Gedanke ist gefaßt, aber ich muß ihn noch
„mehr verarbeiten."

„Was die Stadt Altbreisach angeht, so weiß ich nicht wovon
„ihre Einwohner leben. Auf einem Berge gelegen, können sie sich dem
„Ackerbau nicht widmen, und was das Handwerk betrifft, so weiß ich
„nicht für wen sie, außer für die vier Compagnien, die dort sind,
„arbeiten sollen. Das Correctionshaus daselbst ist sehr reinlich, aber
„die Leute sind dort unendlich viel zu gut gehalten; es geht ihnen
„weit besser als zu Hause. Die Nonnen, denen Eure Majestät Steine
„und Geld zum Baue bewilligt haben, arbeiten mit Eifer daran.
„Aber ich glaube nicht, daß ihre Lage am Ende aller Provinzen dazu
„gemacht ist, viele Zöglinge anzuziehen."

„Die Stadt Constanz ist gewiß für den Betrieb des Handels
„der natürlichste Punkt, und mittelst einiger Einrichtungen könnte sie
„das wieder werden, was sie einstens war. Was den hier bei-
„geschlossenen Bericht der Kanzlei angeht, so glaube ich, thut sie

„Unrecht, daß sie nicht alles Gewicht auf die Wiedererwerbung der „Landgrafschaft Thurgau legt. Sie umgibt Constanz und dessen See, „ist reich, bevölkert, bebaut, und würde uns ungemein passen. In „Bezug auf Montfort wird man meines Erachtens die Erledigung „durch einen Todesfall abwarten müssen, indem man Langenargen „behält. Der Tausch mit dem Bischofe von Constanz und der mit „dem Bischofe von Augsburg scheint mir nicht durchführbar zu sein, „aber aus vielen Gründen muß man die landes- und oberherrlichen „Rechte auf die Markgrafschaft Burgau unerschütterlich behaupten; „das kann zu anderen vortheilhaften Vertauschungen führen. In Folge „dessen wage ich es Eure Majestät zu bitten, der Kanzlei zu befehlen, „alle nur immer möglichen Nachforschungen über die Rückerwerbungs- „rechte auf Thurgau anstellen zu lassen, und den Insassen von „Burgau, welche, insbesondere der Bischof von Augsburg, immer zu „Uebergriffen hinneigen, keine Rechte zu cediren."

„Vorarlberg ist ein für die Monarchie wichtiger Theil; es „verbindet Tirol mit dem Constanzer See. Mir schiene daß dieses „Land, selbst was die Regierung betrifft, mit Tirol vereinigt werden „sollte. In Constanz aber oder in Stockach hätte der Sitz der vorder- „österreichischen Regierung zu sein; auf fünf Justizräthe verringert, „würde sie mit einem Präsidenten das ganze Geschäft besorgen können; „der gleiche Chef, mit wenigen Unterbeamten, vermöchte auch die „politischen und die Cameralangelegenheiten zu führen. Die Münze „würde ich aufheben und ebenso die Universität, deren vereinigte Fonds „man in Constanz zu verwenden vermöchte, wo ohnedieß das bischöf- „liche Seminar schon existirt. Mit ihr würde ich die Innsbrucker „Universität verbinden, denn aus diesen zweien würde man kaum „eine gute schaffen können. Die Güte aber ist es und nicht die Menge, „woraus man Gewinn zieht."

„Der ganze Theil des Breisgau's, Nellenburgs, die Waldstädte, „Rothenburg, die Ortenau und Burgau sind abgelöste Theile der „Monarchie, deren Eintausch für eine beträchtlichere Abrundung sehr „vortheilhaft sein würde. Vorarlberg, das heißt Bregenz und Constanz

„werden niemals in diesen Fall kommen und müssen für immer „der Monarchie einverleibt bleiben. Aber für den Theil Baierns bis „zum Inn dürfte man jene Länder nicht hingeben; man würde „dabei verlieren. Man müßte ganz Ober= und Niederbaiern und „die Oberpfalz bekommen, denn sonst würde der Handel ein un= „günstiger sein" [74]).

Dieser Brief des Kaisers an seine Mutter ist auch darum von Interesse, weil durch dessen Inhalt wohl jeder Zweifel beseitigt wird, daß es auf Josephs Antrieb geschehen war, wenn Maria Theresia schon im October 1776 ein Handschreiben an Kaunitz er= lassen hatte, das sich auf die vermeintlichen Rechte ihres Hauses auf Thurgau bezog. Die vorderösterreichische Regierung habe die Anzeige erstattet, hieß es darin, daß aus mehreren im Archive der Stadt Constanz aufgefundenen Urkunden die Berechtigung des Hauses Oesterreich hervorgehe, Thurgau, das in älteren Zeiten unstreitig österreichisches Erbeigenthum gewesen, wieder zurück zu verlangen. Wohl sei es für jetzt noch nicht räthlich, mit einem solchen Be= gehren, zumal dasselbe noch nicht ganz ins Klare gesetzt sei, gegen die Schweiz aufzutreten. Doch denke sie es nicht vollständig fallen, sondern vorerst die Rechtsfrage prüfen zu lassen, um sodann zu geeigneter Zeit und unter günstigen politischen Umständen diese Forderung mit umso größerem Nachdrucke zur Geltung bringen zu können [75]).

Den Auftrag, die entsprechenden Nachforschungen in den Archiven zur Nachweisung jener Berechtigung anstellen zu lassen, beantwortete jedoch Kaunitz etwa sechs Wochen später mit der Erklärung, daß dasjenige, was sich hierüber in dem kaiserlichen Hausarchive vorfinde, nach der Meinung des Archivars Rosenthal zur Erhärtung der An= sprüche des Hauses Oesterreich auf Thurgau noch keineswegs genüge. Vielleicht fänden sich in Constanz, Freiburg oder Innsbruck kräftigere Beweismittel für sie [76]).

Nicht glücklicher war ein zweites, von dem österreichischen Ge= sandten bei dem schwäbischen und dem fränkischen Reichskreise, Feldzeug-

meister Freiherrn von Ried vorgelegtes Project, welches den Austausch
eines Theiles der vorderösterreichischen Länder gegen andere zum Zwecke
hatte. Es sollte hiedurch aus Vorderösterreich ein an und für sich
schon ansehnliches, mit der österreichischen Monarchie zusammenhängen=
des Land gebildet werden, durch dessen Besitz Oesterreich noch überdieß
der Handel auf dem Bodensee, sowie derjenige aus der Schweiz und
Italien ausschließlich gesichert würde [77]).

Es gewinnt fast den Anschein, als ob dieser Gedanke nicht
dem Kopfe des Freiherrn von Ried entsprungen, sondern ihm durch
Niemand Andern als Joseph eingegeben worden sei. Am 7. April 1777
war der Kaiser auf seiner Reise nach Paris durch Ulm gekommen,
noch ganz erfüllt von den Eindrücken, die er an diesem und dem
vorangegangenen Tage in Günzburg, das bekanntlich zu Vorder=
österreich gehörte, in sich aufgenommen hatte [78]). Am 21. Mai aber
trat Ried, der in Ulm residirte und dort offenbar mit dem Kaiser
zusammengetroffen war, mit seinem Austauschprojecte hervor, von
welchem er früher nie die geringste Erwähnung gemacht hatte. In
Wien fand er jedoch keineswegs den Anklang, den Joseph gewünscht
hätte. Kaunitz begnügte sich damit, die Berichte Rieds, ohne ein
Urtheil abzugeben über deren Inhalt, zur Kenntniß der Kaiserin zu
bringen [79]). Maria Theresia aber sandte sie dem Staatskanzler mit
den eigenhändig niedergeschriebenen Worten zurück: „dise ideen haben
„vor jetzo keinen statt".

Es scheint auch daß, als Joseph von Freiburg aus auf diese
Angelegenheit zurückkam, Maria Theresia nicht geneigt war, sie weiter
zu verfolgen, wenigstens findet sich ein Auftrag zu ferneren Nach=
suchungen in den Archiven nicht vor. Und bald darauf mag der
Streit, der sich über die Nachfolge in Baiern erhob, es verhindert
haben, daß man mit den von dem Kaiser in Anregung gebrachten
Tauschplanen sich noch weiter befaßte.

Zweites Capitel.

Die böhmischen Länder.

— —

Mit Böhmen, diesem Juwel unter den Ländern, welche zusammen die österreichische Monarchie bilden, haben wir uns im Verlaufe der Lebensbeschreibung der Kaiserin Maria Theresia schon zu wiederholten Malen zu beschäftigen gehabt. Ganz abgesehen von den Ereignissen der beiden langdauernden Kriege, welche Maria Theresia zu führen hatte, war dieß am eingehendsten bei der Erzählung der Begebenheiten der Fall, die zwischen der Wiedereroberung des Landes gegen Ende des Jahres 1742 und Maria Theresia's Königskrönung sich zutrugen [80]). Und außerdem wurden die Maßregeln, die man traf, um die Lasten zu erleichtern, welche den böhmischen und den mährischen Bauernstand in Folge seines Unterthänigkeitsverhältnisses zu den Grundherren bedrückten, ziemlich ausführlich besprochen [81]).

Hiemit ist jedoch das, was unter der Regierung der Kaiserin in Bezug auf Böhmen und Mähren geschah, bei weitem nicht erschöpft. Ohne dieß hier umständlich darstellen zu wollen, werden wir wenigstens einige der wichtigsten Vorfälle, welche dem letzten Jahrzehnt ihrer Lebenszeit angehören, nicht ganz mit Stillschweigen übergehen dürfen.

Böhmen, Mähren und das österreichische Schlesien müssen wohl die Theile der Monarchie genannt werden, die in dem Zeitraume von vierzig Jahren, während dessen Maria Theresia regierte, die meisten Heimsuchungen erlitten. Daß sie weit mehr als die übrigen Provinzen

als Kriegsschauplatz dienen und die hiemit unausweichlich verbundenen
Leiden erdulden mußten, ist bereits ausreichend dargelegt worden. Und
ebenso artete der überall schmerzlichst empfundene Mangel an Lebens=
mitteln, der im Jahre 1771 in ganz Mitteleuropa herrschte, in Böhmen,
in Schlesien und theilweise auch in Mähren in wahre Hungersnoth
aus. Schon im Jahre 1770 war die Ernte völlig mißrathen und in
Folge dessen kein Vorrath an Getreide mehr übrig geblieben. Als
nun im folgenden Jahre der größte Theil der Ernte durch unablässige
Regengüsse neuerdings zu Grunde gerichtet wurde, da stieg die Be=
drängniß der Bevölkerung immer höher und höher.

Ein eigenthümliches Verhängniß brachte es mit sich, daß gerade
damals die Thätigkeit der Behörden, welche rasch hätten eingreifen
sollen, um dem Uebel zu steuern, gleichsam gelähmt war. An der
Spitze der böhmischen und der österreichischen Hofkanzlei befand sich
wenigstens dem Namen nach Graf Rudolph Chotek; derselbe war
jedoch schwer erkrankt, und da kein Anderer es wagte, statt seiner
die Erfüllung der Pflichten auf sich zu nehmen, die mit jenem wichtigen
Posten verbunden waren, geschah nur wenig und die nothwendigsten
Maßregeln unterblieben. Aehnliches war auch in Böhmen der Fall,
wo der achtzigjährige Graf Philipp Kolowrat als Oberster Burg=
graf an der Spitze der Landesverwaltung stand. Obgleich vielerfahren
in den Geschäften, befand er sich doch, wohl zunächst in Folge seines
Alters, so wenig mehr auf der Höhe seiner Aufgabe, daß schon im
Februar 1771 Kreßl als bevollmächtigter Commissär nach Böhmen
abgesendet wurde. Doch erkannte man bald, daß dieses Auskunfts=
mittel nur ein unzulängliches sei, und man strebte sowohl Chotek als
Kolowrat zu bewegen, freiwillig ihren Posten zu entsagen⁸²). Beide
fügten sich, wie es scheint, dem Wunsche der Kaiserin, und als ihr
Kolowrat dieß mittheilte, richtete sie an ihn die folgenden Zeilen:

„lieber graff Kolobrat. ich habe sein schreiben von 14 junij
„empfangen, die mir seine vorstellung gebracht, das er wegen seinen
„alter die neue einrichtung sich nicht getraue zu stand zu bringen. ich
„nehme also in gnaden an seine demission, umb ihme jene billige

„ruhe genieſſen zu laſſen, welche ſeine ſo lange, treüe, nutzliche,
„diſtinguirte bienſte verbienen, mit all jenen, wie er jetzund es
„genoſſen. dem nachfolger werbe indeſſen einen extragehalt aus=
„werffen, hoffend baburch nicht allein ihme und ſeiner famille ein
„zeichen meiner erkantlichkeit zu geben und ihme baburch noch länger
„als ein würbigen treüen miniſtre zu conſervirn zu unſern troſt,
„ſonbern auch bas publicum zu überzeigen, wie werth er mir iſt, und
„(werbe) wohl niemahls ſeine treüe (vergeſſen), mit welcher er mir beſonbers
„in denen häcklichſten umbſtänden von anfang meiner unglicklichen re=
„girung beygeſtanden und ſeine treüe bis auff die fortſchleppung ſeiner
„perſon mir bezeigt hat 83). er wird alſo mich nicht mehr obligirn können,
„alſ in allen gelegenheiten, die ihme oder die ſeinige angehen kunten,
„ſein Vertrauen zu mir zu nehmen; ich werbe ſorgen, ihme, ſo vill an
„mir ligt, ſeine tage zu beruhigen und vergnügen und mir eine ehre
„baraus mache, meine erkantlichkeit, die ihme ſchulbig bin, alzeit vor
„ber welt zu erklären, die alzeit verbleibe ſeine gnäbigſte Frau und
„wahre Freündin   Maria Thereſia" 84).

So wie Hatzfeldt an Choteks Stelle trat, wurbe Fürſt Karl
Egon zu Fürſtenberg ſtatt Kolowrat zum Oberſten Burggrafen von
Böhmen ernannt. Die Maßregeln aber, die man ergriff, um ber
immer mehr über Haub nehmenden Noth in Böhmen zu ſteuern,
beſtanden zunächſt in dem Ausfuhrverbote für Getreide, welches für
den ganzen Umkreis des öſterreichiſchen Staates erging. Und überbieß
wurden alle nur immer denkbaren Vorkehrungen getroffen, um große
Maſſen von Getreide aus Ungarn nach Böhmen zu bringen; ſchon
im Juli 1771 widmete Maria Thereſia zu dieſem Zwecke eine Million
Gulden, und drei Monate ſpäter verdoppelte ſie dieſe Summe.

Da nicht allein Oeſterreich, ſonbern auch Süddeutſchland von
bem brückendſten Mangel an Lebensmitteln heimgeſucht war, durfte
man ſich keineswegs verwundern, daß man von dorther alle Hebel in
Bewegung zu ſetzen ſich bemühte, um die Zurücknahme des Ausfuhr=
verbotes oder doch wenigſtens die Zulaſſung von Ausnahmen zu er=
wirken. Maria Thereſia, der es jederzeit ſo ſchwer fiel, abſchlägige

Antworten zu ertheilen, wäre wohl leicht zur Nachgiebigkeit zu bewegen gewesen, nicht aber Joseph, welcher auf unerschütterliches Festhalten an dem Ausfuhrverbote drang.

Den ersten Anlaß, diese Meinung recht deutlich zum Ausdrucke zu bringen, fand der Kaiser in dem Wunsche des Kurfürsten von Baiern, zur Steuerung der Noth in seinem Lande achttausend Metzen aus Oesterreich dorthin einführen zu dürfen. Nicht mit Unrecht wies Joseph darauf hin, daß mit einer verhältnißmäßig so geringen Quantität Getreide dem Lande Baiern durchaus nicht geholfen, aber darum doch eine unstatthafte Ausnahme von dem allgemeinen Ausfuhrverbote zugelassen würde [85]). Und Maria Theresia schrieb in Folge dessen auf den Bericht, mit welchem Kaunitz das Ansuchen des Kurfürsten von Baiern unterstützt hatte [86]), die folgenden Worte: „der Kayser „vermeint, das man in nichtens abgehen könne von der gefasten „sperr, mit dem zusatz, das sobald wir weithers werden einsehen, „das wir etwas entrathen können, wir mit freüden selben beyspringen „werden".

Mit noch weit größerer Entschiedenheit sprach Joseph ungefähr ein halbes Jahr später über die Bitte der Stadt Regensburg sich aus, ihr die Bewilligung zur Einfuhr von viertausend Metzen Getreide aus Oesterreich zu gestatten. Aufs dringendste unterstützten die österreichischen Gesandten zu Regensburg durch die Schilderung der daselbst herrschenden Noth dieses Begehren, und Kaunitz scheint auch jetzt wieder zur Willfährigkeit gerathen zu haben. Dem widerstrebte jedoch Joseph in energischer Weise. „Worin bestehen denn", schrieb er seiner Mutter, „die Vorzüge welche die Stadt Regensburg vor Salzburg besitzt, das „in nachbarlichen Verhältnissen mit uns steht und von welchem wir „einige Vortheile wirklich zu erhalten suchen? Welche Vorzüge besitzt „sie vor Passau, dessen Bischof bei uns Diözesan ist, und welche vor „Baiern, dessen Kurfürst ein so mächtiger Reichsmitstand und mit „Eurer Majestät in so naher Blutsverwandtschaft steht? Welche vor „Augsburg, dessen Fürst Eure Majestät auch so nahe angeht? Welche „vor Neuburg, wo der Kurfürst von der Pfalz ein so ansehnlicher

„Reichsftand ift? Welche endlich vor Bayreuth und Anspach und „allen anderen geistlichen und weltlichen Reichsfürsten und Städten, „die Eure Majeftät um die nämliche Gnade schon angegangen haben?" Man müffe, führt Joseph aus, entweder Allen gleichmäßig helfen oder ihnen Allen den gewünschten Beistand verweigern. Erfteres könnte man nur durch Preisgebung der eigenen Unterthanen thun, daher bleibe nichts übrig als sich zu Letzterem zu entschließen[87].

So lautete denn auch die Antwort, welche der Stadt Regensburg ertheilt wurde, und daß Maria Therefia sie gleichfalls zu billigen nicht umhin konnte, geht aus einigen Zeilen hervor, die sie später an Kaunitz schrieb. Im Juli 1771 hatte der Propft von Berchtesgaden seinen Stiftscapitular Freiherrn von Kulmer nach Wien gesendet, um von der Kaiserin, die ihm schon einmal Getreide aus Kärnten überlaffen hatte, die Bewilligung zu einer neuen Zufuhr zu erlangen. Als Kaunitz sie um eine Audienz für Kulmer bat[88], antwortete ihm Maria Therefia: „eine ausfuhr von unfern landen kan so wenig als „regenspurg und bayern geftattet werden, mithin mir dise abschlägige „audienz zu ersparen".

Die perfönliche Bedrängniß, in welcher ihre eigenen Gefandten und diejenigen der übrigen deutschen Fürften zu Regensburg sich befanden, zwang endlich Maria Therefia, in Bezug auf diefelben eine Ausnahme von dem bisher mit solcher Strenge aufrecht erhaltenen Ausfuhrverbote zu geftatten. Als Freiherr von Borié in dringendfter Weife um die Bewilligung bat, für feinen Bedarf und den feines Kanzleiperfonals vierhundert Metzen Getreide in Ungarn ankaufen und nach Regensburg bringen laffen zu dürfen, als er das gleiche Anliegen der preußischen und der hannoverschen Comitialgefandtschaften angelegentlich unterftützte, da fällte Maria Therefia mit den folgenden Worten eine willfährige Entscheidung:

„ich habe vor borie, hartig, seydwitz und all ihre fubalterne „erlaubt, 1000 metzen auszuführen; 600 getreid, 400 haaber; vor das „ganze jahr aber kein weitere hilff nicht mehr zu hoffen haben. alles

„wird auff borie nahmen geschickt werden und sein also die vor dem
„preußischen auch darin.   habe schonn dem befehl wegen der ausfuhr
„hatzfeld gegeben" [89]).

Es lag wohl in der Natur der Sache, daß durch das Verbot
der Ausfuhr von Getreide nach dem Auslande, und durch den Transport
möglichst großer Quantitäten desselben nach Böhmen, insbesondere
bei den zu jener Zeit noch sehr mangelhaften Communicationsmitteln
dem Elende daselbst nicht so rasch gesteuert werden konnte, als es im
höchsten Grade erwünscht gewesen wäre.   Vor Allen war es Joseph,
der mit immer steigender Ungeduld zu Maßregeln drängte, von
denen er sich, freilich ohne dafür irgendwelche Bürgschaft über=
nehmen zu können, ausgiebigere Wirkungen versprach, als bisher
erreicht worden waren.   Ein Brief, den er an seinen Bruder Leopold
schrieb, erscheint als ein so treues Spiegelbild der damaligen Stimmung
des Kaisers, daß er wenigstens zum Theile hier wird Aufnahme
finden dürfen.

„Da sind wir noch immer", so lautet derselbe, „in dem gleichen
„traurigen Zustande; diese Lethargie und schlagflußartige Entkräftung
„hält noch an; noch sind wir aus ihr nicht heraus, und trotz all
„meines Geschreies thut man nichts, um Böhmen zu helfen. Im größten
„Vertrauen wage ich es, Dir hier die Abschrift der Punkte zu über=
„senden, die ich neulich außer vielen anderen Ihrer Majestät übergab.
„Mit Freimuth und mit Kraft spreche ich mich darin aus, aber kaum
„hat es genügt, um nach zehn Tagen eine Zusammentretung zu ver=
„anlassen, ein ebenso armseliges als nichtssagendes Mittel.   Diese
„Herren hier wissen von nichts; unsere Departements sind nicht aus=
„reichend versehen, und selbst von den Statthaltereien in den Provinzen
„kann man, ohne mit seinem Begehren von Thüre zu Thüre zu gehen,
„nichts erfahren" [90]).

In diesen letzteren Worten liegt die Erklärung des Entschlusses,
den Joseph urplötzlich faßte, sich selbst nach Mähren, nach Schlesien
und nach Böhmen zu begeben, um die dortigen traurigen Zustände
mit eigenen Augen zu schauen und sich in solcher Weise ein richtiges

Urtheil über die Mittel zu ausgiebiger und dauernder Abhülfe zu bilden. Zu großem Leidwesen der Kaiserin, welche vor den Anstrengungen einer solchen Reise und mehr noch vor den Gefahren zurückschrak, mit denen die in jenen Provinzen damals herrschenden Seuchen die Gesundheit, ja das Leben ihres Sohnes bedrohten, verließ Joseph am Morgen des 1. October Wien und kam noch am selben Tage nach Brünn [91]). Unverzüglich begann der Kaiser mit dem Präsidenten des Landesguberniums, Grafen Ernst Kaunitz, dem ältesten Sohne des Staatskanzlers, mit dem Vorsitzenden der Handelsbehörde, Grafen Christoph Blümegen, mit dem Polizeidirector Grafen Johann Mittrowsky, endlich mit anderen Beamten und einzelnen Bürgern von Brünn nähere Besprechungen zu pflegen. Aber schon am 3. setzte er seine Reise nach Olmütz fort, wo er am 4. October eintraf. Ueberall, wohin sein Weg ihn führte, wendete er auch den Truppen sein besonderes Augenmerk zu, und das Tagebuch des Kaisers ist insbesondere im Anfange der Reise voll von Bemerkungen, wie er die einzelnen Abtheilungen gefunden, und von Aussprüchen über die Tüchtigkeit oder die Gebrechen derselben und ihrer Offiziere. Später aber nimmt der Nothstand des Landes seine Aufmerksamkeit fast ausschließlich in Anspruch.

Am 5. October war Joseph in Troppau, wo der Feldzeugmeister Graf Harsch an der Spitze des schlesischen Landesamtes stand. Auch mit ihm, mit anderen Mitgliedern dieser Behörde und mit sonstigen wohlunterrichteten Personen besprach sich der Kaiser, und er erhielt hier noch haarsträubendere Berichte über die Noth der Bevölkerung als in Mähren. Am 8. October traf Joseph in Iglau ein; von hier übersandte er den Grafen Kaunitz und Harsch ein Verzeichniß von fünfzehn Punkten, zu deren unverzüglicher Beantwortung alle Mitglieder der Landesbehörden in Mähren und Schlesien verhalten werden sollten. Der Hauptsache nach drehten sie sich um die in dem ersten Punkte ihren Ausdruck findende Frage, ob nur der zweijährige Mißwachs Schuld trage an dem Nothstande des Landes, oder ob das Regierungssystem und die Verfassung oder andere Umstände, und welche, hiezu gleichfalls Veranlassung dargeboten hätten. Natürlicher

Weise sollten auch die Mittel zur Abhülfe in den Kreis der abzugeben-
den Gutachten gezogen werden [92]).

War schon das, was Joseph bisher gesehen, betrübend genug,
so fand er auf seiner Rundreise durch Böhmen das Uebel noch ärger.
Pardubitz, Königgrätz, Trautenau, Leitmeritz, Kommotau, Saatz,
Pilsen, Klattau, Pisek, Tabor und noch viele andere Städte und
Ortschaften berührte der Kaiser; überall vernahm er die bittersten
Klagen, und zwar nicht nur über den Nothstand, der durch die Miß-
ernten herbeigeführt worden, sondern auch über die arge Bedrückung
der Landbevölkerung von Seite der Grundherren. Mit welch emsiger
Sorgfalt er sich persönlich über Alles genaueste Auskunft zu verschaffen
bemüht war, davon ist sein Reisejournal der beredteste Zeuge.

Am 24. October traf der Kaiser in Prag ein und beschloß
vorläufig seine mehr als dreiwochentliche Rundreise. Unermeßlich hatte
er, wie Maria Theresia sich ausdrückte, das überall herrschende Elend
gefunden, und ganz unzulänglich die zu Gebote stehenden Mittel, um
ihm zu steuern [93]). Aber Joseph legte darum doch nicht die Hände in
den Schooß. Gleich nach seiner Ankunft in Prag begann er einen
weitläufigen Bericht an seine Mutter über seine Wahrnehmungen
während der Reise und über die Maßregeln, welche nach seiner
Meinung ergriffen werden sollten. Denn es galt nicht nur vorerst die
Bedrängniß der Bevölkerung in den böhmischen Ländern zu mildern
und eine Wiederkehr ähnlicher Zustände wenigstens für die nächst-
folgenden Jahre zu verhüten, sondern das Uebel an der Wurzel zu
fassen und Einrichtungen zu treffen, durch welche jenen Ländern für
die Dauer eine bessere Zukunft bereitet werden sollte.

„Um Eurer Majestät einen, so viel als möglich ist, klaren
„Bericht über meine in Mähren, Schlesien und Böhmen vorgenommene
„Reise zu geben“, schrieb Joseph an seine Mutter, „so erfordert es
„vor allen ein in Landessachen viel mehr geübtes, ja so zu sagen diesen
„betrübten und wichtigen Umständen gemäß ausnehmend geschicktes und
„einsichtiges Subjectum, so in mir gewiß nicht anzutreffen ist. Ueber-
„dieß, daß ich in diesen Landeseinrichtungssachen ein roher, unerfahrener

„und allein mit etwas gutem Willen begabter Recrout bin, so ist die
„Zeit von etlich und zwanzig Tägen nicht erklecklich, so viele unter=
„schiedene Gegenstände zu ergründen, zu erforschen und nach ihrer Art
„zu schätzen. Da aber Euer Majestät auch meine wenige Gedancken
„zu wißen verlangen, und höchstens das wenige Papier umsonst ver=
„schmieret, da ich meine Mühe, wann ich rechtschaffen zu handeln
„glaube, vor nichts rechne, seyn kann, so theile ich Klarheits wegen,
„und um bringende Entschließungen nicht länger hinauszuschieben, meine
„hier allerunterthänigst erstattende Relation in drey Theile:"

„1. Die jetzige Laage deren böhmischen Landen, und was vor
„Mitteln die Nothdurft zu erheischen scheinet, gleich anzuwenden, um
„ein größeres Uebel zu verhüten."

„2. Die Enumeration derjenigen Ursachen, welche diese Länder
„schon durch einige Jahre her in diese Umstände zu verfallen zu=
„bereitet haben, sammt denjenigen Mitteln, welche zu Behebung dieser
„vitiosen Verfassung in allen Theilen, meiner wenigen Einsicht nach,
„vorzuschlagen hätte."

„3. Eine Zergliederung deren Particular=Umständen aller drey
„dieser Provinzen, samt mehresten ihrer Kreyßen, und die Meynungen
„deren unterschiedlichen Kreyß=Hauptleüthen und sämmtlichen dreyen
„Guberniis nebst allen dazu gehörigen Tabellen."

Die erste Abtheilung seines Berichtes übersandte Joseph der
Kaiserin schon zwei Tage nach seiner Ankunft in Prag. Nach einer
anschaulichen Beschreibung des bedauerlichen Zustandes, in welchem
er die drei Länder gefunden, wendet er sich zu den Mitteln, die er
vorschlägt, von denen er jedoch selbst sagt, daß sie nichts weniger als
eine durchgreifende Heilung herbeizuführen vermöchten; höchstens könnten
sie verhüten, daß es zum Aeußersten komme [94]). Und so war es denn
auch in der That. Nicht viel Anderes mußte Joseph in Antrag zu
bringen, als eine Verstärkung dessen, was bereits geschehen war:
strenge Aufrechthaltung des Verbotes der Ausfuhr von Getreide nach
dem Auslande, und die Verfrachtung möglichst großer Quantitäten

desselben aus Ungarn und dem Banate nach Böhmen, Mähren und
Schlesien. Zu scharfer Bewachung der Grenzen wurde sogar ein
Truppencordon gezogen, und außerdem sollten nicht allein die Militär-
fuhrwerke zu Getreidetransporten verwendet, sondern die letzteren auch
von Stapelplätzen, an denen ihre Ansammlung stattzufinden hätte,
durch Cavallerie an die Orte ihrer Bestimmung begleitet werden. Die
commandirenden Offiziere hätten die ordnungsmäßige Vertheilung zu
überwachen und jede Verschleppung zu verhindern. Der Verkehr im
Inneren der böhmischen Länder sollte von jeder Beschränkung befreit werden.

Nachdem er auch die zweite Abtheilung seines Berichtes, und
zwar am 8. November vollendet und nach Wien abgesendet hatte,
verließ der Kaiser am 10. November Prag und begab sich über
Budweis nach Linz. Fast drei Tage verweilte er daselbst und fuhr
dann über Enns nach Steyr. Nach all dem Elend, das er in Böhmen
gesehen, brachten die gesegneten Fluren des Landes Oesterreich ob der
Enns einen wohlthuenden Eindruck auf ihn hervor. „Das Land ist
„schön", schrieb er in sein Reisejournal, „und ziemlich bebaut, wie auch
„die Saaten sehr schön stehen und die Felder sehr gut zugerichtet und
„bebaut scheinen, wovon das Eigenthum, so der Bauer in Ober-
„österreich hat, und daher an seiner Wirthschaft durch Roboten nicht
„verhindert wird, sondern nur seinem Herrn in Zinsungen, Laudemial-
„und Protocollsgefällen beysteuert, die Ursache ist." Am 17. November war der Kaiser wieder in Wien [95]).

Hatte der erste Theil seines Berichtes schleunige Maßregeln
nothwendig gemacht, so konnte der zweite der Natur der Sache nach
nur Anlaß zu sehr umständlichen Berathungen bieten. Denn Joseph
ging darin weit über die Dinge hinaus, welche die böhmischen Länder
betrafen; er unterzog vielmehr die ganze Einrichtung der öffentlichen
Verwaltung einer sehr scharfen und bitteren Kritik. Das Heilmittel
erblickte er in der Einsetzung eines obersten Leiters der gesammten
Staatsadministration, welcher das unbedingte Vertrauen der Kaiserin
genösse, und hierauf gestützt, auch eine unbeschränkte Herrschaft über

alle Behörden ausüben sollte. Die Kaiserin selbst müßte sich binden, auch nicht das Geringste, außer an ihn und durch ihn zu befehlen. —

So wie im Mittelpunkte des Staates, so verlangte Joseph auch in den einzelnen Ländern eine größere Concentration der Verwaltung. Aber die Art und Weise, wie er sie durchzuführen vorschlug, schien dem von ihm aufgestellten Grundsatze keineswegs zu entsprechen. In jedem Kreise sollte ein zwar noch tüchtiger, aber doch zu Kriegszwecken nicht mehr tauglicher Offizier als Cantonsdirector aufgestellt werden. In Militärsachen hätte er mit den commandirenden Generalen zu correspondiren, in Angelegenheiten von Civilpersonen aber sich mit dem Kreishauptmann in Verbindung zu setzen. Er wäre berechtigt, Klagen aus der Mitte der Bevölkerung entgegen zu nehmen; fänden sie bei dem Kreishauptmann keine Abhülfe, so hätte er sie dem commandirenden General einzusenden, der hiedurch eine Art von Controle über die Behandlung der Unterthanen ausüben würde. Um außerdem die Kreishauptleute besser übersehen zu können, wäre Böhmen in vier, Mähren aber in zwei Theile zu theilen und an die Spitze eines jeden derselben ein Kreisdirector zu stellen; in Böhmen hätte er je vier, in Mähren drei Kreise zu überwachen.

So wohlwollend ohne Zweifel die in diesen Vorschlägen an den Tag tretenden Absichten des Kaisers auch waren, so wenig wird man doch die von ihm beantragte Hereinziehung des Militärs in die Civilverwaltung der Länder und die noch größere Complizirung der letzteren durch Einsetzung von Kreisdirectoren gutheißen können. Billigung wird es dagegen verdienen, wenn der Kaiser in den Händen des Regierungspräsidenten nicht nur die eigentliche Administration, sondern auch alle übrigen Geschäfte zu vereinigen wünschte, die sich auf Finanz- und Handelsangelegenheiten bezogen.

Wird man hinsichtlich der Anträge Josephs, insofern sie eine Umgestaltung der Staats- und der Landesverwaltung herbeiführen sollten, nicht leicht seiner Meinung beipflichten können, so wird man dagegen um so freudiger der Mehrzahl der übrigen Betrachtungen zustimmen, die er mit seinen Vorschlägen in die engste Verbindung

4*

bringt. In energischen Ausdrücken bricht er vor Allem über die Unwissenheit und den Aberglauben den Stab, welche in der Bevölkerung
herrschten. Einige Beispiele führt er an, die er aus eigener, in Böhmen
gemachter Wahrnehmung schöpfte. So erzählt er seiner Mutter, daß
der Dechant auf dem Wyschrad ein Wappen führe — das auch in
Stein gehauen allgemein zu sehen sei — in welchem der heilige Petrus
einen Herzog von Böhmen öffentlich peitsche. Als Erklärung dieses
Wappens werde berichtet, der Herzog habe die Domherren an ihrem
Gute geschädigt. Da sei plötzlich der heilige Petrus erschienen und
habe ihn so lange grausam gezüchtigt, bis er das ungerecht an sich
gezogene Gut wieder zurückstellte. „Dieses dienet ja", fügt Joseph
hinzu, „zur Schande der Religion und zum Nachtheil der weltlichen
„Regierung."

Das wirksamste Mittel, in dieser Beziehung die ganz unerläß-
liche Abhülfe zu schaffen, erblickt der Kaiser vor Allem in einer besseren
geistigen Ausbildung der Priester. Nachdem er die schöne Aufgabe
des Seelsorgers in würdigen Worten charakterisirt, fährt er fort:
„Wie sollen unerzogene und bloß geweihte Bauern, wie unsere Land-
„pfarrer und Capläne die mehresten sind, diese wichtige Unternehmung
„vornehmen, da sie noch überdieß eine Menge Haussorgen und andere
„Beschäftigung, welche zu ihrer Erhaltung unentbehrlich sind, nebst
„der Seelsorge haben?"

Aber nicht allein der geringe Bildungsgrad des niederen Clerus
in Böhmen wird von dem Kaiser beklagt; noch viel schärferen Tadel
spricht er gegen das Oberhaupt der böhmischen Geistlichkeit, den Erzbischof von Prag, Grafen Anton Peter Przichowsky aus. Ungezügelter
Geldgier beschuldigt er ihn, und er behauptet, seine Unterthanen seien
notorisch die am schwersten bedrückten im ganzen Lande. Auch über
den Zustand des Prager Domcapitels weiß er nur Ungünstiges zu
berichten, und vor Allem weiset er darauf hin, daß die Prager Erzdiözese bei weitem zu groß sei. Sie umfasse fast drei Viertheile des
Landes, wogegen die Bischöfe von Leitmeritz und Königgrätz nur kleine
Diözesen besäßen. Dem Bischofe von Leitmeritz, Grafen Emanuel Ernst

von Waldſtein aufrichtiges Lob ſpendend, erklärt der Kaiſer, daß
wenn man in Böhmen in geiſtlichen Dingen wirkliche Ordnung ſchaffen
wolle, daſelbſt zwei neue Bisthümer, und zwar in Pilſen und in
Budweis errichtet werden müßten. Mähren befinde ſich in ganz gleicher
Lage. Der Biſchof von Olmütz, Graf Maximilian Hamilton laſſe
ſehr viel zu wünſchen übrig, und überall werde unendlich über ihn
geklagt; auch mit ſeinem Domcapitel ſei er zerfallen. Wie könne ein
einziger Biſchof das ganze Land überſehen? Darum ſei auch in
Mähren die Errichtung eines neuen Bisthums, und zwar zu Brünn,
unerläßlich geworden. Und ebenſo trug Joſeph darauf an, daß in
Böhmen und in Mähren die allzu großen Pfarreien in kleinere ge=
theilt würden.

„Ich glaubete", in dieſe Worte kleidete der Kaiſer die Schluß=
folgerungen, die er aus dem bisher Geſagten zog, „mein Gewiſſen zu
„beſchweren, wenn ich nicht in dieſem Hauptpunkt Euer Majeſtät die
„Wahrheit recht vor Augen legete. So lang als nicht unſer ganzes
„geiſtliches Syſtem in eine andere Ordnung kommet, ſo werden wir
„niemals zu Verbeßerung der Education ſowohl des Landvolks als
„auch des Herrn gelangen. Dazu kann nicht im Kleinen, aber im
„Großen muß geholfen werden. Was helfen die hier und da getroffene
„Maßnehmungen zu Verbeßerung der Geiſtlichkeit durch unſere arm=
„ſelige Religionscommiſſion? Was liegt an einem Feiertag mehr oder
„weniger, oder an etlichen Kloſterfrauen? Der wahre Grund, nemlich
„die innerliche Gebahrung und Verfaſſung muß geändert werden.
„Ohne daß die Geiſtlichkeit ſich ſelbſt überſehen und ihr nachgeſehen
„werden könne, iſt nichts zu thun. Ohne daß ſie von weltlichen Sorgen
„enthoben und von allem Intereſſe befreyet, beßer erzogen, auch zu
„beßerem Lebenswandel und genauerer Erfüllung ihrer Schuldigkeit
„beßer gehalten werde, ſo wird nie der Dienſt Gottes, des Nächſten
„und des Staates recht und ſicher befördert werden, und allzeit
„die göttlichen Vollkommenheiten durch die abgeſchmackteſten Verun=
„ehrungen zum Spott unſerer Gegner und zum Aergerniß — aus
„dem leicht Irreligion und Nichtsglauben entſteht — aller denkenden
„und vernünftigen Leute entehrt und mißhandelt werden."

Um den von ihm geschilderten Uebelständen zu steuern, gebe es, meint der Kaiser, ein einziges Mittel, welches in der Vereinigung aller geistlichen Einkünfte, sie mögen aus unbeweglichem oder beweg= lichem Gute herrühren, in einen allgemeinen Fond bestehe, aus welchem wieder der Einzelne seinen Lebensunterhalt bezöge. In Böhmen besitze die Geistlichkeit den siebenten Theil des Bodens, und in Mähren wohl noch mehr; die Stiftungen, meistens auf Messen, welche ihrer übergroßen Anzahl wegen gar nicht gelesen werden könnten, betrügen über acht Millionen. „Was für eine reiche Quelle", sagt der Kaiser wörtlich, „zu Abstellung der Bettelmönche, Herstellung und Eintheilung „einer wahren Hierarchie, zu Betreibung der Religion nach der wahren „Würde unseres vollkommensten Schöpfers und Erlösers? Ja was „gäbe es nicht noch für Mittel zu den heilsamsten Stiftungen, Ver= „mehrung der Pfarreyen, Schulmeister, Errichtung der Alumnats= „Priester= und geistlich emeritirten Häusern, endlich zu Findel= Waisen= „Educations=Arbeits= Corrections=, Spinn= und Zuchthäusern, ja „Spitälern, in welchen die Jugend zu wahren catholischen und Staats= „gliedern gebildet, den Verlassensten das Leben erhalten, die Müßig= „gänger aus dem Wege geräumt, die Lasterhaften gestraft und ge= „beßert, und endlich die Mühseligen und Eralteten versorget würden."

Nachdem er noch einzelner, besonders greller Fälle Erwähnung gethan, die in Prag sich zugetragen hatten und seiner Meinung nach die Nothwendigkeit einer durchgreifenden Reform aller geistlichen Ein= richtungen·ebenfalls unwiderleglich bewiesen, geht Joseph auf einen zweiten Punkt über, die Erziehung der Jugend. Auch hier beginnt er mit einer drastischen Schilderung der herrschenden und von ihm als durchaus verwerflich bezeichneten Zustände. „Was hat ein junger Mensch", sagt der Kaiser, „nachdem er seine Studia so gut als möglich „vollendet, für eine Aussicht? Ist er ein Cavalier, so lauft er einige „Jahr müßig herum, lernt mit seinen Mitgespannen leicht sein Glück „und Vergnügen in Pferden, Opern, Comödien, Spazierfahrten, ja „anderen kindischen Lustbarkeiten einzig und allein zu suchen; dieses „Leben führt ihn zu Allem. Tanzt er, spielt er, so ist er in allen „Gesellschaften, bei allen Ministris, ja bei dem Hof selbsten gesucht

„und geehrt. Der Cammererschlüssel, der kann ihm nicht entgehen,
„eine Anstellung bey der Regierung, um nie hineinzugehen oder viel-
„leicht dorten Kinderreyen zu treiben, ist das Wenigste, was man seinem
„schönen Namen, ja seinen Voreltern oder noch lebenden Eltern zu
„thun sich schuldig glaubt. Hat er Mitteln, so sucht ihme eine jede
„Familie und wendet ihren Credit bey Hof an, um ihn ohne An-
„sehung seiner Fähigkeit eine Charge erhalten zu machen, damit er
„deren Tochter oder Nichte heurathet. Der geheime Rathstitel, sollte
„er auch sammt seinen Brüdern ein anerkannter Narr seyn, kann
„ihm doch nicht fehlen, weil einmal einer von der ganzen Deszendenz
„ein vernünftiger und ehrlicher Mann war. Das kleine St. Stephani-
„Ordenskreutz, welches ein Zeichen des Verdienstes seyn sollte, muß
„der Hof noch froh seyn, wann es eine Person von einer so ansehn-
„lichen Familie auch ohne mindesten Verdienst annimmt oder gar
„begehrt. Lebt er eine Weile so im Müßiggang fort, so verdient er
„wohl noch eine Hofcharge, ja wohl gar das Großcreütz oder den
„Toison. Dazu Gehalt, Zutritt, Rang von seiner Frau, Cammerer-
„schlüssel noch in die Kinderstuben für seine Söhne: ja ein solcher
„sechzigjähriger Müßiggänger ist berechtigt, alle Gnaden auch vor feine
„Familie zu fordern."

Nachdem Joseph in der Darstellung dieser Verhältnisse sich noch
weiter ergangen, kommt er auf die Heilmittel zu sprechen, die er in
nichts Anderem findet, als daß an die Söhne der vornehmsten Familien
in Bezug auf die Ergründung ihrer Fähigkeiten und ihre Verwendung
kein anderer Maßstab als an alle Uebrigen angelegt werde. „Wenn
„der Hof und nach selben die Ministres, welchen auch die übrigen
„nachfolgeten, alle diejenigen, so leere und unnütze Mitglieder und
„ohne Employ wären, nicht allein nicht distinguirten, aber mit Ver-
„achtung anseheten, so würde man bald den Unterschied spüren, welcher
„alle Leute anfrischete, ihre mögliche Fähigkeit zu dem Dienst des
„Staats zu verwenden."

Wie es dem Kaiser nicht selten geschah, gerieth er auch hier
wieder bei der Besprechung der Fragen des öffentlichen Unterrichtes

in Böhmen, ohne sie irgendwie zu erschöpfen, auf ein ihnen eigentlich
ganz fernliegendes Gebiet. Zu seiner wirklichen Aufgabe zurückkehrend,
kommt er auf die materielle Lage der Bevölkerung zu sprechen; doch
hebt er ausdrücklich hervor, daß dasjenige, was er darüber zu sagen
habe, nicht nur auf die böhmischen, sondern so ziemlich auch auf alle
übrigen Länder der österreichischen Monarchie Anwendung finde. Die
Nothwendigkeit, die Leistungen der Unterthanen an die Grundherren
sowohl in Handarbeit als in Geld einer durchgreifenden Regulirung
zu unterziehen, stellt er hiebei in die vorderste Linie. Er hebt die
Ungleichheit, welche in dieser Beziehung in Böhmen bestehe, und die
Unzufriedenheit hervor, die hiedurch erzeugt würde. Endlich zählt er
eine sehr große Menge anderer Uebelstände auf, die er entweder schon
vor seiner Reise durch Mähren, Schlesien und Böhmen, oder während
derselben wahrgenommen habe, und deren Abhülfe ihm dringend nöthig
erscheine; die Mittel hiezu gibt er ebenfalls an. Und zum Schlusse
schlägt er eine Reihe von Maßregeln vor, um zu dem zu gelangen,
was er seinen Hauptzweck nennt: die engste Verbrüderung aller österreichischen Erbländer zu gemeinsamer Arbeit und zu deren allseitiger
Wohlfahrt.

Es versteht sich von selbst, daß Jeder an den Gedankengang
des Kaisers, an seine Betrachtungen und Vorschläge den Maßstab
seiner eigenen Gesinnung legen wird; demzufolge werden sie von
Vielen sympathisch begrüßt, von Anderen dagegen eifrig angefochten
werden. Wie dem aber auch sein mag, so wird doch Jedermann einräumen müssen, daß die Berichterstattung Josephs an seine Mutter
eine Fülle wahrer und geistvoller Bemerkungen in sich birgt, und daß
sie ein neues und glanzvolles Zeugniß ablegt für das gespannte
Interesse und die unermüdliche Sorgfalt des Kaisers für Alles, was
nach seiner Meinung dem Staate und dessen Bevölkerung frommte.
Aber andererseits muß auch zugegeben werden, daß die Anträge Josephs
eine vollständige Umformung alles Bestehenden in sich schlossen, die
von ihm vorgeschlagenen Heilmittel aber nicht selten nur geringe
Bürgschaft für die Erreichung der beabsichtigten Zwecke gewährten.
Darum war es ein Gebot der Nothwendigkeit, die so mannigfaltigen

und in die verschiedensten Richtungen des öffentlichen Lebens so tief
eingreifenden Vorschläge Josephs vorerst einer reiflichen Prüfung zu
unterziehen. Und selbst wenn sie dieselbe bestanden, war an ihre Aus=
führung ohne Zweifel nur mit äußerster Vorsicht zu gehen.

Lang bevor in diesem Sinne wirklich Schritte geschahen, etwa
acht Wochen nach seiner Rückkehr nach Wien legte Joseph der Kaiserin
den dritten Theil seines Berichtes über seine Reise nach Böhmen,
Mähren und Schlesien vor. War er in der zweiten Abtheilung weit
abgeschweift von seinen Wahrnehmungen in diesen drei Ländern, so
kehrte er jetzt wieder ausschließlich zu ihnen zurück. Der Hauptsache
nach bestand dieser Schluß seines Berichtes in nicht viel Anderem als
in der Vorlage seines Reisejournals und der Beilagen desselben. Die
letzteren enthielten die umständliche Beantwortung der Fragen, die er
den Gubernien von Mähren, Schlesien, Böhmen und Oberösterreich
gestellt, und die Auskünfte, die er insbesondere während der Rundreise
durch Böhmen von den dortigen Kreishauptleuten entgegengenommen
hatte. Hinsichtlich jedes einzelnen dieser Länder fügte der Kaiser ver=
schiedene Bemerkungen bei, welche den Zweck hatten, theils den Inhalt
seines Tagebuches näher zu erläutern und zu ergänzen, theils die von
ihm gemachten Vorschläge noch kräftiger zu unterstützen, und endlich
deren neue zu machen.

Den drei Abtheilungen zufolge, welche Joseph ihm gegeben,
umfaßte sein Bericht auch drei von einander ziemlich verschiedene
Gebiete. Zu dem ersten gehörte all dasjenige, was geschehen sollte,
um so rasch und so ausgiebig als nur immer möglich dem Nothstande
in den böhmischen Ländern zu steuern. In dieser Beziehung vermochte
man nicht viel Anderes als das zu thun, womit man schon vor
Josephs Reise nach Böhmen begonnen, und was sodann auch er selbst
als unerläßlich hingestellt hatte. Es bestand in der Hintanhaltung
jeglicher Wegschleppung von Getreide nach dem Auslande, in der
Zufuhr großer Quantitäten desselben aus Ungarn und aus Italien,
in der Beseitigung aller Hemmnisse des inneren Verkehres, endlich in
der Flüssigmachung beträchtlicher Geldsummen, um den Credit in den

böhmischen Ländern wieder zu heben und. den ferneren Ankauf von
Getreide, nicht nur zum Verbrauche, sondern auch zur Aussaat möglich
zu machen. Endlich widmete Maria Theresia die Summe von hundert=
tausend Gulden, um von den Spinnern und Webern in den böhmischen
Gebirgen eine große Menge grober Leinwandsorten zu kaufen. Die=
selben wurden theils der militärischen Oekonomiecommission in Prag
zur Verfügung gestellt, theils aber auf den aus Böhmen leer zurück=
kehrenden Frachtwagen, welche Getreide dorthin gebracht hatten, nach
Wien geführt [96]).

War zu schleunigster Durchführung dieser Maßregeln unver=
zügliches Eingreifen nöthig, und brachten dieselben, nachdem dieß
geschah, auch allmälig die beabsichtigte Wirkung hervor, so konnte in
Bezug auf die zweite Abtheilung des von dem Kaiser erstatteten
Berichtes unmöglich in gleicher Weise vorgegangen werden. Zu gar
Manchem, wie z. B. zur Ernennung eines obersten Ministers, von
welchem die ganze Staatsverwaltung ausschließlich abhängig gemacht
werden sollte, war Maria Theresia nicht zu bewegen. Allerdings erhob
sie Hatzfeldt zum ersten dirigirenden Staatsminister in inländischen
Geschäften, aber der ihm eingeräumte Wirkungskreis war doch nicht
ausgedehnter, als vor ihm Fürst Starhemberg ihn besaß [97]); nicht nur
die auswärtigen Angelegenheiten, auch das ganze Kriegswesen, dann
Alles was die innere Verwaltung Ungarns, Siebenbürgens und der
illyrischen Länder anging, blieb ihm entzogen. Was Maria Theresia
eigentlich thun und was sie vermeiden wollte, geht aus dem Hand=
billete, durch welches sie am 30. November 1771 dem Grafen Blü=
megen seine Ernennung zum Obersten Kanzler ankündigte, recht deutlich
hervor. Dessen Eingangsworte lauten:

„Wie nothwendig in diesen dringenden Umständen die genaue
„Aufsicht auf alle Erbländer, und wie die Erhaltung und Verbesserung
„derselben einen eben so redlichen, geschickten, als von der ganzen
„Staatsverfassung und dessen Kräften genau unterrichteten Mann
„einzig und allein erfordere, wird ihme aus den bey meinem Staats=
„rath als dritter Minister mit aller meiner Zufriedenheit geleisteten

„Diensten sattsam bekannt seyn. Ich kann mich unter diesen Umständen
„zu der Zusammenziehung aller Theile meiner Monarchie unter einem
„Chef, welches als etwas Neues, noch nie Versuchtes mir in diesen
„Umständen zu gefährlich scheinet, nicht entschließen. Vor Allem aber
„ist Mein Hauptaugenmerk auf die Erhaltung Meiner Länder und
„meines Anno 1748 gefaßten Contributionssisteme gerichtet, und dazu
„einen Obristen Kanzler zu ernennen, welcher zu Erreichung beyder
„Endzwecken der tüchtigste ist und sich lediglich mit Verbindung aller
„Länder Wohlfahrt unter einander, und meines Aerarii mit selben zu
„beschäfftigen haben wird."

Hatte Joseph durch diese Entscheidung der Kaiserin hinsichtlich
eines seiner wichtigsten Vorschläge eine Schlappe erlitten, so war doch
in Bezug auf eine große Anzahl seiner Anträge, die sich speziell auf
die böhmischen Länder bezogen und in der dritten Abtheilung seines
Berichtes enthalten waren, das Gegentheil der Fall. Nachdem Maria
Theresia hierüber den Staatsrath gehört und derselbe in Vielem der
Meinung des Kaisers beigepflichtet hatte, wurden die entsprechenden
Aufträge an die betreffenden Behörden erlassen [94]).

Auch zu manchem Anderen, worüber nicht allsogleich ein entscheidender Beschluß gefaßt werden konnte, hatte Joseph wenigstens
eine Anregung gegeben, die auf fruchtbaren Boden fiel. Als einziges
Beispiel hievon sei hier sein Antrag auf Errichtung zwei neuer Bisthümer in Böhmen erwähnt. Bekanntlich wurde ziemlich bald in diesem
Sinne mit Rom verhandelt, und in Folge dessen kam wenigstens in
Budweis ein Bisthum zu Stande.

Gewiß hatte Maria Theresia nicht leicht einem Wunsche ihres
Sohnes bereitwilliger zugestimmt als dem auf Vermehrung der Anzahl
der Bisthümer in Böhmen und in Mähren. Denn bei ihrer streng
kirchlichen Gesinnung konnte es ihr nur Freude bereiten, den Kaiser
nicht bloß mit den materiellen, sondern auch mit den religiösen Interessen
des Volkes beschäftigt und der Förderung der letzteren sein Augenmerk zuwenden zu sehen. Dennoch war sie über den sehr großen
Unterschied, der in dieser Beziehung zwischen ihren und feinen Ansichten

bestand, nie auch nur einen Augenblick im Zweifel. Zu ihrem innigsten
Leidwesen traten bald Umstände ein, welche diesen Zwiespalt ihrer
Meinungen in noch grellerer Weise kundgaben, als dieß bisher schon
geschehen war.

An anderer Stelle ist bereits erwähnt worden, daß bei dem
Ausbruche der Unruhen, welche in Böhmen und Mähren aus Anlaß
der Regulirung der dortigen Urbarialverhältnisse entstanden, man die
Wahrnehmung zu machen glaubte, die gewaltsame Auflehnung der
Bauern gegen ihre Grundherren gehe auch mit dem Abfalle der
Ersteren von der katholischen Religion, und mit ihrer Rückkehr zum
Hussitismus Hand in Hand [99]). Im Verlaufe des Aufstandes trat
jedoch diese Besorgniß allmälig in den Hintergrund zurück. Als es
endlich nach langen, geraume Zeit hindurch erfolglos gebliebenen Be=
mühungen gelungen war, den Aufstand zu dämpfen und nach und
nach Ruhe und Ordnung wiederherzustellen in den böhmischen Ländern,
da ereignete sich plötzlich und ohne daß man irgendwie hierauf gefaßt
gewesen wäre, ein Vorfall, der die Kaiserin mit tiefster Betrübniß
erfüllte. Im Mai 1777 kam die ganz unerwartete Nachricht nach
Wien, daß im mährischen Hradischer Kreise, und zwar in Wisowitz
und dessen Umgegend zehntausend Menschen dem katholischen Glauben
abtrünnig geworden und zum Protestantismus übergetreten seien. Zum
Beweise, daß es ihnen Ernst sei mit dieser Erklärung, widersetzten sie
sich der Fortführung des katholischen Gottesdienstes in ihren Kirchen
und Pfarren [100]).

Wer sich die tiefeingewurzelte Anhänglichkeit der Kaiserin an
die katholische Religion, ihren wahrhaft glühenden Eifer für dieselbe
ins Gedächtniß zurückruft, wird leicht begreifen, daß ihr der Abfall
vom Glauben als das ärgste Verbrechen erschien; sie hätte es für
weniger strafwürdig angesehen, wenn ihre Unterthanen ihr selbst statt
dem Katholizismus untreu geworden wären. Darum wies ihre erste
Regung sie ohne Zweifel auf nichts Anderes als auf rasche und
ausgiebige Maßregeln hin, die Abtrünnigen wo möglich durch Güte,
und wenn diese nicht ans Ziel führen sollte, nöthigen Falles auch durch

Strenge zum katholischen Glauben zurückkehren zu machen. Aber ein Bedenken war vorhanden, welches Maria Theresia keineswegs außer Acht lassen durfte. Noch gab es Viele, die jene unglückselige Aus= wanderung von mehr als dreißigtausend Protestanten aus Salzburg erlebt hatten; Jedermann wußte, welch unermeßlichen Nachtheil dieses Ereigniß dem Erzbisthum, welch sehr großen Vortheil es dagegen Preußen gebracht, wo den protestantisch gewordenen Salzburgern will= fährige Aufnahme zu Theil geworden war. Schon während der letzten Vorfälle in Böhmen und Mähren, der Hungersnoth und der auf sie gefolgten Bauernunruhen in jenen Ländern hatte die Auswanderung nach den benachbarten Staaten einen bedenklichen Umfang gewonnen. Man mußte befürchten, bei der etwaigen Anwendung von Zwangs= mitteln würden sich die neuen Protestanten, sei es offen, sei es ins= geheim, nach Preußisch=Schlesien begeben. Jedermann wußte, wie eifrig König Friedrich darauf ausging, arbeitsfähige Einwanderer nach seinen Provinzen zu ziehen, welche die verderblichen Wirkungen des aus= gestandenen Krieges noch keineswegs vollständig zu überwinden vermocht hatten. Das Emporblühen Preußisch=Schlesiens, dagegen die theilweise Entvölkerung und daher auch die Verarmung Böhmens und Mährens, durch sie aber die Entkräftung der österreichischen Monarchie, schien die nothwendige Folge etwaiger Schritte zu sein, durch welche die protestantisch gewordenen Mährer zur Auswanderung nach Preußen vermocht würden.

Zwei einander schroff entgegengesetzte Rücksichten waren es, wie man sieht, die in dem Gemüthe der Kaiserin um die Oberhand stritten: die auf die Reinerhaltung des katholischen Glaubens in ihren Ländern, und die auf die Interessen des Staates. In diesem Zwie= spalte beschloß sie, einstweilen keinen entscheidenden Schritt zu thun, bis nicht Joseph von seiner damals unternommenen Reise nach Frank= reich wieder nach Wien zurückgekehrt wäre [101]).

Aber es kam anders, als Maria Theresia gedacht hatte, und ihr Entschluß, kaum gefaßt, schien ihr bald wieder unausführbar zu sein. Die Nachrichten aus Mähren lauteten immer schmerzlicher für sie;

rasche Maßregeln schienen von Tag zu Tag nothwendiger zu werden, und Joseph befand sich im äußersten Westen von Frankreich. An seine Rückkehr war vor einigen Monaten nicht zu denken, und auch jede rechtzeitige Verständigung mit ihm ganz unausführbar; Maria Theresia ging daher, wenngleich nur mit sehr schwerem Herzen daran, auf eigene Fauft zu handeln. Zwei Delegirte wurden nach Mähren gesendet, um zu erforschen, ob sich dort fremde Emiffäre befänden, welche die Einwohner zum Abfall vom katholischen Glauben zu verleiten bestrebt wären. Nach Rom wurde geschrieben, um die Erhebung des Olmützer Sprengels zu einem Erzbisthum und die Gründung eines neuen Bisthums in Brünn zu erwirken; ja Maria Theresia ging so weit, das letztere schon aus eigener Machtvollkommenheit dem ehemaligen Weihbischofe von Olmüz, Grafen Mathias Chorinsky zu verleihen [102]. Vierzig neue Pfarren wollte man in Mähren errichten, weil man der Meinung sich hingab, die dortigen Einwohner seien aus Mangel an Gottesdienst und Religionsunterricht dem Katholizismus abtrünnig geworden. Die hartnäckigsten der Uebergetretenen sollten, wie es dereinst in Oberösterreich geschehen, zwangsweise nach Siebenbürgen versetzt werden, deffen Landesverfaffung ihnen die freie Ausübung des protestantischen Glaubensbekenntnisses erlaubte [103].

Was die Errichtung eines Bisthums zu Brünn, wozu Joseph selbst vor einer Reihe von Jahren die erste Anregung gegeben, und diejenige neuer Pfarreien in Mähren betraf, konnte Maria Theresia der Zustimmung ihres Sohnes gewiß sein. Anders stand es jedoch um die Anwendung gewaltsamer Maßregeln, und eine solche mußte die zwangsweise Versetzung der zum Protestantismus Uebergetretenen nach Siebenbürgen doch ohne Zweifel genannt werden. Maria Theresia scheint darauf ausgegangen zu sein, sich zu der letzteren Verfügung der Zustimmung ihres Sohnes zu verfichern, aber wie sie wohl selbst vorhergesehen haben mochte, erlangte sie dieselbe nicht. Dieser Schritt der Kaiserin führte vielmehr zu jenem merkwürdigen Austausche einander diametral entgegengesetzter Anschauungen über religiöse Duldung, deffen schon an früherer Stelle Erwähnung geschah [104].

Da sie nach den Erklärungen Josephs jede Hoffnung aufgeben mußte, seine Einwilligung zu den Maßregeln zu erlangen, deren
Durchführung ihr als eine Gewissenssache erschien, blieb der Kaiserin
wenigstens nach ihrer Meinung nichts übrig, als auf eigene Faust zu
handeln. War ihr Verfahren nicht geeignet, ihr den Beifall ihres
Sohnes zu erringen, so erhielt sie dafür in um so reichlicherem Maße
den der römischen Curie. In den ersten Tagen des August 1777,
kurz nach der Rückkehr Josephs von seiner Reise, erbat der päpstliche
Nuntius Garampi sich Audienz bei der Kaiserin, um ihr in den über-
strömendsten Ausdrücken den Dank des heiligen Stuhles für die Anordnungen zu erkennen zu geben, die sie in Böhmen und Mähren zur
Reinerhaltung des katholischen Glaubens und zur Verhinderung noch
fernerer Ausdehnung des Protestantismus getroffen hatte [105]).

In letzterer Beziehung scheinen diese Verfügungen allerdings
erfolgreich gewesen zu sein, wenigstens verlautete nichts mehr davon,
daß wie man Anfangs besorgte, auch noch andere Gemeinden vom
Katholizismus abgefallen seien. Bei denjenigen aber, bei welchen dieß
bereits geschehen war, erwiesen sich die getroffenen Vorkehrungen als
fruchtlos. Maria Theresia konnte sich hierüber einer Täuschung nicht
hingeben, und sie meinte daher noch ausgiebigere Maßregeln als bisher
ergreifen zu müssen. Ihr hiezu Anträge zu erstatten, sollte die Aufgabe
einer Commission sein, welche an Ort und Stelle zusammen zu treten
hatte, um dort die Sachlage durch eigene Anschauung zu prüfen. Kein
Geringerer als der Oberste Kanzler Graf Blümegen, welcher Mähren
aus seiner früheren Dienstleistung aufs genaueste kannte, wurde zum
Vorsitzenden dieser aus weltlichen und aus geistlichen Mitgliedern
bestehenden Commission ernannt; an ihren Arbeiten nahmen auch der
Olmützer Domherr und Generalvicar Johann Mathias Putz, Freiherr
von Rolsberg, und der Tribunalskanzler Freiherr Joseph Anton von
Astfeld Theil.

Am 25. August 1777 legte Blümegen von Wisowitz aus der
Kaiserin die Commissionsanträge vor. Auf Grundlage derselben erging
am 12. September an das mährische Landesgubernium ein Rescript,

welches die nähere Richtschnur für das Verfahren enthielt, das von
nun an gegen die zum Protestantismus übergetretenen Einwohner
Mährens beobachtet werden sollte.

Neben den gütlichen Mitteln der Belehrung, welche in der Anstellung einer größeren Anzahl von Geistlichen, in Predigten derselben,
in Ertheilung von Religionsunterricht und in der Verbreitung auf-
klärender Druckschriften bestehen sollten, dachte man auch solche der
Strenge in Anwendung zu bringen. Ein Kreiscommiſſär hatte ſich,
von einer Truppenabtheilung begleitet, an Ort und Stelle zu begeben.
Unerlaubte Zuſammenkünfte ſollte er ebenſo wie die unbefugte Auswanderung nöthigen Falles mit Gewalt hintanhalten, die Gemeinde-
vorſteher aber gefangen nach Hradiſch abführen laſſen, um dort gegen
ſie als Volksaufwiegler verfahren zu können.

Was dieſe letztere Maßregel betraf, ſo wünſchte die Commiſſion
ſie unverzüglich in Anwendung gebracht zu ſehen. Maria Thereſia
aber verwarf dieß und befahl, dem Antrage der Hofkanzlei bei-
pflichtend [116]), noch einige Wochen hindurch zu warten, um zu beobachten,
welche Früchte die inzwiſchen angeſtellten Bekehrungsverſuche tragen
würden. Sollten ſie jedoch bis nach Ablauf dieſer Friſt ohne Erfolg
bleiben, dann wären die Betheiligten wegen Ungehorſams und Störung
der öffentlichen Ruhe gerichtlich zu belangen. Wer auch nach Kund-
machung des kaiſerlichen Verbotes noch im proteſtantiſchen Glauben
verharre, Andere hiezu verführe oder an geheimen Zuſammenkünften
Theil nehme, wäre ausnahmslos, ob ledig oder verheiratet, entweder
zum Soldaten zu machen, oder wenn hiezu untauglich, je nach der
Größe ſeines Vergehens zur Schanzarbeit in Olmütz zu verurtheilen;
während derſelben ſolle ihm Religionsunterricht ertheilt werden. Wer
nicht zur Schanzarbeit tauge oder dem weiblichen Geſchlechte angehöre,
ſei in das nächſt Brünn neu erbaute Zuchthaus abzugeben. Wer ſelbſt
nach überſtandener Strafzeit noch halsſtarrig bleibe, wäre ohne weiters
von Haus und Hof abzuſchaffen und tief nach Ungarn, beſonders in
die Bergſtädte, nicht aber nach Siebenbürgen zu bringen, weil in
letzterem Lande auf eine Bekehrung durchaus nicht zu hoffen ſei. Beſitze

ein solcher ein Eheweib, so dürfe es ihm folgen; die Kinder aber müßten zurückbleiben. Hätten sie das fünfzehnte Lebensjahr bereits überschritten, so wären sie zum Religionsunterrichte in ein Missions= haus zu bringen, und wenn sie auch dann noch beim Protestantismus verblieben, zu Soldaten zu machen, im Falle der Untauglichkeit aber zum Vater nach Ungarn zu senden. Kinder unter fünfzehn Jahren sollten im katholischen Glauben erzogen und sodann in den Besitz des dem Vater abgenommenen Gutes gesetzt werden [107]).

Joseph befand sich zu der Zeit, als diese Aufträge an das mährische Landesgubernium ergingen, im Lager zu Turas unweit von Brünn, wo die alljährlichen Truppenübungen stattfanden. Von dort aus schrieb er am 23. September 1777 seiner Mutter jenen merk= würdigen Brief, in welchem er sie in drängendster Weise bat, die nach Mähren erlassenen Befehle zu widerrufen. Sein Schreiben lautet folgender Maßen:

„Meine Pflicht und die unverbrüchliche Anhänglichkeit, die ich „Ihrem Dienste und selbst Ihrem Ruhme gewidmet habe, zwingen „mich Ihnen ehrfurchtsvollst vorzustellen, daß die erlassenen und vor „wenig Tagen hier eingetroffenen Befehle in Bezug auf die in Mähren „befindlichen Irrgläubigen, wovon ich Ihnen Abschrift übersende, „Allem was man jederzeit als die Grundsätze erkannte, die unsere „Religion und eine gute Verwaltung, ja ich möchte sogar sagen, der „gesunde Menschenverstand erheischen, so entschieden entgegengesetzt sind, „daß ich auf Ihren Scharfblick vertrauend, nicht im Entferntesten „zweifle, Sie werden, sobald Sie darum wissen und sie gesehen haben, „die ebenso nothwendige als dringende Abhülfe treffen. Kann man „sich etwas Abgeschmackteres denken als diese Befehle enthalten? Wie, „um Leute zu bekehren, macht man sie zu Soldaten, sendet sie in „die Bergwerke oder zwingt sie zur Verrichtung anderer öffentlicher „Arbeiten? Seit der Verfolgungszeit beim Beginne des Lutheranismus „hat man deßgleichen nicht gesehen, und es wäre von einer Wirkung, „die ich nie ausreichend zu schildern vermöchte. Ich finde mich daher „verpflichtet, aufs entschiedenste zu erklären, und ich werde es beweisen,

„daß wer immer diefes Refcript erfann, der unwürdigfte Ihrer Diener
„und daher ein Mann ift, der nur meine Berachtung verdient, denn
„feine Arbeit ift ebenfo unvernünftig als verfehlt. Ich flehe Eure
„Majeftät an, in diefer wichtigen Angelegenheit in jeder Weife andere
„Perfonen als diejenigen zu Rathe zu ziehen, welche derlei Dinge er=
„denken. Und da ich hoffe, daß Sie durch Widerruf diefes Edictes
„rafch Abhülfe fchaffen werden, muß ich Sie gleichzeitig ehrfurchts=
„vollft verfichern, daß wenn folche Sachen während meiner Mitregent=
„fchaft gefchehen follen, Sie mir geftatten werden, den mir fo fehr
„erwünfchten Entfchluß zu faffen, mich loszufagen von allen Gefchäften,
„und der ganzen Welt kund zu geben, daß ich in nichts und für
„nichts mich an ihnen betheilige. Mein Gewiffen, meine Pflicht und
„das, was ich meinem Rufe fchuldig bin, verlangen dieß von mir.“

„Eure Majeftät werden mir die Art und Weife verzeihen, in
„der ich mich ausfpreche, aber fie ift wahr, ift tief gefühlt, und der
„Gegenftand verdient es. Von Ihnen allein hängen die Wirkungen
„ab, die ich jederzeit mit der größten Unterwürfigkeit erwarte“ [108]).

Nur fchwer ließe es fich erklären, wie Jofeph geglaubt haben
könnte — und daher war diefe Aeußerung von feiner Seite wohl
kaum ernftlich gemeint — daß die nach Mähren ergangenen Befehle
nicht mit Vorwiffen und Zuftimmung der Kaiferin erlaffen worden
feien. Er felbft wußte wohl am beften, daß Niemand es gewagt
haben würde, in einer fo überaus wichtigen Sache auf eigene Ver=
antwortung zu handeln. Maria Therefia aber ftellte ihre Betheiligung
an jenen Anordnungen keinen Augenblick in Abrede. „Ich bin um
„fo fchmerzlicher von Deiner Unzufriedenheit wegen der mährifchen
„Religionsangelegenheiten berührt“, antwortete fie ihm, „als ich in einer
„fo ungemein wichtigen und heiklichen Sache gerade das Gegentheil
„erwarten zu dürfen glaubte. Ich bin weder meinem Kopfe noch
„einem Minifter gefolgt. Alles ging durch den böhmifchen Confeß bei
„der Hofkanzlei und durch den Staatsrath, und ich hoffe, daß wenn
„Du von dem Detail unterrichtet bift, Du anders denken wirft als
„jetzt, wenigftens wünfche ich es für Dein eigenes Wohl. Aber ich

„kann Dir nicht bergen, wie sehr ich dadurch verletzt bin, daß Du
„bei dem geringsten Widerspruche oder der kleinsten Meinungsver-
„schiedenheit mir immer jenen verhaßten Vorschlag wegen der Mit-
„regentschaft wiederholst, von welchem Du weißt, daß er mir der
„empfindlichste ist. Ich glaube nicht, daß Dir meine Handlungen oder
„Anordnungen zum Nachtheil oder zur Schande gereichen konnten.
„Du bist ein wenig zu rasch in Deinen Gedanken; die Thätigkeit ist
„bewunderungswürdig bei einem Privatmann, wer aber befiehlt, muß
„reiflicher nachdenken und sich an die Grundsätze und Statuten der
„Länder halten und nur davon abgehen, wenn er es nicht bloß nach
„seiner eigenen Ansicht, sondern auch nach der aller Uebrigen besser
„macht. Niemand haben wir Rechenschaft abzulegen als dem, der uns
„auf diesen Platz gestellt hat, um seine Völker, die wir lieben und gegen
„Alle vertheidigen sollen, nach seinem geheiligten Gesetze zu regieren" [109]).

„Eure Majestät haben mich gewürdigt", erwiederte hierauf Joseph
in dem Augenblicke, in welchem er den Brief seiner Mutter empfing,
„die ehrfurchtsvollste Vorstellung zu beantworten, die ich Ihnen zu
„machen gewagt habe. In meiner Voraussetzung getäuscht, glaubte
„ich nach den Dingen, die es Ihnen gefallen hatte mir zu sagen,
„mit Bestimmtheit, daß jenes Rescript von Ihnen nicht gebilligt und
„noch weniger angeordnet worden sein konnte. Ich sehe das Gegen-
„theil; es steht mir daher nichts Anderes mehr zu als zu schweigen
„und Sie demüthigst um Vergebung zu bitten, wenn meine Ausdrücke,
„welche alle von jener falschen Voraussetzung geleitet und von meinem
„Eifer und meiner Ueberzeugung mir eingegeben waren, die Grenzen
„der tiefsten, verehrungsvollsten und zärtlichsten Anhänglichkeit, Ehr-
„furcht und Unterwürfigkeit überschritten, die ich mit so großer Be-
„friedigung mir vorzeichne."

„Ich würde nur wenig Ihren Verstand kennen, so wie Sie
„meinem Urtheil Gerechtigkeit genug widerfahren lassen müssen, daß
„es sehr erbärmlich von mir wäre, mich eines Vorwandes zu bedienen,
„um von Ihnen die Dinge zu erlangen, die ich wünschte. Meine
„Entfernung von den Pflichten, die meine Stellung mir auferlegt

„oder die ich wenigstens das Unglück habe, so zu betrachten, ist kein
„Vorwand, kein Strohfeuer, keine Grimace; es ist mir der theuerste, ja
„ich wage es zu sagen, der einzige meiner Wünsche; er ist es endlich
„allein, über welchen meine Philosophie, meine Selbstüberredung nie-
„mals obsiegen konnten.   Sie haben eine Sache befohlen, die ich als
„ungerecht und schädlich betrachte, welche nothwendiger Weise ein ganz
„neues und langbauerndes Feuer anfachen wird, und ich sollte mit
„Ueberzeugungen in meiner Seele, die ich, wären sie auch vollständig
„irrig, nun einmal hege, an meinem Platze verharren?   Täglich in
„Ihrem Rathe beschäftigt, die üblen Folgen davon zu sehen, Rath-
„schläge geben zu müssen, endlich entweder zu stetem Widerspruche
„oder dazu gezwungen zu sein, durch das mir freiwillig auferlegte
„Stillschweigen in langen Zügen ein schleichendes Gift hinunterzu-
„schlingen, das würde mich aufreiben.   Seit ich das Unglück habe,
„so verschieden von Ihnen zu denken, nütze ich Ihnen nichts mehr;
„seitdem ich aber Ihnen zu nichts mehr gut bin, muß ich trachten es
„mir selbst zu sein, oder mein Verfahren ist sinnlos.   Sie werden
„daher erlauben, daß ich unter all den Vorwänden, die Ihnen gefallen
„werden, künftighin enthoben sei, meine Meinung entweder mündlich
„oder schriftlich zu sagen.   Es würde nur dazu dienen, Sie zu be-
„unruhigen und Ihnen vielleicht Mißtrauen einzuflößen gegen Ihre
„eigenen Grundsätze und gegen Ihre Rathgeber, denen Sie folgen
„wollen, ohne zu dem einzigen Guten zu führen, das ich bezwecke.
„Von den Geschäften und hiedurch von dem mir verhaßten Amte
„entfernt, wird es mir viel leichter sein, Ihre Güte zu verdienen und
„eine weit beträchtlichere Zeit darauf zu verwenden, einer Mutter, der
„ich allzeit unbegrenzte Ergebenheit widmete und für welche mir kein
„persönliches Opfer zu groß ist, Annehmlichkeiten zu verschaffen und
„sie wenigstens auf einige Augenblicke der Zerstreuung zu erheitern.
„Das Amt eines guten Sohnes habe ich immer ohne besonderes
„Studium auszuüben gewußt; ich brauche mich dabei nur gehen zu
„lassen.   Das eines Mitregenten aber, dieses Gespenst soll, um er-
„träglich zu sein, künftighin nur in der Einbildungskraft bestehen. In
„zwölf Jahren eifrigen Studiums bin ich noch nicht dazu gelangt, es
„erträglich zu finden, und werde auch nie dazu kommen, außer durch

„das Mittel, von dem ich nicht zweifle, daß Sie mir gestatten werden,
„es zu ergreifen; dann könnte meine Rückkehr der Beginn sein meines
„Glückes" 110).

Maria Theresia scheint ihre Antwort auf den vorstehenden Brief
ihres Sohnes auch schon darum nur auf wenige Worte beschränkt
zu haben, weil sie seiner Ankunft in Wien schon in den nächsten
Tagen entgegensah. „Dein Schreiben hat mich keineswegs getröstet",
erwiederte sie ihm, „es ist grausam sich zu lieben und sich gegenseitig
„zu quälen, ohne Gutes damit zu thun. Ich hoffe Du wirst Dich
„der Vernunft nicht verschließen, und daß ich nicht die Einzige sein
„werde, die bei Deiner glücklichen Rückkehr betrübt ist" 111).

In dem Augenblicke, in welchem er die Heimreise antrat, erhielt
Joseph die Zeilen seiner Mutter. Er entgegnete nichts anderes als
daß die Sache selbst so sehr zu seiner Ueberzeugung geworden sei, daß
er sich von ihr nicht losmachen könne. Aber er wolle ihr auch keine
Qual mehr bereiten, sondern schweigend erwarten, was sie hierüber
beschließe 112).

Daß Maria Theresia sich nie dazu herbeilassen werde, ihn seiner
Stellung als Mitregent zu entheben, darüber konnte Joseph wohl
nicht dem leisesten Zweifel sich hingeben. Er scheint daher auch auf
diesem Begehren ihr gegenüber nicht länger bestanden zu haben. Um
so unerschütterlicher beharrte er dagegen auf seinem Widerspruche gegen
die Maßregeln, welche hinsichtlich der Protestanten in Mähren ergriffen
worden waren, und auf der von ihm geforderten Aenderung dieses
Verfahrens. „Ihre Majestät hatte begonnen", schrieb er bald nach
seiner Rückkehr nach Wien an seinen Bruder 113), „die Sache an
„dem rechten Ende, und zwar an dem der Güte anzufassen, indem
„sie die Pfarrer versetzte und insbesondere die indiscreten Missionäre
„entfernte. Plötzlich hat man sie zu einer Entscheidung zu über-
„rumpeln gewußt, welche Alles auf dem Wege der Strenge ins Reine
„bringen will. Ich schrieb dagegen mit Kraft und mit Energie, aber
„dieß diente nur dazu, der Anwendung einer Menge peinlicher Gesetze
„gegen Jeden, der sich nicht alsogleich als Katholik erklären und

„wenigstens dem Anschein nach zur Kirche und zur Beichte gehen
„würde, Halt zu gebieten. Aber ich werde standhaft bleiben in einer
„so wichtigen Sache, und wenn ich schon weichen muß, dieß nicht
„anders thun als indem ich der ganzen Welt kundgebe, daß derlei
„Dinge nur gegen meinen Willen geschehen."

Allzubekannt war die Denkungsweise des Kaisers, als daß auch
die protestantisch gewordenen Mährer nicht in ihm ihren natürlichen
Beschützer erkennen zu sollen geglaubt hätten. Und noch überdieß wird
Joseph, wie sich wohl annehmen läßt, während seines Aufenthaltes
in Mähren nicht sparsam gewesen sein mit Aeußerungen, durch welche
die Betheiligten in jener Ansicht bestärkt werden mußten. Daraus
erklärt es sich leicht, daß, als auch nach der Rückkehr des Kaisers nach
Wien die Regierung noch fortfuhr in ihren Verfügungen der Strenge,
die in harte Bedrängniß gerathenen Einwohner Mährens an Joseph
sich wandten, um durch seine Vermittlung die Beendigung jener
Zwangsmaßregeln zu erwirken. Jedermann weiß, daß der Kaiser
gewohnt war, Allen, die sich ihm zu nahen begehrten, freien Zutritt
zu seiner Person zu gestatten, und daß er in dem sogenannten
Controlorgange der Hofburg die Bittschriften der Hülfesuchenden entgegennahm, wobei er sich mit ihnen über ihre Anliegen persönlich
besprach. Diese Gepflogenheit des Kaisers wurde von den protestantisch
gewordenen Mährern benützt; mehrere Gemeinden sandten einen Ab-
geordneten an ihn, und in der Schrift, die er dem Kaiser in ihrem
Namen übergab, war die Bitte enthalten, er möge sich bei seiner
Mutter verwenden, daß sie künftighin den Protestanten Gewissens-
freiheit und das Recht auf ungestörte Religionsübung gewähre. Maria
Theresia nahm jedoch diesen gewagten Schritt höchst ungnädig auf.
Der Delegirte der mährischen Gemeinden wurde verhaftet und eine
strenge Untersuchung angeordnet, um ihn und seine Vollmachtgeber
zur Verantwortung zu ziehen [114]).

War diese Sendung für den Mann, der sich ihr unterzog, von
ungünstigen Folgen begleitet, so scheint sie doch der Sache selbst, um
die es sich handelte, nicht wenig genützt zu haben. Denn sie gab
wohl den Anlaß, daß Joseph, von Kaunitz mit Nachdruck unter-

stützt [115]), jetzt endlich seine milderen Anschauungen zu thatsächlicher Geltung zu bringen vermochte, indem er seine Mutter bewog, die vor etwa zwei Monaten nach Mähren ergangenen Befehle wesentlich zu modifiziren. Vom 14. November 1777 ist das Handbillet der Kaiserin an die Hofkanzlei datirt [116]), dessen Inhalt mit dem Gutachten des Staatskanzlers fast wörtlich übereinstimmt. Den Eingang dieses Handbillets bildet der wichtige Satz, daß die Erkenntniß des wahren Glaubens eine Gabe Gottes und die ursprüngliche Wirkung einer göttlichen Erleuchtung sei, die nur durch geistliche Ueberzeugungsgründe gefördert, keineswegs aber durch äußerliche Gewalt erzwungen werden könne. Darum müsse bei den in religiöse Irrthümer Verfallenen vorerst darauf gesehen werden, ob sie bloß Irrgläubige seien, sich aber sonst ruhig und friedlich verhielten und den übrigen Pflichten ihres Standes gewissenhaft nachkämen, oder ob sie sich zugleich solche Handlungen zu Schulden kommen ließen, durch welche die öffentliche Ruhe gestört würde oder doch wenigstens gestört werden könnte. Gegen die Letzteren bestünden ohnehin die allgemeinen Straf- und die besonderen Landesgesetze, welche in vorkommenden Fällen gegen die Schuldigen streng zu handhaben wären. Die Ersteren aber möge man wenigstens für jetzt lediglich der eifrigen Fürsorge des geistlichen Amtes und der unergründlichen göttlichen Barmherzigkeit überlassen. Wohl sei ihnen kein eigener Pastor, kein eigener Ort zur Abhaltung ihrer Religionsübungen, noch sonst irgend etwas zu gestatten, wodurch denselben eine gewisse Publicität verliehen würde. Aber man möge es ignoriren, wenn in ihren eigenen Häusern, und zwar von jedem Hausvater für sich und die Seinigen, jedoch mit Ausschließung aller Anderen die Andacht gepflogen werde. Dabei verstehe es sich von selbst, daß wenn sie zuweilen von ihren Freunden und Bekannten unschuldige Besuche erhielten, diese nicht gleich als verbotene Zusammenkünfte betrachtet und als solche verhindert und bestraft werden dürften. Strafbar seien somit nur die, welche ihre Andachtsübungen nicht in ihren Häusern, sondern öffentlich abhalten, die katholische Religion lästern oder sich zu Lehrern und Anführern aufwerfen, Andere mit Gewalt oder Drohungen von dem Uebertritte zum Katholizismus zurückhalten oder sie durch solche Mittel zum Irrglauben hinüberziehen sollten.

Da eine mit Gewalt erzwungene Anhörung der heiligen Messe, noch mehr aber eine solche Verrichtung der Beichte und am meisten der unfreiwillige Empfang des heiligen Abendmahls die größte Profanation der Geheimnisse des Glaubens und der Sacramente seien, dürfe ein derartiger Zwang gegen die zum Protestantismus Uebergetretenen durchaus nicht angewendet werden. Mit christlicher Geduld müsse man abwarten, ob und wie es unter göttlichem Beistande den eifrigen Bemühungen der Pfarrer und Seelsorger gelingen werde, durch die Ueberzeugungsgründe und Mittel, die sie für die passendsten hielten, das Herz dieser Leute zu gewinnen und sie nach und nach zu freiwilligem Besuche des katholischen Gottesdienstes zu bewegen. Dagegen müßten sie dazu angehalten werden, ihre Kinder von katholischen Pfarrern taufen, so wie sich selbst und die Ihrigen von solchen trauen zu lassen und ihnen hiefür die entfallenden Gebühren zu entrichten.

Was den Religionsunterricht angehe, so seien zwar die Protestanten der Verpflichtung, sich denselben von dem katholischen Pfarrer ertheilen zu lassen, keineswegs ausdrücklich zu entheben. Doch habe man sich in dieser Beziehung mit aller nur immer denkbaren Vorsicht und Geduld zu benehmen und sich einstweilen damit zu begnügen, daß nur Wenige sich hiebei einfänden. Nur wenn trotz oft wiederholter gütlicher Ermahnungen und Vorstellungen der Seelsorger ganze Gemeinden durch längere Zeit aus offenkundiger Widerspänstigkeit sich des Besuches der Predigt und der Christenlehre enthielten, seien strengere Maßregeln zu ergreifen. Die Vorsteher einer solchen Gemeinde wären ihres Amtes zu entheben und durch Katholiken zu ersetzen, ja nach Befund auch mit einer ihrem Vergehen entsprechenden Schanzarbeit in Olmütz zu bestrafen.

Die größte Aufmerksamkeit hätten jedoch die Seelsorger darauf zu richten, und darin wären sie auch von den weltlichen Behörden nachdrücklichst zu unterstützen, daß die Minderjährigen zu fleißigem Besuche der Predigten und des katholischen Religionsunterrichtes überhaupt angehalten würden. Doch möge hinsichtlich derer, welche das achtzehnte Lebensjahr bereits überschritten, ganz besondere Klugheit und

Mäßigung walten; man habe sich vor der Hand damit zu begnügen, wenn deren einstweilen auch nur Wenige sich hiebei einstellen würden.

So lautete die Richtschnur, welche jetzt den mährischen Behörden für ihr ferneres Verfahren gegen die zum Protestantismus Ueber- getretenen vorgezeichnet wurde. Die Urheber derselben, insbesondere der Kaiser selbst, feierten damit keinen geringen Triumph, denn es schien wirklich, als ob man auf dem eingeschlagenen Wege ans Ziel gelangen würde. Während der Jahre 1778 und 1779 hörte man nichts mehr von Religionsbewegungen in Mähren, und man durfte die frühere Aufregung als vollkommen beschwichtigt betrachten. Um so peinlicher wurde die Kaiserin überrascht, als im Jänner 1780 neue Kennzeichen derselben hervortraten, indem sich die Einwohner drei mährischer Dörfer, in welchen schon früher die religiösen Bewegungen stattgefunden hatten, wieder als Protestanten erklärten. Nicht wie bisher mit der stillschweigenden Toleranz zufrieden, die man dadurch geübt hatte, daß man ihr Fernbleiben von dem katholischen Gottes- dienste ignorirte, verlangten sie, daß derselbe von nun an nach den Vorschriften ihrer jetzigen Confession abgehalten werde [117]).

Nicht nur um der Sache selbst willen, sondern auch weil sie voraussichtlich neuen Anlaß zur Meinungsverschiedenheit und zum Zwiespalte mit dem Kaiser darbot, war Maria Theresia äußerst bestürzt über dieses Ereigniß. Um jedoch einerseits ihren eigenen Anschauungen nicht untreu zu werden und andererseits zu keinem Widerspruche des Kaisers Anlaß zu geben, trachtete sie die Milde mit der Strenge in angemessener Weise zu vereinen. Die erstere sollte gegen die Menge geübt werden, welche Maria Theresia als irregeführt ansah; die Strenge aber wollte sie gegen diejenigen handhaben, von denen die ganze Bewegung eigentlich ausging. Die letzteren sollten aus ihren bisherigen Wohnorten entfernt und nach Ungarn oder Sieben- bürgen geschafft werden [118]).

Gegen diese Absicht wurde jedoch wieder, und wohl nicht ohne Berechtigung geltend gemacht, daß ein so gewaltthätiges Verfahren in den betreffenden Gemeinden sehr große Erbitterung hervorrufen würde.

Die Anhänglichkeit der Unterthanen an den Monarchen würde hiedurch
empfindlich geschädigt, ja es könnte wohl sein, daß die Ersteren vermocht würden, ihre Blicke nach Außen hin, und zwar auf den König
von Preußen zu richten, der ja ohnehin schon als der Schutzherr der
Protestanten in Deutschland angesehen werde [119]). Aus dieser Rücksicht
zunächst mag sich Maria Theresia entschlossen haben, vorerst mit
der Wegschaffung der Anstifter nach Ungarn und Siebenbürgen nur
zu drohen. Und der deutlichste Beweis, daß man wirklich mit Milde
vorzugehen gedachte, ist in dem Handbillete der Kaiserin an die Hofkanzlei vom 8. März 1780 zu finden [120]). Ausdrücklich wird darin
gesagt, daß alle geheimen Nachspürungen, ob die Leute den katholischen
Gottesdienst besuchten, ihre Kinder zur Kirche oder zum Religionsunterrichte schickten oder zu Hause Andachtsübungen abhielten, gänzlich
vermieden werden sollten. Man möge es auch ignoriren, wenn sich
Einzelne nach Teschen oder nach Trentschin begäben, um an dem
protestantischen Gottesdienste Antheil zu nehmen; nur gemeinschaftliche
Wanderungen dorthin wären zu verhindern. Das ausgiebigste Hülfsmittel müsse fortwährend in der Bestrebung der katholischen Geistlichkeit gesucht werden, durch „sanftmüthigen Unterricht" nach und nach
die Irrenden zu belehren. Zu diesem Ende werde Propst Hay von
Nikolsburg sich, wie er bisher noch alljährlich „zu besonderem Ver-
„gnügen der Kaiserin eifrigst und bescheiden" gethan, neuerdings nach
den Dörfern begeben, die sich wieder dem Protestantismus zugewendet
hätten. Auch die dortige katholische Geistlichkeit wäre in diesem Sinne
zu instruiren.

Während diejenigen, deren Rathschläge die Kaiserin zu diesen
Anordnungen bewogen, sich hievon die günstigsten Wirkungen ver-
sprachen, und man der Meinung sich hingab, daß jetzt endlich Alles
dauernd in das frühere Geleise zurückgekehrt sei [121]), trat plötzlich, und
zwar eigenthümlicher Weise am Geburtstage der Kaiserin, dem letzten,
den sie erlebte, am 13. Mai 1780 ein Ereigniß ein, welches sie
neuerdings in große Bestürzung versetzte. Wohl um sich als loyale
Unterthanen zu zeigen, wählten die Betheiligten diesen Tag, um sich,
viertausend an der Zahl, in einer weiten Ebene bei Wisowitz unweit

der ungarischen Grenze zu versammeln. Sie erklärten vorerst, das Geburtsfest der Kaiserin durch öffentliche Gebete feiern zu wollen. Dann wurde Predigt gehalten und überhaupt gar nichts verabsäumt, um allgemein zu zeigen, daß man den protestantischen Gottesdienst thatsächlich ausübe. Die wenigen Truppen, die sich in der Nähe befanden, kamen zwar herbei und machten den Versuch, die Landleute zur Auflösung ihrer Versammlung zu zwingen, aber deren Ueberzahl vereitelte jede derartige Absicht. Nach Beendigung des Gottesdienstes und nachdem die Leute nach Hause zurückgekehrt waren, nahm man wohl die Verhaftung des protestantischen Predigers vor. Nachdem sich jedoch die Nachricht hievon weiter verbreitet hatte, wurde die Ansamm=lung der Landleute so zahlreich und deren Haltung so drohend, daß man den Gefangenen wenigstens für den Augenblick wieder freigab [122]).

Auch dieses Ereigniß trug sich zu, während Joseph, und zwar dießmal auf seiner Reise nach Rußland, von Wien abwesend war. Darin mag eine der Hauptursachen gelegen gewesen sein, weßhalb es auch jetzt wieder zu entscheidenden Entschlüssen über die zu ergreifen=den Maßregeln nicht kam. Allerdings wurde der freigelassene Prediger neuerdings verhaftet, und auch die Anstifter der für die Kaiserin so unwillkommenen Feier ihres Geburtstages wurden in Gewahrsam ge=bracht [123]). Man schaffte sie nach Ungarn, wo ihnen auf ausdrück=lichen Befehl der Kaiserin zur Erleichterung ihrer Ansiedlung hundert Gulden für jede Familie ausbezahlt wurden [124]). Aber es verlautete nichts über noch strengere Anordnungen, die etwa getroffen worden wären, bis endlich der Tod der Kaiserin und der Regierungsantritt ihres Sohnes für die confessionelle Gesetzgebung in Oesterreich eine ganz neue Aera inaugurirten.

Drittes Capitel.

Galizien.

Wie Oesterreich zur Mitwirkung an der erften polnischen Theilung gelangte, ist schon mit jener Ausführlichkeit dargestellt worden, welche dieses Ereigniß von der höchsten politischen Tragweite ohne allen Zweifel verdient. Daß dasjenige, was damals sich zutrug, ganz gegen den Willen der Kaiserin geschah, und daß sie nur nach langen und heftigen Kämpfen dem Drängen ihres Sohnes sich fügte, wird wohl von keiner Seite mehr bestritten werden können. Wenn es hiefür neben ihren eigenen Aufzeichnungen noch eines neuen Zeugen bedürfte, so wäre wohl kein verläßlicherer Gewährsmann als ihr Schwiegersohn Prinz Albert von Sachsen zu finden. Mit tiefer Bewegung, so erzählt er, habe die Kaiserin ihm und seiner Gemalin eines Tages den Schmerz geschildert, den sie über jenes Ereigniß empfunden, und die unheilvollen Wirkungen für Oesterreich betont, welche aus demselben nach ihrer Meinung hervorgehen würden [125]).

Wir wissen, daß man auch von österreichischer Seite, so wie Rußland und Preußen es thaten, noch vor Abschluß des Theilungs= vertrages zur Besetzung des polnischen Gebietes schritt, das man bleibend in Anspruch zu nehmen gedachte. Da man jedoch wie billig davor zurückscheute, vor dem Zustandekommen jenes Tractates schon eine förmliche Regierungsbehörde in der zu erwerbenden Provinz ein= zusetzen, wurden einstweilen der ungarische Hofkammerrath Török und der siebenbürgische Gubernialrath Heiter dazu bestimmt, die in Polen einrückenden österreichischen Truppen zu begleiten. Sie hatten den

Auftrag, die Administration des Landes zu übernehmen, dessen Einkünfte im Namen der österreichischen Regierung zu verwalten und
Alles vorzubereiten zur baldigen Einsetzung eines förmlichen Guberniums [126]).

In dieser Maßregel werden somit die ersten Anfänge der Regierungsthätigkeit Oesterreichs in den in Besitz genommenen polnischen
Landestheilen erblickt werden dürfen. Die Instruction für Török und
Heiter macht es ihnen zur Pflicht, die Einwohner zurückzuhalten von
etwaiger Auswanderung, und Alles zu thun, um ihnen Ruhe und
Zufriedenheit zu sichern. Da man in dem neu zu gewinnenden Lande
für alle Zukunft zu bleiben sich vornahm, war es natürlich, daß man
darauf ausging, die Bevölkerung günstig zu stimmen und ihr den
Wechsel in der Regierung nach und nach als ein ersprießliches und
nicht als ein unheilvolles Ereigniß erscheinen zu machen. Die gleichen
Gesichtspunkte waren es denn auch natürlicher Weise, welche dem
Staatsminister Grafen Pergen als Richtschnur des von ihm zu beobachtenden Verfahrens vorgezeichnet wurden, als er nach dem Abschlusse
des Theilungsvertrages zum Gouverneur der österreichisch gewordenen
polnischen Gebietstheile ernannt wurde.

Pergen verhehlte sich die unermeßlichen Schwierigkeiten der ihm
zugedachten Stellung durchaus nicht. Nicht um die Fortsetzung einer
schon bestehenden, sondern um die Einführung einer ganz neuen, der
früheren gerade entgegengesetzten Regierungsform handelte es sich. Das
Land, in welchem solches geschehen sollte, befand sich in dem erbärm-
lichsten Zustande, der schon an und für sich der Einführung einer
guten Regierung nur Hindernisse bereitete. Durch die Excesse der
russischen Truppen und der polnischen Conföderirten war die Bevölkerung nicht nur ihrer Zahl nach vermindert, sondern auch in
Noth und Elend versetzt worden. So wie in Ungarn, so erfreuten
auch in Polen der Clerus und der Adel sich einer privilegirten Stellung,
welche jeder Verbesserung in nur schwer zu besiegender Weise widerstrebte. Aller Besitz befand sich in ihren Händen, und nur wenige
Städte waren frei und trugen zu den Staatseinkünften bei. Aber

auch in ihnen war ein kernfester Bürgerstand durchaus nicht zu finden.
Sehr häufig überwog die Anzahl der Juden diejenige der Christen;
des ganzen Handels und all dessen, was mit Geldgeschäften zusammen=
hing, hatten die Ersteren sich bemächtigt. Sie trieben einen die Be=
völkerung aussaugenden Wucher, den öffentlichen Leistungen aber und
insbesondere der beschwerlichsten aus ihnen, der Pflicht zur Theilnahme
an der Landesvertheidigung wußten sie sich größtentheils zu entziehen.

Um gleichwohl in der ihm zugedachten Stellung Ersprießliches
wirken zu können, trat Bergen, noch ehe er sich nach dem Orte seiner
neuen Bestimmung begab, mit einer Reihe von Anträgen hervor,
von deren Genehmigung er sich eine wesentliche Erleichterung seiner
Aufgabe versprach. Er übergab sie dem Kaiser, der bekanntlich in
Allem, was sich auf die Erwerbung Galiziens durch Oesterreich bezog,
die eigentlich entscheidende Stimme besaß. Joseph fügte jedem einzelnen
Punkte seine eigene Anschauung bei und stellte hierauf wenigstens der
Form nach der Kaiserin den Urtheilsspruch anheim.

Unter den Anfragen Bergens war die, ob er die Geistlichkeit
und den Adel als Landstände behandeln und sie daher in corpore
zusammenberufen solle oder nicht, wohl eine der wichtigsten zu nennen.
Joseph gab hierauf eine verneinende Antwort. Oesterreich ziehe diesen
Antheil Polens auf Grundlage des Rückkehrrechtes*) an sich; das=
selbe sei aber älter als die Privilegien des polnischen Adels. Oesterreich
sei vielmehr befugt, in seinem Antheile all die Veränderungen zu
treffen, die es nach den einmal obwaltenden Umständen als nützlich
und räthlich betrachte. Daher hätten weder Clerus noch Adel als
Landstände, sondern nur als Gutsbesitzer zu gelten, und sie wären
niemals gemeinschaftlich, sondern jederzeit nur einzeln zu berufen oder
mit Befehlen zu betheilen. Demgemäß habe auch das Gubernium
allein die Ausschreibung und Einbringung der Steuern zu besorgen,
ohne dem Adel die geringste Einmengung hiebei zu gönnen. Jedes
Besitzthum ohne Unterschied, ob es der Kirche, der Krone oder dem

---

*) Jus postliminii.

Adel gehöre, sei als Steuerobject, und daher auch jedes dem Adel früher ertheilte Privilegium als erloschen zu betrachten. Die Aufhebung der Leibeigenschaft müsse als ein von der Regierung anzustrebendes Ziel ins Auge gefaßt werden. Darum seien dem Grafen Pergen die Hauptgrundsätze der sowohl in Ungarn als in Schlesien eingeführten Urbarialregulirung an die Hand zu geben, um hienach auch in dem österreichisch gewordenen Theile Polens vorgehen zu können. Die Starostien, Advocatien, Tenuten und dergleichen wären allsogleich ein-zuziehen und als königliche Güter zu verwalten, ihren bisherigen Be-sitzern aber Pensionen zu bewilligen, welche jedoch hinter dem hieraus gezogenen Einkommen zurückzustehen hätten.

Von den vielen anderen Fragen, welche Pergen aufwarf und Joseph beantwortete, werden hier wenigstens noch einige erwähnt werden müssen. „Soll aus der natürlichen Betrachtung", so lautet die eine, „daß dem Volk ein ganz anderer Nationalgeist eingeflößt „werden muß, nicht gleich Anfangs der Bedacht auf die Anstellung „solcher Schulmeister und Lehrer, welche demselben seine Standes-„änderung und die daraus fließenden dermaligen Schuldigkeiten gegen „seinen Souverän recht deutlich begreifen machen müßten, genommen, „und bei der Geistlichkeit die Aushilfe wegen des hiezu nöthigen Auf-„wandes schicklich eingeholt werden, welches das wohlfeilste Mittel zu „Erreichung dieser heilsamen Absicht sein dürfte?" Joseph aber ent-gegnete, er sei vollkommen einverstanden mit dem Gedanken, daß die Nation durch Schulen gebildet und die Bestreitung des Unterhaltes derselben von der Geistlichkeit in Anspruch genommen werde.

Stimmte der Kaiser in dieser Beziehung dem Antrage Pergens bei, so verwarf er alle Vorschläge desselben, welche eine gewisse Berück-sichtigung der bisherigen Privilegien und Gewohnheiten der Polen bezweckten. In jeder seiner Aeußerungen trat vielmehr das sichtliche Bestreben zu Tage, das neu gewonnene Land so rasch und so voll-ständig als möglich der Regierung gegenüber in die gleiche Stellung wie die altererbten Provinzen zu bringen. Wie weit der Kaiser hierin ging, bewies er unter Anderem durch den Ausspruch, es möge unter

Androhung einer Personalstrafe öffentlich angekündigt werden, daß
binnen Jahr und Tag kein Mensch mehr, die Landleute ausgenommen,
polnisch gekleidet einhergehen dürfe. Jedoch wäre es ebenfalls erwünscht,
wenn man auch die Bauern allmälig zur Ablegung der polnischen
Landestracht zu bringen vermöchte. Dadurch würde den Einwohnern
nach und nach der frühere Zusammenhang mit dem Königreiche Polen
aus dem Sinne gebracht, und auch die Reinlichkeit nicht wenig gefördert
werden [127]).

Die Anfragen Pergens und die von dem Kaiser hierauf ertheilten Antworten bildeten denn auch die Grundlage der Instruction,
welche Kaunitz für Pergen ausarbeiten ließ und hierauf der Kaiserin
zur Genehmigung vorlegte [128]). Im Ganzen und Großen schienen die
Anschauungen des Staatskanzlers mit denen des Kaisers in ziemlicher
Uebereinstimmung zu sein, aber hinsichtlich einiger nicht unwichtiger
Punkte wichen sie doch von ihnen ab. So war Kaunitz der Meinung,
daß man die Geistlichkeit und den Adel nicht urplötzlich mit einem
Federstriche all der Privilegien und Freiheiten berauben solle, in deren
vollem Genusse sie sich seit Jahrhunderten unbestritten befanden. Man
möge nicht von einem Extrem in das andere verfallen, und wenn
man schon die Gleichmachung mit den übrigen Provinzen anstrebe,
auch der Geistlichkeit und dem Adel eine ähnliche Stellung einräumen,
wie sie dort die Landstände genössen. Eine passende Form hiefür zu
finden, werde kaum schwer fallen, und er biete sich an, den Entwurf
zu einer solchen Einrichtung zu liefern.

Joseph erwiederte hierauf, daß er gegen diesen Vorschlag, wenn
man nur einstweilen die Geistlichkeit und den Adel nicht gemeinschaftlich zusammenberufe, sie vielmehr zuerst zur Sprache kommen lasse
und sich ihnen gegenüber die Hände nicht binde, keine Einwendung
mehr zu erheben gedenke. Sonst aber wiederholte er hinsichtlich aller
jetzt neuerdings erörterten Punkte die schon früher von ihm gemachten
Bemerkungen. Auf die freie Religionsübung der Dissidenten, die Zurückberufung der außer Landes befindlichen Besitzer liegenden Gutes,
die Zusicherung sechs steuerfreier Jahre für Alle, die sich in Galizien

ansiedeln wollten, und zehn solcher Jahre so wie der Gewährung des
Meisterrechtes für Fabrikanten und Handwerker, endlich von Prämien
für hervorragende Landwirthe bezogen sie sich. Dem Uebel, welches in
der übergroßen Anzahl der Juden gelegen sei, könne vor der Hand
nicht wirksamer als durch das Verbot der Einwanderung fremder
Juden gesteuert werden. Die Eintheilung des Landes in Kreise und
die Anstellung von Kreishauptleuten mit dem erforderlichen Beamten-
personal, der Schutz der Unterthanen vor den Uebergriffen des Adels,
die Einschränkung der Privilegien desselben, die Verbesserung der Wege,
insbesondere die Anlegung von Commerzialstraßen aus Ungarn und
Oberschlesien, die Herstellung einer ordentlichen Postroute, anfänglich
wenigstens von Lemberg aus, die möglichst günstige Verwerthung des
Salzes, dieß waren wohl die wesentlichsten Punkte, auf welche die
Aufmerksamkeit Pergens noch vorzugsweise gelenkt wurde. Die Amts-
sprache sollte die deutsche oder die lateinische sein; alle Beamte hätten
französische Kleidung zu tragen. Maria Theresia aber ertheilte den
Bemerkungen ihres Sohnes mit folgenden Worten ihre landesherrliche
Sanction: „bin ganz verstanden mit denen sehr weis- als einsichtigen
„reflexionen, die der Kayser May. dem haubtvortrag beygesetzt und ich
„nach sein verlangen signire".

Der 4. October 1772 war der Tag, an welchem Pergen die
Besitzergreifung in Lemberg feierlich vollzog. Am Vorabende wurde
das hierauf bezügliche Patent an die Mauern geschlagen. Den Gedanken, einen Huldigungseid abzunehmen, ließ man einstweilen noch
fallen, weil man besorgte, es könnte hiebei zu Gewaltthätigkeiten kommen.
Gleichwohl betheiligten sich der ganze Clerus und der Stadtmagistrat
mit einziger Ausnahme des Starosten Kicki, von welch letzterem man
annahm, er sei zu seinem Ausbleiben durch persönliche Anhänglichkeit
an den König von Polen vermocht, mit dem er erzogen worden, an
der Feier. Ja der Magistrat geleitete sogar den Grafen Pergen von
dessen Wohnung zur Kathedrale, wo ihn in Abwesenheit des katholischen
Erzbischofes der Suffraganbischof an dem Thore der Kirche willkommen hieß. Nach dem feierlichen Gottesdienste wurde das Te Deum
gesungen; es wirft jedoch gerade kein günstiges Licht auf die Stimmung

der Einwohner, wenn Pergen es lediglich den zweckmäßigen Maß=
regeln Hadiks zuschreiben zu sollen glaubt, daß während seines Zuges
nach und von der Kirche so wie während der am Abende veranstalteten
Beleuchtung des Rathhausthurmes keine Unordnungen vorfielen [129]).

Der Wirksamkeit Pergens in Galizien konnte es nichts weniger
als förderlich sein, daß wie es sich jetzt erst zeigte, so wie in Bezug
auf die oberste Leitung der Administrationsgeschäfte dieses Landes, so
auch hinsichtlich einer sehr großen Anzahl anderer Fragen, welche zur
Entscheidung zu kommen hatten, der Kaiser und Kaunitz zu entgegen=
gesetzten Meinungen sich bekannten. Solches war auch, um nur ein
Beispiel zu erwähnen, in Bezug auf dasjenige der Fall, was wegen
des galizischen Justizwesens vorzukehren war. Pergen hatte sich für die
Errichtung eines Appellationstribunals und einer Anzahl von Land=
gerichten erklärt; Joseph aber stimmte nur für das erstere, während
er die letzteren verwarf. Pergen solle, so ließ sich der Kaiser ver=
nehmen, das böhmische und das mährische System zu Grunde legen
und keine Polen bei dem neu zu errichtenden Appellationstribunal
verwenden, weil die früheren polnischen Gesetze durchaus keine Gültig=
keit mehr besäßen. In Straffachen wäre die peinliche Halsgerichts=
ordnung einzuführen, in Civilstreitsachen aber der mährischen und der
justinianischen Gesetzgebung zu folgen. Dem Grafen Pergen möge es
in unzweideutigster Weise eingeschärft werden, daß er von polnischen
Constitutionen, Gesetzen und Verfassungen sich gar nichts anzueignen
habe. Mit nichts Anderem sei er beladen, als Galizien in allen
Stücken dem Markgrafthum Mähren gleichzuhalten. Es stehe ihm
daher auch nicht zu, sei es in Justizsachen oder in Angelegenheiten der
Administration neue Einrichtungen auszugrübeln, sondern nach beiden
Richtungen hin müsse Alles so bald als nur immer möglich auf dem
gleichen Fuße eingerichtet werden wie in Mähren. Und um auch die
geistlichen Angelegenheiten rasch in Ordnung zu bringen, möge man,
ohne erst den Papst zu fragen, ungesäumt einen Erzbischof und ein
paar Bischöfe ernennen [130]).

Ganz anders dagegen Kaunitz. In Galizien besitze, so ließ er
sich vernehmen, kein Mensch einen Begriff vom mährischen und vom

justinianischen Rechte, wie sollten also Richter darnach sprechen? Welch
übergroßer Aufwand an Zeit und an Mühe würde durch eine solche
Einrichtung verursacht? Man möge daher für jetzt wenigstens die
Einwohnerschaft Galiziens bei ihren bisherigen Rechten und Gewohnheiten belassen. Auch die Einführung des neuen Criminalgesetzbuches
würde lange Vorbereitungen nothwendig machen, und es erscheine
überhaupt bedenklich, in einem soeben erst erworbenen Lande mit einer
Halsgerichtsordnung zu beginnen. Die vollständige Anwendung der
mährischen Verfassung und Einrichtung auf Galizien dürfte sehr großen
Schwierigkeiten begegnen, und jedenfalls müßte hiefür früher ein fest-
stehender Plan ausgearbeitet werden. Bei der Ernennung von Bischöfen
endlich lasse sich der Papst so leicht nicht umgehen, und er werde wohl
zu nichts sich herbeilassen, bis nicht mit der Republik Polen die definitive
Vereinbarung wegen der allseitigen Abtretungen getroffen sein werde [131]).

Ohne Zweifel lagen diese Bemerkungen des Staatskanzlers der
Anschauung der Kaiserin weit näher als diejenigen ihres Sohnes.
Kaunitz erreichte daher durch sie wenigstens so viel, daß Maria Theresia
Bedenken trug, im Sinne der Vorschläge des Kaisers schon jetzt die
Entscheidung zu treffen. Nur hinsichtlich eines einzigen Punktes geschah
dieß, und Pergen wurde verständigt, daß das von ihm einstweilen
provisorisch errichtete Appellationstribunal bestätigt worden sei. Gleichzeitig wurde er jedoch beauftragt, sein Gutachten abzugeben, ob nicht
das böhmische und mährische Justizwesen den in Galizien zu treffenden
Einrichtungen zu Grunde zu legen wäre? Er möge sich überdieß
äußern, ob nicht die Magistrate in den Städten die von ihm vorgeschlagenen Landgerichte zu vertreten vermöchten, und ob nicht die
polnischen Gesetze völlig abzuschaffen und in Criminalsachen die neue
Halsgerichtsordnung, in Civilstreitigkeiten aber einstweilen die in
Mähren geltenden Gesetze sammt dem justinianischen Rechte in Anwendung zu bringen wären? Endlich möge er seine Meinung über
die Frage abgeben, ob nicht Galizien in Allem und Jedem dem
Markgrafthum Mähren gleichgehalten werden sollte?

Die Antwort Pergens auf diese Fragen zeugte ebenso für
seine Einsicht wie für seinen Freimuth. Was die Einrichtung des

6*

Juſtizweſens angehe, ſo hänge ſie von den Beſtimmungen ab, welche hinſichtlich der geſammten Landesverfaſſung getroffen werden würden. In Böhmen und in Mähren befänden ſich Landſtände, von denen insbeſondere diejenigen in Böhmen noch immer mit anſehnlichen Privi= legien ausgerüſtet ſeien. In Böhmen gebe es eine Landtafel, ein Oberſtburggrafenamt, einen Oberſten Landrichter, ein größeres und ein kleineres Landrecht, ein königliches Gubernium in judicialibus, eine königliche Appellationskammer, und alle dieſe Tribunale würden entweder aus dem Staatsſchatze oder von den Landſtänden erhalten. Gewiß könnten ſie auch in Galizien eingeführt werden, aber man möge doch die Koſten bedenken, welche hiemit untrennbar verbunden ſein würden. Und überdieß würde dadurch gerade der entgegengeſetzte Weg von dem eingeſchlagen, der ihm früher vorgezeichnet worden ſei. Denn man habe vor Allem von ihm verlangt, daß von Einführung eines ſtändiſchen Syſtems, und insbeſondere mit ſo reichen Privilegien ver= ſehener Stände, wie ſie deren in Böhmen, und zum Theil auch in Mähren beſäßen, nicht die Rede ſein dürfe. Ja man habe ihm förmlich verboten, in Schritte ſich einzulaſſen, in welchen der Clerus und der Adel Galiziens auch nur den Schimmer einer Hoffnung auf Beſtätigung ihrer Privilegien oder auf Einräumung ſtändiſcher Frei= heiten zu erblicken vermöchten. Er würde daher niemals gewagt haben, zu Einrichtungen zu rathen, durch welche wie in Böhmen und in Mähren den Ständen ein ſo beträchtlicher Einfluß auf das Juſtiz= weſen des Landes zu Theil werden müßte. Von dieſen Geſichtspunkten ſei er bei ſeinen Anträgen ausgegangen, und an ihnen halte er auch noch fortan feſt.

Unmöglich könnten die Magiſtrate in den Städten, fuhr Pergen, auf die zweite Frage übergehend, fort, an die Stelle der von ihm in Vorſchlag gebrachten Landgerichte treten. Ein Stadtgericht könne weder über die Perſon noch über das Vermögen eines Adeligen urtheilen, außer inſofern er ein bürgerliches Haus oder ein Grundſtück auf ſtädtiſchem Gebiete beſitze. Weder in den öſterreichiſchen Erblanden noch anderwärts, wo überhaupt ein Adel exiſtire, ſei dieß gebräuchlich. Außerdem dürfe man die Armſeligkeit der meiſten Städte in Polen nicht unbeachtet lassen, indem sie kaum mittelmäßigen Marktflecken in den übrigen österreichischen Ländern an die Seite zu setzen seien. Sehr langer Zeit werde es bedürfen, ihre Lage ausgiebig zu verbessern, und unmöglich könnten sie tüchtige Gerichtspersonen bezahlen. Lemberg allein mache hievon eine Ausnahme; demungeachtet sei der jetzige Gerichts= präsident ein Chirurg.

Zu der dritten Frage sich wendend, meinte Pergen, daß die dereinstige Einführung der österreichischen Civil= und Strafgesetzgebung gewiß keinem Bedenken unterliege; es jedoch einstweilen mit dem mährischen Municipal= und dem justinianischen Rechte zu versuchen, möchte er aus mehrfachen Gründen widerrathen. Für unthunlich halte er die Ausführung einer solchen Maßregel, weil das mährische Muni= cipalrecht ohne Kunde des justinianischen Rechtes unmöglich in Anwen= dung gebracht werden könnte. Niemand besitze jedoch von dem einen und dem anderen hinlängliche Kenntniß. Gefährlich sei ein solches Experiment, weil derlei Municipalrechte mit den Gewohnheiten und der Verfassung eines Landes in Einklang stehen müßten, um nicht bei ihrer Ausübung die wichtigsten Interessen zu verletzen, die größten Ungerechtigkeiten zu veranlassen und heillose Verwirrung zu erregen. Endlich verdiene auch der übergroße Aufwand, der mit einem solchen Schritte nothwendig verbunden wäre, einige Beachtung. Denn es bliebe kein anderes Mittel übrig, als bei der gänzlichen Unbekanntschaft der im Lande befindlichen Richter und Advokaten mit den Gesetzen, nach denen künftighin das Recht gehandhabt werden sollte, andere Richter und Anwälte, denen jene Gesetze nicht fremd wären, die jedoch auch des Polnischen mächtig sein müßten, mit großen Kosten nach Galizien zu senden. Die allmälige Einführung der peinlichen Hals= gerichtsordnung nach deren Uebersetzung ins Lateinische würde vielleicht geringeren Schwierigkeiten begegnen. Aber er müsse es der höheren Beurtheilung anheimgeben, fügte Pergen hinzu, auch in diesem Punkte mit der Anschauung des Staatskanzlers sich begegnend, ob nicht die einseitige Einführung eines bloß harte Strafen dictirenden Gesetzbuches, ohne daß gleichzeitig die Civil= und Polizeigesetze vorgezeichnet würden, in und außerhalb des Landes einiges Aufsehen erregen würde [133]).

Die Anschauungen Pergens über die für das Justizwesen in Galizien zu treffenden Einrichtungen wurden auch in Wien der gerechten Würdigung theilhaft. In anderen Punkten hingegen stimmte man seinen Anträgen nicht bei. Insbesondere war dieß in der Frage wegen Errichtung neuer Bisthümer der Fall, hinsichtlich deren die Meinung des Staatskanzlers vollständig die Oberhand erhielt. Der Kaiserin gegenüber hatte Kaunitz bemerkt, daß Pergen in seinem Eifer für das Gute die praktischen Gesichtspunkte nicht gehörig beachtet, und die Vorfrage, wie weit denn die Regierung in dieser Beziehung aus eigener Machtvollkommenheit gehen könne, zu wenig berücksichtigt habe. Maria Theresia aber billigte diese Ansicht mit den von ihr eigenhändig niedergeschriebenen Worten: „bin in allen ver= „standen; pergen zu melden, nur alles, besonders was die geistlichkeit „anbelangt, sehr langsam zu gehen. in einen so dummen sclavischen „volck haben selbe grosse macht, mithin wohl zu menagirn suchen, eher „zu gewinnen als mit gewalt in selbe zu dringen, bis das man „einmahl kan was solides stabilirn" [134]).

Viel zu weit würde es führen, wenn hier all der zahlreichen Maßregeln, welche Pergen in Ausübung seiner amtlichen Stellung, sei es nach eigenem Ermessen, sei es nach erlangter Zustimmung der Staatsregierung traf, auch nur im Vorbeigehen Erwähnung geschehen sollte. Dennoch mag angeführt werden, daß er, über den Mangel an Amtslocalitäten klagend, darauf antrug, das alte Schloß in Lemberg, welches bisher als Grodgericht gedient hatte, in ein Gubernialgebäude umzugestalten [135]). Er schilderte die feierliche Installation des neu errichteten Appellationstribunals, und nicht ohne Genugthuung meldete er den großen Zulauf des Volkes und dessen sympathische Kund= gebungen [136]). Und schon im Jänner 1773 [137]) legte er umfassende Vorschläge über die systematische Einrichtung vor, welche nach seiner Meinung dem galizischen Gubernium und den ihm unterzuordnenden Behörden gegeben werden sollte.

Kaunitz bedurfte einiger Zeit, bis er mit dem hierüber an die Kaiserin zu erstattenden Berichte zu Ende kam; als dieß aber, und zwar in der zweiten Hälfte des April 1773 geschehen war [138]), wurde ihm für denselben ihr uneingeschränkter Beifall zu Theil. „ich finde „dise ausarbeitung unverbesserlich“, antwortete ihm Maria Theresia mit eigener Hand, „und wäre selbe nur ehestens zu stande zu bringen, „nebst der so wichtigen ausarbeitung eines contributions fus mir „vorzulegen. wegen heiter, wan man mit ihme so zufriden ist, wäre „nicht zu vill 4000 f. vor sein gehalt, so lang er separirt die salinen „tractirt, und 2000 f. als creüshaubtmann, auch 2000 f. zur über= „siblung; doch verstehet sich das, weillen keine abzüge, wie sie nahmen „haben, in disen lande statthaben. auch die 25 procent vor das „quartier geld passire; keine accidentien, naturalien, freyheiten, „was nahmen sie haben, keiner, niemanden sollen passirt werden. zu „der hiesigen stelle solle keiner genohmen werden, der nicht eher in „pohlen einige zeit gedient.“

Mit dieser Entscheidung der Kaiserin wurde auch die Einrichtung der Gerichtsbehörden im Lande geregelt, denn auch auf sie hatte Kaunitz seine Vorschläge erstreckt. Künftighin sollten Districtsgerichte als erste Instanz des Bürger= und Bauernstandes, und Land= oder Kreisgerichte als zweite Instanz für dieselben und als erste für den Adel bestehen. Das Appellationstribunal zu Lemberg hatte den Schluß= stein der galizischen Justizbehörden zu bilden.

Großen Schwierigkeiten begegnete die Eintheilung des Landes in Kreise, hinsichtlich deren Pergen vor der Hand nur die Anzahl von sechs, obgleich sie einen sehr großen Umfang erhalten müßten, in Vorschlag bringen zu sollen glaubte. Es wurde daher einstweilen nur mit Einem Kreise, dem Lemberger, der Anfang gemacht. Pergen schlug vor, die anzustellenden Beamten „königliche“ zu nennen, weil diese Bezeichnung den Polen am meisten imponire und sie daher noch am ehesten zum Gehorsam bewege [139]).

Während Pergen diese und noch · andere Vorkehrungen traf, erschien Joseph, von Siebenbürgen her kommend, in den letzten Tagen des Juli 1773 in Galizien. Selbstverständlich gruppirte sich nun Alles, was mit den öffentlichen Zuständen dieses Landes zusammenhing,

von jenem Augenblicke angefangen einzig und allein um die Person
des Kaisers.

Schon an früherer Stelle ist seines Aufenthaltes in Lemberg
und seiner Rundreise durch Galizien Erwähnung geschehen [140]). Außer=
dem ist von den Wahrnehmungen, die er daselbst machte, und den
Vorschlägen, welche er auf Grundlage derselben seiner Mutter er=
stattete [141]), endlich von dem Urtheile, das er über Pergen abgab [142]),
bereits die Rede gewesen. Gleichwohl wird es nothwendig sein, wenigstens
auf einige Punkte der Aeußerungen des Kaisers hier nochmals zurück=
zukommen. Es wird daraus hervorgehen, daß er bei manchen der=
selben an seiner früheren Ansicht nicht mehr unbedingt festhielt.

Schon bei dem ersten Punkte der Denkschrift, die er noch in
Lemberg verfaßte [143]), war dieß der Fall. Hatte er sich Anfangs gegen
die Einführung ständischer Einrichtungen in Galizien erklärt und sich
später nur der entgegengesetzten Meinung des Fürsten Kaunitz gefügt,
so versicherte er jetzt, daß er sie nicht nur als unbedenklich, sondern
sogar als nützlich betrachte.

Was Joseph wegen der Nothwendigkeit, die Einwanderung
fremder Kaufleute und Handwerker, auch wenn sie nicht katholisch
wären, zu fördern und die Verhältnisse der galizischen Geistlichkeit zu
regeln, seiner Mutter schrieb, ist bereits angeführt worden [144]). Er
knüpfte hieran Bemerkungen über die Eigenschaften mehrerer in Galizien
befindlicher Beamten, von denen er Einige aus diesem Lande wieder
abberufen zu sehen wünscht. Alles aber komme darauf an, meinte der
Kaiser, ob man die Erwerbung Galiziens als eine bleibende oder
bloß vorübergehende ansehe. Im ersteren Falle müsse für dessen
Behauptung, und zwar militärisch durch Anlegung angemessener Be=
festigungen, politisch aber durch heilsame Verwaltungsmaßregeln vor=
gesorgt werden. Gehe man ·aber mit dem Gedanken um, sich dieses
Land nur zur Aufrechthaltung des Gleichgewichtes mit Rußland und
Preußen anzueignen und es vorkommenden Falles gegen eine günstigere
Erwerbung zu vertauschen, dann müßte freilich ein ganz anderes Verfahren

beobachtet werden. In diesem Falle wären nur so viel Truppen nach Galizien zu verlegen, als erforderlich wären, um das Land in Unterwürfigkeit zu erhalten. Die Einrichtung des dortigen Guberniums müßte eine möglichst einfache sein, und es hätte nur diejenigen Vorkehrungen zu treffen, durch welche das Ziel erreicht würde, für den Augenblick den größten Nutzen und das reichlichste Einkommen aus Galizien zu ziehen. Die Krongüter wären so rasch und so gut als möglich zu verkaufen, Pachtungen überall einzuführen. Wolle man hingegen das Land behalten, dann müsse man sich mit dem Gedanken vertraut machen, wenigstens für die ersten Jahre keine Einkünfte aus demselben zu beziehen, sondern seine Erträgnisse zu dessen eigenem Nutzen zu verwenden.

Es braucht wohl nicht besonders nachgewiesen zu werden, daß der Kaiser die von ihm aufgeworfene Frage bei sich selbst schon sehr lang entschieden hatte und ihm nichts weniger in den Sinn kam, als dem Gedanken an ein Aufgeben Galiziens Raum zu gewähren. Jedes seiner Worte, jeder seiner Schritte in dem Lande selbst legten ein lautredendes Zeugniß dafür ab, in welch hohem Grade es ihm, um seine eigenen Ausdrücke zu gebrauchen, sowohl um die militärische als um die politische Behauptung Galiziens zu thun war. Und als er nach Wien zurückkam, da legte er nicht weniger als hundert vier und fünfzig Fragepunkte vor, deren erschöpfende Beantwortung er von den leitenden Persönlichkeiten in Galizien verlangt hatte, um hierauf die Prinzipien gründen zu können, nach denen jenes Land künftighin regiert werden sollte.

Bei dieser Gelegenheit kann der ganz eigenthümliche Widerspruch, der bei solchen Anlässen in Josephs Verfahren bemerkbar wird, nicht unerwähnt bleiben. Er selbst gab durch die Art und Weise, in welcher er von Anfang an die Erörterung einer politischen Frage vornahm, den Anstoß zu der umständlichsten Behandlung derselben, die nur immer gedacht werden konnte. Und wenn die letztere dann ungebührlich viel Zeit in Anspruch nahm, so war er es wieder, der in Klagen darüber ausbrach und sich in bitteren Vorwürfen erging.

Die Richtigkeit dieser Bemerkung wird durch den Fall, von welchem soeben die Rede ist, aufs deutlichste dargethan. Man kann wohl sagen, daß die Beantwortung fast jeder einzelnen der von Joseph aufgeworfenen hundert vier und fünfzig Fragen, wenn sie nicht eine ganz oberflächliche sein sollte, eine eigene Denkschrift erforderte. „Wie „war die Lage Galiziens bei der Ankunft des Gouverneurs? Wie war „selbes sowohl in Justiz- als politischen und ökonomischen Angelegen- „heiten damals regiert?" So lautete die erste Frage des Kaisers, während die vierte in folgende Sätze gefaßt war: „Was für Einkünfte, „so die Krone und der König in Polen vorher gezogen, fand man „gleich hier; wie hat sich das Gouvernement in deren Besitz gesetzt, „und was haben selbe bis jetzt abgeworfen?"

„Wie hat man die verschiedenen Rubriken, aus denen selbe „bestehen, klar auseinandergesetzt, und wie hat man gesucht, auf deren „gänzliche Entdeckung zu kommen? Ist man vergewissert, und hat „man einen sicheren Begriff von allen Starostien, Tenuten und „Advocatien so wie von allen Kron- oder königlichen Gütern und „Vorrechten?" „Was tragen selbe aus und wie viele sind davon „wirklich anheimgefallen? Wie werden sie jetzt administrirt und welches „Erträgniß ist von ihnen zu hoffen." So lauteten die sechste und die siebente Frage, und es ließe sich deren Aufzählung noch ins Ermüdende fortspinnen, wenn nicht schon der Beweis geliefert erschiene, daß die erschöpfende Beantwortung dieser Fragen nicht wenig Zeit und Arbeit erforderte. War sie aber endlich geschehen, dann konnte die Berathung und die Beschlußfassung über die zu treffenden Maßregeln gleichfalls nicht übers Knie gebrochen werden. Es war daher zum mindesten nicht billig, wenn Joseph nicht in sich selbst die Ursache suchte, sondern Anderen das Verschulden davon zuschob, daß man mit den in Galizien zu treffenden Einrichtungen nur sehr langsame Fortschritte machte [145]).

Schon ist des nicht ohne eine gewisse Erbitterung geführten Streites Erwähnung geschehen, der sich darüber entspann, daß Joseph für die oberste Leitung der galizischen Verwaltungsgeschäfte eine eigene Hofkanzlei in Wien errichtet sehen wollte, während Kaunitz sich nur höchst ungern dazu verstand, daß die Staatskanzlei die Erweiterung ihres Wirkungskreises, die ihr durch die Zuweisung dieser Geschäfte erst vor kurzem zu Theil geworden war, so rasch wieder einbüßen sollte [146]). Gab ja doch der Umstand, daß Joseph Sieger blieb in diesem Streite, dem Staatskanzler sogar Anlaß, die Kaiserin neuerdings um seine Entlassung zu bitten, welche ihm jedoch auch dießmal nicht gewährt wurde [147]). Gleichwohl gewann es Kaunitz über sich, der Kaiserin die Vorschläge über die Ernennungen zu erstatten, welche jetzt in Bezug auf Galizien nothwendig wurden. Da Pergen auf seine Zurückberufung drang, meinte Kaunitz, daß Hadik wenigstens provisorisch zum Statthalter, Graf Eugen Wrbna aber zum galizischen Hofkanzler ernannt werden sollte. Dem Letzteren wäre die Auswahl der bei der neu zu errichtenden Hofkanzlei anzustellenden Räthe zu überlassen [148]).

„ich habe pro interim hadick resolvirt zum gouvernement", antwortete hierauf eigenhändig Maria Theresia. „wäre ein courir „an pergen mit sein rapell und aufftrag an hadick zu expedirn, „welches der fürst noch besorgen mögte. habe würm benent, hier denen „pohlnischen oder besser zu sagen, galizzisch und ludomerischen poli= „tischen, justitz, cameral= und comercialsachen, wie selbe er fürst bis „hieher besorgt, vorzustehen unter dem nahmen einer deputation, die „aber so independent alß die canzley wäre von all anderen stellen, „indeme erst nach einer zeit wird können mit beffern grund das „weitere hier und in land stabilirt werden. ich erwarte auch zu seinen „dienstehffer, das er würm in allen wird die übernahm erleichtern „und hellffen, so viller 1000 mentschen wohl zu besorgen, wovon auch „das beste des staatts abhanget und mein vergnügen."

Der Gedanke des Kaisers, die inneren Einrichtungen, die man Galizien zu geben gedachte, so viel als nur immer möglich denjenigen anzupassen, welche für Böhmen und Mähren bereits bestanden, gewann trotz aller Einwendungen, welche dagegen vorgebracht werden konnten, doch immer mehr an Boden. Der Wechsel im Gubernium bot für die ersten Schritte hiezu die günstigste Gelegenheit dar. Schon im

März 1774 wurde dem neuen Gouverneur Grafen Hadik die umfassende Instruction, welche im Dezember 1764 den Landesgubernien
in Böhmen und Mähren ertheilt worden war, mit dem Auftrage
übersendet, hienach mit Berücksichtigung der in Galizien obwaltenden
verschiedenen Verhältnisse einen Instructionsentwurf ausarbeiten zu
lassen. Derselbe sollte in Wien geprüft und sodann der Kaiserin zur
Genehmigung vorgelegt werden [149].

Inzwischen reisten jedoch auch die Verhandlungen, welche über
die von dem Kaiser eingereichten hundert vier und fünfzig Punkte
gepflogen wurden, allmälig dem Abschlusse entgegen. Sie wurden von
dem Staatsrathe im Verein mit der neu errichteten galizischen Hof-
deputation und mit Zuziehung des nach Wien zurückgekehrten Grafen
Pergen gepflogen. Längst hatte man eingesehen, daß man wegen der
allzu großen Anzahl der von dem Kaiser aufgestellten Fragepunkte die
Sache gar sehr vereinfachen müsse, wenn man nur überhaupt an ein
Ende gelangen wolle. Die gesammte Materie wurde daher in drei
Hauptgruppen getheilt. Die erste umfaßte Alles, was sich auf die
Einrichtung des Guberniums, die zweite dasjenige, was sich auf die
Eintheilung und die politische Verfassung der Kreise, die dritte endlich
das, was sich auf die Handhabung der Justiz und die Aufstellung der
hiezu erforderlichen Gerichte bezog.

Was zunächst das erstere, das Gubernium anging, so sollten
bei demselben künftighin neun Räthe, und unter ihnen zwei von
polnischer Nationalität angestellt sein; für das Salz-, Mauth- und
Accisewesen so wie für die Cameralgüter wollte man eigene Admini-
strationen einführen, welche dem Gubernium unterzuordnen wären.
Die Eintheilung des Landes in sechs Kreise mit der Unterabtheilung
von neunzehn Districten sollte beibehalten werden. Neben dem Lemberger Tribunal dachte man noch vier Gerichte, und zwar zwei für
den Bürger- und Bauernstand und zwei für die höheren Stände zu
errichten. Die Bürger und Bauern sollten an ihren Obrigkeiten und
den städtischen Magistraten ihre erste, an den Kreisgerichten die zweite
und dem Lemberger Tribunale die dritte Instanz besitzen. Für den

Adel und den Clerus hingegen wurden die Kreisgerichte als erste, das Appellationsgericht in Lemberg als zweite und die Hofkanzlei in Wien als dritte Instanz, letztere jedoch nur in wichtigeren Angelegenheiten bestimmt. Der Bauer war bei den Gerichten taxfrei zu behandeln, für den Bürger und den Adeligen aber die gleiche Taxentrichtung einzuführen wie in Böhmen [150]).

Ganz besondere Aufmerksamkeit wendete man dem Unterrichts= wesen und insbesondere dem erbärmlichen Zustande des Volksschul= wesens in Galizien zu. Um zur Verbesserung desselben die ersten Schritte zu thun, wurden der Weltpriester Adalbert Guerig, aus Ermeland gebürtig, und auf seine Empfehlung zwei seiner Landsleute weltlichen Standes, Casimir Wohlfeil und Michael Plath, alle drei des Lateinischen, des Polnischen, des Deutschen und des Französischen mächtig, nach Kaplitz in Südböhmen gesendet, um bei dem dortigen Dechant Kindermann die Methode zu erlernen, nach welcher vor kurzem das Normalschulwesen in Oesterreich und in Böhmen eingerichtet worden war [151]).

Es war jedoch nicht mehr Hadik, an welchen von Wien aus diese Anordnungen ergingen, denn er hatte inzwischen an Lacy's Stelle den Posten des Präsidenten des Hofkriegsrathes übernommen. Statt ihm war Heinrich Graf Auersperg, welcher früher an der Spitze der Commercial=Intendanz zu Triest gestanden hatte, als landes= fürstlicher Commissär nach Galizien gesendet worden. Die Ursache, weßhalb er nicht gleichzeitig zum Gouverneur dieses Landes ernannt wurde, lag wohl darin, daß Prinz Karl von Sachsen, welchem bekannt= lich von seinem Herzogthum Kurland nichts als der leere Titel übrig geblieben war, sich angelegentlich um jenen Posten bewarb. So nach= drücklich verwendete sich die Erzherzogin Marie Christine für ihren Schwager, und so groß war die Vorliebe der Kaiserin für ihre Tochter, daß sie ernstlich geneigt schien, ihr zu willfahren. An Josephs energischem Widerstande scheiterte jedoch dieses Project [152]).

Nach einem nicht ganz anderthalbjährigen Aufenthalte in Gali= zien, im Dezember 1775 kam Auersperg, inzwischen zum Gouverneur

ernannt, mit der Ausarbeitung der Instruction zu Stande, welche nach
dem Muster derjenigen, die für Böhmen und für Mähren Geltung
besaß, auch für das galizische Landesgubernium angefertigt worden
war. Aber nicht nur für dieses, sondern auch für die Kreisämter
Galiziens und für die in den einzelnen Kreisen angestellten Districts-
directoren legte Auersperg Instructionsentwürfe vor [153]). Und im
April 1776 ging er nach Wien, um für verschiedene Anträge, deren
Annahme und Durchführung ihm durch die Interessen des seiner
Leitung anvertrauten Landes geboten erschien, die Genehmigung der
Kaiserin zu erwirken.

Zwei Punkte waren es, die nach Auerspergs Meinung ganz
besondere Berücksichtigung verdienten. Der erste bestand in der Nothwendigkeit, feststehende Einrichtungen für die Verwaltung Galiziens zu
treffen und nach stets sich gleichbleibenden Grundsätzen daselbst zu
handeln, jede Schwankung oder Ungewißheit aber zu vermeiden. Und
außerdem sollte eine verhältnißmäßig nicht hoch bemessene Summe
fixirt werden, welche Galizien zu theilweiser Bestreitung der allgemeinen
Staatsbedürfnisse beitragen könnte; Auersperg meinte sie auf 1,800.000
Gulden veranschlagen zu sollen. Das ganze übrige Erträgniß des
Landes sollte noch eine lange Reihe von Jahren hindurch ausschließlich
zu dessen eigenem Besten verwendet werden.

Während der Anwesenheit Auerspergs in Wien geschah noch
ein anderer sehr bemerkenswerther Schritt, welcher darin bestand, daß
die galizische Hofkanzlei aufgehoben und ihr bisheriger Wirkungskreis,
insofern er sich auf die Verwaltung des Landes bezog, der böhmischen
und österreichischen Hofkanzlei zugewiesen wurde. Da aber die der
letzteren hiedurch übertragenen Geschäfte einen allzu weiten Umfang
erhielten, wurde sie in zwei Senate getheilt, von denen der eine Alles
besorgen sollte, was Böhmen, Mähren, Schlesien und Galizien anging.
Dem anderen hingegen wurden die Geschäfte aller österreichischen
Länder und des Temeswarer Banates überwiesen [154]). So geschah
auch in dieser Beziehung dasjenige, was Joseph von allem Anfange
an als das wünschenswertheste angesehen hatte. Um es möglich zu

machen, erhielt Graf Wrbna den in Erledigung gekommenen Posten
eines Obersthofmarschalls, während sein Vorgänger auf demselben,
Fürst Joseph Schwarzenberg, statt des am 18. April 1776 verstorbenen Fürsten Khevenhüller zum Ersten Obersthofmeister ernannt
wurde [155]).

Auf den Gouverneur von Galizien, den Grafen Auersperg erstreckte sich jedoch die vorgenommene Veränderung nicht, und er kehrte
nach dem seiner Leitung anvertrauten Lande zurück. Aber seine dortige
Wirksamkeit kann wohl kaum eine glückliche genannt werden. Maria
Theresia selbst zeigte sich eifrig bemüht, ihre neuen galizischen Unterthanen, insbesondere die Mitglieder des höheren Adels durch Gunstbezeigungen aller Art, wie durch Verleihung von Hofwürden und
sonstige Auszeichnungen für sich und ihr Haus so wie für Oesterreich
zu gewinnen. Aber diese Mittel brachten auf diejenigen, auf die sie
berechnet waren, nur sehr wenig Eindruck hervor [156]), und was die
Kaiserin vielleicht dennoch erreichte, ging durch Auerspergs herrisches
und verletzendes Benehmen wieder verloren. Und auch der Wiener
Hof verfiel wieder in den Fehler, den er vor, während und nach der
Regierungszeit der Kaiserin Maria Theresia so oft beging, durch
Ueberlastung mit Abgaben aller Art die Staatsangehörigen unzufrieden
und mißmuthig zu machen. Dieser letztere Umstand war es zunächst,
der einen Theil der hervorragendsten Personen in Galizien auf den
Gedanken brachte, auf die Vereinigung ihres Landes mit Ungarn
hinzuarbeiten. Man erinnert sich ja, daß die vermeintlichen Ansprüche
des Hauses Oesterreich auf polnische Gebietstheile nur aus angeblichen
Rechten der ungarischen Krone abgeleitet worden waren, daß die erste
Besitzergreifung im Namen Ungarns stattgefunden hatte und man
längere Zeit hindurch wirklich daran dachte, wie es mit der Zips
thatsächlich geschah, so auch das übrige an Oesterreich gefallene polnische
Land mit Ungarn zu vereinigen. Freilich war man, und gewiß mit
Recht, von dieser Absicht wieder vollständig zurückgekommen, weil sonst
Galizien ohne irgendwelche nöthigende Veranlassung jener privilegirten
Stellung theilhaft geworden wäre, welche Ungarn zu großem Nachtheile
des österreichischen Gesammtstaates innerhalb desselben einnahm. Aber

gerade diese Privilegien, und insbesondere dasjenige der Steuerfreiheit waren es, die auf den polnischen Adel eine mächtige Anziehungskraft übten. Den Schritten, welche derselbe in dieser Richtung unternahm, wurde von ungarischer Seite das bereitwilligste Entgegenkommen zu Theil. Der ungarische Hofkanzler Graf Franz Esterházy legte der Kaiserin einen Plan vor, in welchem, um sie dem Projecte günstig zu stimmen, der Vorschlag enthalten war, Galizien solle auch fortan das bisherige Gesammteinkommen aus diesem Lande, welches auf vier Millionen veranschlagt wurde, an den Staatsschatz entrichten. Dem letzteren wäre hieraus ein nicht unbeträchtlicher Vortheil erwachsen, weil bisher ein großer Theil dieses Einkommens wieder im Lande selbst zur Bestreitung der Auslagen für Verwaltung und Justiz auf= gebraucht worden war.

Der Antrag des Grafen Esterházy fand jedoch auf anderer Seite eifrigen Widerspruch. Mit besonderer Lebhaftigkeit erhob ihn Graf Heinrich Auersperg, der zu jener Zeit, im September 1779, seinen Posten in Galizien niedergelegt hatte. Drei Beweggründe waren es vornehmlich, welche gegen den Vorschlag Esterházy's und die ihm entsprechenden Wünsche des polnischen Adels in die Wagschale fielen. Hätte man ihnen willfahrt, so würde man hiedurch für alle Zukunft der Möglichkeit entsagt haben, späterhin noch ansehnlichere Einkünfte aus Galizien zu ziehen. Außerdem befand sich eine große Anzahl hervorragender Personen im Besitze einträglicher Anstellungen in der Verwaltung Galiziens. Hätten sie dieselben verloren, dann würde man genöthigt gewesen sein, für ihre anderwärtige Unterbringung auf Staatskosten Sorge zu tragen. Ungleich wichtiger als diese beiden Gründe war jedoch die Betrachtung, daß es im Interesse des öster= reichischen Staates durchaus nicht gelegen sein konnte, Ungarn noch größer und mächtiger werden zu lassen, als es ohnedieß schon ge= worden war [157]).

Insbesondere mochte Joseph es sein, für welchen diese letztere Rücksicht entscheidende Bedeutung besaß. Aber der Kaiser befand sich damals nicht in Wien, sondern auf einer seiner zahlreichen Bereisungen in Böhmen. Vor seiner Rückkehr war an die Entscheidung einer so überaus wichtigen Angelegenheit in gar keiner Weise zu denken [158]. Als jedoch Joseph sich wieder in Wien befand, brachte Esterhazy, der sich lebhaft für die Sache interessirte, sein Project einer Vereinigung Galiziens mit Ungarn neuerdings und in recht angelegentlicher Weise zur Sprache. Um es dem Hofe annehmbarer zu machen, wurde es durch den Antrag vervollständigt, die Pensionen derjenigen, welche durch die Verwirklichung der projectirten Einrichtung ihre Anstellungen verlören, auf Ungarn zu übernehmen und sie nicht dem österreichischen Staatsschatze zur Last fallen zu lassen. Aber auch diese Lockung verfing nicht; ohne Zweifel war es der Kaiser, welcher das Project zu Fall brachte, und es blieb bei der bisherigen Form der Verwaltung Galiziens [159]. An die Spitze derselben wurde nun Joseph Graf Brigido gestellt, der früher das Temeswarer Banat administrirt hatte und nach dessen Vereinigung mit Ungarn nach Lemberg versetzt worden war. Als Joseph im Jahre 1780 auf seiner Reise nach Rußland zum zweiten Male Galizien besuchte, äußerte er sich über Brigido in günstigster Weise. Einen klaren und fähigen Kopf nannte er ihn, und er fügte hinzu, Brigido habe sich in Galizien sehr schätzenswerthe Kenntnisse von den Zuständen des Landes gesammelt. Hochgeachtet sei er daselbst, und sein verbindliches Betragen mache ihn ungemein beliebt. Wenn man dem Lande wirklich wohlwolle, möge man Brigido kräftig unterstützen und ihn ermuthigen, denn er sei gewiß der Geeignetste zur Erfüllung der ihm übertragenen Aufgabe.

Auch der Präsident des Mercantil- und Wechsel-Appellatoriums in Lemberg, Johann Wenzel Graf Spork wird von Joseph belobt. Auch ihn nennt der Kaiser geachtet und beliebt; auch von ihm sagt er, daß er mit der Sprache und den Zuständen des Landes sich so viel als nur immer möglich vertraut zu machen gesucht habe. Auch in Bezug auf Spork trägt Joseph darauf an, daß man ihm freien Spielraum in seinem Wirkungskreise gewähren und ihn durch die Referenten in Wien, die Alles zu wissen glaubten, nicht beirren lassen möge. Vor Allem aber solle man davon abstehen, neuerdings Deutsche nach Galizien zu senden; insbesondere die richterlichen Stellen wären aus dem Adel des Landes zu besetzen und man würde dann gewiß besser bedient sein.

So wie fast überall, so erfreuten sich auch in Galizien die Mitglieder der vornehmsten Adelsfamilien durchaus nicht der Gunst des Kaisers. Man habe bisher, schrieb er seiner Mutter von ihnen, allzuviel Rücksicht für sie gehabt. Niemals verweilten sie auf den Gütern, die ihnen in Galizien gehörten, und wenn man diesem Mißbrauche nicht abhelfe, werde das Land immer unfähiger werden zur Entrichtung von Abgaben; allzu viel Geld zögen sie aus demselben. Dringend nothwendig sei die Urbarialregulirung, und sie sollte auf Grundlage der in Ungarn getroffenen Einrichtung als der einfachsten durchgeführt werden. Die Idee der Vereinigung Galiziens mit Ungarn sei hingegen wahrhaft absurd, ganz unausführbar und dem Interesse beider Länder gerade entgegengesetzt. Die Kaiserin allein könne diesem Projecte ein für alle Mal jegliche Hoffnung des Gelingens benehmen, und es sei nothwendig, daß sie es thue [160]).

Wenige Monate nachdem Joseph diese Zeilen geschrieben, gelangte er durch den Tod seiner Mutter zur alleinigen Regierung der österreichischen Monarchie. Von dem Plane einer Vereinigung Galiziens mit Ungarn war daher mit keinem Worte mehr die Rede.

So wie während seiner Reise nach Rußland, widmete Joseph auch bei der Rückkehr von dort den Angelegenheiten Galiziens lebhafte Aufmerksamkeit. Die ungeheure Menge von Eingaben, welche ihm während seines kurzen Aufenthaltes in Galizien von allen Seiten überreicht und zugesendet wurden, brachte den Kaiser zu der Ueberzeugung, daß große Unzufriedenheit daselbst herrsche. Eine Hauptursache derselben erblickte er in dem Verfahren, welches hinsichtlich der dortigen Salzwerke beobachtet worden war. Man hatte sie einer Handelsgesellschaft, an deren Spitze die Kaufleute Johann Baptist Puthon und Heinrich Georg Königsberger standen, in Pacht überlassen. Gegen den Mißbrauch, welcher zum äußersten Schaden des Landes von diesen Pächtern getrieben wurde, sah sich nun Joseph

mit Beschwerden wahrhaft bestürmt. Nur eine Stimme herrsche hier=
über, schrieb er der Kaiserin, im ganzen Lande, und die Handels=
gesellschaft, die nur an sich selbst denke, richte den Salzhandel und
mit ihm das Land zu Grunde; schleunigste Abhülfe sei dringendst
geboten [161]).

Diese von dem Kaiser an seine Mutter gebrachten Beschwerden
wurden binnen kurzem von einem Mitgliede einer der vornehmsten
galizischen Adelsfamilien erneuert. Graf Potocki folgte dem Kaiser nach
Wien, und er legte daselbst nicht nur eine erschöpfende Denkschrift, son=
dern auch die Beweise der Uebelstände vor, welche in Galizien über=
haupt, und insbesondere hinsichtlich des Salzhandels herrschten und die
verderblichsten Wirkungen hervorbrachten. Als eine der gefährlichsten
stellte er die zunehmende Entvölkerung hin, und er bewies, daß in den
letzten Jahren mehr als vierzehntausend Menschen nach der Moldau
und der Walachei ausgewandert seien [162]). Die Vorstellungen Beider,
des Kaisers und Potocki's, erreichten vor der Hand wenigstens so viel,
daß man über die Maßregeln, welche ergriffen werden sollten, um
ausgiebige Abhülfe zu schaffen, ernstlich berieth. Der inzwischen ein=
tretende Tod der Kaiserin stellte es jedoch auch in dieser Beziehung
ihrem Sohne und Nachfolger anheim, die Entschlüsse zu fassen und
in Ausführung zu bringen, die er für gut hielt.

Nicht nur mit der Sorge für die Angelegenheiten Galiziens
hatte Joseph sich während seines dortigen Aufenthaltes beschäftigt,
sondern er wendete auch denjenigen der Bukowina, obwohl er dieses
Land auf seiner Reise nicht berührte, seine Aufmerksamkeit zu. Im
Gegensatze zu Galizien war in der Bukowina während der ersten
Jahre ihrer Vereinigung mit Oesterreich keine Civiladministration ein=
gesetzt, sondern die Verwaltung des Landes den Militärbehörden anver=
traut worden. Die letzteren standen unter dem Generalcommando in
Lemberg und dieses wieder unter dem Hofkriegsrathe, der somit damals
als die oberste Verwaltungsbehörde für die Bukowina anzusehen war
und als solche auch wirklich fungirte. Der Generalmajor Freiherr
von Splenh war der erste, Generalmajor Freiherr von Enzenberg

7*

aber nach ihm Commandant der österreichischen Truppen in der
Bukowina und somit auch Leiter der dortigen Administration. Bei
der sehr großen Schwierigkeit, sich in die ganz neuen und eigenthüm=
lichen Verhältnisse der Bukowina zu finden und einige Ordnung in
die dortigen, völlig verwilderten Zustände zu bringen, konnte es nicht
fehlen, daß sich selbst bei dem besten Willen des Generals Enzenberg
zahlreiche Beschwerden erhoben. Sie fanden ihren Weg auch nach
Wien und gaben Anlaß zu Berathungen über die Einrichtungen, welche
in Bezug auf die Verwaltung der Bukowina getroffen werden sollten.
Die Grundlage derselben bildete eine Reihe von Vorschlägen, die
in verschiedenen, in Czernowitz ausgearbeiteten Denkschriften nieder=
gelegt waren; wenn wir nicht irren, rührten sie entweder von Enzen=
berg selbst oder von dem in seiner nächsten Umgebung befindlichen
Oberkriegscommissär Wagmuth her. Beide waren im Winter von
1779 auf 1780 zu persönlicher Theilnahme an diesen Berathungen
nach Wien berufen worden, aber sie erhielten im April 1780 den
Befehl, sich schleunigst nach Czernowitz zurückzugeben. Denn der
Kaiser werde auf seiner Reise nach Rußland auch die Bukowina be=
suchen und dann an Ort und Stelle die erforderlichen Entscheidungen
treffen [163].

Es ist bereits gesagt worden, daß Joseph dießmal seinen Plan
einer Reise nach der Bukowina nicht auszuführen vermochte. Er be=
schränkte sich daher vor der Hand darauf, die ihm zugekommenen
Beschwerden durch eine Commission, an deren Spitze der Feldmarschall=
Lieutenant Freiherr von Drechsel stand, untersuchen zu lassen, und er
sagt selbst, daß einige Punkte derselben richtig befunden worden seien.
Gleichzeitig beauftragte er den commandirenden General in Galizien,
Feldmarschall=Lieutenant von Schröder, und den dortigen Landes=
präsidenten Grafen Brigido mit der Ausarbeitung eines gemeinschaft=
lichen Gutachtens, wie die Bukowina am zweckmäßigsten dem König=
reiche Galizien als ein eigener Kreis einverleibt werden könnte? Ein
Theil des Gebirgslandes wäre jedoch hievon zu trennen und zu dem
Gebiete des zweiten walachischen Grenzregimentes in Siebenbürgen zu
schlagen [164].

Als die beiden Beauftragten, Schröder und Brigido, der ihnen vom Kaiser gestellten Aufgabe nachkamen [165]), befand sich Maria Theresia nicht mehr am Leben. Was von nun an zur Durchführung des dem Kaiser vorgelegten Planes geschah, gehört daher nicht mehr ihrer, sondern seiner Regierungszeit an.

Viertes Capitel.
Ungarn.

Von allen einzelnen Theilen der österreichischen Gesammtmonarchie war es ohne Zweifel der größte, und in gewissem Sinne auch der wichtigste aus ihnen, welcher die Regierungsthätigkeit der Kaiserin in noch höherem Grade in Anspruch nahm, als dieß von Seite ihrer anderen Länder geschah. Ihre Stellung zu Ungarn war überhaupt eine so ganz eigenthümliche, daß es nothwendig sein wird, einige Zeit bei ihr zu verweilen.

Durch oft wiederholte Kundgebungen der Kaiserin ist es ganz außer Zweifel gestellt, daß sie der ungarischen Nation im Allgemeinen ungemein günstig gesinnt war. Diese Vorliebe für Ungarn läßt sich aus verschiedenen Gesichtspunkten ohne Schwierigkeit erklären, und sie beruhte wohl ziemlich gleichmäßig auf persönlichen wie auf politischen Motiven. Das leicht erregbare, zu enthusiastischen Kundgebungen hinneigende Wesen der Ungarn war ganz geeignet, auf eine selbst lebhaft, ja leidenschaftlich empfindende Frau, wie Maria Theresia, zumal in ihren jüngeren Jahren es war, einen ebenso sympathischen als tiefen Eindruck zu machen. Dazu kommt noch, daß Opfer, und mögen sie auch zehnfach geringere sein, demjenigen, der sie darbringt, zu weit höherem Verdienste angerechnet werden, wenn dieß von seiner Seite freiwillig, als wenn es halb oder ganz gezwungen geschieht. Für eine Contributionserhöhung von wenigen hunderttausend Gulden, wenn sich endlich der ungarische Landtag nach langen Mühen hiezu herbeiließ, hielt sich Maria Theresia zu weit größerem Danke verpflichtet, als wenn ihr die böhmischen und die österreichischen Länder in Folge einer neuen Steuer, die sie aus eigener Machtvollkommenheit ihnen auflud, Millionen mehr bezahlten, als bisher geschehen war.

Allerdings konnte es nicht fehlen, daß bei den Verhandlungen selbst, die mit den Ungarn gepflogen wurden, insbesondere wenn sie auf den Landtagen stattfanden, das hartnäckige und egoistische Festhalten der privilegirten Classen an Einrichtungen, welche dem Staate offenkundig zum Schaden gereichten, so wie ihre Zähigkeit bei der Darbringung von Opfern, die an und für sich kaum anders als geringfügige genannt werden konnten, den gerechten Unwillen der Kaiserin erregten. Bei dem Schlusse des Landtages von 1751, ja auch bei demjenigen von 1764/65 gab sich diese Stimmung unverhüllt kund, und sie rief auch manche bereits citirte, recht herbe Aeußerung der Kaiserin hervor [166]).

Die wahrhaft großherzige Gesinnung, von welcher Maria Theresia beseelt war, verleugnete sich jedoch auch in ihren Beziehungen zu Ungarn nicht. Waren nur erst die Landtagsverhandlungen vorüber, und hatte sich ihr Unmuth über das Verfahren der Ungarn während derselben wieder etwas beschwichtigt, so kam auch das tief eingewurzelte Wohlwollen der Kaiserin für die ungarische Nation wieder ungeschwächt zur Geltung. Fester noch als in jenem Wohlgefallen an dem Wesen derselben wurzelte es in der dankbaren Erinnerung an die Dienste, welche ihr Ungarn in gefahrvollster Zeit geleistet, und in dem von selbst sich aufdrängenden Vergleiche zwischen der Haltung, welche dieses Land gegen sie, und derjenigen, die es gegen ihre Vorfahren beobachtet hatte.

War auch Maria Theresia noch nicht am Leben, als Ungarn sich in vollem Aufruhr gegen ihren Oheim, den Kaiser Joseph I. befand, ja als erst ihr Vater Karl VI. den Aufstand Rakoczy's durch den Szathmarer Frieden zu beendigen vermochte, so lagen doch diese Ereignisse dem Zeitpunkte ihrer eigenen Thronbesteigung keineswegs fern. Der Unterschied also, der darin bestand, daß noch ihre

unmittelbaren Vorgänger gegen Ungarn zu kämpfen gehabt hatten,
während dieses Land ihr selbst nicht nur unverbrüchliche Treue be=
wahrte, sondern ihr wirksamen Beistand leistete in den gefahrdrohenden
Kriegen gegen ihre äußeren Feinde, war viel zu gewaltig, als daß er
von der Kaiserin nicht aufs tiefste hätte empfunden werden müssen.
Wie sie selbst behauptete, war es insbesondere ihr Gemal, Kaiser
Franz, der sie in dieser Gesinnung bestärkte. Fast vier Jahre hatte
er in Ungarn als Statthalter dieses Landes verlebt, und so wider=
strebend er an die Spitze seiner Regierung getreten war, so innig
befreundete er sich im Laufe der Zeit mit derselben. Schon ist der
Aeußerung der Kaiserin Erwähnung geschehen, man vermöge Alles
mit der ungarischen Nation, wenn man mit Güte gegen sie verfahre
und ihr Wohlwollen zeige. Dieser Grundsatz, schrieb Maria Theresia
an ihren Sohn Maximilian, sei ihr von seinem verstorbenen Vater
gelehrt worden; dessen Befolgung habe die Monarchie und das Haus
Oesterreich gerettet und sie befinde sich sehr wohl dabei. Bei größerer
Vertrautheit mit den ungarischen Angelegenheiten werde er das bestätigt
finden und erstaunt sein über den Vortheil, den sie daraus gezogen
habe und noch ziehe [167].

Trotz aller Vorliebe für die ungarische Nation war jedoch Maria
Theresia keineswegs blind für deren Fehler und insbesondere für die
argen Gebrechen fast aller öffentlichen Einrichtungen dieses Landes.
Gerade ihr Wohlwollen für dasselbe und ihr sehnlicher Wunsch, dort
Abhülfe zu schaffen, wo sie so dringend nothwendig erschien, mußten
sie zu dem Versuche treiben, die Verbesserung unhaltbarer und un=
leidlich gewordener Zustände, da die Einwilligung und Mitwirkung
der privilegirten Classen, welche allein Sitz und Stimme bei den
Landtagen besaßen, nicht zu erlangen war, auch. ohne dieselbe ins
Werk zu setzen. Wenn Maria Theresia die Culturstufe, auf welcher
die österreichischen und die böhmischen Länder sich befanden, mit der=
jenigen Ungarns verglich, so konnte sie nicht leugnen, daß der in der
pragmatischen Sanction enthaltene Grundsatz, Ungarn dürfe nicht so
wie das übrige Oesterreich regiert werden, keineswegs zum Nutzen,
sondern nur zu tiefgehender Schädigung Ungarns gereichte.

Insbesondere war es der in jeder Beziehung bedauerungswürdige Zustand der nicht den privilegirten Claſſen angehörigen Mehrheit der Bevölkerung Ungarns, welcher das innige Mitleid der Kaiſerin wach= rief. Aber nicht nur dieſes Gefühl, ſondern auch die Erkenntniß der Nothwendigkeit, Aenderungen zu Gunſten des ſchwer bedrückten unga= riſchen Volkes zu treffen, ſchlug immer tiefere Wurzeln in ihrem Gemüthe, und in dem Streite der täglich ſich bekämpfenden Intereſſen des ungariſchen Adels und des Volkes gehörten ihre Sympathien dem letzteren an. Jedoch auch das Verfahren des erſteren wurde von ihr, wenngleich durchaus nicht gebilligt, ſo doch ohne Voreingenommenheit beurtheilt. Sie begriff, daß es außergewöhnlicher Selbſtverleugnung bedurft hätte, ſich freiwillig einer privilegirten Stellung zu begeben und ſich dadurch ſelbſt eine nicht geringe Einbuße an Macht und an Anſehen, vor Allem aber an Einkünften aufzuerlegen. Die Nichtachtung des Bauers, ſeine willkürliche, ja nicht ſelten tyranniſche Beherrſchung und Ausnützung war ſo ſehr in Fleiſch und Blut des ungariſchen Adels übergegangen, daß derſelbe es als eine Ehrenſache auffaßte, in keine wie immer geartete Schmälerung ſeiner bisherigen Rechte zu willigen. Hierin allmälig eine Aenderung zu erzielen, darauf war nun das Abſehen der Kaiſerin gerichtet; aber auch dieſen Zweck wollte ſie nicht gerade in offenem Gegenſatze gegen den Adel erreichen. Konnte ſie auch deſſen legale Zuſtimmung auf dem Landtage nicht erlangen, ſo wünſchte ſie doch, daß er wenigſtens ſtillſchweigend in dasjenige ſich füge, was ſie thun wollte, um die Lage des ungariſchen Landvolkes zu verbeſſern. Denn einerſeits blieb dem Adel, welcher Art dieſe Veränderungen auch ſein mochten, doch jedenfalls noch viel zu viel Macht übrig, als daß es für die Regierung gerathen erſchien, ſich ihn zum Feinde zu machen. Und andererſeits hätte eine offene Parteinahme der Regierung gegen den Adel das Landvolk leicht dazu vermocht, ſeine Forderungen allzu hoch zu ſpannen, und im Falle einer Nichtgewährung derſelben ſich zu Gewaltthätigkeiten gegen den Adel hinreißen zu laſſen.

Uebrigens befand ſich das Landvolk in ſeinem Gegenſatze wider den Adel nicht allein, ſondern die Einwohner der Städte ſtanden ihm

hiebei zur Seite. Diese genossen wenigstens den Vortheil, auf den
Landtagen, wenn auch nur in verschwindendem Maße vertreten zu sein.
Die Zahl dieser Vertreter zu vermehren und überhaupt dem Adel
gegenüber sich eine Stellung zu erringen, welche mit der Anzahl ihrer
Einwohner und deren Beitrag zu den öffentlichen Lasten in einem
angemesseneren Verhältnisse stünde als dieß bisher der Fall war,
darauf lief das Bestreben der Städte vorzugsweise hinaus. So kann
man in dem damaligen Ungarn drei von einander verschiedene Parteien unterscheiden: den Adel, die Städte und das Landvolk. Lag in
den Händen der ersteren Partei fast ausschließlich die politische Macht,
so gelangten die beiden letzteren wieder dadurch zu einiger Stärke,
daß ihre Interessen sie gemeinschaftlich gegen den Adel verbanden [168]).

Wie einsichtsvoll Maria Theresia diese Verhältnisse beurtheilte
und mit welcher Klugheit sie hiebei vorging, zeigt sich daraus am
besten, daß sie keine dieser drei Parteien ausschließlich begünstigte,
sondern sie alle gleichmäßig für sich zu gewinnen sich bemühte. Wie
eifrig sie bestrebt war, die Lage des Landvolkes zu verbessern, ist schon
an anderer Stelle erzählt worden [169]), und daß sie darauf ausging,
den Städten zu zahlreicherer Vertretung auf den Landtagen zu verhelfen, wurde gleichfalls schon erwähnt [170]). Da aber beides nur
auf Kosten des Adels geschehen konnte, und das erstere seinen Einkünften zum Nachtheil, das letztere aber seiner politischen Macht zur
Schmälerung gereichen mußte, trachtete ihn Maria Theresia auf andere
Weise dafür schadlos zu halten. Insbesondere waren es die vornehmsten, reichsten und daher auch mächtigsten Familien, gegen welche
sie sich mit Gunstbezeigungen wahrhaft verschwenderisch erwies. Auszeichnungen aller Art, sie mochten in der Verleihung von Orden,
Titeln oder Ehrenstellen bestehen, wichtige Aemter, reiche Pensionen
wurden ihnen zu Theil. In solcher Weise hoffte sie nicht nur ihren
Widerstand gegen die Reformen, die sie in Ungarn einführen wollte,
zu schwächen, sondern ihre stillschweigende Einwilligung hiezu, ja vielleicht sogar ihre Mithülfe zu erlangen.

Gleichwohl suchte sie das vornehmste Werkzeug zur Durchführung dieser Reformen nicht im Kreise der Ungarn, sondern außerhalb

desselben. Nach dem Tode des Palatins Ludwig Batthyany, des letzten, der unter Maria Theresia's Regierung diese Stelle bekleidete, beschloß sie jenen Posten nicht wieder zu besetzen. An seiner Stelle ernannte sie ihren zukünftigen Schwiegersohn, den Prinzen Albert von Sachsen zum Statthalter von Ungarn. Er sollte genau eintreten in die Stellung, welche ihr Gemal, der damalige Großherzog Franz von Toscana, vor mehr als dreißig Jahren eingenommen hatte.

Es wird von vorneherein zuzugeben sein, daß Maria Theresia zu diesem Schritte nicht allein durch ihre Fürsorge für Ungarn, sondern vielleicht mehr noch durch den Wunsch vermocht wurde, ihrer Lieblingstochter und deren Gemal, dem sie gleichfalls sehr zugethan war, eine glanzvolle Stellung zu sichern. Aber auch ihr eigenes Interesse, so wie dasjenige der österreichischen Monarchie überhaupt und Ungarns insbesondere schien ihr durch diese Maßregel gleichmäßig gewahrt zu werden. Denn wenn sie auch, um einen modernen Ausdruck zu gebrauchen, die dualistische Staatsform, insofern das damalige Verhältniß Ungarns zu Oesterreich schon so bezeichnet werden darf, von ihren Vorfahren überkommen und durch ihren eigenen Krönungseid bestätigt hatte, so entging es ihrem Scharfblicke doch nicht, daß dieselbe weder dem österreichischen Gesammtstaate noch Ungarn irgendwie zum Heile gereichen konnte. Dem Ersteren nicht, weil sie nothwendiger Weise einen gewissen Zwiespalt in seiner obersten Leitung und somit eine ansehnliche Schwächung derselben herbeiführen mußte. Dem Letzteren aber ebenfalls nicht, weil hiedurch die Einführung jener Reformen, deren Ungarn unerläßlich bedurfte, um sich Anspruch auf Einreihung in die Zahl der civilisirten Länder zu erwerben, ganz unmöglich gemacht wurde.

So klar sie dieß auch erkannte, so war Maria Theresia doch viel zu gewissenhaft, um gewaltsam an staatlichen Einrichtungen zu rütteln, die sie selbst eidlich zu bekräftigen sich genöthigt gefunden hatte. Aber sie sah darum nicht minder die Nachtheile derselben ein, und während ihrer vierzigjährigen Regierungszeit ging sie unablässig darauf aus, ihre gesammte Monarchie, so viel als nur immer möglich, einheitlich

zu regieren, und daher auch in Ungarn die gleichen Grundsätze zur
Geltung zu bringen, die sie in den übrigen österreichischen Ländern ent=
weder schon besaßen oder erlangen sollten.

Von sehr großer Wichtigkeit und in entschiedenem Gegensatze zu
dem Begriffe, den man heut zu Tage mit der dualistischen Staats=
form verbindet, war es, daß das ungarische Finanzwesen keineswegs
selbstständig gestellt, sondern daß es der gemeinsamen Staatsregierung
untergeordnet war. Allerdings befand sich eine eigene ungarische Hof=
kammer zu Ofen, aber dieselbe stand in dem Verhältnisse dienstlicher
Subordination zu der Hofkammer in Wien, welch letztere eine be=
sondere ungarische Abtheilung besaß. Graf Karl Palffy, Paul von
Festetics, Joseph von Mailáth waren ihre hervorragendsten Mit=
glieder. In Ofen aber stand ein Mann des höchsten Vertrauens der
Kaiserin, Graf Anton Graffalkovics an der Spitze der ungarischen
Hofkammer.

Man weiß daß Graffalkovics, nachdem er sich durch ganz un=
gewöhnliche geistige Begabung aus den ärmlichsten Lebensverhältnissen
zu der bedeutsamen Stellung eines königlichen Personals emporge=
schwungen hatte, als solcher am meisten zu den für Maria Theresia
so günstigen Ergebnissen des Landtages von 1741 beitrug. Dafür
hat sie ihm denn auch, wie es in ihrem Charakter lag, fortwährend
die dankbarste Erinnerung bewahrt. Welch freundschaftlicher Gesinnung
sie ihn werth hielt, mag aus den nachfolgenden Zeilen ersichtlich
werden, die sie im Juli 1771 mit eigener Hand an ihn richtete.
Sie lauten:

„liebster graff grasalcowitsch. mein getreüer abgesante an ihme
„wird ihme dises übergeben, und bin wahrhafftig neidig, nicht zu offen
„bey einer solchen trostvollen occasion mich mit meinen alten bekanten,
„mit meinen lieben hungern in meiner prächtigen haubtstatt zugegen
„zu finden. wer hätte geglaubt, das wir beede noch in unsern tagen
„just 30 jahr noch solten vor disen ersten grossen heiligen König eine
„residenz erbaut haben. die providenz mus man anbetten und
„hoffen, das selbe durch dise heil. hand das Königreich in seiner ruhe

„und auffnahm erhalten wird, wie es bis dato in unsere schwachen *),
„doch mit wahrer intention Gott und dem nächsten zum nutzen ist
„erhalten worden. mit solchen trost und hoffnung können wir unsere
„augen schliessen und zu unsere vorältern mit freüden hinab steigen,
„mit der hoffnung in Gott, das er unsere intentionen und schwach=
„heiten belohnen und letztere verzeihen wolle. ich verbleibe alzeit seine
„30jährige gnädigste frau und wahre freündin Maria Theresia".

Diese herzlichen Worte der Kaiserin an ihren treuen Graffalkovics
waren übrigens auch solche des Abschiedes für ihn, denn schon nach
wenigen Monaten starb er. „Durch den Todfall Ihres Gemahls",
schrieb Maria Theresia am 4. Dezember 1771 an die Gräfin Graffal=
kovics, „hat Hungern einen grossen Mann, der Staat ein würdiges
„Mitglied und Ich einen getreuen, alten, verdienstvollen Minister und
„Freund verlohren. Ich erkenne vollkommen Ihren ebenso empfind=
„lichen als gerechten Schmerzen über diesen harten Verlust, und kann
„Sie hiernach den meinigen abmessen. Sein angedencken wird bey
„Mir unauslöschlich bleiben, und werde Mich jederzeit mit Vergnügen
„so vieler wichtiger dingen erinnern, welche durch seine kluge veran=
„staltung und eifrige Bemühung zum besten des Staats und zur Ehre
„des Königreichs glücklich ausgeführt habe."

Bei der Größe der Reichthümer, welche Graffalkovics, der in
seiner Jugend ein armer Bettelstudent gewesen, seiner Familie hinter=
ließ, war es begreiflich, daß nach seinem Tode allerlei ungünstige
Gerüchte über die Art ihrer Anhäufung entstanden. Ja sogar eine
förmliche Anzeige hierüber ging bei der Kaiserin ein; Maria Theresia
aber schrieb an den Sohn des Verstorbenen:

„Es hat zwar der Graf im voraus überzeugt seyn können,
„wie wenigen Eindruck die wieder seinen Vatter seel. gemachte unge=
„gründete anzeuge bey mir machen werde, da dessen bestens mir
„bekanter Ehrlichkeit auch in grabe vollkommenes Recht billig wieder=
„fahren lasse. Es wird aber der Graf aus meiner hierüber gefasten

*) Kräften.

„Entschlüffung noch weiters erkennen, wie sehr Ich derley bey diesen „Zeiten nur gar gemeine, leichtsinnige Verunglimpfungen und an= „taftungen ehrlicher leuten mißbillige. Dieses habe dem Grafen zu „feiner Beruhigung erinnern und ihn zugleich meiner beständigen gnad „verfichern wollen."   „Maria Therefia" [171]).

Da es kaum thunlich erscheint, all die Männer hier aufzuzählen, welche während der Regierungszeit der Kaiserin Maria Therefia sich als einsichtsvolle, treue und verläßliche Staatsdiener in Ungarn hervor= thaten, so möge neben Graffalkovics nur noch Georg Fekete erwähnt werden, weil seine Laufbahn derjenigen des Grafen Graffalkovics nicht unähnlich war. Gleich ihm bekleidete er die Stelle eines königlichen Personals, und wie Graffalkovics beim Landtage von 1741, so leistete Fekete zehn Jahre später, bei dem von 1751 hervorragende Dienste. Gleich Graffalkovics in den Grafenstand erhoben, gelangte auch Fekete, der als ein Mann von ungewöhnlicher Bildung und umfassenden Kenntniffen dargestellt wird [172]), im Laufe der Jahre zu einer der vor= nehmsten Würden des Königreiches Ungarn, ja zu einer noch höheren als Graffalkovics sie besaß, indem er als Judex Curiae gleich den ersten Platz nach dem Statthalter einnahm.

Das Vorhandensein von Männern, wie Graffalkovics, Fekete und Anderen, welche eine lange und ehrenvolle Laufbahn hinter sich hatten und während derselben sich die größte Vertrautheit mit den Verhältniffen Ungarns erwarben, war um so nothwendiger, als sie dem Statthalter selbst wenigstens während der ersten Zeit seiner Amtsführung vollkommen fremd waren. Wie er erzählt, hatte er sich bis dahin nur mit militärischen Studien beschäftigt und besaß von den Dingen, welche mit der Regierung eines großen Landes im Zu= sammenhange stehen, kaum eine oberflächliche Kenntniß. Hiezu kam noch das Hinderniß der Sprache, indem er das Ungarische gar nicht und auch das Lateinische, welches noch überdieß in Ungarn in sehr verunstalteter Form gebraucht wurde, nur wenig verstand und vollends in keiner dieser beiden Sprachen sich auszudrücken wußte. Aber es wurde von der Kaiserin dringend gewünscht, daß Prinz Albert die ihm übertragenen Pflichten eines Statthalters von Ungarn auch wirklich, und nicht bloß dem Scheine nach erfülle. Sein eigener Ehrgeiz und seine Gewissenhaftigkeit trieben ihn gleichfalls dazu an; darum trachtete er mit eisernem Fleiße all dasjenige nachzuholen, wovon er erkannte, daß es ihm abging, um dem ihm übertragenen Wirkungskreise auch würdig vorzustehen [173]).

Schon bald nach dem Schlusse des letzten ungarischen Landtages, den sie überhaupt abhielt, und noch vor der Ernennung des Prinzen Albert zum Statthalter hatte Maria Theresia Hand angelegt an die Einführung zweckmäßiger Verwaltungsreformen in Ungarn. Eine Instruction für die Obergespäne ließ sie ausarbeiten, welche das Datum des 5. August 1765 trägt. Durch sie wurde den Obergespänen vor Allem das Volksschulwesen dringend empfohlen. Die Kaiserin machte es ihnen zur Pflicht, für den Unterricht der Jugend und zu diesem Ende für ausreichende Besoldung der Volksschullehrer zu sorgen. Ueber die Anzahl und die Standorte der Schulen so wie über die Bezahlung der Lehrer sollten die Obergespäne verläßliche Auskunft erstatten. Sie hatten außerdem alljährlich eine Volkszählung zu veranstalten, in die= selbe aber den Adel nicht einzubegreifen, damit er nicht gegen die Regierung den ungegründeten Verdacht einer Besteuerungsabsicht hege. Auf Verdopplung der Besoldung der Comitatsanwälte sei hinzuwirken, um ihnen sodann verbieten zu können, gleichzeitig bei Privaten zu dienen. Auf regelmäßige Durchführung der Comitatswahlen nach Ab= lauf von je drei Jahren wäre sorgsam zu achten. Am Beginne jeden Jahres habe der Obergespan einen Bericht über die Steuervertheilung vorzulegen, und ebenso über das Comitatsarchiv zu berichten. Er habe für rasche Durchführung der Prozesse und beschleunigte Entscheidung sonstiger Streitsachen Sorge zu tragen; ein Mittel hiezu bestände in der Abhaltung kleiner Comitatsversammlungen und Gerichtsstühle. Die Instandhaltung der Straßen, die Verwaltung des Waisenvermögens, Maß und Gewicht so wie andere ähnliche Dinge wurden seiner be= sonderen Aufmerksamkeit empfohlen. Bei kleineren Vergehen sollten den Leuten keine Geldstrafen auferlegt, sondern körperliche Züchtigungen über sie verhängt werden, weil durch letztere ihrer Steuerfähigkeit nicht

Eintrag geschehe. Endlich hatten die Obergespäne auf gute Behandlung der Frohnbauern zu sehen, und in den Comitaten, in welchen
die Urbarialregulirung noch nicht eingeführt war, mit ganz besonderer
Vorsicht zu Werke zu gehen [174]).

Diese Urbarialangelegenheiten waren es, wie man sieht und
schon an einem früheren Orte nachgewiesen wurde [175]), denen Maria
Theresia ihre ganz besondere Aufmerksamkeit zuwandte. Schon im
Jahre 1765 vollendete Hofrath Raab das Reglement, mit dessen Ausarbeitung ihn Maria Theresia beauftragt hatte; am 10. Juli ging
die erforderliche Instruction an die Comitate. Wesentlich war die
Verbesserung der Lage des Frohnbauers, welche hiedurch herbeigeführt
wurde, aber wie fast überall, so verursachte sie Anfangs auch in
Ungarn aufständische Bewegungen des Landvolkes. Denn einerseits
war es mit den erlangten Zugeständnissen nicht zufrieden, sondern
glaubte von nun an jeglicher Leistung an die Grundherren enthoben
zu sein. Und andererseits stellten die letzteren noch Anforderungen an
das Landvolk, welche nach den neuen Gesetzen nicht mehr zulässig waren,
und sie führten hiedurch selbst die Auflehnung der in unrechtmäßiger
Weise Bedrückten herbei.

Schon sind Aeußerungen der Kaiserin verzeichnet worden, aus
denen hervorgeht, daß sie mit ihren Sympathien auf der Seite der
Letzteren stand [176]). Aber es lag ihr auch jede Ungerechtigkeit gegen
die Grundherren vollkommen fern, und daher wurde sie durch die sich
direct widersprechenden Nachrichten aus Ungarn wahrhaft beunruhigt.
„Die geringe Wahrheit", schrieb sie einmal dem Prinzen Albert, „welche
„im Allgemeinen in den Berichten aus Ungarn herrscht, ruft eine dem
„öffentlichen Wohle sehr nachtheilige Ungewißheit hervor, und sie macht
„unsere Beschlüsse schwankend, indem ich lieber schwach scheinen will
„als ungerecht, wovor Gott mich bewahren möge." Da jedoch Maria
Theresia, wie sie in demselben Briefe sagt [177]), sich in ihrem Gewissen
für verpflichtet hielt, diese Angelegenheit um jeden Preis zu einem
günstigen Ende zu führen, ließ sie sich auch durch die hiegegen auf-
tauchenden Hindernisse keineswegs beirren. Vor Allem wollte sie die

Ruhe wiederhergestellt sehen, welche durch die aufständischen Bewegungen des Landvolkes gestört worden war. Sie selbst präsidirte den Sitzungen, die in Preßburg abgehalten wurden, um über die zu ergreifenden Maßregeln schlüssig zu werden. Und als zuletzt nichts übrig blieb, als sich der bewaffneten Macht zu bedienen, da war es wieder Maria Theresia, welche darauf drang, daß dieß nur mit Schonung und Milde geschehe. Die Excesse der Truppen, welche trotzdem hiebei vorfielen, wurden von der Kaiserin mit aller Schärfe getadelt [178]).

Nachdem es schließlich gelungen war, die entstandenen Unruhen zu dämpfen, wurde die neue Urbarialregulirung in Ungarn von Comitat zu Comitat, und zwar binnen sechs Jahren durchgeführt.

Mit welch großer Aufmerksamkeit Maria Theresia diese Vorgänge verfolgte, geht auch aus einem Briefe hervor, den sie gleichfalls dem Prinzen Albert schrieb. Sie finde, sagte sie ihm, als er ihr die Ausfertigungen des ungarischen Statthaltereirathes übersandte, dieselben besser, als sie geglaubt hatte, aber sie sehe doch immer, daß Alles nur mit innerem Widerstreben geschehe; gleichwohl werde man mit Geduld und Festigkeit doch noch ans Ziel kommen. Jetzt aber habe ein Fall sich ereignet, in welchem die Festigkeit in ihr Recht treten müsse, da die Langmuth endlich erschöpft sei. Den Erzbischof von Kalocsa und Balogh habe sie zu Commissären für das Preßburger Comitat ernannt. „Sie werden schon", fuhr sie fort, „von der scan-„dalosen Sitzung vom 25. gehört haben, in welcher Herr Szüllö [179]), „die Creatur von Karl Palffy und Adam Batthyany, seit dem letzten „Landtage von Neuem damit geglänzt hat, die Dinge zu verwirren. „Man wird die Sache so hinstellen wollen, als ob das Comitat sich „zur Befolgung meiner Befehle herbeigelassen habe, aber ich lasse mich „dadurch nicht täuschen. Es ist scandalos, daß weder Karl noch „Nikolaus, Leopold, Rudolph oder Johann Palffy nach den Zusagen „dieser drei Letzteren auch nur ein Wort sprachen. Der Vertreter „meiner Güter, der des Primas, die Betsey haben im Sinne meiner „Absichten geredet; wenn nur Einer der Palffy sie unterstützt hätte, „war Alles gethan. Da kommt dieser Szüllö und verwirrt den

„ganzen Vorschlag und reißt den gesammten unwissenden Adel mit
„sich, der die Ueberzahl bildet. Aber ich bin darüber keineswegs er=
„zürnt; denn jetzt habe ich die Ellbogen frei zu ungestörtem Handeln
„und habe diesen Herren nichts zu verdanken" [180]).

Wie in dieser, so hatte Maria Theresia auch in jeder anderen
Beziehung ihren Sinn auf die Verbesserung des Loses ihrer Unter=
thanen gerichtet. Und um wie viel höher sie sowohl für sich selbst
als für diejenigen, die sie liebte, den Ernst des Lebens als dessen
Annehmlichkeiten stellte, wird auch durch die Aufzeichnungen ihres
Schwiegersohnes deutlich bewiesen.

Im August 1766 wollte Joseph die Lager der Truppen in
Mähren und in Böhmen besuchen. Prinz Albert sollte gleichfalls
dabei sein. „Der Gedanke", schreibt der Letztere, „daß ich durch
„eine solche Begleitung einen großen Theil jener braven Armee und
„so viele ausgezeichnete Offiziere wiedersehen würde, deren Anstrengun=
„gen und Gefahren während des Krieges ich kurz vorher miterlebt
„hatte, war der angenehmste, den diese Gelegenheit nur immer in
„mir zu erwecken vermochte. Aber die Kaiserin, welche in diesem
„Augenblicke andere Absichten mit mir hegte, brachte jenes Project
„zum Scheitern. Sie hatte den Beschluß gefaßt, mich mit meiner
„Gemalin zur Zeit der Sitzungen der obersten Justiztribunale, von
„denen die Septemviraltafel unter dem immerwährenden Präsidium
„des Palatins oder Statthalters stand, nach Pest zu senden. Denn
„sie dachte, daß die Ausübung der Pflichten meines Amtes und die
„Anwesenheit ihrer geliebten Tochter inmitten der Ungarn, welche ihre
„Geschäfte zu jener Zeit daselbst zusammenführten, einen günstigen
„Eindruck auf die Nation hervorbringen würden. Ich hatte gut ihr
„vorstellen, daß ich noch nicht das Geringste von Rechtssachen und
„gerichtlichem Verfahren verstünde und kaum einige Worte Latein ver=
„stümmelt hervorzubringen vermöchte; ich würde daher bei diesem
„Präsidium nur eine traurige Figur spielen. Sie bestand auf ihrem
„Willen, und es blieb nichts übrig als sich ihrem Befehle zu unter=
„werfen."

Prinz Albert erzählt nun, wie er und die Erzherzogin, durch widrige Winde zurückgehalten und nach einer abgelegenen Insel verschlagen, erst nach dreitägiger Donaufahrt in Ofen angelangt seien. „Eine Art geheimnißvoller Unruhe", fährt er fort, „welche als Folge „der Debatten des letzten Landtages noch einen Theil des ungarischen „Adels beherrschte, war Ursache, daß man unser Benehmen bei der „Ankunft, welche außerdem eine neue Erscheinung in diesem Lande „und in jenem Augenblicke ganz unerwartet war, sehr aufmerksam „beobachtete. Aber sobald man sah, daß sie keinen anderen Zweck „hatte, als einerseits die mit meinem Amte verbundene Präsidentschaft „des Tribunals auszuüben, und andererseits unser Haus denjenigen, „die sich daselbst versammelten, durch den Empfang, den sie dort „fanden, und durch die Feste, die wir ihnen gaben, angenehm zu „machen, verwandelte die Aufmerksamkeit sich bald in Zufriedenheit „und selbst in Vertrauen. Inzwischen gestehe ich, daß das erste Auf- „treten in meiner Präsidentschaft mir ungemein peinlich und schwierig „war. Aber durch Fleiß und insbesondere durch die Anweisungen, „welche der Beisitzer am Tribunale, Graf Niczky, den die Kaiserin „hiemit betraut hatte, mir gab, gelangte ich dazu, mich um so besser „aus der Affaire zu ziehen, als man darauf gefaßt war, daß ich auf „einem Posten dieser Art nur eine sehr lächerliche Rolle spielen würde."

Auch Maria Theresia schien durch die Art, in welcher Prinz Albert die ihm übertragene Aufgabe erfüllt hatte, zufriedengestellt zu sein. Als Beweis dessen beauftragte sie ihn, nachdem er nach Preß- burg zurückgekehrt war, mit der Ausarbeitung eines Planes zur Reorganisirung der Geschäftsbehandlung der ungarischen Statthalterei, welche sie für viel zu langsam und zu unregelmäßig hielt. Mit Hülfe des Directors seiner Kanzlei, des Obersten Kempelen, und auf dessen Ideen gestützt, vollzog Albert den erhaltenen Befehl. Der von ihm vorgelegte Entwurf wurde von der Kaiserin gebilligt. Die Durch- führung desselben brachte jedoch den Prinzen in Conflict mit dem da- maligen Judex Curiae, Grafen Nikolaus Palffy, einem durch und durch redlichen, aber etwas heißblütigen Manne, welcher trotz seiner persön- lichen Ergebenheit für die Person der Kaiserin doch jeder Neuerung,

die ſie durchführen wollte, grundſätzlich widerſtrebte. So weit gedieh
der Zwieſpalt zwiſchen Beiden, daß Albert nach Schönbrunn eilte und
die Kaiſerin perſönlich um ihren Beiſtand bat, ohne welchen er die
Pflichten ſeines Amtes nicht ausüben könne. Obgleich ſie den Grafen
Palffy ſonſt hochſchätzte, entſchied Maria Thereſia doch zu Gunſten
des Prinzen. Sie führte jedoch eine Verſöhnung zwiſchen den beiden
ſtreitenden Parteien herbei, und wie Prinz Albert ſelbſt ſagt, erfreute
er ſich dann der Freundſchaft Palffy's bis zu deſſen Tode.

Ohne Zweifel gereicht es dem Prinzen Albert zur Ehre, daß er
das Verdienſt ſeiner gelungenen Arbeit nicht für ſich ſelbſt in Anſpruch
nahm, ſondern es der Wahrheit getreu dem eigentlichen Autor, dem
Oberſten Kempelen zuſchrieb. Ueberhaupt ſtand dieſer Mann nicht
nur bei dem Prinzen, ſondern auch bei der Kaiſerin ſelbſt in ſehr
hohem Anſehen. „Ich war ungemein zufrieden", ſchreibt ſie einmal,
„mit den beiden Noten von Kempelen, die ebenſo klar als menſchlich
„gedacht ſind." Und in demſelben Briefe ſpricht ſie von ſeiner ſchönen
und gefühlvollen Seele, die aber freilich nicht recht dazu gemacht ſei,
Stürmen zu widerſtehen. Sie hoffe ihn zu Neujahr mit dem Prinzen
in Wien zu ſehen [181]).

Auch ſonſt ſind die Briefe der Kaiſerin an Albert voll von
charakteriſtiſchen Bemerkungen für ſie ſelbſt und für das Land, deſſen
Regierung in ſeine Hände gelegt war. Als es um die Vertheilung
der Truppen in Ungarn ſich handelte, trug ſie ihm auf, vorerſt an
Ort und Stelle die nöthigen Erkundigungen einzuziehen, dann aber
nach Wien zu kommen, um die Sache mit dem Hoftriegsrathe und
der Hoftanzlei ins Reine zu bringen. „Wenn man ſich", fuhr die
Kaiſerin fort, „durch das Gerede der Leute oder die Kritik der Par-
„teien zurückhalten laſſen wollte, würde nichts in dieſer Welt geſchehen.
„Und wer vermöchte ſich bloßzuſtellen, wenn wir zögern, es auf uns
„zu nehmen, das Gute zu thun, ohne darauf zu achten, ob es auch
„Andere gut oder ſchlecht finden. Was man thut, geſchieht für die
„Länder, und erſt nach ſehr vielen Vorſtellungen hat man es durch-
„führen zu ſollen geglaubt. Nicht das Militär hat es verlangt,

„sondern das Land; unsere Ueberzeugung aber ist, daß diese Districte
„zu Grunde gerichtet sein werden, und daß wir ebenso sehr verpflichtet
„als dabei betheiligt sind, sie zu erhalten. Ich kann mich nicht genug
„verwundern, daß man nicht immer rechtzeitig die Interessen der
„Länder ins Auge faßt und sodann Unglück hieraus hervorgeht, wie
„es in Böhmen und in Mähren der Fall war, und Niemand will
„nach der Hand hiefür verantwortlich sein" [182]).

Außer den Maßregeln, welche die Kaiserin zur Durchführung
der Urbarialregulirung und zum Schutze des Landvolkes gegen die
Bedrückungen der Grundherren ergriff, erwiesen sich auch die Ver=
fügungen als ungemein nützlich, welche getroffen wurden, um die süd=
lichen Gegenden Ungarns durch Colonisirung dichter zu bevölkern.
Heilbringend zeigte sich auch die Trockenlegung sumpfiger Gegenden
im Stuhlweißenburger und im Tolnaer Comitate. Durch Canalisirung
des Sarviz, eines im Bakonyer Walde entspringenden Flusses, wurde
ein ausgedehnter Landstrich in fruchtbaren Ackerboden verwandelt,
während durch Regulirung der Kraszna der Ecseder Sumpf aus=
getrocknet ward. Außerdem wurden durch Vermittlung des Statt=
haltereirathes vielfache und heilsame Verfügungen getroffen, welche sich
auf Seidencultur, Anbau von Tabak und Kartoffeln, auf Pferdezucht
und Waldcultur bezogen. Da aber Maria Theresia die Lässigkeit
erkannte, mit welcher die ungarischen Comitatsbehörden ihre Anord=
nungen befolgten, rief sie wie in ihren übrigen Ländern, auch in
Ungarn landwirthschaftliche Gesellschaften ins Leben, deren Aufgabe in
der Hebung und Verbesserung der Landwirthschaft bestand.

Auch für die Gewerbe und die Fabriken begann ein regeres
Leben, welches zunächst durch die Regulirung der Zünfte und die
Einwanderung fremder Gewerbsleute hervorgerufen wurde. Neu er=
richtete Wollspinnereien, Lederfabriken und Eisenhämmer hoben die
ungarische Industrie. Und die neugegründete Bergakademie zu Schemnitz
erfreute sich eines sehr guten und weit verbreiteten Rufes [183]).

Ueberhaupt wendete Maria Theresia auch in Ungarn der Ver=
besserung des Unterrichtswesens ihre ganz besondere Aufmerksamkeit

zu. Da es bisher von den gefetzgebenden Factoren des Landes gänzlich
vernachläffigt worden war, fand fie hiebei ein um fo reicheres Feld
für ihr fegenbringendes Wirken. Die katholifchen Lehranftalten in
Ungarn lagen faft ausfchließlich in den Händen der Jefuiten, welche
nicht weniger als achtzehn Collegien, neunzehn Refidenzen und elf
Miffionshäufer in diefem Lande befaßen. Außer der Tyrnauer Univerfität verfahen fie noch dreißig Gymnafien, zwölf Seminarien und
neun Säcularconvicte mit Lehrern; neben ihnen befaßen nur noch die
Piariften einige Gymnafien.

Es foll nicht beftritten werden, daß die Jefuiten, als fie im
Laufe des fiebzehnten Jahrhunderts in Ungarn fich niederließen, dort
eine beträchtliche Verbefferung des Lehrwefens herbeiführten. Seither
waren fie jedoch fo ziemlich auf ihrem damals eingenommenen Stand-
punkte geblieben, und allgemein war die Unzufriedenheit mit ihren
Leiftungen, ja fogar von geiftlicher Seite gab fich diefelbe kund. Franz
Barkóczy, damals noch Bifchof von Erlau, fprach dieß ganz unver-
hohlen aus, und als Graf Karl Efterházy, Bifchof von Waitzen, im
Jahre 1770 ein Seminar für feine Diöcefe errichtete, wählte er die
Profefforen nicht mehr aus den Jefuiten, fondern aus den Dominikanern.

Ganz befondere Anklage wurde gegen die Jefuiten wegen des
immer zunehmenden Verfalles der einzigen Univerfität des Landes
erhoben, welche fich zu Tyrnau befand. Eine medizinifche Facultät
gab es an derfelben nicht; die theologifche, die juridifche und die philo-
fophifche befanden fich im übelften Zuftande. Die Profefforen begnügten
fich damit, ihre trockenen Vorträge den Zuhörern in die Feder zu
dictiren; die Letzteren aber mußten diefelben von Wort zu Wort aus-
wendig lernen. Die juridifchen Vorlefungen befchränkten fich auf das
Naturrecht, das römifche Recht und einen mageren Auszug aus Verböczy's
Tripartitum. Von den Naturwiffenfchaften wurde einzig und allein
die Phyfik gelehrt. Die Ferien aber waren fo ausgedehnt, daß ein
ganzes Jahr kaum fechzig Unterrichtstage zählte. So fchlecht war es
um die Tyrnauer Univerfität beftellt, daß einfichtsvolle Ungarn ihre
Söhne nach Wien fandten, um fich an der dortigen Univerfität, welche

unter den Auspizien der Kaiserin und der Einwirkung van Swietens
einen so glänzenden Aufschwung genommen, den Studien zu widmen.
Männer, die später zu den hervorragendsten in Ungarn zählten, wie
Joseph Mailáth, Joseph Uermenyi, Adam Skerlecz verdankten der
Wiener Universität ihre Ausbildung [184]).

Nach dem Muster der Studienhofcommission in Wien errichtete
Maria Theresia auch im Schoße der ungarischen Statthalterei eine
eigene Studiencommission zur Leitung des Unterrichtswesens. Vor
Allem handelte es sich um die Reorganisirung der Tyrnauer Universität; an den Projecten, welche hiefür entworfen wurden, gebührt van
Swieten ein sehr wesentlicher Antheil. Der Mangel an den erforderlichen Geldmitteln veranlaßte die Kaiserin zu dem Entschlusse, daß die
Universität auch künftighin nur aus den drei bisherigen Facultäten
bestehen solle. Aber van Swieten drang so lange in sie, bis sie endlich
zur Hinzufügung der medizinischen Facultät ihre Einwilligung gab.
Denn er führte ihr zu Gemüthe, die Jesuiten könnten recht leicht
zehntausend Gulden zur Erhaltung der Universität beitragen, so daß
ihre jährliche Dotation, die ihr von der Kaiserin überwiesenen Einkünfte der Abtei Földvar mitgerechnet, den freilich noch immer sehr
geringen Betrag von etwas mehr als achtzehntausend Gulden erreichte.

Am 30. August 1769 legte die Commission, welche unter dem
Präsidium des ungarischen Hofkanzlers, Grafen Franz Esterházy, aus
dem damaligen Vicekanzler Grafen Georg Fekete, aus van Swieten,
dem Bischofe Joseph von Bajzáth, Hofrathe bei der ungarischen Hofkanzlei, und dem Hofsecretär bei dieser Behörde, Ferdinand von Scultety
bestand, der Kaiserin einen Plan vor, der auch ihre Genehmigung
erhielt. Ihm zufolge sollte die Universität, für welche schon damals
der Gedanke ihrer Uebertragung nach Ofen aufgetaucht war, einstweilen noch in Tyrnau verbleiben. Am 1. November 1770 hatte der
neue Lehrplan ins Leben zu treten; seine gewissenhafte Durchführung
sollte ein Mitglied des ungarischen Statthaltereirathes überwachen.
Die Lehrkanzeln aus den theologischen Fächern, der Philosophie, der
Geschichte und der Beredsamkeit wurden den Jesuiten unter der

ausdrücklichen Bedingung überlassen, daß hiefür die Lehrmethode der
Wiener Universität angenommen werde. An der theologischen Facultät
sollten sieben, an der philosophischen acht, an der juridischen endlich
sechs Professoren Vorlesungen halten. Ein Gutachten wurde verlangt,
in welcher Weise die in den deutsch-österreichischen Ländern angenommenen Lehren über das Strafrecht den ungarischen Verhältnissen
angepaßt werden könnten. Die Vorträge an der medizinischen Facultät
wurden einstweilen auf Anatomie, Botanik, Chemie, praktische Arznei-
kunde und Chirurgie beschränkt. Die Lehrbücher für sämmtliche Fächer
waren so ziemlich diejenigen, welche auch in Wien vorgeschrieben
und großentheils von Professoren an der dortigen Hochschule, wie
Riegger, Martini, Sonnenfels verfaßt waren. Und im Jahre 1777
wurde die Universität von Tyrnau in die leerstehende königliche Burg
zu Ofen verlegt.

Nicht besser als um die ungarische Landesuniversität stand es
um die Mittelschulen daselbst. An ihnen war das Lateinische fast der
einzige Lehrgegenstand und zugleich das Idiom, in welchem auch die
übrigen Gegenstände vorgetragen wurden. Die Sprachen des Landes
und der Bevölkerung, die ungarische sowie die slavische waren gänzlich
vernachlässigt. Durch die Aufhebung des Ordens der Jesuiten wurde
auch hier die Möglichkeit zur Durchführung mehrfacher Aenderungen
gewährt. Allerdings blieb auch in Ungarn wenigstens für den Anfang
die Mehrzahl der Lehrkanzeln an den Gymnasien einstweilen in den
Händen der Jesuiten, da es an anderen geistlichen und an weltlichen
Lehrern noch gebrach. Aber ein eigener Studienfond wurde gebildet,
aus welchem die Lehrer von nun an ihre Besoldungen erhielten. Und
auch sonst waren die Einrichtungen, die man dem Mittelschulwesen in
Ungarn gab, denjenigen in Deutsch-Oesterreich nachgeformt; sie brachten
daher für Ungarn einen sehr großen und heilsamen Fortschritt mit sich.

Hier wird der geeignete Platz sein zu der Erwähnung, daß
Maria Theresia gerade so, wie sie in Wien es gethan, auch in Ungarn,
und zwar im Jahre 1768 zu Waitzen eine Erziehungsanstalt gründete,
die sie gleichfalls Theresianum nannte. Hundert und fünfzigtausend

Gulden ließ sie als Fond für dieselbe bei der ungarischen Kammer deponiren; die Interessen dieses Capitals hatten die Mittel zur Erziehung von zwanzig Jünglingen zu gewähren; außer ihnen sollten aber auch noch andere Zöglinge gegen Entrichtung von hundertdreißig Gulden jährlich in die neue Anstalt aufgenommen werden. Ihre Statuten glichen denen des Theresianums in Wien; nur wurde sie nicht mehr den Jesuiten, sondern den Piaristen übergeben. Außer dem Gymnasium umfaßte das Theresianum in Waitzen auch ein Lyceum und einen juridischen Curs. Ein solcher wurde endlich den von der Kaiserin in Preßburg, Raab, Kaschau, Großwardein und Agram neu errichteten Akademien gleichfalls hinzugefügt.

So wie die Einrichtungen für die Universität und die Mittelschulen, so glichen auch diejenigen für die ungarischen Volksschulen so ziemlich denjenigen in den deutsch-österreichischen Ländern. Ganz Ungarn wurde in zehn Schuldistricte getheilt; in jedem derselben sollten zwei Schulinspectoren, und zwar einer für die Gymnasien und ein zweiter für die Volksschulen fungiren. Und unermüdlich zeigte sich Maria Theresia, die Fürsorge für die letzteren den Bischöfen und dem höheren Adel aufs dringendste zu empfehlen. Ihre eigene wohlwollende Gesinnung aber bethätigte sie dadurch, daß sie im Jahre 1764 zu Tallós ein Waisenhaus errichtete, welches sie gleichfalls den Piaristen übergab.

Wie langsam und nur allmälig auch die Früchte all dieser wohlthätigen Maßregeln heranreiften, so trug der von der Kaiserin ausgehende Impuls nicht wenig bei zur Aneiferung hervorragender Leistungen auf dem Gebiete des geistigen Schaffens. Tauchte ja doch sogar der Plan auf, zu Preßburg eine wissenschaftliche Gesellschaft unter dem Protectorate der Kaiserin zu errichten. Und wenn auch dieselbe gleich der für Wien projectirten Akademie nicht zu Stande kam, so läßt sich doch nicht leugnen, daß Geschichtschreiber wie Georg Pray und Stephan Katona wahre Zierden einer ungarischen Akademie der Wissenschaften gewesen sein würden [185]).

Ungleich bedeutsamer noch als all die Maßregeln zu Gunsten des Landes und der Bevölkerung Ungarns, von denen hier nur einige

gleichsam im Vorbeigehen erwähnt wurden, war der Schritt, zu welchem
Maria Theresia sich entschloß, das Temeswarer Banat dem König=
reiche Ungarn einzuverleiben. Schon im Landtage des Jahres 1741
war ein Gesetz zu Stande gekommen und von Maria Theresia sancti-
onirt worden, demzufolge nach dem Eintritte friedlicherer Zeiten die
mitten in Ungarn gelegenen Militärdistricte wie diejenigen in Slavonien
und endlich das Temeswarer Banat mit Ungarn vereinigt werden
sollten. Mit den erwähnten Districten war dieß im Laufe der Zeit
auch geschehen, und nur das Banat machte hievon noch fortan eine
Ausnahme. Seit es der Wiener Stadtbank um die Summe von zehn
Millionen verpfändet worden war, stand es unter der obersten Leitung
der Ministerial=Banco=Deputation [186]. Alles dasjenige aber, was sich
auf die den Serben bei ihrer Einwanderung in das Banat ertheilten
Privilegien bezog, ging die illyrische Hofdeputation in Wien an,
welche Anfangs unter dem Präsidium des ehemaligen Staatssecretärs,
Freiherrn von Bartenstein, und dann unter demjenigen des von
Maria Theresia gleich seinen Vorgängern Grassalkovics und Fekete
in den Grafenstand erhobenen früheren Personals Franz von Koller
stand. Die militärischen Angelegenheiten des Banates hingen von dem
Hofkriegsrathe ab, während an Ort und Stelle die sogenannte Landes=
administration unter dem Grafen Perlas die Verwaltungsgeschäfte be=
sorgte. Später wurde derselbe durch den Freiherrn von Brigido ersetzt.

Die Frage der Vereinigung des Banates mit Ungarn blieb lange
Zeit hindurch offen; sie wurde jedoch inzwischen zu wiederholten Malen
recht eifrig erörtert. Von ungarischer Seite drang man auf Erfüllung
des im Jahre 1741 gegebenen und zehn Jahre später erneuerten Ver=
sprechens. Die Gegner aber verbreiteten sich darüber, daß Ungarns
Besitzrecht auf das Banat durch dessen fast zweihundertjährige Occu-
pation durch die Türkei als erloschen zu betrachten, und daß auch die
Wiedereroberung des Banates weit weniger durch die militärische Macht
Ungarns, als durch diejenige der ganzen österreichischen Monarchie voll=
bracht worden sei. Außerdem wolle die Bevölkerung des Banates die
Vereinigung ihres Landes mit Ungarn nicht, welche noch überdieß den
Interessen der österreichischen Monarchie widerstrebe.

Gewiß war es nicht leicht, eine entscheidende Wahl zu treffen zwischen zwei sich so schroff entgegengesetzten Standpunkten. Diese Schwierigkeit zu besiegen und sich im Lande selbst ein Urtheil zu bilden über die zweckmäßigste Art, in der eine so verwickelte Frage ihrer Lösung zugeführt werden könnte, in dieser Absicht lag ohne Zweifel einer der Beweggründe, durch welche Joseph im Jahre 1768 zur Reise nach dem Banate vermocht wurde.

Die umständlichen Aufzeichnungen des Kaisers über den Zustand, in welchem er das Banat gefunden, zeugen für die Gewissenhaftigkeit, mit der er seine Aufgabe erfaßte. Eine der ersten Wahrnehmungen, die sich ihm aufdrängte, war die Bestätigung dessen, was er über den zwischen den Bewohnern des Banates und den Ungarn bestehenden Nationalhaß gehört hatte [187]). War es dieser Umstand, der ja ohne Zweifel die höchste Beachtung verdiente, oder die Ueberzeugung des Kaisers, daß die Vereinigung des Banates mit Ungarn nicht im Interesse des österreichischen Gesammtstaates liege: gewiß ist nur, daß er eine solche Maßregel in den Vorschlägen, die er seiner Mutter gegenüber für die ihm dringend nothwendig erscheinende Verbesserung der Zustände des Banates machte, mit keinem Worte erwähnte.

Er rieth vor Allem zur Einführung eines Guberniums oder einer Landesstelle, welche aus einem tüchtigen Präsidenten und einigen Räthen bestehen und zur Leitung der Administrations= und Justiz= geschäfte berufen sein sollte. Wie er es vier Jahre später hinsichtlich Galiziens that, so meinte jetzt der Kaiser, die Gesetze und die sonstigen Einrichtungen Mährens seien in das Banat zu verpflanzen, und es möge somit auch für die Zukunft der böhmischen und österreichischen Hofkanzlei untergeordnet werden. Aller dem Staate gehörige Grund und Boden sei so rasch als möglich an Private ohne Unterschied des Standes, der Nationalität und des Glaubensbekenntnisses in einzelnen Partien, deren Werth sich auf höchstens fünfzigtausend Gulden be= laufen dürfe, versteigerungsweise zu verkaufen. Die Bezahlung hätte entweder in Baargeld oder in vierprocentigen Staatspapieren zu ge= schehen. Sechs Jahre hindurch würden diese Güter von jedweder Abgabe frei sein, nach Ablauf dieser Frist aber wäre eine mäßige Steuer von ihnen zu entrichten. In solcher Weise würde das Banat, ohne Zuthun des Staates, und ohne ihm Ausgaben zu verursachen, binnen kürzester Frist ungleich besser bevölkert und bebaut sein als jetzt.

Wollte man jedoch, fährt Joseph fort, auf diesen Vorschlag eines Verkaufes der Staatsgüter im Banate nicht eingehen, so würden nur zwei Mittel übrig bleiben, von denen eines in der ganz militärischen Einrichtung dieses Landes bestünde. Man müßte sich hiebei die siebenbürgische Militärgrenze zum Muster dienen lassen. Der Ansiedlung deutscher Einwanderer wäre ein Ziel zu setzen, oder sie doch nur als untergeordnet zu betrachten. Dagegen müßte Alles geschehen, das Herüberkommen romanischer und serbischer Einwanderer aus den türkischen Grenzländern zu fördern und mit ihnen die neu zu errichtenden Regimenter zu completiren. Allerdings würden hieburch die gegenwärtigen Einkünfte des Banates etwas geschmälert, aber der hieraus entstehende Nachtheil fände in der Verstärkung der Wehrkraft des Staates reichlichen Ersatz.

Das dritte Mittel bestünde endlich, meint der Kaiser, in nichts Anderem als in der Belassung der Einrichtungen des Banates auf ihrem bisherigen Fuße. In diesem Falle hätte man sich darauf zu beschränken, dessen völlige Unterordnung unter die Ministerial-Banco-Deputation wenigstens einiger Maßen zu lockern. Das Land müsse vermessen, die Vermehrung seiner Bevölkerung nach bestimmten Grundsätzen bewerkstelligt, ein passender und billiger Maßstab für die Abgaben angenommen, und endlich eine Verringerung der Anzahl der Beamten, sowie die Entfernung der untauglich gewordenen und die Anstellung tüchtiger Ersatzmänner vorgenommen werden.

Von einem anderen, etwa einem vierten Wege, welcher einzuschlagen wäre und der in einer Vereinigung des Banates mit Ungarn bestünde, spricht der Kaiser auch nicht ein Wort. Man sieht also, daß er diesen Gedanken gar nicht in den Bereich derjenigen zog, mit deren Verwirklichung man sich irgendwie ernstlich zu beschäftigen hätte. Und

es muß wenigstens erwähnt werden, daß Josephs vornehmster Reise-
begleiter, sein Schwager Albert, der in seinen Memoiren den Zuständen des Temeswarer Banates gleichfalls eine ausführliche Erörterung
widmet, von einer künftigen Vereinigung dieses Landes mit Ungarn
auch seinerseits nicht redet.

Schon zwei Jahre später, im Jahre 1770 kam Joseph neuerdings, und auch dießmal wieder in Begleitung des Prinzen Albert in
das Banat. Aber diese Reise schien weit ausschließlicher, als es das
erste Mal der Fall war, den militärischen Zwecken, der Inspizirung
der Truppen und der festen Plätze gewidmet zu sein. Mehr Aufmerksamkeit widmete der Kaiser dem Zustande des Banates, als er
sich im Jahre 1773 wieder dorthin begab. Ein großer Theil der
Vorschläge, die er bei seiner ersten Anwesenheit vor fünf Jahren
gemacht hatte, war nun ins Werk gesetzt worden. Insbesondere trat
dieß bei denjenigen hervor, welche auf eine zweckmäßigere Einrichtung
der Administrativbehörde, auf Vermehrung der Anzahl der Bevölkerung
und auf Verbesserung ihres Loses sich bezogen. Die etwaige Einverleibung des Banates in Ungarn wurde übrigens auch jetzt wieder mit
keinem Worte erwähnt.

Dieser an und für sich vielleicht befremdende Umstand läßt sich
ohne alle Schwierigkeit durch die Annahme erklären, daß der Kaiser
einer solchen Maßregel durchaus nicht günstig gesinnt war. Seine ganze
Anschauungsweise und seine unverhüllte Abneigung gegen die so sehr
bevorzugte Sonderstellung Ungarns gestatten hierüber nicht den mindesten Zweifel. Auf Josephs Eingebungen wird es daher auch zurück-
zuführen sein, wenn im October 1775 Maria Theresia zur Ankündigung
ihrer Absicht vermocht wurde, das Temeswarer Banat zu einem Fürstenthume zu erheben, und es dadurch für alle Zukunft zu einem selbst-
ständigen Gliede des österreichischen Staatsganzen zu machen. Ungarns
Anspruch auf das Banat würde hiedurch vernichtet worden sein.

Es verstand sich gewisser Maßen von selbst, daß der ungarische
Hofkanzler Graf Franz Esterházy sich in lebhaften Vorstellungen gegen
eine solche Maßregel erging. Aeußerst bedenklich nannte er sie, weil

durch sie den Rechten des Königreiches Ungarn Eintrag geschähe. Seine Beweisführung brachte einen tiefen Eindruck auf die Kaiserin hervor, und sie äußerte sich in ähnlichem Sinne. In dieser Meinung wurde sie noch durch Kaunitz bestärkt, den sie, wie in allen wichtigen Angelegenheiten, so auch in dieser um Rath frug. Auch er erklärte, daß die Zerstörung jeglicher Hoffnung auf eine dereinstige Einverleibung des Banates unvereinbar sei mit den Rechten des Königreiches Ungarn und mit den Zusagen, welche auf verschiedenen Landtagen ertheilt worden seien. Die Form, in der dieß geschah, gestatte sehr wohl ein noch längeres Verschieben der Erfüllung jener Zusagen; ein ihnen gerade entgegengesetztes Verfahren müßte jedoch den peinlichsten Eindruck hervorbringen. Nur wenn man durch einen solchen Schritt ganz außerordentliche Vortheile zu erreichen vermöchte, wäre derselbe nicht zu widerrathen, aber ein derartiger Gewinn werde nirgends ersichtlich. Denn auf die Verbesserung der öffentlichen Zustände des Banates, die man im Auge habe, werde dessen Erhebung zu einem Fürstenthume ganz ohne Einfluß bleiben, und sie ließe sich auch ohne eine solche Maßregel ins Werk setzen. Eine etwaige Analogie mit Siebenbürgen finde in gar keiner Weise statt, denn schon seit Leopold I. sei immer an dem Grundsatze festgehalten worden, daß Siebenbürgen keinem anderen Lande und keiner anderen Herrschaft untergeordnet sei und von dem Landesfürsten kraft seines obersten Herrscherrechtes regiert werde [185]). Auf das Banat aber könne das gleiche Prinzip durchaus keine Anwendung finden.

Kaunitz rieth daher der Kaiserin, an der Stellung des Banates keine Veränderung vornehmen und es ebensowenig zum Fürstenthume erheben als Ungarn einverleiben zu lassen [186]). Maria Theresia stimmte dem Antrage des Staatskanzlers bei, und man hätte daher glauben können, diese Angelegenheit werde während der übrigen Lebenszeit der Kaiserin auf sich beruhen. Aber dem war keineswegs so; schon im folgenden Jahre tauchte sie neuerdings auf, um bald darauf in einem ganz entgegengesetzten Sinne entschieden zu werden.

Wir besitzen eine Eingabe des Grafen Koller an die Kaiserin vom 13. Dezember 1776, durch welche er ihr vorstellt, daß Alles, was sich auf die Privilegien der Serben und die mit ihnen in engster Verbindung stehenden Religionsangelegenheiten derselben beziehe, durch das Regulament, welches in den Synoden der Jahre 1774 und 1776 zu Stande gebracht worden sei, vollständig geordnet erscheine. Hieburch sei jedoch auch der Fortbestand der illyrischen Hofdeputation überflüssig geworden, und sowohl zur Vereinfachung der Geschäfte als zur Verminderung der Kosten könne er nur deren Aufhebung anrathen. Er trage darauf an, die von ihr bisher besorgten Angelegenheiten, und zwar was die Administration betreffe, der böhmischen und österreichischen Hofkanzlei zu überweisen. Der ökonomische Theil der Geschäfte werde von der Hofkammer, der militärische aber nach wie vor von dem Hofkriegsrathe zu besorgen sein. Die genaue Befolgung des Regulamentes müsse ihnen hiebei als strenge Richtschnur vorgezeichnet werden. Endlich sollten die Recurse von dem erzbischöflichen Appellationsgerichte an die oberste Justizstelle in Wien als letzte Instanz gehen.

Beachtenswerth ist es ohne Zweifel, daß sogar Koller, der von ungarischer Nationalität und in den ungarischen Geschäften ergraut war [190]), sich durchaus nicht im Sinne der Vereinigung des Banates mit Ungarn erklärte. Dagegen scheint es, daß Prinz Albert es war, der diesen Gedanken neuerdings aufs Tapet brachte und ihn bei der Kaiserin angelegentlich unterstützte. „Sie können", schrieb sie ihm einmal, „noch diese ganze Woche hindurch die Papiere behalten, „welche auf das Banat sich beziehen, und Sie werden mich ver- „pflichten, wenn Sie auf die Einzelnheiten eingehen wollen, wie Sie „für das Beste des Staates die größten Vortheile hieraus ziehen zu „können glauben. Ich bin ganz damit einverstanden, daß es einver- „leibt werde, aber unter der Bedingung, daß man mehr Geld dar- „aus erhalte, um unsere Schulden bezahlen und unsere inneren Ein- „richtungen bestreiten zu können. Von Seite des Landes müßte uns „ein ansehnliches Anerbieten gemacht werden, um meine wohlwollenden „Absichten verwirklichen zu können; sonst würde ich unübersteiglichen „Schwierigkeiten begegnen. Ich sage dieß nicht in Bezug auf mich „selbst, denn ich habe nichts dabei zu verlieren oder zu gewinnen, aber „ich würde Ungarn Unglück bringen und ihm Nachtheil verursachen,

„wenn ich mir den Anschein geben wollte, es allein zu begünstigen
„und ihm einen Vorzug zu gewähren. Darin besteht meine kritische
„Lage, die mich so mit Zweifeln erfüllt, ja in Allem vollständig
„lahmlegt" [191]).

In Ungarn wollte man jedoch von der Bezahlung einer Entschädigungssumme an den österreichischen Staatsschatz für die Einverleibung des Banates nichts hören. Man wies auf die Thatsache hin,
daß in dem Banate sehr große und überaus werthvolle Güter sich
befanden, welche vor langer Zeit das Eigenthum einzelner Familien
gebildet hatten und seither an den Staatsschatz gefallen waren, der
somit schon hiedurch den Besitz der gewünschten Vortheile erlangt hatte.
In Anbetracht dieses Umstandes trat man in Wien von der gestellten
Forderung zurück und die Vereinigung des Banates mit Ungarn wurde
beschlossen. Heut zu Tage kann man wohl ernstlich sich fragen, ob
dieser Schritt nicht im Interesse beider Theile, Ungarns und des
Banates besser ungethan geblieben wäre; damals aber fällte wenigstens
Maria Theresia ein ganz anderes Urtheil. „Heute ist ein großer Tag
„für Ungarn", schrieb sie an Albert von Sachsen; „die Frage des
„Banates ist entschieden und der Kanzler wird kommen, sich mit
„Ihnen, mein theurer Sohn, über Alles einzuverstehen. Ich bin zu-
„frieden, daß unter Ihrer Statthalterschaft all diese Verbesserungen
„geschehen, und daß wenigstens dieses Königreich sich glücklicher nennen
„kann als es vordem war. Ich bin eine gute Ungarin; mein Herz
„ist voll Erkenntlichkeit für diese Nation. Ich kann jetzt sagen, es
„ist vollbracht, und mich vorbereiten zu meiner zeitlichen und ewigen
„Ruhe" [192]).

Am 6. Juni 1778 geschah die Incorporirung des Banates
durch den königlichen Commissär Grafen Christoph Niczky, durch den
Cameralcommissär Grafen Franz Zichy und den Vicepalatin Anton
Vörös, welcher als Commissär der königlichen Tafel fungirte. Die
neuerworbene Provinz wurde in drei Comitate, das Temeswarer, das
Torontaler und das Krassoer getheilt; jedes erhielt einen ungarischen
Magnaten als Obergespan. Und weil in dem Banate während der

Türkenherrschaft der Adel vollständig verschwunden war, eine ungarische Administration ohne Adel aber nicht gedacht werden konnte, so wurden die Beamten der drei neuen Comitate aus dem Adel anderer Comitate berufen. Man trug übrigens Sorge, daß auch in dem Lande selbst ein Adel sich bilde. Zu diesem Ende brachte man die Kaiserin dazu, daß sie im Jahre 1780 verkündigen ließ, von den sehr ausgedehnten Cameralherrschaften würden größere und kleinere Strecken veräußert werden. Der Käufer solle, wenn noch nicht adelig, mit dem Gute auch einen Adelsbrief erhalten [193]).

Schon zwei Jahre vor der Einverleibung des Banates war Ungarn ein anderer, ihm hochwillkommener Gebietszuwachs zu Theil geworden, und es ist besonders beachtenswerth, daß dieß nicht gegen den Widerspruch, sondern auf Anrathen Josephs geschah. Im Jahre 1775 hatte er die österreichischen Küstenstädte am abriatischen Meere besucht und der Kaiserin gerathen, Buccari und Fiume mit Ungarn zu vereinigen. Jedoch solle dieß nur unter der ausdrücklichen Bedingung geschehen, daß in letzterer Stadt eine Gesellschaft zu besserem Handels= betriebe sich bilde [194]).

So wie dieser Antrag des Kaisers, so ist auch der Entschluß seiner Mutter, ihm zu willfahren, und der Eifer schon erwähnt worden, der in Ungarn sich kundgab, den Seehandel Fiume's zu gedeihlicher Entfaltung zu bringen. Joseph von Mailáth wurde zum königlichen Commissär ernannt, um Fiume in den ungarischen Besitz zu über= nehmen. Gleichzeitig beauftragte ihn Maria Theresia, einen Organi= sationsplan vorzulegen, durch dessen Verwirklichung eine vollständige Gleichheit zwischen Triest und Fiume herbeigeführt werden könnte.

Am 21. October 1776 übernahm Mailáth im Namen Ungarns Fiume. Er schlug der Kaiserin vor, die Leitung der Administrations= geschäfte einem Gouverneur zu übertragen. Der Gerichtshof sollte nach altem Brauche aus fünfzig Patriziern gebildet werden; als zweite Instanz hätte entweder die Banaltafel oder die croatische Statthalterei zu dienen. Maria Theresia billigte die Vorschläge Mailáths und er

selbst wurde zum ersten Gouverneur von Fiume ernannt. Streitig=
keiten mit den croatischen Ständen gaben jedoch den Anlaß, daß Fiume
im April 1779 zu einer freien Handelsstadt erklärt wurde, welche mit
dem sie umgebenden Districte als ein abgesondertes und für sich be=
stehendes Gebiet zu Ungarn gehöre. Buccari hingegen und sein Gebiet
wurden auch noch fortan bei Croatien belassen [195]).

Fünftes Capitel.

Siebenbürgen.

Wie in sehr vielen Punkten, unterschied sich Maria Theresia auch dadurch in überaus vortheilhafter Weise von ihren unmittelbaren Vorfahren, daß sie dem weit entlegenen Grenzlande der Monarchie, daß sie Siebenbürgen ihre ganz besondere Sorgfalt zuwandte[196]. Allerdings geschah dieß, und die Kaiserin verdient hiefür gewiß keinen Tadel, nicht allein zum Besten des Landes, sondern sie suchte aus demselben doch wenigstens einige Beisteuer zur Bestreitung der Staats=ausgaben, und größere Mithülfe, als ihr bisher zu Theil geworden, zur Verstärkung der Wehrkraft des Reiches zu ziehen.

Die Hindernisse, welche nach beiden Richtungen hin überwunden werden mußten, waren keineswegs gering, und schon ist des Wider=standes Erwähnung geschehen, den die Einführung der Militärgrenze in Siebenbürgen fand[197]. Ihn zu besiegen, war eine der Hauptauf=gaben des commandirenden Generals Freiherrn von Buccow, welcher im Mai 1762, nachdem der bisherige Gouverneur Graf Ladislaus Kemény in den Ruhestand versetzt worden war, zu dessen Nachfolger ernannt wurde. Die Veranlassung zu dieser Wahl lag offenbar in der Meinung, die beabsichtigten militärischen Maßregeln würden leichter und zweckmäßiger durch einen Fachmann als durch einen dem Civil=stande angehörigen Gouverneur ausgeführt werden können. Um jedoch den Mangel an ausreichender Kenntniß der Landesverhältnisse, den man bei Buccow voraussetzen mußte, so gut als möglich zu ersetzen, erhielt er den Provinzialkanzler Samuel von Brukenthal als Gehülfen.

9*

Brukenthal war ein in jeder Beziehung so ausgezeichneter Mann, er erfreute sich in so sehr hohem Grade des Vertrauens, ja man darf wohl sagen, der Vorliebe der Kaiserin, und endlich war sein Lebens= gang so innig mit den Schicksalen seines Vaterlandes Siebenbürgen verknüpft, daß es unerläßlich erscheint, ihm besondere Aufmerksamkeit zu widmen.

Am 21. Juli 1721 kam Samuel von Brukenthal als das jüngste von sechs Geschwistern in Leschkirch zur Welt, wo fünfzehn Jahre später sein Vater Michael als Stuhl= und Königsrichter starb. Nachdem er im Lande selbst sich so viel Kenntnisse zu eigen gemacht hatte, als die dortigen Unterrichtsverhältnisse nur immer gestatteten, ging Brukenthal im Jahre 1743 nach Halle, wo er zwei Jahre hin= durch den juridischen Studien mit sehr großem Fleiße oblag. Nach seiner Rückkehr heiratete er in Hermannstadt die Tochter des dortigen Provinzial=Bürgermeisters Daniel von Klokner und erhielt eine An= stellung beim Stadtmagistrate. Im März 1753 kam er mit einer Deputation nach Wien, und damals wurde er zuerst der Kaiserin persönlich bekannt. Der günstige Eindruck, den er auf sie hervor= brachte, fand darin seinen Ausdruck, daß er, nach Siebenbürgen zurück= gekehrt, im Jänner 1754 zum Gubernialsecretär ernannt wurde. Als solcher nahm er Antheil an der Einführung des von dem Grafen Bethlen entworfenen Steuersystems. Aber dasselbe entsprach den ge= hegten Erwartungen nicht, indem das Erträgniß zwar zur Bestreitung der Bedürfnisse des in Siebenbürgen befindlichen Militärs, nicht aber für diejenigen des Landes und der einzelnen Kreise ausreichend war. Um dieß Ziel zu erreichen, wurde eine beträchtliche Steuererhöhung beschlossen, durch welche sich jedoch die sächsische Nation allzuschwer bedrückt fand. Sie faßte den Beschluß, gegen ihre Ueberlastung mit Abgaben Beschwerde zu erheben und sich an die Kaiserin selbst mit der Bitte um Abhülfe zu wenden. Dieß that sie durch Brukenthals Vermittlung, der zu Beginn des Jahres 1759 in Privatangelegen= heiten nach Wien gegangen war. Ihm vertraute die sächsische Nation ihre Vollmacht, und im Juni 1759 wurde Brukenthals Ernennung zu ihrem Deputirten von der Kaiserin ausdrücklich genehmigt. Im

Jahre 1760 ernannte ihn Maria Theresia zum Gubernialrathe, und am 1. Dezember 1761 wurde er von der sächsischen Nation zu ihrem Comes erwählt [198]).

Merkwürdiger Weise annullirte jedoch Maria Theresia diese Wahl wegen verschiedener Formfehler, die dabei unterlaufen sein sollten. Sie ernannte Brukenthal vielmehr, und zwar, wie das bezügliche Decret sich ausdrückte, in Anbetracht „seines erprobten Eifers für das all-„gemeine Beste, seiner ausgezeichneten Geistesgaben, seiner Erfahrung, „großen Bildung und treuen Dienste" zum Provinzialkanzler von Siebenbürgen. Außerdem wurde er wenige Wochen später in den Frei-herrnstand erhoben.

Gemeinschaftlich mit Buccow betheiligte sich nun Brukenthal an den Arbeiten zur Einführung der Grenzmiliz in Siebenbürgen und den Vorbereitungen zur Aufstellung eines nach allen Richtungen hin befriedigenderen Steuersystems. Heftige Anfeindung mußten Beide, da sie keine geborenen Ungarn waren, von Seite des ungarischen Adels in Siebenbürgen erdulden, und sie wurden auch am Kaiserhofe verdächtigt. Deßhalb nach Wien berufen, begaben sie sich im Mai 1763 dorthin, und leicht gelang es ihnen, die wider sie vorgebrachten Beschuldigungen zu entkräften. Im Spätherbste 1763 kehrte Buccow nach Siebenbürgen zurück, Brukenthal aber erhielt den Auftrag, in Wien zu bleiben und an allen Berathungen der siebenbürgischen Hof-kanzlei, welche auf die Contributions= und die Militärangelegenheiten dieses Landes sich bezogen, Antheil zu nehmen. Fruchtlos hatte man ihn davon auszuschließen gesucht [199]).

Im Mai 1764 starb Buccow, und der General der Cavallerie Andreas von Hadik wurde zum commandirenden General in Sieben-bürgen und zum Vorsitzenden des dortigen Guberniums ernannt. Er erhielt den Auftrag, mit Brukenthal in vertrauten Briefwechsel zu treten. Denn in immer höherem Grade hatte sich derselbe das Ver-trauen der Kaiserin erworben, so daß er von ihr nicht nur in sieben-bürgischen, sondern auch in ungarischen Geschäften gebraucht wurde. So ist schon an anderer Stelle erwähnt worden, daß sie die berühmte

Schrift von Kollár über die gesetzgebende Gewalt der ungarischen
Könige in geistlichen Dingen der Beurtheilung Brukenthals unterzog,
und daß er sich ihr gegenüber sehr günstig über sie aussprach [200]).

Gleichwohl bildeten auch noch fortan die Angelegenheiten Sieben=
bürgens das eigentliche Gebiet der Wirksamkeit Brukenthals. Um so
weiter dehnte er dasselbe aus, je weniger der siebenbürgische Hofkanzler
Graf Gabriel Bethlen den Pflichten seines Amtes, dem er übrigens
schon seit geraumer Zeit vorstand, gewachsen zu sein schien. Und
gerade in einer Angelegenheit, in welche Bethlen persönlich verwickelt
war, erwarb sich Brukenthal große Verdienste um Siebenbürgen.

Im Jahre 1758, also in einer Zeit, in der die Kosten der
Fortführung des Krieges den österreichischen Staatsschatz in sehr große
Bedrängniß versetzt hatten, brachte der Hofkanzler Bethlen weit aus=
gedehnte Fiscalgüter in Ungarn unter Bedingungen an sich, welche
für ihn äußerst günstige genannt werden mußten. Zahlreiche Anstände,
die bei der Abwicklung dieses Geschäftes sich ergaben, boten Veran=
lassung, daß die unter dem Präsidium des Grafen Esterházy zur
Beurtheilung dieser Angelegenheit tagende Commission eine Reihe von
Anträgen stellte. Die wichtigsten derselben bestanden darin, daß die
dem Grafen Bethlen für immerwährende Zeiten zugesprochenen Güter
ihm für einen Kaufschilling von einer halben Million Gulden über=
lassen werden sollten. Außerdem habe er noch den Zahlungsrest von
35.000 Gulden zu entrichten und die rückständigen Interessen zu
tilgen. Und endlich sei der Fogaraser District wieder an das sieben=
bürgische Thesaurariat abzutreten und alles seit dem 1. April 1758
aus demselben bezogene Einkommen zurückzuerstatten.

Maria Theresia stimmte jedoch diesen Anträgen der Commission
keineswegs vollständig bei. „ich mögte", antwortete sie eigenhändig
auf dieselben, „diße sach wohl bald ausgemacht wissen. perenaliter
„glaube selbsten, das der fogarasser district nicht solle weeggeben
„werden, aber wohl vor seine person allein und so lang er lebt. all
„anders aber wäre ihme perenaliter zu lassen und keine chicanen
„zu machen. er ware in bona fide, warumen hat man so schlecht

„anfangs vorgesehen? er kan nicht die straff tragen, es stecken alle
„cameralbeamte darunter, die holtz, heß, fourage führen, andere
„naturalien alle gratis genossen. dem ærarium ist kein schaden in
„einkünfften geschehen" [201]).

Der Wunsch der Kaiserin, diese Streitsache baldigst beigelegt
zu sehen, ging jedoch nicht in Erfüllung, denn sie war hiezu viel zu
verwickelt; erst durch das Zuthun Brukenthals kam man allmälig
ans Ziel. Auf Bitten der sächsischen Nation vertrat er dieselbe bei
den Verhandlungen, welche hierüber gepflogen wurden. Ihr Ausgang
war der, daß am 15. Juli 1765 die Uebergabe des Fogaraser Districtes
an die sächsische Nation auf neun und neunzig Jahre erfolgte. Sie
zahlte dafür dem Grafen Bethlen 140.000 Gulden und trat dreizehn
Dörfer zur Militärgrenze ab.

Wurde in solcher Weise die Vermögenssache Bethlens geordnet,
so erlitt ungefähr gleichzeitig sein amtlicher Wirkungskreis eine neue
Beschränkung. Blieb er auch noch dem Namen nach an der Spitze
der Hofkanzlei, so wurde doch die Leitung der siebenbürgischen Geschäfte
fast ganz in Brukenthals Hände gelegt [202]). Maria Theresia übertrug
ihm den Vorsitz in einer von der Hofkanzlei abhängigen Commission,
zu deren Mitgliedern sie die Hofräthe Alexander von Horvath und
Joseph Freiherrn von der Marck ernannte. Der Erstere sollte die
laufenden Geschäfte, der Zweite das Militär= und Contributionswesen
besorgen [203]). Und als endlich Bethlen trotz aller Rücksicht der Kaiserin
für seine langjährigen Dienste, für seine vornehme Geburt und für
seine hochadeligen Verwandtschaften doch in seiner bisherigen Stellung
als siebenbürgischer Hofkanzler unhaltbar geworden war, erhielt Bruken=
thal den Vorsitz bei der Hofkanzlei, ohne jedoch zu deren Präsidenten
ernannt zu werden, welcher Posten einstweilen unbesetzt blieb.

Von dem Augenblicke angefangen, in welchem er den maßgeben=
den Einfluß auf die Angelegenheiten Siebenbürgens erhielt, entwickelte
Brukenthal die eifrigste Thätigkeit zum Besten dieses Landes. Aller=
dings brachte es demselben keinen materiellen Gewinn, als Brukenthal

der Kaiserin vorschlug, das Fürstenthum Siebenbürgen zum Range
eines Großherzogthums zu erheben, aber in jener titelsüchtigen Zeit
wurde großes Gewicht hierauf gelegt. Maria Theresia vernahm den
Fürsten Kaunitz über Brukenthals Antrag und der Staatskanzler
billigte diesen Gedanken. Aber er war nicht dafür, daß Siebenbürgen
künftighin ein Großherzogthum sei, sondern er meinte, es solle mit
Rücksicht auf dessen bisherige Bezeichnung von nun an ein Groß=
fürstenthum genannt werden. Mit Handbillet vom 8. November 1765
genehmigte die Kaiserin diesen Vorschlag [204]).

Nicht Brukenthal, wohl aber Bethlen, der damals wenigstens
noch dem Namen nach in seiner früheren amtlichen Stellung sich be=
fand, hatte gemeint, daß bei diesem Anlasse auch das ungarische doppelte
Kreuz wieder in das siebenbürgische Wappen aufgenommen werden
sollte; Kaunitz erklärte jedoch, er müsse diesen Vorschlag theils als über=
flüssig, theils als nicht rathsam betrachten. Denn dessen Annahme
könnte leicht zu der irrigen Meinung verleiten, Siebenbürgen sei eine
von Ungarn abhängige Provinz [205]). Hingegen rieth Kaunitz, zur Er=
höhung der Bedeutung des gefaßten Beschlusses das auszufertigende
Diplom statt mit einem gewöhnlichen Siegel, mit einer goldenen Bulle
zu versehen. Die Kaiserin billigte diesen Antrag des Staatskanzlers;
die Verfertigung der Bulle nahm jedoch so lange Zeit in Anspruch,
daß man mit ihr und deßhalb auch mit dem Diplome erst im Juli
1767 zu Stande kam [206]).

Bedeutsamer war, wenigstens vom Standpunkte der Jetztzeit be=
trachtet, Brukenthals Vorschlag zur Errichtung einer Universität in
Siebenbürgen; inmitten der gebildetsten unter den drei gleichberechtigten
Nationen, und zwar der sächsischen, somit in Hermannstadt sollte sie
ihren Sitz haben. Die Kosten derselben schlug er auf eine Million
an, und zur Aufbringung dieser Summe entwarf er ein Project,
welches die Zustimmung der Kaiserin erhielt. Aber nun erhob sich
im Lande selbst gegen Brukenthals Antrag ein Mann, der gleich ihm
in sehr hoher Gunst bei Maria Theresia stand, dessen eifriger Wider=
spruch daher schwer in die Wagschale fiel. Es war dieß Josephs

ehemaliger Lehrer der ungarischen Geschichte, der Bischof von Siebenbürgen, Joseph Anton von Bajtay [207]).

Wir befinden uns im Besitze einer Reihe vertraulicher Briefe
Bajtay's an den Cabinetssecretär der Kaiserin, Cornelius von Neny.
Aus ihnen läßt sich nicht nur die ungewöhnliche geistige Bildung des
Schreibers dieser Briefe, sondern auch seine tief empfundene Anhänglichkeit an die Person der Kaiserin, und sein Eifer entnehmen, ihr in
dem weit entfernten und in Wien so wenig gekannten Lande, in
welchem er einen so wichtigen Posten bekleidete, nutzbringend zu dienen.
Aber freilich hielt er es nicht minder für seine Pflicht, die Interessen
der katholischen Religion dort wahrzunehmen, wo nach seiner Auffassung sein bischöfliches Amt ihm dieß gebot. Obgleich selbst ein
Mann der Wissenschaft und nichts weniger als ein unduldsamer Zelot,
bot Bajtay doch Alles auf, was er nur immer vermochte, um das
Project der Errichtung einer Universität in Hermannstadt zum Falle
zu bringen. Mit nicht gewöhnlicher Schlauheit wußte er die Kaiserin
bei ihrer schwachen Seite zu fassen. Kein gefährlicherer Schlag, stellte er
ihr vor, könne gegen die katholische Religion in Siebenbürgen geführt
werden als die Verwirklichung jenes Projectes. Er sehe schon im Geiste
vorher, wie durch die neu anzustellenden Lehrer dem sogenannten Frei-
geiste der Eingang in ein von ihm noch kaum berührtes Land gebahnt
werden würde. Eine solche Begünstigung werde die Akatholiken mit
noch größerer Halsstarrigkeit erfüllen, als von der sie ohnedieß schon
beherrscht seien. Unbegreiflich erscheine es ihm, wie man einer Monarchin,
die sich durch ihren Eifer für den katholischen Glauben und durch
ihre Gottseligkeit die Bewunderung der ganzen katholischen Welt erwarb, zu rathen sich unterfange, einer falschen und von der katholischen
Kirche verworfenen Lehre derartige Begünstigungen angedeihen zu lassen.
Allerdings kenne er die Beweggründe, welche man zur Unterstützung
dieses Vorschlages anführen zu dürfen glaube. Man behaupte, daß
alljährlich durch die jungen Leute, welche sich in das Ausland begäben,
um dort zu studiren, sehr viel Geld aus dem Lande geführt werde,
und daß man denselben noch überdieß in der Fremde verwerfliche
Gesinnungen beibringe. Obwohl sich die Wahrheit dieser Behauptungen

nicht völlig in Abrede stellen lasse, so seien doch solche Uebelstände
mit den verderblichen Folgen, welche sich von der Errichtung einer
Universität in Hermannstadt vorhersagen ließen, durchaus nicht zu
vergleichen. Denn selten komme es vor, daß Mitglieder angesehener
und reicher Familien sich nach der Fremde verfügten; die Leute geringeren Standes hätten jedoch nur wenig Geld dorthin mitzunehmen;
die in solcher Weise jährlich verausgabte Summe werde nicht viel mehr
als zweitausend Gulden betragen. Und wenn man auch von den aus-
ländischen Schulen manchmal recht üble Gesinnungen heimbringe, so
gleiche doch solches gewisser Maßen dem Schmuggel und lasse das
allgemeine Wesen, den Geist der Nation unverletzt.

Statt zur Errichtung einer Hochschule in Hermannstadt, welche
unfehlbar eine protestantische sein müßte, meint Bajtay hingegen zu
einer katholischen Universität in Klausenburg rathen zu sollen. Die
Beihülfe der Jesuiten, welche dort ohnedieß schon ansehnliche Schulen
besäßen, würde die Ausführung eines solchen Projectes ungemein fördern
und wäre gewiß nicht schwer zu erlangen. An dieser Universität könnten
dann auch die Akatholiken in all den Fächern, welche mit der Confession nichts gemein hätten, ihre Studien zurücklegen [208].

Bajtay's eifervoller Widerspruch genügte, um Brukenthals Project
wegen Errichtung einer Universität in Hermannstadt zu untergraben,
aber freilich erreichte er es auch nicht, daß nach seinem Vorschlage eine
Hochschule in Klausenburg erstand. Glücklicher war Brukenthal mit
seinem Antrage, daß auch der sächsischen Nation die Bezeichnung
inclyta verliehen werde, wie die Ungarn und die Szekler sie führten;
früher hatte die sächsische Nation nur alma geheißen. Von ungleich
größerer Wichtigkeit aber war sein Einfluß auf all dasjenige, was
sich auf die Contributionsangelegenheiten Siebenbürgens bezog. Schon
während Buccow noch lebte, waren mit Brukenthals und Bajtay's
Hülfe die ersten Umgestaltungen des noch von Bethlen herrührenden
Steuersystems in Siebenbürgen ins Werk gesetzt worden. Unter seinem
Nachfolger Hadik scheint nichts Neues in dieser Sache geschehen zu
sein. Aber sie wurde wieder in Angriff genommen, als im Beginne

des Jahres 1768 der General der Cavallerie Graf Karl O'Donell zum commandirenden General in Siebenbürgen und zum Präsidenten des dortigen Guberniums ernannt wurde.

Gleich Brukenthal und Bajtay gehörte auch O'Donell zu den Personen, welche sich der ganz besonderen Gunst der Kaiserin erfreuten. Zu ihrem verstorbenen Gemal, dem Kaiser Franz hatte er in sehr vertraulichen Beziehungen gestanden, und Maria Theresia meinte ohne Zweifel in dem Ueberlebenden auch noch den Dahingegangenen zu ehren, wenn sie O'Donell ungewöhnlich bevorzugte. Mit Bestimmtheit zählte sie daher auch auf seine Dienste wie auf diejenigen Bajtay's, als es um Einführung des neuen Steuersystems sich handelte, welches Bruken= thal auf Grundlage der schon von Buccow aufgestellten Prinzipien zu entwerfen im Begriffe stand. Zur Durchführung desselben wollte ihn Maria Theresia nach Siebenbürgen absenden, und schon Anfangs Februar 1768 schrieb sie an Brukenthal folgende Zeilen:

„obwohlen die sachen einige verspättung leiden werden, so erwarte „mich doch zu seinen eyffer vor meinen dienst und dessen einsicht, das „er das angefangene so grosse werck des bucofs in seine consistentz „bringen werde zum nutzen und sicherheit des lands sowohl als meinen „dienst, nachdeme ihme am besten die grundsätze des plans und des „lands bekant sind, weillen er an meisten und schier allein selben mit „bucof ausgearbeitet habe" [209]).

Dem Wunsche der Kaiserin zufolge begab sich Brukenthal wirk= lich nach Siebenbürgen, um dort die noch nöthigen Vorarbeiten zu treffen. Im August 1768 war er wieder in Wien, und im Mai 1769 überreichte er der Kaiserin die von ihm vollendeten Entwürfe.

Es sind Andeutungen vorhanden, daß man sich, ehe dieß geschah, von Siebenbürgen her und aus Kreisen, welche der sächsischen Nation mißgünstig waren, sehr große Mühe gab, die Stellung Brukenthals bei der Kaiserin zu erschüttern. Graf O'Donell, offenbar in enger Ver= bindung mit dem ungarischen Adel des Landes, gab sich zum Sprachrohr für diese Anklagen gegen Brukenthal her; durch Lacy's Vermittlung

brachte er sie an Maria Theresia. Die Antwort, welche sie hierauf
ertheilte, war jedoch der Kaiserin würdig.

„Ich kenne meine Leute", so lautete sie, „und die Hetzereien ver=
„abscheue ich. Sehr oft setzt man Dinge auf meine Rechnung, welche
„Andere sagen. Ich schätze Brukenthal und bin ihm zu Dank ver=
„pflichtet. Es würde mir leid thun, wenn er schuldig befunden würde;
„wäre er es jedoch, dann würde ich ihm mein Vertrauen und die
„Leitung der Geschäfte entziehen, aber ich würde ihn nicht bloßstellen,
„denn seine früheren Dienste fordern dieß von mir und darin liegt der
„Grund, warum ich den Kaiser noch nicht davon unterrichte, sondern
„mich bloß Blümegens bediene" [210]).

Daß er nicht so rasch, als er es wohl gewünscht, sein Ziel zu
erreichen vermochte, hielt O'Donell nicht davon ab, es noch weiter zu
verfolgen. Er setzte seine geheime Berichterstattung fort und empfahl
nur dringend, ihn ja nicht zu verrathen. Daß er Maria Theresia
insgeheim von Allem, was vorkam, in Kenntniß setzen wollte, nahm
sie ihm nicht übel, ja sie erblickte hierin nur die Erfüllung einer ihm
obliegenden Pflicht. Daß er sie aber der Preisgebung seines Geheim=
nisses für fähig hielt, wurmte sie sehr, und ihre Antwort an Lacy ist
offenbar in dieser Stimmung verfaßt. „Niemals habe ich", schrieb
sie dem Feldmarschall, „an Jemand gefehlt, der mir irgend etwas
„vertraute; ich betrachte ein solches Verfahren als infam. Wenn ich
„mein eigenes Geheimniß preisgeben will, ist es etwas anderes; ich
„muß dann den Schaden und den Tadel davon tragen. Sie können
„also O'Donell versichern, und mögen dieß zugleich auch für alle
„künftigen Fälle thun, daß Niemand seine Briefe sieht, sogar nicht
„mein getreuer Pichler, für den ich doch noch mehr gutstehe als für
„mich selbst. Aber man wird sehr leicht errathen, daß er es ist, der
„uns vertrauliche Berichte abstatten muß; so haben es ja auch Hadik,
„Buccow, Wallis und alle Anderen gehalten" [211]).

Wie dem übrigens auch sein mochte, glänzend ging Brukenthal
aus den wider ihn erhobenen Verdächtigungen hervor. „Finde", schrieb
Maria Theresia auf den zustimmenden Bericht des Staatsrathes [212])

über Brukenthals Entwurf eines neuen Steuersystems, „wie der Staats=
„rath die Ausarbeitung des Brukenthal klar, schön, eifrig, billig; er
„wird aber eine sehr große Unterstützung brauchen, es auszuführen.
„Bin in allem verstanden, wie auch in beyden diesen letzteren Punkten,
„wie der Staatsrath einrathet. Das Protocoll ist unvergleichlich ver=
„faßt, kurz, klar, bündig; Koller hat sich Ehre damit gemacht. Seit
„langer Zeit habe nichts besseres und mit mehr Satisfaction als dieses
„wichtige Werk gelesen und approbirt."

Die volle Genehmigung des von Brukenthal entworfenen neuen
Steuersystems war wohl der beste Beweis, daß die Anklagen gegen
ihn auf Maria Theresia gar keinen Eindruck gemacht hatten. Mit
Handbillet vom 9. August 1769 gab sie ihm selbst ihre besondere
Zufriedenheit über das mit so vielem Eifer und so wohlbedachter
Ueberlegung zu Stande gebrachte Werk zu erkennen. Sie erklärte ihm
weiter, daß sie entschlossen sei, ihn zur Durchführung seines Systems
nächstens nach Siebenbürgen zu senden, und sie beauftragte ihn, ihr
seine Gedanken zu eröffnen, wie er hiebei zu Werke gehen werde. Sie
ernannte ihn zu diesem Ende zu ihrem königlichen Commissär, und sie
befahl dem Gubernium, ihm nach jeder Richtung hin bereitwilligsten
Beistand zu leisten[213]).

So unzweideutig nun auch dieser Beweis des Vertrauens war,
den Maria Theresia dem Freiherrn von Brukenthal gab, so dauerten
doch die Anfeindungen wider ihn aus den Kreisen des siebenbürgischen
Adels ungeschwächt fort, und nach wie vor lieh ihnen O'Donell seine
Unterstützung. Um nur einen einzigen Fall zu erwähnen, sei der
Beschwerde des Assessors der königlichen Tafel, Grafen Ladislaus
Tolbalagy über angebliche Gehässigkeiten Brukenthals gedacht. Um
Beförderung und Gehaltsvermehrung bat er, und gleich O'Donell hielt
auch Lacy diese Begehren für berücksichtigungswürdig. Maria Theresia
aber entgegnete hierauf mit eigener Hand:

„mir ist leyd, das solche leute die eyffrige machen und sich suchen
„durch solche nebencommissionen zu recomendiren, weillen sie durch
„den geraden weeg nichts zu hoffen haben. diser man hat mich auch

„eine zeit eingenohmen, ich habe aber nur gar zu klar erkant ſeinen
„gefährlichen caracterre; er kan keines von beeden begern hoffen" [214]).

Wichtiger war es für Maria Thereſia zu ſehen, daß O'Donells
Abneigung gegen Brukenthal ihn bis zu der Bitte trieb, ſich während
Brukenthals Anweſenheit in Siebenbürgen von dort entfernen und
nach Wien kommen zu dürfen. Obwohl er Geſundheitsrückſichten vor-
ſchützte, wußte doch Jedermann um den wahren Beweggrund ſeines
Anliegens, und Lacy ſprach ihn auch der Kaiſerin gegenüber ganz
unverhohlen aus. Eben ſo rückhaltslos antwortete hierauf Maria
Thereſia:

„O'Donell läßt meiner Denkungsweiſe nicht Gerechtigkeit wider=
„fahren. Es iſt mir vollſtändig gleichgültig, ob er dort bleibt oder
„hieher kommt, und ich verſichere Sie, daß Brukenthal ſich um deßwillen
„nicht zurückhalten läßt, indem er immer darauf rechnet, daß er ihm
„alle Ehren erweiſen und alle Erleichterungen angedeihen laſſen wird,
„welche einem königlichen Commiſſär gebühren, und wie dieß immer
„gebräuchlich war, zuletzt aber auch bei Bethlen angeordnet wurde. Wenn
„er es vorzieht, hieherzukommen, will ich es gerne geſtatten und würde
„es in Anbetracht des Gegenſatzes ihrer Anſchauungen faſt für zweck=
„mäßiger halten. Sie können ihm hierüber dasjenige ſchreiben, was
„Sie ſelbſt als das Beſte betrachten" [215]).

Trotz dieſer Schlußworte der Kaiſerin glauben wir doch verſichern zu können, daß ſie vorgezogen hätte, wenn O'Donell in Sieben=
bürgen geblieben und dort im Vereine mit Bajtay den Freiherrn von
Brukenthal bei der Durchführung ſeiner ſchwierigen Aufgabe eifrig
unterſtützt hätte. Durch einen Brief, den ſie in jenen Tagen an
Bajtay ſchrieb, wird dieß ziemlich deutlich bewieſen. Dringend bat ſie
ihn, Brukenthal zur Vollziehung des Auftrages, den ſie ihm gegeben,
behülflich zu ſein. Und eigenhändig fügte ſie ihrem Briefe einige Zeilen
hinzu, welche für ſie ſelbſt, ihre Beziehungen zu Bajtay und die
Stellung des Letzteren in Siebenbürgen ſehr bezeichnend genannt werden
müſſen. Sie lauten:

„Die Religion ist unsere erste Pflicht und unser einziges Ziel; „Sie können darauf zählen, daß ich es mir zum Ruhme anrechnen „werde, Sie zu unterstützen, aber man muß sich auch die einmal ob= „waltenden Umstände gegenwärtig halten. Ich verspreche mir sehr viel „Gutes von dieser Commission. Drei so eifrige Männer, so voll von „Talenten, die Freunde der Maria Theresia, werden zusammenwirken, „ohne irgend welche Eifersucht, Jeder den Anderen in dessen Wirkungs= „kreise schätzend und ohne ihn im geringsten verkürzen zu wollen"[216].

Noch ehe dieses Schreiben der Kaiserin in Bajtay's Hände gelangt sein konnte, hatte O'Donell sich neuerdings an Lacy, und zwar mit einem Briefe gewendet, hinsichtlich dessen der Feldmarschall einen Augenblick unschlüssig gewesen zu sein scheint, ob er ihn der Kaiserin vorlegen solle oder nicht. Als er dieß dennoch that, geschah es nicht ohne der Besorgniß Ausdruck zu verleihen, daß er hiedurch vielleicht über O'Donells wirkliche Absichten hinausgehe. Uebrigens richtete der Brief nicht so sehr gegen Brukenthal seine Spitze, als er von den benachbarten Grenzländern sprach und darauf hinwies, daß deren Zu= stände von Tag zu Tag eine für Oesterreich drohendere Gestalt an= nähmen. „Es ist schon lange her", antwortete hierauf Maria Theresia, „daß ich mit den Angelegenheiten jener Völkerschaften mich beschäftige, „auf welche man niemals zu zählen vermag, indem all das Gute, das „man für sie thut, nur für den Augenblick nützt und sie noch schwie= „riger, aber keineswegs treuer für die Zukunft macht. Um Vortheil „aus ihnen zu ziehen, müßte man despotisch sein und statt des Szepters „die Knute führen, um sie zu lenken; das ist das einzige Mittel, sie „sich nutzbar zu machen; ich gestehe daß ich mich nicht so sehr zu „ändern vermag. Ich glaube daß es nothwendig sein wird, Truppen „marschiren zu lassen, aber erst gegen Ende des Jänner oder Februar „und ganz mit Bequemlichkeit, deßgleichen Cavallerie. Und unter uns „gesagt, ich würde es lieber sehen, wenn der Kaiser nach Siebenbürgen „gienge, als die Besuche in den Quartieren der Regimenter. Dort „könnten Sie und er sehr viel Gutes wirken, während ich die hiesige „Reise als nutzlos betrachte. Aber ich schlage nichts vor und ich wünsche „sogar nicht, daß Sie sich damit beladen. Hinsichtlich O'Donells

„wiſſen Sie, daß er mein Freund iſt, ſomit haben Sie mir gegenüber
„nichts zu befürchten. Die Gewohnheit, mit der Welt zu verkehren,
„hat mich genug biegſam gemacht, die Menſchen mit ihren Fehlern
„zu ertragen, wenn dieſelben nur nicht weſentlich und dem öffentlichen
„Wohle entgegengeſetzt ſind. Nie wird O'Donell von mir erfahren,
„was einzig und allein für Sie beſtimmt war. Das Vertrauen,
„welches er in Sie ſetzt, iſt ſo gerecht, daß es ihm ein Verdienſt mehr
„in meinen Augen verleiht, und Ihr Zutrauen, indem Sie mir das
„mittheilen, was man Ihnen anvertraut, ſchmeichelt mir, und niemals
„werde ich es mißbrauchen. Denn ich bin nicht im Stande, das
„Geheimniß eines Anderen zu verrathen, ſelbſt wenn ich auch fähig
„wäre, dieß hinſichtlich des meinigen zu thun" [217]).

Die Beſorgniß der Kaiſerin, daß es trotz ihrer eindringlichen
Ermahnungen zu einem gedeihlichen Zuſammenwirken zwiſchen O'Donell
und Brukenthal nicht kommen werde, ging nur zu bald in Erfüllung.
Am Weihnachtsabende des Jahres 1769 traf Brukenthal an der ſieben=
bürgiſchen Landesgrenze ein und mit großem Pompe wurde er nach
Hermannſtadt geleitet. Aber ſchon in den erſten Tagen ſeines dortigen
Aufenthaltes brachen Zwiſtigkeiten zwiſchen ihm und O'Donell aus.
„Ich bin der Meinung", ſchrieb Maria Thereſia am 26. Jänner 1770
an Lacy, „daß die Sache zwiſchen den beiden Commiſſären nicht
„gehen wird. Das war der Grund, weßhalb ich vorgezogen hätte, ſie
„hier unter meinen Augen zu haben. Sie werden O'Donell anrathen,
„ſich zu entfernen, wenn Brukenthal an einem dritten Orte erſcheint.
„Wenn Commiſſionen abgehalten werden, ſoll derjenige, bei dem ſie
„ſtattfinden, den letzten Platz einnehmen; das will heißen, wenn ſie
„bei O'Donell ſind, ſoll er Brukenthal den Vorrang einräumen und
„umgekehrt" [218]).

Lacy hatte offenbar, von der ihm durch die Kaiſerin ertheilten
Ermächtigung Gebrauch machend, dem Grafen O'Donell gerathen,
auch während Brukenthals Anweſenheit in Siebenbürgen zu bleiben,
aber man konnte immer weniger daran zweifeln, daß die Wirkungen
hievon keine günſtigen waren. Am 22. Februar 1770 fand der feierliche

Empfang des königlichen Commissärs von Seite des Landesguberniums unter dem Vorsitze Bajtay's statt; nach den gegenseitigen Anreden wurde das Rescript über das neu einzuführende Steuersystem verlesen. Brukenthal erstattete der Kaiserin über diesen Vorgang Bericht; er führte die Namen der Anwesenden auf und Maria Theresia entnahm hieraus, daß Niemand vom Militär der Feierlichkeit beigewohnt habe und auch die Thesaurariatsräthe Fritz und Heiter ihr ferngeblieben seien. Als jedoch die Kaiserin ihre Verwunderung hierüber aussprach und dieß O'Donell zu Ohren kam, verantwortete er sich in einem an Lacy gerichteten Schreiben, das von den leidenschaftlichsten Anklagen gegen Brukenthal erfüllt war. Von der Frechheit und der nichtswürdigen Handlungsweise dieses Mannes sprach er, der es wage, die Kaiserin mit wahrer Unverschämtheit zu belügen. Maria Theresia aber schrieb an Lacy, nachdem er ihr den Brief O'Donells vorgelegt hatte, die folgenden Worte:

„Ich bedauere sehr, daß eine von mir gestellte Frage diesen „ganzen Zwist hervorrief. Die Gemüther sind viel zu erregt, das „kann nicht so bleiben. Aus Liebe zur Wahrheit muß ich sagen, daß „der arme Brukenthal nur die Namen der Anwesenden anführte, ohne „einen der Räthe vom Thesaurariat, und das ist sehr Unrecht. Seit „langer Zeit wußte man von dieser feierlichen Handlung, welche bevor„stand, und hat auch das Militär nur spärlich sich dabei betheiligt. Das „ist Alles; ich weiß mir wenig Dank dafür, die Ursache dieser ganzen „Gereiztheit zu sein, indem ich den ersten Fehler aufklären wollte, den „ich vorfand; es soll nicht wieder geschehen" [219]).

Inzwischen glimmte in Siebenbürgen das Feuer der Zwietracht zwischen O'Donell und Brukenthal noch fort, ja es brach aus Anlaß des Austrittes des Gubernialrathes Grafen Johann Nemes aus der dortigen Militärcommission in neue Flammen aus. „es wäre einer „der capablesten, wan man einen neüen hieher ziehen wurde", hatte Maria Theresia vor ungefähr zwei Jahren an Lacy geschrieben [220]), als Nemes sich um die schon seit längerer Zeit erledigte erste Hofrathsstelle bei der siebenbürgischen Hofkanzlei bewarb. Es mag leicht sein,

daß Brukenthal es war, der diese Berufung hintertrieb, und daß er
sich in Nemes hiedurch einen erbitterten Gegner erweckte. Wie O'Donell,
nahm auch Lacy für Letzteren Partei, doch that er dieß, insofern es
Brukenthal anging, wenigstens in maßvoller Weise. Er versicherte die
Kaiserin, daß er gewiß nicht aus Abneigung wider ihn sich so aus=
spreche. Er kenne vielmehr seine Fähigkeiten, seine sonstigen guten
Eigenschaften, seinen Eifer für den Dienst. Aber er glaube, daß die
sämmtlichen Verrichtungen, die er auf sich genommen habe, in seiner
Person unvereinbar seien. Er sei in Siebenbürgen zugleich Richter
und Partei, und daher komme es, daß er gegen Solche, deren Amts=
handlungen vielleicht eine strenge Beaufsichtigung nöthig machen würden,
nachsichtig sein, und um die Gunst derjenigen, welche im Lande die
hervorragendsten Stellungen einnähmen, sich bewerben müsse. Nemes
würde vielleicht zu dem Posten eines siebenbürgischen Hofkanzlers passen,
wenn die Finanzangelegenheiten des Landes gleichzeitig an die Hof=
kammer kämen. Dann würden die Zwistigkeiten in Siebenbürgen,
welche in der That schon aufs Aeußerste gediehen wären, allmälig
wieder abnehmen, die hiedurch hervorgerufenen Unordnungen aufhören,
die dort zu treffenden nützlichen Einrichtungen einen rascheren Fort=
gang nehmen und sowohl dem Wohle des Landes als auch demjenigen
Brukenthals größerer Vorschub geleistet werden [221]).

"das schreiben an bruckenthall ist zu ergehen", antwortete Maria
Theresia dem Grafen Lacy, als er zwei Tage später neuerdings auf
die Sache zurückkam. "ich liebe alzeit, das man khlar denen leuten
"rede; er wird sich wohl wissen zu verantworten. leyder sehe die
"animositætten täglich zunehmen."

Während derlei Klagen wider ihn einliefen und solche Intriguen
gegen ihn gespielt wurden, schritt Brukenthal, ohne sich hiedurch irgendwie
beirren zu lassen, auf der Bahn fort, die er zum Heile seines Landes
einschlagen zu sollen geglaubt hatte, und er wurde hierin von der
Kaiserin nur noch bestärkt. "Sein bisheriger Fürgang in Ansehung
des Contributionswesens", schrieb sie ihm am 22. Februar 1770,
"wie solchen aus seiner eingeschickten Aeußerung vom 17. elapsi

„entnommen, gereichet zu meiner Zufriedenheit, und gewärtige ich von
„seinen Dienst-Eiffer die weitere Ausarbeitung nach dem entworffenen
„Systeme seiner Zeit zu erhalten, wie Mir dann auch über die sich
„etwa ergeben mögende Anstände jedesmahl die Anzeige zu erstatten
„seyn wird" [222]).

Von der Kaiserin in solcher Weise unterstützt, führte Bruken-
thal mit kraftvoller Hand das von ihm entworfene Steuersystem durch.
Von jenem Zeitpunkte an ist es während einer sehr langen Reihe von
Jahren für Siebenbürgen in unbestrittener Geltung geblieben.

Da gleichzeitig auch, wie schon an anderer Stelle erwähnt worden, in einem Theile Siebenbürgens das Militärgrenzsystem eingeführt
wurde, erschienen beide Hauptaufgaben erfüllt, welche sich Maria
Theresia hinsichtlich Siebenbürgens, insofern es dessen Nutzbarmachung
zu Gunsten des Gesammtstaates Oesterreich betraf, gestellt hatte.
Darüber vernachlässigte sie jedoch auch die speziellen Landesinteressen in
gar keiner Weise. Und der beste Beweis ihrer Fürsorge für sie wird
wohl in den Schritten gefunden werden können, welche die Kaiserin
unternahm, um auch in Siebenbürgen die Urbarialverhältnisse in zweck-
entsprechender Weise zu regeln.

Die Vorfälle, die während der Anwesenheit Brukenthals in
Siebenbürgen zwischen ihm und O'Donell sich zutrugen, hatten allmälig zu der gewiß berechtigten Ansicht geführt, daß es nicht gut sei,
das Präsidium des dortigen Guberniums mit dem Obercommando
über die Truppen in einer und derselben Hand vereinigt zu lassen.
O'Donell selbst mochte dieß einsehen, denn gegen Ende des Jahres
1770. legte er seine Stelle nieder. Er kam nach Wien, wo ihn schon
im März 1771 ganz plötzlich der Tod ereilte. Schon ehe dieses Ereigniß eingetreten war, hatte man die künftige Trennung der beiden
Aemter, die in seiner Person vereinigt gewesen, dem Grundsatze nach
genehmigt. Es handelte sich nur noch um die Auswahl des Mannes,
der an die Spitze des Guberniums gestellt werden sollte, und Brukenthal gab sich unsägliche Mühe, die Wahl auf einen Siebenbürger fallen
zu machen. Da es nach den damals beobachteten Prinzipien feststand,

der neue Gubernator könne nur dem höheren Adel entnommen werden,
derselbe jedoch durchgängig der ungarischen Nationalität angehörte, so
lieferte Brukenthal durch sein Verfahren wohl den Beweis, daß er sich
keineswegs feindselig gegen sie verhielt. Und wie wenig er bei seinen
Vorschlägen Rücksicht auf sich selbst nahm, zeigte er wohl auch dadurch, daß unter den Candidaten, die er als geeignet für jenen Posten
bezeichnete, Graf Johann Nemes sich befand. Die Grafen Nicolaus
und Paul Bethlen, Dionys und Wolfgang Banffy, Karl und Ladislaus
Teleki wurden von Brukenthal gleichfalls genannt.

Dießmal stimmte jedoch Maria Theresia den Anschauungen
Brukenthals ausnahmsweise nicht bei. Sie gab wohl zu, daß er im
Allgemeinen Recht habe, wenn er hervorhob, wie wünschenswerth es
wäre, daß ein Mann an die Spitze des Landesguberniums trete, der
mit den so überaus eigenthümlichen und verwickelten Zuständen Siebenbürgens vertraut, oder ihnen wenigstens nicht vollständig fremd wäre.
Außerdem schilderte ihr Brukenthal den ungünstigen Eindruck, den
eine solche Wahl im Lande unfehlbar hervorbringen würde, ja er sagte
ihr, dieselbe sei unvereinbar mit den Gesetzen Siebenbürgens, durch
welche ein Fremder von einem solchen Posten ausdrücklich ausgeschlossen
sei. Maria Theresia aber erwiederte, gerade die vornehmsten Männer
in Siebenbürgen hätten sich durch gegenseitige Anfeindungen und Ver-
läumdungen aller Art, die sie oft in ganz unglaublicher Weise vor
sie brachten, ihres Vertrauens so sehr verlustig gemacht, daß es ihr
noch immer als das geringere Uebel erscheine, den künftigen Gubernator
Siebenbürgens einem anderen Kreise zu entnehmen. Sie schwankte
zwischen dem Appellationspräsidenten in Böhmen, Grafen Franz Xaver
Wieschnik, dem Grafen Johann Caspar Lanthieri, Vicestatthalter in
Niederösterreich, und dem geheimen Rathe Grafen Joseph Maria von
Auersperg, bisher Beisitzer bei der Obersten Justizstelle. Auf den
Letzteren fiel endlich ihre Wahl, und Brukenthal erreichte nur so viel,
daß zur Vermeidung des Vorwurfes der Gesetzwidrigkeit Auersperg
gleichzeitig das siebenbürgische Indigenat erhielt.

Schon sein erstes Zusammentreffen mit Auersperg und die Art,
in welcher derselbe sich hiebei aussprach, mußten Brukenthal mit

ungünstigen Erwartungen erfüllen. Dieselben wurden noch gesteigert,
als Auersperg es durchsetzte, daß Joseph von Izbenczy, bisher Hof=
secretär bei der ungarischen, zum Hofrathe bei der siebenbürgischen
Hofkanzlei ernannt und zu seinem Gehülfen bestimmt wurde. Bruken=
thal kannte zwar Izbenczy nicht persönlich; nach dem aber, was er
bisher über ihn gehört, hegte er die ungünstigste Meinung von ihm,
und er versprach sich von seinem bevorstehenden Auftreten in Sieben=
bürgen nichts Gutes²²³). Gleichwohl beharrte Maria Theresia, Bruken=
thals Gegenvorstellung und sogar sein Entlassungsgesuch zurückweisend,
auf dem einmal gefaßten Beschlusse.

Die Kaiserin ging von dem an und für sich gewiß richtigen
Grundsatze aus, den Männern, deren Händen sie die Leitung wichtiger
Provinzen vertraute, insbesondere im Beginne ihrer Thätigkeit möglichste
Freiheit des Handelns zu lassen, um vorerst ihre geistige Kraft zu
erproben. Ein Gleiches war auch bei Auersperg der Fall, und er
machte hievon schon bald nach seiner Ankunft in Siebenbürgen den
umfassendsten Gebrauch. Wie wenigstens Brukenthal behauptet, war
ihm Alles vollständig neu; es glich nicht dem, was er bisher gewohnt
war, und sollte deßhalb geändert, fremden Einrichtungen angepaßt
werden. Seine Vorschläge trugen daher den Stempel der Einseitigkeit
an sich; sie widerstritten nicht selten den bestehenden Gesetzen und
Gebräuchen; ihre Gutheißung und Einführung würden somit alles
bisher Bestehende aus den Fugen gerissen und vollständig neue, darum
aber noch keineswegs bessere Einrichtungen nothwendig gemacht haben.
Brukenthal hielt es daher für seine Pflicht, ihnen zu widerstreben, aber
im Anfange wenigstens geschah dieß erfolglos, denn Maria Theresia
wollte den Grafen Auersperg nicht jetzt schon in seiner Wirksamkeit
beirren. Allmälig sah sie jedoch ein, daß dieselbe dem Lande keineswegs
zum Heile gereiche. Während sie in letzterer Zeit bei den häufigen
Meinungsverschiedenheiten zwischen Auersperg und der siebenbürgischen
Hofkanzlei fast regelmäßig der Anschauung des Ersteren beigetreten
war, geschah von nun an sehr oft das Entgegengesetzte, und sie
ertheilte Auersperg den Befehl, sich strenger an die Anordnungen der
Hofkanzlei zu halten als bisher. Und in ihrer herzgewinnenden Weise

sagte Maria Theresia zu Brukenthal, sie habe ihm Unrecht gethan und werde in Zukunft seine Meinung genauer befolgen [224]).

Die veränderte Haltung der Kaiserin und das an das sieben= bürgische Landesgubernium abgehende Rescript brachten jedoch auf den Grafen Auersperg nicht die beabsichtigte Wirkung hervor. Er verharrte in seinem feindseligen Benehmen gegen den Freiherrn von Brukenthal, und wirthschaftete in Siebenbürgen ganz nach eigenem Gutdünken. Unter diesen Umständen war es ein doppelter Verlust für das Land, daß der wohlwollende und einsichtsvolle Bajtay die Kaiserin in Anbetracht seiner zerrütteten Gesundheit um die Erlaubniß bat, auf sein Bis= thum verzichten und sich auf die ihm gleichfalls gehörige Propstei in Preßburg zurückziehen zu dürfen. Mit schwerem Herzen, aber mit den schmeichelhaftesten Ausdrücken für Bajtay gewährte Maria Theresia diese Bitte, und als Kennzeichen ihrer Anerkennung verlieh sie ihm eine Pension von viertausend Gulden aus den Einkünften seines bis= herigen Bisthums [225]). Aber durch Krankheit, wie es scheint, wurde Bajtay an der Ausführung seines Vorsatzes gehindert. Er erreichte Preßburg nicht mehr, sondern starb im Jänner 1773 zu Arad.

„bischoff batay", schrieb Maria Theresia, als sie dieses Ereigniß erfuhr, an Lacy, „ist gestorben den 15ten in arrath, nach carlsburg „begraben worden. an sein schrifften ligt mir vill daran zu haben. „hat sie, die wichtigste, in ein cofre bey sich gehabt, einige mit seiner „bagage nach presburg geschickt. alles obsignirn lassen, gerad an mich „zu adressirn" [226]).

Inzwischen hatte Auersperg die von ihm angesuchte Erlaubniß, nach Wien zu kommen, auch wirklich erhalten. Er benützte sie dazu, nunmehr an Ort und Stelle die Feindseligkeiten gegen Brukenthal zu eröffnen, und er brachte verschiedene, zum Theil sogar ehrenrührige Anklagen gegen ihn vor. Da die letzteren sich auf Geldsachen bezogen, drang Brukenthal auf strenge Untersuchung, und sie wurde ihm auch zu Theil. Eine Zusammentretung fand statt, welcher der ganze Staats= rath, dann die Präsidenten der Hofkammer und der Rechnungskammer mit einigen ihrer Räthe beiwohnten. Die Beschuldigungen, welche

Auersperg gegen Brukenthal erhoben, wurden ganz unbegründet befun=
den; der Letztere erhielt die ihm gebührende Ehrenerklärung, Ersterer
aber einen Verweis²²⁷).

Jedoch auch durch diese Erfahrung wurde Auersperg noch keines
Besseren belehrt. Neue Anklagen brachte er gegen Brukenthal vor,
und auch sie erwiesen sich als grundlos. Endlich war das Maß
voll; er verlor den Posten eines Gouverneurs von Siebenbürgen und
erhielt den viel weniger wichtigen eines Landeshauptmannes in Krain.
Auch sein Genosse Izdenczy mußte aus der Reihe der Hofräthe bei der
siebenbürgischen Hofkanzlei scheiden. Brukenthal erlangte nun wieder
ganz freie Hand, und Maria Theresia schrieb ihm zu jener Zeit:
„von meiner seiths hat er gewis das billige Vertrauen durch seine
„rechtschaffene dienste erworben"²²⁸).

Etwas mehr als drei Jahre waren verflossen, seit Maria Theresia
an Lacy geschrieben, sie würde es weit lieber sehen, wenn Joseph sich
einmal nach Siebenbürgen begeben wollte, als daß er fortwährend
die Regimenter in ihren Quartieren besuche; dort wäre es ihm wohl
beschieden, wahrhaft Gutes zu leisten. Inzwischen war sie freilich wieder
zurückgekommen von diesem Wunsche, und schon sind die Aeußerungen
erwähnt worden, durch welche sie Josephs Reise nach Siebenbürgen,
als er sie wirklich antrat, lebhaft mißbilligte²²⁹). Aber sie erreichte
damit nichts; am 21. Mai 1773 überschritt Joseph, vom Banate
durch den Paß des Eisernen Thores her kommend, bei Zaikány die
Grenze Siebenbürgens. Am 24. traf er in Carlsburg, am 28. in
Hermannstadt ein, das ihm äußerst mißfiel; eine Hauptstadt nannte
er es im Geschmacke der kleinen böhmischen Stadt Czaslau²³⁰). Fast
zwei Monate hindurch verweilte er im Lande, das er nach allen
Richtungen hin durchstreifte. Ueberall war er ein aufmerksamer Be=
obachter der vorhandenen Zustände, überall forschte er mit unermüd=
lichem Eifer nach den Mitteln, die in Anwendung zu bringen wären,
den Flor des Landes und das Wohlsein der Bevölkerung zu fördern.

„Meine Beschäftigungen", schrieb er am 26. Juni aus Klausen=
burg an Lacy, „gleichen wahrhaftig nicht denen des Hercules, er mochte

„Ungeheuer zerschmettern oder für Omphale spinnen. Ich reise umher,
„ich lerne, ich sehe, ich unterrichte mich und mache mir Aufzeichnungen;
„all dieß deutet mehr auf einen Schüler hin als auf einen Sieger.
„Vielleicht wird mir das jetzt schon, gewiß aber für die Zukunft dienen,
„und vielleicht auch nicht. Das hängt Alles von den Fügungen der
„Vorsehung ab, und nie werde ich die Mühe, die ich mir gebe, und
„die schönen und guten Jahre bedauern, die ich damit zubringen werde,
„mich zu unterrichten und nützliche Kenntnisse, selbst für jene so un-
„gewisse Zukunft zu sammeln, und während deren ich auf das Verzicht
„leiste, was die Welt Vergnügungen nennt" [231]).

In einem umfassenden Berichte an seine Mutter legte Joseph
das Ergebniß seiner Beobachtungen und die hierauf gegründeten Vorschläge nieder. Wie sie es in derlei Fällen immer zu thun gewohnt
war, theilte Maria Theresia die Aufzeichnungen ihres Sohnes den
Männern ihres besonderen Vertrauens und solchen, bei denen sie
eine spezielle Sachkenntniß voraussetzte, zur Begutachtung mit; unter
den letzteren stand in dem gegebenen Falle natürlich Brukenthal in
vorderster Reihe.

Es würde zu weit führen, wenn man hier auch nur den Versuch
machen wollte, näher auf dasjenige einzugehen, was der Kaiser seiner
Mutter über Siebenbürgen berichtete und was nach seiner Meinung
zu Gunsten dieses Landes verfügt werden sollte. Nur das mag
gesagt werden, daß er auch hier wieder mit dem Lose des niederen
Volkes sich am meisten beschäftigte. Er klagte darüber, daß die Schritte,
welche von Seite der Kaiserin geschehen seien, um auch in Siebenbürgen die Urbarialverhältnisse zu regeln, so gut wie fruchtlos geblieben
wären. Und er hob die argen Bedrückungen hervor, welche die Bevölkerung, und zwar in den ungarischen Landestheilen von den Grundherren, in den sächsischen aber von den Magistraten erdulde. Die
Untersuchungen hierüber sollten, so meinte er, in den Districten ungarischer Nationalität von Sachsen, in den sächsischen aber von Ungarn
geführt werden. Nur wenn man in solcher Weise vorgehe, sei zu erwarten, daß Recht und Billigkeit Platz greife.

Auf noch größere Bedeutung wird Anspruch erheben dürfen, was er über die Ursachen der Feindschaft zwischen den Ungarn und den Sachsen, über die politische Verfassung des Landes, über die Handhabung der Justiz und Aehnliches sagt. In ersterer Beziehung gibt er beiden streitenden Theilen gleichmäßig Unrecht, und er kann die nachtheiligen Folgen dieser unablässigen Anfeindungen nicht düster genug schildern. „Mißtrauen, Argwohn, Intriguengeist und einseitige Absichten", so lauten die Worte des Kaisers, „herrschen durchaus. Man kann nicht „mit Jemand reden, ohne daß man dieß nur gar zu sehr beobachtet, „und die kleinsten Mittel sind beiden Theilen nicht unbekannt, um „nach und nach zu ihrem Zwecke zu gelangen." Am meisten bedauerte jedoch der Kaiser das Schicksal der Walachen, welche nach seiner Behauptung von den beiden herrschenden Nationen, den Ungarn und den Sachsen wetteifernd bedrückt wurden.

Von der Verfassung des Landes redend, hebt Joseph die Aehnlichkeit derselben mit derjenigen Ungarns hervor, deren Mängel sie gleichfalls besitze. Aber noch viel schlechter als in Ungarn stehe es in Siebenbürgen um die Handhabung der Justiz, „da solche Aus-„flüchten und remedia juris vorhanden sind", sagt Joseph wörtlich, „daß Einem das Herz blutet, wenn man selbe höret und die Unbillig-„keit, ja die Unmöglichkeit einsieht, wie einigen Armen Gerechtigkeit „zu Theil werden könne."

Den von ihm aufgezählten Uebelständen ein Ende zu machen, gebe es, meint Joseph, zwei Wege, von denen der Eine kürzer und sicherer, der Andere aber länger und ungewisser sei. Der Erstere bestehe darin, daß man den Theil Siebenbürgens, der nicht zur Militärgrenze geschlagen werde, mit dem gleichfalls unter der Civilverwaltung stehenden Theile des Banates, mit der Marmaros und den am linken Ufer der Theiß liegenden Comitaten zu einem einzigen Lande vereinige, das zu Ungarn in einem ähnlichen Verhältnisse wie Croatien stehen solle. Großwardein wäre zur Hauptstadt des Landes und zum Sitze des neu zu schaffenden Guberniums zu machen. In Wien aber sollte die selbstständige siebenbürgische Hofkanzlei aufgehoben und mit der ungarischen vereinigt werden.

Um den Feindseligkeiten zwischen den Sachsen und den Ungarn in Siebenbürgen für die Zukunft ein Ende zu machen, rieth Joseph, den Ersteren das Recht des immerwährenden Besitzes und den Anspruch auf den Adelstand, wenn sie sich ankaufen würden, zuzugestehen, während dem ungarischen Adel die Befugniß, sich auch in den sächsischen Städten und Districten ankaufen zu dürfen, zu Theil werden sollte. Hiedurch würden sie Alle zu Siebenbürgern gemacht und die Unterschiede zwischen den einzelnen Nationen allmälig verwischt werden.

Den längeren und ungewisseren Weg erblickt Joseph in der Fortbelassung der bisherigen Einrichtungen mit gleichzeitiger Besetzung der wichtigeren Stellen durch taugliche und tüchtige Individuen. Denn jetzt gebe es eine Hofkanzlei ohne einen Kanzler ungarischer Nationalität, ein Gubernium ohne einen Gouverneur, ein Thesaurariat mit einem Chef, der so gut als gar nicht vorhanden sei und dessen Stelle ein Secretär versehe, eine sächsische Nation endlich mit einem Comes, der eines üblen Leumundes genieße und überdieß kränklich und untauglich sei. Hier Abhülfe zu schaffen und gleichzeitig ein besseres Contributionssystem einzuführen, zweckmäßigere Justizeinrichtungen zu treffen, den confessionellen Zwistigkeiten ein Ende zu machen und viele andere heilsame Maßregeln durchzuführen, wäre gleichfalls eine nützliche, ja nothwendige Aufgabe.

Allerdings nannte der Kaiser diese letzteren Vorschläge nur subsidiarisch, und er für seine Person hätte dem Wege, den er für den kürzeren und sichereren ansah, bei weitem den Vorzug gegeben. Gerade des entgegengesetzten Sinnes war jedoch Maria Theresia, und man wird wohl annehmen dürfen, daß sie in ihren Anschauungen auch durch Brukenthal bestärkt wurde. Denn nimmermehr hätte derselbe Verfügungen zustimmen können, durch welche die politische Selbstständigkeit Siebenbürgens, die vor weniger als einem Decennium durch Erhebung dieses Landes zu einem Großfürstenthum einen so markanten Ausdruck gefunden hatte, vernichtet worden wäre [232]. Die Kaiserin gab daher dem zweiten Wege den Vorzug; ihn zu betreten, konnte ihr jedoch Niemand geeigneter als Brukenthal erscheinen. Im

Juli 1774 wurde er neuerdings zum bevollmächtigten königlichen Commissär und dießmal auch zum Präsidenten des Landesguberniums ernannt. Als solcher kam Brukenthal in den ersten Tagen des August
wieder nach Hermannstadt, wo er von nun an, einzelne Reisen nach
Wien abgerechnet, während der ganzen noch übrigen Lebenszeit der
Kaiserin blieb.

Die Hauptaufgabe, welche jetzt Brukenthal gestellt wurde, bestand
in den Vorbereitungen zu der neuen Contributionsperiode, da die
frühere ihrem Ablaufe entgegenging. Nicht das von ihm selbst ausgearbeitete und eingeführte System sollte er ändern, wohl aber die
Verbesserungen durchführen, welche im Laufe der Zeit sich als wünschenswerth dargestellt hatten. Außerdem war die Urbarialregulirung energisch
in Angriff zu nehmen, und endlich Ordnung in die Angelegenheiten
der sächsischen Nation zu bringen, welche unter dem Comes Samuel
von Baußnern arg vernachlässigt worden waren. Brukenthal wurde
von der Kaiserin ermächtigt, ihr in besonderen Fällen unmittelbar zu
schreiben und sogar ihre ihm von Wien aus zukommenden Befehle,
wenn er sie nicht für zweckentsprechend ansähe, zu sistiren; bleibe jedoch
seine Gegenvorstellung ohne Berücksichtigung, dann sei der ihm ertheilte Auftrag ohne ferneren Aufschub zu befolgen. Insbesondere
empfehle sie ihm die Religion als vornehmste Stütze des Staates, die
Handhabung der guten Sitten und eine unparteiische Verwaltung der
Justiz. Mit den Militär- und den übrigen Behörden möge er in
befriedigendem Einvernehmen stehen, die verschiedenen Nationen aber
gleichmäßig behandeln [233]).

Auch in seiner neuen Stellung entsprach Brukenthal den keineswegs geringen Erwartungen, welche Maria Theresia in ihn setzte.
Zu wiederholten Malen gab sie ihm ihre vollste Zufriedenheit zu erkennen, aber sie konnte es hiedurch nicht hindern, daß noch fortan
von Seite des siebenbürgischen Adels Brukenthals Bestrebungen ent-
gegengearbeitet und hiezu auch das Mittel einer Verdächtigung seiner
Person und seiner Absichten keineswegs verschmäht wurde. Als Haupt-
werkzeug hiezu ließ Graf Michael Kornis sich gebrauchen, der auf
Brukenthals Bitte [234]) zum ersten Hofrath bei der siebenbürgischen

i ernannt worden war und seit Brukenthals Abwesenheit den
ei derselben einnahm. So weit kam es, daß Brukenthal eigens
nach ien ging, vor der Kaiserin seine Rechtfertigung zu führen.
Dieselbe gelang ihm denn auch jetzt wieder in glänzendster Weise, und
als äußeres Kennzeichen hievon erhielt er — der erste Sachse — den
Posten eines wirklichen Gubernators von Siebenbürgen. Kornis wurde
von der siebenbürgischen Hofkanzlei entfernt, ein Mann aber, der durch
seine Abstammung Siebenbürgen nicht angehörte, der böhmische und
österreichische Hofkanzler Freiherr Thomas von Reischach, indem er
seinen bisherigen Posten beibehielt, gleichzeitig zum siebenbürgischen
Hofkanzler ernannt.

Mit eigener Hand gab Maria Theresia dem Freiherrn von
Brukenthal von diesen Verfügungen Kenntniß. „disen abend werden“,
so schrieb sie ihm, „die billiets ergehen an dem obristhoffmeister und
„reischach. ich will doch die erste dem neüen gubernator begrüssen
„und ihme meine erkantlichkeit bezeigen vor alle dienste und plag, die
„er so lang vor mich ertragen. Gott gebe ihme weitere stärcke und
„erleichtung, die gewis mit eyffer vor ihme gott bitten werde“ [235]).

Sechs Punkte waren es, welche Maria Theresia, ihre ihm schon
früher gegebenen Aufträge zum Theil wiederholend, dem Freiherrn
von Brukenthal bei diesem Anlasse nochmals dringend empfahl. Trotz
seines protestantischen Glaubensbekenntnisses möge er die katholische
Religion im Lande aufrecht erhalten. Auf Verbesserung der Gesetze
solle er hinarbeiten, alle Unterthanen ohne Rücksicht auf ihre Natio=
nalität gleichmäßig behandeln, die Urbarialregulirung sowie die Militär=
conscription durchführen und ihr schließlich die Art und Weise angeben,
in der sie zu besserer Kenntniß der Gubernialberichte gelangen könne [236]).

Nur gegen einen einzigen dieser Punkte meinte Brukenthal Ein=
wendungen erheben zu sollen. Er zweifle nicht, schrieb er der Kaiserin
am 2. Mai 1777, an ihrem Rechte, auch ohne Zustimmung des
Adels die Militärconscription vornehmen zu lassen. Aber unter den
obwaltenden Umständen könne er sich doch auch die dagegen sprechen=
den Bedenken keineswegs verhehlen. Nachdem er sie der Kaiserin

ausführlich dargestellt, bat er sie, für jetzt wenigstens von der Durch=
führung dieser Maßregel noch abstehen zu wollen. Und Maria
Theresia, welche Brukenthals Rathschlägen ein sehr großes Gewicht
beilegte, genehmigte seinen Antrag mit den Worten: „die modalitaeten
„wären auszuarbeiten; die execution ist noch zu sistirn"[237]).

Maria Theresia stand übrigens mit der sehr hohen Meinung,
die sie von Brukenthal hegte, keineswegs allein. Um nur ein ein=
ziges Beispiel zu erwähnen, durch welches bewiesen wird, daß diese
Ansicht auch von Anderen getheilt wurde, wird eine Aeußerung ange=
führt werden dürfen, welche wir von Greiner besitzen. Als es um die
Urbarialregulirung in Böhmen und Mähren und um die Beschwichti=
gung der aufständischen Bewegungen sich handelte, welche sich dort aus
diesem Anlasse gezeigt hatten, schrieb Greiner an Maria Theresia:

„Ueber diese ganze Anliegenheit wünschte ich, daß Eure Majestät
„den Baron Brukenthal zu vernehmen geruheten. Er hat Länder und
„Hofstellen dirigirt und ist eines der größten Genie's, die ich kenne.
„Auf sein Gutachten können Eure Majestät gewiß vertrauen, wenn er
„schon kein böhmischer Insaß ist."

„ich bin recht vergnügt", antwortete hierauf Maria Theresia
mit eigener Hand, „das er brukenthall wie ich kenne; er wird ver=
„folgt, weil ihme distinguire"[238]).

Brukenthal rechtfertigte aber auch das Vertrauen, welches die
Kaiserin ihm bewies. Noch war kein Jahr seit seiner Einsetzung als
Gubernator Siebenbürgens vergangen, und Maria Theresia sah sich
schon veranlaßt, ihm durch ein Handbillet vom 27. September 1778
ihre volle Zufriedenheit mit dem dortigen Stande der Dinge zu er=
kennen zu geben.

Zur Vermehrung dieser Befriedigung trug ohne Zweifel auch
das durch Brukenthal veranlaßte Anerbieten der sächsischen Nation,
zwei Divisionen leichter Reiter in einer Gesammtzahl von sechshundert
Mann mit Montur, Waffen und Pferden zum Dienste der Kaiserin
zu stellen, nicht wenig bei. Indem sie ihn anwies, der Nation ihr

Wohlgefallen hierüber zu erkennen zu geben, fügte Maria Theresia jedoch hinzu, daß sie deren Wunsche, aus dieser Mannschaft ein eigenes Corps gebildet zu sehen, in Anbetracht der Einrichtungen der österreichischen Armee nicht zu willfahren im Stande sei. Die beiden Divisionen müßten vielmehr dem ohnedieß fast nur aus Siebenbürgern bestehenden Husarenregimente Kalnoky eingereiht werden. Um jedoch der sächsischen Nation einen Beweis ihrer Erkenntlichkeit zu geben, ermächtigte sie dieselbe, ihr einige Individuen zur Verleihung von Offiziersstellen vorzuschlagen; sie werde dann die ihr vorzugsweise geeignet Erscheinenden auswählen [239]).

Bis zum Tode der Kaiserin und noch sechs Jahre über denselben hinaus stand Brukenthal als Gubernator an der Spitze Siebenbürgens. Im Februar 1787 wurde er auf seine Bitte von Joseph II. unter gleichzeitiger Verleihung des Großkreuzes des St. Stephansordens in den Ruhestand versetzt. Aber dadurch wurde sein Wirken zum Wohle seines Vaterlandes noch keineswegs beendigt. Insbesondere machte er sich durch Anlegung ansehnlicher Sammlungen von Büchern, Bildern, Münzen und Naturalien hochverdient um Wissenschaft und Kunst. In seinem Testamente widmete er diese Sammlungen zu allgemeiner Benützung, und er bestimmte zu ihrer Erhaltung und Vermehrung ein Legat von 36.000 Gulden. Für den Fall des Aussterbens der Familie Brukenthal sollten die Sammlungen dem evangelischen Gymnasium in Hermannstadt als Eigenthum zufallen [240]).

Am 9. April 1803, in seinem zwei und achtzigsten Lebensjahre starb Brukenthal, unstreitig der bedeutendste Mann, den Siebenbürgen in der neueren Zeit hervorbrachte. Von ihm rühren die Worte her, die er vor etwas mehr als einem Jahrhunderte niederschrieb, und die auch heut zu Tage noch von der sächsischen Nation in Siebenbürgen, auf die er sie anwandte, zu beherzigen sein werden. Sie lauten:

„Ein Volk, das immer zu fürchten hat, ist nicht glücklich. Wenn „es aber dazu gebracht wird, daß es sich selbst verachtet, wegwirft „und keinen Werth mehr auf sich legt, ist es wahrhaft unglücklich" [241]).

Sechstes Capitel.

Die Lombardie.

— ·

So wie sich die Geschichte Siebenbürgens während der zwei letzten Jahrzehnte der Regierungszeit der Kaiserin Maria Theresia um die Person Brukenthals gruppirt, so ist ein Gleiches in der Lombardie mit dem Grafen Karl Gotthard Firmian der Fall. Im Jahre 1716 zu Deutschmetz im Gebiete des Bisthums Trient geboren, studirte Firmian zuerst in Innsbruck und in Salzburg. Auf der Universität von Leyden, dann auf Reisen in Italien und in Frankreich vollendete er seine Ausbildung. Vorerst beim Reichshofrathe angestellt, wurde er im November 1753 zum Gesandten in Neapel ernannt. Auf diesem Posten und bei verschiedenen wichtigen Missionen, insbesondere nach Rom, erwarb er sich in so hohem Maße das Vertrauen der Kaiserin, daß sie ihn nach dem Tode des Grafen Beltrame Cristiani, der ihr als Großkanzler von Mailand so hervorragende Dienste geleistet hatte [242]), im Jahre 1759 zum dortigen bevollmächtigten Minister ernannte. Als solcher sollte er dem Herzoge Franz von Modena zur Seite stehen, der bekanntlich in Folge des Vertrages, welcher im Jahre 1753 wegen Vermälung seiner Enkelin Beatrix mit einem österreichischen Erzherzoge abgeschlossen worden war, den Posten eines Generalstatthalters der Lombardie einnahm. Da jedoch der Herzog sich damit begnügte, sich des Glanzes dieser Stellung und des Genusses der mit ihr verbundenen reichen Einkünfte zu erfreuen, während er sich um die Regierungsgeschäfte nicht im mindesten kümmerte, lag die Last derselben, sowie früher auf den Schultern Cristiani's, jetzt ausschließlich auf denjenigen Firmians.

Der Scharfblick und die glückliche Hand, welche Maria Theresia bei der Auswahl der Personen, denen sie wichtige Aufgaben übertrug, so oft, und insbesondere in Dingen der inneren Verwaltung bewährte, ließen sie auch dießmal nicht im Stiche. Sowie Haugwitz im Central= punkte des Reiches, wie Grassalkovics in Ungarn, Brukenthal in Siebenbürgen, leistete ihr auch Firmian in der Lombardie die bedeut= samsten Dienste. Und auch persönlich wußte er sich die Hochachtung und das Zutrauen der Kaiserin so sehr zu erwerben, daß sie — und darin lag bei ihr jederzeit das charakteristische Kennzeichen ihrer Gunst — mit Vorliebe an ihn dachte, wenn es um Aufträge sich handelte, welche auf die Angelegenheiten ihrer Kinder sich bezogen. So erhielt Firmian, und zwar noch vor seiner Anstellung in Mailand den Befehl, auf der Rückkehr von Neapel nach Wien sich nach Parma zu verfügen, sich dort der Prinzessin Isabella zu nähern und dann ein Gutachten abzugeben, ob sie ihm als Gemalin für den damaligen Kronprinzen Joseph wünschenswerth erscheine. Die überaus günstige Schilderung, welche Firmian von der Prinzessin entwarf, trug nicht wenig dazu bei, daß Joseph sie durchaus zur Frau haben wollte und die Wahl der Kaiserin auch schließlich auf sie fiel [243]).

Im September 1765 war der Großherzog Leopold von Toscana nach Florenz gekommen, um die Regierung des ihm zugewiesenen Landes zu übernehmen. Die ersten Maßregeln, die er dort traf, hatten sich bekanntlich nicht des Beifalls der Kaiserin zu erfreuen. Bei der Jugend und der Unerfahrenheit des Großherzogs schob jedoch Maria Theresia das Verschulden hievon auf seine vornehmsten Rathgeber, den Feld= marschall Marchese Botta, welcher bisher an der Spitze der toscanischen Regierung gestanden war, und auf den Oberstkämmerer Grafen Thurn, der den Erzherzog als Vorsteher seines Hofstaates nach Florenz be= gleitet hatte [244]). Nach einem anderen Manne sah Maria Theresia sich um, von dessen Einsicht und Vertrautheit mit den italienischen Verhältnissen sie sich bessere Rathschläge für ihren Sohn erwarten durfte, und Firmian war es, auf den zunächst ihre Wahl fiel. Aber dringend bat er die Kaiserin, ihn nicht nach Florenz zu senden, sondern ihn in Mailand zu belassen. Auch Kaunitz, mit der obersten Leitung der lombardischen Angelegenheiten betraut, theilte diesen Wunsch und legte ihn der Kaiserin ans Herz. Maria Theresia entsagte ihrer Absicht[215]), und an Stelle Firmians wurde Rosenberg nach Florenz geschickt.

Ein dritter Auftrag an Firmian, der eines der Kinder der Kaiserin anging, bestand darin, daß er sich in den ersten Tagen des Jahres 1771 von Mailand nach Parma begeben mußte, um der Erzherzogin Amalie, Herzogin von Parma, die am 22. November 1770 eine Tochter geboren hatte, die bei derlei Ereignissen üblichen Geschenke des Kaiserhofes zu überbringen. Aber nicht darin bestand eigentlich die ihm gewordene Aufgabe. Er hatte der Kaiserin ausführlichen und verläßlichen Bericht zu erstatten über seine Wahrnehmungen an dem Hofe von Parma, und insbesondere über die Haltung, welche die Infantin beobachtete. Man weiß daß die Nachrichten, welche Firmian hierüber ertheilte, nichts weniger als befriedigender Art waren[216]).

Zweimal noch trat Firmian, wenigstens so viel wir wissen, sei es in bloß vorübergehende, sei es in dauernde Berührung mit Kindern der Kaiserin. Ersteres geschah, und zwar schon im Jahre 1769, als Joseph den größten Theil Italiens und auch die Lombardie bereiste, in Mailand aber sich längere Zeit hindurch aufhielt. Das Zweite war der Fall, als im Herbste 1771 Erzherzog Ferdinand sich mit der modenesischen Erbtochter Beatrix vermälte und von dem Herzoge Franz von Modena die Generalstatthalterschaft der Lombardie übernahm.

Am Abende des 29. Mai 1769 traf Joseph, von Florenz kommend, in Mantua mit dem Grafen Firmian zusammen. „Hier „beginnt", so schrieb er am folgenden Tage seiner Mutter, „mein „Werk, und mit Vergnügen will ich es durchführen, wenn ich Ihrem „Dienste irgendwie nützlich sein kann. Aber nach dem Wenigen, was „ich bisher gesehen, benachrichtige ich Sie im voraus, daß man hier „von einer ganz unglaublichen Furcht und Zurückhaltung im Reden „ist, und daß es sehr viel Mühe kosten wird, zur Erforschung der „Wahrheit zu gelangen. Auch Graf Firmian ist seinerseits befangen, „obgleich ich mich bemühe, ihm so viel Zuversicht einzuflößen, als ich

„nur immer kann. Man muß endlich sehen, wie viel ich in so wenig
„Tagen aufzuklären vermag. Schon heute begann ich Allen, die nur
„immer wollten, Audienzen zu geben, aber es kam Niemand als ganz
„gewöhnliche Leute und nicht ein einziger Beamter" [247].

Der Ertheilung dieser Audienzen, der Besichtigung der Festungs=
werke, der Kasernen und der Truppen, der wichtigsten Wohlthätigkeits=
anstalten, wissenschaftlichen Institute und industriellen Etablissements,
endlich dem Besuche des Theaters widmete Joseph die drei Tage seines
Aufenthaltes in Mantua. Er selbst sagt, er sei dort durch Audienzen
und Ueberreichung von Bittschriften hart mitgenommen worden; die
Zahl der letzteren schlägt er auf mehr als achthundert an. In drei
Classen theilte er sie: in Beschwerden, welche Firmian zur Untersuchung
und Beantwortung übergeben, in Betteleien, welche verbrannt wurden,
und endlich in solche, die sich auf militärische Dinge, meistens Beför=
derungssachen bezogen; sie wurden den betreffenden Commandanten zur
Begutachtung zugewiesen.

Sonst waren die Nachrichten, welche Joseph der Kaiserin über
seinen Aufenthalt in Mantua ertheilte, nicht gerade tröstlicher Art.
Sie werde dort schlecht bedient, schrieb er ihr; an der Spitze der
militärischen und der Civilbehörden stünden altersschwache Männer,
und allgemein sei das Geschrei gegen die Generalpächter; wenn nicht
ungerecht, seien sie doch unbestreitbar von einer erschreckenden Härte [248].

Aehnliche Wahrnehmungen wie in Mantua machte der Kaiser
auch in Cremona, in Lodi und in Pavia, welche Städte er der Reihe
nach besuchte. Neben den Klagen über die Härte der Generalpächter
wurden hier ähnliche über die Hindernisse, welche die Zwischenzölle dem
Verkehre von einer Provinz nach der anderen in den Weg legten, über
die Höhe der Salz= und der Tabakpreise, über die arge Gefährdung
der öffentlichen Sicherheit, endlich über die Langsamkeit der Justizpflege
und die allzulange Anhaltung der Inquisiten in den Gefängnissen er=
hoben. Dagegen zollte der Kaiser dem kunstreichen Bewässerungs=
systeme volle Bewunderung.

Unter den Aufzeichnungen Josephs über seinen Aufenthalt in Pavia verdient wohl die über den bedauerungswürdigen Zustand der dortigen Universität die meiste Beachtung. Sie besitze, sagt der Kaiser von ihr, kein einziges Buch und kein einziges Instrument[249]). Und bemerkenswerth ist auch, was er in Pavia über Firmian niederschreibt, von dem er aus Cremona der Kaiserin berichtet hatte, daß er allmälig doch etwas zutraulicher werde. Man klage, sagte er jetzt, daß Firmian, obgleich redlich, doch wegen der Unhöflichkeit seines Betragens, seiner Voreingenommenheit und seiner Unzugänglichkeit wenig beliebt sei. Und der Hochachtung für ihn thue die Schwäche, mit der er die eigentliche Geschäftsführung seinen Secretären Castelli und Salvador überlasse, welche an die Generalpächter verkauft seien und von denen der Letztere wegen seiner Bestechlichkeit in sehr üblem Rufe stehe, gewaltigen Eintrag. Außerdem werfe man Firmian vor, daß er auch die geringfügigsten Dinge sich selbst vorbehalten wolle, dabei nicht arbeitsluftig und ungemein langsam sei. Fortwährend gebe er sich mit dem Studium der schönen Wissenschaften ab, widme sich seinen Büchern und wolle stundenlang in Gesellschaft sein; alles dieß raube ihm die Zeit zur Arbeit[250]).

Schwer ist es, sich ein vollkommen zutreffendes Urtheil zu bilden, ob diese Anklagen gegen Firmian der Wahrheit vollständig entsprachen. Die Versuchung liegt nicht fern, sie für übertrieben zu halten. Die bekannte Tadelsucht des Kaisers und sein geringer wissenschaftlicher Sinn, der die Beschäftigung mit Büchern und Studien für werthlosen Zeitvertreib hielt, mögen hierauf nicht ohne allen Einfluß geblieben sein.

Nach einem Ausfluge nach Turin, welchen Joseph bis auf den Col d'Assiette ausdehnte, begab er sich an den Lago maggiore, den er ungemein schön fand und hinsichtlich dessen er nur bedauerte, daß die werthvollere Uferstrecke, sowohl was die Lage als die Bevölkerung angehe, nicht zu Oesterreich, sondern zu Sardinien gehöre. Ueber Varese verfügte er sich nach Como, und es ist charakteristisch für ihn, daß er in lebhaften Unwillen gerieth, als er die Bemerkung machen zu sollen glaubte, die Straßen, die er befuhr, seien neu, und noch dazu in einer Art angelegt worden, welche den Eigenthümern der benachbarten

Grundstücke zum Schaden gereiche. Denn unnöthiger Weise habe man Bäume gefällt und sehr große Steine von der Straße auf die Felder gewälzt. Hiedurch sei noch überdieß seinem Befehle, an dem gewöhn= lichen Zustande der Dinge gar nichts zu ändern, zuwider gehandelt worden.

Von Seite der Betheiligten wurde jedoch entgegnet, sie hätten sich streng an die Anordnungen des Kaisers gehalten. Nichts als die alljährliche Ausbesserung der Straßen sei vorgenommen worden, die Tragfähigkeit der Brücken habe man verstärken müssen, um Unglück zu verhüten, und nach den bestehenden Landesgesetzen müßten die Bäume, welche sich zu nah an der Straße befänden, nothwendiger Weise entfernt werden.

Nachdem er in Como zwei Tage verweilt und einen großen Theil des Sees beschifft, von dessen Ufern ihm insbesondere die Bucht von Tremezzo, die Tramezzina außerordentlich wohlgefiel, nachdem er sich außerdem über die Verhältnisse jener Gegend und ihrer Bevölkerung möglichst genau unterrichtet hatte, begab sich Joseph nach Mailand, wo er am Vormittage des 23. Juni eintraf. Er stieg bei Firmian ab und widmete nun die Zeit von zwanzig Tagen, während deren er sich ununterbrochen in Mailand aufhielt, dem eifrigsten Studium der öffentlichen Zustände dieser Stadt und des zu ihr gehörigen Landes, der Erforschung der Maßregeln zur Ver= besserung derselben, und endlich den Vorbereitungen zur Uebertragung der Geschäfte des Generalstatthalters an den Erzherzog Ferdinand, der sie in etwa zwei Jahren zu übernehmen bestimmt war.

Bei dem Interesse, das auch anscheinend geringfügigen Dingen innewohnt, wenn sie sich auf die Person Josephs beziehen, wird es nicht unwillkommen sein, Einiges über die Tageseintheilung zu er= fahren, welche er während seines Aufenthaltes in Mailand beobachtete. Jeden Morgen, und zwar um halb neun Uhr begab sich der Kaiser in die Pfarrkirche San Bartolomeo, die Messe zu hören. Unglaublich groß war die Menschenmenge, welche herbeiströmte, den Kaiser auf dem Wege nach und von der Kirche zu sehen. Von dort zurückgekehrt,

wohnte er regelmäßig einer der Sitzungen bei, welche die Landesbehörden über die wichtigsten Gegenstände der Verwaltung vor ihm
abhalten mußten. Drei, auch vier Stunden dauerten diese Sitzungen,
nach deren Beendigung Joseph ungefähr eben so lange Zeit hindurch
Audienzen ertheilte; etwa fünftausend Bittschriften nahm er während
derselben entgegen. Nach dem Mittagessen besichtigte er, jederzeit in
Firmians Begleitung und in dessen Wagen, die wichtigsten öffentlichen
Anstalten so wie verschiedene Klöster und Fabriken. Des Abends
besuchte er, meistens mit seiner zukünftigen Schwägerin, der Prinzessin
von Modena, den öffentlichen Spaziergang auf dem Walle, und später
die Oper, wo er sich zu den Damen, welche nach ihrer Lebensstellung
hierauf Anspruch machen durften, in ihre Logen begab. Obgleich er
fast gar keine Ausnahmen machte, so waren doch die weiblichen Mitglieder der Familien Litta, Castelbarco, Sommaglia, Erba und Biglia
diejenigen, bei denen er sich am häufigsten einfand.

Von dieser Tagesordnung, von welcher der Kaiser sich nur hie
und da durch den Besuch militärischer Gebäude und Anstalten oder
die Besichtigung der Truppen abbringen ließ, verdienen ohne Zweifel
die Sitzungen der Landesbehörden, denen er beiwohnte, die meiste
Beachtung. Noch sind die Aufzeichnungen des Kaisers, und zwar eben
sowohl über die Personen, aus denen die Versammlung jedesmal bestand, als über die Verhandlungsgegenstände vorhanden. Mit den
Finanzsachen wurde, und zwar schon an dem Tage nach der Ankunft
des Kaisers begonnen, und es lag in der Natur der Sache, daß diese
Berathungen sich vorzugsweise mit den drei großen Maßregeln beschäftigten, welche während der Regierungszeit der Kaiserin Maria
Theresia in der Lombardie durchgeführt worden waren. Sie bestanden
in der Vollendung des sogenannten Censimento, das ist der Ein-
schätzung der Grundsteuer, welche unter Karl VI. begonnen worden,
seit 1733 aber ins Stocken gerathen war, in der Vereinigung der
früheren verschiedenen Pachtungen, welche nur sehr wenig eingetragen
hatten, in einen einzigen Generalpacht, und endlich in der Errichtung
einer Centralcasse, des Monte di Santa Teresa, für die Schulden
des Staates.

Nicht weniger als sechs Sitzungen wurden diesen Gegenständen gewidmet, und in den Aufzeichnungen des Kaisers fehlt es nicht an charakteristischen Aeußerungen über die Theilnehmer an den Berathungen. Während er Einen der Beisitzer, dessen Namen wir füglich verschweigen können, albern und blödsinnig nennt[251], sagte er von Firmian, daß derselbe nicht spreche, aber sich übermäßig ereifere[252]). Den Präsidenten des Obersten Rathes Grafen Carli nennt er geistvoll, weise und schlau[253]), den Quästor Grafen Arconati aber kenntnißreich, gut und gemäßigt[254]). Von dem so berühmt gewordenen Pietro Verri sagt der Kaiser ebenfalls, daß er gut, und außerdem, daß er discret sei[255]). Auch Pellegrini bezeichnet er als gut und überdieß als freimüthig, den Senator Pecci aber als weise, jedoch schweigsam[256]), während er von dem letzten Beisitzer Namens Lottingher sagt, daß er unterrichtet und wohlredend sei[257]. Freilich wurden diese in den ersten Sitzungen gefällten Urtheile von Seite des Kaisers während seines dreiwochentlichen Aufenthaltes in Mailand mehrfach wieder verändert.

Was die Art der Abhaltung dieser Sitzungen betrifft, so wurden sie jedesmal durch Firmian mit der Bezeichnung des Gegenstandes eröffnet, über welchen nach dem ihm Tags vorher kundgegebenen Willen des Kaisers gesprochen werden sollte. Der Reihe nach gab Jeder, sobald er befragt wurde, mit vollster Rückhaltslosigkeit seine Meinung ab. Der Kaiser belebte und erweiterte die Discussion durch die Fragen, die er stellte, und wie wenigstens Firmian an Maria Theresia berichtete, waren Alle erstaunt über die Klarheit seiner Gedanken, die Richtigkeit seines Urtheils, seinen geistigen Scharfblick und die Leichtigkeit seiner Auffassung. Immer sprach er mit der größten Ehrfurcht von seiner Mutter, und er wurde nicht müde zu wiederholen: nicht um zu entscheiden, sondern nur um sich zu unterrichten und der Kaiserin getreuen Bericht abzustatten über den Zustand der Lombardie, sei er nach Mailand gekommen.

Wir können kein bestimmtes Urtheil darüber fällen, ob Firmian nicht den Eindruck, welchen diese Berathungen auf Joseph hervor-

brachten, etwas zu günstig beurtheilte. Aber er schmeichelte sich, der
Kaiser werde gefunden haben, daß der Zustand der Finanzen des
Herzogthums Mailand nie besser als unter der Regierung der Kaiserin
Maria Theresia gewesen sei. Was ferner die Generalpachtungen angehe, so werde er überzeugt worden sein, daß wenn man deren überhaupt bedürfe, die in der Lombardie bestehenden die einträglichsten
für den Staat und die mindest drückenden für die Unterthanen seien.
Die Beschwerden der letzteren über die Handhabung des Salzmonopols
habe man, obgleich sie im Allgemeinen nicht ausreichend begründet
erschienen, doch zum Gegenstande eingehender Untersuchungen gemacht.
Ein Gleiches sei hinsichtlich ihrer Klagen über die Maßregeln geschehen,
die man zur Hintanhaltung des Schmuggels ergriffen habe, obwohl
sie weit milder genannt werden müßten als die der benachbarten
Staaten. Das Ergebniß dieser Untersuchungen liege jedoch selbstverständlich noch nicht vor.

Eine Lieblingsgewohnheit des Kaisers war es, von den Personen,
von denen er sich die verläßlichsten Aufschlüsse über gewisse Einrichtungen und Verhältnisse, die ihn besonders interessirten, versprechen durfte,
möglichst ausführliche Denkschriften ausarbeiten zu lassen und entgegen
zu nehmen. So gaben Berri und Arconati ihm solche über die
Generalpachtungen, Pellegrini über den Censimento, Carli über das
Münzwesen, Lottingher über die Finanzen im Allgemeinen und über
die Banken, Baron Montani endlich über den Monte Sant' Ambrogio,
jene Leihbank, über welche ihm die Kaiserin die Oberaufsicht anvertraut hatte.

Nach den Finanzen kamen die kirchlichen Angelegenheiten an die
Reihe, über welche Joseph zwei Berathungen abhielt. Die Senatoren
Pecci und Biondi, so wie der Abbate Daverio, welch' Letzterem
die Ueberwachung der frommen Stiftungen im Mailändischen oblag,
wohnten ihnen bei. Der Kaiser zeigte sich in hohem Grade zufrieden mit der Haltung, die man in diesen Dingen beobachtete. Eine
Reihe von Maßregeln, die man ergriffen hatte, wurden zur Sprache
gebracht, so das Verbot der Gründung neuer Klöster und der Stiftung

von Meſſen. Die Anordnung, daß den Inteſtaterben der Vorzug vor der todten Hand gebühre, daß die Kirchengüter nicht ohne landes= fürſtliche Bewilligung mit Schulden belaſtet werden dürften, daß die Kloſterkerker abgeſchafft und nur den Biſchöfen ſolche belaſſen werden ſollten, dieſe und viele ähnliche Verfügungen wurden von dem Kaiſer lebhaft gebilligt. In Rom ſei man, behauptete er, viel aufmerkſamer auf das, was in der Lombardie, als was in allen übrigen italieniſchen und außeritalieniſchen Ländern geſchehe. Denn man fühle, daß man in Mailand folgerichtig und nach Grundſätzen vorgehe, welche auf eine tiefe Sachkenntniß geſtützt ſeien.

Auch eine Eingabe des Cardinal-Erzbiſchofs Pozzobonelli wurde verleſen, in der er zunächſt das ausſchließliche Recht der Büchercenſur verlangte und es ablehnte, ſo wie es in Wien geſchah, Geiſtliche zur Reviſionscommiſſion zu delegiren, denn dieß ſei ihm von Rom aus unterſagt worden. Außerdem wollte er volle Cenſurfreiheit für ſeine Ablaß= und Hirtenbriefe, auch in deren politiſchem Theile erhalten, und endlich ſtellte er eine Reihe von Begehren, die man jedoch alle mehr oder weniger ablehnend beantworten zu ſollen glaubte.

An der am 3. Juli abgehaltenen Berathung in Handelsſachen nahmen außer dem Kaiſer und Firmian die meiſten Perſonen Theil, welche ſchon der Beſprechung der Finanzangelegenheiten beigewohnt hatten; dieß waren Carli, Pellegrini, Verri und Lottingher; nur einem neuen Namen, dem des Marcheſe Molinari begegnen wir hiebei. Er ſtattete Bericht ab über die Zahl und den Zuſtand der in der Lombardie befindlichen Fabriken und die Menge ſo wie die Güte ihrer Producte. Seide, Leinwand und Baumwollſtoffe ſtanden hiebei in vor= derſter Reihe; von den landwirthſchaftlichen Erzeugniſſen aber wurde conſtatirt, daß insbeſondere mit Getreide und mit Käſe ein ſchwung= hafter Handel betrieben werde. Das kunſtvolle Bewäſſerungsſyſtem fand zwar an und für ſich eifriges Lob; doch vernahm man die Be= hauptung, es habe auch ſeine ſchädliche Seite, denn es ſtehe der Ver= mehrung der Bevölkerung im Wege. Zur Bebauung einer Grund= fläche, zu der man früher zehn Menſchen bedurfte, wären zwei jetzt hinreichend. Eine noch größere Ausdehnung des Bewässerungsshstems sei daher nicht räthlich.

Auch die Zollgesetzgebung wurde vielfach erörtert, und mit Freude vernahm man eine so eben erst getroffene Anordnung der Kaiserin, durch welche sie die Eingangszölle auf Waaren, die aus Mailand und Mantua nach ihren übrigen Ländern gebracht werden sollten, auf die Hälfte herabsetzte. Man meinte sich hievon sehr günstige Wirkungen für den Aufschwung der lombardischen Industrie versprechen zu dürfen.

Zu den beiden Berathungen über die Justizsachen wurden der Senatspräsident Marchese Corrado und die Senatoren Gabriel Berri, Pietro's Vater, dann Pecci und Muttoni gezogen. Letzterer übergab dem Kaiser, der sich auch für eine möglichst gute Handhabung der Rechtspflege von großem Eifer beseelt zeigte, zwei Denkschriften, von denen die eine von der Civil= und die andere von der Criminaljustiz handelte. Hiebei kam auch die sehr große Unsicherheit zur Sprache, welche weniger in den Gebirgsgegenden als in dem lombardischen Flach= lande herrschte. In dem Reichthume derselben und in der Trägheit der Bewohner der umliegenden Länder meinte man deren Haupt= ursache erblicken zu sollen. Vielfache Vorschläge wurden gemacht, um diesem Uebel zu steuern.

Die beiden nächsten Berathungen waren den Angelegenheiten gewidmet, die man damals die polizeilichen nannte; in ihren Kreis gehörte Alles, was sich auf die Wohlfahrt des Volkes bezog. Der Senator Mattesi, der Consultore de Sylva, Don Giovanni Tosi, dem die Versehung Mailands mit Lebensmitteln oblag, endlich der frühere und der jetzige Podestà der Stadt, Paravicini und Morosini waren dabei anwesend. Man redete ungemein viel über die Theuerung der Lebensmittel, die Zufuhr von Fleisch, von Butter und Oel, über Maß und Gewicht. Auch die Sanitätsverhältnisse und die hierauf bezüg= lichen Anstalten wurden besprochen. Endlich wies Joseph auf die übergroße Anzahl von Bettlern und Vagabunden hin und hob die Nothwendigkeit hervor, sie durch energische Maßregeln zu verringern. Er äußerte die Meinung, daß zu wenig für die Unterbringung und die Erziehung der Waisen geschehe. Und bei diesem Anlasse auf die Strafhäuser übergehend, tadelte er es scharf, daß das zu Mailand bei weitem zu schön und zu bequem, die Arbeit der Sträflinge aber viel zu gering sei. Er beruhigte sich nur mit der Zusage, daß dem schleunigst abgeholfen und den Sträflingen eine Arbeit werde auferlegt werden, die zu ihren Verbrechen in richtigem Verhältnisse stehe.

Ueber die Berathung in Militärangelegenheiten kurz hinweggehend, wollen wir hier nur noch die letzte erwähnen, von der wir überhaupt Kenntniß besitzen. Am 12. Juli fand sie im Beisein des Marchese d'Adda und des Senators Muttoni statt. Die Angelegenheiten des Grenzzuges gegen die benachbarten Staaten so wie der Communicationen zu Land und zu Wasser kamen dabei zur Sprache. Was den Straßenbau anging, wurde auf Verringerung der Auslagen hiefür gedrungen. Und neuerdings kam man auf das Bewässerungssystem und die für dasselbe erforderliche Sorgfalt zurück, denn es bilde ja die Quelle und die Grundlage des Reichthums der Lombardie [258]).

Wenn von den Sitzungen die Rede ist, denen Joseph während seiner Anwesenheit in Mailand beiwohnte, so mag gleichfalls erwähnt werden, daß er auch die des dortigen obersten Cameralrathes [259]), des Cameralmagistrates, endlich des Criminal- [260]) und des Civilsenates [261]) besuchte. Bei Letzterem verlangte der Kaiser, daß der Präsident seinen erhöhten Platz in der Mitte behalte, und er setzte sich zu seiner Rechten, während Firmian den Platz zur Linken einnahm. Seine Aufzeichnungen über all diese Sitzungen beweisen die Aufmerksamkeit, mit der er die hiebei intervenirenden Personen beobachtete und ihren Verhandlungen folgte.

Wir müssen der Versuchung widerstehen, der zahlreichen Bemerkungen hier nähere Erwähnung zu thun, welche Joseph über die öffentlichen Anstalten Mailands, die er der Reihe nach besichtigte, in sein Tagebuch schrieb. Auch sie geben Zeugniß von der Sorgfalt, ·mit der er Alles prüfte, von der Billigkeit, mit welcher er das, was er gut fand, als solches auch anerkannte, und von dem Eifer, mit dem er auf Beseitigung unleugbarer Uebelstände drang [262]).

Durch sein ganzes Verfahren erwarb sich Joseph, wie nicht nur Firmian behauptete, sondern auch von einem Oesterreich nicht gerade günstig gesinnten Gewährsmanne, von Pietro Verri bestätigt wurde, die Liebe des Adels und des Volkes von Mailand. „Ich „bin entzückt", schrieb Verri an seinen Bruder Alexander, „von diesem „jungen Monarchen, und allgemein ist der Enthusiasmus für ihn. „Seine Hauptabsicht geht dahin, so viel Leute als nur immer möglich „glücklich zu machen und das Glück nicht auf wenige Menschen zu „beschränken" [263]). Da Jedermann diese Ansicht über den Kaiser theilte, war es insbesondere das niedere Volk, das sich voll Begeisterung für ihn zeigte. Daß es massenhaft zusammenströmte, den Kaiser zu sehen, ist schon erwähnt worden, und Joseph ließ sich dieß ruhig gefallen. Als aber das Volk seinem Wagen nacheilen wollte, als es ihn mit Beifallsgeschrei zu begrüßen sich anschickte, wurde solches von dem Kaiser ernstlich untersagt. Firmian erzählt, nur bei dieser Gelegenheit habe es sich ereignet, daß Joseph mit Strenge zu der Bevölkerung sprach [264]).

Hocherfreut und dankbar äußerte sich Firmian über das Benehmen des Kaisers gegen ihn. Ueberallhin durfte er ihn begleiten, jederzeit habe er aufs freundlichste mit ihm geredet und wiederholt längere Gespräche mit ihm gepflogen. Er selbst habe immer, sagt Firmian von sich, zwar voll Ehrfurcht, aber nur mit strengster Wahrheitsliebe geantwortet, und nie habe der Kaiser irgendwelches Mißvergnügen hierüber gezeigt. So sehr sei er mit den Dingen, die er sah, beschäftigt gewesen, daß er bei der Rückfahrt nicht selten mit sich selbst sprach und mit den Händen gesticulirte. Plötzlich habe er sich besonnen, voll Güte mit Firmian gesprochen und es sogar geduldet, daß derselbe ihn manchmal um Verschiedenes befrug [265]).

Von dem Berichte Firmians über Joseph und dessen Aufenthalt in Mailand wollen wir auf denjenigen übergehen, welchen der Kaiser selbst seiner Mutter erstattete. Das Ergebniß der Wahrnehmungen, die er daselbst gemacht, faßt er vorerst dahin zusammen, daß Jedermann ohne irgend eine Ausnahme von lebhafter Anhänglichkeit

an die Perfon der Kaiferin durchdrungen fei. Auch der Umstand,
daß man fehe, wie in einigen Nachbarländern die Unterthanen weniger
mit Steuern belaftet feien als in der Lombardie, ändere hieran nichts,
und Jeder empfinde Abfcheu vor einer etwaigen Unterordnung unter
eine fremde Regierung. Diefe perfönliche Verehrung für Maria
Therefia gehe fo weit, daß all das Gute, was dem Lande wider=
fahre, nur ihr felbft und ihrem mütterlichen Herzen, jede unwill=
kommene Anordnung aber dem Minifterium oder einer irrigen Vor=
ftellung, die man der Kaiferin beigebracht habe, zugefchrieben werde.
Denn Niemand wolle glauben, daß fie, wenn recht unterrichtet, irgend
eine Verfügung treffen könne oder wolle, die dem Lande nicht wohl thue.

Die Veranlaffung zu diefer, der Kaiferin fo ungemein günftigen
Stimmung der Bevölkerung erblickt Jofeph in den heilfamen Reformen,
welche während ihrer Regierung in der Lombardie durchgeführt worden
feien. Die tief eingewurzelten Mißbräuche, welche fich während der
fpanifchen Herrfchaft eingefchlichen hätten, habe fie befeitigt, und er
könne fie verfichern, daß Jedermann die von ihr getroffenen Maß=
regeln als gerecht, als gut und als zweckmäßig erkenne und nach ihrem
vollen Werthe zu würdigen wiffe. Die Finanzen hätten fich früher
in dem erbärmlichften Zuftande befunden, Handel und Induftrie feien
vollkommen vernachläffigt, die Rechtspflege aber willkürlich und von
unerträglicher Langfamkeit gewefen. Der Clerus habe fich fortwährend
in die weltlichen Dinge gemifcht und keinen anderen Zweck verfolgt,
als fich in Rom Beliebtheit zu erwerben. Die Hälfte der liegenden
Güter fei in der todten Hand, welche diefen Befitz noch unabläffig
vermehrte, und die Anzahl der Priefter eine ganz übermäßige gewefen.
Hiezu fei noch die wahrhaft unglaubliche Trägheit aller Behörden, die
Beftechlichkeit ihrer Mitglieder, insbefondere aber ein geheimnißvolles
Dunkel gekommen, das über die öffentlichen Gefchäfte verbreitet und
für Jedermann undurchdringlich war. Endlich habe es eine Menge
Unzufriedener gegeben, welche fortwährend die Kaiferin mit ihren
Anliegen behelligten und ihr Ziel mit allen Mitteln zu erreichen
beftrebt waren. Maria Therefia aber habe den Muth befeffen, „diefe
„Hydra“ anzugreifen und fie offen zu bekämpfen.

Als die Maßregeln, durch welche dieß am ausgiebigsten geschah, bezeichnet Joseph vorerst die Vollendung des noch unter Karl VI. begonnenen Steuerkatasters, durch welchen dem Souverän und dem Staate die ihnen entfremdeten Rechte zurückgegeben worden seien. Der Generalpacht habe allen Ausnahmen und Mißbräuchen ein Ende gemacht, welche zu Gunsten einzelner Genossenschaften oder Personen bestanden hatten. Die gemischte Pachtung gewähre einen klaren Einblick in die Sache und mache einen Theil der eingehenden Gelder in die Staatscassen zurückströmen. Die Vermehrung des Senates um zwei Mitglieder und das neu vorgeschriebene Verfahren würden den Gang der Justiz wesentlich beschleunigen. Die Errichtung des obersten Cameralrathes und die Art seiner Zusammensetzung habe auch diesem Zweige der Verwaltung, um den es in den Händen des Cameralmagistrates recht übel bestellt war, wesentlich genützt. Die Nachtheile der früheren kirchlichen Verhältnisse habe das Concordat mit Rom wenigstens verringert; fernerer Gewinn werde durch die Verordnungen gegen die Anhäufung unbeweglicher Güter in der todten Hand und ähnliche Maßregeln erreicht werden. Der Langsamkeit der Regierung habe man durch die Einführung der verschiedenen Berathungskörper und durch die neue Einrichtung der Behörden gesteuert. Und das Gesetz, welches den Letzteren verbot, ohne besondere Erlaubniß der Regierung nach Wien sich zu wenden, habe den in so großer Anzahl dort einlangenden Behelligungen plötzlich ein Ende gemacht.

So lebhaft nun auch Joseph all das Ersprießliche anerkennt, was unter der Regierung seiner Mutter für Mailand und die Lombardie geschehen war, so wenig bestreitet er doch, daß das Ausmaß des Guten hiedurch noch keineswegs erschöpft sei, und daß manche an und für sich gewiß heilsame Maßregel durch die Art ihrer Ausführung in ihr Gegentheil verkehrt werde.

Um dieß zu beweisen, hält der Kaiser sich bei weitem am längsten bei den Finanzzuständen auf, welche er noch wesentlicher Verbesserungen bedürftig glaubt. Auf die einzelnen Punkte, die er zu diesem Ende erörtert, und auf die Vorschläge, die er ihrethalben macht, kann hier

nicht näher eingegangen werden; nur eine seiner Bemerkungen wollen
wir hervorheben. „Die unglückselige Vorliebe für die Verwohlfeilung
„der Lebensmittel in den Hauptstädten", sagt er wörtlich, „die so oft
„schon besprochen und doch in keinem einzigen Theile Europa's recht
„ins Klare gesetzt wurde, bildet auch das Unglück der mailändischen
„Provinzen und Ackerbauern. Sie verhindert allen Verkauf nach dem
„Auslande, und selbst in Zeiten des Ueberflusses, in denen die Be-
„willigung zur Ausfuhr gern ertheilt werden würde, schreckt der Zeit-
„verlust, bis man sie erhält, die Käufer wieder ab."

Bei weitem wichtiger ist, was Joseph über die Generalpachtungen
sagte, und es stimmt mit der Meinung, die Firmian sich von der
Ansicht des Kaisers gebildet hatte, keineswegs überein. Das ganze
Land, so ließ er sich vernehmen, verabscheue den Generalpacht; nur
eine Stimme herrsche darüber, und wenigstens drei Viertheile aller
Bittschriften, die er überhaupt erhalten, seien gegen den Generalpacht
gerichtet. Er glaube, daß dessen Einführung zu der Zeit, in welcher
Pallavicini an der Spitze der Geschäfte gestanden habe, sehr zweckmäßig gewesen sei, denn er bot das einzige Mittel dar, dem Staate
zu dem ihm gebührenden Einkommen zu verhelfen. Aber schon damals
hätte man nur einen gemischten Pacht einführen sollen, wie man es
seither in der Lombardie wenigstens zum Theile gethan habe. Allgemein
sei die Klage wegen des Salzes; es sei von schlechter Qualität, und
darum der zu erlegende Preis in großem Mißverhältnisse zu seinem
wirklichen Werthe. Und ähnliche Beschwerden erhebe man auch in
Bezug auf den Tabak.

Was die Zollgesetzgebung angehe, so lasse sich weniger gegen sie
als gegen die Härte und Rücksichtslosigkeit, mit denen die Verordnungen gegen den Schmuggel gehandhabt würden, Einwendung erheben.
Niemand sei mehr sicher in seinem Hause; bei der größten Vorsicht
sei es unmöglich, sich die Unzahl der erlassenen Vorschriften fortwährend
gegenwärtig zu halten, und so könne auch der Unschuldigste strenger
Strafe verfallen. Der alte Spruch: „summum jus, summa in-
„justitia" könne auf nichts mehr als auf das Anwendung finden, was

mit dem Generalpacht zusammenhänge. Zehn Schuldlose würden ge=
quält, um einen Schuldigen zu entdecken. Dieses Verfahren lege auch
der Entfaltung des Handels unübersteigliche Hindernisse in den Weg.
Unerträglich seien die Uebergriffe der Finanzwächter, welche von den
Generalpächtern zur Hintanhaltung des Schmuggels aufgestellt würden.
Und um das Uebel noch zu vermehren, seien sie durch Husaren vom
Regimente Ujhazy verstärkt worden, welche an jenen Uebergriffen Theil
genommen hätten; auf eigene Verantwortung hin habe er dem ein
Ende gemacht.

Von den übrigen, durch den Kaiser in dem Berichte an seine
Mutter zur Sprache gebrachten öffentlichen Angelegenheiten wollen wir
hier nur noch hervorheben, daß er das mit Rom abgeschlossene Con=
cordat, von dem er einmal zugegeben hatte, daß es die früheren Uebel=
stände wenigstens verringerte, im Verlaufe seiner Darstellung aufs
heftigste angriff. Diesem Concordate müsse es zur Last gelegt werden,
sagte er jetzt, daß die Priester von ihren liegenden Gütern um mindestens
ein Drittheil weniger an Steuern als die übrigen Eigenthümer be=
zahlten. Umsonst habe sich dereinst der Abbate Pompeo Neri, der
damals an der Spitze der Katastralgeschäfte stand, in Vorstellungen
dagegen erschöpft: das „unglückselige Concordat" wurde dennoch ge=
schlossen. Jetzt trachte man durch andere Maßregeln dem Uebel zu
steuern. Die ausgiebigste habe in der Einsetzung des ökonomischen
Rathes — der giunta economale — bestanden, welchem die kirchlichen
Vermögenssachen zugewiesen seien und der gewisser Maßen als obere
Instanz für die bischöflichen Consistorien in Geldangelegenheiten gelte.
Allerdings sei diese Junta zu Rom und daher bei dem ganzen Clerus
verhaßt, aber sie müsse nichts desto weniger als eine sehr nützliche Ein=
richtung angesehen werden.

Vielfaches Interesse gewähren auch die Bemerkungen des Kaisers
über den Zustand der Rechtspflege in der Lombardie und die ganz
eigenthümliche Einrichtung der dortigen Tribunale. Bedauernswerth
ist es jedoch, daß Joseph in seinen zahlreichen Aufzeichnungen so wenig
von dem Eindrucke spricht, den geistig hervorragende Persönlichkeiten,

an denen Mailand zu jener Zeit nicht gerade arm war, auf ihn her=
vorbrachten. Und wir wissen nicht einmal mit Bestimmtheit, ob er
mit der berühmtesten aus ihnen, ob er mit Beccaria, dessen gepriesene
Schriften doch mit den Anschauungen des Kaisers so ziemlich parallel
liefen, überhaupt in Verkehr trat.

Wer sich erinnert, daß ungefähr ein halbes Jahr vor der An=
wesenheit des Kaisers in der Lombardie das neue Theresianische Straf=
gesetzbuch, welches zu den von Beccaria aufgestellten Grundsätzen in so
grellem Contraste stand, erlassen worden war, der wird zugeben, daß
die Ansichten des Letzteren damals in Wien und bei der Kaiserin selbst
noch nicht viel Boden gewonnen haben konnten. Hiezu kam noch die
Aengstlichkeit, mit welcher Maria Theresia in derlei Dingen zu Werke
ging, und ihre Besorgniß, daß durch Beseitigung der Tortur und der
Todesstrafe, ja überhaupt durch eine mildere Strafrechtspflege den
Zwecken derselben, insbesondere der Sicherstellung der menschlichen
Gesellschaft allzuviel Eintrag geschehen könnte. Man wird daher kaum
irren, wenn man annimmt, sie werde den Schriften Beccaria's nicht
gerade lebhafte Sympathie entgegengebracht, sondern ihn zu den
Neuerern, den Freigeistern gezählt haben, denen sie im Allgemeinen
so wenig hold war. Und wenn einzelne Aussprüche, die in Beccaria's
Hauptwerk enthalten sind, wie zum Beispiele der, durch welchen er das
Wohl der Familie ein eitles Götzenbild nennt, zur Kenntniß der Kaiserin
kamen, so konnten sie kaum dazu dienen, Sympathien für die Person
und die Bestrebungen Beccaria's in ihr zu erwecken. Denn wir wissen
ja, wie hoch sie den Begriff der Familie hielt, und wie sie es daher
nimmermehr zugegeben hätte, daß die Pflichten gegen sie, wie Beccaria
lehrte, unvereinbar seien mit den Pflichten gegen den Staat, daß die
häusliche Moralität sich mit der öffentlichen in Widerspruch befinde [266]).

Mochte somit auch Beccaria nicht gerade in persönlicher Gunst
bei der Kaiserin stehen, so läßt sich dagegen mit voller Bestimmtheit
behaupten, daß dieß bei den Männern, in deren Händen die Leitung
der lombardischen Angelegenheiten eigentlich lag, bei Kaunitz, Firmian
und Sperges in sehr hohem Maße der Fall war. Insbesondere war

es Firmian, dessen wohlwollender Gesinnung sich Beccaria mit Ausdrücken der tiefsten Dankbarkeit und der lebhaftesten Bewunderung belobte. Als er ihm sein Buch über den Styl widmete, nannte er ihn nicht nur seinen Wohlthäter und Gönner. Er dankte ihm auch, daß er ihn in die Lage versetzt, sich mit Ruhe den Studien widmen zu können, und daß er seinen brennenden Eifer gefördert habe, nach der Wahrheit zu forschen. Er habe die Wolken verscheucht, welche Neid und traurige Unwissenheit wider ihn aufgethürmt hätten. Seiner Unterstützung habe er sich erfreut, wenn er nach nichts Anderem strebte, als mit der größten Vorsicht und Zurückhaltung einzutreten für die Interessen der Menschheit[267]. Und nicht nur gegen Firmian selbst sprach Beccaria in diesem Sinne sich aus; wir wissen auch, daß er zu einem Gesinnungsgenossen, dem französischen Schriftsteller Morellet sagte: Firmian habe sein Buch beschützt und ihm verdanke er seine Ruhe[268].

Und in der That, Firmian war nicht sparsam mit Beweisen, wie hoch er die Bestrebungen Beccaria's stellte und wie sehr er persönlich mit ihnen sympathisirte. Nachdem er dessen Schrift über die Verbrechen und deren Bestrafung gelesen, schrieb er daß das, was darin über die Folter gesagt war, ihm sehr gefallen, ja seiner Eitelkeit geschmeichelt habe, denn immer sei er der gleichen Ansicht gewesen. Und als Beccaria zum Professor der Nationalökonomie ernannt worden war, wohnte Firmian persönlich der Eröffnung seiner Vorlesungen bei[269].

So wie gegen Firmian, legte Beccaria auch gegen Kaunitz, so oft ihm, was nicht gerade selten der Fall war, Aemter und Auszeichnungen zu Theil wurden, in huldigenden Ausdrücken seine Dankbarkeit an den Tag. Aus den Antworten des Staatskanzlers aber läßt sich entnehmen, wie sehr er von Wohlwollen für Beccaria und von Anerkennung für seine Arbeiten erfüllt war[270].

In der Natur ihrer beiderseitigen Stellung lag es, daß Beccaria mit dem Leiter des italienischen Departements in der Staatskanzlei, dem Hofrathe von Sperges noch viel innigere Beziehungen als mit Kaunitz unterhielt. Obwohl Sperges, wie man mit Bestimmtheit weiß, niemals lombardischen Boden betrat, so suchte er sich doch mit den

Zuständen des Landes, auf dessen Schicksale ihm so viel Einfluß gegönnt
war, innigst vertraut zu machen. Insbesondere zollte er Allem, was
mit den geistigen Interessen Italiens und speziell der Lombardie in
irgendwelchem Zusammenhange stand, ganz besondere Aufmerksamkeit,
und mit den hervorragendsten Schriftstellern jenes Landes befand er
sich in eifriger Correspondenz. So widmete ihm Bettinelli sein Buch
über die schönen Künste in Mantua, Filippo Frisi aber sandte ihm ein
Manuscript über die Rechtspflege mit der Anfrage, ob es wohl von
der mailändischen Censur zur Drucklegung werde zugelassen werden?
Sperges entgegnete, er kenne die Anschauungsweise der mailändischen
Censoren nicht; in Wien aber denke man nicht daran, Leuten von
Begabung Hindernisse zu bereiten, wenn sie nur gegen die Religion,
die Sitten und den Staat nichts vorbrächten. Darum sei hier jede
Erörterung über philosophische und Rechtsfragen, und daher auch die
über die Tortur und die Nutzlosigkeit der Todesstrafe gestattet. Giorgio
Giulini verdankte ihm eine Unterstützung in Geld zur Fortsetzung seiner
mailändischen Geschichtsbücher. Mit dem ausgezeichneten Rechtslehrer
Cremani in Pavia ließ Sperges sich in eine Erörterung über die
Gleichheit aller Staatsbürger ein. Und insbesondere fand Alles, was
sich auf Verbesserung der Rechtspflege bezog, bei ihm die höchste Beachtung.

Es verstand sich also gewisser Maßen von selbst, daß die
glänzendste Erscheinung auf diesem Gebiete, daß die Schrift Beccaria's
von Sperges mit größtem Interesse begrüßt wurde. Er habe, so
schrieb er ihm, einen Freund aufgefordert, dieselbe ins Deutsche zu
übersetzen, um dieses neue Licht über die Rechtswissenschaft in Criminalsachen zu verbreiten und das Reich der Philosophie zu erweitern, welches
ja ein und dasselbe mit dem der Menschlichkeit und der gesunden
Vernunft sei. Und einen anderen Rechtsgelehrten, Franchino Rusca,
munterte Sperges auf, seine Gedanken über die Folter der Oeffentlichkeit nicht vorzuenthalten. „Ich beglückwünsche die Lombardie", schrieb
er ihm, „wo Cesare Beccaria als der Erste das Banner erhob, um
„den Uebrigen Muth zu machen, hierüber freimüthig ihre Gedanken
„zu eröffnen und sie der Erörterung zu unterziehen. Von dem, was

„er mit Offenheit und philosophischem Geiste über die Verbrechen und
„ihre Bestrafung schrieb, war die Kaiserin so wenig verletzt, daß sie
„ihn zuerst zum Professor der Staatswissenschaft bestimmte, ihm Aemter
„verlieh und ihn sodann zum Rathe bei der Finanzstelle ernannte.
„Dieß war die Bedingung, unter der er auf meinen Antrieb, nachdem
„er, von d'Alembert der Kaiserin von Rußland empfohlen, sich nach
„Petersburg verfügen wollte und hiezu schon die Erlaubniß nachgesucht
„hatte, seinem Vaterlande gleichsam zurückgegeben und in die Lage
„versetzt wurde, demselben zu dienen" [271]).

Und in der That, wieder waren es dieselben drei Männer,
Firmian, Kaunitz und Sperges, welche gemeinschaftlich für sich das
Verdienst in Anspruch nehmen durften, Beccaria der Lombardie erhalten zu haben. Nachdem Firmian dem Staatskanzler Beccaria's
Berufung nach Rußland gemeldet und ihm vorgestellt hatte, man dürfe
sich einen solchen Mann nicht entgehen lassen, verlangte Kaunitz vorerst
noch nähere Aufklärung. Wären in Beccaria, schrieb er nach Mailand,
die guten Eigenschaften vorwiegend, dann dürfe das Land einen Mann
nicht verlieren, der in seinem Buche als ein scharfer Denker sich zeige.
Die Achtung, die man vor den Talenten der im Lande Gebornen an
den Tag lege, erwecke die Uebrigen aus ihrem Stumpfsinne, und müsse
ihnen zur Aufmunterung gereichen.

Mit ganz ungewöhnlicher Wärme führt nun Firmian in seiner
Entgegnung für Beccaria das Wort. Derselbe sei einer adeligen und
wohlhabenden Familie entsprossen, und Einer der Wenigen, der ernsten
Studien mit Vorliebe sich widme. Sein Fleiß habe ihn von leichtem
Zeitvertreib abgehalten, aber so rühmenswerth eine solche Lebensweise
auch an und für sich sei, so trage sie doch nicht dazu bei, sich beliebt
zu machen bei den Mitbürgern. Insbesondere habe der Clerus an dem
Buche über die Verbrechen und deren Bestrafung Anstoß genommen,
und man habe dasselbe mit Schärfe zu widerlegen gesucht. Voll
Mäßigung sei jedoch die Antwort des Verfassers gewesen, und sie habe
ihm ebenso zur Ehre gereicht, als sein Buch sich des Beifalls aller
Urtheilsfähigen, insbesondere im Auslande erfreue. Und da man in

Mailand ohnedieß eine Lehrkanzel für öffentliches Recht errichten wolle, könne sie keinem Geeigneteren als Beccaria verliehen werden. Auch seine Familienverhältnisse würden dazu beitragen, daß er eine ehren= volle Beschäftigung in seinem Vaterlande, wenn sie ihm auch nur mäßigen Gewinn bringe, einer reicher dotirten Stelle in einem weit entfernten Staate vorziehe.

Kaunitz stimmte den Anschauungen Firmians mit Lebhaftigkeit bei. So kam es, daß eine Lehrkanzel für die Cameralwissenschaften, welche dann nach dem von Sperges ertheilten Rathe in eine solche für Nationalökonomie umgetauft wurde, in Mailand zu Stande kam, und daß Beccaria sie erhielt. Gleichzeitig wurde ihm die Aussicht auf einen höheren Posten eröffnet, der ihm auch fast drei Jahre später, im April 1771 als Rath am Mailänder Cameralmagistrate verliehen wurde [272]). Und man wird wohl nicht irren, wenn man diese Ver= fügungen, obgleich sie dem Namen nach von der Kaiserin und von Kaunitz getroffen wurden, außer dem Fürworte Firmians zunächst der wohlwollenden Aufnahme und der eifrigen Unterstützung zuschreibt, welche den Anträgen Firmians durch Sperges zu Theil wurde.

Da Letzterer, des Staatskanzlers vornehmster Rathgeber in allen auf die Lombardie bezüglichen Angelegenheiten, die wichtigeren Schrift= stücke verfaßte, welche aus dem italienischen Departement der Staats= kanzlei hervorgingen, so entstammten seiner Feder auch die sogenannten Vorträge, durch welche Kaunitz gerade so wie in den eigentlich poli= tischen und in den Geschäften, die sich auf die österreichischen Nieder= lande bezogen, die Dinge der Kaiserin darstellte und ihre Entscheidungen einholte. Diese Vorträge sind größtentheils in italienischer Sprache verfaßt und wurden, wenn dieß der Fall war, von der Kaiserin jeder= zeit in derselben beantwortet; man kann daraus die Fertigkeit erkennen, mit der sie das Italienische sprach und schrieb [273]).

Wenn auch nicht die Wichtigkeit, so doch die Zahl solcher Vor= träge nahm beträchtlich zu, als der Augenblick herannahte, in welchem Erzherzog Ferdinand gleichzeitig mit seiner Vermälung die Statthalter= schaft der Lombardie antreten sollte. Beides beschäftigte und interessirte die Kaiserin aufs höchste, und insbesondere war es die der künftigen Stellung ihres Sohnes entsprechende Einrichtung seines Hofstaates, die ihre ganze Sorgfalt in Anspruch nahm.

Zum ersten Male kommt diese Angelegenheit in der amtlichen Correspondenz zwischen Maria Theresia und Kaunitz, so weit wir sie zu übersehen vermögen, in Folge des Wunsches zur Sprache, den sie dem Staatskanzler zu erkennen gab, das Tafelsilber des bekannten Sängers Farinelli, der seiner Zeit eine so einflußreiche Rolle an dem Hofe von Madrid gespielt hatte und jetzt in Bologna in Zurück- gezogenheit, aber mit allem Luxus eines sehr reichen Mannes lebte, zu kaufen; es war ihr zu diesem Ende angeboten worden. Firmian vertrat jedoch die Meinung, daß es sich aus verschiedenen Gründen weit mehr empfehle, das Silbergeschirr für den Erzherzog in Mailand neu anfertigen zu lassen, als dasjenige Farinelli's zu übernehmen. Kaunitz unterstützte diesen Antrag, und Maria Theresia genehmigte ihn mit den folgenden Worten: „bin in allen verstanden, das ein „neües zu mailand selbst verfertigt werde, dan nur farinelli wollen „dise gnad thun, die zu hoch kommen wäre".

Selbstverständlich können wir nicht all die Anordnungen hier aufzählen, die sich auf den zukünftigen Hofstaat des Erzherzogs bezogen. Nur solche Entscheidungen der Kaiserin sollen erwähnt werden, welche für ihre eigene Charakteristik nicht ganz bedeutungslos sind. Und da ist es denn nur ihrer Denkungsart angemessen, daß sie auf dasjenige besonderes Gewicht legte, was sich auf die Abhaltung des Gottesdienstes bezog. Firmian schlug vor, daß der Canonicus Perego, Beichtvater der Prinzessin Beatrix, den er bei dieser Gelegenheit glänzend belobte, zum Hofpfarrer ernannt werde. Kaunitz wendete dagegen ein, daß Perego des Deutschen nicht mächtig, und daß dieß im Hinblicke auf die große Anzahl deutscher Hofleute, die sich im Gefolge des Erzherzogs nach Mailand begeben würden, ein großer Uebelstand sei. Er meinte daher, jene Stelle wäre besser dem auch des Italienischen kundigen Hofkaplan Rollemann, Beichtvater des Erzherzogs zu verleihen. Doch schloß er zuletzt dem von Firmian erdachten Auskunftsmittel sich an, daß zwei Hofpfarrer, ein deutscher und ein italienischer angestellt werden sollten. Er fügte hinzu, dem Hofkaplan Rolleman möge gleichzeitig, bis für ihn ein wirkliches Canonicat in Mailand in Erledigung komme, der Titel einer ungarischen Abtei verliehen werden [275]).

Die Entscheidung der Kaiserin entsprach jedoch nicht ganz dem Vorschlage des Staatskanzlers. „rollmann, der teütsch und wällisch „kan", so lautete ihre eigenhändig niedergeschriebene Antwort, „solle „der pfarrer sein, nicht perego, deme lieber eine a parte gnad thun „will, dan es sich nicht schickt, zwey zu haben. die vier caplän von „der burg will alda lassen, und solle alles wie vorhin alda verbleiben, „damit der herzog keine änderung in nichts verspüre, welches sein alter „und gedenckensarth vor mein haus wohl verdient. die zwey, die in „der cathedral Kirchen seynd, sollen jetzund zu St. Gotthard [276]) „lesen und ohne denen beichtvättern die tägliche messen also eingetheilt „werden: 7 uhr die erste, 8, 9, 10, 11, halbe 12 uhr, also noch vier „geistliche zu bestimen, die von denen nächsten mönichen oder capu- „cinern allein mit bezahlung der meessen ohne Titl genohmen werden „können. alle sontag ein ambt, wan mein sohne nicht in die Kirchen „öffentlich ausgehet. ich preferirte vor meine andacht alezeit die „gesungene ämbter ohne music umb so mehr, das alezeit rathsam ist, „sich nach dem gebrauch eines lands zu confirmirn, keine neüigkeiten „introducirn, also glaubte das es auch zu bleiben hätte; wegen „stellato [277]) falt es ganz weeg. Gott hat mit ihm disponirt und „komt kein anderer. wegen titl vor rolleman finde besser selben von „hier einen zu geben".

Zu den auf den Gottesdienst bezüglichen Anfragen gehörte auch eine andere, welche die Beischaffung der in der Mailänder Burgkapelle fehlenden Meßgewänder und Paramente betraf. Man zweifelte, ob man berechtigt sei, sie von dem Capitel der Scala, dessen Mitglieder den Gottesdienst abhalten sollten, oder von der Bruderschaft der Barm- herzigkeit, von der die Hofkapelle abhing, in Anspruch zu nehmen [278]). Maria Theresia aber erwiederte: „Es wird sehr leicht sein, jene Kirche „mit den erforderlichen Gegenständen zu versehen. Ich belade mich

„damit, denn ich will, daß weder der Scala noch der Bruderschaft „auch nur die geringste Auslage verursacht werde"[279]).

Von weit größerer Bedeutung war es, daß im Mai 1771 Kaunitz der Kaiserin anzeigen konnte, einer Erklärung der lombardischen Generalcongregation zufolge denke die Stadt und die Provinz Mailand ihr ein freiwilliges Geschenk von einer Million und fünfmalhunderttausend Lire anzubieten; eine eigene Deputation, bestehend aus Tosi's Nachfolger als Vicario di Provvisione, dem Marchese Matteo Ordogno de Rosales, und aus dem Orator von Cremona, Marchese Freganeschi werde sie nach Wien bringen. Aber Kaunitz rieth gleichzeitig der Kaiserin, dieses Geschenk in keiner anderen Weise als wieder zum Besten der Provinz Mailand zu verwenden, denn sonst würde man dort den Abfluß so vielen Geldes sehr empfindlich verspüren. Der Generalcongregation möge daher geantwortet werden, die Kaiserin wolle, daß das Geld nicht auf einmal, sondern nur in einzelnen Raten aufgebracht, daß es im Lande belassen und dort einstweilen im Staatsschatze hinterlegt werde[280]). Maria Theresia aber billigte diesen Antrag des Fürsten mit den folgenden, eigenhändig niedergeschriebenen Worten:

„Mit Wohlgefallen genehmige ich die Anerbietungen und den „Eifer der Staatscongregation und stimme all dem zu, was in dem „Berichte vorgeschlagen wird. Nie war es die Absicht, diese Summen „außerhalb des Staates von Mailand zu verwenden"[281]).

Am 15. October 1771 fand die Vermälung des Erzherzogs Ferdinand mit der Prinzessin von Modena im Mailänder Dome statt. Glanzvolle Feste wurden auf ausdrücklichen Befehl der Kaiserin bei diesem Anlasse gegeben. Gleichzeitig vergaß jedoch auch Maria Theresia der Hülfsbedürftigen nicht. Fünfhundert arme Mädchen wurden, jede mit einer Aussteuer von hundertfünfzig Lire bedacht.

Da Ferdinand in dem Augenblicke seiner Verheiratung erst siebzehn Lebensjahre zählte, ist es nicht zu verwundern, daß sein Amtsantritt keine erwähnenswerthe Veränderung in der Leitung der öffentlichen Geschäfte hervorbrachte. Und es kann wohl gesagt werden, daß,

so lang wenigstens die Kaiserin lebte und Firmian sich an der Seite
des Erzherzogs befand, Alles in dem früheren Geleise verblieb. Der
Erzherzog las zwar mit anerkennenswerthem Fleiße alle Geschäftsstücke,
welche Firmian ihm vorlegte, aber auf die eigentliche Entscheidung
nahm er nur sehr wenig Einfluß, und auch sonst war er durchaus
kein Freund einer ernsten Beschäftigung. Unmöglich sei es, sagt ein
Vertrauensmann der Kaiserin, Graf Rosenberg, über den Erzherzog,
ihn ein Buch zur Hand nehmen zu machen.

Ueber das eheliche Leben des Erzherzogs und seiner Gemalin
spricht derselbe Gewährsmann sich sehr günstig aus. Aber er leugnet
gleichzeitig nicht, daß von seiner wie von ihrer Seite zu wenig geschehe, um in Mailand mehr Popularität zu erwerben. Doch könne
man wenigstens von ihm nicht behaupten, daß er unbeliebt sei, und da
er sich weder unhöflich noch hochmüthig zeige, dürfe man bei dem für
günstige Eindrücke so empfänglichen Wesen des lombardischen Volkes
das Beste erwarten [282]).

Wenn des Erzherzogs Eintritt in die Statthalterschaft der Lombardie sich in dem Gange der öffentlichen Geschäfte kaum bemerkbar
machte, wird es auch überflüssig sein, bei der Erwähnung einiger derselben Gewicht darauf zu legen, ob die Anordnungen, die man traf,
in die Zeit vor oder nach seiner Ankunft in Mailand fielen. Das
Entscheidende lag ja darin, daß sie immer von gewissenhafter Fürsorge
für die Lombardie und von richtigem Verständnisse ihrer Bedürfnisse
eingegeben waren. Um dieß darzuthun, seien hier nur wenige Fälle
erwähnt, welche beweisen, daß man mit kundigem Sinne und mit
kräftiger Hand die Ausrottung der vorhandenen Mißbräuche und
Uebelstände unternahm. So hatten frühere Päpste dem Mailänder
Dome und der dortigen Kirche des großen Hospitals zu dem Feste
der Verkündigung Mariä einen zwischen diesen beiden Kirchen jährlich
wechselnden Ablaß verliehen. So viel Zulauf veranlaßte derselbe, und
so groß war der Nutzen, den Mailand hieraus zog, daß Karl V.,
um ihn noch zu vermehren, den Befehl gab, daß Jeder, der ein noch
so schweres Verbrechen begangen habe, Majestätsverbrechen allein

ausgenommen, vier Tage vor und ebensoviele Tage nach diesem Kirchen=
feste sich zum Heile seiner Seele, ohne von den Behörden behelligt zu
werden, in Mailand aufhalten dürfe.

Es begreift sich leicht, daß eine solche Anordnung im Laufe der
Zeit sehr viel Mißliches nach sich zog. Denn in jenen Tagen strömten
Banditen und Uebelthäter aller Art ungehindert nach Mailand, wo
sie sich freilich nicht für das Heil ihrer Seele besorgt, aber desto
eifriger zeigten, die straflose Zeit recht ausgiebig zu Angriffen auf das
Leben und das Eigenthum Anderer zu benützen. Firmian schlug vor,
einem der öffentlichen Sicherheit so nachtheiligen Privilegium ein für
alle Mal ein Ende zu machen. Maria Theresia aber genehmigte
diesen Antrag, dem auch Kaunitz sich anschloß, mit der Bemerkung,
daß eine solche Verfügung ihr dringend nöthig erscheine [283]).

Mehr noch als diese Anordnung gehörten die Maßregeln, welche
ergriffen werden mußten, um in der wegen ihrer Kunstschätze so be=
rühmt gewordenen Karthause von Pavia die arg gelockerte klösterliche
Disciplin wieder herzustellen, dem Gebiete der geistlichen Angelegen=
heiten an. Am 18. Mai 1769 legte Kaunitz der Kaiserin einen Bericht
vor, in welchem die über diese Sache verbreiteten Zeitungsnachrichten
als falsch, die getroffenen Verfügungen aber als gerecht und zweck=
mäßig dargestellt wurden. „Ich war auf dem Punkte", antwortete
hierauf Maria Theresia, „einige Aufklärung über diese Angelegenheit
„zu begehren. Wenn es auch Anfangs nothwendig erschien, bessere
„Ordnung zu machen, so sollte man doch die Oeffentlichkeit und den
„Scandal vermeiden. Ich erwarte daher nähere Nachrichten und die
„in dieser Sache zuletzt eingegangenen Recurse" [284]).

Schon binnen wenig Tagen war Kaunitz im Stande, dem Be=
gehren der Kaiserin Folge zu leisten. Nicht nur einen neuerlichen
Bericht Firmians, sondern auch einen solchen von Seite des Cardinals
Durini, Bischofs von Pavia, konnte er ihr vorlegen. Letzterer setzte
darin die Maßregeln, die er zur Wiederherstellung der klösterlichen
Disciplin in der Karthause ergriffen hatte, noch näher auseinander.
„Zu wahrem Troste gereichen mir", bemerkte hierauf Maria Theresia,

„diese Nachrichten. Ich wünschte nur noch von der gerechten Ver-
„theilung der anderen Einkünfte des Conventes zum allgemeinen
„Besten der Religion und nach der Absicht der Stifter unterrichtet
„zu werden" [285]).

Es möge noch erwähnt werden, daß Kaunitz gleichfalls im Jahre
1769 auf Erneuerung des Erlöserordens in Mantua antrug, um
einen Fond aufzubringen, aus welchem die Wiederherstellung der
dortigen Andreaskirche bestritten werden könnte [286]). Maria Theresia
entgegnete jedoch: „ich stehe noch sehr an, ob dieser Orden zu er-
„neuern ist. man er was eintragen solle, müssen vielle selben erhalten;
„seynd vielle in selben, wird er sehr gemein werden. Das heil. Blut
„in der Monstranz mögte auch nicht gerne haben, weilen wir selbes
„zwar täglich auf unsern Altärn besitzen, just aber selbes zu Mantua
„kein Glaubensarticle sey, wohl aber wegen einigen Scandal, welches
„es bey dem Publico machet, nur tollerirt oder dissimulirt wird."

Mit den Entscheidungen der Kaiserin über Anträge des Staatskanzlers uns noch ferner beschäftigend, wollen wir die Worte erwähnen,
mit denen Maria Theresia einen ihr von Kaunitz vorgelegten Plan
zur Einführung eines besseren Staatsrechnungswesens in der Lombardie
aufnahm. „Mir gefällt", so lauten sie, „der Gedanke einer Verein-
„fachung des Rechnungswesens in Italien. Um jedoch bei der Aus-
„führung keinen Schwierigkeiten zu begegnen, ist es zweckmäßig, daß
„Cristiani sich zuvor über diesen Plan mit Firmian und irgend-
„welchen anderen Ministern einverstehe, und daß sie ihre Gedanken
„über die Durchführung des Planes hiehersenden" [287]).

Endlich sei noch eines im April 1771 gestellten Antrages der
Congregazione civica in Mantua gedacht, dort ein Denkmal zur Er-
innerung an die von der Kaiserin dem Herzogthume Mantua erwiesenen
Wohlthaten, und eine Bronzestatue des Kaisers zum Andenken an seine
Anwesenheit in Mantua zu errichten.

Joseph gab zuerst sein Gutachten über dieses Anerbieten ab. „Ich
„wäre der ergebensten Meinung", so lautete es, „daß der Congregazione

„civica aus Mantua für ihre gute Absicht gedankt, gleichzeitig aber an die
„Hand gegeben werden könnte, diese kostspielige und nichts bedeutende
„Errichtung einer Statue nicht zu unternehmen. Wollen sie die Frei-
„gebigkeit Eurer Majestät und die Seltenheit meiner Anwesenheit ehren,
„so mögen sie ihr Geld zur Gründung und Erweiterung des dortigen
„Waisenhauses verwenden und es nicht auf Errichtung eines so nichts-
„sagenden Werkes hinauswerfen, wie dieses Monument wäre" 288).

„Die hier beigefügte Entschließung des Kaisers", schrieb Maria
Theresia auf des Staatskanzlers Bericht, „hat mir so viel Vergnügen
„gemacht und ist seiner so würdig, daß ich mich ihr nur in Allem
„anschließen kann" 289).

Fielen diese Kundgebungen der Kaiserin noch in die Zeit vor der
Ankunft des Erzherzogs Ferdinand in Mailand, so war es natürlich,
daß in Folge dieses Ereignisses und der Uebernahme des Postens
eines Generalstatthalters durch ihn verschiedene Fragen zur Sprache
kamen, welche mit der nunmehrigen Stellung seines Vorgängers, des
Herzogs von Modena zusammenhingen. So oft dieß geschah, zeigte
Maria Theresia immer wieder die größte Rücksicht auf den Herzog und
ihre Dankbarkeit für ihn. So war, um nur ein Beispiel zu erwähnen,
während seiner Statthalterschaft in Mailand der dortigen Regierung
ein Betrag von monatlich tausend Gulden bewilligt worden, um damit,
ohne Rechnung legen zu müssen, nicht selten vorkommende außerordentliche Auslagen bestreiten zu können. Der Herzog aber zog diesen
Betrag für sich selbst ein und wollte eine solche Zubuße auch nach
seinem Austritte aus der Statthalterschaft noch fortgesetzt sehen.
Firmian und Kaunitz waren dagegen, Maria Theresia aber fällte die
Entscheidung in einem für ihn günstigeren Sinne. „Man lasse", so
lauteten ihre Worte, „dem Herzoge diese Kleinigkeit passiren und stelle
„ihn damit zufrieden" 290).

Eine andere Angelegenheit, bei welcher der Herzog von Modena
ins Spiel kam, bezog sich auf die Güter in Ungarn, welche Kaiser
Karl VI. dessen Hause geschenkt hatte. Als dieß geschah, war das
Erträgniß derselben auf weniger als 20.000 Gulden veranschlagt

worden. Im Jahre 1753, zur Zeit des Abschlusses des Heirats-
und Erbfolgevertrages schätzte man es schon auf 53.000 Gulden.
Zehn Jahre später wurden diese Güter um 83.000 Gulden verpachtet,
und im Jahre 1772 wurde sogar ein Pachtschilling von 100.000
Gulden erzielt.

Im folgenden Jahre wurde der Antrag gestellt, die ungarische
Hofkammer möge den Pacht der modenesischen Güter um einen fest-
zusetzenden Preis auf sich nehmen. Kaunitz nannte das abzuschließende
Uebereinkommen ein vortheilhaftes für den Herzog [201]; Maria Theresia
aber erwiederte hierauf mit eigener Hand:

„der printz dencket sehr diferent von Vatter, also wohl auch
„das beste findete, einmahl vor allemahl die sache auszumachen, und
„kunte niemand in der welt ein solches pachtquantum geben als wir,
„weillen wir selben in allen processen vertretten müssen, würcklich
„einen verlohren, der über 100000 f. ausmachet, und noch einer
„anhängig, der wohl auch wird verlohren gehen, und wir alezeit dem
„ersatz dem herzog von modena machen müssen auf die nächste Baczer
„gütter, welches sehr vill nachtheil verursacht."

Von ungleich größerer Bedeutung waren natürlich die Angelegenheiten, die nicht bloß eine einzelne Person, wie die des Herzogs von
Modena, sondern welche die Stadt und den Staat von Mailand angingen. Auch hier waren es vor Allem die kirchlichen Fragen, denen
Maria Theresia ganz besondere Aufmerksamkeit zuwandte. Und auch
hier trat sie zwar dem reformatorischen Eifer ihrer Minister nicht
gerade hemmend entgegen, aber sie suchte ihn doch vielfach zu mildern,
und immer wieder mahnte sie zur Mäßigung und zur Vorsicht. Um
so nothwendiger schienen ihr solche Warnungen zu sein, als ja Alle,
welche Einfluß auf die lombardischen Angelegenheiten nahmen, wie
Kaunitz, Firmian und Sperges gleichmäßig zur Partei der Freidenker
gehörten, während in den österreichischen Erbländern bekanntlich viele
der obersten Staatsbeamten der entgegengesetzten Anschauung huldigten.

Im Dezember 1771 schlug Kaunitz der Kaiserin Maßregeln vor,
durch welche man, ohne sich vorerst um die Zustimmung des Papstes

zu bewerben, dem Mailänder Clerus eine bleibende Abgabe von jährlich zweimalhunderttausend Lire auferlegen wollte. Diese Summe sollte jedoch nicht zur Vermehrung des Staatseinkommens, sondern zur Erleichterung der mit Steuern überbürdeten Bevölkerung dienen. Maria Theresia genehmigte zwar den Antrag, „aber", fügte sie hinzu, „nicht „nach dem Beispiele Venedigs, welches in Allem einen zu gefährlichen „Weg einschlägt, sondern nach dem, was in meinen deutschen Staaten „geübt wird" [292]).

Etwa drei Monate später legte Kaunitz der Kaiserin eine Bitte der lombardischen Statthalterei um Beseitigung der zahlreichen Säulen vor, welche, mit einem Kreuze geschmückt und einem steinernen Altar versehen, auf den Plätzen und in den Straßen Mailands sich vorfanden. Man wollte hiedurch ebensowohl den vielen kirchlichen Functionen, welche an diesen Säulen, somit unter freiem Himmel vorgenommen wurden, als den Verkehrshindernissen ein Ende machen, die sie bereiteten. Schon Kaunitz war der Meinung, daß nur unter Beobachtung gewisser Vorsichten an die Durchführung einer solchen Maßregel geschritten werden könnte; Maria Theresia aber zeigte sich noch ängstlicher in dieser Sache als er. „Vor Beginn dieser Reform", entgegnete sie, „möchte ich noch erfahren, wie zahlreich, und in Zeich„nungen sehen, welcher Art diese Monumente seien, die sie beseitigen „wollen; dann erst werde ich meine Entscheidung fällen. Sie gehen „zu rasch in einer Angelegenheit vor, welche großen Scandal ver„anlassen kann" [293]).

Bezeichnend für Maria Theresia ist ein Ausspruch, den sie that, als ihr ein Plan vorgelegt wurde, verfügbare Kirchengelder zur Vermehrung des Einkommens verschiedener Pfarrer zu widmen. Kaunitz trat diesem Antrage nicht entgegen, aber er deutete doch darauf hin, daß derlei Beträge früher von der Kaiserin selbst zur Dotirung theologischer Lehrkanzeln an der Universität zu Pavia bestimmt worden seien. Maria Theresia hingegen erwiederte hierauf: „Bei Kirchengütern „muß der besseren Dotirung der Pfarrer immer der Vorzug vor „allen Lehrkanzeln gegeben werden" [294]). Und als Kaunitz sich beeilte,

über die letzteren einige für sie günstige Auskünfte an die Kaiserin
gelangen zu lassen, antwortete sie: „Lieber Seminarien als diese ab-
„getrennten Lehrkanzeln, durch welche in einem Jahre nur wenig
„geleistet wird" [295]).

Es liegt nur in der Natur der Sache, und doch ist es gut,
anders lautenden Behauptungen gegenüber daran zu mahnen, daß
Maria Theresia bei der Regierung der Lombardie von den gleichen
Grundsätzen ausging, denen sie in ihren übrigen Ländern folgte. Nicht
nur auf rein kirchlichem, auch auf kirchenpolizeilichem und auf allen
anderen Gebieten der öffentlichen Verwaltung war dieß der Fall.
Als die Statthalterschaft die Erlaubniß gegeben hatte, daß während
der Fastenzeit des Jahres 1772 im Theater nicht nur musikalische
Akademien und Oratorien, sondern auch sogenannte Commerzspiele
abgehalten werden dürften, der Cardinal-Erzbischof aber hiegegen
Schwierigkeiten erhob, entschied Maria Theresia: „Man kann sie er-
„lauben, also daß sie nicht eher anfangen, die theatre nicht eröffnet
„werden vor 7 uhr oder 8 uhr, wann alle Andachten, Predigten
„u. s. w. geendigt sind, nicht länger dauren sollen als zwey Stund,
„bis 10 uhr; keine reciten in eigenen Kleidern sizend sollen gehalten
„werden, und kein Freitag noch Sambstag bis inclusive Donnerstag
„vor dem Schwarzen Sonntag. Das Spill wäre zu erlauben, aber
„wie namen es haben kann, keine rinfreschi noch ciocolade, gefrorne
„Wässer herumzutragen, noch in Logen selber zu nehmen. mit diesen
„conditionen will es erlauben, doch Firmian zu verstehen zu geben,
„daß vor dismal es passirn will; künfftig mehr als nie eher meine
„Befehl über alles einhollen solle" [296]).

Die letztere Anordnung der Kaiserin stand in einem gewissen
Widerspruche mit ihrer steten Klage, daß allzu unbedeutende Angelegenheiten, über welche am besten an Ort und Stelle eine Entscheidung
gefällt werden könnte, zur Einholung einer solchen ihr vorgelegt würden;
allerdings mochte sie das, was sich auf öffentliche Belustigungen zur
Fastenzeit bezog, nicht für geringfügig halten. „Ich finde", schrieb sie
einmal an Kaunitz, „viele Dinge zu klein und belanglos, um selbst nur

„vor die Mailänder Junten gebracht, und daher noch weniger hieher „geschickt zu werden" [297]). Und etwa drei Monate später kam sie mit den folgenden Worten neuerdings hierauf zurück: „Auch unter diesen „Angelegenheiten sind viele bei weitem zu geringfügig, als daß die Statt- „halterei-Conferenz sich mit ihnen beschäftige. Ich habe in den zwei „Listen einige bezeichnet, welche zur Polizei und zur Sicherheit einer „Residenz gehören sollten. Die letztere Commission könnte jeden Monat „ihr Protokoll dem Minister geben, der es, wenn es dieß verdient, „dem Statthalter einhändigen könnte, ohne daß während der Sitzung „die Zeit damit verloren würde. Noch andere Dinge könnten weg- „bleiben, über welche man bloß Auskünfte einzuholen braucht" [298]).

Wurden derlei geringfügige Angelegenheiten von der Kaiserin mit Recht als solche bezeichnet, deren allzu umständliche Behandlung wahre Zeitverschwendung genannt werden müsse, so zog dieß wenigstens nicht den Nachtheil nach sich, daß man ihretwegen den wichtigeren Dingen nicht die nöthige Beachtung geschenkt hätte. Unter ihnen wird wohl dem, was den Generalpacht betraf, die größte Bedeutung zu- zuerkennen sein. Und ohne Zweifel war es Joseph, der es durchsetzte, daß schon in dem Jahre, welches auf seine Anwesenheit in Mailand folgte, trotz der Sympathie Firmians für die Generalpachtung, die- selbe von der Kaiserin aufgehoben wurde [299]). Auch Kaunitz, obwohl dereinst der Protector der Pächter, unter denen Giacomo Mellerio und Antonio Greppi die vordersten Plätze einnahmen, billigte oder wiederholte wenigstens den Ausspruch des Kaisers: „die Generalpächter „hätten den Mailändern und den Mantuanern das Blut aus den „Adern gesogen" [300]). Aber ihr Schicksal war darum doch nichts weniger als ein trauriges zu nennen. Mit ungeheuren Reichthümern beladen, zogen sie sich vom öffentlichen Schauplatze zurück, und sie wurden noch überdieß mit Adelstiteln und anderen Auszeichnungen überhäuft. Auch der so stolze Mailänder Adel bewahrte, wie dieß ja auch anderwärts zu geschehen pflegt, vom gleißenden Scheine des Goldes geblendet, ihnen gegenüber jene Ausschließlichkeit nicht, die er sonst gegen bürgerliche Geburt, sie mochte mit noch so großem Ver- dienste gepaart sein, an den Tag legte. Von Eigennutz getrieben, gab

er ſich das Anſehen, als ob er des Urſprunges dieſer Reichthümer
nicht mehr gedenke. Durch Heiraten trat er mit den Familien der
Generalpächter in engere Verbindung, und ſchon nach wenig Jahrzehnten wurden ſie widerſpruchslos zu ihm gezählt.

Glücklicher als in der Angelegenheit der Generalpächter war
Firmian in anderen, welche ebenfalls ſehr große Wichtigkeit für die
lombardiſchen Provinzen beſaßen. Als eine ſolche mag vor Allem die
Anlegung des Canals von Paderno bezeichnet werden, durch welchen
mittelſt der hiedurch ſchiffbar gemachten Abda die Waſſerverbindung
zwiſchen dem Comer See und Mailand hergeſtellt wurde.

Ein wo möglich noch größeres, weil allgemeineres Verdienſt
erwarb ſich die Regierung der Kaiſerin Maria Thereſia um die
Lombardie durch dauernde Feſtſtellung des Münzfußes, wodurch der
gräulichen Verwirrung, die bis dahin geherrſcht hatte, und der hieraus
hervorgehenden, ganz unberechenbaren Benachtheiligung der Bevölkerung
ein Ende gemacht wurde. Endlich muß die Einführung beſſeren Unterrichtes an der Hochſchule zu Pavia, insbeſondere aber die ausgiebige
Förderung des Volksſchulweſens in der ganzen Lombardie zu den
glänzendſten Seiten des Wirkens der Kaiſerin gezählt werden.

So wie an dieſen Maßregeln, ſo nahm Firmian auch an der
im Jahre 1778 erfolgten Errichtung der patriotiſchen Geſellſchaft ſehr
großen Antheil. Zur Hebung des Ackerbaues und der Induſtrie ſo
wie zur Entfaltung der ſchönen Künſte ſollte ſie mitwirken. Und da
Firmian für die letzteren eine ausgeſprochene Neigung beſaß, ſo bot
das, was unter ſeiner Aegide zu Gunſten der darſtellenden Kunſt in
Mailand geſchah, gewiß ganz beſonderes Intereſſe für ihn dar.

Am Schluſſe des Carnevals des Jahres 1776 wurde das Theater,
welches einen Beſtandtheil des von dem Erzherzoge und ſeiner Gemalin
bewohnten Schloſſes bildete, ein Raub der Flammen. Maria Thereſia
war der Anſicht, daß ſich das neue Theater nicht mehr im Schloſſe
befinden ſollte, und ſie kam damit nur einem in Mailand allgemein
gehegten Wunſche entgegen. An dem Platze wurde es erbaut, auf

dem früher die Kirche der heiligen Jungfrau della Scala gestanden hatte. Nachdem der von dem Architekten Giuseppe Piermarini aus Foligno hiefür entworfene Plan von der Kaiserin genehmigt worden war, sprach Kaunitz die Ansicht aus, daß in Folge einer überaus glücklichen Verbindung der Pracht mit dem guten Geschmacke dieser Bau gewiß eine der schönsten Zierden Mailands sein würde[301]). Die Vorhersagung des Fürsten erfüllte sich auch wirklich; das binnen weniger als zwei Jahren vollendete Theater della Scala galt viele Jahrzehnte hindurch nächst dem von San Carlo in Neapel als das größte und schönste Italiens, ja vielleicht ganz Europa's. Und noch ein zweites Theater, das der Canobbiana wurde errichtet, welches, wenn gleich mit der Scala nicht zu vergleichen, doch immerhin für Mailand ein großer Gewinn war.

Dem durch Erbauung der Scala gegebenen Beispiele folgten nicht wenige der vornehmsten und reichsten Familien des Landes: eine Wirkung des Emporblühens der Lombardie und des Wohlstandes, der sich überallhin verbreitete, war die Entstehung einer Reihe pracht= voller Paläste, die heut zu Tage noch Mailand zur Zierde gereichen. Und wo von derlei Prachtbauten die Rede ist, darf auch der Palast der Brera nicht unerwähnt bleiben. Bis zum Jahre 1773 ein Besitz der Jesuiten, wurde er von nun an den Wissenschaften und den Künsten geweiht. Die daselbst befindliche Bibliothek stellte Maria Theresia der allgemeinen Benützung anheim; sie wurde durch Ankauf der Bücher= sammlungen des Grafen Carlo Pertusati und des berühmten Berner Arztes Albrecht von Haller noch beträchtlich vermehrt. Von der kaiser= lichen Hofbibliothek in Wien wurden zu dem gleichen Zwecke zahlreiche Duplicate nach Mailand gesendet. Im Jahre 1776 aber wurde in der Brera die neu gegründete Akademie der schönen Künste eröffnet. Nicht in Mailand allein, in ganz Italien machte ihr anregender und fördernder Einfluß sich geltend.

Auch auf einem ganz anderen Gebiete trat eine gleiche Er= scheinung, nur noch in weit höherem Maße zu Tage. Schon ist er= wähnt worden, daß Beccaria durch seine weltberühmte Schrift zum

Bahnbrecher für mildere Anschauungen in der Strafrechtspflege wurde. Die Brüder Pietro und Aleſſandro Verri ſtanden ihm hiebei mit noch anderen Geſinnungsgenoſſen mannhaft zur Seite, und wenn die Ideen, die ſie zu verbreiten beſtrebt waren, auch nur recht langſam Wurzel ſchlugen in den maßgebenden Kreiſen, ſo war doch · an ihrem end= lichen Siege zuletzt nicht mehr zu zweifeln. Der Mailänder Senat und der dortige Juſtizrath waren die Behörden, denen im Jahre 1772 auf kaiſerlichen Befehl die Frage, ob die Tortur aufzuheben oder nur für beſtimmte Verbrechen beizubehalten ſei, zur Begutachtung vorgelegt wurde. Am 9. October 1772 fand die Senatsſitzung ſtatt, in der wenigſtens anerkannt wurde, daß die Tortur mit den Geboten der Menſchlichkeit im Widerſpruche ſtehe. Aber bis zu entſchiedenem An= trage auf ihre Abſchaffung erhob man ſich doch nicht; man beſchloß einſtweilen die Meinung der Unterbehörden zu vernehmen. Wie ander= wärts lautete ſie auch hier ſehr verſchieden; ja ſogar der Vater zweier Vorkämpfer für die Beſeitigung der Folter, der Senator Gabriel Verri ſprach ſich für ihre Beibehaltung aus [302]). Aber immer weniger wurde auf derlei Stimmen gehört, und es kann wohl nicht in Abrede geſtellt werden, daß gerade die von Mailand ausgegangene Anregung zur ſchließlichen Aufhebung der Tortur in allen öſterreichiſchen Ländern ſehr ausgiebig beitrug.

Da hier von Rechtsſachen die Rede iſt, mag noch eines lang= dauernden und für die Betheiligten ſehr wichtigen Rechtsſtreites zwiſchen den beiden vornehmen Mailänder Familien Trivulzi und Belgiojoſo Erwähnung geſchehen. Im Juni 1778 beſtätigte der Mailänder Senat den ſchon im Jahre 1697, alſo mehr als achtzig Jahre früher gefällten Spruch zu Gunſten des Hauſes Trivulzi, das ſich auch ſeither im Beſitze des ſehr beträchtlichen Fideicommiſſes befunden hatte, um das es ſich handelte. Aber die Familie Belgiojoſo unterwarf dieſer Ent ſcheidung ſich nicht, ſondern ſie bat in Wien um Delegirung einer oberen Inſtanz zu erneuerter Reviſion des Prozeſſes. Wir wiſſen nicht, ob ſie dabei irgendwie auf die perſönliche Gunſt zählte, in der eines ihrer Mitglieder, der Generalmajor Graf Ludwig Belgiojoſo, öſterreichiſcher Geſandter in England, bei dem Kaiſer und dem Staats kanzler stand. Ob es aus Wohlwollen für ihn geschah, wenn Kaunitz die Sache nach Mailand zu erschöpfender Berichterstattung sandte, kann weder mit Bestimmtheit bejaht noch verneint, aber es muß zugegeben werden, daß Kaunitz in dieser Sache durchaus nicht parteiisch zu Werke ging. Die aus Mailand einlangenden Auskünfte ergaben, daß sowohl die beiden Consultoren der Regierung, Paolo de la Sylva und Pecci, als der Senator Fenaroli der Entscheidung des Senates nicht beistimmten, sondern die Ansprüche des Hauses Belgiojoso für begründet erklärten. Gleichwohl fügten die Consultoren hinzu, daß nach den bestehenden gesetzlichen Vorschriften bei zwei gleichlautenden Entscheidungen des Senates eine erneuerte Revision wenigstens im Rechtswege nicht mehr zulässig sei. Aber sie deuteten doch an, daß solches vielleicht aus besonderer Gnade des Staatsoberhauptes dennoch geschehen könnte. Und Sylva meinte sogar, durch den Umstand, daß von zwei gleichlautenden Aussprüchen der unteren Instanzen der Recurs an den Mailänder Senat gestattet sei, biete ein Anhaltspunkt sich dar, die gleiche Zuflucht auch von zwei analogen Entscheidungen des Senates an das Staatsoberhaupt zu nehmen.

Auch dem Fürsten Kaunitz schien diese Ansicht begründet; von ihr ausgehend schlug er der Kaiserin vor, der Präsident der obersten Justizstelle in Wien, Graf Seilern möge vier oder fünf Räthen derselben den Auftrag ertheilen, sich mit dieser Angelegenheit näher zu befassen. Auf das Ergebniß der von ihnen anzustellenden Prüfung gestützt, möge Seilern ein Gutachten abgeben, ob der Familie Belgiojoso die nachgesuchte Superrevision ihres Prozesses zu bewilligen sei oder nicht? [303])

Maria Theresia genehmigte den Antrag des Staatskanzlers, und in Folge dessen erhielten nicht weniger als sechs Beisitzer der obersten Justizstelle den Befehl, die Angelegenheit in reiflichste Erwägung zu ziehen. Aber das Resultat derselben ergab eine große Meinungsverschiedenheit; nur darin stimmten alle sechs Votanten überein, daß wenn der Spruch eines obersten Gerichtshofes, wie ja doch der Mailänder Senat für die Lombardie zweifellos sei, keine offenbare

13*

Ungerechtigkeit enthalte, eine Superrevision des Prozesses nicht statt-haben könne.

Drei Theilnehmer an der Berathung, unter ihnen der als Spezialreferent fungirende Hofrath von Goldegg, eine besondere Ver-trauensperson der Kaiserin, der berühmte Rechtslehrer Martini und Hofrath von Keeß waren der Meinung, das Urtheil des Mailänder Senates sei wirklich nicht gerecht; ihrer Ansicht schloß auch der Präsident Graf Seilern sich an. Die drei anderen Hofräthe, Graf Cavriani, von Holger und von Haan aber sprachen im entgegengesetzten Sinne sich aus und stimmten dem zweimaligen Erkenntnisse des Mailänder Senates vollkommen bei.

Durch den letzteren Umstand sah sich Kaunitz zu der Bitte an die Kaiserin veranlaßt, sie möge eine Superrevision des Prozesses nicht zulassen. Denn wenn drei Hofräthe der obersten Justizstelle zu der Erklärung gelangt seien, sie würden ein gleiches Urtheil wie der Mai-länder Senat gefällt haben, dann könne man nicht mehr behaupten, ein offenbares Unrecht sei darin enthalten. Aber sogar zwei Hofräthe, denen der gefällte Spruch ein ungerechter zu sein scheine, Martini und Keeß hätten sich gegen die Superrevision ausgesprochen, weil darin eine Verletzung der gesetzlichen Gerechtsame des Mailänder Senates gelegen wäre. Ja selbst wenn Jemand, habe Martini erklärt, wie es nach seiner Ansicht wirklich der Fall sei, dabei Unrecht widerfahre, so sei dieß ein für die Aufrechthaltung der einmal vorgeschriebenen Ge-richtsordnung nothwendiges Opfer. Denn sonst könnte die Prozeß-führung und die damit verbundene Ungewißheit des Eigenthums gleich-sam verewigt werden.

Allerdings habe dagegen Seilern, fuhr Kaunitz fort, die Meinung geäußert, bei dem Vorhandensein wichtiger und ganz eigenthümlicher Umstände sei der Landesfürst an die rechtliche Ordnung nicht gebunden. Seilern halte den vorliegenden Fall für einen solchen, und darum rathe er dazu, der Familie Belgiojoso die gewünschte Superrevision ihres Prozesses zuzugestehen. Und könne man sich nicht hiezu entschließen, so möge man wenigstens zwischen den streitenden Parteien einen Vergleich anzubahnen trachten.

Letzteres sei, bemerkte dagegen Kaunitz, bereits versucht und von den Belgiojoso's auch gewünscht, von den im Besitze des streitigen Gutes befindlichen Trivulzi's jedoch unbedingt abgelehnt worden. Unter diesen Umständen könne er der Kaiserin, meinte der Staatskanzler, nichts anderes vorschlagen, als sich um Recht oder Unrecht des einmal gefällten Urtheilsspruches nicht weiter zu kümmern, sondern nach der Meinung der Mehrheit der zu Rathe gezogenen Mitglieder der obersten Justizstelle eine neuerliche Revision des Prozesses nicht zu erlauben [304]).

„ich bin", erwiederte hierauf Maria Theresia mit eigener Hand, „mit diser khlaren zergliderung diser so verwirrten sache mit dem „fürsten und majoribus verstanden, das keine revision und kein ver= „gleich mehr staat haben kan."

Siebentes Capitel.

Die Niederlande.

· ·

Sowohl von dem Herzoge Franz von Modena als von dem Erzherzoge Ferdinand mußte, von Letzterem wenigstens für die Lebenszeit seiner Mutter gesagt werden, daß sie die Statthalterschaft der Lombardie mehr dem Namen und dem äußeren Ansehen als der Wirklichkeit nach bekleideten, indem der ihnen beigegebene bevollmächtigte Minister die Leitung der Geschäfte fast ausschließlich besorgte. Ein Gleiches oder auch nur ein Aehnliches läßt sich aber in Bezug auf die österreichischen Niederlande keineswegs behaupten, obwohl auch dort ein dem Kaiserhause nahestehender Prinz als Generalstatthalter fungirte, und ein hochgestellter Staatsbeamter zur eigentlichen Geschäftsführung an seiner Seite sich befand. Der Erstere war der Schwager der Kaiserin, Prinz Karl von Lothringen, der Letztere aber Graf Karl Philipp von Cobenzl.

In Oesterreich wie in Deutschland ist Prinz Karl fast nur als unglücklicher Heerführer gegen den König von Preußen bekannt, und in diesen Ländern wurde und wird daher von ihm nur geringschätzig gesprochen. Ganz anders beurtheilte und beurtheilt man ihn auch heut zu Tage noch in den belgischen Provinzen; dort theilt Prinz Karl mit Maria Theresia, mit Cobenzl und mit Starhemberg das ehrenvolle und gesegnete Andenken, welches die Regierung der Kaiserin daselbst hinterließ. Seinen gewinnenden persönlichen Eigenschaften, insbesondere der unvergleichlichen Güte seines Herzens verdankte er dieß. Die Anspruchslosigkeit seines Auftretens, die Leutseligkeit seines Wesens,

die niemals getrübte Heiterkeit, die er selbst empfand und mit einer
sich immerdar gleichbleibenden guten Laune um sich her zu verbreiten
verstand, seine stete Bereitwilligkeit, mit wahrhaft fürstlicher Freigebig=
keit Wohlthaten zu spenden, die in ihm zu Tage tretende Verkörperung
der Devise: „Leben und leben lassen", all dieß zusammengenommen
bewirkte, daß der Prinz sich die Anhänglichkeit der Niederländer in
wirklich seltenem Maße erwarb.

Hiezu kam noch, daß man in den Niederlanden den Prinzen
als den Beschützer der althergebrachten Privilegien und Freiheiten der
belgischen Provinzen betrachtete. Seiner gewiß wohlwollenden, aber
darum doch nicht weniger nachdrucksvollen Vermittlung maß man es
bei, wenn das Verfahren, das man unter der Führung des Grafen
Haugwitz in den altösterreichischen Ländern gegen die ständischen Ein=
richtungen beobachtete, nicht auch auf die Niederlande Anwendung fand.
Nicht umsonst schrieb der Prinz, als Kaunitz die Kaiserin hiezu antrieb
und auch Cobenzl zur Durchführung solcher Entwürfe die Hand bot,
nach Wien, es sei wahr, daß die belgischen Provinzen mit einer an
Unzurechnungsfähigkeit grenzenden Hartnäckigkeit festhielten an ihren
Privilegien. Ihre Bevölkerung sei jedoch aufgewachsen in diesem Vor=
urtheile, und äußerst gefährlich müsse es genannt werden, Hand an=
legen zu wollen an Vorrechte, die nun einmal von allen Landesfürsten
ausnahmslos bestätigt und beschworen worden seien [305]).

In diesen Worten liegt der beste Beweis, wie richtig Prinz
Karl die obwaltenden Verhältnisse zu beurtheilen verstand. Der Haupt=
unterschied zwischen den belgischen Provinzen und den österreichischen
Erbländern lag eben darin, daß in den ersteren alle Welt, reich oder
arm, den privilegirten oder den niederen Volksclassen angehörig, mit
Recht oder mit Unrecht, aber in seltenster Uebereinstimmung in jenen
Einrichtungen das einzige Heil und die alleinige Gewähr für das
zukünftige Glück der belgischen Provinzen erblickte. In den altöster=
reichischen Ländern aber nahm, die Stände selbst ausgenommen, an
der Erhaltung ihrer Gerechtsame Niemand irgendwelchen Antheil; ja
man darf wohl sagen, daß die vorzugsweise gebildeten Classen den

Ständen ihre begünstigte Stellung, aus der nur ihnen, nicht aber auch der übrigen Bevölkerung und den einzelnen Ländern Vortheile erwuchsen, keineswegs gönnten, daß sie vielmehr ihrer Schmälerung sich wahrhaft erfreuten. Was also in den österreichischen Erbländern wenigstens im Allgemeinen willkommen hieß, was hier zur Stärkung der Staatsgewalt diente und auch sonst ersprießliche Wirkungen hervorbrachte, weil es allmälig dazu führte, die Lage des weitaus größten Theiles der Bevölkerung ansehnlich zu verbessern, würde in den Niederlanden, wie es ja später wirklich geschah, gerade die entgegengesetzten Folgen nach sich gezogen haben.

Auch sonst war der Prinz der stete Sachwalter der belgischen Provinzen an dem Hofe von Wien. „Man trachtet", schrieb er einmal der Kaiserin, „diese Länder allzusehr anzuschwärzen in den Augen „Eurer Majestät, und ich kann Sie versichern, daß sie das keineswegs „verdienen" [306]. In alledem ist die Ursache zu suchen, weßhalb sich Prinz Karl in den Niederlanden einer ebenso allgemeinen als großen Beliebtheit erfreute. Als ein Beweis davon mag angeführt werden, daß die Stände von Brabant, nachdem er fünf und zwanzig Jahre hindurch die Statthalterschaft geführt, den Beschluß faßten, ihm auf einem der öffentlichen Plätze der Stadt Brüssel eine Reiterstatue zu errichten. Mehr als fünf Jahre vergingen, bis es wirklich hiezu kam; am 17. Jänner 1775 wurde endlich in Gegenwart des jüngsten Sohnes der Kaiserin, des Erzherzogs Maximilian die Enthüllung des Denkmals vollzogen. „Ich sehe", schrieb Maria Theresia auf den Bericht, der ihr über die Vorbereitungen hiezu erstattet wurde, „mit Ver- „gnügen dieses neue Kennzeichen der Anhänglichkeit meiner nieder- „ländischen Völker für ihren Statthalter, der sie so sehr verdient. Sie „können sogleich meine Zustimmung absenden, indem ich wünsche, daß „mein Sohn die Feierlichkeit sehe, um ihn die Befriedigung fühlen zu „lassen, die darin liegt, sich der Liebe der Völker würdig zu machen. „Darin besteht ja auch der einzige Lohn für unser Bemühen" [307].

Ueber den Vorzügen des Prinzen soll jedoch auch seiner Fehler nicht völlig vergessen werden. Als der wichtigste derselben ist die

Unordnung zu bezeichnen, die trotz seiner reichen Einkünfte in seinen Geldangelegenheiten herrschte. Freilich waren seine Freigebigkeit, seine Wohlthätigkeit hauptsächlich daran Schuld. Aber sein Hang zum Wohlleben trug doch gleichfalls hiezu bei, und der Vorwurf der Verschwendung kann ihm keineswegs erspart werden. Bei der Kaiserin, die ihn wahrhaft liebte, fand er jedoch jederzeit sichere Zuflucht, und zu wiederholten Malen hat sie ihn mit sehr hohen Summen aus seinen Verlegenheiten befreit. So trat sie, um nur ein Beispiel zu erwähnen, im Jahre 1766 als Zahlerin einer Schuldensumme von nicht weniger als sechsmalhunderttausend Gulden für ihn ein [308]). Und einem verläßlichen Gewährsmanne zufolge soll sie Aehnliches noch zu drei anderen Malen gethan haben [309]).

Sowohl in ihren Fehlern als in ihren Vorzügen besaßen Prinz Karl und Cobenzl sehr viele Verwandtschaft mit einander. Gleich dem Ersteren war auch der Letztere häufig in finanzieller Bedrängniß; ja sie erreichte bei Cobenzl einen noch weit höheren Grad, denn seine Einkünfte langten nicht von fern an diejenigen des Prinzen hinan, und außerdem stand ihm auch die Beihülfe der Kaiserin nicht in gleichem oder auch nur ähnlichem Maße zu Gebot.

So wie in den Fehlern, so wetteiferte jedoch Cobenzl auch in den Vorzügen mit dem Prinzen, ja man kann wohl sagen, daß er ihn auch hierin noch übertraf. Vielleicht nicht ganz so gutmüthig, aber nicht weniger leutselig als Prinz Karl, verstand sich Cobenzl in gleichem Maße wie er auf die Kunst, die Herzen zu gewinnen und allgemeine Beliebtheit zu erwerben. Auch seine Thüre war für Jeden und jederzeit offen; mit Aufmerksamkeit hörte er an, was man ihm vortrug, und nicht leicht ging Jemand von ihm, ohne den durchaus sympathischen Eindruck in sich aufgenommen zu haben, welchen Cobenzl auf Alle hervorzubringen wußte. In dieser Beziehung bestand ein Unterschied zwischen ihm und dem Prinzen vielleicht nur darin, daß solches dem Letzteren noch besser bei dem höheren Adel und den niederen Volksclassen, Cobenzl aber bei dem gebildeteren Theile der Bevölkerung gelang. Denn für die schlichte und gutmüthige Zuvorkommenheit des

Prinzen waren die Ersteren besonders empfänglich, während Cobenzl,
viel feiner gebildet als der Prinz, neben ausgesuchter Höflichkeit eine
ungleich schärfere Auffassung der oft recht verwickelten Fragen, deren
Lösung ihm oblag, eine unbedingte Hingebung an die geistigen und
materiellen Interessen des Landes, auf dessen Schicksal ihm ein so
mächtiger Einfluß gegönnt war, endlich einen glühenden Eifer für die
Entfaltung und die Verwirklichung der neuen Ideen besaß, welche
damals mit immer größerer Gewalt ganz Europa überströmten. Ihnen
auch in den belgischen Provinzen allmälig zum Siege zu verhelfen,
darin erblickte er den wichtigsten Theil seiner Aufgabe, und aufs tiefste
war er von der Ueberzeugung durchdrungen, daß er sich ein größeres
Verdienst um die Bevölkerung unmöglich erwerben könnte. Aber er
vermochte auch keinen Augenblick zu zweifeln, daß so wie überall, so
auch in den Niederlanden die Mitglieder der Corporationen, deren
Gerechtsame auf althergebrachten Befugnissen beruhten, ihm nicht
fördernd zur Seite zu stehen, sondern ihm weit eher schwer zu be=
siegende Hindernisse zu bereiten gewillt wären. Darum gehörte Cobenzl,
und auch dadurch unterschied er sich von dem Prinzen von Lothringen,
zu der Reihe der Männer, welche am liebsten auf eigene Faust und
selbst gegen die bis dahin allein berechtigten, allzu sehr an dem Alt=
hergebrachten festhaltenden Vertreter der Bevölkerung dasjenige durch=
gesetzt hätten, was ihnen zum Heile dieser Bevölkerung dringend
geboten erschien. Was Haugwitz in Oesterreich begonnen, wofür Kaunitz
ebenfalls einstand und was kein Geringerer als Joseph II. damals
schon anstrebte und in späterer Zeit mit sich überstürzendem Eifer und
daher mit so unglücklichem Ausgange durchzuführen bemüht war, hätte
Cobenzl gern jeden Augenblick in den Niederlanden ins Werk zu setzen
versucht.

Charakteristisch für Beide ist eine Aeußerung, welche Prinz Karl,
schon über ein Decennium mit der Statthalterschaft der Niederlande
bekleidet, gegen Maria Theresia über Cobenzl abgab, der sich seit etwa
zwei Jahren an der Seite des Prinzen befand. Das Zeugniß müsse
er ihm ertheilen, sagte er von ihm, daß er mit ebenso unermüdlichem
Eifer als großer Leichtigkeit arbeite. Dagegen lasse sich auch nicht leugnen,

daß er manchmal etwas zu lebhaft und daher unvorsichtig sei. Bei seiner wahrhaft seltenen Begabung werde jedoch ein Wort von der Kaiserin, sei es unmittelbar, sei es durch Kaunitz oder Koch an ihn gerichtet, ohne Zweifel die gewünschte Wirkung nicht verfehlen [310]).

Man sieht wohl, Prinz Karl und Cobenzl bewegten sich eigentlich in einem und demselben Geleise, nur daß der Letztere ungleich rascher vorwärts schritt auf demselben. Genau so war es auch mit den Sympathien, die sie den neueren Ideen entgegenbrachten, und dem Verhalten bestellt, das sie ihnen gegenüber beobachteten. Auch Prinz Karl war ihnen nicht gerade feindlich gesinnt, aber so Feuer und Flamme wie Cobenzl war er doch keineswegs für sie.

Hierin, in seinem mit den strengen Begriffen der Kaiserin nur wenig im Einklange stehenden Lebenswandel, vor Allem aber in seinen ungeregelten Geldverhältnissen wird wohl die Ursache gesucht werden müssen, weßhalb ihm Maria Theresia eigentlich nie günstig gesinnt war. Umsonst forschen wir nach irgend einer Kundgebung ihres persönlichen Wohlwollens für Cobenzl, wie sie mit solchen gegen Männer, die ihr Vertrauen und ihre Sympathien besaßen, bekanntlich nichts weniger als karg war. Allerdings wurden auch Cobenzl, und zwar auf Antrag des Staatskanzlers, Beweise der Anerkennung von Seite der Kaiserin zu Theil. Als ihr Kaunitz im Jahre 1758 es als die glänzendste Seite der Verdienste Cobenzls anpries, daß er binnen zwei Jahren in den Niederlanden mehr als ein und zwanzig Millionen zur Bestreitung der Kriegskosten aufgebracht habe, erhielt er bald darauf den Orden des goldenen Vließes. Und im Jahre 1766 trat Kaunitz neuerdings für ihn ein, auf daß ihm in Anbetracht der durch ihn herbeigeführten, so namhaften Vermehrung der niederländischen Staatseinkünfte, und der überaus großen Summen, die er theils als freiwillige Geschenke, theils als Darlehen zur Bestreitung der Kriegskosten flüssig zu machen gewußt habe, das Großkreuz des Stephansordens verliehen werden möge [311]). Kaunitz drang jedoch mit seinem Antrage bei der Kaiserin nicht durch. Anfangs beantwortete sie ihn nicht, und als der Staatskanzler etwa zehn Monate später auf denselben zurückkam [312]), schrieb sie ihm eigenhändig die folgenden Worte:

„Ich werde dem Fürsten Kaunitz gegenüber mich ausführlicher
„über die Gründe erklären, die mich verhindert haben und auch noch
„in Zukunft verhindern werden, mich für Cobenzl zu interessiren" [313].
Und in der That wurde dem Letzteren die von ihm so sehnlich gewünschte Auszeichnung zwar einmal von Maria Theresia in Aussicht
gestellt, aber nie wirklich verliehen.

Neben dem so eben angeführten Ausspruche der Kaiserin fehlt
es auch nicht an anderen Kundgebungen ihrer Unzufriedenheit mit
Cobenzl, und meistens wurden sie durch seine zerrütteten Vermögensverhältnisse veranlaßt. Im Jahre 1764 spann, und zwar nicht zum
ersten Male, eine solche Episode sich ab; sie ist zu charakteristisch für
die an ihr betheiligten Personen, als daß nicht etwas länger bei ihr
verweilt werden sollte.

Auf die Verdienste gestützt, die sich Cobenzl während des siebenjährigen Krieges unstreitig erworben hatte, brachte Kaunitz die Kaiserin
zu dem Versprechen, ihm behülflich sein zu wollen, daß er seine in
arge Verwirrung gerathenen Geldangelegenheiten ordne. Er verhehlte
ihr nicht, daß hiezu eine Summe erforderlich sei, welche den Betrag
von zweimalhunderttausend Gulden noch übersteige [314]. Nachdem sich
Maria Theresia, wenngleich nur widerwillig, zu einem so ansehnlichen
Opfer entschlossen, trat Kaunitz mit Cobenzl über diese Angelegenheit
in Correspondenz, und er stellte ihm vor, daß er mit seinen Einkünften
von mehr als fünf und fünfzigtausend Gulden jährlich, die Rente
seines persönlichen Eigenthums noch ungerechnet, sehr leicht sein Aus-
kommen finden könnte. Aber freilich seien hiezu gewisse Beschränkungen
seiner bisherigen Ausgaben nöthig, und er möge ihm angeben, an
welchen Posten er dieselben zunächst vornehmen wolle [315]. Unverzüglich
kam Cobenzl dieser Aufforderung des Staatskanzlers nach; er meinte
jedoch, daß höchstens zwei Ausgaben wegfallen könnten: die eine für das
gemeinschaftliche Abendessen mit seinen Kindern; sie betrage zweitausend
Gulden jährlich; er habe sie jedoch bereits gestrichen und werde in Zukunft sich dieses Vergnügens berauben. Eine zweite für die Jagd belaufe
sich auf etwa fünfzehnhundert Gulden; er sei bereit, auch sie zum Opfer
zu bringen. Sonst könne er keine seiner Ausgaben für unnöthig ansehen.

Dieß zu beweisen, legte Cobenzl eine Berechnung seiner während der Jahre 1761, 1762 und 1763 gemachten Auslagen vor; die Durchschnittssumme betrug im Ganzen ungefähr siebzigtausend Gulden. Die Mittheilung der ganzen sehr umständlichen Tabelle böte ohne Zweifel einiges culturgeschichtliche Interesse dar. Der höchste Posten mit 9480 Gulden begreift die Besoldung der Dienstleute Cobenzls in sich, der geringste die Milchlieferung mit 415 Gulden. Auf Butter allein werden 1031· Gulden verrechnet [316]).

Eigenthümlich sind die Betrachtungen, in denen sich Kaunitz über diese Mittheilungen dem Grafen Cobenzl gegenüber ergeht. Man denke gar nicht daran, antwortet er ihm, einen Familienvater der Freude des Zusammenseins mit seinen Kindern zu berauben. Und ebenso wolle man einen so arbeitsamen Mann wie ihn nicht um die zur Erhaltung seiner Gesundheit nöthige Leibesübung der Jagd bringen. Dagegen müßten sehr viele Ausgabsposten als höchst übertrieben angesehen werden. Schon bei fünf derselben hält Kaunitz eine Gesammtersparniß von 8700 Gulden für leicht zu erreichen, und freundschaftlich räth er ihm, sich hienach zu richten [317]).

In unterwürfigstem Tone erklärte Cobenzl, in Alles eingehen zu wollen, was man von ihm verlange, wenn er sich hiedurch des Beistandes der Kaiserin theilhaft machen könne. Er bitte übrigens auch an den von ihm selbst vorgeschlagenen Ersparungen festhalten zu dürfen. Und er habe dem Brüsseler Bankhause Nettine in Gemeinschaft mit seinem Geschäftsleiter die Durchführung der Ordnung seiner Geldverhältnisse und der hiezu noch außerdem erforderlichen Einschränkungen übertragen [318]).

Von Seite des Hauses Nettine ging hierauf die Erklärung ein, es werde sich der ihm gestellten Aufgabe bereitwilligst unterziehen. Unthunlich erscheine es jedoch, die Auslagen des Grafen Cobenzl auf einen noch kleineren Betrag als auf sechzigtausend Gulden jährlich zu verringern. Außerdem müsse für Abtragung der von ihm aufgehäuften Schuldenlast vorgesorgt werden [319]).

Diese Mittheilungen aus Brüssel der Kaiserin vorlegend, trat nun Kaunitz mit der Bitte an sie heran, das Versprechen, das sie ihm zu Gunsten Cobenzls gegeben, wahrmachen zu wollen. Er schlug ihr zu diesem Ende vor, sie möge zunächst die jährliche Besoldung Cobenzls ansehnlich erhöhen, um ihm hiedurch die Bestreitung der mit seiner Stellung wirklich verbundenen Ausgaben möglich zu machen. Die Vermehrung der Einkünfte Cobenzls stellt Kaunitz ganz dem Ermessen der Kaiserin anheim; um jedoch nach beiden Richtungen hin eine Grenzlinie zu ziehen, spricht er die Meinung aus, daß dieser Zuschuß etwa dreißigtausend Gulden jährlich nicht übersteigen, jedoch auch nicht unter zehntausend Gulden herabsinken möge.

Was die Schuldenzahlung angehe, so wären vorerst dreißig= tausend Gulden der Lottocasse zu entnehmen und zur Befriedigung der brängendsten Gläubiger Cobenzls zu verwenden, dann aber alljähr= lich zwanzigtausend Gulden der gleichen Bestimmung zu widmen. Aller= dings stünde es der Kaiserin frei, sich diesen sehr großen Opfern durch Cobenzls unverzügliche Abberufung zu entziehen. Aber ihrem groß= müthigen Herzen werde es widerstreben, einen Mann, von welchem alle Welt wisse, daß er sich wohlverdient gemacht habe um den Staat, erbarmungslos den Verfolgungen seiner Gläubiger zu überlassen. Ja es stünde ihnen sogar frei, sich seiner Person zu versichern; darin wäre jedoch die ärgste Herabwürdigung des hohen Postens gelegen, den er bekleide. Nach einem solchen Vorgange könnte es seinem Nachfolger nur außerordentlich schwer fallen, für denselben das frühere Ansehen wieder zu gewinnen.

Wo fände man übrigens, meint Kaunitz weiter, in dem gegen= wärtigen Augenblicke einen Nachfolger von Cobenzls Talenten und Erfahrung? Und selbst wenn es gelänge, einen solchen ausfindig zu machen, so werde er entweder Privatvermögen besitzen oder nicht. In dem ersteren Falle werde er Anstand nehmen, dasselbe, wie es bei Cobenzl geschehen, in Folge der Unzulänglichkeit seines Gehaltes allmälig zu verbrauchen. In dem zweiten aber werde ihm die Kaiserin gleich von Anfang an höhere Bezüge und noch überdieß eine sehr ansehnliche Summe zu seiner ersten Einrichtung anweisen müssen [320]).

Mit ungleich weniger günstigem Auge als Kaunitz, der für Lagen, wie diejenige war, in welcher sich Cobenzl befand, immer ganz besondere Nachsicht empfand, sah Maria Theresia dieselbe an. Obwohl sie schließlich dem an sie gestellten Begehren willfahrte, verhehlte sie doch in ihrer Antwort nicht, wie ungern sie es that, und wie wenig sie dem, für welchen es geschah, überhaupt geneigt war. „Cobenzl „hat sich", erwiederte sie dem Staatskanzler, „nicht in Brüssel ruinirt; „er hat das Gleiche bei seinen früheren Commissionen im Reiche ge= „than, wo ich für ihn zu bezahlen gezwungen war. Es ist ihm daher „zur Gewohnheit geworden, sich immer in Geldverlegenheiten zu bringen, „und ich hoffe auf keine Besserung mehr, da er keine Ordnung kennt „und sich nichts, auch keine ganz unnützen Dinge zu versagen im „Stande ist. Ich genehmige die dreißig und die zwanzigtausend Gulden „aus dem Lotto bis zur Abtragung seiner Schuld von 217.890 Gulden. „Aber ich will, daß er diese Schulden genau spezifizire, und daß man „das Geld unmittelbar der Nettine, und nicht ihm in die Hand gebe. „Außerdem will ich seine Besoldung nur um zehntausend Gulden jähr= „lich, und zwar aus dem Fonde für geheime Auslagen vermehren. „Sie werden ihm jedoch gleichzeitig aufs deutlichste erklären, daß man „ihn allsogleich abrufen würde, ohne ihn je anderwärts anzustellen „und ohne daß er es wagen dürfte, vor unseren Augen zu erscheinen, „wenn er künftighin auch nur die geringste Schuld eingienge. Ueber= „dieß möge er sich all der unnützen Dinge an Porzellan und an „sonstigen Nippsachen entledigen, die für seine Stellung keineswegs „passen" [321]).

Noch war nicht viel mehr als ein Jahr verflossen, und es erging schon ein neuer Hülferuf an Maria Theresia; dießmal wurde er von Cobenzls Gemalin, einer gebornen Gräfin Palffy erhoben. „Das „Gesuch der Cobenzl", schrieb Maria Theresia im Dezember 1765 an Kaunitz, „ist mir von der Prinzessin Charlotte geschickt worden. Ich „habe schon geantwortet, daß ich für diese Leute nicht mehr zu zahlen „vermöchte. Sie mag ihre Nippen und Juwelen verkaufen" [322]).

Nach weniger als zwei Jahren kam die Kaiserin dem Staats= kanzler gegenüber auf diese Angelegenheit zurück. Sie habe, theilte sie ihm mit, aus Brüffel die Nachricht erhalten, daß Cobenzl nicht nur neue Schulden gemacht, sondern auch die Gelder, die zur Bezahlung der früheren bestimmt waren, zu anderen Zwecken verausgabt habe. Diefer letzteren Beschuldigung widersprach jedoch Cobenzl, hierüber einvernommen, in eifrigstem Tone. Aber mit der Versicherung, daß ihm zu seinem Schmerze aller wirthschaftliche Sinn vollständig abgehe, gab er doch zu, daß seine Einschränkungen unzulänglich gewesen seien und er sich genöthigt gesehen habe, wieder Schulden zu machen.

Ohne das Verfahren Cobenzls in den Augen der Kaiserin rechtfertigen zu wollen, empfahl ihn doch Kaunitz auch dießmal wieder ihrer Gnade [323]). Und wirklich lautete ihr Ausspruch milder, als es früher geschehen war. „Ich glaube", antwortete Maria Therefia mit eigener Hand, „die Mahnung hat nicht geschadet; er ist zu sehr ge„wohnt, sich in Geldverlegenheiten zu bringen. Aber durch seine guten „Dienste hat er auch verdient, daß man ihn nicht allzusehr bedrücke. „Sie können ihn daher neuerdings meiner Gnade versichern, aber er „muß alles Ueberflüffige fahren lassen und aufgeben. Ich verlange „von seiner Seite keine Repräsentation, aber wohl, daß er seine Ein„künfte niemals überschreite, denn ich würde von Allem genau unter„richtet werden" [324]).

Es ist früher gesagt worden, Maria Therefia habe dem Grafen Cobenzl die Erlangung des Großkreuzes des St. Stephansordens einmal in Aussicht gestellt. Auch dieß war in Folge einer Fürbitte des Staatskanzlers geschehen, der jeden sich ihm darbietenden Anlaß benützte, um die Sache seines Günstlings vor der Kaiserin zu führen. So trachtete er ihr, als im Dezember 1768 die erwähnte Ordensdecoration für den damaligen Botschafter in England, Grafen Seilern, über Brüffel nach London abgesendet wurde, begreiflich zu machen, wie schmerzlich es Cobenzl fallen müsse, sich gegen Seilern hintangesetzt zu sehen. Ihre Denkungsweise über Cobenzl kennend, wage er es nicht, sie für den Augenblick um die gleiche Gunstbezeugung für ihn zu bitten. Aber sie möge ihm gestatten, denselben mit der Zusage zu beruhigen, bei der erften Promotion werde seiner gedacht werden [325]).

„Ich schließe mich Ihrer Meinung in Allem an, Sie können „in diesem Sinne an Cobenzl schreiben"; so hatte Maria Theresia dem Fürsten Kaunitz geantwortet, und in seiner sanguinischen Auffassung sah sich nun Cobenzl schon am Ziele seiner Wünsche. Als aber fast wieder ein Jahr verging, ohne daß er es wirklich erreichte, da wurde er ungeduldig, und er benützte die Wahl des Erzherzogs Maximilian zum Coadjutor des Hoch- und Deutschmeisters Prinzen Karl von Lothringen, um an die ihm gegebene Zusage mit der Behauptung zu erinnern, die Kaiserin habe ihn durch Neny versichern lassen, dieses Ereigniß werde gewiß nicht vorüber gehen, ohne ihm die ersehnte Aus- zeichnung zu bringen; auch Prinz Karl habe ihm dieß zu wiederholten Malen bestätigt.

Kaunitz legte die Zuschrift Cobenzls der Kaiserin vor und brachte ihr gleichzeitig seine eigenen Glückwünsche zur Wahl des Erzherzogs dar. „Nachdem ich", so schrieb er ihr, „das Glück gehabt habe, unter den „Befehlen Eurer Majestät zu dem Gelingen aller Etablissements beizu- „tragen, die ich Ihnen nach und nach für Ihre erlauchte Familie vorschlug, „kann es mir nur höchst angenehm sein zu sehen, daß Eure Majestät „auch bei diesem letzten reussirt haben, für welches zu sorgen uns noch „übrig blieb. Mögen Eure Majestät noch lange Jahre die Früchte Ihrer „Arbeit und Ihrer Fürsorge genießen! Und mögen Sie meiner un- „verbrüchlichen Anhänglichkeit an Ihre erlauchte Person die Gefühle „des Vertrauens und der Güte erhalten, die Sie mir bisher zu be- „zeigen geruhen, und denen allein ich das Glück verdanke, daß ich Ihnen „eine Anzahl jener Dienste zu leisten vermochte, welche große Mon- „archen nur von der Anhänglichkeit, die sie einflößen, und von dem „Vertrauen erwarten dürfen, mit welchem sie diejenigen ihrer Diener „beehren, die sich auf ähnliche Gesinnungen von ihrer Seite, wenn „nicht durch ihr Talent, so doch durch ihre Denkungsweise berechtigten „Anspruch erwarben" [326]).

Die eigenhändig niedergeschriebene Antwort der Kaiserin ist für sie selbst, für Kaunitz und für Cobenzl allzu charakteristisch, als daß sie nicht ihrer ganzen Ausdehnung nach hier Aufnahme finden sollte. Sie lautet folgendermaßen:

„Ich sende Ihnen diese Nachschrift zurück, welche mehr Uebles „als Gutes herbeiführen könnte. Cobenzl wird also niemals vorsichtig „werden und sich immer durch seine Wünsche hinreißen lassen. Nie „ließ ich ihm durch Neny eine Zusicherung sagen oder schreiben. Um „mich der fortwährenden Behelligungen in dieser Sache zu entledigen, „habe ich einmal geantwortet, daß es vielleicht bei dieser Gelegenheit „sein könnte und er bei ihr darauf hoffen dürfe; wenn er aber selbst „davon rede, werde es für immer darum geschehen sein. Fast in „allen seinen Briefen hat mich der Prinz deßhalb gequält. Ich werde „trachten, es dem Kaiser vorzuschlagen; die Vorzeigung dieser Nach= „schrift wäre jedoch hiezu keineswegs geeignet. Wenn Sie glauben, „daß er es verdient, so werde ich mit mehr Eifer daran arbeiten, „obwohl ich ein wenig ungehalten wider ihn bin."

„Alles Große, das in der Monarchie, und alles Gute, das in „meiner Familie sich ereignete, verdanke ich Ihnen. Diese Gerechtigkeit, „die ich Ihnen widerfahren lasse, meine Dankbarkeit und wahre „Freundschaft werden nur mit meinen langen und traurigen Tagen „zu Ende gehen. Ich verdiene Ihr Vertrauen und bedarf mehr als „je Ihrer Hülfe. Ich kenne meinen Verfall und meine Erschlaffung, „und nichts ist lebhafter in mir als meine Dankbarkeit und meine „Freundschaft" [327]).

Aus den Worten der Kaiserin müssen wir mit einiger Ver= wunderung entnehmen, daß Cobenzl bei ihrem Sohne eigentlich in noch geringerer Gunst stand als bei ihr selbst. Zu verwundern ist dieß aus dem Grunde, weil ja Cobenzls geistige Richtung mit der= jenigen des Kaisers so ziemlich parallel lief. Man wird daher wohl annehmen dürfen, daß Joseph, selbst so sparsam für den Staat und so anspruchslos in seinen eigenen Bedürfnissen, Cobenzl ob seiner Verschwendungssucht zürnte und es sehr übel aufnahm, wenn die Staatsgelder herhalten mußten, ihn aus seinen Geldverlegenheiten zu befreien. ·

An und für sich nicht wichtig, aber doch charakteristisch für die Verirrungen, zu denen auch Menschen von unzweifelhafter geistiger

Begabung sich manchmal verleiten lassen, sind Cobenzls Berichte über sein Zusammentreffen mit dem bekannten Abenteurer, der sich in den sechziger Jahren des vergangenen Jahrhunderts unter dem Namen eines Grafen von Saint=Germain in Europa umhertrieb, und über die hochgespannten Erwartungen, die er von ihm hegte. Die nieder= ländische Industrie und die Finanzen dieses Landes werde er, meinte Cobenzl, in den blühendsten Zustand versetzen [328].

Mit ungleich größerer Nüchternheit als Cobenzl beurtheilte Kaunitz den sogenannten Grafen Saint=Germain und dasjenige, was man von ihm sich versprechen durfte [329]. Maria Theresia aber stimmte den Anschauungen des Staatskanzlers mit den Worten bei: „Ich bin „vollkommen der Ueberzeugung, daß Ihr Porträt wahrer als das „Cobenzls ist, und daß man diese Narrheit geheim halten muß, deren „ich den Minister entledigt sehen möchte" [330].

Eigenthümlich ist es daß Cobenzl, der am 20. Jänner 1770 ganz unerwartet, erst acht und fünfzig Lebensjahre zählend, nach kurzer Krankheit starb, einen Mann zum Nachfolger erhielt, der sich zwar des besonderen Wohlwollens der Kaiserin, nicht aber auch der gleichen Gesinnung von Seite Josephs erfreute. Weßhalb eigentlich Fürst Starhemberg nicht wohlgelitten war beim Kaiser, darüber ist es gleichfalls nicht leicht, sich ein einigermaßen verläßliches Urtheil zu bilden. War etwa Joseph, der keineswegs für einen begeisterten An= hänger des Bündnisses mit Frankreich galt, mißgestimmt gegen den, der bei dessen Zustandebringung als vornehmstes Werkzeug gedient hatte? Dagegen spricht jedoch die Wahrnehmung, daß der Kaiser, wenigstens so viel wir hievon wissen, Starhembergs Berufung nach Wien keineswegs widerstrebte und ihm während der ersten Zeit seines Aufenthaltes daselbst manchen Vertrauensbeweis gab. Oder kam Starhemberg dadurch um die Gunst des Kaisers, daß er in ihm all= mälig einen unbedingten Anhänger und Nachtreter des Fürsten Kaunitz erblicken zu sollen glaubte, mit welchem er bekanntlich nicht selten in recht scharfen Zwiespalt gerieth? Oder war vielleicht Starhemberg, der den größten Theil seiner amtlichen Laufbahn im diplomatischen

Dienste zugebracht hatte, aus Mangel an genauerer Kenntniß der
inneren Verhältnisse der österreichischen Monarchie dem Posten eines
Staats= und Conferenzministers nicht recht gewachsen? Oder waren
endlich die Ansichten, die er in dieser Stellung vertrat, im Wider=
spruche mit denen des Kaisers? Nur Vermuthungen sind es, die
wir hierüber aussprechen dürfen, und nur so viel kann mit einiger
Bestimmtheit gesagt werden, daß Starhembergs Ernennung zum be=
vollmächtigten Minister in den österreichischen Niederlanden vielleicht
mehr noch als der Meinung, in ihm einen durchaus geeigneten Nach=
folger für Cobenzl zu finden, dem Bestreben entsprang, ihn mit guter
Art von seinem bisherigen Posten zu entfernen.

Worin übrigens auch die eigentliche Veranlassung zu dieser Wahl
gelegen sein mochte, das läßt sich nicht bestreiten, daß sie eine in jeder
Beziehung glückliche war. Als ein durchaus würdiger Nachfolger
Cobenzls, insofern dessen Vorzüge in Betracht kamen, erwies sich
Starhemberg, aber er war dieß nicht auch in seinen Fehlern. Gleich
Cobenzl war er ein eifriger Mitarbeiter an den Reformen, welche
durch das Wohl des Landes geboten erschienen. Nicht weniger als
Jenem lag ihm Alles am Herzen, was die belgischen Provinzen und
ihre Interessen betraf. So eifrig wie Cobenzl suchte er nach den
geeignetsten Mitteln hiezu; mit Nachdruck und Geschicklichkeit trachtete
er sie in Anwendung zu bringen. Und vielleicht noch sorgfältiger als
Cobenzl faßte Starhemberg Alles ins Auge, was dazu dienen konnte,
die gedeihlichen Bestrebungen auf dem Gebiete der Kunst und der
Wissenschaften zu fördern. Dagegen hörte man in der Reihe von
Jahren, während deren Starhemberg in den Niederlanden verweilte,
nichts von den Geldverlegenheiten, in denen sich Cobenzl fortwährend
befunden, und nichts von Maßregeln, welche hätten ergriffen werden
müssen, um den Leiter der Regierungsgeschäfte aus einer Lage zu be=
freien, die mit der Würde seiner Stellung ganz unvereinbar erschien.

Zu frisch lebten noch in der Erinnerung des Fürsten Kaunitz
all die Uebelstände, welche die steten Bedrängnisse Cobenzls herbei=
geführt hatten. Darum bat er gleich Anfangs die Kaiserin, die

Bezüge festsetzen zu wollen, auf welche Starhemberg sich Rechnung machen dürfe [331]. Auf fünfzigtausend Gulden Gehalt und dreitausend Gulden für Wohnungsmiethe wurden sie von Maria Theresia fixirt. Außerdem wies sie ihm noch sechstausend Dukaten zur Bestreitung der Kosten der Uebersiedlung und ersten Einrichtung an [332].

Um wie viel freundlicher die Kaiserin dem Fürsten Starhemberg als dem Grafen Cobenzl gesinnt war, geht aus manch kleinem, aber doch bezeichnendem Zuge recht deutlich hervor. Als wenige Monate nach Starhembergs Ernennung zum bevollmächtigten Minister in Brüssel der Bischof von Tournay starb, empfahl Starhemberg seinen Schwager, den Fürsten Salm, zu dieser kirchlichen Würde. Maria Theresia aber schrieb an Kaunitz, der ihr diese Bitte vorgelegt hatte, die folgenden Worte:

„Sie wissen, daß es mir sehr willkommen wäre, dem Fürsten „Starhemberg und auch dem Hause Salm Vergnügen zu bereiten. „Aber ich könnte mich niemals entschließen, einen Bischof zu ernennen, „ohne gleichzeitig auch noch von anderen Bewerbern zu wissen und „die Einkünfte und die Schulden so wie die ganze Lage und die Ver- „pflichtungen des Bisthums zu kennen. Die fünf und zwanzig Jahre „scheinen mir auch nicht recht vereinbar mit einem Bischof; zwei und „fünfzig hätte ich lieber" [333].

Je gütiger jedoch Maria Theresia für Starhemberg war, desto empfindlicher machte die Ungunst des Kaisers sich ihm fühlbar. In seiner übertriebenen Vorliebe für das Militär und in seiner unglück- lichen Neigung, Generale und Offiziere mit Functionen zu betrauen, welche in den Wirkungskreis der Civilbehörden gehörten, that Joseph auch in den Niederlanden einen ähnlichen Schritt, durch welchen sich Starhemberg peinlichst berührt fühlte. Und ein Gleiches war auch bei Karl von Lothringen der Fall, ja ihn traf es als Feldmarschall und General- capitän der österreichischen Niederlande noch härter als Starhemberg, wenn der commandirende General Graf Joseph d'Ayasasa im Herbste 1771 eine sogenannte militärische Instruction erhielt, welche ihm nicht nur eine sehr große Machtvollkommenheit einräumte, sondern ihm sogar eine gewisse Unabhängkeit vom Generalgouvernement verlieh.

Der Punkt, gegen welchen Prinz Karl die lebhafteste Beschwerde erhob, bestand darin, daß die Anordnungen des Hofkriegsrathes künftig= hin nicht mehr an ihn, sondern unmittelbar an d'Ayasasa ergehen sollten. Letzterem würde es daher freistehen, den Generalgouverneur von denselben zu unterrichten oder sie ihm zu verschweigen. Und noch übler müßte es in den ziemlich zahlreichen Fällen der Abwesenheit des Generalgouverneurs um die einheitliche Leitung der Regierungsgeschäfte bestellt sein. Obgleich d'Ayasasa ein redlicher und ehrenwerther Mann sei, so besitze er doch große Lebhaftigkeit und sehr viel Ehrgeiz; vor Allem liebe er es, zu befehlen, und wolle unter keinem Anderen stehen. Wenn er nun während der Abwesenheit des Generalgouverneurs nicht auch dessen Stellvertreter, dem bevollmächtigten Minister untergeordnet wäre, so müßten hieraus sehr große Verwirrungen hervorgehen, indem viele militärische Maßregeln auch in den Geschäftskreis der Civil= behörden einschlügen. Nichts würde ihm schmerzlicher sein, schrieb Karl von Lothringen an Maria Theresia, als wenn er in all diesen Neuerungen ein Kennzeichen ihrer Unzufriedenheit mit seinen bisherigen Diensten erblicken müßte. Sollte er gefehlt haben, so liege wenigstens nicht an seinem guten Willen die Schuld, denn er kenne keinen anderen Ehrgeiz als ihr Blut und Leben zum Opfer zu bringen.

Um das einmal Geschehene so viel als möglich wieder gut zu machen, möge die Kaiserin, meinte Karl von Lothringen, eine geheime Instruction an d'Ayasasa erlassen und durch dieselbe die ihm ein= geräumte, viel zu weit gehende Machtvollkommenheit wieder etwas beschränken [334]).

Bei ihrer großen Vorliebe für ihren Schwager war Maria Theresia ohne Zweifel jederzeit sehr gern bereit, sich ihm durch Ge= nehmigung seiner Anträge willfährig zu bezeigen. Was jedoch den vorliegenden Fall betraf, so war ihr das große Gewicht, welches der Kaiser auf die getroffene Einrichtung legte, zu wohl bekannt, als daß sie sich leicht zu deren Aenderung herbeigelassen hätte. Aber sie ging wenigstens auf den Antrag des Staatskanzlers ein, der dem Prinzipe nach mit dem Prinzen Karl und Starhemberg einverstanden war, in Folge der Erklärung der Kaiserin aber, daß sie dem ausgesprochenen Willen ihres Sohnes nicht entgegentreten wolle, nach Auskunftsmitteln suchte, um dem zu besorgenden Uebel nach Möglichkeit zu steuern. Er hoffte auf eine günstige Wirkung mündlicher Erörterungen, welche der gerade in Spaa anwesende Feldmarschall Graf Lacy mit dem Prinzen und Starhemberg veranlassen könnte. Insbesondere möge auf die Person des Letzteren und die hohen Verdienste Rücksicht genommen werden, die er sich auch schon auf seinem gegenwärtigen Posten erwarb. Hiedurch wäre zu vermeiden, daß er die von ihm angedeuteten Rück= trittsideen wahr mache.

„Ich genehmige", antwortete hierauf Maria Theresia mit eigener Hand, „daß man auf all dieß noch keine entscheidende Antwort ertheile, „sondern abwarte, was in Spaa geschehen wird. Lacy kann an der „Sache gar nicht betheiligt sein, da Alles von hier aus angeordnet, „unterzeichnet und expedirt wurde. Sie wissen, daß man keine Aende= „rung zu erwarten hat, und überall Gleichförmigkeit herrschen muß. „Ich bezweifle daß sich Lacy nach Brüssel begibt. Der arme d'Ayasasa „passirt in Brüssel für hochfahrend und ehrgeizig, und man wird ihn „dort für falsch, indem er sich in Spaa geltend machen will, hier „aber für schwach erklären, und doch kömmt er für seine Person bei „alledem gar nicht ins Spiel. Es gibt einmal Menschen, die unglück= „lich sind, und die man mit Allem, was man für sie aufbieten will, „nicht anders machen kann. Ich will ignoriren, was Starhemberg „gegen Sie bemerkt; Sie wissen wie sehr ich ihn hochschätze und liebe; „er würde daher recht undankbar sein. Das genügt" [335]).

In ähnlichem Sinne schrieb Maria Theresia wenige Tage später auch an Lacy. „Ich bedaure", so lauten ihre Worte, „den Allarm, „den die Instruction für d'Ayasasa hervorrief. Man wird Ihnen die „Berichte hierüber nach Spaa senden und man schmeichelt sich, daß „Sie selbst nach Brüssel kommen werden. Ich denke nichts daran zu „ändern, sondern Ihre Rückkehr abzuwarten, um mit Ihnen zu sprechen.

„Inzwischen habe ich dem Kaiser nichts gesagt, um die Dinge nicht
„noch mehr zu vergiften" [336]).

Die vereinigten Vorstellungen des Prinzen Karl, des Fürsten
Kaunitz und Starhembergs brachten nichts weiter zu Wege, als daß
die für d'Ayasasa erlassene Instruction durch einige Zeit außer Kraft
blieb. Ohne Zweifel geschah es auf Antrieb des Kaisers, daß man
endlich doch an ihre Durchführung schritt, und als dieß geschah, brachte
sie auch wirklich die von dem Prinzen Karl vorausgesagte Wirkung
hervor. Die unmittelbare Folge hievon war nun Starhembergs förmliche Bitte, seines Postens in den Niederlanden enthoben zu werden.
Huldvoll wie sie jederzeit für ihn gewesen, antwortete ihm die Kaiserin
in beschwichtigendem Sinne. Starhemberg aber kam — und zwar
im October 1773 — neuerdings auf sein Entlassungsgesuch zurück.
Er müsse auf demselben bestehen, schrieb er an Maria Theresia, denn
da er nun einmal dem Kaiser so sehr mißfalle, wolle er nicht die
Veranlassung sein zu einem Conflicte zwischen ihm und seiner Mutter.
Ihm selbst sei auch die Möglichkeit benommen, ersprießliche Dienste zu
leisten; ja er setze durch sein Verbleiben sich persönlicher Gefahr aus.
Und er glaube sogar durch seinen Rücktritt der Kaiserin selbst einen
größeren Dienst zu erweisen, als sie in dem gegenwärtigen Augenblicke
vorhersehen könne [337]).

Auch dieser drängenden Vorstellung gegenüber hielt jedoch Maria
Theresia fest an ihrer entgegengesetzten Meinung, und Starhemberg
blieb auch noch fortan auf seinem Posten.

Neben dem Prinzen Karl von Lothringen, neben Cobenzl und
Starhemberg, die alle drei ihrer Geburt nach den Niederlanden fremd
waren, müssen auch die hervorragendsten Männer wenigstens genannt
werden, welche dem Lande selbst angehörten, und wenn auch nicht
in den obersten, so doch in sehr einflußreichen Stellungen ihm ihre
Dienste zu widmen berufen waren. Zu ihnen gehört vor Allen Patrik
Mac Neny, als Sprößling einer aus Irland eingewanderten katholischen
Familie in Brüssel geboren, der Sohn jenes vertrauten Secretärs des
Prinzen Eugen von Savoyen, der dann in den Niederlanden einen

hohen und wichtigen Posten bekleidete. Patriks Bruder aber war jener Cornelius Mac Neny, dem wir im Verlaufe dieser Darstellung schon mehrmals begegnet sind, und welcher als geheimer Cabinetssecretär der Kaiserin sich ihres unbeschränkten Vertrauens erfreute.

Anfangs als Secretär, dann als Mitglied des geheimen Rathes in Brüssel bedienstet, wurde Patrik Mac Neny hierauf in den obersten Rath für die niederländischen Angelegenheiten berufen, der in Wien unter Tarouca's Vorsitz tagte. Als General-Schatzmeister oder Chef der Finanzverwaltung nach Belgien zurückgekehrt, stand er zuletzt dem dortigen geheimen Rathe als Präsident vor, und besaß somit die erste Stelle nach dem bevollmächtigten Minister. Weitaus den größten Antheil nahm er an der Leitung der Geschäfte; überall und jederzeit bewies er sich als ein Mann von wahrhaft glänzender geistiger Begabung, von umfassenden Kenntnissen und von unbestechlicher Parteilosigkeit. Auch er trat für die Beseitigung der althergebrachten Mißbräuche, für Verbesserung der Lage des Volkes, für Verbreitung größerer Aufklärung ein. Unerbittlich verfolgte er die Uebergriffe des Clerus, und so weit ging er darin, daß sogar Kaunitz, der doch den gleichen Anschauungen huldigte, sich tadelnd über ihn aussprach. Er wolle, sagte der Staatskanzler von Neny, seine Talente und sein Wissen im Kampfe gegen die Geistlichkeit erproben, und sei von Gehässigkeit gegen sie erfüllt. Allzu lebhaft schreite er vorwärts, und er enthülle seine Batterien zu recht unpassender Zeit [338]).

Ueberhaupt war Kaunitz nicht ohne Besorgniß, daß der Feuereifer Neny's Unheil anrichten könnte. In den Händen eines geschickten Leiters werde derselbe, meinte der Fürst, ein ganz ausgezeichnetes Werkzeug, selbstständig gestellt aber gefährlich werden [339]). Aber freilich wurden solche Urtheile von Seite des Staatskanzlers nur in den früheren Stadien der amtlichen Laufbahn Neny's, und nicht mehr zu einer Zeit gefällt, in der man sich all dessen bewußt geworden war, was man an ihm besaß.

Neben Neny wird auch der Vicomte Vilain XIV., Großbailli von Gent, als einer der ausgezeichnetsten Männer, welche während

der Regierungszeit der Kaiserin Maria Theresia in den österreichischen
Niederlanden lebten und dort eine sehr ersprießliche Thätigkeit ent=
falteten, genannt werden dürfen. Und nicht nur in seiner hervor=
ragenden Stellung, sondern auch durch gemeinnützige Schriften that
er dieß. Insbesondere verdienen seine Betrachtungen über die flan=
drischen Finanzen Erwähnung, in denen er die vorhandenen Uebelstände
enthüllte und die zweckdienlichen Heilmittel angab. Noch größeren Er=
folg erzielte er mit seiner Arbeit über die Mittel, die Verbrecher und
die Müßiggänger zu bessern und sie zu nützlichen Staatsbürgern zu
machen [340]).

Mit dem Baron Staffart, Präsidenten des Rathes von Namur,
den Brüdern Crumpipen, von denen der Eine Kanzler von Brabant,
und der Andere Staats= und Kriegssecretär war, mit dem General=
schatzmeister Baron Cazier endlich wollen wir die Reihe der hervor=
ragenden, dem Lande selbst angehörenden Männer schließen, welche sich
damals um Belgien besonders verdient machten [341]). Um so leichter
können wir dieß thun, als wir nicht viel Näheres über die Meinung
anzugeben wissen, welche Maria Theresia persönlich von ihnen hegte.
Gegen Neny scheint sie gleich Kaunitz wenigstens in der ersteren Zeit
einiges Mißtrauen gefaßt zu haben, und man darf sich darüber nicht
wundern, wenn man sieht, daß sogar Cobenzl die so berühmt ge=
wordenen und gewiß nicht allzu kühn zu nennenden Memoiren Neny's
eines republikanischen Beigeschmackes anklagte [342]). Gerade Cobenzl
aber war es, gegen welchen so wie auch gegen den Prinzen Karl die
Kaiserin einmal den Vorwurf aussprach, daß sie Neny und dessen
Gesinnungsgenossen allzusehr schmeichelten [343]).

Ein zweites Mal wird Neny, und auch dießmal nicht gerade in
günstigem Sinne von der Kaiserin erwähnt, als Cobenzl für ihn auf
Vermehrung seiner Besoldung von zwölftausend brabantischen Gulden
antrug, die er im Vergleiche mit seiner hervorragenden amtlichen
Stellung für ganz unzureichend erklärte. Auch Maria Theresia sah
dieß ein; dennoch wollte sie, und zwar aus anderen Gründen, von der
verlangten Zubuße wenigstens für den Augenblick noch nichts hören.

„Neny besitzt nichts", antwortete sie dem Fürsten Kaunitz, der gleichfalls für ihn eingetreten war, „er ist zu verschiedenen nothwendigen
„Ausgaben gezwungen; ich glaube daher, daß viertausend Gulden nicht
„zu viel wären. Bringt man die Arrha in Abzug, so bleiben ihm
„ohnedieß nicht viel mehr als vierzehntausend Gulden. Ob übrigens
„gerade jetzt, nach der scandalösen Affaire mit dem Salze, der richtige
„Augenblick da ist, ihm eine Gnade zu gewähren, stelle ich der Be-
„urtheilung des Fürsten Kaunitz anheim. Man könnte sie für einen
„anderen Anlaß aufsparen, bei welchem er sie besser verdient hätte" [344]).

Nach den letzten Worten der Kaiserin glaubte Kaunitz eine Gehaltsvermehrung für Neny nicht auf sich nehmen zu dürfen. Aber noch
waren drei Monate nicht verflossen, als Maria Theresia sich nach dem
Stande der Sache erkundigte. Kaunitz erwiederte ihr, er habe in derselben
einstweilen nichts weiter gethan, um Neny fühlen zu lassen, daß man
mit seinem Benehmen in der Salzangelegenheit nicht zufrieden gewesen
sei. Mit dem Scharfsinn, den er in hohem Grade besitze, habe jedoch
Neny dieß allsogleich begriffen und sein Verfahren so vollständig
geändert, daß er über die Vorstellungen der Stände von Brabant
hinsichtlich des Eides, welchen der Kaiser als Mitregent abzulegen
hätte, ein Gutachten abgegeben habe, wie es von Wien aus nicht
besser hätte gewünscht oder dictirt werden können. Da er nun gründlich gebessert erscheine, wäre ihm binnen kurzem die ihm zu Theil
werdende Gehaltserhöhung zu verkünden [345]). Maria Theresia aber
stimmte nun dem erneuerten Antrage des Staatskanzlers rückhaltslos zu.

Da Graf Vilain XIV. vermöge seiner Stellung an den Re-
gierungsgeschäften nur geringeren Antheil nahm und die Hauptthätigkeit
der Brüder Crumpipen in die Zeit nach dem Tode der Kaiserin fällt,
sei hier nur noch Baron Cazier erwähnt, welcher nach Neny als
Generalschatzmeister an der Spitze der belgischen Finanzverwaltung
stand; ihn bezeichnet Kaunitz als Cobenzls eigentliche Vertrauensperson.
Fast nur ihn besitze er, schrieb einmal Cobenzl nach Wien, um sich
seiner in den Streitigkeiten mit den Ständen, und insbesondere mit
denen von Brabant als Rathgeber zu bedienen. Auch sei, fügte Kaunitz

hinzu, das Finanzdepartement noch nie so gut verwaltet gewesen, wie
dieß von seiner Seite geschehe. Könnten seine Dienste auch nicht
glänzende, so müßten sie doch sehr nützliche genannt werden. Er
genieße das Vertrauen der belgischen Provinzen und sei allgemein
geachtet [346]).

Cobenzl und Kaunitz gaben dieses Gutachten über Cazier aus
Anlaß der Bewerbung desselben um das Ritterkreuz des St. Stephans=
ordens ab, welches er auch wirklich von der Kaiserin erhielt. Aber
der Ehrgeiz Caziers war dadurch noch keineswegs befriedigt. Schon
binnen kürzester Frist bewarb er sich in drängendster Weise um das
Commandeurkreuz dieses Ordens, und er fand auch jetzt wieder an
Kaunitz einen eifrigen Fürsprecher [347]). Maria Theresia aber, etwas
ungehalten über diese und ähnliche Bitten, mit denen sie allzusehr
bestürmt wurde, antwortete dem Staatskanzler: „ich weis das der
„Kayser dismahl keine promotion vornimbt, welches auch ihme nicht
„anderst als aprobirn kan, sonsten es zu gemein wurde“.

Kaunitz ließ sich jedoch hiedurch nicht abschrecken, sich nach weniger
als einem Jahre neuerdings zu Gunsten Caziers bei der Kaiserin
angelegentlich zu verwenden. Cobenzl habe ihm geschrieben, berichtete
er ihr, daß Cazier, der ein empfindliches Naturell und eine sehr schwache
Gesundheit besitze, dem Schmerze erliegen werde, die heißersehnte Aus=
zeichnung nicht erhalten zu haben. Sein Tod aber würde für die
belgischen Finanzen ein sehr großer Verlust sein [348]).

Maria Theresia schien jedoch, und gewiß mit Recht, der Meinung
zu sein, ein noch so kindisches Verlangen nach einer Ordensverleihung
werde, wenn unerfüllt, nicht gleich den Tod des Begehrenden nach
sich ziehen. Um aber durch eine unbedingt ablehnende Antwort weder
den Fürsten Kaunitz zu verletzen, noch Cazier allzusehr zu kränken,
erwiederte sie die begütigenden Worte: „Cazier verdient meine Gnaden;
„er darf daher zu seiner Zeit auf die Promotion hoffen“ [349]). Den=
noch ließ sie ihn noch drei Jahre auf dieselbe warten, und erst im
Jahre 1770 wurde sie ihm wirklich zu Theil.

Es ist an früherer Stelle erzählt worden, daß Kaunitz im Jahre 1766 die beiden Referenten für die niederländischen und die italienischen Angelegenheiten, Dorn und Giusti binnen fünf Tagen verlor [350]. Letzterer erhielt bekanntlich Sperges zum Nachfolger; was jedoch Dorns Ersetzung betraf, so bat Kaunitz die Kaiserin um die Ermächtigung, bis er ihr definitive Anträge stellen könne, die nach den Niederlanden abgehenden Depeschen einstweilen durch Binder unterzeichnen zu lassen [351]. „ist das beste", entgegnete hierauf Maria Theresia, „was hätte aus=„gedacht werden (können); zihet keine consequenz nach sich."

Für lange Zeit konnte man es jedoch selbstverständlich bei diesem Auskunftsmittel nicht belassen. Anfangs October 1766, und zwar gleichzeitig mit dem Vorschlage, Sperges zum Nachfolger Giusti's zu machen, bat Kaunitz die Kaiserin, den Auditor der Rechnungskammer zu Brüssel, August Gottlob von Lederer, der schon bisher unter Dorn und nach dessen Tode in dem niederländischen Departement der Staats= kanzlei mit Auszeichnung gearbeitet habe, zum Hofrathe zu ernennen und ihm die Leitung des niederländischen Departements zu übertragen.

Lederer war schon im Jahre 1750 als Offizial in die Kanzlei des damaligen niederländischen Rathes getreten. Dessen Präsident, Graf Sylva Tarouca hatte ihn, von seinen Leistungen befriedigt, zu fernerer Ausbildung nach den Niederlanden gesendet, von wo ihn Kaunitz, als der niederländische Rath aufgelöst wurde und dessen Geschäfte der Staatskanzlei zufielen, wieder nach Wien berief. Im Jahre 1758 zum Secretär ernannt, erhielt Lederer fünf Jahre später durch seine Absendung nach Hubertsburg, um bei den dortigen Friedens= verhandlungen als Collenbachs Gehülfe zu fungiren, einen Beweis ganz besonderen Vertrauens. Er rechtfertigte dasselbe und wurde zur Be= lohnung in den Adelstand erhoben. Und auch in jeder anderen Beziehung als der einer seltenen Tüchtigkeit im Amte wurde ihm von Kaunitz das beste Zeugniß ertheilt [352].

Maria Theresia billigte zwar den Antrag des Staatskanzlers, doch hätte sie es, wie es scheint, fast lieber gesehen, wenn Jemand aus den Niederlanden auf den nun an Lederer gelangenden Posten

nach Wien berufen worden wäre. Darum war sie besonders damit
zufrieden, daß dieser nicht eigentlich zum niederländischen Referenten,
sondern zum Hofrathe in der Staatskanzlei, der das niederländische
Departement zu leiten hatte, ernannt werden sollte. „Die einstweilige
„Suspension eines Referenten für die Niederlande", antwortete sie,
„ist um so zweckmäßiger, als man vielleicht in späterer Zeit einen
„hiezu nothwendigen und fähigen Eingebornen finden kann, um ihn
„hieher zu ziehen. Man wird dieß dann um so leichter zu thun im
„Stande sein" [353]).

Ohne Zweifel konnte Lederer sich mit Sperges, seinem mit der
Leitung des italienischen Departements betrauten Collegen, was Umfang
und Tiefe der Bildung, insbesondere in wissenschaftlicher Beziehung
betraf, bei weitem nicht messen. Daher kam es wohl auch, daß er
weder mit den hervorragendsten Personen des Landes in so enger
Verbindung stand, wie dieß bei Sperges der Fall war, noch daß er
gleich Jenem zu den Mitkämpfern zählte in dem lebhaften Streite,
der sich damals um die höchsten geistigen Interessen der Menschheit
entsponnen hatte. Darum wird man auch nicht irren, wenn man
annimmt, daß Lederer bei Kaunitz nicht in gleich hohem Ansehen stehen
mochte wie Sperges, in welchem der Staatskanzler nicht nur den
tüchtigen Beamten, sondern auch den reichbegabten Gesinnungsgenossen
hochschätzte.

Trat nun auch Lederer in letzterer Beziehung hinter Sperges
zurück, so konnte er es in der ersteren, der in jeder Hinsicht mehr als
befriedigenden Pflichterfüllung als Staatsdiener, mit Jenem wohl aufnehmen. Ja in den Augen der Kaiserin wird ihm gerade der Umstand
zum Verdienste gereicht haben, daß er sich einzig und allein seinem
Staatsamte widmete und von Allem sorgfältig fernhielt, was ihr als
Freigeisterei so verhaßt war. In welch hohem Maße sie Lederer
wohlwollte, geht am besten daraus hervor, daß sie ihm plötzlich im
November 1777 nicht weniger als dreißigtausend Gulden aus eigenem
Antriebe zum Geschenk machte. In Anbetracht seiner Dienste und
seiner zahlreichen Familie finde sie sich hiezu veranlaßt, schrieb sie an
Kaunitz [351]).

Auch der Letztere ſchloß ſich bereitwillig an, ſobald es um An=
erkennung der ungewöhnlichen Verdienſte Lederers ſich handelte. Nach=
dem derſelbe als Ritter des Stephansordens um taxfreie Verleihung
des Freiherrnſtandes und um eben ſolche Aufnahme in die Reihe der
niederöſterreichiſchen Stände gebeten hatte, unterſtützte Kaunitz beide
Anliegen bei der Kaiferin mit eifriger Fürſprache[355]). Maria Thereſia
aber antwortete hierauf mit eigener Hand:

„wegen erſtern ſchaffe es gleich an; wegen letztern ſtehet es nicht
„bey mir allein, bey denen ſtänden, die ſehr ſelten darzu einſtimmen;
„noch letzthin es bey laudhon erfahren, wo nur die kleinen taxen
„700 f. ausgetragen. pergen kunte angegangen werden durch den
„fürſten.“

Wie groß alſo auch der perſönliche Unterſchied zwiſchen Sperges
und Lederer ſein mochte, in ihrer amtlichen Stellung und in aus=
gezeichneter Erfüllung der mit ihr verbundenen Pflichten ſtanden ſie
ſich vollkommen gleich. Daher muß auch von Lederer wie von Sperges
geſagt werden, daß er als Verfaſſer aller Vorträge des Staatskanzlers
an die Kaiferin in niederländiſchen Angelegenheiten, und aller wichti=
geren Reſcripte anzuſehen iſt, welche von Wien aus nach Brüſſel
ergingen. Schon durch das bisher Erwähnte wird ausreichend dar=
gethan ſein, daß Maria Thereſia auch Allem, was ſich auf ihre
belgiſchen Provinzen bezog, rege Sorgfalt und Aufmerkſamkeit zuwandte.
Eine Aufzählung und nähere Erörterung deſſen, was während der
beiden letzten Dezennien ihrer Regierung in den öſterreichiſchen Nieder=
landen geſchah, würde jedoch den Rahmen der vorliegenden Dar=
ſtellung weit überſchreiten[356]). Wir müſſen uns darauf beſchränken,
noch Einiges anzuführen, woraus die Art der perſönlichen Einwirkung
der Kaiferin auf die niederländiſchen Angelegenheiten noch deutlicher
hervorgeht.

Das Intereſſe der Kaiferin an Allem, was die Niederlande
anging, wird durch die Ungeduld bewieſen, mit welcher ſie dem Be=
richte entgegenſah, den ihr Kaunitz am Schluſſe jedes Jahres über
die während deſſelben in den belgiſchen Provinzen vorgekommenen

wichtigeren Begebenheiten zu erſtatten gewohnt war. Als er in der
erſten Hälfte des Jänner 1760 ſich bei ihr entſchuldigte, daß er ihr
den Bericht für 1759 noch nicht vorzulegen vermochte, und hinzufügte,
er werde dieß binnen kurzem thun, antwortete ſie ihm: „Ich erwarte
„ihn mit Vergnügen und wollte Sie ſchon darnach fragen" [357]). Und
als auch im Februar 1761 der Staatskanzler ihr meldete, er habe
die Angaben noch nicht völlig beiſammen, auf deren Grundlage er ihr
eine Darlegung des Zuſtandes der belgiſchen Finanzen zu erſtatten
vermöchte, erwiederte Maria Thereſia: „Ich begreife ſehr wohl, daß
„das Finanztableau noch nicht fertig ſein kann. Aber wenigſtens die
„Schilderung der anderen Zweige der politiſchen Verwaltung wäre zu
„betreiben, um ſie ebenſo wie diejenige Italiens an mich gelangen
„zu laſſen" [358]). Und als Kaunitz, um ſie zufrieden zu ſtellen, ihr
binnen wenig Tagen das, was ſich auf die Niederlande bezog, mit
Ausſchluß der dortigen Finanzverhältniſſe vorlegte, ſandte ſie ihm dieſe
Arbeit mit den Worten zurück: „Ich habe mit ſehr viel Vergnügen
„die ganze Denkſchrift geleſen und mit großer Genugthuung die be-
„friedigende und tröſtliche Wirkung all Ihrer Arbeiten geſehen. Ich
„erwarte", wiederholte ſie auch jetzt, „diejenige über die Finanzen und
„die über Italien" [359]).

Glänzender noch war das Lob, welches Kaunitz von der Kaiſerin
bei der Zurückſendung ſeines Schlußberichtes für das Jahr 1762
erhielt. „Erſtaunlich iſt", ſo ſchrieb ſie ihm, „was in dieſer Provinz
„und dieſem einzigen Geſchäftszweige, ganz abgeſehen von den aus-
„wärtigen, den Staats- und den italieniſchen Angelegenheiten geleiſtet
„wurde" [360]).

In dem Berichte, von welchem ſo eben die Rede war, führt
Kaunitz die bitterſte Beſchwerde über die „faſt unglaubliche Halsſtarrig-
„keit", mit der die Stände von Brabant in einem Augenblicke, in
welchem ſie die ihnen abverlangten ordentlichen und außerordentlichen
Subſidien bereitwilligſt zugeſtänden, ſich zu „den verwegenſten Be-
„gehren" hinreißen ließen. „Der Geiſt der Nation iſt gut", fährt
Kaunitz fort, „und es gibt nur einige Mitglieder der Stände, welche

„sich, die Anhänglichkeit der Bevölkerung an ihre Privilegien benützend
„und nur nach der Steigerung ihres eigenen Einflusses strebend, bis
„zu Angriffen auf die Vorrechte der Krone verirren, um unter der
„Maske von Vätern des Volkes sich in der fast unbeschränkten Ver-
„waltung der öffentlichen Fonde zu erhalten und ihre Amtsführung
„der Ueberwachung und den Nachforschungen der Regierung zu ent-
„ziehen" [361]).

Der Unmuth des Staatskanzlers wurde nicht wenig vermehrt,
als Prinz Karl von Lothringen, statt zur Durchführung der gegen die
Stände von Brabant angeordneten Maßregeln Beistand zu leisten,
Vorstellungen gegen das beabsichtigte Verfahren erhob. Um so un-
williger wurde Kaunitz hierüber, als er meinte, man habe nur dasjenige befohlen, was von dem Prinzen selbst vorgeschlagen worden sei.
Um den beabsichtigten Zweck zu erreichen, bedürfe man durchaus
der werkthätigen Hülfe des Statthalters; entschiedenes Auftreten desselben sei hiezu ganz unerläßlich. Müsse man seiner Mitwirkung entbehren, dann möge man auch gleich von vorneherein auf alle Erfolge
verzichten [362]).

Aus der Antwort der Kaiserin geht unzweideutig hervor, daß
sie dem Staatskanzler Recht gab. „Ich behalte", entgegnete sie ihm,
„den Auszug zurück, um hierüber an den Prinzen schreiben zu können.
„Wenn wir diesen Anlaß versäumen, wird für lange Zeit, fürchte ich,
„nichts mehr zu thun sein" [363]).

Wie lebhaft Maria Theresia in dieser Angelegenheit mit den
Anschauungen des Staatskanzlers sympathisirte, wird durch die Worte,
mit denen sie ihm seinen Bericht vom 14. April 1764 zurücksandte,
noch deutlicher bewiesen. Die von Cobenzl erstatteten Vorschläge hatte
er zu ihrer Kenntniß gebracht, welche genehmigt und ins Werk gesetzt
werden sollten, um die ständische Finanzverwaltung in Brabant,
Flandern, Hennegau und Luxemburg besser zu ordnen. Eifrigst trat
Kaunitz für sie ein, aber er meinte doch selbst, daß jene Maßregeln
in Brabant erfolglos bleiben würden, ja er besorgte sogar, das Beispiel
dieser Provinz werde auch auf die übrigen eine ungünstige Wirkung

hervorbringen. Zu dem, was er hinsichtlich der letzteren vorschlug, gab Maria Theresia mit den Worten ihre Zustimmung: „placet, aber ich „glaube daß man die Stände von Brabant nicht aus dem Auge „verlieren darf. Da der Prinz bis Ende Juli des künftigen Jahres „hier bleibt und noch diesen Monat von dort abreiset, besäße Cobenzl „Zeit genug, diese Provinz in Ordnung zu bringen" [364]).

Eine andere Angelegenheit, der man zwar damals bei weitem nicht die gleiche Wichtigkeit beimaß wie den Streitigkeiten mit den Ständen von Brabant, welche jedoch wenigstens für die Nachwelt viel größere Bedeutung als jene besitzt, war die Gründung einer Akademie der Wissenschaften in Brüssel. Es muß auffallen, daß Maria Theresia hiezu für die Niederlande ihre Einwilligung gab, während sie dieselbe für Wien und ihre österreichischen Erbländer fortwährend verweigerte. Die Erklärung hiefür wird wohl in dem Umstande zu finden sein, daß ihre österreichischen Minister selbst nicht sehr hohen Werth auf diese Schöpfung legten und daher ihretwegen nichts weniger als eifrig in die Kaiserin drangen, während sich Cobenzl mit großer Wärme für sie verwendete.

Das Verdienst, die Sache in Anregung gebracht zu haben, ge- bührt dem ausgezeichneten Geschichts- und Alterthumsforscher Johann Daniel Schöpflin, Professor zu Straßburg. Schon in hohem Greisen- alter stehend, händigte er bei einem vorübergehenden Aufenthalte in Brüssel dem Grafen Cobenzl eine Denkschrift ein, in der er zur Hebung der Studien in den Niederlanden die Gründung einer Akademie der Wissenschaften vorschlug. Auf Rechts- und historische Fächer wurde von seiner Seite der Nachdruck gelegt.

Bevor er in dieser Sache einen Schritt that, wartete Cobenzl die Rückkehr des Präsidenten des geheimen Rathes, Grafen Neny ab, der sich damals gerade in Wien befand. Nachdem er sich mit Neny besprochen, ging Cobenzl den Canonicus Nelis in Tournay, der sich eines bedeutenden literarischen Rufes erfreute, um ein Gutachten an. Nelis war jedoch der Meinung, daß man wenigstens vor der Hand an eine so anspruchsvolle Unternehmung wie die Gründung einer

Akademie noch nicht denken solle. Ohne irgend welches Aufsehen zu erregen, ohne ein Patent, ja ohne sogar eine öffentliche Ankündigung zu erlassen, möge man eine gelehrte Gesellschaft einsetzen, aber auch ihr keine bestimmte Form, keine feststehenden Vorschriften geben. Nur wäre Einer aus ihrer Mitte gleichsam als der Centralpunkt, somit als derjenige zu bezeichnen, der die Correspondenz führen und die Druck= legung der eingelangten Abhandlungen veranlassen sollte.

Neny ließ zwar dem weiter ausgreifenden Projecte des Professors Schöpflin alle Gerechtigkeit widerfahren, aber auch er meinte wenigstens vor der Hand dem Antrage des Canonicus Nelis den Vorzug geben zu sollen. Cobenzl stimmte ebenfalls bei, und er erklärte sich bereit, die Jahresversammlungen der neu zu errichtenden gelehrten Gesellschaft in seiner Behausung abhalten zu lassen. Auch Prinz Karl von Loth= ringen, der Anfangs größere Sympathie für das Project Schöpflins gezeigt hatte, ließ sich schließlich für den Plan des Canonicus Nelis gewinnen. Kaunitz gab gleichfalls, aber sowie der Prinz nur mit dem Hintergedanken seine Zustimmung, die gelehrte Gesellschaft möge nichts als die Vorläuferin einer glanzvolleren Vereinigung wissenschaftlicher Männer sein. Im October 1768 legte er das Project der Kaiserin vor [365]), welche hierauf die folgenden Worte erwiederte: „In Allem „genehmige ich den Plan, wie Fürst Kaunitz ihn vorschlägt. Darin, „daß ich ihn van Swieten mittheilte und auch selbst lesen wollte, liegt „die Ursache, weßhalb sich die Sache so lange verzögerte. Ich habe „diese ganze Einrichtung mit Vergnügen gelesen".

Am 5. Mai 1769 fand die erste Sitzung der gelehrten Gesell= schaft statt; sie wurde von Neny, die zweite aber von Cobenzl präsidirt; bald darauf verlor sie durch den Tod des Letzteren ihren eifrigsten Gönner. Die Entmuthigung aber, die sich in Folge dessen ihrer Mit= glieder bemächtigte, wich bald wieder dem freudigen Gefühle zuversicht= licher Hoffnung auf noch ausgiebigere Förderung, denn Cobenzls Nach= folger Starhemberg nahm den Gedanken der Gründung einer Akademie der Wissenschaften neuerdings auf. Und er ließ sich die Verwirklichung desselben in hohem Maße angelegen sein. Da er auch bei dem Prinzen

von Lothringen die gleiche Anschauung vorfand, so kam das hiezu er=
forderliche Project ohne allzu große Schwierigkeit zu Stande. Am
7. April 1772 wurde es von dem Generalgouvernement der Kaiserin
übersendet [366]), und von ihr, da auch Kaunitz es unterstützte, am
26. Juni 1772 genehmigt [367]). Aber es darf nicht unerwähnt bleiben,
und ist jedenfalls ein Beweis der Aufmerksamkeit, mit welcher Maria
Theresia die Sache prüfte, daß sie in Anbetracht der Nachlässigkeit
des Styls, mit der das zu erlassende Patent und die Statuten der
neuen Akademie abgefaßt waren, keine großen Erwartungen von der=
selben hegte. Auf ihren Befehl mußten beide Schriftstücke umgearbeitet
werden [368]), und ihre wirkliche Ausfertigung wurde daher auch nicht
früher als am 16. Dezember 1772 vollzogen [369]).

Wenn andere und gewiß wichtige Maßregeln, welche während
der zweiten Hälfte der Regierungszeit der Kaiserin Maria Theresia
in den Niederlanden getroffen wurden, hier gar nicht erwähnt werden,
so liegt die Ursache hievon darin, daß wir nichts besitzen, woraus wir
entnehmen könnten, wie Maria Theresia selbst sie beurtheilte. Schein=
bar geringfügige Dinge aber gewinnen dadurch einigen Werth, wenn
sie zu charakteristischen Aeußerungen der Kaiserin die Veranlassung
bieten. So mag erzählt werden, daß die flandrischen Stände, um
einen Beweis ihrer Anhänglichkeit an Maria Theresia zu geben, ihrem
jüngsten Sohne, dem Erzherzoge Maximilian, als er die Niederlande
besuchte, ein freiwilliges Geschenk anbieten wollten. Auf die Meldung,
welche der Vicomte Vilain XIV. hievon erstattete und Kaunitz der
Kaiserin vorlegte, antwortete sie: „Da mein Sohn als ein Privat=
„mann reiset, kann er keine öffentliche Demonstration annehmen. Ich
„bin aber darum für die Idee allein nicht weniger dankbar. Er
„könnte das, was sie ihm zudachten, auf den Anfang jener kleinen
„Militärakademie verwenden" [370]).

Bekanntlich sind es nicht immer die wichtigsten Angelegenheiten,
über welche am meisten geschrieben wird, sondern dieß ist gewöhnlich
hinsichtlich der verwickeltsten der Fall. Zu den letzteren zählten ohne
Zweifel diejenigen der Abtei Saint=Hubert, welche in den Ardennen

an der Grenzscheidung zwischen Frankreich und den österreichischen
Niederlanden lag. Ununterbrochen dauerten die Differenzen fort, die
aus diesen Verhältnissen entstanden, und sie wurden dadurch noch ver=
mehrt, daß der Bischof von Lüttich die Unterordnung des Abtes von
Saint-Hubert in geistlichen Dingen verlangte, dort aber nur geringe
Willfährigkeit fand. Er sandte seinen Kanzler, den Grafen Hoensbroeck
nach Wien, um eine ihm günstig lautende Entscheidung der Kaiserin
zu erwirken. Kaunitz war jedoch der Meinung, daß eine solche nicht
in Wien, sondern in den Niederlanden selbst gefällt werden sollte,
weil letzteres allein den verfassungsmäßigen Rechten des Landes ent=
spreche. Er bat Maria Theresia, sich in diesem Sinne gegen Hoens=
broeck in der Audienz, welche derselbe begehrt hatte, aussprechen zu
wollen [371]), und erhielt hierauf die folgende Entgegnung:

„Es ist mir sehr angenehm, daß Sie mich über diese Angelegen=
„heit aufklärten, so daß ich antworten kann, ohne etwas zu verderben.
„Im Grunde aber finde ich zwei große Uebelstände dabei. Gewiß
„ist, daß diese Mönche von St. Hubert mit uns wie mit Frankreich,
„mit Lüttich und mit Holland ihr Spiel treiben. Was mir jedoch
„am meisten am Herzen liegt, ist ihre unregelmäßige Aufführung; man
„sollte ein Einverständniß herbeiführen, um hierin Ordnung zu machen.
„Und daß die niederländische Regierung seit neun Monaten keine
„Antwort gab, ist gleichfalls unschicklich; in Lüttich hat man Recht,
„sich darüber zu beklagen" [372]).

Da gerade von Dingen die Rede ist, welche das Gebiet der
geistlichen Angelegenheiten wenigstens berührten, mag der Antwort der
Kaiserin auf einen Antrag des Fürsten Kaunitz wegen Bestellung eines
Priesters für die neu zu errichtende Capelle des niederländischen De=
partements in Wien Erwähnung geschehen. „Ich habe getrachtet",
erwiederte hierauf Maria Theresia, „die Privatcapellen so viel als
„möglich zu beseitigen, denn es gibt in der Stadt so viele Kirchen,
„und es ist weit geziemender, die letzteren, als Privathäuser zu be=
„suchen, wo man meistens in einem Winkel des Hauses, in einem
„Speisesaale oder gar in einem Wohnzimmer die Capelle errichtet,

„was unſchicklich iſt. Außerdem ſoll man all dieſen Prieſtern fort=
„während Benefizien verleihen, oder man wird unabläſſig von ihnen
„gequält. Endlich iſt der Lebenswandel ſolcher Leute oft kein ſehr
„muſterhafter zu nennen, da ſie gar keiner Disziplin unterliegen.
„Ich meine alſo lieber die Capelle und den Prieſter bei Seite zu
„laſſen" 373).

Wie in den öſterreichiſchen Erbländern überhaupt, ſo entwickelten
auch in den Niederlanden die Freimaurer in dem letzten Dezennium
der Regierung der Kaiſerin Maria Thereſia eine viel größere Thätig=
keit als früher. Die Kaiſerin, der Freimaurerei nichts weniger als
freundlich geſinnt, vernahm nur mit Mißfallen, daß in Brüſſel, und
zwar im Hauſe des Herzogs von Arenberg eine Loge errichtet worden
ſei, zu welcher auch Frauen zugelaſſen würden. Auf ihren Befehl
erhielt Starhemberg den Auftrag, den Herzog von Arenberg in ver=
traulicher Weiſe zu bedeuten, ſie erwarte von ihm die unverzügliche
Beſeitigung jener Loge. Und außerdem habe die belgiſche Landes=
regierung gegen andere Logen, die etwa entdeckt würden, nach den
Geſetzen des Landes wie gegen geheime Zuſammenkünfte zu verfahren.

Starhemberg erwiederte hierauf, daß das Gerücht, in dem Hauſe
des Herzogs von Arenberg befinde ſich eine Freimaurerloge, ſich keines=
wegs beſtätige, wohl aber würden ſolche Logen von dem Herzoge und
den Frauen ſeiner Familie beſucht. Ihr Rang und der ihrer ſonſtigen
Geſellſchaft ſeien jedoch Bürge dafür, daß daſelbſt nichts Unanſtändiges
oder ſonſt Tadelnswerthes vorkomme. Außerdem verſichere Neny, daß
in den Niederlanden kein Geſetz exiſtire, auf deſſen Grundlage derlei
Zuſammenkünfte unterſagt werden könnten. Ein ſolches müßte hiefür
eigens erlaſſen werden, was ſich jedoch aus den verſchiedenſten Beweg=
gründen keineswegs empfehle, und es könnte auch nur nach Anhörung
des geheimen Rathes und einer oder der anderen Juſtizbehörde ge=
ſchehen. Zweckmäßiger wäre eine an die Chefs aller Behörden und
an ſonſtige Perſonen von hervorragender Stellung zu richtende Auf=
forderung, ihren Untergebenen zu eröffnen, daß die Kaiſerin derlei
Verſammlungen mißbillige und erwarte, ſie würden ſich von denſelben

fernhalten und es dadurch unnöthig machen, daß sie zu strengeren Maßregeln greife, um sich Gehorsam zu erzwingen.

Kaunitz pflichtete dieser Anschauungsweise und dem auf sie gestützten Antrage Starhembergs nicht bei. Er war dafür, den Fortbestand der Freimaurerlogen in den Niederlanden unverzüglich zu verbieten und zu diesem Ende ein allgemeines Gesetz in der hiefür vorgeschriebenen Form zu erlassen[374]).

Es ist wohl nicht zu zweifeln, daß dieser Vorschlag des Staatskanzlers den Absichten der Kaiserin am meisten entsprochen hätte. Wenn sie ihm gleichwohl nicht zustimmte, so geschah dieß, weil sie, wie sie es ja gleichzeitig auch hinsichtlich der österreichischen Erbländer that, der Meinung Josephs zu folgen sich entschloß, welcher gegen ein eigentliches Verbot der Freimaurerlogen sich erklärte. „Aus der hier „beigefügten Note Seiner Majestät ersehen Sie“, antwortete Maria Theresia dem Fürsten Kaunitz, „daß er nicht glaubt, man solle gegen „diese Logen ein Gesetz ergehen lassen, wohl aber möge man die „Regierung im Allgemeinen anregen, sich pünktlich an das Verbot jeder „heimlichen Zusammenkunft zu halten. Und außerdem wird es noth„wendig sein, die Vornehmsten davon zu unterrichten, daß mir die „Sache mißfällt“[375]).

So weit ging übrigens der Widerwille der Kaiserin gegen die Freimaurerlogen doch nicht, daß sie Personen, denen sie überhaupt wohlwollte, wegen ihrer Betheiligung an denselben grollte. Wie wenig dieß der Fall war, bewies sie bei der Meldung, der Herzog von Arenberg sei an den Blattern erkrankt. Sie wurde ihr, da es bekanntlich zu den Schwächen des Fürsten Kaunitz gehörte, daß man vor ihm von den Blattern nicht reden durfte, durch Lederer erstattet, der sie gleichzeitig um Entschuldigung bat, daß er sich erlaubt habe, ihr direct zu schreiben[376]). Maria Theresia aber antwortete hierauf:

„Sie haben vollkommen Recht gethan. Da ich jedoch den Herzog „hochschätze, interessire ich mich unendlich für seine Erhaltung. Von „welcher Seite Sie für mich Nachrichten von seiner Gesundheit erlangen

„können, immer werden Sie mich verpflichten, wenn Sie mir dieselben „allsogleich übersenden 377).

So wie dem Herzoge von Arenberg, so legte Maria Theresia auch dem Fürsten Starhemberg gegenüber stets lebhaftes Wohlwollen an den Tag. „Ich bin", schrieb sie kurz vor ihrem eigenen Tode an Lederer, als er ihr von einer Erkrankung Starhembergs Mit= theilung machte, „recht beunruhigt; Sie müssen mir jeden Tag Nach= „richt von ihm geben" 378).

Aber freilich, unter all den Personen, welche damals in den Niederlanden lebten, stand der Schwager der Kaiserin, Prinz Karl von Lothringen ihr bei weitem am nächsten; immer hat sie ihm die treueste schwesterliche Zuneigung, die wärmste Freundschaft unverbrüch= lich bewahrt, und auch das, was sie an ihm mißbilligte und beklagte, brachte hierin nicht die geringste Aenderung hervor. Die ungeregelte Wirthschaft des Prinzen, die ihn oft in Geldverlegenheiten brachte, bei denen Maria Theresia mit sehr großen Summen für ihn ein= treten mußte, und vielleicht noch mehr seine Verhältnisse zu Frauen sind hiebei in erster Linie zu nennen. Insbesondere muß die Gräfin Choiseul=Meuse als diejenige bezeichnet werden, die den Prinzen in dessen letzten Lebensjahren so ziemlich beherrschte. Und sie mißbrauchte ihn nicht selten, um durch seinen Einfluß die Erfüllung von Wünschen und Begehren zu erreichen, die an und für sich nichts weniger als gerechtfertigt erschienen. „Der Prinz selbst ist es", schrieb Maria Theresia einmal an Lederer, „der mir in seinem Briefe diese Bitt= „schrift übersandte. Ich werde ihm deutlich antworten, daß dabei gar „nichts zu thun ist. Man sieht die Gewalt, welche diese Frau über „ihn ausübt" 379).

Wie wenig jedoch diese Schwäche des Prinzen den liebevollen Antheil beeinträchtigte, welchen Maria Theresia fortwährend an dem Wohlergehen ihres Schwagers nahm, wird durch ein zweites Billet, das sie fast gleichzeitig an Lederer richtete, deutlich bewiesen. Er hatte ihr eine Meldung Starhembergs vorgelegt, worin von einer leichten

Erkrankung des Prinzen die Rede war; eine Mahnung an Gicht meinte man in ihr erblicken zu sollen. „Gott sei Dank", antwortete sie hierauf, „der Prinz schreibt mir selbst von der Gicht, doch glaubt „er nicht an sie. Es ist so, wie es mit van Swieten begann und sich „fast ein Jahr lang hinzog" [380]).

Wenn Maria Theresia durch diese Worte vielleicht ihre Be= sorgniß andeuten wollte, der Prinz werde höchstens noch ein Jahr leben, so täuschte sie sich hierin. Aber drei Jahre später, im Sommer 1780 ging es mit ihm wirklich zu Ende. Am 4. Juli starb er in dem Schlosse zu Tervueren, wo er so glückliche Tage verlebt hatte, selbst zufrieden und Zufriedenheit um sich her verbreitend. Sein Tod wurde von der Kaiserin aufs tiefste beklagt.

„Der Verlust meines lieben Schwagers", schrieb sie einige Wochen später an die Gräfin von Enzenberg, „war mir äußerst empfindlich; „nie werde ich seiner vergessen. Ich weiß wie sehr Sie darüber be= „trübt waren, und das gereicht mir zum Troste. Ich habe mit seinem „Beichtvater, Pater Hallerstein gesprochen, den er durch drei und vierzig „Jahre besessen. Er hat mich versichert, daß er mit seinem Tode, „seiner Ergebung und seinem Vertrauen auf den Willen Gottes äußerst „zufrieden war. Ich meinte Ihnen dieß zu Ihrem Troste mittheilen „zu sollen" [381]).

Aber nicht nur im vertraulichen Verkehre mit befreundeten Per= sonen, auch nach Außen hin wollte Maria Theresia ihrem Schmerze um ihren Schwager einen überallhin erkennbaren Ausdruck verleihen und sein Andenken ehren. So gerechtfertigt ein derartiges Gefühl auch zweifelsohne war, so läßt sich doch nicht leugnen, daß die Kaiserin keinen glücklichen Griff that bei der Wahl des Mittels, durch welches sie dasselbe an den Tag legen wollte. Immer hatte sie den Prinzen für einen weit größeren Feldherrn gehalten, als er jemals war, und daher dachte sie ihm auch jetzt die höchste militärische Auszeichnung zu Theil werden zu lassen, die es überhaupt gab; sein Regiment sollte für alle Zukunft den Namen des Prinzen behalten.

Bei der Durchführung dieser Maßregel stieß jedoch Maria
Theresia auf den entschiedensten Widerspruch von Seite des Kaisers.
„Was das Regiment angeht", antwortete er ihr auf die Mittheilung
ihrer Absicht, „so erscheint es mir als meine Pflicht, Eurer Majestät
„diese Gegenvorstellung zu machen. Die Auszeichnung, den Namen
„seines Inhabers auf immerwährende Zeiten zu behalten, wurde nie
„einem Anderen zugestanden als dem Prinzen Eugen. Ich lasse Sie
„selbst urtheilen, welcher Lächerlichkeit es in den Augen der ganzen
„Welt den Verstorbenen preisgeben wird, wenn man ihn mit jenem
„großen Manne vergleicht, welcher der Monarchie sieben Schlachten
„gewann, während Prinz Karl ihr deren sieben verlor; darin liegt
„der Unterschied. Und würden Sie wünschen, daß es fortan den Namen
„Lothringen behalte? Auch da muß ich es neuerdings Ihrer Be-
„urtheilung anheimstellen, ob Sie, nachdem Sie selbst unzweifelhaft
„der Führung dieses Titels entsagten, es als angemessen betrachten,
„daß eines Ihrer Regimenter mit demselben bezeichnet werde? Das
„sind meine Gründe, sie scheinen mir klar, und was Eure Majestät
„auch thun mögen, so werden Sie doch niemals in den Augen des
„Publicums und der Armee die ungünstige Meinung austilgen können,
„welche vielfaches Mißgeschick — und von was für einer Art — das er
„während der ganzen Zeit erlitt, als er Ihre Armeen befehligte, der
„Person des Prinzen zuzog." Alles was dem Regimente des Prinzen
zu Theil werden könnte, bestünde darin, meinte der Kaiser, es dem
Erzherzoge Ferdinand, zweitgebornem Sohne des Großherzogs Leopold
von Toscana zu verleihen. „Noch mehr thun zu wollen", so schloß
er diesen Absatz seines Schreibens, „würde dem Verstorbenen mehr
„schaden als ihm zur Ehre gereichen. Denn es gibt Dinge, die man
„nicht mehr ins Gedächtniß zurückrufen soll. Und verlorene Schlachten
„gehören ohne Zweifel zu ihnen" [382]).

Es mag sein, daß die Worte des Kaisers den Vorwurf der
Schonungslosigkeit verdienen, und daß Maria Theresia aus diesem
Grunde von ihnen recht peinlich berührt wurde. Aber sie konnte sich
doch nicht verhehlen, daß sie der Wahrheit entsprachen, und darum
blieb auch ihr Vorsatz unausgeführt.

Achtes Capitel.
Die äußeren Verhältnisse.

———

Was auch, und gewiß nicht ganz mit Unrecht, dagegen einzu=
wenden war, daß die Leitung der inneren Angelegenheiten zwei ungemein
wichtiger österreichischer Länder, der Lombardie und der Niederlande
nicht in den Händen der obersten Verwaltungsbehörde des Staates,
sondern in denen des Chefs des auswärtigen Amtes lag, so kann doch
nicht gesagt werden, daß bei dieser Einrichtung, so eigenthümlich sie auch
sein mochte, jene beiden Provinzen irgendwie zu Schaden gekommen
wären. Es wurde vielmehr gezeigt, daß sowohl die Kaiserin als Kaunitz
ihnen rege Aufmerksamkeit und eifrige Fürsorge zuwandten. Aber die
Hauptaufgabe des Letzteren bestand darum doch nicht minder in der
Besorgung der äußeren Geschäfte; sie nahmen den Staatskanzler in
noch weit höherem Maße als die lombardischen und die niederländischen
Angelegenheiten, sie nahmen ihn auch viel mehr als die sonstigen zahl=
reichen und wichtigen Fragen in Anspruch, in denen er — obgleich
sie nicht eigentlich seinem amtlichen Wirkungskreise angehörten — von
Maria Theresia fortwährend um seine Meinung und seinen Rath
angegangen wurde.

Wie man auch über die von dem Fürsten Kaunitz befolgte
Politik urtheilen mag, das wird Niemand bestreiten können, daß sie
das Ergebniß eines reiflich überdachten und folgerichtig durchgeführten
politischen Systems war, wie ein solches seither in Oesterreich nie
wieder mit gleicher Consequenz festgehalten wurde. Die Allianz mit
Frankreich bildete die Grundlage dieses Systems, und mehr als zwanzig

Jahre, nachdem sie abgeschlossen worden, war Kaunitz gerade so, ja
wahrscheinlich in noch viel höherem Grade von ihrer Vortrefflichkeit
überzeugt, als an dem ersten Tage ihres Bestandes. Durch dieses
Bündniß habe sich, so ließ er sich noch im Jahre 1777 vernehmen [383]),
die politische Lage der österreichischen Monarchie mit einem Schlage
verändert. Sowohl die Niederlande als die österreichischen Besitzungen
in Italien seien sichergestellt worden gegen jegliche Gefährdung. Die
unabläsfigen Aufhetzungen Frankreichs bei der Pforte gegen Oesterreich,
früher in Constantinopel systematisch betrieben, seien vollständig ver-
stummt. Ebenso habe die stete Schürung des Zwiespaltes im deutschen
Reiche ein Ende gefunden. Des ganzen Schwarmes der bezahlten oder
sonst gewonnenen Verbündeten Frankreichs, die man früher gegen sich
gehabt, sei man entledigt, dadurch aber in den Stand gesetzt worden,
das Herz der Monarchie gegen ihren gefährlichsten Nachbar mit ungetheilter Kraft zu vertheidigen.

Es lasse sich daher auch nicht leugnen, meint Kaunitz weiter,
daß die Allianz mit Frankreich viel mehr zum Vortheile Oesterreichs
als zu demjenigen Frankreichs gereiche. Letzteres habe früher von
Oesterreichs Nachbarschaft wenig zu besorgen gehabt, und dürfe sich
auch jetzt von ihm, da es der Gefahr eines Landkrieges nicht so leicht
ausgesetzt sei, keine wesentliche Unterstützung versprechen, wogegen sich
der Fall einer von Frankreich an Oesterreich zu leistenden Hülfe weit
eher ergeben könne. Ueberdieß sei Frankreich durch sein Bündniß mit
Oesterreich die Gelegenheit benommen worden, von seiner Hauptstärke,
nämlich seiner Landmacht den rechten Nutzen zu ziehen, sich durch
etwaige Eroberung und spätere Zurückstellung der Niederlande, wie es
zur Zeit des Aachener Friedens geschehen, für Verluste zur See schadlos
zu halten, und England zu billigeren Friedensbedingungen zu bringen.

Wären nun auch die größeren Vortheile des Bündnisses von
Versailles ohne Zweifel auf österreichischer Seite, so finde doch auch Frankreich, so lang es nicht von Eroberungsgedanken beherrscht werde und die
Aufrechthaltung des Friedens beabsichtige, dabei seine Rechnung. Denn
ohne Besorgniß vor einer Gefährdung durch einen Landkrieg könne

es seine ganze Aufmerksamkeit der Verstärkung seiner Seemacht und seinen gegen England gerichteten Bestrebungen zuwenden.

Hiezu komme noch die Betrachtung, daß seit der Auflösung der Allianz zwischen Frankreich und Preußen alle protestantischen Mächte mit einziger Ausnahme von Schweden gegen Frankreich Partei nähmen, so daß der frühere Anlaß, sich mit den protestantischen Staaten gegen die katholischen zu verbünden, für Frankreich völlig hinwegfalle. Sein wesentliches Interesse weise es vielmehr jetzt auf Unterstützung der Katholiken, und daher auch auf die Allianz mit Oesterreich an.

Besitze nun auch Frankreich großes Interesse daran, dieselbe aufrecht zu erhalten, so sei dieß für Oesterreich in noch weit höherem Maße der Fall. Doch habe man sich, indem man eifrigst hierauf hinwirke, fortwährend die Eigenthümlichkeiten des französischen National-charakters gegenwärtig zu halten. Man müsse daher der französischen Regierung zwar eine wahre und vollkommene Freundschaft, nie aber ein allzu drängendes Verlangen nach Beibehaltung der Allianz zeigen. Allzuleicht käme sie in die Versuchung, eine gebieterische und herrsch-süchtige Haltung anzunehmen, die auf die Länge nicht nur nachtheilig, sondern geradezu unerträglich werden könnte.

Wenn irgendwo, so mußte in Frankreich zwischen dem Staats-oberhaupte, dem Könige Ludwig XVI., und der Regierung, d. i. dessen Ministern, streng unterschieden werden. Nicht den Ersteren, wohl aber die Letzteren hatte Kaunitz im Auge, wenn er die von dorther zu besorgende Anmaßung hervorhob. In seinem schlichten und einfachen Sinne war der König von einer solchen sehr weit entfernt. Gerade das Gegentheil aber war bei seinen Ministern der Fall, und man kann außerdem wohl sagen, daß wenigstens das Haupt des Ministeriums, Graf Maurepas, und der Minister des Aeußern, Graf Vergennes, kaum zu den aufrichtigen Anhängern der Allianz zwischen Oesterreich und Frankreich gezählt werden durften. Der Umstand, daß dieses System seit mehr als zwanzig Jahren als die Basis der politischen Stellung Frankreichs angenommen war, der freilich nur sehr schwache Wille des Königs, und weit mehr noch der Einfluß der Königin wirkten

jedoch bestimmend darauf ein, daß auch die französischen Minister die
Bahnen nicht verließen, in denen das Staatsschiff zu der Zeit sich
bewegt hatte, in der sie an dessen Ruder gelangt waren.

Auf den ersten Blick wird man somit den Unterschied gewahr,
der hinsichtlich des Festhaltens an der beiderseitigen Allianz in Oesterreich und in Frankreich bestand. Am Wiener Hofe waren sowohl
Maria Theresia als Kaunitz diesem Bündnisse, man kann wohl sagen
mit Herz und mit Sinn ergeben, denn bei der Kaiserin wenigstens
spielte hiebei auch das Herz eine sehr bedeutsame Rolle. In Frankreich aber war der König selbst, wenngleich an und für sich der Allianz
mit Oesterreich geneigt, doch unthätig und apathisch, wenn es darum
sich handelte, die Wirkungen derselben zur Geltung zu bringen. Und
man wird wohl annehmen dürfen, daß es in den maßgebenden französischen Kreisen nur eine einzige Person gab, welche mit aller Kraft
ihrer Seele an dem Bündnisse mit Oesterreich hing: die Königin
Marie Antoinette.

Es läßt sich gewiß nicht behaupten, Maria Theresia habe ihre
jüngste Tochter nur aus dem Grunde dem dereinstigen Erben der
Königskrone Frankreichs vermält, um an ihr einen unlösbaren Kitt
für das Bündniß zwischen den beiden Staaten zu besitzen. In ihrer
mütterlichen Liebe und ihrer Sorgfalt für ihre Kinder würde sie wohl
unter allen Umständen lebhaft gewünscht haben, für eines derselben
eine Stellung zu erlangen, welche in ihrer Art wohl die beneidetste
und glanzvollste in ganz Europa genannt werden mußte. Als ihr
dieß aber gelungen war, trachtete Maria Theresia mit einem Eifer,
der manchmal sogar ein zu weit getriebener sein mochte, ihre Tochter
anzuregen zu Allem, was zur Befestigung der Allianz nur irgendwie
beitragen konnte.

Schon in dem ersten Briefe, den sie nach Empfang der Nachricht von der Thronbesteigung ihres Schwiegersohnes und ihrer Tochter
der Letzteren schrieb, brachte Maria Theresia die Allianz mit Frankreich zur Sprache. „Das Interesse unserer beiden Staaten verlangt",

sagte sie zu ihr, „daß wir uns durch dasselbe ebenso eng wie durch „das unserer Familie aneinander gebunden erachten. Euer Ruhm, „Euer Wohlsein liegt mir gerade so am Herzen wie das unsere. Jene „unglücklichen Zeiten der Eifersucht zwischen unseren Staaten und „Interessen existiren nicht mehr. Aber unsere heilige Religion und „das Wohl unserer Länder begehren, daß wir sowohl durch unsere „Herzen als unseren Vortheil eng mit einander verknüpft seien, und „daß alle Welt die Festigkeit dieses Bandes erkenne" [384]).

Mit noch eindringlicheren Worten kam Maria Theresia hierauf in ihrem nächsten Briefe an ihre Tochter zurück. „Glücklicher Weise", so lauten sie, „sind unsere Interessen, und zwar nicht allein die unserer „Herzen, sondern auch die unserer Staaten so innig mit einander „verbunden, daß um sie gut zu besorgen, wir dieß mit jenem gegen= „seitigen Zutrauen, zu welchem der verstorbene König die erste Grund= „lage legte, thun, und solches trotz der verschiedenen seither eingetretenen „Veränderungen immer gleichmäßig fortsetzen müssen. Von meinen „geliebten Kindern erwarte ich dieß auch; eine Verringerung würde „mir den Tod geben. Unsere beiderseitigen Monarchien bedürfen ohne= „hin nur der Ruhe, um unsere Angelegenheiten in Ordnung zu bringen. „Wenn wir stets in engster Vereinigung handeln, wird Niemand uns „stören bei unserer Arbeit, und Europa wird sich des Glückes der „Ruhe erfreuen. Nicht nur unsere Völker allein werden glücklich sein, „sondern auch alle diejenigen, welche nicht darnach trachten, zu Gunsten „ihrer besonderen Interessen diese Ruhe zu stören. Die ersten zwanzig „Jahre meiner Regierung geben davon Zeugniß, und seit unserer „glücklichen Allianz, welche durch so viele der zartesten Bande befestigt „ist, beginnt sich die Ruhe zu verbreiten, deren Erhaltung durch eine „Reihe von Jahren gewünscht werden muß. Mercy wird Dich über „Alles aufklären können, was auf die allgemeinen Angelegenheiten nur „immer Bezug hat." Und schon früher wurde Mercy der Königin von ihrer Mutter als derjenige bezeichnet, der ihr nicht nur unbedingt ergeben, sondern von Allem unterrichtet und würdig sei, daß sie ihm ein unbegränztes Zutrauen schenke. „Er ist eben so gut", sagte sie von ihm, „Dein Minister wie der meine" [385]).

An ihre drängenden Mahnungen zu unverbrüchlichem Festhalten an der Allianz knüpfte Maria Theresia Aeußerungen der lebhaftesten Freude über die Nachrichten, die sie von den ersten Regierungshand- lungen des Königs empfing. „Alle Welt ist darüber", schrieb sie am 1. Juni, „in Extase". „Und genug Ursache", fuhr sie fort, „ist dazu „vorhanden. Ein König von zwanzig und eine Königin von neunzehn „Jahren; alle ihre Handlungen aber erfüllt von Menschlichkeit, von „Großmuth, von Klugheit und sehr großer Urtheilskraft. Die Religion, „die Sitten, welche so nothwendig sind, um des göttlichen Segens „theilhaft zu werden und die Völker im Zaume zu halten, werden „dabei nicht vergessen. Ich bin in der Freude meines Herzens und „bitte Gott, daß er Euch so für Eure Völker, für die ganze Welt, „für Eure Familie und für Eure alte Mutter erhalte, die Ihr wieder „aufleben macht" [356]).

Sechs Wochen vergehen, und der Ton der Freude, der in den ersten Briefen der Kaiserin herrschte, ist zwar noch nicht herabgestimmt, aber schon finden sich Bemerkungen, welche darthun, daß auch Nach= richten nach Wien kamen, deren Inhalt Maria Theresia nicht mehr rückhaltslos billigen konnte. „Alles ist von Begeisterung ergriffen", schrieb sie am 16. Juli ihrer Tochter, „ist ganz närrisch über Euch. „Man verspricht sich das höchste Glück, und neues Leben gebt Ihr „einem Volke, welches auf dem Punkte war zu Grunde zu gehen, und „das seine Anhänglichkeit an sein Königshaus allein noch aufrecht „erhielt. Zu seinem Lobe muß man das sagen, aber es ist lebhaft, „und je mehr es des Königs bedarf und von ihm Alles erwartet, „desto größer wird die Schwierigkeit sein, es zufrieden zu stellen; hiezu „gibt es nur ein Mittel: feste Grundsätze anzunehmen und sich von „ihnen nicht mehr zu entfernen. Es ist besser, für genau und wirth= „schaftlich, für gerecht und religiös, wie man erwartete, daß Ludwig XVI. „sein werde, zu gelten, als von ihm zu glauben, er werde sich gut= „müthig und schwach zeigen und nicht der ersten Idee entsprechen, „die man sich von ihm gebildet und von der Du die wunderbaren „Wirkungen selbst nach Außen hin gesehen hast." Die Verabfolgung sehr beträchtlicher Geldsummen an einzelne Personen habe, fährt die

Kaiserin fort, viel Eindruck auf die Bevölkerung gemacht. Aber man
habe nicht etwa die Großmuth des Königs bewundert, sondern nach
den Gründen geforscht, die ihn zu solchen Schritten veranlaßt haben
konnten. Und da habe man sich gesagt, er werde keine Festigkeit
zeigen und sich von Günstlingen leiten lassen.

In dem gleichen Briefe kommt die Kaiserin noch einmal auf
die ungeheuren Ausgaben zurück, von denen man behaupte, daß sie
bevorstünden. Und von der Königin sei ihr gesagt worden, daß sie
den Mitgliedern ihrer Familie mit allzu viel Vertraulichkeit begegne.
Marie Antoinette möge das mit Sorgfalt vermeiden und sich ins=
besondere vor dem Grafen Artois hüten, den man großer Keckheit
beschuldige. So wie hinsichtlich dieses Punktes, so möge sie sich auch
vor Verschwendung in Acht nehmen und sich mit ernsten Dingen be=
schäftigen; letzteres könne ihr höchst nützlich werden, wenn der König
sie um Rath frage oder freundschaftlich mit ihr rede [387]).

Die Antwort, welche Marie Antoinette hierauf ihrer Mutter
ertheilte, war ganz dazu geeignet, die Kaiserin mit den besten Er=
wartungen zu erfüllen. Nicht nur die Kindlichkeit des Tones, den
ihre Tochter ihr gegenüber annahm, mußte sie wohlthuend berühren,
auch die guten Vorsätze, die sie aussprach, konnten nur die gleiche
Wirkung hervorbringen. Nie werde sie, ließ die Königin sich ver=
nehmen, ihren Gemal zu größeren Ausgaben verleiten; sie weise sogar
die Bitten derer zurück, welche durch ihre Vermittlung Geld von ihm
haben wollten. Sie könne zwar nicht Richterin über sich selbst sein,
aber sie glaube sagen zu dürfen, daß in der königlichen Familie nur
der Ton der Freundschaft und der jugendlichen Heiterkeit herrsche.
Allerdings sei der Graf von Artois sehr lebhaft und unbesonnen, aber
sie lasse ihn auch sein Unrecht fühlen. Sie müsse wohl gestehen, daß
sie in zu großer Zerstreuung lebe und der Beschäftigung mit ernsten
Dingen eine gewisse Trägheit entgegenbringe. Aber sie wünsche und
hoffe sich allmälig zu bessern, und ohne sich je in Intriguen zu
mengen, in den Stand zu setzen, dem Vertrauen des Königs zu ent=
sprechen, der fortwährend in guter Freundschaft mit ihr lebe [389]).

Maria Theresia war gewiß hocherfreut über .diese und ähnliche
Aeußerungen und Vorsätze ihrer Tochter. Eine Weile mochte sie auch
glauben und erwarten, daß sie dem Verfahren derselben zur Richt=
schnur dienen würden. Aber allmälig wurde die Besorgniß immer
stärker in ihr, die Wahrnehmung immer gewisser, daß dem keineswegs
so sei. Stets weniger günstig lauteten die Nachrichten, die sie aus
Frankreich über das Benehmen ihrer Tochter erhielt, und von Tag
zu Tag nahm daher auch die Unruhe der Kaiserin zu. Dem Grafen
Mercy gegenüber verhehlte sie ihre Befürchtung nicht, die Königin
werde durch ihre Vergnügungssucht und ihre Saumseligkeit den ge=
eigneten Augenblick, sich einigen Einfluß auf die Geschäfte zu sichern,
ungenützt vorübergehen lassen; dann werde es zu spät hiefür sein [389]).

Allerdings kamen auch wieder Zeiten, in denen Maria Theresia
neue Hoffnungen schöpfte und das Benehmen der Königin milder
beurtheilte. „Es ist nur zu wahr", schrieb sie in den ersten Tagen
des Jahres 1775 an Mercy [390]), „daß die glanzvolle Stellung, in der
„meine Tochter sich befindet, von ihrer Seite etwas mehr Aufmerksam=
„keit und Anstrengung, insbesondere hinsichtlich der Lecture erfordern
„würde. Aber theils ihre Jugend, theils ihr Abscheu vor dem Lesen,
„welcher leider, ich muß es gestehen, fast all meinen Kindern eigen ist,
„verlangen Zeit, um sie diese Fehler verbessern zu machen." Außerdem
sei sie, fügte Maria Theresia hinzu, mit der Haltung ihrer Tochter
doch ziemlich zufrieden. Und dem Kaiser gegenüber, welcher seine
Schwester manchmal in einem Tone zurecht weisen wollte, der selbst
dem älteren Bruder nicht wohl anstand, trat Maria Theresia rück=
haltslos für sie ein. Er könne wohl, sagte sie ihm, seinen Briefwechsel
mit ihr vollständig abbrechen, aber er besitze kein Recht, sich einer so
verletzenden Sprache gegen die Königin von Frankreich zu bedienen [391]).

Nicht lang dauerte die Freude der Kaiserin, dazu beigetragen
zu haben, daß die Beziehungen Josephs zu seiner Schwester Marie
Antoinette, gegen welche ihn vornehmlich der französische Botschafter
in Wien, Louis von Rohan einzunehmen gesucht hatte [392]), sich wieder
besser gestalteten. Im Februar 1775 war der Erzherzog Maximilian,

von Rosenberg begleitet, nach Versailles gekommen, und dieser Besuch
gab Veranlassung, daß die Königin, welche Rosenberg seit ihrer Kind=
heit kannte, ihm vertrauliche Briefe schrieb, in die sie spottende
Bemerkungen über ihren Gemal, den König mit einfließen ließ. Ins=
besondere berührte es peinlich, daß sie ihn einen „pauvre homme“
nannte, und dadurch seine Schwäche und Beschränktheit der Lächer=
lichkeit preisgab [393]). Joseph war erbittert über dieses unziemliche
Benehmen seiner Schwester, und in den stärksten Ausdrücken wollte
er es ihr vorhalten.

Eifrig war jedoch Maria Theresia bemüht, den Kaiser wieder
abzubringen von diesem Vorhaben. Freilich war sie über das tadelns=
werthe Verfahren der Königin nicht weniger betrübt als er, ja ihr
Mutterherz mochte dasselbe wohl noch weit schmerzlicher empfinden.
„Ich gestehe", schrieb sie an Mercy, „bis auf den tiefsten Grund
„meines Herzens bin ich von diesem Gefühle durchdrungen. Welch
„ein Styl, welche Denkungsart! Ich werde dadurch nur allzusehr in
„meinen Befürchtungen bestärkt: mit großen Schritten läuft sie in ihr
„Verderben, und sie wird noch glücklich sein, wenn sie, indem sie sich
„selbst zu Grunde richtet, sich wenigstens die Tugenden erhält, die
„ihrem Range gebühren“ [394]). Aber die Kaiserin meinte doch, nicht
Sache des Bruders, sondern der Mutter sei es, das auf Irrwege
gerathene Mitglied der Familie durch ernste Vorstellungen wieder
zurückzuleiten in die richtige Bahn. Darum nahm sie diese Aufgabe
auf sich selbst, ihren Sohn aber bewog sie, seinem ersten Gedanken
wieder zu entsagen und in viel milderem Tone, als es seine Absicht
gewesen, seiner Schwester zu schreiben [395]).

Leider mußte Maria Theresia sich mehr und mehr mit der
Ueberzeugung durchdringen, daß bei ihrer Tochter mit Güte ebenso=
wenig als mit strengen Worten sich ausrichten lasse. Immer lauter
und lebhafter wurden die Klagen, die ihr aus Frankreich über das
Benehmen der Königin zukamen. Ohne ihr irgend ein wirkliches
Vergehen zur Last legen zu können, war man doch einstimmig in dem
Tadel der Vernachlässigung ihres Gemals, die sie sich zu Schulden

kommen ließ, ihrer Mißachtung des äußeren Scheines, der Günstlings-
wirthschaft, der sie immer freieren Spielraum gewährte, ihres rastlosen
Jagens nach Vergnügungen der glänzendsten und daher auch der kost=
spieligsten Art, ihrer Verschwendungssucht, ihres ausgesprochenen Wider=
willens endlich gegen jegliche Beschäftigung ernsterer Art. Immer mehr
mußte sich Maria Theresia von der Fruchtlosigkeit der Warnungen
überzeugen, die sie bisher in ihre Briefe an die Königin hatte ein=
fließen lassen, und sie hielt es für ihre Pflicht, allmälig wieder zu
ernsteren Ermahnungen zu schreiten.

„Nichts fürchte ich für Dich", schrieb sie ihr am 30. Mai 1776,
„da Du noch so jung bist, als allzuviele Zerstreuungen. Nie hast Du
„die Lectüre, noch irgend eine Anstrengung geliebt; das hat mich oft
„in Unruhe versetzt. Ich war so zufrieden, als ich Dich mit der
„Musik beschäftigt sah, und aus dem gleichen Grunde habe ich Dich
„so oft nach der Lectüre gefragt. Seit mehr als einem Jahre ist
„weder von der einen noch der anderen die Rede, und ich höre von
„nichts als von Pferderennen, von eben solchen Jagden, in Gesellschaft
„wenig ausgewählter Jugend, und immer ohne den König; das be=
„unruhigt mich sehr, da ich Dich zärtlich liebe. Deine Schwägerinnen
„handeln anders, und ich gestehe: all diese lärmenden Vergnügungen,
„bei denen der König nicht anwesend ist, geziemen sich nicht. Du
„wirst mir sagen: er weiß von ihnen und er gestattet sie. Ich aber
„antworte darauf: gerade darum mußt Du vorsichtiger sein und Deine
„Vergnügungen mit den seinigen verbinden. Auf die Länge kannst
„Du doch nur durch eine zärtliche und aufrichtige Vereinigung und
„Freundschaft mit ihm glücklich sein" [390]).

Man kann der Königin das Zeugniß nicht versagen, daß sie
sich zwar ihrer Mutter gegenüber zu entschuldigen suchte, daß sie dieß
jedoch allzeit nur in dem Tone kindlichster Unterwürfigkeit that. „Deine
„Rechtfertigung finde ich", schrieb ihr Maria Theresia am 30. Juni
1776, „keineswegs zu lebhaft; ich bin vielmehr hocherfreut über sie,
„denn mein Herz ist immer in Uebereinstimmung mit Dir, und nur
„mit Schmerz glaubt es an das, was gegen Dich sein könnte. Aber

„als Mutter und als Freundin meine ich Dich von dem unterrichten
„zu müssen, was man von Dir spricht, auf daß Du in der Mitte
„einer so leichtfertigen und so schmeichlerischen Nation auf Deiner
„Hut seiest" [397]).

Mit so großer Befriedigung jedoch auch Maria Theresia Kennt=
niß nahm von der Rechtfertigung ihrer Tochter, mit so bitterem
Schmerze mußte sie sich davon überzeugen, wie unbegründet dieselbe
doch eigentlich war. Denn binnen kürzester Frist hatte ihr Mercy
von einer neuen Verschwendung der Königin zu berichten, welche dieß=
mal in dem Ankaufe äußerst kostspieliger Juwelen bestand [398]).

Nicht so sehr der Königin, als Mercy gegenüber gab Maria
Theresia dem Gefühle der Erbitterung über dieses Ereigniß unver=
holenen Ausdruck. „So jung als meine Tochter in dem Augenblicke
„ihrer Abreise von hier auch war", schrieb sie ihm am 31. Juli [399]),
„so habe ich doch in ihrem Charakter sehr viel Leichtfertigkeit, Unfleiß,
„hartnäckiges Festhalten an ihrem eigenen Willen, mit ebensoviel
„Geschicklichkeit erkannt, den Vorstellungen auszuweichen, die man ihr
„machen könnte. Der Erfolg beweiset, daß ich mich in meinem
„Urtheile nicht täuschte, und er wird zeigen, ob Alter und Nachdenken
„diese Fehler zu bessern vermögen. Ich werde es übrigens nur will=
„kommen heißen, künftighin von der Last befreit zu sein, mit meiner
„Tochter über die einzelnen Punkte ihres Benehmens Erörterungen
„zu pflegen. Nur auf Ihre Bitten ließ ich mich bisher von Zeit zu
„Zeit hiezu herbei, und ich theilte Ihnen sogar meine Briefe mit.
„Von nun an werde ich mich nur mehr so weit darein mengen, als
„Sie selbst es mir vorschlagen, und Sie müssen mir hiezu den Inhalt
„meiner Briefe andeuten, welche sich außerdem nur auf Guten Morgen
„und Guten Tag, auf das schöne Wetter und den Regen erstrecken
„sollen, da die Correspondenz meiner Tochter keinen anderen Anhalts=
„punkt darbietet. Gerade jetzt finde ich mich in dem Falle, Sie zu
„fragen, ob ich ihr nicht durch den nächsten Courier über den neuen
„Ankauf von Diamanten, den sie gemacht, schreiben und sie fühlen
„lassen soll, daß dieses Ereigniß, welches allgemein bekannt und von

„verschiedenen Seiten hieher gemeldet wurde, mir eben so wenig als
„die Großmuth des Königs entgehen konnte, der sie bei der Bestreitung
„jener, freilich höchst überflüssigen Ausgabe unterstützte. Im Vertrauen
„sage ich Ihnen, daß ich hiezu nichts mehr beizutragen gedenke."

Mercy gab Alles, was Maria Theresia über die Königin schrieb,
bereitwillig zu; insbesondere fand er das, was sie von ihrem Eigen=
sinn und ihrer Geschicklichkeit sagte, mit allerlei Ausflüchten jede Gegen=
vorstellung zu entkräften, leider nur zu wahr. Aber er rieth doch
dringend, die Kaiserin möge ihre Ermahnungen nicht einstellen; ja er
meinte, dieselben sollten, um nicht ganz wirkungslos zu bleiben, der
ernstlichsten Art sein [400]).

Bereitwillig erfüllte Maria Theresia das Begehren Mercy's,
und sie schrieb in dem von ihm angedeuteten Sinne an ihre Tochter.
Sie fuhr auch — und Marie Antoinette gab häufig genug Ver=
anlassung hiezu — mit ihren Warnungen und Ermahnungen fort.
Aber sie versprach sich doch keinerlei Wirkung mehr von denselben, und
die Ueberzeugung von ihrer gänzlichen Erfolglosigkeit schlug immer
tiefere Wurzeln in ihr. Darum wußte sie auch nicht, ob sie auf die
Reise, welche der Kaiser in der ersten Hälfte des Jahres 1777 nach
Frankreich zu unternehmen gedachte, irgendwelche Hoffnungen bauen
dürfe. Sie wünsche mehr als sie erwarte, schrieb sie an Mercy,
daß Alles nach Wunsch gehe, und daher erkläre sie sich weder für
noch gegen die beabsichtigte Reise [401]).

Schon in den ersten Monaten des Jahres 1774 hatte Joseph
diesen Plan ausführen wollen, und er war froh, daß es nicht ge=
schehen war, denn er wäre gerade recht gekommen zu dem schreck=
lichen Ende König Ludwigs XV. Dann hatte ihn seine Schwester,
und zwar um die Zeit der Königskrönung ihres Gemals, dringend
nach Frankreich geladen, von ihrem Bruder aber, der gerade damals
in Folge ihrer Briefe an Rosenberg höchst unzufrieden mit ihr war,
eine ausweichende Antwort erhalten. Nun kam der Kaiser aus eigenem
Antriebe auf sein früheres Reiseproject zurück. Wohl mochte seine
Sehnsucht, fremde Länder, und insbesondere dasjenige zu sehen, welches

nicht mit Unrecht als das in der Civilisation am weitesten vorgeschrittene galt, der Hauptbeweggrund des Kaisers hiebei sein. Aber ganz ohne allen Einfluß blieb auch die Absicht nicht auf ihn, mit eigenen Augen das Benehmen seiner Schwester zu prüfen, und wenn er es wirklich so tadelnswerth fände, als die unablässig nach Wien gelangenden Nachrichten es darstellten, den Versuch zu machen, die Königin durch mündliche Rathschläge und Vorstellungen in bessere Bahnen zu lenken.

Ungleich ihrem Sohne, legte Maria Theresia natürlicher Weise gerade auf den letzteren Theil seiner Absichten den überwiegenden Werth. Sie pflichtete der Anschauung Mercy's bei, welcher die Meinung aussprach, über das Resultat der Reise des Kaisers nach Frankreich könne man nichts Bestimmtes vorhersagen. Wenn jedoch Mercy besorgte, der Kaiser werde die Königin vielleicht mit allzu harten Vorwürfen überhäufen und dadurch eine gewisse Erkaltung ihrer gegenseitigen Beziehungen herbeiführen [402]), so stimmte ihm Maria Theresia hierin doch nicht unbedingt zu. Er liebe es zu glänzen und zu gefallen, erwiederte sie, er werde daher nichts weniger als unempfänglich für die Freundschaftsbeweise seiner Schwester, und insbesondere dann sein, wenn sie von einem vortheilhaften Aeußeren unterstützt würden [403]).

In demselben Briefe, in welchem Maria Theresia in solchem Sinne gegen Mercy sich aussprach, kam sie seit langer Zeit wieder zum ersten Male auf den vermeintlichen Einfluß der Königin auf die öffentlichen Geschäfte zu sprechen. Sie glaubte verläßliche Nachricht zu haben, daß ihn der König von Preußen für mächtig genug ansehe, um jede Annäherung zwischen Frankreich und Preußen zu hintertreiben. Zweckmäßig wäre es daher, so meinte sie, diese Vermuthung zu erhalten und zu bestärken. Darum möge Mercy seine Bemühungen bei der Königin, selbst wenn sie die gewünschte Wirkung nicht nach sich zögen, unablässig fortsetzen.

Wie dem übrigens auch sein mochte, einstweilen zog die beabsichtigte Reise des Kaisers alle Aufmerksamkeit auf sich, und man war äußerst gespannt, ob er sie wirklich unternehmen werde oder nicht. Denn wider seine sonstige Gewohnheit zeigte Joseph sich schwankend, und er schien sogar einen Augenblick seiner Mutter die Entscheidung anheimstellen zu wollen. Maria Theresia aber hütete sich wohl, sich in seine Projecte zu mengen; bei diesem Anlasse that sie jedoch den bemerkenswerthen Ausspruch, sie wäre ruhiger, wenn er die Reise nicht unternähme [404]).

Auch Marie Antoinette schien gleich ihrer Mutter und ihrem Bruder in der Beurtheilung der Reise des Letzteren nach Frankreich zu schwanken. Einerseits wünschte sie lebhaft, den Kaiser wieder zu sehen, denn sie war ihm wirklich anhänglich gesinnt. Andererseits aber hegte sie nicht ungegründete Besorgniß, er würde allzuviele Ausstellungen an ihrem Betragen zu machen finden [405]), und solche waren ihr natürlicher Weise nichts weniger als willkommen.

In diesem Widerstreite der Meinungen gereichte es der Kaiserin zu einigem Troste, daß Joseph allmälig auch auf die politische Seite seiner Reise etwas mehr Werth legen zu wollen schien als dieß früher der Fall war. In seinem Briefe an sie, in welchem er sie von seinen Absichten unterrichtet, äußert er sich über diesen Punkt allerdings ziemlich zurückhaltend. Ueber die politischen Angelegenheiten werde er sich, schrieb Joseph seiner Mutter, so wenig als möglich in Erörterungen einlassen. Werde er jedoch zu solchen gedrängt, so kenne er das von der Kaiserin adoptirte System und die von dem Staatskanzler an die Repräsentanten Oesterreichs im Auslande erlassenen Instructionen in hinreichendem Maße, um sich, wenn auch nur mit lakonischer Kürze, in ihrem Sinne zu erklären [406]).

Es scheint fast, als ob Joseph diese Aeußerungen mündlich in einer der Kaiserin willkommenen Weise noch vervollständigt hätte. „Er hebt", schrieb sie von ihm am 30. November 1776 an Mercy, „den Vortheil des gegenwärtigen Systems und die Nothwendigkeit „hervor, es möglichst zu stärken" [407]). Und ihrer Tochter gegenüber sprach sie an dem gleichen Tage die Hoffnung aus, sie werde sich der Anwesenheit des Kaisers erfreuen und von seiner Gegenwart wie von ſeinen Rathſchlägen Nutzen zu ziehen ſuchen [408]).   Marie Antoinette aber erwiederte, ſie lege darum auf dieſe Reiſe ihres Bruders den höchſten Werth, weil ſie dazu dienen werde, der Kaiſerin die vorge= faßten Meinungen zu benehmen, die man ihr gegen ſie beizubringen gewußt habe und die ihr zu ſo großer Betrübniß gereichten [409]).

In ſolchem Sinne wurde nun zwiſchen Mutter und Tochter die Reiſe Joſephs nach Frankreich fortwährend beſprochen. „Dieſes Jahr", ſchrieb ihr Maria Thereſia am 2. Jänner 1777, „beginnt ſo glücklich „für Dich, daß ich hoffe, Du wirſt die günſtigen Wirkungen hievon „durch lange Zeit verſpüren. In einem Monate wirſt Du den Kaiſer „ſehen, und das iſt ein Zeitabſchnitt von großem Intereſſe für Dich. „Du kennſt ſein Herz und ſeinen Scharfſinn. Von dem erſteren darfſt „Du die höchſten Erwartungen hegen; er wird ſie nicht täuſchen, denn „es bereitet ihm wirkliche Freude, Dich zu ſehen; der letztere aber „kann Dir zu größtem Nutzen gereichen.   Ich hoffe daß Du zu ihm „mit jenem Vertrauen und jener Zärtlichkeit ſprechen wirſt, die er „verdient, und welche für alle Zukunft die Bande, durch die unſere „beiden Häuſer verknüpft ſind, und die innigſte Freundſchaft zwiſchen „den Monarchen befeſtigen ſollen.   Darin liegt ja das einzige Mittel, „unſere Staaten wie unſere Familien glücklich zu machen.   Ich hoffe „daß er dem Könige gefalle, und daß, nachdem die erſte Verlegenheit „vorüber, Freundſchaft und Vertrauen Wurzel ſchlagen werden" [410]).

„Ich bin entzückt über die Ausſicht", antwortete hierauf Marie Antoinette [411]), „meinen Bruder recht bald hier zu beſitzen; ihn zu „ſehen und zu ſprechen, wird ein ſehr großes Glück für mich ſein. „Ich rechne auf ſeine Freundſchaft und er darf der meinigen gewiß „ſein; gleichen ſie einander, dann habe ich noch den Vortheil voraus, „daß er von meiner theuren Mutter mit mir ſprechen wird, von der „ich ſo weit entfernt bin. Ich bin überzeugt, daß die Reiſe des Kaiſers „nach allen Richtungen hin gute Wirkungen hervorbringen wird; ich „kenne ſeine Verſchwiegenheit und werde vertrauensvoll mit ihm reden. „Iſt nur einmal der erſte Augenblick vorüber, in welchem es wohl „nicht ganz ohne Verlegenheit abgehen wird, dann wird der König

„froh sein, ihn zu sehen und mit ihm zu sprechen; sowohl für die
„Staatsangelegenheiten als für mich kann nur Gutes hieraus her-
„vorgehen."

Man sieht wohl daß die Königin ihrer Mutter die geheimen
Besorgnisse verschwieg, mit welchen die bevorstehende Ankunft ihres
Bruders sie noch immer erfüllte 412). Und auch Maria Theresia hielt
es nicht für klug, ihrer Tochter offen zu gestehen, daß sie sich kein
günstiges Ergebniß von dieser Reise verspreche. „Wenn ich mich nicht
„täusche", schrieb sie an Mercy 413), „so wird von zwei Dingen eines
„hieraus hervorgehen. Entweder gewinnt meine Tochter den Kaiser
„durch ihre Liebenswürdigkeit und ihre Schönheit, oder er wird sie
„durch allzuviel Belehrungen ungeduldig machen. Das erstere scheint
„mir wahrscheinlicher, aber in dem einen und dem anderen Falle darf
„man nicht erwarten, daß die Anwesenheit des Kaisers eine günstige
„Krise herbeiführen werde".

Die freundschaftlichen Briefe, welche Joseph seiner Schwester
über seine bevorstehende Reise nach Frankreich schrieb, beschwichtigten
allmälig deren Besorgnisse, und einen Aufschub, den die Ausführung
seiner Absicht erfuhr, beklagte sie um so mehr, als sie befürchtete, es
werde zu derselben nun gar nicht mehr kommen 414). Aber dem war
keineswegs so, und Maria Theresia besprach ihrer Tochter gegenüber
neuerdings die politische Seite der Reise. „Da ich nichts mehr wünsche
„auf dieser Welt", schrieb sie ihr 415), „als das Heil unserer Religion,
„das Glück meiner lieben und mehr als geliebten Kinder, das Wohl
„unserer Staaten und unserer Völker, die ich gleichfalls aufs innigste
„liebe, so wünsche ich nichts so sehr, als unsere Häuser und Interessen
„so eng, ja unauflöslich verknüpft, und ebenso unsere Personen mit
„einer jede Probe bestehenden Freundschaft und Herzlichkeit aneinander
„gekettet zu sehen, daß weder ein Minister, noch irgend ein Anderer,
„der uns um diese Verbindung beneidet, dieselbe lockern oder auflösen
„kann. Der Kaiser und der König sind noch so jung, Beide besitzen
„so edle und gute Herzen, daß wenn sie sich nur einmal persönlich
„kennen, sie jenes gegenseitige Zutrauen fassen werden, das ihnen in

„ihrer politischen Laufbahn so nützlich und nothwendig sein wird, um
„selbst glücklich zu werden und ihre Staaten, ja ganz Europa glücklich
„zu machen".

Ausschließlicher als Maria Theresia selbst beschäftigte sich natürlicher Weise Kaunitz mit den politischen Wirkungen, die er von des
Kaisers Reise nach Frankreich erwarten zu dürfen glaubte. Die Vorliebe der Kaiserin für die Allianz mit Frankreich, die ja sein eigenstes
Werk war, wo möglich noch überbietend, mußte es der Staatskanzler
um so mehr als seine Hauptaufgabe ansehen, den Kaiser mit den gleichen
Ideen zu erfüllen, als ihm jene allgemein lautenden Aeußerungen
Josephs keine ausreichende Bürgschaft darzubieten schienen, daß derselbe für sie völlig gewonnen sei. Darum entwarf jetzt Kaunitz für
den Kaiser eine ausführliche Denkschrift über das ganze System, auf
welchem die äußere Politik Oesterreichs beruhte, und über die vielfachen und sehr großen Vortheile, die nach seiner Ueberzeugung aus
dem Bündnisse mit Frankreich hervorgingen. Es ergab sich daraus
gewisser Maßen von selbst, daß Joseph, wenn er die gleiche Ansicht
in sich aufnähme, bei seiner Anwesenheit in Frankreich nichts verabsäumen werde, um für die Stärkung und die Befestigung dieser Allianz
thätig zu sein.

„habe alles mit vergnügen gelesen", schrieb Maria Theresia auf
den Bericht, mit welchem Kaunitz diese Denkschrift [416]), ehe er sie an
den Kaiser gelangen ließ, ihr vorlegte. „finde nichts zu vill, nichts
„beyzusetzen."

Wichtiger wäre es, da wir über die Ansicht der Kaiserin ohnedieß keinen Augenblick im Zweifel sein können, die des Kaisers über
die ihm von Kaunitz auseinandergesetzten Vortheile des Bündnisses
mit Frankreich zu kennen. Aber Joseph schwieg hierüber still; ja er
schien auch jetzt wieder die Erreichung politischer Zwecke bei seiner
Reise ganz in den Hintergrund stellen zu wollen. Und je näher der
Zeitpunkt heranrückte, in welchem er sie antreten sollte, desto schwanken-
der schien er in seinem Entschlusse zu werden. Fast an dem Tage,
an welchem Maria Theresia voll Genugthuung dem Grafen Mercy

schrieb, sie finde den Kaiser sowohl für die Königin als für die Allianz
mit Frankreich recht günstig gestimmt [417]), sprach Joseph gegen den
Großherzog von Toscana sich zweifelnd aus, ob er überhaupt noch
zur Durchführung seines Projectes gelange. Der Entschluß hiezu,
meinte der Kaiser, falle ihm schwer. An ein gleichförmiges Leben
gewöhnt, schrecke er davor zurück, sich in rauschende Geselligkeit zu
stürzen, in der er weder so ruhig noch so zufrieden sein werde wie
in Wien, wo er sich ganz den Geschäften und der Gesellschaft seiner
Freundinnen widme [418]).

Später als es anfänglich erwartet worden war, am 1. April
trat endlich der Kaiser, nur von den Grafen Joseph Colloredo und
Philipp Cobenzl begleitet, die Reise nach Frankreich an. Ueber München,
Stuttgart, Straßburg, Nancy und Metz ging die Fahrt nach Paris;
da er sich unterwegs überall aufhielt, traf Joseph erst am 18. April
daselbst ein. Am folgenden Morgen begab er sich nach Versailles, die
Königin zu sehen. Ihr vertrauter Beichtvater, der Abbé Vermond
führte ihn über eine Nebenstiege zu ihr, und bald nach der ersten, sehr
herzlichen Begrüßung geleitete sie ihn zu ihrem Gemal.

Unmöglich ist es, auf den Aufenthalt Josephs in Paris und in
Versailles, der bis zum 31. Mai, somit etwas über sechs Wochen
dauerte, hier irgendwie einzugehen. Nur das darf hervorgehoben
werden, daß sein längeres Zusammensein mit seiner Schwester doch
nicht ganz so erfolglos blieb als die Kaiserin in ihrer düsteren Welt-
anschauung es vorhergesagt hatte. Und da ist denn natürlicher Weise
das Urtheil, welches Joseph in fortgesetztem persönlichem Verkehre mit
seiner Schwester und seinem Schwager über Beide sich bildete, vorwiegend von Interesse. „Der König ist schlecht erzogen", schrieb der
Kaiser seinem Bruder [419]), „und sein Aeußeres spricht nicht für ihn.
„Aber er ist rechtschaffen und nicht ohne alle Kenntnisse, jedoch denen
„gegenüber, die ihn einzuschüchtern wissen, schwach und daher sehr
„leicht zu lenken. Ohne irgend welchen Aufschwung, ja sogar ohne
„Neugierde, befindet er sich in fortwährender Apathie und führt ein
„höchst einförmiges Leben."

„Die Königin ist eine sehr hübsche und sehr liebenswürdige Frau,
„aber sie denkt an nichts Anderes als an ihre Unterhaltung. Sie
„fühlt nichts für den König und ist ganz und gar ergriffen von der
„Zerstreuungssucht dieses Landes. Mit einem Worte, sowohl die
„Pflichten einer Frau als die einer Königin erfüllt sie nicht wie sie
„es sollte. Denn als Frau vernachlässigt sie den König gänzlich und
„sie bedient sich mehr ihres Ansehens als anderer Mittel, um ihn
„nach ihrem Willen zu lenken. Sie legt keinen Werth auf seine
„Gesellschaft; sie wandelt daher auf einer äußerst gefährlichen, von
„ganz falschen Grundsätzen ausgehenden Bahn. Als Königin hält sie
„sich an gar keine Etikette; allein geht sie aus und treibt sich umher,
„in kleiner Gesellschaft, ohne irgend welches Kennzeichen ihrer Würde.
„Ihre Bewegungen sind etwas rasch, und für eine Privatfrau wäre
„das ganz gut; sie aber erfüllt nicht die Aufgaben ihrer Stellung,
„und dieß könnte für die Zukunft verhängnißvolle Folgen nach sich
„ziehen. Ihre Tugend ist unbefleckt; sie ist sogar streng, und zwar
„noch mehr aus Charakter als aus Ueberlegung, und daher geht bis
„jetzt Alles gut; aber sie bereitet sich für die Zukunft keinerlei Hülfs-
„quellen vor, und das könnte eine ungünstige Wendung nehmen. In
„diesem Sinne predige ich ihr, aber obwohl ich mit ihrer Offenheit
„und ihrer Freundschaft für mich nur zufrieden sein kann, so hört sie
„mich zwar an und gibt mir sogar Recht, läßt sich aber von dem
„Strudel der Zerstreuungen, der sie umgibt, daran verhindern, irgend
„etwas Anderes ins Auge zu fassen oder daran zu denken, als von
„Vergnügungen zu Vergnügungen zu taumeln. Alles was um sie ist,
„bestärkt sie in dieser Tollheit, und wie willst Du, daß ich allein mich
„ihr widersetze? Gleichwohl habe ich schon Einiges, insbesondere in
„Bezug auf das Hazardspiel erreicht, welches schrecklich war."

Etwas günstiger lautete das Urtheil, das Joseph nach noch
längerem Verkehre mit seiner Schwester und erst nach seiner Abreise
von Versailles über sie fällte. Schwer sei ihm der Abschied von ihr
gewesen, schrieb er seinem Bruder, denn er sei ihr wirklich anhänglich
geworden, und er habe ihr Leidwesen über die Trennung gesehen,
wodurch das seinige nur vermehrt wurde. „Sie ist", sagt Joseph

jetzt von Marie Antoinette, „eine liebenswürdige und rechtschaffene
„Frau, etwas jung, wenig besonnen, aber im Besitze einer Rechtlichkeit
„und einer Tugend, die in ihrer Lage wahrhaft bewunderungswürdig
„sind. Dazu kommt eine Schärfe des Verstandes und eine Richtigkeit
„des Urtheils, die mich oft in Erstaunen versetzten. Ihre erste Bewegung
„ist immer die richtige; wenn sie sich ihr überließe, etwas mehr nach-
„denken und weniger auf die Einflüsterungen der Leute hören wollte,
„deren es eine Unzahl und der verschiedensten Art gibt, dann würde
„sie vollkommen sein. Die Sucht, sich zu unterhalten, ist sehr mächtig
„in ihr, und da man diesen Geschmack kennt, so weiß man sie bei ihrer
„schwachen Seite zu fassen. Diejenigen aber, die ihr die meisten und
„die abwechselndsten Vergnügungen verschaffen, werden von ihr auch am
„liebsten gehört und bevorzugt. Dabei ist ihre Stellung dem Könige
„gegenüber sehr sonderbar, denn gleichsam durch Zwang bringt sie ihn
„zu Dingen, die er selbst eigentlich nicht will. Dieser Mann ist etwas
„schwach, aber keineswegs einfältig, er besitzt gute Begriffe und ein
„gesundes Urtheil, ist aber in eine ganz eigenthümliche körperliche und
„geistige Apathie versunken. Er flieht jedes vernünftige Gespräch, und
„er empfindet weder Neugierde noch Lust, sich zu unterrichten" [420]).

Aus diesen Worten des Kaisers wird man wohl folgern dürfen,
daß weder die eine noch die andere Besorgniß seiner Mutter in Erfüllung gegangen war: er hatte sich weder durch Schmeicheleien der
Königin berücken lassen in seinem Urtheile über sie, noch sich durch
allzu scharfe Ermahnungen, die er ihr ertheilte, mit ihr verfeindet.
Im Gegentheile, um den Vorstellungen, die er ihr machen zu müssen
glaubte, einen bleibenderen Eindruck zu sichern, als er dem bloß ge-
sprochenen Worte eigen zu sein pflegt, übergab er ihr im Augenblicke
des Abschiedes einen von ihm selbst verfaßten Aufsatz, den er „Be-
„trachtungen" [421]) nannte. Im liebevollsten, brüderlichsten Tone führte
er ihr darin die Pflichten vor Augen, die ihr als Gattin, als Königin
oblägen. Er liefert ihr den unwiderleglichen Beweis, daß sie dieselben
durchaus nicht so erfülle, wie sie sollte; ja daß sie sie fast gänzlich
vernachlässige. Die wohlmeinendsten nicht nur, sondern auch die best-
begründeten Rathschläge, die ernstlichsten Warnungen ertheilt er ihr,

und in wahrhaft prophetischem Tone ruft er die Worte ihr zu: „So „kann es auf die Länge nicht weiter gehen, und die Revolution wird „grausam sein, wenn Ihr derselben nicht vorbaut".

.Die wahrhaft bewunderungswürdige Arbeit des Kaisers konnte denn auch für den Anfang wenigstens nicht allen Eindruck auf das an und für sich so gut geartete Gemüth seiner Schwester verfehlen. „Es ist wahr", schrieb sie ihrer Mutter, „daß die Abreise des Kaisers „mir eine Leere hinterließ, von der ich gar nicht zurückkommen kann. „So glücklich war ich während dieser kurzen Zeit, daß mir jetzt Alles „wie ein Traum erscheint. Aber was niemals ein solcher für mich sein „wird, das sind die guten Rathschläge und Winke, die er mir gab und „die auf immer in mein Herz eingegraben sind." Auf ihre Bitte habe sie der Kaiser, fährt die Königin fort, zu Papier gebracht und ihr übergeben. Dieser Aufsatz bilde jetzt ihre hauptsächlichste Lectüre, und wenn sie je, was sie nicht glaube, seiner Worte uneingedenk sein könnte, so habe sie immer seine Schrift vor sich, die sie bald wieder zu ihrer Pflicht zurückrufen würde.

Marie Antoinette fügte noch hinzu, daß auch der König die Abreise des Kaisers lebhaft bedauert habe. Aufrichtige Zuneigung und wahre Freundschaft habe er für ihn gefaßt, ihr selbst aber im Augenblicke der Abreise so viele Beweise der Aufmerksamkeit und der Zärtlichkeit gegeben, daß sie ihm ihr Herz gewonnen haben würden, wenn er es nicht schon besäße [422]).

Schon zwei Tage später schrieb die Königin neuerdings und in ganz gleichem Sinne an ihre Mutter [423]). „Die Trennung von meinem „Bruder", sagte sie ihr jetzt, „gab mir einen sehr argen Stoß; ich „litt peinlich unter ihr und ich finde nur Trost in dem Gedanken, „daß er meinen Schmerz theilte; unsere ganze Familie war davon „gerührt und ergriffen. Gegen Jedermann hat mein Bruder ein so „vollendetes Benehmen beobachtet, daß er das Bedauern und die Be- „wunderung aller Stände mit sich fortnimmt; nie wird man ihn „vergessen. Sehr ungerecht würde ich sein, wenn mein Schmerz und „die Leere, die ich empfinde, nur Klagen in mir aufkommen lassen

„würden. Unschätzbar ist das Glück, das ich genoß, und unbezahlbar
„sind die Beweise der Freundschaft, die er mir gab. Ich mußte es
„ja, daß er nur mein Glück wolle, und alle seine Rathschläge beweisen
„mir das; nie werden sie meinem Gedächtnisse entschwinden."

Um so glücklicher war Maria Theresia über diese Aeußerungen
ihrer Tochter, als sie in dem, was Joseph ihr schrieb, volle Bestätigung
fanden. „Nur mit Schmerz verließ ich Versailles", so lauteten seine
Worte, „denn ich habe zu meiner Schwester wahre Zuneigung gefaßt.
„Ich fand bei ihr eine gewisse Süßigkeit des Lebens, welcher ich längst
„entsagte, hinsichtlich deren ich aber sehe, daß der Geschmack an ihr
„mich keineswegs verlassen hatte. Sie ist liebenswürdig und reizend;
„Stunden und Stunden habe ich mit ihr verlebt, ohne gewahr zu
„werden, wie sie verflossen. Ihr Schmerz bei der Abreise war groß,
„aber ihre Haltung gut. Ich bedurfte all meiner Kraft, um mich
„von ihr zu trennen und sie zu verlassen."

Der Freude über diese Mittheilungen gab denn auch Maria
Theresia in ihrem nächsten Briefe lebhaften Ausdruck. „Wie schmeichelhaft
„und trostreich ist doch für mich", schrieb sie der Königin, „der allge-
„meine Beifall, den mein lieber Sohn sich erwarb. Ich war etwas in
„Sorge, seine starre Philosophie und Einfachheit würden nicht gefallen
„und auch er werde diese Nation nicht nach seinem Geschmacke finden,
„aber ich genieße den Trost, das Gegentheil zu sehen. Das ist Alles,
„was ich nur immer wünschen konnte, und ich bin daher zufrieden; was
„aber meine Freude aufs höchste steigert, ist das, was Du mir über
„die Freundschaft und das gegenseitige Vertrauen der beiden Schwäger
„mittheilst. Gott gebe, daß dem für ihre ganze Regierungszeit so sei,
„zum Wohle unserer Staaten und unserer Familien, die ich schon seit
„langer Zeit als eine und dieselbe betrachte. Du kannst am meisten
„beitragen zu diesem glücklichen Beginne, indem Du den Rathschlägen
„Deines Bruders folgst, von denen Du so eingenommen und überzeugt
„zu sein scheinst. Alles was Du mir über sie und über die Schrift
„schreibst, die er Dir hinterließ, hat mich zu Thränen gerührt. Erhalte
„Dir diesen guten Willen und laß ihn nur ja nicht erlahmen" [424]).

Mit besonderer Zufriedenheit betonte Maria Theresia am Schluffe dieses Briefes, daß so wie der Kaiser der französischen Nation, so auch diese ihm sehr gefallen habe; von manchen Vorurtheilen gegen sie sei er zurückgekommen. Und kein Geringerer als Kaunitz ist es, der diese Seite des Gewinnes, welcher aus der Reise des Kaisers nach Frankreich sich ergebe, mit so enthusiastischen Worten hervorhob, wie man deren bei ihm, und insbesondere dem Kaiser gegenüber gar nicht gewohnt ist. „Allzugewiß war ich", schrieb er ihm, „der Wirkung, welche mein „Held auf eine Nation, die beobachten und würdigen kann, hervor= „bringen mußte, um über all das erstaunt zu sein, was der Ruf über „den Aufenthalt Eurer Majestät in Paris uns kundgab. Aber ich „war dagegen um so lebhafter und so köstlicher hiedurch angeregt, als „ich Sie zärtlich liebe und ein unbeschreibliches Vergnügen empfinde, „durch meine Meinung von Eurer Majestät der des ganzen Menschen= „geschlechtes zuvorgekommen zu sein. Tragen Sie eifrige Sorge für „Ihre Erhaltung, mein theurer Herr und Meister, verzeihen Sie mir „diesen Herzenserguß, den ich bis zu Ihrer Rückkehr nicht zurückdrängen „konnte, und bewahren Sie mir Ihre Gnade" [425]).

Auch während Josephs fernerer Reise durch Frankreich, die er in westlicher Richtung bis Brest und Rochefort, in südlicher bis Tou= louse, Marseille und Toulon ausdehnte, fuhr Joseph fort, sich die Sympathien der Bevölkerung zu erwerben. Allerdings darf sein Ge= ständniß, er sei froh, daß die Rolle zu Ende sei, die er in Frank= reich gespielt habe, nicht völlig verschwiegen werden, denn er gab da= durch zu erkennen, daß er sich einen gewissen Zwang auferlegt habe. „Du bist bei weitem mehr werth als ich", schrieb er aus Lyon seinem Bruder, „aber ich bin mehr Charlatan und in diesem Lande muß „man es sein. Ich bin es in Bezug auf Vernunft und Bescheiden= „heit, und ich übertreibe darin ein wenig, indem ich einfach, natürlich „und sogar bis zum Uebermaß besonnen erscheinen will. Das aber „hat mir Ansehen verschafft und einen Enthusiasmus für mich erregt, „der mich wahrhaft in Verlegenheit bringt. Während meiner ganzen „Reise durch die Provinzen habe ich keinem einzigen Schauspiel, keiner „einzigen Unterhaltung beigewohnt. Statt mich sehen zu lassen, habe

„ich mich vielmehr zu verbergen gesucht; überall habe ich mit den
„unterrichtetsten Leuten, und zwar durch Stunden gesprochen, aber an
„einem Orte nur mit drei oder vier. Diese aber brachte ich zum
„Reden, ich ging in ihre Sinnesweise ein und habe sie dadurch zu=
„frieden gestellt. Sie erzählten es dann weiter, alle Welt hätte mich
„gerne reden gehört, und da dieß nicht sein konnte, passirte ich für
„ein Orakel, ohne es zu sein, denn die Seltenheit ist eine gar kost=
„bare Sache."

„Morgen endlich reise ich nach Genf ab, und sehr zufrieden,
„aber doch ohne Bedauern verlasse ich dieses Land, denn ich hatte an
„meiner Rolle schon genug. Höchst interessante Sachen habe ich ge=
„sehen und beobachtet, und eine Bereitwilligkeit gefunden, mit mir
„von den geheimsten Dingen zu reden, die mir ebenso sehr genützt als
„mich in Erstaunen versetzt hat" [426]).

Darin, daß Joseph in Frankreich ungetheilte Bewunderung fand,
und daß auch er gute Eindrücke von dort heimbrachte, wird wohl der
politische Vortheil seiner Reise, insofern er in der Befestigung des
Bündnisses mit Oesterreich bestehen sollte, erblickt werden dürfen.
Denn mit der Person des Monarchen mußte gleichsam von selbst
auch sein Staat beliebter werden in Frankreich, und wie Joseph
manchem Vorurtheile gegen die Franzosen, so mochte man auch dort
manch vorgefaßter Meinung gegen Oesterreich und die Oesterreicher
entsagen. Aber sehr eingreifend gestalteten diese Wirkungen sich doch
nicht. Schon binnen kürzester Frist konnte man dieß gewahr werden,
und ebenso mußte Maria Theresia gar bald die traurige Genugthuung
erleben, daß die Befürchtung, die sie nach der Abreise ihres Sohnes
von Paris neuerdings aussprach, sein dortiger Aufenthalt werde in
dem Benehmen der Königin keine nachhaltige Veränderung hervor=
bringen [427]), eine begründete war. Noch gingen drei Monate nicht
vorüber, und schon sah Mercy sich gezwungen, der Kaiserin zu melden,
daß ihre Tochter allmälig zu ihren früheren verschwenderischen Gewohn=
heiten zurückkehre [428]). Und im October desselben Jahres mußte er
berichten, die Rathschläge des Kaisers würden nicht im geringsten mehr

beachtet, ja er glaube, die Königin habe die ihr eingehändigte Schrift ihres Bruders ins Feuer geworfen. Sie kümmere sich nicht mehr um das ihm gegebene Wort, und zeige sich gleichgültig für seine Meinung von ihr [429]).

Nur mit tiefem Schmerze fügte sich Maria Theresia in das, wofür sie kein Heilmittel besaß, und doch war sie einer, wenn auch nicht gerade durchgreifenden Veränderung zum Besseren näher, als sie selbst es glaubte. Denn mit Beginn des Jahres 1778 traten politische Verhältnisse ein, durch welche die Königin in die Lage versetzt wurde, ihrer Mutter zu beweisen, daß der Kern ihres Wesens noch unverdorben und sie nach wie vor dem edlen Gefühle der Liebe zu ihrer Familie und ihrem Vaterlande zugänglich war. Und das Mutterglück, das ihr endlich in den letzten Tagen dieses Jahres zu Theil wurde, brachte auch in ihrer Lebensweise wenigstens einige Veränderung zum Besseren hervor.

Nachdem Maria Theresia und Kaunitz das Bündniß mit Frankreich als die Grundlage des von österreichischer Seite zu beobachtenden politischen Systems ansahen, konnte die Rückwirkung nicht fehlen, welche hieraus auf die Beziehungen Oesterreichs zu den übrigen Mächten hervorging. Wer unter ihnen ein inniges Freundschaftsverhältniß mit Frankreich unterhielt, und dieß war in Folge des Familientractates vor Allem mit Spanien der Fall, mußte in gewissem Sinne auch mit Oesterreich befreundet sein. Und wer — wie z. B. England — in gespannten oder gar in feindseligen Beziehungen zu Frankreich stand, konnte wenigstens nicht als Alliirter Oesterreichs gelten.

So klar man sich in Wien hierüber war, so suchte man doch mit dem Hofe von St. James nicht gerade in schlechtes Einvernehmen zu kommen. Man war ihm dankbar dafür, daß England seit mehreren Dezennien nicht mehr gemeinschaftliche Sache mit Holland gemacht hatte, der Entfaltung des niederländischen Handels Hemmnisse zu bereiten. Als unklug hätte man es daher betrachtet, der britischen Regierung alle Hoffnung auf dereinstige Wiederherstellung der alten Allianz mit Oesterreich zu benehmen. Aber man verhehlte ihr auch nicht, daß dieß

17*

so lang unmöglich sein werde, als Oesterreich an Preußen einen gleich mächtigen und deßhalb nicht wenig zu fürchtenden Nachbar und Neben= buhler besitze, während der Gedanke eines dauernden Bündnisses zwischen Oesterreich, England und Preußen jederzeit eine politische Chimäre sein müsse. Eine solche Allianz mit Ausschluß des Königs von Preußen aber würde ihn veranlassen, sich in Frankreichs Arme zu werfen, und das müsse Oesterreich um jeden Preis hintanhalten.

Wie aufrichtig es dem Wiener Hofe darum zu thun war, sich mit England nicht offen zu verfeinden, dafür gab er im Laufe des Jahres 1778 einen überzeugenden Beweis. Bekanntlich nahm Frank= reich bei dem Aufstande der britischen Colonien in Nordamerika gegen England werkthätig Partei, und es kam darüber zwischen beiden Mächten zum Kriege. Nordamerikanische Agenten erschienen auf dem europäischen Festlande und suchten, von Frankreich eifrig unterstützt, die übrigen Mächte günstig für die Colonien zu stimmen. Durften sie auch natürlicher Weise nicht auf gewaffneten Beistand für sie hoffen, so trachteten sie doch Schritte zu veranlassen, aus denen die Aner= kennung ihrer Berechtigung zum Aufstande und eine gewisse Sympathie mit ihren Bestrebungen gefolgert werden konnte.

Auch in Wien fand sich, und zwar im Mai 1778 ein solcher Agent, Namens Lee [430]) ein. Obwohl Kaunitz dem französischen Bot= schafter schon vorläufig den Wunsch aussprach, in keinen Verkehr mit Lee zu gerathen, stellte ihm Breteuil, auf einen ausdrücklichen Befehl seiner Regierung gestützt, denselben doch vor. Kaunitz erblickte darin einen Versuch Frankreichs, Oesterreich mit England zu verfeinden, und er rächte sich dafür, indem er mit Lee auch nicht ein Wort sprach. Außerdem nahm er sich vor, ihm bei seinem etwaigen Wiedererscheinen nur mit äußerster Kälte zu begegnen. Und dringend bat er die Kaiserin, Lee nur ja keine Audienz zu gewähren, um welche, wie er durch Rosenberg erfuhr, Breteuil sich durch dessen Vermittlung bei ihr zu bewerben versucht hatte [431]).

Bei Maria Theresia war es vielleicht weniger die Rücksicht auf England, als das rein monarchische Gefühl des Widerwillens gegen jegliche Auflehnung wider die legitime Regierung, wodurch sie schon von vorneherein zu strengster Mißbilligung des Aufstandes der englischen Colonien in Nordamerika veranlaßt wurde. Auch Joseph stimmte in diesem Punkte der Anschauung seiner Mutter unbedingt zu [132]). Die Antwort der Kaiserin an Kaunitz entsprach daher ganz dem Begehren des Fürsten.

„Rosenberg theilte mir heute", so lautete sie, „Ihre Entscheidung „über diesen Gegenstand mit, der ich vollständig beipflichte. Wären „Sie einer anderen Meinung gewesen, so hätte ich unter dem Vor- „wande der kirchlichen Feierlichkeiten und meiner Zurückgezogenheit „während derselben es wenigstens für einen Monat hinausgeschoben, „ihn zu sehen. Daß man hievon noch gar nichts zu Mercy sagte, „ist ein neuer Beweis, wie schlecht man ihn dort behandelt; ich bin „darüber entrüstet" [433]).

In gleichem Sinne sprach sich Maria Theresia hierüber auch gegen Mercy aus. „Die Ankunft des Herrn Lee", schrieb sie ihm mit eigener Hand [434]), „ohne daß wir durch Sie hievon im voraus „verständigt worden wären, zog üble Folgen nach sich, und ich besorge, „Breteuil werde hierüber einen giftigen Bericht erstatten, da er sich „verletzt fühlt. Ueberall wollte er im Triumphe ihn vorstellen; sein „Name ist ja durch alle Zeitungen und durch den Aufenthalt bekannt, „den er während des vergangenen Winters in Berlin machte. Für „uns ist es nicht passend, in dem jetzigen Augenblicke nach dem Bei- „spiele Frankreichs diese Unabhängigkeit anzuerkennen. Hätte man „noch hierüber freundschaftlich mit uns verhandelt, aber daß man gleich- „sam durch Ueberrumplung uns zu etwas verpflichten will, können wir „uns unmöglich gefallen lassen, und am wenigsten jetzt, wo wir wahr- „haftig keine Ursache haben, uns Frankreichs zu beloben. Die Dinge „gingen wohl etwas zu weit; Sie kennen ja die Wiener Bevölkerung. „Die Angelegenheit wurde zur Parteisache, und sogar Unhöflichkeit trat „hiebei zu Tage. Ich bedaure das sehr, aber ich konnte mir ihn „wirklich nicht durch den Botschafter, und sogar nicht als einfachen „Reisenden vorstellen lassen."

Allerdings meinte Maria Theresia die ihr unwillkommene Wahrnehmung machen zu müssen, daß während man in Frankreich die
Zurückweisung Lee's sehr übel aufnahm, man in England derselben
nur wenig Werth beizulegen schien [435]). Aber sie wurde hiedurch keineswegs in dem Glauben erschüttert, daß dieses Verfahren das einzig
und allein richtige gewesen sei. In solchem Sinne sprach sie sich aus,
als der Großherzog von Toscana die Mittheilung machte [436]), ame-
rikanische Agenten hätten um die Erlaubniß, für die Colonien eine
Anleihe in Toscana aufnehmen zu dürfen, und um Zulassung von
Handelsschiffen unter amerikanischer Flagge in den Hafen von Livorno
gebeten. Daß er beide Begehren ablehnend beantwortet hatte, wurde
von Seite des Kaiserhofes lebhaft gebilligt [437]).

Schon zu wiederholten Malen bot der Anlaß sich dar, der
freundschaftlichen Gesinnungen Erwähnung zu thun, welche Maria
Theresia für Karl III. von Spanien hegte. An keinen Fürsten
Europa's war sie in gleichem Maße wie an ihn durch die von ihr
jederzeit so hochgehaltenen Bande der Verwandtschaft geknüpft. Vier-
fach waren sie zu nennen, denn König Karl hatte seine Tochter, die
Infantin Louise, mit dem Großherzoge von Toscana, seinen Sohn,
König Ferdinand von Neapel aber mit der Erzherzogin Caroline vermält. Hiezu kam noch die Ehe Josephs mit der Nichte des Königs,
der Infantin Isabella, und die seines Neffen, des Herzogs Ferdinand
von Parma mit der Erzherzogin Amalie. Die überaus verbindliche
Zuvorkommenheit, welche ihr der König bei all diesen, der Kaiserin
so sehr am Herzen liegenden Verheiratungen jederzeit bewiesen hatte,
nahm sie in sehr hohem Grade für ihn ein, und seine Haltung in
den verschiedenen Angelegenheiten, welche hieraus hervorgingen, insbesondere in den Differenzen mit dem Herzoge von Parma und dessen
Gemalin bestärkte sie in dieser Empfindung nur noch mehr. Endlich
war auch der König von Spanien unter allen Monarchen, welche
damals an der Spitze der größeren Staaten Europa's standen, derjenige, für dessen Charakter Maria Theresia die meiste Hochachtung
hegte; ja leider müssen wir ihn fast den Einzigen nennen, der dieselbe
auch wirklich verdiente.

Zu diesen persönlichen Gründen gesellten sich andere und vielleicht noch bedeutungsvollere politischer Natur. Denn für Spanien seien, so meinte wenigstens Kaunitz, die wichtigsten Ursachen vorhanden, die Fortdauer der Allianz zwischen Oesterreich und Frankreich angelegentlich zu wünschen. Die größte Bedrohung, welcher Spanien ausgesetzt sei, komme von England und bestehe in dem Verluste seiner überseeischen Besitzungen. Dieser Gefahr mit ungetheilter Kraft begegnen zu können, bedürfe Spanien ungestörter Ruhe in Italien, sowie der ansehnlichen Stärkung seiner eigenen und der französischen Seemacht. Zur Erhaltung der Ruhe in Italien trage nichts wirksamer bei, als die Freundschaft Oesterreichs mit den bourbonischen Höfen. Durch sie werde außerdem Frankreich die Möglichkeit geboten, dasjenige, was es an Landtruppen erspare, auf kräftigere Entfaltung seiner Marine zu verwenden. Und wenn endlich Spanien, wie es schon im vergangenen Kriege geschehen, in einem zukünftigen Kampfe mit England Portugal besetze, um sich in solcher Weise einer Schadloshaltung für anderwärts etwa zu erleidende Verluste zu versichern, oder wenigstens günstigere Friedensbedingungen zu erlangen, dann bedürfe es hiezu der französischen Landmacht. Um ihres Beistandes theilhaft zu werden, habe es sorgfältig zu verhüten, daß dieselbe nicht in den österreichischen Niederlanden und in Holland verwendet werden müsse. Solches könne jedoch nur durch das Bündniß Frankreichs mit Oesterreich erzielt werden.

Der einzige Gegendienst, welchen Oesterreich für all diese Vortheile von Spanien erwarten durfte, bestand nach der Ansicht des Staatskanzlers darin, daß es seinen guten Willen und Einfluß geltend mache, Frankreich bei dem Bündnisse mit Oesterreich zu erhalten, und es gleichzeitig ermahne, an seinen Alliirten keine anderen als gemäßigte Forderungen zu stellen. Für eine förmliche Allianz mit Spanien sei jedoch kein Anlaß geboten, meinte Kaunitz, weil beide Staaten sich wegen ihrer großen geographischen Entfernung von einander nicht mit Truppen unterstützen, und weil sie sich wegen des ungenügenden Zustandes der beiderseitigen Finanzen auch nicht mit Geld aushelfen könnten. Darum habe man dem vor einigen Jahren aufgetauchten

Vorschlage des Abschlusses einer Tripelallianz zwischen Oesterreich, Frankreich und Spanien auszuweichen, und den Beitritt zu dem zwischen den bourbonischen Höfen bestehenden Familienpacte zu ver- meiden gesucht.

Als Richtschnur für das Benehmen des Wiener Hofes gegen Spanien stellte daher Kaunitz den Grundsatz auf, man dürfe nichts verabsäumen, um das bestehende Freundschaftsverhältniß auch für die Zukunft zu erhalten. Aber man möge darin niemals so weit gehen, daß es den Anschein gewinne, Oesterreich wolle Frankreich von der ersten Stelle verdrängen, die es in dem Vertrauen der spanischen Regierung einnehme. Denn hieraus müßte gerade das Entgegen= gesetzte von dem entstehen, was man beabsichtige. Die Freundschaft mit Spanien habe für Oesterreich nur in ihrer Rückwirkung auf das Bündniß mit Frankreich eigentlichen Werth. Es würde ihn verlieren und in sein Gegentheil verkehren, wenn Frankreich durch allzu innige Beziehungen Oesterreichs zu Spanien zur Eifersucht gereizt und da- durch seine Erkaltung gegen den Wiener Hof herbeigeführt würde [438]).

Wie hoch man nun auch in Oesterreich, wie man sieht, die günstigen Wirkungen der Allianz mit Frankreich anschlug, wohl nirgends waren sie entscheidendere als in Italien zu nennen. Das Freund= schaftsverhältniß des Wiener Hofes zu Frankreich und zu Spanien zog von selbst ein gleiches zu Neapel und zu Parma nach sich. Und über= dieß waren beide bourbonische Fürsten, welche daselbst regierten, mit österreichischen Erzherzoginnen vermält; aus all dem gingen so freund= schaftliche Beziehungen zu ihren Ländern hervor, daß man gegen jede ernstere Mißhelligkeit nach dieser Seite hin durchaus gesichert erschien.

Am ehesten wäre eine solche noch von Sardinien zu befahren gewesen, und man weiß, daß dieser Staat und sein Herrscherhaus nur durch die Geschicklichkeit emporkamen, mit der letzteres, wenngleich ohne alle Vertragstreue, aber darum nur mit um so größerem Erfolge zwischen Frankreich und Oesterreich fortwährend Partei wechselte, je nachdem es von dem einen oder dem anderen Staate auf reichlicheren Lohn zählen durfte. Ihre Allianz aber machte die Fortdauer dieses

Schaukelsystems für Sardinien unmöglich. Doch muß gesagt werden, daß schon vier Jahre vor deren Abschluß, und zwar durch den zwischen Oesterreich und Spanien im Jahre 1752 zu Stande gekommenen Vertrag von Aranjuez, Sardinien in ein tractatmäßiges Freundschafts= verhältniß zu Oesterreich getreten war. Ja es hatte dem Wiener Hofe sogar für den Fall eines Angriffes auf dessen italienische Be= sitzungen Truppenhülfe versprochen.

Ergab sich auch während des siebenjährigen Krieges für Sardinien kein Anlaß, dieselbe wirklich zu leisten, so blieb es doch während des= selben seiner friedlichen Haltung gegen Oesterreich unverbrüchlich treu, und alle Bemühungen Englands, es durch Versprechungen aller Art zu feindseligem Auftreten zu verlocken, erwiesen sich als erfolglos. Wohl mag es hiezu nicht so sehr durch redlichen Willen und durch die Rück= sicht auf sein gegebenes Wort, als durch die Besorgniß veranlaßt worden sein, zwischen den beiden übermächtigen Staaten, Oesterreich und Frankreich erdrückt zu werden. Aber wenn Kaunitz sich nicht täuschte, so empfand man es am Turiner Hofe doch bitter, dießmal um die Gelegenheit gekommen zu sein, durch Befolgung des alten Systems neuen Gewinn zu erlangen. Er hatte daher Sardinien im Verdachte, daß es insgeheim an der Untergrabung der freundschaft= lichen Beziehungen Oesterreichs zu den bourbonischen Höfen arbeite; ja er zweifelte nicht daran, im Falle eines Bruches zwischen ihnen würde man in Turin zu der früheren Politik zurückkehren. Er sah jedoch auch hierin nur einen Grund mehr, einen solchen Bruch sorg= fältig zu vermeiden. Inzwischen aber war er dafür, Sardinien von österreichischer Seite durchaus keine Veranlassung zu gegründeter Be= schwerde zu geben [439]).

Daß die Allianz zwischen Frankreich und Oesterreich auf die ihnen so nahe liegenden italienischen Länder von entscheidendem Einflusse war, ist nicht zu verwundern. Aber Kaunitz versicherte, und gewiß mit Recht, daß auch in der weit entfernten Hauptstadt des türkischen Reiches, in Constantinopel die Wirkungen hievon ausgiebig verspürt wurden.

Durch den zwischen Rußland und der Pforte im Juli 1774 zu Kainardsche geschlossenen Frieden war zwar der Kriegführung zwischen beiden Staaten vorläufig ein Ziel gesetzt, die Lage der Türkei aber nur wenig verbessert worden. Die größte Gefahr für dieselbe bestand darin, daß Rußland mit dem östlichen Theile der Krim noch Jenikale und den guten Hafen von Kertsch erhielt, und daß es außerdem durch den Besitz von Kinburn in den der beiden Ufer und der Mündung des Dnieper gelangt war. Da ihm die Wiederherstellung von Asow und Taganrog nicht schwer fallen konnte und jene Gegenden reich an den zum Schiffsbau nöthigen Materialien waren, so lag es in der Macht Rußlands, sich diese günstigen Umstände zu Nutze zu machen, um binnen kürzester Frist eine Flotte mit ausreichender Bemannung vor Constantinopel zu senden.

Hiezu kam noch der Einfluß, den sich Rußland im Frieden von Kainardsche auf die Tartaren, auf die Donaufürstenthümer und endlich auf seine, einen so großen Theil der Bevölkerung der europäischen Türkei bildenden Glaubensgenossen gesichert hatte. Er mußte ihm jederzeit nicht nur einen Anlaß, sondern auch ausgiebige Mittel gewähren, durch Wiedereröffnung der Feindseligkeiten gegen die Pforte an die Verwirklichung seiner weitaussehenden Plane zu schreiten.

Da wenigstens Maria Theresia und Kaunitz in der Durchführung der letzteren eine arge Gefährdung des österreichischen Staatsinteresses erblickten, wünschten sie lebhaft, daß die Pforte das Drohende ihrer Lage vollkommen begreife und sowohl im Innern ihres Reiches als nach Außen hin die geeigneten Maßregeln treffe, dem neuerdings zu befürchtenden Angriffe nachdrücklich Widerstand leisten zu können. Ihr diese Nothwendigkeit unablässig vor Augen zu führen und sie zu überzeugen, daß sie in Rußland ihren einzigen wahrhaft gefährlichen Feind zu erkennen habe, war der Gegenstand unausgesetzter Bemühung der österreichischen Regierung. Gleichwohl hielt Kaunitz es für nöthig, daß Oesterreich sich Rußland gegenüber nicht allzusehr bloßstelle und nicht in St. Petersburg die Meinung erwecke, schon für alle Fälle stehe in Wien der unumstößliche Entschluß fest, bei etwaiger Erneuerung des Krieges gemeinschaftliche Sache mit der Pforte zu machen. Denn wenn auch der Zielpunkt der österreichischen Politik im Oriente darin bestehen müsse, das türkische Reich in Europa so lang als nur immer möglich aufrecht zu erhalten, so fordere doch die Klugheit, sich für alle Fälle freie Hände zu sichern. Käme es, wie leicht geschehen könnte, in Anbetracht der überwiegenden Vortheile, welche Rußland im letzten Frieden erworben, und der lethargischen Unthätigkeit der Pforte auf Anstiften Rußlands zu einer Revolution im Innern der Türkei, dann wäre ihr Fortbestand vielleicht sogar mit großen Opfern nicht länger aufrecht zu halten. Für diesen Fall dürfe Oesterreich sich die Möglichkeit nicht verschließen, auch seinerseits einen Antheil an dem Länderbesitze zu erlangen, in welchem die Pforte sich ohnedieß nicht mehr zu behaupten im Stande sein würde [440]).

Darin lag denn überhaupt der Kernpunkt der ganzen Frage, und in Bezug auf ihn gingen auch die Meinungen der maßgebenden Personen am Wiener Hofe ziemlich weit auseinander. Auf der einen Seite standen bekanntlich Joseph und Lacy, welche Beide einer Aneignung türkischer Provinzen durch Oesterreich geneigt waren. Joseph ging, insbesondere seit seiner Rückkehr aus Frankreich, eifriger als je auf Maßregeln aus, welche die ausgiebige Entfaltung des österreichischen Handels zur Folge haben sollten; hiezu schien ihm nichts geeigneter zu sein, als die Donau ihrem ganzen Laufe entlang in den Besitz Oesterreichs zu bringen. Lacy aber, ein eifriger Anhänger eines Bündnisses zwischen Oesterreich und Rußland, drang mit Nachdruck darauf, man möge gemeinschaftlich mit diesem Staate die Türken aus ihren europäischen Ländern vertreiben und dieselben dann miteinander theilen.

Der gerade entgegengesetzten Anschauung war jedoch Maria Theresia, und zu keiner Zeit wollte sie von einer Erwerbung türkischer Provinzen etwas hören. Am entschiedensten sprach sie ihre Meinung in einem Briefe an Mercy aus [441]); die hierauf bezügliche Stelle lautet folgender Maßen:

„Von allen Unternehmungen wäre in Anbetracht der Folgen, „die man hievon zu befürchten hätte, eine Theilung der Türkei die

„gewagteste und die gefährlichste. Was würden wir sogar durch Aus-
„dehnung unserer Eroberungen bis vor die Thore von Constantinopel
„gewinnen? Ungesunde Provinzen, ohne Cultur, entweder entvölkert
„oder von treulosen oder schlechtgesinnten Griechen bewohnt, und daher
„weit geeigneter, die Kräfte der österreichischen Monarchie zu erschöpfen
„als sie zu vermehren. Außerdem würde der Credit meines Hauses,
„den es sich durch seine Worttreue zu erhalten immer so sorgsam be-
„müht war, für alle Zukunft verloren gehen, und das wäre auch ein
„unersetzlicher Verlust. Eine solche Theilung wäre ein noch gefährlicheres
„Ereigniß als diejenige Polens, die mir noch immer so sehr am
„Herzen liegt, und sie wäre weit vortheilhafter für meine furchtbaren
„Nachbarn als für unsere Monarchie. Ich kann nicht aufhören es zu
„bedauern, daß ich in jene hineingezogen wurde, und wenn es mir
„nicht durch ein verhängnißvolles Zusammentreffen unglücklicher Um-
„stände ganz unvermeidlich gemacht wird, bin ich weit davon entfernt,
„mich jemals herbeizulassen zu einer Theilung des türkischen Reiches.
„Ja ich hoffe, daß auch meine Nachkommen die Türken nicht außer-
„halb Europa's sehen werden".

Nicht viel anders, aber doch bei weitem weniger schroff als der
Standpunkt der Kaiserin war der des Fürsten Kaunitz, an welchem
man überhaupt zu jener Zeit viel größere Nachgiebigkeit für die Ansichten des Kaisers bemerken zu sollen glaubte, als er je zuvor an den
Tag gelegt hatte. Wegen ihrer Schwäche und ihrer gespannten Beziehungen zu Rußland sei die Pforte, ließ der Staatskanzler sich vernehmen, nicht mehr wie ehedem ein gefährlicher, sondern ein guter
und sicherer Nachbar, dessen frühere Feindschaft gegen das Haus
Oesterreich sich in ein wahres Verlangen verkehrt habe, ihm alle nur
immer denkbare Willfährigkeit zu bezeigen. In Folge dieses so überaus
günstigen Umstandes seien nur sehr wenige reguläre Truppen ausreichend, die ganze langgestreckte Grenze gegen die Türkei hin zu decken.
Ganz anders würde die Sache sich stellen, wenn sich dereinst Rußland
der besten türkischen Provinzen bemächtigen sollte. An Stelle des harm-
losen Nachbars würde ein um so gefährlicherer treten, als er sich
jetzt noch durch die Rücksicht auf die Pforte zu einiger Mäßigung

veranlaßt sehe. Wären die Türken nur einmal aus Europa vertrieben, dann könnte dem überwältigenden Anwachsen der russischen Macht kaum mehr eine Schranke gezogen werden. Oesterreich wäre um so mehr von ihr bedroht, als es von keiner Seite her Unterstützung, von Preußen aber nur eine Verschärfung dieser Gefährdung zu gewärtigen hätte. Und wenn auch Oesterreich sich zu seiner eigenen Sicherstellung genöthigt sehen sollte, sich die benachbarten türkischen Provinzen anzueignen, so würde ihm doch hiedurch nur geringer Nutzen zu Theil werden. Denn die türkischen Einwohner würden diese Gegenden verlassen, die Zurückbleibenden aber fast ausschließlich aus fanatischen, Rußland blindlings ergebenen Griechen bestehen [442]).

Man sieht wohl, daß nicht nur Maria Theresia, sondern auch Kaunitz sich nur widerwillig mit dem Gedanken einer gezwungenen Erwerbung türkischer Provinzen beschäftigte, und daß er eine solche für nichts anderes hielt als für ein Uebel, freilich für ein geringeres, als er darin erblickt hätte, wenn diese Länder ausschließlich an Rußland gefallen wären. Der Türkei ihren Besitzstand in Europa zu erhalten und eine fernere Schmälerung desselben durch Rußland zu verhindern, darauf waren deßhalb Oesterreichs eifrige Bemühungen gerichtet. Aber Rußlands offene Feindschaft wollte es sich gleichwohl nicht zuziehen und auch nicht zu den Waffen wider dasselbe greifen, weil es in einem solchen Falle eines Krieges mit Preußen hätte gewärtig sein müssen.

Leicht könnte man glauben, daß was hier von der Politik Oesterreichs im Oriente gesagt wurde, auch den Maßstab abgeben könne für die Gesinnungen Oesterreichs gegen Rußland und für die Haltung, die der Wiener Hof gegen den von St. Petersburg einnahm. Wir kennen noch überdieß die persönliche Mißachtung, in welcher die Kaiserin Katharina wegen ihres sittenlosen Lebenswandels bei Maria Theresia stand, und man könnte sich zu der Annahme versucht fühlen, daß hiedurch auch der politische Gegensatz zwischen den beiden so hochbegabten und doch so grundverschiedenen Frauen noch verschärft worden wäre. Aber dem war doch keineswegs so. Zu lebhaft erinnerte man sich in Wien noch des langdauernden Bündnisses mit Rußland und der vielfachen Vortheile, die man hieraus gezogen, zu bitter empfand man noch immer den unberechenbaren Schaden, der Oesterreich gegen Ende des siebenjährigen Krieges aus der plötzlichen Beseitigung dieser Allianz erwuchs, als daß man nicht eine Erneuerung derselben eifrig gewünscht hätte. Daß sie, wenn auch nicht gerade nahe bevorstehend, doch nicht für alle Zukunft ganz unwiederherstellbar erscheine, glaubte man daraus folgern zu dürfen, daß seit dem dereinstigen Ausspruche der Kaiserin Katharina, der König von Preußen sei als der gefähr= lichste Feind Rußlands zu betrachten [443]), gar nichts vorgefallen war, wodurch er seine Berechtigung eingebüßt hätte. Man war wirklich der Meinung, Rußland würde aus einem Bündnisse mit Oesterreich weit größeren Gewinn ziehen als aus seiner bisherigen Allianz mit Preußen. So sei der Vortheil, den ihm letztere in dem Kriege gegen die Pforte gewährte, höchstens ein negativer gewesen. Denn während es von Oesterreich hiebei vielleicht werkthätige Hülfe zu erlangen vermocht hätte, half ihm das Bündniß mit Preußen zu nichts Anderem, als in seinen Unternehmungen nicht gehindert zu werden. Für diesen bloß passiven Dienst habe sich jedoch der König von Preußen eine für Rußland höchst schädliche Machterweiterung in Polen verschafft. Danzig befinde sich so gut als in seinen Händen. Er sei Meister des polnischen Handels und dadurch im Besitze der Quelle des Reichthums jenes Landes. Der früher so überwiegende Einfluß Rußlands auf die polnischen Angelegenheiten sei dahin und demjenigen Preußens gewichen. In so unbegreiflicher Weise arbeite Rußland selbst an der Vergröße= rung seines Nachbars, und es werde dadurch zum Förderer dessen, was es in seinem eigenen Interesse um jeden Preis zu hintertreiben suchen sollte.

Nur zwei Zielpunkte könne es für eine aufgeklärte Politik Ruß= lands geben: die Befestigung seines Uebergewichtes im Norden und die fernere Ausdehnung seiner Macht über einen Theil der Türkei. In ersterer Beziehung müsse Preußen ihm nothgedrungen im Wege stehen, in letzterer aber könne es ihm nicht hülfreiche Hand leisten. Oesterreich hingegen würde Rußland im Norden schalten und walten

laſſen, ja eine Schwächung Preußens wäre in ſeinem eigenen Intereſſe
nicht weniger als in dem Rußlands gelegen. Und was die Türkei
angehe, ſo könnten beide Staaten, ohne auf anderer Seite weſentlichen
Hemmniſſen zu begegnen, dasjenige ausführen, worüber ſie ſich einmal
geeinigt haben würden.

War man nun auch in Wien der Ueberzeugung, daß Rußland
bei einem Bündniſſe mit Oeſterreich in höherem Maße ſeine Rechnung
finden würde als bei ſeiner bisherigen Allianz mit Preußen, ſo
ſchmeichelte man ſich doch keineswegs mit der Hoffnung, dieſer Anſchauung bei der Kaiſerin Katharina leicht und raſch Eingang verſchaffen zu können. Man beſchränkte ſich daher Rußland gegenüber
einſtweilen auf die Bemühung, ſeine Freundſchaft mit Preußen allmälig
zu lockern und ihm, wie es ſchon bei der Skizzirung der orientaliſchen
Politik Oeſterreichs geſagt wurde, die Hoffnung nicht vollſtändig zu
rauben, daß es bei dereinſtigen Unternehmungen gegen die Türkei
Oeſterreich nicht auf der entgegengeſetzten, ſondern vielleicht an ſeiner
Seite ſehen könnte [444]).

Zwei Hauptgrundſätze waren es, wie man ſieht, auf denen die
damalige Politik Oeſterreichs ausſchließlich beruhte, die Freundſchaft
mit Frankreich und der Gegenſatz zu Preußen. Je nachdem das
wichtigſte Intereſſe jeden Staates, erklärte Kaunitz zu jener Zeit, mit
dem des Königs von Preußen übereinſtimme oder nicht, und in dem
Verhältniſſe, in welchem ein Staat Oeſterreich gegen Preußen nützlich
oder nachtheilig ſein könne, habe man ſich um deſſen Freundſchaft zu
bewerben. So lange Zeit müſſe dieſe Maxime die Richtſchnur der
Politik Oeſterreichs ſein, als der König von Preußen deſſen gefähr-
lichſter Nachbar bleibe. Bei Allem, was man gegen Außen hin unternehme, müſſe man daher auf ihn ganz beſonders das Augenmerk
richten. Und an der ihm eigenen methodiſchen Weiſe auch dießmal
feſthaltend, ſtellte Kaunitz in der Inſtruction, welche er im September
1777 dem damals zum öſterreichiſchen Geſandten in Berlin ernannten
Grafen Ludwig Cobenzl ertheilte [445]), nicht weniger als dreizehn Grund-
ſätze auf, die man in dieſer Beziehung fortwährend beobachten müſſe.

Das österreichische und das preußische Staatsinteresse stünden,
so lauten diese Grundsätze, in einer „sich so widersprechenden Collision",
daß sie unmöglich dauernd vereinigt werden könnten. Daher sei die
„Hauptpolitik" des Königs unablässig dahin gerichtet, Oesterreich so
viel als nur immer möglich zu schaden. Ein anderes Einverständniß
mit ihm als ein bloß vorübergehendes und dadurch herbeigeführtes,
daß er ohne Oesterreich den von ihm gerade angestrebten Vortheil
nicht zu erreichen im Stande sei, müsse daher als unmöglich gelten.
Man dürfe dabei nicht übersehen, daß jede Vergrößerung Oesterreichs,
wenn Preußen eine gleiche erhielte, für Oesterreich kein Gewinn, und
wenn der Zuwachs Preußens ein noch größerer sein sollte, sogar eine
Benachtheiligung wäre. Der König von Preußen sei im höchsten
Grade mißtrauisch, leichtgläubig und wetterwendisch in seiner politischen
Haltung. In der Wahl der Mittel, zu seinem Zwecke zu gelangen,
sei er niemals verlegen, und alle ohne Unterschied seien ihm hiezu recht.
Sein böses Gewissen und die ihm fortwährend vor Augen schwebende
Möglichkeit, es könnte einmal Vergeltung an ihm geübt werden, hielten
ihn stets in Verdacht und Argwohn gegen Oesterreich fest, und sogar
durch offenbar falsche Nachrichten, welche über vermeintliche Maßregeln
Oesterreichs ihm zukämen, fühle er sich beunruhigt. Seine Hauptabsicht bestehe darin, sich den Rücken frei zu erhalten, und da er dieß
am besten durch das Bündniß mit Rußland erreichen könne, arbeite
er fortwährend an dessen Befestigung. So weit treibe ihn seine Begierde, in Rußland überwiegenden Einfluß zu behalten, daß er nicht
das geringste Bedenken trage, eine von Rußland und von jedem Winke
der Kaiserin Katharina abhängige, ihrem Willen gehorsame Rolle zu
spielen. Der zuverlässigste Weg, den König von Preußen in Schranken
zu halten, führe daher durch Rußland, und aus diesem Grunde müsse
Oesterreich dem Hofe von St. Petersburg jede mit den Pflichten gegen
sich selbst nur immer vereinbarliche Rücksicht bezeigen. Mit anderen
Staaten befinde sich der König von Preußen in keiner allianzmäßigen
Verbindung; die frühere Freundschaft zwischen ihm und England sei
erkaltet, und wenn die nordamerikanischen Colonien nicht besiegt werden
sollten, werde er wohl einer der Ersten sein, ihre Unabhängigkeit anzuerkennen. Um so eifriger gehe er darauf aus, Oesterreich an allen

europäischen Höfen zu verdächtigen und einer unersättlichen Vergröße=
rungsbegierde zu beschuldigen. Seit einiger Zeit trachte er, und nicht
ganz ohne Erfolg, sich wieder Frankreich zu nähern und der dortigen
Regierung die Meinung beizubringen, daß zwischen dem preußischen
und dem französischen Interesse kein Gegensatz bestehe; selbstverständlich
lehre auch diese Bemühung nur gegen Oesterreich ihre Spitze.

Aus diesen Voraussetzungen ergebe sich, fährt Kaunitz in seiner
Instruction für Cobenzl fort, die Haltung wie von selbst, die man
dem Könige von Preußen gegenüber zu beobachten habe. Vorerst
dürfe man noch so schönen Worten und Versicherungen desselben nie
vollständig glauben, ihm aber auch kein positives Mißtrauen zeigen.
Da das politische System Oesterreichs ein durchaus friedfertiges sei,
und man noch keineswegs mit voller Bestimmtheit den Weg bezeichnen
könne, den man künftighin bei wichtigeren Vorfällen einschlagen werde,
so gebiete die Klugheit, gegen den König nur mit Mäßigung vor=
zugehen, das gute Einvernehmen mit ihm wenigstens äußerlich aufrecht
zu erhalten, ihm jede nur immer thunliche Aufmerksamkeit zu zeigen,
und gleichzeitig allen Schein einer Verlegenheit oder Furchtsamkeit zu
vermeiden. Die Haltung Oesterreichs gegen ihn müsse das Gepräge
einer ruhigen, jedoch vorsichtigen Gelassenheit an sich tragen. Sie
solle darthun, daß man zwar den mit dem Könige geschlossenen Frieden
auch fortan zu halten bereit und von ihm des Gleichen gewärtig, daß
man jedoch auf alle Fälle gerichtet und daher gewillt sei, das eigene
Verfahren nicht nach den Freundschaftsversicherungen eines Dritten,
sondern nach dessen Thaten zu gestalten. Und wenn man hiebei vor
Allem Oesterreichs Interesse als Richtschnur erkenne, so sei man weit
davon entfernt, eine ähnliche Haltung anderer Staaten zu mißbilligen.
Denn selten oder nie könne die Freundschaft der Regierungen der von
Privatpersonen gleichen; sie müsse vielmehr immer mit etwas Miß=
trauen vermengt sein. Alles komme darauf an, dieses Mißtrauen
nicht zu weit zu treiben und sich dadurch selbst zu schaden, statt daß
man darnach trachte, sich bei passender Gelegenheit zu verständigen,
den Nutzen des Anderen zu fördern und dadurch gleichzeitig auch den
eigenen Vortheil zu erreichen.

In um so höherem Grade hielt man in Wien die äußerste Vorsicht gegen den König von Preußen für dringend geboten, als gerade damals die Beziehungen Oesterreichs zu Sachsen eine in mancher Hinsicht recht bedenkliche Aenderung erfahren hatten.

Daß bei einer so gemüthvollen Frau, wie Maria Theresia es war, selbst auf dem Gebiete der Politik das Gefühl eine kaum geringere Rolle spielte als der Verstand, ist nicht zu verwundern. Und nicht leicht zeigte sich dieß in höherem Grade als in ihrer Haltung gegen das kurfürstlich sächsische Haus. Was dasselbe und sein Land während des siebenjährigen Krieges um seiner Parteinahme für Oesterreich willen von Seite des Königs von Preußen erduldet, mußte ihm in den Augen der Kaiserin vollen Anspruch auf ihre Erkenntlichkeit ver=leihen. Allerdings kamen, und sogar noch vor Abschluß des Huberts=burger Friedens hie und da Anzeichen vor, als ob man von sächsischer Seite die Dankbarkeit der Kaiserin nur zu eigenem Vortheile aus=nützen und ihr sonst wenig Rücksicht zeigen wolle; ja es fehlt nicht ganz an Kennzeichen des Unmuthes, mit welchem solche Wahrnehmungen die Kaiserin erfüllten. „wir seind dem sächsischen hoff", schrieb sie einmal an Kaunitz[116], „nur gutt, umb in ihren ideen auszulangen; „in all übrigen haben sie weder confidenz noch erkantlichkeit."

Wem sich jedoch Maria Theresia einmal wirklich verpflichtet glaubte, dem gegenüber hielten derlei Verstimmungen nur kurze Zeit an. Sowohl in wichtigen als in anscheinend geringfügigen, aber darum für sie doch nicht minder bezeichnenden Dingen hat sie dieß dem kurfürstlich sächsischen Hause überzeugend bewiesen. In ersterer Beziehung müssen vor Allem ihre wenngleich fruchtlosen, aber darum doch nicht weniger redlichen Bemühungen erwähnt werden, es in dem Fortbesitze der polnischen Königskrone zu erhalten. Und in letzterer Hinsicht sind ihre nach jeder Richtung hin sich erstreckenden Bestrebun=gen, Mitgliedern dieser Familie ausgiebige Vortheile zu verschaffen, wahrhaft charakteristisch für sie.

Am frühesten tritt dieß, wenn man erst die Zeit nach dem Ab schlusse des Hubertsburger Friedens in Betracht zieht, dem Prinzen

Clemens von Sachjen gegenüber zu Tage. Er hatte fich dem Priefter=
ftande gewidmet, und nach der Unfitte jener Zeit gingen nun er felbft
und feine Familie auf nichts eifriger aus, als ihm zu dem Befitze
einer möglichft großen Anzahl der einträglichften und anfehnlichften
geiftlichen Würden zu verhelfen, deren überreiche Einfünfte freilich in
ähnlichen Fällen meiftens zu fehr weltlichen Zwecken verwendet wurden.
Und fo fehen wir denn auch Maria Therefia trotz ihres fonft fo
frommen Sinnes in diefer Richtung unabläffig befchäftigt. Als es
im Jänner 1763 fich darum handelte, den Prinzen Clemens zum
Coadjutor des Bifchofs von Augsburg zu machen, fchrieb fie an
Kaunitz [447]): „glaube das man die fach nicht länger folle erligen laffen,
„wan man reuiffirn will. die antwort von cardinal*) ware gahr
„nicht vergnüglich, und wünfchte (er) nichts als daß man nichts
„preffire, die fach ihren lauff laffe. juft darumen glaube daß man
„eillen folle".

Nur wenige Monate vergingen, und fchon handelte es fich
neuerdings um Zuwendung einer bifchöflichen Würde an Clemens von
Sachfen. Da man beforgte, er werde in Lüttich nicht durchdringen,
fchlug man ihn von öfterreichifcher Seite für Trient vor und Maria
Therefia genehmigte dieß [448]). Aber er felbft wollte nicht das Bisthum
Trient, fondern das von Regensburg erhalten, und die Kaiferin
befchloß nun, ihm als Erfatz für Trient die reiche Mailänder Abtei
Chiaravalle zu verleihen [449]). Von Seite der römifchen Curie wurde
jedoch lebhafte Einfprache hiegegen erhoben. Mit fo fchwerwiegenden
Gründen unterftützte man fie von Rom aus, daß felbft Maria
Therefia nicht umhinkonnte, deren Gewicht anzuerkennen. „niemand
„mehr als mir ift leyd", antwortete fie auf den Bericht, den ihr
Kaunitz hierüber erftattete [450]), „wegen chiravalle, indem es mein
„erfter gedancken ware, die gemeiniglich beffer find als die folgende.
„allein wo es dem nuntius zugefagt, kan nicht mehr davon abweichen,
„wohl aber printz clemens wegen der coadjutorie von augfpurg zu
„helffen". Und als die hiezu erforderlichen Schritte gefchehen mußten,

*) Aleffandro Albani.

billigte Maria Theresia die Vorschläge des Staatskanzlers [451]) mit den Worten: „placet, wüntschte wohl reuissirn zu können".

Ungleich wichtiger noch war es für den Prinzen, als es darum sich handelte, ihm die gleiche Stellung in dem Erzbisthum Trier und somit die sichere Anwartschaft auf die kurfürstliche Würde zu ver= schaffen. „mich freuet es unentlich, wan prinz clemens zu biser würde „kunte verhülfflich sein", schrieb Maria Theresia im August 1767 an Kaunitz [452]). Und man weiß, daß es thatsächlich nur der österreichische Einfluß war, welchem der Prinz es verdankte, daß er zuerst Coadjutor des Erzbischofs und dann Kurfürst von Trier wurde.

Aber auch hiemit war die Reihe der Gunstbezeigungen der Kaiserin für den Prinzen Clemens von Sachsen bei weitem nicht er= schöpft. Um nur noch eine einzige zu erwähnen, sei des unverzins= lichen Vorschusses von hunderttausend Gulden gedacht, den ihm Maria Theresia im Jahre 1776 insgeheim zu Theil werden ließ [453]). Hoch= erfreut war sie, als ihr Kaunitz diese Summe aus der Lottocasse zu Brüssel zur Verfügung stellen konnte [454]).

Daß Maria Theresia ein anderes Mitglied des sächsischen Hauses, ihren eigenen Schwiegersohn, den Prinzen Albert mit den reichsten Gaben überhäufte, ist im Verlaufe dieser Darstellung schon zu wieder= holten Malen nachgewiesen worden. Allerdings wird man einwenden können, nicht so sehr ihm als seiner Gemalin, der Erzherzogin Marie zu Liebe habe sie so gehandelt. Aber man weiß ja, daß er selbst der Kaiserin theuer war wie ihr eigener Sohn, und gerade um seinetwillen mag viel von dem geschehen sein, was Maria Theresia für seine An= gehörigen that. So schrieb sie im Jänner 1773 in Bezug auf den älteren Bruder ihres Schwiegersohnes, den Prinzen Karl, dem Fürsten Kaunitz [455]): „sehete gerne, das man in russland die affairen des „herzogs von churland recomendirte, nur in genere, das er doch „einige attention verdient, seine situation sehr bedauerlich ist; wüntschte „was ihme nuz zu sein. dises durch particularbrieffe des fürsten an „lobkowitz oder rewitzgi, wan er es nutzlich findet". Und es ist schon gesagt worden, daß Maria Theresia nicht abgeneigt gewesen wäre,

den Prinzen Karl zum Gouverneur von Galizien zu ernennen, daß
jedoch der Kaiser es war, der sich der Verwirklichung dieses Gedankens
widersetzte [156]).

Schließlich wollen wir noch die Bemühungen der Kaiserin er=
wähnen, der jüngsten Schwester des Prinzen Albert, der Prinzessin
Kunigunde die Würde und die Einkünfte einer Aebtissin von Essen
und Thorn zu verschaffen [157]). Als Kaunitz ihr anzeigte, es werde
schwer halten, die Wahl der Prinzessin zur Coadjutorin durchzusetzen,
da gerade die aus österreichischen Familien abstammenden Mitglieder
der beiden Capitel hierauf nicht eingehen wollten, entgegnete Maria
Theresia nicht ohne einige Gereiztheit: „es ist doch zu bedencken, das
„alle unterthanen in gelegenheiten von wahlen alzeit die übleste ge=
„denckende sind und contraire ihren souvrain; wäre gutt, künftig
„keine mehr zu die capiteln gehen zu lassen. ich aprobire alles, was
„er fürst wird nützlich und convenient finden".

Wir wissen nicht, ob Kaunitz das von der Kaiserin vorgeschlagene,
gar zu willkürliche Mittel, oder ob er deren andere in Anwendung
brachte; gewiß ist nur, daß Maria Theresia ihren Willen auch durch=
setzte. Aber weder dieser noch irgend ein anderer Beweis der Vorliebe
und des Wohlwollens der Kaiserin für das kurfürstliche Haus brachte
es zu Wege, daß man in Sachsen an der früheren, Oesterreich freund=
lichen Politik auch fortan festhielt. Verschiedene Ursachen mögen zu=
sammengewirkt haben, um den jungen Kurfürsten Friedrich August III.
zu bewegen, daß er in allmälig immer entschiedenerer Weise eine andere
Richtung befolgte. Vorerst die gewiß gegründete Betrachtung, daß die
bisherige Politik unsägliche Drangsale über Sachsen gebracht. Denn
hatte es auch nicht, wie seither unwiderleglich dargethan worden, durch
vorschnelle Parteinahme gegen Preußen sein unglückliches Schicksal selbst
heraufbeschworen, sondern war es das Opfer eines widerrechtlichen
Angriffes des Königs Friedrich geworden, so hatte es doch unter dessen
grausamer Bedrückung unsäglich gelitten. Ihm zu ähnlichem Ver=
fahren nie wieder auch nur den Schein eines Vorwandes zu liefern,
darauf mußte man in Sachsen wohl ernstlich bedacht sein. Aber

hiedurch wäre es noch nicht nothwendig geworden, daß Sachsen jetzt
gegen seinen früheren Bundesgenossen, gegen Oesterreich eine gerade so
feindselige Haltung annahm, als es ihm früher anhänglich gewesen
war. Weiblicher Einfluß war es wohl hauptsächlich, der den Kurfürsten von Sachsen in diese Bahn trieb und in ihr festhielt. Befand
sich auch seine ehrgeizige Mutter, die Kurfürstin Marie Antonie gerade
damals in nichts weniger als befriedigenden Beziehungen zu ihrem
Sohne, so mag sie doch schon früher in einem für Oesterreich ungünstigen Sinne auf ihn eingewirkt haben. Und in dieser Richtung
wurde der Kurfürst wohl ohne allen Zweifel durch die Doppelheirat
noch bestärkt, welche sein Haus mit der herzoglichen Familie von Pfalz-
Zweibrücken verband. Er selbst hatte sich schon im Jahre 1769 mit
einer Schwester des Herzogs Karl vermält, während dieser fünf Jahre
später eine der Schwestern des Kurfürsten zum Altar führte. Wodurch jedoch das Haus Pfalz-Zweibrücken veranlaßt wurde, Oesterreichs erbittertsten Gegnern sich zuzugesellen, wird alsogleich zur Sprache
gelangen.

Die Mißstimmung des Kurfürsten von Sachsen gegen den Wiener
Hof wurde noch durch einen Vorgang des Letzteren vermehrt, welchem
zwar die Berechtigung, aber doch auch der Charakter einer gewissen
Gewaltthätigkeit nicht leicht wird abgesprochen werden können.

Es würde zu weit führen, hier die verschiedenen Seiten des
Streites näher zu beleuchten, in welchen der Kurfürst mit dem Grafen
Albrecht Christian von Schönburg, Besitzer der als böhmische Reichs-
afterlehen in Sachsen gelegenen Herrschaften Glaucha, Waldenburg
und Lichtenstein gerieth. Ein im Jahre 1740 abgeschlossener Receß
hatte das Verhältniß des Hauses Schönburg zu Sachsen geregelt; er
war aber vom Reichshofrathe für ungültig erklärt worden. Da nun
auf Grundlage dieses Recesses die Landesregierung zu Dresden, um
einer Schuldforderung des preußischen Ministers Grafen Finkenstein an
den Grafen Schönburg Geltung zu verschaffen, militärische Execution
nach dessen Herrschaften sandte, erließ auf Bitte des Letzteren der Prager
Lehenshof eine Abmahnung an die sächsische Regierung. Als dieselbe jedoch

unbeachtet blieb, zogen auf Befehl des Kaisers zweihundert österreichische
Soldaten mit dem böhmischen Lehenscommissär von Escherich durch das
Erzgebirge nach Glaucha und führten den durch die Sachsen von dort
vertriebenen Grafen Schönburg wieder zurück. In Glaucha wurde im
Namen der Kaiserin erklärt, daß der Receß vom Jahre 1740 aufgehoben sei und sie die Oberlehensherrlichkeit über diese Schönburgischen
Herrschaften besitze. Statt der sächsischen Wappen wurden die Reichs-
adler aufgesteckt, die Unterthanen aber an die Krone Böhmen gewiesen
und bedeutet, sich nicht mehr nach den sächsischen Verordnungen zu
richten [455]).

Obgleich von König Friedrich zu seinem bisherigen Verfahren
aufgestachelt, war der Kurfürst von Sachsen doch kluger Weise jedem
Zusammenstoße seiner Streitmacht mit den österreichischen Truppen
aus dem Wege gegangen. Aber das Gefühl, daß er vor dem übermächtigen Nachbar hatte zurückweichen müssen, wirkte doch als Stachel
in ihm fort, und die Wirkungen hievon ließen nicht mehr lange auf
sich warten.

Neuntes Capitel.

Die baierische Erbfolge.

.

Wenn die Leitung der äußeren Politik eines großen Staates auf der Höhe ihrer Aufgabe steht — und Niemand wird leugnen, daß dieß unter Kaunitz in vollstem Maße der Fall war — dann wird sie nicht allein mit den schon eingetretenen, sondern auch mit den von ferne her sich vorbereitenden Ereignissen sich zu beschäftigen haben. Und jederzeit ist es ein Kennzeichen der Unzulänglichkeit des Lenkers dieser Politik, wenn er von den Begebenheiten, welche gerade sich zutragen und seine Aufmerksamkeit auf sich ziehen, ja sein thatkräftiges Eingreifen fordern, sich in so hohem Grade einnehmen läßt, daß er darüber zukünftige Ereignisse, deren Eintritt er vorhersehen kann, aus den Augen verliert und dann von ihnen unvorbereitet überrascht wird.

Nur selten mag eine Angelegenheit der europäischen Politik von größerer Wichtigkeit gewesen sein, als die Theilung Polens sie besaß. Dennoch finden wir, daß Kaunitz, während er ihr sein ganzes Denken und Vollbringen ausschließlich zu widmen schien, auch der von ihr so weit abliegenden Frage der dereinstigen Nachfolge in Baiern sein Augenmerk zuwandte.

Die Ehe des damaligen Kurfürsten von Baiern, Maximilian Joseph war kinderlos, und sein jüngerer Bruder, Herzog Clemens, im Jahre 1770 ohne Nachkommenschaft gestorben. Unbestritten gebührte die Nachfolge in Baiern dem Kurfürsten Karl Theodor von der Pfalz aus dem Hause Sulzbach. Aber er war um mehr als zwei Jahre älter als Maximilian Joseph, und es erschien daher zum mindesten zweifelhaft, welcher von Beiden der Ueberlebende sein werde. Und selbst wenn dieß Karl Theodor sein sollte, so wurde dadurch die Frage der dereinstigen Nachfolge in Baiern nur für kurze Zeit entschieden, weil auch seine Ehe kinderlos geblieben war.

Wenn hier gesagt wurde, daß Kaunitz gerade zu der Zeit, in welcher er am tiefsten in die Verhandlungen über die Theilung Polens verwickelt war, auch die Frage der Nachfolge in Baiern nicht aus den Augen verlor, so darf solches nicht etwa die Auslegung erfahren, als ob diese letztere Angelegenheit damals ˙zuerst in Anregung gebracht worden wäre. Schon fast zwei Dezennien früher, und eigenthümlicher Weise gerade von baierischer Seite her war dieß geschehen. Bartensteins Schwiegersohn, der um die Entwicklung des Postwesens in Oesterreich hochverdiente Freiherr von Lilien war im Herbste des Jahres 1753 auf einer Reise nach Wien durch München gekommen und dort mit dem berühmten Hofkanzler Freiherrn von Kreittmayr in Verbindung getreten. Letzterer richtete eine Mittheilung an ihn, die sich auf eine dereinstige Vermälung des damals erst zwölfjährigen Kronprinzen Joseph mit der um zwei Jahre älteren Prinzessin Josepha von Baiern, einer Schwester des Kurfürsten bezog, welche elf Jahre später mit Joseph als dessen zweite Gemalin auch wirklich getraut wurde. Und damals scheint, um die Kaiserin leichter auf diesen Plan eingehen zu machen, auch dem Hause Oesterreich irgend welche Aussicht auf die Nachfolge in Baiern eröffnet worden zu sein.

Wir besitzen leider die Mittheilung Kreittmayrs an Lilien nicht, wohl aber das Gutachten, welches Bartenstein über sie am 19. October 1753 der Kaiserin gegenüber abgab; ihm liegt ein gleichfalls von Bartenstein ausgearbeiteter Entwurf der Antwort bei, die nach seiner Meinung Lilien an Kreittmayr richten sollte. Bartenstein ging von der Ansicht aus, daß man sich vor der Zeit hinsichtlich der Vermälung des Kronprinzen Joseph nach gar keiner Richtung hin binden, aber auch das baierische Project keineswegs schroff von der Hand weisen solle. Ohne dem dereinstigen Bräutigam in Bezug auf die

Wahl der ihm zuzudenkenden Braut irgend welchen Zwang auferlegen
zu wollen, wäre doch darauf zu sehen, daß der Monarchie aus der
Vermälung ihres zukünftigen Oberhauptes auch ein Zuwachs, sei es
an Ländern oder an Kraft, um ihren zahlreichen und mächtigen Feinden
nachdrücklicheren Widerstand leisten zu können, zu Theil werden möge.
Insbesondere würde ein derartiger Zuwachs wünschenswerth erscheinen,
wenn er im Zusammenhange mit den österreichischen Erbländern statt=
finden und außerdem durch ihn die Stellung Oesterreichs in Deutsch=
land verstärkt werden könnte. Das wahrscheinliche Aussterben der
kurfürstlichen Häuser von Baiern und der Pfalz dürfte hiezu einen
willkommenen Anlaß gewähren. Kreittmahrs Mittheilung scheine so
beschaffen zu sein, daß sie eine Bahn öffne, auf der das Schädliche
vermieden und das Nützliche erreicht werden könnte. Ohne Vorwissen
seines Hofes würde er sich gewiß nicht so weit herausgelassen haben.
Man erkenne daraus die Beunruhigung des Kurfürsten und dessen
Besorgniß, daß seinem Hause das gleiche Schicksal bevorstehe, von
welchem seiner Zeit das Haus Oesterreich betroffen worden sei. Wollte
man sich daher zu seinem Entgegenkommen abweisend verhalten, dann
werde er von selbst dazu getrieben, sich mit anderen Höfen zu ver=
ständigen und darnach zu trachten, daß zu Oesterreichs Schaden nicht
nur die baierischen, sondern auch die kurpfälzischen Lande dereinst dem
Hause Zweibrücken zu Theil würden. Oesterreich wäre dann auf
allen Seiten von Feinden umgeben. Man hätte daher, ohne sich in
Bezug auf den Kronprinzen der Möglichkeit eines künftigen freien
Entschlusses zu berauben, Baiern in einer Weise antworten zu lassen,
durch welche es nicht zurückgeschreckt, sondern noch fernerhin ange=
zogen werde.

In diesem Sinne lautete denn auch der Entwurf des Briefes,
den Lilien nach Bartensteins Meinung an Kreittmahr richten sollte.
Wir wissen nicht, ob er die Genehmigung der Kaiserin erhielt und ob
diese Antwort an ihre Bestimmung abging oder nicht. Aber das
scheint doch kaum zweifelhaft zu sein, daß von baierischer Seite die
Sache in engste Verbindung mit einer etwaigen Vermälung des Kron=
prinzen Joseph mit der Prinzessin Josepha gebracht wurde. Je mehr

die Aussichten auf eine solche Heirat sich trübten, um so größer wurde auch die Zurückhaltung Baierns. Als aber Joseph seine erste Ge= malin Isabella von Parma schon nach wenig Jahren verlor und die Frage seiner Vermälung neuerdings in den Vordergrund trat, fand wieder eine Annäherung Baierns an Oesterreich statt. Während der Reise, welche Kaiser Franz im März 1764 mit seinen beiden Söhnen Joseph und Leopold nach Frankfurt unternahm, und während ihrer Rückkehr von dort trat dieses Bestreben recht sichtlich zu Tage.

Man weiß, daß es etwa acht Monate später zu der von baierischer Seite so lebhaft gewünschten Vermälung Josephs mit der Prinzessin Josepha auch wirklich kam. Aber wir finden nicht, daß bei diesem Anlasse die Frage wegen der dereinstigen Nachfolge in Baiern zwischen den beiden Regentenhäusern zur Sprache gebracht worden wäre. Wohl aber geschah dieß der Kaiserin gegenüber von Seite des Staatskanzlers Kaunitz, und in tiefstem Geheimniß legte er ihr dasjenige vor, was von seiner Seite bereits geschehen war und noch veranlaßt werden sollte, um rechtzeitig vorbereitet zu sein, aus den etwa eintretenden Ereignissen möglichst großen Nutzen zu ziehen.

Vor Allem räumte er ein, daß die Rechtsfrage eine ungemein zweifelhafte sei und sich auf Grundlage der bisher zu Tage geförderten Nachweisungen kein bestimmter Ausspruch über sie abgeben lasse. Hierin vollkommen klar zu sehen, scheine ihm die erste Aufgabe zu sein, und er bitte daher, einen jungen, geschickten und verschwiegenen Mann Namens Schrötter mit den erforderlichen Studien und Ausarbeitungen betrauen zu dürfen.

Nicht minder wichtig sei es ferner, fährt Kaunitz fort, die ge= eigneten Maßregeln zu ergreifen, um eintretenden Falles dem Hause Oesterreich den ansehnlichen Gewinn zu sichern, der aus dieser Sache für dasselbe immerhin hervorgehen könne. Wenn man auch beab= sichtigen sollte, sich vollkommen ruhig zu verhalten, so wäre es doch keineswegs unmöglich, sondern vielmehr wahrscheinlich, daß binnen kurzem die Kurfürsten von der Pfalz und von Sachsen, ja sogar Frankreich die Sache in Anregung bringen und eine Vereinbarung

zwischen den Nächstbetheiligten herbeiführen könnten, um Oesterreichs
Absichten zu durchkreuzen. Wenn man jedoch behutsam vorgehe, werde
es kaum fehlschlagen, daß entweder für die Kaiserin selbst oder doch
für ihre Nachkommenschaft eine beträchtliche Erwerbung an Land und
an Leuten gemacht werde. Mindestens könnte man zum Rückfall aller
böhmischen Lehen und zur Erwerbung des baierischen Landstriches längs
des Inn bis zur tirolischen Grenze gelangen. Ja der Gedanke, ganz
Baiern zu erwerben, dürfe allerdings für den Augenblick noch wie
eine Chimäre erscheinen. Aber vielleicht könnte er sich mit einigen
Opfern, die in Vorderösterreich oder den Niederlanden gebracht werden
müßten, dennoch verwirklichen lassen. Zur Befriedigung des Kurfürsten
von der Pfalz, des deutschen Reiches, Frankreichs und der Seemächte
dürften sie hinreichen. Freilich müßte man vorzugsweise darnach
streben, den König von Preußen aus dem Spiele zu halten, und es
würde vielleicht auch hiefür noch Rath zu schaffen sein [159]).

Einstweilen geschah das, was am nächsten lag: Schrötter wurde
beauftragt, die Arbeit zu beginnen, zu der Kaunitz ihn vorschlug. Um
so größere Erwartungen hegte man von ihr, als Schrötter gerade zu
jener Zeit eine Abhandlung fertig gebracht hatte, durch welche er in
Folge einer von der baierischen Akademie der Wissenschaften ausgeschriebenen Preisaufgabe den Nachweis zu liefern unternahm, daß
die Markgrafschaft Oesterreich nie in einem Abhängigkeitsverhältnisse
zu dem Herzogthum Baiern gestanden habe. Da die baierische Akademie die Arbeit Schrötters, trotz der Anerkennung ihrer Trefflichkeit,
doch mit dem ausgeschriebenen Preise von fünfzig Dukaten nicht be-
theilte, bat Kaunitz die Kaiserin, ihn hiefür schadlos zu halten [160]).
„placet", antwortete sie hierauf, „dem schröder 100 dugaten zu geben,
wan es genug ist."

Hiemit ruhte nun diese Sache, und nur das kann nicht unerwähnt bleiben, daß inzwischen, und insbesondere nach dem Tode der
Kaiserin Josepha die Beziehungen Oesterreichs zu Baiern immer
unbefriedigendere wurden. Als im Mai 1768 die Frage des Abschlusses eines Handelsvertrages zwischen beiden Ländern erörtert wurde,

beauftragte Kaunitz den österreichischen Gesandten in München, Grafen Podstatzky, daselbst zu erklären, bei dem Benehmen des dortigen Hofes gegen Oesterreich könne man nicht darauf hoffen, etwas Ersprießliches und Dauerndes mit ihm zu Stande zu bringen. Unzweckmäßiges und bloß Vorübergehendes ins Leben rufen zu wollen, widerstrebe jedoch den Anschauungen der österreichischen Regierung [461]).

Man würde vielleicht in Wien noch mehr gegen den Kurfürsten von Baiern aufgebracht gewesen sein, wenn man gewußt hätte, daß derselbe inzwischen eifrig bemüht war, etwaige Plane Oesterreichs auf Erwerbung seines Landes zu vereiteln. Die alten Erbschaftsverträge zwischen Baiern und der Pfalz wurden in den Jahren 1766, 1771 und 1774 insgeheim erneuert. Die beiden Kurfürsten räumten sich selbst und ihren Nachfolgern schon jetzt das Recht der Besitzergreifung auf ihre gegenseitigen Länder, jedoch natürlicher Weise nur so ein, daß es bloß gegen einen Dritten die volle Wirkung des Mitbesitzes nach sich ziehen sollte. Und es ist wohl ein eigenthümlicher Zufall, daß in die Hand desselben Mannes, der vor einer Reihe von Jahren die erste Aussicht auf dereinstige Befriedigung . der österreichischen Ansprüche auf Baiern eröffnet hatte, des Kanzlers von Kreittmayr das Patent gelegt wurde, durch welches im Falle des Ablebens des Kurfürsten Maximilian Joseph sein Nachfolger Karl Theodor von der Pfalz Besitz ergreifen sollte von Baiern [462]).

Daß diese Maßregeln, deren Berechtigung hier in gar keiner Weise bestritten werden soll, ihre Spitze direct gegen Oesterreich kehrten, läßt sich nicht leugnen. In München konnte man ja an dem Wunsche des Wiener Hofes, im Falle des Aussterbens des kurfürstlich baierischen Hauses Vortheile zu erlangen, um so weniger zweifeln, als man hiezu in gewissem Sinne selbst den ersten Anstoß gegeben hatte. Und auch an anderen Höfen war man auf diese Angelegenheit lang schon aufmerksam geworden. So brachte sie König Friedrich von Preußen schon im Mai 1770 dem österreichischen Gesandten Grafen Nugent gegenüber zur Sprache. Er wies auf die Nachtheile hin, welche einem Staate daraus erwüchsen, wenn seine einzelnen Provinzen räumlich

von einander getrennt seien. „So würde zum Beispiel", sagte er
plötzlich, „Baiern ungemein passend für Sie sein; es würde Oester-
„reich abrunden, und das baierische Haus ist dem Aussterben nahe."
Als aber Nugent mit scharfer Anspielung auf das Verfahren des
Königs erwiederte, Oesterreich werde nie einen unberechtigten Angriff
auf einen Nachbarstaat ausüben, jedoch seine Rechte jederzeit mit allem
Nachdrucke vertreten und daher auch die etwa in Erledigung kommenden
böhmischen Lehen an sich ziehen, antwortete Friedrich: „Was diese
„betrifft, wird Ihnen Niemand dieselben bestreiten" 463).

So ungefähr stand diese Angelegenheit, als sie, und zwar im
Dezember 1772, von dem damals vorübergehend in Wien anwesenden
österreichischen Directorialgesandten in Regensburg, Freiherrn von
Borié, neuerdings in Anregung gebracht wurde. Auf speziellen Befehl des Kaisers fand zwischen dem Reichsvicekanzler Fürsten Colloredo,
dem Reichshofrathe Freiherrn von Leykam als Referenten, und Borié
eine Zusammentretung statt, welcher auch Freiherr von Binder von
Seite der Staatskanzlei beiwohnte. Das Resultat dieser Berathung
legte Colloredo dem Kaiser zur Einsicht und zu dem Ende vor, daß
er die etwa noch zu unternehmenden Schritte anordnen möge 464).

Vorerst sah man es als zweckmäßig an, Alles dasjenige, was
der Kurfürst von Baiern besaß und was durch seinen dereinstigen
Tod in Erledigung kommen sollte, in sechs verschiedene Kategorien zu
theilen. In die erste wurden die Kurwürde, die Wahlstimme und das
Erztruchsessenamt, in die zweite die Obere Pfalz mit der Grafschaft
Cham, in die dritte das Herzogthum Ober- und Niederbaiern, die
Landgrafschaft Leuchtenberg, das Fürstenthum Mindelheim nebst anderen Gütern und Regalien, welche Reichslehen waren, in die vierte
die von der Krone Böhmen abhängigen Lehen, in die fünfte die von
geistlichen Stiftern herrührenden Lehen, in die sechste endlich sämmtliche
Allodialgüter gereiht.

In Bezug auf die erste Kategorie wurde erklärt, daß nach dem
vierten Artikel des westphälischen Friedens bei Abgang des baierischen
Wilhelminischen Mannsstammes die achte damals an Pfalz neu

verliehene Kurwürde wieder erlöschen und Pfalz in die zweite, bisher
von Baiern innegehabte weltliche Kurwürde und in das Erztruchsessenamt einrücken solle. Es könne daher kein Anstand obwalten, daß
dieser vollkommen klaren und unzweideutigen Anordnung Folge gegeben
und Kurpfalz sein unzweifelhaftes Recht nicht vorenthalten werde.

Was die Obere Pfalz und Cham betreffe, so verordne der schon
citirte Artikel des westphälischen Friedens, daß nach dem Aussterben
des baierischen Kurhauses die Obere Pfalz an das kurpfälzische Haus
zurückzukehren habe. Ein Gleiches habe auch hinsichtlich der Grafschaft
Cham zu geschehen.

Ganz anders verhalte es sich jedoch mit Ober= und Niederbaiern,
mit Leuchtenberg und sonstigen Gütern, welche Reichslehen wären.
Unstreitig gehörten sie dem baierischen Mannsstamme allein und würden
daher durch dessen Aussterben erledigt. Für diesen Fall verpflichte
jedoch die Wahlcapitulation den Kaiser, sie ohne Vorwissen und Zustimmung der reichsständischen Collegien nicht weiter zu vergeben,
sondern sie zurückzubehalten, einzuziehen und dem Reiche einzuverleiben.
Der Kaiser sei mithin berechtigt, sich in Besitz dieser erledigten Reichslehen zu setzen und von denselben die Einkünfte zu beziehen. Mit
diesem Rechte der Herrschaft über heimfallende Lehen sei jedoch auch
dasjenige der Stimmführung für sie auf dem Reichstage verbunden.
Der Kaiser hätte daher eintretenden Falles unverzüglich, und zwar
ebensowohl von Ober= und Niederbaiern als von Leuchtenberg Besitz
zu ergreifen. Um solches dereinst ohne allen Zeitverlust thun zu können,
wären schon jetzt dem Freiherrn von Borié gewöhnliche Vollmachten
hiezu zu verabfolgen. Beim Eintritte des Todes des Kurfürsten von
Baiern habe er bei dem kurfürstlich Mainzischen Directorium vorerst
zu versuchen, daß die Annahme anderer, insbesondere kurpfälzischer
Legitimationen hinausgeschoben werde. Erweise sich eine solche Bemühung als fruchtlos, dann möge Borié mit seinen eigenen Vollmachten ungescheut hervortreten. Ein in gleichem Sinne lautendes
kaiserliches Rescript an die Prinzipalcommission in Regensburg wäre
demnächst auszufertigen und ebenfalls dem Freiherrn von Borié zu

Verwahrung zu geben, daß er sich dessen nöthigen Falles unverzüglich zu bedienen vermöge.

So wie in Regensburg, sollten nach der Meinung Colloredo's auch in München die für den Fall des Ablebens des Kurfürsten erforderlichen Schriftstücke schon jetzt bereit gehalten werden. Er rieth daher, an den dortigen österreichischen Gesandten eine Depesche zu richten, welche er seiner Zeit vorzeigen könne. Er sei darin anzuweisen, gleich nach jenem Todesfalle den baierischen Behörden zu eröffnen, daß dem Kaiser in Folge der Reichsgesetze von nun an das völlige Eigenthumsrecht auf die dortigen reichslehenbaren Lande zustehe. Sie hätten ihn daher als ihren alleinigen Herrn zu erkennen und seine ferneren Befehle zu erwarten. Auch die hierauf bezüglichen Patente wären vorläufig zu dereinstigem Gebrauche in die Hände des kaiserlichen Gesandten in München zu legen.

Um sich zur Behauptung der Rechte auf die in Erledigung kommenden Reichslehen der bewaffneten Macht in einer den Satzungen des Reiches nicht widersprechenden Weise bedienen zu können, sei eine Aufforderung des baierischen Kreises zur Beistandsleistung nöthig. Um eine solche dereinst leichter zu erlangen, wäre schon jetzt eine vertrauliche Mittheilung an den Erzbischof von Salzburg, auf den man vollständig bauen könne, als mitausschreibenden Fürsten des baierischen Kreises zu richten. Und auch für Salzburg sollten, wie für Regensburg und München, die erforderlichen Actenstücke ausgefertigt und bereitgehalten werden.

Was endlich die übrigen Besitzthümer des Kurfürsten von Baiern angehe, so werde die Einziehung der böhmischen Kronlehen sowie die Geltendmachung der österreichischen Anwartschaft auf Mindelheim dem höheren Ermessen anheimgestellt. Hinsichtlich aller übrigen Lehen und der Allodien wäre ausdrücklich zu erklären, daß wenn sich darunter fremde Lehen befänden, auf welche anderwärtige Ansprüche dargethan werden könnten, dieselben allsogleich den Berechtigten zurückgegeben werden würden.

Bevor er über diese Anträge Colloredo's Beschluß faßte, hielt es der Kaiser für nöthig, über sie auch das Gutachten des Fürsten Kaunitz zu vernehmen. Indem der Letztere sich beeilte, dem Wunsche Josephs zu entsprechen, erging er sich seiner Gewohnheit nach auch dießmal wieder vorerst in einer Darstellung dessen, was von seiner Seite in dieser Angelegenheit bereits geschehen war. Die von ihm veranlaßten Ausarbeitungen Schrötters standen hiebei natürlich in vorderster Reihe. Die erste und weitläufigere enthielt den Beweis, daß der Tod des Kurfürsten von Baiern als des Letzten seines Hauses den Heimfall des größten Theiles seiner Länder an Kaiser und Reich als eröffnete Lehen herbeiführen würde, und außerdem die Darlegung der Ansprüche, welche Oesterreich auf einzelne Theile Baierns zu erheben berechtigt sei. Die zweite Arbeit bezog sich auf die neuen Erwerbungen, welche das kurfürstlich baierische Haus nach seiner Absonderung von dem pfälzischen, und daher füglich nur für seinen eigenen Mannsstamm gemacht hatte. Endlich wurde untersucht, welche Güter von den Allodialerben in Anspruch genommen werden könnten, welche Maßregeln sowohl der Kaiser als solcher als auch das Erzhaus Oesterreich im Augenblicke des Absterbens des Kurfürsten von Baiern zu ergreifen hätten, und mit welchem Striche Landes man sich von Seite des Wiener Hofes bei einem, sei es vor, sei es nach diesem Ereignisse zu errichtenden Vertrage etwa begnügen könne.

Von den langathmigen Rechtsdeductionen absehend, wollen wir auf Erwähnung der Schritte uns beschränken, welche Schrötter für den Todesfall des Kurfürsten von Baiern anrieth. Er theilte sie in solche, die von Seite des Kaisers, und in andere, welche von dem Erzhause Oesterreich geschehen sollten. Gleich nach Empfang der Todesnachricht hätte der Erstere dem Reiche durch ein Commissionsdecret zu eröffnen, daß die kurbaierischen Lande erledigt worden seien, und er beabsichtige, den elften Artikel seiner Wahlcapitulation zu vollziehen; deßhalb habe er bereits diese Länder im Namen des Kaisers und des Reiches in Besitz nehmen lassen. Gleichzeitig müßte daher auch eine hinlängliche Truppenzahl nach Baiern gesandt und das Land in kaiserliche Verwaltung genommen werden.

Die Maßregeln des Erzhauses aber hätten in der Einziehung der
böhmischen Lehen und in ihrer Besetzung mit österreichischen Truppen
zu bestehen. Ein Gleiches könnte auch in Bezug auf die Herrschaft
Mindelheim in Schwaben geschehen; hinsichtlich der übrigen Ansprüche
aber müßte zuerst die nöthige Vorstellung an den Kaiser gerichtet
werden. Und was endlich die Abfindung anging, mit der man sich
zuletzt von österreichischer Seite zu begnügen vermöchte, so bezeichnete
jetzt auch Schrötter, wie es lang vor ihm schon Kaunitz gethan, den
Landstrich von Passau am rechten Ufer des Inn bis zur Grenze
Tirols als ein angemessenes Aequivalent, so daß der Inn künftighin
die natürliche Grenze zwischen Oesterreich und Baiern zu bilden hätte.
In Anbetracht der daselbst befindlichen Salzwerke wäre dieß der ein-
träglichste Theil der baierischen Lande und außerdem ein mit Oesterreich ob der Enns und mit Tirol unmittelbar zusammenhängender
District. Ihn zu erwerben, könnte man auf Mindelheim und vielleicht
auch auf die in der Oberpfalz gelegenen böhmischen Lehen verzichten,
ja im äußersten Falle sogar in die Abtretung der zu Oesterreich
gehörigen, aber am linken Ufer des Inn gelegenen Herrschaft Neuburg willigen.

Aus den Bemerkungen, mit denen Kaunitz die Ausarbeitungen
Schrötters und die Anträge des Reichsvicekanzlers begleiten zu sollen
glaubte, geht deutlich hervor, daß er dem auch von Colloredo gestellten
Antrage, demzufolge gleich nach dem Tode des Kurfürsten sowohl
von dem baierischen Lande als von seinem und dem Leuchtenbergischen
Botum auf dem Regensburger Reichstage Besitz zu ergreifen wäre,
nur sehr ungern beistimmte. In ersterer Beziehung hätte er die bloß
symbolische Besitznehmung durch Anschlagung von Patenten um so
mehr als genügend betrachtet, als ja ohnedieß Niemand dem Kaiserhofe in der wirklichen Besetzung von Baiern zuvorkommen konnte.
Und ebenso sah er keinen Schaden darin, wenn auch von kurpfälzischer Seite der voreilige Versuch gemacht würde, das baierische
und Leuchtenbergische Botum auf dem Reichstage zu führen. Denn
hiedurch könne ja noch keineswegs dessen wirkliche Zuerkennung erlangt
werden [405]).

Für so unerläßlich sah außerdem der Staatskanzler die strengste Geheimhaltung all der in Antrag gebrachten vorbereitenden Maßregeln an, daß er nicht verschwieg, es wäre ihm erwünschter gewesen, wenn man die ganze Sache noch gar nicht berührt hätte. Wenn er nun auch die vorgeschlagenen Schritte nicht als unentbehrlich betrachte, so wolle er dagegen nicht bestreiten, daß sie, mit äußerster Behutsamkeit gethan, nützlich sein könnten. Mit dieser Reserve schloß Kaunitz den Anträgen des Reichsvicekanzlers sich an. Joseph aber erwiederte hierauf dem Staatskanzler die folgenden Worte:

„nebst zurückschickung dieser sehr wohl gerathenen ausarbeitungen „gebe ihnen die nachricht, daß ich der Reichs Kanzley vorschläge „begnehmiget, und sie werden ihrerseits in dieser wie in allen anderen „gelegenheiten das beste beyzumercken nicht unterlassen."

Indem Joseph den Anträgen der Reichskanzlei zustimmte, fühlte er jedoch selbst die Nothwendigkeit, derselben die strengste Geheimhaltung neuerdings zu befehlen. „diese so wichtige ausarbeitung", antwortete er ihr, „begnehmige, und sind nach dem hier gemachten „antrag die expeditionen alsogleich zu verfassen und mir zur unter„schrifft vorzulegen, mit beybehaltung des genauesten geheimnus, so „die Seele dieser unternehmung ausmachen mus."

Wie man sieht, wurde nicht von Maria Theresia, sondern von Joseph die Initiative in dieser Sache ergriffen, und der Kaiser ging in Bezug auf dieselbe sogar ziemlich selbstständig vor. Er besaß übrigens um so gewichtigere Ursache, sich der Beihülfe des Staatskanzlers zu versichern, als diese hochbedeutsame Angelegenheit schon an fremden Höfen, und zuerst neuerdings von dem Könige von Preußen in Anregung gebracht worden war.

In der zweiten Hälfte des September 1772 hatte der kaiserliche Gesandte in Berlin, der jüngere van Swieten, ehe er sich auf einige Monate nach Oesterreich begab, dem Wunsche König Friedrichs zufolge in Potsdam eine Unterredung mit ihm, in welcher von Seite des Königs die wichtigsten politischen Angelegenheiten zur Sprache gebracht

wurden. An das Anerbieten zum Abschlusse einer Tripelallianz zwischen
Oesterreich, Preußen und Rußland knüpfte er den Ausdruck des
Wunsches, über andere wichtige Fragen, wie über die Nachfolge in
Baiern, über diejenige in Ansbach und Bayreuth, endlich über eine
etwaige Absicht Oesterreichs, sich gegen Venedig hin zu vergrößern, zu
einem friedlichen Verständnisse mit dem Wiener Hofe zu gelangen[466]).

Man sieht wohl, daß des Staatskanzlers frühere Meinung, den
König von Preußen in Allem, was sich auf die Erbfolge in Baiern
bezog, „aus dem Spiele zu halten", sich so leicht nicht durchführen
ließ; jetzt erklärte vielmehr Kaunitz selbst ein solches Beginnen als „sehr
„bedenklich und gefährlich". Schon der persönliche Charakter des Königs
lasse es durchaus nicht räthlich erscheinen. Bekanntlich sei er höchst
argwöhnisch, und der geringste Anlaß verleite ihn zu sehr weit ge-
triebenem Verdachte. Wollte man sich in gar nichts mit ihm einlassen,
so würde hiedurch ohne Zweifel sein früheres Mißtrauen wieder erweckt
und ihm scheinbarer Grund zu Handlungen gegeben werden, welche
von den gefährlichsten Folgen sein könnten.

Im Gegensatze hiezu hielt jedoch Kaunitz auch definitive Verabredungen mit dem Könige für nicht minder bedenklich. Mit Recht
hob er hervor, daß leicht verschiedene Umstände eintreten könnten, die
sich jetzt noch durchaus nicht vorhersehen ließen. Man möge also die
ganze Angelegenheit dilatorisch behandeln, sich inzwischen bemühen, die
eigentliche Gesinnung des Königs zu erforschen, hiedurch die Entscheidung
hinausschieben, sich aber inzwischen bereit zeigen zu einem Einverständnisse mit Preußen[467]).

In diesem Sinne war denn auch die Erklärung abgefaßt, welche
van Swieten dem Könige gegenüber abzugeben hatte. Was speciell die
Erbfolge in Baiern anging, sollte er ihn aufmerksam machen, daß
man in Wien zwischen dem Kaiser als solchem und dem Hause
Oesterreich unterscheide. Allbekannt sei es, daß letzteres unbestreitbaren
Anspruch auf die Lehen der Krone Böhmen besitze. Der Kaiser aber
beabsichtige eintretenden Falles die Richtschnur zu befolgen, welche seine
Wahlcapitulation ihm vorschreibe. Es entspreche den Satzungen des

Reiches und dessen Gepflogenheit, daß die baierischen Länder, insofern sie männliche Reichslehen wären, beim Aussterben des kurfürstlichen Mannsstammes als dem Kaiser und dem Reiche anheimgefallen an=zusehen seien. Daher werde der Kaiser sie in seinem und des Reiches Namen in Besitz nehmen, auf daß sodann mit ihnen in gemeinschaft=lichem Einverständnisse weiter verfügt werden könne. Vor Allem wäre es erwünscht, hierüber die Ansichten des Königs von Preußen zu kennen, und man hoffe darauf, daß er sie mit der gleichen Offenheit mittheilen werde, mit der man sich gegen ihn ausgesprochen habe [168]).

Bereitwillig ließ Friedrich die Berechtigung des Unterschiedes gelten, der in Wien zwischen der Stellung des Hauses Oesterreich und derjenigen des Kaisers in Bezug auf die Erbfolge in Baiern gemacht wurde. Die Rechte des Ersteren auf die böhmischen Kronlehen wurden auch jetzt wieder von ihm als etwas Unzweifelhaftes bezeichnet. Was jedoch die Verfügungen anging, die der Kaiser als Reichsoberhaupt zu treffen haben werde, so erklärte der König, sich hierüber für den Augenblick noch nicht aussprechen zu können, da ihm weder die Reichs=gesetze, welche hiebei Anwendung zu finden hätten, noch der bezügliche Artikel der Wahlcapitulation gegenwärtig seien. Doch gab er deutlich zu erkennen, daß er nicht zweifle, die beabsichtigten Maßregeln würden im Einklange mit den Reichsgesetzen und somit derartige sein, daß er ihnen zustimmen könne [469]).

Die von dem Könige von Preußen in Aussicht gestellte nähere Erklärung über den Vorgang, welchen der Kaiser für den Fall des Todes des Kurfürsten von Baiern beobachten wollte, erfolgte jedoch niemals und auch von Wien aus kam man nicht neuerdings auf die Sache zurück. Nicht nur Preußen, sondern auch den anderen Höfen gegenüber ließ man sie wenigstens von österreichischer Seite ruhen, bis endlich der Kurfürst von der Pfalz, wohl zunächst durch die Gefährdung hiezu gedrängt, die er von Preußen hinsichtlich der Erb=folge in Jülich und Berg besorgte, sie durch die in Wien gestellte Anfrage, ob man nicht geneigt wäre, mit ihm eine Vereinbarung über die baierische Succession zu treffen, wieder in Anregung brachte.

Ob der Verdacht des Kurfürsten von der Pfalz, daß König
Friedrich die Absicht hege, sich früher oder später Jülichs und Bergs
zu bemächtigen, ein ausreichend begründeter war oder nicht, ist sehr
schwer zu entscheiden. Dem Gerüchte, das damals umherging, der
König habe während einer Erkrankung des Kurfürsten dem Comman=
danten von Wesel befohlen, im Falle des Todes Karl Theodors ohne
weiteren Verhaltungsbefehl Jülich und Berg mit gewaffneter Hand
zu besetzen, wird wohl ein entscheidender Werth nicht beizulegen sein [470].
Größere Aufmerksamkeit verdiente es, daß König Friedrich durch mehr
als ein Jahrzehnt es verabsäumt hatte, den achtzehnten Artikel des
Hubertsburger Friedens zu erfüllen, durch welchen er sich zur Er=
neuerung der schon im Jahre 1747 zwischen Preußen und Kurpfalz
wegen der Erbfolge in Jülich und Berg abgeschlossenen und bei Aus=
bruch des siebenjährigen Krieges von preußischer Seite gekündigten
Convention anheischig gemacht hatte. Auf wiederholtes Andrängen des
Kurfürsten sollte Friedrich ausweichend geantwortet haben, im Falle
einer Erledigung seien nicht die Kurfürstin oder ihre Schwestern,
sondern die Prinzen von Zweibrücken zur Nachfolge in Jülich und Berg
berechtigt, und mit ihnen werde er sich schon zu verständigen wissen [471].

Wie dem übrigens auch sein mochte, für uns ist das Wichtigste,
daß nicht Oesterreich, sondern der Kurfürst von der Pfalz die Initia=
tive in dieser Angelegenheit ergriff, und sein Begehren schien dem
Fürsten Kaunitz den geeigneten Anlaß zu bieten, der Kaiserin den Rath
zu ertheilen, daß man aus der bisher beobachteten Zurückhaltung nun=
mehr heraustreten möge. Die Bemühungen des Königs von Preußen,
die Frage der baierischen Erbfolge an allen Höfen, und zwar in einer
Weise zur Sprache zu bringen, welche dem Hause Oesterreich die ge=
hässigsten Vergrößerungsabsichten zumuthe, seien bekannt. Man wisse
aber auch, daß der König die Absicht hege, nach dem Tode des Kur=
fürsten von der Pfalz von den Herzogthümern Jülich und Berg Besitz
zu ergreifen. Nun habe Karl Theodor selbst seine Besorgniß wegen
der Nachfolge in Jülich und Berg zu erkennen gegeben und sich auf
die von dem Kaiserhofe im Jahre 1764 übernommene Gewährleistung
derselben berufen. Auch Frankreich, welches im Jahre 1759 den

weiblichen Erben der Linie Pfalz-Sulzbach jene Succession garantirte, werde ohne Zweifel hiebei mitwirken wollen. Man möge daher die Aufmerksamkeit dieser Höfe auf Preußen lenken und sie dadurch ver= anlassen, sich an Oesterreich mit der Bitte um Beistand und um Herbeiführung eines gemeinschaftlichen Einverständnisses zu wenden [472]).

Die Voraussetzungen, von denen der Staatskanzler ausging, und die aus ihnen gezogenen Schlußfolgerungen erwiesen sich denn auch bald als begründet. In den ersten Tagen des November 1776 richtete der kurpfälzische Gesandte Freiherr von Ritter ein Promemoria an Kaunitz, in welchem er im Namen seines Herrn um Oesterreichs Schutz gegen Preußen wegen der Erbfolge in Jülich und Berg bat [473]). Und als dieses Begehren bei dem Kaiserhofe freundliches Entgegen= kommen fand, ging der Kurfürst von der Pfalz noch um einen Schritt weiter. Am 14. Februar 1777 wandte er sich mit einem Schreiben an Kaunitz, in welchem er rundweg aussprach, sich sowohl hinsichtlich der Angelegenheit von Jülich und Berg als wegen der Frage der Erbfolge in Baiern in die Arme des Kaiserhofes werfen zu wollen. Den Freiherrn von Ritter habe er mit den ferneren Er= klärungen hierüber beauftragt [474]).

Aber es war nicht allein die Besorgniß vor dem Könige von Preußen, durch welche, der Kurfürst von der Pfalz zu einem so auf= fallenden Schritte bewogen wurde. Auch Sachsen hatte seinen Antheil hieran, denn es spannte seine Allodialforderungen an die baierischen Lande so hoch, daß im Falle ihrer Befriedigung Karl Theodor wenig oder nichts mehr von der baierischen Erbschaft für sich behalten hätte.

Da Kaunitz diese Mittheilungen dem Kurfürsten von der Pfalz verdankte, rieth er dazu, ihm Gleiches mit Gleichem, und zwar Ver= trauen mit Vertrauen zu vergelten. Man möge ihn daher mit den Ansprüchen bekannt machen, welche Oesterreich im Falle der Erledigung der baierischen Kurwürde zu erheben gedenke. Man werde hiedurch am besten den Uebertreibungen begegnen, mit denen man von miß= günstiger Seite den Kurfürsten einzuschüchtern suche [475]).

„wie die fache folle eingeleitet werden", antwortete hierauf
Maria Therefia mit eigener Hand, „ift des Kahfers Maj. und ich
„verftanden. wie aber und was ihme vorzulegen wäre, wolte felber
„noch ehe einfehen, indeme er nicht glaubet, daß es bey difen puncten,
„welche der fürft dem Kahfer vor feine parifer reis gegeben, bleiben
„kunte."

Diefen Andeutungen der Kaiferin zufolge blieben denn auch
die Sätze, welche fich auf das Aequivalent bezogen, in dem man eine
Vergütung für die öfterreichifchen Anfprüche auf Baiern zu erblicken
geneigt war, aus den Ausarbeitungen weg, die dem kurpfälzifchen
Gefandten Ritter mitgetheilt wurden. Auch jetzt wieder waren fie in
zwei Theile getheilt, deren einer fich auf die Gerechtfame des Erzhaufes
Oefterreich, der andere auf die von dem Kaifer als Reichsoberhaupt
zu ergreifenden Maßregeln bezog [476]). Und nicht nur an Kurpfalz,
fondern auch an Frankreich wurden ähnliche Mittheilungen gerichtet.
Die franzöfifche Regierung beantwortete fie mit dem Ausdrucke ihres
Wunfches, daß ein gütliches Einverftändniß zu Stande gebracht werden
möge. Gern fei fie auch ihrerfeits zur Mitwirkung hiezu bereit.

Es war natürlich, daß man auf kurpfälzifcher Seite die öfterreichifchen Rechtsdeductionen nicht widerfpruchslos hinnähm. Man bemühte fich vielmehr, fie wenigftens zum Theile zu widerlegen und die
Erbanfprüche des Kurfürften als unzweifelhaft darzuthun. Selbft-
verftändlich wurden hiegegen in Wien wieder Einwendungen erhoben
und fo kam es, daß über diefe Streitfragen eine faft ununterbrochene,
lebhafte Verhandlung, und zwar zumeift zwifchen Binder und Ritter
gepflogen wurde. Da dieß aber von beiden Seiten mit dem ernftlichen
Willen zur Annäherung gefchah, fo vollzog fich diefelbe immer mehr.
Bald ging Ritter fo weit, daß er mit der Aeußerung hervortrat, es
würde am beften fein, wenn der ganze Ländercomplex, der fowohl
Ober- und Niederbaiern als die Oberpfalz mit Inbegriff der Neu-
burgifchen und Sulzbachifchen Lande umfaßte, dem Haufe Oefterreich
gegen ein entfprechendes Aequivalent zu Theil werden würde. Doch
verficherte er gleichzeitig, daß diefer Gedanke nur von ihm felbft

herrühre und daß er erst über denselben nach Mannheim zu berichten sich vornehme [177]).

Die Antwort, welche er von dorther empfing, war jedoch seinem Vorschlage nur sehr wenig günstig. Sie enthielt vielmehr eine Art von Verweis, daß er sich voreilig in derartige Einzelnheiten eingelassen habe. Von einer Verzichtleistung auf die Obere Pfalz so wie auf die Neuburgischen und Sulzbachischen Lande als der alten Stammgüter des Pfälzischen Hauses könne niemals die Rede sein, während man hinsichtlich eines Aequivalentes für Ober- und Niederbaiern nähere Anträge erwarte.

Dieß war der Stand der Sache gegen Ende des Monates August 1777, und er gab dem Staatskanzler Veranlassung, sich an die Kaiserin mit der Bitte um Verhaltungsbefehle zu wenden. Nach seiner Meinung kam es zunächst darauf an, ob es räthlich sei, mit Kurpfalz ein Uebereinkommen zu treffen, oder ob man es vorziehen solle, den Fall der wirklichen Eröffnung der baierischen Erbfolge zu erwarten. Entscheide man sich für die Convention, dann müsse man sich über die Grundsätze, von denen man bei dieser Verhandlung aus= gehen wolle, über die Bedingungen, die man zu stellen beabsichtige, und über die Aequivalente klar werden, die man anbieten könnte.

Was zunächst die Frage anging, ob überhaupt der Abschluß einer derartigen Uebereinkunft räthlich erscheine, meinte Kaunitz sie unbedingt bejahen zu sollen. Man könnte dagegen zwar einwenden, daß hiedurch vielleicht bei anderen Höfen großes Aufsehen erweckt werden würde, daß man bei der Erledigung der Erbschaft selbst durch günstigere politische Verhältnisse oder durch das Glück der Waffen ansehnlicheren Gewinn zu erreichen vermöchte, ja daß, wenn die Ver= handlung zur Zustandebringung der Convention sich zerschlüge, man die Absichten und Ansprüche Oesterreichs vor der Zeit bekannt gemacht hätte. Aber diese Einwürfe würden nur dann volle Rücksicht ver= dienen, wenn die ganze Angelegenheit sich noch in dem Stadium befände, in welchem sie vor einigen Jahren gewesen sei. Jetzt aber begännen alle Höfe, sich eifrig mit ihr zu beschäftigen; eine

noch längere Unthätigkeit und Zurückhaltung Oesterreichs würde daher
bedenkliches Aufsehen erregen und die verschiedensten Vermuthungen
erwecken. Der Kurfürst von der Pfalz würde hiedurch vermocht
werden, an Stelle der Uebereinkunft, die er dem Wiener Hofe angeboten habe, mit anderen Regierungen Verträge und Bündnisse zu
schließen. Ja es wäre aufs höchste zu besorgen, daß er, von Oesterreich verlassen, Verhandlungen anknüpfe mit dem Könige von Preußen,
von welchem ihm gegen Abtretung einiger oder aller Jülich- und
Bergischen Lande die ausgiebigste Unterstützung seiner Ansprüche auf
Baiern ohne Zweifel zu Theil werden würde. Dem Könige von
Preußen stünden alle protestantischen Reichsstände unbedingt zu Gebote.
Nach gepflogenem Einverständnisse mit ihm würde der Kurfürst von
der Pfalz seine Erbansprüche auf Baiern an das Reich bringen, und
genau so, wie es Oesterreich dereinst mit der pragmatischen Sanction
gethan, die Gewährleistung und Bestätigung derselben von Kaiser und
Reich begehren. An der Einwilligung aller protestantischen Stimmen
sei nicht zu zweifeln, und auch einige katholische könnten theils durch
Verheißung verschiedener Vortheile und theils durch Eifersucht auf die
anwachsende Macht des Erzhauses Oesterreich für die Gegner gewonnen
werden. Erfolge nun ein den letzteren günstiges Reichsgutachten, so
würde nicht nur der Kaiser wegen dessen Ratification in offenbare
Verlegenheit gerathen, sondern auch dem Hause Oesterreich zur Verwirklichung seiner Ansprüche auf Niederbaiern kein anderer Weg als
der des gewaffneten Einschreitens übrig sein. Der letztere aber wäre
aus vielen Ursachen und insbesondere im Hinblicke auf den jederzeit
ungewissen Ausgang eines Krieges am besten zu vermeiden.

Alle diese Besorgnisse würden jedoch beseitigt, wenn der Bereitwilligkeit des Kurfürsten von der Pfalz, sich in die Arme des Kaiserhofes zu werfen, willfährig entgegen gekommen und mit ihm ohne
alle Zögerung eine Vereinbarung herbeigeführt würde. Durch Befriedigung dessen, der die begründetsten Erbansprüche zu stellen berechtigt sei, werde auch die Quelle künftiger Zwistigkeiten verstopft,
denn außer dem Kurfürsten von der Pfalz könne Niemand als der
Kaiser, welcher die baierischen Länder als erledigte Reichslehen in

Anspruch nehmen dürfe, derartige Forderungen erheben. Gleichwie aber die Verwendung dieser Reichslehen zum Unterhalte der deutschen Kaiser sich niemals werde durchsetzen lassen, so dürfte dagegen die kaiserliche Genehmigung des mit Kurpfalz abzuschließenden Vertrages ungehindert geschehen können und es sodann nicht schwer fallen, hiefür auch die Mehrheit der Stimmen am Reichstage zu gewinnen.

Den Grundsatz der Nothwendigkeit dieser Uebereinkunft angenommen, könne sie nur dann zu Stande gebracht werden, wenn beide Theile einer allzu straffen Anspannung des Bogens sich enthielten; Jeder möge in der Beruhigung des Anderen seinen Hauptzweck erblicken. Kurpfalz müßte vorerst den Ansprüchen Oesterreichs auf Niederbaiern und Mindelheim stattgeben, worauf Oesterreich die auf der Blutsverwandtschaft beruhenden Rechte des Kurfürsten von der Pfalz auf alle lehenbaren Besitzungen Baierns, und zwar entweder nur auf die stammväterlichen Lande, oder auch auf die neuen Erwerbungen anzuerkennen hätte. Hieraus ergebe sich dann von selbst die Consequenz, daß von der Gewährung eines Aequivalentes nur in Bezug auf jene Besitzungen die Rede sein könne, welche dem Kurfürsten von der Pfalz in Folge der österreichischen Anerkennung zuzufallen hätten.

Ein dreifacher Standpunkt sei hiebei für Oesterreich denkbar. Entweder wolle es nicht nur Ober- und Niederbaiern, sondern auch die Obere Pfalz und die Neuburgischen und Sulzbachischen Lande an sich bringen. Oder es richte seine Absichten nur auf das ganze Herzogthum Baiern; in beiden Fällen müsse man nach einem entsprechenden Aequivalente sich umsehen. Die Nothwendigkeit eines solchen falle jedoch hinweg, wenn man sich bloß mit Niederbaiern und Mindelheim begnüge.

In dem ersteren Falle werde bei der Ausfindigmachung eines Aequivalentes für Oberbaiern dessen jährliches Einkommen von etwa dritthalb Millionen Gulden [478]) die Grundlage der Berechnung zu bilden haben. Die Einkünfte der Oberen Pfalz betrügen 110.000, die der Neuburgischen Lande fast 200.000 Gulden [479]). Etwas geringer als die letzteren würden diejenigen von Sulzbach zu veranschlagen sein.

Laufbahn mit einem so bedeutungsvollen Acte zu beenden, wie die
beabsichtigte Convention zwischen Oesterreich und Kurpfalz ohne Zweifel
sein mußte. Daher billigte es Kaunitz nicht nur, sondern es war
geradezu sein Wunsch, daß Ritter sich nach Mannheim begebe, um
im persönlichen Verkehre mit dem Kurfürsten und mit Beckers sich
ganz von ihren Anschauungen und Absichten zu unterrichten und den
Vertrag mit dem Wiener Hofe dann um so leichter abschließen zu
können. Wie groß war daher die Bestürzung, als plötzlich die un=
vorhergesehene Nachricht nach Wien kam, Beckers sei in den ersten
Tagen des November 1777 in Mannheim gestorben. „das ist wider",
schrieb Maria Theresia auf den Bericht, den ihr Binder hierüber er=
stattete [481]), „ein contretems de mon bonheur. so vill mühe und
„arbeit, les plus belles aparences, au port on echoue, mithin
„auch künfftig keine ausfehende vuen. lasset mich meine tage in ruhe
„endigen."

Aus diesem Ausspruche der Kaiserin wird zum ersten Male er=
sichtlich, daß die ganze Verhandlung, obgleich sie sich der Anbahnung
derselben keineswegs widersetzt hatte, doch nur in sehr geringem Maße
ihren Beifall besaß. So lang sie gegründeter Erwartung sich erfreute,
auf friedlichem Wege und ohne Herbeiführung ernstlichen Zwiespaltes
ans Ziel zu gelangen, schloß sie sich den ihm Zustrebenden auch ihrer=
seits an; bei der geringsten Trübung dieser Aussichten trat jedoch ihr
Wunsch, die ganze Sache auf sich beruhen zu lassen oder doch wenigstens
jegliche ernste Verwicklung zu vermeiden, deutlich hervor. In dieser
Stimmung gereichte es ihr zum Troste, daß man binnen kurzem Mit=
theilungen Ritters aus Mannheim erhielt, in denen erklärt wurde,
der Tod des Freiherrn von Beckers habe keine ungünstige Wirkung
verursacht, indem der Kurfürst gerade so wie vor diesem Ereignisse
den lebhaften Wunsch hege, zu einem gütlichen Einverständnisse mit
dem Kaiserhofe zu gelangen. In dieser Absicht habe er einen dem
letzteren gleichfalls ergebenen Mann, den Freiherrn von Vieregg
wenigstens einstweilen zum Nachfolger des Freiherrn von Beckers
ernannt [482]). Ritter aber werde zur Beendigung der Verhandlungen
baldigst wieder nach Wien kommen.

Kurz nachdem letzteres geschehen war, trat ein anderes Ereigniß von sehr großer Wichtigkeit ein. Der österreichische Gesandte in München, Graf Hartig erstattete die Meldung, daß der Kurfürst Maximilian Joseph erkrankt sei und man den Ausbruch der Pocken bei ihm befürchte. Bei dem ernsten Charakter dieser Krankheit und der Möglichkeit, ja der Wahrscheinlichkeit ihres ungünstigen Ausganges drängte Kaunitz den Freiherrn von Ritter zu baldigem Abschlusse der Convention [483]).

Als Grundlage der Verhandlungen diente eine von Ritter vorgelegte Denkschrift, in welcher das Recht Oesterreichs auf jene Gebietstheile anerkannt war, die dereinst Herzog Johann von Baiern besessen und welche nach seinem Tode Herzog Albrecht von Oesterreich von Kaiser Sigismund als Lehen empfangen hatte [484]). Obwohl man in Wien von dem Grundsatze ausging, die Ansprüche nicht allzu hoch zu spannen, vermochte man doch wegen verschiedener streitiger Punkte nicht so rasch zu einer Einigung zu gelangen. Noch war es zu einer solchen nicht gekommen, als aus München die Nachricht eintraf, Maximilian Joseph sei daselbst am 30. Dezember gestorben.

„Mein lieber Fürst", schrieb der Kaiser am Neujahrstage 1778 an Kaunitz, „in diesem Augenblicke empfange ich die Nachricht, daß „uns der Kurfürst von Baiern den Streich spielte, zu sterben, und „daß Hartig von den geheimen Instructionen, die ihm vor einigen „Jahren ertheilt wurden, keinen Gebrauch machte. Meine erste Idee „wäre, wir sollten uns, da wir mit dem Kurfürsten von der Pfalz „über den Hauptpunkt, der darin besteht, gegenseitig die Rechte, die „wir zu besitzen glauben, anzuerkennen, übereingekommen sind, und da „es sich nur um ihre größere oder geringere Ausdehnung handelt, wir „aber nicht die Zeit haben, die Sache noch ferner zu erörtern, in „Besitz von Niederbaiern setzen, so wie Sie es auf der Karte be= „zeichneten, indem wir gleichzeitig versprechen, uns über die Ausdehnung „seiner Grenzen gütlich mit einander zu verständigen. Ich rieth Ihrer „Majestät nichts davon zu sagen, um die Feier des heutigen Tages „ohne Störung zu beenden. Denken Sie an Alles, was dabei zu

„thun ist, mein lieber Fürst, und morgen werde ich gegen Mittag
„kommen, um mit Ihnen zu sprechen. Leben Sie wohl!" [485])

Wie grundverschieden waren doch die Gedanken, die durch den
Tod des Kurfürsten von Baiern in Joseph erweckt wurden, von den
Gefühlen, welche in Folge dieses Ereignisses die Brust seiner Mutter
bestürmten. In einem Briefe, den sie schon am folgenden Tage an
ihren Sohn schrieb, finden wir einen für sie selbst so charakteristischen
Ausdruck, daß derselbe hier seinem ganzen Umfange nach Aufnahme
finden muß.

„Die gegenwärtige Lage", so lautet er, „weit davon entfernt,
„mir eine glückliche, große und der Billigkeit entsprechende Aussicht zu
„eröffnen, drückt mich durch eine Last von Bedenken zu Boden, denen
„ich mich nicht zu entziehen vermag und deren Verschweigung ich mir
„mein ganzes Leben hindurch vorwerfen würde. Es handelt sich um
„das Glück und die Ruhe nicht bloß der meiner Fürsorge anvertrauten
„Völker, sondern derjenigen von ganz Deutschland. Diese Betrachtung
„allein sollte jede Ueberstürzung von unserer Seite verhindern; sie
„wäre um so weniger am Platze, als es jederzeit sehr leicht sein wird,
„nach reiflicher Ueberlegung dasjenige zu unternehmen, was wir jetzt
„mit zu großer Ueberhastung durchführen würden, indem wir die
„Sturmglocke läuten, all den unglücklichen Wirkungen, welche die Folge
„davon sein werden, das Thor öffnen, uns den Tadel und den ge-
„rechten Unwillen zuziehen, den ein vielleicht vollständiger Umsturz und
„der Vorwurf, unzählige Unglückliche gemacht zu haben, auf uns laden
„müssen. Unsere Länder, welche kaum begannen, sich von überstan-
„denen Unglücksfällen zu erholen, werden am meisten darunter leiden.
„Selbst wenn unsere Ansprüche auf Baiern nachweisbarer und be-
„gründeter wären als sie es sind, sollten wir zögern, um unseres
„speciellen Vortheils willen einen allgemeinen Brand zu entzünden.
„Bedenk' doch wie viele, selbst nach der Aussage des Ministers nur
„wenig bewiesene und verjährte Rechte, wie Du es so gut weißt als
„ich selbst, abgewogen werden müssen, um nicht Verwirrungen anzu-
„richten, aus denen so viel Unglück hervorgehen wird. Ohne daß wir

„jemals so viel wie die Anderen gewinnen, werden doch die unermeß-
„lichen Kosten nur uns zur Last fallen. Von neuem werden wir
„unsere Völker bedrücken müssen, um für die von uns aufgehäufte
„Schuldenlast aufkommen zu können, und um eine noch größere Armee
„zu erhalten, deren Vermehrung durch die unserer Besitzungen noth-
„wendig gemacht würde. Den von uns in so glücklicher Weise wieder
„hergestellten Staatscredit müßten wir neuerdings untergraben, an
„seine Stelle die Gewalt setzen, und nie mehr würden wir uns der
„Ruhe, des Friedens und des Glückes erfreuen, welche mit Treue und
„Glauben und dem allgemeinen Vertrauen unzertrennlich verbunden
„sind. Kein bürgerliches, kein politisches Band will mehr halten; die
„Menschen und die Länder sieht man nur immer noch unglücklicher
„und im Verfall; noch ärger wird das werden, wenn wir ebenso
„handeln. Ich rede nur nach meinen Erfahrungen in politischen
„Dingen und als gute Familienmutter. Ich widersetze mich nicht
„einer Bemühung, diese Angelegenheiten in dem versöhnlichen Wege
„der Verhandlung zu gegenseitigem Vortheile zu ordnen, aber niemals
„auf dem der Waffen oder der Gewalt, ein Weg, der mit Recht von
„unserem ersten Schritte an die ganze Welt wider uns aufbringen,
„und uns sogar diejenigen zu Feinden machen würde, welche sonst
„neutral geblieben wären. Niemals sah ich eine ähnliche Unternehmung
„gelingen, außer der gegen mich im Jahre 1741, als ich Schlesien
„verlor. Der Einbruch in Sachsen, der in Portugal, unserer im
„Jahre 1756, keiner gelang. Alle haben diejenigen zu Grunde ge-
„richtet, die sie unternahmen. Noch verspüren wir die Folgen davon:
„zweihundert Millionen Schulden mehr, und der Wohlstand unserer
„Völker vernichtet."

„Alles was ich hier niederschreibe, ist nur darauf berechnet, den
„Marsch der Truppen zu verhindern, der einem Gewaltstreiche gleicht.
„Aber ich weigere mich durchaus nicht, mit dem Kurfürsten von der
„Pfalz, und zwar mit Vorwissen und gemeinschaftlich mit unseren
„Verbündeten zu verhandeln. Schlagen wir einen anderen Weg ein,
„so laufen wir Gefahr, unsere eigenen Provinzen den Preußen und
„den Franzosen preiszugeben, die sich daselbst gerade so leicht wie wir

„in Baiern festsetzen können und denen wir noch das Beispiel dazu
„geben. Ich gestehe, es würde mich ein Opfer kosten, ein Land zurück-
„zustellen, das wir mit Recht für uns in Anspruch nehmen, während
„wir es jetzt so leichtfertig besetzen wollen, ohne uns weder auf be-
„wiesene Rechte noch auf den Beistand von Verbündeten stützen zu
„können. Ich erblicke daher durchaus keinen Uebelstand in der Ver-
„zögerung des Marsches der Truppen, wohl aber sehe ich großes
„Unglück vorher, wenn wir ihn überstürzen" [496]).

Wer jedoch die Worte der Kaiserin mit den Verfügungen vergleicht, welche fast in demselben Augenblicke, kann man sagen, in dem
sie ihre Gegenvorstellung zu Papier brachte, von Wien aus getroffen
wurden, der wird nicht daran zweifeln, daß damals ihr Wille zum
mindesten in den Fragen, in denen Josephs sehnsüchtiger Wunsch
nach Vergrößerung der österreichischen Monarchie, nach immer neuen
Gebietserwerbungen ins Spiel kam, nur mehr geringe Geltung besaß.
Freilich erhob sie keine Einwendung gegen die Uebereinkunft, welche
Ritter am 3. Jänner 1778 im Namen und mit Vollmacht seines
kurfürstlichen Herrn in Bezug auf die baierische Erbfolge schloß. Aber
desto lebhafter waren ihre Vorstellungen gegen die Maßregeln, welche
Joseph nach dem Zustandekommen dieser Verabredung ergriff.

In der soeben erwähnten Convention erklärte der Kurfürst, daß
er den Anspruch des Hauses Oesterreich auf all die baierischen Länder
und Bezirke anerkenne, welche Herzog Johann vermöge der Theilung
von 1353 besaß. Er versprach seine Mitwirkung, sowohl diese Lande
als die Herrschaft Mindelheim in den ungehinderten Besitz Oesterreichs gelangen zu machen. Er erklärte ferner, dem rechtsbeständigen
Rückfall der böhmischen Lehen in der Oberen Pfalz unter keinerlei
Vorwand widersprechen zu wollen. Doch fügte er den Ausdruck der
Erwartung hinzu, daß die Kaiserin zu weiterer Ueberlassung dieser
Lehen an das kurpfälzische Haus und allenfalls auch zur Zugestehung
des Oberhoheitsrechtes sich bereit finden lassen werde. Hingegen wurde
von österreichischer Seite der Erbanspruch des Kurfürsten von der
Pfalz auf alle übrigen baierischen Länder und sein Recht auf deren

Besitznahme anerkannt. Beide vertragschließenden Theile behielten sich vor, über einen Austausch der ihnen zufallenden Landstriche, sei es einzeln oder im Ganzen, fernere Vereinbarung zu treffen.

Hatte Maria Theresia gegen den Abschluß dieses Vertrages, durch welchen zwar nicht ganz Niederbaiern, aber doch der größere Theil dieser Provinz dem Erzhause Oesterreich zugewiesen wurde, keine Einsprache erhoben, so war dieß, wie wir gesehen haben, in um so höherem Maße hinsichtlich der bewaffneten Besitzergreifung der Fall. Aber deutlicher als je zuvor zeigte es sich bei diesem Anlasse, daß die Kaiserin die ihr früher in so hohem Maße eigen gewesene Selbstständigkeit des Entschlusses fast gänzlich eingebüßt hatte und in Folge dessen die Entscheidung nicht mehr bei ihr, sondern in den Händen des Kaisers lag. Wie bitter dieß Maria Theresia empfand und wie sie doch gleichzeitig die Kraft, unbehindert durch Joseph ihre eigene Bahn zu verfolgen, nicht mehr besaß, geht aus einem Gespräche, das sie in jenen Tagen mit dem französischen Botschafter Breteuil pflog, recht deutlich hervor. Unverhohlen gab sie ihm die Bedrängniß kund, in der sie, die gehofft hatte, ihr Leben in Ruhe beschließen zu können, in Folge des bevorstehenden Ausbruches des Streites über die baierische Erbfolge sich befand. Als Breteuil sie frug, ob man die österreichischen Truppen unverzüglich in Baiern einmarschiren zu lassen denke, antwortete sie ihm mit einem Tone und einer Geberde, die klar zu erkennen gaben, daß dieser Entschluß nicht von ihr abhänge: „Ich „weiß es nicht". Und als er vor jeglicher Ueberstürzung warnte, und wie Kaunitz schon vor fünf Jahren gethan, eine solche um so eifriger widerrieth, als ja ohnedieß Niemand Oesterreich bei der Besetzung Baierns zuvorkommen könne, dankte sie ihm für die Mittheilung dieser Betrachtung. Sie habe es nöthig, fügte sie hinzu, daß man ihre Vorstellungen unterstütze [487]).

Gleichwohl blieben dieselben dem unerschütterlichen Vorsatze des Kaisers gegenüber, sich von einer ihm nothwendig erscheinenden Maßregel um keinen Preis abbringen zu lassen, völlig erfolglos. „Du „bist mein Erbe, Du bist mein Freund", schrieb Joseph schon am 5. Jänner seinem Bruder, dem Großherzoge von Toscana, „ich kann

„Dich daher nicht ohne Kenntniß irgend eines wichtigen Schrittes
„lassen, den ich unternehme. Ich sende Dir diesen Courier sammt
„den beigeschlossenen Schriftstücken, deren Durchlesung Dich von all
„dem unterrichten wird, was nach Empfang der Mittheilung von dem
„Tode des Kurfürsten von Baiern geschah. Dieselbe hat uns über-
„rascht, weil man uns immer durch irrige Meldungen einschläferte,
„die uns jede Besorgniß benahmen."

Nachdem er ihm die nach verschiedenen Richtungen hin ergangenen
Anordnungen mitgetheilt, fährt Joseph fort: „Alles ist abgesendet;
„selbst die Cavallerie ist gestern von hier weg und die Infanterie
„marschirt heute, während morgen die Artillerie nachfolgt. Der
„16. Jänner ist der zum Einmarsch der Truppen bestimmte Tag.
„Die beigeschlossene Karte sammt der Beschreibung der Ortschaften
„wird Dir das Land zeigen, das wir besetzen werden. Da es jedoch
„nicht passend für uns sein würde, so weit ausgedehnte Grenzen zu
„haben, ließen wir einen Artikel in die Convention aufnehmen, der
„von freundschaftlichen Vertauschungen spricht, welche durchzuführen
„sein werden. Die Verhältnisse Europa's scheinen uns günstig. Alle
„Welt ist beschäftigt und aufmerksam, daher hoffe ich, daß dieser
„Streich auch ohne Krieg gelingen wird, und die Erwerbung, obgleich
„keineswegs vollständig, wird in Anbetracht des Umstandes, daß sie
„nichts kostet, immerhin schön sein" [488]).

Die in der Bemerkung des Kaisers, daß aus München fortwährend allzu günstige Nachrichten über den Verlauf der Krankheit
des Kurfürsten von Baiern eingegangen seien, enthaltene Anklage fällt
wohl zunächst dem dortigen österreichischen Gesandten Adam Franz
Grafen Hartig zur Last. In der That hatte er vom Beginne der
Erkrankung an, und noch am 26. Dezember beruhigende Meldungen
erstattet. Erst am 30. Dezember schlug er einen anderen Ton an,
und noch an demselben Tage mußte er den Tod des Kurfürsten
anzeigen [489]).

Dieses Ereigniß brachte in München und in ganz Baiern die
tiefste Bestürzung hervor. Denn einerseits war der verstorbene

Kurfürst ungemein beliebt und daher die Trauer um ihn eine wahrhaft und tief empfundene zu nennen. Andererseits hegte man lebhafte Besorgniß vor einer Zertrennung des Kurfürstenthums Baiern, und daß eine solche dem Lande selbst und insbesondere der Hauptstadt München in höchstem Grade unwillkommen gewesen wäre, verstand sich gewisser Maßen von selbst. Eine solche Zertheilung zu verhindern, darauf waren denn auch die ersten Schritte der von Maximilian Joseph hinterlassenen baierischen Regierung gerichtet. In dieser Absicht erfolgte ohne Zweifel die unverzügliche Publicirung des schon seit geraumer Zeit in Bereitschaft gehaltenen Patentes, demzufolge der Kurfürst Karl Theodor von der Pfalz als einziger und rechtmäßiger Erbe die Regierung des gesammten Kurfürstenthums Baiern antrat. Das baierische Ministerium wurde für den neuen Landesherrn in Eid und Pflicht genommen, und in seinem Namen traf es die Verfügungen, die ihm nothwendig zu sein schienen [190]). Karl Theodor selbst begab sich unverzüglich von Mannheim nach München, wo er am 2. Jänner 1778 eintraf. Der bei ihm als österreichischer Gesandter beglaubigte Landcomthur Freiherr Franz Sigmund von Lehrbach folgte ihm dorthin.

Karl Theodor befand sich, das läßt sich nicht leugnen, bei seiner Ankunft in München in peinlicher Lage. Nach den Verträgen, die er mit dem verstorbenen Kurfürsten von Baiern abgeschlossen und auf deren Grundlage soeben seine Ausrufung als baierischer Landesherr stattgefunden hatte, sollten die baierischen und die kurpfälzischen Länder künftighin zu einem einzigen Staate mit der Hauptstadt München vereinigt werden. Die Verhandlungen, auf welche er sich jedoch inzwischen mit dem Hause Oesterreich eingelassen hatte, mußten die Abtrennung ansehnlicher baierischer Gebietstheile nach sich ziehen. Es begreift sich leicht, daß er an diesen letzteren Abmachungen festhielt; ihm lagen eben, wenn man so sagen darf, die pfälzischen Gesichtspunkte näher als die baierischen, und sie waren ihm theuerer als diese. Aus Rücksicht auf die ersteren, um vornehmlich Jülich und Berg für die Pfalz und sein Haus zu erhalten, war er in Verhandlung mit Oesterreich getreten; für ihn war nichts geschehen, was ihn

hätte bewegen sollen, jetzt abzuweichen von der einmal eingeschlagenen
Bahn. Seinen Entschluß, auf derselben zu verharren, gab er schon
am 3. Jänner dem Freiherrn von Lehrbach zu erkennen. Und auf
dessen Befragen versicherte er ihn, er habe an der Ausfertigung der
kundgemachten Patente gar keinen Antheil, ja er hätte sie vielmehr
gern hintertrieben. Die Verträge mit dem verstorbenen Kurfürsten
von Baiern habe er nothgedrungen abschließen müssen, um die ihm
bekannt gewordenen Absichten der Schwester desselben, der verwittweten
Kurfürstin Antonie von Sachsen zu vereiteln. Er habe sich mit der
Absicht getragen, nach dem Abschlusse der Verhandlungen mit Oesterreich auch den Kurfürsten von Baiern, dessen unerwarteter Tod dieß
vereitelte, zum Beitritte zu dem Tractate zwischen Oesterreich und der
Pfalz zu bewegen [491]).

Mit diesen Erklärungen des Kurfürsten schien es in einigem
Widerspruche zu stehen, daß er es hinausschob, der in seinem Namen
durch Ritter abgeschlossenen Convention die erforderliche Ratification
zu Theil werden zu lassen. Wohl mit Recht wollte Karl Theodor,
da die Sache, um die es sich handelte, nicht so sehr seine Person als
Baiern betraf, ohne Zuziehung der ersten Minister des Landes, insbesondere des Grafen Seinsheim und des Freiherrn von Kreittmayr
keinen Beschluß fassen. Die in der Convention enthaltene Zerstücklung
von Niederbaiern und die Loslösung eines ansehnlichen Theiles dieses
Landes von Baiern erregte jedoch die ernsten Bedenken dieser Männer.
Kreittmayr soll zuerst den Vorschlag gemacht haben, an Stelle dieser
Abtretungen dem Hause Oesterreich diejenige der Oberen Pfalz und
des Sulzbachischen Gebietes anzutragen. Beide, Kreittmayr und
Seinsheim brachten diesen Vorschlag an Lehrbach; auch der Kurfürst
sprach in solchem Sinne sich aus und außerdem erhob er dringende
Vorstellung gegen die von österreichischer Seite angekündigte militärische
Besetzung der abzutretenden Gebietstheile [492]).

Gleichzeitig erließ der Kurfürst eine ausführliche Depesche an
Ritter, in welcher er neuerdings seine Bereitwilligkeit zur Ratificirung
der abgeschlossenen Uebereinkunft erklärte. Auch jetzt wieder versicherte

er, daß er an der vor seiner Ankunft in München geschehenen Ver-
öffentlichung des Patentes über die Besitzergreifung nicht die mindeste
Schuld trage. Er habe daher auch die empfindliche Ahndung, die in der
Occupation bisher baierischer Landstriche durch österreichische Truppen
läge, nicht im Entferntesten verdient. Sie möge somit unterbleiben
und überhaupt die ganze Angelegenheit nicht nach uralten und ungewissen Rechtsansprüchen, sondern in friedlicher Weise und nach beider-
seitiger Convenienz ins Reine gebracht werden. Man möge Mitleid
haben mit seiner Lage, und seine ohnehin großen Verlegenheiten nicht
noch vermehren [493]).

Aber so wie die Einwendungen seiner eigenen Mutter, so ließ
Joseph auch diejenigen des Kurfürsten ohne Beachtung. Letztere kamen
ja überdieß erst in einem Augenblicke nach Wien, in welchem die schon
seit mehr als einer Woche getroffenen Anordnungen bereits in voller
Ausführung begriffen waren. Feldmarschall-Lieutenant Langlois hatte
die Truppen, welche aus Oesterreich ob der Enns, Generalmajor Graf
Franz Kinsky aber diejenigen zu führen, welche aus Böhmen in
Baiern einrücken sollten. Der Staatsrath Freiherr von Kreßl wurde
zum Commissär ernannt [494]), um einstweilen die Civiladministration
der zu besetzenden Landstriche zu übernehmen. Und der Hofkammer-
präsident Graf Leopold Kolowrat erhielt den Befehl, eine halbe Million
Gulden bereit zu halten zur Bestreitung der sich ergebenden Auslagen [495]).

„Endlich schreitet", mit diesen Worten theilte Joseph dem Staatskanzler die Maßregeln mit, welche für die Absendung der Truppen
nach Baiern getroffen worden waren, „endlich schreitet unsere, oder
„vielmehr Ihre große Angelegenheit glücklich vorwärts" [496]). Aus
diesen wenigen Zeilen des Kaisers geht nicht nur dessen Absicht hervor,
sich von der einmal eingeschlagenen Bahn nicht mehr abbringen zu
lassen, sondern er scheint durch den von ihm gewählten Ausdruck auch
andeuten zu wollen, daß nicht er selbst, sondern daß Kaunitz die eigentliche Triebfeder der getroffenen Maßregeln sei. Daß dem nicht ganz
so war, sondern daß Kaunitz, der Anfangs mit einer militärischen

Occupation baierischen Landes nicht einverstanden gewesen, auch jetzt
noch mehr dem Antriebe Josephs als seinem eigenen Impulse gehorchte,
wird jedoch durch alle Aufzeichnungen bewiesen, die wir über jene
Angelegenheit von den zunächst Betheiligten besitzen. Schon am
7. Jänner richtete Joseph eine neue Denkschrift an seine Mutter. Der
gegenwärtige Augenblick, meinte er, sei der günstigste, um den Kurfürsten Karl Theodor, der von Unentschlossenheit und Bangigkeit beherrscht sei, zu Verabredungen zu bringen, die für ihn selbst wie für
Oesterreich die vortheilhaftesten wären. Er sei nicht mehr jung, sei
ein stiller, fast furchtsamer Mann und besitze keine Kinder; er werde
daher wünschen, so rasch als nur immer möglich den ihn bedrohenden
Bedrängnissen zu entgehen und. die ihm zugefallenen Vortheile ruhig
zu genießen. Oesterreich aber sei noch mehr an einer passenden Gebietsabrundung und einer angemessenen Vermehrung der Zahl seiner
Staatsbürger, an günstiger Entwicklung seines Handels und an der
Gewinnung sonstiger Vortheile als an bloßer Erhöhung seines Einkommens gelegen. Der enge Zusammenhang der neu zu erwerbenden
baierischen Gebietstheile mit den österreichischen Provinzen und die
Herstellung einer besseren Verbindung der letzteren als bisher würden
daher vor Allem ins Auge zu fassen sein. Dieß vorausgesetzt, wäre
eine zweifache Vergrößerung möglich. Die eine, und zwar die geringere,
beginne bei dem Austritte des Inn aus Tirol und folge diesem Flusse
bis Wasserburg; von da wäre die Grenze über Landshut nach Langquaid, Donaustauf, Nittenau, Neunburg, Rötz bis Waldmünchen, längs
der Hauptstraße, die nach Tauß in Böhmen führe, zu ziehen. Um
den Kurfürsten zur Eingehung dieses Tausches zu bringen, wäre ihm
alles dasjenige zurückzugeben, was man jetzt über diese Linie hinaus
in Besitz zu nehmen im Begriffe stehe. Auch Mindelheim und die
böhmischen Lehen in der Oberpfalz wären hinzu zu rechnen; endlich
könnten außer anderen Vortheilen auch noch die ganze Grafschaft
Falkenstein und die Ortenau mit in den Kauf gegeben werden.

Die zweite, noch weit ausgedehntere Vergrößerung bestünde in
der Erwerbung von ganz Ober- und Niederbaiern für das Haus
Oesterreich. In diesem Falle wäre die Grenze von Waldmünchen der

Hauptstraße nach über Rötz und Nittenau nach Regensburg an die Donau, sodann diesen Strom entlang bis Donauwörth, von hier aber längs des Lech bis Füssen zu ziehen, wo sie an Tirol stieße. Unbeschreiblich würden die Vortheile einer solchen Erwerbung für Oesterreich sein. Sie zu erreichen, müßte man sämmtliche, jenseits dieser Grenze liegende Gebiete, sie möchten gleich Vorderösterreich schon jetzt dem Erzhause gehören, oder wie Mindelheim erst von demselben angesprochen werden, dann die böhmischen Lehen mit dem Oberhoheitsrechte, die so wichtige Anwartschaft auf Württemberg, endlich den österreichischen Theil von Limburg und das Herzogthum Luxemburg sammt der dortigen Festung dahingeben. Alle diese Länder wären zu einem Königreiche zu erheben und Oesterreich sollte seine guten Dienste anbieten, um sie als solches auch von den übrigen Mächten anerkennen zu machen. Für den Fall der Verwirklichung dieses Vorschlages würde es zweckmäßig sein, von München aus die Regierung durch einen Prinzen des kaiserlichen Hauses führen zu lassen. Prinz Albert von Sachsen und seine Gemalin, die Erzherzogin Marie würden sich hiezu vorzugsweise eignen. Dem Fürsten Kaunitz aber sandte Joseph diese Denkschrift mit folgenden Worten:

„Mein lieber Fürst! Es ist mir unmöglich, so verworren Ihnen „auch meine Betrachtungen und Projecte erscheinen mögen, sie nicht „zu Papier und zu Ihrer Kenntniß zu bringen. Aus der Karte und „der ihr beigefügten Note werden Sie meine Gedanken über Baiern „entnehmen. Sie scheinen mir wichtig und wünschenswerth, aber Ihnen „bleibt es vorbehalten, die Mittel hiezu zu erdenken, Ihnen, der Sie „schon die wenigst glaublichen Dinge zu verwirklichen gewußt haben. „Ich sende Ihnen dieß einzig zu dem Zwecke, daß Sie aus diesem „Haufen von Ideen diejenigen herausnehmen, die Sie für gut „halten" [497]).

Eines Zwischenfalles wird hier wohl Erwähnung geschehen dürfen, der zwar gar keine politische Bedeutung besitzt, aber immerhin bezeichnend für die Kaiserin, für ihre Auffassung und ihr Eingreifen in die damaligen Verhältnisse ist. Kaunitz hatte eine umfassende Instruction für Kreßl anfertigen lassen, dieser aber theilte sie einem ihm

befreundeten Manne, dem Hofagenten Urbain mit. Groß war die
Entrüſtung der Kaiſerin, als ſie ſolches erfuhr. „Kröſel ſolle“, ſchrieb
ſie allſogleich an Kaunitz, „die unvorſichtigkeit gehabt haben, alles was
„ihme comitirt worden, ſogar die Karten dem agent urbain gezeigt
„und comunicirt haben. es wäre ihme alſo zu bedeuten, das wir
„gefunden haben, ihme diſe comiſſion zu benehmen, und lehrbach, der
„hier iſt, darzu zu benenen.“

Die Antwort, welche Kaunitz der Kaiſerin hierauf ertheilte,
gereicht ihm ohne Zweifel nur zur Ehre. Auch ihm war jenes
Gerücht zu Ohren gekommen; er nahm jedoch die Sache leichter als
Maria Thereſia und bemühte ſich jetzt, ſie zu beruhigen und Kreßls
Verfahren bei ihr zu entſchuldigen. Da die Ratification der abgeſchloſſenen Convention ſtündlich aus München erwartet werde und
überdieß die Einrückung der Truppen aller Welt Aufſchluß über die
Ausdehnung der öſterreichiſchen Anſprüche gewähren würde, möge Kreßl
ſeine Inſtruction um ſo weniger für ein Geheimniß gehalten haben,
als ihm die Beobachtung deſſelben nicht eigens aufgetragen worden
ſei. Man habe ſich beeilt, dieſen letzteren Fehler zu verbeſſern; ſollte
aber um deßwillen Kreßl die ihm erſt übertragene Commiſſion wieder
verlieren, ſo würde hiedurch ein der Kaiſerin ſonſt nützlicher und treuer
Diener entehrt und ihm die Befähigung zu noch fernerer Dienſtleiſtung
benommen werden. Denn alle Welt kenne ſchon den ihm gewordenen
Auftrag; deſſen plötzliche Zurücknahme müßte ihn ſomit geradezu
vernichten. Endlich ſei der von der Kaiſerin namhaft gemachte Hofrath bei der Oberſten Juſtizſtelle, Freiherr Ludwig von Lehrbach zwar
wegen ſeiner Kenntniſſe und ſonſtigen Eigenſchaften ungemein achtens-
werth, aber bei der in Baiern zu verrichtenden Commiſſion handle
es ſich nicht um juriſtiſche Erudition, ſondern um langjährige Erfahrung in Regierungsgeſchäften und um praktiſche Vertrautheit mit
Finanzſachen aller Art. Er rathe daher, ſchloß Kaunitz ſeine Vor-
ſtellung, dem Freiherrn von Kreßl die ihm übertragene Commiſſion
auch noch fernerhin zu belaſſen. Doch wolle er ihm das von der
Kaiſerin erhaltene Billet, wenn ſie es geſtatte, zu ſeiner Warnung
von Wort zu Wort vorleſen [198]).

„placet", erwiederte hierauf Maria Theresia, „und dis haus „künfftig zu meiden."

Inzwischen traf jedoch die „stündlich erwartete" Ratification noch immer nicht ein. Die Ungeduld des Kaisers stieg aufs höchste, und seine fieberhaft aufgeregte Einbildungskraft zauberte ihm alle möglichen Klippen vor, an denen die begonnene Unternehmung zu scheitern drohe. Den Versicherungen des Kurfürsten zum Trotze hielt er dessen Erklärung, daß er der in seinem Namen geschehenen Ver=öffentlichung des Patentes zur Besitzergreifung von ganz Baiern fern stehe, für unwahr; das ihm unerklärliche Ausbleiben der Ratification mußte ihn in diesem Verdachte bestärken. Dem gegenüber stand jedoch sein Entschluß fest, seinen mit solcher Vorliebe gehegten Plan durch=aus nicht fallen zu lassen, sondern nur mit umso größerer Energie auf dessen Durchführung zu beharren. Er schlug dem Staatskanzler vor, allsogleich einen Courier nach München zu senden. Lehrbach solle begehren, die Convention möge entweder ratificirt oder abgelehnt werden; in letzterem Falle habe er ganz Baiern als erledigtes Reichs=lehen zu erklären, welches bis zu gerichtlicher Austragung sämmtlicher Erbansprüche im Namen des Kaisers mit gewaffneter Hand in Besitz genommen werde. Und an Langlois möge der Befehl gerichtet werden, für den Fall, als er von Lehrbach die Mittheilung erhalte, daß die abgeschlossene Uebereinkunft der Ratification des Kurfürsten nicht theil=haft geworden sei, vorwärts zu gehen und ganz Baiern mit Inbegriff Münchens zu besetzen.

Auch mit seinen Austauschideen wollte Joseph jetzt hervortreten; ja er hielt den damaligen Augenblick für außerordentlich günstig, ihre Annahme von Seite des Kurfürsten zu erwirken. Und an Kaunitz schrieb er: „Hier sind wieder einige meiner Träumereien, die ich Ihnen „mit dem Entwurfe einer Depesche an Langlois mittheilte. Ich bitte „Sie, dieselben zu lesen, und um ein Uhr werde ich zu Ihnen kommen, „mit Ihnen zu plaudern. Sie werden dasjenige verwerfen, was Sie „nicht für gut finden, und schließlich Kohl oder Rüben daraus machen. „Ich weiß es ja gewiß und aus Erfahrung, daß Sie ein ausge=„zeichneter Koch sind und die Dinge zurecht zu bringen wissen" [499]).

Kaunitz konnte es zwar nicht hindern, daß dem Wunsche des Kaisers gemäß wirklich eine Depesche an Lehrbach abgesendet wurde, in der er den Auftrag erhielt, eine unzweideutige Erklärung über die Ertheilung oder die Verweigerung der Ratification zu fordern. Aber es war darin doch nur gesagt, daß Oesterreich im letzteren Falle seine Erbansprüche dem Kaiser, dem Reiche und anderen Mächten vorlegen werde; von der etwaigen Besetzung ganz Baierns war darin nur in so fern die Rede, als erklärt wurde, Oesterreich könnte dann die schon geschehene Besitzergreifung des Kurfürsten nicht länger ruhig mit ansehen.

Obgleich wenigstens zum Theile aus anderen Gründen als Joseph, sehnte doch auch Maria Theresia, und zwar nicht weniger lebhaft als ihr Sohn sich nach einer willfährigen Antwort aus München. „Der Kurfürst von Baiern ist gestorben", hatte sie schon am 4. Jänner an Mercy geschrieben, „und es ist dieß ein verhängniß-„volles Ereigniß, von welchem ich immer gewünscht habe, es nicht zu „erleben. Gewiß wird der König von Preußen es nicht unterlassen, „sich unseren Vergrößerungsabsichten zu widersetzen. Er wird darnach „trachten, uns Frankreich abwendig zu machen, wo er eine große „Anzahl von Anhängern besitzt und nicht abläßt, Verdacht gegen uns „zu erregen und sich selbst herauszustreichen. Die verwitwete Kur-„fürstin von Sachsen, ebenso ränkesüchtig als ungestüm, wird noch „ihre Ansprüche auf die baierischen Allodialgüter geltend machen wollen, „und zu ihrer Verwirklichung nicht davon entfernt sein, sich in die „Reihe unserer Gegner zu stellen. Zur Verhinderung eines blutigen „Krieges könnte nichts Glücklicheres geschehen als die Zustandebringung „einer freundschaftlichen Verständigung mit dem pfälzischen Hofe im „Einvernehmen mit unseren Alliirten" [500]).

Ein Stein fiel daher der Kaiserin vom Herzen, als dieser sie aufs höchste beunruhigenden Lage am 16. Jänner durch die Ankunft der zwei Tage früher durch Karl Theodor vollzogenen Ratification wenigstens zum Theile ein Ende gemacht wurde. In ihrer Freude richtete sie mit eigener Hand die folgenden Worte an Kaunitz:

„Aus Discretion wollte ich Ihnen nicht schreiben; ich habe jedoch
„Binder beauftragt, mit Ihnen zu sprechen, indem ich darauf zählte,
„Sie würden mir die Gerechtigkeit widerfahren lassen, daß Alles, was
„Sie betrifft oder Ihnen angehört, mich berührt wie mich selbst.
„Ueber die Nachricht aus München kann ich jedoch nicht schweigen.
„Meine Befriedigung ist um so größer, als mein Herz jetzt beruhigt
„ist und die Monarchie Ihnen einzig und allein auch noch dieses Er-
„eigniß verdankt. Europa muß Ihnen die Gerechtigkeit erzeigen, daß
„ich den größten Staatsmann besitze, und daß, was nur die Anderen
„nicht verderben, Ihnen jederzeit gelingt" [501]).

Zehntes Capitel.

Ereignisse in Baiern.

— ···· —

Offenbar gab sich Maria Theresia nach dem Eintreffen der von Karl Theodor vollzogenen Ratification seiner Uebereinkunft mit Oesterreich der Hoffnung hin, daß nach erzielter Verständigung mit dem Hauptbetheiligten der fernere Verlauf der ganzen Angelegenheit ein friedlicher sein werde. Eine Gegnerin des Einmarsches der Truppen in Baiern, entwarf sie einen Plan, demzufolge die Ansprüche Oesterreichs nur im diplomatischen Wege zur Geltung gebracht werden sollten. Da Joseph hierauf nicht einging, erklärte sie, daß sie nichts mehr wissen wolle von der Sache, und deren Durchführung einzig und allein dem Kaiser und Kaunitz überlasse [502]). Aber gleichsam gegen ihren eigenen Willen kam sie ihr doch Tag und Nacht nicht aus dem Sinne. Es mochte sie angenehm berühren, aus Lehrbachs Berichten ersehen zu können, daß der Kurfürst jenen Schritt gethan hatte, ehe noch die letzte, in drohendem Tone abgefaßte Depesche nach München gekommen war. Daß nicht allein Vieregg, sondern auch die baierischen Minister Seinsheim und Kreittmayr mitgewirkt hatten, den Kurfürsten zur Unterzeichnung zu bereden, mußte der Kaiserin gleichfalls willkommen sein. Insbesondere war es Kreittmayr, dessen sich Lehrbach bei dieser Gelegenheit wärmstens belobte [503]). Endlich meldete er die Ankunft des sächsischen geheimen Rathes Freiherrn von Zehmen in München, wo Sachsen durch ihn eine Allodialforderung von nicht weniger als zwanzig, später von dreizehn Millionen erhob. In Baiern aber werde, fügte Lehrbach hinzu, auch hinsichtlich dieses Punktes auf den Beistand Oesterreichs gezählt.

Nur wenige Tage später stellte Lehrbach den Antrag, der Kaiser möge dem Kurfürsten den Orden des goldenen Bließes verleihen, welchen sein Vorgänger vor einer Reihe von Jahren von dem spanischen Hofe empfangen hatte. Es sei zu besorgen, meinte Lehrbach, daß man in Madrid durch die Rücksendung des Ordens sich veranlaßt sehen könnte, ihn sogleich an Karl Theodor weiter zu vergeben. Schon habe der französische Gesandte in München, de la Luzerne, die Vermittlung seines Hofes in dieser Richtung in Anspruch genommen. Ungleich schicklicher würde es sein, dem zuvorzukommen und die Verleihung des Ordens an einen der vornehmsten und mächtigsten Fürsten des Reiches von Seite des Kaisers stattfinden zu lassen [504]. Und selbstverständlich war es, daß diesem Antrage Lehrbachs unverzüglich willfahrt wurde. Der hiebei beobachtete Vorgang aber brachte auf den Kurfürsten einen sehr günstigen Eindruck hervor [505].

Ungleich größere Bedeutung besaß es, daß man sowohl von Kreßl, der sich bereits in Straubing befand und dort seinen Amtssitz aufgeschlagen hatte, als von dem Feldmarschall Lieutenant Langlois fortwährend Meldungen erhielt, denen zufolge die militärische Besetzung der von österreichischer Seite in Anspruch genommenen baierischen Gebietstheile anstandslos vor sich ging. „Alle Welt scheint ruhig und „zufrieden", schrieb Joseph am 29. Jänner an den Großherzog von Toscana [506]. Auch Karl Theodor erhob keinen Widerspruch mehr gegen diese Maßregel. Erst als er die Nachricht erhielt, daß auch in Sulzbach, dem Stammorte seines Hauses, österreichische Truppen eingerückt seien, brach er sein Schweigen, und in bitterster Weise beklagte er sich bei Lehrbach über diesen Schritt [507]. Um sich dem Kurfürsten gefällig zu erweisen, erließ der Kaiser auf Antrag des Staatskanzlers augenblicklich den Befehl an den betreffenden Commandanten, die Stadt und das Gebiet von Sulzbach wieder zu räumen.

Oesterreich konnte diesem Begehren Karl Theodors um so leichter willfahren, als es ja ohnedieß Sulzbach nicht bleibend behalten, sondern es bloß als Tauschobject ansehen wollte. Und überhaupt schien es hoch an der Zeit, die Verhandlungen zur Herbeiführung eines solchen

Austausches, an welchem Projecte man immer gleichmäßig festgehalten hatte, neuerdings zu beginnen. Der Hauptsache nach legte man ihnen die Vorschläge zu Grunde, welche in dieser Beziehung vom Kaiser gemacht worden waren. Nicht durch Lehrbach in München, sondern durch Ritter in Wien wurden diese Verhandlungen gepflogen.

In seinen vertraulichen Mittheilungen an den Großherzog von Toscana betonte der Kaiser, daß es ihm vor Allem um die Innlinie zu thun sei [508]). Gleichwohl finden wir, daß bei dem Tauschplane, der am 4. Februar 1778 dem Freiherrn von Ritter vorgelegt wurde, nicht auf dieses, sondern auf das zweite Project, demzufolge ganz Ober- und Niederbaiern an Oesterreich gelangen sollten, der Nachdruck gelegt wird. Man müsse, heißt es in der österreichischen Denkschrift von jenem Tage, bei dieser wichtigen Angelegenheit mit vollster Aufrichtigkeit vorgehen und daher so viel als nur immer möglich auf dasjenige bedacht sein, was nicht etwa der Vortheil des einen oder des anderen Theiles, sondern was die Convenienz beider gleichzeitig erheische. Außer ihr müßten auch die politischen Rücksichten, und zwar ebensowohl hinsichtlich der Reichsverfassung als der auswärtigen Mächte reiflich erwogen werden. Und schließlich wäre dem, was die Verfassung und die Wohlfahrt der den Gegenstand des Austausches bildenden Länder und Unterthanen verlange, Rechnung zu tragen.

Prüfe man nun an der Hand dieser Principien die verschiedenen Entwürfe, so werde man gleich bei dem ersten, demzufolge bloß die an Oesterreich vertragsmäßig gefallenen Districte gegen andere auszutauschen wären, wichtiger Bedenken gewahr. Sie bestünden darin, daß wie der Austausch auch immer eingerichtet werde, eine so weitgehende Zerstücklung des Landes überall eine passende Abrundung vereitle. Die Theilung desselben ziehe auch eine solche in Bezug auf die Stände und somit auf die Landesverfassung nach sich, was große Verwirrung herbeiführen müsse.

Dem gegenüber wäre wohl der Plan, welcher den ganzen Complex der baierischen und der ihnen benachbarten pfälzischen Länder zum Austauschobjecte machen wolle, an und für sich der erwünschteste und der natürlichste zu nennen. Gleichwohl würde er sich als unausführbar darstellen, wenn man die österreichischen Niederlande als Aequivalent in Anspruch nehmen wollte. Das reine Einkommen der letzteren betrage beiläufig sechs Millionen Gulden, ohne dasjenige in Anschlag zu bringen, was bei außergewöhnlichen Ereignissen eingehoben werden könnte. Die Einkünfte des ganzen hiegegen einzutauschenden Ländercomplexes reichten jedoch, so viel man wisse, an diesen Betrag bei weitem nicht hinan. Und außerdem würde eine Abtretung der Niederlande sowohl in Anbetracht der bestehenden Tractate als um der hiebei interessirten fremden Mächte willen großen Schwierigkeiten begegnen.

Es scheine also nur der dritte Plan zur Durchführung geeignet, nach welchem die Oberpfälzischen, Neuburgischen und Sulzbachischen Länder als die alten Stammgüter des pfälzischen Hauses demselben nebst einigen, zu passender Abrundung dienenden baierischen Bezirken verbleiben, das ganze übrige Herzogthum Ober= und Niederbaiern aber mit Inbegriff einer kleinen Strecke der Oberen Pfalz an Oesterreich fallen sollten. Als Aequivalent hiefür bringe man alle böhmischen Lehen in der Oberen Pfalz, dem Neuburgischen und Sulzbachischen mit Beseitigung des Lehensbandes und Uebertragung des Oberhoheitsrechtes an das pfälzische Haus in Vorschlag. Ebenso würde Oesterreich sein Einlösungsrecht auf eine große Anzahl pfälzischer Besitzungen aufgeben und sich bei Kaiser und Reich für Verleihung der neuen Erwerbungen Baierns in der Oberen Pfalz an das pfälzische Haus angelegentlich verwenden. Außerdem würde es ihm die in der Landgrafschaft Leuchtenberg gelegenen böhmischen Lehen, und zwar gleichfalls mit allen Rechten überlassen und auf seine Ansprüche auf Sulzbach verzichten. Die Markgrafschaft Burgau und das anstoßende Mindelheim, die Landgrafschaft Nellenburg, Freiburg und Breisgau, die Ortenau und die vier Waldstädte, seine Anwartschaft auf Württemberg, endlich Luxemburg, das österreichische Geldern und Limburg wolle das Kaiserhaus an Kurpfalz abtreten und es zu Wege bringen, daß ihm die königliche Würde zu Theil werde.

Dieß waren die wesentlichsten Punkte der Anträge, die man dem Freiherrn von Ritter mit auf den Weg gab, um in München, wohin er sich verfügte, deren Annahme durch den Kurfürsten Karl Theodor zu erwirken. Daß über Auftrag desselben in jenen Tagen der Gedanke einer Erbverbrüderung angeregt wurde, welche zwischen den Häusern Oesterreich und Pfalz abgeschlossen werden sollte, schien von guter Vorbedeutung für die mit ihm zu pflegenden Verhandlungen zu sein. Darum rieth auch der Staatskanzler, sich diesen Vorschlag, obgleich er vor der Hand keine Vortheile für Oesterreich herbeizuführen scheine, doch gefallen zu lassen, wenn der Kurfürst Werth darauf lege, daß er in die abzuschließende Convention aufgenommen werde ³⁰⁴).

An scheinbar so heiterem Himmel zogen sich jedoch schon allmälig die Wolken zusammen, in deren Schooße das Gewitter sich barg, welches demnächst mit stürmischer Gewalt gegen die so sorgsam gehegten Plane losbrechen sollte. Daß in München eine zahlreiche Partei sich zusammen that, um die beabsichtigte Losreißung baierischer Gebietstheile zu verhindern, war ohne Zweifel eine durchaus berechtigte Bestrebung. Aber diejenigen, welche zu diesem Zwecke sich vereinigten, entbehrten zwar nicht des energischen Willens, wohl aber der Macht, um gegen den eigenen Landesherrn und gegen das ihm verbündete Oesterreich ihre Absichten durchsetzen zu können. Um sie dennoch zu erreichen, mußten sie vor Allem darnach trachten, wenigstens den Anschein des Rechtes für sich zu gewinnen und überdieß auswärtige Hülfe zu erlangen, welche dort eingreifen sollte, wo ihre eigene Kraft sich unzureichend erwies.

Das Wort, daß es für die Gegner der Projecte des Hauses Oesterreich nothwendig war, den Anschein des Rechtes für sich zu gewinnen, wird hier nicht leichthin, sondern nur mit Vorbedacht gebraucht. Damit soll keineswegs gesagt werden, daß die Ansprüche Oesterreichs auf baierische Gebietstheile als unanfechtbar anzusehen waren; im Gegentheile mochten sie nicht viel besser begründet als diejenigen sein, welche König Friedrich von Preußen vor fast vier Jahrzehnten auf Schlesien zur Geltung zu bringen gewußt hatte, und damit ist wohl schon von vorneherein der Stab über sie gebrochen. Der Unterschied zwischen dem jetzigen Verfahren Josephs und demjenigen Friedrichs

bestand darin, daß Ersterer mit Zustimmung und Letzterer gegen den
Willen des rechtmäßigen Landesherrn die Erwerbung nachbarlichen
Gebietes zu erreichen sich bemühte; darum war auch der Vorgang
Friedrichs ein offenkundiger Rechtsbruch, während derjenige Josephs,
ohne ihn sonst gerade in Schutz nehmen zu wollen, durchaus nicht
ein solcher genannt werden kann.   Denn Karl Theodor befand sich
offenbar in seinem Rechte, wenn er durch irgend welche Opfer den
Beistand des Hauses Oesterreich erlangen wollte, um · durch denselben
gegen jede etwaige Gefährdung seiner bisherigen Besitzungen von
Seite Preußens gesichert zu sein.   Diese Opfer sollten nach seiner
Meinung und seinem eigenen, schon lang vorher kundgegebenen Willen
in der Abtretung baierischer Gebietstheile bestehen.   Eine Einsprache
hiegegen, wie sie damals, und noch dazu in sehr schüchterner Weise
die Landstände erhoben, entsprach gewiß im Ganzen und Großen dem
Sinne des Volkes; eine formale Berechtigung aber wohnte ihr nach
den zu jener Zeit in Baiern und in ganz Deutschland obwaltenden
Verhältnissen, in denen immer nur Rechte der Fürsten und nie auch
solche der Völker zur Abwägung kamen, in gar keiner Weise bei.

Die Richtigkeit dieser Behauptung wird wohl dadurch am besten
bewiesen, daß es den Gegnern der Abtretung baierischer Gebietstheile
um nichts so sehr zu thun war, als einen Fürsten in die Sache zu
verwickeln und in solcher Weise einen rechtlichen Vorwand zur Ein=
mischung fremder Mächte zu erlangen.   Dieser Fürst war Herzog
Karl von Zweibrücken, Karl Theodors präsumtiver Nachfolger in der
pfälzischen und jetzt auch in der baierischen Kurwürde.

Wir wissen von ihm, daß er vor längerer Zeit sich fruchtlos
um die Hand der Erzherzogin Amalie beworben hatte, und daß man
dem Scheitern dieses Planes die gehässige Haltung zuschrieb, welche er
jetzt gegen Oesterreich einnahm [510]).   Eine andere Feindin des kaiser=
lichen Hauses, die Herzogin Marianne in Baiern, eine Schwägerin
Maximilian Josephs sowohl als Karl Theodors, die schon vor mehr
als dreißig Jahren mit französischem Gelde an den Höfen von München
und von Bonn den österreichischen Einfluß bekämpfte [511]) und sich
seither als glühende Verehrerin des Königs von Preußen erwies, spielte

jedoch die vornehmste Rolle in den geheimen Machinationen, zu deren
Hauptschauplatz jetzt München gemacht wurde. Da sie ihre Spitze
ausschließlich gegen Oesterreich kehrten, wurden sie vor den Augen des
kaiserlichen Gesandten mit äußerster Sorgfalt versteckt; seine Berichte
enthalten daher auch gar keine Aufklärungen über sie. Wir erfahren
aus ihnen nur, daß einer der Minister des Herzogs von Zweibrücken,
Christian von Hofenfels sich unter dem Vorwande nach München
begab, er habe den Auftrag erhalten, in Bezug auf den Besitz, welcher
seinem Herrn durch den Tod Maximilian Josephs in Böhmen zugefallen sei, Fürsorge zu treffen. Gleich nach seiner Ankunft näherte sich
Hofenfels dem Freiherrn von Lehrbach, der schon unterrichtet war von
der Gefahr, daß der Herzog von Zweibrücken durch Aufreizungen aller
Art vermocht werden könnte, sich gegen die Befriedigung der Ansprüche
des Hauses Oesterreich zu erklären. Sowohl Hofenfels als der von
Lehrbach gleichfalls zu Rathe gezogene Vieregg meinten, das beste
Mittel, Unheil zu verhüten, bestehe darin, daß der Kurfürst veranlaßt
werde, den Herzog von Zweibrücken nach München kommen zu lassen,
um ihn dort für die mit Oesterreich bestehenden Verabredungen zu
gewinnen. Lehrbach selbst übernahm es, den Kurfürsten zur Berufung
des Herzogs Karl zu bewegen [512]), und binnen wenig Tagen traf derselbe in München ein.

So wie sein Minister Hofenfels gethan, so trat auch der Herzog
von Zweibrücken bald nach seiner Ankunft in vertrauliche Verbindung
mit Lehrbach. Er hatte schon früher, als Maximilian Joseph sich noch
am Leben und Karl Theodor in Mannheim befand, die Führung
der Verhandlungen mit Oesterreich dem Kurfürsten von der Pfalz
ausschließlich, und zwar mit der Erklärung überlassen, daß er mit
Allem, was derselbe für gut halte, einverstanden sein werde [513]). Aber
jetzt verhehlte er doch seine Empfindlichkeit nicht, daß eine Uebereinkunft zwischen Oesterreich und Kurpfalz ohne sein Vorwissen, als des
zunächst Betheiligten, abgeschlossen worden sei. Er glaube, daß solches
nach den pfälzischen Hausverträgen nicht hätte geschehen sollen, und er
hoffe, Lehrbach werde zwischen ihm und dem Kurfürsten vermitteln,
auf daß die vollste Einigkeit zwischen ihnen und ihren Häusern wieder

hergestellt werde. Seine Minister Esebeck und Hofenfels würden zu diesem Ende mit Lehrbach besonders verhandeln [514]).

Lehrbach hatte in dem Augenblicke, als er in diesem Sinne nach Wien schrieb, offenbar keine Ahnung, daß sowohl der Herzog von Zweibrücken als Hofenfels ihn mit ihren anscheinend vertraulichen Mittheilungen nur zu hintergehen sich bemühten. Was Hofenfels betraf, schien Lehrbach allerdings dessen fortwährender Umgang mit dem französischen Gesandtschaftssecretär Marbois, der auch mit dem sächsischen Bevollmächtigten, Freiherrn von Zehmen, in naher Berührung stand, ziemlich verdächtig. Aber von dem, was in München eigentlich geschah, hat Lehrbach sich damals in vollständigster Unkenntniß befunden.

Daß Herzog Karl und Hofenfels den Freiherrn von Lehrbach betrogen, soll ihnen hier nicht zum Vorwurfe gemacht werden; sie bedienten sich eben der Waffen, über die sie verfügen konnten und welche sie mit besonderer Geschicklichkeit zu führen verstanden. Aber gerade sie und diejenigen, die mit ihnen gemeinsame Sache machten in gleichartigem Bemühen, als die ehrenwerthen, idealen Zwecken nach-strebenden Personen, ihre Gegner aber als die Pflichtvergessenen und die Verworfenen zu bezeichnen, deren Andenken auch noch in der Geschichte gebrandmarkt werden müsse, eine solche Beurtheilung richtet vor dem unbefangenen Auge sich selbst. Auf beiden Seiten war vielmehr der moralische und sittliche Werth der Handelnden so ziemlich gleich; auf beiden Seiten waren die großen Triebfedern der Menschen, die Jagd nach Gewinn und die Leidenschaftlichkeit gleichmäßig im Spiele. Wie Karl Theodor und diejenigen, die ihm anhingen, ihren Vortheil in einmüthigem Zusammengehen mit Oesterreich sahen, so erblickten ihn Karl von Zweibrücken, die Herzogin Marianne und ihre Diener in demjenigen mit Preußen. Von edleren Anschauungen, von ruhm-würdiger Uneigennützigkeit kam auf beiden Seiten blutwenig vor, und wenngleich nicht bestritten werden soll, daß man von österreichischer Seite den pfälzischen Ministern Esebeck und Hofenfels Belohnungen für etwaige Dienste in Aussicht stellte [515]), so scheinen solche Versprechungen doch niemals jenen Umfang angenommen zu haben, der ihnen später angedichtet wurde.

Auch jetzt wieder drehte sich somit Alles um den Gegensatz zwischen Oesterreich und Preußen, der seit 1740, also seit nicht viel weniger als vierzig Jahren eine so tiefgehende Einwirkung auf die politischen Verhältnisse beider Länder zu einander, ja auf diejenigen ganz Europa's ausgeübt hatte. Aber auch diese Beziehungen waren sich, wie wir gesehen haben, nicht immer gleich geblieben. Hie und da waren Zeitpunkte eingetreten, in denen man auf österreichischer oder auf preußischer, ja manchmal sogar auf beiden Seiten nach einer Annäherung, nach einer Beschwichtigung der früheren feindseligen Stimmung und sogar nach Herstellung eines dauernden Einverständnisses strebte. Aber am Ende waren doch all diese Bemühungen wieder fruchtlos geblieben, und wenn auch bei der Theilung Polens ein gewisses Zusammenwirken beider Staaten eingetreten war, so hatte gerade der Vorgang Friedrichs in dieser Angelegenheit, insbesondere bei Festsetzung der Grenzlinie, der in Oesterreich ohnehin niemals erloschenen Mißstimmung gegen ihn neue Nahrung gegeben. Emsig sorgte er dafür, daß dieselbe nicht einer versöhnlicheren Gesinnung weiche. Kein Tag vergehe, sagte Kaunitz im Dezember 1776 zu dem Vertreter einer europäischen Großmacht, an welchem man nicht Beweise von der böswilligen Ausdauer des Königs von Preußen erhalte, Oesterreich jeden üblen Dienst bei den Höfen zu erzeigen, an denen er Repräsentanten besitze. Und die letzteren seien nicht muthvoll genug, ihm das Ergebniß ihrer eigenen Beobachtungen zu schreiben. Denn sie könnten sich von der Besorgniß nicht losmachen, sein Mißfallen zu erregen, sobald sie einer seiner vorgefaßten Meinungen widersprächen. „Er ist unser unversöhnlicher Feind", so lauteten die Worte des Staatskanzlers über Friedrich, „er zeigt sich so in diesem Augen- „blicke, und wir müssen gerade jetzt auf unserer Hut gegen ihn „sein" [516]. Und etwa ein Jahr später, im Dezember 1777 sagte Kaunitz zu demselben Gewährsmanne: „Gute Menschen können die „wilden und fast wahnsinnigen Ausschweifungen eines Gemüthes wie „das jenes Fürsten, in welchem Leidenschaft und räuberischer Ehrgeiz „immerdar regieren, weder voraussehen noch berechnen. In seinem „persönlichen Charakter, seiner Stimmung, seiner mürrischen Einsam- „keit, seinem Menschenhasse, seiner steten Verachtung sittlicher Pflichten,

„der Abnahme seiner Gesundheit, in seinen persönlichen und unver-
„söhnlichen Feindschaften", nicht aber in „scharfsinniger Voraussicht
„oder gesunder Staatskunst" sucht Kaunitz die Beweggründe seines
Handelns. Und dessen Zielpunkt erblickt er in nichts Anderem als in
der Möglichkeit, welche Friedrich herbeiführen wolle, „in dem allge-
„meinen Brande die Mittel zu finden, etwas für sich zu entwenden"⁵¹⁷).

Nicht etwa · in der Meinung, daß Kaunitz vollkommen Recht
gehabt habe mit diesen Aeußerungen über den König von Preußen,
sind sie hier angeführt worden, sondern nur um zu zeigen, wessen der
Lenker der österreichischen Politik sich von ihm versah. Und es läßt
sich nicht leugnen, daß Friedrich nie einen Augenblick versäumte, den
Verdacht wahr zu machen, den der österreichische Staatskanzler wider
ihn hegte.

Kaum hatte der König, und zwar zwei Tage später als sie in
Wien eingetroffen war, die Nachricht von dem Tode des Kurfürsten
Maximilian Joseph erhalten, als er den in Weimar lebenden Grafen
Eustach von Görtz ausersah, ihm in der Sache der baierischen Erbfolge als geheimer Agent zu dienen. Vorerst hatte Görtz möglichst
genau die Absichten zu erkunden, welche Oesterreich hinsichtlich dieser
Angelegenheit verfolge. Nachdem er zu diesem Zwecke sich einige Zeit in
verschiedenen Städten Deutschlands umhergetrieben, machte Görtz dem
fürstlich Pfalz-Lautern'schen Reichstagsgesandten Brentano in Regensburg insgeheim die Mittheilung, der König von Preußen sei erbötig,
den Kurfürsten Karl Theodor in der Behauptung all seiner Besitzungen,
insbesondere aber der baierischen Länder, mit allen ihm zu Gebote
stehenden Kräften zu unterstützen. Keineswegs meine er, der Kurfürst
solle allsogleich die Waffen ergreifen. Derselbe möge vorerst den Rechts-
weg einschlagen, seine Beschwerden vor den Reichstag bringen und den
Beistand der Garanten des westphälischen Friedens anrufen. Sollten
aber diese Schritte erfolglos bleiben, dann werde der König von Preußen
seine ganze Macht aufbieten, um Kurpfalz zu dem zu verhelfen, was
ihm gebühre. Der König schmeichle sich mit der Erwartung, der
Kurfürst werde sein Anerbieten nicht ausschlagen und ihn nicht

hiedurch zwingen, den Ansprüchen Sachsens seine kräftigste Unterstützung
zu leihen. Denn weder Preußen noch irgend eine andere europäische
Macht könne es gleichgültig mit ansehen, wenn das Haus Oesterreich
seine Vergrößerungsabsichten durchsetze. Und sollte sich auch der Kurfürst schon durch eine etwa mit Oesterreich abgeschlossene Uebereinkunft
die Hände gebunden haben, so werde es doch an einem Vorwande
zum Rücktritte von derselben nicht fehlen.

Wenn man bedenkt, daß gerade das Mißtrauen gegen den König
von Preußen es war, durch welches Karl Theodor zu seiner Annäherung
an Oesterreich und zu seinen Verabredungen mit dem Kaiserhause vermocht worden war, so wird man sich nicht wundern, daß er den Anerbietungen Friedrichs auch jetzt nicht traute und sie einfach zurückwies. Durch Vieregg ließ er sie jedoch Lehrbach bekannt geben und
hinzufügen, er baue zuversichtlich auf Oesterreichs Schutz, wenn ihm
entweder durch die unerwartete Unterstützung, welche die sächsischen
Forderungen bei Preußen zu finden schienen, zu nahe getreten werden,
oder wenn der König es sich beikommen lassen sollte, die pfälzischen
Lande, insbesondere Jülich und Berg feindlich zu überziehen [518]). Und
als Lehrbach binnen wenig Tagen dem Kurfürsten die Erklärung mittheilen konnte, Oesterreich werde ihm mit all seiner Macht schützend
zur Seite stehen, fand Karl Theodor hierin Trost und Beruhigung.
Neuerdings erklärte er, seinem gegebenen Worte unverbrüchlich treu
bleiben zu wollen [519]).

Die abschlägige Antwort des Kurfürsten mußte in Berlin um
so unangenehmer berühren, als man dort wirklich der Meinung sich
hingegeben hatte, es werde, auch wenn er mit Oesterreich bereits einen
Vertrag abgeschlossen hätte, nicht schwer sein, ihn wieder zum Bruche
desselben zu verleiten. Wie dort selbst die höchstgestellten Personen
über Vertragstreue dachten, geht aus einem Briefe des Prinzen Heinrich
an den König recht deutlich hervor. „Ich sehe noch nicht", schrieb er
ihm am 26. Jänner, „daß wenn selbst der Tractat schon abgeschlossen
„sein sollte, der Kurfürst von der Pfalz verpflichtet wäre, ihn zu halten.
„Vermochte man die Convention von Kloster Seven zu brechen, so

„wird es vielleicht auch möglich sein, den Kurfürsten von Baiern von
„Verpflichtungen zurücktreten zu machen, welche die Furcht ihn ein=
„gehen ließ" 520).

Nachdem man von preußischer Seite die Hoffnung aufgeben
mußte, den Kurfürsten Karl Theodor dahin zu bringen, daß er sein
erst vor kurzem gegebenes Wort breche, versuchte man es, an seiner
Statt den Herzog Karl von Zweibrücken zu gewinnen. Bei ihm hatte
jedoch König Friedrich ein sehr leichtes Spiel. Insgeheim begab sich
sein Unterhändler Graf Görtz, und zwar zum zweiten Male nach
München, nachdem sein früherer Versuch, mit Karl Theodor in Ver=
bindung zu treten, gescheitert war. In persönlicher Unterredung mit
der Herzogin Marianne, dem Herzoge von Zweibrücken und dessen
Ministern Hofenfels und Esebeck brachte Görtz die Sache bald ins
Reine. Herzog Karl versprach, an den König von Preußen zu schreiben
und ihn um seine mächtige Unterstützung in der baierischen Successions=
sache zu bitten. Allerdings schien er bald darauf vor seiner eigenen
Zusage wieder zu erschrecken, und drei Tage hindurch verzögerte er
ihre Erfüllung. Aber die ungestüme Beschwerde des Grafen Görtz
und seine Drohung, München alsogleich zu verlassen, machten diesem
Zaudern ein Ende. Der Brief an Friedrich wurde geschrieben und
ihm dadurch eine Art rechtlichen Vorwandes ertheilt, sich in die Frage
der Erbfolge in Baiern zu mischen.

Ob dieß von Seite des Königs von Preußen geschehen werde
oder nicht, war gleichfalls ein Gegenstand der Meinungsverschiedenheit
zwischen der Kaiserin Maria Theresia und ihrem Sohne, und sie zeigte
auch in dieser Beziehung größeren politischen Scharfblick als er. Schon
in ihrem ersten Briefe an Mercy sagte sie, wie bereits angeführt
wurde, Friedrichs Widerstand vorher; Joseph aber schmeichelte sich
noch mehr als drei Wochen später, daß es zu einem solchen nicht
kommen werde. „Der König von Preußen", schrieb der Kaiser an
den Großherzog von Toscana, „hat noch kein Wort zu uns gesagt.
„Er ist der übelsten Laune und klopft an alle Thüren, um zu wissen,
„ob man mit ihm gemeinschaftliche Sache machen will. Da er sie

„jedoch verschlossen findet, muß er sich in Geduld fassen, indem er es
„nicht wagt, sich allein in den Vordergrund zu stellen. So wird,
„wenn ich mich nicht täusche, zum Erstaunen der ganzen Welt diese
„Angelegenheit in großer Ruhe verlaufen. Aber man muß rasch und
„mit Entschlossenheit handeln; hätten wir dieß nicht gethan, dann
„bürge ich Dir dafür, daß wir jetzt, einen Monat nach dem Tode
„des Kurfürsten, noch kein Dorf inne hätten" 521).

Inzwischen hatte man es jedoch für nothwendig gehalten, das=
jenige, was hinsichtlich der baierischen Erbfolge von Wien aus geschehen
war, zur Kenntniß der fremden Mächte zu bringen. Am 20. Jänner
richtete Kaunitz an ihre Vertreter am Kaiserhofe ein Rundschreiben,
in welchem er ihnen die Ansprüche Oesterreichs auf baierische Gebiets=
theile, den Einmarsch der Truppen zur Geltendmachung derselben, und
den Abschluß der Uebereinkunft mit dem Kurfürsten Karl Theodor
mittheilte. Auch an den preußischen Gesandten Freiherrn von Riedesel
erging selbstverständlich diese Eröffnung; erst zwei Wochen später wurde
sie, und zwar in einer Weise beantwortet, auf welche man in Wien
nicht gefaßt gewesen sein mag. Allerdings hatte Kaunitz aus Berlin
die Nachricht erhalten, der König sei ungemein aufgebracht gewesen
über den Einmarsch der österreichischen Truppen in Baiern und über
den Abschluß der Convention 522). Dennoch meinte er auch jetzt noch,
von preußischer Seite seien „ernste und gewaltsame" Maßregeln kaum
zu besorgen. Mit solchen wurde freilich auch in der Note nicht ge=
droht, welche Riedesel am 7. Februar dem Staatskanzler überreichte 523).
Aber in ihr wurden doch alle Ansprüche Oesterreichs auf baierische
Gebietstheile, ja sogar diejenigen auf die böhmischen Lehen in der
Oberpfalz bestritten. Durch eine ausführliche Denkschrift, welche Riedesel
gleichfalls übergab, geschah dieß in noch eingehenderer Weise. Das Be=
gehren wurde gestellt, der militärischen Occupation von Landstrichen,
die man als erledigte Reichslehen betrachte, ein Ende zu machen, und
über diese Lehen nur im Einverständnisse mit den Fürsten des Reiches
zu verfügen. Und um die Erklärung nicht allzu drohend werden zu
lassen, wurde an ihrem Schlusse der Hoffnung Ausdruck verliehen,
daß die ganze Angelegenheit in friedlicher Weise zu schlichten sein werde.

„Die bekannte Nota", schrieb Kaunitz eine Woche später, am 14. Februar an Maria Theresia, „welche Baron Riedesel vor einigen „Tagen auf Befehl seines Hofes überreichte, hat mir nicht nur sehr „bedenklich, sondern auch einiger Maßen beleidigend zu sein geschienen, „und habe ich daher aus Beysorge der Wirkung, welche meine erste „billige Erеiferung bei Verfassung der unumgänglichen Beantwortung „nach sich ziehen dürfte, zu deren Entwerfung nicht eher die Feder „ansetzen zu sollen erachtet, als ich nicht solches mit kaltem Blute „thun zu können mich aufgelegt finden würde, und glaubte ich um so „mehr dieser Betrachtung stattgeben zu sollen, als die dießseitige Be-„antwortung obgedachter Note die künftigen Entschließungen des Königs „in Preußen großentheils vermuthlich entscheiden würde."

Auch Maria Theresia und Joseph theilten die Erbitterung des Staatskanzlers über die Erklärungen des Königs Friedrich. Die Erstere sah in ihnen die unheilvolle Bestätigung ihrer düsteren Ahnungen; Joseph aber nannte die preußischen Mittheilungen unverschämt, und er freute sich der Absicht, hierauf eine in scharfem Tone gehaltene Antwort zu ertheilen [521]). Zwei Entwürfe legte Kaunitz hiezu vor, und es geschah wohl auf Antrieb der Kaiserin, daß der mildere und maßvollere gewählt wurde. Gleichwohl führte man, wie Joseph mit Recht hervorhob, eine zwar verbindliche, aber doch auch feste Sprache, und er hielt den Versuch einer Widerlegung der preußischen Ausführungen für gelungen [525]). Aber wenn Kaunitz der Meinung sich hingab, von der Beantwortung der preußischen Note hänge der fernere Entschluß des Königs ab, so konnte das immer nur von dem Wesen und nie von der Form dieser Antwort gelten. Durch eine selbst nur theilweise Nachgiebigkeit von Seite des Wiener Hofes wäre wohl auch der König von Preußen zu einer solchen zu bewegen gewesen; hielt man jedoch in Wien an der Durchführung des einmal Begonnenen fest, so durfte man nicht daran zweifeln, daß dieß nicht mehr im Wege friedlicher Verhandlung, sondern nur noch auf dem des offenen Kampfes gegen Preußen möglich sein werde.

In dem Entschlusse, sich der Verwirklichung der Absichten des Wiener Hofes nöthigen Falles mit gewaffneter Hand zu widersetzen,

wurde König Friedrich durch die Aussichten auf Bundesgenossen noch
mehr bestärkt. Allerdings besaß der Eine aus ihnen, der sich zuerst
ihm ergab, der Kurfürst von Sachsen gerade keine beträchtliche Kriegsmacht, aber seine Haltung war wegen seiner Stellung als Kurfürst
und wegen der Lage seines Landes von sehr großer Wichtigkeit. Der
ungeheuren Ansprüche, welche die verwitwete Kurfürstin von Sachsen
als Schwester Maximilian Josephs auf Grundlage von Allodialforderungen an Baiern erhob, ist bereits Erwähnung geschehen, und
in ihnen lag einer der hauptsächlichsten Beweggründe, durch welche Karl
Theodor zu seinem Anschlusse an Oesterreich vermocht wurde. Mit
drückenden Schulden belastet [526]), trat Maria Antonia schon im Jahre
1776 ihre Forderung an ihren Sohn, den Kurfürsten von Sachsen
ab. Letzterer meldete dieselbe nach dem Tode Maximilian Josephs
auch in Wien an, aber er konnte dort in Folge der Verhandlungen
mit Karl Theodor natürlicher Weise nicht willfähriges Gehör finden.
Ohnehin schon mit dem Kaiserhofe wegen der Angelegenheit der
Schönburgischen Lehen in Zwiespalt gerathen, warf sich jetzt Friedrich
August vollends in die Arme des Königs von Preußen.

Maria Theresia fühlte sich durch Sachsens Anschluß an Preußen
um so tiefer verletzt, als sie in Erinnerung an die ansehnliche Reihe
wichtiger Dienste, die sie den Mitgliedern des kurfürstlichen Hauses
erwiesen, hierin eine Handlung schreiender Undankbarkeit erblickte.
Weniger empfindlich für das Gemüth der Kaiserin, aber von noch
größerer politischer Bedeutung war es, daß Rußland, nachdem es
Anfangs eine für Oesterreich günstige Erklärung abgegeben hatte, sich
allmälig immer mehr auf die preußische Seite stellte. Am schmerz-
lichsten aber fiel es der Kaiserin, als sie sehen mußte, wie weit auch
Frankreich davon entfernt war, die Haltung zu beobachten, auf welche
sie von diesem alten Verbündeten gehofft hatte.

Schon vor dem Tode des Kurfürsten von Baiern war die Frage
seiner Erbfolge von Wien aus am französischen Hofe zur Sprache
gebracht worden. Denn einerseits hatte Frankreich einen sehr langen
Zeitraum hindurch an allen Angelegenheiten, welche das kurfürstlich

pfälzische Haus betrafen, einen ungemein großen, oft geradezu maßgebenden Antheil genommen, und andererseits war es für Oesterreich
wichtig, sich bei den bedeutsamen Schritten, die es vorhatte, der
Zustimmung, ja wohl gar der Beihülfe Frankreichs zu versichern.
Von französischer Seite wurde die Mittheilung des Kaiserhofes mit
dem Rathe beantwortet, man möge sich mit Kurpfalz gütlich verständigen. Bekanntlich hatte man in Wien in diesem Sinne gehandelt.
Nachdem also die Nachricht von dem Tode Maximilian Josephs eingetroffen und zwei Tage später die Uebereinkunft mit dem pfälzischen
Gesandten abgeschlossen worden war, zögerte Kaunitz nicht einen Augenblick, den französischen Botschafter Baron Breteuil von dem bisher
Geschehenen und den ferneren Absichten Oesterreichs zu unterrichten.
Auch Mercy wurde hievon in Kenntniß gesetzt [527]), und ebenso erhielt
er nach dem Eintreffen der kurpfälzischen Ratification Kunde von
diesem Ereignisse, sowie von dem gleichzeitig erfolgten Einmarsche
österreichischer Truppen in Baiern [528]).

Die erste Aeußerung des französischen Ministers der auswärtigen
Geschäfte, Grafen Vergennes, über diese Mittheilungen bestand in
nichts anderem als in der ganz allgemein gehaltenen Erklärung, dem
Könige von Frankreich könne Alles, was zum Vergnügen und Vortheile des Kaiserhofes, sowie zur Aufrechthaltung der Ruhe in Deutschland gereiche, nur hochwillkommen sein. Und als der Besorgniß
Erwähnung geschah, der König von Preußen werde nichts unterlassen,
Oesterreich überall Schwierigkeiten zu bereiten und ihm Feinde zu
erwecken, da entgegnete Vergennes: freilich werde sich der König hiebei
seiner gewöhnlichen Kunstgriffe bedienen. Aber man wisse schon dieselben nach ihrem eigentlichen Werthe zu schätzen [529]).

Die gleiche Zurückhaltung beobachtete Vergennes auch noch in dem
ferneren Verlaufe dieser Angelegenheit, und Mercy meldete nach Wien,
es sei ihm unmöglich gewesen, bei seinen Besprechungen mit dem französischen Minister auch nur das geringste Zeichen des Beifalls oder
der Mißstimmung zu bemerken. Als aber Mercy auf die Bemühungen
des preußischen Gesandten in Paris, Freiherrn von Goltz hinwies,

zwischen Oesterreich und Frankreich Zwietracht zu säen, da äußerte sich Vergennes in einer für Goltz sehr unschmeichelhaften Weise. Derselbe erstatte seinem königlichen Herrn ganz erdichtete Berichte über Unterredungen, die er mit den französischen Ministern gepflogen habe; bis auf Tag und Stunde seien sie unwahr. Daß dieß geschehe, falle jedoch nur dem Könige selbst zur Last. Denn durch die sonderbaren Aufträge, die er seinen Gesandten ertheile, durch die schroffe Art und Weise, in der er sie zur Rede stelle, wenn sie dieselben nicht durchzuführen vermöchten, endlich durch die verächtliche Behandlung, die er ihnen angedeihen lasse, zwinge er sie, ihm Unwahrheiten zu berichten und sich hiedurch so gut als möglich aus der Schlinge zu ziehen [530]).

So willkommen diese mißfälligen Aeußerungen über den König von Preußen und dessen Gesandten in Paris dem Grafen Mercy auch sein mochten, so täuschte er sich doch durchaus nicht über die Bedeutung des verdächtigen Stillschweigens, welches Vergennes über die Sache selbst, die österreichischen Ansprüche auf baierische Gebietstheile, ihm gegenüber fortwährend beobachtete. Um so beunruhigender war ihm dasselbe, als ihm der häufige Courierwechsel zwischen Paris und Berlin nicht entging und er daraus auf eifrige Verhandlungen zwischen Frankreich und Preußen zu schließen gezwungen war. Er sehe aus Allem, schrieb er nach Wien, wie scheelsüchtig man in Frankreich jeden Zuwachs an Macht betrachte, der dem Hause Oesterreich zu Theil werden könnte. Einen völligen Bruch der Allianz mit Oesterreich glaube er zwar nicht befürchten zu müssen. Aber wahrscheinlich habe der König von Preußen wenigstens schon so viel gewonnen, daß man ihm erklärt haben werde, er brauche bei weiterer Verfolgung des von ihm eingeschlagenen Weges keine Hindernisse von französischer Seite zu befürchten [531]).

Die Besorgnisse des Grafen Mercy wurden von Niemand lebhafter empfunden als von der Kaiserin selbst; ja sie ging hinsichtlich derselben wohl noch viel weiter als er. Nirgends aber spricht die Beunruhigung ihres Gemüthes sich deutlicher und unverhüllter aus als in ihren Briefen an ihre Tochter, die Königin von Frankreich.

In drängendster Weise nahm Maria Theresia deren Beistand in
Anspruch, auf daß die für Oesterreich so mißgünstige Absicht des
Königs von Preußen vereitelt und das ihr so liebgewordene Bündniß
mit Frankreich unerschüttert aufrecht erhalten werde. Eine Vernichtung
desselben würde ihr, schrieb sie ihrer Tochter, den Tod geben [532]).

Die Befürchtungen der Kaiserin wurden durch die Erklärungen,
welche Breteuil, der auch seinerseits das Verfahren Oesterreichs nichts
weniger als wohlwollend beurtheilte, auf Befehl seiner Regierung
Anfangs der zweiten Hälfte des Februar 1778 dem Fürsten Kaunitz
gegenüber abgab, keineswegs beschwichtigt. Man sah deutlich, daß sie
auf nichts so sehr als auf den Anklagen fußten, welche König Friedrich
in Paris gegen den Kaiserhof vorgebracht hatte. Freilich waren sie
mit der Bitte um fernere Aufklärungen über die Absichten Oesterreichs,
und mit dem Versprechen verbrämt, man sei zur Herbeiführung eines
Einverständnisses, wie man gegen Preußen verfahren solle, und zur
Mitwirkung bereit, die ganze Streitsache friedlich zu schlichten. Aber
Kaunitz fühlte doch aus Allem· nur die Bestätigung des schon von
Mercy empfundenen Eindruckes heraus, daß man in Frankreich dem
Hause Oesterreich eine Machtvermehrung nicht gönne. Man würde
wohl eine noch viel schroffere Haltung annehmen, wenn man hieran
nicht durch den bevorstehenden Ausbruch des Krieges mit England
gehindert wäre [533]).

Gleichwohl hielt Kaunitz, indem er in diesem Sinne nach Paris
schrieb, noch an seiner früheren Meinung fest, der König von Preußen
werde es nicht bis zum Kriege treiben wollen, sondern es sei ihm nur
darum zu thun, Alles in höchste Verwirrung zu bringen und dann
für sich namhaften Vortheil zu erlangen. Als solcher wäre wohl die
Nachfolge der preußischen Primogenitur in Ansbach und Bayreuth,
ja vielleicht sogar in Jülich und Berg zu betrachten.

Maria Theresia pflichtete jedoch, was den etwaigen Ausbruch
eines Krieges betraf, der Ansicht des Staatskanzlers nicht bei. Auch
jetzt wieder sprach sie in einem gleichzeitigen Briefe an die Königin
von Frankreich die Befürchtung aus, daß es binnen kurzem zum

Kriege kommen werde. Neuerdings bat sie ihre Tochter, ja flehte sie
sie an, das Aeußerste aufzubieten, um zu verhindern, daß ihr Gemal
nicht durch „Böswillige" zu falschen Schritten verleitet werde. Niemals
habe es einen zwingenderen Anlaß gegeben, fest zusammen zu halten:
das ganze politische System, das Wohl beider regierender Häuser,
insbesondere dasjenige der österreichischen Staaten und ganz Europa's
hänge davon ab. „Man übereile sich in nichts", schrieb die Kaiserin
wörtlich, „und man trachte Zeit zu gewinnen, um den Ausbruch eines
„Krieges zu vermeiden, welcher, einmal begonnen, lange Zeit hindurch
„dauern und für uns Alle unheilvolle Folgen nach sich ziehen kann.
„Urtheile", so schloß Maria Theresia den Brief an ihre Tochter,
„über meine eigene Pein. Der Kaiser, Dein Bruder Max und Prinz
„Albert würden die ersten dabei Betheiligten sein; dieser Gedanke
„allein vernichtet mich fast. Aber ich vermöchte es nicht zu verhindern,
„und wenn ich nicht unterläge, würden meine Tage trauriger sein als
„der Tod" [534]).

Man kann nicht sagen, daß Marie Antoinette schon von Anfang
an mit den Absichten des Kaisers auf Erwerbung baierischen Gebietes
für Oesterreich einverstanden gewesen wäre; wir kennen vielmehr eine
Aeußerung von ihr, welche zeigt, daß die in Frankreich herrschenden
Anschauungen hierüber auch auf sie nicht ganz ohne Wirkung geblieben
waren [535]). Aber den Vorstellungen Mercy's und weit mehr noch
dem mächtigen Einflusse, den ihre Mutter auf sie übte, gelang es
bald, eine völlige Umstimmung der Königin zu Wege zu bringen; sie
wurde von nun an, vielleicht zu ihrem eigenen Schaden, ein eifriges
Werkzeug der österreichischen Politik. Und es war ein hartes Stück
Arbeit, welches Maria Theresia hiemit ihrer Tochter übertrug. Denn
auch ihr Gemal, König Ludwig XVI. betrachtete die Schritte seines
Schwagers, des Kaisers, nur mit unzufriedenem Blicke, und er nannte
sie ihr gegenüber eine Wiederholung der polnischen Theilung; um
ihretwillen müsse er das Verfahren ihres Hauses lebhaft bedauern [536]).
So weit kam es, daß die französische Regierung ihre Gesandten im
Auslande zu der Erklärung ermächtigte, eine Loslösung baierischer
Gebietstheile von dem Stammlande geschehe gegen ihren Willen und

werde von Frankreich mißbilligt. König Friedrich aber schrieb wohl in einiger Selbsttäuschung, jedoch im Tone aufrichtiger Ueberzeugung seinem Bruder, er sei mit Frankreich einig geworden. Es werde sich unbedingt für Preußen erklären und mit Entschlossenheit handeln. Ja sogar der König von Sardinien biete sich an, eine Diversion gegen Mailand zu machen. Oesterreich sei somit auf allen Seiten von Feinden umringt, und alle seine Anerbietungen würden nach dem be= vorstehenden Abschlusse der Vereinbarungen Preußens mit Frankreich und Sardinien zu spät kommen. Man müsse zugeben, daß die Lage Preußens eine günstige sei [537]).

Prinz Heinrich theilte die Zuversicht seines königlichen Bruders nicht ganz, und er rieth ihm, den Versprechungen Frankreichs und Sardiniens nicht allzu sehr zu trauen, sondern vielmehr ein Pförtchen offen zu lassen zu ferneren Verhandlungen mit Wien. Friedrich aber erwiederte hierauf, daß er in der That noch keine definitive Antwort Frankreichs besitze, jedoch noch immer glaube, dieser Staat werde sich keineswegs zur Beobachtung strenger Neutralität herbeilassen, sondern für Preußen Partei nehmen [538]).

Aber nicht nur in Berlin, auch in Wien betrachtete man die französische Neutralität als ein Uebel, und trotz der Anfangs so un= günstig lautenden Erklärungen Frankreichs ließ man noch immer die Hoffnung auf dessen Beistand nicht vollständig fahren. So lebhaft Maria Theresia auch wünschte, ihn durch Verwendung ihrer Tochter zu erlangen, so ließ sie doch auch die Vorsicht, welche die Stellung der Letzteren ihr auferlegte, keineswegs ganz außer Acht. „Was mich „in diesen kritischen Umständen am meisten beschäftigt", schrieb sie an Mercy, „ist die Lage meiner Tochter. Ich bin überzeugt von ihrer „Anhänglichkeit an ihre Familie und von ihrem guten Willen, hievon „Beweise zu geben, so weit ihre Leichtfertigkeit ihr nur immer ernste „Betrachtungen gestattet. Aber es ist nöthig, daß sie ohne Lebhaftig= „keit, mit sehr viel Umsicht und Geschicklichkeit handle, um sich dem „Könige nicht lästig, ja vielleicht sogar verdächtig zu machen. Mehr „als ein französischer Minister würde, wenn er dessen gewahr werden

„sollte, nicht unterlassen, davon Nutzen zu ziehen, um ihren Credit zu „schwächen und ihren Einfluß auf die Geschäfte zu vernichten." Und obgleich sie dem Grafen Mercy die Frage der baierischen Erbfolge dringend ans Herz legt und ihn versichert, daß sie seiner Einsicht und seinem Eifer völlig vertraue, fügt Maria Theresia doch hinzu, sie empfehle ihm die Interessen ihrer Tochter noch mehr als ihre eigene Sache [539]).

Man wird es wohl nicht so sehr dem Einflusse der Königin als der ruhigeren Erwägung der obwaltenden Verhältnisse zuschreiben dürfen, daß binnen kurzem in Frankreich eine für Oesterreich weniger ungünstige Auffassung hervortrat. Man enthielt sich dort von nun an jedweden Tadels der von Wien aus schon geschehenen und noch zu unternehmenden Schritte, um die auf baierische Gebietstheile erhobenen Ansprüche zu definitiver Geltung zu bringen. Jede Kund= gebung wurde sorgfältig vermieden, aus welcher man hätte ab= nehmen können, Frankreich mißgönne Oesterreich die gewünschte Ver= größerung. Mit Wärme und Lebhaftigkeit sprach man für die Auf= rechthaltung des zwischen beiden Staaten bestehenden Bündnisses sich aus. Aber man hob doch hervor, daß die Bestimmungen desselben auf einen aus Anlaß der baierischen Erbfolge etwa ausbrechenden Krieg zwischen Oesterreich und Preußen keine Anwendung zu finden vermöchten.

Als Hauptgrund hiefür gab man an, daß die durch den Allianz= vertrag gewährleisteten Besitzungen Oesterreichs in keiner Weise bedroht seien. Die Ansprüche, um derentwillen der Krieg vielleicht ausbrechen könnte, habe man zur Zeit des Abschlusses der Allianz noch gar nicht gekannt; die etwaige Behauptung, man habe sie stillschweigend garan tirt, widerstreite daher nicht nur dem Rechte, sondern auch der gesunden Vernunft. Der ausgesprochene Zweck der Allianz habe in nichts Anderem als in dem Bestreben bestanden, jeden der beiden Staaten in dem Besitze zu erhalten, in dem er sich im Augenblicke ihres Ab= schlusses befand; als ein Mittel zur Vergrößerung des Einen oder des Anderen habe man sie niemals betrachtet. Alles was man daher in

einem solchen Falle von einander erwarten könne, bestehe darin,
daß jeder der beiden Staaten eine einseitige Vergrößerung seines
Verbündeten ohne Unruhe und ohne Eifersucht zulasse. Eine Theilnahme Frankreichs am Kriege würde ebenso seiner Würde wie seinen
aus dem westphälischen Frieden hervorgehenden Verpflichtungen, ja
sogar seiner Allianz mit Oesterreich widersprechen. Die persönliche
Freundschaft des Königs für die Kaiserin und den Kaiser könne kein hin-
reichender Beweggrund sein zur Hinopferung des Blutes und der Geldmittel seines Volkes. Und außerdem nehme die bedenkliche Gestaltung
der Beziehungen Frankreichs zu England seine Aufmerksamkeit derart in
Anspruch, daß er seine Streitkräfte nicht in einem Augenblicke zu theilen
vermöchte, in welchem die ungeschmälerte Zusammenhaltung derselben
durch die heiligsten Interessen seines Staates geboten erscheine [540]).

Von dramatischer Wirkung ist der Bericht, welchen Breteuil
seiner Regierung über die Besprechung erstattete, in der er dem Fürsten
Kaunitz die ihm aus Frankreich zugekommene Depesche vorlas. Als
Breteuil zu der Stelle kam, in der die Erklärung enthalten war, der
König werde in dem Kriege, der in Deutschland ausbrechen könnte,
strenge Neutralität beobachten, bat Kaunitz um langsame Wiederholung
derselben und brachte sie, den Worten des Botschafters folgend, zu
Papier. Als jedoch Breteuil, die Vorlesung fortsetzend, den Absatz
las, demzufolge Frankreich den gegebenen Fall für einen solchen erklärte,
auf welchen das Bündniß mit Oesterreich keine Anwendung finden
solle, übermannte den sonst so besonnenen Staatskanzler der Zorn.
Er verlangte von dem Botschafter eine schriftliche Mittheilung dieser
Erklärung, sonst könne er der Kaiserin gar nicht darüber berichten.
Nur schwer gelang es Breteuil, ihn wieder etwas zu beschwichtigen;
bis jedoch die Vorlesung der ganzen Depesche beendigt war, hatte
Kaunitz seine frühere Ruhe vollständig wieder gewonnen. Er sagte
nur, es sei nutzlos, Verträge zu schließen, wenn die Auslegung der
durch dieselben festgestellten Verpflichtungen hinterher ganz willkürlich geschehe [541]).

Schon vor diesem Gespräche zwischen Kaunitz und Breteuil
hatte Maria Theresia der Hoffnung, in einem etwaigen Kriege gegen

Preußen Frankreichs werkthätigen Beistand zu erlangen, so ziemlich
entsagt. Breteuil behauptet, die Kaiserin habe ihn von nun an kalt-
sinnig behandelt und den Verkehr mit ihm vermieden, während von
Seite Josephs das Gegentheil geschehen sei [542]). Aus den von ihr
selbst herrührenden Aufzeichnungen wissen wir jedoch, daß sie Breteuil
keineswegs grollte. Anfangs habe er zwar, schrieb sie an Mercy, seine
Erklärungen mit gar zu viel Wärme vorgebracht, aber seither sei er
hievon wieder zurückgekommen und benehme sich tadellos. Ja er habe
trotz der Lebhaftigkeit seines Wesens die starke Sprache, die man gegen
ihn geführt, sich ruhig gefallen lassen.

In dem Briefe, in welchem Maria Theresia in solchem Sinne
über Breteuil sich aussprach, belobte sie sich auch der Haltung des
französischen Gesandten in Regensburg, Marquis Bombelles. Um so
schärferen Tadel erfuhr ihrerseits diejenige des französischen Geschäftsträgers in München, Grafen Marbois. Die Kaiserin stellte ihn als
den Mittelpunkt der Bestrebungen hin, welche von dort aus gegen
die Verwirklichung der Absichten Oesterreichs gerichtet waren [543]).

Wer die damaligen Vorgänge in Baiern beobachtet, wird leicht
einer doppelten, sich gerade entgegengesetzten Strömung gewahr werden.
Mit der einen gingen alle diejenigen, welche mit dem Kurfürsten Karl
Theodor und seinen pfälzischen Rathgebern eine gütliche Vereinbarung
mit Oesterreich über das Ausmaß und die Wahl der ihm zu überlassenden, bisher baierischen Gebietstheile zu Stande bringen wollten.
Zu der anderen aber bekannten sich die Gegner jeder Abtretung baierischen Gebietes an Oesterreich, und deren Anzahl war natürlicher Weise
im Lande selbst eine überaus große. Ja sie gewann, man muß es
sagen, von Tag zu Tag mehr Boden, und ihre Bemühungen brachten
es binnen kurzer Zeit dahin, daß Karl Theodor selbst allmälig zu
zweifeln begann, ob der von ihm eingeschlagene Weg auch wirklich der
richtige sei.

In dieser Stimmung des Kurfürsten wird die Erklärung der
gewiß auffallenden Erscheinung zu suchen sein, daß während er selbst
von allem Anfange an eine Vereinbarung mit Oesterreich gewünscht

und sich zu diesem Ende bereit gezeigt hatte, dessen Ansprüche wenigstens theilweise anzuerkennen und sie im Wege des Gebietsaustausches zur Geltung gelangen zu lassen, er über die ihm hiezu von österreichischer Seite vorgelegten Entwürfe zu keinem Entschlusse zu bringen war.

Die Mißstimmung, welche man in Wien hierüber empfand, wurde durch die mehr als zweideutige Haltung des Herzogs Karl von Zweibrücken noch vermehrt. Anfangs hatte er, wohl um Lehrbach zu täuschen und ihm seine geheimen Verhandlungen mit dem Könige von Preußen noch besser zu verbergen, ihm durch Hofenfels den Wunsch aussprechen lassen, in die zwischen Oesterreich und Kurpfalz abge= schlossene Convention ausdrücklich aufgenommen und hiedurch ihrer Vortheile theilhaft zu werden[544]). Und als ihm wenige Tage später der Entschluß des Kaisers angekündigt wurde, ihm gleichfalls den Orden des Goldenen Bließes zu verleihen, erging er sich in Aeußerun= gen des lebhaftesten Dankes für diesen Beweis der kaiserlichen Huld. Schon waren Tag und Stunde zur feierlichen Uebergabe der Deco= ration, welche durch den Kurfürsten vollzogen werden sollte, bestimmt, und wie wenigstens Lehrbach berichtet, freute sich der Herzog auf diesen Moment und versuchte schon im voraus mit allen Zeichen unverkenn= baren Behagens das neue Ordensband zu tragen. Da trat plötzlich, und zwar in der Nacht vom 15. zum 16. Februar, bei ihm eine völlige Umstimmung ein. Am frühesten Morgen des letzteren Tages berief er Vieregg zu sich und kündigte ihm seinen Entschluß an, sich, so hoch er auch die ihm zu Theil gewordene Auszeichnung schätze, hinsichtlich ihres Vollzuges einen Aufschub zu erbitten. Alle Gegen= vorstellungen blieben fruchtlos; in geheimnißvollen Ausdrücken bat er unabläßig, ihm nur eine Frist von zwei Wochen zu gewähren, nach deren Ablauf er all dasjenige zu thun bereit sei, wodurch er sich dem Kurfürsten gefällig zu zeigen vermöchte. Am folgenden Tage, dem 17. Februar verließ er München und kehrte nach Zweibrücken zurück[545]).

Die Worte, mit denen Joseph seinem Bruder Leopold von diesen Vorgängen Kunde gab, sind ein Beweis, daß er die Bedeutung derselben

richtig beurtheilte. „Unſere Verhandlung über den Austauſch in Baiern",
ſchrieb er ihm am 26. Februar, „iſt vollſtändig geſcheitert und auch
„der Herzog von Zweibrücken, der unſerer Convention ſich anzuſchließen
„und das goldene Bließ, das er kurz zuvor verlangt hatte, zu
„empfangen bereit war, iſt durch preußiſche Emiſſäre hievon wieder
„abgebracht worden und nach Zweibrücken abgereiſt, ohne zu unter=
„zeichnen oder das Bließ anzunehmen; das iſt unbegreiflich. Von
„allen Seiten gewinnen die Dinge eine düſtere Geſtalt, aber man darf
„darum doch den Muth nicht verlieren" [546]).

Wenn Joſeph ſeinem Bruder gegenüber den Plan eines Gebiets=
austauſches in Baiern als geſcheitert bezeichnete, ſo könnte man leicht
auf den Gedanken gerathen, daß nun auch Karl Theodor ſich gegen dieſes
urſprünglich von ihm ſelbſt ausgegangene Project ablehnend verhalten
hätte. Dem war jedoch keineswegs ſo; es mangelte dem Kurfürſten
Angeſichts der von allen Seiten auf ihn einſtürmenden Vorſtellungen
nur die Kraft, zu einem Entſchluſſe zu gelangen. Aber es blieb Lehr=
bach nicht verborgen, daß es ihm am liebſten geweſen wäre, ganz
Baiern gegen die öſterreichiſchen Niederlande zu vertauſchen. Denn
der Kurfürſt behauptete, ſichere Kunde davon zu haben, daß zu der
Zeit, als Graf Chotek in Oeſterreichs Namen Baiern verwaltete, die
Einkünfte dieſes Landes auf zehn Millionen geſtiegen ſeien. Was
einmal erreicht worden, ſei auch für die Zukunft nicht unmöglich.
Geſchehe es aber, dann werde ein Erträgniß ſich herausſtellen, auf
deſſen Grundlage ſich der Austauſch Baierns gegen die Niederlande
unſchwer bewerkſtelligen laſſe [547]).

Dieſe Mittheilung Lehrbachs wurde denn auch durch die Ant=
wort beſtätigt, welche endlich Ritter, inzwiſchen nach Wien zurückgekehrt,
am 4. März, ſomit gerade nach Verlauf eines Monates, auf die ihm
am 4. Februar eingehändigte öſterreichiſche Denkſchrift ertheilte. Laut
ihres Inhaltes ſtimmte der Kurfürſt den Principien, die man von
öſterreichiſcher Seite den Austauſchverhandlungen zu Grunde legen
wollte, vollkommen bei. In ſeinem Namen wurde ferner erklärt, daß
auch er den Austauſch, welcher ganz Baiern und die Obere Pfalz

umfasse, als den erwünschtesten und natürlichsten, ja als den einzigen betrachte, durch welchen die ganze Angelegenheit so rasch und so glücklich als nur immer möglich beigelegt werden könnte. Es wäre ihm daher auch die Beseitigung der dagegen obwaltenden Bedenken äußerst willkommen, und er glaube, dieß ließe sich durch folgende Betrachtungen erreichen.

Schon zur Zeit des Abschlusses des Friedens von Baden sei der Austausch der österreichischen Niederlande gegen Baiern, ja sogar ohne die Oberpfalz in Vorschlag gebracht worden; man habe somit damals nicht geglaubt, daß ihr Erträgniß in einem gar nicht auszugleichenden Mißverhältnisse stehe. Für Oesterreich komme übrigens nicht dieses Erträgniß allein, sondern auch noch der Umstand in Betracht, daß sein Handel durch die schiffbaren Flüsse, die Donau, den Inn, die Iser und den Lech, welche alle künftighin in den Bereich seiner Macht gezogen würden, einen Aufschwung erhielte, der mit der Zeit weit höher als ein jetziges Mehreinkommen von einer Million zu veranschlagen wäre. Für das ganze deutsche Reich aber würde es von äußerster Wichtigkeit sein, daß der Vergrößerungsbegierde des brandenburgischen Hauses eine Schranke gezogen werde. Denn wenn letzteres demnächst in den Besitz von Ansbach und Bayreuth gelange, werde es sich in Franken immer weiter ausdehnen wollen und hieran durch nichts gehindert werden können, als wenn die Obere Pfalz sich in den Händen Oesterreichs befinde. Im Falle des Gegentheiles aber würde Preußen dieselbe allmälig verschlingen. Und was die Tractate mit fremden Mächten und die Hindernisse betreffe, die von ihrer Seite gegen die Abtretung der Niederlande etwa erhoben werden würden, so könne der Kurfürst auch hierin keine unübersteigliche Schwierigkeit erkennen. Die Verträge könnten fortbestehen und der Nachfolger im Besitze der Niederlande in die Rechte und Pflichten des Vorgängers eintreten; die fremden Staaten aber würden wohl lieber das kurpfälzische Haus als das weit mächtigere Oesterreich zum Nachbar haben wollen. Ja es sei vorherzusehen, daß sie sich einem solchen Austausche weniger als einer bloß einseitigen Vergrößerung Oesterreichs durch Erwerbung baierischer Gebietstheile entgegensetzen würden.

Während er mit ſolcher Lebhaftigkeit für dieſes Tauſchproject eintrat, verwarf der Kurfürſt dasjenige, welches von öſterreichiſcher Seite beſonders hervorgehoben worden war, und zwar wegen Unzulänglichkeit der ihm für Ober= und Niederbaiern angebotenen Aequivalente. Vermöge man ſich jedoch zur Annahme eines dieſer beiden Projecte nicht zu entſchließen, dann bleibe wohl nichts Anderes übrig, als ſich in die unangenehme Nothwendigkeit zu fügen, es bei der dermaligen öſterreichiſchen Beſitzergreifung, obgleich ſowohl zum Nachtheile des Kaiſerhofes als zu unberechenbarem Schaden des Kurfürſten und des baieriſchen Landes bewenden zu laſſen.

Schon iſt der Geſichtspunkte Erwähnung geſchehen, in Anbetracht deren man in Wien den Eintauſch ganz Baierns und der Oberpfalz gegen die Niederlande weder für wünſchenswerth noch für durchführbar hielt. Insbeſondere war es Maria Thereſia, welche dieſem Projecte eifrigſt widerſtrebte, während Joſeph, wie man aus einem ſeiner Briefe an Leopold erfährt, unſchlüſſig geweſen zu ſein ſcheint. „Glaubſt Du", ſchrieb er ihm damals, „daß eine Vertauſchung unſerer Niederlande „gegen ganz Baiern ſammt der Oberpfalz und Allem was dazu „gehört, möglich und paſſend ſein würde? Der Fall iſt ſchwierig und „verdient, daß Du über ihn nachdenkſt. Die Einkünfte der Nieder= „lande würden diejenigen Baierns, ſo glaube ich, um eine Million „überſteigen, aber man könnte dieß durch aufzunehmende Anleihen „ausgleichen" [548]).

So wie ſeine Mutter erklärte ſich jedoch auch Leopold mit ganz beſonderer Lebhaftigkeit dagegen, daß die Niederlande für Baiern auf-gegeben würden [549]). Aber es bedurfte gar nicht der Abmahnung des Großherzogs, ſondern der Widerſtand der Kaiſerin genügte, um es zu verhindern, daß man dem Wunſche des Kurfürſten, die Niederlande zu erhalten, willfährig entgegenkam. Um ihn von demſelben abzu bringen, nahm man in Wien Zuflucht zu einem Vorſchlage, der immerhin etwas abenteuerlich erſcheint. Man bot dem Kurfürſten die neu erworbenen Königreiche Galizien und Lodomerien als Aus-tauſchobject an [550]), aber man erhielt von ihm, wie wohl hätte vorausgesehen werden können, eine ablehnende Antwort. Karl Theodor nahm jedoch aus der Mittheilung, welche ihm hierüber gemacht wurde, erneuerten Anlaß zu der Erklärung, daß er von all den aufgetauchten Planen demjenigen, der ihm Hoffnung auf den Besitz der Niederlande gewähre, bei weitem den Vorzug gebe [551]).

Man sieht wohl wie gering die Aussicht war, daß es zwischen Oesterreich und dem Kurfürsten von der Pfalz zu einer Verständigung über den von beiden Seiten gewünschten Austausch komme, denn jeder Theil hielt an dem von ihm gehegten, dem anderen aber unannehmbar erscheinenden Lieblingsprojecte fest. Obgleich die Verhandlungen, die man zur Erzielung eines Ausgleiches pflog, nicht abgebrochen wurden, führten sie doch zu keinem Resultate, und es schien dabei bleiben zu sollen, daß man es bei der österreichischen Besitzergreifung baierischer Gebietstheile bewenden ließ und nur nach bloß localen Vertauschungen strebte, welche beiden Staaten eine passende Gebietsabrundung so wie eine sichere und ununterbrochene Grenze verschafft hätten. Da aber der Kurfürst diesen Ausweg als einen ihm selbst sehr unwillkommenen und für Baiern höchst nachtheiligen bezeichnet hatte, so kann man wohl denken, wie gering seine eigene Willfährigkeit und diejenige der baierischen Behörden in allen Verhandlungen war, die sich auf diese Verhältnisse bezogen.

Die letzteren werden in zweifacher Richtung ins Auge gefaßt werden müssen. Entweder wurden sie durch Meinungsverschiedenheiten über Oesterreichs Berechtigung zur Occupation einzelner baierischer Districte und Ortschaften, oder sie wurden durch die Berührungen veranlaßt, in welche die von österreichischer Seite eingesetzte Administration der einstweilen in Besitz genommenen Landstriche nothgedrungen mit den Behörden und den Bewohnern der benachbarten baierischen Districte gerieth. Weder in der einen noch in der anderen Beziehung kann hier auf eine ausführlichere Darstellung desjenigen, was zwischen beiden Höfen verhandelt wurde oder sonst geschah, eingegangen werden, so nahe die Versuchung auch liegen mag, über diese bisher noch niemals näher beleuchteten Ereignisse klareres Licht zu verbreiten. Nur das

wird gesagt werden dürfen, daß in ersterer Hinsicht der Meinungszwiespalt dadurch hervorgerufen wurde, daß man von baierischer Seite
behauptete, Oesterreich sei nur zur Occupation derjenigen Ortschaften
und Districte berechtigt, welche in dem Recesse vom Jahre 1353 ausdrücklich angeführt seien. In Wien hingegen bestritt man zwar nicht,
daß dieser Receß die Grundlage der geschehenen Besitzergreifung bilde,
aber man hob doch hervor, daß in dem Recesse überhaupt nur die
beträchtlicheren Ortschaften und diejenigen genannt wurden, deren Bezeichnung zur Grenzbestimmung nothwendig war. Die kleineren und
dazwischen liegenden Ortschaften müßten, wenn auch nicht namentlich
angeführt, doch als zur ganzen Umgegend gehörig angesehen werden [552]).

Um es jedoch hierüber zu keinem ernsteren Zwiespalte kommen
zu lassen, war man in Wien nicht nur hinsichtlich der Punkte, in
denen die baierische Reclamation begründet erschien, zur Nachgiebigkeit
bereit [553]), sondern man sandte zur Herbeiführung einer freundschaftlichen Verständigung den Freiherrn Ludwig von Lehrbach, einen Neffen
des kaiserlichen Gesandten in München, dorthin ab. Er galt für
einen mit historischen und juristischen Dingen wohl vertrauten Mann [554]),
und er sollte eine aufmerksame Prüfung der Documente vornehmen,
auf deren Basis man von baierischer Seite die von Oesterreich vorgenommene Occupation verschiedener Ortschaften als unberechtigt darstellte. Insofern aber in München behauptet wurde, nicht Baiern,
sondern Oesterreich liege die Pflicht der Beweisführung ob, so wurde
Lehrbach beauftragt, zur Erhärtung des Gegentheils sich nicht nur
auf den klaren Wortlaut der Convention vom 3. Jänner, sondern
auch auf die Natur der Sache zu berufen. Denn nur die baierischen
und nicht die österreichischen Archive vermöchten über die Einzelnheiten
der im Jahre 1353 vorgenommenen Landestheilung Aufschluß zu
gewähren.

Um die gegenseitige Verständigung über einen Austausch zu erleichtern, wurde der jüngere Lehrbach beauftragt, sich diejenigen Finanz-,
Cameral- und landschaftlichen Rechnungen vorlegen zu lassen, aus
denen man verläßliche Nachricht über die Einkünfte der baierischen

Länder und über die auf ihnen haftenden Laſten zu erlangen vermöchte. Vor Allem ſei zu verſuchen, eine genaue Ueberſicht ſämmtlicher Ein-künfte des verſtorbenen Kurfürſten und aller den Landſtänden über-laſſenen Gefälle zu erhalten. Sei dieß nicht möglich, dann bleibe nichts übrig, als das Erträgniß jedes Cameral- und landſchaftlichen Gefälles und den Betrag der etwa hierauf haftenden Laſten insbeſondere zu erheben. Hieraus gehe hervor, daß Lehrbach ſich auch über das baieriſche Schuldenweſen ſorgſam zu unterrichten und der Urſache nachzuforſchen habe, weßhalb die Durchführung des vor einigen Jahren angenommenen Tilgungsplanes ins Stocken gekommen ſei. Schließlich wurde ihm bemerkt, daß die Behauptung, die Einkünfte Baierns hätten ſich unter der letzten öſterreichiſchen Adminiſtration auf zehn Millionen Gulden belaufen, nur dann einer gewiſſen Begründung nicht entbehre, wenn die ganze Zeitdauer dieſer Adminiſtration ins Auge gefaßt werde; für ein Jahr hingegen ergebe ſich nicht die Hälfte der erwähnten Summe. Und wenn man ſich von baieriſcher Seite auf die Berichte des Grafen Johann Chotek als auf Beweiſe dieſer Angabe berufe, ſo möge man nicht vergeſſen, daß Chotek nur in der Oberen Pfalz, Graf Goëß aber in Baiern die Adminiſtration geführt habe [555]).

„Der Gedanken iſt vortrefflich“, hatte Kaunitz geantwortet [556]), als ihm wahrſcheinlich von Seite des Hofrathes von Spielmann der Vorſchlag zur Abſendung des jüngeren Lehrbach nach München gemacht wurde. Die Erwartungen, welche demzufolge der Staatskanzler von dieſer Miſſion hegte, gingen jedoch keineswegs in Erfüllung. Allerdings fand Lehrbach ſowohl bei dem Kurfürſten als ſeinen Miniſtern ſehr zuvorkommende Aufnahme [557]), und er konnte auch manche werthvolle Erkundigung einziehen. So ſagte ihm Freiherr von Hompeſch, welchem Karl Theodor die Leitung des baieriſchen Finanzweſens übertragen hatte, daß die Einkünfte von Ober- und Niederbaiern, welche ſich gegenwärtig auf fünf Millionen beliefen, durch muſterhafte Verwaltung wohl auf ſieben Millionen geſteigert werden könnten. Den Truppen-ſtand gab er auf fünfzehntauſend Mann an, wovon freilich kaum drei-tauſend ſtreitbar unter Gewehr ſtanden. Dieſe kleine Armee zählte nicht weniger als neun und dreißig Generale.

Interessant werden die wenigen Berichte, welche wir von dem jüngeren Lehrbach besitzen, durch die Streiflichter, die sie auf die damals in Baiern herrschende Stimmung werfen. Seinen Wahrnehmungen zufolge war eigentlich Alles gegen eine Zerstücklung Baierns, und auch diejenigen, welche dem Kaiserhofe anhingen, waren der Meinung, Baiern könne ohne die von Oesterreich occupirten Gebietstheile nicht fortbestehen. Sie wünschten daher, ganz Baiern möge unzertrennt an Oesterreich fallen, und sehr namhafte Männer, wie die Minister Grafen Seinsheim und Königsfeld, der General Wahl gehörten zu dieser Partei [558]). Seinsheim rühmte sich Lehrbach gegenüber, daß er seinen einzigen Sohn nach Straubing gesendet habe, um für seine im dortigen Landestheile gelegenen Besitzungen dem Hause Oesterreich die Huldigung zu leisten. Hingegen standen der Oberststallmeister Graf Daun und der Oberhofmarschall Graf Tattenbach an der Spitze der entgegengesetzten Partei; insbesondere war der Letztere in steter und inniger Verbindung mit Oesterreichs Hauptfeindin, der Herzogin Marianne [559]).

Wie dem übrigens auch sein mochte, in der Sache, auf welche Lehrbachs Absendung eigentlich berechnet war, führte sie zu keinem Resultate. Die von ihm vorgenommene Prüfung des Theilbriefes von 1353 ergab zwar dessen Echtheit, an der ohnedieß Niemand gezweifelt hatte. Aber die Streitfrage, ob nur die darin benannten oder auch die dazwischen liegenden Ortschaften und Landgerichte in den Bereich der österreichischen Occupation gezogen werden dürften, wurde auch jetzt nicht entschieden. Und da Lehrbach um Mittheilung jenes älteren Theilbriefes vom Jahre 1349 bat, dessen Aettenkhover in seiner Geschichte der baierischen Herzoge unter Anführung seines Aufbewahrungsortes im baierischen Archive erwähnt [560]), weil hieraus ein Verzeichniß der dem Herzoge Johann zugefallenen Landstriche zu entnehmen sein werde, wurde das Vorhandensein eines solchen Documentes beharrlich geleugnet. Ja Lehrbach versichert, daß nicht nur Aettenkhovers Buch, sondern auch alle sonstigen Werke und Register, aus denen Nachrichten über die streitigen Gebietstheile und Beschreibungen derselben entnommen werden konnten, auf Anstiften der Herzogin Marianne aufgekauft worden seien [561]).

Aus den Berichten des jüngeren Lehrbach zog man in Wien den
Schluß, daß es wenn gleich nicht dem Kurfürsten, wohl aber den
Männern, in deren Händen die Geschäftsleitung lag, keineswegs darum
zu thun war, mit Oesterreich in Bezug auf die gegenseitig auszu=
tauschenden Ortschaften und Districte ins Reine zu kommen. Auf
nichts Anderes sei es abgesehen, meinte man besorgen zu müssen, als
das Hauptgeschäft immer mehr zu verwirren, den Kurfürsten durch
Vorstellungen und Bestürmungen aller Art abzubringen von dem
bisher eingeschlagenen Wege, und die Zwischenzeit zu benutzen, die
fremden Höfe aufzustacheln zu offenem Widerstande gegen die Durch=
führung der österreichischen Projecte. Man hielt es daher für hoch an
der Zeit, Lehrbach selbst und durch ihn der baierischen Regierung die
Stellung vollkommen klar zu machen, welche Oesterreich in dieser
Streitsache einnahm. Man habe, schrieb ihm Kaunitz am 15. April,
mit dem Kurfürsten von der Pfalz eine Convention abgeschlossen, durch
welche man dessen Successionsrechte in Baiern anerkannte, während
er das Gleiche in Bezug auf Oesterreich, und zwar hinsichtlich der
Gebietstheile that, welche die Straubingische Linie im Jahre 1424
besaß. Von einer Beweisführung zu Gunsten der Ansprüche Oester=
reichs könne daher nicht mehr die Rede sein, und selbst der Kurfürst
würde seinem Ansehen und seiner Ehre zu nahe treten lassen, wenn
er dem baierischen Ministerium eine nachträgliche Untersuchung der
von ihm abgeschlossenen Uebereinkunft gestatten würde. Das noch
übrig gebliebene Geschäft bestehe in nichts Anderem, als daß der
Vertragsartikel erfüllt werde, demzufolge es dem pfälzischen Hause
obliege, bei sich ergebendem Zweifel über die Grenzen des österreichischen
Antheiles seinen Gegenanspruch documentarisch zu beweisen. Oester=
reich sei also nur dann zur Räumung der ihm bestrittenen Orte und
Districte verpflichtet, wenn von baierischer Seite überzeugend dar=
gethan werden könne, daß sie nicht zu dem Antheile des Herzogs
Johann, sondern zu dem der anderen Herzoge gehörten. Der vor=
gelegte Theilbrief von 1353 reiche hiezu nicht aus, weil er nicht nach=
weise, welche Orte den Brüdern des Herzogs Johann eingeräumt
wurden und welcher Umfang unter dem bei jedem Orte vorkommen=
den Beisatze, „und was dazu gehört", verstanden werden müsse.

Jede Theilung sei so aufzufassen, daß sie beiden Parteien eine zweckmäßige Gebietsabrundung gewähre. Die Einwendung, man habe bei den damaligen Theilungen, weil sie unter Brüdern und nächsten Verwandten geschahen, an passende Abrundungen gar nicht gedacht, sei nicht statthaft, weil bei der Theilung von 1353 sogar die Landstände getrennt wurden. Und außerdem sei es bekannt, daß die baierischen Herzoge diese Theilungen gerade wegen ihrer Uneinigkeiten vornahmen, also gewiß schon damals einem angemessenen Grenzzuge ihre Sorgfalt zuwandten [562]).

Es scheint fast, daß diese und eine ähnliche Antwort, welche etwa zwei Wochen später der baierischen Regierung gegeben wurde, dem Sinne der Kaiserin nicht vollständig entsprach. Allerdings verweigerte sie dem Entwurfe der Note, den Kaunitz ihr vorlegte, ihre Genehmigung nicht. Aber sie fügte doch die von ihr eigenhändig niedergeschriebenen Worte hinzu: „in die haubtsache gehe nicht ein; nur scheint „mir alles anjetzo daran zu ligen, pfaltz beyzubehalten, in welchen fall „mir die antwort etwas sec scheinet. sie verdienen es, aber wir haben „ihrer nöthig, und die schwäche des churfürst und übel gesinnte mini- „stere verdienen grosse rucksicht" [563]).

In Folge der ihm ertheilten Aufträge gab Ludwig Lehrbach der baierischen Regierung gegenüber die Erklärung ab, Oesterreich sei zur Zurückstellung jedes von ihm in Besitz genommenen Ortes oder Districtes bereit, hinsichtlich dessen von baierischer Seite der positive Beweis geführt werde, daß er nicht zu den dereinst von Herzog Johann besessenen Ländereien gehöre. In München aber blieb man bei dem bisher befolgten Systeme, den Besitz der entscheidenden Documente zu verleugnen, denn sie lauteten wenigstens zum Theile nicht den baierischen, sondern den österreichischen Ansprüchen günstig. Hieraus erwuchs jedoch für Baiern wieder der Schaden, daß alle Gebiete, deren Zurückstellung es verlangen zu dürfen glaubte, ihm fortan vorenthalten wurden. Dieser Umstand nöthigte endlich den Kurfürsten zu dem ernstlichen Befehle, dem Freiherrn von Lehrbach die ihm bisher vorenthaltenen Documente nunmehr zur Prüfung zu übergeben. Dem hartnäckigen Widerstreben derer gegenüber, welche eine Lostrennung baierischer

Gebietstheile zu hintertreiben sich bemühten, erwiesen sich jedoch auch die kurfürstlichen Anordnungen machtlos. Insbesondere waren es die Hofräthe Obermayer und Lori, denen man, wenn auch ihr Verfahren in den damaligen Berichten der beiden Lehrbach als ein von ganz besonderer Bosheit eingegebenes hingestellt wird, die Anerkennung nicht versagen darf, daß sie mit echtem Mannesmuthe sich der Durchführung von Planen widersetzten, welche sie als ihrem Vaterlande nachtheilig ansahen. So ist von Einem aus ihnen, von Obermayer die Aeuße= rung verzeichnet, er werde sich, wenn auch sein Haupt unter dem Beile des Henkers fallen sollte, aus Vaterlandsliebe dem unterwerfen; nie aber werde er von seinen Grundsätzen abgehen [564].

Diese Grundsätze waren es jedoch, welche ihm und dem ihm gleichgesinnten Lori geboten, auf jede nur immer mögliche Weise eine Verständigung mit Oesterreich zu hintertreiben: Waren die Winkelzüge, deren sie sich hiezu bedienten, auch an und für sich nicht immer gerade lobenswerther Art, so mag dieß damit entschuldigt werden, daß ihnen andere Hülfsmittel nicht zur Verfügung standen. So suchten sie jetzt unter den verschiedensten Vorwänden die Befolgung des kurfürstlichen Befehles zu umgehen und brachten es zu Wege, daß immer wieder der Streit über die Frage erneuert wurde, wer den Beweis zu führen habe, und ob, wenn dieß schon durchaus von baierischer Seite ge= schehen sollte, hiezu nicht der Theilbrief von 1353 genüge. Nach acht= wochentlichem Aufenthalte in München mußte der jüngere Lehrbach anzeigen, daß ihm außer diesem kein anderes Document mehr vor= gelegt worden sei [565]. Er glaube nun nicht mehr, fügte er wenige Tage später hinzu, daß seine Mission von irgend einem günstigen Resultate begleitet sein werde, und das um so weniger, als sich auch der Kanzler von Kreittmayr, der sich des vollsten Zutrauens des Kurfürsten erfreue, den österreichischen Absichten wenig geneigt zeige [566]. Diese letztere Bemerkung wurde später dahin erläutert, daß auch Kreittmayr zu denen gehöre, welche zwar einer Theilung Baierns eifrig widerstrebten, aber eine Erwerbung des ganzen Landes durch Oester= reich aufs lebhafteste wünschten und hiezu so viel als nur immer in ihren Kräften lag, beizutragen bereit wären [567].

So wie Lehrbach selbst, so versprach sich auch Kaunitz **nichts**
mehr von dessen längerem Verbleiben in München. Er ließ daselbst
erklären, daß bei der Art, in der von baierischer Seite das **Grenz=
geschäft** behandelt werde, auf eine rasche und befriedigende Durch=
führung desselben in gar keiner Weise gehofft werden dürfe. Man
habe erwartet, daß die in München niedergesetzte Commission aus
Grundbüchern, Steuerkatastern, Registern und ähnlichen Documenten
die Beweise führen werde, auf welche ihre verschiedenen Rückstellungs=
begehren gegründet seien. Da dieß jedoch von baierischer Seite **nicht**
geschah und dadurch das bisherige Verfahren erfolglos blieb, **glaube**
man von demselben abgehen zu sollen. Die obschwebenden **Streit=
fragen** könne man übrigens nicht unentschieden lassen; man **trage**
daher auf Zustandebringung eines Compromisses an. Zu diesem Ende
sollten von baierischer Seite alle von dort aus erhobenen Rückstellungs=
forderungen aufgezählt, die beweisenden Urkunden vorgelegt, die **etwaigen**
Einreden Oesterreichs abgewartet und dann binnen kürzester Frist die
Entscheidung gefällt werden. Der jüngere Lehrbach wurde zwar **nicht**
förmlich abberufen, jedoch beauftragt, unter dem Vorwande, über ver=
schiedene Gegenstände mündlichen Bericht erstatten zu müssen, **nach**
Wien zurückzukehren [568]).

Die Ankündigung der bevorstehenden Abreise Lehrbachs **brachte**
sowohl auf den Kurfürsten als auf dessen Minister der auswärtigen
Angelegenheiten, den Freiherrn von Vieregg, einen peinlichen Eindruck
hervor. Sie erbaten sich nur eine sehr kurze Frist, um endlich die
Urkunden, aus denen nähere Aufklärung zu schöpfen sei, vorlegen zu
können. Den Vorschlag eines Compromisses lehnten sie jedoch ab,
indem sie noch eher mit dem Kaiserhofe allein, als durch Einmischung
eines Dritten ins Reine zu kommen hoffen dürften [569]).

Die letztere Erklärung war auch in der schriftlichen Mittheilung
enthalten, welche hierüber dem Gesandten von Lehrbach von der
baierischen Regierung zuging. Aber sie stellte darin neuerdings **die**
Behauptung auf, daß sie ihrer vertragsmäßigen Verpflichtung **zur**
Beweisführung schon durch Vorlage des Theilungsbriefes von **1353**

vollauf genügt habe. Um sich jedoch den Wünschen Oesterreichs so willfährig als nur immer möglich zu erweisen, habe der Kurfürst angeordnet, dem Freiherrn von Lehrbach alle Documente, deren man in so kurzer Zeit habhaft werden könnte, theils im Original und theils in beglaubigter Abschrift vorzulegen. Aber ausdrücklich erklärte man, daß solches hinsichtlich der in dem Theilungsbriefe nicht namentlich angeführten Orte und Districte nicht aus Pflicht, sondern nur aus besonderer Rücksicht auf Oesterreich und in der Absicht geschehe, nichts zu vernachlässigen, woraus irgendwelche bessere Information geschöpft werden könnte [570]).

Die endlich von baierischer Seite an den Tag gelegte Willfährigkeit trug jetzt, und zwar gerade für Baiern willkommene Früchte. Dem ihm ertheilten Auftrage zufolge kehrte Ludwig Lehrbach in der ersten Hälfte des Juni 1778 nach Wien zurück, und hier wurden nun die ihm aus München mitgegebenen Beweisstücke einer aufmerksamen, und zur Ehre Oesterreichs darf es gesagt werden, auch einer unparteiischen Prüfung unterzogen. Noch war der Monat Juni nicht zu Ende gegangen, als schon Kaunitz der Kaiserin berichtete, die angestellte Untersuchung habe ergeben, daß das Pfleggericht Riedenburg und Stadt am Hof, das Pfleggericht Altmannstein, das Gericht Wetterfeld in der Oberen Pfalz, die Herrschaft Abensberg, das Pfleggericht Rothenburg und das Gericht Teisbach an Baiern zurückzugeben seien. Da aber um der Arrondirung und sonstiger Vortheile willen die Beibehaltung der Gerichte Stadt am Hof und Rothenburg für Oesterreich äußerst erwünscht wäre, könnte bei Zurückstellung der übrigen darauf angetragen werden, diese zwei Gerichte gegen das an der Spitze von Baiern gelegene Amt Dietfurt zu erwerben [571]).

Maria Theresia aber antwortete hierauf mit eigener Hand:

„stadt an hoff und rotenburg, sobald sie wie die obern bewisen „sind, gahr nicht in question mehr zu setzen, umb so mehrers, als „fürsten bekant ist, das wegen reichstag es ville auffsicht mache, mithin „wie die andern zuruckzustellen. wir können nicht genug uns halten, „was die stricte biligkeit ist und was durch die convention ver-

„sprochen worden. wollen wir von unsern antheil, alß wie marckt
„viechhoffen ist, zurucklassen wegen convenientz, so habe nichts dagegen,
„aber kein stuck wisen von nieder bahern behalten, was nicht bewisen
„worden. weillen aber diser so weitlaüffige convolut in denen jetzigen
„umbständen Kahsers Maj. nicht anzumuthen ist zu durchgehen, er
„auch niemand beh der armee hat, der ihme selbes vorlesen oder
„raportirn kunte, so wäre nur ein gantz kurtzer auszug zu machen
„jener ämbter, die lehrbach nach der convention bilig gefunden zuruck-
„zustellen, wie seine meinung lautet, welcher der fürst behstimt, aus-
„genommen was ich wegen stabt an hoff und rottenburg gesetzt, ohne
„weitere negociation darüber alß recht und bilig wie die andern gleich
„zuruckstellen, auch keinen weitern verschub wegen selber mehr aus-
„setzen, sondern es khlar churpfalz declarirn sollen. es ligt alles an
„der Zeit, das pfalz behbehalten werde und unßer zusage rein befolgt
„werde. in übrigen allen verstanden."

So unzweideutig nun auch die Kaiserin ihren Willen wegen
Zurückstellung der erwähnten Districte an Baiern kundgab, so finden
wir doch nicht, daß die ihrem Befehle entsprechende Mittheilung an
den Kurfürsten von der Pfalz, der inzwischen nach Mannheim zurückgekehrt war, gerichtet worden wäre. Es scheint vielmehr, daß Maria
Theresia einen so wichtigen Schritt ohne Einwilligung des Kaisers
nicht thun wollte [572]), und daß Letzterer entweder im Drange der
Kriegsereignisse nicht dazu kam oder es absichtlich vermied, eine Entscheidung zu treffen. Daher erging auch, wie es scheint, kein weiterer
Auftrag hierüber an den Freiherrn von Kreßl, in dessen Händen
noch immer die Verwaltung der von österreichischer Seite occupirten
baierischen Gebietstheile lag.

Kreßls an und für sich schon ungemein schwierige Stellung
wurde durch das Schwankende der neuen Besitzverhältnisse zu einer
noch viel peinlicheren gemacht. Man kann wohl denken, wie schwer
es war, einer jeder Aenderung abgeneigten Bevölkerung gegenüber
eine neue Herrschaft einzuführen, und welchen Werth eine Huldigung
besaß, welche, obgleich nicht gerade gezwungen, doch auch nicht freudigen

Herzens geleistet wurde. Um so weniger war dieß der Fall, als man über die Dauer und die Ausdehnung des neuen Besitzstandes sich gleichfalls in großer Unwissenheit befand und es als leicht möglich betrachtete, daß irgend ein District, der heute veranlaßt wurde, der Kaiserin den Unterthanseid zu leisten, morgen schon in Folge der von München aus erhobenen Reclamationen oder wegen anderer Ursachen wieder unter baierische Herrschaft zurückkehren könnte.

Es lag in der Natur der Sache, daß Kreßl, um in seiner ganz eigenthümlichen Lage keinen folgenschweren Mißgriff zu begehen, zahlreiche Anfragen nach Wien gelangen ließ, deren Beantwortung ihm eine Richtschnur sein sollte für das von ihm zu beobachtende Verfahren. Es möge gestattet sein, hier nur eine derselben zu erwähnen, weil sie von allgemeinerem Interesse ist und gleichzeitig charakteristische Aeußerungen der Personen veranlaßte, in deren Händen die Entscheidung gelegen war. Auf den 23. März hatte Kreßl zu Straubing die Huldigung der niederbaierischen Stände ausgeschrieben, die letzteren verlangten jedoch, daß wie es seit Jahrhunderten gebräuchlich war, gleichzeitig die landesfürstliche Bestätigung ihrer Freiheiten und „wohl-„hergebrachten Gewohnheiten" erfolge. Schon im voraus war Kreßl angewiesen worden, ihnen zu erklären, daß man ihre Freiheiten, wenn sie die Urkunden über dieselben vorgelegt haben würden, insoweit zu bestätigen bereit sei, als solches die Umstände und das eigene Wohl des Landes mit sich brächten. Kaunitz war aber jetzt der Ansicht, daß eine wirkliche und vorläufige, wenn auch nur allgemein lautende Bestätigung dieser Freiheiten räthlicher erscheine. Denn man wisse ja, daß sie größtentheils mit denen der österreichischen Stände übereinstimmten. Von siebzehn Kaisern und zuletzt noch von Karl VI. seien sie bekräftigt worden und außerdem sei es hier nicht um ein durch Kriegsrecht occupirtes Land, sondern um ein solches zu thun, in welches die Nachfolge durch eine kaiserliche Belehnung herbeigeführt werde. Die gewünschte Bestätigung würde zur Beruhigung der Gemüther nicht wenig beitragen und sie könnte auch aus dem Grunde nie von wesentlichem Nachtheile sein, weil künftighin doch Alles von ferneren Verhandlungen mit den Ständen und der Auslegung abhänge, welche der Anerkennung ihrer Freiheiten gegeben werden würde. Kaunitz stellte daher den Antrag, Kreßl sei zu ermächtigen, durch ein Patent öffentlich kund zu thun, daß die Kaiserin die bisher bestätigten ständischen Freiheiten und wohlhergebrachten Gewohnheiten auch ihrerseits vorläufig, jedoch nur mit dem ausdrücklichen Vorbehalte bekräftige, daß die Stände sich angelegen sein lassen würden, binnen zwei Monaten nach der Huldigung die Urkunden über ihre Privilegien zur Prüfung vorzulegen [573].

Joseph aber, von jeher ein Feind jeder ständischen Staatseinrichtung, war ganz anderer Meinung. „Die Nota des fürsten von „Kaunitz", schrieb er seiner Mutter, „wegen bestättigung der privilegien „bey der Huldigung für die stände in bahern, deren verwegener mis„brauch sattsam an Tag lieget, scheinet mir nicht räthlich auf diese „generale Arth. ich erachte, daß man hinzusetzen solle, daß Ihre „Majestät selbe so wie ihre übrige Erbländische unterthänige stände „in allen behandlen werden. dieses ist dasjenige, was ich hier zu „erinnern erachte" [574].

Die Kaiserin stimmte dem Gutachten ihres Sohnes bei, nur befahl sie, daß nicht, wie Joseph gemeint hatte, von den Ständen die Worte „erbländisch-unterthänig" gebraucht, sondern daß sie, wenn es überhaupt nöthig wäre, von ihnen zu reden, die „österreichischen" Stände genannt würden.

Es scheint jedoch daß Kaunitz, und wahrscheinlich mag dieß mündlich geschehen sein, der Kaiserin Vorstellungen gegen die Bedenken machte, welche Joseph gegen die Bestätigung der Freiheiten der baierischen Stände erhoben hatte. Das wirklich an Kreßl abgesendete Rescript entspricht wenigstens genau dem Antrage, welcher ursprünglich von Kaunitz gestellt worden war [575]. Die Huldigung der Stände ging denn auch an dem hiefür bestimmten Tage anstandslos vor sich.

Da es Oesterreich natürlicher Weise darum zu thun war, von den in Besitz genommenen baierischen Districten gleich von Anfang an Einkünfte zu beziehen, so konnte es nicht anders kommen, als daß dieses Bestreben um so leichter Mißmuth in der Bevölkerung erregte, als sie durch die Lässigkeit, welche auch in dieser Beziehung unter dem verstorbenen Kurfürsten geherrscht hatte, ziemlich verwöhnt worden war. Aber wie sorgsam man von österreichischer Seite jede unbillige Bedrückung der Bevölkerung vermieden wissen wollte, geht daraus hervor, daß der Hofkammerrath von Hendel, einer der ersten Beamten bei der Administration in Straubing, trotz seines Fleißes und seiner Geschicklichkeit von dort abberufen wurde, weil er durch hartes und heftiges Benehmen sich die allgemeine Abneigung zugezogen hatte [576]).

Konnte Oesterreich mit Karl Theodor von der Pfalz, es mochte um die Frage des Austausches im Ganzen und Großen oder nur in Bezug auf einzelne Districte sich handeln, nicht ins Reine gelangen, so war es bei den Verhandlungen mit Sachsen noch weniger glücklich. Für letzteres kam es hiebei zunächst auf nichts Anderes an, als den Weg zu betreten, auf welchem es eine möglichst ausgiebige Befriedigung seiner ungemein hoch gespannten Begehren zu erreichen hoffen konnte. Und außerdem handelte es sich für Sachsen auch noch darum, einer Erneuerung der Drangsale zu entgehen, die es während des siebenjährigen Krieges im Uebermaße zu erdulden gehabt hatte.

Was den ersteren Punkt anging, so ist es leicht zu begreifen, daß man von sächsischer Seite mehr zu erlangen glaubte, wenn man an Preußen als an Oesterreich sich anschloß. Der Kurfürst von der Pfalz, gegen welchen zunächst die Forderungen Sachsens sich richteten und der sie bisher ausweichend beantwortet hatte, stand ja in freundschaftlicher Verbindung mit Oesterreich, und es war nicht zu erwarten, daß ihn der Kaiserhof, dem selbst an dessen gutem Willen gelegen sein mußte, zur Gewährung der sächsischen Begehren irgendwie drängen werde.

Besser stand es dagegen um die Erwartungen, die man auf sächsischer Seite von Preußen hegen zu dürfen schien. König Friedrich war in gar keiner Weise genöthigt oder des Willens, auf den Kurfürsten von der Pfalz irgendwelche Rücksicht zu nehmen, und für eine Forderung an den Letzteren durfte man seines nachdrücklichen Beistandes so ziemlich gewiß sein. Aber noch viel schwerer fiel für den

Anschluß an ihn die Betrachtung ins Gewicht, daß Sachsen beim
Ausbruche eines Krieges, wenn es zu Preußen sich hielt, weniger zu
erdulden haben dürfte, als wenn es mit Oesterreich zusammenging.
Wie hart, ja wie unmenschlich König Friedrich ein Land behandelte,
wenn dessen Oberhaupt ihm feindlich gegenüber stand, davon hatte er
während des siebenjährigen Krieges wahrhaft erschreckende Beweise
gegeben. Ganz abgesehen von der gewiß wohlbegründeten Erwartung,
daß man von Oesterreich, von einer Maria Theresia, einem Joseph
nicht Gleiches zu befahren haben werde, mochten endlich auch militärische Erwägungen dafür sprechen, daß man bei einem Anschlusse an
Preußen geringere Gefahr laufe, Sachsen in gleicher Weise, wie es im
siebenjährigen Kriege zum Ruin des Landes der Fall war, neuerdings
zum Kampfplatze gemacht zu sehen.

Freilich fehlte es beiden sich widersprechenden Betrachtungen
gegenüber nicht an zahlreichen und gewichtigen Stimmen, welche für
Beobachtung strenger Neutralität Sachsens in einem zwischen Oesterreich und Preußen etwa ausbrechenden Kriege sich erklärten. Allerdings
wurde ihnen entgegnet, daß dann das kurfürstlich sächsische Haus,
jeder mächtigen Unterstützung entbehrend, von vornherein auf die
Geltendmachung seiner Allodialforderungen an Baiern zu verzichten
haben werde. Aber die Antwort lag nicht fern, daß die Kosten der
Theilnahme am Kriege für Sachsen wohl größere sein würden, als
der Betrag ausmache, den es durch Befriedigung seiner Allodialforderungen zu gewinnen vermöchte [577]).

Hierin mag eine der Hauptursachen gelegen gewesen sein, weßhalb
man auch in Sachsen nur schwer zu einem definitiven Entschlusse zu
gelangen vermochte. In Wien aber war es Joseph, der zuerst mit
einem Plane hervortrat, von dessen Annahme er erwartete, daß es
gelingen werde, den Kurfürsten von Sachsen ganz auf Oesterreichs
Seite zu ziehen. In sechs Punkte theilte er die Versprechungen, welche
zu diesem Ende dem Dresdner Hofe zu machen wären. Man solle
dem Kurfürsten antragen, sein ganzes Armeecorps in österreichischen
Sold zu nehmen und entweder seinen Oheim, den Herzog von Kur-

land, oder seinen Bruder, den Prinzen Anton zum österreichischen Feldzeugmeister zu ernennen. Bei einer etwaigen Vereinigung der sächsischen
mit den österreichischen Truppen möge der Kurfürst auch die letzteren
commandiren, wenn sie nicht zahlreicher als die sächsischen wären. Und
wenn diese Armee über Dresden hinaus vordringen sollte, könnte das
sächsische Armeecorps, um die Hauptstadt vor jeder Gefährdung zu
decken, in dem Lager von Plauen verbleiben.

An diese auf die künftige Kriegführung sich beziehenden Zusagen
schloß Joseph solche, welche die Geldforderungen Sachsens zum Gegenstande hatten. Zur Geltendmachung der letzteren möge man dem
Kurfürsten Oesterreichs gute Dienste, allenfalls auch die Abtretung
der Regrebientrechte des Erzhauses auf den Allodialnachlaß des Kurfürsten Maximilian Joseph versprechen, ihm Aussicht eröffnen auf
Befriedigung der noch vom letzten Kriege herrührenden Forderungen
Sachsens, und endlich eine Uebereinkunft eingehen über die Abtretung
der Jurisdictionsrechte der böhmischen Krone auf mehrere in Sachsen
liegende Lehen.

So sollten nach Josephs Meinung die Anerbietungen lauten,
durch welche der Kurfürst von Sachsen zum Anschlusse an Oesterreich
vermocht werden könnte. Habe er schon eine Verabredung mit Preußen
getroffen, dann werde er sie ausschlagen, wenn nicht, so könnten vielleicht der ruhige Besitz Dresdens, der ihm hiedurch zugesichert würde,
die Erlangung anderer Vortheile und endlich die persönliche Neigung
für Oesterreich, die man ihm zuschreibe, ihn zu deren Annahme bewegen. Ueberhaupt wäre es aber von sehr großem Nutzen, schon im
voraus zu wissen, woran man mit ihm sei und welche Haltung er
und sein Land bei einem etwaigen Kriege einnehmen würden. Sehr
groß wären die Vortheile für Oesterreich, wenn Sachsen auf seine
Seite sich stellen wollte. Noch viel größer aber wäre der Gewinn,
den der König von Preußen aus einer Allianz mit Sachsen zu ziehen
vermöchte. Außer der Vermehrung seiner Kriegsmacht käme er hiedurch
in die Lage, Böhmen von drei Seiten her angreifen zu können. Oesterreich aber würde die Defensive außerordentlich erschwert.

Um den Anerbietungen Oesterreichs leichter Eingang bei dem
Kurfürsten von Sachsen zu verschaffen und den Einflüsterungen seiner
preußisch gesinnten Minister mit mehr Aussicht auf Erfolg zu begegnen, rieth Joseph dazu, sich der Vermittlung des Prinzen Albert
zu bedienen [578]). Unverzüglich geschah dieß, doch beschränkte sich der
Prinz vorläufig darauf, seinen Neffen, den Kurfürsten, der wohl-
wollendsten Gesinnung des Kaiserhofes und der ernstlichen Absicht desselben zu versichern, mit ihm zu einem für Sachsen vortheilhaften
Uebereinkommen zu gelangen. Sei er noch frei von jeder anderen
bindenden Verpflichtung, so möge er auf Verhandlungen eingehen,
deren Ergebniß ohne Zweifel ·ihm und seinem Lande zu größtem Vortheil gereichen würden [579]).

So wie das Schreiben des Prinzen, so lautete auch die Antwort des Kurfürsten äußerst verbindlich. Aber er verschwieg doch
nicht, daß während die Denkschriften, in denen er seine Allodialforderungen darlegte, in Paris und in Berlin die beste Aufnahme
und die willfährigste Beantwortung gefunden hätten, dieß von Seite
des pfälzischen Hofes in keiner Weise der Fall gewesen sei. Mit Wien
befinde er sich noch in Verhandlungen, und er hoffe auf ein gerechtes
und daher ihm günstiges Ergebniß derselben. Ob er gegen eine
andere Macht, unter welcher natürlich nur Preußen verstanden werden
konnte, schon bindende Verpflichtungen übernommen habe, diese positive
Frage seines Oheims wurde von dem Kurfürsten mit Stillschweigen
übergangen.

Unter solchen Verhältnissen blieb auch dem Prinzen Albert nichts
übrig, als eine gleichfalls in ganz allgemein lautenden Ausdrücken abgefaßte Antwort nach Dresden gelangen zu lassen. In Wien aber
entsagte man allmälig dem Gedanken, den Kurfürsten von Sachsen
noch auf Oesterreichs Seite zu ziehen. Da man jedoch nicht wußte, wie
weit derselbe schon mit dem Könige von Preußen einig geworden sei,
so machte man wenigstens einen Versuch, ihn zur Beobachtung strenger
Neutralität zu bewegen. Der Feldmarschall-Lieutenant Freiherr von
Miltitz, ein geborner Sachse, welcher seiner Zeit mit dem Prinzen

Albert nach Oesterreich gekommen und seither dessen treuer Begleiter geblieben war, wurde zu diesem Zwecke nach Dresden gesendet [580]). Aber auch er vermochte daselbst nichts mehr zu erreichen. Allerdings leugnete ihm gegenüber der sächsische Staatsminister Freiherr von Stutterheim mit vollster Bestimmtheit, daß man sich mit Preußen in irgendwelche Verbindung eingelassen habe. Man wünsche nichts sehn- licher als bei einem etwa ausbrechenden Kriege neutral bleiben zu können; aus Furcht vor dem Könige von Preußen wage man es jedoch nicht, sich offen neutral zu erklären.

Miltitz nahm den Eindruck in sich auf, daß diese Versicherungen der Wahrheit entsprächen; wäre dieß nicht der Fall, dann würde man in Sachsen „der unanständigsten Falschheit" sich schuldig machen. Aber er verhehlte sich doch auch nicht, daß die unbeschreibliche Angst vor Preußen und das Gefühl der eigenen Ohnmacht es Sachsen außer- ordentlich erschwere, nach feststehenden Grundsätzen zu verfahren. Durch die geographische Lage des Landes, durch die üblen Nachwirkungen der Vormundschaft, unter welcher der damals minderjährige Kurfürst gestanden, und durch die schlechte Aufführung zweier erst vor kurzem entlassener Minister sei überdieß Alles in so große Bedrängniß gebracht, daß der schärffte Verstand und der unerschrockenste Muth dazu erfor- derlich wären, sich ihr zu entwinden [581]).

Nur sehr schwer konnte man sich in Oesterreich zu dem Glauben entschließen, daß man in einem etwaigen Kriege das altverbündete Sachsen sich feindlich gegenüber sehen werde. Um jedoch den Sachsen, wie er meinte, das Unrecht, das sie durch ihre Parteinahme für Preußen an Oesterreich begingen, recht deutlich vor Augen zu führen, beauftragte Joseph den Gesandten von Knebel, dem Kurfürsten von Sachsen und seiner Familie für den Fall eines Einmarsches der Preußen die Stadt Prag und das dortige königliche Schloß zur Ver- fügung zu stellen [582]).

Es hätte sich wohl ohne große Schwierigkeit vorhersehen lassen, daß die Antwort des Kurfürsten eine ausweichende sein werde. Bei den friedlichen Gesinnungen, die er hege, ließ Friedrich August durch

Stutterheim dem Freiherrn von Knebel erklären, hoffe er, daß seine
Nachbarn ihn nicht beunruhigen würden. Er denke daher auch nicht
daran, seine Hauptstadt und noch viel weniger sein Land zu verlassen [583]).

Nicht so sehr diese Antwort, als die mit der Versicherung friedlicher Gesinnung in grellstem Widerspruche stehende Nachricht von den
unabläfsigen Kriegsrüstungen Sachsens, deren Spitze er gegen Oesterreich gekehrt glauben mußte, erbitterte den Kaiser. „Diese Elenden
„werden es bereuen", schrieb er seiner Mutter, „wenn die Gelegenheit
„hiezu sich mir darbietet" [584]). Maria Theresia aber antwortete hierauf,
auch sie sei über das Verfahren der Sachsen entrüstet. Was jedoch
die Einladung betreffe, die der Kaiser an den Kurfürsten gerichtet,
so müsse sie gestehen, daß dieselbe ganz darnach angethan gewesen sei,
ihn in Verlegenheit zu bringen; er habe sie mehr für eine Bosheit
als für eine Höflichkeit ansehen müssen [585]).

Nicht aber auf die Stellung, welche Sachsen, sondern auf diejenige, die Preußen gegen Oesterreich einnahm, kam es an, und darum
werden auch die Verhandlungen, welche zwischen den zwei letzteren
Staaten gepflogen wurden, etwas näher ins Auge zu fassen sein.

Elftes Capitel.

Verhandlungen mit Preußen.

Es ist schon erzählt worden, daß der Kaiser, der damals in den besten Beziehungen zu Kaunitz stand und in Allem, was die baierische Erbfolge betraf, Hand in Hand mit dem Staatskanzler ging, die österreichische Antwort auf die preußische Note, welch' letztere am 7. Februar durch Riedesel in die Hände des Fürsten Kaunitz gelangt war, als gelungen bezeichnete. Ganz anders lautete das Urtheil Friedrichs über sie, und es trägt den Stempel der Mißgunst an sich, mit welchem der König gegen Alles erfüllt war, was von Oesterreich an ihn kam. Er nennt sie eine so schlecht abgefaßte Arbeit, daß jeder Rechtsschüler sie zu widerlegen vermöchte. Er werde es auch an einer solchen Beantwortung nicht fehlen lassen, doch verspare er sich seine besten Argumente auf das Ende der Verhandlung [556]). Und als er in den ersten Tagen des März seinem Bruder Heinrich die Erwiederung Preußens auf die österreichischen Erklärungen mittheilte, da wurde sie von Letzterem „eine siegreiche" genannt [557]).

In Wien war man natürlicher Weise einer anderen Meinung, und nicht die in der preußischen Antwort, welche Riedesel am 9. März dem Staatskanzler übergab, enthaltene historische Deduction, so weitläufig sie auch sein mochte, brachte dort einen tiefen Eindruck hervor. Wohl aber geschah solches durch das an Oesterreich gerichtete Begehren, die Dinge in Baiern wieder in den Stand zurück zu versetzen, in welchem sie im Augenblicke des Todes des Kurfürsten Maximilian Joseph gewesen waren. Mit anderen Worten hieß es, Oesterreich solle die von seinen Truppen occupirten baierischen Gebietstheile räumen. Sei dieß geschehen, dann möge man im Wege der Verhandlungen sich über alle mit der baierischen Erbfolge zusammenhängenden Fragen, und zwar in einer Weise verständigen, durch welche den Satzungen und dem politischen Gleichgewichte des Reiches sowie den Ansprüchen des Kurfürsten von Sachsen, der pfälzischen Prinzen, der Herzoge von Mecklenburg und Anderer gleichmäßig Rechnung getragen werde.

Das Begehren des Königs von Preußen, Oesterreich solle sich vor Allem aus den von ihm besetzten baierischen Gebietstheilen wieder zurückziehen, schließe, schrieb Kaunitz an Merch, eine Handlung in sich, „welche nur die allergrößte Unverschämtheit fordern, und deren nur „die allergrößte Niederträchtigkeit fähig sein könne". Daß man den noch von preußischer Seite mit einem Verlangen hervortrat, von dem man mit Bestimmtheit wußte, daß Oesterreich sich zu dessen Gewährung nicht herbeilassen dürfe, die sonstigen Nachrichten endlich, die man aus Preußen erhielt, ließen es immer weniger zweifelhaft erscheinen, daß es binnen kurzem zum Kriege kommen müsse.

Gewiß war es kein wichtiges Ereigniß, sondern nur ein Symptom der aufgebrachten Stimmung des Königs, daß er sich weigerte, den österreichischen General Mittrowsky, der in den letzten Tagen des Jänner nach Berlin gekommen war, bei sich zu empfangen[589]). In Berlin aber verursachte diese Begebenheit sehr großes Aufsehen, und sie nährte die umlaufenden Gerüchte von dem baldigen Ausbruche eines Krieges zwischen Oesterreich und Preußen. Durch die umfassenden Vorbereitungen hiezu, welche auf Anordnung des Königs getroffen wurden, fand man sich in dieser Annahme nur noch bestärkt. Und schon Ende Februar berichtete der kaiserliche Gesandte in Berlin, Graf Ludwig Cobenzl nach Wien, die preußische Armee werde im April im Stande sein, im Felde zu erscheinen.

Bemerkenswerther noch als das, was Cobenzl über die Rüstungen Preußens berichtete, sind seine sonstigen Mittheilungen von dort. Er glaubte nicht, daß es darauf abgesehen sei, Oesterreich von seinen Forderungen abstehen zu machen; auch in Berlin sehe man dieß als eine Unmöglichkeit an. Aber man wolle gleichfalls mit einer großen Erwerbung bedacht werden.

Drei Personen seien es, fährt Cobenzl fort, zu denen der König das größte Zutrauen hege, Prinz Heinrich, der Erbprinz von Braunschweig und der Minister Graf Finkenstein. Der Erbprinz dränge zum Kriege, Prinz Heinrich und Finkenstein wünschten dagegen den Frieden. Prinz Heinrich werde hiezu vornehmlich durch die Betrachtung vermocht, daß die so sehr erschütterte Gesundheit des sechsundsechzigjährigen Königs, wenn er auch dem Feldzuge beiwohnen sollte, ihm doch nicht mehr gestatten würde, so wie im siebenjährigen Kriege Alles persönlich zu leiten. Keinem Anderen als dem Prinzen Heinrich würde diese Aufgabe zufallen; unter einem Oberherrn wie der König wäre sie jedoch nicht nur eine schwierige, sondern selbst eine gefährliche zu nennen.

Hierin meinte Cobenzl auch den Beweggrund erblicken zu müssen, weßhalb ihm Prinz Heinrich gleich nach dem Eintreffen der Nachricht von dem Einmarsche österreichischer Truppen in Baiern insgeheim sagen ließ, daß er nichts mehr wünsche als die Aufrechthaltung des bisherigen guten Einvernehmens zwischen den Höfen von Wien und von Berlin. Er verabsäume nichts, um in seinen Briefen an den König dessen Groll zu beschwichtigen; bisher sei jedoch seine Bemühung umsonst und der König nicht zu besänftigen gewesen. Wohl gebe es ein einziges Mittel, Allem eine Gestalt zu verleihen, daß Jedermann zufrieden sein könnte, aber er dürfe sich nicht näher über dasselbe aussprechen.

Zu Anfang der zweiten Hälfte des Februar, als die Erwiederung Oesterreichs auf die durch Riedesel überreichte preußische Denkschrift in Berlin eingetroffen war, erneuerte Prinz Heinrich seine vertraulichen Mittheilungen an Cobenzl. Jetzt wäre der Augenblick gekommen, meinte er, gerade so wie es bei der Theilung Polens der Fall war, den Grundsatz der Gleichberechtigung zur Geltung gelangen zu lassen. Und als Cobenzl erwiederte, hinsichtlich der Erbfolge in Baiern könne zwar von Rechten des Erzhauses Oesterreich, nicht aber von solchen der königlich preußischen Familie die Rede sein, gab Prinz Heinrich

dieß zu. Aber er deutete doch auch gleichzeitig an, daß es in dem
gegebenen Falle und mit einem Fürsten wie König Friedrich weit
mehr auf die beiderseitige Sicherheit und Convenienz als auf die un-
widerleglichsten Gerechtsame ankomme.

Allerdings verloren die geheimen Mittheilungen des Prinzen
Heinrich dadurch an Werth, daß Cobenzl Grund zu der Meinung
besaß, sie seien nicht mit, sondern ohne Vorwissen des Königs an ihn
gelangt. Gleichwohl mußte man es als einen großen Vortheil betrachten, unter den wenigen Personen, welche irgendwelchen Einflusses
auf den König von Preußen sich rühmen durften, einen so mächtigen
Alliirten wie dessen Bruder zu besitzen. Cobenzl bemühte sich daher,
mit ihm fortan in geheimer Verbindung zu bleiben. Er suchte jedoch
auch gleichzeitig das Aequivalent zu erforschen, nach dessen Erlangung
laut der Andeutungen des Prinzen Heinrich von preußischer Seite
gestrebt werde. Er meinte dasselbe in den Herzogthümern Jülich und
Berg erblicken zu müssen. Mißlinge jedoch die Absicht des Königs, sie
bei diesem Anlasse zu erwerben, dann werde er wohl trachten, in
Polen, und vielleicht in der Stadt Danzig eine Schadloshaltung zu
finden [589].

Die Versuchung lag nahe, von dem Einflusse des Prinzen Heinrich
auf seinen Bruder, den König, vielleicht doch noch eine Umstimmung
des Letzteren zu Gunsten einer friedlicheren Gestaltung der obwaltenden
Verhältnisse zu erwarten. Aber man kennt jetzt den vertraulichen
Briefwechsel, welchen der Prinz mit dem Könige unterhielt, und man
sieht daraus, daß er nur hie und da in schüchternem Tone einer ab-
weichenden Ansicht Ausdruck zu verleihen sich unterfing. Derartige
Vorstellungen konnten in der That auf einen Mann von so großer
Selbstständigkeit der Gesinnung, als König Friedrich es war, keinen
Eindruck hervorbringen. So wagte Prinz Heinrich es auch nicht,
irgendwelche Einwendung gegen den Inhalt der Antwort zu erheben,
welche von preußischer Seite an Oesterreich ertheilt wurde, ja wie
bereits erwähnt worden, lobte er sie sogar, obwohl er befürchten
mußte, daß durch sie zwischen Oesterreich und Preußen ein völliger

Bruch herbeigeführt werden könnte. Denn daß man in Wien vor
dem Begehren Preußens nicht zurückweichen, und daß man sich unmöglich zur Räumung des von kaiserlichen Truppen besetzten baierischen
Gebietes verstehen könne, begriff man auch in Berlin. Da man aber
die Forderung Preußens als eine Art von Ultimatum hingestellt wissen
wollte, gab man sich das Ansehen, als ob man von nun an den Krieg
gegen Oesterreich als unvermeidlich betrachte.

Oesterreich hätte niemals so weit zu gehen gewagt, behauptete
man jetzt in Berlin, wenn es sich nicht irrige Vorstellungen von der
Kriegsbereitschaft des Königs von Preußen und seiner Armee gemacht
hätte. Von Ersterem habe man geglaubt, er sei nicht mehr im
Stande, persönlich ins Feld zu ziehen, und er besitze keine Generale,
denen er an seiner Stelle den Oberbefehl anvertrauen könnte; die
Armee endlich sei keineswegs so kriegstüchtig als zuvor. Umsonst bemühte sich Cobenzl, diesen Verdacht durch die Versicherung zu widerlegen, daß man in Wien ganz andere Vorstellungen von Preußens
militärischer Kraft und eine sehr hohe Meinung von ihr hege. Sogar
Friedrich hielt es für passend, durch sein Auftreten zu zeigen, daß er
von jeder Gebrechlichkeit frei sei. „Sitze ich nur einmal zu Pferde“,
soll er gesagt haben, „so will ich beweisen, daß ich so frisch bin, als
jemals vorher.“

Indem er in solchem Sinne nach Wien schrieb, erneuerte Cobenzl
seine frühere Meldung, daß die ganze preußische Armee im April ins
Feld ziehen könne; mit allen Kriegserfordernissen sei sie vollauf versehen, und zu deren Beschaffung habe man bereits drei Millionen
Thaler verausgabt. Schon seien in Schlesien die Lieferungen ausgeschrieben worden, um die nöthigen Magazine für den ersten Feldzug
zu errichten. Ja man bilde sich ein, schon die Operationen zu kennen,
mit denen derselbe begonnen werden solle. Ein Armeecorps von sechzigtausend Mann werde der König in Person commandiren und durch
Sachsen in Böhmen einrücken; die sächsischen Truppen würden ihm
hiebei als Reserve zu dienen haben. Ein zweites, gleich starkes Armeecorps werde Prinz Heinrich durch Schlesien nach Mähren führen,

während das dritte, bloß dreißigtausend Mann zählende Corps unter dem Befehle des Erbprinzen von Braunschweig nach der Oberpfalz bestimmt sei [590]).

Wenngleich Cobenzl hinzufügte, daß er für die Verläßlichkeit dieser Mittheilung keine Bürgschaft zu übernehmen vermöchte, so war sie doch ganz dazu angethan, in Wien den Eindruck hervorzubringen, daß man dem Kriege nicht mehr fern stehe. Dem gegenüber war man jedoch auch in Oesterreich nicht saumselig mit den nöthigen Rüstungen gewesen. Vor Allen war es Joseph, der mit Recht von sich sagen konnte, er sei die eigentliche Triebfeder für das, was sowohl auf dem Gebiete der äußeren Politik als auf dem der Vorbereitungen zum Kriege geschah. Schon zu einer Zeit, in der er noch glaubte, es werde zu einem solchen gar nicht kommen, traf er alle Anstalten hiezu. „Ich bin", schrieb er am 3. Februar an Lacy, „an einer „Arbeit, die nur eine Vorsichtsmaßregel ist, aber immerhin von Nutzen „sein kann. Ich möchte nur im Ganzen und Großen die verschiedenen „Maßregeln kennen, für welche für den Fall eines im nächsten Früh= „jahre bevorstehenden Krieges gegen den König von Preußen, sei es „in Bezug auf Lebensmittel, Pferde, Fuhrwesen, Marsch der Truppen „und dergleichen schon jetzt Vorsorge getroffen werden müßte. Wollten „Sie wohl die Freundschaft für mich haben, mir nur auf ein Stück „Papier die Namen der Hauptsachen zu schreiben und es mir zu „übersenden?" [591]).

Nur wenige Wochen vergingen, und der Kaiser mußte seine frühere Ansicht durchwegs verändern. „die immer bedencklicher werdende „umstände", schrieb er schon am 26. Februar an Laudon, „machen „mir schier nicht mehr an einen krieg zweiffeln; ich schreite auch dar= „nach immer näher an allen, was zu versamlung der ihnen bekanten „zwey armeen nöthig ist. am allerwesentlichsten aber ist mir, der ich „ganz ohnerfahren diesen so bedencklichen wichtigen Schritt mache, „guter, ehrlicher, einsichtsvoller rath, der mich lencke, lerne und führe. „wo solte ich besseren suchen als bey ihnen, der mit recht durch so „viele gelegenheit es erprobet haben, und dessen redlichkeit mir hinlänglich

„ſo wie freyes und wahrhafftes hertz für den Staatt bekant iſt. ich
„erſuche ſie alſo recht aufrichtig, daß ſie ſich dieſes ungemachs an-
„wiederum unterziehen wollen, und daß ſie mit annehmung des feld-
„marſchall Caracteurs zu derjenigen armee ſich verfügen, wo ich ſein
„werde, da doch in abrichtung meiner perſohn das mehriſte ſchier
„gelegen iſt. hier überſchicke ich ihnen den aufſatz jener Generalen, ſo
„zu die beede armeen angetragen ſind. ſie werden mir darüber ihre
„meinung eröffnen, ſo wie auch wem ſie zum wichtigen General-
„Quartiermeiſterambt für tauglich hielten oder wer einſtweilen dieſes
„verrichten könte. mir ſind General Fabris und Pechard eingefallen;
„ſagen ſie mir, ich bitte ſie, ihre meinung.“

„noch eines hätte ich annoch zuzuſetzen, das iſt das, da die
„anſtalten doch immer bringender werden, ob ſie nicht mir annoch die
„gefälligkeit erweiſen wollten, auch bald in böhmen abzugehen, um
„allda das Commando aller ſich verſamlenten Truppen zu übernehmen.
„ich weis das ich viel von ihnen fordere, aber ich baue auf ihre
„freundſchafft und Eifer zum beſten des Staatts. leben ſie wohl“ [592]).

Je mehr er von ſeinem urſprünglichen Gedanken, die beabſichtigte Erwerbung in Baiern werde ſich ohne Schwertſtreich bewerkſtelligen laſſen, zurückkommen mußte, um ſo mehr betrieb jetzt Joſeph
die Vorbereitungen zum Kriege mit wahrhaft aufreibender Thätigkeit.
In die Einzelheiten der Maßregeln, welche getroffen wurden, um in
Böhmen und in Mähren eine möglichſt große Anzahl von Streitkräften zuſammen zu ziehen und ſie mit allen erdenklichen Kriegs-
bedürfniſſen zu verſehen, braucht hier wohl nicht näher eingegangen zu
werden. Joſeph ſelbſt aber war jeden Augenblick zur Abreiſe dorthin
bereit. „Ich ſtehe“, ſchrieb er ſeinem Bruder am 9. März [593]), „mit
„einem Fuße im Steigbügel. Nach Empfang der erſten Nachricht, daß
„der König von Preußen Berlin verließ, reiſe ich gleichfalls ab. Ich
„beabſichtige über Olmütz zu gehen, das Corps in Mähren zu ſehen
„und mich dann nach Böhmen zu begeben. So kann ich von heute
„bis Montag ſchon abgereiſt ſein, und ich nehme daher Abſchied von
„Dir, mein theurer Freund. Ich habe heute meine öſterliche Andacht

„verrichtet und mein Testament gemacht, welches nur ganz kurz ist.
„Ich bin somit vorbereitet auf alle im Bereiche der Möglichkeit liegen=
„den Ereignisse, insofern sie auf meine Person sich beziehen könnten.
„Ein Unglück aber, das meinem Vaterlande widerführe, vermöchte ich
„nicht zu ertragen."

Drei Tage später kam Joseph seinem Bruder gegenüber auf
die preußische Erklärung zu sprechen. Das in derselben enthaltene Be=
gehren, Baiern zu räumen, mache, so schrieb er ihm, den Krieg fast
unvermeidlich. Und nachdem er ihm die Maßregeln geschildert, welche
getroffen worden, um die Truppen in Böhmen und in Mähren zu=
sammen zu ziehen, sprach er die Erwartung aus, daß bis zur Hälfte
des April Alles schlagfertig an Ort und Stelle sein werde. Was
endlich ihn selbst anging, fügte der Kaiser hinzu: „Ich leugne Dir
„nicht, mein lieber Freund, daß ich unter dem erdrückenden Gewichte
„der Dinge, die gegenwärtig auf mir lasten, fast unterliege. Ich
„kenne die Bedeutung eines falschen Schrittes, und ich kann Dich
„versichern, daß mir der Kopf schwer wird von all den Geschäften
„und den Anordnungen, welche den ganzen Tag hindurch ertheilt
„werden müssen. Des Nachts aber verschaffen mir, während ich zu
„Bett bin, all die Betrachtungen über die möglichen Folgen unserer
„Unternehmungen nichts weniger als einen guten Schlaf. Aber zum
„mindesten werde ich in diesem Augenblicke dem Staate nicht ohne
„Nutzen sein, und mein Leben, meine Gesundheit, meine Mühe und
„meine Anstrengung sollen ihm ohne irgendwelche Schonung meiner
„selbst vollauf gewidmet werden" [594]).

Während die Ueberreichung des preußischen Ultimatums in Wien
und die drohenden Nachrichten aus Berlin den Kaiser zu äußerster
Thätigkeit anspornten, brachten sie auf Maria Theresia einen ganz
anderen Eindruck hervor. Je wahrscheinlicher der Krieg wurde, desto
höher stiegen ihre Angst und ihr Abscheu vor demselben. Sechs Tage
nach dem Eintreffen jenes Berichtes aus Berlin, der ihre Besorgnisse
in so hohem Maße erregt hatte, fünf Tage nach dem Empfange der
preußischen Antwortsnote brachte sie in einem Briefe an ihren Sohn

die Gefühle, die sie beseelten, ihre Befürchtungen und Wünsche neuerdings zu Papier. „Die Uebelstände und Gefahren", schrieb sie ihm am 14. März 1778, „die ich von dem Augenblicke an vorhersah, als „wir uns gegen Baiern in Marsch setzten, verwirklichen sich nur zu „sehr, und sie vermehren sich dermaßen, daß ich unwürdig wäre, den „Namen einer Monarchin und einer Mutter zu führen, wenn ich nicht „Maßregeln ergriffe, welche den Umständen entsprechen, ohne Rücksicht „auf das zu nehmen, was auf mich selbst zurückfallen könnte."

„Es handelt sich um nichts Geringeres als um den Sturz unseres „Hauses und der Monarchie, ja sogar um eine völlige Umwälzung in „Europa. Kein Opfer ist zu groß, um dieses Unglück noch rechtzeitig „zu verhüten. Bereitwillig werde ich mich zu Allem herbeilassen, selbst „bis zur Erniedrigung meines Namens. Man mag mich albern, schwach „und kleinmüthig schelten; nichts soll mich zurückhalten, Europa aus „dieser gefahrdrohenden Lage zu befreien; ich könnte den Rest meiner „unglückseligen Lebenstage in keiner besseren Weise verwenden. Ich „gestehe, dieses Opfer kostet mich große Ueberwindung, aber es ist „gebracht und ich werde es aufrecht zu erhalten wissen."

„Ich muß ein Bild unserer militärischen Lage entwerfen. Ich „schulde das mir selbst, und zwar um so mehr, als alles Nach= „kommende nur die Folge dieses Schrittes sein wird, den mein Ge= „wissen, meine Pflicht, meine zärtliche Liebe von mir verlangen. Unsere „Armee ist ohne allen Zweifel um dreißig= bis vierzigtausend Mann, „insbesondere an Cavallerie, schwächer als die des Königs von Preußen. „Außerdem hat er die Vortheile der inneren Lage für sich; wir müssen „den doppelten Weg zurücklegen, um uns dort zu befinden, wo die „Nothdurft es erheischt. Er besitzt Festungen und wir nicht; wir „müssen eine weite Gebietsstrecke decken und daher unsere übrigen „Länder von Truppen entblößen, sie dadurch aber feindlichen Einfällen „oder Aufständen preisgeben. So steht es zum Beispiel in Galizien, „wo kaum zweihundert Pferde und sieben Bataillone alter Invaliden „zurückbleiben. Es ist ein offenes Land, neu erworben und unser „Besitzstand daselbst nichts weniger als gekräftigt. Der Durst nach

24*

„Freiheit schlummert daselbst nur; die Nation hat gezeigt, daß sie dazu
„gemacht ist sich zu fühlen, wenn sich nur Jemand findet, der sie
„vorwärts treibt. Der König von Preußen, natürlicher Weise auch
„der von Polen und die ganze Nation werden wahrscheinlicher Weise
„die erste günstige Gelegenheit nicht unbenützt vorüber gehen lassen,
„insbesondere seitdem man das Recht des Stärkeren einführte, was
„Niemand empfindlicher zu fühlen haben könnte als wir."

  „Ungarn ist ebenfalls von Truppen entblößt, und in seiner
„Nachbarschaft scheint der Krieg zwischen den Russen und den Türken
„von neuem zu entbrennen. Man kennt die gegen uns gerichteten
„Intriguen Preußens in Constantinopel, und der letzte Brief des
„Königs an seinen dortigen Geschäftsträger zeigt uns, daß nichts
„gespart werden wird, um uns auch noch diesen Feind auf den Hals
„zu ziehen, der ungehindert Alles, was ihm beliebt, in Ungarn in
„Besitz nehmen könnte, da es weder durch Truppen noch durch Festun-
„gen gedeckt ist. Wenn unsere Streitkräfte sich in Sachsen, ja selbst
„in Schlesien, woran ich übrigens sehr große Zweifel hege, oder in
„der Oberpfalz befänden, wären wir nicht mehr im Stande, diesen
„zwei großen Königreichen, Galizien und Ungarn zu Hülfe zu kommen.
„Man müßte sie ihrem unheilvollen Schicksale überlassen, sie einem
„barbarischen Feinde und all den Verheerungen preisgeben, welche
„die unvermeidliche Folge davon sein und sie für ein Jahrhundert zu
„Grunde richten würden. Ich rede nicht von dem, was uns in Italien
„gehört, nicht von den Niederlanden und unseren neuen Besitzungen
„in Baiern; alle diese Länder müßten gleichfalls aufgegeben werden.
„Wo aber sollten wir dann Hülfsquellen finden, um einen so grau-
„samen Krieg zu unterhalten, der uns schon in seinem Beginne dazu
„zwingen würde, fünf so wichtige Länder zu verlassen? Welches Ver-
„trauen, welchen Credit würden uns solche Maßregeln im Auslande
„verschaffen, und wie würden wir dann Verbündete und Geldmittel
„daselbst finden? Wie würde es um den Credit in unseren eigenen
„Ländern stehen, die schon in Friedenszeiten schwer bedrückt und mit
„Abgaben überlastet sind, nur um sie gegen einen feindlichen Angriff
„sicher zu stellen. Und sie würde man bei dem ersten Anscheine eines

„Krieges im Stiche lassen, der, einmal begonnen, nicht so bald und
„nur mit unserem gänzlichen Ruin beendigt werden würde. Ja dieser
„Ruin wäre es allein, der das übrige Europa zu retten vermöchte,
„und wir selbst würden die Ursache davon sein."

„Dieß ist der Punkt, hinsichtlich dessen ich mich nicht unterordnen,
„und zu dem ich nicht die Hand bieten könnte, denn es steht eben
„Alles auf dem Spiele. Geben wir uns keiner Täuschung hin. Selbst
„wenn unsere Armeen glücklich wären, würde dieser Vortheil zu nichts
„führen. Zwei oder drei gewonnene Schlachten würden uns keinen
„Kreis in Schlesien erwerben; viele Feldzüge und Jahre wären er-
„forderlich, um zu diesem Ziele zu gelangen. Wir haben im Jahre
„1757 die Probe davon gemacht, um überzeugt zu sein, daß man
„unseren Feind so leicht nicht zu Boden schlägt. Selbst seine Art, den
„Krieg zu führen, gewährt ihm Zeit, sich wieder zu erholen. Man
„muß somit darauf rechnen, daß auch wenn wir glücklich wären, wir
„den Krieg durch drei oder vier Jahre fortsetzen müßten. Dieser Zeit-
„raum wird ganz Europa veranlassen, an dem Kampfe Antheil zu
„nehmen, um uns nicht allzu mächtig werden zu lassen, und ins-
„besondere da man uns ohnedieß schon allzusehr mißtraut. Ich könnte
„keinen einzigen Freund oder Verbündeten namhaft machen, auf den
„wir unter diesen Umständen mit Bestimmtheit zu zählen vermöchten.
„Wir müssen daher unsere Hülfsquellen nicht nur gegen die des Königs
„von Preußen, sondern auch gegen all diejenigen abwägen, welche
„unserer Vergrößerung widerstreben, und ihre Anzahl umfaßt ganz
„Europa. Wie kann man sich aber dann einbilden, ihnen die Spitze
„bieten zu können? Selbst die Zeit ist uns ungünstig. Je länger der
„Krieg dauern wird, um so mehr neue Feinde werden wir zu be-
„kämpfen haben, die sich nach einander gegen uns erklären werden."

„Im Beginne des Krieges wird es vom militärischen Stand-
„punkte aus nicht passend für uns sein, eine Entscheidungsschlacht zu
„wagen. Man wird daher trachten müssen, Zeit zu gewinnen, um den
„König hinzuhalten und unsere Armee nach und nach kriegstüchtiger
„zu machen, denn sie ist ja zu einem Dritttheil aus neuen und

„unerfahrenen Truppen gebildet. Aber selbst diese Zwischenzeit, so nützlich „für die militärischen Operationen, wird uns nach einer anderen „Seite hin zum Nachtheil gereichen. Die Uebermacht des Königs in „leichten Truppen wird ihm, während wir ihn im Schach halten, dazu „dienen, unsere Provinzen zu Grunde zu richten und uns unsere „Hülfsquellen aufzehren zu machen. Inzwischen aber werden unsere „Nachbarn, durch die Intriguen des Königs angespornt und von den- „selben Grundsätzen ausgehend, von denen geleitet wir Polen und „Baiern besetzt haben, ein Gleiches gegen unsere Länder vollführen. „Wir haben daher in jeder Beziehung nur zu verlieren und nichts „zu gewinnen. Sollten wir aber, da alle unsere Streitkräfte auf „einem und demselben Punkte versammelt sein werden, auch noch „unglücklich sein, dann ist Alles vorbei, und keine Hülfe bleibt uns „mehr übrig.“

„Es wäre sehr traurig, wenn dieses Gemälde, obgleich es der „Wahrheit nur allzusehr entspricht, zur Kenntniß anderer Menschen, „ja sogar zu derjenigen unserer eigenen Unterthanen gelangen sollte. „Aber ich konnte es nicht verschweigen, um wenigstens zu sehen, ob „man nicht noch ein Mittel zu finden vermag, all dieß große Unglück „zu verhüten. Ist der Degen einmal gezogen, dann bleibt keine Zeit „mehr zur Versöhnung. Das Wohl von Tausenden und Tausenden „von Menschen, die Existenz der Monarchie und die Erhaltung unseres „Hauses hängen davon ab.“

„Nach Allem was ich so eben gesagt habe, muß ich Dir erklären, „daß ich mich nicht dazu herbeilassen könnte, immer gegen mein Ge- „wissen und gegen meine Ueberzeugung zu handeln; es ist das weder „üble Laune noch persönliche Feigheit. Ich fühle mich noch ebenso voll „Kraft wie vor dreißig Jahren, aber nie würde ich mitwirken, mein „Haus und meine Staaten zu Grunde zu richten.“

Wie sie selbst später hinzufügte, las Maria Theresia diese Schrift dem Kaiser und dem Staatskanzler vor und führte dabei ihren Inhalt noch weiter aus. Beide entgegneten ihr jedoch, daß sie nicht Recht habe, sondern die Dinge übertreibe. „Ich wünsche mich umsonst

„gepeinigt zu haben", so lautet ein Zusatz von ihrer eigenen Hand, „die Folgen werden es zeigen, wenn ich auch vielleicht dann nicht mehr „am Leben bin." Und ohne daß Joseph und Kaunitz es sahen, fügte sie dem ihnen vorgelesenen Aufsatze noch die folgenden Worte hinzu:

„Wenn der Krieg ausbricht, dann zählt in nichts mehr auf mich. „Ich werde mich nach Tirol zurückziehen, um dort meine Tage in „größter Einsamkeit zu beenden und mich mit nichts mehr zu be- „schäftigen als das traurige Los meines Hauses und meiner Völker „zu beweinen und zu trachten, mein unglückliches Leben in christlicher „Weise zum Abschlusse zu bringen" [595]).

Gab sich auch Joseph seiner Mutter gegenüber das Ansehen, daß er hinsichtlich gar keines Punktes ihres Briefes ihr beistimme, so scheinen doch ihre Vorstellungen nicht ganz ohne Wirkung auf ihn gewesen zu sein. Dieß wird aus dem plötzlichen Einfalle des Kaisers gefolgert werden dürfen, persönlich an den König von Preußen zu schreiben und hiedurch, trotz seines Grolles wider ihn, zuerst einen Schritt zu thun, von dem man annehmen konnte, daß er vielleicht noch zu einer gütlichen Beilegung des Streites zu führen vermöchte. Am 16. März brachte Joseph den Entwurf dieses Briefes zu Papier, und er sandte ihn an Kaunitz mit der Bitte, der Fürst möge ihn durchsehen, verändern oder auch ganz verwerfen, je nachdem ihm dieß passend erscheine [596]).

Kaunitz machte von dieser ihm zu Theil gewordenen Ermächti- gung des Kaisers auch vollauf Gebrauch. Ohne Aufschub antwortete er ihm, daß er zu einem solchen Schreiben an den König von Preußen nicht rathen könne. Unter den einmal obwaltenden Verhältnissen halte er es nicht für nothwendig, ja nicht einmal für nützlich; es würde vielmehr in Berlin als ein Anzeichen von Furcht oder von Verlegen- heit ausgelegt werden. Alles was man dem Könige von Preußen in diesem Augenblicke zu sagen vermöge, sei ihm entweder schon mitgetheilt worden oder es könne durch die an Riedesel hinauszugebende Antwort, so wie endlich durch die Vermittlung Frankreichs geschehen. Bringe es, auf diesen zwei Wegen an den König gelangend, keinen Eindruck

auf ihn hervor, so würde dieß auch durch einen Brief nicht erreicht
werden, mit welchem der Kaiser seinen „verabscheuungswürdigen Nach-
„bar" zu beehren gedächte [597]).

Bereitwillig stand Joseph ab von seinem Gedanken, an den
König von Preußen zu schreiben, und er erklärte sich einverstanden,
daß Alles, was man ihm sagen wolle, der Antwort an Riedesel einverleibt werde. Aber er sprach auch den Wunsch aus, die Ertheilung
dieser Antwort sei so lang als nur immer möglich zu verzögern.
Denn man müsse trachten Zeit zu gewinnen, auf daß der Ausbruch
des Krieges nicht eher erfolge, als die ganze österreichische Armee zu-
sammengezogen sei [598]).

Auch dem Könige von Preußen mochte, und zwar aus dem
gleichen Grunde dieser Aufschub nicht unwillkommen sein. Er benützte
ihn jedoch nicht allein dazu, seine Rüstungen fortzusetzen, sondern es
geschah auch, sei es mit oder ohne sein Vorwissen, das Gleiche mit
den geheimen Verhandlungen, welche Prinz Heinrich mit dem Grafen
Cobenzl angesponnen hatte.

Daß man auf preußischer Seite Hintergedanken hegte und daß
die hochtrabenden Worte vom Schutze der deutschen Freiheit und der
Aufrechthaltung der Reichsverfassung nur gebraucht wurden, die Menge
zu bethören und die wahren, auf eigenen Gewinn gerichteten Absichten
Preußens zu verdecken, meinte Kaunitz aus verschiedenen Symptomen,
und unter anderen auch aus den Worten schließen zu können, mit
denen Riedesel ihm die letzte preußische Denkschrift eingehändigt hatte.
Nicht ohne das, was er sagte, ganz besonders zu betonen, hatte
Riedesel den Staatskanzler gebeten, ihn persönlich zu verwenden, wenn
er glaube, daß er zur Aufrechthaltung des guten Einvernehmens zwischen beiden Höfen beitragen könne [599]). So wichtig schien dem Fürsten
Kaunitz diese Bemerkung, daß er sie nicht nur der Kaiserin gegenüber
mit Nachdruck hervorhob, sondern sie auch in Verbindung brachte mit
Cobenzls Berichten, und aus alledem den Schluß zog, der König ziele
auf nichts anderes ab als auf eine ansehnliche Gebietserwerbung für
Preußen [600]).

Wer die seither bekannt gewordene vertrauliche Correspondenz des Königs mit seinem Bruder Heinrich durchliest, wird zugestehen müssen, daß sich zu einem solchen Verdachte durchaus kein Anhaltspunkt darin findet. Der König sagt vielmehr ausdrücklich, selbst wenn er vom Glücke begünstigt sein würde, werde er nichts als den Ersatz der Kriegskosten für sich verlangen [601]. Worin dieser Ersatz etwa bestehen könnte, darüber ließ er sich freilich nicht aus, und es kann leicht sein, daß eine ansehnliche Gebietserwerbung darunter gemeint war. Andererseits ist es jedoch bei der fast sclavischen Abhängigkeit, in welcher der König von Preußen bekannter Maßen seine ganze Umgebung und auch seine Familie hielt, sehr leicht begreiflich, daß man in Wien troz Cobenzls entgegengesezter Ansicht doch der Meinung war, Verhandlungen, an denen Prinz Heinrich sich betheiligte, könnten nur mit Vorwissen und Zustimmung des Königs geführt werden. Durch diese Betrachtung allein erhielten sie in den Augen des Kaiserhofes die Bedeutung, welche man ihnen dort beimaß.

Sie zu erhöhen, trug auch der Umstand noch bei, daß am 20. März Prinz Heinrich plötzlich nach Potsdam berufen wurde. Auch der Erbprinz und Prinz Friedrich von Braunschweig, dann die Minister Finkenstein, Hertzberg und Schulenburg fanden sich dort ein, und Cobenzl zweifelte nicht, daß wie es auch wirklich der Fall gewesen zu sein scheint, es um Feststellung des Operationsplanes für den bevorstehenden Feldzug sich handelte. Um so auffallender war es daher, daß unmittelbar nach der Rückkehr des Prinzen nach Berlin seine geheime Verhandlung mit Cobenzl neuerdings aufgenommen wurde.

Früher war sie durch Cobenzls Schwager, einem Grafen Lamberg gepflogen worden, welcher, ein Altersgenosse des Prinzen Heinrich, mit ihm erzogen worden, und später in seinen Diensten gestanden war. Nach Lambergs Abreise von Berlin fiel seine Rolle dem Freiherrn Dodo Heinrich von Knyphausen zu, der bekanntlich mehr als zwanzig Jahre zuvor, und zwar zur Zeit des Abschlusses der Allianz zwischen Oesterreich und Frankreich am Hofe von Versailles und später an dem von St. James beglaubigt gewesen war. Seit dem Hubertsburger Frieden

stand Knyphausen nicht mehr im activen Staatsdienste, sondern lebte
in Berlin, mit dem Prinzen Heinrich aufs engste befreundet, und
durch ihn sowie durch den Minister Hertzberg, dessen Schwager er
war, von dem Stande der Staatsangelegenheiten stets genau unterrichtet 602).

Schon vor längerer Zeit hatte Knyphausen in seinen Gesprächen
mit Cobenzl der Meinung Ausdruck gegeben, Oesterreich hätte die
Occupation baierischen Gebietes unterlassen und sich früher mit dem
Könige von Preußen verständigen sollen. Ohne Oesterreichs Ueberlegenheit zu verkennen, schilderte er doch die Gefahr eines Krieges
gegen Preußen als eine ungemein große. Ihn noch in letzter Stunde
hintanzuhalten, gebe es übrigens ein Mittel, welches ohnedieß viel
Aehnlichkeit mit der Frage der baierischen Erbfolge besitze: die in
den Markgrafthümern Ansbach und Bayreuth sei es, welche er meine.
Oesterreich habe gewiß ebenso wichtige politische Gründe, sich der Vereinigung der Markgrafthümer mit Preußen zu widersetzen, wie der
König, wenn er die Erwerbung baierischen Gebietes durch Oesterreich
nicht wünsche. „Wie wäre es", sagte Knyphausen zu Cobenzl, „diese
„Markgrafthümer im Erledigungsfalle dem sächsischen Hofe zukommen
„zu lassen, wogegen der König von Preußen in den sächsischen Ländern
„seine Entschädigung erhielte?" Eine solche Vereinbarung müßte Oesterreich, fuhr Knyphausen fort, ohne Zweifel genehm sein, und er wisse
bestimmt, daß ein derartiger Vorschlag von Seite des Königs von
Preußen angenommen werden würde. Ohne für sich selbst irgend
einen Vortheil zu erlangen, könne der König eine Vergrößerung Oesterreichs unmöglich zugeben. Auch glaube er seine Ehre dabei im Spiele;
nahe dem Ende seines Lebens und seiner glorreichen Regierung, wolle
er sich einen ruhmvollen Abschluß derselben sichern. Man kenne ihn
genug, um zu wissen, dieser Beweggrund allein könnte ihn dazu
bringen, Alles zu wagen, wogegen das angeführte Mittel, von Oesterreich in Vorschlag gebracht, zur Beseitigung des Zwiespaltes geeignet
wäre und ohne Zweifel freudige Annahme fände. Lang schon habe
man sich in Berlin mit der Hoffnung geschmeichelt, Cobenzl werde
Vollmacht zu einer Unterhandlung erhalten, und mit Verwunderung

und Mißvergnügen habe man diese Erwartung vereitelt gesehen. Groß seien die Geldsummen, die man für Kriegsrüstungen verausgaben müsse. Der König sei geizig, und wenn er einmal beträchtliche Ausgaben gemacht habe, so wolle er auch Nutzen daraus ziehen. Die Schlagfertigkeit der Armee, die günstige Jahreszeit, Alles mache den Krieg unvermeidlich, wenn man sich nicht alsogleich des vorgeschlagenen Mittels bediene, welches Knyphausen auch jetzt wieder ein unfehlbares nannte.

Mit Recht frug Cobenzl, warum denn, wenn dem wirklich so wäre, man nicht von preußischer Seite die Initiative zu einer solchen Verabredung ergreife? Knyphausen entgegnete jedoch, daß der König nimmermehr zuerst zu diesem Schritte gebracht werden könnte, indem er ihn als unvereinbar mit seiner Ehre betrachte. Und als Cobenzl hervorhob, daß ja der gleiche Gesichtspunkt auch für Oesterreich obwalte und ihm ein derartiger Entschluß als Eingebung der Furcht vor einem Kriege mit Preußen ausgelegt werden könnte, meinte Knyphausen, dieser Gedanke werde dem Könige niemals in den Sinn kommen. Derselbe glaube vielmehr, daß der Kaiser von der Begierde beseelt sei, sich mit ihm zu messen und den Krieg mit Lebhaftigkeit wünsche. Und in ganz Preußen theile man diese Meinung.

Knyphausen drang schließlich noch einmal in Cobenzl, er möge in dem von ihm angedeuteten Sinne nach Wien berichten; ja er ging so weit, die Erklärung Wort für Wort anzugeben, welche von Seite des Kaiserhofes an den König von Preußen gerichtet werden sollte. Cobenzl aber schrieb an Kaunitz, es wäre ihm willkommen gewesen, wenn sich wenigstens Prinz Heinrich in solcher Weise gegen ihn ausgesprochen hätte; er zweifle übrigens nicht, daß die ganze Mittheilung Knyphausens nur mit Vorwissen und Gutheißung des Prinzen geschehen sei. Daß hingegen der König keinen Theil hieran habe, wird zwar von Cobenzl nicht ausdrücklich versichert, geht aber aus verschiedenen Stellen seines Berichtes deutlich hervor [603]).

Kaunitz war jedoch der gerade entgegengesetzten Meinung. Er hielt das ganze Gespräch Knyphausens mit Cobenzl für ein von dem

Könige veranlaßtes Spiel. Nachdem er eine Einschüchterung Oesterreichs nutzlos versucht habe, werde er von gewaltiger Besorgniß ergriffen und trachte nun mit Ehre aus der Verlegenheit zu kommen,
in der er sich befinde. Als letztes Mittel hiezu suche er Oesterreich zu
dem falschen Schritte zu verleiten, Vorschläge zu machen, die er unverzüglich zur Benachtheiligung der Würde und der Interessen der
Kaiserin mißbrauchen würde. Nach all den wohlüberlegten Maßregeln
Oesterreichs, deren Zeuge der König sowohl vor als nach dem Tode
des Kurfürsten von Baiern sein konnte, hätte er sich mit der Erwartung
nicht schmeicheln sollen, daß man sich von ihm hinter das Licht führen
lassen werde. Da er jedoch zu jenen schamlosen Menschen gehöre, die
bei jeder Unternehmung auch schon im voraus bereit seien, im Nothfalle von ihr wieder abzustehen, glaube er auch diese noch wagen zu
dürfen. In Wien aber müsse man vorerst die Erklärungen abwarten,
denen man aus Frankreich über dessen zukünftige Haltung entgegensehe.
Dem Könige von Preußen gegenüber möge man in der ebenso ent-
schlossenen als bescheidenen Stellung verharren, welche man bisher
eingenommen habe. Alles sei für eine nachdrückliche Kriegführung
bereit; die Kaiserin möge daher beruhigt und mit sich selbst so wie
mit denen zufrieden sein, welche die Ehre genössen, ihr zu dienen [604]).

Aus dieser vertraulichen Aeußerung des Staatskanzlers gegen
die Kaiserin, und nicht etwa aus seiner Antwort auf Cobenzls Bericht
ist seine Auffassung des Inhaltes des letzteren zu entnehmen. Da er
von der Voraussetzung ausging, die Vorschläge Knyphausens seien
ihm von dem Könige eingegeben worden [605]), so wünschte Kaunitz
nichts anderes als beide, den König und sein Organ zu ferneren
Erklärungen zu verleiten, jede Bloßstellung Oesterreichs aber mit
Sorgfalt zu vermeiden. Dieser Absicht ensprach denn auch die Depesche,
welche am 31. März an Cobenzl erging, und sie war darauf eingerichtet, Knyphausen mitgetheilt zu werden. Man könne nicht ruhiger
und unparteiischer untersuchen, war darin gesagt, nicht klarer sehen,
besser combiniren und richtiger urtheilen, als dieß durch Knyphausen
geschehen sei. Darum seien dessen Aeußerungen der Kaiserin und dem
Kaiser vorgelegt worden, welche denn auch den von Knyphausen an

die Hand gegebenen Gedanken, die Frage der Succession in Ansbach und Bayreuth im Einverständnisse mit dem Könige von Preußen zu ordnen, für ein geeignetes Auskunftsmittel hielten, unter Wahrung des beiderseitigen Ansehens und Interesses zu einer friedlichen Vereinbarung zwischen den zwei Staaten zu gelangen. Cobenzl möge es Knyphausen überlassen, ob und wie er hievon den König vorläufig verständigen könne.

Freilich komme es vor Allem auf die Art und Weise an, in welcher die erste förmliche Eröffnung zu machen und die ganze Verhandlung einzuleiten sei. Kaunitz behalte sich vor, den Grafen Cobenzl hierüber so bald als möglich mit der näheren Belehrung zu versehen. Einstweilen theile er ihm jedoch die Antwort auf die letzte preußische Denkschrift mit; sie werde am folgenden Tage dem Freiherrn von Riedesel eingehändigt werden [606]).

Solches geschah denn auch wirklich. Die österreichische Note vom 1. April war nicht gerade in verletzendem, aber doch in sehr entschiedenem Tone gehalten. Nachdem der König von Preußen, war darin gesagt, die Erklärung abgegeben habe, die an ihn gelangten Mittheilungen Oesterreichs hätten ihn in seinen Zweifeln an dessen Ansprüchen auf baierische Gebietstheile nur noch bestärkt, und ihm scheine keiner dieser Ansprüche im mindesten berechtigt, so werde man ihm gegenüber in keine weitere Darlegung derselben mehr eingehen. Noch weniger denke man daran, sich einer rechtmäßig vorgenommenen Besitzergreifung wieder zu begeben und in solcher Weise den früheren Zustand, wie er vor dem Tode des Kurfürsten von Baiern gewesen, neuerdings herzustellen. Jedermann aber, der an der baierischen Erbfolge betheiligt sei, könne darauf zählen, daß er zu seinem Rechte gelangen werde, wenn er es nachzuweisen vermöge. Und alle anderen deutschen Fürsten und Staaten dürften versichert sein, Oesterreich sei weit davon entfernt, auf irgend einem Begehren bestehen zu wollen, welches in der That einem Artikel des Westphälischen Friedens oder einer anderen Reichssatzung widerspreche. Gleichzeitig müsse man jedoch im Namen der Kaiserin erklären, daß ihrer Meinung nach weder die

kurfürstliche Würde noch diejenige eines der ersten Reichsstände ein
Recht verleihe, sich zum Richter oder Vormund eines Mitstandes auf=
werfen, oder einem aus ihnen, wer es auch sein möge, die Befugniß
bestreiten zu können, durch all die Mittel, welche mit den Reichs=
gesetzen nicht im Widerspruche stünden, neue Gebietserwerbungen zu
machen. Von diesem unanfechtbaren Grundsatze ausgehend, könne und
werde sie natürlich nie zugeben, daß ein Reichsstand sich eine solche
Machtvollkommenheit entweder ihr gegenüber oder gegen einen anderen
Mitstand anmaße. Sollte sie daher irgend Jemand in dem gegen=
wärtigen Augenblicke, und um eine von ihr auf Grundlage ihres guten
Rechtes und der Reichsgesetze gemachte Erwerbung zu vereiteln, an=
greifen wollen, dann werde sie einer so offenkundigen Verletzung des
öffentlichen Friedens alle Mittel einer gerechten Vertheidigung, die
nur immer in ihrer Macht lägen, entgegensetzen. Sie wünsche jedoch
aufrichtig, nicht in diese Lage zu kommen, und Niemand werde mit
größerer Befriedigung als sie die Aufrechthaltung der allgemeinen Ruhe
und des so wünschenswerthen guten Einvernehmens mit dem Könige
von Preußen begrüßen.

Kaum hatte Cobenzl die Antwort des Fürsten Kaunitz auf seinen
Bericht über das Gespräch mit Knyphausen erhalten, als er sich auch
schon beeilte, den letzteren hievon in Kenntniß zu setzen. Knyphausen
bezeigte sich durch die Aufnahme, welche seine Gedanken am Kaiser=
hofe gefunden, äußerst geschmeichelt. Er hege nunmehr die beste
Hoffnung, ließ er sich vernehmen, seinen eigenen Wunsch und den des
Prinzen Heinrich wegen der Fortdauer der guten Beziehungen zwischen
den Höfen von Wien und Berlin in Erfüllung gehen zu sehen. Ja
er würde hieran nicht im Entferntesten mehr zweifeln, wenn nicht
durch die bevorstehende Abreise des Königs die Sache etwas erschwert
würde. In Schlesien werde derselbe von denjenigen seiner Rathgeber
entfernt sein, welche ihn zu besänftigen und mit irgend welcher Frei=
heit mit ihm zu reden vermöchten. Gleichwohl sei kein Augenblick zu
versäumen, ihn noch bei Zeiten von dem Entschlusse des Kaiserhofes
zu unterrichten. Die passendste Art aber, in der dieß geschehen könnte,
wäre wohl in einer vertraulichen Unterredung Cobenzls mit Finkenstein

zu finden. Bei Ueberreichung der letzten österreichischen Erklärung möge er ihm andeuten, in einer Vereinbarung über die zukünftige Erbfolge in Ansbach und Bayreuth wäre das beste Mittel zur Aus= gleichung allen Zwiespaltes zwischen Oesterreich und Preußen gelegen.

Mit Recht weigerte sich Cobenzl, ohne besonderen Auftrag seiner Regierung den Schritt zu thun, welchen Knyphausen ihm anrieth. Der letztere erbot sich daher, die ihm gemachte Mittheilung unverzüglich dem Prinzen Heinrich anzuvertrauen, auf daß er bei dem Könige den geeigneten Gebrauch hievon mache. Der Prinz äußerte seine Befriedigung über das, was geschehen war, und erklärte sich bereit, dem Könige wenigstens zu sagen, er wisse mit Bestimmtheit, daß man sich in Wien mit Ausgleichsmitteln beschäftige, welche dem beider= seitigen Ansehen und Interesse entsprächen.

Prinz Heinrich fand den König für seinen Antrag nicht gerade günstig gesinnt; er versicherte jedoch Cobenzl, es sei ihm die vollständige Umstimmung seines Bruders gelungen [607]). Derselbe sei bereit, auf die ihm vorgeschlagenen Verhandlungen einzugehen, und man werde daher von preußischer Seite die Feindseligkeiten nicht beginnen. Er selbst wolle seine Abreise zu der Armee noch um einige Tage ver= schieben, indem er hoffe, die Sache werde inzwischen in Gang gebracht werden können. Man möge sich durch die Fortsetzung der Kriegs= rüstungen nicht irre machen lassen; sie seien durch die Umstände und durch die Klugheit geboten und würden gewiß gar keinen Einfluß üben auf die Verhandlung.

Es scheint fast, als ob der Prinz sich gegen Cobenzl mit Erfolgen gebrüstet hätte, die er thatsächlich nicht erreicht hatte. Aus dem Brief= wechsel zwischen den zwei Brüdern wissen wir wenigstens, daß Heinrich es für nothwendig hielt, den König nachträglich zu versichern, die Depesche des Fürsten Kaunitz an Cobenzl, von der er ihm gesprochen, sei wirklich vorhanden. Die Möglichkeit lasse sich freilich nicht ab= leugnen, daß sie nur in hinterlistiger Absicht geschrieben sei, aber es könne auch sehr leicht sein, daß die darin enthaltene erste Andeutung von eingehenderen Instructionen gefolgt werde [604]).

Wenn man auch in Wien vielleicht nicht jedes der Worte des
Prinzen Heinrich und Knyphausens gegen Cobenzl als unumstößliche
Wahrheit betrachtete, so mußte doch der Umstand, daß der Prinz sich
jetzt zu persönlichen Verhandlungen mit Cobenzl herbeiließ und ihm
über seine Unterredung mit dem Könige berichtete, einen gewissen Eindruck hervorbringen. Hiezu kam noch, daß die Sendung des Freiherrn
von Miltitz nach Dresden fruchtlos geblieben war und man nicht
mehr daran zweifeln konnte, der Kurfürst habe sich vollständig in die
Arme des Königs von Preußen geworfen. Auch die aus Frankreich
einlangenden Nachrichten lauteten nicht günstig; man mußte sich vielmehr überzeugen, daß die Vorstellungen, durch welche man den Hof
von Versailles von seinem Entschlusse, strenge Neutralität zu beobachten,
wieder abbringen zu können hoffte, fruchtlos geblieben seien. „Soeben
„haben uns die Franzosen", schrieb Joseph am 8. April an Lacy,
„eine honigsüße Antwort ertheilt, aber schließlich wollen sie uns doch
„weder Beistand leisten noch die Vermittlung annehmen, sondern sich
„vollständig neutral erklären, was einem Bruche der Allianz gleich-
„kommt. Jetzt muß man freilich gute Miene dazu machen, ich werde
„mich jedoch seiner Zeit daran erinnern" [609]).

Bei dieser ablehnenden Haltung Frankreichs und bei der hieraus
hervorgehenden Verweigerung seiner Vermittlung blieb Oesterreich nicht
viel anderes übrig als die Beilegung der Zwistigkeiten mit Preußen
durch Verständigung über die Erbfolge in Ansbach und Bayreuth im
Wege directer Verhandlung mit dem Berliner Hofe zu versuchen.
Kaunitz hielt es daher für zweckmäßig, Cobenzls letzten Bericht nicht
ohne rasche und willfährige Erwiederung zu lassen. Mit Zustimmung
der Kaiserin sandte er sie unverzüglich nach Berlin.

In seiner Depesche an Cobenzl griff Kaunitz vorerst auf die bei
der Zusammenkunft in Neustadt zwischen dem Kaiser und dem Könige
von Preußen getroffene Vereinbarung zurück, sich bei dem ersten Auftauchen einer Veranlassung zu Mißtrauen und Zwiespalt um vertrauliche Aufklärung anzugehen und jederzeit mit Aufrichtigkeit und Freimuth zu einander zu sprechen [610]). Der bisherige Vorgang des Königs

von Preußen sei jedoch ein derartiger gewesen, daß sich der Kaiser und die Kaiserin genöthigt gesehen hätten, von der Befolgung jener Zusage so lange Zeit hindurch abzustehen, als dieß durch ihre Pflichten gegen sich selbst und ihre Ehre, sowie zur Sicherstellung ihres Vertheidigungs= standes geboten erschien. Nach geschehener Erfüllung dieser Verpflich= tungen könnten und wollten sie sich jedoch einer weiteren Vernach= lässigung jenes Versprechens nicht schuldig machen und dem Vorwurfe nicht aussetzen, ihrer Eigenliebe die Erhaltung der allgemeinen Ruhe und das Schicksal von Millionen ihrer Mitmenschen aufgeopfert zu haben.

Der König von Preußen bestreite die Gerechtsame Oesterreichs, während man sie in Wien als begründet betrachte. Nie werde es ihm an Einwürfen, dem Kaiserhofe aber nie an Stoff mangeln, sie zu widerlegen. So sei denn ein endloser Prozeß vorhanden. Der König verlange öffentlich, Oesterreich solle Alles wieder in den früheren Zu= stand versetzen; man könne jedoch unmöglich glauben, daß er wirklich eine so verächtliche Meinung von dem Kaiserhofe hege, um dieß im Ernste zu erwarten. Was könne und werde nun bei dieser Collision, wenn man sie nicht unverzüglich behebe, entstehen? Nichts anderes, als daß jetzt der König Oesterreich mit Krieg überziehe, während es bei einer ähnlichen, vielleicht nicht mehr weit entfernten Gelegenheit ein Gleiches thun müsse und werde.

So sehr man darauf hoffe, der König von Preußen werde an der hohen Meinung nicht zweifeln, die man in Wien von seiner Macht und insbesondere von seinen außerordentlichen persönlichen Eigenschaften hege, so wenig glaube man doch auch andererseits Ursache zu haben, den eigenen Kräften und Hülfsquellen zu mißtrauen. Alles in Allem genommen, werde daher der wahrscheinliche Ausgang dieses zweifachen Krieges in nichts anderem, als in gegenseitiger Erschöpfung und in Folgen bestehen, welche beiden streitenden Theilen zum Verderben ge= reichen müßten. Wolle der König diese Folgen vermeiden, durch freund= schaftliches Einverständniß das wechselseitige Interesse wahrnehmen, Oesterreich den jetzigen Vortheil gönnen und sich dafür eine ungestörte Verfügung hinsichtlich der Erbfolge in Ansbach und Bayreuth sichern,

dann seien auch der Kaiser und die Kaiserin mit Vergnügen hiezu
bereit. Auf ihren ausdrücklichen Befehl werde Cobenzl beauftragt,
den König um eine Audienz zu bitten und hiebei trotz aller dagegen
obwaltenden Bedenken zuerst mit dem Antrage auf Herbeiführung eines
Ausgleichs hervorzutreten. Ein Entwurf der zu diesem Ende abzuschließenden Convention wurde Cobenzl gleichzeitig übersendet, und
außerdem erhielt er eine förmliche Vollmacht, sie zu unterzeichnen [611]).

In dem projectirten Uebereinkommen sollte der König von
Preußen sich verpflichten, die Gültigkeit des zwischen Oesterreich und
Kurpfalz am 3. Jänner errichteten Vertrages und das Recht Oesterreichs zur Occupation der von seinen Truppen besetzten baierischen
Gebietstheile anzuerkennen. Ebenso werde er den zwischen Oesterreich
und dem Kurfürsten von der Pfalz zu verabredenden Austausch, sei
es der dem Erzhause zugefallenen Districte, noch größerer Bruchstücke
bisher baierischen Gebietes, oder des ganzen Complexes nicht nur ruhig
geschehen lassen, sondern nöthigen Falles auch fördern. Dagegen anerkenne auch der Kaiserhof im voraus die Gültigkeit einer dereinstigen
Vereinigung von Ansbach und Bayreuth mit der preußischen Primogenitur, und er verpflichte sich zugleich, einem von preußischer Seite
etwa beabsichtigten Austausche der Markgrafthümer gegen anderes Land
nicht zu widerstreben, ja ihn erforderlichen Falles zu unterstützen.

In einer zweiten Depesche vom gleichen Tage wurde Cobenzl
vertraulich benachrichtigt, daß zunächst Frankreichs unwillfährige Haltung
gegen Oesterreich es sei, durch welche man sich zu diesem entgegen-
kommenden Schritte bestimmt sehe. Zu ungesäumtem Vorwärtsschreiten
sei man jedoch durch die Vermuthung veranlaßt worden, der König
wisse noch nichts von der Absicht Frankreichs, sich neutral zu erklären,
und er befürchte eine offenbare Parteinahme dieses Staates für den
österreichischen Hof. Da aber besorgt werden müsse, Frankreich werde
mit seiner Neutralitätserklärung sehr bald hervortreten, sei auch dem
Könige von Preußen gegenüber keine Zeit zu verlieren. Der ganze
an Cobenzl ergehende Auftrag beschränke sich jedoch nur auf den Fall,
wenn der König bei Ankunft des Couriers noch in Berlin oder

Potsdam verweile. Wäre er schon nach Schlesien gereist, dann habe
Cobenzl von der ihm zugehenden Ermächtigung keinen Gebrauch zu
machen. Denn für diesen Fall sei bereits beschlossen, daß der Kaiser
sich ebenfalls zur Armee nach Böhmen begebe [612]) und von dort aus
an den König die beabsichtigten Vorschläge richte.

Und in der That, schon am 6. April hatte Friedrich Berlin
verlassen; am 7. war er nach Breslau gekommen und hatte sich dann
zu seinen Truppen bei Frankenstein begeben. Joseph aber machte am
10. April die Nachricht von der Abreise des Königs dem Fürsten
Kaunitz mit dem Beisatze bekannt, daß er am folgenden Tage gleichfalls aufbrechen werde. Er bat ihn um Mittheilung dessen, was der
von ihm entworfenen Botschaft an den König, die er von Olmütz
aus an ihn abzusenden denke, etwa noch hinzuzufügen, oder was von
ihr wegzulassen sei [613]). Und wirklich erlitt das ursprüngliche Conventionsproject einige Veränderung; an Cobenzl aber erging unverzüglich eine Erneuerung des Auftrages, in Folge der Abreise des
Königs sich der ihm ertheilten Ermächtigung in gar keiner Weise zu
bedienen. Er möge sich auf die Mittheilung an den Prinzen Heinrich
und an Knyphausen beschränken, daß der Kaiser sich vorbehalte, dem
Könige unverweilt und mit eigener Hand zu schreiben. Erhielten in
Folge dessen die preußischen Minister Auftrag und Vollmacht zum
Abschlusse der Convention, dann möge sie Cobenzl, jedoch nur wenn
sie dem ihm mitgetheilten Entwurfe gleichlautend sei, auch seinerseits
unterzeichnen [614]).

Wie Cobenzl meldete, nahm Prinz Heinrich die Nachricht, daß
der Kaiser dem Könige unmittelbar schreiben werde, mit „wahrhafter
„Freude" entgegen. Er verspreche sich hievon, ließ er ihm sagen, den
glücklichsten Erfolg, und es wäre gut, diese Absicht des Kaisers dem
Könige noch vorläufig verborgen zu halten, weil dann deren Ausführung einen um so tieferen Eindruck auf ihn hervorbringen werde [615]).
Und da man in Wien, wie auch Cobenzl betonte, ohnedieß wußte, daß
Niemand den König besser kenne als Prinz Heinrich, so war es natürlich, daß man den Erwartungen sich anschloß, welche der Prinz von
dem bevorstehenden Schritte des Kaisers hegte.

Nur Maria Theresia selbst machte hievon eine Ausnahme, und in der That ließ die Enttäuschung keineswegs lang auf sich warten, ja sie trat schon vor Ankunft der Berichte Cobenzls in Wien ein. Am 12. April kam Joseph nach Olmütz; er wollte jedoch nicht schon an demselben Tage den Brief an den König von Preußen absenden, weil es dadurch das Ansehen gewonnen hätte, daß er ihn fertig in der Tasche mitgebracht habe. Und wirklich nahm der Kaiser einige nicht ganz unwesentliche Veränderungen an seinem Briefe, und mehr noch an dem Conventionsprojecte vor, das er ihm beischloß [616]).

Mit sehr schwerem Herzen hatte sich Maria Theresia in die Abreise ihres Sohnes gefügt; dieselbe verbreite, schrieb sie ihm am folgenden Tage, überall eine ganz unglaubliche Leere und Trostlosig=keit; er möge selbst urtheilen, was eine Mutter in ihrem Alter dabei fühle. „Zwei Söhne", so lauten ihre Worte, „und einen Schwieger=„sohn entreißt man mir. Wie oft habe ich an die armen Frauen „denken müssen, denen man ihre Kinder mit Gewalt wegnimmt! Die „meinigen gehen freiwillig und sind so viel als nur immer möglich „geschützt, und doch mangeln sie mir, um mir als Stütze zu dienen. „Welch häßliches Gewerbe, das des Krieges, gegen die Menschlichkeit „und gegen das Glück" [617]).

Mit Freude bewillkommte Maria Theresia den ersten Brief, den sie aus Olmütz von ihrem Sohne erhielt; sie habe desselben, schrieb sie ihm, dringend bedurft, denn sie sei tief darnieder gebeugt. Sie billigte die Veränderungen, die er an dem Entwurfe der Ueber=einkunft vorgenommen hatte, aber sie meinte doch auch, daß hiedurch deren Annahme kaum erleichtert werden würde; sie werde entweder ganz verworfen, oder hinausgeschoben, oder endlich mit neuen und lästigen Bedingungen in Verbindung gebracht werden [618]).

Noch düsterer war die Stimmung der Kaiserin am folgenden Tage. Wir wissen nicht woher ihr die Nachrichten zugekommen waren, die sie so sehr beunruhigten. „Ich beschwöre Dich", schrieb sie ihrem Sohne am 14. April, „Dich zu schonen; alle Botschaften, welche wir

„erhalten, machen uns starr vor Schrecken. Fritz ist wüthend, und er
„wird seinen Zorn allseitig auslassen. Da er seine Armee voll üblen
„Willens findet, läßt er Executionen ohne Ende vornehmen und ver=
„spricht den Soldaten, überall, wohin sie kämen, plündern zu dürfen;
„das wäre schrecklich. Ich schmeichle mir keineswegs mit einer günstigen
„Antwort" [619]).

Binnen kürzester Frist kam es zu Tage, daß die Auffassung
der Kaiserin die allein richtige war. Wie er es beabsichtigt hatte, sandte
Joseph am 13. April seinen Brief an den König von Preußen. Auch
seinerseits Bezug nehmend auf die Versprechungen, die man sich in
Reisse und in Neustadt gegeben, erklärte er dem Könige, er habe sein
Schreiben an ihn verzögert, bis er sich aus der Hauptstadt und damit
von Allem, was nach politischer Schlauheit aussehe, entfernt habe.
Jetzt aber theile er ihm seine Gedanken mit, von denen er glaube,
daß sie ihren beiderseitigen Interessen weit entsprechender wären als
jedes Zerwürfniß zwischen ihnen. Er füge keine andere Betrachtung
hinzu, da er ohnedieß wisse, daß keine, zu welcher der Gegenstand seines
Briefes überhaupt führen könne, dem Könige entgehen werde. Cobenzl
sei mit der erforderlichen Vollmacht versehen, um den beigeschlossenen
Vertragsentwurf, wenn der König ihn annähme, allsogleich zu unter=
zeichnen. Wünsche er jedoch Aenderungen an demselben, so möge er
sie dem Kaiser direct bekanntgeben und darauf zählen, daß er sich,
so weit als nur immer möglich, entgegenkommend verhalten werde.
Denn er wäre glücklich, hiedurch das gute Einvernehmen mehr und
mehr zu kräftigen, welches allein das Glück der beiderseitigen Staaten
ausmachen könne [620]).

Insofern es in Josephs Wünschen gelegen war, eine rasche
Antwort auf sein Schreiben zu erhalten, erwies ihm Friedrich die
größte Willfährigkeit, die nur immer erwartet werden konnte. Denn
kaum hatte der König den Brief des Kaisers empfangen, als er auch
schon zur Feder griff, seine Erwiederung zu entwerfen. Als so merk=
würdig wird dieselbe erkannt werden, daß sie ihrem ganzen Umfange
nach hier Aufnahme finden muß.

„Ich habe", so lautet sie, „mit aller nur immer denkbaren
„Befriedigung den Brief erhalten, welchen Eure kaiserliche Majestät
„die Güte gehabt haben, an mich zu richten. Ich habe keinen Minister
„oder Secretär bei mir, daher müssen Eure Majestät sich mit der
„Antwort eines alten Soldaten begnügen, der Ihnen ehrlich und
„freimüthig über einen der wichtigsten Gegenstände schreibt, der seit
„langer Zeit auf dem Gebiete der Politik aufgetaucht ist. Niemand
„wünscht lebhafter als ich den Frieden und die Eintracht zwischen
„den Mächten Europa's aufrecht zu erhalten. Aber für Alles gibt
„es Grenzen, und man begegnet so schwierigen Fällen, daß der gute
„Wille allein nicht genügt, die Dinge in Ruhe und Frieden zu er-
„halten."

„Mögen Eure Majestät mir gestatten, Ihnen den Stand unserer
„gegenwärtigen Angelegenheiten klar auseinander zu setzen. Es handelt
„sich darum, zu wissen, ob ein Kaiser nach seinem Willen über Reichs-
„lehen verfügen kann? Wenn man diese Frage bejahend beantwortet,
„dann werden alle diese Lehen zu Timarien*), die nur auf Lebens-
„zeit verliehen sind und über welche der Sultan nach dem Tode des
„Besitzers neuerdings verfügt; das aber ist im Widerspruche mit
„den Gesetzen, den Gewohnheiten und den Gebräuchen des Römischen
„Reiches. Kein Fürst desselben wird die Hand dazu bieten; Jeder
„wird sich auf das Lehenrecht berufen, welches seine Besitzungen seinen
„Sprößlingen zusichert, und Niemand wird sich bereit finden lassen,
„selbst die Macht eines Despoten zu befestigen, der früher oder später
„ihn und seine Kinder der Besitzungen berauben wird, welche seinem
„Hause seit unvordenklichen Zeiten gehörten."

„Das ist es, was den gesammten deutschen Reichsverband auf-
„schreien machte gegen die gewaltthätige Art, mit welcher Baiern in
„Besitz genommen wurde. Ich aber finde mich als Reichsglied, und
„nachdem ich mich in dem Hubertsburger Vertrage auf den West-
„phälischen Frieden berufen, unmittelbar veranlaßt, die Privilegien,

---

*) Türkische Lehengüter.

„die Freiheiten und die Rechte des deutschen Reichsverbandes, endlich
„die kaiserlichen Wahlcapitulationen aufrecht zu erhalten, durch welche
„man die Gewalt des Reichsoberhauptes beschränkt, um den Miß-
„bräuchen vorzubeugen, die es von dem Uebergewichte seiner Stellung
„etwa zu machen im Stande wäre."

„Dieß ist, Sire, der wahre Stand der Sache; mein persönliches
„Interesse spielt dabei gar nicht mit. Aber ich bin überzeugt, Eure
„Majestät selbst würden mich als einen feigen und Ihrer Achtung
„unwürdigen Menschen betrachten, wenn ich niedriger Weise die Rechte,
„Freiheiten und Privilegien, welche die Kurfürsten und ich von unseren
„Vorfahren erhielten, hinopfern wollte. Ich fahre fort, Sire, zu Ihnen
„mit dem gleichen Freimuthe zu reden. Ich liebe und ehre Ihre Person,
„und es wird mir gewiß hart sein, gegen einen Fürsten von so aus-
„gezeichneten Eigenschaften zu kämpfen."

„Dieß sind nach meiner schwachen Einsicht die Gedanken, die
„ich der überlegenen Beurtheilung Eurer Majestät hiemit vorlege. Ich
„gestehe, daß Baiern nach dem Rechte der Zweckmäßigkeit dem Kaiser-
„hause anständig sein kann. Da ihm aber jedes andere Recht bei
„dieser Besitznahme widerstrebt, könnte man nicht den Herzog von
„Zweibrücken durch irgendwelche Schadloshaltung zufriedenstellen?
„Könnte man nicht etwas finden, um auch den Kurfürsten von Sachsen
„für die ihm aus der baierischen Erbfolge zukommenden Allodien zu
„entschädigen? Die Sachsen berechnen ihre Ansprüche auf sieben und
„dreißig Millionen Gulden, aber sie werden wohl zu Gunsten des
„Friedens Einiges davon nachlassen. Zur Durchführung solcher Vor-
„schläge — den Herzog von Mecklenburg nicht zu vergessen — würden
„Eure Majestät mich mit Freude mitwirken sehen, weil sie dem ent-
„sprächen, was meine Pflichten und der Platz, den ich einnehme, von
„mir verlangen."

„Ich versichere Eure Majestät, daß ich mich gegen meinen
„Bruder nicht mit größerem Freimuthe aussprechen würde, als ich
„die Ehre habe, mit Ihnen zu reden. Ich bitte Sie über das, was

„ich mir die Freiheit nehme, Ihnen vorzustellen, nachdenken zu wollen,
„denn darin besteht die Sache, um die es sich handelt. Die Erbfolge
„in Ansbach ist ihr vollständig fremd, denn unsere Rechte sind so
„legitim, daß sie uns Niemand bestreiten kann. Jener van Swieten
„war es, der mir vor vier oder fünf Jahren, wie ich glaube, davon
„sprach, und der mir sagte, der Kaiserhof würde es sehr gerne sehen,
„wenn irgend ein Austausch vorgeschlagen werden könnte, weil ich ihn
„des Uebergewichtes der Stimmen im fränkischen Kreise berauben
„würde und weil man mich als Nachbar von Eger in Böhmen nicht
„haben wollte. Ich antwortete ihm, man könnte sich noch beruhigen,
„weil der Markgraf von Ansbach sich wohl befinde und Alles darauf
„zu wetten sei, er werde mich überleben. Das ist Alles was darüber
„verhandelt wurde, und Eure Majestät können davon überzeugt sein,
„daß ich Ihnen die Wahrheit sage.“

„Was die letzte Denkschrift angeht, die ich von dem Fürsten
„Kaunitz erhielt, so scheint er übler Laune gewesen zu sein, als er sie
„entwarf. Die Antwort hierauf kann nicht vor acht Tagen hier ein-
„treffen. Ich setze mein Phlegma seiner Hitze entgegen, und erwarte
„hauptsächlich von Eurer Majestät, daß Sie die Güte haben werden,
„sich über die aufrichtigen Vorstellungen zu entscheiden, die ich mir
„die Freiheit nehme, hiemit an Sie zu richten“ [621]).

Joseph mußte sich natürlicher Weise durch diesen Brief des
Königs aufs tiefste verletzt fühlen. Vor Allem hielt er sich für be-
trogen, denn er hatte wirklich nichts anderes geglaubt, als daß Prinz
Heinrich und Knyphausen nur mit Vorwissen, ja im Auftrage des
Königs die geheime Verhandlung mit Cobenzl angesponnen hätten.
Dann mußte ihn die tückische Verkehrung des Standpunktes, von
welchem aus die Angelegenheit der baierischen Erbfolge zu beurtheilen
war, empfindlich berühren. Ganz abgesehen von dem beleidigenden
Vergleiche mit dem Sultan und türkischem Verfahren war es einfach
nicht wahr, daß der Kaiser die Reichslehen eigenmächtig weiter ver-
geben wollte, sondern für ihn handelte es sich um nichts als um
Geltendmachung der Erbansprüche seines Hauses auf baierisches Gebiet.

Und selbst wer von der Rechtsbeständigkeit dieser Ansprüche weit geringer denken mochte als Joseph, der mußte doch empört sein, aus dem Munde eines Friedrich, der seiner Zeit Alles weit überboten hatte, was Joseph jetzt in den Sinn kam, über die Heilighaltung der Rechte Anderer eine Belehrung annehmen zu sollen.

So nutzlos ihm nun auch ein fernerer Briefwechsel mit dem Könige von Preußen erschien, so wenig konnte doch Joseph es über sich gewinnen, dessen letztes Schreiben unbeantwortet zu lassen. Nach einem scharfen Seitenhiebe auf „die lange Tirade", welche der Brief des Königs enthalte, schrieb er ihm, daß in Allem, was in Baiern geschah, nicht der Kaiser, sondern der König von Böhmen als Kur= fürst, und der Erzherzog von Oesterreich gehandelt hätten, der als Mitstand die Anerkennung seiner Ansprüche von Seite eines anderen Mitstandes, des Kurfürsten von der Pfalz, des alleinigen Erben der baierischen Länder, durch eine freie und freundschaftliche Uebereinkunft erwirkte. Das Recht, sich ohne Zustimmung eines Dritten mit seinem Nachbar zu vergleichen und sein Gebiet auszudehnen, habe bis jetzt noch Niemandem, der überhaupt unabhängig sei, bestritten werden können, und darum hätten alle Reichsfürsten dasselbe jederzeit unbean= ständet geübt.

Was die Allodialforderungen des Kurfürsten von Sachsen und des Herzogs von Mecklenburg angehe, so seien sie entweder als eine Streitsache vor dem competenten Gerichte, oder bei dem Kurfürsten von der Pfalz als dem alleinigen Erben zur Austragung zu bringen. Der Herzog von Zweibrücken hingegen besitze, so lang der Kurfürst am Leben sei, nicht das mindeste Recht, und es stehe ihm frei, der mit dem Kurfürsten abgeschlossenen Uebereinkunft beizutreten oder nicht. Obgleich er den Kurfürsten vorläufig ermächtigt habe, in seinem Namen und in dem aller Erben eine Verabredung mit der Kaiserin in Bezug auf die baierische Erbfolge zu treffen, so seien doch seine Rechte unberührt geblieben. Ihm gegenüber sei Oester= reich zu einem Festhalten an den Bestimmungen der Convention nicht verpflichtet. Würde er also dereinst der Nachfolger des Kurfürsten sein, dann müßten mit ihm entweder neue Vereinbarungen getroffen oder die geeigneten Wege zur Entscheidung der Rechtsfrage einge-schlagen werden.

Das Wort „Despotismus", dessen der König sich bedient habe und welches der Kaiser nicht weniger verabscheue als er, sei zum Mindesten überflüssig gewesen. Denn der Kaiser habe in diesem wie in allen sonstigen Fällen nichts anderes gethan, als dem, der sich in der geeigneten Form an ihn wende und seine Ansprüche zur Geltung zu bringen suche, prompte Justiz zu versprechen. Auch von der Kaiserin sei nichts geschehen, als daß sie die Anerkennung ihrer Rechte mittelst einer freiwillig abgeschlossenen Convention erwirkte, und sie werde daher mit allen Mitteln, die ihr zu Gebote stünden, ihre Besitzungen zu vertheidigen wissen.

Dieser und kein anderer sei der wahre Stand der Frage, in der es sich um nichts handle als zu wissen, ob irgend ein Reichsgesetz einen Kurfürsten verhindere, mit seinem Nachbar ein Uebereinkommen ohne Zustimmung eines Dritten abzuschließen oder nicht. Mit Ruhe werde der Kaiser abwarten, was der König ihm antworten oder was er thun wolle. Er habe schon so viele wahrhaft nutzbringende Dinge von ihm gelernt, daß wenn er nicht Staatsbürger und durch das Schicksal einiger Millionen Menschen, welche schwer unter einem Kriege leiden würden, peinlich berührt wäre, er fast erfreut sein müßte, von dem Könige auch noch zum Feldherrn ausgebildet zu werden. Gleichwohl könne derselbe überzeugt sein, daß die Aufrechthaltung des Friedens, und insbesondere mit dem Könige, den er wahrhaft ehre und liebe, in seinen aufrichtigen Wünschen gelegen sei. Viermal-hunderttausend wackere Leute sollten nicht dazu verwendet werden, sich gegenseitig zu tödten, und das ohne einen bestimmten Zweck und ohne sich irgend eine wirklich lohnende Frucht hievon versprechen zu können [622]).

Selbstverständlich sandte Joseph den Brief des Königs und die demselben hierauf ertheilte Antwort auch seiner Mutter. Er sagte ihr gleichzeitig, das insolente Schreiben des Königs werde ihr gewiß nicht gefallen; er habe es wegen der darin enthaltenen Beschuldigung despotischer Gewaltthätigkeit nicht unerwiedert lassen können. Er bat sie um Vergebung, daß er zu dieser Antwort ihre Zustimmung nicht einzuholen vermochte, und er gab der Hoffnung Ausdruck, sie werde ihm nachträglich ihren Beifall nicht versagen [628]).

Und in der That, Maria Theresia spendete denselben ihrem Sohne in reichlichstem Maße. „Gestern um drei Uhr", schrieb sie ihm am 18. April, „erhielt ich Deine Staffette aus Littau; Du kannst „selbst die Wirkung beurtheilen, die sie auf mich hervorbrachte; das „war in der That eine Veranlassung, diesen großen Tag *) darzu= „bringen als ein Opfer. Obwohl vorhergesehen, würde ich an dem „Erfolge doch auch jetzt noch nicht völlig verzweifeln. Ich gestehe „meine Schwäche, dieser eigenhändig geschriebene Brief, ohne Schreiber „inmitten von vierzigtausend Mann, ohne Orthographie, ohne Styl, „wie ein König oder vielmehr ein Despot vom Theater, der darin „liegende Beweis, daß dieses Ungeheuer nicht so vielseitig ist und daß „er bei dieser Gelegenheit irgend eines Anderen seines Schlages bedurft „hätte, seine schmutzige Wäsche zu waschen, hat mir Vergnügen gemacht. „Die Gereiztheit gegen Conis **) und van Swieten sind seiner würdig! „Dagegen hat mir Dein so rasch abgefaßter Brief, von dem es den „Umständen so entsprach, daß er, um nicht verlegen oder rathlos zu „erscheinen, keinen Augenblick verzögert werden durfte, zu größtem „Troste gereicht und mich mit Bewunderung erfüllt; Du treibst Deine „Bescheidenheit zu weit, wenn Du mir noch Entschuldigungen darüber „machst. Du weißt, und neuerdings wiederhole ich es Dir, daß Du „mit vollem Rechte mein ganzes Vertrauen besitzest. Die Angelegen= „heit betrifft Dich mehr als mich, insbesondere wenn der Krieg wirklich „ausbricht; das wird mir einen starken Stoß geben, aber der Staat „und die ganze Familie gehören Dir. Ich bin gewiß, daß er bei

---

*) Den Charfreitag.

**) (Kaunitz.) Spottende Anspielung auf des Königs Schreibweise dieses Namens.

„Dir in besseren Händen ist als bei mir; ich wünsche Dir nur
„ein wenig mehr Glück, aber der Wille der göttlichen Vorsehung
„möge sich vollziehen. Was aber soll ich Dir über Deine Antwort
„sagen? Sie hat mich mit einem Male aus der heftigsten Erregung
„der Entrüstung in die tiefste Rührung und das größte Erstaunen
„versetzt; selbst die Correcturen, welche Du anbrachtest, habe ich be-
„wundert, und ich wäre in Verzweiflung, sie nicht gesehen zu
„haben. Der treue Pichler hat die beiden Schriftstücke, und zwar
„mit den Correcturen copirt, diesen wichtigen und rührenden Denk-
„malen für Jene, die nach uns kommen. Du konntest nicht mit
„mehr Sanftmuth und Würde Deinem Schüler in der Politik
„eine Lection geben; Du konntest aber auch nicht mit mehr Spott
„und Ironie Deinen Gefühlen für diesen Despoten Ausdruck ver-
„leihen. Für mich war nur das Wort lieben zu viel und es
„hat mich eifersüchtig gemacht, denn ich will, daß Du uns liebst,
„aber ich will nicht in dieser Gesellschaft in Deinem Herzen sein.
„Fahre fort, auch in Zukunft Geduld und kaltes Blut zu be-
„wahren, denn Du wirst dessen jeden Augenblick mit den Anderen
„und mit uns selbst bedürfen. Erhalte Dich, das ist der wichtigste
„Punkt, für den Staat und für mich; es gibt nur Einen Joseph
„für die Königin und für seine zärtliche Mutter, die Dich liebevoll
„umarmt" [624]).

Auch Kaunitz stimmte mit der Kaiserin in der Verurtheilung
des Briefes des Königs von Preußen überein. Unter dem Deckmantel
des Freimuthes enthalte er ein Gewebe von Impertinenzen, welche
nichts seien als die Ausgeburt der gröbsten Unwissenheit und der
schwärzesten Galle; aus einer Anhäufung falscher Voraussetzungen sei
der König zu ebenso irrigen Schlußfolgerungen gelangt. Wenn er ein
großer Soldat sei, so sei er ein noch größerer Ignorant und der
schlechteste Logiker von der Welt. Auf tausend Meilen befinde er sich
von dem richtigen Standpunkte entfernt, und es sei unmöglich, sich
irgend etwas Unvernünftigeres zu denken als seinen Brief. Dagegen
müsse man sich freuen, daß der Kaiser hierauf so rasch und in so
durchaus passender Weise geantwortet habe [625]).

So scharf als mit seinem Tadel, so karg und gemessen war Kaunitz, wie man sieht, mit seinem Lobe. Er war eben bei weitem keine so lebhafte und enthusiastische Natur wie Maria Theresia; ihr Herz aber war so voll und so mittheilungsbedürftig, daß sie an dem gleichen Tage noch ein zweites Mal an Joseph schrieb. Sie theilte ihm die ungünstigen Nachrichten mit, welche während des Tages eingelaufen waren, und aus denen die Ansammlung sehr beträchtlicher feindlicher Streitkräfte hervorging. „Die Freude", fügte sie hinzu, „welche Deine Antwort an den König und Deine Ueberlegenheit in „Allem ihm gegenüber mir bereiteten, hat bald dem Bedauern Platz „gemacht, Dich solchen Unarten preisgegeben zu sehen. Wie glücklich", fuhr sie mit einer Anspielung auf Cobenzls letzten Bericht fort, „wäre „ich, wenn Friedrich so dächte wie Heinrich, obgleich ich im Grunde „auch nicht viel mehr Vertrauen zu ihm hege, indem er zu den „falschesten Menschen gehört, und auch der Prinz von Preußen wird „schwerlich viel anders sein. Unser neunter Erzherzog wird besser „behandelt als dort der präsumtive Erbe des Thrones; dort ist „Alles nur Sclaverei, während man bei uns aus Anhänglichkeit dient. „Ich habe all die Tage her Gott gebeten, daß wenn er mich durch „den Krieg bestrafen will, er doch wenigstens Dich bewahren möge „vor jedem Unglück. Die große Coiffüre war dringend nöthig, daß „man meine Thränen nicht fließen sah, ich schien mir neuerdings „Witwe geworden. Du fehlst mir in Allem, und das öffnet bei mir „eine Wunde, die niemals geheilt ist und nie heilen wird. Es ist „Zeit, daß ich ende" [626]).

Es mochte ungewiß sein, ob der König von Preußen auch den zweiten Brief des Kaisers beantworten werde. Aber nicht nur geschah dieß, sondern Friedrich schlug jetzt einen ganz anderen und weit weniger verletzenden Ton an, als dessen er sich in dem ersten bedient hatte. Nachdem er den Kaiser im voraus seiner Hochachtung, ja seiner Liebe versichert, ging der König auf eine Rechtfertigung des Verfahrens ein, das er bisher beobachtet hatte. Er knüpfte daran verschiedene Beispiele, um den Kaiser des Unrechtes zu überführen, das er an Baiern und dem Reiche begangen haben sollte. Wenn derselbe auf eine der-

einstige Vereinbarung mit dem Herzoge von Zweibrücken hingewiesen
habe, so frage er dagegen, warum man nicht jetzt schon nach einer
solchen strebe? Aehnliches müsse in Bezug auf die Befriedigung der
Ansprüche des Kurfürsten von Sachsen gesagt werden. Die Mittel
hiezu so wie zur Beseitigung des sonst noch obwaltenden Zwiespaltes
könnten jedoch nur im Wege der Verhandlungen zwischen den beider=
seitigen Ministerien aufgesucht und festgestellt werden. Wenn der
Kaiser hiezu Cobenzl als geeignet betrachte, so möge er ihn, sonst aber
einen Anderen mit den hiezu erforderlichen Aufträgen versehen. Die
Entwirrung des Chaos, in welches die Dinge gerathen seien, erscheine
allerdings nicht leicht, aber diese Schwierigkeiten sollten eher ermuthigen
als abschrecken; im Interesse der Menschheit möge man wenigstens
den Versuch machen, sie zu besiegen. Uebrigens wolle der Kaiser über=
zeugt sein, daß der König dessen Person und die öffentlichen Angelegen=
heiten niemals miteinander vermenge. „Sie bedürfen keines Meisters",
so schloß Friedrich sein Schreiben, „sondern Sie können jede Ihnen
„beliebige Rolle spielen, weil der Himmel Sie mit den seltensten
„Talenten begabt hat. Rufen Sie sich ins Gedächtniß zurück, daß
„Lucullus niemals Armeen commandirt hatte, als der römische Senat
„ihn nach dem Pontus absandte. Kaum war er dort angekommen,
„als sein erster Versuch darin bestand, Mithridates zu schlagen. Wenn
„Eure Majestät Siege erringen, werde ich der Erste Ihnen Beifall
„zurufen, aber es darf natürlich nicht gegen mich sein" [627].

Wenn Joseph sich beeilte, diesen Brief des Königs zustimmend
zu beantworten [628], so ging er hiebei von der Meinung aus, daß
derselbe zu seinem Vorschlage sowohl durch seine eigenen Betrachtungen
als durch die Bemühungen des Prinzen Heinrich bewogen worden sei.
Aus diesem Grunde billigte er es auch, daß Berlin zum Orte der
Verhandlungen gemacht, und Cobenzl mit denselben betraut werde.
Schon ihren Beginn hielt der Kaiser für einen nicht gering anzu=
schlagenden Vortheil. Entweder werde der Friede gewahrt oder der
Krieg nehme wenigstens später seinen Anfang, wodurch für die Ver=
stärkung der Armee und ihre bessere Ausrüstung eine nicht hoch genug
anzuschlagende Frist gewonnen werde [629].

„Wie zufrieden bin ich doch", ſchrieb Maria Thereſia an Joſeph, als ſie das zweite Schreiben des Königs von Preußen und die Antwort des Kaiſers auf daſſelbe erhielt, „mit dieſen zwei Briefen. Dein „Mithridates iſt alſo nicht mehr jener wüthende Roland! Lucullus „ertheilte ihm aber auch eine tüchtige Lection. Gott gebe, daß ſie zu „dem erſehnten Ziele führe, und daß Du den unſterblichen Ruhm ge= „nießeſt, Europa den Frieden verliehen und Dich für die Menſchheit „aufgeopfert zu haben, denn Du bleibſt ja doch immer das Opfer, „Deine Anſtrengungen, Deine Arbeiten, vielleicht ſogar Dein Ruhm „und Dein Intereſſe. In Deinem Alter ſind die Leidenſchaften noch „nicht ſo geſchwächt wie bei dieſem alten Soldaten, dieſem demüthigen „Manne, der ſich zum Mithridates und Dich zum Lucullus macht. „Aber ich liebe meinen Cato, meinen chriſtlichen Philoſophen! Auch „Deine zweite Antwort ſollte man drucken laſſen, ſo durchaus er= „ſchöpfend und den Umſtänden angemeſſen iſt ſie; Kaunitz findet ſie „entzückend." Und nachdem ſie, neuerdings von dem Könige von Preußen ſprechend, ihn einen „alten Fuchs" genannt und mit einem „böſen Thiere" verglichen, wiederholt ſie im Scherze die Klage, daß auch in Joſephs zweitem Briefe das Wort „lieben" angewendet worden, und die Verſicherung, daß ſie wirklich eiferſüchtig auf den König als ihren Nebenbuhler ſei [630]).

An dem Tage, an welchem Maria Thereſia in dieſem Sinne an ihren Sohn ſchrieb, erhielt der Kaiſer die dritte und letzte Antwort des Königs. So ſchmeichelhafter Ausdrücke für Joſeph be= diente ſich Friedrich, und ſo lebhaft betonte er ſeinen ſehnſüchtigen Wunſch nach ungeſtörter Erhaltung des Friedens [631]), daß man wirk= lich zu glauben verſucht war, es ſei ihm damit Ernſt und er werde, wie er ſelbſt es verhieß, redlich mitarbeiten zur Erreichung dieſes Zweckes.

Aus den gleichzeitigen Briefen des Königs an den Prinzen Heinrich wiſſen wir jedoch, daß es ihm eigentlich um nichts anderes als um Zeitgewinn zu thun war, ſeine Vorbereitungen zur Krieg= führung zu beenden. Denn vor Eintritt des Monates Juni glaubte er nicht im Stande zu sein, irgend etwas mit Aussicht auf Erfolg zu unternehmen [632]). Nichts lag ihm ferner, als sich Oesterreich gegenüber nachgiebig zu zeigen. Und da er auch keinen Grund zu der Annahme besaß, der Kaiserhof werde von seinen Ansprüchen abstehen, so versprach er sich im voraus von den jetzt in Berlin beginnenden Verhandlungen keinen Erfolg [633]).

Zwölftes Capitel.

Fruchtlosigkeit der Verhandlungen mit Preußen.

In Wien befand man sich, wie aus dem bisher Gesagten klar geworden sein wird, auf einem ganz anderen Standpunkte als der König von Preußen. Man überschätzte den Einfluß des friedliebenden Prinzen Heinrich auf seinen Bruder, und man schlug auch, durch den Prinzen und durch Knyphausen irre geführt, den Wunsch des Königs, zu einer feststehenden Abmachung in Bezug auf die Nachfolge in Ansbach und Bayreuth zu gelangen, weit höher an, als es der Wirklichkeit entsprach. Allerdings meinte man, Friedrich werde auch noch die Lausitz an sich bringen wollen, und um dieß zu erreichen, dem kurfürstlich sächsischen Hause auf Kosten Oesterreichs und des Kurfürsten von der Pfalz sehr große Vortheile zuzuwenden suchen. Und auch für den Herzog von Zweibrücken werde er ungemein weit gehende Zugeständnisse zu erwirken bestrebt sein. Um alledem nach Möglichkeit zu begegnen, wurde Cobenzl beauftragt, darnach zu trachten, daß die ganze Angelegenheit in die Bahn geleitet werde, auf welcher allein ein allseitiger Ausgleich zu Stande gebracht werden könnte. Als der hiebei zu erreichende Zielpunkt sei der Eintausch aller baierischen Länder gegen ein angemessenes Aequivalent zu betrachten. Darin wäre auch das beste Mittel gelegen, einerseits den Herzog von Zweibrücken zufrieden zu stellen, und andererseits das Ansehen und das Interesse des Kaiserhauses zu wahren [634]).

Der Courier, welcher diese Instruction für Cobenzl nach Berlin überbringen sollte, hatte den Befehl, sich vorerst zu dem Kaiser zu

begeben, auf daß er die Depeschen durchlesen und je nach seinem
Belieben abändern könne. „Gott gebe", schrieb gleichzeitig Maria
Theresia an Joseph, „seine Gnade, daß wir zu irgend einem soliden
„Abschlusse gelangen, um unsere so prekäre Lage zu beendigen und
„den Krieg zu vermeiden. Auch Dein letzter Brief an den König ist
„einzig, und einen so theuren Sohn sollte man nicht zu erhalten suchen
„und lieben? Wenn Du ein Preuße wärest, und damit ist im gegen=
„wärtigen Augenblicke Alles gesagt, würde ich darnach trachten, Dich
„für mich zu gewinnen. Urtheile also, was mein Herz empfindet, daß
„Du mein Sohn, und ein solcher Sohn, ein Phönix bist" [635]).

Joseph war eigentlich der Meinung gewesen, es würde passend
sein, wenn er dem Könige von Preußen neuerdings schriebe, und er
entwarf eine Denkschrift, die er, wenn die Kaiserin und Kaunitz sie
billigen würden, ihm zusenden wollte [636]). Lebhaft widerrieth jedoch
der Staatskanzler diesen Schritt. Die Mittheilungen, die der Kaiser
dem Könige zu machen gedenke, seien ihm, meinte Kaunitz, wenigstens
zum größten Theile ohne Zweifel schon bekannt, die Vorschläge aber,
die er daran zu knüpfen beabsichtige, würden ihm gewiß nicht genügen.
Gar leicht könnte der König hierin ein Anzeichen erblicken, daß jede
fernere Verhandlung fruchtlos sein würde; statt zu deren Fortsetzung,
könnte sie daher gar wohl zu ihrem Abbruche führen, was man gerade
vermeiden wolle [637]). Der Kaiser fand diese Betrachtungen gegründet;
er schrieb nicht an den König, und er begnügte sich, die an Cobenzl
abgehenden Depeschen durch den Auftrag zu vervollständigen, er möge
die Bereitwilligkeit des Wiener Hofes kundgeben, die in der Oberpfalz
occupirten Ortschaften dem Kurfürsten zurückzustellen. Dadurch werde
der im Westphälischen Frieden stipulirten Integrität der Oberpfalz
Genüge geschehen und jede Beschwerde vollständig beseitigt, welche aus
einer vermeintlichen Verletzung dieses Vertrages hervorgehen könnte [635]).

Wenige Tage, nachdem Joseph der Aufforderung des Staats=
kanzlers, nicht mehr an den König von Preußen zu schreiben, nach=
gekommen war, kündigte ihm Kaunitz einen Vorschlag an, von dessen
Annahme und Durchführung er sich eine gute Wirkung versprechen zu

dürfen glaubte[639]). In die verbindlichsten Ausdrücke war die Antwort gekleidet, welche der Kaiser hierauf ertheilte. Mit Ungeduld erwarte er, was Kaunitz ihm in Aussicht gestellt, denn dessen Gedanken seien immer so richtig, so wahr und so gerade zum Ziel führend, daß er schon im voraus, fast ohne sie zu kennen, ihnen zustimme. „Ich' mache „jetzt", schrieb der Kaiser bei diesem Anlasse, „eine Rundreise, und „wenn uns nur noch ein wenig Zeit gelassen wird, glaube ich, daß „wir Friedrich getrost an uns herankommen lassen können"[640]).

Joseph mochte sich nicht wenig darüber wundern, daß der so geheimnißvoll angekündigte Vorschlag des Fürsten Kaunitz jetzt auch in nichts Anderem als in dem Entwurfe eines Briefes bestand, der von Seite des Kaisers an den König von Preußen geschrieben werden sollte. Und dessen Endzweck hatte nur darin zu bestehen, sich von den Absichten des Königs sowohl für die Gegenwart als für die Zukunft besser zu unterrichten. Denn die ungünstige Lage, in welche man durch die von allen Seiten laut werdenden unfreundlichen Kundgebungen allmälig gerathen sei, lasse es wünschenswerth erscheinen, darnach zu streben, sich wenigstens mit Ehren, und zwar ohne großen Gewinn, aber doch mit einigem Vortheile aus ihr zu ziehen[641]).

Seinen Ausgangspunkt sollte dieser Brief von dem Umstande nehmen, daß man in Wien gerade im Begriffe stand, eine dritte Denkschrift zu beantworten, welche Riedesel daselbst überreicht hatte. So wenig als man es sich ersparen könne, dieß zu thun, so deutlich sehe man doch ein, daß durch derlei Rechtsdeductionen, durch welche weder der eine noch der andere Theil überzeugt werde, gar nichts erreicht sei. Dieß vorausgesetzt, stelle es sich vielleicht als zweckmäßig dar, die Sache neuerdings und leidenschaftslos ins Auge zu fassen. Thue man solches, so werde man leicht erkennen, daß eigentlich die Frage der Erbfolge in Baiern keinen directen Streitpunkt abgebe zwischen Oesterreich und Preußen oder dem Kaiserhofe und dem Kurfürsten von der Pfalz. Die Allodialforderungen Sachsens giengen die Kaiserin nur so weit an, als vielleicht einige Allodien in dem ihr kraft der Convention mit Kurpfalz zugefallenen baierischen Gebiete gelegen sein könnten. Für

26*

dieſen Fall wäre man auch auf öſterreichiſcher Seite zur Befriedigung
des Kurfürſten von Sachſen bereit. Was der Herzog von Mecklenburg begehre, betreffe nur den Kaiſer und das Reich; Oeſterreich werde
hiedurch gar nicht berührt und gedenke ihm daher auch keine Hinderniſſe zu bereiten. Der ganze Streit drehe ſich um den Proteſt, welchen
der Herzog von Zweibrücken gegen die von ſeinem Oheim getroffene
Uebereinkunft mit Oeſterreich erhob. Um auch dieſen Stein des Anſtoßes
zu beſeitigen, müſſe man nach Ausgleichsmitteln ſuchen, welche für
Oeſterreich wie für Preußen gleich annehmbar ſeien. Dem Könige
wäre die Gelegenheit zu bieten, dem einmal übernommenen Schutzamte
über Sachſen und Zweibrücken Genüge zu leiſten, und gleichzeitig für
ſich ſelbſt Vortheile zu erlangen, die denen, nach welchen Oeſterreich
ſtrebe, ungefähr gleichkämen. Nur durch einen ausgiebigeren Austauſch, durch den das kurpfälziſche Haus, den Herzog von Zweibrücken
mit inbegriffen, vollkommen befriedigt und in den Stand geſetzt würde,
auch die Forderungen Sachſens zu erfüllen, während das Haus Oeſterreich gar keine Machtvergrößerung erhielte, wäre dieß zu erreichen.
Die ſonſtigen Vortheile aber, die hieraus für Oeſterreich hervorgiengen,
müßten auch Preußen zu Theil werden, wie denn überhaupt Gleichheit
und Gegenſeitigkeit die Grundlage des anzubahnenden Verſtändiſſes
ſein ſollten.

Es war eigenthümlich, wie raſch jetzt Joſeph und Kaunitz die
Rollen vertauſcht hatten. Wollte früher der Erſtere dem Könige
ſchreiben und hatte Kaunitz dieß widerrathen, ſo trat nun der um-
gekehrte Fall ein. Joſeph meinte, ein neuerlicher Brief an den König
könnte wie ein Anzeichen von Furcht ausgelegt werden. Außerdem
hätte ſich der angebotene Austauſch doch nur auf einen Theil der
Niederlande zu erſtrecken, denn ſie vollſtändig aufzugeben, würde weder
den Intereſſen Oeſterreichs noch denjenigen Frankreichs entſprechen.
Der König von Preußen aber wolle wahrſcheinlich die ganze Lauſitz
für ſich haben, die man ihm unmöglich zuzugeſtehen vermöchte. Es
ſei alſo nicht abzuſehen, wie aus ſolchen Vorſchlägen eine wirkliche
Vereinbarung hervorgehen könne. Er werde, ſchrieb Joſeph an Kaunitz,
das Schreiben an den König erſt dann abſenden, wenn ihm hiezu der

geeignete Moment gekommen zu sein scheine[642]). Daß dieß wohl niemals geschehen werde, konnte Kaunitz aus den Worten des Kaisers unschwer herausfinden.

Die Erhaltung des Friedens hing also jetzt nur noch von den Verhandlungen ab, welche Cobenzl in Berlin mit den preußischen Ministern Finkenstein und Herzberg pflog, und in die auch Prinz Heinrich und Knyphausen eingeweiht wurden. Am 1. Mai 1778 nahmen sie ihren Anfang. Als Cobenzl das ursprüngliche Conventionsproject vorlegte, wurde von preußischer Seite erwiedert, es sei von dem Könige aus der Ursache abgelehnt worden, weil es gar nichts enthalte, was die Ansprüche der zunächst Betheiligten an die baierische Erbfolge zu befriedigen vermöchte; darin bestehe der Hauptpunkt, und man hätte erwartet, daß Cobenzl sich hierüber näher aussprechen werde. Letzterer aber meinte, solches könnte am besten von preußischer Seite, vielleicht in der Form eines Gegenprojectes geschehen[643]). Der König war jedoch nicht zu bewegen, der Erste zur Sprache zu kommen[644]), und er zwang dadurch Cobenzl, der nichts so sehr als den Abbruch der Verhandlungen fürchtete, dieß seinerseits zu thun. Er theilte nun die Erklärung wegen Verzichtleistung auf die Lehen in der Oberen Pfalz, zu der ihn Joseph ausdrücklich ermächtigt hatte, und die Absicht der Kaiserin mit, zu Gunsten Sachsens auch ihren Regredientrechten auf die baierischen Allodien zu entsagen.

Kaum war diese Besprechung beendigt, als die preußischen Minister von dem Könige nun doch die freilich noch ganz allgemein gehaltenen Grundzüge zu einem Ausgleichsvorschlage empfingen. Ihnen zufolge hätte Oesterreich einen Theil des in Besitz genommenen baierischen Gebietes zurückzugeben und dadurch seine Grenze von dem Sitze der Reichs- versammlung, der Stadt Regensburg wieder zu entfernen. Für das, was es behielte, sollte es dem kurpfälzischen Hause entweder in Vorder- österreich oder den Niederlanden Entschädigung gewähren und dadurch den Kurfürsten in den Stand setzen, die Ansprüche Sachsens zu be- friedigen. Letzterem könnte zu diesem Ende auch ein Reichslehen oder die Verzichtleistung auf das Oberhoheitsrecht der böhmischen Krone über irgend ein Besitzthum Sachsens zu Theil werden[645]).

An dieſen Anträgen hielt der König auch feſt, nachdem ihm die zwei von Cobenzl ausgehenden Vorſchläge mitgetheilt worden waren. Die letzteren erklärte er für viel zu geringfügig, um durch ſie die erforderliche Befriedigung des pfälziſchen und des ſächſiſchen Hauſes herbeiführen zu können. Dagegen fügte er die Verſicherung hinzu, daß er für ſich ſelbſt gar nichts verlange[646]).

Cobenzl hatte den Auftrag, ſeine Berichte vorerſt nach dem jeweiligen Aufenthaltsorte des Kaiſers in Böhmen zu ſenden, der ſie dann, nachdem er ſie geleſen, nach Wien weiterbefördern würde. Solches geſchah daher auch mit ſeiner Meldung über die Anträge des Königs; mit wahrer Entrüſtung ſprach ſich jedoch Joſeph über dieſelben aus. Wären ſie wirklich der Ausdruck der Geſinnungen Friedrichs, dann ſei, meinte der Kaiſer, der Krieg unvermeidlich[647]).

Ruhiger, aber kaum weniger entſchieden lautete die Antwort, welche von Wien aus dem Grafen Cobenzl auf ſeine letzten Berichte ertheilt wurde. Mit Recht war darin hervorgehoben, daß Oeſterreich mit Sachſen gar nichts zu thun habe, indem deſſen Forderungen nur gegen den Haupterben des verſtorbenen Kurfürſten von Baiern, ſomit gegen den Kurfürſten von der Pfalz gerichtet ſein könnten. Um zu einem billigen Ausgleiche zu gelangen, ſei vor Allem erforderlich, daß die höchſt überſpannten Begehren des ſächſiſchen Hauſes eine angemeſſene Herabſetzung erführen. Mit dem Herzoge von Zweibrücken aber könne eine Uebereinkunft nicht abgeſchloſſen werden, weil er für ſeine Perſon noch gar keine berechtigten Anſprüche beſitze. Doch ſei man zu Verabredungen mit dem Kurfürſten von Sachſen bereit, denen auch der Herzog, wenn er nur billig ſein wolle, ſehr gut beitreten könnte.

Wären aber ſowohl Kurpfalz als Sachſen befriedigt, dann könne dem Könige kein anderer Beweggrund zum Widerſpruche mehr bleiben als die Sorge für das politiſche Gleichgewicht zwiſchen Oeſterreich und Preußen, kraft deren er dem erſteren Staate nicht den geringſten Vortheil vergönne, wenn ihm nicht ein ähnlicher zu Theil würde.

Um auch dieſem Wunſche Rechnung zu tragen, ſei man zur Zulaſſung der Vereinigung von Ansbach und Bayreuth mit Preußen oder der Vertauſchung dieſer Markgrafthümer gegen ein für Preußen beſſer gelegenes Gebiet bereit. Die etwaige Forderung aber, daß Oeſterreich entweder das in Beſitz genommene Land ſchlechterdings zurückgebe, oder das, was es davon behalte, durch ein Aequivalent vergüte, daß es mit Sachſen und mit Zweibrücken ſich noch auf eine andere als die ſchon bezeichnete Art abfinde, daß endlich die beabſichtigte Vereinigung von Ansbach und Bayreuth mit Preußen als eine ſich von ſelbſt ver= ſtehende Sache und ohne einen gleichzeitigen Vortheil für Oeſterreich geſchehe, alles dieß und Anderes könnte wohl erſt nach mehreren un= glücklichen Feldzügen zugeſtanden werden.

Dieſe oftenſible Depeſche an Cobenzl wurde durch eine ungleich wichtigere geheime Mittheilung an ihn noch ergänzt. Wenn es dem preußiſchen Hofe wirklich darum zu thun ſei, war darin geſagt, den Krieg zu vermeiden, dann komme Alles darauf an, daß ebenſowohl ſeine Ehre und ſein Intereſſe als die Ehre und das Intereſſe Oeſter= reichs gewahrt würden. Preußens Ehre beſtehe darin, daß der Schutz, den es Sachſen und Zweibrücken angedeihen laſſe, nicht wirkungslos bleibe, ſein Intereſſe aber, daß ihm, wenn Oeſterreich einen Vortheil erlange, ein ſolcher gleichfalls zu Theil werde. Durch Oeſterreichs Ehre und Intereſſe werde hingegen gefordert, daß die von ſeiner Seite mit dem Kurfürſten von der Pfalz abgeſchloſſene Convention unangetaſtet bleibe. Solle dieß mit gleichzeitiger Wahrung der Ehre des Königs von Preußen geſchehen, dann müſſe der Widerſpruch des Herzogs von Zweibrücken gegen jene Convention aufhören. Dieß könne durch Ver= abredungen mit dem Kurfürſten von der Pfalz erreicht werden, denen auch der Herzog beizupflichten ſich entſchlöſſe. Endlich müſſe auch zwiſchen Kurpfalz und Sachſen eine billige Abfindung wegen der Allodien eintreten. Alle dieſe Vereinbarungen wären wohl am eheſten im Wege friedlicher Verhandlungen zwiſchen den zwei kurfürſtlichen Häuſern zu Stande zu bringen, bei denen Oeſterreich und Preußen als wohlwollende Vermittler eintreten könnten. Wenn dieß aber ge= ſchähe, welch' anderer Grund zum Widerſpruche bliebe dann für Preußen

noch übrig als die Furcht vor einer Verrückung des politischen Gleichgewichtes? Auch in dieser Beziehung sei Oesterreich bereit, sich willfährig erfinden zu lassen, sobald sich nur der König über seine Wünsche
und Begehren endlich einmal offen erklärt haben werde [648]).

Diese Instructionen waren noch nicht in Cobenzls Hände gelangt,
als derselbe, und zwar am 20. Mai, einer neuerlichen Conferenz bei-
zuwohnen hatte, in welcher man endlich von preußischer Seite mit
positiv lautenden Anträgen hervortrat. Oesterreich sollte die an dasselbe angrenzenden Theile von Baiern, und zwar ebensowohl nördlich
als südlich von der Donau erhalten. Nördlich von diesem Strome
wurde ihm der Landstrich zugewiesen, der zwischen der böhmischen
Grenze, dem Bisthum Passau, der Donau und ihrem Nebenflusse,
dem Regen, endlich dem Flüßchen Cham gelegen war. Südlich von
der Donau sollte es einen Theil des Rentamtes Burghausen erhalten,
so daß seine Grenze den Inn entlang bis zum Einfluß der Salza,
und dann längs dieses Flusses bis zur Grenze des Erzbisthums Salzburg gezogen würde. Alle übrigen von ihm besetzten Districte und
Ortschaften solle Oesterreich an Kurpfalz zurückgeben und ihm außerdem die Herzogthümer Limburg und Geldern abtreten. Die in Baiern
befindlichen und in Erledigung gekommenen Reichslehen werde der Kaiser
dem Kurfürsten von der Pfalz, die in Schwaben aber, wie Mindelheim und Wiesensteig, dem Kurfürsten von Sachsen verleihen, welch
letzterer sie als Austauschobjecte zur Entschädigung für seine Allodialforderungen zu verwenden das Recht hätte. Zu diesem Zwecke sollte
außerdem Karl Theodor einen Theil der Oberen Pfalz an den Kurfürsten
von Sachsen abtreten, ihm den beweglichen Theil der Allodialerbschaft
Maximilian Josephs verabfolgen und ihm schließlich noch eine angemessene Geldsumme bezahlen. Die Kaiserin verzichte auf sämmtliche
Oberhoheitsrechte, welche der Krone Böhmen auf einzelne Gebietstheile
in der Oberen Pfalz, in Bayreuth und in Sachsen zustehen könnten.
Endlich verpflichte sich Oesterreich, nie Anstand zu erheben, daß Ansbach
und Bayreuth mit Preußen vereinigt würden oder der König sich mit
Sachsen über deren Vertauschung gegen die Ober- und die Niederlausitz, auf welche Oesterreich gleichfalls nie mehr ein Lehens- oder

Rückfallsrecht geltend machen dürfte, oder gegen andere Landstriche verständige [619]).

Wer die Anträge des Königs mit vorurtheilslosem Blicke betrachtet, kann sich über deren Unbilligkeit für Oesterreich wohl keinen Augenblick im Zweifel befinden. Aber Cobenzl war doch der Meinung, daß man aus ihnen das Bestreben herausfühle, zu gütlicher Beilegung des obwaltenden Streites zu gelangen [650]), und er wurde hierin durch die Versicherung des Prinzen Heinrich bestärkt, der König befinde sich in der friedlichsten Stimmung. Ganz anders als Cobenzl beurtheilte jedoch der Kaiser, welchem Cobenzl auch jetzt wieder seine Berichte zuerst übersandte, die preußischen Vorschläge, und er sprach über dieselben in einer Weise sich aus, welche die Gereiztheit seiner Stimmung aufs deutlichste kundgab. Die „Unverschämtheit" dieser Anträge, schrieb er am 24. Mai an Cobenzl, trete klarer als jemals hervor, und der Gewinn, den man bisher durch die Verhandlung mit dem Könige erreicht habe, bestehe in nichts Anderem, als daß man sie in ganz Europa als deutlichen Beweis seiner unersättlichen Habgierde bekanntmachen könnte. Für zwei kleine und noch überdieß ganz außer Zusammenhang stehende Fleckchen baierischen Gebietes sollte Oesterreich nicht nur Limburg und Geldern, sondern auch Mindelheim abtreten, auf alle Reichslehen und auf die Oberhoheitsrechte der böhmischen Krone über Ortschaften in der Oberpfalz, in Bayreuth und in Sachsen, ja sogar auf das Lehens- und Rückfallsrecht über die Lausitz verzichten. Und das Alles nur, auf daß der König die Ober- und die Niederlausitz erhalte, hiedurch Dresden in seine Gewalt bekomme und Böhmen dergestalt umzingle, daß alle Mittel zu dessen Rettung abgeschnitten würden. „Das ist", so lauten die Ausdrücke Josephs gegen Cobenzl, „dasjenige Project, was man Ihnen vorgelegt, und was die Ränke „und Sprünge, die versüßten Worte eines Prinzen Heinrich, eines „Knyphausen, was solche Confidenzen und die Vorweisung von aller„hand Briefen mochten für gut, für billig und friedfertig ansehen „machen." Cobenzl solle, fügte der Kaiser hinzu, nicht den entferntesten Zweifel zulassen, „als ob Sie nur eine Möglichkeit findeten, daß „dergleichen Vorschläge, die im Grund nichts nutz, unmöglich und

„höchſt ſchädlich wären, jemals auch mit Modificationen von uns an-
„genommen werden könnten."

Nach unbedingter Verwerfung der Anträge Preußens wendet ſich
Joſeph zu den Beſtimmungen, auf deren Grundlage eine Vereinbarung
zu Stande kommen könnte. Wenn Oeſterreich nicht ganz Baiern zu
Theil würde, werde es, außer durch einen ſehr blutigen und ſehr unglücklichen Krieg dazu gezwungen, nie zugeben, daß Preußen in Beſitz
der Lauſitz gelange. Erhalte Oeſterreich die Hälfte von Baiern, dann
werde es Preußen die niedere, aber nicht auch die obere Lauſitz gönnen.
Um ganz Baiern zu erwerben, würde es dem Kurfürſten von der
Pfalz das Breisgau und Nellenburg, die Grafſchaft Mindelheim, die
böhmiſchen Lehen in der Oberen Pfalz, alle Reichslehen, die Ortenau,
die Grafſchaft Falkenſtein, dann Limburg und Geldern ſammt der
Anwartſchaft Oeſterreichs auf Württemberg abtreten. Zu Gunſten des
Kurfürſten von Sachſen würde es auf ſeine dortigen Lehen ſowie auf
diejenigen in Ansbach und Bayreuth verzichten. Die ſächſiſchen Allodial-
forderungen müßten nach Recht und Billigkeit mit dem Kurfürſten von
der Pfalz ausgeglichen werden. Wäre der König von Preußen zur
Zuſtandebringung einer ſolchen Uebereinkunft behülflich, dann wolle
Oeſterreich nicht nur die dereinſtige Vereinigung der zwei fränkiſchen
Markgrafthümer mit Preußen, ſondern auch jeden Austauſch anerkennen, den er zu Stande bringen werde.

Käme es jedoch nicht zu einer ſolchen Uebereinkunft und würde
Oeſterreich nur den Theil Baierns erhalten, welcher längs des Inn
bis Waſſerburg, dann nach Landshut an die Iſar, von da nach Donau-
ſtauf mit Ausſchluß von Regensburg, endlich die gewöhnliche Grenze
der Oberen Pfalz entlang bis Böhmen ſich erſtrecke, dann wolle man
alle Lehen, Geldern und Limburg, Falkenſtein, Mindelheim und Burgau
den Kurfürſten von der Pfalz und von Sachſen einräumen und ſich auch
der Vereinigung der Markgrafthümer mit Preußen nicht widerſetzen,
einen Austauſch aber nur in Bezug auf die niedere Lauſitz zulaſſen [651]).

„Dieſes iſt Alles", ſo ſchloß Joſeph ſein Schreiben an Cobenzl,
„was ich Ihnen vor jetzo zu erinnern vermag. Sie werden davon

„denjenigen Gebrauch machen, oder gar keinen, wie Sie es für das „Beste des Dienstes finden werden. Ich glaube in meinem Leben „nicht, daß die Leute wahrhaft Friede wollen. Zeit will man gewinnen „und unsere Standhaftigkeit versuchen, welche allein ihnen und ihrem „vermessenen Begehren Einhalt zu thun im Stande ist. Wir sind „bereit und vollkommen gerichtet, den König da, wo es ihm belieben „wird, mit Muth und Tapferkeit zu empfangen."

In einem Briefe an die Kaiserin von dem gleichen Tage er=
läutert Joseph die Antwort noch näher, die er dem Grafen Cobenzl ertheilte. Er meint, daß derselbe sich den preußischen Unterhändlern gegenüber zu weich zeige, und er gesteht seine Absicht, ihn dieß fühlen zu lassen. An dem preußischen Projecte, das er „absurd" nennt, findet er wenigstens das Gute, daß es die Möglichkeit gewähre, der Welt die vermeintliche Uneigennützigkeit des Königs, durch welche sie sich einige Zeit hindurch so sehr für ihn habe einnehmen lassen, in ihrem wahren Lichte zu zeigen. Was die Sache selbst angehe, so habe er, wenn die Auerbietungen an Kurpfalz nicht ausreichend befunden werden sollten, noch Luxemburg in Reserve; könnte man aber mehr erreichen, so denke er an Neuburg und das linke Donauufer bis Regensburg; in dem einen wie in dem anderen Falle hätte man Ursache, zufrieden zu sein. Vor Allem aber müsse man sich nach jeder Richtung hin standhaft zeigen, und es wäre gut, wenn die Kaiserin gegen die Personen, mit denen sie in Verkehr trete, ihre bestimmte Meinung ausspräche, daß sie den Krieg als unvermeidlich betrachte.

Die letztere Bitte des Kaisers galt einem Briefe, der ihm soeben von seiner Mutter zugekommen war und in welchem sie ihm gegenüber wieder einmal ihr Herz so recht ausgeschüttet hatte. „Gott bewahre „mich davor", schrieb sie darin, „Dich eine erniedrigende oder ver=
„ächtliche Rolle spielen lassen zu wollen; um dieß zu vermeiden, muß „man sich schlagen; aber selbst mit gleichen, ja sogar überlegenen „Kräften werden wir nichts dabei gewinnen. Befänden wir uns in „der Lage des Königs, dann dächte ich gar nicht an den Frieden; wie „es aber um uns steht, ist er uns höchst wünschenswerth, ja sogar

„nöthig, denn ich gestehe Dir, ich fürchte die Krankheiten, die Ver-
„heerungen und den Mangel an Geld. Man darf nicht mehr auf
„die Anleihen in den Niederlanden und die Subsidien Frankreichs
„rechnen, welche allein es uns möglich gemacht haben, den letzten
„Krieg auszuhalten. Das trockene und warme Wetter erregt Be-
„sorgnisse für die Erzeugnisse des Bodens, insbesondere für Hafer
„und Heu. Und wenn man zu lang an einem und demselben Platze
„bleibt, fürchte ich die Sterblichkeit, insbesondere der Pferde.“

Nachdem sie die früheren, von preußischer Seite an Cobenzl
gelangten Vorschläge erwähnt, sie gleichfalls unzulänglich genannt und
Josephs Antwort hierauf gelobt, fuhr die Kaiserin fort: „Ich habe
„Kaunitz seit dem 3. Mai nicht gesehen *); ich ließ Binder rufen, der
„mir sehr verschlossen und verlegen zu sein schien. Ich gab ihm einige
„Aufzeichnungen, um Kaunitz ihretwegen zu sprechen und ihm zu sagen,
„daß ich selbst mit ihm reden möchte, oder daß er eine Denkschrift
„als Richtschnur für mich und für Dich aufsetze, obgleich Du keiner
„bedarfst, denn Alles was Du thust, ist klar und voll Kraft. Aber
„ich meine, daß man ein Vertragsproject entwerfen und sagen sollte,
„das ist es, was wir aus Liebe zum Frieden wollen und thun können,
„aber nicht mehr. Dazu ist es jedoch nothwendig, daß wir selbst das
„wissen und darüber einig sind, was wir wollen. Ich glaube nicht,
„daß mehr von dem großen Austausche ganz Baierns gegen die Nieder-
„lande die Rede sein kann. Der Theil aber, den wir jetzt besitzen,
„kann uns in gar keiner Weise befriedigen; die Uebelstände hievon
„treten jeden Tag mehr hervor. Die zweiundzwanzig Orte, die man
„von uns zurückverlangt, vermindern unseren Antheil beträchtlich, und
„ihre Forderungen sind durchaus nicht ohne Grund. Man müßte sich
„also nach dem sechsten Artikel zu einem anderen Austausche, welcher
„derjenige der Innlinie wäre, entschließen, indem man die neue Grenz-
„linie von Waldmünchen bis Kufstein, aber nicht wie Du gethan hast,
„bei München vorüber und die beiden Flüsse, die Donau und den
„Inn in sich begreifend zöge. Letzteres könnte schon darum nicht

---

*) Somit seit fast drei Wochen.

„geschehen, weil der Vortheil einzig und allein auf unserer Seite, und
„der Rest des Landes sodann unhaltbar wäre. Man müßte sich sowohl
„über die Salinen als über das verständigen, was dieser District
„mehr als der eintrüge, den wir besitzen. Für diesen Ueberschuß
„müßte man ein Aequivalent geben, wie Burgau, Falkenstein oder
„ein anderes, aber wir könnten uns niemals direct auf die Ent=
„schädigung Sachsens oder Zweibrückens einlassen. Die Idee von
„Erfurt mißfällt mir sehr. Wir sollten den Kurfürsten von Mainz
„berauben, der sich wahrhafte Verdienste um unser Haus erwarb, und
„nun von uns im Stiche gelassen werden soll, um sein Land einem
„Anderen, und wem zuzuwenden? Sachsen, welches so erbärmlich an
„uns handelt und dieß allzeit gethan hat. Ueber Alles, was Bayreuth
„und Ansbach betrifft, würde ich hinausgehen, um rasch und dauernd
„ein Ende zu machen, denn ein bloß verkleisterter Friede würde uns
„noch weniger passen, als wenn wir ihn jetzt schlössen.“

„Ich glaube nicht an die Wahrhaftigkeit der Gesinnungen des
„Prinzen Heinrich und Knyphausens, oder wage es wenigstens nicht,
„ihnen zu trauen. Ich habe daran gedacht, ob man nicht verlangen
„könnte, daß der Erste oder wenigstens der Zweite sich zum Könige
„begebe, und daß Knyphausen sich dann, um rascher zum Abschlusse
„zu kommen, zu unserer Armee verfügen könnte, oder daß man Nugent
„zum Könige sende, der ihn immer bereitwillig anhörte und hoch=
„schätzte. Ich ließ das Alles vorgestern durch Binder dem Fürsten
„Kaunitz sagen, doch sind seither zwei Tage verflossen und ich habe
„kein Lebenszeichen erhalten! Ich kann mich nicht gleich Dir zu ihm
„begeben, um ihn zu drängen, und ich gestehe, ich würde weder Deine
„Geduld noch Talent genug besitzen, um diese Dinge so niederzu=
„schreiben oder zu dictiren wie Du. Die Monarchie, mein theurer
„Sohn, ist in erschreckender Weise dem Spinnrocken verfallen; sie
„bedürfte Deiner ganzen Thätigkeit und Deiner Hülfe; hiezu aber
„benöthigen wir den Frieden. Du kannst nicht auf beiden Seiten
„zugleich sein, und ich muß Dir sagen, daß Du im Falle des Krieges
„von hier aus schlecht unterstützt sein würdest, daß ich jedoch keine
„Abhülfe schaffen kann, indem es an den Mitteln und den Leuten

„hiezu gebricht. Ich bedauere Dir dieses Bild entwerfen zu müssen,
„es ist jedoch nicht übertrieben und leider nur zu wahr. Nichts
„Traurigeres aber könnte es geben, als wenn Du ohne die geringste
„Hoffnung auf einen Nutzen Dich selbst und so viele brave Leute, die
„Elite der Monarchie, preisgeben wolltest, ohne ihr hiedurch Vortheile
„zu verschaffen, sondern im Gegentheile nur um ihr Verderben noch zu
„beschleunigen. Diese traurigen Wahrheiten drücken mich zu Boden und
„lassen mich um jeden Preis, jedoch ohne Erniedrigung, den Frieden
„herbeisehnen. In dem was zu demselben zu führen vermag, liegt das
„einzige Mittel zur Erhaltung Deiner Monarchie, welche in Deinen
„Händen besser eingerichtet und bewahrt, und auch glücklicher sein wird.
„Das ist es, was ich hoffe und was mich noch aufrecht erhält" 652).

Neben der lebhaften Sehnsucht nach dem Frieden, welcher Maria
Theresia in diesem Briefe so unzweideutigen Ausdruck verleiht, ist
derselbe auch um des Streiflichtes willen, das er auf ihren damaligen
Verkehr mit Kaunitz wirft, besonders beachtenswerth. War es die
Schwerfälligkeit des Alters — Kaunitz stand in seinem achtund-
sechzigsten Lebensjahre — war es sonstige Bequemlichkeit oder vielleicht
die Meinungsverschiedenheit, in der er sich in Bezug auf die baierische
Erbfolge der Kaiserin gegenüber befand, wir können nicht mit voller
Bestimmtheit den Beweggrund angeben, in Anbetracht dessen er sich
so sehr von dem persönlichen Verkehre mit ihr fern hielt. Aber das
kann man sagen, daß sich Kaunitz in Bezug auf die Arbeit, welche
ihm oblag, eine Verzögerung keineswegs zu Schulden kommen ließ.
Nicht früher als am 26. Mai konnte Cobenzls Bericht vom 20. sammt
der Antwort, welche ihm Joseph am 24. hierauf ertheilt hatte, in die
Hände des Staatskanzlers gelangt sein, und schon zwei Tage später,
am 28. legte er der Kaiserin sein ausführliches Gutachten hierüber
vor. Der unbedingten Ablehnung der preußischen Vorschläge stimmte
auch Kaunitz vollständig bei, aber das Gleiche war nicht auch hinsichtlich der von dem Kaiser entworfenen Gegenanträge der Fall. Was
die erste Alternative, die Erwerbung von ganz Baiern anging, bemerkte Kaunitz, daß dieser Plan kein anderer als derjenige sei, den er
schon vor fast drei Monaten dem Kurfürsten von der Pfalz vorgelegt

h. .. Obgleich ihm damals auch Luxemburg und noch verschiedene a' .re, jetzt mit Stillschweigen übergangene Vortheile angeboten worden .en, habe ihn doch der Kurfürst für ganz unannehmbar erklärt. Wie könne man glauben, daß dem, was Karl Theodor zu einer Zeit, in welcher er von einer so entschiedenen Parteinahme Preußens gegen Oesterreich, wie sie seither eingetreten, noch nichts wußte, verwerflich gefunden, der Herzog von Zweibrücken jetzt beipflichten werde? Außerdem könne der Kurfürst bei dem Vorschlage des Kaisers weder in Bezug auf die Abrundung seines künftigen Besitzes noch auf das Erträgniß desselben seine Rechnung finden; weder er selbst und noch weniger der Herzog von Zweibrücken würden daher jemals freiwillig einen derartigen Tauschvertrag eingehen. Die Zumuthung aber, der König von Preußen solle Oesterreich behülflich sein zur Zustandebringung einer solchen Vereinbarung, werde sowohl von ihm als von allen dem Kaiserhause feindlich gesinnten Mächten so ausgelegt werden, daß man erwarte, er werde entweder mithelfen, den Kurfürsten von der Pfalz und den Herzog von Zweibrücken zu zwingen, daß sie sich zu diesem Austausche herbeiließen, oder wenigstens ein ruhiger Zuschauer bleiben, wenn ein solcher Zwang von österreichischer Seite gegen sie ausgeübt würde.

Diese Betrachtung allein schon beweise, fährt Kaunitz fort, daß es keineswegs räthlich sei, bei den Verhandlungen mit einem so gearteten Ausgleichsplane in Vorschein zu kommen. Man habe nicht nur einer ablehnenden Antwort entgegen zu sehen, sondern mit Zuversicht zu erwarten, daß der König von Preußen das Verfahren Oesterreichs, welches neuerdings mit einem Antrage hervortrete, der schon auf Grundlage günstigerer Anerbietungen verworfen worden sei, bei allen auswärtigen Mächten, insbesondere bei Frankreich und bei Rußland mit den schwärzesten Farben schildern, ja es vielleicht benützen werde, den Kurfürsten von der Pfalz mit Oesterreich zu entzweien und ihn zu verleiten, sich der von ihm abgeschlossenen Convention gänzlich zu entschlagen.

Auch auf den zweiten Antrag des Kaisers würden weder der Kurfürst von der Pfalz noch der Herzog von Zweibrücken freiwillig eingehen, denn auch er sei schon lang von der Hand gewiesen worden. Aber er werde auch nicht zur Befriedigung des Königs von Preußen gereichen, weil ihm nicht die ganze Lausitz eingeräumt würde und auch nicht eingeräumt werden könnte. Die Niederlausitz allein aber würde ihm weder genug Vortheile gewähren, noch ein ausreichendes Aequivalent sein, um ihren Besitz durch Verzichtleistung auf die fränkischen Markgrafthümer zu erkaufen.

Da somit weder mit dem einen noch dem anderen Vorschlage des Kaisers irgend etwas erreicht werden könnte, während es im Gegentheile höchst bedenklich erschiene, sie zu verlautbaren, so komme Alles darauf an, einen anderen Ausgleichsplan zu ersinnen. Inzwischen müßte jedoch Cobenzl ein Verfahren vorgezeichnet werden, durch welches einerseits die nöthige Standhaftigkeit gezeigt und andererseits doch auch einem etwaigen Abbruche der Verhandlungen vorgebeugt werde [653]).

„placet", schrieb Maria Theresia auf des Staatskanzlers Bericht; „finde alles unverbesserlich." Sie ermunterte ihn durch diese beifälligen Worte, in dem von ihr gebilligten Sinne an Joseph zu schreiben. Gleichzeitig antwortete sie selbst ihrem Sohne und versicherte ihn, sie habe seinen Rath befolgt und überall ihrer Beunruhigung Ausdruck verliehen, daß sie den Krieg als unvermeidlich betrachte. Das habe ihr keine Ueberwindung gekostet, denn es sei wirklich ihre ernste Besorgniß. Was die preußischen Ausgleichsvorschläge betreffe, so stimme sie der so klaren und gelungenen Ausarbeitung des Fürsten Kaunitz über deren Unannehmbarkeit bei. „Es ist mehr „als verletzend", sagt die Kaiserin wörtlich, „daß wir uns mit Allem „beladen und die Schützlinge des Königs entschädigen sollen, während „der unsrige, der Einzige der sich in unsere Arme geworfen, der Kur- „fürst von der Pfalz so schlecht behandelt werden soll. Wer würde „sich ein zweites Mal mit uns in solcher Weise einlassen wollen? Du „hast wohl Recht zu sagen, daß man dem Könige sehr leicht die an- „genommene Maske der Großmuth, als ob er nichts für sich selbst „wolle, abreißen könnte. Aber es ist für uns wichtig, ihn nicht noch „mehr zu reizen; wir müssen trachten, je eher desto besser aus dem

„Abgrunde zu kommen, in welchem wir uns befinden, wo nichts zu
„gewinnen und viel zu verlieren ist, denn diesem Unmenschen kann man
„nicht trauen. Der Mißbrauch, den er mit dem Briefwechsel zwischen
„Dir und ihm getrieben, empört mich; man muß daher sehr vorsichtig
„in Allem sein, was man ihm sagt und vorschlägt. Ich gestehe Dir,
„Dein letzter Brief an Cobenzl muß demselben große Besorgniß erregt
„haben, daß er sich Dein Mißfallen zuzog. Da ich das wahrhaft
„schreckliche Geschäft, welches ihm aufgeladen ist, nur allzusehr kenne,
„so fürchte ich, daß ihn dieß entmuthigt" 654).

Der Kaiser nahm die von seiner Mutter gebilligten Vorstellungen
des Staatskanzlers gegen die nach Berlin übermittelten Ausgleichs=
vorschläge keineswegs gut auf. „In dem Briefe an Ihre Majestät",
antwortete er dem Fürsten Kaunitz, „habe ich ihr ausdrücklich den
„Grund mitgetheilt, weßhalb ich nicht schon mit allen Ausgleichs=
„bedingungen hervortrat. Denn da ich wollte, daß Cobenzl hievon
„mit Knyphausen wie von einem Gedanken spreche, der ihm selbst
„gekommen sei, würde eine vollkommene Gleichheit mit den von uns
„schon gemachten Anträgen im voraus alle Wahrscheinlichkeit, daß die
„Sache wirklich nur von Cobenzl allein komme, vernichtet haben.
„Dann hätte er immer noch Einiges hinzufügen und hiedurch aus=
„forschen können, was denn diese Leute von einem solchen Austausche
„denken. Wenn wir nur festhalten, bin ich moralisch überzeugt, daß
„der König andere Vorschläge machen und daß der Befehl zum Marsche
„und Angriffe ihn große Ueberwindung kosten wird. Ich bin übrigens
„zu Allem bereit außer zu dem, aus der Sache in schmachvoller Weise
„hervorzugehen" 655).

Ausführlicher war der Kaiser in der Antwort an seine Mutter,
der er erwiederte, daß in dem von ihr gewünschten aufschiebenden
Sinne an Cobenzl geschrieben worden sei. Aber er fügte doch auch
hinzu, daß er nicht begreife, wie man, ohne die übelste Rolle zu
spielen und ansehnliche Opfer zu bringen, sich ohne Schwertstreich aus
der Lage befreien könne, in der man sich befinde. Die einzige Mög=
lichkeit bestünde darin, daß Oesterreich und Preußen sich miteinander

verständigten und sich gegenseitig anheimstellten, das Eine mit dem
Kurfürsten von der Pfalz, das Andere mit dem von Sachsen einen
Ausgleich zu treffen. Denn wenn nur einmal der Friede zwischen
Oesterreich und Preußen wieder hergestellt und dadurch dem Kur-
fürsten von der Pfalz und dem Herzoge von Zweibrücken alle Hoffnung
auf preußischen Beistand benommen wäre, dann würde der in erster
Linie vorgeschlagene und allein angemessene, ganz Baiern umfassende
Austausch gewiß vor sich gehen. Und ebenso würde der König von
Preußen bei den Sachsen keinen Widerstand finden, wenn sie sähen,
daß er sich mit Oesterreich verglichen habe. Wie aber die Dinge
stünden, könnte nichts Anderes mehr als der Krieg die Sache zu
Ende führen.

„Das Wesentlichste liegt darin", fährt Joseph fort, „daß wir
„standhaft bleiben. Die Auslagen sind einmal gemacht, das Ansehen
„der Monarchie fordert es, und es ist hundertmal besser, erst nach-
„zugeben, nachdem man unglücklich war und mehrmals geschlagen
„wurde, als früher. Denn ersteres ist ein Unglück, letzteres aber wäre
„ein Bekenntniß der Schwäche und Ohnmacht, welches die Monarchie
„den europäischen Mächten zweiten Ranges einreihen und alle für
„ihre Armeen gemachten Auslagen nutzlos, ihren Credit und ihr An-
„sehen aber für alle Zukunft vernichten würde. Gewiß kann ich für
„die Ereignisse nicht gutstehen. Aber wenn, wie Alles mich annehmen
„läßt, wir Beide uns allein miteinander schlagen, dann könnte ich mir
„fast schmeicheln, er werde die Vortheile, die er zu erringen vermöchte,
„theuer bezahlen" [656]).

Während diese Briefe zwischen Wien und dem Hauptquartiere
des Kaisers zu Hluschitz in Böhmen gewechselt wurden, war Kaunitz
damit beschäftigt, den neuen Ausgleichsplan zu entwerfen, der seiner
Meinung nach den fortzusetzenden Verhandlungen zu Grunde zu legen
war. Es sei, schrieb er der Kaiserin, von denselben keine günstige
Wirkung zu hoffen, so lang beide Mächte, Oesterreich und Preußen
hinsichtlich der Hauptgrundsätze auf so entgegengesetzten Standpunkten
verblieben, als sie jetzt einnähmen. Wer nur immer Anspruch erhebe

auf die baierische Succession, werde von dem Könige von Preußen ohne weiters als rechtmäßiger Prätendent anerkannt und unterstützt. Nur die Rechte und Ansprüche Oesterreichs allein würden von ihm als ungültig, die mit dem Kurfürsten von der Pfalz abgeschlossene Convention aber als wirkungslos erklärt. Hieraus giengen denn auch die von ihm bisher gestellten, höchst unanständigen Forderungen hervor, daß Oesterreich dasjenige, wovon es Besitz ergriffen, zum Theile zurückstellen und zum Theile nach einem so hoch gegriffenen Maßstabe vergüten solle, daß ihm nichts oder noch weniger als nichts übrig bliebe.

Cobenzl müsse daher beauftragt werden, in Berlin zu erklären, man sei einverstanden mit der Ansicht, dasjenige, was Oesterreich und Preußen unmittelbar betreffe, sei vorerst ins Reine zu bringen. Eine Gegenüberstellung der Ansprüche Oesterreichs auf baierisches Gebiet und derjenigen Preußens auf Ansbach und Bayreuth ergebe sich jedoch hieraus von selbst. Die gleichen politischen Rücksichten, durch welche Preußen zu seinem Widerspruche gegen die Geltendmachung der ersteren vermocht wurde, seien für Oesterreich in Bezug auf die letzteren vorhanden. Aus dieser Collision zu kommen, gebe es kein anderes Mittel als einen Vergleich, kraft dessen beiden Theilen die Verwirklichung der erwähnten Ansprüche zugestanden würde. Preußen selbst veranschlage das Einkommen aus den beiden Fürstenthümern auf jährlich zwei Millionen, während das aus den von Oesterreich besetzten baierischen Gebietstheilen etwas über eine Million betrage. Hieraus allein sehe man schon, daß Preußen bei einer derartigen Reciprocität nicht schlecht fahren würde. Wolle es nicht einmal diese Gegenseitigkeit anerkennen, dann bleibe jeder Vergleich schlechterdings unmöglich. Gehe es jedoch auf dieselbe ein, dann handle es sich um die ferneren Vorschläge, welche zu machen und durchzusetzen sein würden. Hiebei dürfe man den Grundsatz nicht aus den Augen verlieren, der König von Preußen werde nie zufriedengestellt werden, wenn er nicht die zwei fränkischen Markgrafthümer gegen die ganze Lausitz austauschen könne. Der Kaiser wolle dieß nur dann zugeben, wenn Oesterreich zugleich ganz Baiern erhalte. Zur Erreichung dieses letzteren Zweckes sei jedoch die Ein-

willigung des Königs von Preußen, des Kurfürsten von der Pfalz
und des Herzogs von Zweibrücken nöthig. Der Kurfürst habe bereits
seine Bereitwilligkeit zu erkennen gegeben, ganz Baiern und außerdem
auch noch Sulzbach, Neuburg und die Obere Pfalz gegen die Niederlande zu vertauschen.

Nachdem auch der Kaiser, fährt Kaunitz fort, schon in den ersten
Tagen des Jänner erklärt habe, einem Staate wie Oesterreich müsse
mehr an einer passenden Abrundung an Land und an Leuten, an
vortheilhaften Handelsverbindungen und an der Communication der
einzelnen Provinzen unter einander als an den bloßen Einkünften
gelegen sein, und da er selbst dieser Ansicht beipflichte, habe er stets
den Eintausch ganz Baierns gegen die ganzen Niederlande für das
vortheilhafteste gehalten, wenn nur keine allzu weitgehende Einbuße
an Einkommen hiedurch herbeigeführt würde. Da solches jedoch nach
den in jüngster Zeit eingetroffenen Ausweisen der Fall wäre, so könnte,
obgleich aus politischen Rücksichten der Besitz Baierns demjenigen der
Niederlande vorzuziehen wäre, auch dann nicht hierauf eingegangen
werden, wenn gleichzeitig der König von Preußen gegen die zwei
Markgrafthümer die Niederlausitz und Berg, Sachsen Bayreuth und
Oesterreich noch überdieß Ansbach zu einer Secundogenitur, oder wenn
Preußen die ganze Lausitz und Berg, Oesterreich aber außer Ansbach
auch noch die Grafschaft Glatz erhielte.

Da somit von dem Austausche des Ganzen gegen das Ganze
nicht mehr die Rede sein könne, komme es darauf an, ob mit Ausschluß von Neuburg, Sulzbach und der Oberen Pfalz, Ober- und
Niederbaiern für Oesterreich zu erlangen sein könnten. Dieser Austausch sei dem Kurfürsten von der Pfalz bereits angeboten, von ihm
jedoch zurückgewiesen worden. Er könne ihn übrigens auch, ohne dazu
gezwungen zu werden, unmöglich annehmen. Denn er käme nicht nur
im Vergleiche mit dieser für Oesterreich ungemein vortheilhaften Erwerbung an und für sich zu kurz, sondern er würde bei Erlangung
von Luxemburg, Limburg und Geldern auch einen allzu großen Verlust
an Einkünften erleiden. Sollte trotz dieses Hindernisses die Sache
durchgeführt werden, so müßte man auf Mittel bedacht sein, den

Abgang zu erſetzen. Sie wären leicht zu finden, wenn man noch einige
niederländiſche Provinzen abtreten könnte. Allein gegen eine Theilung
der Niederlande ſeien die wichtigſten Bedenken vorhanden, ja deren
gebe es auch gegen die Abtretung von Luxemburg, Limburg und
Geldern. Alles was ohne allzugroße Gefährdung des Zuſammen-
hanges und der Selbſtſtändigkeit der niederländiſchen Provinzen vielleicht hintangegeben werden könnte, beſtünde etwa in deren drittem Theile
von Namur bis an die Sambre und die Maas. Auch dann wäre
noch ein Abgang von faſt einer Million jährlichen Einkommens zu
decken. Um dieß bewerkſtelligen zu können, müßte man daran denken,
dem Kurfürſten von der Pfalz noch einige für ihn wohlgelegene baieriſche
Diſtricte am jenſeitigen Donauufer zu Theil werden zu laſſen und
überdieß ihm ſelbſt und dem Herzoge von Zweibrücken anſehnliche
Geldopfer zu bringen. Wäre in ſolcher Weiſe mit Zuſtimmung des
Königs von Preußen und des kurpfälziſchen Hauſes ein gütlicher Ausgleich herbeigeführt, dann wäre ein Ziel erreicht, an welches man kaum
durch einen ſehr glücklichen Krieg zu gelangen vermöchte. Außerdem
würden das Blut von tauſend und tauſend ſchuldloſen Menſchen und
die vielen Millionen erſpart werden, welche auch der glücklichſte Krieg
jederzeit koſte. Geſchähe Alles dieß, dann würden ſelbſt durch Erwerbung der ganzen Lauſitz dem Könige von Preußen nicht allzu große
Vortheile zufallen [657]).

    In ſolchem Sinne war denn auch die Depeſche an Cobenzl
eingerichtet, welche Kaunitz der Kaiſerin gleichzeitig zur Gutheißung
vorlegte [658]) und zu der er ihre Zuſtimmung auch erhielt. Denn
zwei Dinge lagen ihr ja vorzüglich am Herzen: die Abtretung der
Niederlande und den Ausbruch des Krieges wollte ſie vermeiden. Auf
beide Punkte kehrte ſie in ihren Briefen an Joſeph fortwährend zurück.
„Wenn wir die Niederlande, eine ſo treue und ſo nützliche Provinz
„verlieren“, hatte ſie ihm ſchon vor einem Monate geſchrieben, „ſo iſt
„das eine größere Einbuße als diejenige Schleſiens für uns war“ [659]).
Und daß ihr gar kein Vortheil lockend genug ſchien, um ſie mit dem
Gedanken an den Ausbruch des Krieges zu verſöhnen, dafür findet
ſich in jedem ihrer damaligen Briefe ein erneuertes Zeugniß.

In einer Beziehung war übrigens Maria Theresia mit der Ausarbeitung des Staatskanzlers doch nicht ganz zufrieden. „Er zer-„gliedert Alles recht wohl", schrieb sie an Joseph, „aber es scheint „mir, daß er nichts klar concludirt, daß er nicht recht mit der Sprache „herauskommt. Das ist Dir vorbehalten; je öfter wir unser Schiff „wenden, desto mehr setzen wir uns dem Scheitern aus. Es handelt „sich nicht mehr darum, wer am meisten gewinnen wird, sondern „die Sache zu beenden und mit Ehre aus dieser grausamen Lage zu „kommen; dieses Opfer werden wir Deiner Menschlichkeit und Deinem „Mitgefühl verdanken. Als Hauptpunkt muß beobachtet werden, daß „man nicht die Schützlinge Preußens begünstigt und unseren, den „Kurfürsten von der Pfalz im Stiche läßt. Es mag sein, daß er es „nicht verdient, aber er hat sich einmal in unsere Arme geworfen, „und es wäre von den übelsten Folgen für die Zukunft, wenn wir ihn „verließen. Du wirst sehen, wie eifrig der König an einem Bündnisse „mit Frankreich und mit Rußland arbeitet, und wie wenig er auf die „Dauer einer anderen Pacification zählt. Das sieht ihm ähnlich, er „handelt nur aus Leidenschaftlichkeit und aus Hang zur Intrigue, „und dennoch hat er die Menge für sich. Unbegreiflich ist die Gewalt „der Vorurtheile auf sie, und man sieht daraus, wie sehr man seinen „Credit schonen muß und wie eigentlich nichts zu gering ist. Er „besitzt überall große und kleine Emissäre, mit einem Nichts befriedigt „und erhält er sie sich; wir aber haben Niemand. Wir sind honnett „und er ist das Gegentheil; er aber imponirt aller Welt und wir „werden nur betrogen. Ich gestehe Dir, ich bin darüber manchmal „ganz außer mir, aber nicht für mich, denn ich habe meine Laufbahn „zurückgelegt, wohl aber für Dich. Vor Allem mußt Du, mein „theurer Sohn, das Vertrauen zu Deiner eigenen Person so fest ein-„wurzeln lassen, als Du es verdienst; das aber erreicht man nicht „durch die Gewalt der Waffen, sondern nur durch sein Benehmen. „Du verdienst so sehr, daß die ganze Welt sich Deiner Redlichkeit ver-„traue; nur keine Habsucht, welche mehr Uebles als Gutes anrichtet; „das Beispiel Galiziens beweist dieß, und das damalige Gelingen „macht jetzt unser Unglück. Verzeih' mir diese Tirade, wie Du dieß „bei dem ersten Briefe unseres Nebenbuhlers gethan. Sie kommt

„aus einem Herzen, welches ganz Dir gehört und sich mit Deiner
„Zukunft beschäftigt, indem es Dich glücklicher und ruhiger wünscht
„als meine eigenen Tage verflossen sind" 660).

„Schließen wir Frieden, mein lieber Joseph", schrieb die Kaiserin
zwei Tage später ihrem Sohne. „Sei der Patriarch, der Vater Deiner
„Völker! Du siehst, welchen Eindruck Deine Anwesenheit auf diese
„guten Leute hervorbringt, welche die Elite Deiner Monarchie sind.
„Opfern wir sie nicht für einen Gegenstand, der ihr und unser Un=
„glück herbeiführen kann. Erhalten wir sie für eine bessere Zeit, mir
„aber zwei so theure Söhne, für welche ich mich jetzt mit Recht so
„sehr beunruhige. Laß mich vielmehr die wenigen Lebenstage, die
„mir übrig bleiben, noch ihre Gegenwart genießen" 661).

Es muß zugestanden werden, daß auch Joseph die Erhaltung
des Friedens gewünscht hätte. Aber ganz abgesehen davon, daß er
bei weitem nicht die Sehnsucht nach demselben empfand, wie seine
Mutter, wollte er ihn mit keiner Verzichtleistung auf die Gebiets=
erwerbung erkaufen, die er in Baiern zu machen hoffen durfte. Jede
Nachgiebigkeit nach dieser Richtung hin schien ihm vom Uebel; ja er
behauptete, wenn man wirklich den Frieden wolle, könne man ihn nur
durch unerschütterliche Standhaftigkeit erlangen, die man dem Könige
von Preußen gegenüber an den Tag lege. Von dieser Ueberzeugung
ausgehend, nahm er tief einschneidende Veränderungen an der Depesche
vor, welche an Cobenzl abgesendet wurde, denn er behauptete, die
Fassung, die ihr Kaunitz gegeben, zeuge von Furcht, von Schwäche
und von Bereitwilligkeit, den Frieden durch alle nur immer möglichen
Bedingungen zu erkaufen. Er wünsche mehr als er darauf hoffe, die
Zustimmung der Kaiserin für diese Abänderungen 662). Dasjenige,
worauf es ankomme, habe er ihnen zu Grunde gelegt: Ernst, Entschlossen=
heit, aber auch Billigkeit und vollkommene Reciprocität 663).

Nach den Umarbeitungen, welche Joseph an der Instruction für
Cobenzl vornahm, hatte derselbe den preußischen Ministern drei ganz
allgemein gehaltene Vorschläge zu machen. Der König von Preußen
entsage jedem Widerstande gegen die Erwerbung der von Oesterreich

in Besitz genommenen baierischen Gebietstheile, wogegen Oesterreich
wider die dereinstige Vereinigung von Ansbach und Bayreuth mit
Preußen keine Einwendung erheben werde. Die beiden Mächte sollten
sich verpflichten, sich einem freiwilligen Austausche nicht zu widersetzen,
welchen die eine oder die andere mit einem Nachbar zu Stande bringen
könnte, sondern ihn durch seine guten Dienste zu unterstützen. Ausdrücklich sei zu bemerken, daß dieser zweite Punkt sich auch auf die
Lausitz beziehe und in solchem Falle Oesterreich sein Heimfallsrecht auf
dieselbe aufgeben würde. Und endlich hätten sich die beiden Höfe zu
bemühen, einen billigen Ausgleich zwischen den Kurfürsten von Sachsen
und der Pfalz über die Allodialforderungen des Ersteren zu Stande
zu bringen, wozu Oesterreich durch Ueberlassung beträchtlicher Vortheile
an Sachsen auch seinerseits beizutragen bereit sei.

Besonderen Nachdruck legte übrigens der Kaiser auf den Befehl,
welchen er Cobenzl ertheilte, kurz und trocken zu erklären, man sei fest
entschlossen, niemals abzuweichen von den Prinzipien, die man den
österreichischen Vorschlägen zu Grunde gelegt habe. Wolle der König
ihnen nicht beipflichten, dann wäre es besser, er schritte zu offenem
Angriffe, als mit neuen Spitzfindigkeiten die beste Zeit zum Feldzuge
zu verlieren. Cobenzl möge nur ja keine Bangigkeit zeigen, sondern
erklären, es sei das Aeußerste und Letzte, was Oesterreich überhaupt
thun könne, indem Jedermann nach Recht und Billigkeit zufriedengestellt und das politische Gleichgewicht für den König in so ausnehmend vortheilhafter Art beibehalten würde. Könne unter diesen
Bedingungen eine Uebereinkunft abgeschlossen werden, so würde dieß
für beide Theile sehr erwünscht sein. Wäre es jedoch nicht möglich,
dann solle das Schicksal der Waffen, und zwar je eher desto besser
das Weitere herbeiführen[664]).

Der Hauptgewinn, welchen Joseph von der jetzt nach Berlin
abgehenden Depesche erwartete, bestand darin, daß man endlich wissen
werde, woran man denn eigentlich mit dem Könige sei. Gehe er auf
die ihm zu machenden Vorschläge ein, dann sei ohne Zweifel Wichtiges
erreicht worden. Thue er das nicht und trete er mit anderen Anträgen

hervor, dann sehe man, daß er den Frieden ernstlich wünsche und man ihn mit Standhaftigkeit dahin bringen werde, wohin man wolle. Breche er jedoch kurz ab, dann sei es ein Zeichen, daß er nie an einen vernünftigen Frieden gedacht habe. Wisse man dieß einmal mit Bestimmtheit, dann bleibe nichts übrig, als alle Kraft einzusetzen und den Krieg mit größtem Nachdrucke zu führen. Die Umstände, das Glück und das Schicksal würden den Ausgang entscheiden [665]).

Joseph hatte wohl Recht, wenn er vermuthete, die von ihm vorgenommene Umgestaltung der Depesche nach Berlin werde nicht nach dem Sinne der Kaiserin sein. Aber nur in den rücksichtsvollsten Ausdrücken gab sie ihm ihre abweichende Meinung kund. Es handle sich ja darum, schrieb sie ihm, daß eine größere Anzahl von Personen zu einer Vereinbarung gelange; man müsse sich daher auch ein wenig an die Stelle der Anderen setzen und in Bezug auf das eigene Interesse nachgiebig sein. „Ich sehe", so lauten ihre Worte, „daß Du „Dich noch mit der Erwerbung von ganz Baiern beschäftigst; ich kann „dieß jedoch nicht mehr als ausführbar betrachten, selbst wenn wir „den übelsten Tausch eingehen und unser gutes Erbland, die Nieder= „lande aufopfern sollten, dieses so glückliche Land, das uns so anhäng= „lich ist und uns so viele Hülfsquellen darbietet. Man kann wohl „von dem Kurfürsten auch einen anderen Austausch verlangen, aber nie „wird der König von Preußen oder Frankreich oder die ganze Welt „einen so großen Vortheil uns gönnen. Aus dem was der König uns „mittheilte, siehst Du, daß man, wenn möglich, nach der Erwerbung „des Landstriches streben soll, der von dem Inn und der Donau „begrenzt wird. Hierauf meine ich, soll man hinarbeiten, und es wird „schon viel kosten, es zu erhalten. Aber ich will Dich nicht stören, „ich will Dir nur den Gedanken einleuchtend machen, daß es mir „unmöglich scheint, Alles zu erlangen, außer durch den Krieg und „durch gänzliche Aufopferung der Niederlande. Ich habe Kaunitz nicht „so betroffen gefunden über die Veränderungen, welche Du vornahmst, „und daß Du das Schriftstück, welches Cobenzl als Instruction dienen „sollte, zurückhieltest. Er war darüber fast vergnügt, indem er mir „sagte, er habe es nur gemacht, um mich zu beruhigen und zufrieden

„zu stellen; er selbst habe es als zu viel angesehen und er hoffe, daß
„der König um beßwillen den Krieg nicht beginnen, sondern glaube,
„daß er die Sache nur hinausziehen werde. Du weißt, daß er nicht
„liebt, sich näher zu erklären, bevor er die Sache nicht eingehend
„erwog; da er es schriftlich thun will, stimmte ich dem zu und Du
„wirst bald seine Arbeit empfangen. Seit Cobenzls letztem Berichte
„halte ich den Prinzen Heinrich ganz für den Frieden gestimmt, aber
„das ist nicht entscheidend" [666]).

Durch den Zwiespalt der Ansichten, welcher zwischen den maßgebenden Personen am Wiener Hofe obwaltete, wurde Cobenzls Aufgabe nicht wenig erschwert. Allerdings besaß nichts Anderes bindende
Gültigkeit für ihn, als was zuletzt der Kaiser ihm auftrug. Aber
die Ueberzeugung, Maria Theresia stimme damit keineswegs überein,
mußte doch eine gewisse Unsicherheit in sein Auftreten bringen. Und
hiezu kam noch die Voraussicht, daß für die Begehren des Kaisers die
Einwilligung des Königs von Preußen nicht zu erreichen sein werde.

Jetzt ist wohl Niemand mehr darüber im Zweifel, daß die vor-
gebliche Uneigennützigkeit Friedrichs, mit der er so viel Staat machte,
in Wahrheit nicht existirte, und daß er sich ihrer nur als einer Maske
bediente, unter der er die leicht irregeführte Menge zu bethören und
die öffentliche Meinung für sich zu gewinnen verstand. Er hätte sehr
großen Werth darauf gelegt, bei diesem Anlasse die ganze Lausitz an
Preußen zu bringen, es gelang ihm jedoch nicht, den Kurfürsten von
Sachsen zu einer Verzichtleistung auf seine ältesten Stammlande zu
bewegen. Um so weniger war dieß der Fall, als nach einer in
Berlin angestellten Berechnung die fränkischen Markgrafthümer eine
Million, die Ober- und die Niederlausitz zusammengenommen aber nur
600.000 Einwohner zählten. Als Ersatz für diesen Entgang verlangte
man auf preußischer Seite noch Wittenberg sammt seinem Gebiete und
das ganze sächsische Land am rechten Ufer der Elbe. Die Grenze sollte
diesen Strom entlang bis zum Einflusse der Elster, und dann längs
dieses Flusses bis an das böhmische Gebirge gezogen werden. Von
einer solchen Abtretung wollte jedoch der Kurfürst, und gewiß mit

vollem Rechte nichts hören. Auf all diese Zumuthungen Preußens antwortete er ablehnend [667]), und hierin lag offenbar der Grund, weßhalb der König sich gezwungen sah, der Hoffnung auf eine ihm hochwillkommene Erwerbung allmälig zu entsagen.

Um so eifriger wiederholten seine Minister die Behauptung, es sei ihm um gar nichts für sich, sondern nur um die Wahrung der Rechte der zunächst Betheiligten und um Aufrechthaltung der bedrohten Reichsverfassung zu thun. Sollte das Haus Oesterreich durch eine Erbschaft, eine Heirat oder in irgend einer anderen Art zu einer legalen Erwerbung gelangen, dann würde es dem Könige gewiß nicht in den Sinn kommen, auch für sich ein Aequivalent zu begehren. Aber schlagend entgegnete Cobenzl, daß wenn jene Beweggründe wirklich die Handlungsweise des Königs bestimmen würden, er sich mit der Ver= sicherung der Betheiligten, befriedigt zu sein, wohl begnügen könnte. Und jedenfalls stünde ihm kein anderes Recht zu, als seine Einwen= dungen gegen die Erwerbungen Oesterreichs an die Reichsversammlung zu bringen. Wenn er sich nicht darauf beschränke, so zeige er hie= durch deutlich, daß er nur durch politische Gründe vermocht werde, sich der Vollziehung der Uebereinkunft Oesterreichs mit dem Kurfürsten von der Pfalz direct zu widersetzen. Die preußischen Minister er= wiederten, daß sie aus Cobenzls Mittheilung über die aus Wien erhaltene Instruction und aus seiner mündlichen Erläuterung schließen müßten, die von ihm abgegebene Erklärung sei als das österreichische Ultimatum zu betrachten. Und Cobenzl sah keinen Grund, dieser Auf= fassung irgendwelchen Widerspruch entgegen zu setzen [668]).

Nach dem vertraulichen Briefwechsel des Königs mit dem Prinzen Heinrich sollte man glauben, daß ihm die bündige Aeußerung Cobenzls willkommen gewesen wäre. Denn er behauptete darin, seine Minister beauftragt zu haben, von Cobenzl das österreichische Ultimatum zu verlangen, indem er nach dessen Ankunft die Eröffnung der Feind= seligkeiten nicht länger hinausschieben werde [669]). Nachdem er aber die Antwort erhalten, nahm er sie keineswegs als ein Ultimatum auf, sondern er verlangte neue Erklärungen über die Art und Weise, in

welcher Oesterreich den Kurfürsten von der Pfalz befriedigen wolle.
In vier Punkte wurden von seiner Seite diese Fragen gekleidet. Welche
Districte Baierns und der Oberen Pfalz Oesterreich behalten und
welche es zurückgeben wolle? Worin die Besitzthümer, die es einzu-
tauschen, und die Aequivalente bestünden, die es dahinzugeben gedenke?
Welche Vortheile es dem Kurfürsten von der Pfalz in Aussicht stelle,
um ihn in den Stand zu setzen, den Kurfürsten von Sachsen zu befriedigen? Ob es darein willige, die ganze baierische Erbfolge in
Bezug auf die Rechte der Kurfürsten von der Pfalz und von Sachsen
so wie der Herzoge von Zweibrücken und Mecklenburg gemeinschaftlich
mit dem Könige zu ordnen, der als Freund und Verbündeter dieser
Fürsten, als Kurfürst und als Reichsfürst eben so viel Recht als
Interesse besitze, Antheil zu nehmen an einer gerechten Vertheilung
dieser Erbschaft [670]). Und gleichzeitig gab er Riedesel den Auftrag, sich
an den Fürsten Kaunitz zu wenden und ihn um nähere Aufklärung
über die drei von Cobenzl gemachten Vorschläge anzugehen, denn er
wolle endlich einmal das letzte Wort Oesterreichs vernehmen [671]).

Während dieß von Seite König Friedrichs geschah, harrte Maria
Theresia angstvollen Gemüthes der Wirkung, welche die Mittheilungen
Cobenzls auf ihn hervorbringen würden. Unablässig bemühte sie sich,
einer vielleicht nicht allzu feindseligen Antwort Preußens die Pfade zu
ebnen und den Kaiser dahin zu bringen, daß er sich einer solchen
Erklärung gegenüber willfährig erweise. „Ein einziger Punkt ist es",
schrieb sie ihm in diesen Tagen [672]), „hinsichtlich dessen ich nicht auf-
„hören kann Dich zu quälen. Er besteht darin, daß wenn Du noch
„Mittel findest, den Krieg zu vermeiden oder um einen Monat früher
„das allgemeine Unglück zum Abschlusse zu bringen, Du Dich um des
„einen oder des anderen Punktes willen nicht zurückhalten lassen,
„sondern aus Liebe für die öffentliche Ruhe großmüthig über Dein
„eigenes Interesse hinweggehen mögest. Diese Großmuth wird Dir
„mehr Ehre bringen als der Gewinn einer Schlacht oder irgend eine
„Erwerbung. Ich rede nicht von einem schmachvollen Frieden, und
„bin weit davon entfernt, Dir einen solchen aufbürden zu wollen.
„Verliere jedoch nie den Grundsatz aus den Augen: besser ein mittel-

„mäßiger Friede als ein glücklicher Krieg. Von mir hast Du Voll-
„macht, auf dem Schlachtfelde Frieden zu schließen, und ich schreibe
„Dir keine Bedingungen vor, wenn nur der Friede zu Stande kömmt.
„Ich gestehe, wenn der Krieg ausbricht, weiß ich nicht ob Du mich
„wiederfinden wirst; ich bin so niedergeschlagen und kann nichts mehr
„auf mich nehmen. Keine Vorstellung bringt irgend einen Eindruck
„mehr auf mich hervor; nur die Unterwerfung unter den Willen
„Gottes gewährt mir einen Halt, aber sie befreit mich nicht aus einem
„Zustande, dem ich nicht lang mehr zu widerstehen vermag."

Der Umstand, daß Friedrich die bisher durch Cobenzl geführte
Verhandlung mit Oesterreich zwar nicht geradezu abbrach, aber durch
seinen Auftrag an Riedesel ihren Schwerpunkt nach Wien übertrug,
war durchaus nicht ohne alle Bedeutung. Denn man konnte hiedurch
auf die Vermuthung gebracht werden, der König hoffe in Wien von
der friedliebenden Kaiserin bessere Bedingungen zu erhalten als in
Berlin, wohin die Weisungen an Cobenzl immer durch des Kaisers
Hauptquartier gingen und dort wesentliche Veränderungen erfuhren.
Wenn aber der König in Wahrheit diese Absicht hegte, so mußte er
wissen, daß auch in Wien, und zwar weder von Maria Theresia noch
von Kaunitz irgend etwas ohne ausdrückliche Einwilligung des Kaisers
zugestanden werden würde. Wie dem übrigens auch sein mochte, es
war selbstverständlich, daß sobald Riedesel sich an Kaunitz mit der
Bitte um eine Unterredung über die Antwort wandte, welche Cobenzl
der preußischen Regierung in Bezug auf die baierische Erbfolge ertheilt
hatte, seinem Wunsche alsogleich willfahrt wurde. Am 13. Juni fand
die Zusammenkunft des Staatskanzlers mit dem preußischen Gesandten
statt. Riedesel stellte hiebei das Begehren, nähere Aufklärungen über
die von ihm formulirten vier Punkte zu erhalten, indem der König
durch Cobenzls bisherige Erklärungen hierüber nicht deutlich genug
unterrichtet worden sei. Kaunitz aber beobachtete Riedesel gegenüber
sehr große Zurückhaltung. Nur von dem Kaiser und der Kaiserin,
antwortete er ihm, welche auch in dieser Sache Hand in Hand mit
einander giengen, könnte die gewünschte Aufklärung gegeben werden;
da jedoch der Kaiser von Wien abwesend sei, werde dieß immerhin

mehrere Tage erfordern. Aber so viel dürfe er ihm wohl von seinem eigenen Standpunkte aus sagen, daß es ihm unbegreiflich erscheine, wie man einem Staate wie Oesterreich Vorschläge wie die bisherigen machen könne. Wenn man die Anträge Preußens zergliedere, so laufe Alles darauf hinaus, daß Oesterreich für das, was es in Baiern behalten wolle, aus seinem früheren Besitzthum Entschädigung geben und daher gar nichts gewinnen solle. Und obgleich in solcher Weise dem kurfürstlich pfälzischen Hause das ganze baierische Erbe oder doch dessen Werth zu Theil würde, ihm allein also auch die Pflicht zur Befriedigung der Allodialerben obläge, solle doch Oesterreich auch die letztere noch zum größten Theile auf sich nehmen. Endlich muthe man ihm zu, die ansehnliche Vergrößerung, welche Preußen durch Vereinigung der zwei fränkischen Markgrafthümer erhalten würde, in demselben Augenblicke gutzuheißen, in welchem Oesterreich selbst der eigenen, so gerechten Gebietserwerbung, und hiedurch dem bisherigen Gleichgewichte entsagt haben würde.

Was Kaunitz sonst dem Freiherrn von Riedesel mittheilte, bestand eigentlich in nicht viel Anderem als in einer Zusammenfassung und Wiederholung der Erklärungen, welche bereits durch Cobenzl in Berlin abgegeben worden waren. Kaunitz legte den Bericht über seine Besprechung mit Riedesel sowohl der Kaiserin als dem Kaiser vor. Und da er wahrscheinlicher Weise dem Sinne des Letzteren zu entsprechen glaubte, wenn er der Absicht des Königs widerstrebte, die Verhandlung nach Wien zu verlegen, so trug er darauf an, seine Darstellung möge auch an Cobenzl mitgetheilt werden, um ihm als Richtschnur für sein künftiges Verfahren zu dienen[673]). Joseph aber entgegnete hierauf mit eigener Hand:

„die expedition ist an Cobenzell abgegangen. aufs festhalten „kömt alles an, das ist wesentlicher in diesem augenblick als alle „schlachten, wenn in dieser politischen Situation das feld erhalten und „der könig zum rückzug genöthiget werden kann. ich überschicke hier „die Depeschen von Cobenzell und Knebel; erstere enthalten noch eine „unverschämtere antwort. wir sind vollkommen fertig, parat, und er

„wird gewis sich bedencken, dem angriff zu wagen. Russland und
„Franckreich müssen wir aber aller unserer Antworten fleißigst be=
„nachrichtigen, sonsten thut er es auf eine vergälte arth."

Noch viel drastischer als in diesen Worten gab Joseph seiner
Ueberzeugung, daß der König von Preußen, wenn man sich ihm gegen=
über nur standhaft erweise, am Ende doch nachgeben und es nicht zum
Kriege kommen lassen werde, in dem Schreiben Ausdruck, das er gleich=
zeitig an Cobenzl abgehen ließ. „Das Einzige, was man urtheilen
„kann", sagt er darin, „ist wohl dieses, daß des Königs kriegerische
„Lust sehr klein, dessen Habhaftwerbung der Laußnitz aber sehr groß
„sehe, und Ich folgere aus all diesem, daß wenn wir bey einer billigen
„aber vesten Sprache bleiben, der große Friderich mitsamt seiner Xerxes=
„armee endlich doch seine Donquixotische Sprache für das Heil Deutsch=
„lands mäßigen und seinen wesentlichen Vortheilen und der Ruhe seiner
„alten Knochen das Uebrige aufopfern wird" [674]).

Die gleichen Gedanken lagen auch einem Briefe zu Grunde,
den Joseph am folgenden Tage, den 18. Juni an die Kaiserin schrieb.
„Ich hege fast gar keinen Zweifel", so lauten seine Worte, „daß
„wenn wir nur festhalten und die Dinge aufs Aeußerste ankommen
„lassen, der König von Preußen noch Mittel finden wird, sich zur
„Nachgiebigkeit zu bequemen. Dann aber werden wir glorreich und
„ganz anders aus diesem Streite hervorgehen, als wenn wir uns mit
„ihm auf die Einzelnheiten einlassen und ihn zum Schiedsrichter
„machen über unseren Austausch mit Kurpfalz. Nichts hätten wir
„davon zu erwarten als den Verlust unserer Rechte und Vortheile,
„insbesondere aber unseres Ansehens. Nach meiner Meinung muß man
„daher in der Allgemeinheit verharren und die Einzelnheiten müssen
„erst dann aus ihr hervorgehen, wenn die Armeen sich zertheilt haben."
Und nachdem er die Gründe entwickelt hatte, in Anbetracht deren für
den König von Preußen kein Anstand obwalte, hierauf einzugehen, sagt
Joseph noch einmal: „Standhaftigkeit also und die Ueberzeugung,
„die er in sich aufnehmen muß, daß wir aus gar keiner anderen
„Ursache als aus Menschlichkeit den Krieg scheuen, werden es dahin

„bringen, daß er vielleicht einige Demonstrationen, sonst aber nichts
„weiter unternimmt“. „Schrecklich wäre es“, so schließt der Kaiser
seinen Brief, „wenn wir nach so vielen Mühen und Ausgaben, nach
„Zusammenziehung einer solchen Armee eine ungünstige, schmachvolle
„und entehrende Convention abschließen sollten, die hundertmal schlechter
„wäre als eine verlorne Schlacht. Ich bitte Sie daher, bei den drei
„ganz allgemein gehaltenen Punkten zu bleiben und dadurch den König
„zu zwingen, sich ihnen entweder zu fügen oder den Angriff auf uns
„zu beginnen“ [675]).

Maria Theresia war jedoch in fast Allem einer anderen Meinung
als Joseph. Nur darin stimmte sie ihm bei, daß sie in den letzten
Schritten, welche der König in Wien gethan hatte, eine Selbst-
demüthigung für ihn erblickte. „Ich gedenke“, hatte Joseph an Cobenzl
geschrieben, „daß ich allein an dieser Veränderung der Scene und der
„Uebertragung des Negotiationsplatzes nach Wien schuld bin, da er
„allda leichter zu handeln hoffte und eine von Soldaten entblößte
„Stadt gemeiniglich aus einem wohlfeileren Tone spricht als Dörfer
„und Bauernhütten, wo aus allen Fenstern die Bayonnette und aus
„allen Gassen die Kanonen heraussehen wie hier“ [676]). „Ich habe“,
meinte nun mit Beziehung hierauf Maria Theresia in der Antwort
an ihren Sohn, „die gleiche Betrachtung wie Du gemacht, daß dieser
„garstige König sich erniedrigte, als er „„an jenen Kaunitz““ sich wandte,
„indem er darauf hoffte, ihn wohlfeileren Kaufes zu finden als Dich.
„So ist dieser große Mann, den man für einen Salomo ausgibt
„und der, wenn man ihn nur sorgfältig und ununterbrochen beobachtet,
„sehr klein und als ein reiner Charlatan erscheint, der nur durch die
„Gewalt und sein Glück gedeckt wird. Ich will mich nicht in Stolz
„überheben, aber mein Joseph ist doch ganz anders und arbeitet auch
„anders, Zeuge dessen die Armee, wie sie vorhanden ist und sich be-
„hauptet, die Expeditionen an Cobenzl und hieher, der Briefwechsel
„zwischen Dir und diesem Ungeheuer, den ich öfter überlese, um
„mich wieder zu beleben. Des letzteren bedarf ich gar sehr, denn ich
„bin ganz herabgekommen, und ich gestehe Dir, daß mir die letzte
„durch Cobenzl übersendete Denkschrift des Königs von Preußen ganz

„annehmbar erscheint. Unglücklicher Weise sind wir es, die sich im
„Unrechte befinden, da wir nicht deutlich reden, und wir können es
„nicht, da wir ungerechte Dinge begehren und ihrer durch die Ereignisse
„habhaft zu werden hofften, indem wir dem Könige von Preußen die
„Lausitz als Lockspeise hinhielten. Ich habe allzeit gesagt, daß er dieß-
„mal, ohne sich allzusehr bloßzustellen, nicht anbeißen und seiner
„schnöden Denkungsart folgen kann; zu weit hat er sich vorgewagt,
„und diese Antwort bringt uns einen Krieg, welchen Gott weniger
„lang und weniger blutig sein lassen möge als die vorhergegangenen
„es waren" [677]).

Gewiß war es keine leichte Aufgabe für Kaunitz, eine sowohl
die Kaiserin als ihren Sohn zufriedenstellende Antwort auf die letzte
preußische Denkschrift zu entwerfen, welche Maria Theresia annehmbar,
der Kaiser aber unverschämt genannt hatte. Joseph gab noch überdieß in einer eigenen Note [678]), die er nach Wien sandte, die Prinzipien
kund, von denen er wünschte, daß sie der Antwort an Preußen zu
Grunde gelegt würden. Sie schmiegten genau an dasjenige sich an,
was er fortwährend gesagt hatte: man solle festhalten an den bisherigen
Erklärungen und sich durchaus nicht verleiten lassen, jetzt schon auf
Details einzugehen. Endlich möge man dem Könige zwar nicht die
Hoffnung, selbst zu ansehnlichem Gewinn zu gelangen, wohl aber den
Wahn benehmen, als ob Oesterreich einen Anlaß oder gar die Pflicht
hätte, die Allodialforderungen Sachsens ganz oder auch nur zum
Theile zu befriedigen. Und wenn auch kein Austausch zu Stande ge-
bracht werde, so möge doch Oesterreich das, was es in Baiern zu
fordern berechtigt sei, Preußen aber die fränkischen Markgrafthümer
erhalten. Beide Mächte würden dann ihre guten Dienste zu billiger
Befriedigung der Allodialerben eintreten lassen.

Trotz aller Schwierigkeiten gelang diese Arbeit dem Fürsten
Kaunitz so wohl, daß nicht nur Maria Theresia ihr beistimmte [679]),
sondern auch Joseph sie mit Wärme belobte. Sie werde den König,
so meinte er, mit innerem Zwiespalte erfüllen, aber schließlich werde
er sich durch den ihm dargereichten Köder so wie durch den Wunsch

nach Ruhe, der bei seinem Alter begreiflich sei, wohl dahin bringen lassen, wo man ihn wolle. Geschehe dieß aber, dann würde sein An= sehen in Europa gewiß sehr tief sinken, dasjenige Oesterreichs aber in gleichem Verhältnisse steigen. „Ich sehe voraus", sagt Joseph wörtlich, „daß er wohl alle nur immer möglichen Demonstrationen, vielleicht „sogar die Abberufung seines Ministers, Märsche und was weiß ich „anwenden wird. Aber daß er den Krieg wirklich beginnen sollte, daran „zweifle ich sehr, und ich werde es nicht glauben als bis ich es sehe. „Ganz unerschütterlich müssen wir jedoch festhalten und uns mit ihm „in keine Details über einen Austausch einlassen, bis er diese Ueber= „einkunft nicht vorläufig unterschrieb und die Armeen sich zertheilt „haben. Darin besteht die Hauptsache, der Rest wird sich ausgleichen „lassen" 680).

Maria Theresia urtheilte jedoch ganz anders als ihr Sohn, und man muß zugeben, daß ihr Blick sich als der schärfere erwies. „Wie „glücklich wäre ich", antwortete sie ihm, „wenn Deine Hoffnungen sich „erfüllten, aber ich gestehe, ich wage es nicht mir damit zu schmeicheln; „es ist unmöglich. Welche Lust sollte denn den König anwandeln, sich „ein so grausames Dementi zu geben; wir werden somit den Krieg „haben. Wie schrecklich ist dieses Wort und wie furchtbar werden die „Folgen davon sein" 681).

Hinsichtlich eines Punktes hatte übrigens auch Joseph Recht; der König von Preußen werde wüthend sein, meinte der Kaiser, wenn er erführe, daß man fest entschlossen sei, sich vor ihm nicht zu beugen. Dennoch glaubte Joseph auch jetzt noch, selbst im letzten Augenblicke werde Friedrich es vorziehen, nach einem Auskunftsmittel zu suchen, statt sich zum Kriege zu entschließen 682). Aber gar bald erwies sich diese vom Kaiser so hartnäckig festgehaltene Vermuthung als irrig. Es ist leicht zu begreifen, daß Friedrich dasjenige Hochmuth nannte, was Joseph unter Standhaftigkeit verstand. „Du darfst darauf zählen", hatte der König schon am 21. Juni seinem Bruder Heinrich geschrieben, „daß der Kaiserhof sich zu keiner der annehmbaren Bedingungen „herbeilassen wird, die man ihm vorschlug; so wird denn der Degen

„entscheiden müssen. Dieser Hochmuth mag vom Kaiser oder von
„Kaunitz herrühren; das ist ziemlich gleichgültig. Aber wir müssen
„die Kanonen als Anwälte für unsere Sache eintreten lassen; weder
„meine Feder noch meine Stimme sind so ausgiebig wie Säbel und
„Geschütz, und Du mußt mich gut genug kennen, um mich nicht im
„Verdachte zu haben, daß ich, nachdem ich mich in den Unterhand=
„lungen bis zu dem Punkte vorwagte, auf welchem ich stehe, noch
„zurückweichen werde. Alles wird gut gehen. Guten Muthes und voll
„Vertrauen zu uns selbst, bürge ich Dir dafür, daß der Kaiser, so
„sehr er auch Cäsar ist, doch bald lernen wird, in seinen Wein Wasser
„zu gießen" [683]). Und als Prinz Heinrich seinem Bruder noch einmal
zur Versöhnlichkeit rieth, antwortete ihm derselbe: „Du würdest mir
„ein großes Vergnügen bereiten, wenn Du die Oesterreicher von all
„den schönen Dingen überzeugen wolltest, welche Du für den Frieden
„in Vorschlag bringst. Das ist es ja gerade, was ich von ihnen be=
„gehre und nicht zu erreichen vermag. Der Ablehnung dieser Vor=
„schläge aber muß die Kriegserklärung folgen" [684]).

So geschah es denn auch wirklich. Gerade so wie der König die
Aufforderung an den Kaiserhof um nähere Erläuterung der von dem=
selben gemachten Vorschläge in zweifachem Wege, und zwar durch
Cobenzl und durch Riedesel an ihre Bestimmung geleitet hatte, gerade
so wie ihm die Antwort des Wiener Hofes gleichfalls auf diesen beiden
Wegen zugekommen war, ließ er seine Erwiederung auf die letztere
in Berlin dem Grafen Cobenzl, und in Wien durch Riedesel dem
Fürsten Kaunitz überreichen. Neuerdings wurde darin dem Hause
Oesterreich jede Berechtigung auf Gebietserwerbungen in Baiern be=
stritten und der Versuch gemacht, die seiner Zeit von preußischer Seite
geschehenen Ausgleichsvorschläge als solche erscheinen zu lassen, mit
denen Oesterreich alle Ursache gehabt hätte, sich zufrieden zu stellen.
Was dereinst mit den fränkischen Markgrafthümern geschehen solle, sei
einzig und allein Sache der Vereinbarung des Königs mit den jüngeren
Mitgliedern seines Hauses. Dennoch hätte er gern die Gelegenheit er=
griffen, schon jetzt einen etwaigen Widerstand Oesterreichs gegen diese
Vereinbarung, der ihm in so unerwarteter Weise angekündigt worden,

aus dem Wege zu räumen. Eine Verzichtleistung des Kaiserhofes auf
ein Widerstreben, zu dem derselbe kein Recht habe, könne er jedoch
unmöglich als ein ihm dargebrachtes Opfer betrachten.

Gerade so verhalte es sich mit dem Projecte eines Austausches
der Markgrafthümer gegen die Lausitz. Oesterreich selbst habe hiezu
durch sein Anerbieten, sich einem solchen Austausche nicht zu widersetzen und seinem Heimfallsrechte auf die Lausitz zu entsagen, den
Anlaß geboten. Man könne jedoch auch hierin kein großes Zugeständniß erblicken, wie denn der König sich niemals irgendwelche
Mühe zur Verwirklichung dieses Planes gegeben habe. Wenn er darauf
einging, so sei es ohne alle Vergrößerungsabsicht, und nur zu dem
Zwecke geschehen, ein mit seinen Staaten zusammenhängendes Gebiet
zu erhalten, wogegen Sachsen durch Erwerbung der Markgrafthümer
und Erlangung sonstiger Vortheile reichlichst entschädigt worden wäre.

Die preußische Denkschrift wendet sich nun zu einer Widerlegung
der Erklärungen, welche in der österreichischen Note enthalten waren.
Nicht ohne Glück zieht sie einen Vergleich zwischen den vermeintlichen
Erbrechten Oesterreichs auf baierisches Land, und denen des Hauses
Brandenburg auf Ansbach und Bayreuth. Die Kaiserin selbst und
mit ihr die ganze unparteiische Welt ruft sie zu einem Richterspruche
auf, ob diese beiderseitigen Rechte, insofern es um ihre thatsächliche
Begründung sich handle, wirklich nebeneinander gestellt werden könnten?
Da dieß keineswegs der Fall sei, wäre auch der Ausgleichsvorschlag
des Königs für Oesterreich gewiß annehmbar gewesen. Das Entgegengesetzte finde für Preußen hinsichtlich der durch Cobenzl mitgetheilten
Anträge statt. Sie werden für dunkel und vieldeutig erklärt, für darauf
berechnet, die unbefugte Theilung Baierns zu vollenden, das kurpfälzische Haus des größten Theiles seiner Erbschaft, die Allodialerben
aber einer gerechten Befriedigung zu berauben. Da übrigens der
Wiener Hof erklärt habe, eine Verwerfung dieser Vorschläge mache
jede friedliche Vereinbarung unmöglich und jede fernere Aufklärung
nutzlos, so könne der König hierin nur einen von Oesterreich ausgehenden
Abbruch der Verhandlungen erblicken. Er sehe sich daher genöthigt,

zur Gewalt der Waffen als dem einzigen Wege, die Theilung Baierns zu verhindern, seine Zuflucht zu nehmen. Er zähle bei diesem Schritte auf die allgemeine Billigung der Mitstände des Reiches und auf diejenige ganz Europa's.

Vom 3. Juli war die preußische Note datirt, von welcher Maria Theresia sagt, daß sie wohl stark, aber sehr gut geschrieben sei [685]). Am Morgen des 5. Juli überschritt König Friedrich mit zahlreichen Streitkräften bei Nachod die böhmische Grenze. „Der Friede „ist gebrochen, der Himmel segne die kaiserlichen Waffen", mit diesen Worten kündigte der Commandant der äußersten österreichischen Vorhut, Rittmeister Nauendorf, den Einmarsch der Preußen an. Joseph aber schrieb seiner Mutter, er sei aufs tiefste besorgt über die Wirkung, welche diese Nachricht auf sie hervorbringen werde. Was ihn selbst betreffe, so zögere er keinen Augenblick, dem Könige entgegen zu gehen. „Gott wolle" fügte er hinzu, „die gerechte Vertheidigung Eurer „Majestät und meiner Mitbürger segnen. Von meiner Seite wird „gewiß nichts vernachläßigt werden, und binnen wenig Tagen wird „man klarer in die Zukunft sehen" [686]).

Als der entscheidende Schlag einmal gefallen war, widerstand Maria Theresia der Versuchung, sich in Vorwürfen gegen Joseph, daß er die Hand nicht zum Frieden geboten, und in Klagen über den Ausbruch des Krieges zu ergehen. Allerdings verschwieg sie ihm nicht, daß sie nur mit Angst und mit Grauen an die Lage zu denken vermöge, in der sie ihn wisse. Nur am Fuße der Altäre finde sie einigen Trost, und nur von dorther erwarte sie Hülfe. Aber sie dankte ihm doch auch wieder lebhaft, daß er ihrer und ihrer Besorgniß um ihn gedacht. Sie freute sich über seinen Entschluß, persönlich dem Könige entgegen zu gehen, aber sie beschwor ihn, sich nicht allzusehr auszusetzen und sich auch die nöthige Ruhe nicht ganz zu versagen. So lang er an Ort und Stelle sich befinde, könne für Alles noch Rath werden [687]).

Weniger zurückhaltend mit Kundgebungen ihrer Angst und ihres Schmerzes als gegen Joseph war Maria Theresia gegen andere Personen

ihres Vertrauens. „Nun sind wir in dem Kriege", schrieb sie an
Mercy, „den ich seit Anfangs Jänner gefürchtet, und in welchem
„Kriege! Der König ist mit zahlreicher Streitkraft bei Nachod ein-
„gerückt und wird uns von allen Seiten umringen, da er um vierzig-
„tausend Mann stärker ist als wir. Sie können sich vorstellen, wie
„sehr ich davon ergriffen bin. Gott bewahre uns davor, daß dieser
„Krieg nicht so ende, wie ich seinen Beginn vorhersah" [689]).

Dreizehntes Capitel.

Thuguts Mission.

— · — · —

Es wurde schon früher erwähnt, daß obgleich der Kaiser während der ersten Zeit nach dem Tode des Kurfürsten Maximilian Joseph an den Ausbruch eines Krieges über die baierische Erbfolge nicht glaubte, er doch die Vorbereitungen hiezu mit wahrhaft aufopfernder Thätigkeit traf. Sämmtliche Regimenter des österreichischen Heeres wurden in marschfertigen Stand gesetzt, und da Ungarn, die Lombardie und die Niederlande keinen feindlichen Einfall zu besorgen hatten, so wurde der größte Theil der dort befindlichen Truppen nach Böhmen und Mähren gezogen. Ein Gleiches geschah mit den Streitkräften, welche die Militärgrenze stellen konnte. Ein Corps Tiroler Scharfschützen, ein Jägercorps, ein Stabsinfanterie-, ein Stabsdragoner-Regiment, endlich mehrere Freicorps wurden errichtet. Die Festungswerke von Olmütz und Eger wurden verstärkt, und nicht nur an den Pässen, die nach Böhmen und Mähren führen, sondern sogar um Wieliczka Verschanzungen aufgeworfen, um das dortige Salzbergwerk vor einem Ueberfalle sicherzustellen. Am emsigsten aber wurde in der Umgegend von Jaromircz in Böhmen, vier Stunden von Königgrätz geschanzt, wo einstweilen Feldzeugmeister Freiherr von Elrichshausen das Hauptheer zusammenzog. Am 27. März ging die Feldequipage des Kaisers dorthin ab, sie bestand aus nicht weniger als zwanzig sechsspännigen Wagen, neunzehn bepackten Maulthieren und hundert Handpferden [689]). Am 11. April verfügte sich Joseph selbst, wie bereits erzählt worden, zuerst nach Olmütz und dann nach Böhmen. Sein Bruder Maximilian und Lacy begleiteten ihn. Prinz Albert

von Sachſen-Teſchen und Laudon, Letzterer damals endlich zum Feldmarſchall ernannt, waren dem Kaiſer vorangeeilt; Prinz Albert erhielt
den Oberbefehl über die Truppen in Mähren; ihm trat der Präſident
des Hofkriegsrathes Feldmarſchall Graf Hadik zur Seite, während der
General der Cavallerie Graf Caramelli einſtweilen die Leitung des
Hofkriegsrathes übernahm.

Politiſche Rückſichten der gewichtigſten Art waren es, welche die
öſterreichiſche Armee ſchon von vorneherein zu der Rolle einer bloßen
Vertheidigung zwangen. Um keinen Preis wollte man als Angreifer
erſcheinen, denn man hoffte darauf, daß wenn der König von Preußen
zuerſt offenſiv auftrete und um einer Sache willen, in die ihm eine
Einmiſchung rechtlich gar nicht zuſtand, einen Krieg beginne, ſein an
Oeſterreich neuerdings begangenes Unrecht vor den Augen der ganzen
Welt offenkundig ſein würde. In Folge deſſen wurde denn auch allen
von öſterreichiſcher Seite getroffenen Vorbereitungen zum Kriege ſchon
von vorneherein der Charakter ſtrenger Defenſive gegeben.

Hieran feſthaltend, hatte man den Beſchluß gefaßt, die öſterreichiſchen Streitkräfte auf einem Punkte zu concentriren, von welchem
aus ſie noch am eheſten im Stande wären, ſich allen Unternehmungen
des Feindes mit Ausſicht auf Erfolg zu widerſetzen. Man ging von
dem Gedanken aus, der Feind werde trachten, durch Beunruhigung
auf verſchiedenen Seiten die öſterreichiſche Heeresleitung zu einer Zer-
ſplitterung ihrer Streitkräfte zu verlocken, um ſich dann plötzlich auf
den Punkt werfen zu können, auf welchem er den entſcheidenden Streich
zu führen im Sinne habe. Da aber die lange Ausdehnung der Grenzlinie es wirklich kaum möglich erſcheinen ließ, ſie gegen alle feindlichen
Unternehmungen zu ſchützen, ſo betrachtete man es als das klügſte,
die Aufmerkſamkeit hauptſächlich dem Punkte zuzuwenden, den man
als den gefährdetſten anſehen mußte, und hinſichtlich deſſen es am
wahrſcheinlichſten wurde, daß der König dort perſönlich mit ſeiner
Hauptmacht erſcheine. Darum hatte man beſchloſſen, die Mehrzahl
der öſterreichiſchen Streitkräfte im nordöſtlichen Böhmen am rechten
Ufer der Elbe, und zwar dort zuſammenzuziehen, wo dieſer Fluß,

vom Riesengebirge kommend, Arnau, Jaromircz, Königgrätz, Brandeis, Melnik, Leitmeritz und Aussig berührt. Die Hauptarmee wurde um Bunzlau versammelt, von wo sie sich gegen Gitschin und Jaromircz ausdehnte. Das Corps des Feldzeugmeisters von Elrichshausen, welches an diesen letzteren Orten sich befand, reichte auf der einen Seite bis Königgrätz und auf der anderen bis Arnau; ihm gehörten außerdem auch noch die Vorposten an, welche gegen Trautenau in nördlicher und gegen Nachod in östlicher Richtung aufgestellt waren. Ein zweites Corps unter dem Fürsten Karl Liechtenstein stand an dem linken Flügel der Hauptarmee; seine leichten Truppen, am linken Ufer der Elbe postirt, beobachteten die sächsische Grenze bei Peterswalde. Endlich standen zwei andere Detachements, von den Feldmarschall-Lieutenants Samuel Gyulai und Graeven befehligt, vor dem Centrum der Armee gegen die Lausitz hin, in der Gegend von Böhmisch-Aicha und Niemes; die Beobachtung der beiden Straßen von Liebenau und Leipa bildete ihre Aufgabe.

Die Bestimmung der Armee, welche unter den Befehlen des Prinzen Albert und Hadiks in Mähren sich befand, ist in der dem Ersteren ertheilten Instruction genau präcisirt. Einem schwächeren Feinde habe sie, wird darin gesagt, zu Leibe zu gehen, einem gleich starken zu widerstehen und einem stärkeren das Vordringen Schritt vor Schritt zu bestreiten. Könne man sich in dem Gebirge nicht mehr halten, dann müsse man hinter der March bei Olmütz Stellung nehmen. Vermöchte sich der Prinz auch hier nicht zu behaupten, so habe er zehntausend Mann und fünfhundert Pferde nach Olmütz zu werfen und sich nach Proßnitz zurückzuziehen, um den Weg nach Brünn und nach Wien zu decken, selbst aber dem aus Böhmen zu erwartenden Succurse näher zu sein. Würde hingegen Böhmen stärker bedroht und fände man nothwendig, einen Theil der Armee des Prinzen Albert dorthin zu beordern, so müßten gleichwohl acht- bis neuntausend Mann und drei Cavallerie-Regimenter sammt der nach Olmütz gehörigen Artillerie unter dem Befehle des Feldmarschall-Lieutenants Marquis Botta bei Heidenpiltsch zurückbleiben, während zweitausend Mann beständig in Olmütz zu belassen wären. Nachdem

dieses Armeecorps eigentlich nichts anderes als die Garnison von
Olmütz war, wurde seine Aufgabe darauf beschränkt, den Feind zu
beobachten und das Land vor dessen etwaigen Streifzügen zu decken.
Doch sollte es sich nie mit ihm ernstlich engagiren, sondern bei einem
Rückzuge hatte sich das Fußvolk nach Olmütz, die Reiterei aber nach
Proßnitz zu begeben.

Sorgfältig sei darauf Acht zu haben, wurde dem Prinzen Albert
eingeschärft, ob nicht die kriegerischen Vorkehrungen des Feindes gegen
Olmütz bloß eine Maske und dessen Absichten eigentlich gegen Böhmen
gerichtet wären, in welchem Falle der Prinz ihm dorthin nachfolgen
müsse. Die leichte Reiterei sei nicht in kleineren Abtheilungen einer
Gefahr auszusetzen, sondern immer durch Fußvolk und Artillerie zu
unterstützen. Die besondere Schonung der Grenzregimenter wurde
schließlich dem Prinzen zur Pflicht gemacht. Außer Hauptschlachten
seien sie nie zu exponiren; sie hätten die Piquets zur Sicherstellung
der Armee gegen die Desertion zu übernehmen, wären aber nie bei
der Nachhut oder in Festungen zu belassen; ihrer Gesundheitspflege
sei genaue Obsorge zu widmen.

Ueber die Hauptarmee in Böhmen übernahm Joseph persönlich
den Oberbefehl; unter ihm war Laudon das Commando des linken,
Lacy aber dasjenige des rechten Flügels zugedacht. Der Umstand
jedoch, daß der König zwei abgesonderte Armeen bildete, von denen er
selbst die eine, Prinz Heinrich aber die andere commandirte, brachte
es mit sich, daß sein Verfahren auch von österreichischer Seite nach=
geahmt werden mußte. Laudon erhielt das Commando der Armee,
welche dem Prinzen Heinrich gegenüber gestellt wurde, während der
Kaiser, Lacy an seiner Seite, diejenige befehligte, die gegen den König
im Felde stand. Prinz Albert aber wurde mit dem größten Theile
seiner Streitkräfte gleichfalls nach Böhmen gezogen; in Mähren blieb,
der ursprünglichen Anordnung getreu, nur Botta mit seinem Armee=
corps zurück.

Joseph brachte die Monate Mai und Juni in aufreibender
Thätigkeit zu. Er bereiste die Stellungen seiner Truppen, besuchte

die Vorpoſten, beſichtigte die Grenzpäſſe und traf überall perſönlich die ihm nöthig erſcheinenden Anordnungen und Vorkehrungen. In den letzten Tagen des Juni vermochte er ſeiner Mutter zu ſchreiben, die Stellung der öſterreichiſchen Truppen ſei eine ſolche, daß eine Aenderung an derſelben nicht mehr vorzunehmen ſei; man werde ruhig erwarten, von woher und in welcher Weiſe der König von Preußen zum Angriffe zu ſchreiten gedenke [690]).

Nachdem Friedrich am 5. Juli in Böhmen eingedrungen war, rückte er am folgenden Tage bis Kwalkowitz im Königgrätzer Kreiſe, unweit von Skalitz vor. Am 7. wurden durch ein an und für ſich unbedeutendes Recognoſcirungsgefecht die eigentlichen Feindſeligkeiten eröffnet. Joſeph berichtete ſeiner Mutter, daß er demſelben nur in größerer Entfernung beigewohnt habe, um nicht zu perſönlicher Betheiligung an einem ſo kleinen Scharmützel genöthigt zu werden [691]). Gleichzeitig überſandte er ihr jedoch eine von ihm herrührende Aufzeichnung, deren Inhalt die Kaiſerin faſt noch mehr beſtürzt machte als der Ausbruch des Krieges. Obgleich Joſeph es darin nicht ausdrücklich ſagte, ſo geht doch aus den von ihm ſelbſt niedergeſchriebenen Worten deutlich genug hervor, daß er jetzt den unumſtößlichen Beweis von der Unrichtigkeit ſeiner ſo lange Zeit hindurch feſtgehaltenen Anſicht, der König von Preußen werde ſich nicht zu einem gewaffneten Angriffe auf Oeſterreich entſchließen und man brauche ihm nur Ernſt und Standhaftigkeit zu zeigen, um ihn zur Nachgiebigkeit zu zwingen, keineswegs mit jener Kaltblütigkeit aufnahm, welche ſeine bisherige Haltung hatte vorausſetzen laſſen [692]).

„Aeußerſte Umſtände", ſo lauten dieſe merkwürdigen Worte des Kaiſers, „erfordern auch äußerſte Mittel. Die Erhaltung der Monarchie „hängt anjetzo bey dieſem entſtandenen verderblichen und höchſt gefähr„lichen Kriege von wenigen unglücklichen Augenblicken ab. Der Feind, „wider welchen wir zu thun haben, iſt uns an Stärke wirklich über„legen und bekannter Maaßen zu allen Mitteln bereit, ja ein großer „Kriegsmann. Wir ſind wirklich ohne Alliirte, alſo muß die Monarchie „in ſich ſelbſt auch ihre Reſſourcen holen und darauf allein bauen. Einen

„Augenblick zu verlieren, selbe aller Orten auf das Aeußerste zu
„spannen, wäre unverantwortlich; es muß also meines wenigen Er-
„achtens nichts erspart, wohl aber Alles angewendet werden, was dazu
„führen kann; also wäre wenigstens eine Recroutirung von 40.000
„Mann in allen Ländern zu machen, und dazu ohne Rücksicht, wer
„nur gewehrtauglich ist, zu nehmen. Die Finanzen auf alle nur
„erfinnliche Art zu vermehren, sowohl durch Vermehrung der Ein-
„nahmen, der Auflagen, Verminderung aller Ausgaben, unter was
„immer für einem Namen, und Ziehung in das Mitleiden und Ab-
„bruchleidung aller Mitbürger vom Thron bis zum letzten Bauer, da
„alle gleich nach ihren Kräften zur Erhaltung des Ganzen beitragen
„müssen. Die Verschaffung der Credite in der Fremde, sei es durch
„was immer für harte Bedingnisse, da wenn das Haus brennt, man
„nicht handeln muß, ob das Wasser theuer. Wenn ich die Monarchie
„nenne, so verstehen sich wohl alle Länder, und Ungarn hauptsächlich,
„allwo allsogleich auf Insurrection und auf Errichtung von Corps
„oder Regimentern, die statt selber dienten, zu gedenken wäre; dergleichen
„nach seinem Maß in Siebenbürgen. Alles dieses müßte allsogleich
„und unverzüglich unternommen werden, mit dem größten Ernst und
„Nachdruck, und mit Entsagung auf alle einzelnen Uebel und Unheil,
„so daraus nothwendig entstehen müssen, sowohl für ganze Provinzen
„als viele Particularpersonen, allein die Erhaltung des Ganzen müßte
„zum Ziel genommen werden. Wenn alle innerlichen Ressourcen ohne
„mindeste Rücksicht angespannt und angewendet, und auf die künftigen
„Uebel, so daraus entstehen, nicht gesehen, sondern nur das gegen-
„wärtige höchst bringende vermieden wird, so wäre auch von Seite
„der politischen Fächer das Aeußerste anzuwenden, um entweder durch
„Allianzen fremde Beihülfe zu bekommen, müßte man auch versprechen
„was es immer sei, oder wenigstens Truppen in Sold nehmen zu
„können, sey es wo es immer her wolle."

„Um zu diesen Sachen auf die geschwindeste und ausgiebigste
„Art zu gelangen, da aller Umtrieb von allen möglichen Concertationen
„nur zur Unzeit wäre und die Sache auf die Länge schöbe, so erachtete
„ich daß Eure Majestät die Minister zu sich berufen, ihnen kurz diese

„Umstände vorstellen könnten und verlangten, daß aller Orten dazu
„gewirket werde und ein jeder wohldenkende Patriot das Aeußerste
„auch von dem seinigen gern dazu beitragen sollte. Dieses wird
„unserem Feinde zu bedenken geben, wenn wir sollten glücklich sein,
„nicht schaden, und wenn wir sollten unglücklich sein, unsere einzige
„Ressource machen. Ich glaube mich in Pflichten verbunden zu sein,
„Eurer Majestät dieses, so wie es liegt, allerunterthänigst vorzustellen,
„und deren Befolgung als ein wahrer Patriot und nach der Einsicht,
„die ich von allen Umständen habe, sehnlichst zu wünschen. Ich will
„gerne Alles, was ich immer habe und besitze, sammt den äußersten
„Kräften meines Geistes und Körpers dazu widmen" [693]).

Unbeschreiblich, ja vernichtend war der Eindruck, welchen dieses
Schreiben des Kaisers auf Maria Theresia hervorbrachte. „Das ist
„es", mit diesen Worten sandte sie den Brief Josephs an Kaunitz,
„was ich immer vorhersah. Aber erst nach einer verlornen Schlacht,
„die unausweichlich geworden, war ich darauf gefaßt, und darin lag
„der Grund, weßhalb ich mich seit dem 3. Februar in keinerlei An=
„ordnung, weder auf politischem, finanziellem oder sonstigem Gebiete
„mehr mischte, indem ich sehr gut weiß, daß man am Ende Alles
„den getroffenen Verfügungen zur Last legen will. Ohne Kanonen=
„schuß hält man schon Alles für verloren, und Recruten und In=
„surrection sollen die Monarchie retten, nachdem hundertsiebzigtausend
„wohl eingeübte Leute in Verwirrung sich befinden. Lebwohl Monarchie;
„ich sehe keinen Weg, sie zu retten. Von Ihnen und von Ihrem
„Rathe erwarte ich, was ich morgen Abends antworten soll, denn
„was mich betrifft, ich bin mit meinem Latein zu Ende" [694]).

Noch mit einem zweiten Billete begleitete Maria Theresia die
Sendung der ihr von Joseph zugekommenen Schriftstücke an Kaunitz.
„Aus dem beigeschlossenen Briefe des Kaisers", so lautet es, „und
„aus seiner Note werden Sie unsere traurigen Umstände ersehen.
„Wenn schon jetzt die Verwirrung einreißt, ehe man noch einen
„Flintenschuß abgefeuert hat, was können wir uns von der Zukunft
„versprechen? Ich bin daher fest entschlossen, das Unmögliche zu

„verſuchen, um noch den Bruch zu beſchwören. Ernſtlich und un-
„verzüglich werden Sie daran denken, wie der Krieg allſogleich und
„ohne Aufſchub beendigt werden könnte, und mir die Mittel hiezu
„vorſchlagen" 695).

In ähnlichem Sinne ſchrieb Maria Thereſia auch an den Kaiſer.
Sie beſtätigte ihm den Empfang ſeiner Briefe und ſchilderte ihm den
niederſchlagenden Eindruck, welchen ihr Inhalt auf ſie hervorgebracht
hatte. „Gott möge", ſo lauten ihre Worte, „nur eine Zerſprengung
„verhüten; eine verlorne Schlacht iſt gewiß ein ſehr großes Uebel,
„aber ſie iſt nicht entſcheidend für die Sache. Eine ſo große Armee
„mit ſo viel Artillerie und Gepäck würde ſich weit mehr ſelbſt zerſtören
„als der Feind ihr anhaben könnte; jetzt aber iſt es nicht an der
„Zeit, darüber Worte zu verlieren. Von Gott allein erwarte ich die
„Hülfe; Dir, mir und der Armee möge er Stärke verleihen; im
„Unglücke iſt es, wo ſich der Menſch zeigt. Ich ſah Dich ſo oft dieſe
„Probe beſtehen, daß ich nicht zweifle, Du wirſt Dich auch dießmal
„nicht verleugnen, wenn Du nur Dich ſelbſt und Dein kaltes Blut
„bewahrſt, welch' letzteres jetzt nothwendiger iſt als je. Erinnere Dich
„an den Prinzen Karl und an Daun, an Browne und an Traun;
„mit dieſem Feinde iſt nichts zu gewinnen, wenn man ihm Schlachten
„liefert; die Zeit iſt es, die ihn mürbe macht, und der Anfang eines
„Krieges iſt jederzeit ſchrecklich."

„Ich wende mich zu Deiner deutſchen Note; Alles was Du
„darin ſagſt, wird geſchehen, aber nicht Alles iſt ausführbar und kann
„ſo raſch herbeikommen, ja es würde unſere günſtigen Verfügungen
„zur Geldbeſchaffung durchkreuzen. Die Inſurrection kann außer
„Landes nicht ſtattfinden, und ſie bedarf einer gewiſſen Zeit. Die
„fremden Truppen aber, wo ſoll man ſie hernehmen? Die katholiſchen
„Fürſten beſitzen deren kaum, die proteſtantiſchen ſind alle gegen
„uns. Dieſe Inſurrection aber, dieſe vierzigtauſend Mann und dieſe
„Soldtruppen ſollten uns retten, nachdem hunderttauſend Mann,
„die ſeit ſiebzehn Jahren gedrillt und exercirt wurden, es nicht zu
„thun vermochten? Dieſe Betrachtungen ſind es, mein theurer Sohn,
„die mich, da ich jenen grauſamen Feind kenne, ſo niedergeſchlagen

„machten. Aber es handelt sich darum, Dich und die Trümmer „Deines Erbes zu retten; ich fühle mich neu gekräftigt und werde „hiezu das Aeußerste aufbieten, denn das Schwert allein ist hiezu „nicht mehr genügend. Kannst Du den Frieden auf dem Schlacht= „felde abschließen, so thu' es auf welche Bedingungen es auch immer „sei; es würde keine Schwäche dabei sein, und wäre dieß der „Fall, dann wälze sie nur auf mein graues Haupt, das zu nichts „Anderem mehr gut ist. Auch meinerseits will ich trachten, Dich „zu unterstützen und in dem gleichen Sinne zu handeln, um Dich „möglichst rasch aus dieser grausamen und gefährlichen Lage zu ziehen; „durch Zeitgewinn verlieren wir nur. Fürchte nichts für mich; ich „fühle wieder meine frühere Kraft und mit Gottes Hülfe werde ich „mich wieder herausziehen. Gilt es ja doch die Rettung Josephs, „und da fühle ich dasselbe Feuer wie mit fünfundzwanzig Jahren „in mir. Erhalte Dich nur selbst, denn um dieses einzigen Punktes „willen könnte ich erliegen, und der gute Gott wird Dir helfen. „Ich weiß daß Du dieß von ihm allein erwartest, und daß Du „von seiner Hand dasjenige entgegennehmen wirst, was er Dir als „seinem Geschöpfe zusendet, dem er nichts schuldig ist, während es „ihm als seinem Schöpfer Alles verdankt. Indem ich Dich segne, um= „arme ich Dich" 696).

An demselben Tage, an welchem Maria Theresia diese Zeilen zu Papier brachte, hatte ihr Joseph in dem gleichen Sinne geschrieben. „Unsere Lage", so lauten seine Worte, „ist gewiß ungemein kritisch. „Der Feind ist überall stärker als wir, und gleichzeitig überaus kriegs= „erfahren und kühn. Wir werden sehr große Mühe mit ihm haben; „wenn wir aber hier nicht tüchtig Stand halten, müssen wir uns „entschließen, Böhmen in seiner Gewalt zu lassen. Ein glücklicher „Augenblick, nur etwas göttliche Gnade könnte allein allen Uebelständen „abhelfen. Wir erwarten unseren Gegner mit Geduld, aber nicht „ohne die größte Unruhe, wie Sie sich wohl vorstellen können. Wenn „irgend ein Mittel den Frieden zu nur einiger Maßen anständigen „Bedingungen wiederherstellen könnte, so wäre das ein sehr großes „Glück; aber ich sehe die Mittel dazu nicht" 697).

Auf den hier ausgeſprochenen Wunſch kam Joſeph in einem Briefe vom folgenden Tage zurück. „Gewiß iſt", ſchrieb er der Kaiſerin, „der Krieg eine ſchreckliche Sache. Das Elend, das er verurſacht, iſt „furchtbar, und ich kann Eurer Majeſtät ſchwören, daß welches Bild „ich mir auch von ihm entwarf, es doch weit hinter dem zurückbleibt, „was ich ſehe. Wenn es ein Mittel gäbe, den Krieg abzukürzen oder „Frankreich und Rußland zur Vermittlung einer vernünftigen Ueber-„einkunft zu bringen, ſo wäre dieß das Beſte. Gewiß nicht als Feig-„ling ſage ich das, ſondern als Menſch und als Staatsbürger. Denn „es iſt ſchrecklich mit anzuſehen, was die Leute ſeit acht Tagen erdulden „mußten und was ſie noch zu erdulden haben werden."

So weit war Joſeph gekommen, als er den letzten Brief ſeiner Mutter empfing. „Wenn ich darauf antworten wollte", ſchrieb er ihr jetzt, „ſo könnte ich es nicht. Alles, deſſen ich Sie verſichern kann, „iſt daß Ihr Brief mich zu Thränen gerührt hat, und daß meine „Bewunderung Ihrer erhabenen Denkungsart meiner Dankbarkeit „gleichkommt. Wie glücklich bin ich, eine ſolche Mutter und eine ſolche „Monarchin zu beſitzen, und welche Vorwürfe müßte ich mir machen, „wenn dieſes koſtbare Blut, das Sie in meine Adern verpflanzten, „ſich jemals in mir zu verleugnen vermöchte. Nein, theure Mutter, „Sie dürfen verſichert ſein, ich werde ſowohl meine Anſtrengungen „als meine Umſicht und meinen Muth verdoppeln, um das zu leiſten, „was Sie um mich verdienen, aber ich wage es zu wiederholen, man „muß das Aeußerſte aufbieten, um dieſem Feinde Stand halten zu „können. Die Inſurrection könnte in Jablunka bleiben, wo Regimenter „aus ihr zu bilden wären. Die Recruten würden eingereiht und zur „Erſetzung der Verluſte der Armee gebraucht; Alles dieß iſt übrigens „in Ihren Händen und befindet ſich dort gut. Ich ſehe die große, „die unvergleichliche Maria Thereſia wieder; ſie wird die nöthigen „Mittel finden und anwenden, um ihre Armeen, ihre Staaten und „ihren Ruhm aufrecht zu erhalten" 698).

Hätte Maria Thereſia dasjenige, was ihr der Kaiſer über das Wünſchenswerthe eines baldigen Friedensſchluſſes und über die

Schrecknisse des Krieges schrieb, von welch letzteren er bis dahin allerdings nur sehr schwache Vorzeichen erblickt haben konnte, schon früher
erhalten, so würde sie sich dadurch nur noch in dem Entschlusse bestärkt gefunden haben, den sie gleich nach dem Eintreffen der ersten
Meldungen ihres Sohnes von dem Einmarsche der Preußen in Böhmen
gefaßt hatte. Er ging darauf hinaus, der ihr unerträglichen Lage, in
die sie ohne ihr Verschulden gerathen war, und welche jetzt auch der
Kaiser als eine äußerst gefährliche ansah, um jeden Preis ein Ende
zu machen.

Der erste Gedanke der Kaiserin bestand offenbar darin, es sei,
um den Kampf noch im Momente seines Ausbruches wieder zu er-
sticken, dem Könige von Preußen im Wege unmittelbarer Verhandlung
eine weitgehende Verringerung der Ansprüche Oesterreichs auf baierisches
Gebiet, ja vielleicht sogar eine gänzliche Verzichtleistung auf dieselben
anzukündigen, so daß er hiedurch versöhnt und zur Beendigung der
so eben erst eröffneten Feindseligkeiten vermocht werde. Daß hierin
wirklich die Absicht der Kaiserin lag, geht auch aus einigen Zeilen
hervor, welche sie in jenen Augenblicken der höchsten Erregung an
Kaunitz schrieb. „ob man nicht", so lauten ihre Worte, „die obere
„pfalz und dem kleinen strich von Jnn bey Kufstein und das Amt
„Burghausen und Braunau annehmen solle und antragen, umb aus
„der sache zu komen, all übriges zuruck zu geben; auch bises, wan
„es zum ende komen kunte. alles was von vorigen bleiben wird,
„wird der König als captiose ansehen und uns ligt alles daran,
„heraus zu komen."

Stand dieser Wille der Kaiserin einmal fest und war auch
Kaunitz weder gesinnt noch im Stande, sie hievon wieder abwendig
zu machen, so handelte es sich sowohl um die Form als um das
Wesen der Durchführung ihrer Absicht. In ersterer Beziehung rieth
der Staatskanzler, einen vertrauten Unterhändler unmittelbar in das
preußische Hauptquartier zu senden. Als die geeignetste Persönlichkeit
hiezu bezeichnete Kaunitz den Freiherrn von Thugut, denn er werde
am wenigsten Aufsehen erregen, und er besitze die zur Vollziehung

eines ſolchen Auftrages erforderlichen Eigenſchaften, die Geſchicklichkeit,
die Verſchwiegenheit, die Treue und den Dienſteifer in ganz beſonderem
Maße. Um ohne alle Schwierigkeit zu dem Könige gelangen zu können,
wäre Thugut mit einem Paſſe des ruſſiſchen Botſchafters Fürſten
Galitzin und einem in allgemein lautenden Ausdrücken abzufaſſenden
Schreiben desſelben an den König von Preußen zu verſehen. Maria
Thereſia ſelbſt aber habe gleichfalls an den König zu ſchreiben und
Thugut außerdem eine von ihr eigenhändig niedergeſchriebene Vollmacht
mit auf den Weg zu geben.

Am wichtigſten war übrigens natürlicher Weiſe die Inſtruction,
welche Thugut als Richtſchnur ſeines Verfahrens ertheilt werden ſollte,
und Maria Thereſia drang mit fieberhafter Ungeduld auf unverzügliche Ausfertigung derſelben. „Die Expedition Thuguts preſſirt"
ſchrieb ſie am Morgen des 11. Juli an Kaunitz. „Ich fürchte eine
„verlorne Schlacht oder wenigſtens daß wir hinter die Elbe gedrängt
„werden. Ich bitte Sie keine Convention; nichts was einen miniſte-
„riellen Auftrag bezeichnet; es muß ſo erſcheinen als ob Alles nur
„von mir ſelbſt käme."

Kaunitz entſchuldigte ſich mit der Wichtigkeit der Sache, um
derentwillen er dem Wunſche der Kaiſerin nicht ſo raſch zu entſprechen
vermöge, als ſie es begehre. Er trachtete ſie durch die Bemerkung
zu beſchwichtigen, daß die letzten Briefe des Kaiſers geringere Beunruhigung zeigten als er ſie früher empfunden zu haben ſcheine. Und
außerdem deute nichts darauf hin, daß der König die öſterreichiſche
Armee in ihrer gegenwärtigen Stellung anzugreifen gedenke. Er halte
vielmehr deſſen bisherige Manöver für eine Maske, hinter der eine
andere Abſicht ſtecke, welche bald an den Tag treten werde [699]).

„Das kenne ich nur gar zu wohl", erwiederte Maria Thereſia
auf die Bemerkungen des Staatskanzlers, inſofern ſie ſich auf die
Schwierigkeit bezogen, raſch eine paſſende Inſtruction für Thugut zu
entwerfen. Und auf den ſonſtigen Inhalt ſeiner Mittheilung antwortete
ſie. „die expedition mus nur nicht weithläuffig ſein, auch zwey auff-
„ſätze oder projecten ſchonn zu vill miniſterialiſch ſcheint; es müſte

„nur einer sein. Thugutt puncten mitzugeben, die er nachgehends
„mehr oder weniger eingehen oder zuruckhalten kunte, sonsten förchte,
„gehet dise lezte resource zu grund wie die andern."

Trotz des Wunsches der Kaiserin hielt Kaunitz schließlich doch
an dem Gedanken fest, die Befehle für Thugut in zwei verschiedene
Schriftstücke zu kleiden. Das Eine, welches Maria Theresia selbst
unterzeichnen sollte, hatte die Vorschläge zu enthalten, die dem Könige
von Preußen in ihrem Namen zu machen wären. Auf zwei Erklärungen
desselben gründeten sie sich. Die eine bestand darin, er wolle Oester=
reich einen Ländergewinn gönnen, dessen Erträgniß sich auf 1,300.000
Gulden belaufe. Und in der anderen habe er die Behauptung auf=
gestellt, die Einkünfte der Erwerbungen, welche Oesterreich für sich
verlange, seien sechsmal größer als die Aequivalente, die es hiefür
anbiete. Die Kaiserin sei daher bereit, von den in Besitz genommenen
baierischen Landstrichen nur so viel zurückzubehalten, als ein Erträgniß
von einer Million abwerfe; was darüber hinausgehe, werde sie dem
Kurfürsten zurückstellen. . Der König werde hieraus entnehmen, daß
ihrerseits mehr geschehe, als er verlangt habe. Außerdem wolle er
Oesterreich nicht im Besitze des occupirten Landstriches belassen, weil
er an Regensburg grenze und Baiern zerschneide. Die Kaiserin sei
daher bereit, sich mit einem Gebiete zu begnügen, dessen Erwerbung
beide Nachtheile beseitige. Sie wolle endlich in Gemeinschaft mit dem
Könige darauf hinwirken, daß ein billiger Ausgleich zwischen den
Kurfürsten von Sachsen und der Pfalz unverzüglich zu Stande ge=
bracht werde.

Maria Theresia war nicht ganz einverstanden mit dieser dem
Freiherrn von Thugut zu ertheilenden Instruction. „dieses scheinet
„sehr wohl gesezet nach denen vorigen Gründen", antwortete sie dem
Staatskanzler, „aber siehet keiner kummervollen Frauen gleich. all
„dises detail von Einer Million Einkommen oder nicht, ist nicht der
„Mühe werth. ich bekenne, wann wir Braunau und den kleinen
„schmallen District des Inn haben können, wo keine Salinen sind,
„findete besser wegen Arondissement. kan Burghausen und die Obere

„Pfalz darzu kommen, desto besser, sind doch land und leuth, wolte
„aber nicht darauf bestehen. wegen Sachsen in nichts directe sich ein-
„zulassen."

„Meine Situation ist violente", schrieb Maria Theresia neben
die letzten Worte des ihr von Kaunitz erstatteten Vortrages, „meiner
„einsicht aber nicht so viel zutraue, daß nicht des fürsten seine nach
„mein Vertrauen vorziehe."

Den besten Beweis dieser Unterordnung unter die Meinung des
Staatskanzlers gab Maria Theresia dadurch, daß sie seinen wahrscheinlicher Weise mündlich gemachten Vorstellungen gegenüber ihre Bedenken
fallen ließ und der Instruction für Thugut ihre Zustimmung ertheilte.
Außer diesem Auftrage an ihn mußte die Kaiserin noch einen vertraulichen Brief an den König von Preußen schreiben und die Vollmacht
für Thugut eigenhändig zu Papier bringen. In dem ersteren sagte
sie, daß der Ausbruch des Krieges sie aufs peinlichste berührt habe.
Alle Welt kenne ihr Alter und ihre Liebe zum Frieden; nichts könne
ein thatkräftigerer Beweis für dieselbe sein, als der Schritt, den sie
so eben unternehme. Ihr mütterliches Herz sei mit Recht beunruhigt
über das Schicksal ihrer beiden Söhne und ihres Schwiegersohnes,
die bei der Armee sich befänden. Ohne Vorwissen des Kaisers wende
sie sich an den König, und sie bitte ihn, welchen Erfolg ihr Schritt
auch nach sich ziehen möge, um strengste Geheimhaltung desselben.
Sie wünsche die Wiederanknüpfung der Verhandlungen, welche bisher
von dem Kaiser geleitet, jedoch zu ihrem größten Bedauern abgebrochen
worden seien. Thugut sei beauftragt, ihm diesen Brief und seine Vollmacht zu eigener Hand zu überreichen. Sehnlichst wünsche sie seiner
Sendung glücklichen Erfolg, auf daß hiedurch das gute Einvernehmen
mit dem Könige zum Heile der beiderseitigen Familien, ja des ganzen
Menschengeschlechtes wieder hergestellt werde [700]).

Außer den an den König von Preußen zu richtenden Vorschlägen,
dem Entwurfe des Briefes an ihn, endlich der Vollmacht für Thugut
legte Kaunitz der Kaiserin auch noch die Instruction für den Letzteren
zur Genehmigung vor [701]). Nach der gewohnten Darstellung des bisher

Geschehenen, worüber Thugut hauptsächlich durch Mittheilung der gepflogenen Correspondenz aufgeklärt wurde, erhielt er den Befehl, sich
unverzüglich in das Hauptquartier des Königs zu begeben. Vorläufig
komme Alles darauf an, denselben zu überzeugen, daß dieser Schritt
ganz ohne Vorwissen des Kaisers geschehe. Darum habe Thugut dem
Könige sogleich das eigenhändige Schreiben der Kaiserin zu übergeben und bei ihm auf strengste Geheimhaltung ihres Schrittes zu
dringen. In ihrem Namen möge er ihm sagen, sie hätte bisher die
Leitung der Unterhandlung mit ihm ihrem Sohne ausschließlich überlassen und dabei auf ein günstiges Ergebniß derselben zuversichtlich
gehofft, weßhalb denn auch deren gänzlicher Abbruch sie mit tiefstem
Leidwesen erfüllte. Bei ihrer Liebe zum Frieden und zu ihren Kindern
habe dieses unvorhergesehene Ereigniß sie veranlaßt, über alle Betrachtungen hinwegzugehen, um derentwillen man die Verhandlung
nicht länger fortgesetzt habe. Durch erneuerte reifliche Ueberlegung der
Sache sei sie zur der Ueberzeugung gelangt, daß nur ein Mißverständniß obwalte, welches allein zur Veranlassung eines blutigen und
für die Menschheit verderblichen Krieges geworden sei. Sie erkenne,
daß der König von seinem bisherigen, nun zu wirklichem Bruche ge-
diehenen Widerspruche nicht abstehen könne, wenn nicht hiebei seine
Ehre und die Zusage des Schutzes, die er den bei der baierischen
Erbfolge betheiligten fürstlichen Häusern öffentlich ertheilt habe, ausreichend gewahrt werde. Hiezu auch ihrerseits mitzuwirken, sei jedoch
die Kaiserin in jeder ihrer eigenen Ehre nicht abträglichen Weise bereit.
Sie habe daher ihre Vergleichsvorschläge auf zwei von dem Könige
selbst ausgegangene Erklärungen gegründet. Der König möge diese
Anträge in freundschaftliche Ueberlegung ziehen und hienach urtheilen,
ob sie nicht den von ihm selbst aufgestellten Grundsätzen entsprächen.
Wäre dieß der Fall, dann sei Thugut bevollmächtigt, unverzüglich
zum Abschlusse eines Präliminarvertrages zu schreiten, in Folge dessen
die Feindseligkeiten beendigt und die Armeen wieder zertheilt werden
könnten. Sollten sich jedoch wider Vermuthen noch einige Zweifel
und Anstände ergeben, so könnten dieselben durch eine oder zwei Reisen
des Freiherrn von Thugut wohl ohne alle Schwierigkeit ausgeglichen
werden [702]).

„folgt alles", mit diesen Worten stellte Maria Theresia dem Fürsten Kaunitz seine Vorlagen zurück; „Gott gebe sein Seegen darzu. „mir von all disen copie bis montag mittag zu schicken und die „stund erinern, wan thugutt abgegangen."

Die von der Kaiserin verlangten Abschriften hatten offenbar die Bestimmung, ihrem Sohne mitgetheilt zu werden. So geschah es denn auch wirklich. Am Morgen des 13. Juli verließ Thugut Wien, und noch an demselben Tage schrieb Maria Theresia dem Kaiser und unterrichtete ihn von Allem, was von ihrer Seite geschehen war. Sie versicherte ihn, daß sie der Schritt, den sie „diesem Ungeheuer" gegen= über gethan, ein sehr großes Opfer gekostet, und daß die Furcht, Joseph werde ihn mißbilligen, sie aufs höchste beunruhigt habe. Der größte Trost sei ihr daher durch den Nachsatz seines letzten Briefes geworden, in welchem er ihr den Wunsch zu erkennen gab, man möge den Frieden herbeiführen; sie aber sei diesem Begehren, ohne ihn irgendwie bloßzustellen, aus eigenem Antrieb zuvorgekommen. Hätte sie diesen Brief schon früher gehabt, so würde sie sich gegen den König noch deutlicher erklärt haben. So aber könne dieß nachträglich ge= schehen, und sie versichere ihn, nachdem sie die Unterhandlung einmal begonnen, werde sie dieselbe nach ihrem eigenen Willen zu Ende führen. Es handle sich ja um ihren Sohn und daher um Alles, was ihr werth sei. Ihr graues Haupt könne auch das Aergste ertragen, und man möge nur getrost allen Tadel auf sie wälzen [703]).

Noch ehe dieser Brief in die Hände des Kaisers gelangte, hatte er die erste Bestürzung, in die er — man muß es zugeben — durch den Einmarsch des Königs von Preußen in Böhmen versetzt worden war, schon wieder so ziemlich überwunden. Es hob seine Zuversicht, daß er wahrnahm, auch in der preußischen Armee sei bei weitem nicht Alles so bestellt, wie man von der so hoch gepriesenen Vortrefflichkeit der dortigen militärischen Einrichtungen etwa hätte voraussetzen können. Mit Stolz betonte er, daß man bei den österreichischen Truppen nichts von Desertion höre, während täglich zwanzig bis dreißig Fahnen= flüchtige aus dem preußischen Lager herüberkämen, unter denen die

Klage über das dort herrschende Elend allgemein sei. Neuerdings bat er sie um Vervollständigung seiner Truppen, um Pferde, Waffen und Geschütze; wenn man dem Könige von Preußen nur drei Feldzüge hindurch die Spitze bieten könne, so werde er das nicht aushalten; seine Länder seien entvölkert, und er habe Alte und Junge, Große und Kleine zu Soldaten gemacht [704]).

Joseph hegte jetzt, wie man sieht, keinen Wunsch mehr nach unverzüglichem Abschlusse des Friedens, und er war neuerdings zu seinem früheren Gedanken zurückgekehrt, man müsse dem Könige von Preußen gegenüber unbedingt Stand halten. Wie sehr und wie peinlich wurde er daher durch die Nachricht überrascht, die er so plötzlich und ganz unvorbereitet von seiner Mutter erhielt. Er vergaß ganz oder wollte es wenigstens nicht zugeben, daß er selbst durch seinen ersten Schreckensruf den Anlaß zu dem Entschlusse der Kaiserin dargeboten hatte. „Nichts in der Welt hat mich", schrieb er ihr, „mehr als diese „Nachricht betroffen. Welchen Schritt hat man Ihnen in diesem Augen= „blicke anrathen können, und welche werden die Folgen davon für „Ihren Ruf, für das Ansehen der Monarchie, endlich für Alles sein, „was es auf der Welt nur immer Kostbares gibt? Gewiß ist es, daß „der König von Preußen, aufgeblasen über dieses Entgegenkommen, „lächerliche und unerträgliche Vorschläge machen wird. Es ist dadurch „dargethan, daß alle Kräfte der Monarchie für nichts sind, und daß, „wenn er irgend eine Sache will, uns nichts übrig bleibt als uns „darein zu fügen. Das aber ist unmöglich, und es wäre hundertmal „besser, während dieses Feldzuges bis Kuttenberg und Czaslau zurück= „zugehen und Prag seinem Schicksale zu überlassen, als einen solchen „Antrag zu stellen." In einem Augenblicke, in welchem die Armeen noch intact seien, müsse ein derartiger Entschluß der schädlichste von allen genannt werden, meinte der Kaiser, und wenn es noch an der Zeit wäre, würde er gewiß irgend Jemand Thugut entgegengesendet haben, um ihn das preußische Lager nicht betreten zu lassen.

Der Schritt der Kaiserin zeige außerdem ihre Unzufriedenheit mit den von ihm selbst getroffenen Maßregeln; er beweise, daß sie die= selben mißbillige und verdamme. „Welcher Entschluß bleibt mir nun

„übrig", fährt Joseph fort, „als hier Alles im Stiche zu lassen und mich,
„ich weiß nicht wohin, etwa nach Italien zu begeben, ohne dabei Wien
„zu berühren, um die Sache nur ein klein wenig wahrscheinlich hinzu-
„stellen. Unmöglich ist es, daß Eure Majestät diesen Schritt gehörig
„überdacht haben, und er ist wahrhaft niederschmetternd für mich.
„Nichts kann mir Erfreulicheres widerfahren, als daß die Antworten
„des Königs der Art seien, Ihren Entschluß erfolglos zu machen. Ist
„es denn wirklich denkbar, daß meine Briefe eine solche Idee wach-
„rufen konnten? Ich habe Eurer Majestät die Möglichkeit der Ge-
„fahren geschildert, auf daß man von jetzt an daran denke, alle Hülfs-
„quellen zu benützen und kein Mittel zu sparen. Ich sprach von dem
„Wunsche nach dem Frieden, aber durch fremde Vermittlung; ein
„solcher Gedanke wie der Ihrige wäre mir nie in den Sinn gekommen.
„Jetzt aber bin ich in der schrecklichsten Lage: die Ehre der Monarchie,
„ihr Ansehen und das meinige durch Ihren Schritt bloßgestellt zu
„sehen. Will ich aber die eine und das andere retten, dann befinde
„ich mich in der traurigen Nothwendigkeit, die Verschiedenheit zwischen
„unseren Meinungen öffentlich kundzuthun und dadurch die persönliche
„Schwäche Eurer Majestät zu bestätigen, um nur den Fortbestand
„des Staates zu sichern. All unser Geld ist fruchtlos verausgabt
„und unser öffentlicher Credit ist verringert, während Preußens Macht
„und Despotismus um das Doppelte gewachsen sein werden. Ich
„überlasse Ihnen, das zu beurtheilen, was ich fühle, und ich kann
„Ihnen noch nicht sagen was ich thun werde."

In einem späteren Briefe von dem gleichen Tage schlug Joseph
einen etwas versöhnlicheren Ton gegen die Kaiserin an. „Ein Unter-
„than, ein Sohn", schrieb er ihr, „muß sogar das hinabschlucken, was
„ihn wurmt. Ich hoffe, daß ich nie meiner persönlichen Pflichten
„uneingedenk sein werde, und ich werde dem Amte, das ich bekleide,
„weder Schande noch Nachtheil bereiten." Aber es mußte doch auch
Maria Theresia wieder mit Schrecken erfüllen, wenn der Kaiser hinzufügte, er habe Laudon Vollmacht gegeben, dem Prinzen Heinrich gegenüber dasjenige zu thun, was er für gut halte. Denn im schlimmsten
Falle werde die Hauptarmee sich nie gegen Prag, sondern auf die

Heerstraße gegen Mähren und Wien zurückziehen. Darum sei auch in Prag der Befehl ertheilt worden, die öffentlichen Caſſen bereit zu halten zur Wegschaffung. Und ebenso werde er die Waffen, das Geschütz und die sonst noch vorhandenen Kriegsbedürfniſſe von Prag wegbringen, dadurch aber die Stadt offen laſſen für eine etwaige Besetzung durch den Feind; sie werde dann wenigstens keiner neuen Beschießung preisgegeben sein [705]).

Aber schon am folgenden Tage kam der Kaiser, und zwar mit der gleichen Bitterkeit wie früher, auf den Entschluß seiner Mutter zurück. „Wenn Gott", so lauten seine Worte, „diese Verhandlung „abbrechen und sie in völlige Vergeſſenheit begraben laſſen wollte, so „glaube ich, würde er dem Staate eine weit größere Gnade erweisen „als durch den Gewinn einer Schlacht; wenigstens wäre Ihre Ehre „gerettet, welche sonst sammt den von uns angestrebten Vortheilen „verloren sein wird. Welcher Unterschied zwischen einem Tage und „dem andern! Ein Brief Eurer Majestät zeigt Sie mir in Ihrer „ganzen Kraft, in Ihrem Muthe; Sie wollen und anerkennen, daß „alle Anstrengungen zu einer tüchtigen Kriegführung gemacht werden „müſſen. In dem anderen Briefe aber sprechen Sie nur von Er= „niedrigung und von dem entwürdigendsten Schritte, der nur immer „ersonnen werden konnte. Ich komme nicht davon zurück, und mein „Kopf verliert sich in dem Meere von Betrachtungen, von Qualen „und von Folgerungen, die daraus gezogen werden müſſen. Ich kann „auch mit Niemand davon sprechen, und Gott behüte mich davor, „daß ich es thue. Ich glaube daß bei dem guten Geiste, der hier „herrscht, die halbe Armee auseinander liefe, wenn sie wüßte was „ihrer harrt, während jetzt Offiziere und Soldaten von dem besten „Willen beseelt sind und sich vom Kriege Vortheile erwarten. Ich „würde, bevor dieß hier offenkundig wird, mich lieber entfernen, denn „ich müßte nicht welche Haltung ich beobachten sollte. Sie können „sich vorstellen, welche Qual diese grausame Ungewißheit mir verur= „sacht, und es ist dieß ein Blitzstrahl, auf den ich unmöglich vor= „bereitet sein konnte, und mit welchem ich mich niemals aussöhnen „werde" [706]).

Wir wissen jetzt, daß der Kaiser der Wahrheit nicht vollständig
treu blieb, wenn er seiner Mutter gegenüber behauptete, er könne sich
über ihre Mittheilung unmöglich gegen irgend Jemand aussprechen.
Wenn er dieß schon gegen Laudon that, der ihm doch viel ferner stand
als Lacy, ja sogar als Hadik, so wird man wohl mit Bestimmtheit
annehmen dürfen, daß er auch gegen seine nächste Umgebung keineswegs stillschwieg. Der Brief aber, den er in jenen Tagen mit eigener
Hand an Laudon schrieb, gewährt auch aus dem Grunde nicht geringes
Interesse, weil er darthut, welch bitterer Ernst es ihm war mit seinen
Kundgebungen des Ingrimmes über den Entschluß der Kaiserin, und
mit seiner Drohung, die Armee zu verlassen und sich, ohne Wien zu
berühren, nach Italien zu begeben. „Ich mus ihnen in gröster geheim",
so lautet dieser Brief, „einen mich sehr betrübenden zufall anvertrauen.
„zu meinem grösten erstaunen vernehme ich, daß J. M. nicht allein
„eigenhändig dem König in Preussen schon geschrieben, um frieden
„ordentlich gebeten, sondern auch den in Constantinopel vorhero ge-
„brauchten Thugut zu des Königs Armee über Mähren geschicket, sehr
„verkleinerliche Propositionen von König empfangen und selbe würklich
„schon schier alle eingestanden hat. wie schmerzlich das alles dieses
„in diesen augenblick, ohne mir ein wort als anjetzo bey geschehener
„sache es zu sagen, wie spötlich und verkleinerlich vor die Ehre des
„Staatts, der ohnangetasten kayserlichen waffen, ja höchst schädlich
„ist, lasse ich ihnen beurtheilen. ich habe stärkesten dagegen nacher
„wienn geschrieben und verzweifle aber, das eine remedur noch
„getroffen werden könne. geschiehet dieses, so gehe ich augenblicklich
„von hier hinweg und verfüge mich zu beweisung, das ich gewis
„keinen Theil daran habe, villeicht gerad nacher Florentz, ohne wienn
„zu berühren."

„dieses solle nur zu ihrer alleinigen käntnüs dienen; in meinem
„leben hat mich nichts so niedergedrückt. dieses ist eine unverant-
„wortliche handlung und muthwillig wird dadurch der Credit von
„staat weggeworfen. ich werde schon ihnen das weitere annoch zu
„wissen machen; derweil müssen sie alle ihre anstalten fortsetzen. leben
„sie wohl auf."

Eine ganz mißverständliche Auslegung des unbedingt nothwendigen militärischen Gehorsams liegt der so oft gehörten Behauptung zu Grunde, Soldaten und insbesondere Generale müßten jederzeit die persönliche Meinung ihres obersten Kriegsherrn zu der ihrigen machen. Der gewaltige Unterschied zwischen der pünktlichen Befolgung eines einmal ertheilten Befehles und der freien Meinungsäußerung des ehr= liebenden Mannes liegt allzuklar zu Tage, als daß eine Verwechslung beider zulässig erschiene; die eine sowohl als die andere sind vielmehr gleich unabweisliche Gebote der Pflicht. Die Antwort Laudons an den Kaiser wird zeigen, wie dieselbe von einem der edelsten Männer, welche jemals dem österreichischen Heere zu glanzvollster Zierde ge= reichten, von einem seiner ruhmreichsten Führer erfüllt wurde.

„Für die ganz unerwartete Nachricht", so lautete sie, „die „E. M. mir allergnädigst anzuvertrauen geruhet haben, erstatte den „allerunterthänigsten Danck. Ich kann mir leicht vorstellen, wie sehr „E. M. dadurch sind betroffen worden. Inzwischen kann doch E. M. „einiger Maßen wieder beruhigen, daß die Armee, ein jeder Anderer, „und selbst die ganze Welt überzeügt gesehen hat, wie E. M. Standt „gehalten haben, und daß dieser Schritt bloß von dem milden Hertzen „J. M. der Kayserin herrühret, höchstwelche nach Ihren stets erhabenen „Einsichten den Frieden aller Vergrößerung Ihrer Macht vorzieht, „und lieber durch großmüthige Nachgebung Ihrer eigenen Rechte „solchen erhalten, als es auf einen doch immer ungewißen Ausschlag „der Waffen hiebey will ankommen laßen. Und darf ich E. M. bey „diesem Umstand meine Gedanken frey entdecken, so nehmen Aller= „höchstdieselben es nicht ungnädig, daß ich es nicht für rathsam erachte, „wenn E. M. deswegen Wien nicht betreten, sondern gerad nach „Florenz sich begeben wolten; dieß würde das Aufsehen von Europa „und der gantzen Monarchie nur gewiß noch mehr auf sich ziehen. „Ich halte vielmehr dafür, daß jetzt der Zeitpunct sey, wo E. M. „eine wahrhaft große Seele zeigen können, die, wenn sie auf einer „seite aus Klugheit weislich nachgiebt, auf der anderen sich wieder „über alles zu erheben weiß, und daß E. M. von dem Augenblick, „da der Friede bestätiget wird, aus solchen dermahlen mehr Nutzen

„ziehen als es durch die verfloßenen sechzehn Jahre her geschehen, und
„derowegen allen bey der Armee in ihrer innerlichen einrichtung wahr-
„genommenen gebrechen und fehlern abhelfen, solide und auf den Krieg
„passende Maßregeln dagegen aber einführen, die Armee selbst stets
„auf einen solchen respectablen Fuß erhalten, damit man unsern so
„mächtigen Nachbarn jederzeit mit Nachdruck begegnen kann, biß dahin
„aber allen Gelegenheiten zu einem neuen Kriege auszuweichen suchen
„und einen günstigeren Zeitpunkt mit Gelaßenheit abwarten, welcher
„gewiß sich ereignen wird" [707]).

Laudons freimüthige Sprache mag dem Kaiser in zweifacher
Beziehung nur wenig gemundet haben. Einerseits wurde er durch
ihn abgemahnt von jeder Demonstration gegen seine Mutter, und
andererseits bezeichnete Laudon ziemlich unverblümt die Reformen im
Kriegswesen, welche Joseph mit dem Beistande und unter der Leitung
Lacy's durchgeführt hatte, als unzulänglich, um die Armee so kriegstüchtig zu machen als die Stellung Oesterreichs dieß erheischte; ganz
andere Bahnen als die bisherigen müßten zur Erreichung dieses Zieles
eingeschlagen werden. Maria Theresia aber besaß keine Ahnung davon,
welcher Anwalt ihr dem Kaiser gegenüber im eigenen Heerlager er-
standen war. Durch Josephs zwei Briefe vom 15. Juli wurde vielmehr ihre schmerzliche Aufregung aufs höchste gesteigert. Aber nicht
gegen ihren Sohn, sondern gegen Kaunitz schüttete sie ihr Herz aus,
und aus ihren Worten an ihn geht hervor, daß nicht nur die Mißbilligung ihres Schrittes, sondern auch die Verfügungen, welche der
Kaiser in Bezug auf Prag getroffen hatte, sie aufs peinlichste berührten.
„Ich gestehe Ihnen", schrieb Maria Theresia an Kaunitz, „daß ich
„nichts anderes mehr begreife als daß ein sehr großes Unglück über
„uns hängt. Dieser Brief ist neuerdings so, daß ich über ihn ver-
„rückt werden könnte. Welche Verfügung für Prag! Um etwas alten
„Plunder zu retten oder einige Häuser vor Brand zu bewahren,
„richtet man die Monarchie, den Credit, das Vertrauen, das ganze
„Land zu Grunde; ich wünsche daß diese Befehle geheim bleiben. Ich
„bin untröstlich und meine ganze Hoffnung beruht nur noch auf dem
„Könige von Preußen, auf welchen wir angewiesen sind" [708]).

In dem gleichen Sinne, aber in weit ruhigerem und durchaus nicht verletzendem Tone schrieb Maria Theresia an Joseph. „In „meiner traurigen Lage ist nichts Anderes zu thun als dasjenige zu „erwarten, was Thugut berichten wird; dann wird man klarer be- „urtheilen können, was für Dich und für mich passend erscheint. Aber „ich gestehe Dir, ich dachte Dich und die Monarchie zu retten und „keineswegs Deinem Ruhme zu schaden oder das, was von Deiner „Seite geschah, Lügen zu strafen; ja ich würde das, was ich gethan, „neuerdings, und nach Deinem letzten Briefe in noch gesteigertem „Maße thun. Es ist gewiß gut, für sich selbst die Dinge schon lang „vorherzusehen; wenn aber Andere davon unterrichtet werden müssen „und in Folge dessen das Geheimniß preisgegeben wird, dann ist es „sehr gefährlich, zu viel Beunruhigung zu zeigen. Ich gestehe Dir, „von diesem Standpunkte aus betrachte ich das, was Du mir über „Prag sagst. Es ist unmöglich, daß die bei den Cassen, der Artillerie, „dem Monturwesen angestellten Leute von solchen Verfügungen nicht „Kenntniß erhalten. Man hat Alles und von allen Seiten dorthin „gebracht; wie viel Fuhrwerk wäre zu dessen Wegschaffung nöthig, und „das noch dazu in diesem Augenblicke, in welchem die Armee und die „Ernte dessen bedürfen? Sollte man Prag verlieren, so wären die „paar Millionen, die dieß ausmachen würde, ein geringfügiger Gegen- „stand im Vergleiche zu dem Königreiche selbst, dessen Einkünften und „Hülfsquellen, die für uns verloren, für den Feind aber gewonnen „sein würden. Ja selbst wenn er Prag verbrennen sollte, würde man „der Stadt mit sechs Millionen zu Hülfe kommen können. Alles das „ist nichts im Vergleiche mit dem Königreiche und dem Credite, den „uns dieß rauben, dem Könige aber zulegen würde. Ich wünsche daß „nichts davon verlaute. Welche Entmuthigung würde das herbei- „führen, und welche Wirkung brächte es auf Deinen grausamen Feind „hervor" [706]).

Wir können und wollen den Ausdruck des Meinungszwiespaltes zwischen Mutter und Sohn hier nicht noch weiter verfolgen. Wie gewöhnlich gelang es keinem der beiden streitenden Theile, den anderen zu seiner Ansicht zu bekehren. Mit angstvoller Spannung sah Maria

Theresia der ersten Meldung Thuguts entgegen; Joseph aber war
nach wie vor erbittert, daß in Friedrichs Hände die Entscheidung
gelegt war und dieselbe in Geduld abgewartet werden mußte. Die
Lage des preußischen Heeres schien ihm jetzt viel ungünstiger als zuvor,
ja er meinte daß man binnen kürzester Frist und ohne eine Schlacht
der Ehre theilhaft werden könnte, den großen Friedrich zu zwingen,
unverrichteter Dinge dorthin zurückzukehren, von wo er gekommen war.
„Die Deserteure sagen alle", fügte der Kaiser dieser Meinungsäußerung
hinzu, „daß ein russischer Gesandter bei der Armee eingetroffen sei;
„ich allein vermuthe Thugut unter ihm und bin davon aufs höchste
„beunruhigt. War es denn möglich, nur einen solchen Gedanken zu
„fassen! In welches Erstaunen wird die Kunde davon ganz Europa
„versetzen, wie erniedrigend wird sie für Ihre Monarchie und für
„Ihre Armee sein!" 710)

Die Voraussetzung des Kaisers war natürlicher Weise richtig.
Unter dem Pseudonym eines russischen Legationsrathes Rosdorf hatte
sich Thugut über Neiße und Glatz in das preußische Hauptquartier
begeben, das sich damals zu Welsdorf im Königgrätzer Kreise Böhmens
befand. In der Nacht vom 16. Juli traf er daselbst ein. Der
königliche Generaladjutant von Anhalt, bei dem er sich meldete, ließ
ihm eine Wohnung anweisen und den Cabinetsrath Koeper wecken,
welchem Thugut seinen Paß und den Brief des Fürsten Galitzin an
Friedrich 711) mit der Bitte übergab, beide Schriftstücke dem Könige
bei seinem Erwachen einhändigen und ihm anzeigen zu wollen, daß
der Ueberbringer derselben seiner Befehle gewärtig sei.

Aus Galitzins Einführungsschreiben erfuhr Friedrich, wer eigentlich unter dem angenommenen Namen Rosdorf verborgen sei. Schon
früh am Tage ließ er Thugut durch den Generalmajor Grafen Görtz
bei sich einführen, und er empfing von ihm den Brief der Kaiserin,
den ihm Thugut mit der Bemerkung übergab, dessen Inhalt werde
ihm ein neuer Beweis ihrer Hochachtung für ihn und des Vertrauens
sein, welches sie trotz der gegenwärtigen Lage der Dinge in ihn setze.
Mit gespannter Aufmerksamkeit und sichtlich erfreut las der König

das Schreiben der Kaiserin, und nachdem er geendigt, erging er sich in Versicherungen der Bewunderung, die er immer für sie gehegt habe. Er erinnerte an die ruhmvollsten Epochen ihrer Regierung, und sprach hievon mit einem Ausdrucke, der darauf hindeutete, daß er das auch fühlte, was er sagte.

Auf die Frage nach den Vorschlägen der Kaiserin entwickelte sie Thugut dem Könige in umständlicher Weise. Friedrich schien sie mit Befriedigung zu vernehmen, und er erklärte sie für solche, auf deren Grundlage eine Versöhnung der streitenden Parteien wohl stattfinden könnte. Er bedauerte, daß man nicht schon vor einem Monate mit solchen Anträgen hervorgetreten sei, und er klagte darüber, daß man es aufs Aeußerste habe ankommen lassen. Thugut erwiederte, daß dieß der Kaiserin zu nicht geringerem Schmerze gereiche; der Schritt, den sie soeben gethan, sei hiefür der unwiderleglichste Beweis. Wenn aber der König über die Lage der Kaiserin nur ein wenig nachdenken wolle, dann werde er leicht einsehen, daß sie oft nach einer anderen als ihrer eigenen Auffassung zu handeln gezwungen sei. Allsogleich griff der König den Sinn der Worte Thuguts auf, und er zeigte sich erstaunt, jetzt in Erfahrung zu bringen, daß die frühere Ver= handlung hauptsächlich von dem Kaiser geleitet worden sei. Er gab zu, daß sich hiedurch Alles sehr leicht erkläre. An die Versicherung, daß er die großen Eigenschaften des Kaisers immer bewundert habe, knüpfte er doch auch eine tadelnde Bemerkung über das, was er dessen allzu weitgehende Ruhmsucht nannte. Wohl kenne er die Wirkung, welche die Sehnsucht nach glorreichen Thaten auf einen Fürsten von dem Alter des Kaisers, der an der Spitze einer ansehn= lichen Streitmacht sich befinde, hervorbringen könne, und er begreife, daß deren Einfluß einer Verhandlung nicht förderlich sei, welche eine Versöhnung zum Ziel habe. Aber er schmeichle sich doch, daß die Kaiserin von anderen Gesichtspunkten ausgehen, und daß sie sich durch gar nichts beirren lassen werde in der Verfolgung jener heilsamen Absichten, die ihr den huldigenden Beifall ganz Europa's und die Zustimmung derer eintragen würden, denen das Wohl der Menschheit am Herzen liege.

Zu Thuguts Mission zurückkehrend, sagte der König, obwohl er die Vorschläge der Kaiserin als geeignet zur Anbahnung einer Verständigung über den hauptsächlichsten Gegenstand des obwaltenden Streites betrachte, gebe es doch noch einige andere Punkte, welche nothwendiger Weise gleichfalls ausgeglichen werden müßten. So rasch als nur immer möglich hätte dieß zu geschehen, denn so sehr er auch die Besorgniß der Kaiserin theile, daß ein ernster Zusammenstoß zwischen den zwei Heeren die Schwierigkeiten eines Vergleiches leicht noch zu steigern vermöchte, so wäre es doch kaum möglich, einen Waffenstillstand zu schließen und den Lauf der kriegerischen Operationen zu unterbrechen, ehe man sich über die wichtigsten Punkte vollständig zu einigen vermochte.

Auf Friedrichs Begehren brachte jetzt Thugut die einzelnen Vorschläge der Kaiserin auszugsweise zu Papier. Der König versprach, dasjenige hinzufügen zu wollen, was seine eigenen Forderungen und Interessen betreffe. Hierauf solle Thugut nach Wien zurückkehren, um die Kaiserin zu veranlassen, sich hierüber näher zu erklären.

Um vier Uhr Nachmittags wurde Thugut neuerdings zum Könige berufen. Derselbe händigte ihm vorerst einen Brief an die Kaiserin, einen zweiten an Galitzin und einen von ihm selbst unterzeichneten Paß zur Rückreise nach Wien ein. Außerdem übergab er ihm das Papier, auf welchem die Vorschläge der Kaiserin verzeichnet waren, denen er mit eigener Hand vier andere Punkte beigefügt hatte; sie waren in die Form ebensovieler Fragen gekleidet. Dieselben lauteten wie folgt:

„Wird die Kaiserin nicht ihre Rechte auf einige Lehen in „Sachsen aufgeben, auf welche sie die Suzeränität als Königin von „Böhmen in Anspruch nimmt? Könnte man nicht den Herzog von „Mecklenburg mit irgend einem kleinen Reichslehen abfinden? Wird „man sich über die Regelung der Erbfolge in Ansbach und Bayreuth „nach Maßgabe der Vertragsbestimmungen vereinigen und zugeben, „daß der Kurfürst von Sachsen sich eventuell in den beiden Markgraf-„schaften, der König von Preußen aber in der Lausitz huldigen lasse?

„Wird man die Blokade der Stadt Regensburg aufheben, wo der
„Reichstag versammelt ist? Das sind ungefähr die Punkte", so schloß
die Mittheilung Friedrichs, „über welche man sich verständigen müßte,
„um die Präliminarien unterzeichnen zu können" [712]).

Bei der zweiten Besprechung zeigte sich Friedrich zurückhaltender
und sparsamer mit Kundgebungen der Freude, welche ihm in dem
ersten Augenblicke, in dem er von den Vorschlägen der Kaiserin
Kenntniß erhalten hatte, entwischt zu sein schienen. Er begann mit der
Behauptung, seine Stellung sei der Art, daß nur die Rücksicht auf die
Wünsche der Kaiserin ihn zum Frieden zu bewegen vermöchte. Thugut
antwortete hierauf, der König kenne die Lage der Kaiserin allzu genau,
um nicht überzeugt zu sein, daß sie keinen anderen Beweggrund haben
könne, den Frieden zu wünschen, als ihre mütterliche Zärtlichkeit und
ihre Sorge für das Beste der Menschheit. Der König dagegen schien
andeuten zu wollen, daß hieran doch wohl noch einiger Zweifel erlaubt
sei. Er ließ durchschimmern, daß er seine Lage für günstiger als diejenige Oesterreichs halte, denn er besitze Verbündete, auf welche er zählen
könne, und vierzigtausend Mann stünden bereit, jeden Augenblick, in
dem er es wünsche, für ihn auf dem Kriegsschauplatze zu erscheinen.
Außerdem würde es schwer fallen, sein weiteres Vordringen in Böhmen
zu verhindern. So vortheilhaft die Stellung des österreichischen Heeres
auch sein möge, so werde sie ihm doch kein Hemmniß bereiten, das
er nicht mit Leichtigkeit zu überwinden im Stande wäre. Doch möge
man diese Aeußerung nicht etwa als eine Drohung betrachten, von
der er sehr weit entfernt sei. Er wolle nichts als die Lage der Dinge
so schildern, wie er sie ansehe.

Als man zur Durchlesung der Begehren des Königs gelangte,
bemerkte er, er habe die Lehen in Sachsen nicht aufgezählt, hinsichtlich
deren er eine Verzichtleistung der Kaiserin auf ihre Oberhoheitsrechte
wünsche, weil ihm weder ihre Namen geläufig, noch seine Minister
gegenwärtig, und endlich auch keine Actenstücke vorhanden seien, um
sie näher bezeichnen zu können. Was das dem Herzoge von Mecklenburg zu verleihende Reichslehen betreffe, so werde derselbe sich mit

einem Erträgnisse von vier= bis fünftausend Thalern begnügen. Und
was das Begehren wegen Aufhebung der Blokade von Regensburg
anging, so schien der König sich aus den Einwendungen Thuguts von
deffen Ueberflüffigkeit zu überzeugen, da diese Maßregel ja ohnedieß in
den Anträgen der Kaiserin enthalten war.

Die wichtigste Forderung des Königs war ohne Zweifel die=
jenige, welche sich auf den Austausch der zwei fränkischen Markgraf=
thümer gegen die gesammte Lausitz bezog. Der König bemühte sich,
Thugut glauben zu machen, sein Beweggrund zu diesem Vorschlage
bestehe in dem Bestreben, die Eiferfucht Oesterreichs zu beschwichtigen,
zu welcher diesem Staate durch die geringe Entfernung der Markgraf=
thümer von Böhmen Anlaß dargeboten werden könnte. Leicht wäre
es für Thugut gewesen, dem Könige die völlige Grundlosigkeit seiner
Behauptung zu beweisen. Denn darüber mußte Friedrich selbst am
besten Bescheid wissen, um wie viel näher die Lausitz an Böhmen
gelegen und um wie viel gefahrdrohender für Oesterreich daher dieser
Besitz als derjenige der Markgrafthümer in seinen Händen für Oester=
reich war. Da er jedoch über diesen Punkt keine Instructionen besaß,
so hielt Thugut es für besser, hierüber zu schweigen und die Erwiede=
rung auf diesen Antrag des Königs seiner Regierung zu überlaffen.

Thugut war schon nach seiner Wohnung zurückgekehrt und im
Begriffe, Welsdorf wieder zu verlaffen, als bei wiederholter Durch=
lesung der Schlußbemerkung des Königs, in welcher von etwaiger
Unterzeichnung der Präliminarien die Rede war, neue Zweifel in ihm
aufstiegen. So bedeutsam schienen sie ihm, daß er zu dem Könige
zurückkehrte, um ihm das Erstaunen zu schildern, das dieser Ausdruck
ihm verursache. Nicht um Präliminarien, sondern um eine endgültige
Uebereinkunft handle es sich, durch welche alle Streitpunkte ausge=
glichen würden. Außerdem möge der König schon jetzt seine rückhalts=
lose Zustimmung zu den Anträgen der Kaiserin erklären, über welche
er sich bisher noch immer nicht unzweideutig ausgesprochen habe.

Friedrich entgegnete, er habe sich des Ausdruckes „Präliminarien"
bedient, weil man wohl in den Fall kommen könnte, in den definitiven

Vertrag noch einige Punkte aufzunehmen, welche zwar kaum von größerer Wichtigkeit, die aber doch immerhin ins Reine zu bringen sein dürften, während er sie jetzt wegen der Abwesenheit seiner Minister nicht näher zu bezeichnen vermöge. Der gleiche Umstand hindere ihn auch, sich über die Begehren der Kaiserin schon jetzt definitiv zu erklären. Der Wunsch, baierisches Gebiet mit einem Einkommen von einer Million zu behalten, gewähre einen zu unsicheren Maßstab, um nicht zu neuen Schwierigkeiten Veranlassung zu geben. Und als Thugut erwiederte, daß dem keineswegs so sei, und daß die ohne Zweifel in den Händen des Kurfürsten von der Pfalz befindlichen Register der Staatseinnahmen sichere Anhaltspunkte darbieten müßten, stellte Friedrich dieß lebhaft in Abrede. Er behauptete, daß Einnahmsverzeichnisse, von dem Kurfürsten von der Pfalz vorgelegt, gar keinen Anspruch auf Verläßlichkeit besäßen. Er erging sich in lebhaften Ausfällen gegen die servile Abhängigkeit von dem Willen des Kaiserhofes, deren er den Kurfürsten anklagte. Weitschweifig sprach er von den vermeintlichen Kunstgriffen, deren man sich von Wien aus bedient habe, um sich der pfälzischen Minister zu versichern und durch sie den Kurfürsten zu unterjochen. Insbesondere waren es Zedtwitz, Ritter und Schlipp, deren der König mit ganz besonderem Ingrimm und mit argen Schmähungen gedachte.

Friedrich erwähnte nun neuerdings vieles von dem, was er und seine Minister bisher gegen eine österreichische Gebietserwerbung in Baiern überhaupt vorgebracht hatten. Er sprach von dem Westphälischen Frieden, von der allgemeinen Beunruhigung, in welche dessen angebliche Verletzung durch den Kaiserhof alle Reichsfürsten versetzt habe, von der Nothwendigkeit, die ihm hiedurch auferlegt worden sei, zu den Waffen zu greifen, um seinen Nachfolgern die „deutsche Frei„heit" so zu vererben, wie er sie von seinen Vorfahren überkam. Er verglich die Unternehmungen des Hauses Oesterreich in Baiern mit den berüchtigten Reunionskammern Ludwigs XIV., und er behauptete, die ersteren ließen sich um so weniger rechtfertigen, als es eine förmliche Entsagungsurkunde des Herzogs Albrecht von Oesterreich gebe. Er kenne nicht nur den Aufbewahrungsort derselben, sondern sie befinde sich sogar in seinen Händen. Bis jetzt habe er von ihr nicht Gebrauch machen wollen, um die Dinge nicht zum Aeußersten zu treiben.

Da jedoch Thugut troß dieser und anderer Abschweifungen des Königs denselben doch immer wieder auf die Nothwendigkeit einer präcisen Erklärung über die Anträge der Kaiserin zurückführte, während Friedrich sich fortwährend hinter der Abwesenheit seiner Minister ver- schanzte, wurde in Anregung gebracht, ob es nicht passend erschiene, wenn Thugut im preußischen Lager oder in dessen Nähe die Ankunft eines dieser Minister abwarten würde, welchen der König zu sich beriefe. Die Entscheidung dieser Frage wurde auf den nächsten Morgen verschoben, an welchem Thugut neuerdings, und somit schon zum vierten Male bei dem Könige erschien. Auf wiederholtes Andrängen Thuguts entschloß sich endlich Friedrich, auf dasselbe Papier, auf welches Thugut die Vorschläge der Kaiserin und er selbst seine Begehren gesetzt hatte, einige Zeilen zu schreiben, kraft deren er es als das Beste erklärte, wenn ihm der Wiener Hof eine Karte von Baiern übersende, auf welcher dasjenige, was man behalten oder zurückgeben wolle, genau verzeichnet wäre. Oder man möge sich deutlich über die Entschädigungen aus- sprechen, die man dem kurpfälzischen Hause, sei es in Flandern oder anderswo zu Theil werden lassen wolle. Dadurch würde jeder einzelne Punkt ins Klare gebracht, die Verhandlung über den Tractat aber und dessen Abschluß wesentlich erleichtert.

Hinsichtlich des Artikels, der sich auf die Befriedigung der Allodialforderungen des Kurfürsten von Sachsen beziehen sollte, waren nach der Ansicht des Königs zwei Erwägungen zu beachten. Die eine betraf den Betrag, welchen Kurpfalz dem Hause Sachsen, sei es in Geld oder in oberpfälzischen Gütern verabfolgen würde. Der anderen zufolge aber handelte es sich um Erwirkung der Zustimmung des Kurfürsten von Sachsen zu einer solchen Abmachung, indem der König ohne dessen Einwilligung keine Verhandlung über seine An- sprüche einleiten könne [713]. Mündlich fügte Friedrich noch hinzu, er glaube daß die Kaiserin in Baiern nicht über eine Million Gulden, sondern über eine Million Thaler an Einkünften behalten könne, denn er setze voraus, daß das, was sie dort schon in Besitz genommen, weit einträglicher sei. Ja er habe nichts dawider, daß sie Alles behalte. Dann aber müsse sie dem Kurfürsten von der Pfalz eine angemessene Entschädigung geben und ihn dadurch in den Stand setzen, die sächsischen Ansprüche gleichfalls zu befriedigen. Und auch als Thugut erwiederte, Letzteres sollte eigentlich zwischen den beiden Kurfürsten abgemacht werden, blieb Friedrich bei seinem früheren Ausspruche. Lebhaft befürwortete er die Anforderungen Sachsens, von denen er behauptete, daß sie bis auf sechzig Millionen berechnet worden seien. Wenn sich auch sehr viel hievon abschneiden ließe, so sei es doch zweifelhaft, ob der Kurfürst sich mit sechs Millionen und der Verzichtleistung auf das Oberhoheitsrecht über die böhmischen Kronlehen in Sachsen zufrieden stellen werde.

Aus den wiederholten und langdauernden Gesprächen, die er mit dem Könige pflog, nahm Thugut den Eindruck in sich auf, daß es demselben doch eigentlich um den Frieden zu thun sei. Die Kennzeichen der Freude, die er in dem ersten Augenblicke an den Tag legte, in welchem er die Anträge der Kaiserin empfing, die wohlwollende Aufnahme, die er Thugut zu Theil werden ließ, die Geduld, mit der er alle Einwendungen desselben anhörte, alles dieß erweckte in Thugut die Meinung, die Beendigung des kaum erst begonnenen Krieges wäre Friedrich willkommen. Auch das Alter des Königs, die Stellung seines Heeres, in der es Mangel an Subsistenzmitteln litt, kamen in gleichem Sinne in Betracht. Und Thugut behauptete, daß die preußischen Offiziere, mit denen er in Berührung kam und die ihn insgesammt für einen russischen Gesandtschaftsbeamten hielten, ihm ihre Beunruhigung keineswegs verbargen. Rückhaltslos hätten sie die Vortrefflichkeit der Stellung der österreichischen Armee und die Gefahr anerkannt, welche der König liefe, wenn er sie angreifen wollte. Alle ihre Hoffnungen seien auf eine Diversion gebaut, durch welche Prinz Heinrich den Kaiser zu zwingen vermöchte, seine gegenwärtige Stellung mit einer minder günstigen zu vertauschen.

Trotzdem er bei dem Könige eine solche Hinneigung zum Frieden voraussetzte, konnte sich Thugut doch nicht darüber täuschen, und er verschwieg es auch nicht, daß Friedrich in der Verhandlung mit ihm nur sehr wenig Beeiferung gezeigt habe, zu einem endgültigen Resultate zu gelangen. Es sei schwer zu entscheiden, meinte Thugut, ob die Erwartung einer günstigen Antwort von russischer Seite, eines Erfolges, den Prinz Heinrich davontragen würde, oder nur die Hoffnung, durch eine erheuchelte Gleichgültigkeit bessere Bedingungen zu erlangen, den König zu dieser Haltung vermocht habe. Er scheine es vorzuziehen, Andere mit Vorschlägen an ihn herantreten zu lassen, als deren selbst mit der erforderlichen Klarheit zu machen. Bringe man mit einer so arglistigen Verhandlungsweise den Starrsinn und das Mißtrauen, die man an dem Könige kenne, die geringe Verläßlichkeit des von ihm gegebenen Wortes, dem er von einem Tage zum andern ganz ohne Bedenken widerspreche, endlich die Spitzfindigkeit seiner Minister in Anschlag, so müsse man sich noch auf sehr große Hindernisse gefaßt machen, wenn man sich entschlösse, den von ihm gemachten Eröffnungen irgendwelche Folge zu geben [714]).

Am Nachmittage des 18. Juli verließ Thugut das Hauptquartier des Königs, und am Spätabende des 21. Juli kam er wieder nach Wien. Unverzüglich erstattete Kaunitz der Kaiserin Bericht über den Erfolg dieser Sendung. Er selbst war durch den verbindlichen Ton der Antwort des Königs an Maria Theresia erfreulich berührt [715]). Ihr aber mochte daran das willkommenste sein, daß Friedrich ihr versprach, bis zum Eintreffen ihrer Antwort keine Unternehmung ins Werk setzen zu wollen, welche das Leben ihrer im österreichischen Feldlager befindlichen Söhne irgendwie gefährde.

Nach der Ansicht des Staatskanzlers galt es rasch einen Entschluß über dasjenige zu fassen, was unverzüglich, ja sogar noch an dem gleichen Tage geschehen mußte. In der Benachrichtigung des Kaisers von dem Ergebnisse der Sendung Thuguts und in der Beantwortung des Schreibens des Königs von Preußen hatte es zu bestehen. Zu beiden Briefen legte Kaunitz der Kaiserin Entwürfe vor, welche in deutscher Sprache abgefaßt waren; er bat sie, dieselben französisch niederzuschreiben [716]). Wahrscheinlich wurde er hiezu durch den

Wunsch vermocht, den Briefen der Kaiserin an ihren ?und an den König die Eigenthümlichkeit ihrer Schreibweise zu verleihen, so daß ihre Mittheilungen als von ihr allein ausgehend angesehen würden. Bereitwillig erfüllte Maria Theresia den Wunsch des Staatskanzlers. Dem Könige schrieb sie, sie habe mit Freude in seinem Briefe den Ausdruck ihrer eigenen friedliebenden Gesinnungen wiedergefunden. Die von Thugut überbrachten Schriftstücke sende sie ihrem Sohne, und sie hoffe demnächst im Stande zu sein, dem Könige die Aufklärungen zu ertheilen, die er von ihr verlange. Der Mittheilung an Joseph aber fügte sie außer dem, was Thugut überbracht, eine Abschrift ihres zweiten Briefes an den König und die Bemerkung bei, daß hiedurch Alles noch unentschieden bleibe. Thugut arbeite an einer Darlegung des Verlaufes seiner Mission, Kaunitz aber habe von ihr den Auftrag erhalten, ihr sein Gutachten über das zu erstatten, was nun zu geschehen habe. Die Sache sei wichtig genug, um nichts unbeachtet zu lassen und nur in voller Uebereinstimmung zu handeln [717]).

Die Gemüthsbewegung, in welche Maria Theresia durch die Nothwendigkeit versetzt wurde, entscheidende Beschlüsse über die dem Könige von Preußen zu ertheilende Antwort zu fassen, wurde durch die üblen Nachrichten noch gesteigert, welche sie aus Böhmen erhielt. Ein preußisches Corps war bei Kommotau in dieses Land gerückt und hatte Prag in die äußerste Beunruhigung versetzt. Als man sah, daß die Artillerie von dort weggeführt werde, begann ein allgemeines Flüchten, so zwar daß Maria Theresia durch einen Eilboten den Befehl nach Prag sandte, Niemand von der Einwohnerschaft dürfe die Stadt verlassen. „Wenn wir Böhmen verlieren", schrieb sie an den Kaiser, „dann werden unsere Hülfsquellen an Menschen und an „Geld gar sehr verringert, für den Feind aber vermehrt, denn das „Land ist an beiden reich. Er wird umsonst leben und sich ebenso „recrutiren. Der Böhme wird lieber als der Deutsche bei Haus und „Hof bleiben" [718]).

Wohl mit Recht betonte Maria Theresia dem Kaiser gegenüber die Nothwendigkeit, daß sie beiderseits in der ferneren Verhandlung

mit dem Könige von Preußen nur in innigster Uebereinstimmung vor=
gehen sollten. Aber wie unendlich weit sie von einer solchen entfernt
waren, rief ihr Joseph schon in seiner ersten Antwort mit recht dürren
Worten ins Gedächtniß zurück. Den Inhalt des Briefes des Königs,
seiner Erklärung auf die ihm gemachten Vorschläge und des zweiten
Schreibens der Kaiserin an ihn nannte er erstaunlich. Aber sie möge
ihn der Verpflichtung entheben, seine Meinung hierüber noch deutlicher
zu sagen, sie sei immer eine und dieselbe geblieben. „Sie haben“,
schrieb er ihr wörtlich, „ohne mich zu Rathe zu ziehen, diese unglaub=
„liche Verhandlung begonnen; Sie sind im Begriffe, sie zu schließen,
„indem Sie die Vorschläge des Königs und seinen Wunsch nach dem
„Frieden Ihrer eigenen Gesinnung entsprechend fanden. Was bleibt
„mir da noch zu sagen übrig? Das Uebel ist unheilbar; ich habe
„an nichts Anderes mehr zu denken als die Trümmer der Ehre des
„Staates und meiner eigenen zu retten. Ich werde auch demgemäß
„handeln, sobald ich weiß, daß die Angelegenheit noch mehr ins Reine
„gebracht oder über den Waffenstillstand entschieden ist. Die einzige
„Gnade, die ich von Ihnen verlange, besteht darin, daß Sie die
„Güte haben wollen, mich in Zukunft mit irgendwelchen Fragen über
„diesen Gegenstand zu verschonen, von dem ich durchaus nichts wissen
„und dem ich niemals zustimmen will. Glücklicher Weise bedarf
„man dessen nicht und ich sehe mich dadurch nur von einer Last
„befreit“ [719]).

In den Tagen zwischen der Absendung des letzten Briefes der
Kaiserin an ihren Sohn und der Ankunft seiner Antwort waren
Maria Theresia und Kaunitz aufs Eifrigste mit der Entwerfung der
ausführlicheren Mittheilung beschäftigt, welche über das jüngst Ge=
schehene und dasjenige, was von nun an zu thun war, an Joseph
ergehen sollte, denn es kam Beiden nicht in den Sinn, sich ohne Vor=
wissen des Kaisers mit König Friedrich noch weiter einlassen zu wollen.
Dabei ist nicht zu übersehen, daß während Joseph und Kaunitz bei
den ersten Schritten, welche auf die baierische Erbfolge sich bezogen,
Hand in Hand gegangen waren, jetzt eine gewisse Verstimmung des
Ersteren gegen den Letzteren eingetreten war. Wie in so Vielem, so

glich Joseph auch darin nicht seiner Mutter, daß ihm eine von der seinigen abweichende Ansicht nicht mißfällig gewesen wäre. Die Verstimmung des Kaisers gegen Kaunitz wurzelte ohne Zweifel in der Meinungsverschiedenheit, die zwischen ihnen über einige Punkte der Instructionen für Cobenzl obgewaltet hatte. Erkennbaren Ausdruck verlieh ihr Joseph dadurch, daß er seit geraumer Zeit keinen unmittelbaren Briefwechsel mehr mit Kaunitz unterhielt und sich bei jeder Gelegenheit feindselig über ihn aussprach. Kaunitz war in Folge dessen ungemein niedergeschlagen, und Binder, der Gegnerschaft des Kaisers sich bewußt, war dieß schon seit längerer Zeit. Bei letzterem kam noch die in Folge seines vorgerückten Alters sich mehr und mehr bemerkbar machende Abnahme seiner geistigen und körperlichen Kräfte hinzu. In Folge dieses Umstandes sah sich Kaunitz gezwungen, persönlich wieder mehr zu arbeiten als sonst, aber er reichte doch für die Anforderungen, die durch die Zeitereignisse an ihn gestellt wurden, nicht aus. Und von der Staatskanzlei sagte Maria Theresia, daß zwar redliche Leute, aber weder aufgeklärte noch wissenschaftlich durchgebildete Köpfe sich daselbst vorfänden. Routine und guter Wille sei Alles, was die dortigen Beamten besäßen; weisen Rath zu ertheilen, sei keiner geeignet [720]).

Wie behutsam Kaunitz dem Kaiser gegenüber vorging, wird aus einem anscheinend geringfügigen, aber darum nicht minder bezeichnenden Zuge ersichtlich. Er glaubte es nicht wagen zu dürfen, der Kaiserin aus eigenem Antriebe Vorschläge über die Art und Weise zu machen, in der man gegen Preußen fortan verfahren solle. Er beschränkte sich darauf, ihr zu schreiben, daß nach seiner Meinung Thuguts Mission sowohl der Sache als der Form nach den erwünschten Erfolg gehabt habe. Wie Thugut behaupte, erblicke der König die Ursache seiner Sendung nur in der mütterlichen Besorgniß der Kaiserin für ihre Söhne und in ihrer friedfertigen Gesinnung. Er scheine auch nicht an der Wahrheit der Versicherung zu zweifeln, daß jener Schritt ohne Vorwissen des Kaisers geschehen sei. Er habe die ihm gemachten Eröffnungen anständig aufgenommen, und so sei nun die abgebrochene Verhandlung neuerdings, aber in einer Art angeknüpft, daß man nach gar keiner Richtung sich die Hände gebunden habe. Aber freilich, wenn jemals das Beste des Staates die vollste Uebereinstimmung des Willens zwischen der Kaiserin und ihrem Sohne gebieterisch verlangt habe, so sei dieß gegenwärtig der Fall. Ohne eine solche müßten nothwendiger Weise die nachtheiligsten Collisionen entstehen, und alle Maßregeln zu unwiederbringlichem Schaden des Staates sich durchkreuzen.

Gehe die beiderseitige Entscheidung dahin, daß die Unterhandlung abgebrochen werden solle, so könne dieß ebenso leicht als rasch bewerkstelligt werden. Würden sich jedoch der Kaiser und die Kaiserin zu deren Fortführung entschließen, so komme es auf verschiedene wichtige Fragen an, über welche man sich vorerst klar werden müsse. Diese Fragen, acht an der Zahl, zählt nun Kaunitz der Reihe nach auf; aber er hütet sich wohl auch nur über eine einzige derselben seine eigene Anschauung kundzuthun. Er schließt vielmehr mit den Worten, es sei unerläßlich, über sie vorerst die übereinstimmende Meinung des Kaisers und der Kaiserin zu wissen, um sodann das Weitere hinsichtlich der fortzusetzenden Verhandlung überlegen und einleiten zu können.

Auf einem abgesonderten Blatte bat Kaunitz die Kaiserin, seinen Bericht nicht schon jetzt ihrem Sohne zu übersenden. Sie möge ihm denselben vielmehr mit der eigenhändig niedergeschriebenen Bemerkung zurückstellen, daß sie trotz der darin angeführten Ursachen wünsche, Kaunitz möge ihr seine eigenen Ansichten über diese Fragen bekanntgeben [721]).

Während Kaunitz sich anschickte, diesem von ihm selbst hervorgerufenen Auftrage der Kaiserin [722]) zu entsprechen, mühte Maria Theresia sich ab, das ihr von dem Staatskanzler als unerläßlich bezeichnete und von ihr selbst so sehnsuchtsvoll herbeigewünschte Einverständniß mit ihrem Sohne zu Stande zu bringen. Neuerdings schilderte sie ihm die Bedenklichkeit der politischen Lage, in der sich Oesterreich, auf sich allein angewiesen, befand. Da er aber selbst die militärische Stellung einem so furchtbaren Feinde gegenüber als unhaltbar betrachte, so bleibe nichts übrig, als sich zum Frieden zu entschließen.

Er täusche sich darüber, wenn er glaube, daß man es auf die Länge über den König von Preußen davon tragen werde, während man doch gleichzeitig die größten und einträglichsten Provinzen an ihn verliere. Wie könne man auf drei Feldzüge rechnen, wenn man gleich Anfangs alle Hülfsquellen aufbrauche? Wie werde es erst mit diesen Hülfs= quellen beschaffen sein, wenn man sich noch weiter zurückziehe? „Ich „bin ganz mit Dir einverstanden", fuhr sie fort, „daß die Lage des „Landes nichts Anderes gestattet; da man dieß jedoch wußte, hätte „man die Dinge nicht so weit kommen lassen sollen. Niemals besaß „ich größere Armeen als von hunderttausend Mann, und jetzt meinte „man, daß man mit siebzigtausend mehr diesem Uebelstande abhelfen „werde. Da man jedoch sieht, daß dem nicht so ist, muß man umso „mehr seine Zuflucht dazu nehmen, dem größten Unglücke für den „Staat, die Menschheit und unser Haus ein Ende zu machen. Man „muß den Muth haben, sich selbst aufzuopfern und gerecht zu be= „urtheilen. Wir waren eine große Macht; wir sind es nicht mehr; „man muß sein Haupt beugen, wenigstens die Trümmer davon retten „und die Völker, die uns noch bleiben, glücklicher machen als sie es „während meiner unglücklichen Regierung waren, weil wir trotz unserer „Verluste uns immer auf der früheren Höhe erhalten wollten. Beginne „Deine Regierung damit, die Ruhe, den Frieden, das Glück den= „jenigen zurückzugeben, die dieß so sehr verdienen; Du selbst wirst „Dich an dem Glücke der Anderen erfreuen, sogar auf Kosten Deiner „persönlichen Größe. Ich kenne Dein Herz und baue auf dasselbe; „rette Deine Völker und erwirb Dir dadurch größeren Ruhm als „durch alle Ansprüche auf den Namen eines Eroberers. Thugut muß „zum Könige zurückkehren; wenn Du es für gut hältst, möchte ich ihn „durch Deine Armee senden, um Dich besser über unsere Gedanken „zu unterrichten, denn es ist nöthig, daß wir über die Grundsätze „einig seien, mein theurer Sohn. In Bezug auf die Form werde „ich mich zu Allem herbeilassen, was Du nur immer wünschest. Ich „fürchte mich nicht vor der Schande wegen des Schrittes, den ich „unternahm; um der Sache willen trage ich sie gern, und ich „wünsche nicht sie mit Dir zu theilen, obgleich, offen gestanden, ich „nicht sehe, wie irgendwelche auf Dich fallen könnte."

„Die Zeit drängt", mit diesen Worten schloß Maria Theresia den Brief, in welchem sie dem Kaiser die demnächstige Zusendung des Berichtes von Thugut und des Gutachtens des Fürsten Kaunitz ankündigte, „ich bitte Gott daß er Dein Herz rühre und Dich er= „leuchte. Nie könnte ich unsere Lage anders beurtheilen, als daß es „geboten erscheint, um jeden Preis Frieden zu schließen. Ich werde „Deine Antwort mit Sehnsucht erwarten. Das Glück von Tausenden, „Dein eigenes hängt davon ab; das genügt, um Dir eine Idee von „meiner Lage zu geben" 723).

Die Antwort, welche die Kaiserin schon auf diesen vorläufigen Brief von ihrem Sohne erhielt, lautete entmuthigend genug. Er vermöge ihr nichts Anderes zu sagen, schrieb er ihr am 26. Juli, als daß er seine ihr bekannte Ansicht über die Wiederanknüpfung der Verhandlung mit dem Könige von Preußen in gar keiner Weise ab= ändern könne. Wenn Thugut im Lager erschiene, würde er denselben gewiß nicht empfangen. Sie habe die Macht in Händen und könne thun was sie wolle; er aber könne und wolle niemals den An= schein auf sich laden, daß er dasjenige gewünscht habe, worin er sein ganzes Leben hindurch die Schande und das Verderben des Staates erblicken werde 724).

So wie ihrem Sohne, so drängte Maria Theresia auch dem Fürsten Kaunitz gegenüber zu rascher Entscheidung, und die Worte sind schon angeführt worden, aus denen hervorgeht, daß er ihr viel zu lang zögerte mit seiner Arbeit. Auf eine derartige Mahnung antwortete er ihr, er sei unablässig beschäftigt, seine Gedanken über die Art und Weise zu ordnen und niederzuschreiben, durch die sie der peinlichen Lage, in welcher sie sich sowohl dem Kaiser als dem Könige von Preußen gegenüber befinde, noch am ehesten ein Ende machen könne. Maria Theresia aber antwortete ihm hierauf mit eigener Hand: „Ich habe nie daran gezweifelt, denn ich kenne Ihre Anhäng= „lichkeit. Aber ich kann Ihnen nicht bergen, daß ich aufs tiefste „niedergeschlagen bin, und daß, um mir zu helfen, mir Ihr voller „Beistand nothwendig ist" 725).

Soeben hatte Kaunitz die ihm von der Kaiserin übertragene
Arbeit beendigt, als einem Briefe des Königs an Maria Theresia vom
25. Juli ein zweiter vom 28. folgte. Des ersteren war man in Wien
gewärtig, denn er war nichts als die Antwort Friedrichs auf das
letzte Schreiben der Kaiserin. Auch enthielt er nur die Wiederholung
der Versicherung, der König werde vor Empfang neuer Nachrichten
von der Kaiserin nichts unternehmen, wodurch das Leben derjenigen,
die ihrem Herzen so nahe stünden, irgendwie gefährdet werden könnte [726]).
Um so erstaunter und bestürzter war man daher in Wien, als ohne
irgendwelche frühere Ankündigung ein neues Schreiben vom Könige
kam, welchem ein förmlicher Plan zur friedlichen Beendigung des
Streites beigeschlossen war [727]).

Diesem Vorschlage zufolge sollte Maria Theresia dem Kurfürsten
von der Pfalz Alles zurückgeben, was sie in Baiern und der Oberpfalz in Besitz genommen hatte, wogegen er ihr den District von
Burghausen von Passau längs des Inn bis zum Einflusse der Salza,
dann diesen Fluß entlang bis zur salzburgischen Grenze bei Wildshut
überließe. Wenn Oesterreich nicht geneigt wäre, den Kurfürsten hiefür
durch Gebietsabtretungen zu entschädigen, könnte es dieß, wenn auch
nur in sehr unvollkommenem Maße dadurch thun, daß es den
Lehens- und Oberhoheitsrechten in der Oberpfalz und Sachsen entsage und dem Kurfürsten von Sachsen eine Million Thaler bezahle.
Mindelheim und Rothenberg könnten dem Letzteren gleichfalls zugesprochen werden. Die sonstige Verständigung zwischen Kurpfalz und
Sachsen wäre unter der Mitwirkung Oesterreichs und Preußens zu
Stande zu bringen. Nachdem sie erzielt worden, hätten die Häuser
Oesterreich und Sachsen allen anderen Ansprüchen auf Baiern und
die Oberpfalz zu entsagen, dem Herzoge von Zweibrücken aber die
dereinstige Nachfolge in diesen Ländern zuzugestehen. Die durch den
Tod des letzten Kurfürsten von Baiern erledigten Reichslehen wären
dem Kurfürsten von der Pfalz, und nach dem Aussterben seiner
Linie dem Herzoge von Zweibrücken zu verleihen; eines dieser kleinen
Lehen aber, oder mindestens das Privilegium de non appellando
sollte dem Herzoge von Mecklenburg zu Theil werden. Endlich hätten

der Kaiser und die Kaiserin auf alle etwaigen Lehensrechte der
Krone Böhmen in Ansbach und Bayreuth zu verzichten und sich
zu verpflichten, gegen die dereinstige Einverleibung dieser Markgraf-
.thümer in Preußen oder deren Austausch gegen die Lausitz oder irgend
ein anderes Land ihrerseits kein wie immer geartetes Hinderniß zu
erheben.

Es ließ sich vorhersehen, daß es nicht leicht fallen werde, über
die Antwort auf diese Vorschläge des Königs von Preußen, welch
letztere eigentlich nichts anderes als die Wiederaufnahme seiner früheren,
lang schon zurückgewiesenen Anträge waren, eine Verständigung zwischen
der Kaiserin und ihrem von Wien abwesenden Sohne zu erzielen. Um
jedoch hierüber auch die dem Könige von Preußen gebührende Rücksicht
nicht aus den Augen zu verlieren, schrieb ihm Maria Theresia sogleich.
Sie theilte ihm mit, Thugut sei im Begriffe gestanden, sich mit einem
neuen Vergleichsplane zu ihm zu begeben, als sein letztes Schreiben
in Wien eingetroffen sei.   Durch die demselben beigefügten Anträge
werde jedoch zu ihrem größten Bedauern die Sachlage so sehr verändert, daß sie ihm ihre Gedanken hierüber unmöglich so rasch, als
es ihr sonst erwünscht wäre, mittheilen könnte; doch werde dieß demnächst geschehen. Und Friedrich erwiederte, daß er begreife, wie derlei
Dinge eine reifliche Prüfung erheischten. Er werde die versprochene
Antwort der Kaiserin geduldig erwarten [728]).

Die schon vollständig ausgearbeiteten Instructionen, mit denen
Thugut soeben zum Könige zurückkehren wollte, sind ein unanfechtbares
Zeugniß, daß man in Wien ernstlich und redlich nach einem Auswege
zur Wiederherstellung des Friedens zu suchen bemüht war. Um so
peinlicher war man denn auch durch die letzten Vorschläge des Königs
berührt, und sie zerstörten die Hoffnung, die man nach seinen mündlichen Erklärungen gegen Thugut gehegt hatte, es werde noch möglich
sein, ohne Fortführung des Krieges zu einer leidlichen Beilegung des
Streites zu gelangen.   Da Friedrich seine Minister zu sich berufen
hatte, war Kaunitz der Meinung, seine letzten Vorschläge seien den
gehässigen Einflüsterungen Hertzbergs zu verdanken.

Zur Kennzeichnung dieser Vorschläge bemerkte Kaunitz, daß in dem ersten Vergleichsplane Oesterreich zwei von einander abgerissene Gebietstheile Baierns zugewiesen worden seien. Jetzt wolle man ihm nur mehr das kleinere Stück lassen, und auch dieses sollte die Kaiserin noch mit der Abtretung von Mindelheim sowie all ihrer wichtigen Lehens= und sonstigen Rechte in der Oberpfalz, in Sachsen, in Ansbach, Bayreuth und der Lausitz, endlich der Bezahlung einer Million Thaler an Sachsen erkaufen. Das sei weit mehr als der Werth jenes Ge= bietstheiles, und noch überdieß solle sie nicht nur der dereinstigen Ver= einigung der Markgrafthümer mit Preußen, sondern auch deren etwaiger Vertauschung gegen die Obere und die Niedere Lausitz zustimmen. Schon auf den ersten Blick zeige sich daher die völlige Unannehm= barkeit der Anträge des Königs, und nie werde es gelingen, den Kaiser hiezu zu bringen, während doch ohne seinen Willen und Beitritt keine Unterhandlung zu irgend einem endgültigen Ergebnisse gebracht werden könne.

Maria Theresia stimmte den Ansichten des Fürsten Kaunitz wenigstens insofern bei, als auch sie das Verfahren des Königs ein schmähliches nannte. Aber sie sei darüber, schrieb sie dem Kaiser, keineswegs erstaunt. Echt preußisch sei die Handlungsweise des Königs, und vielleicht habe die Ankunft seiner Minister auch dazu beigetragen, denn sie seien an Sachsen und an Zweibrücken verkauft. Aber darum meinte doch Maria Theresia durchaus nicht, man solle die kaum wieder angeknüpfte Verhandlung jetzt schon neuerdings abbrechen. Den allein noch ausführbaren Vorschlag habe sie selbst, ohne Vorwissen des Fürsten Kaunitz, Binders oder irgend eines Andern mit Punkten be= zeichnet; der Kaiser oder Lacy möge denselben rectificiren. Nicht mehr an die Ziffer des neu zu erwerbenden Einkommens solle man denken, nicht auf eine halbe oder auch eine ganze Million weniger oder mehr, sondern nur auf die Sicherstellung der Grenzen und der Verbindungen komme es noch an. Man bedürfe des Inn; seinen Lauf entlang solle die Grenzlinie von Kufstein längs der salzburgischen Grenze bis zum Einflusse der Salza, von da bis Passau und sodann bis Waldmünchen gezogen, alles Uebrige aber zurückgegeben werden; Schärding und

Braunau würden immerhin eine schöne Erwerbung sein. Man könne sich um so eher damit begnügen, als nach den Erhebungen, welche der jüngere Lehrbach gepflogen habe, ohnedieß ein großer Theil des in Besitz genommenen Gebietes, als nicht zu dem früheren Straubingischen Antheile gehörig, vertragsmäßig dem Kurfürsten von der Pfalz zurückgegeben werden müßte. Wenn der Letztere sich zu einem für Oesterreich günstigeren Austausche zu einer Zeit nicht habe herbeilassen wollen, in der noch kein Gedanke an Krieg war, so sei jetzt um so weniger darauf zu hoffen. Der König wolle durchaus die Lausitz haben, und er könne dieß auch, jedoch nur durch Verrath an seinem Verbündeten erreichen, denn freiwillig werde der Kurfürst von Sachsen hiezu nie seine Einwilligung geben.

„Du hast zu dieser Stunde", schrieb Maria Theresia dem Kaiser, indem sie ihm den entscheidenden Beschluß anheimstellte, „das Schick„sal Deiner Staaten in der Hand, aber Du wirst dafür auch Dir „selbst und Gott verantwortlich sein. Das Glück so vieler tausend „Seelen ist daran geknüpft; die ersten Unfälle des Krieges haben Dich „gerührt; solltest Du Dich schon mit seinen verderblichen Wirkungen „vertraut gemacht haben? Denke mit gesammeltem Geiste und ohne „Voreingenommenheit darüber nach, und Du wirst finden, daß eine „zärtliche Mutter, eine vernünftige und redliche Freundin, eine billig „denkende Monarchin es ist, welche nach den ihr gegen Gott und die „Menschen obliegenden Pflichten zu handeln sich bestrebt. Die Ent„scheidung soll so, wie Du sie fällen wirst, ausgeführt werden; ich „werde Dich unterstützen, so weit meine Kräfte es nur immer gestatten, „aber ich bitte Dich, laß den Ausspruch klar sein: Krieg oder nicht. „Man füge dem von mir angedeuteten Ausmaße nichts mehr hinzu, „sondern beschränke sich darauf, es verständlicher zu machen. Für den „Fall aber, daß Du für Dich und für mich den Krieg vorziehst, wirst „Du Deine vier Feldmarschälle um ihr schriftliches Gutachten angehen „und es mir senden, ob sie glauben, daß wir in unserer gegenwärtigen „Lage und bei den Kräften, welche wir und der Feind besitzen, im „Stande sind, in der Defensive zu verharren, daß der König bei uns „nirgends die Winterquartiere nehmen kann, und daß wir unsere

„armen Unterthanen vor größerem Unglücke schützen, unsere eigenen
„Hülfsquellen aber nicht zerstören und sie dem Feinde überlassen.
„Denn dieß würde geschehen, wenn der König während des Winters,
„wenn nicht in Prag, so doch in einigen Kreisen Böhmens oder
„Mährens, oder in Oberschlesien verbliebe, wo das Corps Werners
„bereits eindrang und plünderte. Ich verlange von jenen Herren nur
„ein militärisches Gutachten, die Politik soll dabei gar nicht in Be-
„tracht kommen, weder was die Verbündeten noch unsere Hülfsquellen
„in Geld oder Anderem betrifft. Ich will von ihnen nur in militärischer
„Beziehung für Dich und für mich selbst wissen, ob wir in unserem
„gegenwärtigen Zustande unsere Länder beschützen und von den Er-
„eignissen die Umwandlung in eine Offensive erwarten können? Das
„ist Alles, was ich Dir über die wichtige Lage, in der wir uns
„befinden, zu sagen im Stande bin; man muß sich klar sein und sich
„keiner Täuschung hingeben, dann kann man einen Entschluß fassen.
„Ich bitte Gott, daß er Dich erleuchte" [729]).

Nur mit Bedauern muß man wahrnehmen, wie die damaligen
Briefe Josephs an seine Mutter ihr statt Beruhigung und Trost nur
neue Qual bereiten konnten. Zum Theile lag dieß außer dem Willen
des Kaisers, denn es stand nicht in seiner Macht, die Ereignisse auf
dem Kriegsschauplatze günstiger zu gestalten; die Nachrichten, die er
ihr von dort ertheilte, mußten daher an und für sich peinigend für
sie sein. In den ersten Tagen des August meldete er ihr, daß Laudon
durch den Anmarsch des Prinzen Heinrich genöthigt worden sei, sich
nach Kosmanos hinter die Iser zurückzuziehen. Wenn der Feind die
Iser gleichfalls überschreite, was binnen zwei Tagen geschehen könne,
dann sehe er selbst sich genöthigt, seine Stellung aufzugeben und
dadurch die reichere Hälfte Böhmens dem Feinde zu überlassen. Ehe
er sich jedoch in ein solches Mißgeschick füge, werde er Alles aufs
Spiel setzen, einen entscheidenden Streich wagen und den König angreifen, welche Stellung derselbe auch immer einnehmen möge. Gelinge
es ihn zu besiegen, dann würde Alles in befriedigenden Zustand versetzt. Unterliege man, so werde hiedurch wenigstens die Ursache des
Rückzuges kund und derselbe gerechtfertigt erscheinen. So verzweifelt

ein solcher Entschluß auch sein möge, so müsse er doch gefaßt werden, um die Dinge vielleicht doch noch zum Bessern zu ändern [730]).

Diese Mittheilungen ihres Sohnes versetzten, wie derselbe leicht vorhersehen konnte, die Kaiserin in die äußerste Bestürzung. „Senden „Sie mir Binder“, schrieb sie nach deren Empfang an Kaunitz, „wenn „Sie nicht selbst kommen können. Nach diesem Brief ist kein Augen= „blick zu versäumen und Thugut zurückzusenden. Der Brief ist eine „Antwort auf mein Schreiben vom 31. und noch nicht auf das über „die Bedingungen des Königs; vielleicht erhalte ich eine solche noch „diesen Abend. Ihr Rath, Ihre Standhaftigkeit sind mir jetzt äußerst „nothwendig, die meinige beginnt mich zu verlassen“ [731]). Und kaum war Kaunitz von ihr gegangen, so schrieb sie ihm in Folge neuerlicher Mittheilungen, die sie von Joseph erhielt: „Dringend empfehle ich „Ihnen, das Unmögliche zu ersinnen, um uns aus dem Abgrunde zu „ziehen, in dem wir uns befinden“ [732]).

Mit den von ihm selbst als trostlos bezeichneten Nachrichten stand die Haltung, welche Joseph gegen die von seiner Mutter an= gesponnene Verhandlung mit dem Könige von Preußen fortwährend beobachtete, in seltsamem Contraste. „Unerschütterlich in meinen Grund= „sätzen“, hieß es in seinem Briefe vom 4. August, „kann ich mich „durchaus nicht in Verhandlungen mischen, deren Anfang und Mittel „ich nicht kannte, und deren Folgen mir für alle Zukunft entehrend, „nachtheilig und schmachvoll erscheinen werden. Ich würde mich darauf „beschränken, nichts Anderes zu sagen, wenn meine ehrfurchtsvolle „Anhänglichkeit an Sie mir nicht eine Bemerkung abnöthigen würde. „Eure Majestät allein sollen und können über das entscheiden, was „zu thun ist. Sind Sie fest dazu entschlossen, Alles bis auf den „letzten Mann und den letzten Thaler aufzuwenden und kein Mittel „zu verschmähen, um den Staat in dieser Krise aufrecht zu erhalten? „Dann muß man den Krieg fortsetzen und mit dem Aufgebot der „äußersten Kräfte führen. Sie besitzen tapfere Soldaten, und ein „solcher Wille, stark, unbedingt, nachhaltend und standhaft könnte nach „meiner Ansicht die Lage der Dinge wohl verändern. Oder wollen

"Sie Ihre Länder nicht in biesen Zustand versetzen und kein großes
"Spiel spielen, dann bleibt kein anderer Entschluß übrig als den
"Frieden so rasch als möglich und auf was immer für Bedingungen
"zu schließen, denn den Krieg weichlich und mit Schonung zu führen,
"ohne Alles für Alles zu wagen, dazu ist keine Möglichkeit vorhanden."

"Was mich angeht, so glaube ich, daß Sie an dem Entschlusse
"nicht zweifeln können, den ich ergreifen würde, aber an Ihnen ist es,
"die Entscheidung zu treffen. Ich kenne meine Pflicht, und Ihnen
"kann meine Ehrfurcht für Sie nicht unbekannt sein. Alles was Sie
"thun werden, wird für mich ein Gesetz sein, und ich werde es unter-
"schreiben, da ich für jetzt kein Recht habe und weit davon entfernt
"bin, mich eines solchen Ihnen gegenüber bedienen zu wollen. Ich
"werde nur mein tiefes Bedauern an den Tag legen und die nöthigen
"Maßregeln ergreifen können, auf daß eine unglückliche Meinungs-
"verschiedenheit den Staat nicht neuerdings in sein jetziges Unglück
"stürze, dessen ich mich mit peinvollster Qual, aber ohne den geringsten
"Vorwurf vielleicht allein als schuldig betrachte. Ihr Entschluß muß
"rasch sein, denn die Verheerungen nehmen zu, und binnen wenig
"Tagen werde ich selbst meine Stellung verlassen müssen, da Laudon
"schon sagt, er könne sich an der Iser nicht behaupten."

"Alles dem Kurfürsten von Baiern zurückstellen, wenn man
"schon diesen Schritt thun will, und daß auch der König von Preußen
"nichts erlange, das scheint mir noch der äußerste Entschluß zu sein,
"welchem der Vorzug zu geben wäre, wenn man überhaupt glaubt,
"daß man mit dem Feinde in Böhmen Anderes thun kann als
"sich zu schlagen, während hinsichtlich Sachsens und der übrigen Prä-
"tendenten die Entscheidung der Sache dem Reichstage übertragen
"werden müßte."

"Das Gutachten der Marschälle verlange ich nicht. Was könnten
"sie sagen, das ich nicht schon wüßte? Wenn wir unsere Armee ver-
"mehren, wenn wir glücklich sind, werden wir den König von Preußen
"aus Böhmen vertreiben. Er ist mit den Sachsen um etwa vierzig-
"tausend Mann stärker als wir. Es handelt sich also darum, ihn

„entweder zu schlagen oder von ihm geschlagen zu werden, das wird
„entscheiden, und man muß die Mittel zum Ersatze der Verluste
„kennen, die man machen wird. Das ist Alles, was ich Ihnen mitzu=
„theilen vermag, und ich fordere die Marschälle heraus, mehr darüber
„zu sagen."

Am Schlusse dieses ausführlichen Briefes wiederholt Joseph die
von ihm aufgestellte Alternative: entweder sei der Krieg mit äußerster
Anstrengung und mit Anwendung der härtesten Mittel weiter zu
führen, oder ganz Baiern zurückzugeben und dadurch den Feindselig=
keiten mit einem Male ein Ende zu machen. Und zuletzt lehnte der
Kaiser auch die Berichtigung der von seiner Mutter auf der Karte
gezogenen Grenzlinie ab. Sie würde hiedurch, und darin allein mochte
er Recht haben, der von ihr selbst gewünschten Verbindung mit Tirol
keineswegs theilhaft[733]).

Nach dem Eintreffen der letzten Eröffnung des Königs von
Preußen hatte Kaunitz, wie bereits erzählt worden, der Hoffnung ent=
sagt, daß es möglich sein werde, noch auf erträgliche Bedingungen hin
mit ihm zu einem Abkommen zu gelangen. Nach seiner Meinung
konnte es, wenn der König auf seinen unannehmbaren Vorschlägen
ernstlich bestände und hiedurch der Weg zu einer friedlichen Beilegung
des Streites vollkommen abgeschnitten würde, auf nichts Anderes mehr
ankommen, als die Verhandlungen in einer Weise zu beenden, welche
Oesterreich nicht zur Unehre gereiche und ihm keine Nachtheile zufüge.
Zur Bedenklichkeit der Lage, in welcher das Kaiserhaus sich befinde,
habe der Haß, den ihm der König von Preußen in Folge der Occu=
pation baierischer Gebietstheile zuzuziehen mußte, sehr viel beigetragen.
Es wäre daher nicht wenig gewonnen und ein wichtiges Ergebniß
erzielt, wenn das Blatt auf einmal gewendet, die angebliche Uneigen=
nützigkeit des Königs in ihrem wahren Lichte gezeigt, und die eigent=
liche Triebfeder seiner Handlungen bloßgestellt würde. Um wenigstens
diesen Zweck zu erreichen, möge die Kaiserin ihm erklären, daß sie,
um ihm und der ganzen Welt überzeugend zu beweisen, es sei ihr
nicht um irgend eine Vergrößerung, sondern nur um Aufrechthaltung

ihrer Ehre, ihrer Ansprüche, ihres politischen Ansehens und des Gleich=
gewichtes im deutschen Reiche zu thun, alles in Besitz genommene
baierische Land dem Kurfürsten von der Pfalz einfach zurückstellen und
ihn von den durch seine Uebereinkunft mit Oesterreich übernommenen
Verpflichtungen wieder loszählen wolle. Aber nur unter der unaus=
weichlichen Bedingung könne das geschehen, daß der König sich für
sich und seine Erben und Nachfolger gleichfalls anheischig mache und
feierlich verpflichte, Ansbach und Bayreuth mit der brandenburgischen
Primogenitur so lang nicht zu vereinigen, als noch nachgeborne
Prinzen vorhanden sein würden.

Es sei fast sicher vorherzusehen, meinte Kaunitz, daß der König
diesen Antrag schlechterdings ablehne; in diesem Falle aber würde
der beabsichtigte Endzweck erreicht sein. Sollte ihn aber der König
wider alles Vermuthen annehmen, so würde es für Oesterreich immer
noch günstiger sein, jetzt keine Vergrößerung für sich zu erhalten, aber
auch Preußen keine solche zu gestatten, als demselben die Erwerbung
von Ansbach und Bayreuth und ihre dereinstige Vertauschung gegen
die ganze Lausitz zu erlauben, allen Lehens= und sonstigen Rechten
in Sachsen, der Oberen Pfalz und den fränkischen Markgrafthümern
zu entsagen, selbst aber keine Vergrößerung und keine zweckmäßige
Abrundung zu erlangen. Sollte jedoch der König den ihm jetzt zu
machenden Antrag auf beiderseitige Verzichtleistung verwerfen und auch
auf den von ihm selbst ausgegangenen Vorschlägen nicht bestehen, dann
bliebe wohl nichts übrig, als auch die Begehren, insoweit sie sich
auf Erwerbung baierischer Gebietstheile bezögen, noch etwas zu ver=
ringern [734]).

Da Joseph sich hartnäckig weigerte, der Kaiserin in letzterer
Beziehung eine Richtschnur zu ertheilen, blieb ihr nichts Anderes übrig,
als auf eigene Verantwortung zu handeln. Den Brief an den König
von Preußen [735]), dessen Entwurf Fürst Kaunitz ihr vorlegte, fertigte
sie aus, aber sie sandte ihn dem Staatskanzler mit den Worten zurück,
daß sie jeder Hoffnung auf ein Gelingen entsage. Dennoch konnte sie
sich nicht enthalten, noch im letzten Augenblicke einige Zeilen in Thuguts

Hände zu legen, welche auf die in Baiern zu machenden Erwerbungen
sich bezogen.

„ich sehe keine hoffnung", so lauten sie, „das jemahls die grosse
„ligne von inn accordirt wird. wäre also alzeit der meinung, das man
„auch eine kleinere, wie es möglich wäre, zu erhalten suche, auch davor
„ein austausch von unsern vorlanden noch antragen kunte, indem
„diser strich lands uns alzeit vill besser convenirte, auch was selbige
„weniger ertragen, in geld nachtragen werden kunte. wegen dem was
„in niederland hat wollen gegeben werden, und von falckenstein glaube
„nicht, das vor jetzo mehr ein antrag gemacht werde, indeme nicht
„glaube, das man alzeit noch die million einkomen zur base nehme."

Am 6. August verließ Thugut Wien, und am Morgen des
10. war er in Welsdorf. Als er dem Hauptquartiere sich näherte,
begegnete er den König; mit dem Prinzen von Preußen, dem Erbprinzen von Braunschweig und anderem Gefolge war derselbe im
Begriffe, sich zum linken Flügel seiner Armee zu begeben. Der König,
welcher Thugut allsogleich erkannte, schien durch dessen Ankunft einiger
Maßen überrascht. Gegen elf Uhr Morgens von seinem Ritte zurückgekehrt, ließ er Thugut unverzüglich rufen und nahm von ihm den Brief
der Kaiserin in Empfang. Nachdem er denselben gelesen, erkundigte
er sich nach dem Vorschlage, von welchem darin die Rede sei. Als
aber Thugut erklärte, die Kaiserin wolle Alles zurückgeben, was ihre
Truppen in Baiern und der Oberpfalz besetzt hätten, wenn der König
auf die Vereinigung der fränkischen Markgrafthümer mit der preußischen Primogenitur verzichte, zeigte sich der König etwas erstaunt.
Aber er faßte sich bald wieder, sprach von seinem unbestreitbaren Rechte
zu jener Vereinigung, welcher alle Glieder seines Hauses zugestimmt
hätten, und erklärte diese Bedingung als ganz unannehmbar.

Thugut bemühte sich dagegen, dem Könige die Beweggründe
auseinander zu setzen, in Anbetracht deren die Kaiserin die Sache aus
einem anderen Gesichtspunkte ansehe. Er rief ihm ins Gedächtniß
zurück, wie gerade er und seine Minister immer zu beweisen gesucht
hätten, die Erwerbung in Baiern sei für das Haus Oesterreich von

weit größerem Werthe als die Einverleibung der Markgrafthümer für
Preußen, indem die letztere nicht gleich der ersteren schon jetzt, sondern
erst in ganz ungewisser Zukunft geschehen sollte; darum allein schon
habe man in Wien glauben müssen, daß man mehr anbiete als verlange. Er wies endlich darauf hin, daß die Trennung der Markgrafthümer von der Primogenitur durch eine pragmatische Sanction
festgestellt worden sei, welche die Bestätigung des Kaisers und des
Reiches erhalten habe. Der Kaiser und alle Mitglieder des deutschen
Reiches hätten hiedurch ein unbestreitbares Recht erlangt, dem Bruche
einer in so feierlicher Weise festgestellten Successionsordnung zu widerstreben.

Wie Thugut behauptet, wußte Friedrich auf diese Auseinander-
setzungen nichts Stichhältiges zu erwiedern. Er kehrte stets von Neuem
auf die ganz allgemein lautende Behauptung zurück, Niemand sei
berechtigt, gegen die mit Zustimmung aller Mitglieder seines Hauses
erfolgende Vereinigung der Markgrafthümer mit Preußen Einsprache
zu erheben. Er verabschiedete endlich Thugut mit der Bemerkung, daß
er ihn Nachmittags wieder zu sprechen begehre.

Gegen drei Uhr erhielt Thugut die Aufforderung des Königs,
bei ihm neuerdings zu erscheinen. Er wurde mit der Frage empfangen,
ob er den von ihm am Morgen mitgetheilten Antrag schriftlich mitgebracht habe; da der König seine Vorschläge in solcher Weise bekannt-
gab, erwarte er daß man ihm gegenüber nun ein Gleiches thun werde.
Thugut erwiederte, er nehme keinen Anstand, seinen mündlich vorgebrachten Antrag auch niederzuschreiben. Er zog sich auf einige
Augenblicke zurück und erschien bald darauf mit der Aufzeichnung, die
er rasch gemacht hatte. Der König las sie und erneuerte seine
Erklärung, daß sie ganz unannehmbar sei. Er fügte übrigens hinzu,
nachdem sich seine Minister schon seit längerer Zeit in Reichenbach
befänden, könnte Thugut, wenn er wollte, dort mit ihnen zusammentreffen und die Frage noch eingehender besprechen. Mit Feinheit entgegnete Thugut, sein Auftrag beschränke sich darauf, den König um
sein eigenes Gutachten über den Antrag zu bitten, der ihm gemacht

wurde. Sobald der König erkläre, daß er das, was man ihm vorschlage, als ganz unannehmbar betrachte, bleibe keine Hoffnung mehr
übrig, daß andere Berathungen über denselben Gegenstand irgend
welche Wirkung hervorbringen könnten.

Nicht ohne Anflug von übler Laune erwiederte der König, er
sehe wohl, daß in Wien jetzt andere Ansichten über den Frieden
herrschend geworden seien. Er wisse ein klein wenig von dem, was im
Lager des Kaisers sich ereigne. Es sei ihm daher auch nicht unbekannt,
wie ungünstig die erste Nachricht von der Wiederanknüpfung der
Verhandlungen daselbst aufgenommen worden sei. Der Widerwille des
Kaisers habe ohne Zweifel auf die Entschlüsse seiner Mutter Einfluß
gehabt, und hauptsächlich werde Kaunitz es für nothwendig gehalten
haben, mit einem Antrage hervorzutreten, von dem er mit voller
Bestimmtheit wußte, daß man ihn ablehnen werde.

Thugut gab zu, daß der Kaiser die von seiner Mutter neuerdings
angeknüpften Verhandlungen nicht gutheiße. Trotz dieser Meinungsverschiedenheit stehe jedoch Maria Theresia nicht ab, nur der Stimme
ihrer mütterlichen Liebe und ihrer Zärtlichkeit für ihre Unterthanen
zu folgen. Darum sei Thugut eben im Begriffe gewesen, Wien mit
Instructionen zu verlassen, auf deren Grundlage eine Versöhnung
gar wohl hätte bewerkstelligt werden können. Da seien die letzten
Vorschläge des Königs in Wien eingetroffen, und die Kaiserin habe
mit Schmerz aus ihnen ersehen müssen, wie weit man noch von einer
Verständigung entfernt sei. Sie habe daher die schon gegebenen Befehle widerrufen, und kein sichereres Mittel mehr, zum Frieden zu
gelangen, als die Beschränkung auf einen einfachen Vorschlag zu
finden gewußt, kraft dessen Alles zu Ende gebracht werden könnte,
denn er müsse auch vom preußischen Standpunkte aus annehmbar
genannt werden.

Mit Lebhaftigkeit bestritt Friedrich diese letztere Behauptung.
Nie werde er auf die Vereinigung der Markgrafthümer mit Preußen
verzichten, denn sie sei gerecht und von ihm unwiderruflich beschlossen.
Er verharre übrigens, fügte er hinzu, fortwährend in gleich günstiger

Stimmung für den Frieden, wenn man zu demselben auf andere Bedingungen hin zu gelangen vermöchte. Er sei daher auch bereit, Thugut zu hören, wenn er ihm hierüber Eröffnungen zu machen gedächte.

Nach kurzem Stillschweigen entgegnete Thugut, daß seine jetzigen Befehle sich in der That nicht weiter als auf den Vorschlag erstreckten, den er dem Könige im Namen der Kaiserin mitgetheilt habe. Aber freilich seien die Instructionen, die man ihm früher gegeben, nur unter dem Eindrucke der so unerwarteten Anträge des Königs zurückgenommen worden. Da nun derselbe neuerdings seine friedlichen Gesinnungen an den Tag lege, glaube Thugut es auf sich nehmen zu dürfen, sich seiner früheren Instructionen zu bedienen und hiedurch vielleicht den Weg zum Frieden zu bahnen, den die Kaiserin noch immer mit allen Mitteln anstrebe, die mit ihrer Würde vereinbarlich seien.

Nachdem er in ausführlicher Weise den Nutzen geschildert, welcher für beide Theile daraus hervorgienge, wenn die Verhandlungen in offener und ehrlicher Weise und ohne den Wunsch nach Ueberlistung des Gegners geführt würden, kam Thugut auf das Opfer zurück, das die Kaiserin bringe, wenn sie einer so ansehnlichen Vergrößerung der preußischen Macht, wie einer Vereinigung der fränkischen Markgrafthümer mit Preußen, oder gar ihrer Vertauschung gegen die Lausitz zustimme. Dennoch wolle sie einer solchen Verfügung nicht nur nicht entgegentreten, sondern sie sogar aufrichtig und thatkräftig fördern, wenn der König ein Gleiches hinsichtlich jenes baierischen Landstriches thun wollte, den ihr der Kurfürst Karl Theodor im Wege des Austausches und der Entschädigung zu überlassen gedächte. Der König könnte sich um so leichter dazu verstehen, als Maria Theresia bei dieser Erwerbung kein anderes Ziel verfolge als er selbst: eine passende Abrundung ihrer Länder und eine bessere Verbindung derselben unter einander zu erlangen. Jedenfalls könnte ihm die österreichische Gebietserwerbung, fern von seinen Staaten gelegen, ungleich weniger Ursache zur Beunruhigung und zur Eifersucht darbieten, als diejenige der

Lausitz durch Preußen wegen der Nachbarschaft Böhmens für Oesterreich mit sich bringe.

Trotz der anscheinenden Gleichgültigkeit, mit welcher Friedrich
hie und da die Auseinandersetzung Thuguts unterbrach, meinte derselbe
doch Kennzeichen besonderer Theilnahme an ihm zu erblicken, so oft
er der Vereinigung der Lausitz mit Preußen erwähnte. Scherzend sagte
der König, Thugut spiele die Rolle eines Versuchers nicht übel, um
ihn zu bewegen, das pfälzische Haus dem Kaiserhofe preiszugeben, auf
daß er es dann nach Herzenslust plündern könne.

Thugut erwiederte, die gegenseitigen Vortheile hätten noch jederzeit die Grundlage der politischen Entschlüsse der Höfe gebildet; natürlicher Weise müßten sie daher auch Einfluß ausüben auf die gegenwärtige Verhandlung. Der Begriff und Ausdruck „Versuchung" finde
jedoch um so weniger Anwendung auf sie, als es sich um eine Vereinbarung handle, welche nur auf die Grundsätze der Mäßigung gebaut
und dem pfälzischen Hause keineswegs nachtheilig wäre.

Die Wurzel des Uebels, so behauptete dagegen Friedrich, liege
in dem festen Entschlusse des Kurfürsten von Sachsen, niemals in einen
Austausch der Lausitz zu willigen. Derselbe habe sich hierüber mit
einer Bestimmtheit erklärt, welche jeden Zweifel beseitige, und nie werde
der König zu einer Gewaltmaßregel gegen ihn schreiten; man müsse
sich daher nach einem anderen Austauschobjecte umsehen. Thugut
erwähnte im Vorbeigehen der Niederlausitz und des Herzogthums Berg;
der König aber unterbrach ihn durch eine Geberde der Mißbilligung;
gleichwohl kam er zu wiederholten Malen auf seine vorige Bemerkung
zurück. Als jedoch Thugut ihn bat, sich über dasjenige, was er in
dieser Beziehung als ausführbar betrachte, näher zu erklären, lehnte
der König dieß ab. Keine andere Antwort war von ihm zu erhalten,
als man müsse daran denken.

Thugut betonte hierauf die Wichtigkeit, die Verhandlung zu
beschleunigen und sie ohne Aufschub zu einem befriedigenden Abschlusse

zu führen, um den neuen Schwierigkeiten zu begegnen, die aus irgend einem Kriegsereignisse hervorgehen könnten. Der König aber meinte, es würde ungemein schwer fallen, eine so sehr in Verwirrung gerathene Angelegenheit rasch wieder in Ordnung zu bringen. Man würde verpflichtet sein, die Zustimmung des Kurfürsten von Sachsen und des Herzogs von Zweibrücken zu erwirken, und er selbst könnte niemals etwas abschließen, ohne die Friedensbedingungen in St. Petersburg mit= getheilt und die Einwilligung der Kaiserin von Rußland erhalten zu haben. Thugut hob die Verzögerung hervor, welche das Abwarten einer Antwort aus Rußland verursachen müßte. Dasselbe scheine um so weniger nöthig zu sein, als ja in den Vertrag nichts aufgenommen würde, was den russischen Interessen widerstreite. Außerdem habe die Kaiserin von Rußland jederzeit erklärt, daß sie die friedliche Bei= legung des Streites zwischen Oesterreich und Preußen aufrichtig wünsche. Der König aber beharrte fortwährend auf der Behauptung, er müsse vor Abschluß einer Uebereinkunft durchaus nach St. Petersburg schreiben; es sei dieß eine Consequenz seiner Allianz mit Rußland.

Friedrich kam nun auf die Ansprüche des Kurfürsten von Sachsen zu reden, und er versicherte auch jetzt wieder, daß dieselben in Dresden auf mehr als sechzig Millionen veranschlagt würden. Thugut er= wiederte, daß die Vereinbarung des Kurfürsten mit seiner Mutter, in welcher diese Ansprüche im günstigsten Falle auf drei bis vier Millionen geschätzt wurden, nicht unbekannt sei. Der König behauptete, von der Existenz einer solchen Uebereinkunft nichts zu wissen. Wahrscheinlicher Weise, fügte er hinzu, beginne der Dresdner Hof mit einer Forderung von sechzig Millionen, um sich dann mit sechs oder sieben zu begnügen. Aber auch der letztere Betrag wurde von Thugut als ein viel zu hoher bezeichnet.

Der König verlangte endlich über die Ausdehnung des Land= striches, welcher Oesterreichs neue Erwerbung in Baiern zu bilden hätte, näher unterrichtet zu werden. Thugut ging nach seinen Karten, und er steckte deren zwei zu sich: eine, auf welcher die Grenzlinie von Kufstein angefangen den Inn entlang bis Wasserburg, und von da

über Langquaid, Nittenau und Rötz bis Waldmünchen gezogen, und
eine andere, auf der das von Oesterreich zu erwerbende Gebiet so weit
verringert war, als man in Wien zur Erlangung des Friedens nur
immer zugestehen wollte. Natürlicher Weise begann Thugut mit der
Vorzeigung der ersten Karte. Allerdings fand der König den Landstrich, der an Oesterreich fallen sollte, etwas zu groß, aber nachdem
Thugut versicherte, daß für das Gebiet, dessen Einkommen eine Million
übersteige, Ersatz gewährt werden solle, ließ er seine Einwendungen
fallen. Aber er sagte doch, die Feststellung dieser Schadloshaltung
würde zu endlosen Streitigkeiten führen; man müsse daher die
Gebietstheile genau bezeichnen, die man dem Kurfürsten von der
Pfalz abtreten wolle. Thugut könnte sich zu den preußischen Ministern nach Reichenbach begeben, um diese Punkte mit ihnen zu
ordnen.

Thugut stellte dem Könige vor, wie sehr es zur Erreichung
eines günstigen Resultates wünschenswerth wäre, die Verhandlungen
im preußischen Hauptquartier fortzuführen, wo die Minister jeden
Augenblick die Befehle des Königs einholen könnten. Friedrich ging
jedoch nicht hierauf ein. Nachdem er auch Thuguts Vorschlag, die
Verhandlungen in Nachod stattfinden zu lassen, verworfen, bezeichnete
er das Stift Braunau als einen geeigneten Ort hiezu, und Thugut
stimmte dem allsogleich bei. Der König händigte ihm nun seine Antwort an die Kaiserin ein [736]) und verabschiedete ihn sodann. Am
nächsten Morgen ließ er ihm sagen, er wolle ihn nicht weiter bemühen
und wünsche ihm eine glückliche Reise. Da jedoch Thugut den Wunsch
aussprach, den König nochmals zu sehen, ließ Friedrich sich hiezu allsogleich bereitfinden. Thugut redete zu ihm von den Hoffnungen, die
er hege, die Minister würden in diese Verhandlungen jenen versöhnlichen Geist mitbringen, den er selbst an den Tag gelegt habe, worauf
der König erwiederte, ministerielle Schwierigkeiten würden nicht gemacht werden. Aber auch in der Hauptsache sei noch vieles nicht
beglichen, und es würde ganz unmöglich sein, zu einer Vereinbarung
zu gelangen, ehe nicht die Landstriche genau bezeichnet wären, die man
dem Kurfürsten von der Pfalz als Schadenersatz zukommen lassen

werde. Als Thugut erwiederte, dieses Entgelt würde wohl am ehesten in den österreichischen Vorlanden gefunden werden können, meinte Friedrich, dieselben böten keinen ausreichenden Ersatz dar und es müßten noch andere Objecte hiefür aufgesucht werden. Thugut erklärte, daß er nicht weiter gehen und der Entscheidung seiner Regierung vorgreifen könnte, gern wolle er aber neue Verhaltungsbefehle einholen. Der König billigte nicht nur dieses Vorhaben, sondern er schien es Thugut beim Abschiede nahe legen zu wollen, dieß nur ja nicht zu versäumen.

Am 13. August fand in Braunau die erste Besprechung Thuguts mit den preußischen Ministern statt, aber er fand seine Erwartungen keineswegs bestätigt. Schon von Anfang an sagten sie ihm, man sei von irgendwelcher Verständigung noch sehr weit entfernt; der König sehe in alledem, was ihm bisher von österreichischer Seite mitgetheilt worden, durchaus keinen Anhaltspunkt zu irgend einer Annäherung. Thugut bewies ihnen dagegen, daß das Verlangen, ein Einkommen mit dem Erträgnisse einer Million Gulden zu erhalten, weit hinter dem zurückbleibe, was Preußen selbst durch Riedesels Vermittlung angeboten habe, indem damals von dreizehnmalhunderttausend Thalern die Rede gewesen sei. Und sogar in dem erst vor kurzem veröffentlichten preußischen Manifeste habe man vor ganz Europa Erklärungen abgegeben, welche hierauf gleichfalls hinausliefen.

Der preußische Minister Hertzberg, welcher für sich und seinen Collegen das Wort führte, fand kein anderes Mittel der Erwiederung, als Thuguts Angaben einfach in Abrede zu stellen. Riedesel könne die Mittheilung, die man ihm zumuthe, nie gemacht haben, weil er nie zu einer solchen ermächtigt gewesen sei. Allerdings habe Riedesel, wie er sich dunkel erinnere, in einem seiner Berichte eine Geldsumme, jedoch nur eine weit geringere erwähnt. Und wenn Thugut sich auf die Worte des preußischen Manifestes beziehe, so seien das Redensarten, auf die man in einer Verhandlung um so weniger zurückkommen könne, als der Krieg eine gewaltige Veränderung in der Lage der Dinge herbeigeführt habe.

Nach längerer Erörterung, bei welcher Hertzberg die feindseligsten Gesinnungen gegen Oesterreich an den Tag legte, während Finkenstein zu wiederholten Malen die wenig anständige Heftigkeit seines Collegen zu dämpfen sich bemühte, stellten die beiden Minister das Ansinnen an Thugut, er möge ihnen seine Vorschläge schriftlich übergeben. Nachdem dieß geschehen war, und zwar am 15. August händigten ihm die preußischen Minister eine Erklärung ein, welche eine abschlägige Antwort enthielt. Dasjenige, was Oesterreich fordere, war darin gesagt, sei viel zu beträchtlich, und was dem Kurfürsten von der Pfalz noch übrig bleibe, viel zu gering, als daß der König sich zu einer solchen Vereinbarung herbeilassen könnte. Mündlich fügten sie hinzu, daß nachdem der König kein Mittel mehr vor sich sehe, zu einer gütlichen Ausgleichung der Streitsache zu gelangen, er ihnen den Befehl ertheilt habe, sich wieder nach Berlin zurückzubegeben, wo ihre Amtsgeschäfte ihre Gegenwart nothwendig machten. Umsonst stellte Thugut ihnen vor, daß nachdem der König selbst seine Anträge als geeignete Grundlage zu einer Verhandlung bezeichnet und hiezu eine Zusammentretung veranlaßt habe, ein so rascher Abbruch der kaum erst begonnenen Verhandlungen ihn mit Erstaunen erfüllen müsse. Sie seien ja nicht einmal auf irgend eine Erörterung eingegangen, welche vielleicht zu einer Annäherung zu führen vermocht hätte. Finkenstein und Hertzberg erwiederten, sie seien von Berlin gekommen, um Vorschläge zu hören und nicht um solche zu machen. Der König habe seine Gedanken in dem nach Wien abgesendeten Versöhnungsprojecte niedergelegt und sie hätten demselben nichts Neues hinzuzufügen.

Thugut war lang schon zu der Ueberzeugung gekommen, daß es den preußischen Ministern um die Herbeiführung einer Vereinbarung gar nicht mehr zu thun sei. Um jedoch von seiner Seite nichts zu vernachlässigen, wodurch vielleicht doch noch eine friedliche Beilegung des Streites erreicht werden konnte, trat er nun mit der verringerten Anforderung hervor, welche auf der zweiten, dem Könige nicht mitgetheilten Karte ersichtlich gemacht worden war. Ja er überschritt sogar seine Vollmacht, indem er erklärte, daß wenn die

Zugrundelegung eines Einkommens von einer Million Gulden von dem für Oesterreich zu erwerbenden Gebiete durchaus unzulässig befunden würde, er sich nach Wien um neue Verhaltungsbefehle in Bezug auf die Schadloshaltung zu wenden bereit sei, die man dem Kurfürsten von der Pfalz anbieten könnte.

Die preußischen Minister verlangten Anfangs Bedenkzeit, aber sie machten nur wenig Gebrauch von derselben. Am Spätabende des 15. August übergaben sie Thugut eine zweite Note, in der sie auch gegen diese verringerten Anforderungen, und insbesondere gegen die beantragte Ueberlassung der Salinen von Reichenhall an Oesterreich sich erklärten. Umsonst meinte Thugut, man könnte sich über eine Schadloshaltung des Kurfürsten wohl unschwer verständigen. Hertzberg verstieg sich sogar zu der Behauptung, die Salinen von Reichenhall lieferten ein Erträgniß von zwei bis drei Millionen Thaler. Keine Vereinbarung hierüber sei möglich, denn im Falle einer zukünftigen Mißhelligkeit zwischen Oesterreich und Baiern könnte für das letztere Land der Fall eintreten, daß es des Salzbezuges vollständig entbehre. Was endlich die Absicht Thuguts betreffe, sich von Wien aus neue Instructionen zu erbitten, so könnten sie ihre Rückkehr nach Berlin nicht länger verschieben. Sollte übrigens Thuguts Bericht ihm Veranlassung zu neuen Eröffnungen geben, so stehe es ihm jederzeit frei, dieselben schriftlich an sie gelangen zu lassen, und er würde hierauf gewiß Antwort erhalten. Und als endlich Thugut seine Absicht aussprach, sich neuerdings in das Hauptquartier des Königs zu begeben, da trachteten sie ihn unter allerlei Vorwänden zurückzuhalten von der Ausführung dieses Vorsatzes.

Am 16. August brachen die preußischen Minister von Braunau auf und auch Thugut that das Gleiche. Von Neustadt aus schrieb er an den König und gab ihm seinen Schmerz über das Scheitern der Verhandlung kund. In der Nacht vom 20. auf den 21. August kam er nach Wien. Hier sprach er seine bestimmte Ueberzeugung aus, daß es dem Könige um eine friedliche Vereinbarung gar nicht mehr zu thun gewesen sei. Die für ihn günstige Gestaltung der

Dinge auf dem Kriegsschauplatze werde diese Veränderung seiner früheren Gesinnung herbeigeführt haben [737]).

Fast zwei Wochen, nachdem Thugut seinen ausführlichen Bericht über seine zweite Mission in das preußische Lager erstattet, legte ihn Kaunitz der Kaiserin vor [738]). „dient zur nachricht", antwortete Maria Theresia mit eigener Hand, „leyder das nichts zu stande „gekomen."

Vierzehntes Capitel.

Der Feldzug in Böhmen.

Wenige Tage bevor König Friedrich in Böhmen eingerückt war, hatte er seinem Bruder, dem Prinzen Heinrich sein Wort verpfändet, er werde, wenn es nur irgend möglich erscheine, nichts verabsäumen, um sich Bahn zu brechen und jedes ihm dabei entgegenstehende Hinderniß zu überwinden [739]). Diese Absicht des Königs ging jedoch keineswegs in Erfüllung. Schon am 8. Juli hatte er ein Lager bei Welsdorf bezogen; hier aber blieb er viele Wochen hindurch unbeweglich stehen, denn er hielt es für unmöglich, die starken Stellungen zu durchbrechen, in denen sich das österreichische Heer in und um Jaromircz befand. Seitdem Prinz Albert seine Truppen aus Mähren herbeigeführt und sie mit der Hauptarmee vereinigt hatte, befehligte er den rechten Flügel derselben, während Lacy ihren linken Flügel commandirte. In Ertina, etwa dreiviertel Stunden von Jaromircz entfernt, hatte Joseph sein Hauptquartier, und von hier aus schrieb er am 18. Juli seinem Bruder Leopold einen Brief, in welchem er ihm eine keineswegs verlockende, aber gewiß anschauliche Schilderung seiner Lebensweise mittheilt.

„Ein schreckliches Ding ist es", so lauten die Worte des Kaisers, „um den Krieg, um die Verheerung der Felder und Dörfer, die „Klagen der armen Landleute, um den Ruin so vieler Unschuldiger, „um die Unruhe endlich, in die man sich Tag und Nacht versetzt sieht. „Denn so verfließt mein Leben: vor Tagesanbruch muß man aus „dem Bette und draußen sein, denn dieß ist der kritische Augenblick.

„In dieser Jahreszeit muß man daher schon um drei Uhr Morgens „zu Pferde sein, dann folgt die Hitze des Tages, und wenn die „Abendkühle eintritt, vor acht Uhr muß man zu Bett gehen. Während „der Stunden aber, die ich im Bette zubringe, kommt man zwei oder „drei Mal, mich wegen eingelaufener Berichte zu wecken. Manchmal „muß ich auch schreiben; stelle Dir vor, wie man hierauf wieder „einschlafen kann; nur aus Müdigkeit gelangt man dazu. Die Wichtig= „keit des geringfügigsten Umstandes, der die bedeutsamsten Folgen „nach sich ziehen kann, die Unruhe, in der man sich befindet, ob man „auch das Richtige getroffen, Alles das macht, daß diese Existenz wie „ein wahres Hundeleben erscheint, aber nach und nach gewöhnt man „sich gleichwohl daran" [740]).

Schon ist der Besorgniß des Kaisers Erwähnung geschehen, daß er zwar nicht durch das ihm gegenüberstehende Hauptheer des Königs von Preußen, wohl aber durch den Anmarsch des Prinzen Heinrich, wenn derselbe den Feldmarschall Laudon noch weiter zurücktriebe, genöthigt werden könnte, seine so überaus vortheilhafte Stellung bei Jaromircz zu verlassen. Bei Laudon befand sich Fürst Karl Liechten= stein, und es war natürlich, daß auf die Haltung dieser zwei Männer, welche damals auf dem am meisten gefährdeten Posten standen, die allgemeine Aufmerksamkeit vorzugsweise gerichtet war. In Wien und in ganz Oesterreich war Laudon äußerst beliebt. In frischem Andenken hielt man seine glänzenden Waffenthaten während des sieben jährigen Krieges, und ihn allein betrachtete man als einen wirklichen Feldherrn.

Es ist natürlich, daß die Liebe und die Verehrung des öster= reichischen Volkes für Laudon keine günstige Rückwirkung ausübte auf das Urtheil, welches man über dessen notorischen Gegner und Rivalen, über Lacy fällte. Ja man wurde sogar ungerecht gegen Lacy und zeigte sich blind für seine hervorragenden Eigenschaften, indem man behauptete, er besitze nur für Untergeordnetes und für Intriguen Geschick [741]).

Ganz anders beurtheilte jedoch Joseph die beiden Generale, und er hegte von Lacy eine weit höhere Meinung als von Laudon. Ja es scheint fast, als ob die Anschauung ihres Sohnes auch auf diejenige der Kaiserin maßgebenden Einfluß ausgeübt hätte; in diesem Sinne wenigstens, in dem der Besorgniß, daß Laudon der ihm übertragenen Aufgabe nicht gewachsen sein könnte, war fortwährend zwischen Beiden von ihm die Rede. Anfangs zwar, als Joseph am 2. August seiner Mutter die Meldung erstattete, Laudon sei vor dem Prinzen Heinrich hinter die Iser zurückgegangen, sprach er die Hoffnung aus, er werde im Stande sein, sich daselbst zu behaupten und es dadurch auch dem österreichischen Hauptheere möglich machen, in seiner Stellung bei Jaromircz zu verharren. Aber unmittelbar darauf mußte er der Kaiserin anzeigen, der Generalmajor Baron de Vins, der die österreichische Vorhut commandirte, habe eine empfindliche Schlappe erlitten und Laudon bis gegen Jungbunzlau zurückweichen zu sollen geglaubt; dadurch seien alle Pässe und sonstigen Eingänge von Sachsen und der Lausitz nach Böhmen dem Feinde widerstandslos preisgegeben worden. Denn auch Liechtenstein, zu Leitmeritz im Rücken gefaßt, werde dort nicht mehr bleiben können, sondern sich, wenn er verfolgt werde, nach Prag zurückziehen müssen [742].

Nicht ganz bis Jungbunzlau, wohl aber bis Münchengrätz und Kosmanos war Laudon gewichen; am 6. August bezog er bei dem ersteren Orte ein Lager. Um sich, wie der Kaiser dringend von ihm begehrte, dort zu behaupten, suchte er sich so gut als nur immer möglich zu verschanzen. Auch den Fürsten Liechtenstein zog er an sich, und nur ein Beobachtungscorps unter General Sauer blieb zwischen Leitmeritz und Melnik mit dem Auftrage stehen, sich bei stärkerem Vordringen des Feindes über Welwarn nach Prag zu ziehen.

So viel Kühnheit Laudon bei der Durchführung kriegerischer Unternehmungen an den Tag legte, und ihr verdankte er ja den größten Theil seines Ruhmes, so düster waren doch die Anschauungen, von denen er überhaupt im Leben, und so auch während der Kriegsführung beherrscht wurde. Während er Alles that, sich an der Iser zu behaupten, sprach er doch gegen den Kaiser die Besorgniß aus, daß ihm dieß nicht möglich sein werde [743]. Joseph sandte ihm daher,

feinem Wunsche gemäß, acht Bataillone unter dem Feldmarschall-
Lieutenant Grafen Colloredo als Verstärkung, und Laudons Liebling
General Rouvroy, jener ausgezeichnete Artillerie-Offizier, der sich im
siebenjährigen Kriege als Laudons unzertrennlicher Begleiter so sehr
hervorgethan hatte, verfügte sich gleichfalls zu ihm [744]).

Bezeichnend ist die Antwort, welche Maria Theresia dem Kaiser
auf diese Mittheilungen gab. „Schon früher, oder wenigstens in dem
„Augenblicke", schrieb sie ihm am 8. August, in welchem ich Deinen
„Brief vom 4. mit der Nachricht von dem haftigen Rückzuge von all
„unseren Verhauen erhielt, wußte man etwas davon in der Stadt;
„man murrte daß man Laudon aufgeopfert habe, und Du kannst Dir
„wohl denken, gegen wen man diese Anklage erhob? Laudon habe
„dreißigtausend Mann verlangt, um Stand halten zu können, da er
„nur dreißigtausend besitze. Man habe bloß zehntausend gesendet,
„welche dem Bedürfnisse nicht genügen und nur seine Verlegenheit
„vermehren. Dieß ist nur für Dich allein, aber ich habe geglaubt,
„Dich davon unterrichten zu sollen, daß man hier von dieser Seite
„sehr viele Mittheilungen erhält. Ich sehe nur wenige Leute, bemerke
„aber eine Vorliebe für den Einen und eine Gehässigkeit gegen den
„Anderen, die sehr gefährlich ist, und man fügt hinzu, daß der Letztere
„Dich in großer Unterwürfigkeit hält. Ich glaube es nicht, aber ich
„meinte Dich hievon in Kenntniß setzen zu sollen. Für so groß ich
„Laudon am Tage einer Schlacht halte, als so klein sehe ich ihn in
„Bezug auf die Vorkehrungen und die Details an, da er keine Kennt-
„niß hievon besitzt, und er hat das Unglück, ebenfalls schwarz zu sehen
„und keine glückliche Hand in Bezug auf diejenigen zu besitzen, welche
„er auswählt und verwendet. Ich bin daher sehr damit zufrieden, daß
„Du ihm Rouvroy sandtest, den Einzigen, der ihn in diesem Augen-
„blicke anfrischen und trösten kann. Er bedarf solcher Leute, denen er
„nicht mißtraut, indem er hiezu äußerst geneigt ist" [745]).

Schon am folgenden Tage kam Maria Theresia auf die ungünstigen Nachrichten von der Armee Laudons neuerdings zurück. „Ich
„hoffe nichts Gutes mehr", schrieb sie dem Kaiser, „denn seit dem

„Einmarsche des Prinzen Heinrich ist unsere Lage gar sehr geändert;
„Gott gebe nur, daß Du nicht genöthigt wirst, Deine Stellung zu
„verlassen. Was kann man von einer Armee erwarten, die einen so
„mühseligen und eilfertigen Rückzug ausführt? Wie hart müssen die
„Leute und noch mehr die Pferde mitgenommen sein? Wir haben
„überall Verluste an Mannschaft und an Magazinen erlitten, in
„Auſſig, Gabel und anderswo, und man sagt sogar, daß in Gabel
„der Posten überfallen worden sei. Das sind die Nachrichten aus dem
„Lande, aber sie haben die Wahrscheinlichkeit für sich. Wozu haben
„nun alle diese kostspieligen Befestigungen gedient, welche seit zwei
„Monaten angelegt wurden? Ach mein theurer Sohn! Das ist es
„ja, daß ich Dich nicht so gut unterstützt und begleitet sehe, als dieß
„nothwendig wäre, daß die ganze Arbeit auf Dich fällt, und daß Du
„Dich sogar mit dem Detail zu sehr belasteſt, weßhalb die Sache sich
„auf die Länge nicht aufrecht erhalten kann. Wenn Du schon den
„Schlaf verlierſt, dann steht es schlimm. Gott leite uns wieder zurück
„von diesem unglückseligen Wege, den ich gleich vom ersten Tage an=
„gefangen als solchen erkannte, und er möge Dich für Deine getreuen
„Unterthanen erhalten. Ich kann Dir nicht genug ihren Eifer und
„ihren guten Willen beschreiben; sie verdienen daß Du ihnen ein Vater
„seieſt und sie und Dich selbst für mich erhältſt" 746).

Joseph blieb seiner Mutter die Antwort auf ihre Bemerkungen
über Laudon und Lach. nicht schuldig; er kenne sie Beide und lasse
Jedem die ihm gebührende Gerechtigkeit widerfahren. „Was Lach
„angeht", fügte er hinzu, „so ist es meines Erachtens angemessen und
„nothwendig, daß ich als Neuling in der Kunst, der ich jetzt ob=
„liege, insbesondere in der ersten Zeit aller Welt zeige, daß ich keinen
„Schritt unternehme, ohne seine Meinung zu hören. Und von wem
„sollte ich mir an seiner Stelle Rath ertheilen laſſen?" 747).

Deutlicher noch als in den Briefen an seine Mutter legte Joseph
es in seinem Verkehre mit Lach an den Tag, wie sehr er ihm den
Vorzug vor Laudon gab. Schon zu der Zeit, in welcher die Eröffnung
der Feindseligkeiten noch nicht stattgefunden hatte, man ihr aber als

nahe bevorstehend entgegensah, bezeigte Joseph dem Grafen Lacy in
schmeichelhaftester Weise sein Vertrauen. „Je mehr wir", schrieb er ihm
am 27. Juni, „der Eröffnung der Scene uns nähern, umsomehr be-
„darf ich eines Kopfes und eines Geistes wie der Ihrige, und Ihrer nach-
„sichtsvollen Freundschaft für meine Unerfahrenheit" [748]). Mit solchen
Kundgebungen verglichen, waren diejenigen, welche zur selben Zeit von
Seite des Kaisers an Laudon ergingen, ungleich kühler zu nennen [749]).
Als aber der Feldzug begonnen hatte und die Nachrichten von der
Armee Laudons immer unbefriedigender wurden, schrieb Joseph sogar
an Lacy: „Welch ein Unterschied zwischen meinen zwei L. L!" [750]).

An demselben Tage, an welchem Joseph in diesem Sinne gegen
Lacy sich aussprach, berichtete ihm Laudon, Prinz Heinrich sei bereits
in Niemes, und in Böhmisch-Aicha stünden seine Vorposten. Es sei
zu vermuthen, er werde in drei Colonnen anrücken und die an der
Iser befindliche Armee in beiden Flanken zu fassen suchen. Wohl sei
der Posten bei Turnau so beschaffen, daß der Feind dort nicht leicht
durchdringen werde. Um so eher könne dieß zwischen Turnau und
Münchengräz geschehen; dann wären aber die acht Bataillone unter
dem Feldmarschall-Lieutenant Grafen Colloredo rettungslos verloren.
Die Stellung bei Münchengräz könne nur mittelmäßig genannt
werden; von ihr aus vermöge man wegen des am rechten Flügel sich
erhebenden Gebirges Turnau nicht zu unterstützen. Wolle man dieß
gleichwohl thun und daher die Stellung bei Münchengräz verlassen,
so laufe man Gefahr, von der österreichischen Hauptarmee und der
Elbe abgeschnitten zu werden. Er müsse daher in Münchengräz den
Prinzen Heinrich erwarten, und obgleich es gegen alle Regeln der
Kriegskunst verstoße, sich unfreiwillig zu schlagen, sich hiezu dennoch
entschließen. Werde er jedoch besiegt, dann müßte auch der größte Theil
seiner Armee und seines Geschützes verloren gehen, denn er habe keine
geeignete Rückzugslinie hinter sich und könne von den in beiden Flanken
nachrückenden Colonnen gar leicht von der Elbe abgeschnitten werden;
ja selbst die Hauptarmee wäre in einem solchen Falle der Möglichkeit
eines sehr gefährlichen Rückzuges preisgegeben. Der Kaiser wolle daher,
bat Laudon, ihm klar und entscheidend befehlen, ob er stehen bleiben

und mit dem Feinde sich schlagen solle. Denn da Laudon es jederzeit als unmöglich angesehen habe, die Iser gegen einen so weit überlegenen Feind zu halten, so würde er ihn auch dort, wenn dieß nicht die Meinung des Kaisers gewesen wäre, niemals erwartet haben. Weil aber der Kaiser auch Laudons Urtheil immer in Betracht ziehe, so müsse er ihm neuerdings erklären, daß er es nie auf diesen äußersten Schritt ankommen lassen würde. Gern sei er bereit, ihm sein Leben zu opfern; ob aber durch den Verlust einer Schlacht die obwaltenden Verhältnisse gebessert oder verschlechtert werden würden, stelle er des Kaisers eigenem Ermessen anheim [751]).

Dieser so sehr beunruhigende Bericht veranlaßte den Kaiser, sich unverzüglich und in Person zu Laudon zu begeben. Denn nach seiner Meinung war es von höchster Wichtigkeit, beide Armeen so lang als nur immer möglich in ihren bisherigen Stellungen zu erhalten [752]).

Nachdem er für die Dauer seiner Abwesenheit von dem Hauptheere das Commando über dasselbe dem Prinzen Albert mit dem Befehle übertragen, im Falle eines feindlichen Angriffes sich bis aufs Aeußerste zu wehren, und erst wenn längerer Widerstand ganz unthunlich, den Rückzug anzutreten, traf Joseph in der Nacht vom 10. auf den 11. August in Münchengrätz ein. Wie er noch am Tage seiner Ankunft der Kaiserin berichtete, fand er die Dinge daselbst nicht in erwünschtem Zustande, und Laudon schien ihm äußerst beunruhigt und unentschlossen zu sein [753]). An Lacy aber schrieb er: „Hier würde man fast noch „größere Lust zum Frieden bekommen als bei uns" [754]).

Düsterer noch lauteten die Aeußerungen Josephs gegen Lacy, nachdem er drei Tage in Münchengrätz verweilt hatte. „Man sieht „nichts, man thut nichts während des ganzen Tages; man spricht nur „von traurigen Dingen und hört nichts als Klagen; man wird hier „noch melancholischer als bei uns. Kummervoll bringt man in diesem „ungeheuren Schlosse die Zeit hin und hört nicht auf sich zu fragen, „warum sind wir denn hier und nicht in Wartenberg und in Tolzbach, „in welchem Falle der Feind niemals aus seinen Bergen hätte hervorbrechen „können" [755]).

In dem gleichen Sinne wie gegen Lacy sprach Joseph auch
gegen seine Mutter sich aus. „Wir befinden uns hier", schrieb er ihr
ebenfalls am 13. August, „in der früheren grausamen Ungewißheit.
„Fern von dem Feinde, durch große Wälder und durch Schluchten von
„ihm getrennt, haben wir keine Nachrichten über ihn. Ohne zu
„wissen was vorgeht und ohne etwas zu thun zu haben, verbringen wir
„mit Nachgrübeln unsere Zeit. Ich glaube hier nicht nutzlos gewesen zu
„sein und wieder etwas Ruhe und Gelassenheit herbeigeführt zu haben,
„welche verloren gegangen zu sein schienen. Der Feldmarschall hat zu
„sehr Wenigen, ja fast zu Niemand Vertrauen; er versteht sich auch
„nicht gut mit den Generalen, die ihm untergeordnet sind, und er
„macht ihnen öffentlich recht empfindliche Complimente, wie zum Bei-
„spiel zu sagen, daß er gar Niemand habe, auf den er sich verlassen
„und welchem er auch nur den geringsten Auftrag anvertrauen könne.
„Endlich ist er von vielen Galopins umgeben, vor denen er über Alles
„und Jedes spricht. Dem Fürsten Karl (Liechtenstein) muß ich die
„Gerechtigkeit widerfahren lassen, daß er ungemein thätig ist und den
„Marschall aneifert und unterstützt. Ich glaube, daß wenn ich nicht
„gekommen wäre, sich diese Armee nicht mehr hier, die meinige aber
„nicht mehr an der Elbe befände" 758).

„Du hast wieder einmal", antwortete ihm Maria Theresia, „einen
„einzigen Entschluß gefaßt, indem Du Dich allein zu Laudon begabst.
„Wenn der Sache wieder aufgeholfen werden kann, so verdankt man
„dieß nur Dir, und Du wirst gefunden haben, was ich Dir jederzeit
„sagte: die Verlegenheit und Unentschlossenheit dieses Mannes sind nicht
„dazu gemacht, ihn eine Armee commandiren zu lassen. Gleichwohl
„ist er nach Lacy und Hadik der Beste, den wir besitzen, und darin
„liegt der Grund, weßhalb ich den Krieg vermeiden und Frieden schließen
„wollte, indem ich Dich so ungenügend unterstützt sehe. Die beiden
„Ersteren sind entweder bejahrt oder von schlechter Gesundheit; man
„kann daher nicht auf sie zählen, und um das, was auf diese Marschälle
„folgt, ist es noch übler bestellt; daher kommt es auch, daß man den
„Feind jederzeit doppelt sieht. Unmöglich ist es, daß Du Allem
„abhelfen und überall anwesend sein kannst. Was Du auf der einen

„Seite vollbringst, wird auf der anderen wieder zerstört; es ist un=
„glaublich, aber ich kenne Dich zu gut, um nicht zu sehen, wie Du
„Dich selbst zu Grunde richtest, diesen theuren und kostbaren Joseph
„tyrannisirst. Wolltest Du darauf ausgehen, ihn zu erhalten, dann wäre
„Alles gesagt, und Allem könnte man noch abhelfen" 757).

Urtheilte schon Maria Theresia ungünstig genug über Laudon,
so sprach sich Joseph in den Berichten an seine Mutter noch weit
schärfer über ihn aus. „Sie gehen", schrieb er ihr am 14. August,
„von einer irrigen Voraussetzung aus, wenn Sie glauben, daß wir
„uns in unserer Stellung zu behaupten vermögen. Das ist durchaus
„nicht der Fall; vielleicht werden nicht zwei Tage verfließen, und wir
„werden sie, wenn Prinz Heinrich vorrückt, verlassen müssen. Das
„erfüllt mich mit Schmerz; deßgleichen Alles, was ich hier sehe, wo
„weder ein Haupt, noch Ordnung vorhanden ist. Offen muß ich Ihnen
„sagen: Laudon verlor bei dem Einmarsche des Prinzen Heinrich voll=
„ständig den Kopf. Weit davon entfernt, dem von uns festgestellten
„Plane zu folgen und die Befestigungen so wie die Stellung von
„Niemes zu behaupten, flüchtete er sich, man muß es so nennen, ohne
„einen Schuß zu thun oder den Feind gesehen zu haben, hieher.
„Hiedurch hat er die Elbe verlassen und ohne den mindesten Wider=
„stand dem Feinde den Vormarsch aus dem Gebirge gestattet, aus
„welchem derselbe sogar bis zu diesem Augenblicke, während ihm doch
„Niemand im Wege steht, noch nicht seine ganze Artillerie zu ziehen
„vermochte. Ja Laudon war auf dem Punkte, wenn ich nicht gekommen
„wäre, auch von hier zurückzugehen, und hatte schon die Zelte abschlagen
„laffen. Ich kann Eurer Majestät meinen qualvollen Zustand und die
„Zwangslage, in der ich mich befinde, nicht genug schildern. Hundert
„Projecte, alle schon widerlegt, tauchen auf, ein steter Wechsel der
„Meinungen wird sichtbar. Laudon ist in Verzweiflung über das, was
„er gethan, er fühlt es; er möchte todt sein, aber das Uebel ist ohne
„Heilmittel, und in den nächsten Tagen werden wir, wenn der Friede
„nicht eher geschlossen wird, was, wenn es schon einmal sein soll, am
„besten so rasch als möglich geschehen würde, Alle hinter der Elbe,
„das Land aber im Besitze des Königs sein. Ich kann für keinen

„einzigen Tag gut stehen, denn auch ohne daß wir uns schlagen, kann
„und muß dieß geschehen. Ich werde heute von hier abreisen; nur
„ungern entferne ich mich, denn ich besorge, daß der geringste Allarm
„unseren Rückzug veranlassen wird. Unmöglich ist es, die Widersprüche
„und die Verwirrung zu beschreiben, welche hier herrschen. Alles ist
„darüber aufs Aeußerste gebracht und insbesondere sind die leichten
„Truppen so mitgenommen, daß sie kaum mehr aushalten können. Ich
„aber vermag weder eine Zurechtweisung noch einen Wechsel eintreten
„zu lassen, ohne den Marschall den Credit verlieren zu machen, den
„ich ihm für irgend eine große Gelegenheit zu erhalten die Pflicht habe,
„bei der er vielleicht sehr nothwendig und uns daher äußerst nützlich
„sein wird" 758).

Diese letztere Betrachtung, welcher Maria Theresia mit Lebhaftigkeit zustimmte 759), bewog denn auch den Kaiser, mit Laudon noch
fortwährend in einem Tone zu verkehren, der ihm Bürge dafür sein
sollte, daß er seines Vertrauens nicht verlustig geworden sei. Gerade
damals war Thugut zum zweiten Male zu dem Könige von Preußen
gesendet worden; der Kaiser theilte Laudon dieses Ereigniß mit den
Worten mit, er könne sich wohl vorstellen, mit welcher Ungeduld
er den Ausgang „dieser grausamen und tödtlichen Unentschlossenheit"
erwarte. Laudon selbst möge seines vollen Vertrauens versichert sein 760).
Und als Laudon bald darauf dem Kaiser eine Andeutung machte,
aus welcher sein Wunsch hervorging, seiner Stellung enthoben zu
werden, entgegnete ihm Joseph: „ich kan ihnen vor jetzo nichts auf
„ihr Schreiben anderst antworten, als das ich höchstens betroffen wäre,
„wann ich ihres beystands, ihres guten raths und ihrer werckthätigen
„hülffe in diesen augenblick beraubet wäre. meine hochschätzung ist
„gegründet, die ihnen gewidmet, meine freundschafft wahrhafft und mein
„vertrauen gänzlich. streitten sie also, ich ersuche sie, mit mir gemein-
„schaftlich vor die rettung böhmens, sonsten sähete ich selbes ver-
„lohren."

Der Unmuth, welchen Joseph über die ungünstige Gestaltung
der Dinge auf dem Kriegsschauplatze in Böhmen und über Thuguts

Unterhandlung empfand, wurde durch die Nachricht von der Schlappe noch vermehrt, welche der Generalmajor Freiherr von Knebel, der die Vorposten des in Mähren und Oesterreichisch-Schlesien befindlichen Feldmarschall-Lieutenants Botta befehligte, am 11. August bei Mladetzko erlitt. So wie er es vor wenig Tagen in Bezug auf den General de Vins gethan, so ließ der Kaiser jetzt auch Knebel in Haft nehmen und zur Rechenschaft ziehen. De Vins war so glücklich, seine Schuldlosigkeit zu beweisen und den von den Preußen gefangen genommenen Obersten Bossi von dem italienischen Infanterie-Regimente Gaisruck als denjenigen hinzustellen, welchem das Verschulden zur Last falle. Bossi wurde ausgewechselt und vor ein Kriegsgericht gestellt, welches die Cassation wider ihn aussprach. Einem gleichen Schicksale verfiel der Major des betreffenden Bataillons; die übrigen Offiziere aber wurden entlassen und die Soldaten unter andere Regimenter vertheilt, eine Strafe, welche damals allgemein als eine sehr leichte angesehen wurde. Knebel kam mit einem zweimonatlichen Festungsarreste davon, und aus Gnade bewilligte ihm der Kaiser eine Pension von jährlich achthundert Gulden [761]).

War Joseph, von den düstersten Ahnungen erfüllt, von Münchengrätz in sein Hauptquartier Ertina zurückgekehrt, so wurden dieselben durch den Verlauf der Ereignisse doch in keiner Weise bestätigt. Statt wie der Kaiser besorgte, vor dem Andrängen der Preußen sowohl an der Iser als an der Elbe das Feld räumen und seinem Gegner den Besitz des größten Theiles von Böhmen überlassen zu müssen, erlebte Joseph in dem Augenblicke seiner Rückkehr nach Ertina die Genugthuung zu erfahren, daß der König am frühesten Morgen des 15. August aus seinem Lager aufgebrochen sei und den Weg gegen Trautenau eingeschlagen habe. Unverzüglich begab sich der Kaiser in das von den Preußen verlassene Lager. Unglaublich nannte er die von dem Feinde in den umliegenden Ortschaften angerichtete Verheerung; selbst die Tartaren hätten nicht ärger zu hausen vermocht [762]).

Gerade an dem Tage trug sich das zu, an welchem die zu Braunau gepflogenen Verhandlungen Thuguts mit den preußischen

Ministern abgebrochen wurden. Mit all der Bitterkeit, die er in dieser Sache fortwährend gezeigt hatte, kam Joseph auf dieselbe seiner Mutter gegenüber neuerdings zurück. In schneidendem Tone bat er sie, weder die vermeintliche Unzulänglichkeit der Armee, noch die Sorge für seine eigene Erhaltung zum Deckmantel und Vorwande für jene Verhandlungen zu nehmen. Um beide sei es sehr gut bestellt, und sie würden sich als ausreichend erweisen, wenn man nur alle Hülfsquellen der Monarchie aufbieten wollte, um mit Ehren und vielleicht mit Vortheil aus diesem Kriege zu kommen. „Dessen kann ich Sie ver-„sichern", schrieb der Kaiser an Maria Theresia, „und ich muß Ihnen „gestehen, daß dieses große Interesse für meine unbedeutende Gesund-„heit, während Sie für meine Ehre, meinen Ruf und mein Ansehen „gar keines an den Tag legen, mich nicht im mindesten rührt, und „daß ich fühle, ich solle nur der Vorwand sein zu Schritten, von „denen Sie selbst sich nicht verhehlen können, daß sie wahrhaft beispiel-„lose sind" [763]).

Während Joseph die Kaiserin beschuldigte, sich ungegründeter Vorwände zur Beschönigung ihres Verfahrens zu bedienen, that er ihr gegenüber ein Gleiches. Wenigstens gewinnt es diesen Anschein, wenn er behauptet, die „unglückseligen Verhandlungen" hätten ihn gehindert, den König von Preußen, wie es ein Leichtes gewesen wäre, mit Nach-druck zu verfolgen und ihm ansehnlichen Schaden zu verursachen. Jetzt sei diese Gelegenheit verpaßt und eine so günstige werde kaum je wieder sich darbieten. Die ganze Armee sei darüber erstaunt, daß man den König unbehelligt abziehen lasse, und es werde nothwendig sein, ihr die Ursache dieses Verhaltens zu erklären.

Drei Tage später meinte Joseph diese Beschwerde nochmals wieder-holen zu sollen. „Ich bitte Sie, wohl zu beachten", schrieb er der Kaiserin, „daß der Feind mit all seinen Streitkräften in Ihrem Lande „lebt und einen großen Theil desselben zu Grunde richtet. Durch „seine Bewegungen kann er ein noch weit ausgedehnteres Gebiet in „Besitz nehmen, und dabei soll man ruhig und in dieser Stellung „bleiben, die unhaltbar erscheint, auf die Vermittlung weiß Gott

„welcher Macht warten und keine Schlacht liefern, während der König
„und Prinz Heinrich, wann sie nur immer wollen, uns bis Kolin
„zurückweichen machen können, wenn wir nicht den Einen oder den
„Anderen als Verzweifelte schlagen? Das aber ist unmöglich, und
„ich bleibe dabei zu sagen: entweder müssen wir den Krieg mit Auf=
„gebot aller Macht führen oder ungesäumt Frieden schließen, indem
„wir ganz Baiern zurückgeben"[764].

Es fiel der Kaiferin nicht schwer, ihrem Sohne zu beweisen, daß
feine Anklagen wider sie jeder thatsächlichen Begründung entbehrten.
Als sie ihm das Scheitern der Unterhandlungen Thuguts mittheilte,
fügte sie hinzu, es reue sie nicht, dieselben angeknüpft zu haben, denn
niemals hätte sie sich zu trösten vermocht, wenn nicht ihrerseits Alles
geschehen wäre, um so viele Tausende zu retten und ihren der Ver=
heerung preisgegebenen Provinzen Hülfe zu bieten. „Meine Zärtlichkeit
„für Dich", sagte sie wörtlich, „wurde mir so übel vergolten, daß ich
„nicht noch hinzufüge, ich sei bestrebt gewesen, Dich aus dieser schreck=
„lichen Lage zu ziehen. Aber Du sollst nicht mehr durch solche Worte
„beläftigt werden, und ich werde mir dadurch manche Verletzung er=
„sparen. Denn ich weiß nichts davon, daß ein Monarch irgend eines
„Vorwandes bedarf; Niemand hat er über seine Handlungen Rechen=
„schaft zu geben, und glücklicher Weise hat mich nie Jemand beschuldigt,
„Komödie zu spielen oder Andere irre zu leiten. Ich erfreute mich
„im Gegentheile des Trostes, daß ich in der Fremde sowohl als bei
„meinen eigenen Unterthanen volles Vertrauen genoß, die einzige Be=
„lohnung für einen Fürsten"[765].

So wie die Beschuldigung, sich der Sorge für die Erhaltung
des Kaisers als eines Vorwandes zur Anknüpfung der Verhandlungen
mit dem Könige von Preußen bedient zu haben, wies Maria Theresia
auch die andere Anklage Josephs, daß sie ihn verhindere, sich mit
dem Feinde zu schlagen, und ihn dadurch zwinge, die Plünderung
Böhmens sich widerstandslos gefallen zu laffen, würdevoll zurück. „Ich
„erinnere mich nicht", antwortete sie ihm, „daß ich daran jemals
„nur gedacht hätte. Ich liebe nicht zu hören, daß man sich wie

„ein Verzweifelter schlagen will, aber bevor man sich zurückzieht und „Böhmen preisgibt, und dieß würde der Fall sein, wenn wir nach „Kolin giengen, wären vier Schlachten nicht zu viel" [766]).

Man sieht wohl, der Abmarsch des Königs aus seinem Lager bei Welsdorf hatte im Ganzen die kriegerischen Verhältnisse nicht sehr viel verändert. Nicht weiter als bis Soor, jenem Dorfe war er ge- gangen, wo er vor drei und dreißig Jahren den Prinzen Karl von Lothringen aufs Haupt geschlagen hatte; in Burkersdorf, dem Schau- platze seiner damaligen Waffenthat am nächsten, nahm er sein Quartier. Seinem Bruder gegenüber sprach er die Absicht aus, die Stellungen der österreichischen Truppen bei Arnau und bei Neuschloß zu umgehen und dadurch den Kaiser zu zwingen, sich nicht nur nach Kolin, sondern bis auf Czaslau zurückzuziehen; dann erst würden die Preußen, meinte der König, die Ellenbogen frei haben in Böhmen [767]).

Diesen Maßregeln gegenüber hielt es auch Joseph für nöthig, sein Heer etwas weiter nordwärts zu ziehen, um die vom Feinde be- sonders gefährdeten Posten von Arnau und Hohenelbe kräftig zu unter- stützen. Das Hauptquartier kam von Ertina nach Salesl, etwas südlich von Königinhof, und bald darauf nach Niederöls, eine halbe Stunde südwestlich von Arnau. Im Schulhause zu Niederöls wohnte von nun an der Kaiser. Prinz Albert aber stand mit Habik in dem früheren Lager, und Joseph gab sich der Meinung hin, es sei ihm, wenn nur nicht Laudon von der Iser weggetrieben werde, gelungen, dem Feinde neuerdings den Weg zu versperren und seine Plane zu vereiteln [768]).

Inzwischen hatte der König von Preußen festgehalten an seinem Entschlusse, den Kaiser durch eine Umgehung aus seiner früheren Stellung zu vertreiben und sich selbst eine Verbindung mit seinem noch immer bei Niemes stehenden Bruder zu eröffnen [769]). Hienach richtete denn auch Friedrich alle seine Vorkehrungen und Bewegungen ein, aber der Ausführung seines Planes stellten sich die größten Schwierigkeiten entgegen. „Sprich mir nicht", schrieb er seinem Bruder am 22. August, „von Defileen und von Gebirgen; hier haben wir

„deren von Viertelmeile zu Viertelmeile, wie sie nur noch in den
„Alpen zu finden sind, aber ich lasse die Wege herrichten, und das
„ist es, was mich noch verhindert, den von mir beabsichtigten Streich
„zu führen." Demnächst hoffe er, fügte Friedrich hinzu, wenn nur
das Glück auch den Greifen noch günstig sei, die bei Hohenelbe in
einer Stärke von zwanzigtausend Mann stehenden Oesterreicher zu
schlagen und dann die Wirkung zu beobachten, welche dieses Ereigniß
auf das Hauptheer des Kaisers hervorbringen werde [770]).

Auch Joseph schloß aus den Bewegungen seines Gegners, daß
es um den 26. oder den 27. August zu einer Hauptschlacht kommen
werde. Um sich möglichst zu verstärken, zog er den Prinzen Albert
mit dreizehn Bataillonen und einem Cavallerieregimente an sich, und
er schrieb seiner Mutter, daß er mit Ergebung, mit Ruhe und mit
Muth den sich vorbereitenden wichtigen Ereignissen entgegensehe. Die
Armee aber sei von einem so vortrefflichen Geiste beseelt, daß Offiziere
und Soldaten sich für unbesiegbar hielten [771]).

Aber wie so oft, so trat auch dießmal dasjenige nicht ein, was
man als unvermeidlich betrachtete. Am Morgen des 26. August war
der König mit zahlreicher Streitkraft gegen Hohenelbe gerückt, wo der
Feldzeugmeister von Siskovich stand. Das Wetter war stürmisch und
kalt; ein feiner Regen durchnäßte die Soldaten. Jeden Augenblick
war der Kaiser des Angriffes gewärtig; nichts könne, so meinte er,
den größten Theil Böhmens noch retten als eine entscheidende Schlacht,
welche jedoch unverzüglich geliefert werden müßte. Denn von Laudon
war Fürst Karl Liechtenstein mit der Nachricht gekommen, Prinz Heinrich
sei im Begriffe, vorwärts zu gehen, und wenn sich dieß ereigne, könne
man sich an der Iser nicht mehr behaupten; man müsse auf Brandeis
und vielleicht noch weiter zurückweichen. Geschehe dieß aber, dann
werde auch die österreichische Hauptarmee, so meinte Joseph, in der
äußersten Gefahr sein. Eingeklemmt zwischen die Gebirge, wäre sie,
wenn sie nicht rechtzeitig abzöge, kaum mehr im Stande, ihre Artillerie
in Sicherheit zu bringen. „Aber vielleicht", mit diesen Worten schließt
der Kaiser seinen Brief vom 26. an seine Mutter, „daß eine Phantasie

„des Königs uns einen glücklichen Tag gewährt, der den Stand
„unserer Angelegenheiten wieder herstellt. Ich lasse Sie urtheilen,
„was man unter solchen Umständen sowohl physisch als moralisch
„aushalten muß" [772]).

Schon um zwei Uhr des nächsten Morgens harrte Joseph, ohne
sonst Jemand zu wecken, der Dinge, die da kommen würden, aber es
trug sich nichts zu, und aus den Bewegungen des Königs meinte der
Kaiser schließen zu sollen, daß derselbe eher mit dem Gedanken an
einen Rückzug als mit dem an einen Angriff beschäftigt sei. Dieß
war denn auch wirklich der Fall, aber nur aus der Ursache, weil
Friedrich die Stellung der Oesterreicher bei Hohenelbe bei weitem zu
stark fand, um mit den ihm zu Gebote stehenden Hülfsmitteln auch
nur mit einiger Aussicht auf Erfolg einen Angriff auf sie unternehmen zu können. Er finde sich, schrieb Friedrich seinem Bruder [773]),
neuerdings zur Unthätigkeit verdammt. Joseph aber war der Ansicht,
wenn man nur noch sechs Tage auszuharren vermöchte, und wenn,
wie es immer mehr den Anschein gewinne, auch Laudon sich an der
Iser behaupte, dann würde der König zum zweiten Male das Feld
räumen müssen [774]).

Wie rasch wechselnd zu jener Zeit die Lage der Dinge erschien,
mag daraus entnommen werden, daß Joseph schon am folgenden Tage
seiner Mutter im entgegengesetzten Sinne schrieb. Er habe von Laudon
eine so positive Anzeige seines bevorstehenden Abzuges aus Münchengrätz empfangen, berichtete er ihr, daß er glaube, er werde diese
Stellung bereits aufgegeben haben. Dann aber müsse auch das
Hauptheer die seinige verlassen, meinte Joseph, und er könne die
tiefe Betrübniß nicht schildern, die er hierüber empfinde [775]).

Das andauernd ungünstige, naßkalte Wetter erwies sich jedoch
dießmal als ein Verbündeter des Kaisers, denn bei der durchaus
unzureichenden Bekleidung der preußischen Soldaten litten sie ungemein
viel unter den Einflüssen des Klimas. Schon in den ersten September-
tagen fiel Schnee in jenen Gebirgen, und wenn man auch auf österreichischer Seite die Kälte und Nässe gleichfalls nur schwer ertrug und

die Armee sehr viele Kranke zählte, so gab es deren doch bei den Preußen noch viel mehr. Groß war außerdem die Noth an Lebens- mitteln, die dort herrschte, und die grausamen Verheerungen, welche die preußische Armee auf Befehl ihres Königs ringsum angerichtet hatte, wurden in solcher Weise an ihrem Urheber bitter gerächt. Alle von den preußischen Deserteuren, deren durchschnittlich etwa hundert im Tage zur österreichischen Armee kamen, überbrachten Nachrichten deuteten darauf hin, daß es im preußischen Lager nicht nur um die Soldaten, sondern mehr noch um die Pferde sehr übel bestellt, und daß der König auf nichts mehr als auf rechtzeitigen Rückzug bedacht sei [776]).

Auch Friedrich gestand wenigstens seinem Bruder gegenüber, daß er vollauf Ursache habe, mit dem Ergebnisse seiner kriegerischen Unter- nehmungen unzufrieden zu sein. „Ich kann nicht leugnen", schrieb er ihm in jenen Tagen [777]), „daß wir einen recht albernen Feldzug „machen, aber welche Hindernisse stehen uns auch gegenüber! Festungen, „von achtzigtausend Mann vertheidigt, unwegsame Straßen, kein leben- „des Wesen in den Dörfern, und ein Fluß, der allerdings nur ein „Wasserfaden, aber durch schroffe Felsen geschützt ist, so daß man keine „Möglichkeit sieht, auch nur an dreißig Husaren heranzukommen."

Da auch Prinz Heinrich jede Absicht eines Vormarsches auf- gegeben zu haben schien und Laudon daher fortan unangefochten an der Iser blieb, so steigerte sich die Hoffnung des Kaisers immer mehr, daß zu Anfang des Winters kein Feind mehr in Böhmen sein werde.

Dieß war der Zustand der Dinge auf dem Schauplatze des Krieges, als plötzlich von Wien aus ein neuer Bote des Friedens im österreichischen Hauptquartiere eintraf.

Das Scheitern der Mission des Freiherrn von Thugut, so peinlich auch Maria Theresia dasselbe empfinden mochte, übte doch nicht die Wirkung auf sie, daß sie die Hände ruhig in den Schooß legte und dasjenige über sich ergehen ließ, was sie nicht ändern zu können schien. Im Gegentheile; kaum war Thugut in Wien zurück, und noch hatte er seinen ausführlichen Bericht über seine Sendung in

das preußische Hauptquartier nicht erstattet, als sich schon Maria
Theresia mit dem Fürsten Kaunitz über dasjenige berieth, was nun
zu geschehen habe. Nach der Meinung des Staatskanzlers war der
Zeitpunkt gekommen, in welchem sowohl nach Innen als nach Außen
hin die höchste Anspannung der Kräfte des Staates eintreten müsse.
In ersterer Beziehung enthielt er sich jeglicher Einwirkung; nur meinte
er die Hoffnung aussprechen zu sollen, daß ein günstiger Erfolg der
ergriffenen Maßregeln wohl mit Zuversicht erwartet werden dürfe.

Von den Verfügungen, deren Hauptzielpunkt zunächst darin
bestand, die österreichische Armee ansehnlich zu verstärken, seien hier
wenigstens diejenigen erwähnt, welche in Bezug auf Ungarn getroffen
wurden. Um aus diesem Lande nicht nur Rekruten, sondern auch
Geldhülfe zu erlangen, faßte man ernstlich den Gedanken der Berufung
eines Landtages ins Auge. Da ein solcher jedoch der unerläßlichen
Vorbereitungen wegen vor dem 1. October nicht zusammentreten
konnte und wenigstens die Absendung neuer Mannschaft zur Armee
dringend nothwendig erschien, trat zur Aufbringung von zwölftausend
Rekruten eine Anzahl vornehmer Ungarn zusammen. Der Hofkanzler
Graf Franz Esterházy, der Primas Graf Joseph Batthyany, die
Grafen Johann Palffy, Nicolaus Forgách, Franz Koller werden von
der Kaiserin ihres besonderen Eifers wegen namhaft gemacht. Persönlich begaben sie sich in die Comitate, deren Obergespäne sie waren,
um der Erfüllung des Wunsches der Kaiserin die Pfade zu ebnen [778]).
Und der Vicekanzler Graf Karl Palffy eilte ins Hauptquartier zum
Kaiser, mit ihm die Modalitäten zu verabreden, unter denen die
ungarische Truppenstellung stattfinden solle. Dringend bat Maria
Theresia ihren Sohn, dem Grafen Palffy einige Aufmerksamkeit zu
schenken; das werde einen guten Eindruck auf die ungarische Nation
hervorbringen, welche so anhänglich sei und aus der man noch viel Vortheil werde ziehen können, wenn man sie nur recht zu nehmen verstehe.
Der eigentliche Beweggrund ihrer Bereitwilligkeit zur Hülfe habe darin
bestanden, daß sich der Kaiser persönlich im Felde befinde und somit
auch von seinen Unterthanen nichts vernachlässigt werden dürfe, was
ihm zum Beistande gereichen könnte [779]).

Was ferner die nach Außen hin zu ergreifenden Maßregeln anging, so kamen hiebei nach der Meinung des Staatskanzlers das deutsche Reich und in demselben der Kurfürst von der Pfalz und der Herzog von Zweibrücken, von fremden Mächten aber Frankreich, Rußland und Polen am meisten in Betracht. Dem Reiche sollte mitgetheilt werden, daß zwar das Anerbieten der Kaiserin, die in Besitz genommenen baierischen Gebietstheile dem Kurfürsten von der Pfalz unter der Bedingung zurückzustellen, daß auch der König von Preußen die den Gesetzen entsprechende Erbfolgeordnung in den Markgrafthümern eintreten lasse, von demselben zurückgewiesen worden, daß sie jedoch gleichwohl hiezu noch immer bereit sei. Und außerdem müsse man sich klar darüber werden, ob man noch fortan auf die Neutralität des deutschen Reiches antragen, oder dessen bewaffnete Hülfe in Anspruch nehmen solle. Das Eine wie das Andere sei nicht ohne Gefahr, und es werde daher am passendsten erscheinen, sich in allgemeinen Ausdrücken zu ergehen, um künftighin die zu stellenden Begehren nach Zeit und Umständen einrichten zu können.

Dem Kurfürsten von der Pfalz wäre vertrauliche Nachricht von dem Preußen gegenüber gemachten Anerbieten zu geben. Gleichzeitig möge man versuchen, mit ihm eine neue Uebereinkunft, und zwar in dem Sinne zu schließen, daß man ihm alle baierischen Besitzungen, jedoch nur unter der ausdrücklichen Bedingung zurückstelle, daß er als Verbündeter Oesterreichs Antheil nehme an dem Kriege. Die Vortheile einer solchen Vereinbarung wären so beträchtlich, daß man trotz aller Unwahrscheinlichkeit, den Kurfürsten von der Pfalz hiezu zu bewegen, doch nichts verabsäumen solle, sie zu Stande zu bringen. Der Herzog von Zweibrücken habe gar keine Ursache mehr, sich einer solchen Verabredung zu widersetzen. Wenn er auch mit dem Könige von Preußen einen Tractat geschlossen habe, so könne er jetzt dagegen mit vollem Grunde einwenden, daß sich alle Umstände geändert hätten. Aber freilich werde der Herzog nicht anders als mit ernstlicher Unterstützung Frankreichs gewonnen werden können.

Was nun diesen letzteren Staat angehe, so könne jetzt, nachdem der König von Preußen den Vorschlag wegen völliger Zurückstellung

33*

der baierischen Lande verworfen und damit dargethan habe, daß seine
Absicht lediglich auf einen Friedensbruch gerichtet sei, an dem Vor=
handensein des casus foederis kein Zweifel mehr obwalten. Nachdem
aber das französische Ministerium von dem einmal eingeschlagenen
Wege mit Ehren nicht abgehen könne, so möge man ihm vorstellen,
daß man von österreichischer Seite nicht mehr auf die Leistung der
allianzmäßigen Hülfe von vier und zwanzigtausend Mann dringe.
Man wünsche nur, daß Frankreich als Garant des Westphälischen
Friedens eine ernste Erklärung an das Reich richte und dort zu er=
kennen gebe, wenn England oder Rußland dem Könige von Preußen
Truppen zusenden sollten, werde es Oesterreich ausgiebig unterstützen.
Und außerdem möge es die Aufgabe übernehmen, sowohl den Herzog
von Zweibrücken auf die Seite Oesterreichs zu ziehen, als den Kur=
fürsten von der Pfalz in seiner guten Gesinnung zu bestärken.

Rußland gegenüber hätte Oesterreich seine Bemühungen auf
zwei Hauptpunkte zu richten: es möge vollständige Neutralität be=
obachten und sich den Absichten Oesterreichs in Polen nicht widersetzen.
Denn in dem letzteren Lande sei trotz dem, was es von dem Könige
von Preußen habe erdulden müssen, Alles feindselig gegen Oesterreich
gesinnt, und wenn Rußland darauf ausgienge, würde, wenn nicht die
ganze polnische Nation, so doch eine sehr starke Conföderation zu den
Waffen wider Oesterreich greifen; dann würde nicht nur Galizien
verloren gehen, sondern auch Ungarn und Siebenbürgen beunruhigt
werden. Und selbst wenn Rußland von solchen Bestrebungen sich
fernhielte, wäre doch noch immer Besorgniß vorhanden, daß auf
dem polnischen Reichstage eine Conföderation gegen Oesterreich zu
Stande komme. Um dem entgegen zu wirken und vielleicht sogar
von Polen noch Vortheil zu ziehen, wäre reiflich zu überlegen, ob nicht
sogleich das Aeußerste zu versuchen und eine Conföderation gegen den
König von Preußen zusammenzubringen sei. Hiedurch würde ihm eine
mächtige Diversion verursacht und er gezwungen werden, eine nicht
ganz gering anzuschlagende Truppenzahl zur Deckung seiner eigenen
Lande von seinem Heere abzusenden. Sollte auch dieß oder Aehnliches
nicht zu erreichen sein, so wäre darauf anzutragen, daß der König

von Polen, so weit es von ihm abhänge, es geschehen lasse, daß Oester=
reich in Polen Regimenter errichte und sie so viel als nur immer
möglich nach Galizien ziehe.

Schließlich meinte Kaunitz, man habe zu erwägen, ob man sich
nicht nach einer Vermittlung umsehen solle; doch wäre sie unter den
obwaltenden Umständen keinem anderen Hofe als Frankreich zu über=
tragen. Es verstehe sich von selbst, daß alle diese Anregungen noch
weiterer Durcharbeitung bedürften. Alles komme auf Zeitgewinn, auf
den Zusammenhang der Entschließungen und endlich darauf an, daß
man mit ruhigem Gemüthe das überdenke, wovon man sich eine
günstige Wirkung versprechen dürfe, hienach aber thatkräftig handle.
Die Kaiserin möge übrigens nicht daran zweifeln, daß er auf sein
Dafürhalten keineswegs versessen, sondern mit größter Freude bereit
sei, andere und bessere Vorschläge zum Besten ihres Dienstes in Aus=
führung zu bringen [780]).

Durch ihr eigenhändig beigefügtes „placet" ermächtigte zwar
Maria Theresia den Fürsten Kaunitz, die Depeschen zu entwerfen, zu
deren Ausfertigung er rieth, aber ihre wirkliche Absendung sollte doch
erst mit Zustimmung des Kaisers erfolgen. Außerdem dachte sie den
letzteren von dem Stande der Verhandlungen mit den Ungarn und
dem Resultate der sonstigen Bemühungen, Truppen, Geld und Kriegs=
erfordernisse in möglichst ausgiebigem Maße zu beschaffen, genau zu
unterrichten und sich seiner Einwilligung zu versichern. Endlich wollte
sie ihn über verschiedene Punkte aufklären, hinsichtlich deren sie meinte,
daß er ihr und den von ihr getroffenen Verfügungen keine gerechte
Beurtheilung zu Theil werden lasse. Mit all diesen Aufträgen sandte
sie einen Mann ihres ganz besonderen Vertrauens, den Grafen Rosen=
berg an den Kaiser, und sie wünschte vielleicht mehr als sie es hoffte,
es werde demselben gelingen, hinsichtlich aller wichtigeren Punkte eine
völlige Verständigung zwischen ihr und ihrem Sohne herbeizuführen.

Die Absicht, welche der Sendung Rosenbergs in das kaiserliche
Hauptquartier zu Grunde lag, wurde jedoch in gar keiner Weise er=
reicht. Schon im voraus hatte Joseph diese Reise, als sie ihm von

der Kaiserin angekündigt wurde, als ganz überflüssig bezeichnet [781]).
Daß er an dieser Meinung festhalte, legte er auch während der Anwesenheit Rosenbergs im Lager aufs unzweideutigste an den Tag.
Unglücklicher Weise erschien Rosenberg daselbst gerade zu der Zeit, in
welcher Joseph jeden Augenblick eines feindlichen Angriffes sowie der
unheilvollen Wirkung gewärtig war, die ein Rückzug Laudons von
der Iser auf seine eigene Lage ausüben mußte. Mit diesen militärischen Angelegenheiten vollauf, ja ausschließlich beschäftigt, schenkte
Joseph dem Grafen Rosenberg nur wenig Gehör. Seiner Mutter aber
schrieb er neuerdings, er könne ihr nichts Anderes sagen, als daß sie von
zwei Dingen eines zu wählen habe: entweder so rasch als möglich und
um jeden Preis Frieden zu schließen, wobei jeder Tag kostbar sei,
oder den Krieg mit äußerster Anspannung aller Kräfte zu führen und
diesem Zwecke jegliches Opfer zu bringen. Mediation und Neutralität
seien gewiß ganz schöne Dinge, aber man bedürfe rascherer Mittel.
Entweder müsse man die Begehren des Königs von Preußen gewähren
und dadurch gleichzeitig die Feindseligkeiten aufhören lassen, womit
Alles beendet sei. Oder man müsse der Hoffnung entsagen, ihn
während des Winters nicht in Böhmen und in Prag zu haben; diese
Stadt könne nur durch eine ganze Armee vertheidigt werden und die
letztere würde dabei noch verloren gehen. Verlasse Laudon die Iser,
dann sehe auch das Hauptheer sich zum Rückzuge gezwungen; es sei
ein Wagniß, daß man ihn nicht heute schon antrete, sondern ihn auf
morgen verschiebe. Der erste Marsch werde nach Switschin, der zweite
nach Königgrätz gehen. „Ich lasse Sie", so endigte Joseph sein
Schreiben, „urtheilen über meinen Zustand und die Qual, die ich
„empfinde; sie ist unbeschreiblich. Aber es muß sein, und daher werde
„ich alle meine Kraft und meinen Muth zusammennehmen, es zu
„ertragen. Die ganze Armee wird in der tiefsten Betrübniß, das
„Land aber trostlos sein" [782]).

Der Eilbote, welcher der Kaiserin diesen Brief ihres Sohnes
überbrachte, war auch der Träger eines kurzen Berichtes des Grafen
Rosenberg an sie. Die Nachricht von dem bevorstehenden Rückzuge
Laudons habe, so schrieb er ihr, die ganze Situation vollständig

verändert. Der Kaiser sei seinen Vorstellungen und denjenigen Lacy's
gewichen, und er stimme nun den Anträgen zu, welche sie dem Könige
von Preußen machen werde, um unverzüglich den Friedensschluß zu
erwirken. Da hiedurch seine sonstigen Aufträge gegenstandslos würden,
sende ihn der Kaiser allsogleich nach Wien zurück, auf daß er nicht in
den morgen beginnenden Rückzug der Armee verwickelt und dadurch
über Gebühr aufgehalten werde [783]).

Von diesen Wahrnehmungen und Eindrücken durchdrungen, kam
Rosenberg wieder nach Wien, und mündlich bestätigte er der Kaiserin
dasjenige, was er ihr vom Lager aus geschrieben. „Rosenberg ist
„zurück", mit diesen Worten kündigte Maria Theresia dem Staatskanzler seine Ankunft an, „er ist ein wenig erschöpft und wird in der
„Stadt schlafen, damit Sie ihn sogleich und zu jeder Stunde sprechen
„können, zu der Sie ihn zu sich bescheiden wollen. Die Zeit drängt;
„es gibt kein anderes Mittel mehr als unverzüglichen Abschluß des
„Friedens. Sie werden mir morgen um neun Uhr Binder zuschicken;
„es ist keine Zeit zu verlieren. Man kann nicht trauriger sein als
„ich es bin. Ziehen Sie mich aus diesem Labyrinth" [784]). Dem
Kaiser aber schrieb sie vorläufig, Rosenbergs Mittheilungen hätten sie
in der Ueberzeugung bestärkt, daß nur der Friede es sei, der Allen
aufs dringendste Noth thue; ihn unverzüglich zu Stande zu bringen,
darauf werde sie all ihre Bemühungen richten. Aber sie wolle auch
die Verfügungen durchaus nicht vernachlässigen, welche für den Fall
eines Fehlschlagens der Verhandlungen getroffen werden müßten, und
sie habe dieß niemals gethan. Fielen jedoch Böhmen und Prag auch
nur für drei Monate in die Hände der Preußen, dann werde es mit
den noch zur Verfügung stehenden Hülfsquellen um so schlimmer bestellt sein [785]).

Dieser letzteren Meinung hatte Maria Theresia auch dem Fürsten
Kaunitz gegenüber Ausdruck verliehen. Wenn man jetzt schon dem
Könige von Preußen nicht ausreichenden Widerstand zu leisten vermöge, wie werde solches erst dann geschehen können, wenn man eine
so beträchtliche Einbuße an Einkünften und an Mannschaft erleide,

wie sie der Verlust des größten Theiles von Böhmen unausweichlich
nach sich ziehen müsse? Und ebenso unwahrscheinlich sei es, daß man
dereinst mit verringerten Kräften dasjenige wiederzugewinnen im Stande
sei, was man jetzt mit der ansehnlichsten Armee, welche das Haus
Oesterreich jemals aufgestellt habe, nicht zu behaupten vermöge. Daher
könne nicht mehr von Fortsetzung des Krieges, sondern nur noch von
raschem Friedensschlusse die Rede sein. Durch ihn allein könne das
geschehen, was nothwendig sei, Böhmen vor der ihm bevorstehenden
Ueberfluthung durch den Feind unverzüglich zu retten.

In Rosenbergs Beisein stellte Kaunitz der Kaiserin vor, daß
ein so unmittelbar wirkendes Mittel auch nicht in einer Friedensverhandlung, sondern höchstens in einer entscheidenden und glücklichen
Schlacht liege, auf welche übrigens kaum gehofft werden, und die bei
der Uebermacht des Feindes auch nicht leicht zu wagen sein dürfte.
Neuerdings rieth er dazu, sich der Vermittlung Frankreichs zu bedienen; wenn der Umweg über Paris allzuviel Zeit erfordere, könnte
ja der französische Botschafter in Wien gebeten werden, den in Berlin
befindlichen Geschäftsträger seiner Regierung mit den Aufträgen zu
versehen, welche den Wünschen der Kaiserin entsprächen. Aber Maria
Theresia erklärte dieß Alles für bei weitem zu langsam; der rascheste
Weg, um aus der Sache zu kommen, bestünde darin, daß sie selbst
neuerdings an den König von Preußen schreibe und ihm erkläre, sie
wolle den Kurfürsten von der Pfalz vollständig loszählen von den
Verpflichtungen, die er in seiner Convention mit Oesterreich übernahm.
Alles in Besitz genommene baierische Gebiet werde sie zurückgeben und
auch seiner Zeit gegen die Vereinigung der Markgrafthümer Ansbach
und Bayreuth mit Preußen keine Einwendung erheben.

Kaunitz stimmte der Anschauung der Kaiserin keineswegs bei,
und er war eifrig bestrebt, ihr zu Gemüthe zu führen, wie sehr ein
solcher, noch überdieß wohl fruchtlos bleibender Schritt ihr Ansehen
und dasjenige der ganzen Monarchie preisgeben würde. Aber Maria
Theresia beharrte demungeachtet fest auf ihrem Vorsatze, und sie befahl
dem Staatskanzler, ein Schreiben an den König, wie sie es im Sinne

habe, für sie zu entwerfen. Nothgedrungen fügte sich Kaunitz, aber
indem er ihren Auftrag befolgte und ihr den verlangten Entwurf
vorlegte, kam er ihr gegenüber neuerdings auf die Bedenken zurück,
die er ihr schon früher auseinandergesetzt hatte.

Der entscheidende Beweggrund zu dem Schritte, den sie zu unter=
nehmen im Begriffe stehe, stellte Kaunitz ihr vor, liege ohne Zweifel
in dem an und für sich gewiß preiswürdigen Bestreben, dem ver=
heerenden Kriege unverzüglich ein Ende zu machen und ihre Unter=
thanen von dessen ferneren Drangsalen zu befreien. So heilsam, so
gerecht und billig dieser Zweck auch genannt werden müsse, so sei doch
sehr zu besorgen, daß der Schritt, welchen die Kaiferin zu dessen Er=
reichung thun wolle, in dem einen Falle von großem Nachtheile für
sie, und in dem anderen fruchtlos sein werde. Denn entweder könnten
die beiden österreichischen Armeen sich in ihren gegenwärtigen, oder in
nicht weit davon entfernten Stellungen noch halten. Dann würde ein
die äußerste Nachgiebigkeit verrathender Schritt ohne Zweifel voreilig
und im Interesse des Staates sehr zu bedauern sein. Oder sie könnten
nicht länger mehr Widerstand leisten; dann aber würde der König
sich mit den jetzt an ihn gelangenden Anträgen kaum begnügen, sondern
Entschädigung für die Kriegskosten und wohl auch noch jene anderen
Zugeständnisse fordern, die er dem Freiherrn von Thugut bei dessen
erster Absendung als Anfragspunkte mitgab.

Für so gewichtig hielt Kaunitz diese Bedenken, daß er die Kaiferin
noch einmal dringend bat, sie reiflichst zu überlegen. Sollte sie sich
gleichwohl von dem beabsichtigten Schritte nicht zurückhalten laffen,
so möge sie ihr Schreiben an den König von Preußen wenigstens
ihrem Sohne übersenden und ihm anheimstellen, ob es an den König
weiter befördert oder noch zurückbehalten werden solle. Denn der
Kaiser allein könne beurtheilen, ob und welche Gefahr im Verzuge,
und ob es thunlich sei, noch so viel Zeit zu gewinnen, um durch
Frankreich den Frieden mit Preußen vermitteln zu laffen. Dann
würde der König, wenn nur Frankreich ihm gegenüber mit dem
gehörigen Nachdrucke auftrete, sich wohl zu weit weniger läftigen

Bedingungen verstehen, als wenn die Kaiserin sich mit ihrem Anliegen direct an ihn wende [786]).

Wenigstens in der letzteren Beziehung befolgte Maria Theresia den Rath des Fürsten Kaunitz. Nachdem sie den ihr vorgelegten Entwurf des Briefes, welchen sie an den König von Preußen richten wollte, einer vollständigen Umarbeitung unterzogen [787]), sandte sie ihn dem Kaiser und stellte es ihm anheim, damit zu thun was er wolle, alles werde ihr recht sein. Freilich wäre es ihr am liebsten, wenn er ihren Brief an den König weiter befördere, auf daß man eine rasche Entscheidung erlange [788]).

Joseph nahm dießmal die Sendung seiner Mutter ungleich kalt- blütiger auf, als es das erste Mal der Fall gewesen war. Die Wichtigkeit der Sache hätte wohl, antwortete er ihr, Jeden erschrecken können, der nicht gleich ihm von feststehenden Grundsätzen ausgienge. Auch den neuen Schritt, welchen die Kaiserin dem Könige von Preußen gegenüber thun wolle, könne er nur als sehr demüthigend und sehr nachtheilig betrachten. Denn sie räume dem Könige hiedurch die freie Verfügung mit den Markgrafthümern, und somit auch deren Aus- tausch gegen die Lausitz ein; das aber dürfe ihm nimmermehr zuge- standen werden. Er sende ihr daher, von ihrer Erlaubniß Gebrauch machend, ihren Brief sammt den hierauf bezüglichen Betrachtungen des Fürsten Kaunitz zurück. Die Ueberzeugungskraft derselben könne ihr unmöglich entgangen fein [789]).

Die letzteren brachten einen so tiefen Eindruck auf den Kaiser hervor, daß er es für hoch an der Zeit hielt, dem gespannten Ver- hältnisse, welches seit fast zwei Monaten zwischen ihm und Kaunitz bestand, ein Ende zu machen. Durch einen sehr verbindlichen Brief that er dieß, den er an dem gleichen Tage wie an feine Mutter, am 5. September an den Staatskanzler schrieb. Er sei sich über den Antheil nicht klar gewesen, heißt es darin, welchen Kaunitz an den Schritten gehabt habe, die dem Könige von Preußen gegenüber ge- schehen seien. Form und Inhalt der in diesen Verhandlungen aus- gefertigten Schriftstücke hätten durchaus nicht, meinte der Kaiser, den

Stempel des Cabinetes des Fürsten getragen, von woher er sich so oft und mit stets sich gleichbleibendem Vergnügen nicht nur Belehrung, sondern auch die Richtschnur für sein Verfahren geholt habe. Der Kaiser geht nun auf eine historische Aufzählung der Begebenheiten und der im Laufe derselben von seiner Mutter erhaltenen Mittheilungen ein, um den Beweis zu führen, daß er sich fortwährend gleich blieb und nicht anders zu handeln vermochte als es geschehen sei. Hieran knüpft er eine ziemlich eingehende Schilderung der Lage, in der er sich befand. Der König von Preußen habe sich mit seiner Armee in die Gebirge um Hohenelbe vertieft. Es bleibe ihm durchaus keine andere Wahl und kein anderer Ausweg, als entweder die kaiserliche Armee anzugreifen und sie aus ihren Stellungen zu vertreiben, oder nach Trautenau zurückzumarschiren; Alles deute darauf hin, daß der Mangel an Lebensmitteln ihn zu letzterem Entschlusse nöthigen werde.

Anders als um den König stehe es um den Prinzen Heinrich von Preußen. Seitdem Laudon ohne jede ausreichende Ursache die Stellungen bei Leitmeritz und Niemes verlassen, könne der Prinz, auch ohne dem Wagnisse einer Schlacht sich auszusetzen, gegen Prag oder an die Iser marschiren. Im ersteren Falle müßte Laudon ihm folgen, im zweiten aber die Iserlinie vertheidigen, was ihm bei der Unzuläng= lichkeit der ihm zu Gebote stehenden Mittel nicht leicht fallen würde. Müsse man aber die Iser aufgeben, dann wäre auch das österreichische Hauptheer im Rücken bedroht und zum Rückzuge nach Königgrätz, ja bis nach Kolin gezwungen, wodurch dem Könige ein sehr großer Theil von Böhmen preisgegeben würde. Aber die Jahreszeit schreite vor und Prinz Heinrich hätte das Alles schon vor einem Monate thun können, habe es jedoch fortwährend unterlassen; dadurch steigere sich die Wahrscheinlichkeit, daß es auch jetzt nicht mehr geschehen werde. Ueberhaupt führten Beide, der König und sein Bruder den Krieg nicht wie wahre Soldaten, sondern sie giengen hauptsächlich darauf aus, das Land zu Grunde zu richten und dadurch ihren Gegner zum Frieden zu zwingen. Dächten sie den Winter hindurch in Böhmen zu bleiben, dann würden sie nicht Alles, was in ihre Hände geriethe, nach Sachsen hinwegführen.

In Anbetracht dieser Umstände, so schloß Joseph sein Schreiben an Kaunitz, und der erleuchteten Rathschläge, welche derselbe der Kaiserin ertheilt habe, müsse er ihren letzten Brief an den König von Preußen als nicht zeitgemäß ansehen und ihn nach Wien zurück- senden. Hart sei es, Baiern wieder herausgeben zu sollen, unmöglich aber, den Austausch der Markgrafthümer gegen die Lausitz zuzuge- stehen. Man müsse vielmehr die äußersten Kräfte zum Widerstande aufbieten. Sowohl auf politischem als auf militärischem und finanziellem Gebiete dürfe man die höchste Anstrengung nicht scheuen. Wenn nur jeder gute Patriot, die Kaiserin an der Spitze, sich aufopfere und sich irgend etwas versage, dann könne man wohl mit der Hoffnung sich schmeicheln, man werde den nächsten Feldzug in Sachsen, ja vielleicht sogar in Schlesien zu führen im Stande sein [790]).

Es scheint fast, daß Kaunitz diesen Brief des Kaisers noch nicht empfangen hatte, als er zwei Tage, nachdem derselbe geschrieben worden, neuerdings seine Meinung über die militärischen und die politischen Verhältnisse kundgab, in denen man sich befand [791]). Nach- dem der König von Preußen, so ließ sich der Staatskanzler vernehmen, die durch Thugut an ihn gelangten Anträge verworfen habe, sei man gewiß in vollem Rechte, sie als nicht mehr vorhanden, ja als nie geschehen zu betrachten und auch dann den Krieg fortzusetzen, wenn sich der König eines Besseren besinnen und sich früher oder später zu ihrer Annahme bereit erklären sollte. Ebenso unzweifelhaft sei es, daß der Kaiserhof nach den letzten Schritten, die er gethan, durch die Selbstachtung, die er sich schulde, abgehalten werden müsse, sich noch fernerhin direct an den König zu wenden. Dagegen könnte er sich ohne allen Anstand der Hülfe seines Alliirten bedienen, um zum Frieden zu gelangen, wenn er der Meinung sein sollte, daß derselbe der Fortführung des Krieges vorzuziehen sei.

Für diese letztere Alternative müsse man sich jedoch, meinte Kaunitz, nach ruhiger und leidenschaftsloser Prüfung erklären. Denn er halte es für mehr als wahrscheinlich, daß sich der König von Preußen in Böhmen behaupten und in diesem Lande die Winter-

quartiere beziehen werde. Geschähe dieß aber und befänden sich zwei Dritt-
theile Böhmens sammt der Hauptstadt in den Händen des Feindes, wie
dürfe man sich dann mit der Hoffnung schmeicheln, den Winter hindurch
das Heer so sehr verstärken und es in solchem Maße mit allen Kriegs-
bedürfnissen versehen zu können, daß man den nächsten Feldzug mit
günstigeren Aussichten zu eröffnen im Stande sei? Ja selbst wenn
man dieß vermöchte, wenn man sogar den König von Preußen mehr
als einmal schlüge, was würde das Resultat hievon sein? Glaube
man denn Schlesien wiedererobern zu können? Selbst wenn man
dieses Land dem Könige von Preußen abzuringen vermöchte, würde man
wahrscheinlicher Weise an dem Widerstande anderer Mächte scheitern,
die ein entschiedenes Uebergewicht Oesterreichs nur mit sehr ungünstigem
Auge betrachten würden. Worin bestände also der Vortheil, welchen
man sich selbst von der glücklichsten Fortführung des Krieges versprechen könnte? In nichts als in einigen mehr oder weniger beträchtlichen Bruchstücken Baierns, und auch diese würde man wohl nur
gegen Opfer und Zugeständnisse erhalten, welche den ganzen Gewinn gar
sehr verringern müßten. Mit dem jetzigen Kriege verhalte es sich ja ganz
anders, als es mit dem früheren der Fall gewesen sei. Damals habe
man mächtige Verbündete besessen, und der Krieg sei nicht allein zur
Wiedereroberung von Schlesien und Glatz, sondern hauptsächlich in
der Absicht unternommen worden, Preußen wieder herabzudrücken zu
seiner früheren Stellung einer ganz unbedeutenden Macht. Der gegenwärtige Krieg aber werde selbst unter der günstigsten Voraussetzung für
ein so geringfügiges Ziel geführt, daß es scheine, vor Gott und den
Menschen könne man es nicht verantworten, zur Fortsetzung desselben
noch mehr Blut zu vergießen, die eigenen Länder der Verheerung
preiszugeben und sich mit ganz unermeßlichen Auslagen zu belasten.

Nach seiner Ueberzeugung müsse man daher, so schloß Kaunitz seine
Denkschrift, sich bemühen, so bald als nur immer möglich zum Frieden
zu gelangen. Als einen günstigen werde man ihn ansehen können, wenn
er auf Bedingungen hin abgeschlossen werde, welche der Würde des
Kaiserhofes entsprächen und wenigstens so weit als nur immer möglich
die Vergrößerung des Hauses Brandenburg hinausschöben.

Von diesem Standpunkte ausgehend, der demjenigen des Kaisers nur wenig entsprach, wurde Kaunitz genöthigt, seine Antwort an den Letzteren etwas auf Schrauben zu stellen. Nie habe er daran gezweifelt, sagt er darin, daß der Kaiser nur nach seiner tiefeingewurzelten Ueberzeugung und aus keinerlei anderem Antriebe handle. Das Gleiche nehme er jedoch auch für sich selbst in Anspruch, denn so wenig er sich als unfehlbar hinstelle, so stehe er doch, was die Redlichkeit seiner Absichten angehe, gar Niemand nach. Er freue sich übrigens, daß der Kaiser trotz der günstigeren Aussichten auf dem Kriegsschauplatze an dem Vorschlage festhalte, ganz Baiern zurückgeben zu wollen, wenn der König auf die Vereinigung der fränkischen Markgrafthümer mit Preußen verzichte. Das sei der richtige Weg, um einem Kriege ein Ende zu machen, der nunmehr ohne irgendwelchen lohnenden Zweck weitergeführt werde. Aber freilich wäre es in Wien sehr willkommen gewesen, diese Ansicht des Kaisers schon früher zu kennen und sie nicht erst errathen zu müssen. Er möge die Bitte gestatten, künftighin mit seiner Meinung weniger zurückhaltend zu sein [792]).

Auch Maria Theresia nahm dießmal die Zurücksendung ihres Briefes durchaus nicht übel auf, obgleich sie, wie sie den Kaiser neuerdings versicherte, die Weiterbeförderung an den König lieber gesehen hätte. „Aber Du denkst als Staatsmann", schrieb sie ihrem Sohne, „und ich als Mutter und als Frau. Ja ich gestehe, die gegen„wärtige Witterung macht mich noch eifriger, diesen unglücklichen und „für alle Welt verderblichen Krieg zu Ende zu bringen. Aber ich „muß doch auf den Augenblick, in welchem jener Brief geschrieben „wurde, zurückkommen. Rosenberg und Dein Brief vom 28. stellten „uns Deinen Rückzug und den Verlust Böhmens für den ganzen „Winter in Aussicht. Die Dinge haben sich seither geändert, und ich „wünsche mehr als ich glaube, daß sie ihre günstigere Umgestaltung „beibehalten mögen" [793]).

Neben den besseren Nachrichten vom Kriegsschauplatze trug auch die Ankunft des Großherzogs von Toscana nicht wenig dazu bei, den tief gesunkenen Muth der Kaiserin wieder etwas zu heben. In der

Angst ihres Herzens, und da sie sich nach der Abreise ihrer Söhne Joseph und Maximilian sowie ihres Schwiegersohnes, des Prinzen Albert so schrecklich vereinsamt und hülflos fand, hatte sie mit Josephs Zustimmung Leopold nach Wien berufen, wo derselbe am 6. September eintraf. Nachdem er eine Woche in Wien verweilt, eilte der Groß= herzog zum Kaiser nach Böhmen und er wohnte nun durch etwa zwei Wochen als Augenzeuge den Kriegsereignissen bei. Sowohl die Briefe, welche Joseph während dieser Zeit an seine Mutter, als diejenigen, die er gleich nach der Abreise seines Bruders aus dem Lager an ihn schrieb, beweisen deutlich, daß die Behauptung des Königs von Preußen [794]), Leopold habe sich während seines Aufenthaltes in Böhmen mit seinem Bruder, dem er friedlichere Gesinnungen einflößen sollte, überworfen, aller thatsächlichen Begründung entbehrt.

Das ist übrigens richtig, daß der Kaiser immer eifriger dazu rieth, sich jetzt mit Friedensvorschlägen nur ja nicht zu übereilen, und er hatte damit in Anbetracht der immer mehr sich verändernden Um= stände gewiß auch vollständig Recht. Schon am 8. September konnte er melden, daß der König sich am Morgen dieses Tages von Hohen= elbe hinter die Schlucht von Hermanseifen zurückgezogen habe. Da jetzt kein Grund mehr obwalte, ihn zu schonen, habe man ihn während des Rückzuges beunruhigt und ihm nicht ganz unbeträchtlichen Nach= theil zugefügt. Sein Plan, sich mit seinem Bruder zu vereinigen, sei somit gescheitert, und Alles deute auf seinen baldigen Rückzug nach Schlesien hin [795]).

Binnen ziemlich kurzer Frist ging diese Erwartung denn auch wirklich in Erfüllung. Nach verschiedenen, sich scheinbar widersprechen= den Bewegungen, welche bald auf den Plan eines erneuerten Angriffes, bald auf den eines unverzüglichen Rückzuges hinzudeuten schienen, trat ihn endlich Friedrich in der Nacht vom 13. auf den 14. September, und zwar nach Trautenau an, wo er sich neuerdings festsetzte. Mit so großer Vorsicht bewerkstelligte der König den Rückzug, daß die Hoffnung des Kaisers, dem Feinde bei dieser Gelegenheit empfind= lichen Schaden zufügen zu können, unerfüllt blieb. Zwar drangen die

Oesterreicher voll Eifer nach, aber sie konnten der preußischen Armee, die sich überall trefflich zu schützen verstand, nur sehr wenig anhaben.

Joseph hegte die Absicht, sich in dem Augenblicke, in welchem der König sich weit genug zurückgezogen haben würde, daß man dessen baldige Wiederkehr nicht zu besorgen habe, mit Laudon zu vereinigen, um auch den Prinzen Heinrich aus Böhmen zu verdrängen. Maria Theresia billigte lebhaft diesen Vorsatz, aber sie bat dringend, sich nur ja mit dem Prinzen in keine Schlacht einlassen zu wollen, denn es sei dabei gar nichts zu gewinnen. Selbst wenn man siege, könne man ihm doch die sichere Rückzugslinie, die ihm jederzeit offen stehe, keineswegs abschneiden. Unterliege man jedoch, so besitze man durchaus keine solche, und Böhmen sei rettungslos verloren. „Ich werde erst „dann Ruhe haben", so schloß Maria Theresia ihren Brief an den Kaiser, „wenn ich Dich an der Spitze der Armee Laudons weiß. Da „aber dort über Alles entschieden werden wird, so bitte ich Dich, laß „nicht etwa aus Schonung Lacy zurück" [796]).

Der Verlauf der Ereignisse war jedoch ein wesentlich anderer, als ihn der Kaiser sich gedacht hatte. Der Rückzug des Königs ging nur ungemein langsam und mit großen Unterbrechungen von Statten, so daß es nichts weniger als rathsam zu sein schien, die österreichische Hauptarmee nach einer ganz anderen Richtung zu führen. Und auch Prinz Heinrich wartete in Niemes den etwaigen Anmarsch der Oesterreicher nicht ab. Die bei seinem Heere befindlichen Sachsen, die er durch preußische Truppen verstärkte, sandte er nach Zittau, um die Lausitz zu decken. Mit der Hauptarmee aber schlug der Prinz, zunächst um sich der Elbe zu versichern, die westliche Richtung ein. Nach mühseligen Märschen bezog er bei Tschiskowitz, zwei Stunden von Leitmeritz ein Lager.

Inzwischen ging auch der König, und zwar am 19. September von Trautenau auf Schatzlar zurück, einem hart an der schlesischen Grenze gelegenen Städtchen. Man könne schon fast sagen, meinte Joseph, daß die Preußen wenigstens nach dieser Seite hin Böhmen verlassen hätten. Ein so erfreuliches Resultat sei in Wahrheit nur dem überlegenen Talente Lacy's zu danken, der durch glücklich gewählte Stellungen und durch zutreffende Enträthselung der Absichten des Feindes dieselben zu nichte zu machen und ihm den Weg zu versperren gewußt habe [797]).

Wie sie es jederzeit zu thun gewohnt war, behielt auch jetzt Maria Theresia ihre Freude nicht für sich allein. Am 23. September erschien ein Extrablatt zum Wienerischen Diarium, durch welches der Rückzug des Königs bis Schatzlar allgemein kundgegeben wurde. Wie in dem Briefe Josephs, so war auch in dem Extrablatte gesagt, daß man dieses erfreuliche Ergebniß nur der Kriegskunst und der Einsicht Lacy's verdanke. Um aber in den Augen der Bevölkerung deren Liebling Laudon nicht als zurückgesetzt erscheinen zu lassen, fügte man hinzu, daß man Letzterem die Festhaltung des Prinzen Heinrich an der Iser zuzuschreiben habe. So seien auf beiden Punkten die Anschläge des Feindes vereitelt worden.

Durch diese glücklichen Begebenheiten wurden der Eifer des Kaisers und seine rastlose Unermüdlichkeit in gar keiner Weise geschwächt, ja wenn es überhaupt möglich gewesen wäre, nur noch gesteigert. Mit seinem Bruder Leopold — Maximilian hatte wegen ernstlicher Erkrankung in Sadowa untergebracht werden müssen — eilte er überall hin, wo er seine Gegenwart für nothwendig hielt. Von Gitschin aus durchstreifte er mit Lacy, dem er fortwährend Beweise seines unbegrenzten Vertrauens und seiner Dankbarkeit gab [798]), zu Pferde die Thäler von Reichenberg und Gabel, um eine Stellung ausfindig zu machen, von der aus man dem zu Zittau befindlichen Feinde die Spitze zu bieten und den Wiedereintritt in Böhmen zu verwehren vermöchte [799]). Am folgenden Tage eilte er zu Laudon, den er in Straschkow, südlich von Budin, nicht ganz unbedenklich erkrankt traf. Als jedoch Joseph am 24. September die Stellung des Feindes in Augenschein nehmen wollte, fand er denselben nicht mehr; am frühesten Morgen hatte Prinz Heinrich sich auf den Rückmarsch gegen Teplitz begeben. Da sich Alles zurückziehe, schrieb Joseph seiner Mutter, werde sich nichts

Wichtiges mehr zutragen. In diesem Falle aber habe der König von Preußen einen schmachvollen Feldzug gemacht, der ihn theuer zu stehen komme [800]).

Ungemein groß waren die Verluste, welche beide preußische Armeen während ihres langdauernden Rückzuges erlitten. Nicht so sehr die Oesterreicher fügten sie ihnen zu, obwohl auch diese nicht müßig blieben, und einzelne Truppenabtheilungen, insbesondere diejenige, welche der Feldmarschall-Lieutenant Graf Wurmser commandirte, den Preußen mannigfachen Nachtheil verursachten. Aber die Krankheiten und der Mangel an Lebensmitteln waren ihnen noch furchtbarere Feinde; außerordentlich stark war in Folge dessen ihre Einbuße an Mannschaft und an Pferden. Wer die Wege verfolgte, welche die preußischen Heere zurückgelegt hatten, fand sie mit verfaulenden Cadavern von Pferden [901]), mit zertrümmerten Wagen, mit unbrauchbar gewordenem Geschütz, mit weggeworfenen Gewehren bedeckt. Und insbesondere von der Umgebung von Trautenau wird berichtet, daß sie einer Abdeckerei glich, so sehr war Alles ringsumher mit verfaulendem Pferdeaas bedeckt, und unerträglich war der Gestank, den es verbreitete [902]). Prinz Heinrich aber gab selbst den Verlust, den er an Pferden erlitt, auf dreitausend Stück an [903]).

Es schien fast, als ob sich der König von Preußen nicht so rasch von Böhmen zu trennen vermöchte, als dieß von Seite seines Bruders der Fall war. Am 26. September bezog Prinz Heinrich bei Nollendorf, an den folgenden Tagen aber bei Ottendorf in Sachsen und bald darauf bei Großsedlitz an der Elbe, unfern von Pirna, ein Lager. War auf dieser Seite Böhmen nunmehr vom Feinde völlig geräumt, so blieb hingegen Friedrich noch während der ganzen ersten Hälfte des October bei Schatzlar stehen. Einen Anschlag, von preußischen Deserteuren entworfen, sich mit Hülfe der Croaten der Person des Königs zu bemächtigen und ihn gefangen nach dem kaiserlichen Lager zu bringen, verwarf Joseph, da er meinte, derselbe würde entweder völlig mißlingen oder Friedrich hiebei sein Leben verlieren. Wie der König behauptet, vertrieben ihn erst die steigende Kälte und ein starker Schneefall

von Schatzlar. Und als er endlich Böhmen gleichfalls geräumt
hatte und zu Landshut in Schlesien eingetroffen war, entwarf er von
den Eindrücken, unter denen dieß geschah, seinem Bruder in einem
Briefe von 16. October ein recht charakteristisches Bild[804]). „Du
„kannst nicht glauben", schrieb er ihm, „welches Gefühl wir Alle bei
„unserer Rückkehr empfanden, als wir wieder Männer und Frauen,
„als wir Vieh von allen Gattungen sahen, womit hier die Städte
„und die Dörfer bevölkert sind; wer soeben Sibirien verließe, könnte
„sich keines angenehmeren Aufenthaltes erfreuen. Ich wohne hier bei
„einem Kaufmanne; als ich in das Haus trat, glaubte ich mich im
„Palaste des Großmoguls, wenn ich es mit den Hütten von Lauter-
„wasser verglich. Alles in Böhmen ist anwidernd, während hier Alles
„gefällt".

Wer sich vergegenwärtigt, daß der König während seines verunglückten Feldzuges nur die rauhere und ärmere Gebirgsgegend
Böhmens, nicht aber die reichen und fruchtbaren Theile dieses schönen
Landes betrat, der wird gegen seine für Böhmen so ungünstige
Schilderung, wenn sie gleich ein wenig an die Fabel des Fuchses und
der sauren Trauben erinnert, nicht viel Einwendung erheben. War der
König erfreut, Böhmen im Rücken zu haben, so war man es dort
nicht minder, einen Feind wieder los zu sein, der viel ärger im Lande
gehaust hatte, als es der Krieg schon an und für sich mit sich bringt.
Es ist leicht zu begreifen, daß der Anblick all des grenzenlosen, zum
Theile sogar böswillig angerichteten Elendes mit Erbitterung erfüllte,
und die Verlockung lag nahe, bei etwaigem Vordringen auf feindliches
Gebiet daselbst Vergeltung zu üben. Aber Maria Theresia wies schon
von vorneherein jeden solchen Gedanken weit von sich ab. „Lassen wir
„uns", schrieb sie schon am 26. September dem Kaiser[805]), „zur
„Rache an Sachsen nicht hinreißen. Häufen wir nicht auf unsere
„eigenen Häupter solche Verbrechen, welche die Frucht davon sind, daß
„sie den Preußen und deren Zügellosigkeit sich hingaben. Nur Un-
„schuldige würden darunter leiden. Wenn man aus diesem Lande
„Summen für unsere armen Unterthanen zu ziehen vermöchte, so wäre
„dieß etwas Anderes. Aber zu erlauben daß man plündert und raubt,

34*

„wäre allzu graufam und ungerecht und felbft für die Truppen von
„Nachtheil. Befchränken wir uns darauf, unfere Grenzen zu fchützen,
„uns zu erholen und uns vorzubereiten für die Zukunft."

Jofephs Meinung war dießmal in vollkommenem Einklange mit
der Anficht feiner Mutter. „Ich werde in Sachfen", antwortete er
ihr, „weder plündern noch Verheerungen anrichten laffen. Wenn ich
„jedoch etwas an Geld und Pferden haben kann, fo will ich es weg-
„nehmen, um damit unfere Unterthanen zu betheilen, die deffen beraubt
„wurden." Und von der Caffe fprechend, die er errichtet hatte, um
aus ihr Samengetreide für die durch den Krieg fo hart mitgenommenen
Landleute anzufchaffen, berichtet er, daß fie unter der Leitung des
Commiffärs Schmelzing Vortreffliches leifte [806]).

In feinem Vorfatze wurde jedoch der Kaifer durch die Nachricht,
der König von Preußen habe anfehnliche Streitkräfte nach dem öfterreichifchen Schlefien gefchickt, die fich auch dort wieder graufame
Plünderungen zu Schulden kommen ließen, faft wieder wankend gemacht. Wenn dieß fo fortgehe, meinte Jofeph, dann werde er fich
wohl genöthigt fehen, einen Theil von Sachfen zu verwüften. Oder
man könnte den noch in den Niederlanden befindlichen Truppen den
Befehl geben, einen ähnlichen Raubzug in die Gebiete von Wefel und
von Cleve zu unternehmen [807]).

Aber Maria Therefia war auch, nachdem fie von den Plünde
rungen in Oberfchlefien Kenntniß erhalten, nicht der Meinung, daß
man von öfterreichifcher Seite in Sachfen ein Gleiches thun folle.
So aufgebracht fie auch gegen den Kurfürften und fein Haus war,
eine folche Rache fchien ihr ihrer felbft unwürdig zu fein. „Ich bitte
„Dich", fchrieb fie an Jofeph, „verbiete ftreng, daß unfere Truppen
„in Sachfen fich der Zügellofigkeit hingeben. Nicht um diefer Elenden
„willen, aber man kann es uns hundertfach vergelten, und damit
„würde der Krieg zu einem der graufamften werden und überdieß ein
„fchmutziges Anfehen gewinnen. Um der Ehre unferer Truppen willen
„befchwöre ich Dich, alle Plünderung zu verhüten. Wir haben

„diejenigen der Preußen getadelt, und jetzt sollten wir noch schlechter „handeln?“

Maria Theresia war jedoch nichts weniger als der Ansicht, daß man dem herausfordernden Verfahren des Königs gegenüber die Hände in den Schooß legen solle. Bitter beklagte sie sich über die Unbe- . weglichkeit Botta's, der die Plünderungen in Schlesien ruhig geschehen lasse. Ihr bangte auch um Mähren, für das sie immer die größte Besorgniß gehegt hatte, und sie bat den Kaiser, Botta zu befehlen, den Feind, dem er an Truppenzahl überlegen sei, aus dem öster- reichischen Gebiete zu vertreiben. Nicht nur durch die Drangsale der Unterthanen, sondern auch durch die Sorge für die Hülfsquellen des Staates werde dieß dringend gefordert [808]).

Bereitwillig gehorchte Joseph dem Wunsche seiner Mutter. Wie er dieß schon früher gethan, so verstärkte er jetzt neuerdings die Truppen in Mähren; Elrichshausen übertrug er das Commando über sie, und er traf Anstalt sich selbst dorthin zu begeben, wenn dieß wider Vermuthen durch die Ereignisse nothwendig gemacht würde [809]). Aber seine Ansicht bestätigte sich, daß keine Ursache zu ernstlicher Be- sorgniß für Mähren vorhanden sei. Hatte Botta zu großer Unzufrieden- heit des Kaisers bei der Annäherung des Erbprinzen von Braunschweig die vortheilhafte Stellung verlassen, in der er sich bis dahin bei Heiden- piltsch an der Mora befunden, so fiel es Elrichshausen nicht schwer, dort neuerdings Posten zu fassen. Nur aus Troppau und Jägerndorf . vermochte er die Preußen nicht zu vertreiben, denn um sich das An- sehen zu geben, den Feldzug nicht ganz resultatlos geschlossen zu haben, legte Friedrich viel Werth darauf, sich wenigstens in Oesterreichisch- Schlesien zu behaupten. In dieser Absicht sandte er nicht nur ansehn- liche Streitkräfte dorthin, sondern er fand sich persönlich in Jägern- dorf ein und verweilte dort einige Zeit, bis er sich endlich in den ersten Tagen des November nach Breslau begab.

So endigte dieser Feldzug, über dessen Ausgang und Ergebniß wir statt eines eigenen Urtheils dasjenige eines Augenzeugen und Mit- kämpfers, des Prinzen Albert von Sachsen hier anführen wollen.

„Wir können uns nicht rühmen", so sagt er, „während desselben
„heldenmüthige Thaten verübt oder glänzende Erfolge davongetragen
„zu haben. Gewiß ist es übrigens, daß die vortheilhaften Stellungen,
„welche man auszufinden und rechtzeitig einzunehmen verstand, nicht
„wenig dazu beitrugen, den Unternehmungen des Königs Halt zu
„gebieten und ihn zu zwingen, fast ohne Schwertstreich und ohne
„irgendwelchen erwähnenswerthen Verlust von unserer Seite Böhmen
„wieder zu verlassen, nachdem seine Armee durch Krankheiten und
„Desertion sehr beträchtlich geschwächt worden war, während die unsrige
„wenigstens in letzterer Beziehung gar nicht gelitten hatte. Unseren
„leichten Truppen hingegen, welchen fast allein die Kriegführung oblag,
„war Gelegenheit geboten, sich durch kleine Vortheile, die sie sehr häufig
„über diejenigen des Feindes davontrugen, im Kampfe zu üben. Den-
„noch können wir nicht bestreiten, daß wie verständig und klug auch
„die Wahl dieser Stellungen, und wie besonnen und vorsichtig die
„Leitung der Operationen gewesen sein mag, welche in Folge des
„einmal angenommenen Systems der strengsten Vertheidigung aus-
„geführt wurden, sie die Wirkung, welche sie hervorbrachten, sicher
„verfehlt haben würden, wenn Prinz Heinrich sich nicht durch Ursachen,
„die ich nicht kenne, hätte davon abhalten lassen, mit größerem Nach-
„drucke zu handeln und Nutzen aus den Vortheilen zu ziehen, welche
„die Ueberlegenheit seiner Streitkräfte ihm mehrmals, und insbesondere
„im Anfange über Laudon gab."

Dieses Urtheil des Prinzen bestätigt so ziemlich dasjenige, welches
der König von Preußen über die Ursachen seines verunglückten Feldzuges fällte. Aber freilich entging auch er selbst nicht den Anklagen,
die nirgends mit größerer Leidenschaftlichkeit als in seiner eigenen Umgebung sich erhoben. Allgemein war die Unzufriedenheit seiner Offiziere
und Soldaten, welche durch die Leiden und die Anstrengungen eines
fruchtlosen Feldzuges erschöpft, durch die verdoppelte Strenge des Königs
aber aufs tiefste verletzt waren. Außerdem sagten sie von ihm, daß
er durch Alter und durch Kränklichkeit gehindert wurde, sich so rasch
als in vergangener Zeit dorthin zu begeben, wo die Gegenwart des
Feldherrn nothwendig werde. So sei manche Gelegenheit verloren

gegangen, aus der ein Anderer vielleicht beträchtliche Vortheile zu
ziehen vermocht hätte. Waren beim Ausmarſche des Heeres uner=
ſchütterliches Vertrauen auf die Führung des Königs und begeiſterte
Anhänglichkeit an ſeine Perſon überall bemerkbar geworden, ſo ſah man
dieſe Gefühle bei der Rückkehr nach Schleſien in ſichtlicher Abnahme
begriffen.

Wie das Heer mit dem Könige, ſo war dagegen Friedrich mit
dem Heere, insbeſondere aber mit den commandirenden Generalen
nicht recht zufrieden, und wir finden nur ſelten, daß er Einem der=
ſelben ein anerkennendes Wort zu Theil werden läßt. Anfangs voll
Schonung für ſeinen Bruder, war er ſpäter nicht ganz ſparſam mit
bitteren Anſpielungen auf deſſen Unthätigkeit, wodurch ſich Prinz
Heinrich natürlicher Weiſe wieder aufs tiefſte gekränkt fühlte.

Anders und beſſer ſtand es in dieſer Beziehung im Lager des
Kaiſers. Niemand kann es in den Sinn kommen, denſelben als Feld=
herrn mit König Friedrich auch nur im Entfernteſten vergleichen zu
wollen. Aber die ganz unermüdliche Thätigkeit Joſephs, der Alles und
vielleicht ſogar allzuviel auf ſich nahm, die Nichtachtung ſeiner ſelbſt,
mit der er gleich dem Geringſten ſeiner Leute den ärgſten Strapazen
ſich unterzog, ſeine unermüdliche Sorgfalt für das Wohl der Soldaten
mußten unfehlbar einen ihm günſtigen Eindruck hervorbringen. Er
ſelbſt aber war wieder durch die Leiſtungen der Truppen in hohem
Maße befriedigt, während ſich von den Generalen eigentlich nur Lacy
und Wurmſer ſeines vollen Beifalls erfreuten. Dem Erſteren, den
er fortwährend mit Lobſprüchen überhäufte [810]), und nicht ſich ſelbſt
ſchrieb er das Scheitern der Plane des Königs von Preußen haupt=
ſächlich zu. Ohne ihn ſei er nichts, ſchrieb ihm der Kaiſer, und nur
die vertrauensvolle Sicherheit, die er ſeinen Rathſchlägen verdanke,
diene ihm als Stütze auf der gefährlichen Bahn, welche er eingeſchlagen
habe [811]). Er leite und erleuchte ſeine Gedanken; ohne ihn befinde er
ſich fortwährend im Zweifel, mit ihm aber könne ihn nichts in Ver=
legenheit bringen [812]). Wurmſer aber nannte Joſeph den Einzigen,
der eigentlich den Thereſienorden wahrhaft verdient habe. Außer ihm

schien ihm höchstens noch der Husarenmajor Karl Poutet Anspruch auf diese Auszeichnung zu besitzen [813]).

Wie in Allem und Jedem, so war jedoch Maria Theresia auch in dieser Beziehung weniger sparsam gesinnt als der Kaiser. Schon vor einiger Zeit hatte sie ihn an den von ihr gestifteten Orden er- innert und gefragt, ob es nicht zweckmäßig wäre, Verleihungen des- selben an Offiziere stattfinden zu lassen, die sich während des Krieges besonders hervorgethan hätten. Neben Wurmser nannte sie den Major Friedrich von Nauendorf und den Oberstlieutenant Quosdanovich, die ihr dieser Ehre würdig erschienen. Aber auch noch Andere wollte sie derselben theilhaft werden lassen. „Ich möchte", schrieb sie dem Kaiser, „die Belohnungen und die wenngleich unerreichbaren Aussichten für „dieses schwierige und widernatürliche Handwerk vermehren; nichts ist „zu viel" [814]).

So wie in Bezug auf die Anzahl, so war die Kaiserin auch hinsichtlich der Grade der Ordensverleihungen nicht so kärglichen Sinnes als ihr Sohn. Als er ihr die Absicht kundgab, Wurmser das Ritterkreuz des Theresienordens zu verleihen, dünkte ihr das bei weitem zu gering. Seit der Eröffnung des Feldzuges, wendete sie dagegen ein, sei Wurmser Tag und Nacht bei der Arbeit. Er habe fast allein gegen die Preußen wirklich gekämpft und bekleide außerdem die Stelle eines Feldmarschall-Lieutenants; für diesen Rang und sein Verdienst könne nur das Commandeurkreuz angemessen sein. „Ich kenne ihn nicht", fügte sie hinzu, „aber man sagt, daß er auch von den Truppen und „im Lande geliebt und geachtet sei; das hebt seine persönlichen Eigen- „schaften noch mehr hervor. Außerdem ist er auch von guter Geburt: „wenn alle diese Eigenschaften bei einem Manne zusammentreffen, muß „man ihn emporziehen; man findet deren so wenige" [815]).

Der Wunsch der Kaiserin ging, insofern er auf Wurmser sich bezog, wirklich in Erfüllung; am 21. November 1778 erhielt er das Commandeurkreuz des Ordens. Neben ihm wurde nur noch der Feldmarschall-Lieutenant d'Alton, der die feste Stellung von Arnau behauptet hatte, der gleichen Auszeichnung theilhaft; ein Ritterkreuz aber wurde bei dieser Gelegenheit gar nicht verliehen.

Man wird wohl annehmen dürfen, daß Maria Theresia es war, welche sich mit einer so spärlichen Zuerkennung von Belohnungen nicht begnügte. Am 15. Februar 1779 kam es zu einer zweiten, und nach völliger Beendigung des Krieges, am 19. Mai 1779 zu einer dritten Promotion. Elrichshausen und der Generalmajor Baron Terzi erhielten das Commandeurkreuz, drei andere Generale und vierzehn Offiziere, unter ihnen Poutet, Nauendorf und Quosdanovich das Ritterkreuz des Ordens.

Fünfzehntes Capitel.

Die vermittelnden Mächte.

— — —

König Friedrich befand sich noch im Lager zu Schatzlar und hatte daher Böhmen noch nicht vollständig geräumt, als der Kaiser sich schon mit dem Gedanken an die Winterquartiere zu beschäftigen begann. Um hinsichtlich derselben einen Beschluß fassen zu können, hielt er es für nöthig, über die Wahrscheinlichkeit eines künftigen Feldzuges und über die Art und Weise, in der er zu führen sein werde, vollkommene Klarheit zu erhalten. Wenn die Kaiserin während des Winters Frieden schließen wolle, würden ganz andere Vorkehrungen erforderlich sein als wenn sie neuerdings Krieg führe. Und auch der Charakter dieses Krieges, ob er wie bisher ein defensiver, oder ob er ein offensiver sein und etwa durch einen Einmarsch in die Lausitz eröffnet werden sollte, sei für die Wahl der Winterquartiere entscheidend. Im ersteren Falle habe man nur an die größte Sparsamkeit und Schonung des Landes zu denken. Im zweiten müsse man nach dem Feinde sich richten, im dritten aber ausschließlich dasjenige ins Auge fassen, was die Ausführung des Angriffsplanes zu erleichtern vermöchte. Joseph bat seine Mutter, diese Fragen mit Kaunitz reiflich zu überlegen und ihm sonach Antwort zu geben. Denn wenn man den dritten und einzig und allein vortheilhaften Plan wirklich durchführen wolle, so wäre es hoch an der Zeit, jetzt schon die nöthigen Vorbereitungen zu treffen [816]).

Wenn Joseph nun die Fortsetzung des Krieges als dasjenige hinstellte, was nach seiner Meinung am meisten im Interesse Oesterreichs liege, so bewies er dadurch zum mindeften wenig Confequenz. Denn erft vor zehn Tagen hatte er vertraulich an Lacy gefchrieben: „Gott „gebe daß wir diefen Feldzug mit dem Abmarsche des Feindes aus „Böhmen beendigen. Dann aber verleihe er uns einen ehrlichen und „anftändigen Frieden, denn unter den obwaltenden Umftänden läßt „fich nichts Gutes mehr hoffen" [817]).

Unverzüglich theilte Maria Therefia die an fie gelangten An= fragen des Kaifers dem Fürften Kaunitz mit, und diefer beeilte fich nicht minder, ihr feine Gedanken über die Art und Weife zu er= öffnen, in der fie zu beantworten wären. Er that dieß mit all der ftaatsmännifchen Einficht und der geiftigen Ueberlegenheit, die er noch jedesmal, und gerade in den fchwierigften Lagen am glänzendften be= währt hatte.

Die ausführliche Entwicklung feiner Anfichten läßt fich dahin zu= fammenfaffen, daß er die Fortführung des Krieges im Intereffe Oefter= reichs als durchaus nicht mehr wünfchenswerth erklärte. Große Erfolge, wie man im vergangenen Kriege auf fie gehofft, eine Wiedereroberung Schlefiens und der Grafschaft Glatz feien fchon darum in gar keiner Weife zu erwarten, weil felbft für den unwahrfcheinlichen Fall einer völligen Niederwerfung des Königs von Preußen Rußland fie nicht zugeben, fondern ihm mit anfehnlicher Heeresmacht zu Hülfe kommen würde. Und auch von Frankreich hätte fich Oefterreich keinen Beiftand zu verfprechen. Denn es würde in Anbetracht feiner eigenen Bedrängniß, und weil es Oefterreich eine fo beträchtliche Machtvergrößerung nicht gönne, fich zu nichts Anderem als zum Fefthalten an feiner bisherigen Neutralität verftehen.

Das Höchfte, worauf man fich Hoffnung machen könnte, beftünde darin, daß es gelänge, den König von Preußen zur Annahme der ihm gemachten, von ihm aber zurückgewiefenen Friedensbedingungen zu zwingen. Hiefür fei jedoch gleichfalls nur fehr wenig Wahrfcheinlichkeit vorhanden. Denn was den Widerftand Oefterreichs gegen die Ver= einigung der Markgrafthümer mit Preußen angehe, fo könne ihn der König gar leicht vereiteln. Da er die Zuftimmung der Agnaten bereits

erhalten, brauche er bloß diejenige des Kaisers und des Reiches zu
begehren.   Sie werde ihm nicht verweigert werden können, indem die
protestantischen Reichsfürsten für ihn eintreten und die katholischen es
ohne Zweifel nicht wagen würden, sich ihm zu widersetzen.

Ungefähr ebenso werde es um die Forderung Oesterreichs bestellt sein, den östlichen Theil Baierns von Kufstein bis Waldmünchen
zu erhalten.   Man dürfe sich der Erwartung nicht hingeben, hiezu
die Einwilligung des Königs zu erlangen, und selbst wenn dieß der
Fall wäre, könnte es leicht sein, daß sie erfolglos bliebe.   Denn die
Zustimmung des kurpfälzischen Hauses sei gleichfalls nichts weniger
als gewiß. Könne somit von der Fortsetzung des Krieges kein ansehnlicher Vortheil, sondern nur große Gefahr und unermeßlicher Aufwand vorausgesehen werden, so werde nichts übrig bleiben als von
österreichischer Seite eine verringerte Forderung zu stellen, von der
man mit der Hoffnung sich schmeicheln dürfe, daß sowohl das Deutsche
Reich als Frankreich und Rußland sie bei Preußen mit Nachdruck
befürworten würden.   Jetzt schon mit einer solchen hervorzutreten, sei
noch nicht an der Zeit.   Man habe wenigstens vier bis fünf Monate
zu Verhandlungen vor sich, und außerdem könnten unerwartete Vorfälle sich ereignen, welche vielleicht eine Veränderung in der Lage der
Dinge herbeiführen würden. Um aber auch den König willfähriger zu
stimmen und sich nicht schon von vorneherein von seinem Gutdünken
allzu abhängig zu machen, müsse man möglichst ausgiebige Vorkehrungen für einen zweiten Feldzug treffen.   Komme es überhaupt
zu einem solchen, dann sei wohl zu wünschen, daß der Krieg nicht
bloß defensiv, sondern angriffsweise und mit so großem Nachdrucke
als nur immer möglich geführt werde [815]).

Erst in der neuesten Zeit ist dieses Gutachten des Staatskanzlers
so orakelhaft als nur möglich genannt worden [819]), während doch in
der That nicht viel Scharfsinn dazu gehört, es klar und deutlich zu
finden. Kaunitz wollte eine Ermäßigung der österreichischen Forderungen bis zu einem Grade, daß ihre Billigkeit überall einleuchte und
daher auch ihre Unterstützung von Seite der fremden Mächte wahr

scheinlich werde. Wie weit diese Ermäßigung gehen solle, brauchte nicht jetzt schon unwiderruflich festgestellt zu werden, sondern konnte dem Verlaufe der Verhandlungen vorbehalten bleiben. Um sich jedoch nicht dem Könige von Preußen gegenüber schon von vornherein die Hände zu binden und sich seinem Machtgebote nicht unbedingt unterwerfen zu müssen, schien es nothwendig, die Vorbereitungen zur Fortsetzung des Krieges, so unwillkommen auch eine solche sein würde, nachdrucks-voll zu betreiben. Käme es zuletzt wirklich noch einmal zum Kriege, dann wäre es besser, ihn nicht bloß vertheidigungsweise, sondern in einer Art zu führen, von der eine möglichst empfindliche Schädigung des Feindes erwartet werden dürfe.

Einen besseren Gewährsmann für die Richtigkeit der Behauptung, das Gutachten des Staatskanzlers sei nichts weniger als dunkel, sondern für Jedermann leicht verständlich gewesen, kann es übrigens gar nicht geben als den Kaiser selbst. Rasch bei der Hand mit dem Tadel, auch wenn es eine Handlung oder eine Arbeit des Fürsten Kaunitz galt, sparsam mit dem Lobe, spendete doch Joseph das letztere dem Aufsatze des Staatskanzlers in reichlichstem Maße. „Ich finde nicht „nur nichts dawider zu sagen", antwortete er ihm, „sondern ich be-„wundere von Neuem all die Klarheit und Richtigkeit der Ansichten, „die darin herrschen. Ich werde demgemäß meine Maßregeln treffen." Neuerdings sprach Joseph die Hoffnung aus, daß es gelingen werde, entweder den König dahin zu bringen, daß er der Vereinigung der fränkischen Markgrafthümer mit Preußen entsage, oder sich darein füge, daß Oesterreich hiefür einen Ersatz in Baiern erlange. Weit davon entfernt, einem solchen grundsätzlich zu widerstreben, scheine Frankreich jetzt gleichfalls dafür zu sein, daß Oesterreich irgend Etwas erlange oder behalte, weil es hierin das geeignetste Mittel zur Beendigung der Feindseligkeiten erblicke. Niemand Anderem als Kaunitz sei diese günstige Wendung zu verdanken. Freilich könne man noch nicht vorher-sehen, was wirklich geschehen werde, aber das Urtheil und die Meinung Rußlands würden wohl am meisten beitragen zur Entscheidung der Sache. Auch die Furcht, welche man den Sachsen etwa einflößen könnte, sich durch den Krieg zu Grunde gerichtet und ihm zum Opfer gebracht

zu sehen, könnte Einfluß hierauf ausüben, und es wäre gut, wenn
man ihnen unter der Hand einige Anregung gäbe, sich gegen den
Tyrannen, der ihr Land besitze und bedrücke, etwas widerspänstig
zu bezeigen. Für die Armee könne er gutstehen, wenn nur kein Geld=
mangel eintrete. Wenn man sich anstrenge, könne man sie für den
nächsten Feldzug um dreißigtausend Mann vermehren; aber die Auf=
bringung dieser Verstärkung und der Unterhalt der ganzen Armee
würden sehr große Kosten verursachen. Käme es neuerdings zum Kriege,
dann wolle er ein starkes Corps in Mähren und eine Armee bei
Jaromircz an der Elbe zurücklassen, selbst aber mit dem Hauptheere
nach Zittau und Bautzen marschiren [820]).

Hätte Joseph, wie aus seinen hier angeführten Worten ziemlich
deutlich hervorgeht, durch den nahe bevorstehenden, recht ruhmlosen
Abzug des Feindes aus Böhmen auf andere Gedanken gebracht, als
er selbst sie früher gehegt hatte, im Inneren seines Herzens doch
eigentlich der Fortführung des Krieges den Vorzug gegeben, so war
bei seiner Mutter natürlicher Weise das Gegentheil der Fall. „Der
„Besuch, den Du Mähren und Schlesien zu machen gedenkst", schrieb
sie ihm am 10. October, „würde diesen armen Ländern zum Heile
„gereichen, wie dieß an der Iser und der Elbe der Fall war, aber
„es ist schrecklich, daß überall Deine Gegenwart nothwendig wird, um
„die Sachen wieder in Stand zu setzen. Wie kannst Du da aus=
„reichen, insbesondere wenn der nächste Krieg ein offensiver sein soll?
„Irgend ein geheimes Gebrechen steckt dahinter, denn ich kann die
„Generale, die in früheren Kriegen unsere besten gewesen sind, nicht
„jetzt für Feiglinge halten. Es herrscht bei uns ein gewisses Miß=
„trauen, das Einer gegen den Anderen und wider die Truppen hegt,
„eine viel zu hoch gespannte Idee von dem Feinde, und das verweich=
„lichte Leben, welches hinzutrat, kann leicht die Ursache davon sein. Ich
„bin fortwährend damit beschäftigt, aber dieser Mangel oder ein
„anderer, aus welchem hervorgeht, daß weder unsere schöne Armee
„noch Deine ganz außerordentlichen und auf die Länge nicht zu er=
„tragenden Anstrengungen die gewünschten Erfolge zu erringen im
„Stande sind, Alles dieß vermehrt stets die Sehnsucht nach dem

„Frieden. Wie kann man in solcher Weise Erfolge erwarten? Die
„Maschine ist zu groß, um nicht vieler Handlanger zu bedürfen; das
„hat das Unglück des früheren Krieges herbeigeführt und wird es
„fortwährend thun" [821]).

Selbstverständlich brachte es Maria Theresia mit diesen und ähnlichen Kundgebungen ihrer friedliebenden Gesinnungen keineswegs dahin,
auch ihren Sohn zu solchen zu bekehren. Aber er war doch bemüht,
sie durch die Versicherung zu beruhigen, daß die Vorbereitungen zu
einem künftigen Feldzuge in nichts Anderem beständen, als sich längs
der Grenze der geeigneten Stellungen, um den Feind von dort aus
mit Aussicht auf Erfolg zu bekämpfen, und der Centralpunkte zu versichern, von denen aus·man sich überallhin zu verfügen im Stande
sei. Da die österreichischen Streitkräfte denen des Königs von Preußen
der Zahl nach nicht gleichkommen würden, gedenke er, fügte der Kaiser
hinzu, weder nach Sachsen noch nach Schlesien zu marschiren, ohne
daß irgend ein glückliches Ereigniß ihm die Mittel dazu darbiete.
Wohl aber beabsichtige er, den Feind immer mehr einzuengen und
dadurch zu einer Entscheidungsschlacht zu treiben.

Der entgegengesetzten Anschauung der Kaiserin lagen, wie wir
gesehen haben, außer ihrem Abscheu vor Blutvergießen und ihrer Liebe
zum Frieden auch noch ein gewisses Mißtrauen gegen die eigene Wehrkraft, die Ueberzeugung, daß man von Frankreich durchaus keinen
werkthätigen Beistand erwarten dürfe, und die lebhafte Besorgniß zu
Grunde, Rußland werde in einem nächsten Feldzuge als Verbündeter
Preußens theilnehmen am Kriege. Auch Kaunitz war, wie wir wissen,
der gleichen Meinung, und wie zuversichtlich Friedrich schon für die
nächste Zukunft die gewaffnete Hülfe Rußlands erwartete, davon liefert
der Briefwechsel des Königs mit dem Prinzen Heinrich den besten
Beweis. Im Geiste sah Friedrich die Russen nicht nur in Galizien,
das die Oesterreicher, um sich in Böhmen und in Mähren zu verstärken, fast ganz von Truppen entblößt hatten, sondern auch schon in
Ungarn. Einfälle in dieses letztere Land würden, so meinte er, den
Wiener Hof bestimmen, demselben unverzüglich und in ausgiebigstem

Maße zu Hülfe zu kommen; dadurch werde aber die gegen ihn selbst im Felde stehende Streitmacht der Oesterreicher ansehnlich geschwächt und zu fernerem Widerstande untauglich werden [822]). Ja der König behauptete mit Bestimmtheit zu wissen, daß demnächst in Galizien einmarschirende russische Corps werde aus achtzehn Bataillonen, zwei Dragonerregimentern und dreitausend Kosaken bestehen [823]).

Von Tag zu Tag sah Friedrich der Erfüllung seiner Erwartung entgegen, aber sein Harren blieb fruchtlos und seine Ungeduld wurde auf eine sehr harte Probe gestellt. „Von Schildkröten könne man“, schrieb er einmal seinem Bruder, „sich keinen anderen Gang als den der „Schildkröten versprechen“ [824]). Aber bald belebte sich seine Hoffnung von Neuem, und wenn er sich auch kaum mehr schmeicheln konnte, noch in dem eben zu Ende gehenden Feldzuge die Russen auf seiner Seite kämpfen zu sehen, so kündigte er solches doch für das nächste Jahr mit voller Bestimmtheit an. Rußland werde dann, versicherte er den Erbprinzen von Braunschweig, mit sechzigtausend Mann theil-nehmen am Kriege, und dadurch eine gar gewaltige Aenderung in den Planen des Kaisers hervorbringen [825]).

So wie Friedrich sich dasjenige, was er wünschte, von der Zu-kunft versprach, so war das Gleiche, aber natürlicher Weise im ent-gegengesetzten Sinne auch bei Joseph der Fall. Wohl gab er zu, daß er schon seit langer Zeit von Frankreich auf keinerlei Hülfeleistung hoffe, denn die Schwäche Ludwigs XVI. und seines Ministeriums so wie der Verfall des ganzen Königreiches ließen von dorther keine that-kräftigen Entschlüsse erwarten. Aber was Rußland angehe, so glaube er, schrieb Joseph seiner Mutter, ehe es nicht wirklich geschehen sei, durchaus nicht daran, daß es dem Könige von Preußen auch nur einen einzigen Mann zusenden werde [826]).

Vielleicht in derselben Stunde, in welcher Maria Theresia diesen Brief ihres Sohnes empfing, händigte der Vertreter Rußlands in Wien, Fürst Galizin, dem Fürsten Kaunitz eine Erklärung ein, von welcher der König von Preußen vorhersagte, daß sie in Wien einen sehr tiefen Eindruck hervorbringen werde. Ob aber zuletzt der Stolz oder die Weisheit an dem Kaiserhofe den Sieg davontragen würden, könne Niemand vorausbestimmen. Man rede zwar von der Neigung der Kaiserin zum Frieden. Wenn er sich aber an den „impertinenten Hochmuth" des Fürsten Kaunitz erinnere, komme es ihm nicht ganz unwahrscheinlich vor, der österreichische Dünkel werde wieder die Oberhand behaupten [827]).

Nachdem Rußland, wie bereits erwähnt worden, die ersten Eröffnungen Oesterreichs, welche sich auf die baierische Erbfolge bezogen, günstig aufgenommen und mit willfährig lautenden Erklärungen beantwortet hatte, war es allmälig immer kühler geworden und schien endlich nicht abgeneigt zu sein, der preußischen Auffassung dieser Frage vor derjenigen Oesterreichs den Vorzug zu geben. Aber bis zu der von König Friedrich erwarteten Hülfeleistung im Kriege war noch ein sehr weiter Weg, und noch in den letzten Tagen des Juli erklärte der Leiter der russischen Politik, Graf Panin, dem österreichischen Gesandten Grafen Joseph Kaunitz, des Staatskanzlers jüngstem Sohne, Alles was der König von Preußen von einer angeblichen Hülfeleistung Rußlands verbreite, sei vollkommen unwahr; Rußland werde keinen einzigen Mann für Preußen ins Feld stellen [328]).

Auch die Sendung Thuguts in das preußische Hauptquartier wurde in St. Petersburg als dasjenige, was sie wirklich war, als eine Handlung betrachtet, aus welcher die sehnliche Friedensliebe der Kaiserin unzweideutig hervorging. Unerschöpflich war man in Lobsprüchen für Maria Theresia, und auf die Frage, ob Rußland zur Zustandebringung des Friedens seine guten Dienste eintreten lassen wolle, erklärte man sich hiezu mit Freuden bereit [329]).

Hiemit stand es nicht völlig im Einklange, daß es dem Könige von Preußen gelang, Rußland zwar nicht zu gewaffnetem Beistande, wohl aber zu dem Versprechen zu bewegen, eine energische Ermahnung zur Nachgiebigkeit an den Wiener Hof zu richten. Graf Joseph Kaunitz schrieb diese Wendung dem Einflusse des Günstlings Potemkin zu. Durch die Aussicht, Herzog von Kurland zu werden, für Preußen gewonnen, habe er auch Panin auf die Seite Preußens gezogen.

Allerdings sei Panin nicht fähig, seiner Herrin eine für Rußland so nachtheilige Sache wie die offene Parteinahme für Preußen in Vorschlag zu bringen. Er sei jedoch auch bei weitem zu schwach, sich der Ausführung solcher Rathschläge, wenn Andere sie der Kaiserin von Rußland ertheilten, mit Nachdruck zu widersetzen. Mehr als wahrscheinlich sei es, daß Rußland entweder schon jetzt definitiv Partei ergriffen habe für Preußen, oder daß es wenigstens nicht lang mehr zögern werde, es zu thun [830]).

Dieses Urtheil seines Sohnes konnte natürlicher Weise den Eindruck nur verstärken, welchen die russische Erklärung auf den Staatskanzler hervorbrachte. Im Eingange derselben geschah der Besorgnisse Erwähnung, mit welchen die Kaiserin von Rußland die Conflicte betrachtet habe, die aus den Ansprüchen Oesterreichs auf baierische Gebietstheile hervorgingen. Sie habe jedoch stets auf eine gütliche Schlichtung derselben gehofft und hiezu so viel beizutragen sich bemüht, als nur immer von ihr abhing. Mit Schmerz sehe sie jetzt, daß alle hierauf abzielenden Bemühungen fruchtlos geblieben seien und auch die Sendung Thuguts, dieses neue Kennzeichen der Großmuth und Mäßigung der Kaiserin Maria Theresia, erfolglos sein mußte, weil die von ihm überbrachten Bedingungen nicht der Art waren, um angenommen werden zu können. Den seither ausgebrochenen Krieg müsse sie jedoch ganz anders als den früheren Meinungsstreit ansehen. Deutschland bilde den Centralpunkt aller Angelegenheiten und Interessen Europa's; jede Aenderung an seiner Regierungsform, und insbesondere ein Krieg, der innerhalb seiner Marken geführt werde, sei von sehr großer Wichtigkeit für die benachbarten Staaten, hauptsächlich aber für Rußland, das in vielfachen und innigen Verbindungen mit den Fürsten des Reiches, mit Preußen aber in enger Allianz stehe. Die Kaiserin von Rußland sei dadurch wider Willen genöthigt gewesen, sich auch ihrerseits ein Urtheil über die österreichischen Ansprüche an Baiern zu bilden. Nach reiflicher Prüfung betrachte sie dieselben als nicht ausreichend begründet und als im Widerspruche mit dem westphälischen Frieden, der die Basis und das Bollwerk der deutschen Reichsverfassung sei. Da ihr Umsturz eine große Gefahr nicht nur für

Deutschland selbst, sondern für ganz Europa und somit auch für Rußland in sich berge, müsse Katharina derselben vorbeugen. Sie lade daher die Kaiserin ein, dem gegenwärtigen Kriege in Deutschland ein Ende zu machen und mit dem Könige von Preußen und den übrigen Betheiligten ein den Reichsgesetzen entsprechendes gütliches Uebereinkommen zu treffen. Sie hoffe auf eine willfährige Aufnahme dieser Anregung; sollte dieselbe jedoch wider besseres Vermuthen erfolglos bleiben, dann werde sie sich genöthigt sehen, dasjenige in ernste Erwägung zu ziehen, was durch die Interessen ihres Reiches, der ihr befreundeten Fürsten, die sich an sie um Beistand gewendet, und insbesondere durch ihre Verpflichtungen gegen ihren Alliirten von ihr gefordert werde [831]).

Leider besitzen wir den Brief nicht mehr, mit welchem Maria Theresia diese Erklärung der Kaiserin von Rußland ihrem Sohne übersandte. Aus der Antwort des Letzteren sehen wir, daß die Schärfe des Tones, in dem sie gehalten war, ihn nicht wenig erstaunte. Aber er wies darauf hin, daß sie sich mit einer erst vor kurzem an Rußland ergangenen Aufforderung, gleichzeitig mit Frankreich die förmliche Vermittlung des Friedens zwischen Oesterreich und Preußen zu übernehmen, gekreuzt habe. Man solle vorerst die Wirkung dieser Aufforderung abwarten; wäre man jedoch durchaus der Meinung, daß die russische Erklärung beantwortet werden müsse, dann möge man nur erwiedern, man kenne so genau die Einsicht der Kaiserin von Rußland und ihres Ministeriums, daß man sich die Bitte an sie erlaube, sie möge auch Oesterreich so viel davon zutrauen, daß es ihre Erklärung im rechten Lichte zu betrachten verstehe. Man zweifle daher nicht, daß nur die Zudringlichkeiten ihres Verbündeten ihr dieselbe zu entreißen vermocht hätten, während ihr Rechtsgefühl und das Wohl ihres Staates ihr niemals gestatten würden, den von ihr angedeuteten Schritt auch wirklich zu thun. Ihre Vermittlung werde übrigens Oesterreich in hohem Grade willkommen sein.

In den stärksten Ausdrücken, welche keinen Zweifel übrig lassen über die Gereiztheit seiner Stimmung, ließ Joseph gleichzeitig seiner

35*

Ueberzeugung neuerdings Worte, es werde zur russischen Truppenstellung für Preußen nicht kommen. „Die Kaiserin müßte nur ver-
„rückt sein", fügte er hinzu, „und ihr Minister ein mit Geld erkaufter
„Schurke, wie Stutterheim in Sachsen, dann ist Alles möglich. Die
„russische Erklärung soll wohl das Seitenstück zu derjenigen sein, welche
„die Franzosen in Berlin abgegeben haben. Ließe man doch lieber
„diese elenden Perrückenmacher schlafen, denen es gerade so an Herz
„mangelt wie an Geld! Ich glaube daß Rußland sich in Allem mit
„ihnen auf die gleiche Stufe stellen will, und das würde auch unendlich
„viel besser sein" 832).

Die bittere Anspielung des Kaisers auf die Franzosen war durch
den Auftrag verursacht, der nach lang dauerndem Schwanken endlich
dem französischen Geschäftsträger in Berlin von Paris aus ertheilt
worden war. Will man jedoch gerecht sein, so muß man anerkennen,
daß gerade so wie in Rußland eine Wendung zu Gunsten Preußens
eingetreten war, in Frankreich sich eine solche für Oesterreich vollzog.
Den eifrigen Bemühungen der Königin Marie Antoinette war dieses
Resultat vor Allem zu verdanken. Mit der Bedrängniß und der
trostlosen Stimmung, in der sich ihre Mutter befand, schien auch ihre
Liebe, ihre Anhänglichkeit für sie zu wachsen. Die dringenden Bitten
der Kaiserin, sie möge ihres Vaterlandes eingedenk sein und sich zu
Gunsten desselben in Frankreich mit Nachdruck verwenden, fielen daher
auch bei der Königin auf fruchtbaren Boden, und die Hingebung, mit
der sie den Wünschen ihrer Mutter nachkam, erfüllten das Herz derselben mit dankbarer Freude. „Die Folge wird zeigen", schrieb ihr
Maria Theresia einmal, „daß dieß auch durch das Ansehen und das
„Interesse Frankreichs gefordert wird. Hätte man gleich Anfangs diese
„Sprache geführt, von der wir jetzt die günstigsten Wirkungen ver-
„spüren, so bin ich gewiß, daß Alles sich beruhigt haben würde, ohne
„die Schreckensgestalt anzunehmen, die uns jetzt bedroht. Frankreich
„hat nie zu befürchten, daß wir es bloßstellen, in Mißgeschick hinein-
„ziehen oder seinen Einfluß verringern wollen. Unsere Interessen, und
„zwar auch diejenigen unserer Herzen und Familien sind zu innig
„mit einander verbunden, als daß wir nicht auf die Anschauungen

„Frankreichs eingehen sollten, außer wenn ein Bündniß mit dem Könige „von Preußen hiebei ins Spiel käme. Das hat unsere Allianz mit „England gelöst, und ich wäre sehr traurig, wenn ein Gleiches eines „Tages mit Frankreich geschähe."

Nachdem sie sich in einer ausführlichen Schilderung des Königs von Preußen ergangen, wie er ihrem Auge sich darbot, warnte Maria Theresia davor, seinem Worte zu vertrauen. „Frankreich hat dieß", schrieb sie der Königin weiter, „bei sehr vielen Gelegenheiten erprobt, und „kein europäischer Fürst ist seinen Treulosigkeiten entgangen; er aber „wagt es, sich zum Dictator und Protector von ganz Deutschland auf= „werfen zu wollen. Und all die großen Fürsten halten nicht zusammen, „um ein Unglück zu verhüten, das etwas früher oder später über uns „kommen wird. Seit sieben und dreißig Jahren macht er durch seinen „Despotismus und seine Gewaltthätigkeiten das Unglück Europa's aus. „Indem er alle bisher anerkannten Grundsätze der Redlichkeit und der „Wahrheit verwirft, treibt er mit jedem Vertrage, jedem Bündnisse „sein Spiel. Uns, die wir ihm am meisten preisgegeben sind, läßt „man im Stiche. Dießmal werden wir uns vielleicht noch schlecht und „recht aus der Verlegenheit ziehen, aber ich rede nicht für Oesterreich; „es ist die gemeinsame Sache aller Fürsten. Die Zukunft ist nichts „weniger als lachend. Ich werde nicht mehr am Leben sein, aber „meine geliebten Kinder und Enkel, unsere heilige Religion, unsere „guten Völker werden es nur allzuschwer empfinden. Schon jetzt lastet „dieser Despotismus auf uns, der ohne Grundsätze nur nach seinem „eigenen Vortheile und gewaltthätig handelt. Wenn man ihn immer „mehr Boden gewinnen läßt, welche Aussichten für diejenigen, die nach „uns kommen werden; das Uebel wird sich fortwährend steigern" [833]).

Marie Antoinette schien ebenso glücklich als stolz, daß die Kaiserin sich ihr gegenüber rückhaltslos aussprach, und nie fand sie Ausdrücke innigerer Zärtlichkeit für sie als in jenen Tagen des Schmerzes und der Trauer für Maria Theresia. „Ich kann meiner theuren Mutter „nicht sagen", antwortete sie ihr, „wie sehr ihr Brief mich gerührt „hat; das Vertrauen, das sie mir darin zeigt, bewegt mich aufs tiefste.

„O Gott! Wie gern möchte ich all mein Blut hingeben, auf daß sie
„glücklich sei und die Freude und Ruhe genieße, die sie so sehr verdient.
„Sollte es anders kommen, so wird es niemals die Schuld ihrer
„Kinder sein. Nach meinem eigenen Herzen beurtheile ich auch die
„ihrigen; man müßte sehr undankbar sein, wenn man für eine so zärt=
„liche Mutter wie die unsrige nicht Alles aufopfern wollte. So denke
„wenigstens ich, und ich bin überzeugt, so denken sie Alle" [834]).

Daß dieß wirklich die Gesinnung der Königin war, davon gab
sie ihrer Mutter auch überzeugende Proben. Nicht nur ihren Gemal,
sondern auch dessen Minister Maurepas und Vergennes bestürmte
sie mit Vorstellungen, den erprobten Bundesgenossen Oesterreich nicht
im Stiche zu lassen. Muthig bekämpfte sie die in Frankreich vor-
herrschende, durch den unbefriedigenden Ausgang des siebenjährigen
Krieges noch gesteigerte Abneigung gegen die österreichische Allianz.
Sie allein setzte es durch, daß endlich der französische Geschäftsträger
in Berlin den Auftrag zu jener Erklärung erhielt, welche Joseph so
bitter bespöttelte.

Die letztere hatte in einer lebhaften Unterstützung des von der
Kaiserin ausgegangenen Anerbietens bestanden, sie wolle all ihren
Ansprüchen auf baierische Gebietstheile entsagen, wenn der König von
Preußen von jeglicher Aenderung der gesetzmäßigen Erbfolge in den
fränkischen Markgrafthümern abstehe. Aber der König hatte hierauf
erwiedert, daß er eine Vermengung dieser beiden, ihrer Natur nach
außer allem und jedem Zusammenhange stehenden Angelegenheiten
von der Hand weise und eine Einmischung Fremder in eine nur ihn
selbst und sein Haus angehende Sache nie zugeben werde. Das für
den Fall der Zurückweisung seines Anerbietens gestellte Vergrößerungs-
begehren des Kaiserhofes begreife den ansehnlichsten und reichsten Theil
Baierns, ja sogar die Salzwerke von Reichenhall in sich, welche Baiern
unmöglich entbehren könnte, da sie dessen wichtigste Einnahmsquelle
seien. Durch eine solche Abmachung würde der Herzog von Zwei=
brücken noch ärger geschädigt, als es durch den Vertrag vom 3. Jänner
geschehen sei. Sachsen, dessen Ansprüche auf den Wortlaut des west-

phälischen Friedens gegründet seien, und welches jetzt auf eine bereinstige Vereinbarung mit dem kurfürstlich pfälzischen Hause vertröstet werden solle, würde sich gleichfalls und mit Recht über eine so ungerechte Behandlung beschweren. Die Ehre und das Ansehen des Königs würden durch ein Uebereinkommen, durch welches die Unterdrückung derer, die seinen Beistand in Anspruch genommen, erst recht besiegelt würde, allzusehr bloßgestellt, als daß er sich hiezu jemals herbeilassen könnte.

Wie es so oft schon der Fall gewesen, so war auch jetzt Kaunitz durchaus nicht einverstanden mit der Meinung des Kaisers, man solle sich von nun an um die Haltung Frankreichs nicht mehr kümmern, denn wirklichen Beistand dürfe Oesterreich von dieser Macht ohnehin nicht erwarten. Auch Kaunitz rechnete durchaus nicht auf einen solchen, aber er verkannte doch den sehr großen Unterschied nicht, der darin lag, ob ein Staat wie Frankreich, so herabgekommen er auch damals war und so sehr der Krieg mit England seine ohnedieß geschwächte Kraft in Anspruch nahm, sich für Oesterreich wohlwollend, oder ob er sich gleichgültig verhielt. Darum gab Kaunitz sich ernstliche Mühe, den Hof von Versailles dahin zu bringen, daß er seine Sprache gegen den König von Preußen verschärfe und in eine drohende verwandle. Wenn es demselben gestattet würde, sagte er dem französischen Botschafter Breteuil, sich in fremde, ihn gar nicht berührende Angelegenheiten zu mengen und die Gültigkeit einer Convention zu bestreiten, welche zwei von ihm durchaus unabhängige Reichsstände mit einander abgeschlossen hätten, dann könne es der Kaiserin gewiß nicht verdacht werden, wenn sie sich der Vereinigung der fränkischen Markgrafthümer mit der preußischen Primogenitur, der die zu einem förmlichen Reichsgesetze erhobene pragmatische Sanction des Hauses Brandenburg entgegenstehe, auch ihrerseits widersetze. Durch seine Gebietsvergrößerung in Polen, in die man sich nothgedrungen fügen mußte, sei der König in den Stand gesetzt worden, seine Streitmacht um fast dreißigtausend Mann zu vermehren. Gelänge ihm die Vereinigung der fränkischen Markgrafthümer mit Preußen, dann würde seine Wehrkraft eine neue und nicht viel geringere Steigerung erfahren. Schon in dem gegenwärtigen Feldzuge sei er Oesterreich um wenigstens dreißigtausend

Mann überlegen gewesen. Außerdem kenne Jedermann seine enge
Verbindung mit Rußland und mit allen protestantischen Höfen. Oester=
reich habe zwar einen großen Theil der katholischen Stände für sich,
von ihnen sei jedoch bei ihrer bekanntlich sehr schlechten militärischen
und finanziellen Verfassung wenig oder gar nichts zu hoffen. Wenn
man also von dem zu besorgenden Umsturze des Gleichgewichtes zwischen
Oesterreich und dem Könige von Preußen rede, so seien dieß keine
leeren Worte, keine scheinbaren Vorspiegelungen, keine unter dem
Vergrößerungsglase dargestellten Befürchtungen, sondern thatsächlich
bestehende Verhältnisse. Nicht nur für Oesterreich selbst, sondern für
alle katholischen Mächte und insbesondere für Frankreich, ja für das
ganze europäische Staatssystem würden und müßten sie von den
verderblichsten Folgen sein, wenn man dem Uebel nicht noch recht=
zeitig vorbeuge.

Mit der ganzen geistigen Ueberlegenheit des erfahrenen und
erprobten Staatsmannes führte Kaunitz dem französischen Botschafter
zu Gemüth, wie thöricht man in Frankreich doch handle, indem man,
obgleich man äußerlich in einem Bündnisse mit Oesterreich sich befinde,
innerlich von der früheren Abneigung gegen dasselbe beseelt sei. Noch
immer verfahre man dort nach Grundsätzen, welche der Epoche vor
Abschluß des westphälischen Friedens und somit einer Zeit ihre Ent=
stehung verdankten, in der das Haus Brandenburg noch eine sehr
untergeordnete Rolle spielte, Rußland im Rathe der Völker ganz
unbekannt war und alle protestantischen Reichsstände noch nicht die
Hälfte jener Kriegsmacht besaßen, welche jetzt der König von Preußen
allein auf die Beine gebracht habe.

Hiezu komme noch die natürliche Lage der österreichischen Erb=
länder, ihre weite Entfernung von einander, die große Verschiedenheit
ihrer inneren Verfassung, die in Ungarn gesetzlich bestehende Be=
schränkung der königlichen Gewalt. Aus all dem gehe hervor, mit welch
unendlichen Schwierigkeiten man bei der Verwaltung dieser Länder,
bei der Ausbeutung ihrer Kräfte und Hülfsquellen kämpfen müsse.
Bedenke·man, daß von alledem in der preußischen Staatsmaschine

gerade das Gegentheil bestehe, betrachte man die Leichtigkeit und
Raschheit, mit der die Hauptmacht des Königs in das Herz der österreichischen Monarchie eindringen könne, erinnere man sich, wie während
des siebenjährigen Krieges so viele und so mächtige Staaten nichts
Entscheidendes gegen Preußen ausrichten konnten, und erwäge man,
wie in dem gegenwärtigen Kriege die Anspannung der äußersten Kräfte
zur Selbstvertheidigung Oesterreichs kaum zureiche, so lasse sich unmöglich verkennen, daß es zur Umstoßung des Gleichgewichtes zwischen
Oesterreich und Preußen nur noch auf einen, wenn auch an und für
sich nicht gerade sehr beträchtlichen Machtzuwachs für Preußen ankomme, ohne daß Oesterreich gleichzeitig entsprechende Vortheile erhalte.
Ein solcher Zuwachs aber würde ihm durch die Vereinigung der beiden
Markgrafthümer mit Preußen zu Theil werden.

Kaunitz drang daher in die französische Regierung, daß nicht
nur ihr Geschäftsträger in Berlin, der ihm ertheilten abschlägigen
Antwort zum Trotze, fortwährend im Sinne seiner früheren Erklärung
sich äußere, sondern daß auch von den übrigen Repräsentanten Frankreichs im deutschen Reiche eine solche Sprache geführt werde. Mercy
aber wurde beauftragt, sich in gleichem Sinne zu verwenden, und
außerdem dahin zu wirken, daß Frankreich den Kurfürsten von der
Pfalz in seiner bisherigen guten Gesinnung bestärke, und den Herzog
von Zweibrücken, den es ja völlig in seiner Hand habe, dahin bringe,
daß er sich durch das Anerbieten der Kaiserin befriedigt erkläre [835]).

Noch war man in Frankreich nicht zur Ertheilung einer Antwort
auf diese Begehren des Kaiserhofes gekommen, als man von Wien
aus die am 20. October durch Galitzin überreichte russische Erklärung
erhielt. Schon einen Tag nachdem er sie empfangen, sandte sie Kaunitz
an Mercy zu unverzüglicher Mittheilung an den Hof von Versailles.
Er möge sich dessen baldigste Meinungsäußerung über sie erbitten,
und sich, wenn es mit Aussicht auf Erfolg geschehen könnte, dafür
verwenden, daß so wie Rußland in Wien eine Erklärung zu Gunsten
seines Verbündeten abgeben ließ, ein Gleiches in Berlin von Seite
Frankreichs im Interesse Oesterreichs geschehe [836]).

Die lahme Erwiederung der französischen Regierung auf das erstere Begehren des Fürsten Kaunitz, welche inzwischen nach Wien gelangte, war nicht dazu angethan, Hoffnung auf ein energisches Eintreten des Hofes von Versailles zu Gunsten Oesterreichs zu erwecken. Man zögerte sogar, den Repräsentanten Frankreichs bei den Einzelnstaaten Deutschlands den Befehl zu ertheilen, sich dort in gleichem Sinne zu erklären, wie dieß von Seite des französischen Geschäftsträgers am preußischen Hofe geschehen war. Und ebensowenig legte man irgendwelche Geneigtheit an den Tag, auf den Kurfürsten von der Pfalz oder den Herzog von Zweibrücken in einem Oesterreich günstigen Sinne zu wirken.

„Deinem Eifer und Deiner Zärtlichkeit lasse ich", schrieb Maria Theresia ihrer Tochter an deren Geburtstage, „Gerechtigkeit wider„fahren; ja ich zittere manchmal, daß Du Dich allzuweit vorwagen „könntest, ohne irgend einen Erfolg zu erzielen, oder daß Du Dich „Menschen gegenüber bloßstellst, die übel gesinnt sind oder Dich mit „Vorschlägen hinhalten, hinsichtlich deren ich mich durch die Thatsachen „überzeuge, daß man dasjenige nicht mit Genauigkeit erfüllt, wozu „man sich gegen uns anheischig gemacht hat. Welch ein Unterschied „zwischen dem Alliirten des Königs von Preußen und dem Unsrigen. „Nicht allein daß Rußland bei jeder Gelegenheit die gleiche Sprache „wie sein Verbündeter führt. Aber seine deutliche Erklärung, welche „Dir unser letzter Courier überbracht haben wird, versetzt uns in „große Verlegenheit, und auf diese Art dürfen wir auf den Frieden „nicht hoffen, der doch so ungemein wünschenswerth ist. Seit vierzehn „Tagen weisen die Bewegungen des Königs auf weitaussehende Plane „desselben hin. Nachdem er in Schlesien bereits die Quartiere bezogen, „sammelt er plötzlich seine Truppen und wirft sich mit all seiner „Streitmacht auf das uns noch gehörige Stück von Schlesien, welches „ganz unbeschützt und dem Erstbesten offen ist. Wie gewöhnlich plün„dert er und gibt sich den Anschein, nach Mähren vorrücken zu „wollen, was ich in Anbetracht der späten Jahreszeit und des unweg„samen Zustandes der Straßen nicht für wahrscheinlich halte. Ich „glaube eher, es ist eine den russischen Truppen angepaßte Bewegung,

„von denen die Nachrichten aus Polen behaupten, daß sie trotz des
„türkischen Krieges schon in Marsch gesetzt worden sind. Das würde
„das Maß unseres Unglückes voll machen, aber in der Zeit, in der
„wir leben, muß man auf Alles gefaßt sein, insbesondere da wir von
„unserem Verbündeten gar nicht unterstützt werden, der uns sogar
„bei dem Kurfürsten von der Pfalz und dem Herzoge von Zweibrücken
„nicht nützlich sein zu können glaubt" [837]).

Daß es der Kaiserin trotz des Schmerzes über ihre Bedrängniß
und der Lebhaftigkeit ihrer Klagen doch voller Ernst war mit dem
Wunsche, ihre Tochter möge sich nicht durch allzu eifrige Parteinahme
für Oesterreich in Frankreich Feinde erwecken, geht aus einem gleichzeitigen Briefe an Mercy unwiderleglich hervor. „Ich bin ungemein
„dankbar", schrieb sie ihm ebenfalls am 2. November, „für das
„Interesse, welches meine Tochter an unseren Angelegenheiten nimmt.
„Ich wünsche nur, daß sie dabei nicht mit zu viel Ungestüm auftrete
„und sich dadurch dem Könige lästig, den Ministern verdächtig, der
„Nation aber verhaßt mache" [838]).

Die Unzufriedenheit, die man in Wien über die Antwort Frankreichs auf das erste Begehren des Kaiserhofes empfand, mochte nicht
wenig dazu beitragen, daß man nicht erst der Erwiederung auf die
dort geschehene Mittheilung der russischen Erklärung harrte, um mit
sich selbst über dasjenige zu Rathe zu gehen, was von österreichischer
Seite in Folge der letzteren zu thun sei. Der Vorschlag des Kaisers,
daß man entweder gar nicht antworten und die Erklärung des russischen
Hofes über das an ihn gerichtete Vermittlungsbegehren abwarten, oder
das letztere einfach erneuern solle, ist bereits erwähnt worden. Auch
das wurde gesagt, daß der Kaiser zu diesem Ausspruche durch die
Voraussetzung vermocht wurde, Rußland werde sich zu gewaffneter
Betheiligung an dem Kriege gegen Oesterreich niemals entschließen.
Aber weder Maria Theresia noch Kaunitz waren dieser Meinung
des Kaisers. „Fürchte nicht", schrieb ihm seine Mutter, „daß wir in
„politischer Beziehung nicht festhalten; Dir gegenüber muß ich es
„jedoch aussprechen, daß es mehr als nothwendig ist, an ein Ende

„zu denken; für uns ist gar nichts zu gewinnen, aber Alles zu ver=
„lieren" 839).

Auf diese flüchtige Bemerkung beschränkte sich Maria Theresia,
während Kaunitz dem Kaiser ausführlicher schrieb. Man möge sich
nur ja nicht darüber täuschen, stellte er ihm vor, daß wenn man
während des Winters nicht zu einem anständigen Frieden gelange,
Rußland zu Gunsten des Königs von Preußen Antheil nehmen werde
an dem Kriege. Dann aber werde man sich schon während des nächsten
Feldzuges gezwungen sehen, den Frieden auf Bedingungen hin zu
schließen, die der König von Preußen vorschreiben würde. Nur dann
könnte es dem Hause Oesterreich gelingen, dieser Nothwendigkeit zu
entgehen, wenn es eine Verbindung anzuknüpfen vermöchte, durch
die es in den Stand gesetzt würde, den Krieg gegen die vereinigten
Höfe von Berlin und St. Petersburg, ja vielleicht auch noch gegen
andere Anhänger derselben zu führen. Seit der Ankunft der russischen
Erklärung von dieser traurigen Wahrheit überzeugt, habe er unablässig
nachgedacht über den zu fassenden Entschluß. Er habe auch das
Resultat dieses Nachdenkens schon zu Papier gebracht, aber es sei
ebenso unmöglich, über so wichtige und verwickelte Dinge im Correspon=
denzwege zu verhandeln, als unerläßlich, sich rasch über dasjenige zu
entscheiden, was man thun wolle. Der Kaiser und die Kaiserin müßten
sich hierüber verständigen; das könne jedoch nur durch mündliche Er=
örterung und unter Beobachtung des tiefsten Geheimnisses geschehen.
Im Interesse der Sache und zu seiner eigenen Sicherstellung müsse
er daher den Kaiser bitten, sich wenn auch nur für einige Tage nach
Wien zu begeben, auf daß er ihm und der Kaiserin seinen Plan vor=
legen und auseinandersetzen könne 840).

Maria Theresia unterstützte das Begehren des Fürsten Kaunitz
mit warmen Worten, ja sie beschwor ihren Sohn, demselben so rasch
als nur immer möglich zu willfahren; Joseph aber war nichts weniger
als gesonnen, dieß zu thun. Er ging von der gleichfalls nicht ganz un=
berechtigten Ansicht aus, daß so lang der König von Preußen noch
im Felde stehe, seine Operationen fortsetze, ja sich noch auf öster=

reichischem Boden befinde, er selbst sich nicht aus der Nähe des Kriegs-
schauplatzes entfernen dürfe. Jeden Augenblick könnten Nachrichten
kommen, die ihn dorthin beriefen, um die erforderlichen Maßregeln zu
treffen, welche ohne ihn gewiß vernachläſſigt werden würden. Bedenke
man überdieß, daß ſich die Vorbereitungen zur nächſten Campagne
in vollem Zuge befänden, daß Alles auf ihm laſte und ohne ihn gar
nichts geſchehen würde, dann werde man einſehen, daß er an ſeiner
Pflicht und an ſeinem Vaterlande zum Verräther werden müßte, wenn
er der Kaiſerin nicht die Unmöglichkeit darlegen würde, ſich in dieſem
Augenblicke nach Wien zu verfügen. Sollte ſie es ihm dennoch poſitiv
befehlen, dann werde er, nachdem er ihr ſeine Gegenvorſtellung gemacht, ihr ſo raſch als nur immer möglich gehorchen.

Was jedoch die Sache ſelbſt angehe, um die es ſich handle, ſo
habe er ſchon oft wiederholt, er werde Alles blindlings unterſchreiben,
wozu ſie ſich entſchließe. Glaube man wirklich, daß Rußland im nächſten
Jahre am Kriege Theil nehmen werde und Frankreich nicht, dann
bleibe nichts übrig als Baiern zurückzugeben und die Vereinigung der
Markgrafthümer gar nicht mehr zu berühren; dann werde eben der
König ſeinen Triumph, die Kaiſerin aber ihren Frieden haben. Dieß
wäre übrigens allen ſonſtigen Projecten noch weit vorzuziehen, man
möge die Anknüpfung einer Verbindung in Polen, die Hineinziehung
des Königs von Schweden, oder andere Träumereien im Sinne haben,
die er hie und da auftauchen ſah. Nachdem er ſich in dieſer Weiſe
erklärt habe, werde es nicht ſchwer ſein, auch ohne ihn zu einem Entſchluſſe zu gelangen. Käme es jedoch auf ihn allein an, ſo würde er
vor einem Wagniſſe nicht zurückſchrecken. Denn er könne nicht daran
glauben, daß die Ruſſen die Sache aufs Aeußerſte treiben wollten;
ein neuer Feldzug aber könnte ſowohl dem Könige von Preußen als
ſeinen ſächſiſchen Parteigängern warm machen [841]).

Aber der innere Widerſpruch, der ſich ſo oft im Laufe dieſes
Feldzuges in den Anſichten des Kaiſers bemerkbar gemacht, zeigte ſich
auch jetzt. Oftmals hatte er den ſchleunigſten Abſchluß des Friedens
als unerläßlich erklärt, um die Monarchie vor dem ihr drohenden

Verderben zu retten, dann aber die Schritte, welche Maria Theresia
hiezu that, als eine Erniedrigung der unerhörtesten Art bezeichnet, durch
die ihre und seine eigene Ehre sowie diejenige des österreichischen Staates
aufs Aergste befleckt werde. Unwillkürlich wird man an diese sich fortwährend erneuernde Inconsequenz erinnert, wenn man sieht, wie unmittelbar nachdem Joseph seiner Mutter geschrieben, er für seine Person
würde es auf ein Wagniß ankommen lassen, er Worte an sie richtet,
die sich hiemit nicht vereinbaren lassen. „Hinsichtlich der Friedens-
„projecte", so lauten sie, „unterwerfe ich mich vollständig Allem, wofür
„Sie sich zu entscheiden gedenken; ja Sie würden mir eine ganz
„besondere Gnade erweisen, wenn Sie hierüber noch vor meiner
„Rückkehr irgendwelchen Entschluß fassen wollten. Ich bin vielleicht
„sonderbar, und ich gebe in Anbetracht der Kenntniß, die ich von den
„Umständen und den Personen besitze, sogar zu, daß der Augenblick
„nicht gerade günstig ist für energische Maßregeln. Man wird also
„allmälig zurückweichen und nur die Thüre offen halten müssen, um
„es ein andermal besser zu machen, wozu die Zeit den Anlaß herbei-
„führen muß" [842]).

Deutlicher noch rückt der Kaiser am folgenden Tage, dem
3. November mit der Sprache heraus. Nun bezeichnet er selbst schon
den Abschluß des Friedens als wünschenswerth, und er kommt auf den
Plan eines Austausches der Niederlande gegen Baiern zurück, wobei
der Kurfürst von der Pfalz die Schadloshaltung Sachsens auf sich
nehmen und die Zustimmung des Herzogs von Zweibrücken auswirken
müßte. „Vielleicht wäre dieß", meint Joseph seiner Mutter gegenüber,
„der mindest ungünstige Entschluß, den man unter den einmal ob-
„waltenden Umständen zu fassen vermöchte. Ich wage ihn hier nur
„anzudeuten; Sie und Fürst Kaunitz werden richtiger darüber urtheilen
„als ich" [843]).

Was den Letzteren anging, so hatte er mit seiner Ansicht nicht
hinter dem Berge gehalten, sondern sie der Kaiserin ausführlich entwickelt. Vor Allem erneuerte er die Behauptung, es sei nicht wahrscheinlich, daß Oesterreich einen Theil Baierns behalten könne, der

das Wagniß und die Kosten der Fortsetzung des Krieges verlohne. Für noch unwahrscheinlicher aber betrachte er es, daß man dem Könige von Preußen gegenüber, selbst wenn er allein und ohne fremde Beihülfe bliebe, Eroberungen zu machen vermöge. Die Fortführung des Krieges müsse daher aussichtslos genannt und gewünscht werden, daß der Friede noch während dieses Winters zu Stande komme. Nur wenn dieß nicht ohne Erniedrigung der österreichischen Monarchie geschehen könnte, würde die Fortsetzung des Krieges zu rechtfertigen sein.

Fasse man die etwaigen Friedensbedingungen ins Auge, so müsse man sich erinnern, daß der König von Preußen beide ihm durch Thugut überbrachten Vorschläge zurückgewiesen habe. Weder Frankreich noch Rußland seien geneigt, sie bei ihm mit solchem Nachdrucke zu unterstützen, daß man mit der Hoffnung sich schmeicheln könne, er werde sie nachträglich annehmen; sie seien daher nicht mehr als geeignete Hülfsmittel zur Herbeiführung des Friedens zu betrachten und man müsse sich nach anderen umsehen. Alles wozu der König sich vielleicht herbeilassen könnte, bestünde in der Zustimmung zu dem Eintausche einiger nicht sehr umfangreicher baierischer Gebietstheile gegen bisher österreichischen Besitz, ohne daß dem Kaiserhause hiedurch eine wirkliche Vergrößerung seiner Staaten zu Theil werde, indem der ganze Gewinn nur in einer besseren Abrundung derselben bestehe. Gleichwohl empfehle sich ein solcher Ausweg, denn behalte man nur irgend etwas von Baiern, so werde es nicht mehr den Anschein haben, daß man Alles zurückgeben mußte, sondern Viele würden sogar glauben, man habe ein gutes Geschäft gemacht; dieß würde aber dem Ansehen der Monarchie nicht wenig zu Gute kommen. Was man von Baiern eintausche, werde wegen seines Zusammenhanges mit Böhmen und Oesterreich ob der Enns jederzeit werthvoller als dasjenige sein, was man als Aequivalent etwa dahingebe. Das Opfer, welches Oesterreich bringe, wenn es ablasse von seinem Widerstande gegen die Vereinigung der fränkischen Markgrafthümer mit Preußen, könne im Grunde als nichtexistirend angesehen werden, indem dieses Widerstreben ohne Zweifel nutzlos bleiben würde und von dem Könige von Preußen sehr leicht vereitelt werden könnte. Es sei also nicht zu zweifeln, daß man sich auch mit einem geringeren Theile Baierns begnügen sollte, und man müsse sich nur darüber klar werden, worin derselbe zu bestehen hätte.

Da man den durch Thugut in Braunau begehrten Theil Baierns von Kufstein bis Waldmünchen nicht zu erlangen im Stande sei, müsse man hievon ein Beträchtliches abschlagen. Vor Allem habe dieß in Bezug auf das Rentamt Burghausen und somit auf die Salinen von Reichenhall, hiedurch aber auch auf eine directe Verbindung mit Tirol zu geschehen. Auf eine solche könne man auch leicht verzichten und sich mit einem an Oesterreich ob der Enns und an Böhmen grenzenden Theile Baierns begnügen, indem die hiefür zu leistende Entschädigung in Landstrichen, welche von Oesterreich abgetrennt wären, und in anderen wenig bedeutsamen Zugeständnissen bestünde. Außerdem würde der Kaiserin die Unannehmlichkeit erspart, unmittelbar beitragen zu müssen zur Schadloshaltung des kurfürstlich sächsischen Hauses, das in dieser ganzen Angelegenheit sich so überaus schlecht gegen sie benommen habe.

Zur Beurtheilung dessen, was man bei Preußen durchsetzen könne, stelle es sich am zweckmäßigsten heraus, auf dasjenige zurückzugehen, was von dem Könige selbst angeboten worden sei. Zweierlei Vorschläge besitze man von ihm. Kraft des Einen wollte er die auf einer beigefügten Karte näher bezeichneten baierischen Districte Oesterreich lassen, wogegen es dem Kurfürsten von der Pfalz Limburg und Geldern abtreten und ihm die in Baiern gelegenen Reichslehen zukommen lassen sollte. Sachsen hätte die Reichslehen in Schwaben, dann Mindelheim und Wiesensteig als Austauschobjecte zu erhalten. Oesterreich verzichte außerdem auf die Oberhoheitsrechte der Krone Böhmen über einzelne Parzellen in der Oberpfalz, in Sachsen und Bayreuth, und es lege der dereinstigen Vereinigung der fränkischen Markgrafthümer mit Preußen oder ihrer etwaigen Vertauschung gegen die obere und die niedere Lausitz keine Hindernisse in den Weg. In dem zweiten Vorschlage aber habe der König zwar die an Oesterreich zu überlassenden baierischen Gebietstheile, aber auch die demselben

aufzuerlegenden Gegenleistungen beträchtlich geschmälert. In diesen Anträgen Preußens meinte nun Kaunitz, obgleich sie früher von österreichischer Seite zurückgewiesen worden waren, doch die Elemente
gefunden zu haben, auf deren Grundlage eine Verständigung herbeigeführt werden könnte [844]).

So weit war Kaunitz mit seiner Arbeit gediehen, als er sie, wie
es scheint, in Folge der Weigerung des Kaisers, sich zu gemeinschaft-
licher Berathung nach Wien zu begeben, wieder abbrach. Aber lange
Zeit konnte sie nicht ruhen, denn schon am 4. November traf aus
Rußland die Nachricht ein, die Kaiserin Katharina sei erbötig, gleichzeitig mit Frankreich die Vermittlung zwischen Oesterreich und Preußen
zu übernehmen. Fürst Repnin sei zu diesem Ende nach Berlin ab-
geschickt worden, und der russische Gesandte in Paris, Fürst Bariatinsky
werde mit dem Auftrage versehen werden, sich mit dem französischen
Ministerium über die Art und Weise zu verständigen, in welcher diese
Vermittlung ins Werk zu setzen wäre.

Maria Theresia war über diese Nachricht keineswegs erfreut.
„das gehet in das lange", antwortete sie dem Fürsten Kaunitz, als
er sie ihr mittheilte [845]), „bey einen congreß mit repnin wenig zu
„hoffen. wan was geschehen kan, mus es kürzer genohmen werden,
„sonsten komt sachsen und andere zu indemnisirn."

Wir besitzen leider die Briefe nicht mehr, welche in jenen Tagen
sowohl Maria Theresia als Kaunitz dem Kaiser schrieben. Aus den
Antworten des Letzteren aber kann man nicht nur seine eigenen Ansichten mit Bestimmtheit entnehmen, sondern auch auf dasjenige, was
ihm mitgetheilt worden war, ziemlich sichere Schlüsse ziehen. Seine
Mutter beschwor er, in Bezug auf den Frieden nur ja nichts zu überstürzen. Was Sachsen angehe, so würde es, nachdem die dortigen
Truppen auf österreichischem Gebiete geplündert hätten, ja sogar die
sächsischen Bauern mit Wagen gekommen seien, geraubte Gegenstände
aller Art nach ihrer Heimat zu schleppen, unwürdig sein, von irgend
einer Entschädigung für dasselbe auch nur zu sprechen; man müßte
darin eine ganz unerträgliche Erniedrigung erblicken. Wenn man

außer der einfachen Zurückstellung aller in Besitz genommenen baierischen Gebietstheile auch nur einen Groschen, oder etwa noch die Abtretung einiger Rechte oder Lehen verlangen würde, dann wäre es besser, Alles aufs Spiel zu setzen und den Krieg bis aufs Aeußerste weiter zu führen. Schon durch jene Zurückstellung würden die Ehre und das Ansehen des Staates empfindlich geschädigt. Gestehe man außerdem noch Anderes zu, dann würde man sich mit Schande bedecken und der unglücklichste Feldzug könnte nicht zu noch größerer Einbuße zwingen. „Ich bin immer der Meinung", so lauten die Worte des Kaisers, „daß die Preußen und noch mehr die Sachsen den Krieg lebhaft „bereuen, indem sie vorhersehen, daß wir ihnen Stand halten werden. „Sie wissen nicht was sie im künftigen Jahre unternehmen sollen. „Der König von Preußen richtet sich zu Grunde, ohne etwas zu „gewinnen. Durch die Drohung mit Rußland will er uns erschrecken „und dazu verleiten, uns mit dem Abschlusse eines für uns schmach= „vollen Friedens zu übereilen. Wenn wir Rußland schmeicheln und „es in Gemeinschaft mit Frankreich zum Friedensvermittler machen, „wenn wir Zeit gewinnen und die Sachsen sehen, daß sie diesen „Winter hindurch aufgefressen werden, wenn der König von Preußen „für den Feldzug sehr kostspielige Vorbereitungen zu machen hat, dann „glaube ich daß Beide leichter zu behandeln sein werden. In dem „gegenwärtigen Augenblicke wäre es ihnen freilich, schon um keine „Ausgaben machen zu müssen, äußerst bequem, den Abschluß des „Friedens zu überstürzen. Das ist meine Meinung; ich unterwerfe „sie ganz Ihrem Urtheil, aber es scheint mir von äußerster Wichtig= „keit zu sein, unser politisches Ansehen, welches wir durch unsere „Kriegführung aufrecht erhielten, auch bei dem Friedensschlusse zu „wahren" [846]).

Weit ausführlicher noch entwickelte Joseph seine Gedanken in dem Briefe, den er einen Tag später, am 6. November an Kaunitz abgehen ließ. Neuerdings gab er zu, daß Oesterreich allein, weder vom deutschen Reiche noch von Frankreich thatkräftig unterstützt, un= möglich einen erfolgreichen Krieg gegen die gesammte Streitmacht des Königs von Preußen, wenn sie mit derjenigen Sachsens vereinigt und noch durch eine russische Armee verstärkt würde, zu führen vermöchte. Selbst wenn man sich ihm gegenüber, was immerhin denkbar, zu behaupten im Stande wäre, würde ein solcher Feldzug, wenngleich ruhmvoll, doch für die österreichischen Länder verderblich und daher zu vermeiden sein.

Daß man von Frankreich keinen Beistand, und zwar weder an Geld noch durch Truppen erwarten dürfe, könne wohl als fest=stehend angenommen werden. Und selbst wenn man ihm die 24.000 Mann abzunöthigen vermöchte, die es kraft des Allianzvertrages stellen sollte, was könnten sie und was würde man mit ihnen beginnen? Der in Frankreich herrschende Geldmangel, der thörichte Krieg, den es gegen England unternahm und durch welchen sein Handel zu Grunde gerichtet werde, während er ihm nicht den geringsten Vortheil gewähre, die Schwäche des französischen Ministeriums und theilweise auch sein übler Wille böten die sicherste Bürgschaft, daß von dorther nichts zu erwarten sei.

Dagegen gebe es auch für Rußland keinen zureichenden Grund, um es zu bestimmen, wider Oesterreich geradezu offensiv aufzutreten. Es habe nichts dabei zu gewinnen, und wenn Dinge jeder ver=nünftigen Convenienz so sehr widersprächen, so hörten sie auch auf, wahrscheinlich zu sein. Aber so wenig es auch in Rußlands Interesse gelegen sein könne, Oesterreich in dem Augenblicke zu bekämpfen, in welchem es selbst weder gegen die Pforte sichergestellt sei, noch die Schäden verwunden habe, an denen es in Folge des letzten Krieges noch fort=während leide, so könnten doch der Ehrgeiz und die Ruhmsucht der Kaiserin Katharina sie zu dem Bestreben verleiten, Oesterreich zum Frieden zu zwingen, und durch eine einzige von ihr ausgehende Kund=gebung oder einige Demonstrationen den Streit in Deutschland zu schlichten. Vielleicht schmeichle man ihr mit diesem Gedanken, und aus ihm könnte leicht die in Wien abgegebene Erklärung hervorgegangen sein.

Wären Preußen und Sachsen der russischen Hülfe gewiß, und würden bei Eröffnung des nächsten Feldzuges dreißigtausend Russen zu ihrer Verfügung stehen, läge es da nicht in ihrem Vortheil, dieß zu

36*

verschweigen und zu verbergen, statt es, wie von ihrer Seite geschehe, durch ganz Europa zu verbreiten und damit zu prahlen? Würden sie es verbergen, dann könnten durch eine solche unerwartete Hülfe alle militärischen und politischen Maßregeln Oesterreichs aufs höchste gefährdet werden. Kündige man es dagegen schon fünf Monate zuvor an, dann setze man Oesterreich hiedurch in die Lage, rechtzeitig seine Vorkehrungen dawider zu treffen. Es müsse also irgend ein Grund vorhanden sein, um deßwillen von ihrer Seite dieser Beistand mit so viel Aufsehen ausposaunt werde. Vielleicht geschehe es zur Ermuthigung ihrer Freunde im Reiche, welche durch die Nutzlosigkeit des letzten Feldzuges und durch das Scheitern der Absichten, zu deren Verwirklichung man ihn unternahm, etwas in ihrer Standhaftigkeit erschüttert worden seien. Vielleicht geschehe es auch, um den Muth Sachsens neu zu beleben, welches die Last seines Verbündeten aufs schwerste empfinde und unter ihr leide. Vielleicht handle man auch so, um Rußland zu binden, denn es habe Oesterreich gegenüber noch immer nicht erklärt, daß es feindselig wider dasselbe auftreten wolle. Am wahrscheinlichsten sei es, daß man, die Sehnsucht der Kaiserin nach dem Frieden kennend, sie zu großem Nachtheil der österreichischen Monarchie und zu schwerer Schädigung ihres politischen Ansehens zu einem überstürzten Friedensschlusse veranlassen wolle.

Welche Motive könne es jedoch für Preußen und für Sachsen geben, die Dinge in dem gegenwärtigen Augenblicke so sehr auf die Spitze zu treiben? Offenbar würde Sachsen ganz zu Grunde gerichtet werden, wenn es den Winter hindurch die Bedürfnisse der preußischen Armee bestreiten und gleichzeitig Magazine für den künftigen Feldzug anlegen sollte. Schlesien befinde sich in einem ebenso trostlosen Zustande, der König von Preußen aber müßte ungeheure Geldsummen aufwenden, um Sachsen auch nur für einen Theil dessen schadlos zu halten, was er ihm wegnehme, und um gleichzeitig seine Reiterei, den Artillerietrain und die übrige Bespannung wieder zu beschaffen, welche der vergangene Feldzug gänzlich vernichtet habe. Endlich sehe er, daß die österreichische Armee mehr als zweimalhunderttausend Mann zählen und mit Allem vollständig versehen sein werde, daß sie günstige

Stellungen innehabe und deren neue vorbereite, so daß der Feind künftighin weder in Böhmen noch in Mähren einrücken könne, ohne allsogleich, und zwar in einer für ihn ungünstigen Lage eine Schlacht liefern zu müssen. Erleide er auch nur die geringste Schlappe, so sehe sich Sachsen schon jetzt als unvermeidliches Opfer an. Könne er aber nicht offensiv vorgehen und werde er genöthigt, sich auf die Vertheidigung der schlesischen und sächsischen Grenze gegen einen Angriff Oesterreichs zu beschränken, dann verzehre Oesterreich sein Geld im eigenen Lande, der König von Preußen aber das seinige wenigstens zum Theile in Sachsen, welch Letzteres gleichwohl zu Grunde gerichtet würde.

Bestünden hierin wirklich die Ursachen, in Anbetracht deren von preußischer und sächsischer Seite ein rascher Friedensschluß gewünscht werde, so sei es gewiß, daß Oesterreichs Interesse Alles dasjenige gebiete, was dem ihrigen entgegengesetzt sei. Wenn die Kaiserin nichts überstürze, wenn man, ohne Rußland zu verletzen, ja im Gegentheile ihm schmeichelnd, eine Verhandlung beginne, deren Verlauf und Abschluß in die Ferne gerückt sei, dann würden Oesterreichs Feinde in der Ungewißheit, ob die Friedensverhandlung nicht vielleicht dennoch erfolglos bliebe, alle früher erwähnten Auslagen auf sich nehmen müssen. Sollten sie sich dessen jedoch entschlagen, dann könnte Oesterreich noch weniger nachgiebig gegen sie sein, denn man würde wissen, daß sie einen Feldzug nicht zu beginnen und noch weniger ihn auszuhalten vermöchten. Die Furcht, die Dinge in die Länge gezogen zu sehen, die Ungewißheit ihres Ausganges, die Nothwendigkeit sehr großer Auslagen werde sie schon mürbe machen und den Frieden auf weit günstigere Bedingungen hin verschaffen.

Was schließlich die letzteren anging, so gab Joseph hinsichtlich derselben nichts Neues an die Hand. Er meinte, man solle auch fortan bei den früheren Erklärungen beharren. Höchstens könnte man es als sehr große Willfährigkeit gegen Rußland hinstellen, daß man Baiern dem Kurfürsten von der Pfalz zurückgebe, wobei man jedoch gleichzeitig aussprechen müßte, man werde der Vereinigung der fränkischen Markgrafthümer mit Preußen niemals zustimmen. Auch jetzt wieder erklärte der Kaiser sich eifrig gegen jede Schadloshaltung für Sachsen und gegen das Aufgeben irgend eines Rechtes auf die Lausitz oder auf ein sonstiges Lehen. Innerhalb dieses und keines anderen Rahmens könne man an die Zustandebringung des Friedens denken, und man solle nur noch die Möglichkeit einer geheimen Vereinbarung mit dem Kurfürsten von der Pfalz über den Austausch ganz Baierns gegen die Niederlande nicht aus dem Auge verlieren. In diesem Falle müßte der Kurfürst in Anbetracht des großen Vortheils, der ihm hiedurch zu Theil würde, alsogleich den Beitritt des Herzogs von Zwei= brücken und dessen Bruders erwirken. Sie hätten sich für völlig be= friedigt zu erklären und hievon gleichzeitig mit dem Begehren um die kaiserliche Bestätigung dieser Vereinbarung den König von Preußen, die Kaiserin von Rußland und die Garanten des westphälischen Friedens in Kenntniß zu setzen. Der Kurfürst von der Pfalz hätte in Anbetracht der für ihn so vortheilhaften Erwerbung der Niederlande die Be= friedigung der Allodialerben auf sich zu nehmen. Nachdem in Folge der Schwäche Englands der Besitz der Niederlande für Oesterreich weniger gesichert sei als zuvor und mehr als je von dem Willen Frank= reichs abhängig erscheine, so würde wohl, wenn die Verabredung nur sorgsam geheim gehalten und erst nach Erzielung eines vollkommenen Einverständnisses plötzlich bekannt gemacht würde, von keiner Seite eine Einwendung laut werden; nur Frankreich und Rußland müßte man im Augenblicke des Abschlusses verständigen. Auf etwas mehr oder weniger Einkommen solle man nicht so genau achten, und durch eine Vereinbarung über die Schulden, mit denen der eine und der andere Theil sich zu belasten hätten, könnte man das Gleichgewicht herstellen. Ein Meisterstreich wäre dieß, wenn es gelänge, und es würde Oesterreich eine sehr beträchtliche Abrundung verschaffen.

So wie früher die Kaiserin, so stellte jetzt auch Joseph dem Fürsten Kaunitz die Entscheidung über die von ihm hingeworfenen Gedanken anheim [847]). Aber weder Maria Theresia noch Kaunitz waren einverstanden mit dem Kaiser. Ohne noch einzugehen in die Einzelheiten seiner Betrachtungen, stieß sich Maria Theresia schon an dem Wunsche, man möge zu einem raschen Friedensschlusse nicht

die Hand bieten, sondern die Verhandlungen und deren Beendigung
thunlichst hinausschieben. „Ein schnelles Ende ist das Einzige", schrieb
sie an Kaunitz, als sie ihm den Brief ihres Sohnes übersandte, „was
„uns noththut; wir kommen sonst in große Veränderungen und Weit-
„läufigkeiten" [845]). Dem Kaiser aber antwortete sie, wohl um ihrer
Meinung bei ihm leichter Eingang zu verschaffen, sie habe Lacy, der
inzwischen nach Wien zurückgekehrt war, gesprochen, und er habe ihr
den Abschluß des Friedens nicht widerrathen.

Bei dieser Gelegenheit theilte Maria Theresia dem Feldmarschall
auch die Worte des Kaisers mit, welche sich auf die Abreise Lacy's
aus dem Feldlager bezogen. Nichts bedauere er so sehr, hatte ihr
Joseph geschrieben, als von Lacy getrennt zu sein, dessen Rathschläge,
Urtheil und Kenntnisse ihm von dem größten Nutzen gewesen seien [849]).
„Er schien mir", äußerte sich jetzt Maria Theresia, „dankbar dafür,
„aber gleichzeitig ganz still oder matt" [850]).

So wie Maria Theresia, so war auch Kaunitz nichts weniger
als einverstanden mit dem Gedankengange des Kaisers. Insbesondere
wich er von dessen Ansicht in Bezug auf die von demselben so sehr
betonte Unwahrscheinlichkeit des gewaffneten Beistandes ab, den sich
der König von Preußen mit so vieler Bestimmtheit von Rußland
versprach. Schon die durch Galizin übergebene Erklärung enthalte, so
meinte jetzt Kaunitz, eine förmliche Anerkennung der für Rußland bestehenden Verpflichtung, Preußen zu Hülfe zu kommen. Da noch überdieß in St. Petersburg sehr viele einflußreiche Personen dem Könige
von Preußen vollständig ergeben seien, da der Großfürst Paul gleich
seinem verstorbenen Vater zu des Königs blinden Anhängern gehöre,
und seine Gemalin, die Großfürstin Marie, in der gleichen Gesinnung
erzogen sei, da die Kaiserin selbst große Vorliebe für ihn hege und
hierin von ihrem Günstling Potemkin in jeder Weise bestärkt werde,
so sei eine wirkliche Theilnahme Rußlands an dem Kriege im Falle
seiner Fortführung fast mit Bestimmtheit vorherzusehen.

Dem gegenüber sei von französischer Seite so eben mitgetheilt
worden, man habe sich in Berlin schon bereit erklärt, gleichzeitig

mit Rußland die Friedensvermittlung zwischen Oesterreich und dessen
Gegnern zu übernehmen.   Der dortige französische Gesandte sei angewiesen worden, so nachdrücklich als nur immer möglich dahin zu
wirken, daß der König von Preußen den ihm von österreichischer Seite
zuletzt gemachten Vorschlägen sich füge. Es komme nunmehr auf die
Feststellung der Grundsätze an, von denen man ausgehen, und die
man befolgen müsse. Alles hänge davon ab, daß zur Förderung des
Friedenswerkes weder zu viel noch zu wenig geschehe. Vor der Hand
scheine die Erklärung Rußlands nur darauf berechnet, die Kaiserin
einzuschüchtern und sie hiedurch zum Abschlusse eines wenn auch noch
so ungünstigen Friedens zu treiben. Sollten Rußland und Preußen
gewahr werden, daß sie diese Absicht erreichen könnten, dann würde
auch die äußerste Nachgiebigkeit zu nichts führen, sondern von dem
Könige von Preußen nur noch mehr mißbraucht werden, um zuletzt
die unerträglichsten Zugeständnisse zu erzwingen, durch welche er reich-
liche Entschädigung für seine Kriegskosten, und zwar entweder in Geld
oder durch Gebietsabtretungen erhielte. Sowohl in Berlin als in
St. Petersburg würde man es ohne Zweifel nur als eine Frucht dieser
Einschüchterung ansehen, wenn die Kaiserin jetzt in Folge der in Wien
überreichten russischen Erklärung plötzlich von ihren früheren Vorschlägen abgehen und aus eigenem Antriebe mit neuen, noch tiefer
herabgestimmten Anträgen hervortreten wollte.

Dagegen lasse sich keineswegs erwarten, daß der König von
Preußen jetzt einen der beiden österreichischen Vorschläge freiwillig annehmen, oder daß er hiezu durch nachdrückliche Vorstellungen Rußlands und Frankreichs vermocht werden würde. Allzudeutlich habe sich
Rußland gegen dieselben erklärt, und wenn auch Frankreich sich schon
früher und erst vor kurzem für sie ausgesprochen habe, so sei doch
kein Zweifel, daß es sie nicht als das einzige Auskunftsmittel, sondern
nur als Grundlage zu ferneren Verhandlungen betrachte.

Um allem Verdachte einer geschehenen Einschüchterung vorzubeugen, sei es daher nothwendig, vor der Hand wenigstens dem
Scheine. nach auf den österreichischen Anträgen zu beharren. Hiedurch

könnte auch der König von Preußen um so eher zur Annahme nicht so weit gehender Anträge vermocht werden. Denn es wäre ein zu großes Wagniß und würde nicht nur das ganze Friedenswerk vereiteln, sondern auch die Gefahr hervorrufen, künftighin gegen Rußland und Preußen zugleich Krieg führen zu müssen und der Hoffnung auf den Beistand Frankreich vollends verlustig zu werden, wenn man auf jenen Propositionen unerschütterlich verharren und dadurch, statt größere Willfährigkeit zu zeigen, sogar von dem wieder zurücktreten wollte, wozu sich die Kaiserin schon früher angeboten habe.

Entschließe man sich nothgedrungen zu einiger Nachgiebigkeit, so könnte sie nur in einer Modification des zweiten von der Kaiserin gestellten Begehrens bestehen. Denn es sei schon jetzt vorherzusehen, daß weder die ganze Innlinie und dadurch die Verbindung mit Tirol, noch die Erwerbung der baierischen Salzwerke Oesterreich zugestanden werden dürfte. Wie weit man hierin zurückweichen müsse, werde von der Sicherheit, mit welcher dem Könige von Preußen russische Hülfe in Aussicht stehe, und von dem größeren oder geringeren Nachdrucke abhängen, mit dem Frankreich für Oesterreich sich einsetze. Wenn man auch darnach streben müsse, die Forderungen Oesterreichs so wenig als nur immer möglich schmälern zu lassen, so möge man doch auch das Gewicht der Betrachtung nicht vergessen, daß um irgend eines verhältnißmäßig geringfügigen Zugeständnisses willen nicht die Friedensverhandlung selbst aufs Spiel gesetzt werden dürfe.

Insbesondere habe man darauf zu achten, daß Preußen den Austausch der fränkischen Markgrafthümer gegen die ganze Lausitz nicht ins Werk setzen könne. Man besitze um so mehr Aussicht auf Erreichung dieses Zweckes, als einestheils Sachsen auf jenen Plan nur schwer oder gar nicht eingehen werde, und auch Frankreich dessen Verwirklichung bereits mißrathen habe.

Richte man übrigens auch nach diesen Grundsätzen das fernerhin zu beobachtende Verfahren ein, so sei es doch nicht unmöglich, daß die Kaiserin zwischen der Fortsetzung des Krieges gegen Preußen und Rußland zugleich, und der Annahme eines Friedens zu wählen gezwungen

sei, durch welchen nicht nur das Interesse Oesterreichs, sondern auch
dessen politisches Ansehen hingeopfert werde. Für diesen Fall schlug
Kaunitz Maßregeln vor, durch welche Rußland eine empfindliche
Diversion gemacht, eine Theilung seiner Kräfte herbeigeführt und es
somit von einer ausgiebigen Unterstützung des Königs von Preußen ab=
gehalten würde. Sie hätten vorerst in der Anreizung der Pforte zum
Kriege gegen Rußland zu bestehen, den sie nicht leicht unter günstigeren
Umständen wieder aufzunehmen vermöchte. Wolle sie außerdem Geld
anwenden, so könnte sie sich einen beträchtlichen Anhang in Polen
erwerben und mit österreichischer, ja vielleicht auch mit französischer
Hülfe, wenn nicht den König von Polen mit dem größten Theile der
polnischen Nation, so doch eine ansehnliche Conföderation für sich
gewinnen. Oesterreich könnte hiezu durch das Versprechen, wenn es
Schlesien wiederbekäme, Galizien abtreten zu wollen, sehr vieles bei=
tragen und Polen zu äußerster Anstrengung anspornen, das an Preußen
und vielleicht auch das an Rußland abgetretene polnische Gebiet wieder
zurückzuerobern.

Zum Schlusse kam Kaunitz auch auf den von dem Kaiser neuer=
dings in Anregung gebrachten Plan wegen des Eintausches ganz
Baierns gegen die Niederlande zu sprechen. Er zweifelte nicht, daß
der Kurfürst von der Pfalz sehr gerne hierauf eingehen, und daß
auch das Haus Zweibrücken sich hiezu herbeilassen würde. Damit sei
jedoch weder das Zustandekommen dieses Planes gesichert, noch der
Friede wieder hergestellt. Immer komme es hauptsächlich darauf an,
ob auch der König von Preußen diesen Austausch zulassen und Frank=
reich hiemit übereinstimmen werde; beides scheine noch zweifelhaft zu
sein. Dennoch walte nicht das geringste Hinderniß ob, hierüber den
französischen Hof, und zwar um so eher auszuforschen, als die Gelegen=
heit dargeboten wäre, ihm gleichfalls einige Vortheile zukommen zu
lassen [851]).

Hierin bestanden im Wesentlichen die Vorschläge des Staats=
kanzlers über das, was von Wien aus geschehen sollte. Dießmal
zollte ihnen jedoch Maria Theresia ihren Beifall nicht. Ein Courier

aus Frankreich war eingetroffen und hatte den Rath der dortigen Regierung überbracht, man möge trachten, durch Rußlands Vermittlung zu einem Vergleiche mit Preußen zu gelangen. Sie glaube, schrieb nun Maria Theresia an Kaunitz, man könne nichts Besseres thun, als diesen Rath befolgen, und das um so mehr, als auch der Kaiser dieser Meinung sei. Wenn es möglich erscheine, möge man die Berufung eines Congresses vermeiden; wenn aber nicht, wären Wien, Linz, Regensburg, Augsburg, Krakau als Versammlungsort vorzuschlagen, nie aber eine Stadt, die noch weiter entfernt sei oder sich gar auf russischem Gebiete befinde [852]).

Nichts Gutes lasse sich, hatte Joseph seiner Mutter geschrieben, wohl aber manche sehr gehässige, ja vielleicht ganz unerträgliche Forderung von einem Congresse erwarten [853]). Und einige Tage später mahnte er zur Ertheilung einer Antwort an Rußland. Man möge entweder die Vermittlung annehmen oder in der Form eines Ultimatums erklären, was man eigentlich wolle. Endlich könnte man vorschlagen, die ganze Angelegenheit der Reichsversammlung und ihrer Entscheidung zu übertragen. Wenn man die in Besitz genommenen baierischen Gebietstheile zurückstelle, könnten die Vermittler den Waffenstillstand und vielleicht auch den Frieden zwischen Oesterreich und Preußen zu Stande bringen; müsse das überhaupt geschehen, dann wäre es noch am besten, wenn es möglichst bald eintrete. Am kürzesten und schönsten wäre es freilich zu sagen: „Ich besitze einen Theil „Baierns kraft meines Rechtes und der an mich erfolgten Abtretung; „man möge ihn mir nehmen, aber ich will mich vertheidigen".

Unmöglich konnte sich jedoch der Kaiser darüber täuschen, daß es nicht hiezu kommen werde. Da er eine lange Verhandlung vorhersah, glaubte er sich auch für baldige Beendigung der Feindseligkeiten erklären zu müssen. „Ich spreche gegen mich selbst, gegen meine „Neigungen", schrieb er seiner Mutter, „wie ich jedoch die Sachen „betrachte, ist nichts Anderes mehr zu thun. Ich halte mich umso„mehr für verpflichtet dieß zu sagen, als der Krieg, wenn man es „unparteiisch prüft, mehr gegen mich persönlich als gegen die Monarchie

„geführt wird. Ihrem Wohle habe ich so oft mich selbst aufgeopfert,
„daß ich die Wirkung gar nicht in Betracht ziehe, die hieraus für mich
„hervorgeht, und welche auch auf mich allein zurückfallen mag" [854]).

Maria Theresia, welcher gleichzeitig andere und durchaus nicht
günstig lautende Nachrichten zugekommen waren, wurde hiedurch in
ihrem Vorsatze nur bestärkt, nichts zu versäumen, um so rasch als nur
immer möglich aus ihrer Bedrängniß zu kommen. Von dem Briefe
des Kaisers, dessen wichtigste Stelle sie in einer eigenhändig an-
gefertigten Abschrift dem Fürsten Kaunitz unverzüglich übersandte [855]),
meinte sie, dem Letzteren werde hiedurch vollkommen freie Hand gewährt. „Mit äußerster Ungeduld erwarte ich daher", schrieb sie dem
Staatskanzler, „Ihr Werk, welches die Monarchie retten und mich
„aus dieser Lage befreien soll" [856]).

Kaunitz war etwas unwirsch über das Drängen der Kaiserin,
und er verhehlte ihr das auch nicht, indem er ihr antwortete, selbst
wenn eine rasche Erledigung der wichtigen Angelegenheiten, um die
es sich handle, noch nothwendiger wäre, als dieß wirklich der Fall sei,
so würde seine Unzulänglichkeit ihm nicht gestattet haben, ihr die
befohlene Arbeit schneller zu liefern. Inzwischen übersende er sie jetzt,
und er werde sich, wenn seine Gesundheit es erlaube, zur Mittagszeit,
im Falle des Gegentheils aber zu einer anderen Stunde bei ihr einfinden, ihre Entscheidung zu vernehmen [857]).

„Mein Drängen zu raschen Entschlüssen", antwortete ihm hierauf
entschuldigend Maria Theresia, „war dadurch hervorgerufen, daß Sie
„mich Samstag Abends, als Sie bei mir waren, durch die Ver-
„sicherung vollständig beruhigten, Sie hofften uns mit einem Male,
„ohne Vermittlung oder Congreß, aus der Sache zu ziehen; Alles sei
„hiezu bereits eingeleitet und ich würde es morgen oder übermorgen,
„was Montag gewesen wäre, haben. Seither hat unsere Lage sich
„nicht zum Besseren verändert. Der Brief des Kaisers, den ich an-
„führe, gewährt uns freie Hand, den kürzesten Weg einzuschlagen; er
„wird nicht zurückkehren, bis nicht die Couriere abgegangen sind, und
„seine Gegenwart ist doch höchst nothwendig für die Vorkehrungen

„zum Feldzuge. Von aller Welt verlassen, haben wir keinen Augen-
„blick zu verlieren, um uns aus unserer mehr als kritischen Lage zu
„befreien. Ziehen Sie uns aus der Sache; Sie wissen wie sehr ich
„Sie hochschätze. Ich fürchte Sie sind unwohl, denn es ist schon
„ein Uhr" 858).

Nachdem die Kaiserin den Vorschlag, den er ihr gemacht, nicht
für ausführbar gehalten, entgegnete ihr jetzt Kaunitz, so habe seine
Pflicht ihm geboten, einen anderen, und zwar einen solchen zu ersinnen, der in jeder Beziehung ihrem Ansehen nicht nur, sondern auch
der Wohlfahrt ihres Hauses und des gesammten deutschen Reiches
entspreche und gleichzeitig eine feste Grundlage abgeben könne, um auch
für die Zukunft unheilvollen Ereignissen und gefährlichen Kriegen zu
begegnen. Dadurch, daß Frankreich und Rußland die Vermittlung
angenommen hätten, sei die Gefahr etwas verringert worden, indem
während der Dauer dieser Verhandlung Rußland nicht zu den Waffen
greifen werde. Allein das Uebel bestehe doch insofern fort, als man
sich von Frankreich nicht viel Gedeihliches versprechen dürfe und fast
alle Mächte gegen Oesterreich und für Preußen gestimmt seien. Leicht
lasse sich daher vorhersehen, daß die Vermittler neue Vorschläge begehren, die Vortheile für Oesterreich immer mehr verringern und
ihm fernere Zugeständnisse und Abtretungen zumuthen, daß außerdem
Preußen und Rußland das Richteramt üben und Letzterem hiedurch
auch die Angelegenheiten Deutschlands zur Beeinflussung preisgegeben
würden. Endlich müsse man Rußlands förmliche Vermittlung für
um so bedenklicher ansehen, als es kurz vorher in Wien eine Erklärung
abgegeben habe, in welcher für den Fall, daß Oesterreich nicht Frieden
schließen wolle, gewisser Maßen schon im Voraus seine Betheiligung
am Kriege angekündigt wurde.

Um trotzdem so viele Bedenken aus dem Wege zu räumen und
Oesterreichs wirkliche Absichten zu erreichen, möge man mit dem Kurfürsten von der Pfalz eine neue Uebereinkunft schließen und ihm Alles
zurückgeben, was man von baierischem Lande in Besitz genommen
habe. Dem deutschen Reiche möge man dieß mittheilen und ihm

gleichzeitig erklären, daß man sich seiner Entscheidung über die baierische Erbfolge zu fügen bereit sei. Endlich stelle man ihm die Maßregeln anheim, die es wegen der brandenburgischen Succession in den fränkischen Markgrafthümern zu ergreifen für räthlich ansehen werde.

Die Vortheile dieses Vorschlages fielen nach der Ansicht des Staatskanzlers von selbst in die Augen. Oesterreich entsage hiedurch, meinte er, seinen Gerechtsamen in gar keiner Weise; es lege vielmehr eine neue Probe seiner Mäßigung und seiner Rücksicht auf die Ehre und die Wohlfahrt des Reiches ab. Letzteres werde in der brandenburgischen Successionssache entweder zu Gunsten Preußens, oder gar nicht entscheiden. In ersterem Falle müsse sich das Reich den Nachtheil und die Schande selbst beimessen, im zweiten aber bleibe die Sache unausgetragen und die nachgebornen Prinzen könnten unter anderen Verhältnissen gegen die Abänderung der Erbfolge protestiren und sie umstoßen.

Durch Annahme und Durchführung seines Vorschlages würde auch, fuhr Kaunitz fort, die überaus wichtige Absicht erreicht, dem Könige von Preußen alle Ursache zum Kriege zu benehmen und gleichzeitig seine geheimen Tauschprojecte zu vereiteln. Man bedürfe dabei keiner Vermittlung, und habe also auch nicht Ursache, Frankreich und Rußland für dieselbe dankbar zu sein. Zugleich würde denen der Mund gestopft, welche vorgäben, die von österreichischer Seite angebotene Zurückstellung der in Besitz genommenen baierischen Gebietstheile wäre nicht ernstlich gemeint. Ueberdieß könnten durch die neue mit Kurpfalz abzuschließende Convention immer noch andere und wesentliche Vortheile erreicht werden. Und man bahne sich den Weg, künftighin in etwaigen sehr wichtigen Fällen, wie in dem des immerhin möglichen Aussterbens des kurpfälzischen Hauses, den Wiederausbruch des Krieges von vorneherein zu verhüten. Da endlich der Reichstag höchst wahrscheinlicher Weise nicht zu einem förmlichen Rechtsspruche kommen, sondern den Versuch machen werde, den obwaltenden Streit durch einen Vergleich zu beenden, so dürfte hiedurch Preußen selbst zu annehmbareren Vorschlägen vermocht werden. Auch könnten sie Oesterreich nicht aufgedrungen, sondern sie müßten beim Reichstage vorgebracht werden, wodurch Preußen und Rußland genöthigt würden, selbst mitzuwirken zur Herbeiführung eines solchen Vergleiches. Als Endzweck desselben wurde von Kaunitz auch jetzt wieder der Eintausch ganz Baierns gegen die Niederlande bezeichnet 859).

Er dürfe zwar, ließ Kaunitz sich weiter vernehmen, nicht mit Stillschweigen übergehen, daß noch andere Vorschläge, um aus der Sache zu kommen, vorhanden seien. Vier derselben meinte er der Kaiserin aufzählen zu sollen. Als den ersten nannte er den Antrag, baierisches Land mit einem Gesammteinkommen von einer Million zu verlangen, indem selbst Frankreich hierauf einzugehen scheine. Allein man könne vorhersehen, daß die Verwirklichung dieses Vorschlages an so viele Abtretungen, Verzichtleistungen und andere Bedingungen würde geknüpft werden, daß der etwaige Vortheil nur sehr gering ausfallen dürfte.

An den zweiten Platz stellte Kaunitz den Gedanken, nicht Oesterreich, sondern die Vermittler sollten neue Friedenspropositionen machen, denn wenn dieß von österreichischer Seite geschähe, werde man fortwährend Concessionen über Concessionen begehren. Diese Besorgniß falle jedoch hinweg, wenn seiner Meinung zufolge Alles in die Hände des deutschen Reiches gelegt werde, indem man dann einer förmlichen Vermittlung gar nicht bedürfe.

Drittens könnte man auf den Ausweg gerathen, Alles an Frankreich zu überlassen und diesem Staate unbeschränkte Gewalt zur Feststellung der Friedensbedingnisse einzuräumen. Es wäre nicht unmöglich, daß Frankreichs Ehrgeiz hiedurch gereizt und es bewogen werde, für Oesterreich günstigere Bedingungen zu erwirken. Wenn man jedoch andererseits die Gesinnung des jetzigen französischen Ministeriums und den Umstand in Betracht ziehe, in welch demüthigender Weise man sich in solchem Falle ganz in die Arme Frankreichs werfen und Alles gleichsam von dessen Gnade annehmen müßte, dann fielen die Bedenken dieses Vorschlages von selbst in die Augen.

unzufrieden war er, daß er nicht vermocht hatte, vor seiner Abreise
vom Kriegsschauplatze den Preußen etwa durch einen Ueberfall auf
Jägerndorf einen tüchtigen Schlag zu versetzen [803]). Schon darüber
äußerst verstimmt, mag er es noch übler aufgenommen haben, daß
sein Wunsch, die Erklärungen an Rußland und an Frankreich sollten
schon vor seiner Rückkehr nach Wien an ihre Bestimmung abgesendet
sein, auf daß er an ihnen nicht betheiligt erscheine, durch das Zaudern
des Fürsten Kaunitz vereitelt wurde [804]). Am Tage nach seiner Ankunft
hatte der Kaiser eine längere Unterredung mit Kaunitz, und am
Abende des folgenden Tages, des 25. November gingen die Couriere
nach Paris und nach St. Petersburg ab, welche die entscheidenden
Mittheilungen des Wiener Hofes dorthin überbrachten.

Die persönliche Anschauung der Kaiserin und ihr Urtheil über
ihre Lage lassen sich am deutlichsten dem Briefe entnehmen, welchen
sie an jenem Tage an Mercy richtete. „Wenn ich mich jemals", heißt
es darin, „in einer großen Verlegenheit befand, so ist es in diesem
„Augenblicke der Fall, in welchem es sich darum handelt, den sichersten
„und kürzesten Weg einzuschlagen, um zu einem möglichst günstigen
„Frieden zu gelangen. Ich empfinde all die Pein, die es dem Kaiser
„und dem Fürsten Kaunitz verursacht, als Urheber eines Friedens zu
„erscheinen, welcher kaum ein sehr ehrenvoller sein kann. Da ich ihn
„jedoch als unerläßlich betrachte, so macht meine Liebe für mein Haus
„und für die Monarchie so wie für die Menschheit mich über all den
„Tadel hinweggehen, den man auf meine friedlichen Absichten wird
„werfen wollen, wenn sie nur auch den Erfolg haben, den ich wünsche.
„Ich gestehe Ihnen, daß so sehr ich auch Kaunitz schätze, ich ihn doch
„in dieser Gelegenheit nicht wieder erkenne. Nur damit beschäftigt,
„seinen Ruf nicht zu gefährden, und wie es scheint, durch Binders
„Träumereien beeinflußt, schmeichelt er sich allzu leichtfertig mit der
„Hoffnung, durch etwa eintretende Ereignisse noch einen Ausweg zu
„erhalten. Das aber macht ihn die Entscheidungen verzögern, während
„inzwischen die Angelegenheiten von Tag zu Tag verwickelter werden,
„ohne daß man Aussicht besäße, sie wieder in Ordnung zu bringen,
„selbst wenn unsere Armee im künftigen Feldzuge um vierzigtausend

„Mann stärker wäre, was sie denn auch wirklich sein wird. Dieß ist „das Urtheil der erfahrensten Marschälle und Generale, vom Prinzen „Albert angefangen bis zum letzten Hauptmann. Und man täusche „sich nur ja nicht mit der Hoffnung, den König von Preußen durch „Erschöpfung seiner Hülfsquellen in einem dritten Feldzuge zu Grunde „zu richten. Die Erfahrungen des letzten Krieges und die gegenwärtige „politische Lage des Königs, welche der unsrigen weit überlegen ist, „müßten eine so grundlose Voraussetzung zerstören."

Maria Theresia läßt sich nun dem Grafen Mercy gegenüber in eine nähere Schilderung des Verfahrens ein, welches Kaunitz in dieser Angelegenheit beobachtete. Sie tadelt nicht nur die Langsamkeit des= selben, sondern auch den Inhalt der Rescripte nach St. Petersburg und nach Paris. Nachdem nichts Bestimmtes darin gesagt sei, werde man Monate brauchen, um zu definitiven Feststellungen zu gelangen; in der Zwischenzeit könnten die Dinge leicht eine viel ungünstigere Gestalt annehmen. Die Verhandlung möge daher auf Grundlage der Zurück= stellung aller in Besitz genommenen baierischen Gebietstheile, ohne irgend eine Gegenforderung an Preußen zu stellen, gepflogen, und von der Abhaltung eines Congresses möglichst abgesehen werden. Denn bei einem solchen sei allzuviel Gelegenheit zu Streit und zu Verbitterung so wie zu Verzögerungen aller Art und zu immer neuen Begehren nach Entschädigungen, Abtretungen und Gebietsaustausch vorhanden. „Ich „bin aber fest entschlossen", sagt die Kaiserin, „mich hierauf nicht ein= „zulassen, selbst wenn es nur um einen geringfügigen Theil meiner „Besitzungen in Schwaben oder der Niederlande sich handelte. Viel= „leicht würde ich darauf eingegangen sein, wenn man durch die Er= „werbung Baierns eine ansehnliche Abrundung für die Monarchie zu „erlangen vermocht hätte. Aber daran ist nicht mehr zu denken, und ich „will, daß die Monarchie ungeschmälert auf dem Fuße bleibe, auf welchem „sie sich gegenwärtig befindet, wenn sich nicht der König von Preußen „zur Abtretung irgend eines Theiles von Schlesien oder von Glatz an „mich entschließt; jeden solchen Gedanken aber halte ich für illusorisch."

Bezeichnend für den Mißmuth der Kaiserin und für ihre innere Unzufriedenheit mit den Worten, welche ihr Kaunitz in ihrem Briefe

37*

an den König von Frankreich in den Mund legte, ist auch ihre Er=
klärung, sie habe sich nicht überwinden können, jenen Brief mit eigener
Hand zu copiren; er sei allzu unglücklich abgefaßt [365]). An ihre Tochter
Marie Antoinette aber schrieb sie: „Wir bedürfen des Friedens, und
„zwar je schneller desto besser, und ohne Congreß; zu viele Interessen
„sind dabei zu entwirren. Die Vermittler sollten uns vorzeichnen,
„Alles zurückzustellen, wie es im Jahre 1777 war; die Angelegenheiten
„der baierischen Erbfolge aber wären nicht mit denjenigen Sachsens
„und der übrigen Betheiligten zu vermengen, sondern der Entscheidung
„des Reiches anheimzustellen. Alles könnte binnen kurzem gesagt werden
„und wir würden doch immer am meisten dabei verlieren: die un=
„geheuren Kriegskosten und die Verheerungen unserer armen Länder.
„Der König von Preußen soll. nichts verlangen dürfen, da er der
„Angreifer war und erklärt hat, nichts für sich zu begehren. Die weite
„Entfernung Rußlands von Frankreich läßt mich arge Verzögerung
„befürchten" [366]).

Zwar nicht der Form und dem Inhalte, wohl aber dem Zwecke
nach, den sie verfolgten, glichen sich die jetzt von Wien aus nach Ruß=
land und nach Frankreich abgehenden Eröffnungen so ziemlich. Die
erstere war weitläufiger als die zweite gehalten, denn als Antwort auf
die russische Mittheilung glaubte man vorerst das bisherige Verfahren
Oesterreichs rechtfertigen zu müssen. Hieran schloß sich die förmliche
Erklärung, daß die Kaiserin es der Zarin anheimstelle, im Einver=
ständnisse mit dem Könige von Frankreich die Mittel zu wählen,
welche am meisten der Billigkeit entsprächen und als die geeignetsten
zu baldigster Wiederherstellung des Friedens anzusehen wären. Die
thunlichste Beschleunigung derselben wurde am nachdrücklichsten betont
und daher auch abgerathen von der Berufung eines Congresses. Schließ=
lich wurde der Kaiserin von Rußland die unverzügliche Zustande
bringung eines Waffenstillstandes nahegelegt [367]).

In dem Schreiben an Ludwig XVI. war gesagt, nie würde die
Kaiserin sich zur russischen Vermittlung entschlossen haben, wenn sie
nicht der Ueberzeugung sich hingäbe, an dem Könige von Frankreich

den vertrauenswürdigsten Vertheidiger ihres Ansehens und ihrer Inter=
essen zu besitzen. Sie rechne daher auf seine Verwendung, daß an
Stelle ihrer letzten Vorschläge, die man zurückgewiesen habe, deren
neue gemacht würden, welche vereinbar seien mit dem, was sie sich
selbst schulde. Geschähe das wirklich, dann werde sie mit ihrer Zu=
stimmung nicht zögern und der Friede binnen kurzem zu· Stande
kommen 568).

Dem Könige von Preußen war es nichts weniger als erwünscht,
daß man in Wien gewußt hatte, seinen Verbündeten, den Peters=
burger Hof, von dem er von Tag zu Tag werkthätigem Beistande
entgegensah, zu einem Vermittler umzugestalten. Obgleich er nach
seinem eigenen Geständnisse Alles aufbot, dieß zu hintertreiben 569),
vermochte Friedrich seine Absicht doch nicht zu erreichen. Zuletzt blieb
ihm nichts übrig, als sich in dasjenige zu fügen, was er nicht ändern
konnte. Auch von ihm, und somit von beiden streitenden Parteien als
Vermittler anerkannt, traten Frankreich und Rußland unverzüglich in
die ihnen hiedurch zugewiesene Thätigkeit ein.

Sechzehntes Capitel.

Der Friede von Teschen.

———

Schon als Kaunitz dem französischen Botschafter Breteuil die Antwort Oesterreichs auf die russische Erklärung mittheilte, sprach Letzterer den Wunsch aus, man möge seiner Regierung vertrauensvoll eröffnen, worauf denn eigentlich die Absicht des Kaiserhofes gerichtet, und auf welche Friedensbedingungen er sich einzulassen entschlossen sei? Denn der König von Frankreich wolle Oesterreich alle erreichbaren Vortheile gönnen. Um jedoch auf deren Erlangung mit größerer Aussicht auf Erfolg hinwirken zu können, und um trotz seines besten Willens sich über Oesterreichs Wünsche nicht zu täuschen, müsse er von ihnen schon vorläufig genau unterrichtet werden.

Mit der ihm eigenen Umständlichkeit erwiederte Kaunitz, er sei bereit zu den begehrten Mittheilungen, doch hätten sie sich nach drei verschiedenen Richtungen hin zu erstrecken. Sowohl das, was die Kaiserin niemals zugestehen könne, als das, wozu sie sich herbeilassen wolle, und endlich die Erwerbungen in Baiern, mit denen sie sich zu begnügen gedächte, hätten sie zu umfassen.

Niemals könne der Austausch der fränkischen Markgrafthümer gegen die obere und die niedere Lausitz zugelassen werden. Denn er wäre für Oesterreich mit so schwerwiegenden Bedenken verknüpft, daß es nur nothgedrungen und in dem Falle darein willigen könnte, wenn ihm gleichzeitig ein eben so großer Vortheil zu Statten käme. Darum könne es auch seinen Rechten auf die Lausitz nicht entsagen, und

ebensowenig würde es sich jemals zu einem Entgelt an Land und Leuten
für dasjenige verstehen, was ihm etwa in Baiern zu Theil werden
sollte. Schließlich werde es nie auf eine unmittelbare Verhandlung
mit Sachsen eingehen, weil es durchaus keinen Gegenstand gebe, der
zwischen den Höfen von Wien und von Dresden, welch Letzterer sich
noch überdieß ganz unverantwortlich benommen habe, ins Reine zu
bringen wäre.

Dagegen sei die Kaiserin zur Bethätigung ihrer Friedensliebe
bereit, abzustehen von ihrem bisherigen Widerspruche gegen die Vereinigung von Ansbach und Bayreuth mit Preußen, ja sie wolle im
äußersten Falle versprechen, sich derselben nie zu widersetzen. Ebenso
wolle sie ihren Ansprüchen auf Mindelheim, dann ihren Lehensrechten
auf die obere Pfalz und in Bayreuth und ihren Rechten auf die
Schönburgischen Herrschaften, auf diese jedoch nicht etwa zu Gunsten
Sachsens, sondern für den Kurfürsten von der Pfalz entsagen, auf
daß Letzterem hiedurch ein Mittel zu leichterer Befriedigung der an
ihn gestellten Allodialforderungen dargeboten werde.

Was endlich die Erwerbung angehe, mit der sich die Kaiserin
begnügen würde, so müsse hierauf eine zweifache Antwort ertheilt
werden. Man wünsche entweder das Gebiet, welches der Kurfürst
von der Pfalz zum Austausche angeboten habe, oder dasjenige zu
erhalten, hinsichtlich dessen von Seite des Königs von Preußen ein
Gleiches geschehen sei. Ersteres bestünde in dem Theile der Oberpfalz
und des Herzogthums Sulzbach, der dießseits der Nab gegen Böhmen
hin liege; letzteres aber in dem Districte von Burghausen, von Passau
angefangen längs des Inn bis zum Einflusse der Salza in diesen
Strom, und dann die Salza entlang bis zur Salzburgischen Grenze
bei Wildshut. Diese zweite Erwerbung würde jedoch der Kaiserin die
willkommenere sein.

Auch die Frage Breteuils nach der Art und Weise, in welcher
der Friede zu schließen sein würde, wurde von Kaunitz zweifach beantwortet. Entweder möge, wie dereinst von Berlin aus verlangt

worden war, zwischen Oesterreich und Preußen Alles, was sie selbst
oder die sonst an dem Streite über die baierische Erbfolge Betheiligten
angehe, ins Reine gebracht und die getroffene Verabredung sodann
den Letzteren zur Zustimmung vorgelegt werden. Oder beide Staaten
könnten sich einstweilen durch Präliminarien über die Grundsätze des
allgemeinen Ausgleichs verständigen, worauf nach Maßgabe dieser Vereinbarung zwischen Oesterreich und dem kurpfälzischen Hause, wie auch
zwischen dem letzteren und Sachsen ein Vertrag abgeschlossen würde.
Beide Tractate hätten dem von Oesterreich und Preußen auszu-
fertigenden Friedensinstrumente zur Veranlassung und Grundlage zu
dienen. Auch in dieser Beziehung würde man von österreichischer
Seite der zweiten Modalität den Vorzug · vor der ersteren geben.
Nicht nur wäre der Anstand besser gewahrt, sondern beide Höfe
könnten gleichzeitig mit dem Abschlusse der Präliminarien unter Gewährleistung der Vermittler einen Waffenstillstand abschließen, die
Truppen auseinander gehen lassen und sich dadurch wahrhaft drückende
Auslagen ersparen.

Etwa zwei Wochen später hatte Kaunitz eine neuerliche Unterredung mit Breteuil. Er versicherte ihn, zuverlässige Nachrichten
ließen ihn nicht zweifeln, der König von Preußen wünsche aufrichtig
und sehnlich den Frieden, denn er mißkenne nicht, daß Sachsen auch
nur einen einzigen Feldzug schwerlich mehr aushalten könne und wolle.
Auch Preußen trage die Kriegskosten außerordentlich schwer, während
es nicht viel Aussicht besitze, daß selbst im günstigsten Falle der Erfolg
seiner Waffen gegen Oesterreich entscheidend genug sein würde, um
zu irgend einem Ersatze für seinen Aufwand zu gelangen. Außerdem sei es wahrscheinlich, daß der König auf die Beihülfe Rußlands
durchaus nicht mit Zuversicht zählen könne; man dürfe vielmehr vermuthen, Rußland werde gleichzeitig mit seiner Erklärung in Wien
auch in Berlin mit nicht weniger nachdrücklichen Vorstellungen hervorgetreten sein. Mit Grund sei daher zu hoffen, der König von Preußen
werde sich nicht mehr so hartnäckig wie früher, sondern billiger und
nachgiebiger zeigen. Das an Frankreich mitgetheilte Ultimatum sei
natürlicher Weise auf den übelsten, und somit für den Fall eingerichtet

gewesen, wenn Günstigeres sich in gar keiner Weise durchsetzen ließe. Von der Freundschaft des Königs von Frankreich als ihres einzigen Verbündeten erwarte daher die Kaiserin, daß er nichts übereilen, daß er stufenweise zu Werke gehen und nichts unversucht lassen werde, was ihr zu größerem Vortheil gereichen könnte. Solches würde dadurch geschehen, wenn ihr der durch Thugut verlangte baierische District, dessen Grenze von Kufstein längs des Inn nach Wasserburg, nach Mühldorf und Marktl, von da aber nach Pfarrkirchen, Osterhofen, Deggendorf, endlich über Viechtach und Waldmünchen nach Böhmen zu ziehen sein werde, mit Ausschluß des Salinenbezirkes zu Theil würde. Kaunitz bat den Botschafter Frankreichs, sich in diesem Sinne bei seiner Regierung zu verwenden. Breteuil sagte es zu und auch Mercy erhielt den hierauf abzielenden Auftrag [870]).

Man wird wohl nicht irren, wenn man diese neuerliche Erweiterung der Begehren des Wiener Hofes dem Einflusse des Kaisers zuschreibt, der seit seiner Rückkehr nichts unversucht gelassen haben wird, um der nach seiner Meinung allzuweitgehenden Nachgiebigkeit seiner Mutter zu steuern. Aber andererseits läßt es sich auch begreifen, daß das stete Schwanken in den Begehren des Wiener Hofes keinen günstigen Eindruck hervorbringen konnte. Und was die Hauptsache war, es blieb wenigstens in dem gegebenen Falle auch schon aus dem Grunde nutzlos, weil man in Frankreich auf Grundlage der weniger hoch gespannten Anforderungen Oesterreichs einen Friedensplan ausgearbeitet hatte, von dem man sich nun nicht leicht mehr abbringen lassen wollte.

Nach der Ansicht der französischen Regierung sollte der Friede nicht nur, sondern die völlige Beendigung allen obschwebenden Streites durch drei abgesonderte Conventionen zu Stande gebracht werden. Die erste würde zwischen Oesterreich und Preußen, die zweite zwischen Oesterreich und dem kurfürstlich pfälzischen Hause, die dritte endlich zwischen dem Letzteren und dem Kurfürsten von Sachsen als Allodial= erben abzuschließen sein. Vorerst legte Frankreich nur Projecte zu den beiden ersten Vereinbarungen vor.

Durch den Vertrag zwischen Oesterreich und Preußen sollten nicht nur der westphälische Friede, sondern auch die übrigen zwischen beiden Mächten abgeschlossenen Tractate und insbesondere der von Hubertsburg ihre Bestätigung erhalten. Die beiderseitigen Truppen hätten gleich nach Abschluß des Friedens alles etwa von ihnen besetzte feindliche Gebiet zu räumen, Gefangene und Geiseln aber sollten binnen sechs Wochen ohne Lösegeld zurückkehren dürfen. Das Recht des Königs von Preußen, die Markgrafthümer Ansbach und Bayreuth dereinst mit den Ländern seiner Hauptlinie zu vereinigen oder mit ihnen nach seinem Gutdünken anderweitig zu verfügen, werde von der Kaiserin für sich und ihre Erben ausdrücklich anerkannt und sie erkläre, seiner Zeit gegen die unbehinderte Ausübung dieses Rechtes keine Einwendung erheben zu wollen. Schließlich entsage sie den Rechten der Krone Böhmen auf ihre in den genannten Markgrafthümern befindlichen Lehen, während von Seite des Königs von Preußen ein Gleiches hinsichtlich einiger von Ansbach und Bayreuth abhängiger Lehen in Oesterreich geschehe.

Zu dem Vertrage, welcher zwischen Oesterreich und dem kurpfälzischen Hause abzuschließen war, legte Frankreich zwei von einander verschiedene Entwürfe vor. Die zwei ersten Artikel waren in beiden Projecten gleich; die Convention mit dem Kurfürsten von der Pfalz vom 3. Jänner 1778 sollte als nicht bestehend angesehen werden und der Letztere in Besitz aller von österreichischer Seite occupirten baierischen Gebietstheile treten. Dagegen werde er, und zwar nach dem einen Projecte den Theil der Oberpfalz und des Herzogthums Neuburg, der zwischen der böhmischen Grenze und den Flüssen Cham, Regen und Nab liegt, an Oesterreich abtreten. Nachdem zwei von den drei Landgerichten, aus denen die Landgrafschaft Leuchtenberg bestehe, sich innerhalb dieser Grenze befänden, würde auch diese an Oesterreich gelangen. Nach dem zweiten Plane aber hatte dieß mit dem Theile des Rentamtes Burghausen, der zwischen der Donau, dem Inn und der Salza gelegen ist, daher mit den Bezirken von Wildshut, Braunau, Mauerkirchen, Friedburg, Mattighofen, Ried und Schärding zu geschehen. Die drei zuletzt genannten Flüsse sollten beiden Uferstaaten gemeinsam gehören und von ihnen mit keinen neuen Verkehrshindernissen oder Abgaben belegt werden.

Die letzten Artikel der beiden Vertragsentwürfe waren wenigstens der Hauptsache nach wieder identisch. Die Kaiserin sollte dem Kurfürsten von der Pfalz die in der Oberpfalz gelegenen Lehen der Krone Böhmen, insofern sie in dem ihm verbleibenden Gebiete gelegen wären, verleihen, für die Zukunft aber der Aufhebung dieses Lehensbandes beipflichten. Ein Gleiches hatte hinsichtlich der Reichslehen in Baiern und in Schwaben zu geschehen. Sie verpflichte sich überdieß, dem Kurfürsten von der Pfalz zur Entschädigung für Sachsen als Allodialerben eine gewisse Summe zu bezahlen und außerdem die Oberherrlichkeit der Krone Böhmen auf die Grafschaft Schönborn nicht mehr fortbestehen zu lassen.

In dem Schreiben, welches Ludwig XVI. gleichzeitig an die Kaiserin abgehen ließ, machte er sie darauf aufmerksam, daß der König von Preußen sich wohl leichter zur Annahme des zweiten, als zu der des ersten Vorschlages herbeilassen werde. Denn nachdem Oesterreich den Austausch der fränkischen Markgrafthümer gegen die Lausitz nicht zugeben wolle, werde es ihm keineswegs erwünscht sein, daß sich das an Oesterreich kommende Gebiet in nächster Nähe der ihm dereinst zufallenden Markgrafthümer befinde [871]).

In Wien war man jedoch weder mit dem einen noch mit dem anderen Projecte durchwegs zufrieden. Den meisten Anstoß erregte es, daß man eine Geldsumme beisteuern sollte zur Befriedigung Sachsens; dieses Verlangen wurde von Seite des Kaisers geradezu als eine Demüthigung erklärt. Und außerdem kam er auf seinen Gedanken zurück, man möge eine größere Gebietsabtretung begehren, sei es auch nur, um sich am Ende etwas mehr abbringen lassen zu können. Aber was er in dieser Beziehung an Kaunitz schrieb, verdient hauptsächlich aus dem Grunde Beachtung, weil es den Beweis liefert, wie sehr es auch dem Kaiser um den Abschluß des Friedens zu thun war. Denn nach all den Wahrnehmungen, die er seit seiner Rückkehr machte,

hielt er eine nachdrückliche Fortführung des Krieges nicht mehr für
möglich⁸⁷²).

Es geht hieraus unzweifelhaft hervor, wie sehr König Friedrich
sich täuschte, wenn er der Meinung sich hingab, Joseph dränge auch
jetzt noch fortwährend zum Kriege und er habe nicht nur Kaunitz auf
seine Seite gebracht, sondern auch die Kaiserin zu seinen Gedanken
bekehrt⁸⁷³). In all diesen Vermuthungen irrte der König, und nur
darin hatte er Recht, daß er annahm, der Kaiser übe den maß-
gebendsten Einfluß auf alles dasjenige, was mit dem Friedens-
geschäfte in irgendwelchem Zusammenhange stand. Dennoch würde
man fehlgehen, wenn man der Meinung sich hingeben wollte, Maria
Theresia hätte sich jeder Einwirkung hierauf völlig entschlagen. Keineswegs war dieß der Fall; von ihr holte vielmehr Kaunitz sich die
Verhaltungsbefehle, als Breteuil mit den in Frankreich ausgearbeiteten
Friedensprojecten an ihn herantrat.

Es war begreiflich, daß man wider dieselben am Kaiserhofe so
Manches einzuwenden fand. Nicht so sehr gegen den Entwurf des
Vertrages, der zwischen Oesterreich und Preußen abgeschlossen werden
sollte, geschah dieß. Nur gegen den Wortlaut des Artikels, durch
welchen König Friedrich ermächtigt würde, nicht nur die fränkischen
Markgrafthümer mit Preußen zu vereinigen, sondern auch sonst mit
ihnen nach seinem Gutdünken zu verfügen, sträubte sich Kaunitz.
Denn es lag auf der Hand, daß unter diesen letzteren Worten auch
der Austausch der Markgrafthümer gegen die Lausitz begriffen werden
konnte. Bei dem leicht erklärlichen Widerwillen, der in Wien hiegegen
bestand, drang man darauf und setzte es wenigstens vor der Hand
durch, daß dieser Zusatz in dem betreffenden Artikel wegblieb. Nur
auf die dereinstige Vereinigung der Markgrafthümer mit Preußen,
nicht aber auf eine anderwärtige Verfügung mit ihnen sollte die Zustimmung Oesterreichs sich erstrecken.

Zahlreicher waren die Einwendungen gegen den Entwurf des
Vertrages, der zwischen Oesterreich und dem Kurfürsten von der Pfalz

abzuschließen war. Insbesondere wollte man, und gewiß mit vollem
Rechte, durchaus nichts davon hören, daß die Convention vom 3. Jänner
1778 als ungültig erklärt werden sollte; man hätte ja dadurch das
eigene Verfahren zu einem unbefugten gestempelt. Kaunitz begehrte
vielmehr und Breteuil willigte ein, daß die neue Uebereinkunft als
die Verwirklichung des in der früheren Convention ausgesprochenen
Vorbehaltes zur Herbeiführung einer derartigen Verständigung hin=
gestellt werde.

Die ferneren Abänderungen, denen man von österreichischer Seite
das Vertragsproject unterzogen sehen wollte, betrafen ebenso sehr die
Form als das Wesen der Sache. Die ganze Verabredung mit dem
Kurfürsten von der Pfalz sollte mehr das Ansehen gegenseitiger Zu=
geständnisse als einseitiger Abtretungen von Seite des Kurfürsten er=
langen; darum wurde mit den österreichischen Concessionen der Anfang
gemacht. An die Verzichtleistung der Kaiserin auf alle baierischen
Gebietstheile wurde die ihrerseits geschehende Abtretung der Herrschaft
Mindelheim, dann der Oberherrlichkeitsrechte der Krone Böhmen auf
die Grafschaft Schönburg an den Kurfürsten geknüpft; mit letzteren
sollte er nach seinem Gutdünken verfügen können. Außerdem würden
ihm und seinen Nachfolgern sowohl die böhmischen Lehen in der Ober=
pfalz, als die Reichslehen in Baiern und in Schwaben verliehen werden,
wie der verstorbene Kurfürst von Baiern sie besaß. Dagegen hätte
der Theil des baierischen Regierungsbezirkes Burghausen, der die
Landgerichte Wildshut, Braunau mit der gleichnamigen Stadt, Mauer=
kirchen, Friedburg, Mattighofen, Ried und Schärding umfasse, an
Oesterreich zu fallen. Hiezu wurde noch, und zwar, wie wir gesehen
haben, auf ausdrückliches Begehren des Kaisers ein Landstrich am
linken Ufer des Inn, der sich vom Einflusse der Vils in die Donau
über Aunkirchen, Altersbach, Aidenbach, Walburgskirchen, Thann, Jul=
bach und Seibersdorf bis zum Einflusse der Salza in den Inn
erstreckte, in Anspruch genommen. Außerdem beharrte Oesterreich fest
auf seiner Weigerung, zur Entschädigung des Kurfürsten von Sachsen
eine Beisteuer zu widmen, und es gab daher auch die Einschaltung
eines derartigen Artikels durchaus nicht zu. Endlich nahm es in sein

Project die Bestimmung auf, daß der Herzog von Zweibrücken Theil
nehme an dem Vertrage.

Nur höchst ungern hatte Maria Theresia es gestattet, daß nach
dem Willen des Kaisers auch noch ein Landstrich am linken Ufer des
Inn für Oesterreich verlangt werde. Als sie zuletzt den Fürsten
Kaunitz hiezu ermächtigte, befahl sie ihm ausdrücklich, auf diesem Begehren nicht zu beharren, wenn Breteuil seine Einwilligung hiezu von
neuen Verhaltungsbefehlen aus Frankreich abhängig mache. Und wirklich
geschah dieß, denn mit Recht erklärte Breteuil, daß ein solches Begehren mit den ihm bekannten persönlichen Ansichten der Kaiserin
durchaus nicht im Einklange stehe. Kaunitz ließ es daher zuletzt fallen;
um so entschiedener erklärte er jedoch dem französischen Botschafter,
daß das in solcher Weise umgearbeitete Vertragsproject das Aeußerste
sei, wozu Oesterreich sich jemals herbeilassen werde. Gehe man von
preußischer Seite nicht darauf ein, so bleibe nichts übrig, als entweder
den Krieg mit äußerster Anstrengung fortzuführen, oder die in Besitz
genommenen Gebietstheile Baierns dem Kurfürsten zurückzustellen und
die Entscheidung über die mit der dortigen Erbfolge zusammenhängenden Fragen gleichzeitig mit der über die Vereinigung der fränkischen
Markgrafthümer mit Preußen dem deutschen Reiche zu übertragen [874]).

Maria Theresia stimmte dem Verfahren ihres Staatskanzlers
ausdrücklich zu, Breteuil aber brachte dasjenige, was er einstweilen in
Gemeinschaft mit Kaunitz festgestellt hatte, durch die Repräsentanten
Frankreichs in Berlin und St. Petersburg zur Kenntniß des Königs
von Preußen und der Kaiserin von Rußland. Von Ersterem wissen
wir, daß er zu jener Zeit des Krieges in hohem Maße überdrüssig
geworden war und daher den baldigen Abschluß des Friedens aufs
lebhafteste wünschte. Recht deutlich trat diese Stimmung durch den
Aerger zu Tage, den er darüber empfand, daß Verhandlungen, welche
in der ersten Hälfte des Dezember 1778 durch den sowohl in Oesterreich als in Preußen begüterten und daher zu den beiderseitigen
Monarchen im Unterthansverhältnisse stehenden Fürsten Lichnowsky
angeknüpft worden waren, ohne Erfolg blieben.

Lichnowsky war, wie es scheint, am Wiener Hofe nichts weniger als beliebt; man traute ihm nicht und sah ihn, ob mit Recht oder mit Unrecht, das ist jetzt schwer zu entscheiden, als einen Mann an, der den Mantel nach dem Winde drehe und auf beiden Achseln zu tragen sich bemühe [875]). In den letzten Tagen des November, vor seiner Abreise nach Schlesien sah er die Kaiserin. Er behauptete den Eindruck in sich aufgenommen zu haben, sie wünsche so lebhaft den Frieden, daß er nichts ihr Mißfälliges zu vollbringen glaubte, wenn er von dieser Stimmung die preußischen Minister benachrichtigte. Er that dieß auch wirklich und bot sich in Breslau, wo Friedrich damals verweilte, als Mittelsmann an, um ihn mit der Kaiserin wieder zu versöhnen. Ja er fügte sogar hinzu, daß wenn der König geneigt wäre, der zweiten Demarcationslinie zuzustimmen, welche Thugut zuletzt in Braunau vorgeschlagen habe, wogegen Oesterreich jeden Widerstand gegen die Vereinigung der fränkischen Markgrafthümer mit Preußen aufgeben würde, er auf Befehl des Königs unverzüglich nach Wien zurückkehren wolle, um zu sehen, ob nicht der Friede auf dieser Grundlage zu Stande gebracht werden könnte.

Wie wenigstens Lichnowsky sagte, fand sein Anerbieten eine so günstige Aufnahme bei dem Könige von Preußen, daß er sich hiedurch veranlaßt sah, der Kaiserin hievon directe Mittheilung zu machen. Der König lasse ihr eröffnen, schrieb ihr Lichnowsky, er denke genau so wie sie, und um ihr einen Beweis hievon zu geben, habe er ihn zu folgender Erklärung ermächtigt: Wenn sie auf den District, der die Salinen von Reichenhall in sich schließe, so wie auf jeden anderen Anspruch an Baiern verzichte, alle übrigen damit im Zusammenhange stehenden Fragen mit ihm gemeinschaftlich regle, zur Befriedigung Sachsens mitwirke und sein Nachfolgerecht in Ansbach und Bayreuth anerkenne, dann könnte auf dieser Basis und derjenigen der zweiten Proposition Thuguts, derzufolge Oesterreich ein Gebiet mit einer Million Einkommen erhalten und für alles Uebrige den Kurfürsten von der Pfalz entschädigen sollte, eine Verständigung zwischen Oesterreich und Preußen wohl leicht herbeigeführt werden.

Lichnowsky war auf dem Punkte, sich mit dieser Antwort nach Wien zu begeben, als er zu seinem Schmerze und zu seiner Beschämung einen Brief des Freiherrn von Pichler, Cabinetssecretärs der Kaiserin erhielt. Im Auftrage derselben wurde ihm befohlen, sich auf seine Privatangelegenheiten zu beschränken und jeder Einmischung in die öffentlichen Geschäfte zu enthalten. Nothgedrungen mußte er dieß thun, aber er berichtete doch der Kaiserin dasjenige, was von seiner Seite geschehen war und wovon er auch jetzt noch sich die günstigsten Wirkungen versprach [876]).

Man sieht wohl, daß Lichnowsky seinen eigenen Worten zufolge zu seinen Mittheilungen in Breslau nichts weniger als autorisirt war, sondern daß er, um sich wichtig zu machen und der Erkenntlichkeit der Kaiserin wie des Königs von Preußen theilhaft zu werden, auf eigene Gefahr handelte. In Wien that man gewiß Recht daran, ihn der angemaßten Mission rasch zu entkleiden; denn nachdem man die Vermittlung Frankreichs und Rußlands einmal angenommen hatte, wäre es wohl die ärgste Beleidigung für diese zwei Mächte gewesen, hinter ihrem Rücken durch einen Privatmann wie Lichnowsky mit dem Könige von Preußen unmittelbar zu verhandeln. Friedrich aber hatte, durch Lichnowsky hinter das Licht geführt, wirklich an eine geheime Sendung desselben geglaubt und war von dem Widerrufe der ihm angeblich ertheilten Vollmacht recht unangenehm berührt. Er sah darin ein neues Kennzeichen, daß der Kaiser nur den Krieg wolle, daß Kaunitz mit ihm einverstanden sei und daß Beide die Kaiserin völlig unterjocht hätten. Von Wien aus seien daher nur ganz unannehmbare Vorschläge zu erwarten. Das einzige günstige Resultat derselben werde darin bestehen, daß sich der Kaiserhof mit Rußland noch mehr überwerfe und sein Verhältniß zu Frankreich sich noch unfreundlicher gestalte als es ohnedieß der Fall sei [877]).

Man kann wohl getrost behaupten, daß man nicht leicht bei irgend einer hervorragenden Persönlichkeit der damaligen Zeit größeren politischen Selbsttäuschungen begegnet als bei dem Könige von Preußen. Das Gleiche war auch dießmal wieder der Fall. Als Friedrich durch

Vermittlung des französischen Gesandten Marquis de Pons die Mit=
theilung Breteuils über dessen vorläufige Vereinbarung mit Kaunitz
erhielt, sah er ein, wie sehr er sich geirrt hatte. Die Vorschläge des
Wiener Hofes seien, schrieb er seinem Bruder, im Wesentlichen identisch
mit den Begehren, welche von preußischer Seite in Braunau gestellt
worden waren. Die Angelegenheiten des Kurfürsten von der Pfalz
könne man fast schon als definitiv geregelt betrachten, und Aehnliches
dürfe von der dereinstigen Vereinigung der fränkischen Markgrafthümer
mit Preußen gesagt werden. Nur den Interessen des Kurfürsten von
Sachsen scheine Frankreich nicht die nöthige Aufmerksamkeit gewidmet
zu haben, und für ihn müsse nothwendiger Weise noch etwas geschehen.
Alles in Allem gerechnet, beginne er zu glauben, daß der Friede bis
Ende Februar zu Stande gebracht sein könnte. Denn er selbst würde
um so bereitwilliger die Hand dazu bieten, als ihn die russische Hülfe,
wenn sie ihm überhaupt zu Theil würde, außerordentlich theuer zu
stehen käme [878]).

Prinz Heinrich, an welchen diese vertrauliche Mittheilung des
Königs gerichtet war, suchte seinen Bruder in der Hinneigung zum
Frieden nur noch zu bestärken. Auch nach seiner Meinung war der=
selbe der Fortführung des Krieges bei weitem vorzuziehen. Was
endlich den einzigen noch streitigen Hauptpunkt, die Entschädigung für
Sachsen betraf, so meinte auch der Prinz, es werde sich für den Kur=
fürsten schon noch etwas thun lassen. Aber er fügte doch hinzu,
es wäre wahrhaft zu bedauern, wenn das Privatinteresse eines Kur=
fürsten von Sachsen ein so heilsames Werk wie den Friedensschluß
aufhalten könnte. Uebrigens werde der Kurfürst seine Forderungen
wohl beträchtlich herabstimmen, denn gerade für Sachsen wäre ja die
Fortführung des Krieges außerordentlich drückend [879]).

War nun auch der König von Preußen, wie seine eigenen Worte
es darthun, sehr für den Frieden gestimmt, so gab er sich doch nicht
vorzeitig bloß, sondern ging vielmehr mit äußerster Vorsicht zu Werke.
Dem Marquis de Pons ließ er erwiedern, ohne vorhergegangene Ver=
ständigung mit den betheiligten Fürsten und mit seiner Verbündeten,

der Kaiserin von Rußland dürfe er keine förmliche Antwort auf die ihm zugekommene Mittheilung geben. Aber er meine doch jetzt schon sagen zu können, er habe nichts in den Friedensvorschlägen gefunden, wogegen er sich gleich mit Entschiedenheit aussprechen müßte. Darum wolle er auch den Antrag, demzufolge der Kurfürst von der Pfalz einen Theil des Regierungsbezirkes Burghausen an Oesterreich abtreten sollte, keineswegs verwerfen. Aber er würde es doch vorziehen, wenn Oesterreich den oberpfälzischen District zwischen der Rab und der Schwarzach erhielte; in diesem Falle brauchte es weder Schulden zu übernehmen, da das betreffende Gebiet nicht mit solchen belastet sei, noch sich an der Entschädigung des Kurfürsten von Sachsen zu betheiligen. Bestehe es jedoch auf der Erwerbung des Landstriches am Inn, dann müsse es auch für die hierauf entfallende Schulden= summe einstehen. Außerdem wäre es dann gerecht, daß Oesterreich etwa bis zu einer Million Thaler beisteuere zur Entschädigung des Kurfürsten von Sachsen. In beiden Fällen hätte es seiner Oberherr= lichkeit auf die Lehen in Sachsen und der Lausitz, sowie allen sonstigen Rechten auf diese Provinz zu entsagen.

Was ihn selbst anging, verlangte der König das von Kaunitz schon einmal abgelehnte Zugeständniß, daß er und seine Nachfolger mit den fränkischen Markgrafthümern ganz nach Gutdünken verfügen dürften. Und schließlich meinte er, der Herzog von Mecklenburg wäre für seine Ansprüche durch das Privilegium de non appellando schadlos zu halten.

Nachdem Finkenstein und Hertzberg dem Marquis de Pons diese Mittheilung gemacht hatten, ergänzten sie dieselbe durch besondere Betonung des Werthes, welchen der König darauf lege, daß Oester= reich nicht den Landstrich am Inn, sondern das Grenzgebiet in der Oberpfalz erhalte. Freilich erwiederte ihnen de Pons, daß sie ja selbst in Braunau die erstere Erwerbung angeboten hätten; daß sie damals nicht verwirklicht worden sei, lasse sie jetzt nicht weniger zweckmäßig erscheinen. Die preußischen Minister wußten hierauf nichts Stich= haltiges zu erwiedern, aber de Pons nahm doch den Eindruck in sich auf, daß wenn der Wunsch des Königs nicht in Erfüllung gehen sollte, derselbe nur um so hartnäckiger an seinen anderen Begehren, der Betheiligung Oesterreichs an der baierischen Schuld und an der Entschädigung Sachsens festhalten werde. Fruchtlos hob de Pons die außerordentliche Mäßigung des Wiener Hofes hervor, welche in einer so weitgehenden Herabstimmung seiner ursprünglichen Forderungen Ausdruck gefunden habe und es unbillig erscheinen lasse, ihm auch noch Geldleistungen aufbürden zu wollen. Er schmeichelte sich nicht mit der Hoffnung, daß er vermocht habe, die preußischen Minister zu seiner Anschauung zu bekehren. Aber er fügte doch auch schließlich wieder hinzu, noch nie sei ihm von der preußischen Regierung so angelegentlich wie jetzt der Wunsch des Königs und dessen Absicht betheuert worden, zu einer friedlichen Vereinbarung zu gelangen [880]).

Eine ähnliche, nur minder ausführliche Mittheilung über die Erklärungen der preußischen Regierung, wie Breteuil von de Pons, erhielt der russische Botschafter Fürst Galitzin von dem Fürsten Repnin, der sich erst vor kurzem als Bevollmächtigter Rußlands bei dem Könige von Preußen in Breslau eingefunden hatte [881]). Denn mit lebhafter Befriedigung war die Kaiserin Katharina durch die verbindliche Antwort des Kaiserhofes auf ihre nichts weniger als freundschaftlich lautende Erklärung erfüllt worden. Daß ihr Maria Theresia nicht nur die Friedensvermittlung gemeinschaftlich mit Frankreich übertrug, sondern daß sie ihr hiebei eine so weitgehende Machtvollkommenheit einräumte, die Festsetzung der Friedensbedingungen ihrem Gefühle für Recht und Billigkeit zu überlassen, schmeichelte nicht allein ihrer persönlichen Eitelkeit aufs höchste, sondern war für sie auch von ganz unschätzbarem politischem Werthe. Denn ihrem Staate und ihrer Regierung konnte nicht leicht etwas Willkommeneres als die Zugestehung eines so großen Einflusses auf die europäischen Angelegenheiten widerfahren. Deßhalb war denn auch die Erwiederung Rußlands in einem Tone gehalten, wie er schmeichelhafter gar nicht mehr gedacht werden konnte. Es war schwer zu begreifen, wie so grundverschiedene Kundgebungen binnen so kurzer Frist von einer und derselben Regierung ausgehen konnten [882]).

38*

Nicht ganz im Einklange schien es damit zu stehen, daß die
Kaiserin Katharina zu ihrem Bevollmächtigten bei den Friedensverhand=
lungen gerade den Fürsten Repnin ernannte, der sich seiner Zeit durch
brutales und gewaltsames Auftreten in Polen vielleicht den Ruf eines
energischen, aber gewiß nicht den eines versöhnlichen Mannes zu er=
werben vermocht hatte. Die entscheidende Ursache für diese Wahl wird
in dem Umstande gesucht werden können, daß Repnin das russische
Hülfscorps befehligte, auf welches Friedrich so lange Zeit gehofft, das
ihm aber fortwährend vorenthalten worden war. Und als man endlich
Miene machte, dasselbe wirklich zu stellen, da wurde dieß, wie bereits
gesagt worden, an so kostspielige Bedingungen geknüpft, daß der König
von Preußen dem früher so heiß ersehnten Beistande Rußlands jetzt
nicht ganz ungern wieder entsagte.

Hocherfreut war Maria Theresia über die so günstig lautenden
Nachrichten aus Rußland [883]). Auf deren Mittheilung durch Kaunitz
antwortete sie ihm: „Aus meiner Niedergeschlagenheit können Sie
„urtheilen, wie tief mich die Kunde gerührt hat, die Sie mir zu=
„sandten. Nie habe ich daran gezweifelt, daß Sie mich aus meiner
„Verlegenheit ziehen würden, denn allzuviele Proben besitze ich hie=
„von“ [884]).

Als Kaunitz der Kaiserin diese Meldung erstattete, sprach er ihr
gegenüber gleichzeitig die Meinung aus, daß so zufriedenstellend die
Nachrichten aus Frankreich und aus Rußland auch wären, Alles doch
zunächst auf diejenigen ankomme, denen man stündlich aus Breslau
entgegenzusehen habe. Obschon er es nicht ausdrücklich sagte, schien
er doch zu hoffen, daß auch die letzteren günstig sein würden. Binnen
kürzester Frist sollte er jedoch das Gegentheil erfahren, denn es ver=
stand sich wohl von selbst, daß die Antwort des Königs von Preußen
auf die an ihn gelangten Vorschläge in Wien nur einen peinlichen
Eindruck hervorbringen konnte. Kaunitz legte das Verschulden davon
der Hauptsache nach dem Marquis de Pons zur Last, der es ver=
säumt habe, dem Könige von Preußen zu erklären, er habe es mit
dem Ultimatum des Wiener Hofes zu thun. Nachdem ihm dieß nicht

deutlich gesagt worden, mochte er glauben, es handle sich nur um eine
vorläufige Mittheilung, über die er noch markten könne.

Freilich werde durch dieses Mißverständniß, wünschte Kaunitz
dem französischen Botschafter gegenüber erklären zu dürfen, an dem
inneren Werthe der preußischen Antwort nichts geändert. Der an
den König gelangte Vorschlag wegen Ueberlassung eines Theiles des
Regierungsbezirkes Burghausen an Oesterreich sei nichts als die Wiederholung des Antrages, den er selbst im Juli 1778 nach Wien gelangen
ließ, der aber damals wegen der daran geknüpften Bedingungen nicht
angenommen werden konnte. Statt nun hinsichtlich der letzteren, die
im Laufe der Zeit nicht gerechter und nicht vernünftiger geworden
seien, eine Ermäßigung eintreten zu lassen, sei man jetzt in Breslau
auf noch härtere, ja ganz unannehmbare verfallen. Für die Erwerbung
eines Landstriches, der zur Zeit der österreichischen Occupation unter
Kaiser Joseph I. jährlich nicht mehr als 130.000 Gulden abgeworfen
habe, solle man jetzt Sachsen eine Million Thaler bezahlen, einen
Antheil an den baierischen Schulden übernehmen und der Oberherrlichkeit über die Lehen in Sachsen und der Lausitz, ja sogar dem
Rückkaufs- und Rückfallsrechte auf die letztere entsagen, wodurch dem
Könige von Preußen ihr dereinstiger Eintausch gegen die Markgrafthümer erleichtert werden würde. Und wolle man wenigstens den von
preußischer Seite für Baiern und für Sachsen in Anspruch genommenen
Geldleistungen entgehen, so hätte man sich mit einem armseligen und
entvölkerten Bruchtheile der Oberpfalz zu begnügen, der in gar keiner
Beziehung irgend welchen erwähnenswerthen Vortheil gewähre.

Die Kaiserin könne, so lautete es weiter in dem Entwurfe der
Erklärung, welche Kaunitz an Breteuil zu richten gedachte, auf jede
Erwerbung in Baiern verzichten, aber niemals werde sie Vorschlägen
zustimmen, welche gleich denjenigen des Königs von Preußen durchaus
unvereinbar seien mit ihrer Würde wie mit den Interessen ihres
Reiches. Auf einen Theil von Baiern erstreckten sich ihre Ansprüche.
Ohne ihrer Würde etwas zu vergeben, könne sie dieselben freiwillig
so weit verringern als es ihr beliebe. Aber sie dürfe sich nicht

erlauben, sie anderswo als in Baiern befriedigen zu lassen, wenn es
um einen Vergleich über die baierische Erbfolge sich handle. Darum
könne sie sich auch mit dem Districte zwischen der Nab und der
Schwarzach, selbst wenn er ihr sonst anständig wäre, nicht abfinden
lassen, weil er nicht zu Baiern, sondern zur Oberpfalz gehöre.

Mit gleichem Nachdrucke wollte Kaunitz auch die Zumuthung
zurückweisen, Oesterreich solle einen Theil der baierischen Schulden auf
sich nehmen und zur Befriedigung des Kurfürsten von Sachsen eine
Million Thaler entrichten. Gienge man hierauf ein, dann würde es
das Ansehen gewinnen, daß man, statt wenigstens einen kleinen Theil
der erhobenen Ansprüche verwirklichen zu können, dieß nur durch eine
Art von Kauf zu erreichen vermocht habe.

Was endlich die begehrte Verzichtleistung auf das Oberhoheitsrecht über die Lehen in Sachsen und der Lausitz, sowie auf das Rück-
kaufs- und Rückfallsrecht hinsichtlich der letzteren anging, so erklärte
Kaunitz, daß wenn auch die übrigen Bedingungen so annehmbar wären
als sie es nicht seien, doch diese durchaus unzulässig erscheine. Denn
die Erhaltung jener Rechte sei unendlich viel wichtiger als die Erwerbung des kleinen Landstriches am Inn. Ueberhaupt wolle die
Kaiserin ihre durch den Marquis de Pons an den König von Preußen
gelangten Vorschläge als ihr Ultimatum angesehen wissen. Komme
auf dieser Grundlage nicht bald eine Vereinbarung zu Stande, dann
werde sie ihre Sache vor den Reichstag bringen und sich neuerdings
zu einstweiliger Zurückstellung aller von ihr in Besitz genommenen
baierischen Gebietstheile, jedoch unter Aufrechthaltung ihrer sämmtlichen
Ansprüche an die baierische Erbfolge bereit erklären. Gleichzeitig wären
jedoch auch die übrigen Forderungen an dieselbe sowie des Königs Verlangen nach dereinstiger Vereinigung der fränkischen Markgrafthümer
mit Preußen dem Spruche des Reiches zu unterziehen. Sie werde
dadurch das Ihrige gethan haben zur Beseitigung jedes Vorwandes
zu fernerer Kriegführung. Bleibe diese Bemühung jedoch fruchtlos,
dann werde sie keine Anstrengung scheuen, um den Kampf fortzusetzen
mit dem Aufgebote all ihrer Kraft.

So ſollte wenigſtens in ihren weſentlichſten Punkten die Note abgefaßt ſein, welche Kaunitz dem Botſchafter Frankreichs zuſtellen wollte [885]). Um jedoch auch die Empfindlichkeit Rußlands zu ſchonen, das bisher an den Vermittlungsverhandlungen ungleich geringeren Antheil als Frankreich genommen hatte, wünſchte Kaunitz eine Ab= ſchrift der an Breteuil zu richtenden Note ſeinem in St. Petersburg beglaubigten Sohne mit dem Auftrage überſenden zu dürfen, ſich zu verwenden, daß Repnin angewieſen werde, den öſterreichiſchen Stand= punkt in dieſer Sache bei dem Könige von Preußen energiſch zu vertreten.

Sowohl Maria Thereſia als Joſeph ſtimmten in Allem und Jedem den Anträgen des Fürſten Kaunitz bei. Mit einem gewiſſen Eifer geſchah dieß, ſo daß man unwillkürlich auf den Gedanken ge= bracht wird, ihre Einwilligung ſei ihnen ganz beſonders vom Herzen gegangen. „Wir Beide“, ſchrieb Maria Thereſia an Kaunitz, „finden „dieſe Expeditionen ganz den Umſtänden und unſeren Abſichten an= „gemeſſen. Sie ſehen Ihnen gleich und gereichen Ihrem Miniſterium „zur Ehre“ [886]). Joſeph aber behauptete, es ſei unmöglich, die Dinge mit größerer Klarheit und Richtigkeit zu beurtheilen und zum Aus= drucke zu bringen. Er verſprach ſich eine große Wirkung hievon [887]).

So wie dem Fürſten Kaunitz, ſo lag auch Breteuil die Abſicht vollkommen fern, Rußland bei den Verhandlungen über die Friedens= vermittlung irgendwie in den Hintergrund drängen zu wollen. Den beſten Beweis hiefür lieferte er dadurch, daß er nun mit Repnin in directe Verbindung trat. Nicht nur an de ·Pons, ſondern auch an Repnin ſchrieb er, und er unterrichtete ihn von dem peinlichen Ein= drucke, welchen die ganz unerwarteten Begehren des Königs von Preußen in Wien hervorgebracht hatten. Er betonte ihm gegenüber, wie nachgiebig der Kaiſer und die Kaiſerin ſich hinſichtlich ihrer An= ſprüche auf baieriſche Gebietstheile gezeigt hätten, da ſie ſogar zur Zurückſtellung derſelben und zur Ueberweiſung des Schiedsſpruches an das Reich bereit ſeien. Er bat ihn nichts unverſucht zu laſſen zur Abkürzung der Langwierigkeit dieſes Rechtsweges, und verſicherte ihn seines Eifers und seiner Bereitwilligkeit, gemeinschaftlich und im besten Einvernehmen mit ihm zur Zustandebringung des Friedens wirksam zu sein [888]).

Das Entgegenkommen Breteuils fand bei Repnin willfährige Aufnahme und verbindliche Entgegnung. Aber freilich wurde aus letzterer klar, daß sowie Breteuil den Standpunkt Oesterreichs vertrat, der des Königs von Preußen an Repnin einen eifrigen Fürsprecher fand [889]). De Pons berichtete jedoch über ihn, daß er von den fried- lichsten Gesinnungen beseelt nach Breslau gekommen, und daß er seit seiner Ankunft daselbst der Rolle eines Friedensvermittlers niemals untreu geworden sei. Aber freilich wäre es nicht zu verwundern, wenn er sich durch diejenige eines Feldherrn verblenden ließe, zu der er für den Fall bestimmt sei, daß trotz seiner Bemühungen die Friedens- verhandlungen eine allzu ungünstige Wendung nehmen sollten [890]).

Wie de Pons weiter berichtete, brachte der Wortlaut der öster- reichischen Note vom 11. Jänner in Breslau einen tiefen Eindruck hervor. König Friedrich fühlte sich persönlich durch den schneidenden Ton verletzt, in dem sie abgefaßt war, und er meinte hiezu durch seine vorläufige Antwort keinen ausreichenden Anlaß gegeben zu haben. Er habe, so ließ er sich vernehmen, die Mittheilungen des Wiener Hofes nicht als dessen Ultimatum betrachtet, sondern den Zeitraum, der bis zum Eintreffen der Antwort der russischen Regierung auf seine an sie gerichteten Anfragen nothwendiger Weise vergehen müsse, benützen zu sollen geglaubt, um einstweilen in Wien seine Anschauungen kundgeben zu lassen. Sei man hierüber zu keiner Verständigung ge- langt, so befinde man sich dort, wo man vor dem Austausche dieser Mittheilungen gewesen. So lang werde man dabei bleiben müssen, bis er durch die Nachrichten, die er aus St. Petersburg und von den übrigen Betheiligten erwarte, in den Stand gesetzt sei, eine förmliche Antwort zu geben.

Nicht geringes Interesse gewährt es, diesen Meldungen des französischen Gesandten am preußischen Hofe die vertraulichen Aeuße- rungen des Königs gegenüber zu stellen. Allerdings scheint er seinen

Bruder nicht ganz in die Verhandlung eingeweiht zu haben, welche damals gepflogen wurde. Aber er schrieb ihm doch, daß er binnen wenig Tagen die Antwort aus St. Petersburg erwarte, nach deren Ankunft er sein Ultimatum nach Wien senden werde; von dem Ent= schlusse des Kaiserhofes hänge sodann das Uebrige ab.

Was den letzteren anging, so behauptete Friedrich, daß Maria Theresia und ihre Familie sowie der ganze österreichische Adel nach dem Frieden sich sehnten; nur der Kaiser wolle ihn nicht, und Kaunitz, um das Glück seiner Kinder zu machen, unterstütze ihn dabei. Zu seiner Umgebung, die ihm ebenfalls dringend zum Frieden gerathen habe, hätte Joseph gesagt, seine Stellung in Wien sei zu beengt, denn er spiele daselbst nur die zweite Rolle, während er bei der Armee den ersten Platz einnehme. Er könne daher nicht anders als die Fortsetzung des Krieges dem Friedensschlusse vorziehen [891]).

Wie ungenau König Friedrich aus Wien und aus Oesterreich überhaupt, somit auch über die eigentlichen Anschauungen und Wünsche des Kaisers berichtet war, ist schon früher gezeigt worden. Aber das läßt sich keineswegs bestreiten, daß Joseph mit unermüdlichem Eifer die Vorbereitungen zu einem neuen Feldzuge traf. Daß es ihm Ernst war, wenn er die Möglichkeit desselben in den Kreis seiner Berech= nungen zog, zeigt auch der eindringliche und entschiedene Ton, mit welchem er Lacy's Bitte zurückwies, in Anbetracht seiner geschwächten Gesundheit nicht mehr im Felde verwendet zu werden [892]).

„Wenn Sie mein Freund", antwortete ihm hierauf der Kaiser, „wenn Sie für mich und für sich selbst gerecht sind, werden Sie mir „die Rathschläge nicht weigern, welche allein mich aufrecht halten, den „Staat und meine Ehre retten können. Jede Art, in der dieß geschieht, „gilt mir gleich, wenn ich nur, sollte der Krieg stattfinden, in die „Lage versetzt bin, Ihre Ansicht zu erfahren. Ich kann und will den „Brief, der mir zu viel Kummer verursacht, gar nicht behalten, und „ich erkläre, daß ich Sie nicht davon lossprechen, mit mir zu kommen. „Richten Sie es für Ihre Gesundheit ein, wie es Ihnen gefällt, ich „stimme Allem mit Vergnügen zu, aber verlassen Sie mich nicht in

„der schwierigen Lage, in der wir uns dann befänden. Ich erwarte
„und ich hoffe es von Ihnen" [893]).

Lacy hatte, und mit Recht, diese Schwierigkeit in nichts so sehr
als in der Wahrscheinlichkeit erblickt, daß in einem künftigen Feldzuge
Rußland sich zu Gunsten Preußens an der Kriegführung betheilige.
Auch Joseph verkannte solches nicht; gleichwohl schrieb er, ehe er
noch eine Antwort von Lacy erhalten haben konnte, in etwas groß-
sprecherischer Weise, die sonst nicht in seiner Art lag, dem Feldmarschall: „Mit Ihnen und einer Armee fürchte ich gar nichts; man
„braucht eben nur die Einen nach den Anderen zu schlagen" [894]).

Viel begründeter als die Meinung Friedrichs von der Kriegslust
des Kaisers war sein Ausspruch, der größte Stein des Anstoßes
bestehe in der Entschädigung für Sachsen, zu der man sich in Wien
nicht herbeilassen wolle, während es für ihn selbst eine Pflicht der
Ehre sei, auf ihr zu bestehen. Außerdem biete Alles, was sich auf den
Herzog von Zweibrücken beziehe, große Schwierigkeiten dar. Die übertriebenen Begehren seiner Verbündeten zu mäßigen und den Wiener
Hof zu einiger Nachgiebigkeit zu bringen, darin liege vor der Hand
seine Aufgabe. Leicht sei Alles dieß gesagt, aber nur sehr schwer
durchgeführt.

Binnen etwa drei Wochen, meinte der König, werde das Friedenswerk zu Stande gebracht sein können, aber Rußland setzte seine Geduld
hart auf die Probe. Um so schwerer war sie zu bestehen, als gerade
damals die bisherige Waffenruhe eine für Friedrich recht unwillkommene
Störung erlitt. Allerdings gab er selbst hiezu zuerst den Anlaß, indem
er den Versuch machte, die Oesterreicher aus ihren Stellungen bei Zuck-
mantel zu vertreiben. Aber er konnte seinen Plan nicht durchführen, denn
der Generallieutenant von Wunsch, den er hiezu angewiesen hatte, vermochte denselben nicht zu verwirklichen. Nun aber wollte auf österreichischer Seite Wurmser auch nicht mehr unthätig sein. In fünf
Colonnen drang er in der Nacht vom 17. auf den 18. Jänner 1779
in die Grafschaft Glatz ein. Am Morgen des 18. überfielen die kaiserlichen Obersten Alvintzy und Pallavicini das Städtchen Habelschwert;

nach tapferem Widerstande wurde die preußische Besatzung überwältigt und gefangen.

Eine andere österreichische Colonne, bei welcher sich Wurmser selbst befand, rückte unter der Führung des Generalmajors Terzi gegen das Blockhaus zu Oberschwedelsdorf vor, in welchem ebenfalls preußische Besatzung lag. Auch sie widerstand tapfer, aber auch sie mußte schließlich sich ergeben. Und der preußische Succurs, der aus Glatz herbeieilte, mußte sich mit einigem Verluste unverrichteter Dinge zurückziehen. Der Gewinn der ganzen Unternehmung bestand für die Oesterreicher darin, daß ein General, der Prinz von Hessen-Philippsthal, drei Oberste, ein Major, vier und dreißig andere Offiziere und mehr als tausend Mann gefangen genommen wurden. Außerdem fielen noch sieben Geschütze und zehn Fahnen in ihre Hände. Ihr eigener Verlust war dagegen nicht bedeutend zu nennen [895]).

Friedrich wurde durch diese Schlappen, welche seine Truppen erlitten, aufs Aeußerste erbittert. Er ließ nicht nur durch den Generallieutenant von Möllendorf einen Streifzug nach Böhmen, und zwar bis Brüx unternehmen [896]), sondern er hielt es für nöthig, daß er selbst Breslau verlasse und sich nach Schweidnitz, von da aber nach Reichenbach begebe, um näher bei seinen Truppen die etwa noch bevorstehenden Ereignisse zu erwarten. Denn weit davon entfernt, den Feind zu fürchten, schrieb er seinem Bruder, ziehe er es vor, denselben in Schrecken zu versetzen und für seinen eigenen Herd zittern zu machen [897]).

Gewiß war dieß während König Friedrichs ruhmreicher Feldherrnlaufbahn schon sehr oft geschehen; zu der Zeit aber, von welcher jetzt die Rede ist, konnte er sich dessen doch nicht rühmen. Früher hatte er zu wiederholten Malen die Oesterreicher in offener Schlacht geschlagen; daß sie ihm jetzt im kleinen Kriege, und nur ein solcher konnte zur damaligen Winterszeit geführt werden, ziemlich überlegen waren, darüber täuschte er sich wohl selbst am wenigsten, wenn er es auch erst später offen gestand. Darum rechnete und rechnete er, bis wann sein Courier aus Rußland zurück sein könne, und immer

verrechnete er sich wieder, so daß er zuletzt nach seinem eigenen Geständ=
nisse schon die Geduld verlor. „Solltest Du es glauben", schrieb er
seinem Bruder, „daß schon seit zehn Tagen alle Papiere, welche unsere
„Friedensverhandlungen enthalten, in dem Cabinete der Kaiserin von
„Rußland sich befinden, und daß es kein Mittel gibt, aus demselben
„jene Antwort zu ziehen, welche zur Beschleunigung der Schritte der
„Vermittler so nothwendig ist. Ich gestehe Dir daß mich die Geduld
„manchmal verläßt" [898]).

Aus diesen Worten scheint nicht undeutlich hervorzugehen, daß
König Friedrich seine demüthigende Unterordnung unter das Macht=
gebot der Kaiserin von Rußland manchmal recht peinlich fühlte. Wie
er selbst erzählt, rief sie auch den Spott Josephs hervor, der ihn den
von Rußland beschirmten Gegenkaiser genannt haben soll [899]). Aber
schließlich erbarmte sich doch Katharina ihres Schützlings, und am
25. Jänner 1779 ergingen von St. Petersburg aus die Depeschen
nach Berlin, nach Wien und nach Paris, welche die Ansichten der
Kaiserin von Rußland über die Bedingungen kundgaben, auf deren
Grundlage der Friede zu Stande kommen sollte. In den drei wichtigsten
Punkten gab sie von vorneherein der österreichischen Auffassung Recht.
Auch sie meinte, daß der vom Wiener Hofe in Anspruch genommene
Theil des baierischen Regierungsbezirkes Burghausen und nicht der
oberpfälzische Grenzdistrict an Oesterreich fallen sollte. Der Weigerung
Oesterreichs, seinem Rückkaufs= und Rückfallsrechte auf die Lausitz zu
entsagen, wäre gleichfalls Rechnung zu tragen, und ihm die Zahlung
einer Million Gulden zur Befriedigung Sachsens, oder die Uebernahme
eines Theiles der baierischen Schulden nicht aufzuerlegen. Dagegen
könnte der Kaiserhof angegangen werden, nicht zu Gunsten des Kur=
fürsten von der Pfalz, sondern Sachsen gegenüber den Oberhoheits=
rechten der Krone Böhmen auf die Grafschaft Schönburg so wie auf
andere in Sachsen und nicht in der Lausitz befindliche Lehen zu
entsagen, dem in der Note des Fürsten Kaunitz mit Stillschweigen
übergangenen Herzoge von Mecklenburg aber nach dem Wunsche des
Königs von Preußen entweder ein erledigtes Reichslehen oder das
Privilegium de non appellando zu Theil werden zu lassen [900]).

Wer die einander gegenüberstehenden Erklärungen der Höfe von
Wien und von Berlin mit den Aussprüchen der Kaiserin von Rußland vergleicht, wird zugeben müssen, daß sie weit mehr dem Standpunkte Oesterreichs als demjenigen Preußens sich näherten. Aber noch
war der Eilbote mit den sehnlich erwarteten Mittheilungen aus Rußland nicht bei König Friedrich eingetroffen, als derselbe, durch seinen
Gesandten in St. Petersburg, den Grafen Solms, von dem Inhalte
der dort gefaßten Beschlüsse schon vorläufig in Kenntniß gesetzt [901]), und
von seinem lebhaften Wunsche nach baldigem Friedensschlusse getrieben,
sein Ultimatum nach Wien abgehen ließ. In allen wichtigeren Punkten
schmiegte er der Entscheidung — so darf man es ja wohl nennen —
der Kaiserin Katharina sich an. Auch von dem ihm einzuräumenden
Rechte, mit den fränkischen Markgrafthümern nach seinem Gutdünken
zu verfügen, war in dem neuen Friedensprojecte des Königs von
Preußen nicht mehr die Rede. Und da ihm Nürnberg oder Augsburg
zu weit entfernt zu sein schienen, um den Frieden so rasch als nur
immer möglich zum Abschlusse zu bringen, schlug er vor, die hiemit
zu betrauenden Minister sollten in irgend einer Stadt zwischen Wien
und Breslau, welche neutral zu erklären wäre, zusammentreten [902]).

Galitzin war der Erste, der dem Fürsten Kaunitz vertrauliche
Mittheilung machte von diesen Anträgen des Königs. Der Staatskanzler beeilte sich, sie zur Kenntniß der Kaiserin zu bringen, und er
fügte hinzu, daß so viel er aus flüchtiger Durchsicht der ihm zu-
gesendeten Papiere habe entnehmen können, wohl kein wesentliches
Hinderniß mehr gegen die Zustandebringung des Friedens obzuwalten
scheine [903]).

„dis ist wohl", antwortete hierauf Maria Theresia mit eigener
Hand, „ein angeneme Zeittung, die seith 14 monath mir grossen
„Kummer verursacht. cremsier [904]) wäre die beste statt vorzuschlagen;
„ist indiferente" [905]).

Kurz darauf legte Kaunitz der Kaiserin eine ähnliche Mittheilung,
wie er sie von Galitzin erhalten hatte, auch von Breteuil vor. „Kaunitz

„war bei mir", schrieb Maria Theresia dem Kaiser, „und überbrachte
„mir dieselben Papiere von Breteuil, wie Du sie von Galitzin gesehen
„hast, mit Ausnahme des Briefes an diesen. Ich ließ Dich nicht
„holen, da er mir nichts Besonderes sagte. Er wird allsogleich an
„den Bemerkungen arbeiten, welche zu machen sein werden: er hält
„die Stadt Neustadt für die beste zur Zusammenkunft jener Herren.
„Ich wage es Dir meinen Glückwunsch zu diesem Ereignisse darzu-
„bringen, das ganz Europa und insbesondere meine guten Länder
„von einer ihnen drohenden Gefahr befreit. Deinem weisen und um-
„sichtigen Benehmen im vergangenen Feldzuge verdankt man das Ende
„der Uebel, die uns bevorstanden. Zweckmäßige Maßregeln für die
„Zukunft werden Dich und Deine guten und treuen Unterthanen
„glücklicher machen als ich es gewesen bin; das ist Alles was ich
„wünsche" [906]).

So wie man in Wien noch in dem Augenblicke, der dem
Empfange der letzten Nachrichten aus Breslau vorherging, starke
Zweifel an der Nachgiebigkeit des Königs von Preußen gehegt hatte,
so hielt auch Friedrich noch fortwährend an jener Voraussetzung fest,
die bei ihm gleichsam zur fixen Idee geworden war: Joseph wolle
durchaus die Fortsetzung des Krieges [907]). Da aber Kaunitz mit ihm
gehe und ihnen gegenüber der Wille der friedliebenden Kaiserin ziemlich
machtlos erscheine, so sei man der Beendigung des Kampfes nichts
weniger als gewiß. Aber von all dem, was der König besorgte,
geschah gerade das Gegentheil, denn alle drei Personen, von denen
die Entscheidung am Kaiserhofe abhing, wünschten den Frieden. Drei
Tage nach Ankunft der ersten Nachricht von dem preußischen Ultimatum legte Kaunitz die Entwürfe zu den Antwortschreiben vor, welche
an Breteuil und an Galitzin ergehen sollten; sie waren sämmtlich in
zustimmendem Sinne gehalten. Joseph aber schrieb auf des Staatskanzlers Bericht [908]): „Ich glaube daß dieser Antwort auch nicht das
„Geringste beizufügen ist, und ich würde nur meinen, daß der Ort
„Neustadt ausgelassen werden könnte, da er zu sehr inmitten unserer
„ganzen Armee liegt". Maria Theresia aber setzte hinzu: „Ich bin
„vollkommen einverstanden mit dem Kaiser".

Der Kernpunkt der Antwort des Wiener Hofes auf das Ultimatum des Königs von Preußen bestand darin, daß man allen in ihm
enthaltenen wesentlicheren Bedingungen beipflichtete, und man konnte,
ja man mußte dieß umsomehr thun, als man sich ja preußischer Seits
den von Wien aus gestellten Begehren gefügt hatte. Aber nur in einer
einzigen Beziehung kam es zu einer vorläufigen Einigung nicht. Denn
im Namen der Kaiserin wurde erklärt, daß sie dem Kurfürsten von
Sachsen gegenüber sich zu gar keinem Zugeständnisse herbeilassen werde;
sie habe mit seinen Ansprüchen nicht das Geringste zu thun. Darum
gedenke sie ihre lehensherrlichen Rechte über die Besitzungen der Grafen
Schönburg wohl dem Kurfürsten von der Pfalz, nicht aber dem von
Sachsen zu cediren. Die in dem letzteren Lande gelegenen Lehen der
Krone. Böhmen seien von weit größerer Anzahl, Ausdehnung und
Bedeutung als man dieß annehme. Eine solche Verzichtleistung widerspreche daher der Würde eines großen Staates, selbst wenn er von
diesen Rechten gar keinen Gewinn zöge.

Als Versammlungsort der Bevollmächtigten zu definitiver Zustandebringung des Friedens schlug man von Wien aus Troppau oder
Jägerndorf vor; man meinte hiedurch die unverzügliche Räumung
dieser beiden noch von den Preußen besetzten Städte zu erreichen.
Sollte König Friedrich nicht hierauf eingehen, so möge man auf
Teschen sein Augenmerk lenken. Endlich kam man neuerdings auf den
schon früher gestellten Antrag eines Waffenstillstandes zurück, auf
welchen der König, und wie es scheint, zu seinem eigenen Schaden
bisher nicht eingegangen war. Prinz Heinrich wenigstens hielt diesen
Entschluß gerade im Interesse Preußens für äußerst bedauerlich [909]),
und man kann wohl sagen, daß die kriegerischen Ereignisse während
der Wintermonate ihm Recht gaben.

„Sachsen wird uns noch zu thun geben", schrieb Maria Theresia
einige Tage später an Kaunitz [910]), und sie traf damit den Nagel auf
den Kopf, denn der König von Preußen nahm die Zurückweisung
seines Begehrens, demzufolge auf die Oberhoheitsrechte der Krone
Böhmen über die in Sachsen befindlichen Lehen verzichtet werden sollte,

übel genug auf. Sowohl Repnin als de Pons kamen in Folge dessen
neuerdings auf diesen Gegenstand zurück, und sie meinten, der Wiener
Hof sollte sich wenigstens hinsichtlich einiger dieser Lehen nachgiebig
bezeigen. Repnin meldete gleichzeitig, von den drei Städten, welche
man von österreichischer Seite vorschlage, halte er Teschen für die
geeignetste, und auch der König sei dieser Meinung. Pflichte man ihr
auch in Wien bei, so sei Teschen allsogleich neutral zu erklären und
alle Truppen wären von dort zu entfernen. Die Vermittler hätten
sich so bald als nur immer möglich dorthin zu begeben, und es wäre
erwünscht zu wissen, wen Oesterreich als seinen Bevollmächtigten nach
Teschen absenden werde. Dem Antrage auf Abschluß eines Waffen=
stillstandes stimme der König von Preußen zu, doch wolle er, daß die
beiderseitigen Truppen die von ihnen besetzten fremden Gebietstheile
nicht schon jetzt, sondern erst nach dem definitiven Abschlusse des
Friedens zu räumen hätten [911]).

Maria Theresia war in den Tagen, in denen sie von Stunde
zu Stunde der Antwort aus Breslau entgegensah, in hohem Grade
beunruhigt durch eine kriegerische Unternehmung, welche der Kaiser ins
Werk setzen ließ und die sie gewiß nicht mit Unrecht für ganz unzeit=
gemäß hielt. „Ich bin", schrieb sie insgeheim an Kaunitz, „in Ver=
„zweiflung über den Angriff, der diese Nacht recht zur Unzeit geschehen
„und durch den die Elite unserer Truppen aufgeopfert werden soll,
„was auch für den Frieden üble Folgen haben könnte, wenn wir den
„König allzusehr aufbringen, während es in der Oeffentlichkeit gleich=
„falls einen sehr üblen Eindruck hervorbringen wird. Ich zittere daß
„der Prinz von Preußen sich vielleicht dort befindet, indem sein
„Regiment da ist. Sie werden jedoch diese Sache Niemand erzählen.
„Nachdem der Kaiser sie mir nicht mittheilte, würde ich den verrathen,
„von dem ich sie habe; sie ist daher nur für Sie ganz allein" [912]).

Diese Worte der Kaiserin beziehen sich auf die Angriffe, welche
der Kaiser am frühesten Morgen des 28. Februar durch die Generale
Olivier Wallis und Clerfayt gegen das schon in Preußisch=Schlesien
gelegene Grenzstädtchen Neustadt ausführen ließ, um das dort befindliche

Regiment des Prinzen von Preußen gefangen zu nehmen. Der Oberst von Winterfeldt aber, der es commandirte, vereitelte durch tapferen Widerstand die Ausführung dieser Absicht. Allerdings mußte er, nachdem Neustadt durch die Geschütze der Oesterreicher in Brand gerathen war, das Städtchen räumen, aber er vereinigte sich hinter demselben mit dem herbeieilenden Succurse. Da Wallis den letzteren für weit beträchtlicher hielt, als er wirklich war, zog er sich, ohne ein anderes Resultat als die Verbrennung eines schuldlosen Städtchens erreicht zu haben, wieder zurück.

Es begreift sich leicht, daß so wie Maria Theresia diese Unternehmung mißbilligte, auch ihr Gegner, der König von Preußen nur mit Aerger die Kunde von ihr vernahm. Bei seinen Mittheilungen über sie trat neuerdings die so tief in ihm eingewurzelte Meinung zu Tage, daß Joseph nichts anderes wolle als die Fortsetzung des Krieges. „Das sind", schrieb der König seinem Bruder, „die letzten „Anstrengungen der Wuth des Kaisers, der in Verzweiflung ist über „den bevorstehenden Frieden; aber wenn seine Mutter ihn will, wird „er gleichfalls zur Zustimmung genöthigt sein. In wenig Tagen „werden wir sehen, ob Waffenstillstand sein wird oder nicht. Wenigstens „werden wir, wenn die Dinge auf dem Punkte bleiben, auf welchem „sie jetzt sind, nicht die Letzten geschlagen worden sein."

Von Wichtigkeit ist noch eine zweite Aeußerung des Königs, die in dem gleichen Briefe an den Prinzen Heinrich enthalten ist. Der Stiftung des Theresienordens legt er es zur Last, daß die kaiserlichen Generale, ohne sich um das Schicksal der Truppen zu kümmern, welche oft sicherem Verderben entgegengiengen, Wagnisse aller Art unternähmen, nur um jenes so hochgehaltenen Ordens theilhaft zu werden [913]).

Wenn von charakteristischen Aussprüchen der beiden Gegner, der Kaiserin und des Königs von Preußen die Rede ist, so wird es gestattet sein, nur noch einen zu erwähnen, der gleichfalls in jenen Tagen von Maria Theresia gethan wurde. Bekanntlich bekämpften sie sich, so oft Krieg zwischen ihnen geführt wurde, nicht minder

leidenschaftlich mit der Feder wie mit dem Schwerte. Das Gleiche
war auch jetzt wieder der Fall, und der greise Vorstand des geheimen Hausarchives, Hofrath von Rosenthal hatte den Auftrag
erhalten, mehrere Streitschriften zu widerlegen, welche vor kurzem
erschienen waren. Rosenthal that dieß, und zwar nicht nur in umständlicher, sondern auch in recht leidenschaftlicher Weise; insbesondere
schloß er seine Abhandlung mit einem heftigen persönlichen Ausfalle
auf den König von Preußen. Schon Kaunitz meinte, daß er es wegen
der von Rosenthal gebrauchten, „obgleich ganz gegründeten Ausdrücke"
der Kaiserin anheimstellen müsse, ob seine Schrift durch den Druck
bekannt zu machen sei oder nicht [914]). Maria Theresia aber entgegnete hierauf:

„der gutte alte rosenthall hat es wohl gemeint, allein das ende
„ist keine sprach eines souvrains gegen dem andern. mus gantz
„erligen bleiben."

In dieser Stimmung war ·Maria Theresia, als es um die
Antwort auf die letzten Mittheilungen aus Breslau sich handelte. Die
Kaiserin willigte ein, daß die Bevollmächtigten der kriegführenden und
der vermittelnden Mächte in Teschen zusammentreten sollten, um dort
den definitiven Frieden zu Stande zu bringen; von österreichischer
Seite werde der frühere Gesandte in Berlin, Graf Ludwig Cobenzl
sich am 10. März daselbst einfinden. Sie stimmte dem Vorschlage,
daß an diesem Tage der Waffenstillstand beginne, und dem Wunsche
des Königs von Preußen zu, demzufolge die beiderseitigen Truppen
bis zum Frieden in ihren bisherigen Stellungen belassen werden
sollten; aber sie deutete doch an, daß sie es vorzöge, den Feindseligkeiten unverzüglich ein Ende zu machen. Sie versprach ihre Mitwirkung zur Herbeiführung einer Verständigung zwischen den Kurfürsten
von der Pfalz und von Sachsen, aber sie that der Zumuthung, daß
sie sich selbst an der Entschädigung Sachsens betheiligen solle, mit
keinem Worte Erwähnung, während Cobenzl an Repnin schrieb, die
Kaiserin könne sich zu einer Schmälerung der Ehrenrechte der Krone
Böhmen nun einmal nicht entschließen [915]). Sie endigte mit der

Versicherung, sie sehe mit Befriedigung dem Augenblicke entgegen, in welchem die Freundschaft und das gute Einvernehmen zwischen ihr und dem Könige von Preußen wieder hergestellt sein würden [916]).

Das lebhafteste Interesse brachte nun Maria Theresia Allem entgegen, was sich auf das Zusammentreffen der Bevollmächtigten in Teschen bezog. Neben der Erklärung, derzufolge diese Stadt während der dort abzuhaltenden Friedensverhandlungen als neutral anzusehen war, lagen ihr auch die sonst noch daselbst zu treffenden Vorkehrungen gar sehr am Herzen. „habe dem cobenzel", erwiderte sie auf eine Anfrage des Fürsten Kaunitz [917]), „selbst gemeldet zu blümegen zu „gehen, das er gleich an dem gubernialrath a sole, der alda in der „nähe und ein verständiger man ist, schreiben solle, was der fürst „wird nöthig finden, das so vill es sein kan, alles mit anständigkeit „geschehe. keine quartier glaubte nicht anständig denen ministren „zahlen zu lassen, welches der hoff bestritten solte, sonsten aber in „nichts eingehen. disen a sole wären 6000 f. vor ein und anders „mitzuschicken, was zu disen ende wird nöthig sein, über welche er „solle rechnung legen. von einen hoffbedienten falt es ab. was cobenzel „zu geben wäre, erwarte ich" [918]).

In dem Augenblicke, in welchem Graf Ludwig Cobenzl sich zur Abreise nach Teschen bereit machte, erkrankte er jedoch in ziemlich ernstlicher Weise, und sein Vetter, der Vicepräsident der Ministerial-Bancodeputation, Graf Johann Philipp Cobenzl wurde von Kaunitz, der ihm nicht nur persönlich wohlwollte, sondern auch wußte, daß der Kaiser eine sehr gute Meinung von ihm hegte, als derjenige bezeichnet, der an dessen Stelle zu treten hätte [919]). Da Philipp Cobenzl jedoch nie in diplomatischen Geschäften gebraucht worden war und auch keine Kenntniß von dem Hergange und dem Zusammenhange der Dinge besaß, die in Teschen verhandelt werden sollten, hielt es Kaunitz für unerläßlich, daß ihm eine mit denselben vollkommen vertraute Persönlichkeit, jedoch ohne irgend einen öffentlichen Charakter beigegeben werde. Der Hofrath in der Staatskanzlei, Peter Philipp von Herbert schien ihm hiezu besonders geeignet [920]). Und so wie Oesterreich

beabſichtigt hatte, ſich durch ſeinen früheren Geſandten in Berlin bei
den Friedensverhandlungen in Teſchen vertreten zu laſſen, ſo verfügte
ſich jetzt auf Befehl des Königs von Preußen auch deſſen ehemaliger
Geſandter am Kaiſerhofe, Freiherr von Riedeſel dorthin.

Ueber die ziemlich weitläufige Inſtruction, welche dem Grafen
Cobenzl mit auf den Weg gegeben wurde[921]), können wir um ſo leichter
hinweggehen, da ſie im Weſentlichen nur den bisher getroffenen und
hier ſchon näher erörterten Verabredungen entſprach. Der Inſtruction
für Cobenzl lagen förmlich ausgearbeitete Projecte für den Friedens-
vertrag zwiſchen Oeſterreich und Preußen und für die Vereinbarung
zwiſchen Maria Thereſia und dem Kurfürſten von der Pfalz, dann
für die Beitrittserklärung des Herzogs von Zweibrücken und endlich
für den förmlichen Abſchluß des Waffenſtillſtandes bei. Auch dem
franzöſiſchen Vermittler Breteuil überſandte Kaunitz dieſe Entwürfe,
auf daß er ſich ihrer bei den Verhandlungen bediene.

Wie es verabredet worden, kamen Repnin, Breteuil und Riedeſel
am 10. März nach Teſchen. Cobenzl traf erſt am Morgen des
11. März dort ein, denn in Folge der ſchlechten Wege brauchte er
zwei Tage und drei Nächte, um von Wien nach Teſchen zu gelangen.
Sachſen war daſelbſt durch den Grafen von Zinzendorf, der Kurfürſt
von der Pfalz durch den Grafen von Törring-Seefeld, der Herzog
von Zweibrücken endlich durch ſeinen Miniſter Hofenfels vertreten.

Repnin und Riedeſel waren die Ueberbringer preußiſcher Entwürfe, und zwar ebenſowohl für den Vertrag zwiſchen Oeſterreich und
Preußen als für die Vereinbarung zwiſchen der Kaiſerin und dem
Kurfürſten von der Pfalz. Mit den öſterreichiſchen Projecten verglichen, waren wichtige Unterſchiede darin bemerkbar. Ein Hauptpunkt
fiel vor allen übrigen ins Auge; er beſtand in der Abfaſſung des
Einganges zum Friedensvertrage. Von preußiſcher Seite wollte man
Alles vermeiden, was die Convention zwiſchen Oeſterreich und Kurpfalz vom 3. Jänner 1778 als rechtsgültig hinſtellte. In Wien aber
meinte man auch jetzt wieder darauf beharren zu ſollen, weil man,

wie schon früher angedeutet worden, sonst sein eigenes Verfahren als unberechtigt erklärt hätte [922]).

Ungleich wichtiger als dieser Punkt, der sich ja, wie es schließlich auch wirklich geschah, durch eine veränderte Stylisirung vollständig umgehen ließ, war das Begehren des Königs von Preußen, daß er gerade so wie Frankreich und Rußland zum Garanten der Conventionen erklärt werden solle, welche zwischen Oesterreich und dem Kurfürsten von der Pfalz sowie zwischen dem Letzteren und dem Kurfürsten von Sachsen abzuschließen waren.

Die Ursachen, weßhalb König Friedrich dieß wünschte, lagen auf der Hand. Er mochte fühlen, daß er, wie man ihm von österreichischer Seite immer zum Vorwurfe gemacht, durchaus kein Recht gehabt hatte, sich in eine Verabredung zu mischen, welche zwischen Oesterreich und Kurpfalz im Wege der freien Vereinbarung getroffen worden war. Diesem Mangel für die Zukunft zu begegnen und sich ein solches Einmengungsrecht in die Angelegenheiten anderer Reichsfürsten zu erwerben, darauf war nun die Absicht des Königs von Preußen gerichtet. Sogar Männer, welche so parteiisch für ihn waren wie Repnin, bedauerten lebhaft, daß er auf diesen Gedanken gerathen war, und sie suchten ihn wieder abzubringen von demselben [923]). Daß dieß auch gelingen werde, meinte Breteuil mit ziemlicher Zuversicht vorher= sagen zu können, denn allzu seicht schienen ihm die Gründe zu sein, mit denen Riedesel das Begehren seines Königs unterstützte. Ja Breteuil ging sogar so weit, schon im vorhinein diese Schwierigkeit als beseitigt zu erklären [924]).

Aber gar bald wurde er inne, wie sehr er sich in dieser Voraus= setzung getäuscht hatte. Unerschütterlich beharrte der König auf seinem Begehren, und er wurde hierin noch durch die Nachricht bestärkt, daß die französische Regierung es billig finde, die Gewährleistung der auf die Kurfürsten von der Pfalz und von Sachsen bezüglichen Conventionen nicht nur den vermittelnden, sondern auch den kriegführenden Mächten zu übertragen. Natürlicher Weise mußte dann nicht nur Preußen, sondern auch Oesterreich in der Reihe der Garanten aufgezählt werden [925]).

So großen Werth jedoch Friedrich, so geringen legte Maria Theresia auf das ihr zuzuerkennende Recht, sich in fremde Angelegenheiten zu mischen. Schon auf die erste Nachricht von diesem neu aufgetauchten Begehren des Königs meinte Kaunitz, dasselbe sei weder mit der Reciprocität der kriegführenden, noch mit dem Ansehen der vermittelnden Mächte vereinbar. Da es jedoch schon von den Repräsentanten der letzteren als unannehmbar erklärt worden sei, dürfe man erwarten, es werde hievon nicht mehr die Rede sein [926]).

Es war nicht leicht zu bestreiten, daß die Gegenseitigkeit, deren genaue Beobachtung Kaunitz mit Recht in Anspruch nahm, nicht dadurch gewahrt wurde, daß man neben Preußen auch Oesterreich das Recht der Gewährleistung der beiden auf Kurpfalz und Sachsen bezüglichen Conventionen zugestehen wollte. Denn in einer derselben hatte ja Oesterreich selbst als vertragschließender Theil zu erscheinen, während dieß bei Preußen keineswegs der Fall war. Letzteres wäre somit zur Ueberwachung von Verpflichtungen bestellt worden, welche Oesterreich einging, während diesem Staate nicht auch das gleiche Recht in Bezug auf Preußen eingeräumt worden wäre.

Hierin lag denn auch ohne Zweifel der bestimmende Grund für Kaunitz, hinsichtlich dieses Punktes nicht zur Nachgiebigkeit zu rathen. Entschiedener noch, ja nicht ohne eine gewisse Leidenschaftlichkeit sprach sich Joseph dagegen aus. „Man gewährt", so sagte er im Hinblick auf den betreffenden Artikel, „dem Könige von Preußen die Garantie „unserer neuen Convention mit dem Kurfürsten von der Pfalz; hie= „durch triumphirt er, gewinnt das Ansehen eines Protectors und setzt „uns tausend Chicanen aus. Ich würde es daher als wesentlich „betrachten, uns auf diesen Artikel durchaus zu steifen. Der (fran= „zösische) Botschafter mag reden was er will; direct hat uns Frank= „reich nichts davon gesagt, und ich zweifle noch ob die Sache über= „haupt wahr sei und er wirklich solche Instructionen besitze."

Hinsichtlich dieses und der übrigen wichtigeren Differenzpunkte behauptete Joseph, sie besäßen eine so weittragende Bedeutung, daß man sich durch gar nichts zur Nachgiebigkeit bewegen lassen dürfe. Es handle sich um das Ansehen des Staates und um die Gewinnung von Vortheilen, die man durchaus behaupten müsse. Wenn man nur standhaft bleibe, werde man sie alle erlangen. Aber man müsse durch entschlossene Haltung bei Jedermann die Ueberzeugung hervorrufen, daß man weit eher den Krieg fortsetzen als nachgeben wolle [927]).

Wo möglich noch lebhafterer Streit erhob sich über die Begehren des Kurfürsten von Sachsen und über die Befriedigung derselben durch den Kurfürsten von der Pfalz. War der Zwiespalt zwischen Oester-reich und Preußen über den soeben besprochenen Punkt eine Frage des Ansehens und der Würde des einen der beiden Staaten, so trat in der Differenz zwischen den zwei Kurfürsten die unedle Leidenschaft der Habgier in recht anwidernder Weise hervor. Wie überspannt die Forderungen waren, welche der Kurfürst von Sachsen auf Grundlage seines Anspruches auf die Allodialerbschaft nach dem verstorbenen Kur-fürsten von Baiern erhob, ergibt sich am besten aus einer Vergleichung ihrer Höhe mit der Summe, die er seiner Mutter als der eigentlichen Erbberechtigten ausbezahlt hatte.

König Friedrich gab zu, daß die Begehren Sachsens zu weit getrieben seien; aus eigener Machtvollkommenheit veranschlagte er sie, immer noch hoch genug, auf vier Millionen Thaler. Diese Summe begehrte er nun von dem Kurfürsten von der Pfalz für Sachsen, und er fügte hinzu, die größere Hälfte sei in baarem Gelde, die geringere aber in liegenden Gütern zu entrichten, als welche er Mindelheim und Wiesensteig namentlich anführte. Dem gegenüber stand Karl Theodors Auftrag an den Grafen Seefeld, wie sein Bevollmächtigter in den damaligen Aufzeichnungen kurzweg genannt wird, eine Zahlung von einer halben Million Gulden anzubieten; werde das nicht genügend be-funden, so dürfe er sich höchstens zu einer Million Gulden herbeilassen.

Diese Mittheilung Seefelds rief unter den Bevollmächtigten in Teschen große Aufregung hervor, welche durch einen zweiten Umstand nicht wenig vermehrt wurde. Seefeld sollte behauptet haben, kein Anderer als der österreichische Gesandte bei dem Kurfürsten von der Pfalz, Freiherr von Lehrbach habe ihm eingeschärft, nur ja nicht mehr als höchstens eine Million Gulden als Entschädigung des Kurfürsten von Sachsen zuzugestehen. Dringend verlangten Repnin und Breteuil von dem Fürsten Kaunitz, der österreichische Gesandte in München möge eines Besseren belehrt und angewiesen werden, den Kurfürsten hinsichtlich dieses Punktes zur Nachgiebigkeit zu bewegen.

Einen sonderbaren Eindruck bringt die Erbitterung hervor, mit welcher König Friedrich diese Nachricht entgegennahm. „Die Oester-„reicher", schrieb er seinem Bruder, „handeln mit einer abscheulichen „Doppelzüngigkeit, die nicht nur mich, sondern auch die Vermittler „empört. Die Thatsache besteht in Folgendem: Der Wiener Hof „hatte versprochen, den Kurfürsten von der Pfalz dahin zu bringen, „sich mit dem von Sachsen dadurch auszugleichen, daß er ihm, sei es „in Geld oder in liegenden Gütern die Summe von vier Millionen „Thaler zukommen lasse. Statt dieser Verpflichtung zu genügen, „zwingt der Kaiser, wie die Vermittler entdeckten, den Kurfürsten von „Baiern, das was er an Sachsen bezahlen soll, auf eine Million „Gulden, und somit auf das Gegentheil des schon gegebenen Ver-„sprechens zu beschränken. Darin besteht aber die Hoffnung des „Kaisers: durch die Hartnäckigkeit des Kurfürsten von der Pfalz dem „Friedensschlusse Hindernisse zu bereiten, in solcher Weise hinter der „Coulisse zu spielen und sodann den Krieg fortführen zu können. Ich „aber, der ich diese ganze List vorhersah, habe mich über sie schon „früher in Frankreich, in Rußland und gegen die Vermittler erklärt. „Jetzt aber, um mich nicht der Gefahr auszusetzen, von diesem Hofe „hintergangen zu werden, habe ich das Verlangen gestellt, daß der „Wiener Hof unzweideutig sich ausspreche, ob er auf das Entschädi-„gungsproject für Sachsen eingehen wolle. Im Falle seiner Weigerung „würde ich die Verhandlungen als abgebrochen betrachten und die „Feindseligkeiten unverzüglich wieder beginnen. Ich kann diese Ant-„wort nicht vor dem 22. oder dem 23. haben und dann werde ich „wissen, woran mich halten. Du kannst darauf rechnen, daß der

„Kaiser sich besser befindet als Du und ich, daß er sich gegen die
„bloße Nennung des Friedens sträubt und daß keine Rücksicht ihn ab=
„halten wird, den Krieg fortzusetzen, wenn nicht seine Mutter den
„Muth besitzt ihren Willen zu behaupten und zu sagen: Ich verlange
„durchaus den Frieden" [925]).

Auch jetzt wieder wurde die Geduld des Königs von Preußen
auf keine geringe Probe gestellt. Nicht wie er sich geschmeichelt hatte,
in zwei oder drei, ja auch nicht in acht Tagen erhielt er die von ihm
verlangte Erklärung aus Wien. In wo möglich noch energischeren
Ausdrücken wiederholte er jetzt seine frühere Betheuerung. „Wenn
„Sachsen keine anständige Genugthuung erhält", schrieb er an Heinrich,
„so wird sich künftighin Niemand mehr mit Preußen verbünden wollen.
„Darum beharre ich fest auf diesem Punkte, entweder entschädige man
„Sachsen oder ich setze den Krieg fort. Das sind die sacramentalen
„Worte der Verhandlung: warten wir in Geduld ab, was der Congreß
„thun wird. Und da ich auf jedes Ereigniß vorbereitet bin, habe ich
„auch nichts zu fürchten" [929]).

Wer heut zu Tage diese Aeußerungen des Königs von Preußen
einer vorurtheilslosen Prüfung unterzieht, wird finden, daß sie mehr
die Ausgeburt der Leidenschaft und des Mißtrauens als das Resultat
einer kalt abwägenden, staatsmännischen Auffassung waren. Würde er
der letzteren zugänglich gewesen sein, so hätte er auf den ersten Blick
erkannt, daß es einer Aufstachlung von Seite des Wiener Hofes gar
nicht bedurfte, um den Kurfürsten von der Pfalz zu veranlassen, sich
der Belastung mit den überspannten Begehren zu Gunsten des sächsi=
schen Hofes aus allen Kräften zu widersetzen. Schon die Verschiebung,
welche diese Frage in der Parteistellung der einzelnen Bevollmächtigten
in Teschen herbeiführte, hätte den König von Preußen eines Besseren
belehren können. Gewiß gab es unter ihnen keinen eifrigeren Verehrer
Friedrichs als Hofenfels, den Minister des Herzogs von Zweibrücken;
hatte er doch ebenso offen wie insgeheim in fortwährendem Einver=
ständnisse mit dem Könige von Preußen gehandelt. Jetzt aber trat er
gemeinsam mit dem Repräsentanten des Kurfürsten von der Pfalz den

Forderungen des Königs zu Gunsten Sachsens mit allem Nachdrucke
entgegen. Und noch ein Dritter, der baierische Geheimrath von Gold=
hagen, welcher um dieser Angelegenheit willen eigens nach Teschen ab=
gesendet worden war, gesellte sich zu Hofenfels und Seefeld. Sie Alle
bemühten sich zu beweisen, daß die Forderung für Sachsen eine viel
zu hochgespannte sei, und im Namen des Kurfürsten Karl Theodor
so wie des pfälzischen Hauses wiesen sie jede Abtretung von Land und
Leuten weit von sich ab.

Repnin, Breteuil und Riedesel [930]) ereiferten sich gleichmäßig
über diese Erklärungen; in der Lebhaftigkeit des Streites, der sich
darüber erhob, scheint einzig und allein der Jüngste in der Ver=
sammlung, Graf Cobenzl kaltes Blut bewahrt zu haben. Er erklärte,
daß die Kaiserin auf die Höhe der Entschädigungssumme, welche der
Kurfürst von der Pfalz an Sachsen bezahlen solle, weder Einfluß
genommen habe noch ihn zu nehmen gedenke. Durch diese von keiner
Seite bestrittene Behauptung ist auch die Versicherung des Königs
von Preußen, Oesterreich habe versprochen, den Kurfürsten zur Zahlung
von vier Millionen Thaler an Sachsen zu bewegen, Lügen gestraft.
Aber nicht darum war es dem Grafen Cobenzl jetzt zu thun, sondern
er erwähnte das Beispiel der Kaiserin, welche zur Herbeiführung des
Friedens sich zur Wiederabtretung des Gebietes von Straubing ent=
schließe und dem kurpfälzischen Hause auch noch andere Vortheile
gewähre, nur um zu zeigen, daß auch den beiden Kurfürsten einige
Nachgiebigkeit zugemuthet werden dürfe, um durch dieselbe den Frieden
in Deutschland wieder herstellen zu helfen.

Schon diese Sprache des Grafen Cobenzl wird hinreichen, um
darzuthun, daß auch die zweite Beschuldigung, welche König Friedrich
gegen den Kaiserhof vorbrachte, er zwinge den Kurfürsten von der
Pfalz, sich gegen die Erfüllung der zu Gunsten Sachsens gestellten
Begehren zu sträuben, jeder thatsächlichen Begründung entbehrte.
Nirgends ist ein solcher Auftrag an Lehrbach zu entdecken; ja die
Depeschen an ihn und seine Berichte aus München stellen das Gegen=
theil als unzweifelhaft dar. Allerdings wünschte man in Wien, so

wenig man auch in der letzten Zeit Ursache gehabt hatte, mit der Haltung des Kurfürsten von der Pfalz zufrieden zu sein, daß derselbe nicht zu Gunsten Sachsens allzu hart mitgenommen werde, und dem Dresdner Hofe ausgiebige Vortheile zu gönnen, besaß man noch weit weniger Grund. Aber man rieth doch auch in München, sich nicht ganz der Nothwendigkeit zu verschließen, gleichfalls Opfer zu bringen, denen man sich nach der allgemeinen Lage der Dinge nun einmal auf die Dauer nicht entziehen könne[931]. Und Lehrbach führte den Beweis, daß er nie anders als in diesem Sinne gewirkt habe[932].

Ein vierter Differenzpunkt bestand endlich darin, daß der Herzog von Zweibrücken verlangte, als vertragschließender und nicht bloß als zustimmender Theil zu erscheinen; außerdem ging er auf allerlei Gewinn aus, und wollte unter anderem auch die Grafschaft Falken= stein erwerben. Das erstere Begehren wurde in Wien als unanständig betrachtet, weil der Herzog nicht der Besitzer, sondern nur der präsum= tive Erbe der Gebietstheile war, um die es sich handelte. Und was sein zweites Verlangen betraf, so wies schon Maria Theresia das= selbe kurzweg ab. „wegen falckenstein", schrieb sie an Kaunitz, der nicht ganz abgeneigt gewesen wäre, dem Herzoge zu willfahren[933], „funte niemahls einen anwurff machen; müste directe an des Kaysers „May. gemacht werden, welches aber vor jetzo niemahls thunlich findete „und ville schwürigkeiten vor die substitution hätte; sehr odiose, „das einzige, was Kayser eygen hat, es ihme zu benehmen."

Waren die Begehren des Herzogs von Zweibrücken, wenigstens insofern sie sich auf die Abtretung der Grafschaft Falkenstein bezogen, durch die verneinende Antwort des Kaiserhofes abgethan, so war nicht auch das Gleiche mit der Forderung der Fall, die er an den Kur= fürsten von der Pfalz stellen zu dürfen glaubte; in einer Erhöhung seiner Apanage um eine halbe Million Gulden jährlich bestand sie. Der Herzog meinte eben, das Eisen schmieden zu sollen, so lang es warm war; er wußte ja nicht, wie lang er sich noch des mächtigen Schutzes des Königs von Preußen erfreuen werde. Aber der Kur= fürst von der Pfalz, ohnedieß schon erbittert über die Anforderungen

Sachsens, wurde durch die gleichzeitig hervortretende Begehrlichkeit des Herzogs ungemein aufgebracht. Er erklärte sich entschlossen, demselben vor der Hand gar keine Zugeständnisse zu machen, und er stellte die förmliche Bitte an Lehrbach, daß dem Herzoge auch von Wien aus kein Merkmal einer Rücksicht, die man etwa für ihn hege, zu Theil werden möge, denn er habe sich einer solchen durch sein „unartiges" Betragen im höchsten Grade unwürdig gemacht.

Gleichzeitig mit dieser Anzeige erstattete Lehrbach auch Bericht über das Ergebniß der Schritte, die er in Folge des ihm von Kaunitz ertheilten Auftrages bei dem Kurfürsten unternahm, um denselben zu größerer Willfährigkeit in Bezug auf die Forderungen Sachsens zu bewegen. Wie er erzählt, fand er Karl Theodor ungemein betrübt über die peinliche Lage, in der er sich befand, und über die Begehren, die von allen Seiten an ihn gestellt wurden. Lehrbach versichert, daß er seine ganze Beredsamkeit aufbieten mußte, um ihn nach und nach dem Gedanken, er habe sich Sachsen gegenüber zu größeren Opfern zu verstehen, zugänglicher zu machen. „Was für „außerordentliche Schwürigkeiten ich hiebey zu überwinden hatte", schreibt Lehrbach wörtlich, „bin ich wirklich nicht fähig durch die Feder „auszudrücken. Da ich mich aber durch nichts abhalten ließ, auf das „dringendste diesem Herrn alle aus der ferneren Widersetzlichkeit ent= „springenden Folgen vor Augen zu halten, so war ich endlich so „glücklich, die fernere Entschließung von ihm zu bewirken, daß er mit „seinem Anerbieten bis auf drei Millionen Gulden in leidentlichen „Terminen gehen wollte." Doch verband Karl Theodor mit dieser Zusage die erneuerte Versicherung, daß er sich nur zur Entrichtung baaren Geldes und niemals zur Abtretung von Land und Leuten an Sachsen herbeilassen werde, und die ausdrückliche Bedingung, daß nicht etwa er selbst durch seinen Bevollmächtigten in Teschen sich zu dem jetzt von ihm gemachten Zugeständnisse bereit zu erklären habe. Oesterreich möge dort mittheilen lassen, es hege gegründete Hoffnung, ihn hiezu bewegen zu können [934]).

Von diesem letzteren Wunsche ging jedoch Karl Theodor wieder ab, und er ermächtigte Breteuil, sein Anerbieten vor den Congreß zu

bringen. Dort aber fand es nichts weniger als eine willfährige Auf=
nahme; von preußischer Seite wurde die Erklärung erneuert, daß man
von den für Sachsen begehrten vier Millionen Thaler keinen Pfennig
ablassen werde, und Zinzendorf betheuerte im Namen seines kurfürst=
lichen Gebieters, derselbe werde mit keiner geringeren Summe zufrieden
zu stellen sein. Breteuil schrieb an den französischen Geschäftsträger
O'Dune in München, dem Kurfürsten die Nothwendigkeit zu Gemüthe
zu führen, sich der Forderung des Königs von Preußen für Sachsen
zu fügen [935]). Und nach Wien erging das dringende Begehren Repnins
und Breteuils, durch Lehrbach in gleichem Sinne auf Karl Theodor
zu wirken [936]).

Daß Repnin zu Gunsten Preußens und Sachsens nachdrucks=
voll eintrat, nahm in Wien nicht Wunder; Rußland war ja mit
Preußen verbündet, und demgemäß richtete es auch sein Verfahren
bei dem Friedenscongresse ein. Hiezu kam noch, daß man Repnins
stolzen und hochfahrenden Charakter schon von Polen her kannte, daß
man wußte er sei von dorther gewohnt, in hohem Tone zu sprechen
und seinen Forderungen durch den Ungestüm, mit dem er sie auf=
stellte, Eingang und Erfüllung zu verschaffen. Das an Unterwürfigkeit
grenzende Benehmen des Königs von Preußen gegen ihn war Ursache,
daß er einerseits zwar dessen Gesandten, den Freiherrn von Riedesel
ziemlich herrisch und geringschätzig behandelte, aber andererseits die
Interessen des Königs so eifrig wahrnahm, als wären sie die des
eigenen Staates [937]).

Hatte man in Wien von Repnin nie viel anderes erwartet,
so war man dagegen um so unzufriedener mit der Haltung Bre·
teuils. Statt ein Gegengewicht für Repnin zu bilden und sich als
Vertreter einer Macht zu geberden, die mit Oesterreich alliirt war,
nahm er in allen wichtigeren Fragen für dessen Widersacher Partei.
In den unzweideutigsten Ausdrücken machten Joseph und Kaunitz
ihrem Unmuthe über ihn Luft [938]). Maria Theresia aber schrieb
an dem gleichen Tage ihrer Tochter Marie Antoinette die folgen=
den Worte:

„Hinsichtlich des Friedens bin ich in größter Unruhe; mir scheint
„daß die schönen Hoffnungen sich verlieren. Unser Fehler ist es gewiß
„nicht, aber man kann doch auch nicht von uns verlangen, daß wir
„gerade dem mit uns verbündeten Kurfürsten allein die Haut abziehen
„lassen, während unsere Gegner, die sich des Schutzes des Königs
„von Preußen und Rußlands erfreuen, wider Frankreich und uns
„triumphiren; einige Billigkeit und Gleichheit muß man doch be-
„obachten" [939]).

Gleichwohl meinte man unter den einmal obwaltenden Umständen nichts anderes mehr thun zu können, als das Begehren
Breteuils bei dem Kurfürsten von der Pfalz nachdrücklichst zu unterstützen. Lehrbach wurde beauftragt, ihm die höchst bedenklichen, ja un-
übersehbaren Folgen zu Gemüthe zu führen, die aus einer Ablehnung
des preußischen Ultimatums, ja auch nur aus einer Verzögerung der
zustimmenden Beantwortung desselben hervorgehen könnten. Seefeld
werde dem Kurfürsten berichtet haben, mit welchem Eifer Cobenzl für
dessen Interesse bisher eingetreten sei. Jetzt aber habe man die Hoffnung fahren lassen müssen, daß mit einer geringeren als mit der von
Preußen für Sachsen geforderten Abfindungssumme auszulangen sei.
Längere Weigerung würde nicht nur fruchtlos sein, sondern die Fortsetzung des Krieges und die Verflechtung des Kurfürsten in denselben
nach sich ziehen. Der Nachtheil, der ihm hieraus erwüchse, würde
unendlich viel größer sein als das Opfer, dessen Darbringung man
jetzt von ihm fordere. Um so lebhafter wünsche die Kaiserin, er möge
sich hiezu entschließen, als sie mit voller Bestimmtheit wisse, daß die
Herzogin Marianne mit ihrem gesammten Anhange bemüht sei, Alles
in neue Verwirrung zu stürzen und nach Möglichkeit zur Fortführung
des Krieges zu treiben [940]).

Noch war dieses Rescript nicht in die Hände Lehrbachs gelangt,
als es den von ihm eifrigst unterstützten Bemühungen des französischen
Geschäftsträgers in München schon gelungen war, den Kurfürsten zur
Nachgiebigkeit und zu dem Versprechen zu bringen, sechs Millionen
Gulden oder vier Millionen Thaler, jedoch nur in Bargeld und in

billigen Fristen, nicht aber in Gebietsabtretungen an Sachsen zu ent=
richten ⁹⁴¹). Damit war nun wohl das hauptsächlichste, aber bei
weitem noch nicht jedes Hinderniß aus dem Wege geräumt. Denn
aus Teschen wurde gemeldet, daß der König von Preußen mit nicht
geringerer Hartnäckigkeit auf seinem Begehren, als Garant der zwischen
Oesterreich und Kurpfalz sowie zwischen den beiden Kurfürsten von
Sachsen und der Pfalz abzuschließenden Conventionen anerkannt zu
werden, als auf der Forderung bestehe, daß der Herzog von Zwei=
brücken nicht als bloß beitretender, sondern als vertragschließender
Theil erscheine ⁹⁴²).

An den Kaiserhof trat nun der Augenblick der Entscheidung
unausweichlich heran. Die Unverbindlichkeit, ja wie man in Wien es
bezeichnete, die Unanständigkeit des Tones, den man preußischer Seits
in den von dort ausgehenden Erklärungen anschlug, hätte bei gewöhn=
lichen Menschen und unter gewöhnlichen Verhältnissen gar leicht dazu
führen können, auf dem Widerstande gegen Forderungen zu beharren,
die man schon an und für sich nicht für gerechtfertigt hielt. Aber
man darf wohl sagen, daß auch in dieser Sache Kaunitz einen weit
höheren Standpunkt einnahm. In Anbetracht der verletzenden Sprache,
in welcher die letzten preußischen Kundgebungen abgefaßt waren, rieth
er der Kaiserin, sie möge dieselben gar nicht mehr schriftlich beant=
worten lassen. In gleicher Weise zu entgegnen, sei nicht räthlich, weil
hieraus nur noch ärgere Verbitterung hervorgehe; mildere Saiten auf=
zuziehen, erscheine jedoch aus anderen Gründen bedenklich. Sowohl
Cobenzl als Breteuil seien daher nur zu mündlicher Erwiederung zu
ermächtigen.

Zur Feststellung der zu ertheilenden Antwort sich wendend,
meinte sich Kaunitz eine neuerliche Erörterung der preußischen Begehren
ersparen zu dürfen, denn nichts sei geschehen, wodurch eine Aenderung
der früheren Ansicht über sie herbeigeführt worden wäre. Ob das
unerschütterliche Festhalten an derselben zum Abbruche der Verhand=
lungen und zur Fortsetzung des Krieges führen werde, darauf kam
es nach der Meinung des Staatskanzlers hauptsächlich an. Die Sprache
des Königs von Preußen scheine zwar an der Festigkeit seiner Ent=

schlüsse keinen Zweifel übrig zu lassen; diejenige der beiden Friedensvermittler gestatte jedoch eine mildere Deutung, ja sie mache es sogar
wahrscheinlich, daß wenn man nur standhaft auf der bisherigen
Weigerung beharre, man schließlich mit ihr durchdringen könnte. Aber
irgendwelche Gewißheit walte in dieser Beziehung keineswegs ob, und
unmöglich sei es nicht, daß der König erkläre, er werde eher die ganze
Friedensverhandlung abbrechen, als sich zur Nachgiebigkeit verstehen.

Hiezu komme noch, daß es von der Willkür des russischen, des
französischen, des preußischen oder irgend eines anderen Hofes abhänge,
dem Kurfürsten von der Pfalz seine Convention mit Oesterreich zu
gewährleisten; seien sie hiezu einmal entschlossen, dann besitze der
Kaiserhof weder ein gegründetes Recht zum Widerspruche, noch irgend
ein anderes Mittel, sich jener Absicht zu widersetzen, als den Krieg.
Nicht anders stehe es mit der Anerkennung des Herzogs von Zweibrücken als vertragschließender Theil. Sei einmal der Kurfürst von
der Pfalz hiemit einverstanden, und es dürfte den Vermittlern sowie
Preußen nicht schwer fallen, ihn zu einer solchen Erklärung zu vermögen, dann dürften kaum ausreichende Gründe zu finden sein, den
Widerspruch Oesterreichs genügend zu motiviren. Um so schwerer
werde dieß fallen, als man es Anfangs selbst dem Herzoge freigestellt
habe, an der Convention vertragschließend oder bloß beitretend Antheil
zu nehmen.

Da nun der Kurfürst von der Pfalz hinsichtlich des Entschädi-
gungsbetrages für Sachsen nachgegeben habe, so komme Alles darauf
an, daß man das Friedensgeschäft baldigst zum Abschlusse bringe.
Denn im entgegengesetzten Falle wäre sehr zu besorgen, daß die un-
zufriedene Partei im baierischen und im zweibrückischen Lager eine
noch längere Verzögerung dazu benützen würde, neue Verwirrungen
anzurichten und mit ebenso ungestümen als unerfüllbaren Begehren
hervorzutreten, wobei ihnen alle mögliche Unterstützung von Seite
Preußens und Rußlands ohne Zweifel zu Theil werden würde.

Kaunitz kam daher zu dem Antrage, man möge zwar nichts
unversucht lassen, um hinsichtlich der beiden noch streitigen Punkte der

Anſchauung Oeſterreichs zum Siege zu verhelfen. Um jedoch die Sache nicht auf die Spitze zu treiben, neuen höchſt unangenehmen Einſtreuungen keinen Spielraum zu gewähren und ſchließlich doch ge=zwungen nachgeben zu müſſen, ſei dem Grafen Cobenzl ſchon jetzt das öſterreichiſche Ultimatum anzuvertrauen, zu dem er für den äußerſten Fall, daß der Widerſtand Preußens ſich als ganz unüberwinblich er=weiſe, ſich herbeilaſſen dürfe. Hinſichtlich des erſten Punktes hätte es in der Alternative zu beſtehen, daß die Garantie Preußens entweder gänzlich hinwegfallen, oder auch diejenige Oeſterreichs in den Tractat aufgenommen werden ſolle. Und in Bezug auf den zweiten Punkt dürfe er erklären, daß wenn der Kurfürſt von der Pfalz den Herzog von Zweibrücken als vertragſchließenden Theil in die Convention zu=laſſen wolle, die Kaiſerin ſich dem nicht zu widerſetzen gedenke [943]).

In dieſem Sinne waren denn auch die Schreiben an Breteuil und an Cobenzl abgefaßt, deren Entwürfe Kaunitz der Kaiſerin vor=legte. Wir wiſſen nicht, ob ſchon der Staatskanzler, oder ob Maria Thereſia hierüber vorerſt das Gutachten des Kaiſers einholte, das derſelbe mit den folgenden Worten abgab:

„Bey denen ſehr wohl verfaſten Expeditionen finde nichts anders „zu erinneren, als das ich wegen nichtadmitirung der Preüſſiſchen „garantie, von der keine Frage in franzöſiſchen project ware, feſt=„hielte, ſo wie wegen abweiſung aller Pfälziſchen und Zweybrückiſchen „petitis. über alle andere puncta würde ich gradatim nachgeben, „die ſache aber pressant machen und meine anſtalten wiederum mit „mehrer aufſehen erneuren" [944]).

Maria Thereſia war jedoch nichts weniger als einverſtanden mit der Meinung ihres Sohnes, der, wenn wir ihn richtig auffaſſen, ſich hinſichtlich beider ſtreitiger Hauptpunkte gegen jede Willfährigkeit erklärte. „Ich glaube nicht", ſchrieb ſie ihm, „daß der Friede zu „Stande kommen wird, wenn wir hinſichtlich der Garantie auf unſerer „Meinung beharren. Ich würde Cobenzl den Verſuch machen laſſen, „ihn jedoch gleichzeitig zur Unterzeichnung ermächtigen. Aus allen

„Nachrichten siehst Du, daß man darauf hinarbeitet, den Frieden
„scheitern zu machen, und Du weißt daß unsere Lage ihn fordert und
„daß das allgemeine Mißtrauen gegen uns ihn nothwendig macht,
„um Dich zu retten und die Monarchie" [945]).

Trotz dieser Vorstellungen seiner Mutter blieb Joseph bei der
Meinung, daß man hinsichtlich der Erklärung des Königs von Preußen
zum Garanten der die Kurfürsten von der Pfalz und von Sachsen
angehenden Vereinbarungen nicht nachgeben und nur mit vollster Entschiedenheit auftreten solle, dann werde man schon dasjenige erreichen,
was man beabsichtige. Wenn die Kaiserin ihm gestatten wollte, der
Sache sich anzunehmen, so würde dieß gewiß seine Wirkung nicht verfehlen. Er ließe in Teschen erklären, daß die Art des Beitrittes des
Herzogs von Zweibrücken zu den Vereinbarungen, wenn der Kurfürst
von der Pfalz sie gestatte, in Wien als gleichgültig angesehen werde.
Von der Gewährleistung des Königs von Preußen und von etwaigen
anderen Forderungen zu Gunsten des Kurfürsten von der Pfalz oder
des Herzogs von Zweibrücken aber wolle man nicht das Geringste
mehr hören. Bestehe man von preußischer Seite gleichwohl darauf,
dann habe Cobenzl Teschen zu verlassen und dadurch den Verhandlungen ein Ende zu machen.

Diesem Rescripte, welches Kaunitz an Cobenzl richten sollte, werde
er selbst, meinte Joseph weiter, ein kurzes Schreiben beifügen, in
welchem gesagt wäre, daß er, des festen Entschlusses der Kaiserin
gewiß, sich nichts mehr abbringen lasse, und nur ein einfaches Ja
oder Nein verlange, welches den Frieden oder den Krieg bedeuten
würde. In dem letzteren Falle werde er, seinem Vorsatze gemäß,
allsogleich in die Lausitz und in die Grafschaft Glatz einrücken und
dadurch die kriegerischen Unternehmungen wieder beginnen.

„Dieses wäre meine unterthänigste Meinung", so schloß Joseph
sein Gutachten, „mehr kann ich nicht sagen als ich thäte es einmal
„so, und bin derweil zufrieden zu wissen, daß ich meine Eurer
„Majestät und dem Staate gewidmete Pflichten dadurch erfülle" [946]).

Auch jetzt wieder bewies Maria Thereſia, wie weit ihr politiſches Urtheil doch über dasjenige Joſephs hinausragte. Nicht dem Vor= ſchlage ihres Sohnes, ſondern den Anſchauungen des Fürſten Kaunitz pflichtete ſie in den folgenden, an den Letzteren gerichteten Worten bei:

„ich bin ſo mehr in allen verſtanden, das es ſcheint der moment „zu ſein, zu ſchlieſſen oder das unheil des kriegs länger zu continuirn, „was niemand mehr alſ unſere länder empfinden werden; nachdeme „alles wichtige geſchloſſen, wegen diſer mehr formalitætten alſ weſent= „lichen anſtänden auffzuhalten und die gemüther darburch noch mehrers „zu verbittern. ich ſchlieſſe hier bey des Kayſers May. meinung. „wegen der garantie, wan ſelbe nicht auszulaſſen wäre, wäre der „meinung, darüber hinauszugehen alſ keine weſentliche ſache und die „allein preüſſen angehet und flatirt. wegen ausweichung aller weiteren „ſo heüffigen, täglich vermehreten begern bin der meinung des Kayſers „May., welche aber nicht abzuweiſen ſein werden. wan nicht auff „einmahl geſchloſſen wird, ſo ſehe noch groſſes unheil vor" [947]).

So unzweideutig nun auch dieſe Entſcheidung der Kaiſerin lautete, ſo ſcheint doch Kaunitz der Meinung geweſen zu ſein, auch die hievon abweichende Anſchauung Joſephs nicht ganz außer Acht laſſen zu dürfen. Erklärte ja der Kaiſer jetzt auch, den Frieden zu wollen; doch hielt er dafür, derſelbe ſei leichter und gewiſſer durch eine feſte und entſchiedene Sprache, als dann zu erlangen, wenn man die Muthloſigkeit durch= blicken laſſe, von der die Kaiſerin erfüllt ſei [948]). Hierauf ſcheint Kaunitz bei der Umarbeitung der Depeſchen, welche an Cobenzl und an Breteuil erlaſſen werden ſollten, und zwar in einem Maße Rück= ſicht genommen zu haben, welches weit über die Wünſche der Kaiſerin hinausging. Nur ungern ertheilte ſie den Entwürfen hiezu, die er ihr vorlegte [949]), ihre Genehmigung. „die expeditionen", antwortete ſie dem Staatskanzler, „können zwar abgehen, doch finde ſelbe gahr nicht „mich zu beruhigen gemäſſen. die zeit verlaufft, die aigreur und „misverſtand vermehren ſich täglich, es iſt alſo von fürſten mir ein „würckliches mittel vorzuſchlagen, wie die ſach auff einmahl kan geendigt „werden. alle haubtſachen ſeind geendigt, mithin wegen denen, die

„noch überbleiben, das so nöthige mittel des fridens nicht in die schantz
„zu schlagen, welches ich in mein gewissen und gedenckensarth und ein-
„sicht zu nutzen meiner famille und monarchie nicht unterlassen kan.
„mir scheint eine haimbliche note oder billiet an cobenzel in pessimum
„casum das beste zu seyn" 950).

Vergleicht man diese Worte der Kaiserin mit einem Briefe ihres
Sohnes Joseph an den Großherzog von Toscana, so kann man sich
einen Begriff machen von der Stimmung, welche in jenen Tagen am
Wiener Hofe herrschte. „Die Verhandlungen dauern fort", schreibt
der Kaiser an Leopold; „in jedem Augenblicke tauchen verschiedene neue
„Vorschläge und Ansprüche auf. Diese sämmtlichen Herren möchten,
„da sie es in den wesentlichen Punkten nicht können, uns wenigstens
„in Formsachen und Nebendingen so viel Unheil bereiten als nur
„immer möglich. Ihre Majestät fürchtet sich fortwährend und quält
„sich selbst und alle diejenigen, welche unglücklicher Weise daran irgend
„wie betheiligt sind, auf die grausamste Art; zum wahren Hiob werde
„ich dadurch; Widerspruch, Kleinmuth, Alles wird dabei in Anwendung
„gebracht. Fürst Kaunitz läßt sich nicht mehr sehen; jeden Brief, den
„er empfängt, muß man ihm entreißen, und mit den Antworten ver-
„hält es sich ebenso; es ist um sich hundertmal dem Teufel zu ver-
„schreiben. Und was noch mehr ist als dieß Alles, vielleicht beabsichtigen
„sie nichts als uns zu ködern und inzwischen ihre Vorbereitungen zu
„treffen, um uns unversehens zu überfallen, denn unendlich viele Dinge
„mangeln uns noch, um den Feldzug eröffnen zu können."

„Hier ist", mit diesen Worten schließt Joseph seinen Brief 951),
„eine Abschrift dessen, was ich an die Kaiserin schrieb. Solltest Du
„es glauben, heute ist der vierte Tag, und ich habe weder eine Ant-
„wort, noch ist sonst das Geringste geschehen."

Wenigstens mit dieser letzteren Anklage befand sich Joseph im
Irrthum, denn schon am Tage zuvor hatte Kaunitz die von der
Kaiserin genehmigten Depeschen an Breteuil und an Cobenzl abgehen
lassen. Dem Ersteren gegenüber wurde wieder Alles ins Feld geführt,
was sich gegen das Verlangen des Königs von Preußen, zum Garanten

der auf Kurpfalz und Sachsen bezüglichen Vereinbarungen erklärt zu
werden, nur immer sagen ließ. Die bestimmte Versicherung knüpfte
Kaunitz hieran, die Kaiserin werde sich nie auf dieses Begehren, und
ebensowenig auf noch andere Vorschläge oder Forderungen einlassen,
welcher Art dieselben auch sein möchten [952]).

In gleichem Sinne lauteten denn auch die Depeschen des Fürsten
Kaunitz an Cobenzl, und wir finden nicht, daß demselben durch irgend
ein geheimes Rescript die Ermächtigung ertheilt worden wäre, im
äußersten Falle auch die von preußischer Seite mit so viel Nachdruck
begehrte Gewährleistung zuzugestehen. Aber es ist kein Zweifel, daß
Kaunitz diese Absicht durch Mittheilung der Vorträge, die er an die
Kaiserin gerichtet, und der Antworten, welche er von ihr und dem
Kaiser empfangen hatte, zu erreichen gewillt war [953]).

Wie dem aber auch sein mochte, Cobenzl befand sich in der
glücklichen Lage, von der Ermächtigung, welche ihm durch Mittheilung
der Correspondenz des Kaisers und der Kaiserin mit dem Fürsten
Kaunitz ertheilt wurde, keinen Gebrauch machen zu müssen. Mit aller
Entschiedenheit gab er die Erklärung ab, daß Oesterreich, so viel es
auch schon zugestanden habe und noch zugestehe, in Bezug auf die
preußische Garantie nicht nachgebe und es eher auf die Wiedereröffnung
der Feindseligkeiten ankommen lasse. Diese entschlossene Sprache ver-
fehlte denn auch ihre Wirkung nicht, und Cobenzl konnte nach Wien
melden, er habe Repnin niemals „traitabler" als an diesem Tage
gefunden. Cobenzl schrieb dieß den ernsten Besorgnissen zu, die er
sogar Breteuil einzuflößen gewußt und mit denen der Letztere auch
Repnin erfüllt habe. Aber nicht mit Unrecht hob doch Repnin wieder
hervor, daß Alles, was von österreichischer Seite gegen die Gewährleistung Preußens eingewendet werde, sich nur auf die Convention
zwischen der Kaiserin und dem Kurfürsten von der Pfalz beziehe; diejenige zwischen dem Letzteren und Sachsen könnte ja ebensowohl von
Oesterreich als von Preußen garantirt werden [954]). Repnin machte
sich anheischig, die Zustimmung des Königs von Preußen zu diesem
Auskunftsmittel zu erwirken, und auch Kaunitz war mit demselben

äußerſt zufrieden. Denn gerade die beiderſeitige Gewährleiſtung der
Convention zwiſchen Kurpfalz und Sachſen werde es noch mehr hervor=
heben, daß die Vereinbarung der Kaiſerin mit Karl Theodor einer
ſolchen entbehre. Er hielt nun den baldigen Schluß der Verhand=
lungen und den Frieden für geſichert [955]). Maria Thereſia aber ant=
wortete ihm auf dieſe Mittheilung mit eigener Hand:

„Gott ſeye gedanckt; von herzen placet, und erkenne mehr als
„nie, das ihme bis glickliche ende allein zu dancken.“

König Friedrich zögerte nicht, das Wort einzulöſen, welches
Repnin gewiſſer Maßen an ſeiner Statt gegeben; ſchon am Abende
des 19. April konnte Cobenzl nach Wien berichten, der König beharre
nicht mehr auf ſeinem früheren Begehren. Er ſei auch bereit,
über die etwa ſonſt noch obwaltenden Schwierigkeiten hinwegzugehen.
Oeſterreich willigte dagegen ein, zugleich mit Preußen und den ver=
mittelnden Mächten die pfälziſchen Familienpacte von 1766, 1771
und 1774 zu garantiren. Nach ſehr langem Kampfe hatte ſich end=
lich Karl Theodor dem hierauf gerichteten Verlangen des Königs von
Preußen gefügt.

Aber freilich waren damit nur die großen Hinderniſſe beſeitigt,
welche dem Abſchluſſe des Friedens bisher entgegenſtanden; mit den
kleinen hatte man noch vollauf zu thun. Charakteriſtiſch iſt die Klage,
in welche um deßwillen zuletzt Kaunitz gegen Cobenzl ausbrach. „Wahr=
„haft peinlich iſt es“, ſchrieb er ihm am 25. April, „faſt jedem Briefe
„einen neuen Anſpruch oder einen neuen Vorſchlag entnehmen, und
„insbeſondere ſehen zu müſſen, daß ſie, ſei es abgeſondert oder gemein=
„ſam, von den Vermittlern herkommen, während man gerade von
„ihrer Seite deſſen am wenigſten hätte gewärtig ſein ſollen. Suchen
„Sie doch, ſie das, wenn ſich die Gelegenheit dazu darbietet, mit guter
„Art fühlen zu laſſen, und geben Sie ihnen, wenn es nöthig erſcheint,
„recht deutlich zu verſtehen, daß wir keine Veränderung, keinen neuen
„Vorſchlag mehr zulaſſen werden, und wäre es auch nur hinſichtlich
„eines einzigen Wortes. Denn ich geſtehe Ihnen, daß man endlich
„müde und ungeduldig wird, und daß wir unter Anderem gar ſehr

„berechtigt wären, uns durch die ungerechte Hartnäckigkeit ihres Ver=
„dachtes gegen unser Verfahren in Allem, was den Kurfürsten von
„der Pfalz betrifft, beleidigt zu fühlen. Sie sollten sich schämen, sich
„einen solchen noch immer erlaubt zu haben, nachdem wir denselben
„Schlag auf Schlag durch die Thatsachen widerlegten. Bringen Sie,
„ich bitte Sie darum, die Sache zu Ende, denn ich beginne schon
„gründlich gelangweilt zu werden von all diesen Kleinlichkeiten und
„den Chicanen, welche unabläffig und von jeder Seite auftauchen.
„Sollte dieß noch eine Weile so fortgehen, dann wäre ich genöthigt,
„dieses Privilegium nicht mehr Herrn von Hertzberg zuzugestehen, den
„ich bisher als den König der Pedanten und der Ränkeschmiede, sowie
„als den verkörperten Haß betrachtete" 956).

Weniger ungünstig als Kaunitz, und als es auch von Seite des
Kaisers geschehen war, urtheilte Maria Theresia über die Repräsen=
tanten der vermittelnden Mächte, oder wenigstens über Breteuil. Sie
rühmte an ihm, daß er, obwohl vielleicht mehr eingenommen für
Sachsen als für den Kurfürsten von der Pfalz, sich bei den Verhand=
lungen zu Teschen sehr gut benommen habe. Und wohl weit über
Verdienst sich seiner belobend, sagte sie sogar, er habe über alle Vor=
fälle sich die Meinung des Fürsten Kaunitz erbeten, und fast noch
treuer als Cobenzl dieselbe befolgt 957).

Wie wenig sich jedoch Kaunitz auch im letzten Augenblicke noch
dieser milderen Anschauung zuneigte, bewies er durch ein vertrauliches
Schreiben an Cobenzl vom 2. Mai. Bis zum Ende, heißt es darin,
seien Repnin und Breteuil weit mehr zu Gunsten des Königs von
Preußen als für Oesterreich die Friedensvermittler gewesen. Hätten
sie schließlich eine Menge abgeschmackter und verfänglicher Vorschläge,
an denen sie im Laufe der Verhandlungen so fruchtbar gewesen, wieder
fallen gelassen, so habe man das nicht ihrem guten Willen, sondern
nur der eigenen Standhaftigkeit zu danken.

Man sieht wohl, wie Maria Theresia den wirklichen Abschluß
des Friedens kaum mehr erwarten konnte, so war auch die Geduld
des Staatskanzlers schon völlig erschöpft. Am 5. Mai war er endlich

im Stande, die Friedensinstrumente, fünf an der Zahl, der Kaiserin
vorzulegen, auf daß sie dieselben unterzeichne. Maria Theresia that
dieß, und gleichzeitig richtete sie an Kaunitz mit eigener Hand die
folgenden Worte:

„placet. obwohlen bises werck nicht das glorioseste seiner wercke
„ist, so ist es gewis das penibleste und nützlichste vor die monarchie
„und vor mich, die er jemahls unter so vill grossen (ausgeführt), die
„seiner einsicht und attachement zu dancken habe, und die meine
„erkäntlichkeit und freundschafft ihme, so lang lebe, versichert" [958]).

„Maria Theresia."

Am 13. Mai 1779 wurden die Friedensinstrumente zu Teschen
von den Bevollmächtigten der verschiedenen Staaten in feierlicher Weise
unterschrieben. Der König von Preußen, darauf aufmerksam gemacht,
daß dieß der Geburtstag der Kaiserin Maria Theresia sei, ertheilte
als Kennzeichen seiner Verehrung für sie den Befehl, daß an dem
gleichen Tage die von seinen Truppen noch besetzten österreichischen
Gebietstheile von denselben geräumt werden sollten [959]).

Die einzelnen Bestimmungen des Teschner Friedens sind schon
längst bekannt und werden daher hier nicht neuerdings wiederholt werden
müssen; nur das, was Oesterreich betraf, wird nicht ganz mit Stillschweigen übergangen werden dürfen. Auf Mindelheim und auf das
Recht der Oberhoheit der Krone Böhmen über die Schönburgischen
Herrschaften in Sachsen leistete es zu Gunsten des Kurfürsten Karl
Theodor Verzicht, und es verlieh ihm außerdem die böhmischen Lehen
in der oberen Pfalz, wie ihm auch die Reichslehen in Baiern und
in Schwaben, wie der verstorbene Kurfürst von Baiern sie besessen,
zufallen sollten. Dagegen erhielt es den Theil des baierischen Regierungsbezirkes Burghausen, der zwischen der österreichischen Grenze, der Donau,
dem Inn und der Salza gelegen war.

So kam endlich der Friede von Teschen zu Stande, mit dem
wohl, man wird es aussprechen dürfen, keiner von den hiebei am
meisten betheiligten Staaten zufrieden war. Oesterreich nicht, weil es

weit weniger im Friedensvertrage empfing, als es von der baierischen
Erbschaft sich versprach. Der König von Preußen nicht, weil auch
dieses Wenige noch. das bei weitem übertraf, was er Oesterreich überhaupt gönnte. Sachsen nicht, weil es seine Allodialforderungen beträchtlich herabstimmen, und endlich der Kurfürst von der Pfalz nicht,
weil er viel mehr an Sachsen bezahlen mußte, als ihm recht und billig
erschien. Und dennoch wünschte man in keinem dieser Länder die
Fortsetzung des Krieges, sondern überall wurde, von der Bevölkerung
noch weit mehr als von den Monarchen der Abschluß des Friedens
mit wahrer Freude begrüßt.

Aber freilich, auch in dieser wie in so vielen anderen Beziehungen
bildete Maria Theresia eine Ausnahme in der Reihe der Fürsten.
Als am Pfingstsonntage, dem 23. Mai, in dem Dome zu St. Stephan
der feierliche Gottesdienst zur Danksagung für die Wiederherstellung
des Friedens abgehalten wurde, da mag wohl Niemand in den weiten
Hallen der Kirche inbrünstiger eingestimmt haben in den Lobgesang,
als die Kaiserin selbst. „ich habe heüt", schrieb sie noch an demselben
Tage an Kaunitz, „gloriose meine carriere geendigt mit einen te
„Deum; was wegen der ruhe meiner landen mit freüden übernohmen,
„so schwäre es mir gekostet, mit seiner hillff geendigt. das übrige wird
„nicht mehr in villen bestehen" 960).

Siebzehntes Capitel.

Das Innviertel.

Ohne Zweifel würde es wenig statthaft erscheinen, hier neuerdings auf das zurückzukommen, was durch den Friedensschluß von Teschen zu definitiver Entscheidung gelangte. Nothwendig wird es jedoch sein, der Maßregeln, welche zu dessen Durchführung getroffen wurden, wenigstens insofern zu gedenken, als sie sich auf Oesterreich bezogen. Dabei wird nicht ganz mit Stillschweigen übergangen werden können, daß nachdem etwa seit dem Monate August 1778 die Verhandlungen mit dem Kurfürsten von der Pfalz wegen Zurückstellung der von österreichischer Seite in Besitz genommenen, jedoch nach der Convention vom 3. Jänner 1778 nicht mit Oesterreich zu vereinigenden Gebietstheile Baierns geruht hatten, der Kurfürst sie in den ersten Tagen des Jänner 1779 wieder aufnahm [961]).

Im Verlaufe dieser fünf Monate hatte sich aber die Lage der Dinge wesentlich geändert. In entschiedenster Weise war von Wien aus bei den Verhandlungen mit Preußen erklärt worden, daß Oesterreich sich mit dem Districte zwischen dem Inn und der Salza begnüge. Derselbe war jedoch um so viel weniger ansehnlich als das ehemals baierische Gebiet, welches Oesterreich besetzt hielt, daß selbst nach Zurückstellung aller von dem Kurfürsten von der Pfalz verlangten Districte und Ortschaften noch weit mehr in österreichischen Händen blieb, als der jetzt in Anspruch genommene Theil des Regierungsbezirkes Burghausen werth war. Kaunitz rieth daher der Kaiserin, nicht nur dem Begehren des Kurfürsten unbedenklich zu willfahren,

ſondern hiebei alle nur immer mögliche Nachgiebigkeit und Groß=
muth zu zeigen. Denn einerſeits würde hiedurch kein Nachtheil ver=
urſacht, und andererſeits der Kurfürſt in ſeiner Anhänglichkeit an das
Kaiſerhaus nur noch beſtärkt werden.

Nach der Anſicht des Staatskanzlers waren die von dem Kur=
fürſten zurückverlangten Bezirke und Ortſchaften in drei verſchiedene
Kategorien zu theilen. Die erſte begriff alle in ſich, welche laut der
von baieriſcher Seite geführten Beweiſe kraft der Erbtheilung nicht
dem Herzoge Johann von Baiern zugefallen waren. Die zweite Kate=
gorie bildeten die Gerichte und Ortſchaften, hinſichtlich deren entweder
kein ausreichender Beweis beigebracht oder durch die vorgelegten
Urkunden nicht mehr dargethan worden war, als daß die Herzoge
von Baiern in ſpäterer Zeit das Eigenthumsrecht auf ſie erwarben,
was jedoch mit der Landesherrlichkeit in keiner näheren Verbindung.
ſtand. Und zur dritten Gattung gehörten endlich die in dem Theilbriefe
von 1353 ausdrücklich genannten Gerichtsbezirke und Ortſchaften.

Daß Alles, was in die erſte Kategorie fiel, unbedingt zurück=
zuſtellen war, verſtand ſich gewiſſer Maßen von ſelbſt. Hinſichtlich
der zweiten Gattung wäre der Kurfürſt, meinte Kaunitz, höchſtens
berechtigt, die Einſetzung in das Privateigenthumsrecht und in den
Genuß der Einkünfte, keineswegs aber in die landesherrlichen Rechte
zu fordern; dennoch war er der Meinung, daß auch ſie dem Kur=
fürſten ſchon jetzt einfach zurückzuſtellen wären. Das Gegentheil hätte
jedoch mit den Bezirken und Ortſchaften der dritten Gattung zu ge=
ſchehen. Ihre Beſitznahme ſei in Gemäßheit der Convention vom
3. Jänner 1778 erfolgt, welche ja auch von Seite des Kurfürſten
von der Pfalz fortwährend als zu Recht beſtehend anerkannt und zur
Grundlage der betreffenden Verhandlungen gemacht werde. Durch
eine vorzeitige Zurückſtellung dieſer Gebietstheile würde man ſich ſelbſt
der Baſis berauben, auf die Oeſterreich ſein Recht gründe [962]).

„placet", erwiederte Maria Thereſia, „und Kaysers May.
„vermeint, ob es nicht jetzund der Zeitpunct wäre, churfürſten in
„vertrauen zu comunicirn, was letzthin franckreich proponirt und

„wir jetzund tractirn wegen des burghausner district, damit keine
„neue anstände künfftig von ihme aus entstehen und bise zuruckgabe
„also deren anverlangten districten zugleich verbunden werde."

Was Maria Theresia in Folge der von dem Kaiser geschehenen
Anregung hier andeutete, setzte Kaunitz allsogleich ins Werk. Er ließ
durch Lehrbach dem Kurfürsten nicht allein die Bereitwilligkeit Oesterreichs zu unverzüglicher Zurückstellung der in die erste und die zweite
Kategorie gehörigen Gebietstheile ankündigen, sondern auch den Stand
der Verhandlungen mittheilen, welche im Sinne der Verzichtleistung
auf ganz Baiern gegen Ueberlassung des Landstriches zwischen dem
Inn und der Salza an Oesterreich gepflogen wurden. Fünf Gerichtsbezirke und die Grafschaft Abensberg, welch letztere eigentlich zu den
baierischen Allodien gehörte, waren zu der ersten, und neun Gerichtsbezirke zu der zweiten Kategorie gerechnet worden; sie sollten daher
an Baiern zurückkehren, während gleichfalls neun, obwohl auch zurück-
gefordert, doch noch in der Hand Oesterreichs blieben [963]).

Für Maria Theresia war es eine große Beruhigung, daß Karl
Theodor sich über die Mittheilungen Lehrbachs, insofern sie sich auf
die Restitution des größeren Theiles der von ihm in Anspruch genommenen baierischen Gerichtsbezirke und Ortschaften bezogen, sehr
erfreut zeigte. Unaufgefordert gab er die Erklärung ab, daß er weder
die Zurückstellung der übrigen Gerichte noch eine Vergütung für die
Einkünfte, die man von österreichischer Seite aus den in Besitz genommenen Landstrichen bezogen habe, begehre, und daß er unverbrüchlich festhalte an der Convention vom vergangenen Jahre.

Minder befriedigt schien der Kurfürst durch die jetzt näher an
ihn herantretende Wahrscheinlichkeit zu sein, daß er einen Theil des
Regierungsbezirkes Burghausen an Oesterreich werde abtreten müssen.
Er wies neuerdings auf den an Böhmen grenzenden Theil der oberen
Pfalz hin, von welchem gleichfalls in den Verhandlungen mit Preußen
die Rede gewesen war. Deutlich gab er zu verstehen, daß er sich weit
leichter zur Verzichtleistung auf diesen, als auf den jetzt von österreichischer Seite in Anspruch genommenen Landstrich verstehen würde.

Aber Lehrbach wußte ihm den Beweis zu führen, daß der an ihn zurückfallende Regierungsbezirk Straubing bei weitem werthvoller als der an Oesterreich abzutretende Gebietstheil sei. Da er außerdem noch Mindelheim, die böhmischen Lehen in der oberen Pfalz, die Unter= stützung des Kaiserhofes hinsichtlich der Reichslehen und endlich die Oberhoheitsrechte auf die Grafschaft Schönburg erhalte, könne er wahrhaftig zufrieden sein. Karl Theodor stimmte dem bei, und er erklärte sich zur Abtretung des Landstriches zwischen der österreichischen Grenze, dem Inn und der Salza unter der Voraussetzung bereit, daß von österreichischer Seite keine für seine Einkünfte ungünstige Vereinbarung mit dem Erzbischofe von Salzburg über den Salzhandel abgeschlossen werde.

So rasch wie der Kurfürst selbst ließ sich freilich die Partei nicht beschwichtigen, welche von allem Anfange an der etwaigen Einver= leibung Baierns in Oesterreich und jeder Abtretung baierischen Gebietes an den Nachbarstaat so lebhaft widerstrebt hatte. Da die preußische Hülfe hiegegen nicht mehr auszureichen schien, wandten sich die Wort= führer dieser Partei an Frankreich. Aber auch dieser Schritt blieb fruchtlos. Wie wenigstens Lehrbach versichert, antwortete ihnen der französische Geschäftsträger O'Dune, sie könnten Gott und der Groß= muth der Kaiserin nicht genug danken, so wohlfeilen Kaufes aus der Sache zu kommen. Der König von Frankreich werde in dieser Ange= legenheit Oesterreich nachdrücklichst unterstützen [961]).

Nachdem man sich in Wien zur Zurückstellung eines so ansehn= lichen Theiles des in Besitz genommenen baierischen Gebietes bereit= finden ließ, gerieth man in München auf den Gedanken, daß es zweck= mäßig wäre, die am 3. Jänner 1778 abgeschlossene Convention durch eine neue zu ersetzen und zu ergänzen. Aber am Kaiserhofe war man, und es scheint wohl nicht mit Unrecht, dieser Meinung nicht. Auf die von dem Freiherrn von Ritter mündlich geschehene Anregung wurde ihm erwiedert, daß es voreilig wäre, eine neue Vereinbarung einzu= gehen, ehe nicht die Hauptsache ins Reine gebracht sei. Eine derartige Convention würde, insbesondere so lang man des Beitrittes des

Herzogs von Zweibrücken nicht gewiß wäre, von keiner ersprießlichen
Wirkung sein und leicht neue Schwierigkeiten und Vorwürfe veranlassen. Die gleiche Absicht würde erreicht werden, wenn der Kurfürst seine Bereitwilligkeit zur Abtretung des Landstriches, der nun
an Oesterreich zu fallen hätte, Preußen gegenüber in feierlicher
Weise erkläre.

Was die von baierischer Seite zur Sprache gebrachten Differenzen
betreffe, es möge dabei von Grenz-, Handels-, Zoll- oder anderen
Angelegenheiten die Rede sein, so wünsche man auch in Wien deren
Beseitigung. Aber sie sollten mit der jetzt in der Schwebe befindlichen
politischen Frage nicht vermengt, sondern durch einen späteren Vergleich
beigelegt werden. Um die Bahn hiefür zu ebnen, wäre es zweckmäßig,
der schon bestehenden Convention einen Artikel beizufügen, kraft dessen
beide Höfe die Verpflichtung zu möglichst rascher Begleichung jener
Differenzen auf sich nähmen. Und ebenso wäre es billig, daß so wie
das Haus Oesterreich allen Ansprüchen auf Baiern, der Kurfürst jeder
Forderung entsage, die er aus der Occupation des Straubingischen
Antheils etwa ableiten könnte. Uebrigens habe sich der Kurfürst schon
selbst in diesem Sinne gegen Lehrbach geäußert. Dem Ermessen Karl
Theodors gebe man es anheim, ob die wirkliche Erfüllung des Versprechens wegen Zurückstellung des größeren Theiles der in Besitz
genommenen baierischen Lande allsogleich vor sich gehen, oder ob sie
nicht etwa noch durch einige Wochen, und zwar bis zur Entscheidung
der Frage hinausgeschoben werden solle, ob man von nun an den
Frieden oder den Krieg haben werde. Geschähe das Erstere, so würde
die schon jetzt vorzunehmende Zurückstellung nur unnöthige Kosten
und Arbeit verursachen. Aber man wolle Alles vorbereiten, um für
den Fall der Fortsetzung des Krieges die Zurückstellung allsogleich
vornehmen zu können. Da sie durch Kreßl zu bewerkstelligen sein werde,
würde es zweckmäßig sein, daß auch der Kurfürst einen Commissär
hiezu ernenne [965]).

In Folge des Auftrages, den er hierüber gleichfalls erhielt,
begab sich Kreßl von Straubing nach München. Der Empfang, der
ihm am dortigen Hofe zu Theil wurde, war um so ehrenvoller, als

man daselbst vielfache Beweise von der überaus schonenden und für
Baierns Interessen ungemein rücksichtsvollen Art besaß, in welcher
Kreßl nun schon fast ein Jahr lang die Regierungsgeschäfte in Straubing geführt hatte [966]). Ihm sowohl als Lehrbach erklärte der Kurfürst, er sei es zufrieden, daß man vor der Hand nicht zum Abschlusse
einer neuen Convention schreite und eher das Ergebniß der Friedensverhandlungen abwarte. Aber er wollte auch keine besondere Erklärung
über seine Bereitwilligkeit zur Abtretung des Landstriches zwischen dem
Inn und der Salza abgeben, und hielt es für genügend, daß Frankreich hievon unterrichtet sei. Was die Beilegung verschiedener Grenz-
und Zolldifferenzen sowie die Verzichtleistung auf jeden Ersatz der
von Oesterreich aus dem Regierungsbezirke Straubing bezogenen Einkünfte betraf, so stimmte der Kurfürst den Wünschen Oesterreichs zu.
Aber er meinte die doppelte Bitte aussprechen zu dürfen: der Kaiserhof möge ihm einen Beitrag zur Befriedigung Sachsens gewähren
und die im Prinzipe bereits beschlossene Zurückstellung eines Theiles
des in Besitz genommenen Gebietes nicht noch länger verschieben. Den
Grafen Maximilian von Preising bezeichnete er als seinen Commissär
zur Durchführung dieses Geschäftes [967]).

Noch hatte Maria Theresia von den beiden Begehren des Kurfürsten von der Pfalz keine Kenntniß, als sie aus eigenem Antriebe
und aus Billigkeitsgefühl beschloß, keinen Gebrauch von Karl Theodors
Versprechen zu machen, eine Schadloshaltung für die von österreichischer
Seite aus dem Regierungsbezirke Straubing bezogenen Einkünfte nicht
zu verlangen. „obwohlen man bise zusage hat, so wird man", schrieb
sie eigenhändig an Kaunitz [968]), „doch ohne in weitläuffige rechnungen
„einzugehen, en bloc dem churfürst eine summe derowegen erlegen."
Hiebei blieb sie denn auch nach Empfang der neuerlichen Erklärung
Karl Theodors, wogegen sie von einer Betheiligung Oesterreichs an
der Entschädigung Sachsens nichts hören wollte. Aber sie änderte auch
ihren ursprünglichen Entschluß, die Zurückstellung der besetzten Gebietstheile am 1. April vornehmen zu lassen, und Kreßl erhielt den Befehl,
sich mit Preising über die Art und Weise zu verständigen, in der sie
ohne längeren Aufschub geschehen könnte [969]).

Höchst unangenehm berührte am Kaiserhofe die Meldung, die man von Kreßl erhielt, in dem an Oesterreich abzutretenden Theile des Regierungsbezirkes Burghausen würden schon vorläufig die Archive und die Kassen geräumt und nach München gebracht; auch mit den Kirchenschätzen, den vorhandenen Waffen und Geschützen geschehe dieß. Kreßl erhielt den Befehl, sich hierüber noch genauer zu unterrichten und das Resultat seiner Erkundigung mitzutheilen. Man beabsichtige in Wien, Gleiches mit Gleichem zu vergelten und den in österreichischem Besitze befindlichen Regierungsbezirk Straubing in demselben Zustande an Baiern zu übergeben, in welchem der an Oesterreich fallende Theil des Regierungsbezirkes Burghausen sich im Augenblicke seiner Abtretung befände [970]). Und noch einen Monat später wurde Kreßl neuerdings angewiesen, gewissenhaft festzuhalten an dem Grundsatze der Reciprocität. Was von baierischer Seite in dem an Oesterreich abzutretenden Districte geschehe, solle er in dem noch unter seiner Verwaltung befindlichen Landstriche gleichfalls thun [971]).

Es scheint daß diese Anordnung genügte, um die baierischen Behörden von Maßregeln abstehen zu machen, von denen sie nicht wünschten, daß sie in dem wieder mit Baiern zu vereinigenden Gebiete gleichfalls getroffen würden. Denn nach der Natur der Sache gingen ja die beiden Geschäfte, das der Zurückstellung des zu Straubing gehörigen, und das der Uebernahme des an Oesterreich fallenden Landstriches Hand in Hand. Der letztere wurde in einer von dem Kaiser herrührenden Denkschrift vom 14. April zum ersten Male als das Innviertel bezeichnet, das als solches in Allem und Jedem mit dem Lande Oesterreich ob der Enns zu vereinigen sei. Der geschickteste Mann, fuhr der Kaiser fort, der in Oberösterreich nur immer aufzutreiben wäre, solle als Kreishauptmann im Innviertel angestellt, die Zolllinie aber ohne weitere Rückfrage an den Inn und die Salza vorwärts geschoben werden, auf daß das neu erworbene Land ein Ganzes mit Oberösterreich bilde. Zu diesem Ende wären alle daselbst in Kraft bestehenden Einrichtungen, insbesondere in Steuersachen, im Innviertel einzuführen, die dortigen Besitzer landtäflicher Güter aber den oberösterreichischen Ständen zuzugesellen.

Wir finden nicht daß gegen diese Vorschläge des Kaisers, welche sich auf die dereinstige Organisation des an Oesterreich fallenden Gebietes bezogen, von irgend einer Seite her eine Einwendung erhoben worden wäre. Hingegen geschah dieß wider den Antrag Josephs, daß Kreßl so wie mit der Uebergabe des zurückzustellenden, so auch mit der Uebernahme des neu erworbenen Landstriches betraut werde. Mit Recht wandte Kaunitz dagegen ein, daß diese beiden Geschäfte zu gleicher Zeit verrichtet werden sollten und nicht etwa zunächst die Zurückstellung, und dann erst später die Uebernahme geschehen dürfe. Eine und dieselbe Person könne jedoch nicht an verschiedenen Orten zugleich anwesend sein. Der Landeshauptmann von Oberösterreich, Graf. Christoph Thürheim erscheine zu der Uebernahme des Innviertels besonders geeignet [972]). Er wurde auch mit der hiezu nöthigen Vollmacht versehen und übernahm am 29. Mai 1779 von dem baierischen Hofkammerpräsidenten Grafen Morawitzky zu Braunau das Innviertel. An demselben Tage wurde durch Kreßl zu Straubing der Act der Uebergabe des dortigen Gebietes an den Grafen Preising vollzogen [973]). Und hiebei ergingen sowohl Letzterer als der Kurfürst sich von Neuem in Versicherungen der Anerkennung und des Dankes für die Art und Weise, in welcher diese Administration durch Kreßl geführt worden war [974]).

Nur um die Gesinnung zu kennzeichnen, von der Maria Theresia auch gegen diejenigen beseelt war, die sich bloß vorübergehend als ihre Unterthanen betrachten konnten, mag hier erwähnt werden, daß gleichzeitig auch die Uebergabe von Mindelheim an Kurpfalz vorbereitet und in Vollzug gesetzt wurde. Acht Ortschaften daselbst hatten jedoch so sehr unter Elementarereignissen gelitten, daß ihnen ein Theil der zu entrichtenden Steuern nachgesehen worden war; doch hatten sie nach Abzug dieses Nachlasses noch 1486 Gulden zu bezahlen. Der Feldzeugmeister Freiherr von Ried, der Mindelheim im Namen der Kaiserin verwaltete, war der Meinung, auch dieser Rückstand könnte den erwähnten Gemeinden, und zwar um so eher nachgesehen werden, als wider Vermuthen das Rentamt aus der Eichelmast ein Einkommen von fünfzehnhundert Gulden bezogen habe, wodurch also jener Ausfall schon im voraus gedeckt erscheine. Kaunitz unterstützte diesen Antrag [975]), Maria Theresia aber genehmigte ihn mit den folgenden Worten: „placet. mir leyd das „nicht 14.000 fl. sind. wolte gerne die 1500 fl. noch ihnen als eine „hilff abgeben".

Die gleiche Gesinnung der Großmuth bewährte Maria Theresia auch bei Bemessung der Summe, welche sie als ungefähres Erträgniß der Districte, die von österreichischer Seite mit Ueberschreitung des Wortlautes der Convention vom 3. Jänner 1778 besetzt worden waren, an Baiern zurückzuzahlen sich bereit erklärt hatte. Joseph war gegen jede derartige Vergütung; Kaunitz hielt sie jedoch ebenso wie die Kaiserin für billig, und er schlug ihr in einem schriftlichen Berichte vor [976]), hiezu nach der von Kreßl angestellten Berechnung eine Summe von hundertfünfzig- bis zweimalhunderttausend Gulden zu bestimmen. Maria Theresia aber bat ihn, den Schluß seiner Note zu ändern und sich nicht auf ihre frühere Entscheidung zu berufen, welche der Kaiser schon damals mißbilligt habe. Gleichwohl bleibe sie dabei, weil sie ihr im Rechte gegründet erscheine, aber sie wünsche ihr Ziel ohne Lärm und Aufsehen zu erreichen. Auch möge Kaunitz nicht die Summe von hundertfünfzig bis zweimalhunderttausend, sondern zwei- bis dreimalhunderttausend Gulden ansetzen. „Kreßl hat auch", fuhr Maria Theresia fort, „als Privatmann gerechnet und nicht als „Souverän. Das beste wäre, einige hunderttausend Gulden im All- „gemeinen zu sagen und sie nicht genauer zu bezeichnen; die Berech- „nungen wären schwierig und lang. Wenn es einzig und allein von „mir abhienge, gäbe ich allsogleich fünfmalhunderttausend Gulden und „würde sogar Vorschüsse für die Reihe der Zahlungen des Kurfürsten „leisten und außerdem über die böhmischen Lehen hinweggehen. Das „ist jedoch nur allein für Sie" [977]).

Wir wollen diese Angelegenheit nicht weiter verfolgen, sondern nur erwähnen, daß noch im Laufe des Jahres 1779 die Auszahlung der Summe von zweimalhunderttausend Gulden an den pfälzischen Gesandten Freiherrn von Ritter geschah [978]).

Die Sorge für den neu erworbenen Landstrich war es übrigens nicht allein, von der damals Maria Theresia und Joseph beherrscht wurden. Mehr noch als durch die Rücksicht auf einen einzelnen Bruchtheil, waren sie durch das, was den ganzen Staat anging, und insbesondere durch Geschäfte politischer, finanzieller und militärischer Natur in Anspruch genommen. In ersterer Beziehung war es vor Allem das Begehren des Fürsten Kaunitz, von der Leitung der auswärtigen Angelegenheiten entweder völlig zurücktreten zu dürfen oder doch in derselben beträchtlich erleichtert zu werden, das wie immer, so auch jetzt wieder einen sehr tiefen Eindruck auf die Kaiserin hervorbrachte.

Als Kaunitz sie in dem Augenblicke, in welchem er ihr die zu Teschen unterzeichnete Friedensurkunde vorlegte, mündlich um seine Entlassung bat, wies Maria Theresia dieses Ansuchen, wie es ja schon zu wiederholten Malen geschehen war, auch jetzt wieder zurück. Aber sie fügte doch hinzu, daß sie auf Alles eingehen wolle, was dazu dienen könne, dem Fürsten die Bürde, die auf ihm liege und die sie ihm auch nicht abnehmen werde, minder drückend zu machen. Sie lud den Staatskanzler ein, ihr seine Gedanken hierüber schriftlich vorlegen zu wollen.

Ungesäumt kam Kaunitz diesem Begehren der Kaiserin nach, und er begleitete seinen Vorschlag mit einer vertraulichen Mittheilung, in der er ihn als den einzigen bezeichnete, der es möglich machen würde, daß er selbst während des Restes seines Lebens, und daß auch noch Binder seine Dienste der Kaiserin widme. Maria Theresia aber entgegnete hierauf mit eigener Hand: „Es hängt von Ihnen ab, die „Sache zu declariren und sie ganz so einzurichten wie Sie wollen, „wenn Sie nur Ihre alte Freundin nicht verlassen und fortfahren, ihr „die Rathschläge zu ertheilen, deren sie in so hohem Maße bedarf" [979]).

Deutlich wird es sichtbar, wie Kaunitz bei dem Vorschlage, mit dem er nun an Maria Theresia herantrat [980]), vornehmlich von Rücksichten auf den Kaiser geleitet wurde. Graf Philipp Cobenzl, damals erst achtunddreißig Jahre zählend, stand bei Joseph, den er nach Paris begleitet und der sich insbesondere von dessen finanziellen Kenntnissen

eine hohe Meinung gebildet hatte, sehr in Gunst. Jedoch auch der
Staatskanzler selbst war Cobenzl gewogen, und durch seine Haltung
bei den Friedensverhandlungen zu Teschen hatte er sich noch mehr in
seinem Wohlwollen wie in seiner Achtung befestigt. „Ich finde bey
„ihm", schrieb er über Cobenzl an Maria Theresia, „einen Charakter
„voller Rechtschaffenheit, einen reinen systematischen Kopf, leichte und
„richtige Begriffe, die Gabe geschwind zu übersehen und zu combiniren,
„eine practische Fertigkeit in Behandlung der Geschäfte, einen an-
„genehmen und billigen Conciliationsgeist mit Standhaftigkeit vereinigt,
„die erforderliche Arbeitsamkeit, und mit Einem Worte alle jene Eigen-
„schaften, die von ihm mit Hülfe einer fleißigen Verwendung, längerer
„Erfahrung und unter meiner Anleitung sehr nützliche und vorzügliche
„Dienste in allen mir unterstehenden Departements mit vollem Grunde
„erhoffen lassen." Besonders lobenswerth fand endlich Kaunitz an
Cobenzl, daß er in Teschen, ohne dem Ansehen und dem Interesse des
Kaiserhauses auch nur das Geringste zu vergeben, sich die Freundschaft
und die Zuneigung aller dort versammelten Minister zu erwerben
gewußt habe. Aus diesen Gründen schlug er der Kaiserin die Ernennung Cobenzls zum Vicekanzler bei der Staatskanzlei vor.

Ging Maria Theresia hierauf ein, so erhielt Cobenzl nach Kaunitz
die erste Stelle im auswärtigen Amte; er wäre hiedurch auch der
Vorgesetzte Binders geworden, der fast doppelt so viel Lebensjahre
zählte als Cobenzl, und sich als Vertrauensmann des Fürsten Kaunitz
so wie als Verfasser der wichtigsten Staatsschriften, welche seit mehr
als zwei Jahrzehnten aus der österreichischen Staatskanzlei hervorgegangen waren, wahrhaft seltene Verdienste erworben hatte; allerdings vermochten sie ihn vor der Ungunst Josephs nicht zu bewahren.
Und um auch in dieser Beziehung dem Kaiser zu willfahren und doch
seinen alterprobten Freund, von dem er nicht leugnen konnte, daß er
wirklich durch sein hohes Alter außer Stand gesetzt werde, ihm in
gleichem Maße wie bisher als Mitarbeiter zu dienen, keiner Demüthigung
preiszugeben, unterstützte Kaunitz Binders Entlassungsgesuch bei der
Kaiserin. Doch habe ihm derselbe versprochen, fügte er hinzu, ihm
auch künftighin mit Rath und That an die Hand gehen zu wollen.

„bin in allen verstanden", erwiederte hierauf Maria Theresia,
„was ihme fürsten erleichtern und conservirn kan, auch was dem
„ehrlichen binder meine erkantlichkeit werckthätig bezeiget" ⁹⁸¹).

Wurde nun auch Binder von der Kaiserin in den gnädigsten
Ausdrücken seines Dienstes enthoben, so fand doch selbst dieß, fast
möchten wir sagen, mehr zum Scheine als in Wirklichkeit statt. Wir
wissen wenigstens daß Binder, den eine gleichzeitige Aufzeichnung sogar
das Orakel des Fürsten Kaunitz nennt, nach wie vor seine Wohnung
in der Staatskanzlei beibehielt, und daß er von Kaunitz auch noch
fortan in allen wichtigeren Angelegenheiten zu Rathe gezogen wurde ⁹⁸²).

Wie Maria Theresia von Wohlwollen und von Dankbarkeit für
Binder beseelt war, davon lieferte sie etwa ein halbes Jahr später
einen neuen Beweis. Binder war plötzlich von einer Krankheit be=
fallen worden, Cobenzl aber besuchte ihn und erstattete der Kaiserin
einen ziemlich tröstlichen Bericht ⁹⁸³). „Ich bin Ihnen sehr dankbar
„für diese Aufmerksamkeit", antwortete ihm Maria Theresia, „und
„ich empfinde ihren ganzen Werth, der auch auf Ihren Charakter und
„auf Ihre Denkungsart, selbst mir gegenüber zurückstrahlt. Ich will
„hoffen, daß das Uebel keine Folgen nach sich zieht, aber bei seinem
„Alter und seinem abgebrauchten Körper erregt Alles gleich größere
„Besorgniß. Sie werden mich verpflichten, wenn Sie mir auch künftig=
„hin den Verlauf mittheilen, und ob man sich unmittelbar nach seinem
„Befinden erkundigen lassen kann" ⁹⁸⁴).

Kaunitz hielt es für nöthig, die am Kaiserhofe beglaubigten Ver=
treter der fremden Mächte von Cobenzls Ernennung zum Vicekanzler
zu unterrichten. Den Entwurf des an sie zu erlassenden Rund=
schreibens, in welchem unter Anderem gesagt war, daß die Kaiserin,
statt ihm die Entlassung zu gewähren, um die er sie im Augenblicke
der Wiederherstellung des Friedens gebeten, ihm zur Erleichterung
seiner Arbeitslast den Grafen Cobenzl beigegeben habe, legte er ihr
zur Genehmigung vor. „hätte gewuntscht", erwiederte hierauf Maria
Theresia, „das die unterstrichne worte" — es waren diejenigen, die
sich auf die von Kaunitz erbetene Entlassung bezogen — „wären

„ausgeblieben, können aber vor jetzo bleiben, weillen auch meine ab=
„sichten habe."

Kaunitz beeilte sich mit der Antwort auf diese Bemerkung der
Kaiserin. Wenn er zu ahnen vermocht hätte, schrieb er ihr, daß ihr
die Weglassung jener Worte erwünscht wäre, so würde er solches ohne
alle Rücksicht auf die gehässige Deutung, zu der ein solches Verfahren
hätte Anlaß geben können, sicher gethan haben. Allein die bloße Er=
wähnung einer unbestreitbaren Thatsache habe nicht den geringsten
Zweifel in ihm erweckt. Da er hiebei von keiner anderen Absicht
ausgegangen sei als von der, die Wahrheit offen zu sagen, so werde
wohl auch Maria Theresia hiegegen bei näherer Prüfung keine Ein=
wendung mehr erheben [935]).

„ich bekenne", so lautete die Antwort der Kaiserin, „die begerte
„jubilation hat so mehr impression über mich gemacht, das nie=
„mahls selbe anderst eingesehen alß die suspension selber nur auf
„wenig zeit. er weis mein gedancken, die täglich pressanter werden;
„weillen aber meine freünde mir selber vorzihe, so habe ich nichts
„dagegen thun wollen, damit die execution ihme und mir desto
„weniger beschwährlich wird. finde auch am besten, das gantze fallen
„zu lassen, was an die länder ergehen solte."

Wenn von den Personen die Rede ist, welche, wie Kaunitz und
Philipp Cobenzl, an den Ereignissen der Jahre 1778 und 1779,
insofern man sie vom politischen Standpunkte ins Auge faßt, von
österreichischer Seite am meisten betheiligt waren, so werden auch noch
einige Andere nicht ganz mit Stillschweigen übergangen werden können;
unter ihnen steht Thugut ohne Zweifel am vordersten Platze. Schon
ist der Aufträge Erwähnung geschehen, mit denen er aus Anlaß einer
Reise, die er zu seiner Erholung nach Frankreich und Italien unter=
nahm, von Kaunitz versehen worden war. Der französischen Regierung
sollte er die mißliche Lage des osmanischen Reiches vorstellen und sie
zu dessen werkthätiger Unterstützung anregen. Da aber schon damals
— gerade vor einem Jahrhundert — der baldige Sturz dieses Reiches
als eine Wahrscheinlichkeit betrachtet und in den Kreis der politischen

Berechnungen gezogen wurde, so sollte Thugut erforschen, welche
Haltung Frankreich in diesem Falle beobachten, und ob es möglich
sein würde, eine Verabredung mit ihm zu treffen, durch die eine gleich=
mäßige Wahrung der beiderseitigen Interessen erzielt werden könnte.

An diesen Auftrag für Frankreich reihte sich ein zweiter, den
Thugut in Florenz erfüllen sollte. Er hatte sich mit den toscanischen
Ministern über die etwaige Herstellung des Friedens mit den Bar=
baresken, und über die Mittel zu berathen, durch welche ein gutes
Verhältniß zu ihnen dauernd begründet werden könnte.

Im Juli 1777 war Thugut in Paris eingetroffen; er fand
aber das französische Ministerium so sehr von dem Zwiespalte mit
England in Anspruch genommen, daß es den Verhältnissen des Orients
fast gar keine Aufmerksamkeit schenkte. Daß es sich zu einer Beistand=
leistung an die Türkei oder zu bestimmten Abmachungen für den Fall
des Zusammensturzes der Pforte herbeilassen werde, durfte man keines=
wegs erwarten, wenn sich auch vorhersehen ließ, Frankreich werde beim
Eintritte eines solchen Ereignisses nicht leer ausgehen, sondern eine
oder mehrere der bedeutendsten Inseln, wie etwa Candia, Chios,
Cypern, oder ein an der See gelegenes Land wie Egypten sich an=
eignen wollen.

Von geringerer Bedeutung, aber auch von glücklicherem Erfolge
war Thuguts Mission, insofern sie sich auf den Hof von Florenz und
auf die Herstellung des Friedens mit den Barbaresken bezog. Man
durfte der Zustimmung des Großherzogs zu Maßregeln gewiß sein,
von denen er und sein Land, den Anfällen der Barbaresken in weit
höherem Maße als die entlegenere und wenig ausgedehnte österreichische
Seeküste preisgegeben, den größeren Vortheil ziehen würden[956]). Doch
soll hier auf diese Verrichtungen Thuguts nicht näher eingegangen,
sondern nur erwähnt werden, daß er noch vor Abschluß des Teschner
Friedens um die Erlaubniß bat, nicht mehr auf seinen Posten in
Constantinopel zurückkehren zu müssen; er wünschte vielmehr wenigstens
einstweilen in den Ruhestand treten zu dürfen. Kaunitz unterstützte bei

der Kaiserin seine Bitte [987]); Maria Theresia aber war einer anderen
Ansicht, die sie in den folgenden Worten kundgab:

„das gantze intent der reyse in italien, francreich ist verlohren,
„die thugut vorgenohmen mit so viller mühe und spesen, wan nicht
„selber auff ein oder zwey jahre nach constantinople zuruckkhere und
„in jetzigen besonders auffmerksamen umbständen wegen systeme,
„aliance und comerce alda uns nach dem biligen vertrauen, welches
„er sich von uns zugezohen, ein systeme und plan vor kunfftige zeiten
„vorlege, wordurch seine verdienste vermehrte sowohl zu einer andern
„wichtigen anstellung oder grössern pension."

Thugut erklärte sich bereit, dem Befehle der Kaiserin zu gehorchen und sich noch auf ein oder zwei Jahre nach Constantinopel
zu begeben. Kaunitz aber machte sie darauf aufmerksam, daß ein so
kurz bemessener Zeitraum zur Erreichung der wichtigen Zwecke, die
ihr vorschwebten, unmöglich genügen könnte. Es wäre daher bei
weitem vorzuziehen, an Thuguts Stelle einen Mann als Internuntius
nach Constantinopel zu senden, der mit den Eigenschaften, welche dieser
Posten erfordere, auch den festen Willen verbinde, denselben wenn
nicht Zeit seines Lebens, so doch wenigstens viele Jahre hindurch zu
bekleiden, auf daß er die in Folge seiner Wahrnehmungen ins Werk
gesetzten Maßregeln auch durchführen könne. Als einen solchen Mann
bezeichnete Kaunitz den Hofrath von Herbert, der schon lange Zeit
hindurch in der Staatskanzlei und zuletzt noch in Teschen vorzügliche
Dienste geleistet hatte [988]). Maria Theresia genehmigte diesen Vorschlag [989]) und Herbert ging nun, von der Kaiserin noch früher in
den Freiherrnstand erhoben [990]), an Thuguts Stelle als Internuntius
nach Constantinopel [991]).

Thugut erfreute sich jedoch der ihm nach seinem Wunsche zu
Theil gewordenen Versetzung in den Ruhestand nicht lang. Er benützte
seine Muße zu einer Reise nach den österreichischen Niederlanden und
nach Holland, die er hauptsächlich in der Absicht unternahm, sein noch
in der Levante und in einigen anderwärtigen Hafenplätzen befindliches,
ohnehin wenig beträchtliches Vermögen an sich zu ziehen [992]). Aber

noch vor Ablauf des Jahres wurde er statt Revitzky, der nach Wieder=
herstellung des Friedens mit Preußen in Berlin beglaubigt wurde,
zum Gesandten in Warschau ernannt [993]).

Wo von dem Wechsel der österreichischen Repräsentanten an den
fremden Höfen, der damals stattfand, die Rede ist, muß auch des=
jenigen gedacht werden, auf welchen Kaunitz das meiste Gewicht legte.
Man weiß daß der Staatskanzler, so treu und so ruhmvoll er auch
der Kaiserin diente, dabei doch sich selbst und die Seinigen nicht ver=
gaß. So wenig als er Scheu trug, bei sich ergebender Gelegenheit
seine eigenen Dienste zu preisen, so wenig ließ er einen Anlaß un=
benützt vorübergehen, der sich ihm darbot, die seiner Söhne mit Lob=
sprüchen zu überhäufen. Als er, um nur ein Beispiel zu erwähnen,
im Februar 1779 einen Bericht seines Sohnes Joseph aus St. Peters=
burg erhielt, den er als besonders gelungen betrachtete, schrieb er der
Kaiserin, daß man sich „von dem Genie und der ausnehmenden Ge=
„schicklichkeit des Berichtstellers" immer mehr versprechen dürfe. Er
würde es für unbillig halten, dieß aus der Ursache zu verbergen, weil
derselbe zufällig sein Sohn sei.

„Ich mache Ihnen meinen Glückwunsch", antwortete hierauf
Maria Theresia, „zu der Genugthuung, die Ihr Sohn Ihnen bereitet.
„Ich theile sie als Monarchin und als Freundin" [994]).

Dennoch war die Anwesenheit des Grafen Joseph Kaunitz in
St. Petersburg nicht von sehr langer Dauer. Das strenge Klima
sagte seiner Gesundheit nicht zu und Kaunitz bat die Kaiserin, ihn so
rasch als möglich von dort zurückzuberufen. Maria Theresia willfahrte
dieser Bitte [995]); Graf Joseph Kaunitz kam an Stelle seines Bruders
Dominik nach Madrid, Graf Ludwig Cobenzl aber, der vor Ausbruch
des Krieges in Berlin gewesen, wurde zum österreichischen Gesandten
in St. Petersburg ernannt.

Eine an und für sich ganz unbedeutende Streitfrage, die vor Cobenzls
Abreise nach Rußland entstand, mag nur aus der Ursache erwähnt
werden, weil ihr damals übergroße Wichtigkeit beigelegt, und weil sie

zuletzt von Maria Theresia in einer Weise entschieden wurde, welche
charakteristisch für die Kaiserin ist. Am russischen Hofe war es Sitte,
daß die fremden Gesandten und ihre Gemalinnen der Kaiserin Katharina
und ihrer Schwiegertochter, der Großfürstin Marie die Hand küßten.
Es scheint daß Cobenzl sich für seine Person nur schwer, für seine
Gemalin ⁹⁹⁶) aber gar nicht zu dieser Ehrenbezeugung entschließen
wollte. Kaunitz bemerkte dagegen, daß sie aus keinem Grunde und
nur mit Gefahr der größten Unannehmlichkeit verweigert werden könnte.
Wenn sie jedoch Cobenzl unbeschadet seines diplomatischen Charakters
zu leisten habe, so könne dieß um so unbedenklicher von seiner Gemalin
geschehen, der ein solcher nicht innewohne.

Um die Letztere dieser Verpflichtung zu entziehen, schlug Cobenzl,
obwohl erst seit fünf Jahren mit ihr verheiratet, doch vor, ohne sie
nach Petersburg zu reisen und sie entweder nach einiger Zeit nachkommen, oder für immer in Wien zu lassen. Das aber entrüstete
die Kaiserin sehr. „dem cobentzel ist ähnlich das offertum", schrieb
sie auf des Staatskanzlers Bericht ⁹⁹⁷), „welches aber nicht annehme.
„er solle samt seiner frau beeden die hand küssen und also von nun
„an sie mit ihme die reyse antretten."

Noch weit größere Aufmerksamkeit als den Fragen der äußeren
Politik und Allem, was mit ihnen im Zusammenhange stand, widmeten
Maria Theresia und Joseph, wie es nach Beendigung eines Krieges
fast immer geschieht, dem Zustande der Finanzen und den militärischen
Einrichtungen der Monarchie. Man weiß daß die Geldverhältnisse
des Staates durch die Kosten des Krieges, so kurz dessen Dauer auch
gewesen sein mochte, in arge Zerrüttung gerathen waren. Hatte ja
doch Friedrich diesen Geldmangel als seinen wirksamsten Verbündeten
betrachtet und fortwährend behauptet, er allein zwinge den kriegs-
lustigen Kaiser wider dessen Willen zum Frieden. Ganz ohne alle
Begründung war diese Meinung des Königs übrigens nicht. Wenn
die Lehren der Geschichte größere Beachtung fänden, als dieß zum
empfindlichen Nachtheile der Staaten fast überall der Fall ist, so
würden die Verhältnisse, in denen sich Oesterreich kurz vor Abschluß

des Teschner Friedens befand, als ein Beweis für die Richtigkeit des Satzes gelten müssen, daß ein Staat mit geordneten Finanzen auch mit einer der Zahl nach geringeren Streitmacht wehrhafter und kriegs= tüchtiger ist als ein solcher, der ein sehr großes Heer, aber nur ganz unzulängliche Mittel besitzt, dasselbe zu erhalten und die Kosten der Kriegführung zu bestreiten. Ist es ja doch Joseph selbst, der die effective Stärke der Armee im Augenblicke des Friedensschlusses auf nicht weniger als 386.000 Mann veranschlagt [998]. Aber der un= günstige Stand der österreichischen Finanzen war Schuld, daß man von dieser für jene Zeit ganz außerordentlich hohen Anzahl der Streitkräfte keinen angemessenen Gebrauch machen konnte. Ohne dieses Hemmniß wäre es mit dem Widerstande Preußens wohl übel bestellt gewesen.

Aber gerade das Gegentheil war der Fall und darin lag die Ursache, weßhalb man im Laufe des Winters, als man noch an die Möglichkeit eines zweiten Feldzuges glaubte, durch die verschiedensten Mittel, insbesondere durch eine zehnprocentige Vermehrung der ohne= dieß schon drückenden Steuern, durch neue, überaus lästige Abgaben und durch Anlehen, die man zu den härtesten Bedingungen abschloß, sich Geld zu verschaffen suchte. Und auch als der Friede endlich zu Stande kam, wurde man hiedurch aus dieser Bedrängniß noch keines= wegs befreit. Wie tief insbesondere Joseph sie empfand, geht aus einer Denkschrift, die er wenige Tage nach Abschluß des Friedens an die Kaiserin richtete, recht deutlich hervor [999]. Die Herbeischaffung der Mittel zur Bestreitung der unvermeidlichen Ausgaben des Staates, und die Wiederaufrichtung und Befestigung des Credites stellt der Kaiser als die Zielpunkte hin, denen man mit Aufgebot aller Kräfte und mit all dem Ernste, den die vorhandene Gefahr erheische, zu= streben müsse.

Aber so eifrig sich auch Joseph mit Allem beschäftigte, was auf den Zustand der Finanzen sich bezog, so trat solches doch vor seiner Fürsorge für die militärischen Einrichtungen noch in den Hintergrund zurück. Seit Lacy aus der Stellung eines Präsidenten des Hofkriegs=

rathes geschieden und der wenn gleich tüchtige, aber doch weniger
befähigte Hadik ihm in derselben gefolgt war, ruhte Alles auf dem
Kaiser; ja es fehlte sogar nicht an Leuten, welche glaubten, daß der
Hoftkriegsrath, allmälig bedeutungsloser geworden, nach dem Tode der
Kaiserin gänzlich aufgehoben werden würde [1000]). Wie in Allem, so
folgte Joseph auch in militärischen Dingen nur seinem eigenen Kopfe,
und es gewinnt fast das Ansehen, als ob er sich ein noch größeres
Verständniß für dieselben zutraute, als er wirklich besaß. Allerdings
fällte er, wie wir gesehen haben, wenigstens so lang der Krieg noch
dauerte, über seine eigenen Feldherrngaben ein sehr bescheidenes Urtheil,
aber nach dem für Oesterreich nicht ungünstigen Ausgange des Krieges
scheint seine Meinung von sich selbst ziemlich gewachsen zu sein. Lacy
allein war es, der noch einigen Einfluß auf ihn übte, und Joseph
gab seiner Dankbarkeit für die hervorragenden Dienste, die ihm Lacy
während des Krieges geleistet, auch dadurch Ausdruck, daß er wenige
Tage vor Abschluß des Friedens ein ungemein schmeichelhaftes Schreiben
an ihn ergehen ließ. Trotz seiner sehr weitgetriebenen Sparsamkeit
wies der Kaiser dem Feldmarschall die Summe von 24.000 Gulden,
welche derselbe während des Krieges bezogen hatte, für die Zeit seines
Lebens als Jahrespension an [1001]).

Viel weniger anerkennend als für Lacy war Joseph für Laudon.
Wohl finden wir, daß er ihn hie und da mittelst schmeichelhaft lautender
Schreiben über verschiedene Dinge zu Rathe zog [1002]), aber er erhob
doch keine Einwendung dagegen, ja er förderte wohl gar noch diesen
Entschluß, wenn Laudon nach Beendigung des Feldzuges sein Still-
leben in Hadersdorf wieder aufsuchte und dort in tiefster Zurückgezogenheit seine Tage verbrachte. Niemand blieb es ein Geheimniß, daß
Joseph über die Haltung Laudons im vergangenen Feldzuge ungünstig
urtheilte. Wenn er Lacy, ja sogar Hadik ihm vorzog, so setzte er sich
dadurch in Widerspruch mit dem competentesten Beurtheiler militärischer
Dinge, den es damals gab, mit König Friedrich von Preußen. Auch
seinem Scharfblicke war gewiß nicht entgangen, was während des
Feldzuges bei Laudons Armee etwa nicht in der Ordnung gewesen
sein mochte. Gleichwohl schrieb der König am 8. November seinem

Bruder: „Wenn die Oesterreicher den Marschall Laudon verlieren, „werden Sie keinen Offizier mehr von den erforderlichen Eigenschaften „besitzen, um ihre Armee zu commandiren" [1003]).

Noch viel wichtiger war es, daß Joseph durch die wenig zuvor- kommende Haltung, die er gegen Laudon beobachtete, mit der öffent- lichen Meinung seines eigenen Landes in Widerspruch gerieth. Noch vom siebenjährigen Kriege her stand Laudon im besten Andenken bei der Bevölkerung; in ihm sah sie den einzigen, nur durch eigenes Verdienst emporgekommenen Feldherrn, den Vollführer glanzvollster Waffenthaten. In Daun und in Lacy aber erblickte· sie nur Hof- generale, die groß geworden seien durch persönliche Gunst und einfluß- reiche Verbindung. Durch sein unerträgliches Zaudern, durch die Nichtbenützung errungener Vortheile war Daun fast verhaßt geworden im Volke, so daß seine unleugbar großen Verdienste durchaus nicht die Würdigung fanden, auf die sie eigentlich vollen Anspruch besaßen. Und Lacy hatte nie selbstständig einen Sieg erfochten oder auch nur eine größere Waffenthat vollbracht; daher kannte ihn die Bevölkerung wenig, er stand ihr fern, und mit Unmuth sah sie die Bevorzugung, die er vor ihrem Liebling Laudon von Seite des Kaisers erfuhr. Eine Unzahl Anecdoten, die meisten ohne alle Begründung, wurden verbreitet, in denen das unbefriedigende Verhältniß zwischen dem Kaiser und Laudon, und die wenig glänzende Rolle, die der Letztere in dem vergangenen Feldzuge gespielt, auf die vermeintliche Eifersucht Josephs und Lacy's zurückgeführt wurden, durch welche Laudon verhindert worden sein sollte, den Prinzen Heinrich von Preußen in offener Feldschlacht zu besiegen.

Wenn schon Lacy nicht mehr eigentlich maßgebenden Einfluß auf den Kaiser besaß, so kann dieß von anderen Militärpersonen noch weniger gesagt werden, obwohl mehrere aus ihnen in besonderer Gunst bei ihm standen. Der General der Cavallerie Fürst Karl Liechtenstein wird hiebei in erster Reihe genannt werden müssen, wenn gleich böse Zungen behaupteten, daß das Gefallen an der Fürstin Eleonore, die sich übrigens in dieser schwierigen Stellung durchaus tadellos benahm,

den größten Antheil habe an der Huld des Kaisers für ihren Gemal.
Der Feldzeugmeister Graf Karl Pellegrini, der Feldmarschall-Lieutenant
Graf Moriz Nostitz, Lacy's Neffe, der Generalmajor Graf Johann
Georg Browne, und endlich, um nicht lauter Hochgeborne nennen
zu müssen, Lacy's Vertrauensperson [1004]), der Oberst im General-
stabe, Joseph Zehentner waren wohl die, auf welche Joseph, der
übrigens nicht gerade beständig in seinen Neigungen war, damals am
meisten hielt.

Das Erste, was der Kaiser im Augenblicke des Friedensschlusses
vornahm, bestand in einer sehr beträchtlichen Verminderung der Stärke
des Heeres. Schlägt man die damalige Anzahl desselben auch nur
auf 300.000 Mann an, so blieben nach Entlassung von 100.000 noch
immer 200.000 Mann und somit mehr übrig, als die Friedensstärke
der Armee vor dem Kriege betragen hatte. Der Plan, den man bei
Ausführung dieses Gedankens befolgte, bestand ungefähr darin, daß
man von jeder Compagnie, die in der Regel mindestens zweihundert
Mann zählte, vierzig auf unbestimmte Zeit nach Hause entließ, wo sie
sich wieder ihrem früheren Erwerbszweige zu widmen vermochten. Aber
die Provinz, der das Regiment angehörte, mußte diese Zahl immer
vollständig erhalten. Andere hundert Mann von jeder Compagnie
durften sich auf Urlaub begeben und empfingen einen gewissen Betrag für die Reise und auf Kleidung, hatten sich jedoch alljährlich in
den Lagern einzustellen, in denen die Truppen in den Waffen geübt
wurden; während dieser Zeit erhielten sie die Bezahlung eines Soldaten.
Sechzig Mann endlich hatten bei jeder Compagnie zur gewöhnlichen
Dienstleistung unter der Fahne zu bleiben. Im Falle des Krieges
konnten nicht nur die beurlaubten hundert, sondern auch die zeit-
weilig entlassenen vierzig Mann einberufen werden, so daß dann der
Stand jeder Compagnie sich wieder auf zweihundert Mann erhob.

Ein ähnlicher Vorgang wurde auch bei der Cavallerie beobachtet,
nur wurde daselbst jede Schwadron um nicht mehr als zwanzig Mann
verringert, dagegen bei jedem Regimente die siebente Schwadron, welche
zu Beginn des Krieges gebildet worden war, vollständig aufgelöst [1005]).

Und was den Pferdeſtand anging, ſo entſchloß man ſich zu einer wahrhaft großherzigen Maßregel. So wie Maria Thereſia anſehnliche
Mengen von Getreide, die in den Kriegsmagazinen aufgeſpeichert waren,
an die durch den Krieg am härteſten mitgenommene Bevölkerung von
Böhmen, Mähren und Oeſterreichiſch-Schleſien vertheilen ließ, ſo geſchah ein Gleiches auch mit nicht weniger als dreißigtauſend Pferden.
Ohne alles Entgelt, aber gegen die Verpflichtung wurden ſie der Landbevölkerung verabfolgt, erforderlichen Falles die gleiche Anzahl zum
Dienſte der Kaiſerin zu ſtellen [1006]).

Ganz beſondere Sorgfalt wendete Joſeph dem Geſchützweſen zu.
Bekanntlich hatte Fürſt Wenzel Liechtenſtein daſſelbe, zum Theil ſogar
auf eigene Koſten, auf eine ſehr hohe Stufe gebracht, aber dem Kaiſer
ſchien dieß noch bei weitem nicht genügend. Nachdem Liechtenſteins
Nachfolger Fürſt Ulrich Kinsky im Beginne des Jahres 1778 die
Stelle eines Generaldirectors der Artillerie niedergelegt hatte, trat
der Feldmarſchall-Lieutenant Graf Joſeph Colloredo an die Spitze des
Geſchützweſens. Von dem Kaiſer aufs eifrigſte unterſtützt, begann er
gleich nach dem Friedensſchluſſe eine vollſtändige, auf wiſſenſchaftliche
Prinzipien gegründete Umbildung deſſelben. So große Thätigkeit
herrſchte in der von ihm errichteten Stückgießerei, daß ſie nach einer
gleichzeitigen Aufzeichnung monatlich zwanzig Geſchütze vollendete, eine
Zahl, welche damals als eine ungemein hohe angeſehen wurde. Man
ſollte glauben, meint unſer Gewährsmann, der Kaiſer habe in die
Artillerie ſein ganzes Vertrauen geſetzt. [1007]).

Dennoch beſchäftigte er ſich zu jener Zeit mit einer anderen,
die Wehrfähigkeit des Reiches angehenden Frage vielleicht in noch
höherem Grade. Während des letzten Feldzuges in Böhmen hatte ſich
der Kaiſer immer mehr von der Unzulänglichkeit der Vertheidigungs-
kraft dieſes Landes gegen Angriffe vom Norden her überzeugt, und
dadurch wurden die lang ſchon gehegten, aber niemals zu wirklicher Ausführung gelangten Ideen wegen Erbauung neuer Feſtungen in Böhmen
endlich zur Reife gebracht. Im Juli 1779 erhielt Pellegrini den Auftrag, ſich nach Böhmen zu begeben, um nicht nur die daſelbſt ſchon

bestehenden Festungen Königgräß, Prag und Eger widerstandsfähiger, sondern auch die geeigneten Pläße ausfindig zu machen, an denen die eine oder die andere neue Festung angelegt werden könnte [1008]). Auf die Meldung Pellegrini's, er habe zwei solche Orte gefunden, entschloß sich Joseph, dieselben vorerst persönlich in Augenschein zu nehmen, um die Situation zu prüfen und die Wahl Pellegrini's entweder zu billigen oder zu verwerfen, wonach erst die fernere Verfügung getroffen werden sollte.

Hiemit jedoch nicht zufrieden, dehnte der Kaiser seine Aufgabe noch weiter aus. Er wollte Mähren, Oesterreichisch-Schlesien und Böhmen bereisen, um sich selbst ein Urtheil zu bilden, wo noch Befestigungen anzulegen wären, um Schuß und Deckung zu gewähren gegen Oesterreichs gefährlichsten Feind, den König von Preußen. Doch ist es unmöglich, hier auf all die Wahrnehmungen einzugehen, die der Kaiser machte und über welche er nicht nur seiner Mutter berichtete, sondern weit ausführlicher noch an Lacy schrieb. Nur das mag anzuführen erlaubt sein, daß er die Behauptung aufstellte, nicht so sehr auf Mähren und Schlesien als auf Böhmen müsse man das Augenmerk richten, wenn man die Vertheidigung des Reiches im Sinne habe. Nur wenn man Böhmens versichert sei, würden die in Schlesien anzulegenden Werke, für welche er den Galgenberg bei Troppau empfahl, von Nußen sein können.

Am 18. August hatte der Kaiser Wien verlassen, am 20. kam er nach Olmüß, am 22. nach Teschen und am 26. nach Troppau. Wer das Tagebuch liest, welches Joseph, so wie über alle seine Reisen, so auch über diese führte, kann sich nicht genug wundern, wie ausschließlich der Kaiser sich mit militärischen Dingen, insbesondere mit der Aufsuchung geeigneter Pläße zur Anlegung von Festungswerken beschäftigte. Immer zu Pferde, verfolgte er den ganzen Grenzzug gegen Preußen, jede Straße, jeden Paß, jede Schlucht, die in das Nachbarland führten, mit Aufmerksamkeit betrachtend. Am 8. September war er in Nachod, am 11. in Trautenau und am 15. traf er in Reichenberg ein. Ueber Rumburg und Tetschen führte sein unermüdlicher Ritt ihn am 27. September nach Postelberg, nahe bei

Leitmeritz, wo nun die Prüfung der Oertlichkeit begann, auf welcher, und zwar dort, wo die Dörfer Deutsch-Kopist und Trabschitz lagen, nach der Meinung Pellegrini's eine Festung gebaut werden sollte.

Das Urtheil des Kaisers fiel nicht gerade sehr günstig aus. „Die „Natur scheint allda", schrieb er in sein Tagebuch, „gar nichts gegeben „zu haben, und sind unendlich viele Hindernisse noch vorhanden, da „sehr vieles mit dem Wassergebäu gerichtet, eine unendlich große Erd- „aufschüttung, um sich über die höchsten Wässer zu erheben, geschehen, „der Eger ein neuer Rinnsal gegeben und kurz solche Zubereitung „gemacht werden muß, die noch vieler Ueberlegung bedarf" 1009).

Ueber Saatz begab sich nun Joseph nach Eger, wo er am 2. October eintraf und seine ganze Zeit ebenfalls nur dem Besuche der Festungswerke widmete. Obwohl man, sagt er über sie, nach Thunlichkeit gearbeitet habe, um sie nur in etwas haltbaren Stand zu versetzen, seien sie doch so ungünstig gelegen, daß sie sich unmöglich vertheidigen könnten. Was man aber neu zu erbauen beabsichtige, würde eine zweite und größere Festung als Eger werden und doch gleichfalls von den naheliegenden Höhen beherrscht sein. Außerdem würde der felsige Boden sehr große Schwierigkeiten darbieten.

Ueber Pilsen ging Joseph nach Prag, wo er am 6. October ankam und durch sieben Tage blieb. Am Nachmittage des 13. October fuhr er nach Brandeis; hier stieg er am folgenden Morgen neuerdings zu Pferde und besuchte nun der Reihe nach Münchengrätz, Gitschin und Jaromircz, von wo er sich am 17. October auf das Plateau von Pleß begab, woselbst Pellegrini die zweite neu projectirte Festung anlegen wollte. Ueber Königgrätz kehrte der Kaiser nach Prag zurück, wo er am 19. October eintraf und bis zum 22. October verweilte.

Nicht aus Josephs eigenen, sondern aus den Aufzeichnungen eines gleichzeitigen Berichterstatters können wir entnehmen, daß seine Reise nach Böhmen nicht allein für die militärische Vertheidigung dieses Landes von Erfolg war. Da der Kaiser fast nur die Gegenden wieder besuchte, die im vergangenen Jahre der Schauplatz des Krieges gewesen

waren, wurde er Augenzeuge des sehr großen Elendes, welches in
Folge dessen troß aller Gegenmaßregeln, die getroffen worden, noch
dort herrschte. Joseph befahl daher, daß alle Contributionen, welche
die österreichischen Truppen auf preußischem Gebiete erhoben hatten,
an diejenigen Bewohner Böhmens vertheilt werden sollten, die der
Krieg am meisten geschädigt. Und um den Grenzdistricten, deren
Bewohner sich meist nur mit Leinweberei kümmerlich erhielten und
nun in drückendster Nothlage sich befanden, Unterstützung zu gewähren, ließ er aus seinem Privatvermögen um nicht weniger als
viermalhunderttausend Gulden Leinwand in ganz kleinen Partien
ankaufen [1010]).

Ehe er Prag wieder verließ, faßte der Kaiser das Resultat
seiner Wahrnehmungen in einen ausführlichen Bericht zusammen, den
er seiner Mutter erstattete. Für ganz unerläßlich erklärte er die Erbauung der beiden Festungen zu Trabschiß und zu Pleß; ohne sie
könne man unmöglich an eine gute Defensive, noch weniger aber an
eine Offensive auch nur denken. Keine Ausgabe sei nothwendiger,
dringender und besser angewendet als diese. Doch müßten beide Festungen gleichzeitig gebaut werden, indem die eine ohne die andere nur
geringen Werth besäße, beide zusammengenommen aber von unberechenbarem Vortheile wären [1011]).

Es geschah nicht nur mit Zustimmung, sondern auf Veranlassung
Josephs, daß seine Anträge den drei Feldmarschällen Lacy, Hadik und
Laudon zur Begutachtung mitgetheilt wurden. Wie man voraussehen
konnte, äußerten sie sich beifällig, und nach doppelter Richtung hin
wurde nun mit den Vorarbeiten zur Anlegung der beiden Festungen
der Anfang gemacht. Während man unter der Leitung Pellegrini's
die Pläne hiezu entwarf, begannen die Verhandlungen, um in Besiß
des erforderlichen Terrains zu gelangen. Die Dörfer Deutsch-Kopist
und Trabschiß wurden mit den dazu gehörigen Grundstücken eingelöst
und der Erde gleichgemacht, dagegen aber zwei neue Dörfer gleichen
Namens in der Umgegend errichtet und den obdachlos werdenden
Einwohnern überlassen. An Stelle der demolirten Ortschaften wurde

die Festung gebaut, welche den Namen Theresienstadt erhielt. Was aber Pleß betraf, so erkaufte der Staat die Herrschaft Smirschitz, zu welcher jenes Dorf gehörte, von dem Fürsten Johann Wenzel von Paar um eine sehr beträchtliche Summe. Die neue Festung behielt den Namen Pleß, der erst von Kaiser Franz zu Ehren des Erbauers in Josephstadt umgeändert wurde.

Mit der Bereisung des nördlichen Böhmens war jedoch die Aufgabe, welche Joseph sich gestellt hatte, noch bei weitem nicht erschöpft. Schon in Wien hatte er den Gedanken gefaßt, auch den Landstrich, der in Folge des Teschner Friedens an Oesterreich gefallen war, und das oberösterreichische Salzkammergut zu besuchen. Was die letztere Tour anging, beauftragte der Kaiser von Leitmeritz aus den in Linz commandirenden Feldmarschall-Lieutenant von Langlois, ihm einen Plan zu deren Ausführung zu entwerfen. Weil es um Gegenden sich handelt, welche heut zu Tage fast Jedermann kennt, wird es nicht unwillkommen sein zu erfahren, daß Langlois sich eilends nach Gmunden begab, sich mit dem Director der Salinen, Joseph von Riethaber näher zu besprechen. Sie kamen überein, dem Kaiser den Vorschlag zu machen, er möge von Lambach aus den Traunfall und dann Gmunden besuchen, den See überschiffen und seinen Ausflug bis Ischl ausdehnen. Da die Salzwerke überall gleich seien, könne er sich den Anfangs von Langlois ebenfalls projectirten Besuch Hallstatts ersparen [1012]).

Ueber Tabor und Budweis begab sich Joseph nach Linz, wo er am 24. October eintraf und den folgenden Tag verweilte. Am 25. fuhr er über Wels und Lambach zum Traunfall und nach Gmunden, von da aber bei herrlichem Wetter über den See. In Ebensee besichtigte er die Salzpfannen und die übrigen zum Salzwesen gehörigen Anstalten; ein Salzbergwerk sah er jedoch nicht, denn statt nach Ischl weiter zu reisen, kehrte er noch an demselben Tage nach Gmunden zurück.

„Diese Theile des Salzkammergutes", schrieb er am folgenden Morgen seiner Mutter, „sind sehr interessant, und ich bin unendlich

„befriedigt, sie gesehen zu haben. Der Traunsee ist prachtvoll, und
„da wir gestern sehr schönes Wetter hatten, war die Spazierfahrt zu
„Wasser wirklich reizend. Heute gehe ich nach Frankenmarkt, mich der
„neuen Grenze zu nähern, und morgen beginne ich die Rundreise zu
„Pferde; sie wird sechs oder sieben Tage dauern" [1013]).

So geschah es denn auch wirklich. Nicht in Frankenmarkt, wo
er übernachtete, sondern in Obermühlham stieg Joseph am Morgen
des 28. October zu Pferde und ritt über Straßwalchen, das jedoch
damals schon salzburgisch war, von Joseph aber als eine zwischen
Salzburg und dem Innviertel streitige Ortschaft angesehen wurde,
nach Tannberg auf Innviertler Boden. Von da umritt er die Herrschaft Mattsee, die er gleichfalls als streitig betrachtete, und setzte dann
die Reise bis Perwang fort, wo er im Pfarrhofe über Nacht blieb.
Mattsee wäre, schrieb er Abends in sein Reisejournal, für Oesterreich
in keiner anderen Beziehung etwas werth, als daß es fruchtbareren
Boden und dichtere Bevölkerung als der angrenzende District besitze.
In einem späteren Briefe an seine Mutter aber spricht sich der Kaiser
in ganz anderem Sinne hierüber aus. Er erklärt Mattsee für
eine sehr ansehnliche Herrschaft und denkt daran, es von Salzburg
im Tauschwege gegen das Zillerthal zu erwerben. Und was Straßwalchen angehe, so trage das dortige Zollamt allein 40.000 Gulden [1014]).

Am folgenden Morgen begab sich Joseph in Begleitung des
Generals Browne auf die Spitze des Haunsberges, dessen drei Klafter
lange Kuppe, von wo aus man eine unbeschreiblich schöne Aussicht
genießt, noch heut zu Tage der Kaiserplatz heißt [1015]). Aber nicht dem
Naturgenusse gab Joseph sich hin, sondern die vor ihm aufgeschlagene
Karte mit der Wirklichkeit vergleichend, ließ er seinen Blick nach
den schönen Gefilden des vor ihm liegenden Salzburger Landes
schweifen, im Stillen berechnend und mit Browne erörternd, wie viel
er etwa davon für sich und für Oberösterreich in Anspruch zu nehmen
vermöchte.

Noch im Laufe des 29. October ritt der Kaiser über Wildshut
und durch den Weilharter Forst nach Ach, das am rechten Ufer der

Salza, Burghausen gegenüber liegt. Von da setzte er seinen Weg nach Braunau fort, wo er erst am Spätabende eintraf. Den nächsten Tag arbeitete der Kaiser mit dem oberösterreichischen Landrathe Freiherrn von Pockfteiner, der wie es scheint, Anfangs mit der Verwaltung des Innviertels betraut war. „Er ist ein guter Arbeiter, besitzt klare Ge-„danken und vielseitige Kenntnisse und ist endlich allgemein beliebt", so spricht sich Joseph über ihn gegen die Kaiserin aus [1016]).

Nachdem er am Nachmittage des 30. October die Festungs-werke von Braunau und die Kasernen besichtigt, ritt Joseph am folgen-den Tage, den Inn entlang, über Hagenau, Mühlheim und Kirchdorf nach Obernberg, wo es ihn unangenehm berührte, daß dieser Markt-flecken, obgleich am rechten Ufer des Inn gelegen, nicht zu Oesterreich, sondern zu Passau gehörte; „er convenirt", so lautet die hierauf bezüg-liche Bemerkung des Kaisers, „allerdings hieher". Ueber Reichersberg begab er sich nach Schärding, das kurz vorher durch eine Feuersbrunst in Asche gelegt worden war. Noch an demselben Abende schrieb er der Kaiserin und berichtete ihr über dasjenige, was er bisher gesehen. „Wenn man an das denkt, was uns hätte gelingen können", sagt er ihr, „dann ist die Sache freilich nur gering. An und für sich aber ist „dieser Landstrich schön und gut und für Oberösterreich ungemein „passend; er wird doch fast 80.000 Einwohner besitzen und sein „Erträgniß kann auf eine halbe Million Gulden veranschlagt werden. „Die Leute scheinen, außer einigen Gutsherren und Amtmännern „zufrieden und guten Willens; die Unordnung, die hier herrschte, „überschreitet selbst die Dummheit der Menschen, und das will viel „sagen, denn sie übertrifft alle Begriffe."

So wie Mattsee von Salzburg, will der Kaiser Obernberg von Passau für Oesterreich erwerben, denn er meint, daß man dessen dringend bedürfe. Er erzählt aber nichts darüber, ob er es schon damals von dem Cardinal Firmian in Anspruch genommen habe, von dem er am 1. November, nachdem er noch die am linken Ufer des Inn gelegene österreichische Grafschaft Neuburg besucht hatte, in Passau feierlich empfangen wurde. Der Kaiser verweilte jedoch nur kurze Zeit

daselbst; er nahm in Schärdenberg sein Nachtquartier und kehrte dann
von Engelhartszell, auch auf dieser Strecke mit dem Gedanken einer
für Oesterreich günstigen Regulirung der Landesgrenze gegen Passau
sich tragend, nach Linz zurück, wo er am 3. November eintraf.

„Das Wetter hat uns", berichtete er noch an demselben Tage
seiner Mutter, „ganz besonders bevorzugt. Wir konnten Alles wunder-
„bar gut sehen, und noch heute hatte ich von Engelhartszell hieher die
„glücklichste Fahrt, die nur immer gedacht werden kann; in fünf
„Stunden war ich hier. Ich bin sehr erfreut dieses Land gesehen,
„und glaube keinen üblen Eindruck auf dessen Bewohner hervor-
„gebracht zu haben; so dumm sie auch sind, so waren sie doch von
„dem Unterschiede frappirt, daß nachdem sie fast durch vierzig Jahre
„dem Kurfürsten gehört hatten, er niemals nur wenige Stunden weit
„kam, um sie zu sehen, während ich, kaum sechs Monate nachdem sie
„österreichisches Erbland geworden, sie besuchte, um mich von ihren
„Verhältnissen zu unterrichten."

Auch jetzt wieder kommt Joseph, und das trübt wirklich den
guten Eindruck, welchen sein Eifer für das Beste des Staates sonst
hervorbringen müßte, auf die Grenzstreitigkeiten mit Salzburg und
mit Passau zurück. Dem Erzbischofe von Salzburg gegenüber möge
man, so meint er, nur fest auf den einmal angenommenen Grundsätzen beharren, und man werde gewiß durchdringen. Dem Cardinal
von Passau aber habe er, berichtet der Kaiser, noch von Engelhartszell aus geschrieben und ihn um eine Regulirung der Landesgrenze
ersucht. Durch die Lage der Grenzsteine und durch den mit den thatsächlichen Verhältnissen übereinstimmenden Wortlaut der Documente
werde das Recht Oesterreichs außer Zweifel gestellt. Und ebensowenig
sei es möglich, den Brückenkopf von Braunau, den man besetzt habe,
Baiern zu überlassen [1017]).

Daß übrigens der Kaiser im Innviertel doch nicht allein dem
Grenzzuge und den militärischen Einrichtungen, sondern daß er auch
dem Zustande des Landes und den Verhältnissen der Einwohner seine
Aufmerksamkeit schenkte, geht aus einem Rescripte hervor, das er noch

von Schärdenberg aus an den Landeshauptmann Grafen Thürheim erließ. Was ihm im Innviertel am meisten aufgefallen war, bestand in den ungemein zahlreichen Umzäunungen der Wiesen und der Felder. Dem sollte allmälig, und zwar nicht nur wegen des allzu großen Holzverbrauches, sondern auch aus einem zweiten, wirklich sonderbaren Grunde gesteuert werden. Denn nach der Meinung des Kaisers gereichte diese Einrichtung der Bevölkerung zum Schaden, weil der Bauer einer geringeren Anzahl von Leuten zum Hüten des Viehes und somit weniger Gesinde bedürfe.

Außerdem sollte die Vermehrung der Bevölkerung gefördert und dem vermeintlichen Uebelstande gesteuert werden, den Joseph darin erblickte, daß mehrere Bauernwirthschaften sich in der Hand eines und desselben Besitzers befanden. Die Regulirung der Salza und dadurch die Verhinderung der Schäden, die durch Hochwässer angerichtet wurden, hatte sich Thürheim ganz besonders angelegen sein zu lassen. Endlich wurde nicht Braunau, sondern das mehr im Mittelpunkte des Innviertels befindliche Ried zum Sitze des Kreishauptmannes gemacht, der gleichzeitig die nahegelegene Grafschaft Neuburg verwalten sollte [1018]).

In Linz gab es keine Festungswerke zu besichtigen; dagegen besuchte der Kaiser die dortige Wollenzeugfabrik, von der man ihm sagte, daß gegen achthundert Menschen täglich in ihren Mauern beschäftigt seien, im Ganzen aber gegen zwanzigtausend durch sie ihren Lebensunterhalt gewännen. Zuchthaus, Waisenhaus, Spital und Kaserne waren nun die nächsten Zielpunkte der Besuche des Kaisers, der sich sodann nicht nur auf dem neu angelegten öffentlichen Spaziergange vor dem Landhause, sondern des Abends auch im Casino einfand, „wo sich", wie er selbst sagt, „schier die ganze Stadt versammelt „hatte" [1019]).

Ueber St. Pölten, Krems und Stockerau kehrte der Kaiser am 7. November, somit nach einer Abwesenheit von nicht viel weniger als drei Monaten nach Wien zurück.

Achtzehntes Capitel.

Kaiser Joseph in Rußland.

Auch wer die Anschauungen, von denen der Kaiser ausging, nicht gutheißen, und die Zwecke, die er verfolgte, nicht billigen sollte, wird doch dessen selbstaufopfernder Rastlosigkeit im Dienste des Staates die höchste Bewunderung unmöglich versagen können; ja man wird wohl behaupten dürfen, daß ihm hierin weder zu seiner Zeit noch vor oder nach ihm kaum irgend Jemand gleichkam. Gewiß dürfen auch Maria Theresia und König Friedrich von Preußen Anspruch erheben auf das Zeugniß angestrengter Thätigkeit im Interesse ihrer Staaten, aber so ganz ausschließlich wie Joseph haben sie sich demselben doch niemals gewidmet. Ein nicht allzu gering bemessener Theil ihrer Zeit war bei Maria Theresia nicht nur dem Kreise ihrer Familie, sondern in ihren jüngeren Jahren auch den Vergnügungen, in den späteren aber den Andachtsübungen geweiht, während Friedrich, wie seine umfangreichen Schriften es darthun, seinen literarischen Arbeiten nicht wenig Zeit schenkte. Joseph aber hatte, und insbesondere in den Jahren, von welchen jetzt die Rede ist, für gar nichts Sinn als für den Staat. Mit dem, was nach seiner Meinung demselben von Vortheil sein sollte, beschäftigten sich seine Gedanken unaufhörlich, und mit völliger Nichtachtung seiner selbst, seiner Bequemlichkeit, ja seiner Gesundheit that er persöulich Alles, wovon er glaubte, daß es dem Staate Gewinn bringen könnte. Die oft höchst beschwerlichen Reisen, die er in dieser Absicht unternahm, zuletzt noch sein anstrengender Ritt durch das Grenzgebirge Böhmens bei weit vorgerückter Herbstzeit, um die zur Anlegung von Festungen geeignetsten Plätze ausfindig zu machen,

beweisen deutlich, daß der Kaiser auf sich selbst nicht im mindesten
Rücksicht nahm, wenn es den Staat, dessen Wohl und Sicher=
stellung galt.

Wenn sich auch der Natur der Sache nach diese Thätigkeit des
Kaisers vorzugsweise auf das militärische Gebiet erstreckte, so blieb ihr
doch, wie wir bereits gesehen haben, kein einziger Zweig des öffentlichen
Lebens fremd. Vornehmlich aber waren es die auswärtigen Angelegen=
heiten, mit denen er, durch die Verhandlungen, an welchen er sich seit
Beginn des Jahres 1778 so lebhaft betheiligt hatte, auf sie neuerdings
gelenkt, sich noch weit mehr beschäftigte, als es in den letzten Jahren
vor 1778 der Fall gewesen war. Wie in fast allen Fragen, die auf
des Staates innere Verwaltung sich bezogen, stimmten auch die An=
sichten des Kaisers über die nach Außen hin zu beobachtende Politik
mit denen seiner Mutter nur wenig überein. Bei weitem nicht so viel
Werth als sie legte er auf die Allianz mit Frankreich, und die zwei=
deutige Haltung, welche der Hof von Versailles während des baierischen
Erbfolgekrieges eingenommen, die geringen Dienste, die er Oesterreich
bei den Friedensverhandlungen geleistet hatte, mußten nothwendiger
Weise dahin führen, daß der Kaiser von nun an über dieses Bündniß
noch weit wegwerfender urtheilte als zuvor. Die Verkehrtheit der
politischen Maßregeln Frankreichs, der Seekrieg gegen England, in den
es sich so unbedachtsam stürzte, die in immer höherem und erschrecken=
derem Maße an den Tag tretende Verkommenheit der öffentlichen
Zustände in Frankreich und die sich hieraus ergebende Schwäche der
Regierung, die Doppelzüngigkeit der letzteren endlich wiesen wie von
selbst darauf hin, nach anderer Richtung die Blicke auszusenden, von
woher sich Oesterreich, ohne gerade die Allianz mit Frankreich offen
zu verletzen und in die alte Feindschaft mit diesem Staate zu ge=
rathen, doch aus der Anknüpfung freundschaftlicher Beziehungen aus=
giebigeren Nutzen und thatsächlichen Gewinn versprechen konnte.

Diesen letzteren Preis, den der Allianz mit Frankreich hätte
man bezahlen müssen, wenn man das alte Bündniß mit England
neu aufleben machen wollte. Aber ganz abgesehen davon, daß sich

Maria Theresia nie hiezu verstanden hätte, muß man wohl auch sagen,
der zu erreichende Zweck wäre des für ihn darzubringenden Opfers,
selbst wenn man es so gering achten wollte, wie es wohl von Seite
des Kaisers geschehen wäre, dennoch nicht werth gewesen. Keinen
Augenblick ließ sich verkennen, bei der Schwäche seiner Landmacht und
dem Umstande, daß England in den Kampf mit Frankreich und mit
Spanien, ja mit den eigenen amerikanischen Colonien verwickelt war,
konnte Oesterreich sich von einer Annäherung an England kaum irgendwelchen Nutzen versprechen, während es, wie so oft schon, auch jetzt
wieder von England wohl dazu mißbraucht worden wäre, ihm mit
seiner zahlreichen und erprobten Streitkraft schwerwiegende, aber darum
doch nicht weniger unbelohnt bleibende Dienste zu leisten.

An ein Freundschaftsverhältniß zu Preußen, ja noch mehr, an
ein Bündniß mit König Friedrich auch nur einen Augenblick zu denken,
hätte in dem damaligen Oesterreich wohl Jedermann als Wahnsinn
betrachtet. Der Haß gegen ihn, welchem Kaunitz schon vor Ausbruch
des baierischen Erbfolgekrieges so energischen Ausdruck verliehen, war
leicht begreiflicher Weise durch die feindselige Haltung des Königs und
das durch sie herbeigeführte Scheitern des größten Theiles der mit
so viel Vorliebe gehegten Entwürfe nur noch erbitterter geworden.
Bei Niemand konnte dieß in höherem Maße der Fall sein als bei
dem, der jene Projecte mit so viel Eifer verfolgt und sie mit so viel
Nachdruck zur Durchführung zu bringen gesucht hatte, dem Kaiser
selbst. Wenn daher auch Joseph dem preußischen Gesandten Riedesel
nach dessen Rückkehr die Versicherung gab, seine Gesinnung der Achtung
und der Ehrfurcht für den König habe durch den Krieg keine Veränderung erlitten, so war dieß kaum viel anderes als ein Act noth-
gedrungener Selbstbeherrschung zu nennen. Aufrichtiger als Joseph
handelte Maria Theresia, wenn sie dem preußischen Gesandten nicht
von ihrer Achtung für den König, sondern nur von ihrer wahren
Friedensliebe sprach [1020]).

Konnte von einem Bündnisse mit England und noch weniger
von einem solchen mit Preußen auch nicht von fern die Rede sein, so

blieb nur noch ein einziger Staat in Europa übrig, mit welchem eine Allianz für Oesterreich in der That begehrenswerth erschien. Rußland war dieß, und hatte Joseph schon seit langer Zeit die Wiederherstellung besserer Beziehungen zu diesem Staate, ja wo möglich die Herbeiführung eines Bündnisses mit ihm aufs sehnlichste gewünscht, so war er hierin durch die Ereignisse der Jahre 1778 und 1779 nur noch bekräftigt worden. Denn nicht in dem bewaffneten Auftreten König Friedrichs, sondern nur in der Parteinahme Rußlands für Preußen, wenn sie auch nicht bis zu offener Betheiligung am Kampfe gediehen war, erblickte er das Zwangsmittel, das ihm die Durchführung seiner Plane unmöglich gemacht hatte. Hierin eine Aenderung anzubahnen, schien ihm dringend geboten, und er hielt es für unerläßlich, sich nicht mehr auf bloße Wünsche zu beschränken, sondern Hand anzulegen zur Verwirklichung jenes Gedankens. Mit um so größerer Aussicht auf Erfolg glaubte der Kaiser dieß thun zu können, als nach seiner Meinung sich einem solchen Projecte bisher nicht sachliche, sondern nur persönliche Hindernisse in den Weg gestellt hatten. Nicht nur er selbst, auch Kaunitz war ja überzeugt, daß Rußlands eigener Vortheil, wenn richtig aufgefaßt, ihm die Allianz mit Oesterreich bei weitem wünschenswerther als diejenige mit Preußen erscheinen lassen müsse. Wenn es gleichwohl an letzterer festhalte, so sei die Ursache hievon zunächst in der Beeiferung des Königs von Preußen, der maßlosen Eitelkeit der Kaiserin Katharina zu schmeicheln, und in der fast kriechenden Unterwürfigkeit zu suchen, die er ihr jederzeit bezeige. Außerdem sei der Kaiserin von Rußland die Mißachtung, mit der die sittenstrenge Maria Theresia sie beurtheile, kein Geheimniß, und sie zahle ihr, des für sie beschämenden Unterschiedes zwischen ihr selbst und Maria Theresia sich wohl bewußt, mit gleicher Abneigung anheim [1021]).

Diese gegenseitige Verstimmung der beiden Kaiserinnen mochte jedoch durch die Annäherung, welche den Teschner Friedensverhandlungen vorhergegangen war, etwas gemildert worden sein. Und überdieß meinte man bestimmt zu wissen, daß Katharina seit einiger Zeit weniger günstig über Friedrich urtheile als zuvor. Willkürliche

Verfügungen, die er getroffen, vergleiche sie mit den grausamen Ge-
waltmaßregeln, welche Peter der Große im Zustande der Trunkenheit
befahl. Was Friedrich thue, sagte sie, schmecke nach Barbarei und
Altersschwäche [1022]. Ein wohl unterrichteter Gewährsmann aber behauptete, der König von Preußen habe am Hofe von St. Petersburg
über das Ziel hinausgeschossen, und wie dieß so oft der Fall, weil er
gar zu schlau sein wollte, sich nur selbst betrogen [1023].

Wie dem übrigens auch sein mochte, gewiß ist nur, daß Joseph
bald nach Beginn des Jahres 1780 den geeigneten Zeitpunkt für
gekommen hielt, um den entscheidenden Schritt zu persönlicher Annäherung an die Kaiserin Katharina zu thun. Die kundbar werdende
Absicht derselben, in den Monaten Mai und Juni 1780 eine Reise
nach Weißrußland zu unternehmen, bot ihm einen passenden Anlaß
hiezu dar. Am 1. Februar besuchte er ganz allein und ohne jedes
Gefolge, wie er zu thun gewohnt war, den russischen Botschafter
Fürsten Galitzin in dem Hause, das der Letztere im Prater bewohnte.
Nach wenigen Eingangsworten über gleichgiltige Dinge frug er ihn,
ob es wahr sei, was in den Zeitungen über eine demnächst bevorstehende Reise der Kaiserin von Rußland nach den westlichen Provinzen
ihres Reiches erzählt werde. Galitzin mußte eingestehen, daß ihm
hierüber nichts Näheres bekannt sei. Sollte diese Nachricht sich bestätigen, erwiederte der Kaiser, so wäre er wohl gesonnen, anläßlich
seiner eigenen Reise nach Galizien die Kaiserin auf russischem Gebiete
zu besuchen, um sie persönlich kennen zu lernen. Das sei aber auch
der einzige Zweck, den er im Auge habe; er verfolge keine politischen
Plane und hege nicht entfernt die Absicht, über solche mit der Kaiserin
Verhandlungen zu pflegen. Er wünsche nichts als sie zu sehen. Galitzin
möge daher ihr selbst hierüber berichten, denn diese Angelegenheit solle
durchaus zu keiner Staatsaction werden, sondern eine rein persönliche bleiben.

Gegen Jedermann das Geheimniß treu bewahrend, sandte Galitzin
unverzüglich einen Eilboten nach Rußland, und mit gleicher Raschheit
erhielt er von dort die Antwort. In den verbindlichsten Ausdrücken

nahm Katharina das Anerbieten des Kaisers an; die Stadt Mohilew, in der sie am 7. Juni einzutreffen gedachte, bezeichnete sie als den geeignetsten Ort für die Zusammenkunft [1024]).

Es scheint daß sogar Lacy, des Kaisers eigentlicher Vertrauens= mann und bekanntlich auch zu Galitzin in den freundschaftlichsten Beziehungen, nicht schon im voraus von der Absicht Josephs unter= richtet war. Auch in den wenigen Zeilen, die ihm der Kaiser in dem Augenblicke eigenhändig schrieb, in welchem ihn Galitzin von der zu= stimmenden Antwort der Kaiserin von Rußland verständigte, wird man eine Bestätigung dieser Vermuthung finden. Noch interessanter aber werden die Worte des Kaisers durch das grelle Streiflicht, das sie auf seinen eigentlichen Beweggrund zu diesem Entschlusse werfen. „Hier ist", so lauten sie, „die Antwort, die mir Fürst Galitzin auf „den Wunsch zukommen läßt, den ich ihm kundgab, zu wissen, ob die „Kaiserin von Rußland sich den Grenzen Galiziens zu nähern gedenke? „Lesen Sie dieselbe und ich bitte dann um deren Rücksendung. Wir „werden darüber sprechen, und ich kann nicht leugnen, daß ich neu= „gierig bin, diese Bekanntschaft zu machen. Könnte ich dadurch nur „die Galle des geliebten Friedrich so aufregen, daß er daran um= „komme" [1025]).

Ist es zwar wahrscheinlich, aber doch nicht ganz gewiß, daß Joseph sich ohne Lacy's Vorwissen direct an Galitzin gewendet hatte, so läßt sich solches in Bezug auf Kaunitz wohl bestimmt behaupten [1026]). Ja man wird sogar sagen dürfen, daß der Fürst sich nicht wenig empfindlich zeigte, als er zuerst durch Galitzin Kenntniß von der nach Rußland gerichteten Anfrage des Kaisers erhielt, und als Galitzin darauf bestand, daß gerade durch seine Vermittlung die Antwort an den Kaiser geleitet werde [1027]). Joseph aber erwiederte hierauf dem Staatskanzler in folgender Weise:

„Ich bin erfreut, mein Fürst, daß diese Gelegenheit Sie von „einer Sache unterrichtete, von der ich schon seit langer Zeit mit „Ihnen reden wollte. Da ich Sie jedoch so selten sehe, gestehe ich, „daß ich es in den wenigen Augenblicken vergaß, in denen wir

„zusammen sprachen. Ich werde daher morgen Früh zu Ihnen kommen,
„mich mit Ihnen zu unterreden und gemeinsam die Antwort festzu-
„stellen, die ich Sie dann bitten werde, dem Fürsten Galitzin zu
„geben. Sie kann nur sehr einfach sein und in nichts als in der
„Annahme des Vorschlages bestehen, von welchem Ihre Majestät,
„sowohl ehe ich die Frage in Anregung brachte, als jetzt nach dem
„Eintreffen der Antwort in Kenntniß gesetzt wurde. Eine Reise
„nach Galizien, die ich ohnehin unternehmen wollte, wird die Sache
„als etwas so Natürliches erscheinen lassen, als nur immer mög-
„lich ist" [1028]).

Ausdrücklich sagt der Kaiser, daß er nur mit Vorwissen seiner
Mutter der Kaiserin Katharina den Vorschlag einer Zusammenkunft
gemacht habe. Was es jedoch mit dieser vorläufigen Verständigung
eigentlich auf sich hatte, und wie sie durchaus nicht als eine Zustimmung
zu der Reise Josephs nach Rußland aufgefaßt werden darf, wird aus
dem streng vertraulichen Briefe klar, den Maria Theresia vier Tage
nach dem Eintreffen der Antwort aus St. Petersburg an Mercy
abgehen ließ. Der Kaiser habe ihr, schrieb sie, schon während des
Winters und wie im Scherze seinen Wunsch zu erkennen gegeben, mit
Katharina während ihrer beabsichtigten Reise nach Mohilew zusammen
zu treffen, indem er sich zu gleicher Zeit nach der Bukowina verfügen
würde. „Sie können sich wohl denken", fährt Maria Theresia gegen
Mercy wörtlich fort, „wie wenig ich einen solchen Plan guthieß, eben-
„sowohl des Eindruckes wegen, den diese Zusammenkunft auf die
„übrigen Mächte hervorbringen mußte, als wegen der Abneigung und
„des Abscheu's, die ein Charakter wie derjenige der Kaiserin von Ruß-
„land mir immer einflößt. Der Kaiser aber, jederzeit unerschütterlich
„in seinen Gedanken, hat darum nicht weniger, und noch dazu ohne
„Vorwissen des Fürsten Kaunitz dem hiesigen russischen Minister Fürsten
„Galitzin hievon Mittheilung gemacht." Die Kaiserin Katharina habe
hierauf in schmeichelhaftester Weise geantwortet und gleichzeitig betheuert, sie werde die Sache so streng geheimhalten, daß sie nicht
einmal dem Grafen Panin von ihr rede. Gleichwohl sei sie überzeugt,
meinte Maria Theresia, von Rußland aus werde schon die entsprechende

Mittheilung an .den König von Preußen ergangen sein. „Das ist ein „neuer Beweis", mit diesen Worten schließt die Kaiserin den Brief an Mercy, „wie wenig ich im Stande bin, den Ideen meines Sohnes „Einhalt zu thun, obwohl ich dann immer in die Lage komme, ein- „bezogen zu werden in deren Tadel. Der Kaiser entwirft sich den „schönsten Plan von all dem Guten, das seine Zusammenkunft mit „der Kaiserin nach sich ziehen soll. Schon im voraus freut er sich „des Herzleids, das sie dem Könige von Preußen verursachen wird. „Ich bin davon durchaus nicht überzeugt, und mit Bedauern sehe ich, „daß man immer neuen Stoff aufhäuft, die Erbitterung des Königs „zu vermehren und unsere Alliirten in Unruhe zu versetzen" [1029]).

Daß Maria Theresia nicht nur unter dem ersten Eindrucke des Entschlusses ihres Sohnes, sich nach Rußland zu begeben, ihre Miß- billigung aussprach, wird durch einen Brief bewiesen, den sie fast vier Monate später gleichfalls an Mercy schrieb. Die Reise des Kaisers nennt sie darin eines der traurigsten Ereignisse, von welchem sie nur immer habe betroffen werden können [1030]).

Mehr noch als gegen die Behauptung Josephs, er habe seine Absicht, mit der Kaiserin Katharina zusammen zu treffen, nur mit Vorwissen seiner Mutter in Rußland angekündigt, wird sich gegen dessen Vorhersagung einwenden lassen, die Sache werde wegen seiner gleichzeitigen Anwesenheit in der Bukowina als etwas sehr Natürliches erscheinen. Längere Zeit hindurch wurde von russischer Seite das ver- sprochene Geheimniß wirklich gewissenhaft gewahrt. Als jedoch die bevorstehende Reise, die man auch von Wien aus der französischen Regierung nicht verbergen zu dürfen glaubte, allmälig ruchbar wurde, brachte sie überall das größte Aufsehen hervor.

So wie in den meisten Fragen von politischer Bedeutung, in denen Maria Theresia und Joseph fast regelmäßig ganz entgegen- gesetzte Standpunkte einnahmen, spielte Kaunitz auch jetzt wieder die Rolle eines Vermittlers zwischen ihnen. Obgleich er die Bedenken, welche Maria Theresia gegen das Project ihres Sohnes hegte, wohl begriff, bemühte er ſich doch, ohne ſeiner erſten Empfindlichkeit über die von dem Kaiſer beobachtete Verheimlichung irgendwelchen Einfluß auf ſeine Handlungsweiſe zu geſtatten, die Kaiſerin allmälig günſtiger für das Project zu ſtimmen [1031]). Er brachte ſie ſo weit, daß ſie wenigſtens nach Außen hin vermied, ihre Abneigung gegen dasſelbe zur Schau zu tragen [1032]). Und in der That, ſchon die faſt leiden=ſchaftliche Bemühung des Königs von Preußen, der beabſichtigten Reiſe des Kaiſers nach Rußland überall die gehäſſigſte Deutung zu verleihen, mußte darauf aufmerkſam machen, daß auch nach ſeiner Meinung Oeſterreich nicht wenig Nutzen aus ihr ziehen könne. In Frankreich trachtete er ſie als einen Verſuch des Kaiſers darzuſtellen, dem von ſeiner Mutter abgeſchloſſenen Bündniſſe mit dem Hofe von Verſailles treulos zu werden. Und in Rußland ließ er eine Denk=ſchrift überreichen, von der man glaubte, daß ſie aus ſeiner eigenen Feder ſtamme. Das Glück des Fürſten wird vorerſt darin geprieſen, dem es vergönnt ſein werde, binnen kurzem die Kaiſerin von Rußland von Angeſicht zu Angeſicht zu ſehen. Durch nichts würde der König ſich haben abhalten laſſen, hierin dem Kaiſer lang ſchon zuvor zu kommen, und er hätte dieſen Augenblick gewiß als den glücklichſten ſeines Lebens betrachtet. Aber immer mehr erkenne er die Nothwendig=keit, ſich aus ſeinen Staaten nicht zu entfernen und vor einem ihm an Macht überlegenen Nachbar auf der Hut zu ſein, deſſen Ruhm=begierde und Vergrößerungsſucht von Tag zu Tage zunähmen. Die Verſicherung der Friedensliebe des Kaiſers ſei bloß Verſtellung, und er harre nur auf Zeit und Gelegenheit zu einem Angriffe auf Preußen. Vor Allem aber denke er an eine Erwerbung türkiſcher Provinzen, und zur Erreichung dieſer Abſicht dürfte der Beſuch in Rußland wohl vorzugsweiſe unternommen werden. Der König kam nun auf die ver=meintlichen Dienſte zu ſprechen, die er Rußland während des letzten Krieges gegen die Türkei geleiſtet habe. Für das Intereſſe und den Ruhm Rußlands ſei er, ließ er ſich vernehmen, mit ſolchem Eifer und Erfolg thätig geweſen, daß man ihn mit Recht die Schildwache Ruß=lands nennen könne. Dadurch ſei aber auch ſein Bündniß mit Rußland zu einem unzertrennlichen geworden, und nur mit Schmerz könne er Bemühungen mit anſehen, die darauf hinaus giengen, es zu lockern,

ja zu lösen. Man möge sich doch in Rußland in Acht nehmen vor dem
Kaiser, der um so mehr zu fürchten, als er höchst einnehmend sei
und unter dem Scheine bescheidener Mäßigung sehr weitgehende Entwürfe zu verbergen wisse [1033]).

Man braucht noch kein Anhänger König Friedrichs und kein
Gegner Josephs, sondern nur ein vorurtheilsfreier Beurtheiler zu
sein, um zu erkennen, daß in den Bemerkungen des Ersteren über den
Letzteren neben manch gehässiger Uebertreibung doch auch viel Wahres
lag. Aber darin irrte der König völlig und das zeigt neuerdings, daß
er kein weitblickender Staatsmann war, wenn er der Anklage, Joseph
strebe nach dem Besitze türkischer Provinzen, als eines Mittels sich
bediente, um ihn in Rußland zu verdächtigen. Gerade darüber sollte
er sich doch lang schon klar geworden sein, daß wenn jene Beschuldigung
wirklich begründet erschien, nichts so sehr als die Gemeinsamkeit der
beiderseitigen Bestrebungen dem Kaiser die Bahn ebnen konnte, in
bessere Beziehungen zu Rußland zu gelangen. Wie naheliegend eine
solche Betrachtung war, zeigt sich auch daraus, daß schon wenige Tage
nach der Ueberreichung der preußischen Denkschrift gerade der, auf
welchen sie zunächst berechnet war, der Günstling Katharina's, Fürst
Potemkin über des Kaisers Reise nach Rußland sich in einer Weise
aussprach, wie sie in Wien nicht hätte erwünschter sein können. Jederzeit der eifrigste Wortführer einer agressiven Politik Rußlands gegen
die Pforte, war er bisher auch ein leidenschaftlicher Gegner Oesterreichs, hauptsächlich deßhalb, weil er in diesem Staate die kräftigste
Stütze der Türkei erblickte. Kaum war er durch die Anklagen des
Königs von Preußen auf den Gedanken gebracht worden, daß seine
bisherige Voraussetzung nicht ganz richtig sei, so änderte er auch schon
seine frühere Sprache. Nie habe er begreifen können, sagte er zu
Cobenzl, wie eine christliche Macht, deren Interesse mit dem Rußlands
so genau verknüpft zu sein scheine, sich mit der Pforte gegen Rußland
habe einlassen können. Sehr wohl erinnere er sich noch der alten Zeit,
in der das Bündniß zwischen Oesterreich und Rußland ein so inniges
gewesen, daß das Volk die beiden Kaiserinnen Maria Theresia und
Elisabeth für zwei Schwestern gehalten habe [1034]). Verständlich genug

deutete er hiedurch an, daß er hierin ein Ziel erblickte, welches werth
wäre, neuerdings angestrebt zu werden.

Es bedurfte nicht erst dieser Mittheilungen aus St. Petersburg,
um den Fürsten Kaunitz zu veranlassen, auch seine Ideen über die
bevorstehende Zusammenkunft des Kaisers mit der Kaiserin von Ruß=
land zu Papier zu bringen [1035]). In zwei abgesonderten Denkschriften
geschah dieß, von denen die erste und wichtigere in französischer, die
zweite aber in deutscher Sprache abgefaßt war. Auch Kaunitz ging
von der Voraussetzung aus, der König von Preußen werde nichts ver=
absäumen, um schon von vorneherein sowohl den Charakter des Kaisers
als dessen vermeintliche Projecte in böswilligster Weise zu verdächtigen.
Derlei Anschwärzungen würden ohne Zweifel durch die ihm ergebenen
Personen, die sich während der Reise der Kaiserin von Rußland nach
Mohilew in ihrem Gefolge befänden, eifrig unterstützt werden. Ein
solches Gewebe von Schlechtigkeiten, von einer Hand gesponnen, die es
in derlei Dingen zu wahrer Meisterschaft gebracht habe [1036]), müsse die
an und für sich schon nicht leichte Aufgabe, die der Kaiser auf sich
nehme, noch gar sehr erschweren. Aber er werde ihrer bei der seltenen
Begabung, die ihm innewohne, wohl auch noch Herr zu werden wissen.

Vor Allem handle es sich darum, fuhr Kaunitz fort, der Kaiserin
von Rußland einen richtigen Begriff von den Beweggründen zu geben,
durch welche der Kaiser zu seiner Reise veranlaßt werde. Denn darüber,
daß er hiezu nicht einzig und allein durch die Neugierde bewogen
wurde, sie persönlich kennen zu lernen, täusche sie sich wohl nicht.
Ohne diese Ursache auch nur entfernt zu leugnen, möge der Kaiser
ihr mit Offenheit gestehen, daß er auch gewünscht habe, von ihr
gekannt und richtig beurtheilt zu werden. Endlich sei ihm daran
gelegen, wenn irgend möglich es dahin zu bringen, daß es zwischen
ihnen zu jenen freundschaftlichen Beziehungen komme, die er jederzeit
für beide Staaten als äußerst nützlich angesehen habe und auch künftig
so betrachten werde.

Auf diesen letzteren Punkt wurde denn auch von Seite des
Staatskanzlers das Hauptgewicht gelegt, und er meinte, auch der

Kaiser sollte der Kaiserin von Rußland gegenüber ein Gleiches thun.
Er möge sie versichern, daß der Erreichung dieses Zieles kein Hinderniß im Wege stehe, wenn sie nicht etwa, was zu glauben man
durchaus keine Veranlassung besitze, gegen den König von Preußen
eine Verpflichtung eingegangen sei, ihm auch bei offensiven Unternehmungen Beistand zu leisten. Aber er solle sich auf diese und
auf ähnliche Erklärungen doch auch beschränken, und nur wenn
die Kaiserin von Rußland oder mindestens Potemkin noch weitergehende politische Erörterungen herbeiführen wollten, sich auf solche
einlassen.

In diesem Falle würden wahrscheinlicher Weise die von dem
Könige von Preußen ausgehenden boshaften Verdächtigungen Oesterreichs zur Sprache kommen. Geschehe dieß, dann möge der Kaiser
darlegen, wie die Projecte eines Angriffes auf Preußen, die er dem
Wiener Hofe zuschreibe, nicht nur ganz unbegründet, sondern auch sehr
unwahrscheinlich seien. Man müsse, wäre von Seite des Kaisers zu
erklären, ihm selbst doch so viel Verstand und Urtheil zutrauen, daß
er erkenne, wie Preußen nicht weniger Vertheidigungsmittel als Oesterreich besitze, und daß weder Rußland noch andere Mächte einer Vernichtung des preußischen Staates jemals zustimmen würden. Darum
wäre es abgeschmackt, einen solchen Plan als irgendwie durchführbar
zu betrachten. Und ebensowenig als die Verleumdung, man trage sich
in Oesterreich mit Angriffsprojecten gegen Preußen, verdiene die gleichfalls von Friedrich ausgehende Verdächtigung, man wolle einen Erzherzog oder den Prinzen Albert von Sachsen-Teschen auf den polnischen
Thron setzen, auch nur die mindeste Beachtung. Man müßte blind
sein, wenn man die Unmöglichkeit, einen solchen Gedanken gegen den
Willen Rußlands durchzuführen, und den überaus geringen Werth
nicht einsehen wollte, den ein derartiges Project für Oesterreich hätte.
Man unterhalte im Gegentheile nicht die geringste politische Verbindung
in Polen, und wäre gern bereit, auch dort mit Rußland Hand in
Hand zu gehen, wenn es gleichfalls nichts Anderes beabsichtige, als die
Krone im Falle ihrer Erledigung wieder keinem fremden Prinzen,
sondern einem Piasten zuzuwenden.

48*

Schließlich sollte der Kaiser, meinte Kaunitz, wenn sich die Gelegenheit hiezu ergebe, der Kaiserin von Rußland die ganze Absurdität des Planes darthun, von welchem man wenigstens in Wien der Ansicht war, daß dessen Verwirklichung den Zielpunkt der Bemühungen des Königs von Preußen bilde. In der Zustandebringung einer vierfachen Allianz zwischen Rußland, Preußen, Frankreich und der Türkei sollte er bestehen, die Spitze dieses Bündnisses aber gegen Oesterreich gerichtet sein [1037]).

Würde aus solchen Erörterungen ein Anwurf zu einer Vereinbarung zwischen Oesterreich und Rußland gegen die Pforte hervorgehen, dann müßte einerseits die größte Vorsicht beobachtet, und andererseits doch auch der Kaiserin von Rußland nicht gleich von vorneherein alle Hoffnung benommen werden, einmal an dieses Ziel zu kommen. Vorläufig wäre wohl nur zu erwiedern, daß man bereit sei, sich auch hierüber sowie über jeden anderen Punkt mit ihr zu verständigen. Da aber die Durchführung so weit aussehender Plane zunächst von völliger Gleichheit der hiezu anzuwendenden Mittel und der zu erlangenden Vortheile abhänge, könne man einstweilen nichts Anderes thun, als die ferneren Eröffnungen der Kaiserin über diesen sowie über jeden anderen Gegenstand erwarten.

In seiner zweiten, in deutscher Sprache abgefaßten Denkschrift [1038]) beschäftigte sich Fürst Kaunitz eigentlich nur mit einer noch näheren Erläuterung der in dem französischen Memoire niedergelegten Ideen, und mit ihrer Einkleidung in die Form, in der sie seiner Meinung nach dem Fürsten Potemkin gegenüber zum Ausdrucke zu bringen wären. Beide Arbeiten des Staatskanzlers und auch die letzten Berichte Cobenzls werden selbstverständlich noch dem Kaiser mitgetheilt worden sein, bevor derselbe, wie es schon von vorneherein bestimmt gewesen, am Morgen des 26. April die Reise nach Rußland antrat. Aber ehe er dieß that, richtete er noch ein vertrauliches Schreiben an Cobenzl, in welchem er, wie es schon früher durch Vermittlung der Fürsten Kaunitz und Galitzin geschehen war, seine Bitte aufs angelegentlichste wiederholte, man möge sein Incognito eines Grafen von

Falkenstein respectiren, ihn nur als solchen behandeln und gar keinen besonderen Aufwand für ihn machen.

Von den zwölf verschiedenen Punkten, welche Joseph im Hinblick auf seine Reise aufstellte, möge nur einer ausdrücklich erwähnt werden, der sich auf seinen Wunsch bezog, von der Kaiserin von Rußland keinerlei Geschenke entgegennehmen zu müssen. „Wenn sie übrigens", fügte der Kaiser scherzend hinzu, „ihrer Freigebigkeit sogar „mir gegenüber keine Schranke zu ziehen vermöchte, so versichere ich „Sie, daß die einzigen Juwelen, die mir Vergnügen bereiten könnten, „Schweidnitz, Glatz, Neisse und Kosel wären. Aber Sie begreifen „wohl, daß die Juweliere Zeit brauchen würden, um sie zu fassen" [1039]).

Holitsch und Trentschin in Ungarn, Wsetin und Meseritsch in Mähren bildeten die vier ersten Nachtstationen des Kaisers. In Meseritsch setzte er sich, nur von dem Obersten Zehentner und dem Oberstlieutenant Langen begleitet, zu Pferde, und vertiefte sich, die östliche Richtung einschlagend, in das mährisch-ungarische Grenzgebirg. Ueber Rožnau ritt er nach Oberbeczwa, wo er in dem Hause des Richters über Nacht blieb. Aus seinen Briefen an Lacy wissen wir, daß es ihm um die Verbesserung der vorhandenen und die Anlegung neuer Verbindungswege von Ungarn nach Mähren, Schlesien und Galizien, zunächst für den Marsch von Truppen und die etwa nöthige Zufuhr zu thun war [1040]). Am 1. Mai erklomm er, ebenfalls zu Pferde, den hohen Berg Biszoka und übernachtete in dem gleichnamigen, schon in Ungarn gelegenen Dorfe. Ganz besondere Aufmerksamkeit widmete der Kaiser dem Passe von Jablunka, der bekanntlich von Ungarn nach Oesterreichisch-Schlesien führt, und dessen Lage und Verschanzungen er sorgfältig untersuchte. Zu diesem Ende blieb er auch in der Schanze von Jablunka über Nacht; am nächsten Morgen aber ritt er über Mosty auf den Berg Girowa, von da wieder hinunter nach Jaworzinka, das noch auf schlesischem, und dann nach Petraschina, das schon auf galizischem Boden liegt. An diesem Tage nahm der Kaiser in Milowka, am folgenden in Saybusch, am 5. Mai endlich in Kenty sein Nachtquartier. Hier endigte die Reise zu Pferde, und sie wurde von

nun an zu Wagen fortgesetzt. Ehe dieß jedoch geschah, schrieb der
Kaiser Betrachtungen über die bevorstehende Zusammenkunft nieder,
zu denen ihm während der langen und fast einsamen Ritte durch
unwirthliches Waldgebirg so viele Zeit gegönnt war.

Der Darlegung der Gedanken des Fürsten Kaunitz über den
gleichen Gegenstand spendet Joseph vorerst großes Lob [1041]). Aber er
müsse doch, so beginnt er seine Denkschrift, eine Hauptfrage aufwerfen,
über welche er sich den Befehl der Kaiserin und den Rath des Fürsten
Kaunitz, so lang es noch an der Zeit sei, zu pünktlicher Befolgung
erbitte. Man möge sie ihm daher auch freimüthig und ganz rückhaltslos beantworten.

So wie er die Meinung des Fürsten Kaunitz auffasse, wünsche
derselbe zunächst, daß der Kaiserin von Rußland ein richtigerer Begriff
von der persönlichen Denkungsart des Kaisers und den Zielpunkten
der österreichischen Politik beigebracht und sie hiedurch vermocht werde,
mit Oesterreich in engere Verbindungen zu treten. Die letzteren würden
dazu führen, daß Rußland von nun an in allen wichtigen politischen
Fragen Hand in Hand mit Oesterreich gehe. Aber selbstverständlich
könnte solches nicht geschehen, ohne daß das so innige Freundschaftsverhältniß der Kaiserin Katharina zu dem Könige von Preußen wenigstens einiger Maßen erkalte, ja ihr nicht mehr so nothwendig erscheine
als bisher. Er selbst betrachte, fährt Joseph fort, den ersten Punkt,
die Beseitigung der Vorurtheile der Kaiserin von Rußland gegen ihn
als die Hauptsache, weil es sich in den wenigen Tagen seines Zusammenseins mit ihr zunächst um seine eigene Haltung handeln und
ihn Niemand als eine mit Staatsaufträgen beladene Person ansehen
werde. Täusche er sich darin nicht, dann müsse er sich auf den ersten
Punkt beschränken, und nichts werde das Vorurtheil der Kaiserin gegen
ihn leichter schwächen, ja vielleicht ganz vernichten, als wenn er in
förmlichster und zugleich ungezwungenster Weise alles das für unwahr
erkläre, was man ihr von seinen Absichten gesagt. Ohne Zweifel
müsse solch ein unbedingter Widerspruch ihr Vertrauen auf die Glaubwürdigkeit der Personen erschüttern, die ihr derlei Nachrichten als

durchaus verläßlich mittheilten. Die häufigsten und böswilligsten Ein-
streuungen dieser Art seien ihr jedoch offenbar durch den König von
Preußen zugekommen [1042]). Und ganz bestimmt habe die Kaiserin
einen von den zwei Entschlüssen bereits gefaßt: entweder jedes politische
Gespräch mit ihm zu vermeiden, oder in einem solchen nur Antworten
zu ertheilen, welche schon jetzt vorbereitet, ja vielleicht dem Könige von
Preußen kundgegeben worden seien. Es wäre sogar nicht ganz unmöglich, daß Beide sich über Fragen verständigt hätten, welche Katharina
an den Kaiser richten sollte, um dessen Antworten beliebig deuten und
in solcher Weise von ihnen Mißbrauch machen zu können. Darum
scheine ihm, meint Joseph, nichts gedeihlicher zu sein, als daß er jedes
Gespräch über politische Dinge vermeide. Sei dieß auch die Absicht der
Kaiserin von Rußland, dann werde sie sich in seiner Gegenwart nur
um so behaglicher fühlen. Im Falle des Gegentheiles aber werde sie
das, worauf sie sich schon vorbereitet habe, gewiß nicht ungesagt
lassen wollen, dadurch aber zuerst zur Sprache kommen und ihren
Gast in die günstige Lage versetzen, sie ruhig anzuhören und in
kurz bemessenen Antworten nur so viel zu sagen, als zur Fortführung
des Gespräches und zu fernerer Erforschung ihrer Gedanken diene.
Und in gleicher Weise wolle er sich gegen Potemkin und jeden Anderen
aus der Umgebung der Kaiserin verhalten. Thue er dieß und schweige
er von den politischen Fragen und von seinen Absichten vollkommen
still, dann werde sich überdieß der König von Preußen, der nie daran
glauben werde, daß bei der Zusammenkunft gar nichts von Politik
gesprochen worden sei, durch solche Nachrichten für betrogen erachten
und durch sein tief eingewurzeltes Mißtrauen vielleicht zu falschen
Schritten hinreißen lassen, die ihm mehr schaden könnten als Alles,
was man wider ihn vorzubringen vermöchte.

So fest er nun auch entschlossen sei, diese Richtschnur zu befolgen,
so werde er doch, führt Joseph weiter aus, um auf Alles vorbereitet
zu sein, sich mit dem Inhalte der ganz vortrefflichen Denkschriften des
Staatskanzlers genau vertraut machen. Vorerst bleibe er jedoch bei
seiner Absicht, zwar die höflichsten, aber doch auch die gleichgültigsten
Gespräche mit der Kaiserin zu führen. Das was ihr Reich und dessen

Einrichtungen, insbesondere auf dem Gebiete des Kriegs- und des
Erziehungswesens angehe, werde den Hauptgegenstand dieser Erörterungen bilden. Und sollte sich etwa gegen Ende seines Aufenthaltes
bei ihr der Anlaß dazu darbieten, dann werde er sie lachend an den
Unterschied zwischen dem, was man ihr von ihm gesagt, und dem
erinnern, was sie selbst gefunden haben werde.

Da die in deutscher Sprache abgefaßte Denkschrift des Fürsten
Kaunitz fast ausschließlich von dem Verfahren, das der Kaiser gegen
Potemkin beobachten, und von der Art und Weise handelte, in der
er trachten sollte, ihn für Oesterreich zu gewinnen, hielt Joseph es
für nothwendig, hierauf noch einmal zurückzukommen. Mit größter
Entschiedenheit wies er den Gedanken, mit Potemkin in Verhandlungen
einzugehen und ein Verständniß mit ihm anzubahnen, von der Hand.
Denn man wisse ja, daß trotz seines Einflusses auf die Kaiserin am
Ende doch sein Gegner Panin jederzeit Recht behalte, da Katharina
seiner bedürfe und er allein die Feder führe. Panins Abneigung gegen
Oesterreich aber würde durch die Wahrnehmung, daß man sich mit
Potemkin einlasse, nur noch mehr gesteigert. Werde jedoch auch für
Panin Rücksicht und Hochachtung gezeigt, dann könnte hiedurch immerhin eine Verringerung seiner blinden Anhänglichkeit an König Friedrich
herbeigeführt werden. Außerdem beruhe Potemkins Ansehen, da es sich
weder auf Talente noch Verdienste, weder auf Redlichkeit noch auf
allgemeine Hochachtung stütze, auf keiner festen Grundlage und es
könne leicht in Nichts sich auflösen. Der Haß des Großfürsten-Thron-
folgers gegen Potemkin und seine Freundschaft mit Panin, die Nothwendigkeit endlich, den Großfürsten, der durch eine Zurücksetzung Panins
aufs empfindlichste verletzt werden würde, zu günstigeren Gesinnungen
für Oesterreich zu bringen, dürften gleichfalls nicht ohne Beachtung
bleiben. Und schließlich sei es sogar noch fraglich, ob nicht die Kaiserin
von Rußland, welche sich bisher in öffentlichen Geschäften Potemkins
noch nie bedient habe, es übel aufnehmen könnte, wenn er in solche
nun plötzlich durch ihren Gast hineingezogen würde.

Josephs Absicht, die er übrigens noch einmal der Entscheidung
seiner Mutter und der Beurtheilung des Fürsten Kaunitz unterwarf,

sich in Mohilew jedes politischen Gespräches mit der Kaiserin von Rußland und den hervorragendsten Personen ihrer Umgebung zu enthalten, wird wohl den Anschauungen der Kaiserin Maria Theresia entsprochen haben, aber eine bestimmt lautende Aeußerung hierüber besitzen wir von ihr nicht. Um so weitläufiger war das Gutachten, welches Kaunitz abgab, als ihm die Kaiserin die Denkschrift ihres Sohnes übersandte. Im Allgemeinen behauptete er zwar, mit der darin niedergelegten Auffassung einverstanden zu sein, aber seine fernere Ausführung zeigt, wie wenig dieß doch eigentlich der Fall war. Allerdings gab er zu, der Hauptzweck der Zusammenkunft bestehe darin, die Kaiserin von Rußland abzubringen von ihrer Voreingenommenheit gegen die persönliche Gesinnung des Kaisers und gegen Oesterreichs politisches System. Aber er meinte doch, durch den bloßen, wenn auch noch so verbindlichen und freundschaftlichen Verkehr mit der Kaiserin werde dieser Zweck nicht zu erreichen sein; nur demselben entsprechende Erklärungen könnten die erwünschte Wirkung hervorbringen. Es wäre daher im höchsten Grade zu bedauern, wenn der Kaiser hiezu gar keinen Anlaß erhielte. Und da dieß leicht der Fall sein könnte, wenn weder Katharina noch Potemkin ihm eine Gelegenheit darböten, so sei er noch immer der Meinung, der Kaiser sollte, um wenigstens die Hauptsache anbringen zu können, sich hiezu des ersten Privatgespräches mit der Kaiserin von Rußland bedienen. Er dürfte vielleicht später gar nicht mehr in die Lage kommen, dieß zu thun.

Nachgiebiger war Kaunitz hinsichtlich dessen, was sich auf etwaige Verhandlungen des Kaisers mit Potemkin bezog. Auch er sei, behauptete er jetzt, bei seinen Vorschlägen nur von der Voraussetzung ausgegangen, der Kaiser solle sich mit Potemkin bloß in dem Falle auf politische Erörterungen einlassen, wenn derselbe durch seine Aeußerungen eine Gegenerklärung unvermeidlich mache. Dann aber könnte es von den schädlichsten Folgen sein und das Mißtrauen nur vermehren, wenn Potemkins Anwürfe unbeantwortet blieben, während eine verbindliche Erwiederung leicht sehr günstige Wirkungen hervorbrächte [1043]).

Wir besitzen leider das Schreiben nicht mehr, mit welchem Maria Theresia diese Arbeit des Fürsten Kaunitz dem Kaiser übersandte und ihm ihre eigenen Gedanken über seine Anfragen mittheilte. Joseph erhielt es in dem Augenblicke, als er am 19. Mai in Lemberg in den Wagen steigen wollte, seine Reise nach Rußland fortzusetzen. Welch tiefen Eindruck es auf ihn machte, wird aus seiner Antwort klar. „Durchdrungen bin ich", schrieb er seiner Mutter, „von der Güte „und den gnädigen Ausdrücken, von denen der Brief Eurer Majestät „erfüllt ist, und ich empfinde ihren ganzen Werth. Könnte ich sie „durch meine Anstrengungen, meinen Eifer und durch die zärtlichste „und unverbrüchlichste Anhänglichkeit nur auch verdienen! Können Sie „wirklich fürchten, theure Mutter, mir in den gütigen Briefen, die „Sie sich würdigen mir zu schreiben, lang zu erscheinen? Die Antwort „des Fürsten Kaunitz beweiset seinen Wunsch, daß ich die Zusammen- „kunft zu einer nutzbringenden gestalte. Gewiß werde ich die Gelegen- „heit hiezu nicht vernachlässigen, aber vor Allem muß man damit „beginnen, sie nicht schädlich zu machen und dann erst kann man an „die Vortheile denken. Mein Bestes will ich thun, um in dieser „delicaten Unternehmung Ihren Beifall zu verdienen" [1044]).

Auch an Kaunitz richtete der Kaiser gleichzeitig einige für ihn sehr schmeichelhafte Worte. Lebhaft dankte er ihm für seine weisen Rathschläge, die seines Namens würdig seien. Er werde trachten, fügte er hinzu, dieselben so wenig schlecht als möglich zu befolgen. Und neuerdings versicherte er ihn seiner Hochachtung und Freundschaft [1045]).

So wie es ganz unmöglich war, die Details der Reise des Kaisers nach Frankreich in den Kreis unserer Darstellung zu ziehen, so wenig kann dieß hinsichtlich derjenigen nach Rußland geschehen; nur ihr politisches Resultat darf uns beschäftigen. Aber so viel muß doch gesagt werden, daß Joseph am 25. Mai in Kiew eintraf und durch drei Tage daselbst blieb. Am 2. Juni kam er nach Mohilew, wo kurz nach ihm Cobenzl und Potemkin anlangten; Letzterer über- brachte ihm einen sehr verbindlichen Brief der Kaiserin von Rußland, den er unverzüglich beantwortete [1046]). Zwei Tage später erfolgte Katharina's feierlicher Einzug in Mohilew; Joseph sah ihn mit an

und stellte sich dann der Kaiserin in ihrer Behausung vor. Er war
mit der Art und Weise, in der dieß Alles vor sich ging, und mit
dem zuvorkommenden Empfange zufrieden, den er bei ihr fand [1047]).
Maria Theresia aber sandte eine Abschrift des Berichtes, den sie
hierüber von ihm erhielt, mit den folgenden Zeilen an Kaunitz:
„Rasch ließ ich den Brief an mich copiren, den mir ein Gardist
„um neun Uhr überbrachte. Sie können Alles behalten. Der Anfang
„ist schön, Gott gebe daß auch das Ende und die Rückkehr glück-
„lich seien" [1048]).

Nachdem er vier Tage bei der Kaiserin in Mohilew verweilt
und sehr viel mit ihr verkehrt hatte, erstattete Joseph seiner Mutter
neuerdings Bericht über das bisher Erreichte [1049]). Er meinte einen
guten Eindruck auf die Kaiserin Katharina hervorgebracht zu haben,
und unverkennbar sei es, daß ihr Vertrauen zu ihm zunehme. Zu
politischen Gesprächen scheine sie wenig geneigt zu sein, und nur hie
und da könne man ein Wort darüber anbringen. So habe er erst
gestern in der Oper die Gelegenheit wahrnehmen können, ihr von
den Verdächtigungen zu reden, die der König von Preußen über ihn
verbreite. Dieß sei nur Altweiberklatsch, habe die Kaiserin hierauf
erwiedert. Vereinsamt lebend, lasse sich der König durch kleine Leute
alles Mögliche zutragen. Durch die falschen Mittheilungen, die er
nach allen Richtungen hin mache, werde er es am Ende noch erreichen, daß man ihm auch das Wahre nicht mehr glaube. Durch
seine Einsamkeit und sein Alter werde er in immer üblere Laune
versetzt.

Trotz der bisher beobachteten Zurückhaltung trat doch Katharina
plötzlich mit einem eigenthümlichen Gedanken an Joseph heran. Sie
frug ihn, ob nicht Italien und insbesondere Rom als das Patri-
monium der römisch-deutschen Kaiser eine erwünschte Erwerbung für
ihn wären. Nach einer scherzhaften Entgegnung antwortete Joseph
in ernsterem Tone, an der Aufrechthaltung des gegenwärtigen Zustandes
in Italien seien sehr viele Mächte so lebhaft betheiligt, daß er seine
Rechte, und sollten sie von Augustus herstammen, unmöglich geltend

machen könnte. Dagegen würde ihr Rom, unter welchem er Constan=
tinopel verstehe, weit leichter zu erobern sein. Katharina entschuldigte
sich, diese Frage gestellt zu haben; sie schien in Verlegenheit gebracht
zu sein und versicherte nur, daß sie nichts als den Frieden wünsche,
an jene Eroberung aber gar nicht denke.

Lebhaft drang Katharina in den Kaiser, es bei der Zusammenkunft
in Mohilew nicht bewenden zu lassen, sondern ihr nach St. Peters=
burg zu folgen. Dort würde sie auf dem Lande, gleichsam in der
Stille leben; ungestört werde er sie sehen und mit ihr verkehren können.
Nur in der Hauptstadt sei es möglich, sich eine richtige Idee von den
Werken Peters des Großen zu machen. Ohne sie zu besuchen, habe er
in Rußland nichts gesehen. Endlich wolle sie ihm ihre drei Escadren
zeigen, die zum Auslaufen bereit stünden und ihm einen Begriff
beibringen könnten von der Seemacht Rußlands.

Bei Josephs Reiselust und Wißbegierde konnte es kaum schwer
fallen, ihn zu einem Entschlusse zu bewegen, der dem Wunsche
der Kaiserin Katharina entsprach. Aber für ihn waren außerdem
noch andere, und man muß es zugestehen, sehr rücksichtswürdige
Beweggründe vorhanden. Die Reise nach St. Petersburg bot ohne
Zweifel die Wahrscheinlichkeit, ja fast die Gewißheit dar, ihr noch
weit näher zu kommen, als es bisher der Fall gewesen war. Mit
einer abschlägigen Antwort von ihr zu scheiden, hätte dagegen das
bisher Erreichte wohl so ziemlich wieder in Frage gestellt. Außerdem
war es dem Kaiser auch darum zu thun, den Großfürsten Thron=
folger und den Grafen Panin kennen zu lernen; Beide hatten die
Kaiserin nicht nach Mohilew begleitet. Ihre persönliche Bekanntschaft
zu machen und wo möglich einen günstigen Eindruck auf sie hervor=
zubringen, schien um so nothwendiger zu sein, als man jetzt schon
wußte, der Prinz von Preußen werde im Herbste nach Rußland
kommen. Joseph mußte daher trachten, bei dem Großfürsten und bei
Panin, die man ohnehin als eifrige Anhänger Friedrichs kannte,
wenigstens vorzubeugen, daß sie nicht zu blinden Werkzeugen der
Politik Preußens würden.

Wurde Joseph durch solche Erwägungen zu dem Entschlusse vermocht, sich nach St. Petersburg zu begeben, so war er doch, wie es
scheint, nicht ohne Besorgniß, daß seine Mutter diesen Schritt nicht
gutheißen werde. Sie mit demselben leichter zu versöhnen, versprach
er ihr, wenn sie es so wolle, die beabsichtigte Reise nach der Bukowina,
nach Siebenbürgen und dem Banate aufzugeben und daher nicht später
nach Wien zurückzukehren als es ursprünglich bestimmt war. Wir
finden denn auch nicht, daß Maria Theresia Widerspruch erhoben
hätte gegen die Ausdehnung der Reise ihres Sohnes auf St. Petersburg; freilich unterließ sie dieß wohl auch deßhalb, weil eine Einrede
ja ohnedieß zu spät gekommen wäre. Denn schon am 10. Juni brach
Joseph mit der Kaiserin von Mohilew auf und begleitete sie nach
Smolensk, wo die Reisenden am 12. eintrafen. Am 15. trat
Katharina die Fahrt nach St. Petersburg an, Joseph aber ging vorerst nach Moskau, wo er mit Potemkin wieder zusammenkam und bis
zum 24. Juni blieb. Bier Tage später, am 28. traf er in St. Petersburg ein, wo sein Aufenthalt, den in Peterhof hinzugerechnet, genau
drei Wochen währte.

Noch in Smolensk hatte Joseph Gelegenheit zu einem erneuerten
politischen Gespräche mit der Kaiserin gefunden. Dießmal brachte er
es auf den letzten russisch-türkischen Krieg; sie klagte über Oesterreichs
Parteinahme für die Pforte, er über ihr Bündniß mit Preußen.
Beide trachteten, das bisher beobachtete Verfahren zu rechtfertigen;
Beide aber ließen auch durchschimmern, daß sie sich künftighin viel-
leicht zu einem anderen entschließen könnten. Immer kam jedoch
Katharina auf ihren abenteuerlichen Plan zurück, Joseph solle durch
die Erwerbung Roms erst zu seiner wahren Hauptstadt gelangen.
So oft sie hievon sprach, redete ihr der Kaiser scherzend von Constan-
tinopel, worauf sie einmal allen Ernstes erwiederte, wenn sie es erobert hätte, würde sie es nicht behalten, sondern anders mit dieser
Stadt verfügt haben. Joseph schloß hieraus, sie denke dereinst ihr
Reich, wenn sie es nach ihrem Wunsche vergrößert haben werde,
zu theilen und den Orient mit Constantinopel ihrem Enkel Con-
stantin zu geben. Wie wenig er jedoch der Kaiserin traute, bewies er

dadurch, daß er noch von Smolensk aus seiner Mutter schrieb, alle Freundschaftsversicherungen Katharina's betrachte er nur als Lock= speise, darauf angelegt, ihn zum Reden zu bringen und dann von seinen vertraulichen Mittheilungen einen ihm nachtheiligen Gebrauch zu machen [1050]).

Dennoch kamen sich, dieß läßt sich nicht verkennen, der Kaiser und die Kaiserin bei fortwährendem Verkehre mit einander allmälig näher. Als Joseph am 4. Juli seiner Mutter neuen Bericht erstattete über das Resultat seiner Unterredungen mit Katharina, konnte er der Meinung Ausdruck geben, die Kaiserin von Rußland habe allem Grolle über die Haltung Oesterreichs im Türkenkriege entsagt; sie meine sich dafür durch ihr Verfahren während der Ereignisse, die mit dem Teschner Frieden ihren Abschluß fanden, mehr als ausreichend gerächt zu haben. Sie werde sich kaum sträuben, Oesterreich nicht viel weniger gut als Preußen zu behandeln, aber wenigstens für jetzt werde sie mit König Friedrich gewiß nicht brechen, denn sie wolle von beiden Seiten her mit gleichen Huldigungen überhäuft werden. Ihren Plan der Aufrichtung eines orientalischen Reiches auf den Trümmern der Türkei verfolge sie nach wie vor; eifrigst erkläre sie, niemals werde sie, und auch in Handelssachen nicht, mit der Türkei Verbindungen eingehen. Von König Friedrich aber, der sie bekanntlich hiezu bringen wolle, behaupte sie, trotz seines Alters sei er in der Politik oft unbesonnen; in seiner düsteren und vereinsamten Art zu leben gebe er sich den abenteuerlichsten Ideen hin, und wie er sich durch Andere täuschen lasse, täusche er sich selbst.

Mit Vorliebe kam endlich Katharina immer wieder auf ihren Vorschlag einer Erwerbung ganz Italiens und insbesondere Roms durch ihren erlauchten Gast zurück. Dort werde er, so fuhr sie fort ihn zu versichern, ein weites Feld vorfinden für seinen Ruhm und seine Un= sterblichkeit. Aber der Kaiser ließ sich durch solche Vorspieglungen nicht ködern; entweder wolle sie ihn, meinte er, überlisten, oder sie trage sich mit Hirngespinnsten, von denen unbegreiflich sei, wie sie sich ihnen hingeben könne [1051]).

Welch größeren oder geringeren Werth man auch diesen Erörterungen zwischen Joseph und Katharina beimessen will, ein wirkliches Resultat boten sie wenigstens in den ersten Tagen des Juli
noch nicht dar. Auch Potemkin hatte die Erwartung des Kaisers, er
werde vielleicht das Zusammensein in Moskau zu politischen Verhandlungen mit ihm benützen [1052]), nicht erfüllt [1053]). Dennoch war es
Potemkin, welcher zwar nicht gegen Joseph, wohl aber gegen Cobenzl
am 1. Juli offen erklärte, in Anbetracht der Kenntniß, die er von
der Denkungsart des Kaisers gewonnen, halte er den Augenblick für
gekommen, die frühere Spannung zwischen den beiden Staaten zu
beenden und die alte Freundschaft sowie das alte Vertrauen wieder
dauernd herzustellen. Aber über die Mittel, dieß zu erreichen, sprach
er sich nicht aus. Nach Josephs Andeutung erwiederte Cobenzl, als
ob es von ihm selbst käme, der erste und unverfänglichste Schritt hiezu
bestünde wohl darin, daß beide Staaten sich gegenseitig ihren Besitz
gewährleisten sollten; Rußland könnte unbedenklich ein Gleiches mit
Preußen thun [1054]).

Katharina zeigte sich nicht unempfänglich für diesen Vorschlag;
den innersten Kern ihrer Gedanken legte sie jedoch durch das Begehren
bloß, nicht nur die jetzigen Besitzungen, auch die künftigen Eroberungen
sollten in die Gewährleistung einbezogen werden. Man ließ sie die
Unmöglichkeit fühlen, hierauf einzugehen, weil dadurch schon von vorneherein jede Gegenseitigkeit ausgeschlossen werde. Aber in ihrem Namen
wurde doch erwiedert, sie wolle ja auch Oesterreich alle Erwerbungen
garantiren, außer solchen, die etwa in Deutschland oder in Polen
gemacht würden. Als aber auch diese erneuerte Hinweisung auf Italien
und die Türkei nicht verfing, meinte Potemkin, der Kaiser möge wenigstens versprechen, nie mehr mit der Pforte ein Bündniß gegen Rußland einzugehen; Katharina werde dann eine gleiche Zusage leisten.
Joseph erwiederte, er sei hiezu unter der Bedingung bereit, daß Rußland sich verpflichte, niemals an einem Angriffskriege gegen Oesterreich
Theil zu nehmen. Die Art und Weise, in der eine solche Verabredung
auf Grundlage vollster Gegenseitigkeit zu Stande zu bringen sei, wäre
den beiderseitigen Ministerien zu überlassen [1055]).

Hiebei ist es denn auch während des ganzen Zusammenseins Josephs mit Katharina geblieben; zu einer bindenden Vereinbarung kam es nicht. Die Kaiserin hatte fortwährend die Türkei im Auge und wollte Oesterreich mit einem Brocken in Italien abspeisen; Joseph aber wünschte ihres Beistandes gegen fernere Vergrößerungen Preußens theilhaft zu werden. Er vermied es, mit der Kaiserin selbst auf irgendwelche Verhandlung einzugehen, die ihn zu wirklichen Verpflichtungen führen konnte. Der sichtliche Wunsch Katharina's, ihren Gast zuerst zur Sprache zu bringen, blieb daher unerfüllt. „Alles zeigt", schrieb Joseph seiner Mutter, „sie möchte von Geschäften und von „Projecten reden; aber ihre Eigenliebe ist im Spiele, und sie wagt „es entweder nicht oder sie will pfiffig sein. In beiden Fällen kann „und muß ich ruhig des Ausgangs harren. Sobald man einen ernsten „Ton gegen sie anschlägt, ändert sie das Gespräch und scheint sich „damit entschuldigen zu wollen, daß sie das Vorhergegangene nur so „leichthin gesagt habe. Ihr gegenüber muß man daher durchaus die „Sache zur Reife kommen lassen und ihr die Genugthuung nicht „gewähren, von ihr irregeführt worden zu sein" [1056]).

Noch einen zweiten Wunsch hegte Katharina, hinsichtlich dessen sie ebensowenig zu offener Sprache kam, und der, gleichfalls in ihrem Namen angedeutet, auch nicht in Erfüllung ging. Potemkin wandte sich mit der Versicherung an Cobenzl, Katharina sterbe vor Begierde, den Kaiser zu bitten, ihr als Zeichen seiner Freundschaft und zur Erinnerung an die persönliche Bekanntschaft, die sie mit ihm gemacht, den Orden des goldenen Bließes zu verleihen. Sie wisse wohl, daß dieß gegen die Regel und wider alles Herkommen sei, aber sie verlange diese Auszeichnung auch nur für sich und wünsche nicht, daß eine zweite Ausnahme je wieder gemacht werde.

Joseph wurde durch dieses Begehren in nicht geringe Verlegenheit gebracht. Die Ablehnung desselben schien eine empfindliche Verletzung der Eitelkeit Katharina's in sich zu begreifen. Andererseits mußte er jedoch besorgen, daß Maria Theresia sich zu einem solchen Zugeständnisse kaum werde bereitfinden lassen. Er gab daher einst-

weilen eine ganz allgemein lautende Antwort; seiner Mutter aber schrieb
er, daß wenn Katharina den Orden ausdrücklich von ihm verlange,
man ihr ihn unmöglich verweigern könne. Und warum sollte man
dieß auch thun? Weil ihn noch nie eine Frau besessen, sei gewiß
kein ausreichender Grund. Was liege an einem Stückchen Band,
und noch dazu in diesem einzigen Falle? Er warte übrigens ab, bis
Katharina selbst hierüber mit ihm rede, und er werde dieß gewiß nicht
zuerst thun [1057].

Aber auch über diesen Wunsch schwieg Katharina still, und so
kam es denn während der ganzen Zeit des Aufenthaltes des Kaisers
in Rußland trotz alles gegenseitigen Ueberbietens mit Höflichkeit und
Freundschaftsversicherungen doch in keiner Beziehung zu definitiven
Erklärungen zwischen ihr und ihm. Maria Theresia's schlichtem Sinne
schienen jene Betheuerungen freilich über alles Maß hinauszugehen.
„Die Artigkeiten und die Schmeicheleien", schrieb sie an Kaunitz, „lassen
„wirklich nichts zu wünschen übrig; man muß sehen, wie es sich mit
„dem Anderen verhält" [1058].

Noch Ausgiebigeres als während ihres Zusammenseins wurde
hierin von beiden Seiten, von Katharina und von Joseph nach ihrer
Trennung geleistet, und die ersten Briefe, die sie sich nach derselben
gegenseitig schrieben [1059], überfließen von Schmeicheleien ganz unge=
wöhnlicher Art. Aber freilich wissen wir wenigstens von Joseph, daß
er den überschwänglichen Worten seiner kaiserlichen Correspondentin
nicht recht traute. An Cobenzl erging der Auftrag, sich zum auf=
merksamsten Beobachter zu machen und wahrheitsgetreue Rechenschaft
abzulegen, ob all die so weit getriebenen Freundschaftsversicherungen
Katharina's nicht bloße Falschheiten, sondern wirklich empfunden und
daher auch zuverlässig seien [1060].

Die Gerechtigkeit fordert es einzugestehen, daß Cobenzl auch in
seinen geheimsten Berichten an den Kaiser fortwährend wiederholte,
Katharina müßte sich gegen ihre vertrauteste Umgebung ganz unglaub=
lich verstellen, wenn ihre immer wiederkehrenden Aeußerungen über den
höchst günstigen Eindruck, den die Person des Kaisers auf sie hervor=

gebracht, nicht Glauben verdienen sollten. Auch Potemkin scheine von der tiefsten Verehrung für Joseph durchdrungen, während freilich die preußische Partei am russischen Hofe kein Mittel verschmähe, die Wirkungen seines Besuches zu schmälern, ja sie wohl ganz zu vernichten. Ihre größte Hoffnung baue sie auf die baldige Ankunft des Prinzen von Preußen, der binnen kurzem in St. Petersburg eintreffen werde, um der durch den Besuch des Kaisers hervorgebrachten, für Oesterreich so vortheilhaften Strömung entgegenzuarbeiten und der preußischen Partei am russischen Hofe neuerdings die Oberhand zu erringen [1061]).

Auch der Kaiser war auf die Wirkungen der Anwesenheit des Prinzen von Preußen in Rußland sehr gespannt. Er war nicht wenig erfreut, daß Cobenzl ihm dieselben als höchst geringfügige, ja sogar als solche zu schildern vermochte, welche der Sache Preußens weit eher zu schaden, als ihr Nutzen zu bringen geeignet sein würden [1062]). Darin, in dieser Aenderung der persönlichen Stimmung der Kaiserin Katharina bestand aber auch, wenigstens so lang Maria Theresia noch lebte, das einzige, freilich nicht gering anzuschlagende Ergebniß der Reise des Kaisers nach Rußland. Nicht von Cobenzl, sondern von einem fremden Berichterstatter rührt die Behauptung her, Joseph habe sich für immer einen Platz in dem Herzen der Kaiserin Katharina erobert [1063]). Bei der rein persönlichen Politik, welche in Rußland getrieben wurde, war dieß Resultat ohne Zweifel von sehr großem Werthe. Sogar Maria Theresia, welche Anfangs der Reise ihres Sohnes nach Rußland so entgegen gewesen, mußte dieß anerkennen. Der Kaiser scheine ihr, schrieb sie an Marie Antoinette, mit dem erreichten Erfolge zufrieden, aber durchaus nicht darüber verblendet. „Ich kann Dich ver„sichern", so lauten ihre Worte, „daß man gar nichts verhandelte. „Aber es scheint, daß er das Glück gehabt hat, die falschen Vor„urtheile gegen uns, die sehr tief eingewurzelt waren, wieder zu zer„streuen" [1064]).

Dieses Ergebniß der Reise des Kaisers nach Rußland für Oester-reich nutzbringend zu gestalten, darauf trachtete man denn auch von

Wien aus allmälig, wenn gleich nur mit äußerster Vorsicht hinzuarbeiten. Denn nur mit Zeit und mit Geduld, schrieb Kaunitz an
Cobenzl [1065]), sei man im Stande, dem erwünschten Ziele sich nach und
nach zu nähern. Das System eines Hofes wie des russischen lasse
sich von einem Augenblicke zum anderen nicht ändern. Aber ganz dürfe
man doch den Zweck nicht aus dem Auge verlieren, welcher in dereinstiger Zustandebringung eines Freundschafts- und Garantievertrages
zwischen beiden Staaten liege.

Anfangs durch die Anwesenheit des Prinzen von Preußen in
St. Petersburg verzögert, nahm diese Verhandlung erst dann eine
greifbare Gestalt an, als Maria Theresia nicht mehr am Leben war.
Daher würde es unstatthaft sein, hier auf sie noch eingehen zu wollen.

Neunzehntes Capitel.

Erzherzog Maximilian.

———

Zu derselben Zeit, in welcher Maria Theresia die Reise ihres ältesten Sohnes nach Rußland mit so großer Spannung verfolgte, war eine andere Angelegenheit, die ihren jüngsten Sohn Maximilian betraf, im Zuge, und sie nahm das Interesse der Kaiserin in kaum geringerem Maße in Anspruch.

Wir wissen wie sehr ihr eine möglichst glänzende Versorgung all ihrer Kinder, und insbesondere des Erzherzogs Maximilian am Herzen lag, dem sich nicht gleich seinen älteren drei Brüdern schon in seiner Jugend die Aussicht auf einen eigenen Länderbesitz eröffnete. Diese Versorgung hatte, wie gleichfalls schon gesagt wurde, nicht nur in einer ziemlich reichen Dotation an Gütern, sondern auch in dereinstiger Erlangung der Würde und der Einkünfte eines Hochmeisters des deutschen Ordens und in dem Amte eines Generalstatthalters von Ungarn zu bestehen. Beide Stellungen sollten ihm nach dem Tode des Prinzen Karl von Lothringen zu Theil werden. Die Nachfolge in dem Hochmeisterthume war ihm schon durch seine bereits im Jahre 1769 erfolgte Wahl zum Coadjutor gesichert. Und in Ungarn hatte er an den Platz des Prinzen Albert von Sachsen zu treten, wenn derselbe und seine Gemalin, die Erzherzogin Marie, an Stelle des Prinzen Karl die Generalstatthalterschaft der Niederlande übernommen haben würden.

Außerdem hegte Maria Theresia, und auch davon ist schon Erwähnung geschehen, die Hoffnung, ihr Sohn werde sich durch militärische

Studien dazu ausbilden, im Kriegswesen eine hervorragende Rolle zu
spielen. Wie aber ihr Sinn nie auf Geringes, sondern jederzeit auf
das Höchste gerichtet war, wie sie an sich selbst und an Andere immer
nur sehr weitgehende Anforderungen stellte, so wies sie auch ihren
Sohn auf das Beispiel eines Prinzen Eugen, eines Ludwig von Baden,
eines Montecuccoli hin, welche sich durch ihre Thaten unsterblich ge=
macht hätten. Ja er könne hiezu viel leichter gelangen als Jene,
indem er den Vortheil der Geburt und des Unterrichtes, den er erhalte,
für sich habe; er brauche nur zu wollen [1066]).

Aber wie weit war doch Maximilian von der Nachahmung der
ruhmreichen Vorbilder entfernt, die seine Mutter ihm aufstellte, und
wie sehr fehlte es ihm an all den Eigenschaften, die ihn vielleicht dazu
geführt hätten, an das von ihnen erreichte Ziel gleichfalls zu gelangen.
Wir besitzen eine Charakteristik von ihm, von der Hand seines eigenen
Bruders, des Großherzogs Leopold herrührend, bei welchem Maximilian
im Jahre 1775 — damals neunzehn Jahre zählend — durch längere
Zeit verweilte. Er lobt ihn als bescheiden, gutmüthig und wahrheits=
liebend; seinem natürlichen Verstande und seiner geistigen Begabung im
Allgemeinen, seiner Urtheilskraft und insbesondere seinem Gedächtnisse
ertheilt er ein sehr gutes Zeugniß. An diese günstige Beurtheilung
reiht sich jedoch der Tadel seines Hanges zum Müßiggange, seiner tief
eingewurzelten Scheu vor jeder ernsten Beschäftigung. Für sein zu=
künftiges Schicksal, für die Laufbahn, die er zurückzulegen habe, zeige
er die vollständigste Gleichgültigkeit; von einem Bestreben, sich aus=
zuzeichnen, dereinst Hervorragendes zu leisten, sich einen glänzenden
Namen und auf irgend einem Gebiete des öffentlichen Wirkens Ruhm
zu erwerben, könne man nicht die geringste Spur an ihm ent=
decken [1067]).

Schon diese Schilderung, von einem gewiß wohlwollenden Be=
urtheiler entworfen, mußte die Erwartung, Maximilian sei zu einer
bedeutungsvollen militärischen Rolle berufen, gar sehr herabstimmen.
Und auch während des Feldzuges des Jahres 1778, dem er beiwohnte,
trug sich nichts zu, wodurch dieselbe irgendwie belebt worden wäre.

Nicht als ob seine Haltung Anlaß zum Tadel dargeboten hätte; sie wurde vielmehr von Joseph, der gerade seine nächsten Verwandten am schärfsten beurtheilte, ausdrücklich gelobt [1068]). Aber bis zu so glanzvoller Betheiligung an den damaligen kriegerischen Ereignissen, daß ihm eine große Zukunft mit Recht geweissagt werden konnte, hat er es doch keineswegs gebracht. Denn außer einem Sturze mit dem Pferde, bei dem er übrigens nicht Schaden nahm, wußte auch Joseph seit jener ersten Belobung nichts mehr über ihn zu berichten. Ende August aber wurde er von einer Krankheit befallen, die einen so lang= wierigen Charakter annahm, daß er nicht mehr im Felde erschien, sondern schließlich nach Wien gebracht werden mußte.

Das Urtheil, welches Maria Theresia nach der Rückkehr des Erzherzogs Maximilian über ihn fällte, war trotz der Vorliebe, welche die Kaiserin jederzeit für ihn hegte, doch nichts weniger als schmeichel= haft zu nennen. „Ich kann Dir nicht verhehlen", schrieb sie an Joseph, „daß sein Aussehen mich weniger als seine Stimmung in Erstaunen „versetzt hat. Ich finde ihn traurig, niedergeschlagen, schweigsam; „beginnt er aber zu reden, dann ist es als ob er träumte oder ein= „schliefe; nicht ich allein finde ihn so. Ist es eine Art Besorgniß, ist „es das Bedauern, hier sein zu müssen; ich kann es nicht entscheiden, „denn er wird ganz davon beherrscht. Man überläßt ihn vor der „Hand sich selbst, um zu sehen, wo das hinaus will, aber er gefällt „mir nicht; an gar nichts nimmt er Antheil. Warst Du mit ihm „zufrieden oder hast Du ihn ebenso gefunden? Er scheint mir, was „man einst von unseren Cavallerie=Offizieren gesagt hat, ein rechter „Degenknopf" [1069]).   .

Die Antwort, welche der Kaiser auf die Anfrage seiner Mutter ertheilte, fiel günstiger aus als sie erwartet haben mochte. „Ich kann „nicht begreifen", so lautete sie, „weßhalb mein Bruder Maximilian „traurig sein sollte; nur Schwäche und die Wirkung seiner Krankheit „können die Ursache davon sein. Bei der Armee schien er mir sehr „guter Laune; überall war er zu finden, nichts langweilte ihn, und „wenn er nichts zu thun hatte, beschäftigte er sich zu Hause. Nach

„meiner Meinung wird er gewiß ein ausgezeichneter Mann werden, „wenn er Gelegenheit erhält, noch mehr zu sehen und zu lernen" [1070]).

Der langwierige Verlauf der Krankheit, von welcher der Erzherzog erst in den letzten Monaten des Jahres 1779 vollständig geheilt wurde [1071]), bot die Hauptveranlassung dar, daß Maria Theresia den Gedanken, ihn für das Kriegswesen auszubilden, trotz des günstigen Zeugnisses, welches Joseph seinem Verhalten im Felde ertheilt hatte, wieder fallen ließ. Ja sie entwarf jetzt für seine zukünftige Bestimmung einen ganz anderen, ihren ehedem geäußerten Ansichten geradezu entgegengesetzten Plan. Und sie selbst sagt, daß sein tadelloses Benehmen, welches weit über sein Alter hinaus sei, ihr früheres Vorurtheil gegen seinen Eintritt in den geistlichen Stand nicht wenig erschüttert habe [1072]).

Was dieses frühere Vorurtheil angeht, so wissen wir, daß schon im Jahre 1769, aus Anlaß der Wahl des damals dreizehnjährigen Erzherzogs Maximilian zum Coadjutor des Hoch- und Deutschmeisters, die Anfrage aus Köln an die Kaiserin kam, ob sie nicht auch dort ihren Sohn zum Coadjutor gewählt zu sehen wünsche, daß Maria Theresia sich jedoch ablehnend hierüber aussprach. Nie werde sie darein willigen, hatte sie damals erklärt, daß einer ihrer Söhne zu einem geistlichen Fürsten gemacht werde [1073]), und dabei war sie denn auch ähnlichen Anträgen gegenüber fortwährend geblieben. Schon einen Monat später antwortete sie dem Fürsten Kaunitz in der gleichen Sache: „so lang ich lebe, gewis es niemahls zulassen wurde" [1074]). Und als kurz nachher die Rede davon war, man denke in Speyer den Erzherzog zum Coadjutor zu machen, schrieb Maria Theresia in ihrem Namen und in dem des Kaisers auf den Bericht des Fürsten Kaunitz [1075]): „wir seind weit davon, meinen sohne geistlich zu machen. will er ein „mönich werden nach langer prüffung, wurde es ihme nicht verhindern, „aber kein churfürst noch bischoff. in disen punct seind wir beede ganz „d'accord, also ein pures blendwerck ist das von speier".

An der in diesen Worten ausgesprochenen Meinung hielt denn auch Maria Theresia eine Reihe von Jahren hindurch unerschütterlich

feſt. Im März 1771 frugen einige Capitulare des adeligen Stiftes
St. Gereon in Köln ſich an, ob bei einer etwaigen Erledigung ihrer
Abtei, welche der Kurfürſt Max Friedrich aus dem Hauſe Königsegg
beſaß, die Wahl des Erzherzogs Maximilian nicht erwünſcht wäre [1076]).
„keineswegs", antwortete hierauf die Kaiſerin mit eigener Hand, „was
„dem geiſtlichen ſtand angehen kan, niemahls vor mein ſohne an-
„nehmen wurde." Als Freiherr Adolph von Dalberg im Dezember
1773 an die Kaiſerin ſchrieb und ihr antrug, ein Bamberger Canonicat an den Erzherzog Maximilian gelangen zu laſſen, um ihm den
Weg zur dortigen Biſchofswürde zu bahnen [1077]), entgegnete ſie: „gott
„bewahre mich zu einen geiſtlichen fürſten einen ſohne oder enckel darzu
„zu machen jemahls". Und als ihr Kaunitz anderthalb Jahre ſpäter
berichtete [1078]), trotz der ſchon einmal erfahrenen Ablehnung habe der
kurkölniſche Miniſter Freiherr von Belderbuſch neuerdings die Wahl
des Erzherzogs zum dortigen Coadjutor in Anregung gebracht, erwiederte Maria Thereſia auch jetzt: „ich finde mein ſohn nicht würdig,
„einen ſolchen hohen ambt vorzuſtehen wie es ſich gebührt, alſo nicht
„einmahl von ein enckel zu gedencken, ſo lang ich lebe".

Angeſichts dieſer ſo oft und in ſo entſchiedenem Tone wiederholten Erklärungen der Kaiſerin iſt es wirklich überraſchend, ſie ſchließlich doch ihre Meinung ändern zu ſehen. Wir wiſſen nicht, ob der
politiſchen Rückſicht, durch Uebertragung der kurfürſtlichen Würde an
ein Mitglied ihres Hauſes den Einfluß desſelben in Deutſchland zu
ſtärken und dem Umſichgreifen des Königs von Preußen nachdrücklich
entgegen zu arbeiten, oder ob dem Wunſche, einem der Erzherzoge
eine angemeſſene Verſorgung zu verſchaffen, der Hauptantheil an dieſer
Sinnesänderung zukommt. Den Anſtoß hiezu ſcheint das letztere Be-
ſtreben gegeben zu haben; wir glauben wenigſtens nicht irre zu gehen,
wenn wir annehmen, daß ein Schreiben, welches Maria Thereſia zu
Anfang des September 1779 von ihrem Sohne Leopold erhielt, zuerſt
ſolche Gedanken in ihr wachrief. Ja es wird ſich behaupten laſſen,
die am 31. Auguſt 1779 erfolgte Geburt des Erzherzogs Anton,
des achten Sohnes, der ihm damals geboren, und des ſechſten,
der zu jener Zeit noch am Leben war, ſei es geweſen, welche dem

Großherzoge nicht geringe Befürchtungen wegen dereinstiger Versorgung einer so überaus zahlreichen Nachkommenschaft erregte. In diesem Sinne schrieb er, und zwar ohne Vorwissen des Kaisers, wie es scheint, an seine Mutter, und er frug sie, ob nicht einer seiner Söhne zum geistlichen Stande bestimmt werden könnte. Er dachte hiebei an seinen drittgebornen Sohn Karl [1079]), und es wäre ohne Zweifel eine ganz eigenthümliche Fügung des Schicksals gewesen, wenn dieser nachmals so berühmte Feldherr nicht dem militärischen, sondern dem geistlichen Stande sich gewidmet hätte. Der Wunsch aber, für einen ihrer Enkel eine seiner Geburt angemessene Lebensstellung ausfindig zu machen, ließ die früher mit so großer Lebhaftigkeit gehegten Bedenken der Kaiserin verstummen. Insgeheim theilte sie den Brief ihres Sohnes dem Staatskanzler mit; sie muß ihm jedoch auch gleichzeitig ihre Zustimmung zu dem darin enthaltenen Projecte des Großherzogs ausgesprochen haben.

Kaunitz hätte die Kaiserin gewiß gern schon längst auf diesem Wege gesehen; darum mochte er nicht müde geworden sein, die auf eine etwaige Wahl des Erzherzogs Maximilian bezüglichen Anfragen immer wieder an sie zu bringen. Es ist auch leicht zu erklären, weßhalb er solches that; die religiösen Bedenken der Kaiserin theilte er nicht, politische Rücksichten der bedeutsamsten Art aber mußten ihm eine derartige Stärkung des österreichischen Einflusses in Deutschland höchst wünschenswerth erscheinen lassen. Darum begrüßte er mit wahrer Freude das neue Project, wenn er auch bei der übergroßen Jugend des etwaigen Candidaten zu einer geistlichen Würde wenigstens vorläufig noch zu strengster Geheimhaltung rieth. Man erinnere sich ja der so gehässigen Gegenbestrebungen, zu denen dereinst die vermeintliche Absicht, dem Erzherzoge Maximilian eine solche Stellung zu verschaffen, Anlaß geboten habe. Darum dürfe man sich nicht allzu früh um Verleihung eines Canonicates an einen der noch im Kindesalter stehenden Erzherzoge bewerben. Man müsse sich vorläufig darauf beschränken, bei Erledigung deutscher Bischofssitze, es möge sich um kurfürstliche Würden handeln oder nicht, so wie es bei den letzten Wahlen zu Salzburg, Mainz und Würzburg geschehen, den österreichischen

Einfluß zu entscheidender Geltung zu bringen und die Wahlstimmen auf einen Mann zu leiten, von dem sich erwarten lasse, daß er dereinst zur Verwirklichung der gehegten Absichten die Hand bieten werde. Insbesondere möge man dieser Richtschnur bei der wahrscheinlich bald bevorstehenden Vacanz in Köln und Münster folgen [1080]).

Aber gerade diese politischen Rücksichten waren es, welche die Kaiserin mit Besorgniß erfüllten. Ein Mitglied ihres Hauses werde sich, so meinte sie, als Kurfürst von Köln und Bischof von Münster — denn die Trennung dieser beiden Bisthümer wäre ihr von vorne= herein äußerst mißlich erschienen — sowohl dem Reichsoberhaupte als Preußen, Hannover, Holland und Frankreich gegenüber in einer sehr kritischen Lage befinden; habe man ja doch selbst von diesem letzteren Staate nur Widerspruch zu befahren [1081]).

War Anfangs nur von einem der Söhne des Großherzogs Leopold, und nicht auch von einer etwaigen Candidatur des Erzherzogs Maximilian die Rede gewesen, so trat nunmehr die letztere, und zwar aus der Ursache in den Vordergrund, weil man glaubte, die Wahl eines Coadjutors für den hochbetagten und kränklichen Kurfürsten von Köln lasse sich nicht länger mehr verschieben. Für einen Erzherzog, der noch ein Kind sei, werde man jedoch gerade unter solchen Um= ständen die Wahlstimmen unmöglich gewinnen können.

Maria Theresia selbst scheint es gewesen zu sein, welche, ihren früheren Bedenken gegen die Erlangung einer geistlichen Fürstenwürde durch ihren Sohn Maximilian entsagend, dessen Wahl zum Coadjutor des Erzbischofs von Köln nun eifrigst wünschte. Aber bei ihm selbst stieß sie auf ein ernstliches Hinderniß. Wie Joseph versichert, erklärte sein Bruder in den unzweideutigsten Ausdrücken, daß er gar keinen Beruf zum geistlichen Stande in sich verspüre, und weder die Vor= stellungen seiner Mutter, noch diejenigen des geheimen Reichshof= referendars Franz Georg von Leykam [1082]), eines Mannes, der sich des ganz besonderen Vertrauens der Kaiserin erfreute [1083]), brachten hierin eine Aenderung hervor. Die Kaiserin gerieth nun auf den

Gedanken, den Erzherzog Maximilian zwar zum Coadjutor von Köln wählen zu lassen, aber gleichzeitig für ihn die päpstliche Dispensation zu begehren, auf daß er nicht in den Priesterstand eintreten müsse. Er solle überhaupt in jener Stellung nur so lange Zeit verbleiben, bis einer der Söhne des Großherzogs Leopold herangewachsen sei, dem er sie dann abtreten könne. Mit diesem Projecte war auch Maximilian zufrieden, denn nur daran hielt er fest, daß er nicht Priester werden und das Kleid dieses Standes nicht tragen dürfe [1084]).

Daß hierin der Plan der Kaiserin wirklich bestand, wird nicht nur durch das Zeugniß ihres Sohnes Joseph, sondern auch durch ihre eigenen Worte ganz außer Frage gestellt. „ich habe mit K.*) „gesprochen", schrieb sie in den ersten Tagen des November 1779 an den Reichsvicekanzler Fürsten Colloredo, „er hat mir erlaubt, „fürsten zu melden, ein aufffatz zu machen, wie die sach zu tractirn, „und was sie koften kunte. mein sohne ist auch also verstanden, mit „dispense, anderst nicht, wie dem teutschen orden anzunehmen, umb „zu seiner zeit, wan er kein beruff bekomete, es einen sohne von „leopold überlassen zu können, und ich glaube das cöln und münster „müsten nicht separirt werden" [1085]).

Die Zustimmung Josephs, von welcher Maria Theresia hier spricht, darf übrigens nicht anders gedeutet werden, als daß er sich nicht gegen den beabsichtigten Versuch erklärte, den von seiner Mutter entworfenen Plan zur Ausführung zu bringen. Denn einerseits wollte er eben so wenig als Maria Theresia seinen Bruder Maximilian wider dessen Willen zum Priesterstande zwingen, und andererseits hielt er ohne dessen Eintritt in denselben ein Gelingen für unwahrscheinlich, wenn nicht für unmöglich. Und wenn auch die Wahl des Erzherzogs Maximilian zum Coadjutor durchgesetzt werden sollte, so werde ihm doch hieburch noch keineswegs das Recht zu Theil, diese Würde einem Anderen zu übertragen; nur durch eine neue Wahl könnte einer seiner Neffen sein Nachfolger werden. Eifrigst bemühe er sich,

---

*) Kaiser.

dieß einleuchtend zu machen, aber er könne keinen Glauben damit finden [1086]).

Faſt zu derſelben Zeit, in welcher Joſeph in ſolchem Sinne gegen den Großherzog von Toscana ſich ausſprach, erſtattete der Reichsvicekanzler Fürſt Colloredo der Kaiſerin die ihm abverlangten Vorſchläge über die Art und Weiſe, in der dieſe Sache weiterzuführen wäre. Er rieth, ſich zur Erreichung der gehegten Abſicht der Ver= mittlung des Landcomthurs von Belderbuſch zu bedienen, welcher die Stelle eines erſten Miniſters bei dem Kurfürſten von Köln bekleidete, Alles über denſelben vermochte und jederzeit den wahrhaft ſehnſüch= tigen Wunſch an den Tag gelegt hatte, den Erzherzog Maximilian im Beſitze der kölniſchen Kurwürde zu ſehen. Außerdem war er ein Widerſacher des Conferenzminiſters in Münſter, Franz Friedrich Freiherrn von Fürſtenberg, der ſeinerſeits wieder zu den erklärten Anhängern des Königs von Preußen zählte. Ein vortrefflicher Admini= ſtrator des Münſterlandes, hatte Fürſtenberg doch wegen ſeines herriſchen Auftretens und ſeiner Hinneigung zu Preußen eifrige Gegner in dem Capitel. Die Domherren von Spiegel, von Brabeck und von Bocholtz gehörten zu ihnen und ſie bildeten in Münſter den Kern der öſter= reichiſchen Partei [1087]).

Auch Kaunitz ſtimmte der Anſchauung des Reichsvicekanzlers zu. Er meinte, Belderbuſch ſolle zur Vorlegung eines förmlichen Planes aufgefordert werden, nach welchem das fernere Vorgehen zur Er= reichung des gewünſchten Zieles einzurichten wäre. Die Verhandlungen mit Belderbuſch wären durch den öſterreichiſchen Geſandten bei den geiſtlichen Kurfürſten, bei dem Niederrheiniſchen und dem Weſtphäliſchen Kreiſe, Franz Georg Grafen von Metternich zu führen. Als eigent= liche Vertrauensperſon aber wäre der bei dem Grafen Metternich angeſtellte Legationsſecretär Kornrumpf zu verwenden. Endlich müſſe der in Wien anweſende Cardinal Graf Hrzan, Oeſterreichs Vertreter am heiligen Stuhle, mit den erforderlichen Inſtructionen verſehen werden, um nach ſeiner Rückkehr nach Rom die erforderlichen Breve's und Dispenſen zu erwirken. Denn Maximilian, damals drei und

zwanzig Jahre alt, besaß weder das zur Bischofswahl nothwendige
Alter, noch gehörte er, wie es der Fall hätte sein sollen, den Dom-
capiteln zu Köln und Münster als ihr Mitglied an. Endlich mußte
die Genehmigung des heiligen Stuhles erlangt werden, daß der Erzherzog — und zwar ohne die priesterlichen Weihen zu erhalten —
die Bischofssitze in Köln und Münster gleichzeitig einnehme, ja daß
er sogar wegen des Hoch- und Deutschmeisterthums, zu dem er wahrscheinlich binnen kurzem gelangen werde, statt der geistlichen militärische
Kleidung trage.

Zuletzt gelte es noch, fuhr Kaunitz fort, die etwaige Empfindlichkeit des Großherzogs von Toscana zu beschwichtigen, welcher durch
seine Bitte, einem seiner Söhne möge ein geistliches Fürstenthum in
Deutschland zugewendet werden, den ersten Anstoß zu der ganzen Sache
gegeben habe. Leicht könnte es sein, daß er sich verletzt finde, wenn er
gewahr werde, daß man statt der Erfüllung des ihm schon ertheilten
Versprechens jetzt zu Gunsten des Erzherzogs Maximilian arbeite.
Aber er werde wohl einsehen, daß die Wahl eines noch unmündigen
Prinzen zum Coadjutor eine ganz außergewöhnliche Sache wäre,
deren Durchsetzung wenn nicht unübersteigliche, so doch nur sehr
schwer zu besiegende Hindernisse sich entgegenstellen würden. Gerade
die Erwerbung der Kurwürde durch Maximilian müßte auch einem
der jüngeren Erzherzoge die Bahn ebnen, dereinst zur Coadjutorie von
Köln und Münster, oder zu einem anderen einträglichen Bisthume zu
gelangen [1088]).

Und in der That, man muß es zugeben, unmöglich konnte man
sich bereitwilliger in den Wunsch des Kaiserhofes finden, als dieß von
Seite des Großherzogs von Toscana geschah. In rücksichtsvollstem
Tone schrieb er an seine Mutter und an Joseph. Er versicherte sie,
daß er die Erlangung einer Kurwürde durch seinen Bruder Maximilian
jederzeit als etwas demselben sehr Nützliches angesehen habe. Auch
er erkenne, daß seine eigenen Söhne hiezu noch bei weitem zu jung
seien; mit seinen besten Wünschen begleite er daher die Schritte, die
man zu Maximilians Gunsten unternehme [1089]).

„Kaysers Mayestät und ich seind verstanden mit disen aufffaß.
„beede cantzler mögten sich darüber verstehen." Mit diesen Worten
hatte Maria Theresia den parallel laufenden Anträgen der Fürsten
Kaunitz und Colloredo ihre Zustimmung ertheilt; gemeinschaftlich
gingen sie daher an die Ausführung derselben. Kaunitz legte die
Entwürfe der an Metternich und an Belderbusch zu erlassenden
Depeschen vor; der Inhalt der hierauf von ihnen eingehenden Berichte
aber bestand darin, daß der Kurfürst von Köln wenigstens vor der
Hand der Wahl eines Coadjutors nichts weniger als geneigt sei.
Belderbusch war zwar der Meinung, die Kaiserin sollte, um den Kur-
fürsten zu anderen Ansichten zu bekehren, eigenhändig an ihn schreiben.
Maria Theresia aber lehnte dieß ab, obgleich ihr Kaunitz rieth, dem
Antrage des Freiherrn von Belderbusch zu willfahren; sie wolle, erklärte
sie mündlich dem Staatskanzler, dem Kurfürsten durchaus keinen
Zwang anthun; ja sie werde, wenn er in seiner Abneigung verharre,
lieber ihrem Projecte ganz entsagen. Inzwischen aber möge man
die Verhandlung noch nicht vollständig abbrechen, sondern sie offen
halten, um nach Zeit und Umständen von einer etwaigen günstigeren
Stimmung des Kurfürsten Nutzen ziehen zu können [1090]).

In einem vertraulichen Briefe, den Maria Theresia in jenen
Tagen an Mercy schrieb, sprach sie in gleichem Sinne sich aus. Nachdem die aus Köln eingelangten Erklärungen nicht so willfährig lauteten,
als sie erwartet, habe sie in Uebereinstimmung mit dem Kaiser beschlossen, kein förmliches Begehren an den Kurfürsten zu richten. Denn
sie wolle nicht den Schein auf sich laden, daß sie um seine Einwilligung
bettle, während sie Grund zu der Voraussetzung besessen habe, er werde
geschmeichelt sein, ihren Sohn zum Coadjutor zu erhalten. Man denke
jedoch auch nicht an ein schroffes Abbrechen der Verhandlung; man
werde vielmehr eine anständige Antwort geben und günstigere Umstände abwarten. „Als Mutter", sagt Maria Theresia wörtlich, „wäre
„ich natürlich sehr zufrieden, meinem Sohne ein so passendes Etablisse-
„ment zu verschaffen. Niemals würde ich es jedoch auf die Gefahr
„hin thun, den Staat, dessen Interesse ich als sein Oberhaupt und
„das meiner Familie jedem anderen vorziehe, in Brand zu setzen.

„Dieß wäre aber nur allzusehr zu befürchten, wenn man in einem
„Augenblicke, in welchem fast die ganze Welt wider uns einge=
„nommen oder mißtrauisch gegen unsere vermeintlichen Vergrößerungs=
„oder Eroberungspläne ist, diese Angelegenheit um jeden Preis durch=
„setzen wollte" [1091]).

In dem von der Kaiserin hier angedeuteten Sinne wurde denn
auch an Metternich und Belderbusch geschrieben, und man wird wohl
sagen dürfen, daß gerade die in solcher Weise an den Tag gelegte
Mäßigung einen günstigen Eindruck auf den Kurfürsten hervorbrachte.
Hatte Fürstenberg sich bemüht, ihn der Besorgniß zugänglich zu machen,
man werde von Wien aus „despotisch" vorgehen und sich um seine
Einwilligung nicht viel kümmern [1092]), so wurde er durch die Antworten
an Metternich und Belderbusch eines Besseren belehrt und von der
Unwahrheit jener Einflüsterungen überzeugt. Hiedurch sah jedoch auch
Belderbusch seine Aufgabe nicht unmerklich erleichtert. Daß er zu eifriger
Verfolgung derselben durch Bestechung vermocht worden sei [1093]), ist
eine Angabe, für welche wenigstens in den österreichischen Acten eine
Gewähr sich durchaus nicht auffinden läßt; sie wird daher bis zur
Beibringung von Beweisen als eine grundlose Verdächtigung bezeichnet
werden dürfen.

Während Belderbusch in Köln im Sinne der Candidatur des
Erzherzogs Maximilian thätig war, nahmen im Domcapitel zu Münster
dessen österreichisch gesinnte Mitglieder die Dinge selbst in die Hand.
Ihre Lage war um so schwieriger, als der Kurfürst die Leitung sämmt=
licher Angelegenheiten in Münster dem Minister Fürstenberg überließ,
der mit der zuversichtlichen Hoffnung sich trug, dereinst selbst — zum
mindesten in Münster — dessen Nachfolger zu werden. Aber dadurch
wurde die österreichische Partei im dortigen Domcapitel noch keines=
wegs entmuthigt. Gerade die stete Gefährdung, die sie von den
benachbarten protestantischen Staaten, Preußen, Hannover und Holland
besorgen mußte, so wie Fürstenbergs völlige Abhängigkeit von ihnen
bestärkte sie in ihrem Widerstande gegen denselben. Einer aus dieser
Partei, der Domherr Moriz von Brabeck erschien aus eigenem Antriebe

und auf Wunsch seiner Meinungsgenossen in der zweiten Hälfte des
März 1780 mit dem Anerbieten, den Erzherzog zu wählen, und
mit der Bitte um Unterstützung des Kaiserhofes bei Verwirklichung
dieser Absicht in Wien [1094]). Er fand hier zwar zuvorkommende Aufnahme, aber man erwiederte ihm doch, man könne sich vor der Hand
zu gar keiner bestimmt lautenden Erklärung herbeilassen. Er möge
sich einstweilen darauf beschränken, der für die Sache des Erzherzogs
günstigen Gesinnung im Domcapitel zu Münster immer weitere Verbreitung zu verschaffen [1095]).

Inzwischen kam Belberbusch auf seinen schon einmal gestellten,
damals aber zurückgewiesenen Antrag, die Kaiserin möge an den Kurfürsten eigenhändig schreiben, neuerdings zurück. Er glaubte in seiner
Bemühung, den Kurfürsten für die Wahl eines Coadjutors überhaupt und für die Person des Erzherzogs insbesondere günstiger zu
stimmen [1096]), nicht unwesentliche Fortschritte gemacht zu haben und
meinte nun, der Brief der Kaiserin werde ohne Zweifel den Ausschlag geben.

Die Frage, ob man auf sein Begehren eingehen und somit
die bisher verfolgte Bahn verlassen solle, wurde in Wien der reif-
lichsten Erwägung unterzogen. In Uebereinstimmung mit dem Reichsvicekanzler erneuerte jetzt Kaunitz seinen der Kaiserin schon früher ertheilten, aber damals von ihr nicht befolgten Rath, selbst an den
Kurfürsten zu schreiben. Aus den Worten des Freiherrn von Belderbusch las er nicht nur dessen Ansicht, sondern auch den Wunsch des
Kurfürsten heraus, einen Brief der Kaiserin zu erhalten. Werde demselben nicht willfahrt, dann sei fast mit Gewißheit vorherzusehen, das
Project werde entweder scheitern, oder dessen Durchführung doch gar
sehr in die Länge gezogen werden, während es hauptsächlich darauf
ankomme, bald zu wissen, woran man eigentlich sei. Denn wenn man
sehe, daß man mit der Candidatur des Erzherzogs nicht durchdringe,
müsse man wenigstens trachten, die Wahl auf eine andere, dem Kaiserhofe genehme Persönlichkeit zu lenken. Sei aber gegründete Hoffnung
für den Erzherzog vorhanden, dann müsse man nachdrücklich darauf
hinarbeiten, die Anschläge seiner Gegner zu durchkreuzen.

Kaunitz war der Meinung, die Kaiserin solle zwei Briefe an den Kurfürsten richten, und zwar den einen, längeren, der sich über das Wesen der Sache verbreite, bloß unterzeichnen, den kürzeren aber, der eine nur allgemein lautende Empfehlung ihres Wunsches enthielte, eigenhändig schreiben [1097]). Wie ungern Maria Theresia dem Antrage des Staatskanzlers willfahrte, geht aus ihrer Antwort an ihn deutlich hervor. „Folgen hier", so lautet dieselbe, „die zwey Schreiben, die „des Kaisers Maj. approbirt; kann also expedirt werden. Mir hat „es nicht wenig gekostet, selbe zu schreiben; erwarte auch anjetzo von „Fürsten kluger Einleitung ein baldes Ende. Folget das Schreiben, „welches signirt, ohne was zu ändern. Nur das Billet, was auch „ein Brief a parte ist, habe so leichter abgeändert" [1098]).

In dem eigenhändig geschriebenen Briefe der Kaiserin an den Kurfürsten von Köln war von der Angelegenheit, um die es sich handelte, mit keinem Worte die Rede. Um so ausführlicher wurde von ihr in dem offiziellen Schreiben gesprochen. Es verbreitete sich über die angeblichen Bemühungen der Feinde des Hauses Oesterreich, einen Gegner desselben dereinst zur kölnischen Kurwürde zu bringen. Um sie zu vereiteln, sei die Kaiserin auf einen Gedanken gekommen, den sie früher nicht gehegt habe, dessen Verwirklichung sie aber jetzt wünsche: er bestehe in der Wahl ihres Sohnes Maximilian zum Coadjutor von Köln. Sie lege ihn dem Kurfürsten vor und stelle dessen Annahme oder Ablehnung einzig und allein seiner eigenen Ent=scheidung anheim [1099]).

Die beiden Briefe der Kaiserin an den Kurfürsten brachten denn auch die gewünschte Wirkung hervor. In willfährigster Weise beant=wortete er sie mit der Erklärung, daß er Belderbusch mit den ferneren Verhandlungen zur Herbeiführung einer Vereinbarung über die Schritte betraut habe, welche zur Erreichung des beabsichtigten Zweckes geschehen sollten [1100]). Maria Theresia gab dem Kurfürsten ihren Dank hiefür in einem Cabinetschreiben zu erkennen, zu dessen Ueberreichung sich Metternich von seinem gewöhnlichen Aufenthaltsorte Mainz nach Bonn zu begeben hatte. Die Kaiserin aber konnte die Besorgniß nicht

unterdrücken, das geraume Zeit hindurch ſorgfältig behütete Geheimniß
werde ſich nicht lang mehr bewahren laſſen. „fürchte das secret
„wird bald offenbahr ſein", ſchrieb ſie in jenen Tagen dem Fürſten
Colloredo; „wegen Franckreich und Rom zu gedenckhen iſt" [1101]).

Der von der Kaiſerin ſelbſt gegebenen Anregung zufolge erging
das erforderliche Reſcript nach Paris, während der noch immer in
Wien anweſende Cardinal Hrzan den Auftrag erhielt, die Sache einſtweilen unter Ausbedingung unverbrüchlichen Geheimniſſes an den Papſt
zu bringen. Und der Kaiſer, der ſich damals ſchon auf der Reiſe
nach Rußland befand, wurde gebeten, auch die Mithülfe der Kaiſerin
Katharina in Anſpruch zu nehmen [1102]).

Aber ehe noch dieſe Schritte irgendwelchen Erfolg nach ſich ziehen
konnten, kamen, durch den Legationsſecretär Kornrumpf ſelbſt überbracht, Nachrichten nach Wien, welche es räthlich erſcheinen ließen, den
Schleier zu lüften und die erforderlichen Maßregeln ungeſäumt zu
treffen. Vorerſt hatten ſie nach der Meinung des Staatskanzlers in
dem förmlichen Anbringen bei dem heiligen Stuhle um die nöthigen
päpſtlichen Breve's und Diſpenſen, dann aber in Briefen der Kaiſerin
und des Erzherzogs an die Domcapitel von Köln und Münſter, endlich
in einem Circularſchreiben des Letzteren an ſämmtliche Capitulare zu
beſtehen. Da Joſeph in ſo weiter Entfernung ſich befand, bat Kaunitz
die Kaiſerin, alle nothwendig werdenden Schritte auf ſich nehmen zu
wollen [1103]).

„ich approbire alles", antwortete hierauf Maria Thereſia, „wie
„es vorgeſchlagen wird, dan an der geſchwindigkeit liget jetzund die
„reussite. dem Kayſer kan jetzund nichts nachgeſchickt (werden), bis er
„wider in unſere lande zuruckkomt; nachdeme wir ſeine intention wiſſen,
„getraue mich vorzugehen. ob nicht nach rom ein courir abzuſchicken
„wäre? ob die circulaire alſo oder nacher beſſer kunten abgeändert
„werden? den Kornrumpff möchte ich ſelbſten einmahl ſprechen."

Auch an den Fürſten Colloredo ſchrieb Maria Thereſia an dem
gleichen Tage in ähnlichem Sinne. „wir wiſſen", ſo lauten ihre

Worte, „des Kayſers May. intentionen und Verlangen, ſeinen
„Brudern dis importante etabliſſement zu procurirn zum nuzen
„des reichs und des ſtaats; ſo approbire alles was nöthig gefunden
„wird, dis werk zu beſchleünigen aus oder inwendig. diſe depechen
„nachzuſchicken, finde vor jetzo, wo des Kayſers May. ſchonn in
„ruſſiſchem gebüthe ſeind, nicht ſchicklich, wohl aber alles in bereit-
„ſchafft zu halten. wan wir werden wider das glick haben, ihme bei
„uns zurück zu haben, ich fürſten avertirn werde, umb alles ſelben
„zukommen zu laſſen."

Wie Maria Thereſia ſich im weiteren Verlaufe der Sache immer
mehr für ein Gelingen derſelben erwärmte, geht auch aus anderen
Aeußerungen der Kaiserin hervor. „Man kann nicht gerührter ſein",
ſchrieb ſie einmal an Colloredo, „als ich es über die Raſchheit bin,
„mit der Sie für das Etabliſſement meines Sohnes handeln. Den
„Brief werde ich in den meinigen an den Kaiſer legen, Ihnen aber
„auch das Gelingen dieſer delicaten und intereſſanten Angelegenheit
„verdanken" [1104].

An dem Tage, an welchem ſowohl Kaunitz als Colloredo der
Kaiſerin die durch Kornrumpf überbrachten Nachrichten vorlegten, erſtattete ihr der Staatskanzler auch Anzeige von dem Anerbieten des
Domcapitulars Grafen Damian Friedrich von der Leyen, nicht nur
ſeine Stimme dem Erzherzoge geben, ſondern Alles aufbieten zu wollen,
daß ein Gleiches auch von anderen Capitularen geſchehe. Sowohl
Kaunitz als Colloredo waren der Meinung, die Kaiſerin ſolle nicht
nur den Antrag des Grafen von der Leyen annehmen, ſondern ihm
auch durch ſeinen Oheim, den Staatsminiſter Grafen Hatzfeldt ihr
Wohlgefallen kundgeben [1105]. Maria Thereſia aber richtete hierauf
an Hatzfeldt mit eigener Hand die folgenden Zeilen:

„graff hatzfeld. er wird erſehen aus diſen ſchrifften, wie leyen
„ſich eyffrig und generose gegen metternich declarirt. ich bin umb
„ſo mehr davon touchirt, das er groſſen eindruck in capitul machen
„kan. ich hätte ihme gern geſtern davon geſprochen, das eine idée
„wegen meinen ſohne wäre. nachdeme aber noch diſe depeche nicht

„hatte, mithin alſ eine ſache, die nicht allein unſer secret ware,
„ſondern auch des churfürſten, ſo kunte mich nicht explicirn, bin
„aber ganz geſichert, das er allen antheil daran nehmen wird. er
„erſihet aus der note von Kaunitz, was man wünſcht; wan er alſo
„mit beeden canzlern darüber ſich verſtehen mögte. dem lezten kan er
„nicht gnugſam meine erkantlichkeit bezeigen. die ſach mus noch wenigſt
„in details geheim gehalten werden."

Inzwiſchen kamen Nachrichten aus Köln, denen zufolge die
Mehrheit des dortigen Domcapitels ſich der Wahl des Erzherzogs
täglich geneigter zeigte und an ihrem günſtigen Ausgange bald kaum
mehr zu zweifeln war. „Das raſche Gelingen", ſchrieb Maria
Thereſia an Kaunitz, „überſteigt meine Erwartung und muß Sie
befriedigen" [1106]. Eigenthümlich aber war es, daß gerade von der
Seite, von welcher man die am ſchwerſten zu überwindenden Hemm-
niſſe erwartete, Schritte geſchahen, deren Unklugheit ſie den Abſichten
des Kaiſerhofes viel eher förderlich als Nachtheil bringend erſcheinen ließ.

Kaum hatte ſich das Gerücht verbreitet, man gehe damit um,
den Erzherzog Maximilian in Köln und Münſter zum Coadjutor zu
wählen, als auch ſchon der preußiſche Geſandte von Emminghaus bei
dem Kölner Domdechant Karl Alois Grafen Königsegg erſchien. Er
frug ihn, ob wirklich das Domcapitel zur Wahl des Erzherzogs geneigt
wäre, während doch der Kurfürſt bisher von einem Coadjutor nichts
wiſſen wollte. Wenn dem in der That ſo wäre, habe er auf Befehl
ſeines Königs zu erklären, derſelbe werde dieſe Wahl niemals zugeben
und auch Mittel finden, ſie zu hintertreiben [1107]. Glaube aber der
Kurfürſt eines Coadjutors zu bedürfen, dann werde von preußiſcher
Seite Prinz Joſeph von Hohenlohe zu dieſer Würde empfohlen.

Wir ſchöpfen aus preußiſchen und nicht aus öſterreichiſchen
Quellen, wenn wir berichten, daß dieſe Schritte des Königs eine ſeinen
Wünſchen ganz entgegengeſetzte Wirkung hervorbrachten. Denn es ver-
ſtand ſich gewiſſer Maßen von ſelbſt, daß die Empfehlung einer be-
ſtimmten Perſon von Seite einer fremden Macht von dem wählenden
Domcapitel jedesmal als ein unberechtigter Eingriff in ſeine Wahl

freiheit und daher als eine beleidigende Anmaßung aufgenommen wurde. Die Anempfehlung des Prinzen Joseph von Hohenlohe durch den König von Preußen konnte dem Erzherzoge daher nicht schaden, sondern nur nutzbringend sein. Und was die Wahl in Münster anging, so kamen noch brutale Aeußerungen hinzu, welche der zu Hamm in der Graf- schaft Mark, hart an der Grenze des Münsterlandes commandirende preußische Generallieutenant von Wolffersdorf sich erlaubte. Einerseits drohte er mit Gewalt, und andererseits meinte er so cynische Ver- sprechungen machen zu dürfen, daß er dadurch nicht gewinnen, sondern nur beleidigen konnte [1108]).

Von größerer Wirkung als das von preußischer Seite beobachtete Verfahren war das Auftreten Fürstenbergs, der sich nun offen als Mitbewerber um die Würde eines Coadjutors für Münster hinstellte. Bei seinen unleugbaren Verdiensten um das Land besaß er ohne Zweifel eine nicht gering zu achtende Partei, aber Viele waren ihm persönlich entgegen und eine noch größere Anzahl versprach sich von der Wahl eines Erzherzogs Schutz vor der Abhängigmachung des Münsterlandes von Preußen; unter Fürstenbergs Regiment, besorgten sie, würde dieselbe in völlige Sklaverei ausarten. Müsse es sich doch schon jetzt von jedem benachbarten preußischen General die unwürdigsten Neckereien gefallen lassen [1109]).

Obgleich nun in Münster der Kampf zwischen den Anhängern des Erzherzogs und denen Fürstenbergs noch fortdauerte, so war doch die Zahl der Ersteren in steter Zunahme, die der Letzteren aber in sichtlichem Schwinden begriffen. Auch aus dem Beschlusse des Dom- capitels, den Wahltag auf den 16. August festzusetzen, geht dieß her- vor; Kaunitz aber benachrichtigte die Kaiserin hievon mit der Be- merkung, daß, um die Wahl mit Bestimmtheit auf den Erzherzog fallen zu machen, es trotz der etwaigen päpstlichen Dispensation altem Herkommen gemäß als unerläßlich gefordert werden könnte, daß er wenigstens die sogenannte erste Tonsur erhalten habe. Sie sich er- theilen zu lassen, walte auch nicht das geringste Bedenken ob, und sie könnte insgeheim, entweder durch den Weihbischof von Wien oder den päpstlichen Nuntius gegeben werden. Durch sie werde der Erzherzog durchaus nicht gehindert, seine Haare wie sonst zu tragen, und ebensowenig werde ihm ein geistliches Kleid aufgenöthigt werden [1110]). Maria Theresia aber entgegnete hierauf mit eigener Hand: „in allen ver-„standen. wegen der tonsura solle es nuntius vornehmen, nicht „aber eher, als man das canonicat würcklich inne hat; auch nach-„gehends wegen tragung der kleyder mein sohne damit verstanden". Demzufolge gab der Nuntius Garampi dem Erzherzoge am 9. Juli, einem Sonntage, im Oratorium der Burgkapelle die erste Tonsur, und es wurde beschlossen, daß er bis zum Wahltage in Köln, der auf den 2. August festgesetzt war, die Uniform des deutschen Ordens, von da an aber das schwarze geistliche Kleid zu tragen habe [1111]).

Die Sache nahte sich, wie man sieht, in Köln noch rascher der Entscheidung als in Münster. Prinz Joseph Hohenlohe hatte sich, ehe er noch von der Candidatur des Erzherzogs Kenntniß besaß, nach Wien begeben, um sich der Unterstützung des Kaiserhofes für seine eigene Wahl zu versichern. Als er hier von den Bemühungen zu Gunsten des Erzherzogs Kenntniß erhielt, trat er von seiner Bewerbung zurück und verpfändete sowohl der Kaiserin mündlich als dem Letzteren schriftlich sein Wort, für ihn zu stimmen; ja er gab sogar Hoffnung auf seine Mitwirkung, dem Erzherzoge noch andere Wahlstimmen zu erwerben [1112]).

Die letztere Erwartung erfüllte sich jedoch nicht. In Gemeinschaft mit dem Domherrn Grafen Truchseß that Hohenlohe vielmehr alles Mögliche, die Wahl des Erzherzogs noch in letzter Stunde zu hintertreiben. Aber seine Bemühungen blieben ebenso resultatlos als die nun auch an das Domcapitel von Köln gerichteten Abmahnungsschreiben des Königs von Preußen. Als sie die Nutzlosigkeit ihres Widerstandes erkannten, ließen Hohenlohe und Truchseß von demselben ab und nichts mehr schien dem Vollzuge der Wahl im Wege zu stehen.

Bemerkt muß werden, daß das päpstliche Breve, welches die Wahlfähigkeit des Erzherzogs aussprach, nicht wie man in Wien erwartet hatte, eine Dispensation von allen, sondern nur die von den höheren

Weihen enthielt. Kaunitz rieth somit dazu, daß man es nicht bei der dem Erzherzoge schon ertheilten ersten Tonsur belasse, sondern daß er auch die niederen Weihen empfange. Solches könne um so eher geschehen, als sie kein Sacrament seien und keine der mit den höheren Weihen verknüpften Wirkungen und Verbindlichkeiten nach sich zögen. Auch diesem Antrage des Staatskanzlers wurde mit Zustimmung der Kaiserin von dem Erzherzoge willfahrt [1113]). In Köln aber wurde zwar nicht am 2., wohl aber am 7. August die Wahl Maximilians zum Coadjutor des Kurfürsten einstimmig vollzogen.

Schwieriger schien es, die Hindernisse zu besiegen, welche sich der Wahl des Erzherzogs in Münster noch immer entgegenstellten. Unermüdlich war die Thätigkeit der Gegenpartei, und sogar von preußischer Seite wird zugestanden, daß „jedes Mittel" versucht wurde, die österreichisch Gesinnten wieder wankend zu machen; noch bei keiner Bischofswahl wurden so beträchtliche Geldsummen angewendet, als jetzt bereit lagen, diese Wahl zu vereiteln. Aber umsonst; nicht eine einzige Stimme wurde der österreichischen Partei entzogen. Ihr schließlich den Sieg verschafft zu haben, hieran war vielmehr der von preußischer Seite entwickelte Uebereifer nicht zum mindesten Schuld. Insbesondere fuhr Generallieutenant von Wolffersdorf unablässig fort, durch tactloses Benehmen der von seinem königlichen Herrn beschützten Sache aufs empfindlichste zu schaden. Er suchte die Meinung zu erwecken, daß er beauftragt sei, den Vollzug der Wahl im äußersten Falle auch mit Gewalt zu hindern. Fürstenberg schien dieß zu wünschen, aber so weit wollte König Friedrich in Ermanglung jeglicher Berechtigung hiezu nicht gehen. Er gab vielmehr eine ausweichende Antwort; durch sie aber wurden Fürstenberg und seine Freunde bestimmt, sich dem zu unterwerfen, was sie nicht ändern konnten. Fürstenberg trat nun mit dem wieder nach Münster zurückgekehrten Grafen Metternich in Berührung, und am 16. August wurde auch hier Maximilian einstimmig gewählt [1114]).

Aus den Aeußerungen der Kaiserin gegen ihre Tochter Marie Antoinette, der sie gleichzeitig für die durch sie veranlaßte Unterstützung

der Wahlangelegenheit von Seite Frankreichs dankte, wissen wir, wie
sehr ihr dieses Ereigniß zur Befriedigung gereichte [1115]).　Das gleiche
Gefühl legte sie durch ihre Beantwortung eines Antrages an den Tag,
den ihr Kaunitz zu Gunsten des geheimen Referendars Freiherrn von
Leykam stellte, welch Letzterer in dem Wahlgeschäfte vornehmlich gebraucht worden war [1116]).　„mit freüden accordire", so lautete ihre
Erwiederung, „all jenes, was vor diesen würdigen man mir kan vor-
„geschlagen werden."

Wo von charakteristischen Aussprüchen der Kaiserin, welche mit
dieser Angelegenheit im Zusammenhange stehen, die Rede ist, wird
auch die Antwort zu erwähnen sein, die sie dem Fürsten Kaunitz ertheilte, als er ihr die Liste der Feste vorlegte, welche der Kurfürst von
Köln dem Erzherzoge bei dem Besuche zu geben gedachte, den ihm
derselbe in Aussicht gestellt hatte [1117]).　„vor geistliche fürsten", ließ
sich Maria Theresia vernehmen, „finde dise ·unterhaltungen sehr
„wunderlich."

Der Erzherzog brachte die Reise nach Köln und nach Münster mit
derjenigen in Verbindung, die er nach Mergentheim unternahm, um
dort in die Würde eines Hochmeisters des deutschen Ordens eingeführt
zu werden; als Coadjutor seines Oheims, des Prinzen Karl von
Lothringen trat er nach dessen Tode von selbst in sie ein.　Lag darin
eine, für sich allein betrachtet, der Kaiserin gewiß willkommene Folge
eines ihr an und für sich schmerzlichen Ereignisses, so zog dasselbe
hingegen auch eine andere, ihr peinliche Consequenz nach sich.　Bekanntlich waren ihre Tochter Marie und deren Gemal Prinz Albert
schon seit ihrer vor vierzehn Jahren geschehenen Vermälung dazu bestimmt, dem Prinzen Karl von Lothringen dereinst in der Generalstatthalterschaft der Niederlande nachzufolgen.　Nur höchst ungern fügte
sich Maria Theresia in die Nothwendigkeit, sich von ihrer Lieblings-
gesellschaft zu trennen, denn einen sehr großen Theil des Jahres
brachten die Erzherzogin und ihr Gemal, insbesondere aber die Erstere
mit der Kaiserin zu.　Sich allmälig an den Gedanken der Trennung
zu gewöhnen, verschob Maria Theresia dieselbe bis auf den künftigen

Frühling, und auch dann sollte Marie Christine nach kurzem Aufent=
halte in den Niederlanden wieder für mehrere Monate nach Wien
zurückkehren [1118]).

Hier wird auch der geeignete Ort sein, noch ein Paar Worte
über die zwei in Wien befindlichen Schwestern der Erzherzogin Marie,
die Erzherzoginnen Marianne und Elisabeth zu sagen, da auch mit
ihnen die Kaiserin sich während der letzten Zeit ihres Lebens besonders
beschäftigte. Bei der Erzherzogin Marianne führte eine traurige Ver=
anlassung hiezu: ohnehin fortwährend kränklich, litt sie damals noch
weit mehr als sonst, und der letzte Brief, den Maria Theresia an
die Königin von Frankreich schrieb, enthält recht bittere Klagen über
die Krankheit ihrer Tochter Marianne [1119]).

Ganz anderer Natur dagegen war die Angelegenheit, welche die
Erzherzogin Elisabeth betraf. Es ist seiner Zeit von ihr erzählt
worden, daß sie, unter den schönen Töchtern der Kaiserin die schönste,
kurz nach ihrer Mutter von den Blattern befallen wurde. Gleich ihr
überstand sie diese Krankheit, aber auch bei ihr war die Schönheit der
Gesichtszüge vollkommen zerstört. Nur schwer ertrug die Erzherzogin
diesen Schlag des Schicksals, und es geschah schon des Herzleides Er=
wähnung, welches sie darüber empfand, unvermält bleiben zu sollen,
während ihre jüngeren Schwestern auf fremden Thronen glanzvolle
Lebensstellungen einnahmen [1120]). Da schien sich plötzlich noch die
Aussicht auf eine Vermälung, und zwar mit dem regierenden Herzoge
Karl Eugen von Württemberg darbieten zu sollen. Wenigstens ver=
breitete sich, ohne daß, so viel wir wissen, eine Bewerbung wirklich
vorkam, das Gerücht einer solchen, und als die Nachricht hievon aus
Wien nach St. Petersburg gelangte, machte sie dort auf einen Theil
des russischen Hofes keinen günstigen Eindruck. Denn nur höchst
ungern hätte die Großfürstin Marie eine Heirat des Herzogs Karl
gesehen, weil dadurch die Aussicht ihrer Familie, in Württemberg
dereinst zur Herrschaft zu gelangen, gar sehr getrübt worden wäre.

„ich ware niemals davor, meine tochter zu alt, mit ihme keine
„glücklich wäre." So lautete die Antwort der Kaiserin, als ihr Kaunitz

den Gesandtschaftsbericht aus St. Petersburg über diese Angelegenheit
vorlegte [1121]).   Joseph aber spottete über das angebliche Project einer
Verheiratung seiner Schwester mit dem Herzoge von Württemberg [1122]).
Und Kaunitz zeigte sich in hohem Grade erbittert über ein Gerede,
dessen Aussprengung er keinem Anderen als dem Könige von Preußen
zuschrieb.   „Schon oft habe ich bey mir nachgedacht", schrieb er an
Cobenzl, „was man denn eigentlich Preußischer Seits bei allen diesen
„Verleumdungen für einen Endzweck habe, und ich muß gestehen, daß
„mir solcher bis diese Stunde unbegreiflich geblieben ist.   Denn die Aus-
„streuung solcher Lügen, denen die unserer Seits erfolgende notorische
„facta oder non facta immerwährend ein selbstredendes Dementi
„geben, können doch zuletzt bey den übrigen Höfen unmöglich einen
„anderen als für den Verleumder selbst ganz widrigen Eindruck her-
„vorbringen" [1123]).

An dem Beispiele des Erzherzogs Maximilian ist hier neuerdings
die Sorgfalt bewiesen worden, welche Maria Theresia bis in ihre
spätesten Lebenstage den Interessen ihrer Kinder widmete.   Aber freilich,
auf keines von ihnen war in so hohem Maße die Aufmerksamkeit der
Kaiserin gerichtet wie auf ihren ältesten Sohn.   Der so tief gehende
Meinungszwiespalt zwischen ihnen brachte hierin nicht etwa irgendwelche Verringerung hervor, sondern er schien fast eine Veranlassung
mehr für sie zu sein, sich mit noch gesteigerter Lebhaftigkeit fortwährend
mit dem zu beschäftigen, was Joseph that oder zu thun sich vornahm.
Und da waren es insbesondere die steten Reisen des Kaisers, welche
Maria Theresia mißbilligte und die sie mit der höchsten Beunruhigung
erfüllten.   Selbst schon alt und schwerfällig geworden, begriff sie seinen
rastlosen Trieb nach fortwährender Veränderung seines Aufenthalts-
ortes nicht, und sie meinte, er würde ihr, sich selbst und dem Staate
bei weitem mehr nützen, wenn er den Geschäften des Letzteren in Ruhe
sich widmen wollte, als er dieß während seiner so häufig wiederkehrenden Abwesenheiten von Wien zu thun im Stande wäre.   Schon seine
Reise nach Rußland war ihr unwillkommen gewesen, aber sie gab doch
bereitwillig zu, daß sie den politischen Interessen Oesterreichs förderlich
war.   Noch viel schmerzlicher empfand sie es jedoch, daß Joseph, schon ehe

er sich nach Rußland begab, den Plan entwarf, noch im Jahre 1780 oder spätestens im Beginne des folgenden Jahres Holland und England zu besuchen. Und insbesondere war es die Reise nach dem letzteren Lande, vor welcher Maria Theresia die höchsten Besorgnisse hegte.

Es ist schon gesagt worden, daß von dem Augenblicke an, in welchem die Wahrscheinlichkeit zunahm, Oesterreich werde zur Verwirklichung seiner Ansprüche auf baierisches Gebiet des Beistandes Frankreichs nicht theilhaft werden, die ohnehin nie sehr große Anzahl der Anhänger der französischen Allianz in raschem Schwinden begriffen war. Wer etwa die Klagen der Kaiserin hierüber für übertrieben ansehen wollte, wird in den gleichzeitigen Berichten des französischen Botschafters Breteuil deren volle Bestätigung finden. Allgemein höre man, schrieb er im April 1778 nach Paris, die Meinung aussprechen, nur die Verweigerung der Beihülfe Frankreichs habe den Ausbruch des Krieges mit Preußen verschuldet. Nichts gleiche der Erbitterung, mit der man sich in Wien über Frankreich auslasse, und Jedermann sage, man habe großes Unrecht gethan, sich von dort jemals eines Besseren zu versehen. Wetten biete man an, das Bündniß zwischen Oesterreich und Frankreich könne nicht mehr ein Jahr lang aufrecht erhalten werden. Er selbst werde kaum mit freundlicheren Blicken betrachtet als der preußische Gesandte. Mit besonderer Schärfe table man den Freundschaftsvertrag Frankreichs mit den Amerikanern. Seit dessen Abschlusse würden die Letzteren in Wien als Feiglinge betrachtet, welche ihrem Vaterlande den Rücken gekehrt hätten, um sich mit dessen Feinden zu verbinden. Ein solches Verfahren, behaupte man, schreie nach Rache und dieselbe werde nicht ausbleiben; schon vor Ablauf des Jahres werde die französische Flotte zu Grunde gerichtet sein. „Wenn ich", so schloß Breteuil diesen interessanten Bericht, „nur denen meine Thüre öffnen wollte, welche unseren Handlungen „und Grundsätzen nur ein wenig günstig gesinnt sind, würde ich so „ziemlich allein leben müssen" [1124]).

Es kann sein, daß diese Abneigung gegen Frankreich sich nach Beendigung des baierischen Erbfolgekrieges wieder etwas schwächte;

Maria Theresia räumte dieß jedoch nicht ein, sondern sie behauptete, dieselbe nehme noch fortwährend zu [1125]). Und insbesondere regte es sie auf, dieß auch an dem Kaiser wahrnehmen zu müssen. Mit tiefem Bedauern benachrichtigte sie den Grafen Mercy, Joseph habe in längerer Unterredung mit dem holländischen Gesandten Grafen Degenfeld denselben von der Nothwendigkeit zu überzeugen gesucht, daß Holland sich nicht gegen England erkläre. Sein Handel würde durch ein Obsiegen der bourbonischen Höfe in hohem Maße ge= fährdet sein [1126]).

Man wird es zum mindesten begreiflich finden, daß die Miß= stimmung der Kaiserin über die wirkliche oder vermeintliche Vorliebe Josephs für England durch die damaligen Vorfälle im Innern jenes Landes nur vermehrt wurde. Insbesondere war es die Emeute, die am 2. Juni 1780 in London gegen die Katholiken ausbrach und die scheußlichsten Gewaltthaten wider sie hervorrief, welche Maria Theresia mit vollem Rechte empörte. „man sihet“, antwortete sie dem Fürsten Kaunitz, als er ihr den Bericht des Grafen Belgiojoso über diese Ereignisse vorlegte [1127]), „man sihet aus disen, wie anderst die irr= „glaubiche gegen die wahre religion excedirn; uns wird nur toleranz „geprediget. ich lehrne auch nichts aus diser so hoch geprisenen legis- „lation, regirungsform, freyheit, welche in solche excessen verfalt, „das sicherer bey tyrcken man sich halten kan, und doch will man „nichts alf englisch thun und gedencken.“

In ganz gleichem Sinne, ja fast mit denselben Worten sprach Maria Theresia auch gegen die Königin von Frankreich sich aus. Das in London vorgefallene Ereigniß nennt sie ein solches, welches in civilisirten Ländern unerhört sei. „Das ist nun“, fährt sie fort, „jene „so sehr gerühmte Freiheit, jene ganz einzig dastehende Gesetzgebung! „Ohne Religion, ohne Sitten kann gar nichts bestehen“ [1128]).

Einmal in dieser Stimmung, konnte Maria Theresia natürlicher Weise die Absicht des Kaisers, sich nach England zu begeben, nur tief beklagen. Marie Antoinette aber ging ganz in die Gedanken ihrer Mutter ein. „Ich hoffe“, antwortete sie ihr, „der Kaiser wird es sich

„mehr als ein Mal überlegen, ein Land zu besuchen, das ein aus=
„gesprochener Feind aller Monarchen ist, und wo die Gesetze, welche
„für die allgemeine Ruhe und den öffentlichen Anstand die noth=
„wendigsten sind, durch den dort herrschenden Durst nach Freiheit und
„Unabhängigkeit auf nichts zurückgeführt werden" [1129]). Die Kaiserin
aber gab der Königin ihre Freude über die Entschiedenheit zu er=
kennen, mit welcher sie ihrer eigenen Denkungsweise zustimmte [1130]).

Von Joseph selbst wissen wir, daß er sich dießmal den bringenden
Vorstellungen seiner Mutter fügte und ihr zu Liebe die beabsichtigte
Reise nach England aufgab. Aber Holland und insbesondere die
österreichischen Niederlande wollte er besuchen. Der Zwischenraum
zwischen dem Tode des Prinzen Karl von Lothringen und der Ueber=
nahme der Generalstatthalterschaft durch die Erzherzogin Marie und
deren Gemal schien ihm der geeignete Zeitpunkt zu sein, diesen wichtigen
und ihm allein noch unbekannt gebliebenen Theil der österreichischen
Staaten zu sehen und daselbst, von anderen Rücksichten unbeirrt, seine
persönlichen Wahrnehmungen zu machen [1131]).

In dieser gewiß wohlbegründeten Absicht wurde der Kaiser durch
das Rücktrittsgesuch des Fürsten Starhemberg nur noch bestärkt. Die
Erzherzogin wollte den Grafen Rosenberg zu dessen Nachfolger er=
nannt sehen, Joseph aber erklärte sich gegen ihn, denn er hielt ihn
für zu wenig arbeitsam und für zu nachgiebig in den Geschäften.
Ihm schien Graf Pergen der Tauglichste für jenen Posten zu sein [1132]).

Die Verzichtleistung des Kaisers auf die Reise nach England
war wohl die letzte Freude, die er seiner Mutter bereitete. In dem
Gefühle derselben und in Anbetracht der unleugbaren Gründe, welche
für den Besuch der österreichischen Niederlande sprachen, wagte Maria
Theresia es nicht, sich auch dem letzteren zu widersetzen. Aber aufs
lebhafteste mißbilligte sie doch die steten Abwesenheiten des Kaisers,
ja sie fühlte sich durch dieselben persönlich gekränkt und beleidigt, denn
in dem Wunsche Josephs, getrennt von ihr zu leben, meinte sie deren
Ursache erblicken zu müssen [1133]). Ihrer Tochter Marie Antoinette

schrieb sie hierüber: „Gleich Dir hätte ich sehr gewünscht, daß dieser
„Winter den Reisen des Kaisers endlich ein Ziel setze, aber er ist
„eifrig damit beschäftigt, sich im Beginne des kommenden März nach
„den Niederlanden zu begeben, und er will den ganzen Sommer hin-
„durch abwesend sein. Alle Jahre nimmt dieß zu und es vermehrt
„meinen Kummer und meine Beunruhigung, während ich doch in
„meinem Alter der Hülfe und des Trostes bedürfte. Und außerdem
„verliere ich Alle, die ich liebe; den Einen nach dem Andern, und ich
„bin dadurch tief darnieder gebeugt" 1134).

Zwanzigstes Capitel.

Der Tod der Kaiferin.

— · ·

An demfelben Tage, an welchem fich Maria Therefia gegen die
Königin von Frankreich in bitteren Klagen über die unbezähmbare
Reifeluft des Kaifers erging, fchrieb fie in dem gleichen Sinne an
Mercy. Und auch in dem Briefe an ihn erwähnte fie den Schmerz,
den fie über den Tod ihres Schwagers, des Prinzen Karl von Lothringen empfand. Schon vor dem Eintritte diefes für fie fo traurigen
Ereigniffes hatte fie an ihre Tochter in einer Weife gefchrieben, durch
welche ihre Empfindung für den Prinzen zu vollem Ausdrucke gelangte.
„Der Zuftand meines theuren Schwagers“, fo lauten diefe Worte der
Kaiferin, „macht mich untröftlich. Ich war ihm, und gewiß mit
„vollem Rechte aufs innigfte zugethan; er war die Güte felbft und
„hat feine Provinz zu der glücklichften der Monarchie gemacht. Sehr
„richtig fagft Du, daß es traurig ift, das Haus Lothringen erlöfchen
„zu fehen. Da haft Du wohl Recht! Mir war das Unglück befchieden,
„das Ausfterben beider Häufer von Oefterreich und von Lothringen
„zu erleben, und nur in Euch, meine theuren Kinder, erftehen fie
„wieder; möchten ihre Tugenden und ihre Güte in Euch fich ver-
„ewigen; Ihr habt fchöne Beifpiele vor Euch. Ich hoffe nichts mehr
„für diefen Prinzen; vielleicht kann er noch fein Leben, aber doch nur
„elend friften. Er will feinen traurigen Zuftand nicht erkennen und
„kämpft noch gegen denfelben an“ [1135]).

Wir wiffen, daß diefer Kampf nur kurze Zeit dauerte; fchon
wenige Tage, nachdem Maria Therefia in folchem Sinne an die

Königin von Frankreich geschrieben, ging es mit dem Prinzen Karl
zu Ende. Der Ausdrücke des tiefsten Bedauerns, mit welchem dieser
Verlust die Kaiserin durchdrang, ist bereits früher Erwähnung geschehen [1136]). Und wie die Trauer um einen theuren Dahingeschiedenen
durch das Hinzutreten peinlicher Umstände immer noch vermehrt wird,
so war dieß auch jetzt wieder der Fall. Das Testament ihres Schwagers
und die ziemlich rücksichtslose Art, in welcher Joseph hinsichtlich der
Bestimmungen desselben vorging, verursachten der Kaiserin viel Kummer.
Hiezu kam noch der Gedanke, sich bald von ihrer Lieblingstochter
trennen zu müssen, und der Unmuth über die Ersparungen, welche
Joseph, wie es scheint, zu Ungunsten derselben an der Dotation des
bisher von dem Prinzen Karl bekleideten Postens eintreten lassen
wollte. „So lang ich noch lebe", schrieb Maria Theresia hierüber in
dem letzten Briefe, den sie überhaupt an Mercy richtete, „lasse ich an
„die Generalstatthalterschaft der Niederlande nicht rühren; aber freilich
„kann ich nicht glauben, daß es noch lang mit mir dauern wird. Zu
„groß und zu vielseitig ist der Kummer, den ich empfinde und der
„sich fortwährend steigert. Hiezu kommt noch, daß ich ohne Hülfe
„bin und ohne Beistand; in meinem Alter läßt sich dieß nicht länger
„mehr ertragen und rasch schwindet meine Gesundheit dahin" [1137]).

Man wird wohl in den letzten Worten der Kaiserin eine Art
von Vorgefühl ihres nahen Todes erblicken dürfen; der Umstand
wenigstens, daß sie am 15. October ihr Testament machte, deutet
darauf hin, daß sie ahnte, sie stehe dem Ausgange ihres Lebens nicht
mehr fern. Sonst kam allerdings nichts vor, was Anlaß gegeben hätte,
auf ein baldiges Ende der Kaiserin zu schließen. Freilich konnte sich
Niemand darüber täuschen, daß Maria Theresia weit über ihre Jahre
— deren sie damals erst dreiundsechzig zählte — gealtert war. Schon
durch die überaus zahlreichen Entbindungen, die sie durchzumachen
hatte — bekanntlich brachte sie sechzehn Kinder zur Welt — war ihr
Körper sehr hart mitgenommen worden. Außerdem hatte ihm die
im Jahre 1767 überstandene Blatternkrankheit nicht wenig zugesetzt.
Und endlich übten der tiefe Schmerz über den Verlust ihres geliebten
Gemals, und der vielfache und schwere Kummer, den sie auch sonst

noch zu tragen hatte, eine verderbliche Wirkung auf sie. Schon seit
einer Reihe von Jahren war sie immer schwerfälliger und unbehülf-
licher geworden; sie machte immer weniger Bewegung, und wenn sie
es that, so raubten ihr asthmatische Beschwerden den Athem. Fortwährend nahm dieß zu; bald kostete sie, wie ihre Tochter Marianne
bezeugt, das Zurücklegen eines ebenen Weges nicht weniger Mühe als
die Ersteigung einer Treppe, und übermäßig erhitzte und ermüdete sie
sich dabei. Gar oft sagte sie dann: „Ich bin elend, ich kann nicht
„mehr; täglich wird es übler mit meinem Athem". Denn sogar wenn
sie sitzend mit der ihr eigenen Lebendigkeit sprach und etwa hiezu noch
die Hände bewegte, stellte sich diese Athemnoth ein. Aber Maria
Theresia fürchtete den Tod nicht; sie blickte ihm vielmehr so muthig
ins Auge wie der tapferste Soldat. Darum spottete sie selbst über
ihren eigenen Zustand, so lästig er ihr auch war, und oft sagte sie
lachend: „Ich werde völlig zu Stein; innerlich empfinde ich es" [1138]).

Die Kaiserin war keine Freundin von Heilmitteln und sie ging
ihrer Anwendung so viel als möglich aus dem Wege. Ihr zur Ader
zu lassen, was in früherer Zeit sehr häufig geschehen war, scheute man
sich, weil man besorgte, hiedurch den Eintritt der Wassersucht zu
fördern, die ihr zu drohen schien. Diese Befürchtung wurde noch
dadurch gesteigert, daß sie seit etwa einem Jahre viel bleicher war als
sonst; aber freilich hatte die innere Erhitzung, über welche sie stets
klagte, sich nicht verringert, sondern im Gegentheile so vermehrt, daß
sie seit ihrer Rückkehr aus Schönbrunn Tag und Nacht die Fenster
geöffnet hielt, in der ärgsten Zugluft saß und viel in Eis gekühlte
Limonade trank. Dem Zugwinde, dem sie so gern sich aussetzte, und
der kühlen Temperatur in ihren Zimmern legte ihre Umgebung es
zur Last, daß sie seit Anfangs October an einem Rheumatismus im
rechten Arme litt, der ihr das Schreiben etwas erschwerte [1139]); später
meinte man in ihrem inneren Leiden die Ursache dieses Zustandes
gefunden zu haben. Zu ihm gesellte sich ein Husten, der Niemand mehr
erschreckte, weil Maria Theresia von einem solchen fast jeden Winter
befallen wurde. Er hielt sie auch nicht ab, am Tage aller Seelen,
dem 2. November wie gewöhnlich die kaiserliche Gruft bei den Kapuzinern

und am Nachmittage die Augustinerkirche zu besuchen, ja sechs Tage
später wohnte sie noch einer Jagd auf Fasanen, welche Joseph mit
seiner Schwester Marie und dem Prinzen Albert in Schönbrunn abhielt, als Zuseherin bei, wobei sie durch den strömenden Regen ziemlich
durchnäßt wurde, sich aber nicht abhalten ließ, mit der gesammten
Jagdgesellschaft gemeinschaftlich zu speisen [1140]). Obwohl hiedurch etwas
gesteigert, schien doch der Husten den gewöhnlichen Verlauf zu nehmen,
und Maria Theresia ließ sich durch ihn nicht abhalten, ihren Beschäftigungen nachzugehen. Erst am 18. November sagte sie, um sich
des Hustens wegen etwas zu schonen, den für den folgenden Tag an-
beraumten feierlichen Gottesdienst ab. Am 19. November frühstückten
ihre Töchter Marianne und Elisabeth bei ihr; die Kaiserin hustete
stark und klagte, sie fühle ein gewisses Sieden auf der Brust, welches
ihr insbesondere in liegender Stellung höchst beschwerlich sei. Ihre
Töchter fanden sie sehr übel aussehend und die gelbe Hautfarbe der
Kaiserin fiel ihnen besonders auf. Dennoch verfügte sich Maria
Theresia zur Anhörung der Messe in die Capelle; dann empfing sie
Damenbesuch und gab wie gewöhnlich Audienzen.

Am 20. November nahm der Husten neuerdings zu und darum
wurde der Kaiserin Abends auf ihr eigenes Begehren und gegen den
Wunsch ihres Leibarztes Störck [1141]) eine Ader geschlagen; sie befand
sich darauf besser und schlief die Nacht hindurch ziemlich gut. Auch am
21. besuchte sie wieder die Messe, gegen zehn Uhr aber bekam sie
einen leichten Anfall von Fieber, klagte über größere Beschwerden auf
der Brust, war matter und gleichzeitig erhitzter; gegen die Mittagsstunde aber schlief sie manchmal ein. Den Tag über steigerte sich der
Husten, und als sie des Abends bei der Arbeit saß, überfiel er sie
plötzlich mit solcher Gewalt, daß man einen Augenblick besorgte, sie
ersticke. Auch die Nacht war schlecht; die Kaiserin mußte sie fast ganz
außer Bett zubringen, wie sie denn überhaupt während der noch
übrigen, freilich nur kurzen Dauer ihrer Krankheit nur wenig mehr
in dasselbe kam.

Den 22. und den 23. November blieb sich der Zustand der
Kaiserin so ziemlich gleich. Sie lag nicht zu Bett, aber das Athmen

fiel ihr schwer und deutlich vernahm man eine Art von Röcheln in ihrer Brust. Sie hatte wenig Fieber, aber gleichzeitig einen so schwachen Puls, daß man es nicht wagte, ihr noch einmal zur Ader zu lassen. Beide Tage hörte sie die Messe und arbeitete wie sonst. Aber jeden Abend zwischen acht und neun Uhr überfiel sie der frühere heftige Husten, von Erstickungsanfällen begleitet.

Am 24. November zur Mittagsstunde trafen die Erzherzogin Marie und Prinz Albert von Preßburg in Wien ein; man hatte sie von dem Unwohlsein der Kaiserin verständigt, ohne dasselbe als ein ernstes zu bezeichnen. Beide betraten in dem Augenblicke ihr Zimmer, als die Erstickungsanfälle vorüber waren. Hocherfreut waren sie, die Kaiserin wie sonst an ihrem Arbeitstische zu finden und von ihr zum Frühstücke eingeladen zu werden. Erst nachdem sie sie verlassen hatten, schilderte ihnen Störck den Ernst der Lage. Ein furchtbarer Erstickungsanfall, den Maria Theresia noch an demselben Abende überstand, überzeugte sie noch deutlicher hievon. Nun wurde auch das Fieber wieder ärger, und jetzt erst begann man zu erkennen, daß das Leben der Kaiserin bedroht sei.

Nur ein einziges Mitglied ihrer nächsten Umgebung wollte durchaus nicht an eine Gefahr glauben; dieß war der Kaiser. In einer für Störck sehr verletzenden Weise beschuldigte er ihn, allzuviel Aufhebens von der Krankheit der Kaiserin zu machen. Nur aus der Ursache geschehe es, sagte er ihm auf den Kopf zu, um dann sein eigenes Verdienst ihrer Wiederherstellung in um so glänzenderem Lichte erscheinen zu lassen 1142).

Zur Ehre Störcks sei es gesagt, daß er sich durch solche Vorwürfe, so unverdient und so peinlich sie auch sein mochten, doch keinen Augenblick von pünktlichster Erfüllung seiner Pflichten abhalten ließ. Allzeit hatte er der Kaiserin versprochen, ihr nie die geringste Unwahrheit über ihre etwaige Krankheit, sondern immer nur die volle Wahrheit zu sagen und sie insbesondere rechtzeitig zu verständigen, wenn er den Augenblick für gekommen erachte, in welchem sie ihre Beichte ablegen solle. In Folge dessen rieth ihr denn auch Störck noch am Abende des 24. November, sie möge am nächsten Morgen ihren Beichtvater, den Prälaten Müller von St. Dorothee zu sich berufen. In den wärmsten Ausdrücken dankte ihm Maria Theresia hiefür. Sie beschwor ihn aufs Neue, ihr ja keinen Umstand zu verhehlen, ihr zu rechter Zeit Alles zu sagen und nicht zu vergessen, daß sie die Herbeiziehung eines anderen Arztes in gar keinem Falle wolle. Wiederholt mußte ihr Störck das versprechen und außerdem noch zusagen, sie nicht unnützer Weise mit Zugpflastern oder einer zu großen Menge von Medicamenten zu plagen. Endlich befahl sie, ihren Kindern zu verbergen, daß sie am nächsten Morgen die Beichte ablegen wolle.

Nach einer sehr unruhig verbrachten Nacht frühstückte die Kaiserin wie gewöhnlich mit ihren Töchtern, verheimlichte ihnen aber, um sie nicht aufzuregen, aufs sorgfältigste, daß sie unmittelbar darauf beichten werde. Nachdem sie dieß gethan, verfloß der Tag ungefähr so wie die vorigen; ja sie aß sogar mit ihren Angehörigen, und nicht ohne Appetit zu Nacht. Am 26. aber verschlimmerte sich neuerdings ihr Zustand, und sie kündigte ihrem Sohne die Absicht an, sich noch am selben Nachmittage mit den Sterbsacramenten versehen zu lassen.

Noch immer maß der Kaiser der Erkrankung seiner Mutter nicht jenen Grad der Gefährlichkeit bei, den sie wirklich besaß. Er wollte sie von ihrem Vorsatze wieder abbringen und erreichte endlich so viel, daß sie vorläufig nur das Altarssacrament empfangen zu wollen erklärte und sich die letzte Oelung noch vorbehielt. Um vier Uhr Nachmittags fand die feierliche Ceremonie statt. Der päpstliche Nuntius Garampi trug das Hochwürdigste, und alle in Wien anwesenden Kinder der Kaiserin gaben ihm bis in ihr Schlafzimmer das Geleit. Hier kniete Maria Theresia, vollkommen angekleidet, auf einem Betschemel, das Haupt, wie sie es am Gründonnerstage zu thun pflegte, mit einem schwarzen Schleier verhüllt; so empfing sie das Sacrament. Hierauf ruhte sie einige Zeit, um sechs Uhr aber ließ sie ihre Kinder zu sich kommen und sprach mit einer Heiterkeit und Gemüthsruhe zu ihnen, welche sie in Erstaunen versetzte.

Jetzt endlich, nachdem sich das, was in der kaiserlichen Hofburg vorging, nicht länger mehr verheimlichen ließ, hielt es Joseph
für nöthig, auch seine in weiter Entfernung von Wien befindlichen
Geschwister hievon zu unterrichten. Wir kennen nur den Brief, den
er am Abende des 26. November durch einen Courier nach Florenz
abgehen ließ [1143]). Nachdem er noch drei Tage zuvor seinem Bruder
das Unwohlsein der Kaiserin als ein ganz unbedeutendes geschildert [1144]),
schrieb er ihm jetzt in weit ernsterem Tone als zuvor. Er theilte ihm
mit, was geschehen war; seine eigene Ansicht aber faßte er in die
Worte zusammen, daß er nicht glaube, die Kaiserin befinde sich in
eigentlicher Lebensgefahr; ihr körperlicher Zustand lasse jedoch die Sache
immerhin bedenklich erscheinen. Das Athmen, das ihr schon seit langer
Zeit schwer geworden, sei durch die große Anhäufung von Schleim
noch mehr behindert; dabei befinde sie sich aber bei guten Kräften.
Ihr Kopf sei vollkommen frei und die frühere Lebhaftigkeit ungeschwächt geblieben; man dürfe daher hoffen, daß sie die Krankheit
überstehen werde.

Nachdem er in solcher Weise an seinen Bruder geschrieben,
brachte Joseph die Nacht vom 26. auf den 27. November im Vor-
zimmer der Kaiserin zu. Von Zeit zu Zeit betrat er ihr Schlaf-
gemach; da sie nicht mehr in liegender Stellung verbleiben konnte,
zog sie es vor, im Lehnsessel zu sitzen; so traf er sie in dieser Nacht
an ihrem Pulte, mit Schreiben beschäftigt. Das war der Augenblick,
in welchem sie die folgenden Zeilen an ihren Sohn Leopold und dessen
Gemalin zu Papier brachte:

„Meine mehr als zärtlich geliebten und theuren Kinder! Ich
„bin trostlos über den Courier, der Euch gestern geschickt wurde, denn
„ich fühle selbst den Eindruck, welchen seine Sendung auf Euch her-
„vorgebracht haben wird, da ich die Größe Eurer Anhänglichkeit an
„mich kenne; urtheilt daher über meine Beunruhigung. Ihr seid christ-
„lich gesinnt und tugendhaft; das tröstet mich ebenso wie daß Ihr
„Euer Glück immer in Euch selbst findet. Gott möge Euch erhalten,
„ich aber gebe Euch Beiden und Euren zehn lieben Kindern meinen
„Segen." „Maria Theresia" [1145]).

Wenn die Erzherzogin Marianne behauptet, der Kaiser habe von dieser Nacht an jede Hoffnung auf Fortdauer des Lebens seiner Mutter verloren, so spricht er selbst doch in anderem Sinne gegen Leopold sich aus. Am 27. November übersandte er ihm das an ihn gerichtete Billet, und er fügte hinzu, dem Anscheine nach sei nichts für den Augenblick, Alles aber für die Zukunft zu befürchten; wahrscheinlich werde die Krankheit in eine Brustwassersucht ausarten. Dieß zu verhindern, sei man eifrig bemüht, und in wenig Tagen werde man mindestens Klarheit erlangen [1146]).

In einem traurigeren Sinne, als Joseph ihr unterlegte, ging diese Prophezeiung buchstäblich in Erfüllung. Obwohl ihr Zustand sich fortwährend verschlimmerte, widmete Maria Theresia den größten Theil des 27. November dazu, Geschäfte zu erledigen und ihre Angelegenheiten in Ordnung zu bringen. Aber fortwährend wurde sie hiebei durch Beklemmungen auf der Brust, durch Athemnoth und durch Erstickungsanfälle unterbrochen; so heftig waren dieselben, daß ihr der Schweiß über das Gesicht herab lief. Gleichwohl hörte man kein Wort der Klage oder der Ungeduld mehr von ihr.

In der Nacht vom 27. auf den 28. November verschlimmerte sich der Zustand der Kranken so sehr, daß man alle Hoffnung aufgab, noch eine günstigere Wendung eintreten zu sehen. Störck verhehlte ihr das nicht, und er rieth ihr die letzte Oelung zu empfangen, wozu Maria Theresia sich allsogleich entschloß. Um vier Uhr Morgens kündigte man solches auf ihren Befehl ihren Kindern mit dem Beisatze an, sie wünsche sie dabei zu sehen; falle es ihnen jedoch zu schwer, so werde sie ihr Fernbleiben nicht übel aufnehmen. Aber Alle erschienen, der Kaiser, der Erzherzog Maximilian, vor kurzem erst von der Reise nach Köln zurückgekehrt, die Erzherzoginnen Marianne und Elisabeth, endlich die Erzherzogin Marie mit ihrem Gemal, dem Prinzen Albert von Sachsen. Sie knieten Alle im Zimmer umher, während Maria Theresia, in ihrem Lehnstuhle sitzend und mit lauter Stimme betend, die letzte Oelung empfing; dann blieb sie während einer Viertelstunde mit ihrem Beichtvater allein. Nach Ablauf derselben ließ sie ihre Kinder zu sich eintreten; während sie im Kreise um sie standen, sprach sie wohl zwanzig Minuten mit erhobener Stimme zu ihnen. Sie dankte ihnen für die ihr bewiesene Liebe und richtete die rührendsten Worte an sie; dem Kaiser aber empfahl sie dringend seine Geschwister. Alles zerfloß in Thränen; nur Maria Theresia allein blieb ruhig. Schluchzend stürzte Joseph vor ihr auf die Kniee, und sein Schwager Albert sagt von ihm, er habe nie einen Mann so in Schmerz aufgelöst gesehen wie damals den Kaiser [1147]). Maria Theresia gab ihm ihren Segen; er küßte ihre Hände, sie aber seine Stirne. Alle übrigen Kinder und Prinz Albert thaten ein Gleiches und wurden von der sterbenden Kaiserin gesegnet und geküßt. Endlich bat sie dieselben, sie zu verlassen; es verursache ihr zu großen Schmerz, sie in so tiefer Betrübniß um sie versammelt zu sehen.

Den ganzen Tag hindurch beschäftigte sich Maria Theresia, so viel es ihr Zustand nur immer gestattete, mit den Dingen, die sie vor ihrem Tode noch ordnen wollte, und mit den Vorbereitungen zu demselben. Eine Menge Aufzeichnungen brachte sie zu Papier, und vielfache Anordnungen traf sie, insbesondere solche, die auf ihren letzten Willen und ihr Leichenbegängniß sich bezogen. Wahrhaft rührend ist es, unter den ersteren ein höchst ansehnliches Legat zu finden, das sie dem Normalschulfonde aus ihrem Privatvermögen zudachte. „ich accordire", so lauten diese an ihren Kammerzahlmeister von Mayer [1148]) gerichteten Zeilen, die letzten die wir von der Hand der Kaiserin kennen, „ich accordire alß ein alßmosen dem normalfundo „100.000 f. nach mein absterben von meiner cassa auszutheillen nach „des propst selbinger meinung, was es an nützlichsten sein kan. mit „blümegen zugleich sich zu vernehmen, nachdeme die pensionen sonsten „auffhören. hoff, Kahser May. wird alles beybehalten und besorgen „lassen durch ihme."

Nach Beendigung dieser Geschäfte sprach Maria Theresia lange Zeit hindurch mit Joseph allein, welcher merkwürdiger Weise der Einzige aus ihrer ganzen Umgebung noch an dem Gedanken festhielt, die Kaiserin werde ihre Krankheit überstehen. Der Umstand, daß sie

Nachmittags ruhiger geworden, verleitete ihn zu diesem Glauben. „Der
„Puls ist wechselnd", schrieb er um diese Zeit an Kaunitz, „einmal
„mehr und dann wieder weniger gehoben. Um die Kräfte steht es
„noch ziemlich gut; die Klarheit des Geistes ist ungetrübt und nirgends
„ein bleibender Schmerz vorhanden. Der Athem ist manchmal kurz,
„aber stets sehr beengt, insbesondere wenn sie liegt. Sie sitzt fast
„immer an ihrem Tische, wo sie liest und manchmal sogar schreibt.
„Ihr Muth, ihre Ergebung, die Standhaftigkeit und die Geduld,
„mit denen sie ihre Leiden erträgt, sind wahrhaft erstaunlich. Wenn
„auch nur mühsam, spricht sie doch von Allem. Ihr ausgezeichnetes
„Temperament, ihre Kraft und insbesondere der Umstand, daß die
„edlen Theile noch nicht eigentlich angegriffen zu sein scheinen, lassen
„mir noch sehr viele Hoffnung, daß sie ihr Uebel wird überstehen
„können" [1149].

Niemand theilte jedoch diese Erwartung weniger als Maria
Theresia selbst. In der sicheren Voraussicht ihres nahe bevorstehenden
Todes gab sie dem Kaiser, wie sie es für ihn schon gethan, auch für
seine abwesenden Geschwister ihren Segen. Sie bezeichnete die Gebete,
die man ihr vorbeten sollte, aber sie bezeigte nicht die mindeste Angst
vor dem Tode, nicht die geringsten Scrupel des Gewissens. Alles habe
sie, sagte sie wiederholt, in guter Absicht gethan, und sie hoffe daher
auch, daß Gott ihr barmherzig sein werde. Immer habe sie sich fest
vorgenommen, so zu sterben, wie es jetzt wirklich geschehe. Sie habe
besorgt, es werde ihr nicht gelingen, jetzt aber sehe sie, daß man mit
der Gnade Gottes Alles vermöge. Ihre Diener bat sie in Gegenwart
Aller, ihr zu verzeihen, was sie gegen sie etwa verschuldet habe. Sie
empfahl sie angelegentlich dem Kaiser, mit dem sie öfter und viel
länger als mit allen Uebrigen, und in liebevollster Weise sprach. Als
er ihr, aufs tiefste gerührt, mit zitternden Lippen antwortete, sagte sie
zu ihm: „Diese Stimme ist nicht für meine Ohren, sie könnte mich
„meinen Vorsätzen untreu machen". Noch am Abende des 28. November, dem letzten den sie überhaupt erlebte, saß sie mit ihren
Kindern wie gewöhnlich um einen Tisch, auf den sie, um sich aufrecht
zu halten, sich mit beiden Armen stützte. Da natürlicher Weise unter

so traurigen Umständen das Gespräch sehr oft ins Stocken gerieth, sah sie Eines nach dem Andern schweigend an, dann sagte sie: „Glaubt „nicht daß mein Herz gegen Euch seit zweimal vier und zwanzig „Stunden geändert ist, und daß ich Euch nicht gerade so liebe als „zuvor. O nein; aber ich habe Euch Gott geopfert; Alles was mir „am theuersten ist und was zu verlassen allein mir schwer fällt; „darum sehe ich Euch ruhig an". Dem Kaiser aber sagte sie, ihren liebsten Besitz, ihre Kinder vermache sie ihm.

Als Maria Theresia zur Mittagszeit des 28. November eine empfindliche Kälte in den Beinen verspürte, sagte sie still vor sich hin: „Das ist der Brand, er macht in vier und zwanzig Stunden ein „Ende". Nach einem der heftigen Erstickungsanfälle, die sich an diesem Tage sehr häufig und mit ganz besonderer Stärke wiederholten, frug sie ihren Leibarzt: „Sind das die letzten Züge?" Auf dessen ver- neinende Antwort aber entgegnete sie: „Also noch Aergeres steht mir „bevor". Nach einem anderen Anfalle seufzte sie: „Mein Gott, wird „es denn nicht bald vorüber sein?" Ihr Beichtvater Müller glaubte sie zur geduldigen Ertragung ihrer Schmerzen ermahnen zu sollen, sie aber antwortete ihm: „Nicht für mich wünsche ich die Beendigung „meiner Leiden, wohl aber für die", und dabei wies sie auf ihre sie umgebenden Kinder und Diener. „Ich fürchte Euch zu tödten, denn „ich sehe ja was Ihr aussteht".

Sehr übel war die Nacht vom 28. auf den 29. November. Gleich zu Anfang derselben hatte Maria Theresia einen so argen Erstickungsanfall, daß man meinte, sie werde denselben nicht überstehen. Nachdem dieß gleichwohl geschehen war, sah sie aus, als ob sie schläfrig sei, sich jedoch dem Schlafe nicht überlassen wolle. Als ihre Kinder ihr riethen, dieß zu thun, erwiederte sie ihnen: „Ihr wollt daß ich „schlafen soll, während ich doch jeden Augenblick erwarte, vor meinen „Richter gerufen zu werden. Ich fürchte mich zu schlafen, denn ich „will nicht überfallen werden und will ganz den Tod kommen sehen". Um drei Uhr Nachts bat sie den Kaiser, er möge etwas ruhen und ihr den Erzherzog Maximilian rufen. Mit ihm, den sie überaus liebte,

sprach sie wohl durch eine Stunde allein. Um fünf Uhr frühstückte
sie wie gewöhnlich, ja sie lud den Kaiser ein, mit ihr zu frühstücken,
und zeigte sich besorgt, daß er nach seinem ihr wohlbekannten Geschmacke bedient werde. Um sechs Uhr sandte sie ihre Kinder zur
Messe, hierauf sprach sie durch eine halbe Stunde mit ihrer Tochter
Marianne allein, und zwar, wie dieselbe berichtet, mit der gleichen
Klarheit des Geistes wie in ihren gesündesten Tagen; ihre Stimme
aber war tonlos, das Antlitz völlig verändert und die Vorzeichen des
Todes wurden darauf sichtbar. Nachdem sie mit ihr deren Angelegenheiten besprochen, segnete und küßte sie dieselbe; dann that sie ein
Gleiches mit ihren Töchtern Elisabeth und Marie. An die Letztere
und ihren Gemal, den Prinzen Albert richtete sie die liebreichsten
Worte. Von Allem was sie während ihres ganzen Lebens unternommen, sagte sie ihnen, sei ihr nichts so ganz geglückt und so zum
reinsten Freudenquell geworden als die Heirat, die sie zwischen ihnen
gestiftet habe. Sie nehme die Gewißheit mit sich, daß selbst wenn
alle Welt sie vergessen sollte, in ihren Herzen die dankbare Erinnerung
an sie niemals erlöschen werde [1150]. Um zehn Uhr verabschiedete sie
die Erzherzoginnen, denn sie wolle ihnen, sagte sie, nicht den Schmerz
bereiten, sie sterben zu sehen. Tags über sprach sie fast immer mit
dem Kaiser, und zwar nur französisch, während sie doch sonst gewohnt
war, deutsch mit ihren Kindern zu reden.

Gegen sechs Uhr Abends brachte Störck der Kaiserin einen Trank,
der ihr wenigstens Linderung ihrer Leiden bereiten sollte. Hatte sie
jedoch während ihrer ganzen Krankheit alle Medicamente widerspruchs-
los genommen, so sagte sie jetzt lächelnd: „Ich danke sehr; dieß soll
„nur dazu dienen, mich noch hier zurückzuhalten und daher nehme ich
„es nicht". Und gleichfalls zu Störck sagte sie, als sie die Todes-
stunde immer mehr herannahen fühlte: „Ich bitte ihn, halte er mir
„das Licht ein und drücke er mir die Augen zu, denn dieß wäre vom
„Kaiser zu viel gefordert".

Wirklich sollte Maria Theresia diesen Tag, den 29. November
nicht mehr überleben. Gegen neun Uhr Abends stand sie mit

Anstrengung von ihrem Lehnsessel auf und machte einige Schritte gegen ihr Ruhebett, an dessen Rande sie niedersank. Man legte sie darauf und sie war dabei noch selbst behülflich. Der Kaiser sagte ihr: „Eure „Majestät liegen schlecht". „Ja", antwortete sie, „aber gut genug „um zu sterben". Noch drei, vier Athemzüge und Maria Theresia war verschieden.

Als der entscheidende Augenblick eintrat, befanden sich, da die Kaiserin es ausdrücklich so gewollt hatte, von ihren Angehörigen nur ihre beiden Söhne Joseph und Maximilian, dann ihr Schwiegersohn Albert bei ihr. Schluchzend kniete der Kaiser an der Leiche seiner Mutter, und der Schmerz um sie mochte wohl durch den Gedanken noch verschärft werden, wie viel der stete Meinungszwiespalt zwischen ihnen dazu beigetragen hatte, ihre letzten Lebensjahre zu verbittern.

Seiner Trauer, nicht aber auch dieser Erkenntniß gab der Kaiser in den Worten Ausdruck, die er gleich nach dem Tode seiner Mutter an Kaunitz richtete. „Das schreckliche Unglück, das mich zu Boden „drückt", so lauten sie, „wird Ihnen, mein theurer Fürst, wohl schon „bekannt sein. Ich habe aufgehört, Sohn zu sein, und dieß war es „doch, was ich am besten zu sein glaubte. Bleiben Sie mein Freund; „seien Sie meine Stütze und mein Leiter bei Ertragung der Last, „die jetzt auf mich fällt. Sie wissen ohnedieß, wie ich Sie hoch= „schätze" [1151]).

Zwei Dinge waren es, welche vorerst die Sorge Josephs ganz in Anspruch nahmen: das Leichenbegängniß der Kaiserin und die Voll= ziehung ihres letzten Willens. Sonntags den 3. Dezember 1780 fand das erstere mit all der düsteren Pracht statt, die dem Range der Verstorbenen entsprach; ihrem eigenen Wunsche gemäß wurde jedoch keine Leichenrede gehalten. Tief empfunden war die Trauer aller derer, die sie persönlich kannten und die Größe des Verlustes zu be= urtheilen vermochten, welchen die österreichische Monarchie durch ihren Tod erlitt. Die Wahrheitsliebe aber macht es zur Pflicht, nicht zu verhehlen, daß die niederen Classen der Bevölkerung Wiens durchaus nicht jenen Antheil zeigten, den man erwartet hatte. Die ihnen vor

kurzem auferlegte Tranksteuer hatte sie so erbittert, daß viele aus ihnen
dem Leichenbegängnisse mit einer Gleichgültigkeit beiwohnten, die einen
recht widerlichen Eindruck hervorbringen mußte [1152]).

Glücklicher Weise blieb jedoch diese häßliche Erscheinung ganz
vereinzelt. In Wien selbst brach das Gefühl der Trauer um die ent-
schlafene Kaiserin sich rasch und vollständig Bahn. „Seit ihrem Tode",
schrieb drei Tage nach demselben der englische Gesandte an seine Regierung, „trägt Alles in dieser Hauptstadt die Miene tiefempfundenen
„Schmerzes an sich. Jede Stunde bringt neue Beweise der ganz
„erstaunlichen Geisteskraft und des unerschöpflichen Wohlthätigkeits-
„sinnes, die ihr bis in ihre letzten Lebensstunden treu blieben, oder
„irgend einen bezeichnenden Zug kindlicher und brüderlicher Liebe des
„Kaisers an den Tag" [1153]).

Wahrhaft rührend waren die Kundgebungen der Betrübniß, mit
denen die Nachricht von dem Tode der Kaiserin in all ihren Ländern
aufgenommen wurde. Und nirgends trat die Trauer um sie lebhafter
als in den Niederlanden hervor. Man schien dort eine Vorahnung
zu besitzen, daß mit Maria Theresia auch die gute Zeit für ihre
belgischen Provinzen zu Grabe ging.

An dem Tage nach dem Tode seiner Mutter, am 30. November
schritt Joseph an die Eröffnung ihres Testamentes. Schon vom
3. April 1754 fand sich ein solches vor. Außer der Einsetzung ihres
ältesten Sohnes zum Universalerben war darin die Erneuerung der
schon von Kaiser Ferdinand II. [1154]) herrührenden Bestimmung enthalten, Jedem der Brüder des Hauptes der Familie solle ein jährliches Einkommen von 45.000 Gulden zu Theil werden. An die
Stelle der Anordnung Ferdinands, ihnen auch einen passenden Guts-
besitz innerhalb der österreichischen Länder als Aufenthaltsort anzuweisen,
setzte Maria Theresia die Verpflichtung für den Chef des Hauses,
seinen Brüdern entweder standesgemäßen Unterhalt, Wohnung und
Stallung unentgeltlich zu gewähren, oder ihnen hiefür außer jener
Summe von 45.000 auch noch ein Aequivalent von 24.000 Gulden
jährlich zu bezahlen. Für ihre Töchter aber stellte Maria Theresia

diese Summen, so lang sie sich nicht verheiraten würden, auf 24.000 und auf 12.000 Gulden fest. Im Falle ihrer Vermälung hatte Jede aus ihnen 100.000 Gulden Heiratsgut und mindestens 25.000 Gulden zur Aussteuer zu erhalten. Sollte nicht nur sie selbst, sondern auch ihr Gemal, der Kaiser sterben, ehe ihr ältester Sohn das auf achtzehn Jahre festgesetzte Alter der Großjährigkeit erreicht habe, so hätten König August III. von Polen und Prinz Karl von Lothringen gemeinschaftlich die Vormundschaft in den österreichischen Ländern zu führen [1155].

Die vielfachen Veränderungen, welche im Laufe der Jahre durch zahlreiche Todesfälle im Schoße der kaiserlichen Familie eintraten, machen es leicht erklärlich, daß Maria Theresia solche auch in ihren letztwilligen Anordnungen häufig vornahm. Aber schon ehe der wichtigste jener Todesfälle, der des Kaisers Franz sich ereignete, nicht ganz zehn Jahre nach Abfassung des ersten Testamentes, am 15. Januar 1764 geschah dieß. Wir erwähnen diese letztwilligen Bestimmungen jedoch nur deßhalb, weil aus ihnen die Absichten hervorgehen, die Maria Theresia für ihre Söhne und Töchter hegte. Daß Leopold in Toscana und Ferdinand in Mailand eine angemessene Lebensstellung erhalten würden, war damals schon bestimmt; Maximilian hatte ihrer in den Nieder-landen, Anfangs als Gehülfe und später als Nachfolger des Prinzen Karl theilhaft zu werden. Ihre vier ältesten Töchter aber dachte Maria Theresia als Aebtissinnen, und zwar die Erzherzogin Marianne in Prag, deren Schwestern Marie, Elisabeth und Amalie aber in Mons, in Innsbruck und in Graz zu versorgen. Die letzteren zwei Stifter sollten jedoch erst durch ihren Sohn und Nachfolger errichtet werden. Und jedem Angehörigen der Armee, von welcher die Kaiserin aus-drücklich erklärte, daß sie sich während ihrer „so unruhigen Regierung" ganz besondere Verdienste um sie erworben habe, vermachte sie eine Monatsgage, die gleich nach ihrem Tode baar auszuzahlen war [1156].

Wir finden nicht, daß die Kaiserin nach dem Ableben ihres Gemals ein neues Testament errichtet hätte; wohl aber geschah dieß mitten in ihrer Blatternkrankheit, am 29. Mai 1767. Mit kaum leserlicher Handschrift unterzeichnete sie die von Pichler niedergeschriebenen Anordnungen, welche insofern eine Veränderung ihres früheren Testamentes enthielten, als seit dessen Abfassung ihre Tochter Marie sich mit dem Prinzen Albert vermält hatte. Außerdem hielt Maria Theresia noch an dem Projecte eines Ehebündnisses zwischen der Erzherzogin Elisabeth und dem Herzoge von Chablais fest. An ihrer Stelle sollte die Erzherzogin Amalie nach Innsbruck oder vielleicht statt ihrer Schwester Marie nach Mons gehen, Erzherzog Maximilian aber dereinst der Nachfolger des Prinzen Albert als Generalstatthalter von Ungarn werden. Das Belvedere und die zwei Schlösser Laxenburg und Schönbrunn vermachte sie ihrem Sohne Joseph, ihre sonstigen Habseligkeiten aber ihren übrigen Kindern. Die Bibliothek in Schönbrunn sollte Prinz Albert, jedoch mit Ausnahme der Andachtsbücher erhalten, welch letztere den Erzherzoginnen zugesprochen wurden.

In der Verwirrung, welche die so plötzliche und schwere Erkrankung der Kaiserin hervorrief, mag hie und da eine letztwillige Anordnung mit unterlaufen sein, welche Maria Theresia nach ihrer Wiedergenesung und bei reiflicherem Nachdenken geändert zu sehen wünschte. Darum entstand schon am 22. Juli 1767 ein neues Testament, an welchem jedoch die Kaiserin bald wieder vielfache, wenngleich nicht gerade einschneidende Veränderungen vornahm, so daß am 31. August 1768 wieder eine von ihr unterzeichnete Ausfertigung ihrer letztwilligen Anordnungen stattfand. Aber auch hiebei ließ sie es nicht bewenden; etwa sechs Wochen vor ihrem Tode, am 15. October 1780 unterschrieb sie ein letztes Testament, welches denn auch nach ihrem Hinscheiden in Kraft trat.

Da die Erzherzogin Marianne nicht als Aebtissin nach Prag gehen, sondern sich zu den Elisabethinerinnen nach Klagenfurt zurückziehen wollte, vermachte ihr die Kaiserin einen jährlichen Unterhalt von fünfzigtausend Gulden; ebensoviel sprach sie ihrer nach Innsbruck bestimmten Tochter Elisabeth zu. Ihrem Sohne Ferdinand sicherte sie über das, was er bereits bezog, bis zur Besitzergreifung von den modenesischen Ländern jährlich fünfzigtausend Gulden, jedem seiner

Kinder aber bis zur Erreichung ihrer Großjährigkeit jährlich viertausend und nach derselben zehntausend Gulden.

Erzherzog Maximilian sollte nach dem Wunsche der Kaiserin
auch nach Erlangung der an und für sich nicht sehr beträchtlichen
Einkünfte von Köln und Münster den Nutzgenuß der Herrschaften
Göding, Holitsch, Sassin und Schloßhof besitzen. Nach dem Tode des
Erzherzogs hatten diese Güter dem Großherzoge Leopold und seiner
männlichen Nachkommenschaft zuzufallen.

Ihren übrigen Kindern dachte Maria Theresia Erinnerungs-
zeichen zu, die wohl hier nicht einzeln aufgezählt zu werden brauchen.
Aber auf die Gefahr hin, allzu weitläufig zu werden, möge noch erwähnt sein, daß die Kaiserin ihrer Obersthofmeisterin, Gräfin Vasquez,
dann des Kammerfräuleins Gräfin Berchtoldt, welche „viele Gedult
„und Plag" mit ihr gehabt, endlich der Fürstin Trautson sowie der
Gräfinnen Thurn und Brandis besonders gedachte; jeder der vier
letztgenannten Damen sprach sie ein Jahreseinkommen von dreitausend
Gulden zu. Und ihnen stellte sie auch ihre vertraute Kammerdienerin
Guttenberg gleich. Sie sei ihr dieß, bemerkte Maria Theresia, um
so mehr schuldig, als dieselbe sie mit ebensoviel „Eifer als Discretion
„uneigennützig bedient", und um bei ihr zu bleiben, alle Heiraten aus-
geschlagen habe. Andere Damen erhielten Andenken und zahlreiche
Personen kostbare Geschenke, so Graf Rosenberg einen werthvollen
Ring, Hofrath Greiner aber eine Dose und tausend Dukaten. Schließlich fügte Maria Theresia noch mit eigener Hand hinzu: „dem pichler
„eine tabatierre mit mein portrait".

Wenn wir noch erwähnen, daß die Kaiserin auch in ihrem letzten
Testamente die Bestimmung aufrecht erhielt, kraft deren jedem Angehörigen der Armee eine Monatsgage baar ausbezahlt werden sollte,
so werden ihre wesentlicheren Anordnungen hier wohl aufgezählt worden
sein. Und nur das soll noch gesagt werden, daß sie mit eigener Hand
die Namen der zweiunddreißig Städte der österreichischen Monarchie
niederschrieb, in denen so bald als möglich die Exequien für sie gehalten

werden sollten. In jeder derselben waren bei diesem Anlasse fünfhundert Gulden an die Armen zu vertheilen.

Als sie diese Verfügungen traf, ging Maria Theresia offenbar
von der Voraussetzung aus, das größte der von ihr vermachten Legate,
das für die Armee, werde nicht aus ihrem persönlichen Nachlasse, der
hiezu bei weitem nicht hingereicht hätte, sondern aus den Staatsgeldern
ausbezahlt werden. Bis über das Grab hinaus erstreckte sich jedoch
der Zwiespalt zwischen ihren Meinungen und denen ihres Sohnes.
Der Kaiser war wohl für die pünktliche Vollziehung des Testamentes
seiner Mutter, aber er glaubte sie nur als eine die kaiserliche Familie,
nicht aber den Staat angehende Sache betrachten zu sollen. Da zuletzt
kein anderer Ausweg übrig blieb, erklärte er sich bereit, den sehr
beträchtlichen Abgang aus Eigenem zu decken. „Niemals empfand ich",
so lautet der letzte Absatz seiner hierauf bezüglichen Aufzeichnung, „eine
„wahrhaftere und größere Zufriedenheit über das von mir besitzende
„Eigenthum, als in dieser Gelegenheit, wo ich durch einen Zuschuß
„von beiläufig 1,200.000 Gulden Ihrer Majestät Willensmeinung
„quoad legata bestehen, und durch Vereinigung meiner Baarschaft
„mit dem geringen Cassareste von Ihro Majestät die vorzügliche Be-
„treuung der gesammten Armee, die ich als Mitsoldat liebe und schätze
„und von welcher ich werkthätige Proben ihres mir persönlich bewiesenen
„besonders guten Willens und Eifers habe, erfüllen machen kann".

Nicht leicht wird Jemand dieser Auffassung des Kaisers und
den Worten, in welche er sie kleidet, seine Bewunderung versagen. Und
doch liegt in ihnen ein neuer Beweis dafür, wie zwei Menschen, von
edelster Gesinnung und dem redlichsten Streben nach gewissenhaftester
Erfüllung der ihnen obliegenden Aufgaben beseelt, dieselben in Allem
und Jedem, in den wichtigsten wie in den geringfügigsten Dingen so
grundverschieden beurtheilen konnten, daß sie sich die Erfüllung dieser
Pflichten gegenseitig ganz außerordentlich erschwerten. Man wird denn
auch, wenn man einen Rückblick auf die Regierungsthätigkeit der
Kaiserin wirft, zwischen den beiden Hauptepochen derselben streng unterscheiden müssen. Als die erste, ungleich längere und für Maria Theresia

selbst bei weitem glanzvollere wird wohl die Zeit bis zum Tode des Kaifers Franz, als die zweite und wenigstens für die innere Entfaltung der öfterreichischen Monarchie noch wichtigere die der Mitregentfchaft Josephs angesehen werden dürfen.

Da man weiß, daß Franz von Lothringen auf die Schritte seiner Gemalin, wenigstens insofern sie auf dem Gebiete des öffent= lichen Lebens sich bewegten, nur sehr geringen, ja man kann fast sagen, gar keinen Einfluß übte, so wird man wohl Alles, was in den ersten fünf und zwanzig Jahren ihrer Regierungszeit gefchah, ihren eigenen Entschlüffen zuzuschreiben haben. Und man wird kaum Wider= spruch begegnen, wenn man behauptet, daß es ganz geeignet war, überall ungetheilte Bewunderung zu erregen. Ohne durch ihre Erziehung hiezu irgendwie vorbereitet zu sein, bewies doch Maria Therefia un= mittelbar nach ihrer Thronbesteigung, daß sie sich ganz auf der Höhe der so überaus schwierigen Aufgabe befand, die ihrer harrte. Denn darüber kann wohl vernünftiger Weise ein Zweifel nicht obwalten, daß sie das Richtige that, als sie den Gedanken von sich abwies, durch Zugestehung der Forderung des Königs von Preußen, ihm schlesisches Gebiet zu überlassen, sich deffen Beistand zur Behauptung ihrer übrigen Länder zu erkaufen. Hätte sie sich selbst zuerst in ein so ungerechtes Begehren gefügt und durch Abtretung von Land und von Leuten die pragmatische Sanction, die Grundlage ihres Erbfolgerechtes verletzt, worauf hätte sie anderen ebenso aus der Luft gegriffenen An= sprüchen gegenüber ihren Widerstand noch zu gründen vermocht? Und zu hoher Ehre gereicht es ihr, daß sie sich in dieser Ueberzeugung auch durch den erlittenen Mißerfolg nicht irremachen ließ. Auch nachdem der Krieg gegen Preußen einen für sie ungünstigen Ausgang genommen und sie den größten Theil Schlesiens verloren hatte, pries sie die= jenigen, welche zum Widerstande gegen Friedrich ihr gerathen, als ihre treuesten und bewährtesten Diener.

Aber nicht bloß durch muthige Entschlüffe bewies Maria Therefia ihre große geistige Kraft, noch glänzender erprobte sie dieselbe durch die Unbeugsamkeit, mit der sie an ihnen auch in peinlichster Bedrängniß

festhielt. Wie oft und mit welcher Wehmuth, aber doch auch mit
welchem Stolze gedachte sie noch in ihren späteren Jahren jener trüben
Dezembertage des Jahres 1741 zu Preßburg, in denen Linz und
Prag dem Kurfürsten von Baiern gehuldigt, König Friedrich sie durch
die Convention von Kleinschnellendorf um ihr letztes Bollwerk in
Schlesien, die Festung Neisse betrogen hatte, und zuletzt auch Olmütz,
die Schutzwehr Mährens, sich an Schwerin ergab. Der damals
mächtigste Continentalstaat, Frankreich hatte gleichfalls gegen Maria
Theresia Partei ergriffen und seine Truppen standen gegen sie im
Felde. Begehrlich streckte Spanien seine Hände nach den Ländern des
Hauses Oesterreich in Italien aus. Solcher von allen Seiten an sie
herandrängender Gefährdung zu begegnen, stand der Kaiserin nur ein
ganz unzureichendes Heer, eine leere Casse zu Gebote. Selbst die
Tapfersten unter ihren Getreuen, wie der Feldmarschall Khevenhüller
riethen, sich in das Unvermeidliche zu fügen; gegen den Strom könne
Niemand schwimmen. Aber Maria Theresia wankte nicht; standhaft
blieb sie und sie ging auch, durch Schlesiens Verlust zwar schwer geschädigt, aber doch im Vergleiche zu der Einbuße, die ihr gedroht,
noch immer glücklich und jedenfalls glorreich aus der ihr auferlegten
Prüfung hervor.

In eine zweite und kaum weniger bedeutungsvolle Phase trat
das politische Leben der Kaiserin durch die Billigung des Rathes, den
Kaunitz ihr ertheilte, das frühere Bündniß mit den Seemächten durch
das mit Frankreich zu ersetzen. In Englands eigensüchtigem Verfahren
gegen sie, und mehr noch in der Erkenntniß all des Schadens, den
Frankreichs traditionell gewordene Feindschaft Deutschland und Oesterreich seit Jahrhunderten zugefügt, in der Erwartung endlich, mit
Frankreichs Hülfe nicht nur Schlesien zurückerobern, sondern Preußen
zu seiner ehemaligen Bedeutungslosigkeit herabdrücken zu können, lagen
die bestimmenden Beweggründe zu diesem Entschlusse. Und wenn auch
dießmal wieder das Gelingen der gehegten Hoffnung keineswegs entsprach, so kann man doch nicht leugnen, daß wenigstens nach mensch-
lichem Erkennen die Vorbedingungen hiezu reichlich vorhanden waren.
Ein ihnen entsprechender Ausgang mußte daher als wahrscheinlich, ja

faſt als gewiß angeſehen werden. Und in ſo hohem Maße hätte er, wie erſt eine ſpäte Zukunft deutlich darthat, Oeſterreichs wichtigſten Intereſſen entſprochen, daß wohl das Scheitern dieſes Planes als ein Unglück für dieſen Staat angeſehen werden muß, wie er von einem größeren kaum je wieder getroffen wurde. Aber trotz ſolchen Miß= geſchickes wird doch die politiſche Combination, welche dieſem Projecte zu Grunde lag, und durch die, den ärgſten Schwierigkeiten zum Trotze, eine völlige Umwälzung der früheren Beziehungen der europäiſchen Mächte zu einander herbeigeführt wurde, vielleicht die feinſt erdachte und geſchickteſt ausgeführte genannt werden müſſen, deren das achtzehnte Jahrhundert Zeuge war.

So wie die Handlungsweiſe der Kaiſerin auf dem Gebiete der äußeren Politik, ſo wird auch das, was ſie während der erſten fünf und zwanzig Jahre ihrer Regierung für die Verbeſſerung der inneren Zuſtände ihrer Länder that, ihr nur zum Ruhme gereichen können. Daß ſie das bisherige Regiment der Stände brach und das des Staates an deſſen Stelle ſetzte, würde bedauert werden müſſen, wenn die Stände das Wohl des Letzteren beſſer zu wahren gewußt und nicht faſt nur ihr eigenes im Auge gehabt hätten. Freilich würde es unter anderen Verhältniſſen als ein Uebel erſchienen ſein, wenn jetzt die Stimme der Regierten faſt verſtummte und ohne ihr Zuthun über das, was ſie betraf, entſchieden wurde. Da die Stände aber, wenigſtens im Allgemeinen muß dieß geſagt werden, nicht Sinn und Herz für die große Maſſe der Bevölkerung, ſondern nur für ihre beſonderen Intereſſen zeigten, ſo gereichte es der erſteren zum Heile, wenn von nun an die Maßregeln der Regierung bei weitem mehr auf ſie als auf die letzteren Rückſicht nahmen. Was in Folge deſſen durch die Kreisämter und durch die Einſchätzung des ſteuertragenden Grundes und Bodens zum Nutzen der Bevölkerung geſchah, wird niemals hoch genug veranſchlagt werden können.

Nicht geringerer, ja wohl noch mehr Werth wird auf dasjenige zu legen ſein, was Maria Thereſia für die Förderung der geiſtigen Intereſſen ihrer Unterthanen that. Obgleich ſelbſt auferzogen in den

bigotten Anschauungen und Formen der früheren habsburgischen Hof-
haltung, ja denselben, offen muß man es gestehen, Zeit ihres Lebens
allzusehr zugethan, bewahrte sich die Kaiserin doch einen scharfen Blick
für das, was wirklich mit dem katholischen Glauben zusammenhing,
und sorgfältig unterschied sie es von dem, was nur von zunächst
betheiligter Seite als Religionssache hingestellt wurde, es aber doch
durchaus nicht war. Die wechselnde Gestaltung ihrer Beziehungen zu
Rom, welche manchmal recht getrübter Art waren, läßt hierüber keinen
Zweifel zu. Und auch im Innern ihres Staates beobachtete Maria
Theresia ein ähnliches Verfahren. Darum führte sie schon während
der Zeit, die wir als ihre erste Regierungsperiode zu bezeichnen uns
erlaubten, sehr heilsame Reformen auf confessionellem Gebiete durch,
als deren wesentlichste wohl die ansehnliche Verminderung der übergroßen Zahl katholischer Feiertage bezeichnet werden darf. Aber auch
sonst ließ sie nichts außer Acht, was zur Verbesserung der bisherigen
kirchlichen Zustände dienen konnte. Und voll Eifer setzte sie Alles ins
Werk, was nur immer zur Ausrottung des in der Bevölkerung so
tief eingewurzelten, von ihr aber verabscheuten Aberglaubens zu führen
versprach.

In innigem Zusammenhange hiemit stand das, was Maria
Theresia zur Förderung des öffentlichen Unterrichtes that. Allerdings
faßte sie hiebei vorerst nur den höheren Unterricht, den an den
Universitäten ins Auge; bewunderungswürdig aber werden wohl die
Leistungen genannt werden dürfen, welche sie, durch van Swietens
erleuchtete Eingebungen geleitet, hiebei vollbrachte. Und überhaupt darf
nicht aus dem Auge verloren werden, daß so wie auf dem Gebiete
der äußeren Politik zuerst Bartenstein und dann Kaunitz ihre Rathgeber waren, sie auch in den inneren Angelegenheiten zumeist den
Anschauungen von Männern folgte, denen sie eine besonders einsichtsvolle Beurtheilung der Fragen, deren Lösung ihr gerade oblag, zutrauen durfte. Und die so glückliche, bei allen Menschen aber und
insbesondere bei Monarchen höchst seltene Eigenschaft, welche Maria
Theresia in vollstem Maße besaß, auch dann eine fremde Meinung
bereitwillig anzuhören und sorgfältig zu erwägen, wenn sie der ihrigen

gerade entgegengesetzt war, zog die für sie überaus heilsame Folge nach
sich, daß Jedermann nur den Rath, den er selbst für den besten hielt,
und nicht den ihr ertheilte, von welchem er voraussetzte, daß er ihr
der willkommenste sein würde. Hierin allein schon wird einer der
entscheidendsten Gründe erblickt werden dürfen, weßhalb die so lang
dauernde Regierung der Kaiserin Maria Theresia, obgleich sie selbst
immer das Gegentheil behauptete, vielleicht die glücklichste genannt
werden kann, welche Oesterreich jemals beschieden war.

So hoch nun auch Maria Theresia, und gewiß mit vollstem
Rechte, die Meinung wahrhaft erprobter Männer stellte, und so gern
sie dieselbe befolgte, wenn sie von ihr reiflich erwogen und als gut
erkannt worden war, so wenig ließ sie sich doch von irgend Einem
ihrer Rathgeber, von einem Mitgliede ihres Hauses oder Jemand aus
ihrer Umgebung beherrschen. Immer folgte sie nur ihrer eigenen
Ueberzeugung, und nicht ein einziger Fall wird sich aus den ersten
fünf und zwanzig Jahren ihrer Regierungszeit nachweisen lassen, in
welchem sie, wenigstens insofern es um wichtigere Dinge sich handelte,
nicht nach ihrem Ermessen die Entscheidung gefällt hätte.

Hierin trat nun mit dem Augenblicke, in welchem Maria Theresia
nach dem Tode des Kaisers Franz ihren Sohn Joseph zum Mit=
regenten bestellte, eine gewaltige Veränderung ein. Auch der Umstand,
daß die Kaiserin in der ersten Zeit nach jenem für sie so überaus
schmerzvollen Ereignisse sich allzusehr ihrer Trauer um den Ver=
storbenen hingab und die Leitung der Geschäfte ihrem Sohne fast
ausschließlich überließ, trug dazu bei, daß Joseph sich binnen kurzem
eine Stellung erobert hatte, hinter welcher diejenige seiner Mutter
manchmal allzusehr zurücktrat. Maria Theresia aber schwankte von
nun an unablässig zwischen der heißen Liebe zu diesem Sohne, den
sie, so vielfache Qual er ihr auch bereiten mochte, doch vor all seinen
Geschwistern bevorzugte, zwischen ihrer tiefgefühlten Bewunderung der
gewiß ganz außergewöhnlichen Eigenschaften, die er besaß, und ihrer
nicht weniger lebhaft empfundenen Mißbilligung der Anschauungen,
von welchen er ausging, und denen er mit einer für Andersdenkende

oft recht verletzenden Schroffheit zum Siege zu verhelfen sich bemühte.
Wenn aber, und nicht selten geschah dieß, der Zwiespalt zwischen
Mutter und Sohn so weit gediehen war, daß Joseph aus seiner
Stellung als Mitregent auszuscheiden begehrte, da siegte erst recht die
Liebe der Kaiserin zu ihm, ihre Bewunderung für ihn in ihrem
Herzen, und weit wies sie jeden Gedanken einer solchen Ausschließung
ihres Sohnes von der Leitung der Geschäfte von sich ab. Die regel=
mäßige Wiederkehr dieses Verlangens zog denn auch immer nur die
Wirkung nach sich, daß Maria Theresia in ihrem Widerstande gegen
die Durchführung dessen, was Joseph beabsichtigte, sie selbst aber
mißbilligte, mehr und mehr erlahmte, und daß sie zuletzt, wenn auch
unter unablässigen Klagen, doch dasjenige zuließ, dem Einhalt zu thun
sie nicht mehr Kraft genug besaß.

Dieß machte sich übrigens bei weitem mehr in der äußeren als
in der inneren Politik bemerkbar. Um die Wahrheit des hier Gesagten
zu beweisen, wird es genügen, auf die zwei wichtigsten Ereignisse der
letzten Regierungszeit der Kaiserin, die Theilung Polens und die
Herbeiführung des baierischen Erbfolgekrieges hinzudeuten. Auch wer
ihrer Anschauung über das von österreichischer Seite zu beobachtende
Verfahren den Vorzug vor derjenigen ihres Sohnes gibt, wird ein=
räumen müssen, daß die Fürstin, welche sich in den bittersten Be=
schwerden über dasjenige erging, zu dessen gründlicher Veränderung
eine entschlossene Aufraffung, eine entschiedene Erklärung von ihrer
Seite wohl genügt hätte, jene energische, willensstarke Maria Theresia
nicht mehr war, welche im Beginne ihrer Regentenlaufbahn die be=
wundernden Blicke ganz Europa's auf sich gezogen hatte.

Muß man also zugeben, daß sich die Kaiserin während der
Mitregentschaft Josephs in den wichtigsten Fragen der äußeren Politik
von ihrem Sohne allzusehr beherrschen ließ, so war dieß bei weitem
weniger in Allem der Fall, was die inneren Staatsverhältnisse betraf.
Natürlich konnte ein so nachdruckvolles Drängen zu den einschneidendsten
Reformen, wie es von Joseph ausging, nicht ohne mächtigen Einfluß
auf die Maßregeln der Regierung bleiben. Aber gerade der Umstand,
daß Maria Theresia, wie dieß ja in der Regel der Fall ist, mit

zunehmendem Alter immer weniger zu Veränderungen neigte, brachte eine so glückliche Mischung, wenn man so sagen darf, des Vorwärts= treibens und des Zurückhaltens, und dadurch eine so günstige Wirkung hervor, daß diese Reformen auf allen Gebieten des Staatslebens die heilsamsten Ergebnisse für die Bevölkerung herbeiführten. Das Ver= dienst derselben wird daher auch gleichmäßig der Kaiserin wie ihrem Sohne und Mitregenten zuzuerkennen sein.

Worin aber Maria Therefia einzig dastand und ihr vielleicht niemals Jemand gleichkam, der eine Krone trug, das war das reiche Gefühlsleben dieser wunderbaren Frau. Und nicht nur, wie es ja wohl auch früher in fürstlichen Familien vorkam, zu Gunsten ihrer Angehörigen entfaltete sie es, auch auf ihre Unterthanen, sie mochten hoch oder niedrig gestellt, reich oder arm sein, dehnte sie es aus. Gewiß gab es auch unter ihren Vorfahren gemüthvolle Menschen, und grausam oder tyrannisch wird nicht Einer aus ihnen genannt werden dürfen. Aber es kam doch auch kaum Einem von ihnen in den Sinn, den Kreis seiner Familie und seiner geselligen Umgebung, des Adels und der Hofleute zu überschreiten, und wenn auch nicht persönlich, so doch wenigstens mit seinen Gedanken und mit seinen Sorgen hinab= zusteigen zu dem Volke, aus rein menschlicher Theilnahme seine Leiden, seine Bedrängniß mitzuempfinden und unabläffig darnach zu streben, deffen Lage und Verhältniffe in jeder Beziehung so weit zu verbessern, als es unter den einmal gegebenen Umständen nur immer möglich erschien. Von Maria Therefia aber muß dieß in vollstem Maße gesagt werden, und kaum je zuvor hatte man in Oesterreich und wohl auch anderswo das Oberhaupt des Staates in so ungezwungener und herzlicher Weise mit der Bevölkerung verkehren gesehen, wie dieß Maria Therefia that. Und bei jeder Maßregel, die sie ergriff, vergegen= wärtigte sie sich die Rückwirkung derselben auf das Wohl des Volkes. Wie weit sie hierin ging, hat sie wohl auch dadurch bewiesen, daß sie sogar zur Auflegung einer Abgabe, der Tranksteuer in Niederösterreich, nur durch den freilich ganz irrigen Glauben vermocht werden konnte, dieselbe werde in Folge der mit ihr Hand in Hand gehenden Auf= hebung anderer Steuern der Bevölkerung zur Erleichterung gereichen.

Aber freilich, die ganze Liebenswürdigkeit ihres Wesens konnte Maria Theresia nur auf diejenigen wirken lassen, mit denen sie wenigstens manchmal in unmittelbare Berührung kam. So oft ist der huldvollen Worte Erwähnung geschehen, welche sie entweder schriftlich oder mündlich an Personen richtete, die ihr in den verschiedensten Lebensstellungen dienten, daß man begreift, wie sie sich deren schwärmerische Anhänglichkeit erwarb. So erreichte sie gleichsam von selbst dasjenige, was sie ganz besonders hochhielt. Denn gar oft hob sie den gewaltigen Unterschied hervor, der zwischen dem bloß bezahlten Dienste und dem besteht, welcher aus vollem und ergebenem Herzen geleistet wird.

Es war nur eine natürliche Erscheinung, die gar nicht anders kommen konnte, daß die Kunde des leutseligen Verfahrens der Kaiserin gegen Alle, die mit ihr in Verkehr traten, und ihrer wohlwollenden Gesinnung für das Volk sich allmälig überallhin verbreitete in ihren Ländern, und daß sie ihr auch die Herzen derer gewann, welche sie nie gesehen und nie Gelegenheit gehabt hatten, sich ihrer Güte zu erfreuen. Zu dieser Liebe zu der Kaiserin gesellte sich der Stolz, einer solchen Herrscherin Unterthan zu sein, und man kann wohl sagen, daß Maria Theresia durch die Macht ihrer eigenen Persönlichkeit, und somit gleichsam unbewußt mehr zur Erweckung des Gefühles der Zusammengehörigkeit ihrer so verschieden gearteten Länder that, als dieß durch die zweckmäßigsten Regierungsmaßregeln hätte geschehen können. Aber darum ließ sie doch auch die letzteren durchaus nicht außer Acht. Die Lebhaftigkeit, ja man wird fast sagen dürfen die Leidenschaftlichkeit, mit der sie sich bei jedem Anlasse gegen alle particularistischen Bestrebungen aussprach, die freilich sanfte und weiche, aber darum doch nicht weniger feste Hand, mit der sie unablässig darauf hinwirkte, die Unterschiede zwischen den einzelnen Provinzen allmälig zu verwischen und in einer starken, nur von ihr selbst ausgehenden Centralregierung alle Staatsgewalt auf einem Punkte zu vereinigen, Alles dieß zeigt deutlich, daß sie keinen Augenblick über die Bedingungen im Zweifel war, unter denen allein ein Staatswesen immer mehr und mehr sich kräftigen, ja man darf wohl sagen, sich dauernd aufrecht erhalten kann. Auf die Förderung einheitlicher Staatsverhältnisse arbeitete sie unaufhörlich hin, und Alles wies sie entschieden von sich ab, was zu deren Lockerung führen konnte. Wie sie in ihren deutschösterreichischen Ländern immer hierauf ausging, wird auf materiellem Gebiete durch die Beseitigung der Zollschranken zwischen den verschiedenen Ländern, auf geistigem aber durch die Schaffung einer gemeinschaftlichen Gesetzgebung ausreichend dargethan.

Einen besonders glücklichen Tact hat Maria Theresia in der Behandlung Ungarns jederzeit bewährt. Man kennt ihre Vorliebe für dieses Land, ihre Dankbarkeit für die Dienste, die ihr dasselbe geleistet, und man weiß, wie tief sie von dem Wunsche durchdrungen war, ihre Erkenntlichkeit nicht nur durch Gunstbezeugungen an all die Männer, die sich um sie und Oesterreich besonders verdient gemacht hatten, sondern dem Lande selbst durch ausgiebige Förderung seiner geistigen und materiellen Interessen, der Cultur und Wohlfahrt seiner hierin so sehr zurückgebliebenen und vernachlässigten Bevölkerung zu beweisen. Aber sie wußte auch, daß Alles dieß nur durch sie allein und durch eine unter ihren Augen und nach ihren Impulsen wirkende Regierung geschehen könne. Darum ließ sie einerseits den Eigenthümlichkeiten der ungarischen Nation die vollste Rücksicht widerfahren, und mit äußerster Sorgfalt vermied sie Alles, wodurch deren so stark entwickeltes Selbstgefühl hätte verletzt werden können. Was jedoch die Grundsätze anging, nach denen sie dieses Land regierte, so suchte Maria Theresia eine immer größere Analogie mit dem Verfahren herzustellen, das sie in ihren übrigen Provinzen einhielt. Und heut zu Tage wird wohl sogar in Ungarn kein Urtheilsfähiger mehr bestreiten, daß sie hiedurch nur zum Besten des Landes wirkte. Die segensreichste Maßregel ihrer Regierung, die Urbarialregulirung führte sie auf eigene Faust und ohne Landtag durch; mit einem solchen und durch ihn wäre ihr dieses Werk wohl niemals gelungen. Die Erinnerung hieran wird aber auch genügen, um die Behauptungen derer, welche die gegenwärtige politische Selbstständigkeit Ungarns für nichts als für die Wiederherstellung des staatsrechtlichen Zustandes ausgeben möchten, in welchem dieses Land während des vergangenen Jahrhunderts sich befand, in ihrer ganzen Unhaltbarkeit zu zeigen.

Mit einer kurzen Hindeutung auf das, was Maria Theresia für ihre Armee that, wollen wir den Rückblick auf ihre Regierungs= thätigkeit schließen. Und man kann wohl sagen, daß der unermeßliche Unterschied zwischen dem, was sie vorfand und was sie hinterließ, vielleicht auf keinem Gebiete anschaulicher als auf dem militärischen wird. Die kleine Armee von etwa fünfzehntausend Mann, an und für sich kaum ein Corps zu nennen, mit welcher Neipperg den Preußen bei Molwitz entgegentrat, kann in gar keiner Weise mit dem Heere von hundertsiebzigtausend Mann verglichen werden, das sieben und dreißig Jahre später demselben Feinde gegenüberstand. Und nicht nur in Bezug auf die Stärke der Armee, auch hinsichtlich ihrer Ausrüstung und Kriegstüchtigkeit muß dieß gesagt werden. Erst unter und durch Maria Theresia geschah die Schaffung eines Offiziercorps, wie es den heutigen Begriffen entspricht, und man weiß, wie eifrig und mit welch glücklichem Erfolge sie darauf ausging, das Standesgefühl in demselben zu erwecken und zu heben. Aber nicht nur den Offizieren, auch den Soldaten begegnete sie mit Leutseligkeit und zeigte sich voll Fürsorge für deren Wohl. Man erinnert sich jenes Gespräches der Kaiserin mit einem alten Kriegsmanne über Lacy, dessen sie sich gegen den Feldmarschall eigens berühmte. Und unerschöpflich war sie, an das zu denken und das nur immer Ausführbare zu thun, wodurch das Los der Soldaten irgendwie verbessert werden konnte.

In solcher Weise hat Maria Theresia als Monarchin für ihr Oesterreich gewirkt. Welch hohe Stellung sie aber auch als Frau, als Mutter einnahm, ist Jedermann bekannt. Ganz unvergleichlich war sie insbesondere in der Sorgfalt für ihre Kinder, und die Lehren, die sie ihnen schriftlich mit auf den Weg gab, wenn sie ihrer Obhut sie entließ, gehören in ihrer Lebensweisheit und doch in ihrer schlichten Einfachheit wohl zu dem Schönsten, was in solcher Lage und an solchem Platze jemals geschrieben wurde. Aus ihrem Briefwechsel mit der Königin von Frankreich aber wissen wir, daß Maria Theresia diese Fürsorge nicht etwa auf den Augenblick der Trennung von ihren Kindern beschränkte, sondern sie ihnen auf ihrem ganzen Lebenswege gleichmäßig widmete.

So war die Fürstin, deren Leben wir hier zu schildern unternahmen. Nicht besser können wir diese Darstellung desselben schließen, als indem wir an die Worte des großen Briten erinnern, die, mit einer leichten Aenderung auf Maria Theresia angewendet, etwa so lauten würden:

„Ja das war eine Frau! Nehmt Alles nur in Allem;
  „Ihr werdet nimmer ihres Gleichen seh'n!"

Anmerkungen.

¹) Geusau. Geschichte der Stiftungen, Erziehungs- und Unterrichtsanstalten in Wien. 1803. S. 33.

²) Geusau. 324. 325.

³) Decrete vom 31. März 1779. Arch. d. Min. d. Innern.

⁴) IX. 242. 243.

⁵) Geusau. 399.

⁶) Vortrag des Staatskanzlers vom 6. März 1765.

⁷) Vortrag vom 2. Febr. 1778.

⁸) Referat des Staatskanzlers vom 27. Dez. 1770.

⁹) Referat des Staatskanzlers vom 16. April 1775.

¹⁰) VII. 203.

¹¹) „le concours de tous les Etats y etait prodigieux et formait un „spectacle bien riant, bien gai et bien agréable au milieu des fleurs des arbres „qui repandaient une odeur delicieuse dans tout le jardin. Son arrangement „et sa destination faisaient l'objet de l'admiration et des eloges universels du „gout et de la bonté de V. M."

¹²) Leitner. Monographie des kaiserlichen Lustschlosses Schönbrunn. Wien, 1875. S. 7. Hiernach ist meine irrige Angabe — IV, 142 — zu berichtigen.

¹³) Maria Theresia an Ulfeldt. 2. Sept. 1743. Eigenh. „Gundel ist in „mein nahm zu sagen, das ihme safran schicken werde mit dem gantzen plan und „terrains von schönnbrunn. er solle gedenchen bas was guttes und nicht auf 20000 „oder mehr schauen solle und sein idee mir völig barüber machen solle, ohne sich „von ihme irr machen zu laffen."

¹⁴) Kaunitz an Maria Theresia. 12. Juli 1775. „J'ai soin d'aller au moins „de deux jours l'un à Schönbrunn pour veiller à l'exécution de ce que V. M. „m'a fait témoigner désirer que j'y fasse arranger pendant son absence dans „les parterres pour les statues et les deux premières rampes de la montagne.

„Au point où nous en sommes, je compte qu'Elle trouvera tout cela fait à
„son retour, et il ne me restera rien à désirer, si V. M. est contente de ce
„qu'Elle verra."

¹⁵) „je sais les peines que vous vous donez, et soyez assurée que j'en
„conois tout le prix. ce beau jardin qui est votre seul ouvrage, m'est d'autant
„plus cher."

¹⁶) „comme il fait beau, je voudrois vous engager de ne jetter qu'un
„œil a schönbrun pour voir l'emplacement du bassin; s'il n'est pas trop pres
„de la maison et trop tirée en long; on pouroit encore y remedier. dans les
„petites choses comme dans les grandes je n'ais de tranquilité que quand j'ai
„votre aprobation."

¹⁷) Leitner. S. 8.

¹⁸) Leitner. S. 8.

¹⁹) IX. S. 389.

²⁰) Foscarini. 19. Febr. 1780. . . . „posso in oggi rassegnare . . gl' at-
„tuali divisamenti, che si vanno facendo dai Deputati dei Paesi dell' Austria
„inferiore, e particolarmente da Co. di Pergen, ch' è il Maresciallo dei Stati
„della Bassa Austria, tendenti a verificare con una nuova contribuzione il
„restante rimborso dei sedici milioni di fiorini, che gli Stati medesimi som-
„ministrarono a questa Corte durante la guerra che finì 1763, togliendo nello
„stesso tempo alcune imposte che non lasciano d' essere molto sensibili a questi
„sudditi. Si pensa adunque d'imporre una nuova contribuzione sopra le
„Bevande, compresevi l' acquevite, che si fanno nell' Austria inferiore, e che
„sino ad ora non furono soggette ad alcun genere di aggravio sino all' entrare
„delle linee di questa Capitale, per il chè da qui innanzi non solo vi sarà
„altresi aumentato l'aggravio all' entrare delle linee a tutta quella quantità
„che si volesse introdurre per l' interno consumo di questa città."

²¹) Verzeichniß derjenigen Gefällsrubriken, welche sowohl bey der kaif. kön.
Haupt- und Residenzstadt Wien als auch in dem ganzen Lande Niederösterreich in
Ansehung der einzuführen kommenden Tranchsteuer aufzuheben und zu vereinfachen
kommen sollen. Niederösterr. Landesarchiv.

Bey der Stadt Wien.

1. Die Schuldensteuer von der Stadt und den Vorstädten . . .	185.944.44
2. Die Pferdschuldensteuer	23.769.50
3. Das Sperrgefäll	85.000.—
4. Das Taz- und Umgeld	58.052.35
5. Die Taz- und Umgeldsteuer davon	11.610.31
6. Das Kameralumgeld im Wiener Burgfried	24.479.18
7. Bankaltaz- und Umgeld auf den hiesigen Gründen	21.562. 8
8. Das Liniengefäll sammt Passage und allen Landschranken . .	182.646.—
9. Das Passagegefäll	14.000.—

607.065. 6

Auf dem Lande.

1. Der von anno 1769 auf jedes calculirtes Haus extraordinarie ausgeschriebene 1 Gulden . . . . 47.087. —
2. Das Schuldensteuer-Reluitionsquantum . . . . 172.148 . 23
3. Item von Singularparteyen auf dem Lande, welche die Abfuhr zu der Extra Steuer Hofcommission geleistet . . . . . 10.077 . 33
4. Passage auf dem Lande . . . . 5.000. —
5. Die Wegrobotreluition . . . . 50.653. —
6. Das Taz- und Umgeld auf dem Lande . . . . 142.439 . 40
7. Die Taz- und Umgeldsteuer davon . . . . 28.487 . 56
8. Der Waldamts Fahrafelbische und Traiskirchner Taz . . . 2.177. —
9. Das nicht contributionsfrey erkaufte Umgeld auf dem Lande . 23.493 . 20
10. Die Domestical-Abgaben davon . . . . 3.524. —
11. Die Drittelzulage, so die hierländige Unterthanen nebst der auf ihren Grundstücken haftenden Contributional Steuer beyzutragen haben . . . . 170.000. —
12. Das ganze Contributionale sowohl von Haus als Ueberländ-Weingärten . . . . 151.000. —

806.088 . 88

Summa 1,413.153 . 6

[22]) Erlaß der Kaiserin an das nied.-österr. Verordneten-Collegium. Nied. österr. Landesarchiv.

[23]) Greiner an Maria Theresia. Sitzungsberichte. XXX. S. 367.

[24]) Sitz. Ber. XXX. 352.

[25]) Sitz. Ber. XXX. 368.

[26]) Sitz. Ber. XXX. 369.

[27]) S. 368.

[28]) S. 371.

[29]) S. 373.

[30]) Nied. österr. Landesarchiv.

[31]) Bericht der nied. österr. Stände an die Kaiserin. 27. Jänner 1780. Nied. österr. Landesarchiv.

[32]) Erlaß der Kaiserin an die nied. österr. Stände. 8. Febr. 1780. Nied. österr. Landesarchiv.

[33]) Sitz. Ber. XXX. 365. 366.

[34]) S. 365.

[35]) S. 368. 369.

[36]) S. 367. 368.

[37]) S. 373.

[38]) S. 371.

³⁹) S. 370.

⁴⁰) S. 372.

⁴¹) Das Patent ist abgedruckt bei Kropatschek. VIII. S. 412—471.

⁴²) Handbillet an Blümegen. 29. April 1780. Arch. d. Fin. Min.

⁴³) Sitz. Ber. XXX. S. 373.

⁴⁴) Foscarini. 4. Nov. 1780.

⁴⁵) Pezzl's Chronik von Wien, fortgesetzt von Ziska. 1824. S. 232.

⁴⁶) Pritz. Geschichte des Landes ob der Enns. II. 519.

⁴⁷) Egger. Geschichte Tirols. III. 12—16.

⁴⁸) Egger. III. 17. 18.

⁴⁹) VII. 161.

⁵⁰) VII. 163. 168.

⁵¹) An die Gräfin Enzenberg. 12. Sept. (1765). „rien ne m'interesse que
„la chapelle et le chapitre; la première, j'espère, sera en état pour le jour
„de st. françois, le second pour le 8 de decembre. la enzenberg accepte de venir
„regler la maison selon les instituts de prague avec la gavriani comme dechantin
„et unter dechantin, mais elles se reservent pour un ans leurs place a prague,
„si elles ne trouvoient leur convenience. elles y seront au mois de novembre.
„arrangez tout pour leurs logements et einrichtung, qu'elles trouvent tout prêt."

⁵²) Maria Theresia an Enzenberg, batirt vom 19. (October oder November
1765). Im Besitze des adeligen Damenstiftes zu Innsbruck.

⁵³) Correspondenz aus Innsbruck vom 8. Dez. 1765 als Anhang zu dem
Wienerischen Diarium vom 21. Dez. 1765.

⁵⁴) Alle diese Schreiben der Kaiserin an die Freiin von Enzenberg befinden
sich im Besitze des adeligen Damenstiftes zu Innsbruck.

⁵⁵) An die Gräfin Enzenberg. 28. Sept. (1765). „j'aprouve ce qu'on
„veut faire, hors le risen Saal, que je voudrois conserver pour le dedans des
„peintures à cause de son ancienneté; on passe tout, mais un nouveau couteroit
„beaucoup et seroit tres-critiquée. il faudroit seulement mettre et ajouter
„des lambris en peinture ou de bois. Flaberer l'expliquera mieux et quelques
„nuditez il faudroit repeindre."

⁵⁶) An die Gräfin Enzenberg. 26. Dez. (1765). „je fais travailler pour
„un de moi pour le stifft et celui de l'Emp. et le mien pour le chateau, et
„celui de Leopold et de sa femme pour une eternelle memoire. vous m'en-
„verrois les mesures pour ces 4 portraits" . . . .

⁵⁷) An die Gräfin Enzenberg. 22. Jänner 1766.

⁵⁸)　　　　　　　　　　　　　　　„ce 14 fevrier 1766.
　„ma chere amie. je vous recomande ce monsieur et madame sa femme.
„il vous porte de ma part un present le plus grand que je pourois vous faire
„et le plus cher a nous deux; je crois que vous en serez contente, je me suis
„donnée tout les peines pour le faire reuissir. je vous vois en le recevant et

„je me reproche de vous attendrir et renouveller votre douleur, mais comme
„je juge les autres après moy, il me semble que c'est encore la seule con-
„solation qui nous reste, à l'avoir present partout, ce cher et adorable maitre.
„vous recevrois vor die franciscaner das altar blatt in may; je voudrois qu'on
„le mit la premiere fois le 13 de may. je suis pressée pour aller au sermon
„italien que nous avonts lundis et vendredis. adieu, je vous embrasse. vous
„aurois recue de moy une grande lettre avant hier.			M. T."

59) Maria Theresia an die Gräfin Enzenberg. 19. April (1766). „prevenez
„votre maris que j'enverois en 8 ou 10 jours pagazzi a inspruck lui expliquer
„mes ideez a cause de la porte de triomphe et de la sale a inspruck. c'est
„un homme entendue, couteux, mais qui sait mieux expliquer que d'autres mes
„ideez; il ne restera qu'autant que votre maris le trouvera necessaire. que
„l'ingenieur soit prevenut que ce n'est pas pour lui faire tord, mais seulement
„accelerer l'ouvrage." Und am 1. Mai (1766) schrieb die Kaiserin der Gräfin
Enzenberg: „je vous envois pagazzi; vous pouriez avec raison me gronder sur
„mon impatience, mais mettez vous à ma place, je suis plus a insprug qu'ici:
„il me parois bien souvent de retrouver là ce que j'ai perdus, ou aux moins
„mon repos ou ma fin. r'assurez walter que ce n'est pas que j'ai quelques
„doutes de lui, au contraire, mais pagazzi s'est (sait) mieux mon gout et
„mes intentions. vous pouvez le garder tant que vous voullez."

60) I. Mai 1766.

61) Egger. III. 25.

62) Egger. III. 28—31.

63) „vos vilains tyroliens s'accoutument a refuser tout le reg., un congrès
„permanent que votre maris at proposée. il ne conoissent pas leurs interets;
„es wird ihnen hundertfältig eingebrungen werden."

64) Egger. III. 31.

65) Egger. III. 40.

66)			ce 26 7bre 1772.

„ma chere amie. c'est hier a midis que j'ai recue la triste nou-
„velle du decez de votre epoux, mon fidel et zelée ministre et amis.
„vous qui conoissez mon cœur, ma reconoissance, ma constance dans mes
„amitiez, vous pouvez juger combien cette nouvelle m'at fait de la peine.
„celle que je ressens de la votre, m'occupe dans ce moment encore plus que
„la mienne, car je ne retrouverois plus un enzenberg en tyrol. chere amie,
„donnez moi des marques de la votre, conservez vous pour moi et vos chers
„enfants, disposée de moi comme je conte tenir la place de leurs bon et
„honet Pere vis a vis d'eux. leurs noms me seront toujours chere. si vous
„voulez quitter ce pais, venez vous etablir ici, j'aurois soing de vous. voulez-
„vous rester, contez sur votre logement toujours au chateau. votre fils veut-
„ils etre emploiée ailleurs, je tacherois de le seconder; veut il rester, ce sera
„de meme. enfin contez en tout sur moi, ouvrez moi votre cœur, je serois
„contente si je peux vous soulager et vous rendre la centieme partie des
„services de ce que votre feu digne epoux m'at rendue. je ne vous dis rien

„sur la resignation aux decrets divines, que chaque jour nous approche de ce
„que nous avons perdus, que nous devons tacher de nous faire des merites
„pour l'autre monde, qu'ici toute est miserre et pleurs; que ceux qui se sont
„endormis au seigneur, sont bien heureux et a leur porter envie. que la
„religion est la seule consolation dans ces cruels instants, et des amis. contez
„moi entre ceux ci, que je ne finirois a me dire qu'avec mes tristes jours.

Marie Therese."

Abgefonderter Zettel. „ich übernehme die 2000 f. wittibliche unter-
„haltung der gräffin enzenberg, damit der sohne dem genus deren 50ᵐ f. in
„heurathsbrieff behalten könne vor seine bessere subsistenz."

⁶⁷) Am 14. Oct. 1772 schreibt Pichler im Auftrage der Kaiserin an die
Gräfin Enzenberg: „S. M. trouve excellentes les maximes établies par S. E.
„feu le Comte Enzenberg. S. M. voudroit seulement les voir réunies dans un
„sujet, mais Elle ne compte gneres de le trouver, et seroit bien aise si
„V. E. pouvoit l'indiquer."

⁶⁸) Wien, 4. Nov. 1772. „Kresel est sans doute un très bon sujet, mais
„ses services sont necessaires ailleurs, et il n'aimeroit surement pas a se
„transplanter en Tyrol, en s'eloignant tant de la Boheme ou il possede
„quelque bien. Spauer a beaucoup de bonnes qualités, mais je ne lui crois
„pas assez de talents pour etre mis a la tete d'un gouvernement d'un Pais
„tel que le Tirol: d'ailleurs la promotion donneroit trop de peine a Kinigl.
„J'ay donc fixé mes vues sur Heister en Carinthie, qui a deja quelque con-
„naissance du Tyrol, mais sans 11.000 fl. du moins d'appointements, il declare
„de ne pouvoir accepter cette charge, à moins de s'exposer au risque de faire
„des dettes. Je lui sais gré de s'etre expliqué naïvement sur ses facultés,
„avant de s'etre embarqué dans une carrière qui auroit pu l'entrainer dans
„le derangement, mais je reste dans l'incertitude sur le choix du successeur
„de votre mari, quoique persuadée qu'à la fin il faudroit nommer quelque
„etranger."

⁶⁹) Egger. III. 40.

⁷⁰) Egger. III. 97.

⁷¹) Egger. III. 78.

⁷²) Egger. III. 80.

⁷³) Sitz. Ber. XXX. S. 362.

⁷⁴) Joseph an Maria Theresia. Freiburg, 24. Juli 1777. Ihr Briefwechsel.
II. 153—156.

⁷⁵) Handbillet an Kaunitz. 22. Oct. 1776.

⁷⁶) Referat des Staatskanzlers vom 3. Dez. 1776.

⁷⁷) Ried an Kaunitz. 21. und 27. Mai 1777.

⁷⁸) Joseph sagt hierüber in seinem Reisejournal: „den 7ten April in der
„früh giengen wir gleich das Haus sehen, wo die Rekruten in Günzburg ver-
„sammlet waren; dieses ist elend, feuersgefährlich, ungesund und feucht, dergestalten
„daß die Leute ohnmöglich allda verbleiben können, und wäre dazu nothwendig

„ein Platz in dem Schloß zu suchen, welches mehren Theils lauter Wohnungen
„von Beamten in sich enthält. Das Münzhaus besahen wir auch; dieses seyert
„vollkommen anitzo, da kein Silber zum schmelzen und zu verarbeiten vorhanden
„ist. Es wird hier ein so starkes Personale gehalten, das so kostbar ist, daß
„lieber das ganze Münzhaus aufzuheben räthlich wäre".

⁷⁹) Mit Referat vom 9. Juni 1777.

⁸⁰) II. 220—250.

⁸¹) IX. 342—382.

⁸²) Grabenigo. 15. Juni 1771. „La Cancellaria di Boemia è in una
„assoluta inazione da tre mesi a questa parte, perchè il Sig. Conte di Kodeck
„che n' è il Cancelliere, è mortualmente ammalato. Egli è per consequenza
„nella impossibilità di agire, e li di lui subalterni . . non osano dar mano,
„ne eseguire la più piccola cosa. Tutti gli affari ne soffrono, e la Corte ne
„sente i mali effetti in modo ch' Ella è divenuta nella deliberazione di far
„insinuare in questi giorni al Sig. Co. di Kodeck medesimo di dimandar
„egli volontariamente la demissione di un posto cosi importante, per l'impossi-
„bilità di poterlo far agire come conviene, attesa la male salute sua. Si
„spera che egli si presterà a momenti a questo passo presso della Corte, la
„quale, per quanto si dice, pensa di trasferire il carico stesso nel Sig. Conte
„di Asfeld, Presidente della Camera di Finanze . . ."

„Colle espedizioni di grani che tuttavia si continuano in Boemia, e tutte
„le misure prese, le cose si sono tranquillizate a quella parte, ma ciò non
„ostante, benchè il Governatore di Praga, il Sig. Conte di Kolowrat sia un
„uomo ottuagenario, e si può dire quasi marcito in questo genere d'affari,
„egli si è condotto si male, che gli fù insinuato dalla Corte di dimandare la
„di lui dimissione del posto, com' egli fece."

⁸³) II. 136.

⁸⁴) Im Besitze des Grafen Berchtoldt.

⁸⁵) Denkschrift des Kaisers vom 19. Nov. 1770.

⁸⁶) Vom 17. Nov. 1770.

⁸⁷) Denkschrift Josephs vom 1. Mai 1771.

⁸⁸) Referat vom 15. Juli 1771.

⁸⁹) Referat des Staatskanzlers vom 22. Sept. 1771.

⁹⁰) Joseph an Leopold. 25. Sept. 1771. I. 344.

⁹¹) Grabenigo. 5. Oct. 1771. „L' Imperatore è partito Martedi Mattina
„per la Moravia, e per passar poi nella Boemia; ha egli voluto intraprendere
„questo viaggio per riconoscere i gradi della miseria che afflige quella Pro-
„vincia, e per studiare sul luogo quali possano essere i modi possibili per
„ripararla almeno in parte. E estraordinario il numero di quelli che si dicon
„morti dalla fame, oltre quelli che sono periti dalle malattie prodotte dalla
„pessima nutrizione formata per la maggior parte da fieno bagnato col latte.
„Se volessi fare il dettaglio d'ogni cosa, non finirei mai più col solo effetto
„di far cader le lacrime ad ogn'una di V. V. E. E.; dirò semplicemente che

„il raccolto di quest' anno è interamente colà mancato a grado che mancano
„persino la quantità necessaria alla scemina, e che la mortalità degli animali
„sia pure da pochi giorni colà introdotta.   Questo viaggio fà il più grande
„onore a S. M. l' Imperatore, e farà certamente un qualche bene a quelle
„miserabili Popolazioni che divengono per consequenza una sensibilissima dis-
„grazia per questo Stato.“

⁹²) Joseph an Kaunitz und Harsch. Iglau, 8. Oct. 1771.

⁹³) Die Kaiserin an die Gräfin Enzenberg. 23. Oct. 1771. „jai besoing
„de tout ces consolations; quand je pense a la boeme et moravie, tout est
„evanouit. l'Emp. y fait actuellement le tour, non sans grande inquietude de
„ma part à cause des maladies, mais il ne peut assez exprimer la miserre
„qui y regne, et peu on point des moyens a remedier.“

⁹⁴) Joseph an Maria Theresia. 27. Oct. 1771.

⁹⁵) Grabenigo. 23. Nov. 1771. „L' Imperatore si è qui restituito Domenica
„mattina ripieno di gloria per l' instancabile lavoro ch' egli ha esercitato a fine
„di riconoscere i mali e tutte le cause che li hanno prodotte per tutte le
„Provincie che Egli ha visitato, e nelle quali Egli ha fatto nel tempo istesso
„del proprio suo peculio elemosine considerabili.   Li rapporti, tutti scritti di
„sua mano, e qui portati, formano il ritratto della disgrazia la più forte e la
„più compassionevole che immaginàr si possa.“

„Dacchè Egli è qui arrivato, egli non ha cessato ancora di travagliare
„nel proprio consiglio coi Ministri, che per i loro dipartimenti devono avere
„ingerenza nella materia, per studiare e ritrovare gli espedienti necessarj, onde
„riparare in parte una tanta disgrazia, ed assistere a sollevare possibilmente
„tanti sudditi miserabili, ma la cosa è di tanta difficoltà, che niente ha potuto
„essere decretato ancora.   E quantunque pochi Millioni non basteranno per
„ottenere l' oggetto, questa non è la difficoltà principale, ma la maggiore si
„è quella di poter trovar la quantità necessaria dei generi opportuni, e di
„farla tradurre in tempo nei respettivi luoghi . . .“

⁹⁶) Handbillet an Hatzfeldt. Nov. 1771.

⁹⁷) IX. 304.

⁹⁸) Protocollum commissionis de sessionibus die 21. et 26. Aprilis, 2.
et 9. Maji 1772. Die Resolution der Kaiserin lautet: „der Kayser und ich finden,
„daß es also an die stellen gehen kan“.

⁹⁹) IX. 358.

¹⁰⁰) Contarini. 24. Mai 1777. „Una nuova insorgenza e specialissima
„nelli Stati di Casa d' Austria è successa in questi giorni, cioè quella im-
„provisa di vedere più di 10000 Moravi dichiararsi di religione Luterana,
„ed opponersi alla continuazione nelli proprj villaggi degl' esercizj cattolici
„delle Chiese e dei Parochi.“

¹⁰¹) Contarini. 24. Mai 1777. „Quanto inatteso è riuscito a S. M.
„l'Imperatrice questo doloroso annunzio, altrettanto egli si rende serio per
„qualunque vista, e difficili si prevedono le provvidenze. Oltre di che vedersi

„un tanto considerabile numero di sudditi sedotti dagli errori fatali della „Eresia, la quale non compariva infestare da lunghissimo tempo quelle Pro-„vincie, si ha ragione di temere quasi generalmente sparso lo stesso veleno „nella Moravia, non che nella Stiria e Boemia. Alle rispettabili viste della „religione si aggiungono nel delicato animo di S. M. la Imperatrice li politici „riguardi di stato, li quali si rendono tanto più importanti, quanto che ha „giurato sempre la Casa d' Austria la osservanza delli gia noti articoli della „famosa pace di Westfalia, e che nel caso presente possono verificarsi con „sommo danno dei diritti di Sovranità e di popolazione. Ciò che minaccia „maggiormente quelle Provincie, egli è l'esempio già molti anni successo nel „feudale distretto di Salisburgo, da cui emigrarono senza opposizione, perchè „contrarie alli chiari articoli dell' indicato trattato, più centinaje di famiglie, „passate in altra dizione, dopo aver venduto impunemente le proprie terre ed „effetti. Niente però di importante sarà deliberato da questa Sovrana prima „del regresso di S. M. l' Imperatore, e frattanto sembra essa inclinata alla „dissimulazione di una provisionale tolleranza.“

¹⁰²) Kaunitz an Herzan in Rom. 9. Juni 1777.

¹⁰³) Contarini. 7. Juni 1777. „Li riscontri che arrivano dalla Moravia „rispetto a que sudditi infetti dagli errori di religione, sono sempre più dolo-„rosi e molesti all'animo di S. M. la Imperatrice, la quale dietro alli principj „di possibile tolleranza cerca di addattarvi tutte quelle providenze provisionali „che ella non lascia di esercitare in queste difficili circostanze. Furono spe-„diti per questo due Commissarij per scoprire, se sia possibile, se vi esistono „figure eccitanti e che fomentino il veleno in quelle popolazioni. Saranno „fabbricate quaranta chiese cattoliche nella stessa Provincia, ad oggetto di „rendere più frequenti gli esercizij di Religione, e di accrescere il numero „de pastori, per la mancanza de' quali si suppone esservi una gran parte di „que'sudditi senza le neccessarie assistenze ed istruzioni ecclesiastiche. A queste „stabilite provvidenze si aggiunge la presa massima di trasportare qualche „famiglia delle più renitenti ed ostinate in quegli errori, nella Transilvania, „dove la tolleranza di questa Corte permette l'esercizio di varj culti e di „sette diverse. Tutte queste disposizioni sono però soggette ad alterazioni „e cambiamenti in vista delli diversi effetti che ne possono derivare, non che „da que' nuovi consigli che potessero essere addattati e verificabili, solamente „al regresso in questi Stati di S. M. l' Imperatore.“

¹⁰⁴) IX. 139—144.

¹⁰⁵) Contarini. 9. Aug. 1777. „Questo Monsignor Nunzio Apostolico ha „ottenuta una udienza da S. M. la Imperatrice, dovendogli significare a voce „non che rimettere nelle mani un breve del Pontefice contenente la somma „sua esuberanza per le cose ordinate da questa Sovrana a vantaggio della „Religione Cattolica e contro il fatale veleno dell' Eresia sparso in alcuni „circoli della Boemia e Moravia. Non si può dire però che le provvidenze che „rassegnai a V. S., abbiano ottenuto sino ad ora quel bene che si contem-„plava da questa Sovrana, ma ciò non ostante hanno servito ad impedirne

„maggiori eccessi, essendo miste queste provvidenze di correzioni, di qualche
„esempio, e di tolleranza.“

¹⁰⁶) Vortrag der Hofkanzlei vom 6. Sept. 1777. Arch. b. Cult. Min.

¹⁰⁷) Erlaß der Hofkanzlei an das mährische Landesgubernium. 12. Sept. 1777.
Cult. Min.

¹⁰⁸) II. 160. 161.

¹⁰⁹) Maria Theresia an Joseph. 25. Sept. 1777. II. 162.

¹¹⁰) Joseph an Maria Theresia. Turas, 26. Sept. 1777. II. 163. 164.

¹¹¹) II. 165.

¹¹²) II. 165.

¹¹³) Joseph an Leopold. 5. Oct. 1777. II. 166.

¹¹⁴) Der venetianische Gesandtschaftssecretär Lavezzari an die Signoria.
8. Nov. 1777. „Quantunque S. M. la Imperatrice Regina e li Ministri da lei
„destinati a correggere e a persuadere li sudditi della Moravia infetti dal
„fatale veleno della eresia, dovessero lusingarsi di veder sopite in breve
„quelle insorgenze, e rimmessa nel grembo della Chiesa Cattolica quella parte
„di popolazione nuovamente sedotta, pure non dimeno un fatto, giorni sono,
„successo, e che la insufficienza mia crede degno di essere rassegnato alla
„somma sapienza di V. S., fa supporre non terminato ancora in quelle Pro-
„vincie l'incomodo avvenimento. In que' momenti, nei quali la Maestà
„dell' Imperatore accoglie le supplice de' proprj sudditi, da un Deputato da
„alcune Communità Morave gli fù presentata una Carta, nella quale veniva
„questo Sovrano pregato di voler interporsi presso di S. M. la Imperatrice,
„onde essa in avvenire accordasse libertà di coscienza e libero esercizio di
„religione a tutti quelli che ancora si trovano immersi in que' dannosissimi
„errori. E arresto seguito di questa imprudente figura, e un rigido processo
„ordinato da S. M fù la consequenza di un passo così ardito, e ragionevol-
„mente può supporsi che ciò abbia ad estendersi sopra tutti quelli che ave-
„ranno avuta influenza nella incauta spedizione. In vista di tali cose non
„lascia giornalmente questa Sovrana di assistere un così importante affare,
„addattandovi nuove provvidenze e inviando soggetti di virtù e pietà esperi-
„mentata, onde non solo impedire una dilazione maggiore, ma estirpare, se
„sia possibile, intieramente da quella parte de' suoi Stati un male così funesto.“

¹¹⁵) Gutachten des Staatskanzlers vom 13. und Referate desselben vom
18., 21. und 28. Oct. 1777. Ersteres wurde veröffentlicht von Beer im Archive
für österr. Geschichte. XLVIII. 158 – 162.

¹¹⁶) Arch. b. Cult. Min.

¹¹⁷) Foscarini. 29. Jänner 1780.

¹¹⁸) Vortrag der Hofkanzlei vom 22. Jänner 1780. Cult. Min.

¹¹⁹) Foscarini. 12. Febr. 1780. „... tale indeterminazione proviene dalla di-
„versità di principj che regna fra quelli che sono destinati a discutere di
„tale affare, formando essi alcune riflessioni dietro li proprj principj, che non

„lasciano di avere il loro peso. Vorrebbonsi coltivare anche in presente le
„stesse massime di dolcezza esercitate in passato, e per togliere dalla radice
„così perniciose produzioni, viene creduto necessario l'allontanamento di quei
„pochi capi promotori, di un tal disordine, trasportandoli nell' Ungheria e
„nella Transilvania, dove esistono Chiese di vario rito. Non può negarsi la
„saviezza di un tale consiglio, che tende a conservare il culto cattolico all' es-
„clusione d' ogni altro, tanto più che questa Sovrana solennemente giurò di
„non ammettere nei suoi Stati Ereditarj altro culto che il cattolico, non po-
„tendo meritare alcun riflesso nel caso presente li legami provenienti dal
„Trattato di Westfalia, in cui l' Imperatore Ferdinando III si obbligò bensì
„di tollerare li Protestanti nel resto dell' Impero, eccettuando per altro spe-
„cialmente li Stati Ereditarj della propria Casa. Ma se tali sono le ragioni
„che militano in favore di quella massima, da chi sostiene una diversa sen-
„tenza, si parla nel modo seguente: Si temono dei nuovi fermenti, e che
„maggiormente si dilati il malcontentamento di tanti sudditi sparsi nelli
„diversi dominj di questa Monarchia, necessitati come sono di occultare le
„loro massime di religione, nutrite con l'educazione, e si teme egualmente
„che l'imaginato allontanamento di quei Capi della Moravia ne possa aumen-
„tare l'amarezza, poiche, transpiantandoli dal loro naturale domicilio, sareb-
„bero privati della loro sostanza. Ma quello che sopra tutto fà opinare per
„la massima che sia utile di aderire ad un separato culto, si è il timore
„dell' alienamento di tanti sudditi verso del naturale loro Sovrano, e che
„possa il Rè di Prussia approfitarne a vantaggio proprio, come quel Principe
„che viene in oggi riguardato come il principal Protettore dei Protestanti
„di Germania. Nel mezzo però a tanta diversità di principj, quasi ardirei di
„asserire, che questa Sovrana comproverà anche in presente le naturali sue
„massime, e solo studierà quei convenienti mezzi che possono essere suscet-
„tibili in così delicata combinazione.“

¹²⁰) Cult. Min.

¹²¹) Foscarini. 1. April 1780. „Li torbidi di religione, insorti nelli
„villaggi della Moravia, sono quasi del tutto estinti, mercè le attente cure de'
„Parocchi, ma quello che vi ha più di tutto contribuito, fù il sapersi li
„risoluti ordini di questa Sovrana, di trasportare nella Transilvania tutti
„quelli che perturbassero la quiete comune, senza fare eccezione veruna a
„condizione di persone. Il bene si è, che quelli che ne furono li Promotori,
„non meno che li loro seguaci non sono che dei più miseri villici, non già
„perchè non vi siano persone di miglior condizione infettate da simili prin-
„cipj, ed attrovandosi alcune impiegate, scoperte che fossero, sarebbero sul
„momento esiliate con la perdita del loro impiego, e con la confiscazione delle
„loro rendite.“

¹²²) Foscarini. 3. Juni 1780. „Ad onta delle blandizie sino ad ora eser-
„citate da questa Sovrana verso li Protestanti che si attrovano dispersi nei
„Paesi della Boemia e della Moravia, l'esperienza dimostra il niun effetto che
„hanno esse prodotto, stante un nuovo avvenimento da pochi giorni accaduto ...
„Nella giornata dei 13 del trascorso mese un corpo di quasi 4000 villici si

„raccolse in una larga pianura nelle vicinanze di Wisowitz, paese della
„Moravia confinante coll' Ungheria, dove diretti da alcuni Preti Protestanti,
„fecero colà delle publiche preghiere, felicitando in quel giorno la nascità di
„S. M. l'Imperatrice, dietro a che fù anche pronunziato un sermone, eserci-
„tando in tal luogo senza alcuna riserva li riti della loro religione. Il poco
„presidio di truppe, collocato in quelle vicinanze, accorse colà, tentando
„d'impedire l'effettuazione coll'imporre soggezione a quei villici, ma la dis-
„parità del numero, ed il timore di un qualche eccesso lo fece risolvere di
„nulla tentare. Terminate le ceremonie, e passati alle loro case, fù tentato
„ed eseguito anche l'arresto del Predicator Protestante, ma divulgatasi poco
„dopo la notizia di tale esecuzione, ed essendosi ammutinato un gran numero
„di quei villici, decisi di volerlo a tutta forza posto in libertà, fù duopo di
„cedere al momento, e fù ordinato di licenziarlo dalle carceri. Questo è il
„fatto giunto nei giorni scorsi a cognizione di questa Sovrana, ed ora si stà
„dalla Cancellaria di Boemia esaminandolo maturamente . . . ."

123) Foscarini. 17. Juni 1780. „Gli affari della Moravia sono un poco
„più tranquilli di prima, nulla essendo succeduto dopo quel giorno, in cui
„solennizzarono quei Protestanti li loro riti, felicitando la nascità di questa
„Sovrana. Ma mi disse questo . . Cardinale Herzan, che si erano rilasciati
„gli ordini di nuovamente arrestare il noto Predicatore con ordinare di assi-
„curarsi ancora da alcuni capi, onde con tale esempio ridurre in dovere
„quelli che insister volessero a turbare la quiete comune."

124) „die camer folle vor dise 12 oder mehrere familien vor eine jede
„100 f zu geben, damit selbe, wo sie hinkomen, anfangen können zu wirthschafften."

125) „Une circonstance dont le souvenir ne s'effacera cependant jamais
„de ma mémoire, est celle: que l'Imperatrice Marie Therese, qui ne s'étoit
„laissée determiner qu'avec peine par l'Empereur son fils et ses Ministres
„à cette prise de possession, à laquelle elle répugnoit, nous ayant confié un
„jour à mon Epouse et à moi la peine qu'elle en avoit ressentie, y ajouta:
„qu'elle voyoit dans ce fait la source de bien des malheurs qui viendroient
„fondre plus tard sur la Monarchie Autrichienne et en ameneroient la décadence."

126) Vortrag des Fürsten Kaunitz vom 9. Mai 1772. Min. d. Innern.

127) Pro nota. 30. Aug. 1772. Min. d. Innern.

128) Am 6. Sept. 1772. Min. d. Innern.

129) Pergen. Lemberg, 4. Oct. 1772. Min. d. Innern.

130) Opinio des Kaisers vom 23. Nov. 1772. Min. d. Innern.

131) Vortrag des Staatskanzlers. Anfangs Dez. 1772. Min. d. Innern.

132) An Pergen. 5. Dez. 1772. Min. d. Innern.

133) Pergen an Kaunitz. 18. Dez. 1772. Min. d. Innern.

134) Min. d. Innern.

135) Pergen. 5. März 1773. Min. d. Innern.

136) Pergen. 8. März 1773. Min. d. Innern.

[137) 18. Jänner 1773. Min. d. Innern.

[138) 23. April. Min. d. Innern.

[139) Bergen. 26. Juli 1773. Min. d. Innern.

[140) VIII. 418.

[141) VIII. 419—421.

[142) VIII. 418.

[143) 5. Aug. 1773.

[144) VIII. 420. 421.

[145) Joseph an Leopold. 21. Oct. 1773. II. 20.

[146) VIII. 414—417. 422.

[147) VIII. 493—951. IX. 311. Ihr Briefwechsel hierüber. II. 21. 22.

[148) Vortrag des Staatskanzlers vom 4. Jänner 1774.

[149) An Habil. 12. März 1774. Min. d. Innern.

[150) Kaiserliche Resolution auf das Commissionsprotokoll vom 14. März 1774. Min. d. Innern.

[151) Decret an das galizische Landesgubernium vom 24. Nov. 1774. Min. d. Innern.

[152) Contarini. 28. Jänner 1775. „La incertezza del proprio stato, e che „rende sempre più contingente e pensile la situazione del Principe Carlo di „Sassonia, a cui non è rimasto sino ad ora che il semplice titolo di Duca „di Curlandia, senza nessuna ulteriore lusinga di verificare un diritto, ha „impegnato l' Arciduchessa Maria Cristina sua cognata di raccomandarlo alla „Madre, e di tentare che egli divenga Governatore di tutte le Provincie che „casa d'Austria ha acquistate in Polonia. Tale è l' ascendente però di questa „Principessa sopra l' animo della Imperatrice, che sebbene vi si opponessero „molti riguardi di politica e di economia per aderirvi, ottenne tuttavia che „S. M. rendesse proprio questo pensiero e lo presentasse in questi giorni „all' Imperatore come una cosa da verificarsi. Ad onta però di tali felicissimi „auspicj, il Principe Carlo di Sassonia non sarà certamente il Governatore „di quelle Provincie, tanta fù la ressistenza di S. M. l'Imperatore ad un „simile progetto.“

[153) Mit Bericht vom 9. Dez. 1775. Min. d. Innern.

[154) Handbillet an Blümegen vom 27. April 1776. Min. d. Innern.

[155) Contarini. 4. Mai 1776. „E stato sostituito nella principal carica „di Maggior Domo maggiore il Principe di Swartzenberg, attuale Maresciallo „di Corte, al di cui onorevole uffizio è stato nominato il Co. di Wurben, „Gran Cancelliere de' nuovi acquisiti in Polonia. La promozione di questo „soggetto ad un uffizio, quantunque onorevole, ma senza alcun peso di affari, „successe, perchè si è voluto sopprimere quella Cancellaria, dividendone le „materie frà le altre due di Boemia e di Austria. Varj sono li giudizij che „vengono dati anche a questa interna novità di Governo, ma il più ragione-„vole sembra quello di diminuire possibilmente li Dipartimenti negli affari,

„e di render minore e meno gravoso all'economia il numero de' Ministri che
„vi sono impiegati."

¹⁵⁶) Contarini. 6. Mai 1775. „Essa frattanto cerca quanto può di affe-
„zionarsi gli animi di que' nuovi sudditi, e specialmente de' Nobili, ne ommette
„di conferir loro degli onori e delle superfiziali distinzioni, le quali tuttavia
„non basteranno mai per mitigare in que' Signori la sensazione ed il dolore
„delle proprie sfortune. Oltre ad alcuni ordini conferiti ne' passati mesi a varj
„Cavalieri Polacchi, ed oltre di averne eletti moltissimi Ciambellani a questa
„Corte successe già due giorni una promozione di 24 dame polonesi all'ordine
„di Santa Croce, e di cui la Sovrana si è freggiata distintamente."

¹⁵⁷) Foscarini. 25. Sept. 1779. „Le pesanti imposte che furono addossate
„da questa Corte alli sudditi della Gallizia e Lodomeria sino dal primo mo-
„mento, in cui passarono sotto la dominazione di questa Monarchia, li resero
„vie più mal sodisfatti del loro nuovo destino, e per maggiormente accre-
„scere tale loro scontentamento, si aggiunse la circostanza che le maniere
„tenute dal Co. di Auersperg nel tempo ch'egli sostenne il governo di questi
„paesi, furono più atte ad alienare l'animo di questi popoli, che a coltivarli
„ben affetti al loro nuovo Padrone. Studiando essi il modo di veder migliorata
„la presente loro situazione, fù da alcuni dei principali soggetti Polacchi imagi-
„nato il progetto di maneggiare, se fosse possibile di ottenere, di essere in-
„corporati con il Regno d'Ungaria, onde in tal modo risorgere dalla presente
„loro condizione. Non può negarsi che la idea di tale progetto non abbia in
„se stessa tutte le viste di utilità per li Polacchi, poichè potendo in ciò
„riuscire, diverrebbero a parte di tutti quei privilegj, dei quali approfita la
„Nazione Ungarese, a grado di essere con distinzione accarezzata da questi
„Sovrani, e moltissimo rispettata dal restante dei sudditi di questa Casa.
„Dietro a questi principj progredirono li Polacchi la loro intrapresa, e prima
„di fare alcun passo verso la Corte, vollero iscoprire qual fosse la persuasione
„degli stessi Ungaresi da loro destramente maneggiati. Questo primo passo
„riuscì loro felicissimo, poichè il Conte di Esterhasi, Cancelliere di Ungheria,
„giunse perfino al punto di agire in faccia alla Corte, producendo un pro-
„getto di non poco allettamento per la Sovrana. Fù adunque chiesta la
„unione di questi nuovi Dominj al Regno di Ungheria, e fù proposto di
„pagare a questa Regia Cassa li quattro millioni di fiorini che in tutto for-
„mano la rendita di questi nuovi Paesi. Questa esibizione però non ha pro-
„dotto sino ad ora quegli effetti che parevano potersi sperare, abbenchè ne
„fosse per risultare molto vantaggio a questo Erario, poichè in presente gran
„parte di quelle rendite vengono distratte dal mantenimento di tutti quelli
„che nei varj loro dipartimenti sopraintendono al Governo Politico, criminale
„e civile di questi Paesi; dispendio questo che sarebbe quasi del tutto rispar-
„miato, allorquando li Polacchi fossero uniti all'Ungheria."

„Ad accrescere le obbiezioni, ed a disturbarne l'effetto non poco vi
„contribuisce in presente lo stesso Conte di Auersperg, che avendo dimesso
„in questi ultimi giorni l'esercizio del suo governo, venne qui in Vienna,
„dimostrandosi fervidissimo nel sottenere la causa contro gli stessi Polacchi.

„Tre sono le ragioni che sembrano le più vitali per allontanare questa
„Sovrana dall'aderirvi alla prima, cioè che ciò succedendo, non potrebbero in
„nessun tempo ritrovarsi maggiori vantaggj con nuove estraordinarie imposte,
„come fù fatto anche in questi ultimi tempi con tutti gli Stati Ereditarj.
„L'altra poi proviene dal moltissimo interesse di tutti quelli che godono in
„presente importanti e lucrosissimi impieghi, i quali mancando del loro prov-
„vedimento, non potrebbero cosl facilmente lusingarsi di essere nuovamente
„installati in qualche nuovo Ministero, ne ciò anche lasciarebbe di apportar
„un nuovo peso al Regio Erario per la necessità in cui sarebbe di assegnar
„delle pensioni a quelli che meglio degli altri avessero servito ai proprj
„doveri. Ma la ragione di maggior rimarco e che sopra le altre viene posta
„a campo come suscettibile di moltissimo riflesso, è quella di non accrescere
„ancor di più la grandezza degli Ungheresi, dilatando maggiormente la esten-
„sione di quel Regno, poichè per quanto siano essi stati in passato, e lo
„sono anche in presente, fervidamente attaccati a questa di lor Sovrana,
„viene considerato oggetto di molta prudenza di non accrescere la loro forza,
„che altro non farebbe che renderli vieppiù temuti dal loro naturale Sovrano."

¹⁵⁸) Foscarini. 25. Sept. 1779. „L'attuale absenza di S. M. l'Imperatore
„ha fatto sospendere per ora ogni ulteriore esame sopra tale argomento, non
„trascurandosi per altro di coltivare il maneggio con la lusinga di poter
„utilmente riuscirvi."

¹⁵⁹) Foscarini. 22. Jänner 1780. „Sembrava che poco dopo il ritorno di
„S. M. l'Imperatore dalla sua gita di Boemia, potesse essere in qualche modo
„deciso di questo affare; giacchè il Cancellier d'Ungheria, impegnatissimo in
„tale intrapresa, fece tutti li piani, in cui pretende di dimostrare li reciproci
„vantaggi di questo nuovo sistema, ed anzi per meglio facilitarne la riuscita,
„fù esibito di somministrare delle Pensioni vitalizie a quelli che servono nei
„dicasterj di quei nuovi Dominj, onde sollevare la Corte da un simile estraordi-
„nario dispendio, che diminuirebbe una porzione di quelle rendite che dovreb-
„bero passare in questo Regio Erario. A fronte però anche di questo nuovo
„allettamento continuano le dubitazioni, e sarebbe mal azzardato l'avvanzare
„qualche genere di pronostico."

¹⁶⁰) Joseph an Maria Theresia. Lemberg, 19. Mai 1780. III. 242—244.

¹⁶¹) Joseph an Maria Theresia. Zamosc, 6. Aug. 1780. III. 300.

¹⁶²) Foscarini, 11. Nov. 1780.

¹⁶³) Handbillet Josephs an Kabil. 21. April 1780. Min. b. Innern.

¹⁶⁴) Handbillet an Schröder. Zamosc, 5. Aug. 1780. Min. b. Innern.
Schreiben Josephs an Maria Theresia. 6. Aug. 1780. III. 301.

¹⁶⁵) Mit Bericht vom 30. Nov. 1780.

¹⁶⁶) IV. 219. 220. 525. VII. 134.

¹⁶⁷) VII. 492. 574.

¹⁶⁸) Renier. 17. Mai 1766. „La situazione in cui trovansi gl'Ungaresi,
„cioè a dire vicini alla formidabilissima Potenza Ottomana, fece che essi

„passassero sotto all' Austriaca Dominazione, e che si contentassero d' essere
„dominati da quella, perchè avendo Casa d' Austria robustezza de' Stati, potesse
„essa difenderli dalla sempre temuta oppressione de' Turchi. Data però la forza
„congiunta alla ferocia loro, vollero ritenersi una forma di Governo, la quale
„frenasse la soverchia potestà di quel Monarca a cui si assogettarono. In questa
„opinione e giudizio vi concorsero li Nobili e li Popolari, ed obbligarono tutti li
„Monarchi di Casa d' Austria che succedettero, di mantenere li privilegij e li
„diritti che divennero patti di dedicazione. E come l' Ungheria era dominata,
„anco negli antichi tempi, da famiglie nobili e potenti che opprimevano il Popolo,
„alle quali per inveterate consuetudini si era in parte esso avvezzato, così il
„Popolo, per non lasciarsi totalmente soffocare da questi, si piegò ad una domi-
„nazione forastiera, e li Nobili pure vi acconsentirono, frenati dal timore de'
„Turchi, ed eccitati dall' invidia e dal pericolo di cadere sudditi di una qualche
„famiglia potente dentro di loro, per giungere al qual fine dovevano passare per
„il mezzo sanguinosissimo di una guerra civile. Questa dominazione forastiera
„fù liberale nel concedere e nell' approvare tutto ciò che li due Corpi Nobile
„e Popolare chiedettero, perchè essa finalmente acquistò un sotto al proprio
„Dominio, e sperò dal tempo e dagli accidenti di migliorare l' auttorità pro-
„pria. E come li Nobili per ordinario sono li suscitatori delle grandi discordie
„che nascono nelle Provincie, perciò la Corte di Vienna fece buono a Nobili,
„che di tutte le terre che essi avevano o acquistar potessero in avvenire, non
„fossero soggetti a nessuna contribuzione. I Popolari dunque si ridussero
„a peggior condizione, perche restarono esposti a quei pagamenti che devono
„contribuire, non solo a possessori Nobili delle terre, ma anco a quelle con-
„tribuzioni che questa Corte di tratto in tratto gl' indossò sotto il pretesto di
„premunirsi, per difendere il Regno dagli attacchi Ottomani.“

    „La presente Imperatrice cava dall' Ungheria al giorno d' oggi, com-
„presovi il rendito delle Miniere, e l' annua imposta sù villici, la grandiosa
„summa di quattordici millioni all' anno. Benchè questa sia una considerabi-
„lissima quantità di dinaro, la Corte non se ne trova contenta, e studia a
„tutto potere di accrescerla. Ma come per accrescerla non può venire ad
„imperiosa deliberazione, ed hà necessità di ricorrere alla dieta di Presburg,
„dieta in cui vi concorrono non solo li Nobili, ma anco li capi delle ville
„dell' Ungheria stessa, i quali formano a similitudine del Governo dell' In-
„ghilterra le due Camere Alta e Bassa, cioè Nobile e Popolare, composte in
„tutte e due di un numero di sei cento e più persone, le quali, quando non
„vengono ad una uniforme deliberazione, s' intende che non si abbia preso
„alcuno stabilimento, perciò quasi che sempre gl' Ungharesi rifiutano le di-
„mande che gli fa questa Corte, quando tendono, o ad abbattere Privilegj,
„o ad accrescere contribuzioni. Vorrebbero li Ministri dell' Imperatrice Regina
„poco a poco, se non altro guadagnar sù Nobili, che condurli a qualche tenue
„contribuzione, ma fino ad ora il tentativo riuscì frustraneo. Vorrebbero i villici
„temperare quella schiavitù che soportano da' Nobili, e perciò di tratto in
„tratto ricorrono alla prottezione della Corte. Ed ecco che l' Ungheria è divisa
„in trè parti, composta di trè differenti umori: di Popolo, il quale nega le

„dominicali a Padroni, dicendo non esser giusto che lui tutto contribuisca,
„cioè ed alla Corte ed a Nobili: li Nobili che vogliono mantenersi nell' esen-
„zione, e di Corte, la quale si trova posta nel mezzo fra questi due elementi
„contrarij, che vorrebbe dominarli egualmente tutti e due, ma che trovando
„resistenza gagliarda, temporeggia nelle proprie risoluzioni . . . . .“

[169]) VII. 267. 268.

[170]) IV. 218. 219.

[171]) Die hier angeführten Briefe der Kaiserin an Mitglieder der Familie Grassalkovics befinden sich im Besitze des kön. ungarischen Museums zu Budapest.

[172]) Feßler. Geschichte der Ungarn. X. 399.

[173]) Memoiren des Prinzen Albert. Albertina. „Comme jusques-là je
„n'avois fait d'autre étude que celle de la guerre, que je n'avois que des
„notions très-superficielles et très-foibles de tout ce qui avoit rapport aux
„affaires de Gouvernement, que je n'en avois aucune en matière de droit, et
„qu'à plus forte raison je manquois tout-à-fait de celles qui regardent celui
„de l'Hongrie, et qu'enfin, ainsi qu'on l'a vu au commencement de ces Mé-
„moires, je n'etois parvenu dans l'étude du Latin qu'en Syntaxe; — que par
„conséquent je ne savois pas parler du tout cette langue, dans laquelle se
„traitoient toutes les affaires dans le Royaume d'Hongrie, et que ce n'étoit
„que par une application suivie à la lecture des auteurs classiques latins, que
„j'etois parvenu dans les premières années après la guerre à entendre pas-
„sablement cette langue, très-défigurée cependant dans ce pays-là, ainsi qu'en
„Pologne, on peut se figurer comme je me trouvois embarrassé dans ce tems-là,
„dans le poste où l'on m'avoit placé.“

„Comme toutefois ma façon de penser ne cadroit pas avec l'idée de
„ne jouer dans ce poste qu'un role simplement significatif, que la Souveraine
„desiroit aussi que j'en remplisse les fonctions avec zèle, je mis d'autant
„plus de soin à acquérir par le travail et l'application les connoissances
„nécessaires à cet effet, et je ne negligeois par conséquent jamais depuis lors
„de présider aux séances du conseil locumténential, qui s'assembloit deux ou
„trois fois la semaine chez moi, de lire toutes les dépêches et relations, et
„de revoir et signer les expéditions, en un mot de faire, gauchement à la
„vérité, et avec un peu de répugnance dans les commencemens, mais du
„moins assés exactement tout ce que ma nouvelle charge exigeoit de ma part.“

[174]) Horvath. VII. 380—382.

[175]) VII. 258—260. 267. 268.

[176]) VII. 259.

[177]) Abgedruckt bei Wolf. Aus dem Hofleben . . . 2. Aufl. S. 351.

[178]) VII. 267.

[179]) Nicht Sgully, wie entweder Maria Theresia falsch geschrieben oder Wolf irrig gelesen haben mag. Offenbar handelt es sich um den Vicegespan Sigismund Szüllö, der schon im Landtage von 1764 und auch in dem letzten Landtage als

Abgeordneter des Preßburger Comitates fungirte und zu den Wortführern der Oppositionspartei zählte.

¹⁸⁰) Maria Theresia an Albert. Bei Wolf. S. 352. 353.

¹⁸¹) Bei Wolf. S. 359.

¹⁸²) Bei Wolf. S. 360.

¹⁸³) Horvath. VII. 422. 423.

¹⁸⁴) Feßler. X. 398.

¹⁸⁵) Horvath. VII. 408—420.

¹⁸⁶) Memoiren des Prinzen Albert. „Le gouvernement de cette Province „dependoit alors du Président de la Banque de Vienne, qui la regissoit „moyennant une administration qu'il y mettoit, et à laquelle toutes les affaires, „excepté les militaires, revenoient. Il n'y avoit alors d'autre Seigneur terri-„torial que le Souverain même; la partie militaire dépend du Conseil de „guerre." Der hierüber abgeschlossene Originalreceß vom 20. Juli 1759 befindet sich im Archive des Reichsfinanzministeriums.

¹⁸⁷) In seinem Reiseberichte verbreitet sich Joseph über „den angebohrnen, ja „eingewurzelten Haß und Abscheu, so die ganze Illyrische Nation vor die Hungarische „hat, und vice versa diese gegen jene. Von vernünftigen Leuten bis auf die „Bauern schließe ich keinen Menschen aus und bencken über dieses alle gleich."

¹⁸⁸) „ad haec Regionis et gentis decora accedit ipsa Provinciae singularis „et praecipua conditio, dum nulli alio Regno vel Dominio sive clientelae, sive „alio subjectionis vinculo obnoxia, a nobis tanquam Transylvaniae Principe „pro summi Imperii jure regitur."

¹⁸⁹) Referat vom 28. Oct. 1775.

¹⁹⁰) In seinen Aufzeichnungen vom Jahre 1768 über das Banat sagt Joseph über Koller: „Wie sehr also die ganze Nation betroffen worden ist, da „zu ihrem Oberhaupt und so zu sagen einzigen dirigirenden Minister, welcher ihre „Beschwerden unterstützen soll, ein Hungar ausgewählet worden ist, welcher nicht „allein qua talis nie ihr Vertrauen haben konte, aber welcher überdieß noch durch „den öfters unbilligen allgemeinen Ruf von so vielen violenten principijs und „Leichtsinnigkeiten beschuldiget wird und ein von seiner eigenen ganzen Nation so „verhaßter Mann, wie Baron Koller ist, kann man sich ganz leicht vorstellen. „Daß mir einige, auch von benen gemeinen Leuten der Nation hiervon mit Be-„trübniß geredet haben, ist wahr."

¹⁹¹) Bei Wolf. S. 358.

¹⁹²) Bei Wolf. S. 353.

¹⁹³) Horvath. VII. 443—447.

¹⁹⁴) IX. 466.

¹⁹⁵) Horvath. VII. 435—437.

¹⁹⁶) So schrieb sie etwa im Jahre 1760 an den Obersthofmeister Grafen Ulfeldt, der damals viel in siebenbürgischen Geschäften gebraucht wurde: „il faut „une remede a ces maux de transylvanie. j'ai consultée un indifferent la-dessus;

"voila son sentiment qui ne me paroit pas mauvais; vous me direz la-dessus
"votre sentiment et quand on pouroit tenir une conference pour cela".

¹⁹⁷) VII. 216.

¹⁹⁸) Eingabe der sächsischen Nation vom 1. Dez. 1761 mit der Bitte um
Bestätigung dieser Wahl.

¹⁹⁹) Schaser. Denkwürdigkeiten aus dem Leben des Freyherrn Samuel von
Brukenthal. Hermannstadt, 1848. S. 1—18.

²⁰⁰) VII. 118. 119. 513.

²⁰¹) 19. Jänner 1761. Cab. Arch.

²⁰²) Crizzo. 25. Mai 1765. „Fù indi assegnato il Baron de Brukentall,
„soggetto confidente della Corte, per consigliere del Conte Bettlem, Cancel-
„liere di Transilvania, al quale resterà solo l' onore di rapportare gl' affari
„alla Sovrana, e ciò per la limitata sua abilità, venendogli conservato il
„possesso della sua carica in riflesso ai molti anni ch' egli la esercita, ed in
„considerazione alle illustri sue parentelle."

²⁰³) Schaser. S. 20.

²⁰⁴) „Ich habe das Fürstenthum Siebenbürgen, welches von Weyland meines
„Herrn Großvaters, des Kaisers, Königs und Erzherzogs Leopold May. christ-
„mildesten Andenkens an Mein Erz-Hauße gebracht worden, in Betracht, daß das-
„selbe ein wichtiger Theil des ehemaligen berühmten Daciens, von sehr weiten
„Umfang, von mehreren unterschiedenen Völkerschaften bewohnet, ein fruchtreiches,
„auch mit vielen Erz-Schätzen gesegnetes, von anderen Meinen Erb-Reichen und
„Landen unabhängiges, und dahero von Mir abgesondert von solchen regiert
„werdendes Erb-Land, fürnämlich aber so wie Hungarn eine Vormauer der
„Christenheit gegen die ottomanische Pforte ist, eines Vorzugs vor anderen Fürsten-
„thümern würdig erkennet, und in Rücksicht all-obernannter entschiedenen Eigen-
„schaften entschlossen, dieses aus der von Gott Mir verliehenen souverainen
„Machtsvollkommenheit zu einem Groß-Fürstenthum zu erheben. Der Fürst als
„Mein Hauß-Hof- und Staats-Canzler hat solchemnach nicht nur das zu dieser
„Landes-Erhöhung erforderliche Diploma in jener Art und Form, wie der Fürst
„solches Meinen Gerechtsamen am gemässesten findet, auszufertigen und zu Meiner
„Unterschrift vorzulegen, sondern es ist auch sothane Erhebung mittelst eines
„Hand-Billets Meinem ersten Obrist Hof Meistern zu weiterer Intimirung der-
„selben an alle Meine Hof- und durch diese an alle Länder-Stellen, nicht weniger
„durch den Fürsten all Meinen an auswärtigen Höfen subsistirenden Ministres
„behörig zu eröfnen, und endlichen hiernach in des Kaysers May. und Liebden,
„so wie in Meiner Titulatur respectu Siebenbürgen das nöthige zu verfügen."

²⁰⁵) Referat vom 1. Dez. 1765. „So finde ich auch ad quartum die Wieder-
„einverleibung des Ungarischen gedoppelten Kreuzes in das Siebenbürgische Wapen
„theils ganz überflüßig, theils nicht rathsam zu seyn, weil solches auf die Ab-
„hängigkeit Siebenbürgens als gleichsam einer zur Krone Ungarn gehörigen
„Provinz ausgedeutet werden könnte."

²⁰⁶) Referat vom 27. Juli 1767.

²⁰⁷) So unterschreibt er sich selbst und nicht Pätay, wie VII. 36 irrig gesagt ist. Vergl. über ihn: Feßler. X. 150—154. 318. 319.

²⁰⁸) Schäfer. 22—24.

²⁰⁹) Brukenthal'sches Archiv in Hermannstadt.

²¹⁰) Lacy an Maria Theresia. Eigenhändig. 25. Dez. 1768.

„Lorsque j'eus l'honneur de mettre hier au soir les deux lettres du „General O'Donel aux pieds de V. M., je ne pensais pas à la liaison étroite „qui subsiste entre Son secrétaire de cabinet Neni et Bruckenthal; et comme „c'est cependant une grande raison à ne rien laisser pénétrer au premier du „contenu des dites lettres, je n'ai pas cru pouvoir me dispenser de la re- „spectueuse liberté que je prens de prevenir V. M. sur cette précaution."

„je conois mes gens et abhorre les tracasseries. on met bien souvent „des choses sur mon conte que d'autres disent. j'estime et je dois de la re- „conoissance à bruckenthall. je serois fachée s'il est coupable, mais s'il l'est, „je lui oterois ma confiance et la direction des affaires, mais je ne le pro- „stituerois pas, car ces anciens services exigent cela de moi, et c'est la „raison pourquoi je n'en informe pas encore l'Emp. et me sert seule de „blümegen."

²¹¹) An Lacy als Antwort auf dessen Brief vom 22. März 1769. Cab. Arch. „je n'ais jamais manquée a personne qui m'at confiée son secret; je regarde „ce trait comme infame. si je veux trahir le mien, c'est autre chose; je dois „porter la peine et·le blame. vous pouvez donc assurer odonel, et vous le „pouvez dans tous les cas a venir, que personne ne vois ces lettres, pas meme „mon intime pichler, de qui je repons encore plus que de moi; mais on „devinera bien que lui doit nous informer en particulier; c'est ainsi que „hadich, bucof, walis et tous l'ont fait toujours."

²¹²) Vom 31. Juli und 5. Aug. 1769. Brukenthal'sches Archiv in Her- mannstadt.

²¹³) Schäfer. 31—33.

²¹⁴) Antwort auf Lacy's Brief vom 3. Dez. 1769. Cab.-Arch.

²¹⁵) Antwort der Kaiserin auf Lacy's Brief vom 4. Dez. 1769. Cab. Arch. „odonel ne rend pas justice à ma façon de penser. il m'est très-indiférent „s'il reste là-bas ou vient ici, et je vous assure que bruckenthal ne s'arrete „pas pour cela, contant toujours qu'il faira tout les honneurs et facilites dut „au commissaire Royal, et comme cela etoit toujours d'usage et en dernier „lieu ordonné comme avec bethlehem. s'il aime mieux venir ici, je le veux „bien et le croirois presque plus convenable, vue la contrariété des sentimens. „là-dessus vous pouvez lui marquer ce que vous trouverois le mieux."

²¹⁶) „Baron de Baithay. Vous n'ignorez pas l'importance de la com- „mission pour laquelle J'envoie le Baron de Bruckenthal en Transilvanie, et „à quel point j'ai à cœur qu'il puisse pendant le séjour qu'il y fera, y per- „fectionner le systeme de contributions d'après les principes que j'ai déjà

„adoptés, comme les plus convenables à mon service, aux circonstances et
„au bien-être de la Province. Je suis persuadée qu'il s'occupera de cet objet
„avec tout l'empressement et la dextérité que je lui connois. Mais le succès
„de ses travaux devant dependre beaucoup aussi du concours de vos lumières
„et votre bonne intelligence avec lui, J'ai voulu, en L'expediant, le munir encore
„de la présente, pour vous recommander particulièrement de le seconder sans
„réserve dans l'exécution de la commission dont il s'agit, et de tout ce qui
„pourra y être relatif. Je compte meme d'avance là-dessus, puisqu'en Me
„donnant par là une nouvelle preuve de votre attachement et de votre zèle
„distingués pour tout ce qui intéresse le bien et l'avantage de Mon service,
„vous vous acquerrez aussi de nouveaux titres à Mon ancienne et constante
„bienveillance.“

> „De Vienne le 11 de Xbre 1769.“ „Marie Therese m. p.“

Eigenhändig geschriebener Zusatz:

„La religion est notre premier devoir et unique but; vous pouvez
„conter que je me ferois une gloire de vous seconder, mais il faut avoir
„devant les yeux les circonstances présentes. je me flate du bien du bons de
„cette comission; trois personnes si zelez, si plein de talents, les amis de Marie
„Therese travailleront ensemble sans jalousies, estimant chacun dans sa sphere,
„sans prejudice aux autres.“

Im Besitze der königlich ungarischen Akademie der Wissenschaften zu
Budapest.

²¹⁷) Antwort auf das Schreiben Lacy's an Maria Theresia vom 18. Dez.
1769. Cab. Arch.

„il y a longtems que les affaires de ces nations m'occupe, sur laquelle
„on ne peut jamais faire conte, et tout ce qu'on leurs fait du bien, n'aide
„que pour le moment et les rend plus difficile, mais pas moins fidel pour
„l'avenir. pour en tirer partie, il faut etre despote, et à la place du sceptre
„avoir les Knout à les diriger: c'est le seul moyens d'en tirer partis; j'avoue
„que je ne peux me changer ainsi. je crois qu'il faudra faire marcher des
„troupes, mais seulement à la fin de janvier ou février et avec comodité, de
„même de la cavallerie, et j'aimerois mieux, entre nous dite, que l'Emp.
„allat en Transylvanie, que les visites dans les quartiers des reg. là vous et
„lui pouroient faire grand bien, et la course d'ici je la regarde inutil, mais
„je ne propose rien et ne souhaite pas même que vous vous en chargez.
„pour odonel vous savez qu'il est mon ami, ainsi vous n'avez rien à craindre
„vis-à-vis de moi; l'expérience du monde m'at rendue souple à suporter les
„hommes avec leurs défauts, pourvue qu'ils ne soyent essentiels et contraire
„au bien public. jamais odonel saura de moi ce qui n'étoit que pour vous.
„la confiance qu'il at en vous, est si juste, que cela lui fais un mérite de plus
„chez moi, et votre confiance, en me comuniquant ce qu'on vous confie, me
„flate et je n'en abuserois jamais, n'étant pas à même de trahir le secret
„d'un autre, si meme je serois capable de trahir le mien.“

²¹⁸) Maria Theresia an Lacy. Eigenhändig (s. d. 26. Jänner 1770).
Cab. Arch.

„je suis d'opinion que cela n'ira pas entre les deux comissaires; c'etoit
„la raison pourquoi je preferrois de les voir ici sous mes yeux. vous con-
„seillerois odonel de s'absenter, quand brudenthall paroitera dans un lieu
„tierce. s'il y a des comission, celui où celle se tiendra, prendra la derniere
„place, c'est à dire quand cela est chez odonel, il donera la main a brucken-
„thall, et vice-versa."

²¹⁹) „je suis bien fachee qu'une question de ma part occasionne tout ce
„grabuge. les esprits sont trop animés; cela ne peut rester ainsi. je dois dire
„pour l'amour de la verité que pauvre brudenthal n'at mis que les noms des
„présentes, en ajoutant aucune conseiller du thesaurariat, ce qui etoit
„très-mal. on savoit depuis long tems cet acte qui devoit se faire, et ajoutoit
„peu du militaire. voilà tout; je me sais bien mauvais gré d'etre la cause de
„toute cette animosité, voulant éclaircir le premier défaut que je trouvois. cela
„n'arrivera plus."

(s. d. 31. März 1770.)

²²⁰) 22. Juni 1768. Cab. Arch.

²²¹) Lacy an Maria Theresia. 22. April 1770. Cab. Arch.

²²²) Brukenthal'sches Archiv in Hermannstadt.

²²³) Denkschrift Brukenthals über diese Vorgänge. Brukenthal'sches Archiv
in Hermannstadt. „Die Allerhöchste Entschließung kam mir ganz unerwartet,
„worin gedachter Izbenzi zum Hofrath bey der Siebenbürgischen Hofkanzley
„ernannt und zugleich zum Gefährten des Grafen Auersperg bestimmt wurde.
„Von Person kannte ich diesen Izbenzi nicht; ich hatte aber von dem Ungrischen
„Herrn Hofkanzler Grafen Esterhazi und einigen anderen so viel von ihm gehört,
„daß ich mich nicht entbrechen konnte, ihn für einen bösen, unwißenden und von
„sich sehr eingenommenen Mann zu halten. Die erfahrene Gemüths- und Sinnes-
„art des Gubernators hatte bey mir schon viele Besorgnisse für den Dienst sowohl
„als meine Ruhe erwecket; diese Ernennung vermehrte sie um vieles und machte
„sie weit drückender. Jener war bey seinem Stolz ein ehrlicher Mann und hatte
„die Meynung eines Gerechtigkeitliebenden für sich. Dieser aber sollte der Sage
„nach nicht allein mehr Stolz besitzen, sondern ihn auch mit der Eigenschaft eines
„tückischen Herzens verbinden, die mich Alles befürchten ließen."

²²⁴) Brukenthals Denkschrift.

²²⁵) „Révérend Pére en Dieu. sur les demandes reitérées que vous
„m'avez adressées, pour pouvoir vous retirer a votre Prevoté de Presbourg,
„et pour être déchargé des travaux pénibles, inséparables de l'exercice de
„vos devoirs Episcopaux, et de ceux que vous aviez à remplir en même
„temps dans le conseil du gouvernement de la Transilvanie, Je me suis
„décidée à y condescendre en consideration de vos infirmités, dans la con-
„fiance, qu'une situation plus tranquille contribuera à retablir vos forces, et
„que, rapproché de Ma Cour, vous n'en serez que plus à même, au bout de
„quelque tems, de me donner de nouvelles preuves de votre zéle et de votre
„attachement. En attendant, pour vous marquer autant que les circonstances
„le permettent, toute la satisfaction que J'ai de vos bons et fidèles services,

„J'ai résolu de vous conserver sur les revenus de votre évêché une pension
„de quatre mille florins d'Allemagne par an, à compter du jour où vous
„l'aurez quitté, Me reservant de vous donner en tems et lieu des témoignages
„ultérieurs de Ma bienveillance, soit en vous emploiant convenablement à
„Presbourg même ou ailleurs, selon l'état de votre santé, ou de quelque
„autre manière, à mesure que les occasions s'en présenteront. De Schönbrunn
„le 25 7bre 1772.   Marie Therese."

Im Besitze der kön. ungar. Akad. der Wissenschaften.

[226]) 25. Jänner 1773. Cab. Arch.

[227]) Resolution der Kaiserin vom 8. April 1773 auf Blümegens Vortrag
vom 20. März 1773. Brukenthal'sches Archiv in Hermannstadt.

„Die Verantwortung des Brukenthal finde vollkommen gegründet und
„gebe ihme solches auch zu seiner Beruhigung durch ein besonderes Billet zu
„erkennen. Dem Auersperg ist durch ein Decretum in Meinem Namen zu ver-
„heben, daß ungeachtet ihme zwar das ergangene Rescriptum, dann die Aussage
„des Comitis Nationis zu dieser Anzeige Anlaß gegeben, er dennoch der Sache
„näher auf den Grund zu sehen unterlassen hat . . . . . ."

[228]) Auf Brukenthals Vortrag vom 29. Juni 1773. Brukenthal'sches Archiv
in Hermannstadt.

[229]) IX. 521.

[230]) An Lacy. 28. Mai 1873. „Hermanstadt, dont je suis tout scandalisé.
„imaginés-vous Czaslau, c'est une capitalle dans ce goût."

[231]) „mes occupations ne ressemblent en vérité pas à celles d'hercules,
„ni en terrassant des monstres, ni en filant pour Omphale. Je tourne, j'aprens,
„je vois, je m'informe et je me note; cella ressemble plustot à l'écolier
„qu'au vainqueur. Cela peut peut-être servir asteur, mais surement me servira
„à l'avenir, ou peut-etre pas meme, cella depend des decrets de la pro-
„vidence, et je ne regretterai jamais les peines ni mes belles et bonnes années
„que je passerai à m'instruire et à amasser des connaissances utiles, même
„pour cet avenir si incertain et que je perds pour ce que le monde appelle
„plaisirs."

[232]) Im Brukenthal'schen Archive zu Hermannstadt befindet sich eine vom
2. Febr. 1777 datirte Denkschrift, in welcher Brukenthal die Unabhängigkeit
Siebenbürgens von Ungarn ausführlich darlegt.

[233]) Handbillet der Kaiserin an Brukenthal vom 1. Oct. 1774. Bei
Schaser. 44. 45.

[234]) „Sollten E. M. a. g. geneigt seyn, den Grafen Kornis von dem
„Gubernio herauf zu der Canzeley zu nehmen, worum ich zu bitten mich noch-
„mahls unterwinde . . ." Undatirtes Vortragsconcept im Brukenthal'schen Archive
zu Hermannstadt.

[235]) Facsimile als Beigabe zu der Schrift von J. K. Schuller: Maria
Theresia und Freiherr Samuel von Brukenthal. Hermannstadt, 1863.

[236]) Schaser. 50.

²³⁷) Brukenthal'ſches Archiv in Hermannſtadt.

²³⁸) Sitz. Ber. XXX. S. 341.

²³⁹) Handbillete der Kaiſerin an Brukenthal vom 15. Oct. und 30. Nov. 1778. Brukenthal'ſches Archiv in Hermannſtadt.

²⁴⁰) Brukenthals Teſtament bei Schaſer. S. 135—140.

²⁴¹) Brukenthal'ſches Archiv in Hermannſtadt.

²⁴²) Noch fünf Jahre nach Criſtiani's Tode gab Maria Thereſia einen Beweis ihrer Dankbarkeit für ihn. Am 19. März 1763 ſtellte Kaunitz den Antrag, daß der Tochter Criſtiani's aus Anlaß des Todes ihres Gatten, des Marcheſe Onorato Caſtiglioni, eine Gnadengabe von jährlich fünfhundert Gulden verliehen werden möge. Hierauf antwortete die Kaiſerin mit eigener Hand: „mi conformo „in tutto, parendomi solamente troppo tenua una pensione di 500 f. per una „figlia d' un tale padre." Arch. d. Min. d. Innern.

²⁴³) V. 454.

²⁴⁴) VII. 173—175.

²⁴⁵) Renier. 9. Nov. 1765. „Quello che venni di rilevare si è che la „principale cagione della chiamata di questo Ministro (Firmian), ch'è pieno di „prudenza ed intrinseco merito di persona, sia stata per indurlo ad intra- „prendere la sostanziale direzione delle cose della Toscana fino a che l' Arci- „duca Leopoldo formasse la esperienza bastevole al governo delle sue cose. „A tale cangiamento di deputazione, di paese e di offizio ressistette il Conte „Firmian, e adoperando il mezzo del Principe di Caunitz, col quale passano „d' intelligenza perfetta, e direi rispetto al Firmian quasi di subordinazione, „fecero che l' Imperatrice Regina rinunciasse a questa sua imaginata destinazione, „e lo lasciasse in quella in cui presentemente si attrova."

²⁴⁶) VII. 398. 399.

²⁴⁷) Joſeph an Maria Thereſia. 30. Mai 1769. Ihr Briefwechſel. I. 281—285.

²⁴⁸) Joſeph an Maria Thereſia. 4. Juni. I. 285—289. Das Reiſejournal, welches der Kaiſer eigenhändig führte, iſt leider nur mehr in wenig Bruch- ſtücken vorhanden. Er ſagt darin über ſeinen Aufenthalt in Mantua. „30. May. „Mantoue. les environs superbes; le pays depuis ferare par Massa, Ostiglia, „Governolo admirable, toute la rive du Po. ordonance pour les audiences, „femmes et hommes. la forteresse en tres mauvais etat, hors les lagi hors de „toute defense, a peine un vieux mure et en plusieurs endroits sujets à etre „escaladé. les digues hors de la vue de la forteresse, capable d'être coupés „et par là une grande partie seroit à sec et par conséquent la place prise. „les retranchemens en terre, tout délabrés, n'ont pas même de liaison avec „la ville. elle est très grande, elle exige 15000 hommes de garnison. point de „casemate, les magazins à poudre mal placés et peu à l'épreuve de la bombe, „point d'Arsenall, tout dispersé par ci par là dans la ville, de même qu'aucune „caserne, toutes les troupes logés dans des maisons prises des particuliers, „et par compagnie ou plus dans une sans officiers; ils sont tous des com- „mandés et doivent venir ici se relever tous les mois en été et tous les trois

„mois en hyver, asteur comandés de forgatsch, Baben et Stahremberg. je les
„ai vu exercer . . . cella est allé tout de travers, le major en avoit la faute,
„qui s'apelle lang de Stahremberg.“

„avec le gouvernement l'on ne paroit pas encore trop content et une
„grande crainte de parler. beaucoup de memoriaux contre les fermiers. le
„Palais à Mantoue est beau et tres-grand, belles salles et beaucoup de como-
„dité, assés bien meüblé. comœdie detestable. je me suis fait présenter aux
„dames.“

„31 eodem. La cittadelle est mieux fortifiée que la ville, mais
„pourtant defectueuse en bien des endroits. les ecluses pour retenir le lago
„di sopra sont belles. la fabrique de cuirs aux quelles les Greppi ont la
„privative et qui fait 12000 peaus par an, est assés petite, la gene tres forte,
„personne pouvant vendre la peau autre part qu'à eux, et n'osant pas par
„conséquent tuer ses propres bestiaux sans qu'ils les vienent peser. la fabrique
„de soye est belle et a 134 fourneaux, ce qui est tres-considerable. les
„filatoires pas bien arrangés encore; ils font venir encore beaucoup d'étran-
„gères de Gene et Piemont pour filer. pendant deux ou trois mois de l'année
„ils vendent beaucoup de soye crue, aussi il est defendu de vendre hors du
„Pays des galettes. les audiences sont tres frequentes et la pluspart des me-
„moriaux contre les fermiers, qui meme de l'aveu du President de la chambre
„sont dures, surtout pour les visitations. il y a tant d'exception et de loy,
„qu'il est presque impossible de ne pas y tomber, meme le plus honnete.
„les peines pour la moindre chose terrible, alors on les accuse que les poids
„sont quelquefois faussé, que les sells et les huiles sont quelquefois afreux,
„et que tout moyen d'avoir satisfaction d'eux est coupé, et qu'on n'écoute
„aucune plainte. il dazio sopra le minute est terrible et ces barlandotti ou
„sbirre insuportables.“

„1 juin. les fabriques de soie sont belles, que Greppi a; il y avoit
„autrefois jusqu'à 120 metiers, mais ils sont diminués jusqu'au nombre de 86.
„les velours et les etoffes paroissent bien faites. un Juif Canto a aussi un
„filatoire, et ils sont riches et très-bonnes gens; l'oratore des marchands un
„homme sage et entendu. il teatro academico fort orné, mais réellement ridi-
„cule pour la grandeur et la construction. la maison des orphelins comence
„seulement avec 30 garçons; les fonds manquent et ils coutent 86 f. l'un
„portant l'autre par tete toute l'année. l'hopitall des bourgeois est dans le
„plus miserable etat, sans fonds; devant recevoir les enfans trouvés, ils sont
„obligés d'exclure tous les malades chroniques qui meurent presque sur la
„rue. pour société il y a un Comte Andreossi, un certain Riva; en femmes
„Madame Riva et surtout Madame Hipolita Zanardi et Valenti.“

249) „8 Juin. Pavie . . . l'université est ici dans un tres-pitoyable
„etat, sans un livre ni instruments . . .“

„9 Juin. Pavie. j'allai voir l'université qui est un beau batiment
„à deux coures; la place seroit belle, mais elle est dans un triste etat, tant
„pour la quantité d'etudians qui est tres-modique, que pour les arangemens
„et la facon de doner les etudes qui me paroit tres-longue, singulière et peu

„naturell. il faut 7 années pour pouvoir etre avocat, et 4 annees pour aprendre
„le droit. l'on doit outre cella entendre 5 diferentes lecons, dans un jour,
„de droit; cella doit embrouiller. les colleges qui sont ici pour les etudiants,
„et dont les plus grands sont de Borromé et celui du Pape Pie V, ont
„d'assés grands revenus, mais me paroissent mal administrés. d'abord les
„etudians ont 5 mois de l'année vacance, et doivent sortir du collège et aller
„chés eux. ils ne sont pas assés occupés le reste du temps non plus. il y a
„outre cella des autres petits colleges de 4 ou 6 seulement, qu'il faudroit
„reunir et refondre pour les fraix dans les autres."

²⁵⁰) „8 Juin. Pavie . . l'on parle beaucoup de la vénalité du Duc
„de Modene, que les giunte brouilloit toute l'activité des departements, que
„le Sénat etoit gené en mille choses, que le nouveau conseill œconomique
„sous Carli n'avoit rien fait encore qui vaille, qu'il étoit composé d'étrangers
„et d'ignorans, qu'aucun jeune cavalier se formoit, que Firmian, quoique
„honnete, n'etoit ni aimé à cause de ses manieres, preventions et peu d'accessi-
„bilité, ni estimé à cause de la faiblesse avec laquelle il se laisse mener
„par ses secretaires Castelli et Salvador qui sont vendus aux fermiers et dont
„le dernier a une tres-mauvaise reputation du cote de l'interest. il veut
„s'occuper de toutes les bagatelles, est peu laborieux et tres lent. il etudie
„continuelement les belles lettres, s'occupe de tous les livres et veut passer
„des heures en compagnie; tout cella l'empeche et lui prend le temps à
„l'ouvrage."

²⁵¹) „sciocco, hébété."

²⁵²) „non parla, s'arrabbia."

²⁵³) „esprit, savio et astuto."

²⁵⁴) „connaissances, bono e moderato."

²⁵⁵) „bono, discreto."

²⁵⁶) „savio, parla poco."

²⁵⁷) „istrutto, parla bene."

²⁵⁸) Die vorstehende Skizzirung der Berathungen der obersten Landesbehörden
der Lombardie, welche in Josephs Gegenwart abgehalten wurden, gründet sich auf
die noch vorhandenen Aufzeichnungen des Kaisers, der über jede einzelne Sitzung,
und es fanden deren fünfzehn statt, eigenhändig Protokoll führte, sowie auf den
ausführlichen Bericht, welchen Firmian über Josephs Aufenthalt in Mailand der
Kaiserin erstattete.

²⁵⁹) „den 11ᵗᵉⁿ July. le Conseil supreme camerall auquell j'ai assisté,
„me paroit composé d'inovateurs et de gens encore peu instruits, surtout en
„afaire legalles, et neamoins on y juge des procès en dernière instance qui
„regardent le comerce ou ceux des decomptes et de société. le Président
„paroit lettré, mais superficiell, de meme que Lothinger, Neny et la Tour.
„ce sont des etrangers durs et qui passent sur toutes les considerations.
„Montani, Verry, mais surtout Pelegrini sont plus modérés et ont infiniment
„plus de conaissances, surtout le dernier qui refère très-bien. l'iddée touchant

„tous les privilèges des artisans et leur confraternité à lever, est une de ces
„speculations qui sont justes en théorie, mais point en pratique, de meme
„que pour le savon et la fabrique l'on a disputé sans s'entendre, et Lothinger
„veut toujours avoir raison. l'on n'écoute pas assés les autres voix et enfin
„cella ne paroit aucunement bien réglé. aussi hors en afaires de comerce, je
„ne comprends pas quel bien ce conseil pourra faire, et il coute cher et
„deplait."

260) „ben 8ten eodem. In Senat Criminallsachen. autorité du président;
„peu de sénateurs, cinq lecteurs, et il n'y en a que huit en tout. célérité
„avec laquelle on les expédie. mauvaise réputation de Very générale, celle
„de Mutony aussi pour l'interest, de meme que Fenaroli. Landriani
„malade, loué de tout le monde. manière de procédure, imbécilité du vice-
„president Caroelli. les secretaires Salvador et Castelli publiquement
„en horreur et détestés pour leur interest, de même que leurs aides dell' Acqua
„et Tamburini, qui donent chés des femmes des rendés-vous, même aux parties
„pour leur parler. les décrets du gouvernement, qui non seulement accelèrent,
„mais entrent même dans les mérites de la chose, gâtent tout; de même que
„les giunte en fait de justice."

261) „ben 12. July. le Senat en cause civile auquelle j'assistai; on en
„expedia deux: l'un au sujet des eaux, l'autre pour une coupe de bois et
„une eviction de possess dans un terrain. Very refera la premiere fort clai-
„rement, Mutony la seconde assés bien. le senateur Comte Caroelli est in-
„suportable, il interompt les votants, enfin fait des tirades si longues qu'il
„est impossible d'y tenir, sans rien conclure. il est rempli de scrupules, et il
„fait perdre beaucoup de temps au Sénat qui est assis ordinairement 4 heures.
„le reste des Sénateurs à la voix publique pres me paroissent entendus. le
„président Corrado est un très-galant homme, un peu pédant, et prevenu
„d'anciens prejugés; il se plaint fort du peu de Senateurs, Biondi et Pecys
„etant tres distraits par les giunte. il croit que la justice dans les giunte est
„en mauvaise mains et que le fiscalat est dure et inutile. les sportules sont
„par là aussi diminués et je les croit considerables. le changement projetté
„dans la forme de procéder, il ne le croit pas utile. des procés al Consiglio
„supremo sont deplacés. le Magistrat a été dépouillié de la pluspart de ses
„afaires et emoluments; il me paroit pourtant bien composé. le censo, l'ad-
„ministration des Regalies, leur reluition, enfin plusieurs autres choses comme
„monoyes et pour les eaux leur ont étés enlevés. le questeur Castiglioni,
„Arconati, Ottolini me paroissent tres capables."

262) „26 juin. Milan. le grand hopitall est superbe, près de 800 ma-
„lades, les salles assés passablement tenues et airés, assés de propreté hors
„chés les enfans trouvés, où il y a jusqu'à 4 enfans à une nourrice, et les
„autres petits aussi assés mal, mais difficill le remede, puisque vers 900
„enfans sont aportés toutes les années. il en meurt plus d'un tiers. chés les
„femmes il y en avoit plusieurs deux dans un lit. les signes sont assés bons,
„qu'ils font pour assigner la grieveté du mal ou les remedes à apliquer.
„l'apoticairerie belle, de même que ses machines. des cavaliers en ont

„l'administration; ils doivent recevoir tout le monde et ils ont beaucoup de
„dettes.“

   „27. juin. eodem. l'établissement des stelline est assés beau; il y a
„trois cent filles qui depuis l'age de 4 années jusqu'à ce qu'elles se marient
„ou meurent, sont entretenues. il y a beaucoup de propreté. elles sont assés
„mall pour le manger, et leur ouvrage, qu'elles font en blondes ou autres
„cousages, est pour elles, ainsi à proportion de leur diligence elles ont plus
„ou moins. le collège helvétique, dans lequell 100 jeunes gens sont elevés
„la pluspart pour l'état ecclésiastique, est un très-beau batiment, mais mall
„en ordre et beaucoup de malpropreté. des oblates ou prêtres séculiers les
„administrent.“

   „le collège des nobles, dans lequell il n'y a que des cavaliers, par les
„Jésuites, est en assés mauvais ordre, beaucoup de malpropreté et le batiment
„aussi mauvais; il y a 54 personnes asteur. ils payent 100 Philipes par an.“

   „29 juin. eodem. les Spagnuole est un etablissement dans lequell
„des filles sans faire des voeus se reunissent, s'obligent à de certaines prières
„et vivent en communautés, pouvant sortir, se marier, enfin n'étant obligés
„à rien. il y a actuellement une vintaine d'habilliés et une trentaine d'autres
„que l'Impératrice nomme. leur batiment est tres-mauvais et leur revenu tres
„modique. elles mangent mall; ils faudroient tacher de les mettre dans une
„meilleure place . .“

   „les S. Paula. les Religieuses sont bien logés et ont une dizaine de
„demoiselles, mais cella n'y respire pas le bon ordre et les demoiselles
„dorment deux à deux dans une chambre, sans religieuse . . . . . .“

   ²⁶³) Cusani. Storia di Milano. III. 333.

   ²⁶⁴) „L'Empereur gagna l'amour du peuple et de la noblesse par ses
„manieres gracieuses, par les audiences accordées avec bonté à tout le monde
„sans exception. Le peuple le vouloit suivre dans les rues et lui applaudir;
„il ne l'a jamais souffert, et c'est dans cette seule occasion qu'il grondoit
„avec le peuple d'un ton sérieux et grave.“

   ²⁶⁵) „S. M. l'Empereur m'a toujours témoigné depuis son arrivée jusqu'à
„son départ toute la clémence et toute la bonté. Il n'est jamais allé aucune
„part sans moi, excepté pour aller à cheval. Il m'a toujours parlé avec affa-
„bilité; il s'est daigné d'entrer en différens discours; je lui ai toujours repondu
„avec respect, et avec la vérité la plus pure; il ne m'a jamais brusqué. J'etois
„toujours dans sa chambre à ses ordres, mais je ne me suis jamais présenté à
„lui, sans être appellé, crainte de lui être à charge . . . L'Empereur est trop
„grand Seigneur, et trop fin, pour que l'on le puisse connoitre en si peu de
„tems. Je ne sais s'il a été content de moi; mon intention a été pure et sans
„aucun autre but que celui de servir en sa présence Votre Sacrée Majesté.
„Je l'ai trouvé icy tres-appliqué, d'une compréhension subite, vive et heureuse.
„Je l'ai vu quelques fois, ayant toujours eu le bonheur de l'accompagner
„seul dans un carrosse, revenir; il parloit alors seul avec lui-même, il gesti-
„culoit des mains; tout d'un coup il se redressoit, parloit avec bonté et
„souffrit même que je lui fisse des respectueuses questions . . . .“

²⁶⁶) Beccaria. „Dei delitti e delle pene. §. XXXIX. Tali contraddizioni „fra le leggi di famiglia, e le fondamentali della repubblica, sono una „feconda sorgente di altre contraddizioni fra la morale domestica e la pub„blica, e però fanno nascere un perpetuo conflitto nell' animo di ciascun „uomo. La prima inspira soggezione e timore, la seconda coraggio e libertà: „quella insegna a restringere la beneficenza ad un piccol numero di persone „senza spontanea scelta, questa a stenderla ad ogni classe di uomini; quella „comanda un continuo sacrificio di sè stesso a un idolo vano, che si chiama „bene di famiglia, che spesse volte non è il bene di alcuno che la com„pone; questa insegna di servire ai proprj vantaggi senza offendere le leggi, „o eccita ad immolarsi alla patria col premio del fanatismo che previene „l' azione."

²⁶⁷) Cantu. Beccaria. Florenz, 1862. S. 156—159.

²⁶⁸) Cantu. Beccaria. S. 163.

²⁶⁹) Cantu. Beccaria. S. 161. 162.

²⁷⁰) Cantu. 160.

²⁷¹) Cantu. Beccaria. 164. 165.

²⁷²) Cantu. Beccaria. 165—171.

²⁷³) So antwortete sie, um nur ein Beispiel zu erwähnen, auf einen Vortrag vom 3. März 1764 über ein Gesuch des in Ruhestand tretenden Offizials Giuseppe Doria mit eigener Hand: „accordo al Doria la giubilazione colla metà del „soldo a titolo di pensione vitalizia, e per una volta sola f. 600, accioch' egli „passi con la moglie in altro paese, ove poter vivere con minor spesa. col„l'altra metà si estingueranno i debiti, che fino a questo giorno ha qui con„tratti. abbiamo la carità di prendere a nostro carico i tre di lui figli e la „loro educazione."

²⁷⁴) Vortrag vom 17. Mai 1769. Min. d. Innern.

²⁷⁵) Referat vom 25. April 1769. Min. d. Innern.

²⁷⁶) Die alte Hofcapelle St. Gotthard in der Burg zu Mailand.

²⁷⁷) Der von der Kaiserin zum Hofceremoniarius ernannte Andrea Stellato scheint inzwischen gestorben zu sein.

²⁷⁸) Referat vom 22. Juli 1771. Min. d. Innern.

²⁷⁹) Eigenhändig. „sara molto facile di provedder degli ornamenti questa „chiesa. io me ne carico, non volendo che la scala ne la confraternità abbino „il minimo sporso (sborso)."

²⁸⁰) Referat vom 11. Mai 1771. Min. d. Innern.

²⁸¹) „gradisco le offerte e il zelo della congregazione di stato, e approvo „tutto che si propone in questa consulta. non è mai stato l' intenzione di „applicare queste somme fuori dello stato di Milano."

²⁸²) Rosenberg an Maria Theresia. 16. Mai 1772.

„Un grand motif de consolation pour V. M. dans tous ces chagrins c'est „la conduite de l'archiduc Ferdinand. Je l'ai examinée attentivement

„depuis que je suis à Milan, et en combinant mes observations avec ce que
„m'en ont dit les C^tes de Firmian, de Khevenhuller et de Hardegg, je crois
„pouvoir en faire mon très-humble compliment à V. M. Ce Prince a un fond
„excellent; il est vrai et bon. Ses talens ne sont pas encore développés, mais
„il a toute la pénétration qu'on peut avoir à son age. Ou lui désireroit un
„peu plus d'application, mais tous les jeunes gens ne sont pas à 17 ans aussi
„formés que l'étoit l'Archiduc Léopold, et celui-ci ne laisse pas de se livrer
„aux affaires qu'on lui présente. Je souhaiterois uniquement qu'il prît un
„peu plus de goût pour la lecture. Des bons livres sont nécessaires pour
„acquérir les principes de l'art de gouverner. L'Archiduc lit tous les papiers,
„quelque volumineux qu'ils soient, mais on ne peut pas lui faire regarder
„un livre.“

„L'union entre mari et femme ne sauroit être plus intime. L'Archiduc
„ne cesse de faire les éloges de son épouse, qui de son côté a pour lui une
„tendresse qui va quelquefois à l'excès, parce qu'elle produit des mouvemens
„de jalousie que cette Princesse ne sauroit réprimer, quoiqu'elle en reconnoisse
„le tort, puisque l'Archiduc ne lui en donne pas le moindre sujet. J'ai été
„moi-même l'autre jour témoin d'une petite scène dans ce goût à l'occasion
„de certaines Hollandaises nommées Grovenstein, auxquelles l'Archiduc avoit
„parlé dans la loge de la Princesse Melzi. Il faut cependant que je dise
„qu'à un peu de bouderie près cette jalousie n'a pas été poussée trop au
„delà des justes bornes. Au reste l'Archiduchesse a sans contredit beaucoup
„de finesse et même de l'agrément dans l'esprit. Cela lui donne un très-grand
„pouvoir sur son époux, dont elle ne se sert jusqu'à présent que pour se
„l'attacher entièrement. Comme il y a de l'excès même dans les bonnes
„choses, il seroit à souhaiter qu'Elle fût Elle-même et qu'Elle rendît l'Archiduc
„plus populaire. Ce Prince est naturellement affable et poli, mais l'envie que
„l'Archiduchesse paroit avoir de l'avoir seule, empêche que l'on ne voye pas
„tant du monde à la Cour que l'on devroit . . . L'Archiduc n'a absolument
„que des défauts d'age qui se corrigeront d'eux-mêmes et sur lesquels il est
„de la plus grande docilité. Pour l'Archiduchesse il faut plus de ménagemens et
„plus d'étude, et là dessus V. M. peut se reposer sur les soins infatigables
„de la Comtesse Khevenhuller.“

„21 Mai. 1772.“

„(Ferdinand) est vrai, bon, docile et affable, très-attaché à son épouse
„et à tous égards très-sage dans sa conduite. L'Archiduchesse a beaucoup
„d'esprit et paroit avoir pour l'Archiduc la plus vive tendresse.“

„d° d° 26 Mai 1772.“

„. . . Le Cte de Firmian et moi nous concerterons ensemble sur tous
„les points au sujet desquels V. M. souhaite qu'on fasse quelque changement.
„Comme ce digne Ministre est aussi convaincu que moi qu'on s'occupe trop
„des détails concernant les studii et le catedre, et qu'on amuse trop l'Archiduc
„avec des bagatelles, nous n'aurons autre chose à faire qu'à chercher la mé-
„tode la plus convenable de remédier pour l'avenir à ces inconvéniens.
„D'ailleurs je puis assurer V. M. dès à présent, qu'on a grand tort de

„soupçonner que l'Archiduc ne soit pas aimé. Il l'est assurément beaucoup.
„Je suis si connu dans ce pays-ci, et sur un pied d'intimité avec tant de
„différentes personnes, que je me serois certainement aperçu du mécontente-
„ment, s'il n'en existoît même qu'une ombre. Un peu plus de popularité
„achevera de gagner à l'Archiduc tous les cœurs d'une nation, dont le prin-
„cipal mérite consiste dans le bon cœur, et cette popularité augmentera à
„mesure que l'Archiduc fera connoissance avec les gens d'icy. Il est tout
„simple, qu'à son age il soit un peu embarrassé avec des gens auxquels,
„faute de les connoitre, il ne sait que dire . . .“

2. Juni 1772.

„L'Archiduc est si éloigné de toute espèce de hauteur, qu'il n'est pas
„possible de l'en soupçonner. Il est vrai, que dans les commencemens l'Archi-
„duchesse a été un peu moins prévenante, lorsqu'elle paroissoit en public,
„qu'elle ne l'étoit avant son mariage; ce changement a un peu surpris et
„ralenti l'attachement que toute la noblesse avoit pris pour elle, mais je suis
„persuadé qu'elle a négligé ceux qui venoient lui faire la cour, parce qu'elle
„étoit entièrement absorbée par le soin de gagner son époux; cet important
„objet l'a rendue distraite et lui a donné de l'humeur dans les occasions où
„elle devoit paraître en public.“

6. Juni 1772.

„. . A ce que j'ai pu voir jusqu'ici, l'Archiduc se conduit très-bien,
„à quelques petites bagatelles près qui sont bien pardonnables à son âge.
„Son épouse étant beaucoup plus formée et en même temps fort aimable, il
„n'est pas étonnant qu'elle gagne du crédit sur lui. Je n'en puis pas encore
„juger, mais Firmian me paroit en général assez content de l'Archiduc et de
„l'Archiduchesse. Il est vrai qu'il se mêle le moins qu'il peut, de l'intérieur
„de la Cour et de la conduite personnelle des Princes. Les Khevenhuller me
„paroissent moins satisfaits, quoiqu'ils n'aient aucune plainte essentielle à
„citer . . .“

²⁸³) Referat des Fürsten Kaunitz vom 2. März 1769. „questa abolizione
„è molto necessaria.“ Min. b. Innern.

²⁸⁴) „era in punto di domandar qualche lume sopra quest' affare, che
„mi parebbe troppo importante; se anche nel principio era necessario di
„metter qualche ordine, si dovrebbe almeno evitar la pubblicità e il scandalo.
„aspetto dunque le informazioni, e ricorsi ulteriori di quest' affare.“ Min.
b. Innern.

²⁸⁵) „mi consolano veramente queste notizie. voglio solamente essere
„informata della distribuzione giusta delle altre rendite del convento per il
„bene pubblico della religione, e secondo l'intenzione de' Fondatori.“ 26. Mai
1769. Min. b. Innern.

²⁸⁶) Mit Referat vom 7. Mai 1769. Min. b. Innern.

²⁸⁷) 27. Sept. 1769. „l'idea di semplificare la contabilità in Italia mi
„piace. Per non trovar nell' esecuzione difficoltà, è conveniente, che il Cristiani

„si concerti avanti su questo piano con il Firmian, e qualche ministri, e che „mandino qui i loro sentimenti, come mettere in esecuzione il piano."

Graf Luigi Cristiani war Questore Camerale di Milano.

288) 25. April 1771. Min. d. Innern. „Je croirai très-humblement, que „la Congregazione civica de Mantoue pouroit être remerciée de sa bonne „intention, et en même temps lui être enjoint, de ne pas entreprendre cette „couteuse et insignifiante erection d'une statue. si ils veulent honorer la „munificence de V. M. et la rareté de ma présence, qu'ils donnent leur argent „pour fonder et augmenter la maison des orphelins, qui y est, et non qu'ils le „jettent dans un ouvrage insignifiant, comme seroit ce monument. Joseph."

289) „la risoluzione qui giunta dell' Imperatore m' ha fatto tanto piacere, „e degno di lui, che non posso che conformarmi in tutto."

290) Referat des Fürsten Kaunitz vom 6. April 1772. Min. d. Innern. „si debba passare questa bagatella al Duca e tenerlo contento."

291) Referat vom 20. Dez. 1773. Min. d. Innern.

292) 30. Dez. 1771. Min. d. Innern. „Placet, ma non secondo l' esempio „di Venezia, che in tutto va troppo arduo, ma secondo quello che si pratica „qui nei miei Stati germanici."

293) 22. März 1772. Min. d. Innern. „voglio veder prima che si comincia „questa riforma, quanti e quali sono in disegno li richiesti monumenti che si „vogliono togliere, e poi darò la mia risoluzione. vanno troppo presto in un „affare, che può recar grande scandalo."

294) 8. April 1773. Min. d. Innern. „Degli Beni Ecclesiastici la pre-„ferenza deve sempre essere per la miglior dotazione degli Parrochi avanti „tutte le Cattedre."

295) 11. April 1773. Min. d. Innern. „Piuttosto seminarj che queste „Cattedre separate, che non fanno che poco lavoro in un anno."

296) 29. Febr. 1772. Min. d. Innern.

297) 9. April 1772. Min. d. Innern. „trovo molte cose troppo piccole „e minute, per venir anche nelle giunte in Milano, e meno ancora per man-„darli quà."

298) 6. Juli 1772. Min. d. Innern. „Trovo ancora fra questi appunta-„menti molte bagatelle per occupar la conferenza governativa. ho segnate „alcune in queste due liste, che dovrebbero spettar alla polizia e sicurtà d' una „residenza. Questa commissione potrebbe dare ogni mese il loro protocollo al „ministro, che potrebbe darlo, se lo merita, al Governatore, senza perder il „tempo in queste bagatelle nella sessione. sono ancora altre cose, che chie-„dono solamente informazioni, che potrebbero restar fuori . . ."

299) Mit Decret vom 28. Dez. 1770.

300) Cusani. III. 336.

301) 26. Dez. 1776. Bei Cusani. IV. 58.

302) Cantu. Beccaria. 210 - 231.

³⁰³) Referat vom 19. Jänner 1780. Min. b. Innern.

³⁰⁴) Referat vom 7. Juni 1780. Min. b. Innern.

³⁰⁵) Discailles. Les Pays-Bas sous le règne de Marie-Thérèse. S. 57. 58.

³⁰⁶) 15. März 1766. Eigenhändig. „Iont cherche trop at noircir tous les „pais cy dans l'esprit de V. M. et Joze assurer quil ne le merite pas . . . .“

³⁰⁷) Gachard. Analectes. I. 161.

³⁰⁸) Vortrag des Staatskanzlers vom 4. Dez. 1766.

³⁰⁹) Foscarini. 23. Juli. „noto essendo, che per quattro consecutive „occasioni, nelle quali attrovasi il Principe Carlo angustiato da grandiosi „debiti, furono essi intieramente sodisfatti da questa Sovrana.“

³¹⁰) Prinz Karl an Maria Theresia. 8. Aug. 1755. Citirt bei Discailles. S. 61. Anm. 3.

³¹¹) Referat des Staatskanzlers vom 22. Oct. 1766.

³¹²) Referat des Staatskanzlers vom 6. Aug. 1766.

³¹³) „je m'expliquerois de plus avec le prince Kaunitz pour les raisons „qui m'ont empechée et m'empecheront encore a l'avenir a m'interesser pour „cobenzel.“

³¹⁴) „217.890 florins d'Allemagne.“

³¹⁵) Kaunitz an Cobenzl. 10. Sept. 1764.

³¹⁶) Cobenzl an Kaunitz. Brüssel, 26. Sept. 1764.

³¹⁷) Kaunitz an Cobenzl. 14. Oct. 1764.

³¹⁸) Cobenzl an Kaunitz. 23. Oct. 1764.

³¹⁹) Schreiben des Hauses Nettine. 30. Oct. 1764.

³²⁰) Referat des Staatskanzlers vom 17. Nov. 1764.

³²¹) „cobentzel ne s'est pas ruinée à bruxelles; il at fait la meme „chose en empire dans ces comitions anterrieurs, ou j'ai dut payer pour lui. „c'est donc une coutume de se deranger toujours, et je n'en espere rien de „mieux, n'ayant aucune ordre et ne se refusant rien, meme des inutilitez. „j'aprouve les 30ᵐ et 20ᵐ sur le lotto jusqu'à l'extinction de ces dettes de „217890 f., mais je veux que lui specifie ces dettes, qu'on donne cet argent „droit à la nettines et point entre ces mains, et je ne veux lui augmenter „ces gages que de 10ᵐ f. par ans sur le gastos secretto, et vous lui ajouterais „tres-nettement, qu'on le rappellera tout de suite, sans l'emploier plus aucune „part et sans oser paroitre devant nos yeux, s'il faisoit encore la moindre „dette, et qu'il se defait de toutes les inutilitez de porcelaines et nippes qui „ne convienent à son état.“ Ganz von der Hand der Kaiserin.

³²²) „ce placet de la cobenzel m'at eté envoyée par la princesse char-„lotte; j'ai deja repondue que je ne saurois plus payer a ces gens; qu'elle „vend ces nipes et bijoux.“

³²³) Referat des Staatskanzlers vom 29. Aug. 1767.

³²⁴) „je crois l'avertissemens n'at point fait du mal, il est trop accou-
„tumée à se deranger, mais il merite aussi par ces bonnes services qu'on ne
„l'accable pas trop. vous pouvez donc le r'assurer de mes graces, mais qu'il
„retranche et reforme tout superflut. je n'exige aucune représentation de sa
„part, et qu'il n'excede jamais ces revenuts, car je serois exactement informée."

³²⁵) Referat vom 15. Dez. 1768.

³²⁶) Kaunitz an Maria Theresia. 9. Oct. 1769. „. . . . Après avoir eu
„le bonheur de contribuer sous les ordres de V. M. à la réussite de tous
„les autres etablissemens que je Lui ai proposés successivement pour Son
„auguste Famille, il ne peut que m'être bien agréable de voir que V. M.
„a réussi aussi dans ce dernier, auquel il nous restoit à pourvoir. Puisse
„V. M. jouir longues années du fruit de Ses travaux et de Sa sollicitude!
„Et puisse-t-Elle conserver toujours à mon attachement inviolable pour Son
„Auguste personne les sentiments de confiance et de bonté qu'Elle daigne
„me témoigner jusqu'icy, et auxquels je dois uniquement le bonheur d'avoir
„pu Lui rendre nombre de ces services que les grands Princes ne peuvent
„espérer que de l'attachement qu'Ils inspirent, et de la confiance dont Ils
„honorent ceux de leurs serviteurs qui meritent de pareils sentiments de Leur
„part, si ce n'est par le talent, au moins par la façon de penser."

³²⁷) „je vous r'envois ici le p. s. qui pouroit faire plus de mal que de
„bien. cobenzel ne sera donc jamais prudent et se laissera entrainer par
„ces desirs. je n'ais jamais fait dire ou ecrire par neny une assurance pour
„me defaire des continuelles solicitations sur ce sujet. j'ai repondue un fois
„que peut etre ce seroit à cette occasion où il pouroit l'espérer, mais s'il en
„parloit, ce sera dite pour toujours. le prince presque dans tout ces lettre
„m'at tourmentée. je tacherois de le proposer à l'Emp., mais pour cela ce
„p. s. n'est pas visible. si vous croyez qu'il le merite, je travaillerois avec
„plus de ferveur, quoique je suis un peu fâchée contre lui."

„tout ce qui est arrivée de grand dans la monarchie et de bien dans
„ma famille, je vous le dois. cette justice que je vous rens, et ma reconois-
„sance et vrais amitié ne finiront qu'avec mes longs et tristes jours. je merite
„votre confiance, j'ai plus que jamais besoings de votre secours; je conois
„mon aneantissement et mon accablement, et rien n'est plus vive en moi que
„la reconoissance et amitié."

³²⁸) Cobenzl an Kaunitz. 8. April 1763.

³²⁹) Referat des Staatskanzlers vom 23. April 1763.

³³⁰) „je suis tout à fait persuadée que votre portrait est plus vrais que
„celui de Cobenzel, et qu'il faut tenir secret cette folie, dont je souhaiterois
„quitte le ministre."

³³¹) Referat vom 10. März 1770.

³³²) „je donne 50^m f. des gages et 3000 f. pour le logement par une
„grace particuliere, les gages restant fixe a 33^m f. pour d'autres, et pour les
„frais du voyage et ameublement j'accorde 6000 ducats."

³³³) „vous savez que je serois bien aise de faire plaisir au prince
„staremberg et meme à la maison salm. mais je ne saurois jamais me re-
„soudre de choisir un eveque sans en voir encore d'autres competens, en
„meme tems savoir les revenuts et dettes ou situation de l'evéchée et ces
„obligations. les 25 ans ne me paroissent guerre compatible avec un eveque;
„j'aimerois mieux 52.“

³³⁴) Prinz Karl an Maria Theresia. Eigenhändig. 19. Sept. 1771. „Javoue
„at V. M. que tous les nouveau arrangement me font beaucoup de peine,
„puisque je vois par lat, que lothorité quil avoit plus at V. M. de maccorder
„comme gouverneur generale, vient at etre partage avec le Gⁿ Comendant,
„puisque tous les ordres qui doivent ce doner pour la partie militaire dans
„ces pais cy, doivent, celont les Instructions, etre at la verite expedie en
„mon noms, mais sous la signature du Gⁿ Comendant, de meme que cest a
„luy que doivent s'adresse tous les raports et tous les ordres du conseillie
„de guerre. V. M. orat vue par les remarques que le Pʳ de Staremberg at
„envoyé, la facon dont les depeches et les ordres de V. M. me viennent par
„le Pʳ Kauniz, et j'avoue at V. M. que j'oroit crus que les ordres du con-
„seillie de guerre oroit pus etre expedie de meme, mais javoue at V. M.
„que je crois quil pouroit bien arriver que lont ne minstruirat pas toujours
„de tous ce qui viendrat de cette partis lat. lexperience me lat deja fait voir,
„et comme je ne doit rien cacher at V. M.: le Gⁿ dajasace, quoyquun fort
„brave et fort honete homme, at beaucoup dambitions de comender, est tres
„vifs et naime guere detre subordonne, au mojens de quoy, sy lont ne l'assigne
„pas formellement au ministre dans les cas ou je me trouverez hors du pais,
„cela ferat de tres grande confusions, et comme ils ce trouve icy quantité
„daffaires militaire qui influe dans celle du civille, il nest pas possible que
„dans les raports que le Gⁿ Comendant me ferat, le ministre n'y soit pas,
„tant pour faire expedier ce qui peut concerne le civille, que pour qu'il soit
„au fette du courant, afin qu'en cas que je m'absente hors du pais, il soit
„aussi instruit du courant des affaires militaire. Jay crus de mon devoir de
„faire ce petit detaillie at V. M. Comme je conais ces bontees pour moy, je
„ne luy parlerez point de la peine sensible que je resent de tous ce nouvelle
„arrangement, esperant que ce nest pas quelle at quelques sujets de me-
„contentement de mes services, lassurant que, sy jai fait quelques faute, ce
„nest surement pas faute de lenvie que jay de la bien servir, nayant surement
„dautre ambitions dans le monde que de pouvoir etre at meme de luy sacrifier
„et ma vie et mon sang pour luy prouver mon respectueux attachement.“

„Je suis au desespoir de devoir luy mander tous cecy par la crainte
„que jay (conaisant ces bontees) de la mettre dans l'embaras, mais sy elle
„daignent faire quelques attentions at ce que je prend la liberté de luy
„represente, il me paroit que cela ce pouroit faire par une instruction secret,
„ou lont pouroit diminuer quelques choses de lothorite que lont donne au
„Gⁿ Comendant dans les premieres instructions. . . . .“

³³⁵) „j'aprouve qu'on ne donne pas encore une reponse decisive sur
„tout ceci, et qu'on attens ce qui se faira a spaa. lacy ne peut entrer en

„rien, tout est expédié, ordonné et signé d'ici. vous savez qu'il n'y a point
„de changement à s'attendre, que l'uniformité doit etre par tout. je doute
„que lacy vient à bruxelles. pauvre d'ayasas passe pour hautain et ambitieux
„à brusselles, et on le taxera de politique de vouloir se faire valoir à spaa,
„et ici de foible, et il n'entre en rien pour sa personne. il y a des gens
„malheureux qu'on ne peut rendre autrement avec tout ce qu'on voudrois·
„faire pour eux. je veux ignorer ce que staremberg vous marque; vous
„savez combien je l'estime et l'aime; il seroit donc bien ingrat. cela sufit.‟

336) 1. October 1771. „je suis bien fachée de l'allarme qu'a causée
„l'instruction pour d'ayasas; on vous le depechera a spaa et on se fiate que
„vous viendrois vous meme a bruxelles. je ne conte rien y changer et attendre
„votre retour pour vous en parler. en attendant je n'ai rien dit à l'Emp.
„pour ne pas encore plus aigrir les choses.‟

337) Starhemberg an Maria Therefia. 19. Juli 1773. „Bien loin de sou-
„haiter ou de contribuer même indirectement à ce que pour toutes affaires
„quelconques, et surtout pour celles dans lesquelles j'ai le malheur dêtre
„impliqué, Elle en vienne à un éclat public avec S. M. l'Empereur, j'ai au
„contraire toujours dirigé les conseils, que par ordre de V. M. je me suis
„trouvé dans le cas de lui donner, vers le but de la conciliation, et c'est
„aussi là une des grandes raisons qui me font désirer si vivement de pouvoir
„me retirer, puisque sachant que j'ai le malheur de déplaire à S. M. l'Empe-
„reur, et que ce Monarque est non seulement mécontent de la confiance dont
„V. M. m'honore, mais me soupçonne même peut-être d'être capable d'en
„abuser, je dois reconnoitre naturellement que tant que je serai en place, je
„formerai toujours une pierre d'achoppement entre V. M. et Son auguste fils,
„ce qui ne peut que causer de grands chagrins à V. M., nuire essentielle-
„ment à la partie du service dont je suis chargé, et m'exposer moi-même
„aux malheurs les plus facheux . . . . . . je n'ai jamais eu d'autre ambition
„que celle de rendre des services utiles et non pas d'obtenir ou de conserver
„des places supérieures en apparence, mais dans lesquelles je trouverois une
„impossibilité absolue de pouvoir servir V. M. utilement. Cette impossibilité,
„je la trouve actuellement partout, et c'est là ce qui me met dans le cas de
„désirer si vivement ma retraite, par laquelle je croirai même me faire un
„nouveau mérite auprès de V. M., et de Lui rendre en effet un service
„beaucoup plus grand que peut-être Elle ne peut Elle-même le prévoir
„aujourd'hui . . . .‟

338) Kaunitz an Cobenzl. 23. Dez. 1778. Bei Discailles. S. 60.

339) Discailles. S. 63.

340) Discailles. S. 64.

341) Discailles. S. 64.

342) Discailles. S. 61.

343) Antwort auf den Vortrag des Staatskanzlers vom 2. Mai 1761, in
welchem es um die Creirung einer Stelle für den Sohn Reny's sich handelte.

„le mal est que le prince et cobentzel lui ont promis beaucoup·et flattent „tous ces gens."

³⁴⁴) „neny n'at rien, il est sujet à des dépenses necessaire. je crois „que 4ᵐ f. d'augmentation ne seroit pas trop; en deduisant l'arha, il ne lui „restera pas beaucoup plus que 14ᵐ f. si c'est asteur le moment, après la „scandaleuse affaire du selle, de lui accorder cette grace, je le laisse à l'ar„bitre du prince Kaunitz. on pouroit la retarder pour une autre occasion, ou „il l'auroit mieux meritée."

³⁴⁵) Vortrag des Staatskanzlers vom 14. März 1766. „Aiant beaucoup „d'esprit, il s'en est aperçu et a tellement changé de façon de penser, que „sur les remontrances que les Etats de Brabant ont faites au sujet du serment „à prêter par l'auguste Co-Régent, il a donné un avis tel qu'on auroit pu „le désirer ou dicter d'ici . . . . et comme je le crois à cette heure assez „corrigé ou rectifié, je lui annoncerai dans peu, si V. M. le trouve bon, la „grace qu'elle veut lui faire."

³⁴⁶) Referat des Staatskanzlers vom 18. Juni 1764. „Il est le seul „homme de confiance du Comte de Cobenzl, qui le consulte, et ne peut pres„que consulter que lui dans les démêlés que nous avons avec les Etats, et „particulièrement avec ceux de Brabant. Le Département des Finances n'a „jamais été si bien dirigé qu'aujourdhui, et si les services que Cazier rend, „ne sont pas brillans, ils sont assurément très-utiles. Il a du crédit dans les „provinces et est généralement estimé."

³⁴⁷) Mit Referat vom 22. Oct. 1766.

³⁴⁸) Referat vom 6. Aug. 1767.

³⁴⁹) „cazier merite mes boutez; a son tems il pourra esperer sa pro„motion."

³⁵⁰) VII. 294. 295.

³⁵¹) Referat vom 28. April 1766.

³⁵²) Referat vom 5. Oct. 1766.

³⁵³) „. . la supressions d'un referendaire des pais bas etant dautant „plus convenable, qu en trouvant peut-etre à l'avenir un sujet necessaire ou „capable nationale pour le tirer ici, on peut le faire dautant plus facilement."

³⁵⁴) „prince. vous retiendrois les 30ᵐ f. du dernier ratum a me payer „pour ce digne porteur qui le merite par ces services et sa nombreuse „famille.   M. Th."

„C'est à M. le Conseiller de Lederer, qui a été porteur de ce billet, „que S. Mᵗᵉ at donné cette somme de trente mille fl. d'Allemagne de son „propre mouvement le 10 Nov. 1777.   Kaunitz Rietberg."

Das Original im Besitze des Freiherrn Karl von Lederer.

³⁵⁵) Referat vom 26. Jänner 1778.

³⁵⁶) Solches wird noch überdieß durch die beiden in neuerer Zeit erschienenen Werke: Discailles, Les Pays-Bas sous le règne de Marie-Thérèse, Bruxelles,

1873, unb Piot, Le règne de Marie-Thérèse dans les Pays-Bas Autrichiens, Louvain, 1874, überflüffig gemacht.

³⁵⁷) 8. Jänner 1760. „je l'attens avec plaisir; j'ai voulue deja vous le „demander."

³⁵⁸) 10. Febr. 1761. „je comprens tres bien que le tableau des finances „ne pouvoit etre encore pret, mais aux moins le tableau des autres branches „politique de cette année sera à presser pour me remettre, de même de „l'italie."

³⁵⁹) 17. Febr. 1761. „j'ai lue avec bien du plaisir tout ce memoire, et „j'ai vue avec bien de la satisfaction la façon satisfaisante et consolante de „tout vos travaux. j'atens de meme celle des finances et celle d'italie."

³⁶⁰) 24. Febr. 1763. „il est etonant, ce qui at etoit fait dans cette „province et cette seule rubrique, outre les affaires etrangeres, d'etat et „d'italie."

³⁶¹) „La situation politique interne ne fournit qu'un seul objet digne „des attentions de V. M.; c'est l'opiniatreté presqu'inconcevable, avec laquelle „les Etats de Brabant soutiennent de mauvaises pretensions et osent en avancer „de téméraires, et cela dans le meme tems qu'ils accordent de fort bonne „grace tant les subsides ordinaires que les secours extraordinaires qu'on leur „demande. L'esprit général de la nation est très-bon, il n'y a que quelques „membres des Etats qui, mettant à profit l'attachement du Public à ses pri- „vilèges, ne cherchent qu'à augmenter leur crédit personnel et s'émancipent „jusqu'à attaquer les Prérogatives de la Couronne, pour pouvoir, sous le „masque de Pères du Peuple, se maintenir dans l'administration quasi absolue „des fonds publics, et soustraire leur gestion à l'inspection et aux recherches „du Gouvernement . . . ."

³⁶²) Referat vom 26. Juli 1763.

³⁶³) „je retiens l'extrait pour pouvoir en ecrire au prince. si nous „manquons cette occasion, je crains que cela sera pour long tems."

³⁶⁴) „placet, mais je crois qu'il ne faut pas perdre de vue les etats de „brabants. le prince restant ici jusqu'à la fin de juillet de l'année qui viens, „et partant encore ce mois-ci, cobenzel auroit tout le tems d'arranger cette „province."

³⁶⁵) Das Referat des Fürsten Kaunitz vom 24. Oct. 1768 ift fammt den Schlußworten der Kaiferin abgedruckt bei Quetelet. Premier Siècle de l'Académie Royale de Belgique. Bruxelles, 1872. S. 101—112.

³⁶⁶) Der Bericht des Prinzen von Lothringen vom 7. April 1772 ift abgedruckt bei Quetelet. S. 113—126.

³⁶⁷) Maria Therefia an Karl von Lothringen. 26. Juni 1772. Bei Quetelet. 126—128.

³⁶⁸) Kaunitz an Starhemberg. 27. Juni 1772.

P. S. reservé ad Nᵘᵐ 53.

„Sa Majesté, en agréant nos vues à l'égard de la nouvelle académie, y a
„ajouté, qu'en voiant les Ecrits qui y etoient relatifs, on ne pouvoit pas avoir
„grande opinion de cet établissement. Cette observation regarde sans doute
„principalement le stile du règlement et des lettres patentes, qui en effet
„paroit très négligé. Je sais, mon Prince, qu'en général vous n'avez pas beaucoup
„de sujets qui possedent le talent d'écrire avec pureté et précision, et de
„répandre de l'intérêt sur les matières même les plus abstraites; cependant il
„me paroit essentiel, que Votre Altesse tâche d'en trouver un, afin qu'Elle
„puisse lui confier la rédaction d'un nouveau Projet de règlement, après
„qu'Elle se sera déterminée sur le fond des articles qui doivent y entrer, et
„il sera bon aussi, d'en faire de même à l'égard des Lettres Patentes. Ce travail
„devroit sans doute etre le partage du secrétaire de la nouvelle académie,
„mais quoique ce soit d'ailleurs un sujet de mérite, il ne paroit cependant
„pas avoir le talent de s'exprimer en académicien; peut-être l'abbé Chevalier
„le possède-t-il, mais comme je ne le connois que par les eloges qu'on en
„a faits en cette occasion, je ne puis que m'en raporter aux lumières de
„Votre Altesse."

Starhemberg antwortete dem Staatskanzler hierauf am 7. Juli:

„Je ne puis que remercier V. A. de ce qu'Elle veut bien me confier
„par Son P. S. reservé ad N. 53 touchant la société littéraire. Le fonds des
„Lettres Patentes et du Règlement est tiré des Patentes et Règlemens émanés
„pour d'autres établissemens du même genre dans d'autres Etats, et quant au
„stile, J'avouerai, que nous n'abondons pas de plumes habiles pour ce qui
„sort du terme des affaires, mais outre que dans d'autres Pays les plumes les
„plus celebres sont celles de gens qui n'ont que la littérature pour profession,
„Il est certain que jusqu'ici on n'a pas pu se former des prétentions à un
„stile fin, léger et d'espèce à rendre intéressant ce qui roule sur des matières
„même abstraites, et ce n'est qu'avec le temps et particuliérement au moien
„de l'Etablissement que S. M. daigne agréer, qu'on pourra espérer de venir
„à ce point de perfection, y ayant d'ailleurs une chose à observer à cet égard,
„que la langue françoise n'est pas véritablement la langue du Pays, au
„moien de quoi il n'est pas étonnant que nous n'aions point ici beaucoup
„d'ecrivains instruits à fonds de tout ce qui doit convenir à la pureté de
„la langue."

„J'ai lieu de croire que, si M. de Neny avoit été chargé de cet ouvrage,
„lui seul auroit été à même de le faire d'une maniére qui eût pu remplir
„l'intention de V. A., mais vu d'un coté, qu'ainsi que je l'ai observé plus haut,
„on n'a consulté pour la tournure de la chose des dispositions ou règlemens
„émanés pour d'autres academies, et de l'autre que M. de Neny a traité toute
„l'affaire de la société avec une indifférence marquée, je n'ai pas pu employer
„celui-ci à la rédaction de ces ouvrages, et par la même raison je ne présume
„pas, que l'intention de V. A. soit, que je le consulte encore à présent. Quoi-
„qu'il en soit, je vais reprendre l'examen des actes qui étoient joints à la

„Relation de S. A. R^{le,} et j'aurai l'honneur de présenter à V. A. le plutot „qu'il se pourra, mes observations et mes idées sur les changemens qu'il „pourroit y avoir à faire aux projets dont il s'agit."

³⁶⁹) Sie sind abgedruckt bei Quetelet. S. 128—135.

³⁷⁰) „mon fils voyageant en particulier, ne peut recevoir aucune de-„monstration publique. je ne suis pas moins obligée de l'idée seulement; il „pouroit employer ce qu'ils lui ont destiné, pour le comencement de cette „petite accademie militaire."

³⁷¹) Referat vom 16. März 1765.

³⁷²) „je suis bien aise que vous m'avez mise au faite de cette affaire, „pour que je puisse repondre sans rien gater; mais au fond je trouve deux „grandes inconvenients. il est sure que ces moines de st. hubert se jouent de „nous, de la france, de liege et des holandois. mais ce qui me tiens le plus „a cœur, est leurs conduite peu regulierre; il faudroit s'entendre pour y „mettre ordre, et que le gouvernement n'at pas donnée reponse depuis 9 mois, „est aussi peu seants, et ils ont raison de se plaindre."

³⁷³) „j'ai tachée d'abolir tant que je pouvois les chapelles particuliere. „dans la ville se trouvent tant d'eglise, ou il convient plutot s'y rendre que „dans une maison particuliere, ou la pluspart du tems on tient dans un coings „de la maison, sale à manger ou même ou on loge, la chapelle, ce qui est „indecent. outre cela a tout ces pretres ou devoit toujours donner des benefices, „on il tourmentoit continuellement, et bien souvent des pareils sujets ne sont „pas les plus exemplaires, etant sous aucune discipline. je crois donc mieux „laisser dehors la chapelle et le prêtre."   .

³⁷⁴) Referat vom 19. Febr. 1777.

³⁷⁵) „vous voyez par la note si-jointe de sa majesté qu'il ne crois pas „qu'on devrois faire une loix pour ces loges, mais bien en general exciter le „gouvernement, de tenir avec exactitude sur les defenses de toute assemblée „clandestine, et il sera necessaire d'avertir les premiers que cela me deplait."

³⁷⁶) Leberer an die Kaiserin. 22. Aug. 1778. „Le Duc d'Aremberg étant „attaqué de la petite verole, et le Chancelier de Cour et d'Etat souffrant „extremement lorsqu'il doit parler de cette maladie, j'ai cru, pour lui epargner „cette peine, pouvoir prendre sur moi de faire passer ci-joint aux pieds de „V. M. les nouvelles qu'il en a reçues jusqu'à présent, et j'ose espérer qu'Elle „daignera l'agréer."

³⁷⁷) „vous avez fait très bien, mais estimant le Duc, je m'interesse in-„finiment à sa conservation. de quel coté que vous pouriez me faire avoir „des nouvelles de sa santé, vous m'obligerois de me les envoyer toujours „toute des suites."

³⁷⁸) 30. Sept. 1780. „je suis inquiete; vous me donerois tout les jours „de ces nouvelles."

[379]) 26. Aug. 1777. „c'est le prince lui-même qui m'at envoyée dans
sa lettre cette requette; je lui manderois net, qu'il n'y a rien à faire. on
„vois l'ascendant de cette femme sur le prince."

[380]) 24. Aug. 1777. „grace à Dieu; le prince me mande lui meme la
„goute; il n'y crois rien. c'est comme vansuite at comencé et trainé presque
„un ans."

[381]) „la perte de mon cher beau frere m'at été bien sensible, je ne
„l'oublierois jamais. je sais combien vous en eties affectée, ce qui me console.
„ayant parlée a son confesseur, pere hallerstein, qu'il avoit 43 ans, qui m'at
„assurée, qu'il at eté fort content de sa mort, de sa resignation et confiance
„dans la bonté de Dieu, j'ai crut vous devoir le marquer pour votre con-
„solation. ce bon pere at passé ici que 3 jours, s'etant rendue en carniole
„aupres de ces parents. je ne l'ais pas trouvée beaucoup changée, un peu
„sourd, je le deviens aussi. croyez moi tonjours votre fidelle amie et bien
„affnée   M. T."

[382]) Joseph an Maria Theresia. 23. Juli 1780. III. 289.

[383]) Instruction vom 18. Sept. 1777 für den zum Gesandten in Berlin
ernannten Grafen Ludwig Cobenzl.

[384]) Maria Theresia an Marie Antoinette. 18. Mai 1774. Ihr Briefwechsel.
S. 109. 110.

[385]) Maria Theresia an Marie Antoinette. 30. Mai 1774. S. 113.

[386]) S. 117.

[387]) S. 122—124.

[388]) Marie Antoinette an Maria Theresia. 30. (nicht 14.) Juli 1774.
S. 125—128.

[389]) Maria Theresia an Mercy. 13. Oct. 1774. II. 246.

[390]) 3. Jänner 1775. II. 277.

[391]) 3. Jänner 1775. S. 279.

[392]) Voriger Brief.

[393]) Die beiden Briefe der Königin an Rosenberg vom 17. April und vom
13. Juli 1775 sind abgedruckt in ihrem Briefwechsel mit Maria Theresia. S. 144
und 152.

[394]) Maria Theresia an Mercy. 31. Juli 1775. II. 360.

[395]) Joseph an Marie Antoinette. Abgedruckt in ihrem Briefwechsel mit
ihren Brüdern Joseph und Leopold. S. 1—4.

[396]) S. 173—175.

[397]) S. 179.

[398]) Mercy an Maria Theresia. 16. Juli 1776. II. 469. 470.

[399]) II. 472.

[400]) Mercy an Maria Theresia. 17. Aug. 1776. II. 479—483.

401) Maria Theresia an Mercy. 1. Oct. 1776. II. 499.

402) Mercy an Maria Theresia. 18. Oct. 1776. II. 504.

403) Maria Theresia an Mercy. 31. Oct. 1776. II. 509.

404) Voriger Brief.

405) Mercy an Maria Theresia. 15. Nov. 1776. II. 529.

406) Joseph an Maria Theresia. 24. Nov. 1776. II. 123—126.

407) II. 532.

408) Maria Theresia an Marie Antoinette. 30. Nov. 1776. S. 197.

409) Marie Antoinette an Maria Theresia. 16. Dez. 1776. S. 198.

410) S. 199. 200.

411) Am 16. Jänner 1777. S. 200. 201·

412) Mercy an Maria Theresia. 17. Jänner 1777. III. 9..

413) Am 8. Jänner 1777. III. 2.

414) Mercy an Maria Theresia. 24. Jänner 1777. III. 10. 11.

415) Am 8. Febr. 1777. S. 201—203.

416) Vom 22. Dez. 1776. Veröffentlicht von Beer im 48. Bande des Archivs für österr. Geschichte. S. 74—98.

417) Am 4. März 1777. III. 28.

418) Am 6. März. II. 129.

419) Am 11. Mai 1777. II. 132—135.

420) Joseph an Leopold. Brest, 9. Juni 1777. II. 138. 139.

421) Réflexions données à la reine de France. 29. Mai 1777. Zwanzig Seiten kleinsten Formates, ganz von Josephs Hand. Abgedruckt in dem Brief-wechsel der Königin mit ihren Brüdern. S. 4—18.

422) Marie Antoinette an Maria Theresia. 14. Juni 1777. S. 208.

423) Marie Antoinette an Maria Theresia. 16. Juni 1777. S. 210.

424) Maria Theresia an Marie Antoinette. 29. Juni 1777. S. 212.

425) 21. Juni 1777. „J'étois trop certain de l'effet que devoit faire „mon heros sur une nation qui sait observer et apprécier, pour avoir pu être „étonné de tout ce que la renommée nous a transmis du séjour de V. M. „à Paris, mais en échange j'en ai été d'autant plus vivement et plus délicieuse-„ment affecté, parce que je vous aime tendrement et que je sens un plaisir „inconcevable d'avoir prévenu par mon opinion sur V. M. celle de tout le „reste du genre humain. Ayez grand soin de votre conservation, mon cher „maitre, pardonnez-moi cet épanchement du cœur que je n'ai pas pu contenir „jusques à votre retour, et conservez moi vos bontés.“

426) Joseph an Leopold. 10. und 11. Juli 1777. S. 147—149.

427) Maria Theresia an Mercy. 30. Juni. III. 87.

428) Mercy an Maria Theresia. 15. Aug. 1777. III. 101.

429) Mercy an Maria Theresia. 17. Oct. 1777. III. 121.

⁴³⁰) Kaunitz nennt ihn wiederholt Wilhelm Lee; ohne Zweifel war es jedoch Arthur Lee, der sich früher in Frankreich und dann in Preußen als nordamerikanischer Agent aufgehalten hatte.

⁴³¹) Kaunitz an Maria Theresia. Wien, 28. Mai 1778. „J'avois appris „que l'Ambassadeur de France se proposoit de présenter un homme, nommé „Guillaume Lee, lequel comme emissaire des colonies américaines, ainsi que „V. M. pourra se le rappeller, a déjà été roder dans plusieurs lieux, et entre „autres à Berlin."

„Sur la notion qui m'en étoit parvenue, j'ai dit amicalement à l'Am-„bassadeur, que je désirerois par maintes raisons faciles à imaginer, qu'il se „dispensât à me présenter cet homme; mais il m'a répondu qu'il avoit ordre „de le faire, et il me l'a présenté effectivement avant-hier, en le qualifiant „de la dénomination d'un étranger voyageur. Si la Cour de Versailles avoit „voulu se conduire à notre égard comme quelqu'un qui se met à la place „de son ami et de son allié dans ce qu'il fait ou ne fait pas relativement à „lui, elle auroit déconseillé à ce personnage de venir ici, bien loin de charger „son Ambassadeur de l'y présenter. C'est donc une indiscretion de sa part, „destinée a nous compromettre vis-à-vis de l'Angleterre, si nous étions assés „peu avisés pour donner dans le piége, en nous prêtant à la moindre demarche „louche ou équivoque relativement à cet homme, et ce projet de l'Ambassa-„deur ne me paroit plus douteux, depuis que j'ai appris hier au soir par le „comte de Rosenberg, que M. de Breteuil par surprise, et sans m'en avoir „prévenu, avoit voulu l'engager à demander une audience à V. M., pour „qu'il pût Lui présenter cet emissaire, ce qui n'est pas bien à lui, tant s'en „faut. Quant à moi, lorsqu'il me l'a présenté, j'ai reçu son Présenté par une „simple révérence, et sans lui dire un mot. Je ne lui donnerai point à diner, „et je continuerai à le recevoir tres-froidement, s'il reparoit chés moi, et je „pense qu'il ne convient à V. M., en façon quelconque, d'accorder une audience „à cet homme, ou de se le laisser présenter, parce que cela feroit de la peine „à la Cour de Londres, que nous n'avons pas besoin de désobliger, et parce „que cela donneroit à V. M. un air de dépendance ou d'aveugle condes-„cendance, qu'il ne Lui convient pas d'avoir, et que la France d'ailleurs est „fort éloignée de meriter."

⁴³²) Bancroft. History of the United States. X. 53.

⁴³³) „rosemberg m'at dit aujourd'hui votre decision la-dessus, que „j'aprouve entierement. si vous auriez crut autrement, j'aurois diferrée de le „voir, sous le prétexte des devotions et retraite pour tout un mois. qu'on „n'en at rien dit à Mercy, est encore une preuve, combien on le traite mal; „j'en suis scandalisée."

⁴³⁴) Am 31. Mai 1778. III. 209. 210.

⁴³⁵) Maria Theresia an Joseph. 4. Juli 1778. II. 314.

⁴³⁶) Florenz, 1. Aug. 1778.

⁴³⁷) Referat des Staatskanzlers vom 15. Aug. 1778.

⁴³⁸) Geheime Instruction für ben neuernannten Botschafter in Mabrib, Grafen Dominik Kaunitz-Rietberg-Questenberg, vom 16. Juli 1776.

⁴³⁹) Instruction für den neuernannten Gesandten in Turin, Grafen Anton Lamberg, vom 26. Aug. 1776.

⁴⁴⁰) „Instruction für ben von Binder als k. k. Internuntius unb gevoll-„mächtigten Minister bey der Pforte. 1775. Ist wegen der nachmals erfolgten Be-„stimmung bes Herrn von Binder als k. k. bevollmächtigter Minister nach Hamburg „nicht expedirt worden."

⁴⁴¹) Vom 31. Juli 1777. III. 99. 100.

⁴⁴²) „Instruction, nach welcher sich Freyherr von Herbert als Unser Inter-„nuntius unb gevollmächtigter Minister an ber ottomanischen Pforte zu betragen „hat." 10. Juli 1779.

⁴⁴³) VI. 330.

⁴⁴⁴) „Geheimer Nachtrag zur Instruction für ben Grafen Joseph von „Kaunitz-Rietberg als Unsern aufferordentlichen Gesandten unb gevollmächtigten „Minister am Russisch-Kaiserlichen Hofe." 26. April 1777.

⁴⁴⁵) „Instruction für ben Grafen von Cobenzl als Unseren aufferordent-„lichen Abgesandten unb gevollmächtigten Minister am Königlich Preussischen „Hofe." 18. Sept. 1777.

⁴⁴⁶) Auf beffen Referat vom 13. Sept. 1762.

⁴⁴⁷) Auf beffen Referat vom 5. Jänner 1763.

⁴⁴⁸) Referat bes Staatskanzlers vom 19. Mai 1763.

⁴⁴⁹) Referat bes Staatskanzlers vom 16. Juni 1763.

⁴⁵⁰) Referat bes Staatskanzlers vom 6. Jänner 1764.

⁴⁵¹) Referat bes Staatskanzlers vom 9. Juni 1764.

⁴⁵²) Auf beffen Referat vom 10. August.

⁴⁵³) Maria Theresia an Kaunitz. Eigenhändig. „je viens d'acheter la „maison du defunt neny; il me faudrois 25ᵐ f. pour cela. si vous pouriez „pousser la somme jusqu'a 30ᵐ f. à mayer, j'en serois plus aise. mais voila „un cas plus essentiel, mais pas moins interessant pour moi. au depart de „la roche j'ai fais esperer a l'electeur, s'il veut bien prendre un arrangement. „je pourois peut-etre l'aider d'une avance. il s'agit de 100 f. qu'il emprunte „et qu'il faut accepter, si on en demanderoit pas meme des interets. vous „m'obligerois beaucoup, si vous pouriez faciliter la chose la-bas et qu'elle „reste bien secrete; pour lui et pour moi cela m'importe. staremberg seul, „s'il le faut, pouroit en etre informé, mais pas le prince mon beau-frère."

⁴⁵⁴) Auf ben Bericht bes Staatskanzlers vom 19. Februar 1776 antwortete Maria Theresia: „je vous suis bien obligée d'avoir arrangée tout à ma satis-„faction, surtout pour le secret. c'est pezold seul qui en est informée."

⁴⁵⁵) Auf beffen Referat vom 20. Jänner 1773.

⁴⁵⁶) S. 93.

⁴⁵⁷) Mit Referat vom 4. April 1774.

⁴⁵⁸) Böttiger. Geschichte Sachsens. II. 406.

⁴⁵⁹) Denkschrift des Staatskanzlers. Ende Dez. 1764. Von Beer benützt in seiner Abhandlung: Zur Geschichte des bayerischen Erbfolgekrieges. Sybels histor. Zeitschr. XXXV. 88—152.

⁴⁶⁰) Referat vom 9. Jänner 1765.

⁴⁶¹) An Podstatzky. 18. Mai 1768.

⁴⁶²) Buchner. Geschichte von Bayern. IX. 276.

⁴⁶³) VIII. 574.

⁴⁶⁴) Vortrag Colloredo's vom 10. Dez. 1772.

⁴⁶⁵) Referat des Staatskanzlers vom 17. Dez. 1772.

⁴⁶⁶) Van Swietens Bericht vom 24. Sept. 1772. Abgedruckt bei Beer. Friedrich II. und van Swieten. S. 89—91.

⁴⁶⁷) Vortrag des Staatskanzlers an die Kaiserin vom 14. Jänner 1773.

⁴⁶⁸) „Instruction secrète pour le Baron de Swieten, remise à ce Ministre par ordre de S. A. à Vienne le 21. Janvier 1773.“

⁴⁶⁹) Bericht van Swietens vom 20. Febr. 1773. Abgedruckt bei Beer. S. 93. 94.

⁴⁷⁰) Kaunitz an Lehrbach. 23. Mai 1776. „Eine solche wichtige Besorgniß „hat der eben besagte churpfälzische Minister hierorts wegen der eingegangenen „Nachricht zu erkennen gegeben, daß nämlich der König von Preußen bey der „letzteren Unpäßlichkeit des Herrn Churfürsten den Befehl an seinen Comman- „danten zu Wesel erlassen haben solle, bey sich ergebendem Todfalle des Herrn „Churfürsten Jülich und Berg sogleich in Besitz zu nehmen.“

⁴⁷¹) Lehrbach an Kaunitz. 19. Juni 1776.

⁴⁷²) Referat des Staatskanzlers vom 9. Mai 1776.

⁴⁷³) Die Denkschrift Ritters ist nicht mehr vorhanden, wohl aber sind diese Vorgänge aus Lehrbachs Berichten vom 30. Oct. und 10. Dez. 1776 zu ersehen.

⁴⁷⁴) Das Schreiben des Kurfürsten an Kaunitz fehlt. Letzterer berichtet hierüber am 27. Febr. an die Kaiserin: „Der Churfürst von der Pfalz hat das „angebogene Schreiben an mich erlassen, in welchem Derselbe sowohl in Ansehung „der Jülich- und Bergischen, als auch insbesondere der Bayerischen Successions- „Sache sich in die Arme des Kais. Kön. Hofes werfen zu wollen, und dahin „seinen hiesigen Minister Freyherrn von Ritter angewiesen zu haben erklärt. So „vergnüglich nun mir diese Ereigniß zu seyn scheint, so solle ich mich doch eins- „weilen nur mit der unverzüglichen Anzeige derselben begnügen, und über den „Gegenstand selbst aber mir vorbehalten, E. M. meine unmaaßgeblichste Meinung „nachzutragen.“
Die Kaiserin antwortete hierauf mit eigener Hand: „erwarte das weitere“.

⁴⁷⁵) Referat des Staatskanzlers vom 15. März 1777.

⁴⁷⁶) Referat des Staatskanzlers vom 18. März 1777.

⁴⁷⁷) Referat des Staatskanzlers vom 23. Aug. 1777.

⁴⁷⁸) 2,446.764 Gulden.

⁴⁷⁹) 193.959 Gulden.

⁴⁸⁰) Referat des Staatskanzlers vom 23. Aug. 1777.

⁴⁸¹) Am 9. Nov. 1777.

⁴⁸²) Referat des Staatskanzlers vom 17. Nov. 1777.

⁴⁸³) Referate vom 19. und 26. Dez. 1777.

⁴⁸⁴) Ritters Promemoria vom 19. Dez. 1777.

⁴⁸⁵) „Mon chere Prince. dans ce moment je recois la nouvelle que
„l'Electeur de Baviere nous a joué le tour de mourir, et que Hartig n'a point
„fait usage des instructions secretes donés il y a quelsques années. ma premiere
„idée seroit, etant convenu du point principal, savoir de nous reconaitre
„mutuellement les droits que nous croyons avoire, et comme il ne s'agit que
„de leur plus ou moindre etendue, n'ayant pas le tems de discuter l'affaire.
„de nous mettre en possession de la basse Baviere, telle que vous l'avés
„marqué sur la carte, en promettant de nous entendre à l'amiable ensemble
„sur l'étendue de ses confins. j'ai conseillé à S. M. de n'en rien dire pour
„achever l'apartement et la journée. pensés a tout ce qu'il y a a faire, mon
„chere Prince, et demain je viendrés vers midi vous parler. adieu.“

⁴⁸⁶) Maria Theresia an Joseph. 2. Jänner 1778. II. 170—172.

⁴⁸⁷) Bericht Breteuils an Vergennes. Wien, 3. Jänner 1778. Mir gleich
einer Reihe solcher Berichte von Herrn Dr. Fournier, der sie im Archive des
französischen Ministeriums des Aeußern copirte, gefälligst zur Benützung überlassen.
„S. M. m'a ajouté, que cet événement allait peut-être la replonger dans le
„plus grand trouble, quand elle ne pensait que finir ses jours dans la paix.
„et m'a dit avec l'air de l'alarme: „„J'espère que vous ne nous quitterez pas.“„
„J'ai assuré l'Impératrice que nous etions son allié pour tous les cas, pour
„tous les temps. Je lui ai demandé si elle ferait marcher sur le champ des
„troupes vers la Baviére? Elle m'a repondu „Je l'ignore“, avec le ton, le
„geste et le regard d'une personne qui voulait me faire entendre: Cela ne
„dépend pas de moi seule. „Mais, a continué l'Impératrice, si cela arrivait,
„cela ne serait sûrement que pour nous mettre en possession de peu de
„choses.“ J'ai répliqué à l'Impératrice, qu'elle était d'une si grande sagesse,
„que certainement elle ne ferait rien avec précipitation, que la Baviére étant
„un pays ouvert et sous sa main, elle aurait toujours le temps d'y porter des
„forces avant personne. L'Impératrice m'a dit: Je vous remercie de cette
„réflexion; j'ai besoin qu'on aide les miennes.“

⁴⁸⁸) Joseph an Leopold. 5. Jänner 1778. II. 173. 174.

⁴⁸⁹) Berichte Hartigs vom 17., 19., 20., 23., 26. und 30. Dez. 1777.

⁴⁹⁰) Hartig. München, 31. Dez. 1777.

⁴⁹¹) Lehrbach an Kaunitz. München, 3. Jänner 1778.

⁴⁹²) Lehrbach. München, 9. Jänner 1778.

⁴⁹³) Die Depesche des Kurfürsten an Ritter vom 8. Jänner 1778 lautet:
„Wir haben aus euerm gehorf. Bericht vom 4. hujus ersehen, wasmassen
„der Kays. Hof über jene Convention, welche ihr wegen der von dem Erzhause
„Oesterreich auf die Verlassenschaft des Herzog Johann in Niederbayern gestellter
„prætension einsweilen sub spe rati geschlossen habt, nicht nur unsere ratification,
„sondern auch zugleich die Nachricht erwarte, welchergestalt bey Einrükung des
„alldort schon beordert, und in 10000 Mann bestehenden Corps sowohl unsere
„trouppen als Unterthanen von allem Widerstand abgemahnt und resp. contre-
„mandiert worden sind."

„Wir weigern uns ganz und gar nicht, gedachte Convention zu ratificiren,
„und obwohl die Kays. trouppen von Uns und den Unsrigen niemal einen Wider-
„stand oder militarische Gegengewalt zu besorgen hätten, so haben wir doch durch
„unsern Hofkriegsrath scharfe Ordre ertheilen lassen, daß man sich allendhalben
„still und ruhig halte, sohin zu feindseeligen Demarchen den geringsten Anlaß
„nicht gebe."

„Die nach dem Todt unseres Herrn Vetters und Vorfahrers vorgegangene
„Possessions-Ergreifung ist nicht von uns selbst, sondern schon vor unserer hiesigen
„Ankunfft, und zwar von dem nachgelassenen Ministerio in Folge eines von ihrem
„abgelebten Herrn noch in Lebzeiten erhaltenen Eventual-Auftrags verfügt worden,
„darum wir auch weder ein so empfindliches ressentiment verdient zu haben
„glauben, noch in andere weege absehen können, wie der Haupt-Sache selbst
„dadurch gedient seyn möchte."

„Uns sind diejenige Ortschaften noch nicht einmal bekannt, worin die
„Verlassenschaft der schon vor etlich hundert Jahren abgestorbenen herzoglich
„Niederbayerischen Linie eigentlich bestanden habe, welches sich lediglich aus archi-
„valischen Urkunden erleutern muß und kan, ohne daß man von dem militari
„nur einen einzigen, geschweigend 10000 Mann hiezu bedarf."

„Es ist leicht zu erachten, waß ein solcher Vorschritt mitten in Friedens-
„zeiten nicht nur bey dem gesamten Reiche und ganz Europa für ein grosses
„Aufsehen, sondern auch bey dem hiesigen durch den Todtfall ihres Landesherrn
„ohnehin noch äüsserst entrüstet und niedergeschlagenen Publico für eine desolation
„verursachen müste, zumal in der Zeit, da das Landschaftliche universale hier
„eben beysammen ist, um das gewöhnliche Postulat mit uns zu behandeln und
„abzuschlüssen, welches keinen geringen Stoß dadurch zu leiden haben und uns in
„eine solche Verlegenheit setzen würde, worinn wir gleich bey dem ersten Antritt
„unserer hiesigen Regierung eine grosse Menge der übernommenen Hofbedienten
„und andern dürftigen Partheyen zu reduciren, sofort mit Weib und Kind in
„dem grösten Elend verschmachten und zu Grund gehen lassen müsten."

„Es ist unmöglich, daß diese rührende Umstände Sr Kayf. Kön. Ap.
„Mayestät weldbekannt zärtlichstes Gemüth nicht zum Mitleiden bewegen sollten.
„Ihr habt also solche Allerhöchstberoselben auf das lebhafteste vorzustellen und euch
„mit möglichstem Fleiß dahin zu bestreben, daß nicht manu militari, sondern auf
„friedlich und freundschaftliche Art mit uns zu werk gegangen, sofort bey dieser
„so weit in das Alter zurückgehend, mithin sehr schwehr in das klare zu bringender
„Sache nicht Stük für Stük, sondern überhaupt auf die Abtrettung eines ergiebig,

„cohärierenb unb convenabelſten Strich Landes gehandelt werden möge, wobey
„wir mit ſo ſchieblich und billigen Vorſchlägen hervortretten werden, woraus
„Se Mayeſtät nicht nur unſere aufrichtigſte Geſinnung unb ben wahren Ernſt
„zur gütlich und billigen Auskunft, ſondern auch bie Höchſtihro tragende voll-
„kommenſte Devotion auf eine ganz überzeugende Art entnehmen werden . . . . .”

494) Handbillet an Kreßl. 3. Jänner 1778.

495) Handbillet an Kolowrat. 2. Jänner 1778.

496) „enfin notre ou plustot votre grande afaire avance heureusement.”
3. Jänner 1778.

497) Joſeph an Kaunitz. Eigenhänbig. 7. Jänner 1778. „Mon chere Prince.
„il m'est impossible, quelque creux que vous paraitront mes reflections et
„projets, de ne pas les concher par ecrit, et de vous les communiquer. vous
„verrés par la carte et la Note cy-jointe mes idées sur la Baviere; ils me
„paroissent importans et desirables, mais il vous est reservé d'en imaginer
„les moyens, vous qui avés scu desja faire reussir les choses les moins
„croyables. je vous envois ceci uniquement pour que de ce tas d'Idées vous
„en preniés ce que vous trouverés bon. adieu.”

498) Referat des Staatskanzlers vom 9. Jänner 1778.

499) „Mon chere Prince. voila de mes reveries que je vous comunique
„avec le projest de l'expedition a Langlois. je vous prie de les lire et a
„1 heure je viendrai en causer avec vous. vous rejetterés ce que vous ne
„trouverés pas bon, enfin vous en feres choux ou raves. je suis bien sure et
„je le sais d'Experience que vous ete excellent Cuisinié et savés accomoder
„les choses. adieu.”

500) Maria Thereſia an Merch. 4. Jänner 1778. II. 150. 151.

501) „je n'ais pas voulut vous ecrire par discretion. j'ai chargée binder
„de vous parler, contant que vous me rendez justice, que tout ce qui peut
„vous toncher ou apartient, est comme a moi meme. mais je ne peux me
„taire sur la nouvelle de munich; je suis d'un contentement d'autant plus
„grand, que mon cœur est tranquilisé et que la monarchie vous doit encore
„cet evenement uniquement, et l'europe doit rendre justice, que j'ai le plus
„grand homme d'etat, et ce que d'autres ne gatent, vous reuissit toujours.”

502) Maria Thereſia an Merch. 31. Jänner 1778. III. 161.

503) Lehrbach an Kaunitz. München, 14. Jänner 1778. „Weiters kan ich
„auch in dieſer Sache dem ſehr anſtändigen Benehmen des Herrn Grafen von
„Sainshaim Exc. bie gebührende Gerechtigkeit nicht verſagen. Vorzüglich aber muß
„ich bie ſehr kräftige Mitwürkung bes Geheimen Rathskanzler Herrn B. von
„Kreitmayr beloben, deſſen Vertrauen ich mir bereits eigen gemacht zu haben hofe.”

504) Lehrbach. 16. Jänner 1778.

505) Lehrbach. 27. Jänner.

506) II. 178.

507) Lehrbach. 23. Jänner 1778.

⁵⁰⁸) Joseph an Leopold. 29. Jänner. II. 178.

⁵⁰⁹) Referat vom 2. Febr. 1778.

⁵¹⁰) VII. 370—373.

⁵¹¹) III. 262. 468.

⁵¹²) Lehrbach. 27. Jänner 1778.

⁵¹³) Lehrbach. 3. Dez. 1777. „Der Herr Herzog von Zweybrücken hat sich „in dieser Sache ganz an Kurpfalz überlassen und im voraus dem Herrn Kur- „fürsten (erklärt), daß er mit allem demjenigen einstimmig sey, was von dem Herrn „Kurfürsten sowohl in dieser als jeder andern das Kurpfälzische Haus betreffenden „Vorfallenheit vorgekehret und geschlossen werden würde."

⁵¹⁴) Lehrbach. 6. Febr. 1778.

⁵¹⁵) Lehrbach an Kaunitz. 20. Febr. 1778. „Sonsten habe ich auch nicht „verfehlet, sowohl bey Esebeck als Hofenfels zu erforschen, waß für kayserliche „Belohnungen allenfalls Ihnen am angenehmsten seyn dürften, wenn der Beytritt „des Herrn Herzogen zu der Convention würde erfolget seyn; es haben sich aber „alle beyde entschuldiget, daß Sie vor der Sache vollkommenen Beendigung, ohne „die unvermeidliche Ungnade ihres Herrn zu erfahren, nichts annehmen könnten. „Ich merkte aber doch so viel, daß es für die Eitelkeit des von Esebeck, der „ohnehin schon mit schönen Mitteln gesegnet, auch sonsten nicht interessiret ist, „angenehm seye, in Pretiosen etwas zu erhalten; des von Hofenfels Absicht aber „scheinet dahin gerichtet zu seyn, in der Gegend der Grafschaft Falkenstein, woraus „derselbe gebürtig ist, mit der Zeit eines kleinen Reichslehens theilhaftig zu werden."

⁵¹⁶) Raumer. Beiträge V. 308—311.

⁵¹⁷) Raumer. V. 317.

⁵¹⁸) Lehrbach. 28. Jänner 1778.

⁵¹⁹) Lehrbach. 6. Febr.

⁵²⁰) Heinrich an Friedrich. 26. Jänner 1778. Schöning. Correspondenz des Königs Friedrich des Großen mit dem Prinzen Heinrich während des Bayerschen Erbfolgekrieges. S. 2.

⁵²¹) Joseph an Leopold. 29. Jänner. II. 178. 179.

⁵²²) Bericht des Grafen Cobenzl. Berlin, 27. Jänner 1778.

⁵²³) Sie ist vom 6. Febr. 1778 datirt.

⁵²⁴) Joseph an Leopold. II. 180.

⁵²⁵) Joseph an Leopold. II. 181.

⁵²⁶) Weber. Marie Antonie Walpurgis. II. 47.

⁵²⁷) An Mercy. 5. Jänner 1778.

⁵²⁸) An Mercy. 17. Jänner 1778.

⁵²⁹) Mercy. 17. Jänner.

⁵³⁰) Mercy. 30. Jänner 1778. „Herr Graf von Vergennes antwortete mir, „daß freylich Höchstbesagter König die Hände nicht würde im Schoße liegen lassen, „besagten Baron aber anbetreffend, wäre dessen Erdichtungsgeist ohnehin bekannt;

„er hätte dem König, seinem Herrn, ganze Unterredungen mit ihm, Bergennes,
„unter Bemerkung des Tages und der Stunde einberichtet, an welchen kein
„einziges wahres Wort wäre. Es wäre die dießfällige Schuld großen Theiles
„dem Könige selbst beyzumessen, als welcher seinen Ministres allerhand ihm ein-
„fallende Aufträge ertheilte, sie wegen des Ausschlages zur Rede und Antwort
„stellete, und überhaupt ganz verächtlich behandelte, mithin nöthigte, Unwahrheiten
„einzuberichten und sich solchergestalten so gut als möglich aus der Schlinge zu
„ziehen."

531) Mercy. 18. Febr. 1778.

532) Maria Theresia an Marie Antoinette. 1. Febr. 1778. S. 232. 233.

533) Kaunitz an Mercy. 19. Febr. 1778.

534) Maria Theresia an Marie Antoinette. 19. Febr. S. 237.

535) Mercy an Maria Theresia. 17. Jänner 1778. III. 158.

536) Mercy an Kaunitz. 18. Febr. An Maria Theresia vom gleichen Tage.
III. 168.

537) Friedrich an Heinrich. 5. März 1778. Bei Schöning. S. 26.

538) Friedrich an Heinrich. 24. Febr. S. 21. 22.

539) Maria Theresia an Mercy. 3. März. III. 171.

540) Depesche an Breteuil. 10. März. Bei Flassan. VII. 195—197.

541) Breteuil an Vergennes. 24. März. Bei Flassan. VII. 197—201.

542) Flassan. VII. 201.

543) Maria Theresia an Mercy. 2. April. III. 184. 185.

544) Lehrbach an Kaunitz. 10. Febr. 1778.

545) Lehrbach. 20. Febr.

546) II. 182. 183.

547) Lehrbach. 28. Febr. 1778.

548) Joseph an Leopold. 12. März 1778. Abgedruckt in dem Briefwechsel
des Kaisers mit seiner Mutter (II. 184—186), mit dem irrigen Datum des
27. März.

549) Leopold an Joseph. 24. März 1778.

550) An Lehrbach. 13. März.

551) Am 24. März berichtet Lehrbach hierüber an Kaunitz: „Ware ich nach
„Euer fürstlichen Gnaden hohen Anweisung vom 14. dieses nicht weniger auf das
„eifrigste bedacht, dem Herrn Kurfürsten von Pfalz diejenige Vortheile einsehen zu
„machen, welche Ihm ein Austausch des Königreichs Gallizien und Lodomirien
„gegen Bayern erwarten ließe. Es blieben aber meine wiederholte Vorstellungen
„ohne die gehoffte Würkung, und der Herr Kurfürst äußerte sich, daß Er seine
„Meinung hierüber schon dem Freiherrn von Ritter zu erkennen gegeben habe,
„bey welcher Er auch gegenwärtig noch zu verharren gedenke. Desto stärker ließ
„mir aber der Kurfürst hierbey bemerken, wie sehr annoch seine Neigung an die

„Niederlande geheftet ist, indem Er mir mehrmal den Wunsch geäussert hat,
„durch diesen Weeg einen Austausch möglich machen zu können."

⁵⁵²) Ritters Note vom 4. und die österreichische Gegenschrift vom 28. Febr.

⁵⁵³) So z. B. wegen der Grafschaft Abensberg.

⁵⁵⁴) Referat vom 5. Febr.

⁵⁵⁵) „Punctation und Anweisung für den Freyherrn Ludwig von und zu
„Lehrbach, als selber nach München abgesendet wurde. 10. März 1778."

⁵⁵⁶) Referat vom 5. Febr.

⁵⁵⁷) Ludwig Lehrbach an Kaunitz. München, 20. März.

⁵⁵⁸) Ludwig Lehrbach. München, 24. März 1778. „Indessen führen die
„vornehmste sowohl gut als übelgesinnte gegen mich, wie gegen den k. k. Minister
„immerhin geschehen, die Sprache, daß sie wünschen, einem Herrn zuzugehören,
„ansonsten könnte das außer dem Straubingischen Antheile nicht bestehen. Seinsheim,
„Königsfeld und Wahl äußern vorzüglich den Wunsch, daß das Erzhaus alles
„austauschen mögte."

⁵⁵⁹) Voriger Bericht.

⁵⁶⁰) Joseph Anton Aettenkhover. Kurzgefaßte Geschichte der Herzoge von
Bayern. Regensburg, 1767. S. 265.

⁵⁶¹) Ludwig Lehrbach. 31. März.

⁵⁶²) Kaunitz an Ludwig Lehrbach. 15. April.

⁵⁶³) Referat vom 27. April.

⁵⁶⁴) Ludwig Lehrbach. München, 7. April. „Die Ausschweifung des von
„Obermeyr geht so weit, daß er gegen einige erklärte, wenn ihm auch der Kopf
„auf einem Echaffaut solte abgeschlagen werden, so würde er aus Vatterlandsliebe
„sich dazu bequemen, aber nie von seinen Principiis abgehen."

⁵⁶⁵) Ludwig Lehrbach. 8. Mai.

⁵⁶⁶) Ludwig Lehrbach. 12. Mai.

⁵⁶⁷) Franz Lehrbach. 16. Juni.

⁵⁶⁸) Kaunitz an Franz Lehrbach. 23. Mai.

⁵⁶⁹) Franz Lehrbach. 29. Mai.

⁵⁷⁰) Baierisches Promemoria vom 31. Mai; es liegt bei Lehrbachs Bericht
vom 3. Juni.

⁵⁷¹) Referat vom 29. Juni.

⁵⁷²) Darauf deutet wenigstens ihre eigenhändige Resolution über das
Referat des Staatskanzlers vom 28. Juli: „ich getraue mich nicht in jetzigen
„umbständen all dis Kayser zu schicken, wohl aber nur ein klein extract, was
„gleich zurückzugeben, auch mit einer andern note, alf dise an Kayser ist, mir zu
„übergeben, die schicken kunte." Vergl. auch den Brief der Kaiserin an Joseph
vom 2. Aug. III. S. 4.

⁵⁷³) Referat vom 18. März 1778.

⁵⁷⁴) 18. März 1778.

⁵⁷⁵) Kaunitz an Kreßl. 18. März.

⁵⁷⁶) Referat des Staatskanzlers vom 5. Juli.

⁵⁷⁷) Bericht des österreichischen Gesandten in Dresden, Freiherrn von Knebel, an Kaunitz. 20. März 1778. In Chiffern. „Man höret vast von jedem, „daß in einem halben Jahre der Krieg dem hießigen Lande theuerer zu stehen „kommen würde, als das Land gewinnen könnte, wenn die Sächßische foderungen „glücklich durchgesezet würden, und daß der Kurfürst lieber auf alle seine Ansprüche „entsagen sollte, wenn ihm nur von beeden Seiten die Neutralität zugesagt würde. „Ich führe dieß bloß als einen Beweiß von dem allgemeinen Verlangen zur be- „sagten Neutralität an."

⁵⁷⁸) Josephs Denkschrift vom 26. Febr.

⁵⁷⁹) Prinz Albert an den Kurfürsten von Sachsen. 26. Febr. Abschrift in der Albertina.

⁵⁸⁰) Referat des Staatskanzlers vom 15. März.

⁵⁸¹) Miltitz' Bericht vom 31. März.

⁵⁸²) Joseph an Knebel. Brandeis, 20. April.

⁵⁸³) Knebel. 24. April.

⁵⁸⁴) 29. April. II. 230.

⁵⁸⁵) Maria Theresia an Joseph. 2. Mai. II. 234.

⁵⁸⁶) Friedrich an Heinrich. 24. Febr. Bei Schöning. S. 21.

⁵⁸⁷) Heinrich an Friedrich. 4. März. S. 25.

⁵⁸⁸) Berichte Cobenzls vom 31. Jänner, 7. und 10. Febr. 1778. Die Correspondenz Cobenzls mit Kaunitz bildet auch die Grundlage der Abhandlung Beers: Zur Geschichte des bayerischen Erbfolgekrieges. Sybels histor. Zeitschr. XXXV. 88—152.

⁵⁸⁹) Cobenzl. 25. Febr.

⁵⁹⁰) Cobenzl. 3. März.

⁵⁹¹) Joseph an Lacy. 3. Febr. 1778. „je snis à faire un ouvrage de „précaution, mais qui pourra toujours avoire son utilité. je voudrois savoir en „gros seulement les points que dans le cas d'une guerre a prevoire pour le „printemps prochain avec le Roi de prusse, l'on devroit des à présent disposer, „soit en vivres, chevaux, voiturage, marche de trouppes etc. voudriez-vous „me faire l'amitié sur un morceau de papier de m'ecrire les noms seulement „des principales choses et me l'envoyer?"

⁵⁹²) Ganz von der Hand des Kaisers. Im Besitze des Freiherrn Ernst von Laudon.

⁵⁹³) II. 183.

⁵⁹⁴) Abgedruckt in Josephs Briefwechsel mit der Kaiserin. II. 184—186, mit dem irrigen Datum vom 27. statt vom 12. März 1778.

⁵⁹⁵) Maria Theresia an Joseph. 14. März. II. 186—191.

⁵⁹⁶) Joseph an Kaunitz. 16. März 1778. „Mon chere Prince. ayant eu
„une demie heure a moi cette apres diné, j'ai minuté cette lettre pour le Roi
„de prusse. lisés-la, corrigés-la, ou cassés-la tout-à-fait; je vous la remets
„absolument et vous prie sans compliment de me dire ce que vous trouverés
„bon en attendant que je sache votre avis. S. M. n'en scait rien. adieu."

⁵⁹⁷) Kaunitz an Joseph. 17. März . . . „que cet argument, qui est le
„seul qui puisse faire effet vis-à-vis du Roi de Prusse, s'il en est, le fera
„par ces deux moiens, ou s'il ne le fait pas, ne le fera pas davantage par la
„lettre dont V. M. honoreroit son abominable voisin."

⁵⁹⁸) Joseph an Kaunitz. 14. März. „was die antwort an den könig von
„Preissen (betrifft), so ist es wichtig, dem ausbruch doch etwas zu verzögern,
„bis alle unsere troupen beysammen seyn werden. ich erachtete also, das mit der
„sehr wohl verfasten antwort anoch so lang als möglich zurudgehalten werde oder
„eine blos dilatorische münblich einstweilen gegeben werde."

⁵⁹⁹) Kaunitz an Maria Theresia. 10. März. „Baron Riedesel hat aber bey
„Übergebung derselben münblich hinzugesetzt: qu'il osoit me prier de vouloir
„bien l'employer personnellement, si je croyois qu'il peut contribuer au
„maintien de la bonne intelligence entre les deux Cours, welches ich mit
„einem Gegencompliment vorläufig beantwortet habe."

⁶⁰⁰) Kaunitz an Mercy. 14. März.

⁶⁰¹) Friedrich an Heinrich. 9. März. S. 31.

⁶⁰²) Cobenzl. 25. März 1778. „Ohne angestellt zu seyn, hat er doch eine
„vollkommene Kenntniß alles desjenigen, was hier vorgeht, und das Vertrauen
„aller derjenigen, welche hier etwas Vermögen beybehalten. Der Prinz Heinrich
„verbirgt ihm nichts und lebt mit ihm in der größten Freundschaft; er ist außer-
„dem ein Schwager des Minister von Hertzberg, welcher, da er die Vortreflichkeit
„seiner Talenten kennet, ihn sehr oft um Rath frägt."

⁶⁰³) Cobenzl. 25. März.

⁶⁰⁴) Kaunitz an Maria Theresia. 29. März 1778. „S. M. l'Empereur m'a
„fait l'honneur de passer chés moi au moment ou j'allois envoyer à V. M.
„les deux lettres tres-humblement ci-jointes du Comte de Cobenzl, qui prouvent
„manifestement, ainsi que je l'ai toujours pensé, que par la comédie que le
„Roi de Prusse vient de faire jouer à M. de Kniphausen, après avoir tenté
„inutilement de parvenir à son but en nous intimidant, il commence à saigner
„du nés, et ne cherche plus qu'à sortir avec honneur de l'embarras où il se
„trouve, et pour dernière tentative tâche de nous engager à la fausse démarche
„de faire des propositions, dont il ne manqueroit pas d'abuser au préjudice de
„la dignité et des intérèts de V. M. D'après toutes les sages mesures qu'il
„nous a vu prendre, et avant la mort du dernier Electeur de Bavière et du
„depuis, il semble qu'il ne devroit pas s'en flatter. mais comme il est de ces
„gens sans vergogne, qui dans leurs tentatives sont toujours déterminés
„d'avance à s'en désister au pis-aller, il a cru pouvoir hazarder encore celle-ci.
„Les réponses que nous attendons de jour à autre de la part du Comte de

„Mercy, décideront des préférences qu'il pourra convenir de donner à tel sur
„tel autre d'entre les différens partis que de longue main je vois qu'il pourra
„y avoir à prendre. Jusques-là, de fait et de propos, il me semble, qu'il faut
„persister dans la conduite ferme et modeste que l'on a tenue jusqu'ici, et
„en attendant, comme tout est prêt et préparé pour une vigoureuse guerre,
„comme l'on dit di cappa e spada, je pense que V. M. peut être tran-
„quille et contente d'Elle-même, ainsi que de ceux qui ont l'honneur de
„la servir . . ."

⁶⁰⁵) Kauniç an Maria Therefia. 31. März 1778. „Da nach der legten
„Einberichtung des Grafen Cobenzl, Baron Kniphaufen ohne Zweifel auf
„Befehl des Königs mit eben jener Ausgleichspropofition wegen Sicherstellung
„der fünftigen Anfpach- und Bareuthfchen Erbfolge hervorgetreten ift . . . ."

⁶⁰⁶) Kauniç an Cobenzl. 31. März.

⁶⁰⁷) Cobenzl an Kauniç. 6. April. „Nach einer fehr langen Unterredung,
„in welcher alle biefe Gegenstände gewogen und mit kaltem Blute auseinander-
„gefeçet worden find, hat mich Prinz Heinrich verfichert, daß er den König zu
„benen günstigsten Dispofitionen zu der vorgefchlagenen Negociation gebracht hätte."

⁶⁰⁸) Heinrich an Friedrich. 6. April. S. 50.

⁶⁰⁹) Jofeph an Lacy. 8. April. „les francais nous vienent de doner une
„reponse pleine de miel, mais enfin ils ne nous doneront ni secours ni veulent
„accepter la médiation et veulent déclarer une neutralité parfaite, ce qui
„equivaut à rompre l'alliance, mais asteur il leur faut faire bonne mine,
„mais je m'en souviendrai dans le temps."

⁶¹⁰) VIII. 217. 218.

⁶¹¹) An Cobenzl. 8. April.

⁶¹²) Jofeph an Lacy. 8. April. „je nome tousjours le vendredi pour
„partir, mais je ne compte pas l'effectuer avant que je sache positivement que
„le Roi mon maudit voisin soit parti de berlin . ."

⁶¹³) „Mon chere Prince. le Roi est parti desja Lundi; je compte donc
„me mettre en route demain. voici la copie de ma lettre; comme natu-
„rellement le courier envoyé sera inutile, je vous prie de me marquer ce que
„vous croirés qu'il y aura à y ajouter ou retrancher, et c'est d'Ollmutz que
„je compterois envoyer le courier que vous devriés me doner avec. je viendrai
„encore vous voire avant-diné. adieu."

⁶¹⁴) An Cobenzl. 10. und 14. April.

⁶¹⁵) Cobenzl. 14. April.

⁶¹⁶) Jofeph an Maria Therefia. Olmüç, 12. April. II. 197.

⁶¹⁷) 12. April. II. 195.

⁶¹⁸) 13. April. II. 198.

⁶¹⁹) II. 199.

⁶²⁰) Jofeph an Friedrich. Olmüç, 13. April. Oeuvres de Frédéric le
Grand. Berlin, 1847. VI. 205.

⁶²¹) Friedrich an Joseph. Schönwalde, 14. April. Ganz eigenhändig. Oeuvres. VI. 208.

⁶²²) Joseph an Friedrich. Littau, 16. April. Oeuvres. VI. 211.

⁶²³) Joseph an Maria Theresia. Littau, 16. April. II. 200.

⁶²⁴) Maria Theresia an Joseph. 18. April. II. 201. 202.

⁶²⁵) Kaunitz an Maria Theresia. 17. April. „Celle du Roi de Prusse, à „titre de franchise, est un tissu d'impertinences qui sont le résultat de la plus „crasse ignorance de fait et de droit, et l'effet d'une bile noire exaltée au „dernier point, laquelle n'a pu tirer que de fausses conclusions d'un amas de „fausses suppositions, sur lesquelles elles sont fondées. Si le Roi est un grand „soldat, il est encore un plus grand ignorant, et le plus mauvais logicien du „monde entier; il est à mille lieues de la question. Il est impossible d'ima „giner rien de plus déraisonnable que sa lettre, et on peut dire sans aucune „exagération, qu'il n'y a pas le sens commun."

„L'Empereur un peu plus tôt ou un peu plus tard ne pouvoit s'empecher „de repondre, et il vaut beaucoup mieux par conséquent, selon moi, que „S. M. ait répondu tout de suite. La réponse d'ailleurs, proportion gardée, „est modérée et contient de très-bonnes repliques. S. M. au reste ne se flatte „pas sans doute plus que moi, que la raison puisse reprendre ses droits sur „un homme parvenu au non plus ultra de la déraison . . . ."

⁶²⁶) 18. April. II. 203. 204.

⁶²⁷) Friedrich an Joseph. Schönwalde 18. April. Oeuvres. VI. 213.

⁶²⁸) Joseph an Friedrich. Königgrätz, 19. April. Oeuvres. VI. 216.

⁶²⁹) Joseph an Maria Theresia. 19. April. S. 207.

⁶³⁰) 21. April. II. 213.

⁶³¹) Friedrich an Joseph. Schönwalde, 20. April. Oeuvres. VI. 217.

⁶³²) Friedrich an Heinrich. 19. April. S. 56. 57.

⁶³³) Friedrich an Heinrich: 21. 22. 23. 26. April. S. 57—61.

⁶³⁴) Rescripte an Cobenzl. 24. April.

⁶³⁵) 24. April. II. 221.

⁶³⁶) Joseph an Maria Theresia. 23. April. II. 219. 220.

⁶³⁷) Kaunitz an Joseph. 25. April.

⁶³⁸) Joseph an Cobenzl. 27. April.

⁶³⁹) Joseph an Kaunitz. 30. April.

⁶⁴⁰) „mon chere Prince. c'est avec bien de l'impatience que j'attens „l'iddée que vous voulés bien me faire esperer. les votres sonts tousjours „si justes, si claires et si visantes droit au but, que davance, presque sans „les conaitre, j'y aplaudi. je fais actuellement une tournée, et si nous avons „encore un peu de temps, je crois que nous pourrons laisser venir Frederic „hardiment. adieu."

⁶⁴¹) Kaunitz an Joseph. 2. Mai 1778. „La tète de notre voisin actuelle-
„ment un peu refroidie, et moÿennant cela plus en etat d'entendre raison,
„il me semble qu'il est tems de pousser à la roue, et de tacher de nous tirer
„avec honneur plus tôt que plus tard de l'etat critique où nous sommes par
„les dispositions peu favorables, que tout le monde nous témoigne, et si ce
„n'est avec grand profit, au moins avec quelque avantage. Cette réflexion
„m'a fait naître l'idée d'une lettre, laquelle, supposé qu'elle ne fasse pas
„mieux, pourra produire au moins l'effet très-désirable pour le présent et pour
„l'avenir, de nous faire voir plus clair dans les vues et intentions du Roi de
„Prusse.“

⁶⁴²) „Mon chere Prince. toute mure reflection faite, je crois devoir
„attendre l'arrivé du courier dépêché à berlin, qui desja dit a peu près la
„meme chose que la minute de cette lettre, tant pour n'avoir pas l'aire d'un
„empressement, qui marquerait de la crainte, et aussi pour pouvoir y doner
„la tournure analogue aux reponses qu'on aura faites. l'echange ne peut pas
„vraisemblablement porter que sur une partie des pays-bas; la totalité ne nous
„convient pas, ni aux Francais, comme l'on le voit par la depeche de Mercy,
„et le Roi voudroit certainement avoire toute la Lusace, que nous ne pouvons
„pas lui accorder, ainsi je ne scais coment l'on parviendra à s'arranger. je
„garde en attendant la minute, et je ne l'expedierai que quand j'en verrai le
„moment.“

⁶⁴³) Cobenzl. 3. Mai.

⁶⁴⁴) Friedrich an Heinrich. 4. Mai. S. 64.

⁶⁴⁵) Cobenzl. 9. Mai.

⁶⁴⁶) Cobenzl. 14. Mai.

⁶⁴⁷) Joseph an Cobenzl. Brandeis. 11. Mai.

⁶⁴⁸) Drei Rescripte an Cobenzl vom 18. Mai.

⁶⁴⁹) „Projet ou Plan d'un arrangement général sur la succession de
„Bavière qui pourroit servir de base à un traité, remis au Comte de Cobenzl
„le 19 may 1778 par le ministère de S. M. le Roi de Prusse.“

⁶⁵⁰) Cobenzl. 20. Mai.

⁶⁵¹) Joseph an Cobenzl. 24. Mai. Hiebei muß ausdrücklich bemerkt werden,
daß der Kaiser fortwährend die obere und die niedere Lausitz mit einander ver-
wechselt. Es liegt auf der Hand, daß Oesterreich sich weit leichter in die Erwerbung der von Böhmen ziemlich entfernten Niederlausitz, als in diejenige der
an Böhmen angrenzenden Oberlausitz von Seite Preußens gefunden hätte. Daß
auch Joseph so dachte, geht aus seinen an Cobenzl gerichteten Worten deutlich
hervor. Sie lauten: „Gegen diesen Theil wollten wir . . . . . einen Austausch
„nur auf den oberen Theil der Laußnitz, nie aber auf die untere Laußnitz, so an
„Böhmen gränzet, gestatten.“ Um keine Verwirrung zu veranlassen, war es
nöthig, den Irrthum, den der Kaiser in seiner Weisung an Cobenzl begieng, hier
richtig zu stellen.

⁶⁵²) Der Brief der Kaiserin an Joseph vom 22. und dessen Antwort vom 24. Mai ist abgedruckt in ihrer Correspondenz. II. 255—260.

⁶⁵³) Referat des Staatskanzlers vom 28. Mai.

⁶⁵⁴) 29. Mai. II. 261—263.

⁶⁵⁵) „c'est dans la lettre à S. M., que bien exprès je lui ai marqué la „raison, pourquoi je n'avois pas mise toutes les conditions d'echanges, puisque, „comme je voulois que Cobenzell en parlat à Kniphausen comme d'une idée „qui lui etoit venue, la parfaite conformité aux propositions que nous avions „desja faites, auroit fait perdre la vraisemblance à l'avancé de Cobentzell, „comme venant uniquement de lui, et puis il auroit toujours pu ajouter et „seulement sonder par là, ce que ces gens pensent d'un echange pareille. si „nous tenons ferm, je suis moralement sure que le Roi fera d'autres propo-„sitions, et que le mot de marsch et attacquons lui coutera bien de la peine. „enfin je suis prest a tout, hors d'en sortir, comme on dit, la fourche au cu.“

⁶⁵⁶) Joseph an Maria Theresia. Sluschitz, 1. Juni. II. 266—268.

⁶⁵⁷) Referat des Fürsten Kaunitz vom 30. Mai.

⁶⁵⁸) An Cobenzl. 31. Mai.

⁶⁵⁹) 29. April. II. 228.

⁶⁶⁰) 31. Mai. II. 264. 265.

⁶⁶¹) 2. Juni. II. 269.

⁶⁶²) Joseph an Maria Theresia. 2. Juni. II. 270.

⁶⁶³) Joseph an Kaunitz. 2. Juni.

⁶⁶⁴) Joseph an Cobenzl. Sluschitz, 2. Juni.

⁶⁶⁵) Joseph an Kaunitz. 2. Juni.

⁶⁶⁶) Maria Theresia an Joseph. 5. Juni. II. 271. 272.

⁶⁶⁷) Beer. Zur Geschichte des bayerischen Erbfolgekrieges. S. 145.

⁶⁶⁸) Cobenzl. 8. Juni.

⁶⁶⁹) Friedrich an Heinrich. 4. und 9. Juni. S. 76. 78.

⁶⁷⁰) Die preußische Denkschrift liegt bei Cobenzls Bericht vom 13. Juni.

⁶⁷¹) Friedrich an Heinrich. 10. Juni. S. 78. 79.

⁶⁷²) 8. Juni. II. 277.

⁶⁷³) Referat vom 15. Juni.

⁶⁷⁴) Joseph an Cobenzl. 17. Juni.

⁶⁷⁵) Joseph an Maria Theresia. 18. Juni. II. 294—296.

⁶⁷⁶) Joseph an Cobenzl. 17. Juni.

⁶⁷⁷) Maria Theresia an Joseph. 20. Juni. II. 298. 299.

⁶⁷⁸) Vom 18. Juni.

⁶⁷⁹) Randglosse der Kaiserin zu dem Referate des Staatskanzlers vom 21. Juni 1778. „etant conforme à la note de l'Emp. et lui même pressant „les deux couriers, j'aprouve le tout.“

⁶⁸⁰) Joseph an Maria Theresia. 24. Juni. II. 302—304. An Kaunitz aber schrieb der Kaiser am gleichen Tage: „Es ist ohnmöglich, was klareres, was „anständigeres und zugleich was billigeres zu sagen, als diese reponse verbale. „wann ich getrauet hätte, so hätte ich gewunschen, daß wir selbe auch sachsen „hätten einsehen lassen; villeicht ware doch der nebel vor ihren augen ver- „schwunden. wann wir fest auf selbe general sätze halten und in keine details „vor abschlus und separirung der armeen eingehen, so glaube das ein grosser „strich gemacht ist worden, aber man mus auf alle ausserste demonstrationen „gefast seyn, mit denen der König uns es abzuschröcken noch sein mögliches thuen „wird. Der Courier ist alsogleich abgegangen."

⁶⁸¹) 26. Juni. II. 304.

⁶⁸²) Joseph an Maria Theresia. 28. Juni. II. 307.

⁶⁸³) Friedrich an Heinrich. 21. Juni. S. 83.

⁶⁸⁴) Friedrich an Heinrich. 27. Juni. S. 85.

⁶⁸⁵) Maria Theresia an Joseph. 7. Juli II. 322.

⁶⁸⁶) An Maria Theresia. 5. Juli. II. 320.

⁶⁸⁷) Maria Theresia an Joseph. 7. Juli. II. 323. 324.

⁶⁸⁸) An Mercy. 7. Juli. III. 219. 220.

⁶⁸⁹) Zuverläßige Nachrichten von dem über die Bayersche Erbfolge in Teutschland entstandenen Kriege. Leipzig, 1782. I. 108.

⁶⁹⁰) Joseph an Maria Theresia. 28. Juni. II. 308.

⁶⁹¹) Joseph an Maria Theresia. 7. Juli. II. 325.

⁶⁹²) Dieß wird auch durch die Memoiren des Prinzen Albert bestätigt. Er schreibt hierüber: „Je ne pus être que bien frappé, lorsqu'après toute la „tranquillité, que l'Empereur avait montrée jusque là sur les dispositions du „Roi, il me fit connaître ses inquiétudes sur ces nouvelles et sur la supériorité „des forces que la jonction des Saxons aux Prussiens donnoit aux armées qui „nous étoient opposées, et je ne pus m'empêcher de lui observer alors, que „comme il avoit calculé tout cela d'avance, lorsqu'il s'étoit décidé à soutenir „par les armes ce qui avoit été fait de notre part, je ne voyois pas ce qui „avoit changé en ce moment à cet égard, ni ce qui devoit l'embarrasser plus „qu'avant sur cet état des choses."

⁶⁹³) II. 325—327.

⁶⁹⁴) „C'est ce que j'ai toujours prevue, mais je m'y attendois apres une „bataille perdue qui est immanquable, et c'etoit la raison pourquoi depuis le „trois de fevrier je ne me suis plus melée d'aucune disposition, ni politique, „camerale etc., sachant très-bien qu'à la fin on voudra se recriminer sur les „dispositions. sans coup de canons on tient deja tout perdu, et les recrues et „insurgents doivent sauver la monarchie, après que 170000 hommes exercés „sont en confusion. adieu la monarchie, je ne vois comment la sauver. j'attens „de vous et de votre conseil ce que je dois repondre demain soir, car pour „moi, je suis au bout de mon latin."

⁶⁹⁵) „vous verrois par la lettre et la note si-jointe de l'Emp. nos tristes „circonstances. si la confusion se trouve deja asteur, avant qu'on at tirée un „coup de fusil, que pouvons nous attendre de l'avenir? je suis donc fermement „resolue de tenter l'impossible pour conjurer encore la rupture. vous y pen-„serois serieusement, sans delais, comme la guerre pouroit toute de suite sans „plus de retard finir, et me proposerois les moyens."

⁶⁹⁶) Maria Theresia an Joseph. 11. Juli. II. 331. 332.

⁶⁹⁷) Joseph an Maria Theresia. 11. Juli. II. 333.

⁶⁹⁸) Joseph an Maria Theresia. 12. Juli. II. 334. 335.

⁶⁹⁹) Kaunitz an Maria Theresia. 11. Juli 1778. Eigenhändig. „Die An-„weißung für den Thuguth ist so häßlich und kann so verschieden seyn, daß „nachdem Ich noch diesen gantzen Morgen die Sache in reife überlegung gezogen „und alle mögliche wendungen gegen einander erwogen, Ich mich Erst vor wenig „augenbliden zu Entschliesen vermocht; Ich kann allso E. M. ohnmöglich ver-„sprechen, daß Thuguth noch heüte wird abgehen können; Es wird jedoch gewiß „alles geschehen, was nur geschehen kann. In E. M. allerhöchstem schreiben ist „nichts zu verändern oder zuzusetzen gewesen, alß was hier und dar in der Eile „zu Erfüllung des Sensus ausgelaßen worden. das vorläufige Schreiben an des „Kaysers M. ist sehr wohl, und das seinige in so weith vergnüglich, daß es „mehrere Gemüthsruhe anzeiget; sonsten aber glaube Ich nicht, daß unß der „König in gegenwärtiger position zu attaquieren gesinnt seyn könne, sondern ich „halte vielmehr seine manœuvre für eine masque, unter welcher ein anderes „Vorhaben stecket, so sich baldt äußern wird. Ich küße E. M. die Hände."

⁷⁰⁰) Der Brief der Kaiserin an den König, ihre Bollmacht und eine Zusammenfassung ihrer Vorschläge in französischer Sprache in den Oeuvres. VI. 220—223.

⁷⁰¹) Referat des Staatskanzlers vom 11. Juli 1778.

⁷⁰²) „Punctation, nach welcher sich Freiherr von Thugut bey seiner auf-„habenden geheimen Commission zu richten hat."

⁷⁰³) Maria Theresia an Joseph. 13. Juli. II. 336—338.

⁷⁰⁴) Joseph an Maria Theresia. 13. Juli. II. 338. 339.

⁷⁰⁵) Josephs zwei Briefe an Maria Theresia vom 15. Juli sind abgedruckt in ihrer Correspondenz: II. 341—344.

⁷⁰⁶) Joseph an Maria Theresia. 16. Juli. II. 344. 345.

⁷⁰⁷) Der eigenhändige Brief des Kaisers an Laudon (undatirt) und das Concept der Antwort des Letzteren befinden sich im Besitze des Freiherrn Ernst von Laudon.

⁷⁰⁸) „je vous avoue, je n'y comprend plus rien qu'un grand malheur „qui pend sur notre tete. cette lettre est de nouveau telle que je pourois „devenir fole! qu'elle disposition a prague! pour sauver quelques vielleries „ou bruler quelques maisons, on perd la monarchie, le credit, la confiance, „tout le pais. je souhaite que ces ordonances restent cachés. enfin je suis

„desolée et mon esperance ne tient qu'au roi de prusse, a quoi nous sommes „reduites."

⁷⁰⁹) Maria Theresia an Joseph. 17. Juli. II. 346—349.

⁷¹⁰) Joseph an Maria Theresia. 18. Juli. II. 350.

⁷¹¹) Wien, 12. Juli. Abgedruckt in den Oeuvres. VI. 219.

⁷¹²) Abgedruckt in den Oeuvres. VI. 223.

⁷¹³) Ganz von des Königs Hand. „NB. Come Monsieur Tugut a demandé „des Exsplications Ulterieures sur ce qui regarde Le Demembrement de La „Baviere, on Luy a dit quil sembloit que La fasson La plus nette et La „plus prompte de S'exspliquer seroit que la Cour de Vienne voulut envoyer „une Carte de La Baviere, en y marquant ce qu'elle a Dessins de garder ou „de rendre, ou qu'Elle Daigne s'exspliquer Distinctement sur Les Desdo-„magemens qu'Elle veut donner, soit en Flandre ou ailleurs, à La Maison „Pallatine; allors, toute ces chosses etant mises en Evidence, il sera facile de „traiter et de conclure le Traité."

„Reste a L'article qui regarde Les Dedomagemens a Procurer a L'El-„lecteur de Saxse de ses alleux. il y a 2 considerations a faire, dont La „premiere consiste dans La somme que L'Ellecteur pallatin Pouroit lui donner „pour ses pretentions, soit en argeant, soit en possessions de Seigneuries dans „le Haut palatinat. La segonde consiste a obtenir De L'Ellecteur de Saxse „Le conssentement de ce qu'on Luy proposera, Le Roy ne pouvant pas „traiter des Interets de ce prince sans son aveu."

⁷¹⁴) Thuguts Bericht über seine Mission zum Könige von Preußen. 27. Aug. 1778.

⁷¹⁵) Abgedruckt in den Oeuvres. VI. 224.

⁷¹⁶) Referat vom 22. Juli 1778.

⁷¹⁷) Das Schreiben der Kaiserin an Friedrich vom 22. Juli ist in den Oeuvres, VI. 225, das an den Kaiser aber vom gleichen Tage in ihrem Briefwechsel mit ihm, II. 359 abgedruckt.

⁷¹⁸) Voriger Brief.

⁷¹⁹) Joseph an Maria Theresia. 24. Juli. II. 366.

⁷²⁰) Maria Theresia an Mercy. 31. Juli. III. 229—231.

⁷²¹) Zwei Referate des Staatskanzlers vom 24. Juli.

⁷²²) „ich erkenne zwar die wohl angeführte ursachen, verlange aber doch, „daß der fürst wo möglich von nun an seine meinung eröffne, und zwar „ehestens."

⁷²³) Maria Theresia an Joseph. 25. Juli. II. 367-369.

⁷²⁴) Joseph an Maria Theresia. 26. Juli. II. 371.

⁷²⁵) Abgedruckt in dem Aufsatze von A. Beer: Die Sendung Thuguts und der Friede zu Teschen. Sybels histor. Zeitschr. XXXVIII. 410.

⁷²⁶) 25. Juli. Oeuvres. VI. 226.

⁷²⁷) Oeuvres. VI. 227.

⁷²⁸) Maria Therefia an Friedrich. 1. Aug. Friedrich an Maria Therefia.
5. Aug. Oeuvres. VI. 230. 231.

⁷²⁹) Maria Therefia an Jofeph. 2. Aug. III. 2—6.

⁷³⁰) Jofeph an Maria Therefia. 2. und 3. Aug. III. 7—11.

⁷³¹) Maria Therefia an Kaunitz. Eigenhändig. Undatirt (4. Aug. 1778).
„envoyez-moi binder, si vous ne pouvez venir vous même. après cette
„lettre il n'y a point de moment à perdre de r'envoyer thugutt. celle-ci est
„en réponse de celle du 31 et pas de celle encore sur les conditions du roi;
„j'en attens encore un peut-être ce soir. votre conseil, votre constance m'est
„bien nécessaire asteur; la mienne comence a me manquer."

⁷³²) „je viens de recevoir d'une heure de distance ces deux lettres; je
„n'en avois aucune quand vous etiez chez moi. je voudrois esperer et vous
„recomande bien dimaginer l'impossible pour nous tirer du gouffre ou nous
„sommes. il faut que j'ai toutes ces lettres demain a 8 heures du matin,
„mais vous en pouvez tirer copie."

⁷³³) Jofeph an Maria Therefia. 4. Aug. III. 12—14.

⁷³⁴) Referat des Staatskanzlers vom 1. Aug.

⁷³⁵) Der Brief der Kaiferin vom 6. Aug. und der öfterreichifche Gegen-
antrag find abgedruckt in den Oeuvres. VI. 232. 233.

⁷³⁶) Vom 10. Aug. Oeuvres. VI. 233.

⁷³⁷) Thuguts Generalbericht vom 27. Aug.

⁷³⁸) Mit Referat vom 7. Sept.

⁷³⁹) Friedrich an Heinrich. 29. Juni. S. 88.

⁷⁴⁰) II. 351. 352.

⁷⁴¹) Vergl. die bezeichnende Stelle in einem Briefe Breteuils vom 30. Juli
bei Janko. Laudons Leben. S. 377.

⁷⁴²) Briefe Jofephs an Maria Therefia vom 2. und 3. Aug. III. 7—11.

⁷⁴³) Jofeph an Maria Therefia. 4. Aug. III. 13.

⁷⁴⁴) Er war der Träger des folgenden eigenhändigen Schreibens des Kaifers
an Laudon:
„Mein lieber feldmarfchall. Rouvroy, der anjetzo abgehet, wird ihnen
„diefes fchreiben überbringen. ich wufte ihnen nichts anders zu fagen, als was
„ich heüte früh ihnen fchon gefchrieben; die 8 battaillons find fchon abmarfchirt,
„alles komt darauf an, das wo möglich fie dem Feinde verhinderen, feine abficht
„gegen unferen rücken auszuführen, um damit wir nicht genöhtiget werden,
„unfere ftellung zu verlaffen und ihme fo viel land einzuraumen. in 8 tagen
„kan villeicht nach denen gefinnungen J. M. der Kahferin Frieden und waffen-
„ftillftand feyn. wie fchade ware es, wan derweil fo vieles land ruiniret und
„Menfchen ohnglücklich waren worden. diefes mus fie aber nicht aufhalten, wann
„fie es nur ein wenig moglich finden, einen entfcheidenten ftreich zu wagen und
„ein gar zu fehr avancirtes corps anzugreiffen oder in einer guten ftellung felbft

„dem Prinzen Heinrich an sich komen zu lassen. alles hängt nun von ihnen ab;
„wann sie aber es nicht rathlich halten, so wollen sie mir es nur zu wissen
„machen, so werde meinen traurigen rückzug alsogleich antreten. leben sie wohl
„auf und seyen sie meines gantzlichen vertrauen versichert."

　　　„Ertina, den 5. August 1778.　　　　　　　　　Joseph Corr."
(Kriegsarchiv).

⁷⁴⁵) Maria Theresia an Joseph. 8. Aug. III. 23—25.

⁷⁴⁶) Maria Theresia an Joseph. 9. Aug. III. 31. 32.

⁷⁴⁷) Joseph an Maria Theresia. 9. Aug. III. 33. 34.

⁷⁴⁸) Joseph an Lacy. 27. Juni 1778. „cette apres diné je compte vous
„venir voire pour causer encore un peu sur les circonstances. plus que nous
„aprochons de l'ouverture de la scène, plus j'ai besoin des avis d'une tete
„et d'un esprit comme le votre, et de l'indulgence de votre amitié pour mon
„inexpérience."

⁷⁴⁹) „Wegen verlegung der Cavallerie werden sie, mein lieber feldmarschall,
„veranlassen was sie vor gut finden werden, nur daß sie doch nicht gar zu weit
„zurückkomen."

„die politischen umstände fangen an sehr critisch zu werden, und es bleibt
„mir schier kein zweifel mehr über, daß es bald zum ernst kommen wird, wornach
„ich also ihres guten erprobten raths besto mehr bedarf, und auf ihre patriotische
„Denckensart, dann Freundschaft vor mich gantzlichen baue. Leben sie wohl; in
„wenig tägen werden wir viel wissen, und ich wünschte daß sie diese abwarten
„mochten, vielleicht werden entschliessungen augenblicklich nöthig, die in ihrer
„abwesenheit in Gabel villeicht nicht erreichet werden könten. leben sie wohl auf."

　　　„den 27. Juny 1778.　　　　　　　　　　　　Joseph Corr."
(Ganz von des Kaisers Hand; im Besitze des Freiherrn Ernst von Laudon.)

⁷⁵⁰) 10. August. „je verrai encore la premiere marche qu'il fera, puis
„je pars et reviendrai avec plaisir chés vous, mon chere ami. quelle difference
„que mes deux L. L!"

⁷⁵¹) Laudons Bericht vom 10. ist abgedruckt in dem Briefwechsel der
Kaiserin mit Joseph. III. 37—39.

⁷⁵²) Joseph an Maria Theresia. 10. Aug. III. 38.

⁷⁵³) Joseph an Maria Theresia. 11. Aug. III. 40.

⁷⁵⁴) 11. August. „ici on gagneroit presque une envie de paix plus grande
„encore que chés nous."

⁷⁵⁵) Joseph an Lacy. 5. August. „Mon chere ami. rien du tout de
„nouveau aujourdhui; on ne voit rien, on ne fait rien, toute la journée on ne
„parle que de choses tristes, beaucoup de lamentations, enfin on prend encore
„plus la melancolie ici que chés nous. je voudrois bien y retourner, mais je
„desirerois neamoins attendre ici la premiere marche de l'enemi pour un peu
„juger ce qu'elle deviendra, et partir ensuite pour faire mes dispositions . . . .
„on est toute la journée dans cet immense chateau à se morfondre de peine,

„et toujours l'on finit par dire, pourquoi sommes nous ici et pas à Warten-
„berg et Toltzbach, ou l'enemi n'auroit jamais pu sortir de ses montagnes?"

⁷⁵⁶) Joseph an Maria Theresia. 13. Aug. III. 44. 45.

⁷⁵⁷) Maria Theresia an Joseph. 14. Aug. III. 46. 47.

⁷⁵⁸) Joseph an Maria Theresia. Münchengrätz, 14. Aug. III. 48. 49.

⁷⁵⁹) Maria Theresia an Joseph. 16. Aug. III. S. 51.

⁷⁶⁰) „Unsere Politische umstände sind folgende: J. M. die Kayserin haben
„nach meinen nachrichten Thugut anwiederum zum König abgeschicket, aber wann
„es keine andere sind als die mir bewuste bedingnuffen, so wird ſie der König
„nie eingehen und also kein frieden werden. morgen kann Thugut ankomen beym
„König; ſie konen ſich vorſtellen mit was vor einer ungedulb ich doch das ende
„auf ein oder andere arth dieser grausamen und tötlichen ohnentschlossenheit er-
„warte. so bald ich was erfahren werde, so werden ſie es gewis erfahren. bleiben
„ſie von meinem gantzlichen vertrauen verſichert."

(Undatirt. Gleich dem folgenden vom 23. Auguſt datirten Briefe des Kaisers
an Laudon, ganz von Josephs Hand und im Besitze des Freiherrn Ernst von
Laudon).

⁷⁶¹) Memoiren des Prinzen Albert. Die Entschließung des Kaisers, wodurch
der Proceß gegen Knebel abgeschlossen wurde, ist undatirt in der Regiſtratur des
Kriegsminiſteriums.

⁷⁶²) Joseph an Maria Theresia. 15. Aug. 1778. III. 50. 51. Prinz Albert
sagt hierüber in seinen Memoiren: „L'état dans lequel on trouva tous les
„villages qui avoisinoient le camp que l'ennemi venoit d'abandonner, est in-
„croyable, mais c'est surtout celui où le Roi avoit pris son quartier, qui
„portoit le plus l'empreinte de la destruction. On ne s'etoit pas borné en effet
„de les piller de fond en comble, mais on avoit découvert presque tous
„les toits, enlevé les planchers, brisé les portes et fenêtres des maisons, et il
„s'en trouvoit même qui étoient entièrement cassées. L'aspect du camp que
„l'ennemi avoit occupé, n'étoit pas plus agréable. La malproprété qui y
„regnoit, et le nombre des chevaux crevés qu'on trouva dans ses environs et
„en partie dans le camp même, y repandoit une puanteur horrible, qui ne
„pouvoit manquer de contribuer aux maladies et à la mortalité qui regnoient
„déjà dans ses troupes. La dissenterie surtout y avoit fait de grands ravages
„et en avoit enlevé bien plus de monde encore qu'à notre armée, qui com-
„mençoit pareillement à souffrir beaucoup de cette maladie."

⁷⁶³) Joseph an Maria Theresia. 16. Aug. III. 53. 54.

⁷⁶⁴) Joseph an Maria Theresia. 19. Aug. III. 56.

⁷⁶⁵) Maria Theresia an Joseph. 20. Aug. III. 57.

⁷⁶⁶) Maria Theresia an Joseph. 22. Aug. III. 60.

⁷⁶⁷) Friedrich an Heinrich. Burkersdorf, 16. Aug. S. 115.

⁷⁶⁸) Joseph an Maria Theresia. 24. Aug. III. 64.

⁷⁶⁹) Friedrich an Heinrich. 21. Aug. S. 121.

[770] Friedrich an Heinrich. 22. Aug. S. 123.

[771] Joseph an Maria Theresia. 25. Aug. III. 66. 67.

[772] III. 67. 68.

[773] Am 29. Aug. S. 131.

[774] Joseph an Maria Theresia. 29. Aug. III. 76.

[775] Joseph an Maria Theresia. 30. Aug. III. 77.

[776] Joseph an Maria Theresia. 5. Sept. III. 92—94.

[777] 4. Sept. S. 138.

[778] Maria Theresia an Joseph. 8. Aug. III. 24. 25.

[779] Maria Theresia an Joseph. 13. Aug. III. 43.

[780] Referat des Staatskanzlers vom 24. Aug. Benützt von Beer in seinem Aufsatze: Die Sendung Thuguts und der Friede zu Teschen. Sybels histor. Zeitschr. XXXVIII. 420—423.

[781] Joseph an Maria Theresia. 24. Aug. III. 64.

[782] Joseph an Maria Theresia. 28. Aug. III. 73. 74.

[783] Rosenberg an Maria Theresia. 28. Aug. III. 74.

[784] (Schönbrunn, 30. Aug.) „rosemberg est venut un peu harassée; „il couchera en ville pour pouvoir vous parler toute de suite a quel heure „vous pouvez le faire chercher. le tems presse; il n'y a d'autre remede que „la paix toute de suite. vous m'enverrois demain a 9 heure binder; il n'y a „point de tems à perdre. je suis, on ne peut plus triste. tirez moi de ce „labyrinthe."

[785] Maria Theresia an Joseph. 31. Aug. III. 78.

[786] Referat des Staatskanzlers vom 2. Sept.

[787] Maria Theresia an Kaunitz. Undatirt. „vous me r'enverrois cette „lettre du 1 7bre a 4 heure avec cette lettre qui contient tout ce que la votre „dit d'essentiel, (mais) paroit plus style d'une femme. je vous prie seulement „de faire mettre en meilleur ordres et dictions mes penseez, que je puisse les „copier. le courier doit etre munis aussi du passeport du prince galizzin. „si ces propositions doivent reuissir, il faut les faire avant que d'avoir perdus „de plus. je garde la note allemande pour l'envoier à l'Emp."

[788] Maria Theresia an Joseph. 2. Sept. III. 82.

[789] Joseph an Maria Theresia. 5. Sept. III. 92.

[790] Joseph an Kaunitz. 5. Sept.

[791] Opinion du Prince de Kaunitz-Rietberg sur l'état des circonstances militaires et politiques. Le 7 septembre 1778.

[792] Kaunitz an Joseph. 11. Sept. Dieser Brief ist auch noch darum von Interesse, weil er die völlige Grundlosigkeit der unwürdigen Verdächtigung darthut, welche König Friedrich (Oeuvres VI. 170) gegen Kaunitz vorbringt, derzufolge der Letztere, wie es die Gewohnheit der Höflinge sei, die Kaiserin im Stiche gelassen und sich der Partei ihres Sohnes zugewendet habe, weil er von

ihm für die Zukunft mehr Gnadenbezeigungen für seine Familie als von dessen hochbetagter Mutter erwarten konnte.

⁷⁹³) Maria Theresia an Joseph. 7. Sept. III. 95.

⁷⁹⁴) Oeuvres. VI. 170.

⁷⁹⁵) Joseph an Maria Theresia. 8. Sept. III. 97. 98.

⁷⁹⁶) Vom 16. Sept. III. 112. 113.

⁷⁹⁷) Joseph an Maria Theresia. Gitschin, 19. Sept. III. 122.

⁷⁹⁸) Joseph an Lacy. Sabowa, 16. Sept. „le Grand-Duc veut voire Els, „ainsi j'y retourne demain matin avec lui; vous voudrés donc m'y envoyer „les pacquets et nouvelles de tous les cotés; peut-etre je resterai un jour et „puis je viendrai surement à Gitschin vous trouver; j'en ai trop besoin et „envie. ne négligeons rien dans ces momens critiques a tout prévoir et a „etre a temps partout; votre conseil fera mon guide; il m'a si bien soutenu „jusqu'ici."

⁷⁹⁹) Joseph an Maria Theresia. 22. Sept. III. 124—126.

⁸⁰⁰) Joseph an Maria Theresia. 24. Sept. III. 126. 127.

⁸⁰¹) Memoiren des Prinzen Albert. „Le nombre des chevaux crevés „que l'on trouva sur tous les chemins par où l'Ennemi avoit passé, et aux „environs de son camp etoit prodigieux, et prouvoit bien l'effet que le manque „de dispositions pour l'approvisionnement de sa cavalerie, et la mauvaise „nourriture que l'on avoit été réduit par-là à lui donner, avoit causé."

⁸⁰²) Memoiren des Prinzen Albert. „Le nombre de chevaux crevés „qu'on rencontra en cette occasion, surpassa de beaucoup encore tout ce que „nous avions vu jusques là. Les environs de Trautenau surtout avoient l'air „d'une voirie, et repandoient une puanteur horrible, qui infectoit l'air à une „distance très-considérable."

⁸⁰³) Heinrich an Friedrich. 30. Sept. S. 158.

⁸⁰⁴) S. 181.

⁸⁰⁵) III. 128—130.

⁸⁰⁶) Joseph an Maria Theresia. 28. Sept. III. 135.

⁸⁰⁷) Joseph an Maria Theresia. 2. Oct. III. 138.

⁸⁰⁸) Maria Theresia an Joseph. 28. Sept. III. 133.

⁸⁰⁹) Joseph an Maria Theresia. 3. Oct. III. 139.

⁸¹⁰) Joseph an Lacy. Königgrätz, 26. Oct. „pour vous, mon chere ami, „je ne puis vous dire autre chose sinon que sans vous je me trouve sans „conseil, sans lumieres sufisante pour me guider dans cette importante carrière. „si vous voudriés venir et prendre votre chemin ou par ici ou par Iglau, „Namiest, Brünn, je n'abuserai pas de votre amitié, ni moins je voudrois user „une santé qui m'est chère et nécessaire. ainsi, si vous m'instruisés de vos dé- „marches, de vos stations, je vous ferai exactement savoir, si je trouve qu'il „vaut la peine que vous veniés me joindre, ou si je puis vous en epargner „la fatigue, la chose restant une petite guerre des postes avancés. mais si

„cella devient plus sérieux, comme la politique plus que la raison de guerre
„me le fait suposer, alors il faut que vous veniés encore nous tirer par
„vos lumières de ce bourbier. adieu; puis je vous dire autre chose que
„vous savés?"

⁸¹¹) 2. Nov. „je ne suis plus rien en honneur sans vous, et la confiante
„sureté que vos opinions me donent, sonts mes guides dans cette delicate
„carriere."

⁸¹²) 4. Nov. „effacés tout, otés tant qu'il vous plaira, mais ne m'effacés
„pas une personne qui fait ma sureté, ma gloire, et dirige mes idées, enfin
„sans laquelle je ne suis embarassé de rien. vous la devinés, car vous avés
„assés lu dans mon cœur pour ne la pas meconoitre."

⁸¹³) Joseph an Maria Theresia. 6. Oct. III. 144. 145.

⁸¹⁴) Maria Theresia an Joseph. 5. Sept. III. 88.

⁸¹⁵) Maria Theresia an Joseph. 10. Oct. III. 147. 148.

⁸¹⁶) Joseph an Maria Theresia. 28. Sept. III. 135.

⁸¹⁷) 18. Sept. „Dieu veuille que nous finissions cette campagne avec
„l'enemi hors de la Boheme, et puis une paix honete et decente, car il n'y
„a pas moyen d'esperer quelque chose de bon dans ces circonstances."

⁸¹⁸) Referat des Staatskanzlers vom 2. Oct. 1778.

⁸¹⁹) Beer. Die Sendung Thuguts. S. 427.

⁸²⁰) Joseph an Kaunitz. 5. Oct. III. 141. 142.

⁸²¹) 10. Oct. III. 146. 147.

⁸²²) Friedrich an Heinrich. 12. Sept. S. 144.

⁸²³) Friedrich an Heinrich. 16. Sept. S. 148.

⁸²⁴) Friedrich an Heinrich. 29. Sept. S. 158.

⁸²⁵) Friedrich an den Erbprinzen von Braunschweig. 7. Oct. S. 171.

⁸²⁶) Joseph an Maria Theresia. 18. Oct. III. 153.

⁸²⁷) Friedrich an Heinrich. 16. Oct. S. 183.

⁸²⁸) Joseph Kaunitz. 27. Juli 1778. „Nicht einen Mann, rief hierauf Graf
„Panin aus; dies kann ich Sie auf meine Ehre versicheren, und bezeigte hierbey
„Abscheu für so alberne Lügen."

⁸²⁹) Joseph Kaunitz. 23. Aug.

⁸³⁰) Joseph Kaunitz. 5. Oct.

⁸³¹) Représentation présentée par le Pr. Gallitzin le 20 octobre 1778.

⁸³²) Joseph an Maria Theresia. 23. Oct. III. 160.

⁸³³) Maria Theresia an Marie Antoinette. 17. Mai. S. 253—256.

⁸³⁴) Marie Antoinette an Maria Theresia. 29. Mai. S. 256—258.

⁸³⁵) Kaunitz an Mercy. 2. Oct. Vergl. auch die Depesche Breteuils an
Vergennes bei Flassan. VII. 214—221.

⁸³⁶) Kaunitz an Mercy. 21. Oct.

⁸³⁷) Maria Theresia an Marie Antoinette. 2. Nov. S. 282. 283.

⁸³⁸) III. 261—263.

⁸³⁹) Maria Theresia an Joseph. 28. Oct. III. 165.

⁸⁴⁰) Kaunitz an Joseph. 30. Oct. III. 167.

⁸⁴¹) Joseph an Maria Theresia. Prag, 1. Nov. 1778. III. 174. 175. In gleichem Sinne spricht Joseph in einem Briefe an Lacy vom folgenden Tage sich aus. Unter Anderem heißt es darin: „vous voici arrivé à Vienne, par con-„séquent vous pourrés trouver le moment de vous informer de nos affaires. „je suis seul, sans conseil et sans ami, voilla un grand mal ... voici les „dernières nouvelles de Moravie, vous verrés que les choses sonts encore fort „peu decidés ... à la premiere nouvelle je pars pour sure ... mais qu'y „feraye (ferai-je) sans vous, ou de l'eau claire, ou, j'ai peur, des sotises? „vous aurés trouvé l'Impératrice fort agité. le prince Kaunitz a voulu que je „reviene tout de suite pour deux jours à Vienne pour retourner ensuite ici. „j'avoue que je n'ai pas trouvé la chose faisable, et j'ai donné mon avis au „sujet de la paix à faire telle que je le pense, et ce que je ferois, est bien „diférent de ce que S. M. et tout son ministère sonts en état de faire et de „soutenir, mais j'ai ajouté néamoins etre content de tout ce qu'on decideroit."

⁸⁴²) Joseph an Maria Theresia. 2. Nov. III. 177. 178.

⁸⁴³) Joseph an Maria Theresia. 3. Nov. III. 179. 180.

⁸⁴⁴) Kaunitz an Maria Theresia. 1. Nov.

⁸⁴⁵) Mit Referat vom 4., nicht vom 21. Nov., wie Beer S. 449 irrig angibt.

⁸⁴⁶) Joseph an Maria Theresia. 5. Nov. III. 181—183.

⁸⁴⁷) Joseph an Kaunitz. Prag, 6. Nov. III. 184—189. An Lacy schrieb der Kaiser am gleichen Tage: „je désire bien qu'on ne precipite point la paix, „car il s'agit de la considération de l'état".

⁸⁴⁸) III. 184.

⁸⁴⁹) Joseph an Maria Theresia. Prag, 3. Nov. III. 179.

⁸⁵⁰) Maria Theresia an Joseph. III. 189.

⁸⁵¹) Zwei Vorträge des Staatskanzlers vom 12. Nov.

⁸⁵²) Das Billet der Kaiserin an Kaunitz ist abgedruckt bei Beer. S. 453.

⁸⁵³) Joseph an Maria Theresia. 12. Nov. III. 191.

⁸⁵⁴) Joseph an Maria Theresia. 16. Nov. III. 193. 194.

⁸⁵⁵) Beer scheint (S. 458 Anm. 1) diesen von der Hand der Kaiserin herrührenden Zettel für den Ausdruck ihrer eigenen Meinung zu halten, während er doch, wie eine Vergleichung mit dem in ihrer Correspondenz mit Joseph (III. 193. 194.) abgedruckten Briefe des Letzteren vom 16. Nov. auf den ersten Blick gezeigt haben würde, nichts als die wortgetreue Abschrift der wichtigsten Stelle aus demselben ist. Uebrigens heißt es, von anderen Fehlern abgesehen, „démarche" und nicht „demente", „réservant" und nicht „feroient", „lieu" und nicht „bien", „j'ai la Bavière par droit et cession" und nicht „la Bavière par droit j'ai et „cession" u. s. w.

⁸⁵⁶) Das Billet der Kaiserin an Kaunitz vom 17. Nov. Abends ist, jedoch ungenau, abgedruckt bei Beer, S. 454, Anm. 1. Der letzte Satz lautet nämlich richtig: „j'attens donc avec la derniere impatience votre ouvrage qui doit „sauver la monarchie et me tirer de cette situation".

⁸⁵⁷) „Si toutes les affaires sur lesquelles V. M. par son billet de hier „au soir m'ordonne de venir lui rendre compte demain à midi, avoient etes „encore bien plus pressantes qu'elles ne le sont, je suis obligé d'avouer à „V. M., que mon insuffisance ne m'eût pas permis de les faire avec plus de „celérité. Elle trouvera cependant en attendant dans les papiers très-hum-„blement cy-joints, ce qu'Elle peut desirer savoire, à ce que je crois, et je „viendrai prendre ses ordres à midi, si l'etat de ma santé me le permettra, „ou à une autre heure dans le cas contraire, avec la plus profonde sou-„mission."

⁸⁵⁸) Die Antwort der Kaiserin an Kaunitz vom 18. Nov. ist bei Beer, S. 454. Anm. 2, jedoch mit einem sinnstörenden Fehler abgedruckt. Denn im Original heißt es: „abandonnez de tout le monde, nous n'avonts pas un „moment à perdre" und nicht „de tout le monde abandonner . . ."

⁸⁵⁹) „Vielmehr stehet zu hoffen, daß durch eben diese Maßnehmungen ein „vortheilhafter Austausch der Niederlanden am ersten durchgesetzet werden könne, „indem nämlich der Einfluß des Königs von Preußen zum Voraus gemindert „und dieser auf andere Gedanken gebracht seyn würde."

⁸⁶⁰) Referat des Staatskanzlers vom 18. Nov.

⁸⁶¹) Hiernach ist diese bei Beer S. 458 ganz fehlerhaft abgedruckte Stelle zu berichtigen, da er statt der allerdings nicht von Jedermann leicht zu ent-ziffernden Worte der Kaiserin „zu wissen an was man sehe", ebenso willkürlich als sinnstörend die Worte „zu communiciren" setzt.

⁸⁶²) Kaunitz an Maria Theresia. 22. Nov.

⁸⁶³) Joseph an Lacy. Heidenpiltsch, 19. Nov. „enfin ayant fait l'imagi-„nable pour engager Elrichshausen, Stein et Botta de projeter une entreprise „sur jegerndorff, et n'ayant pu parvenir à leur faire seulement trouver une „possibilité, encore moins une probabilité, je n'ose l'entreprendre, quelque „convaincu que je sois qu'il y auroit moyen; mais avec des gens si prevenus, „comment la chose la plus simple s'executeroit-elle? je pars donc triste et „faché d'ici, laissant pourtant les ordres qu'on tente l'impossible pour y „parvenir. les prussiens perdent par jour pres de 60 hommes en desertions; „c'est un objest pourtant, si cella dure tout l'hyver."

⁸⁶⁴) Joseph an Lacy. 26. Nov. „les contradictions et absurdités de „Vienne me tournent la tête et l'estomac, et me rendent presque impotent „à tout. la situation est si importante et décisive, et il y a si peux d'aide et „rien que des empechemens ici, qu'on ne scait que devenir. jamais j'ai été „plus triste ni plus embarassé qu'à présent, voyant qu'aucun grand parti n'est „fait pour les gens en place, et que tout doit crouler ainsi. vos conseils, „votre tete et votre amitié fonts ma seule ressource; j'en attens les secours „si souvent et avec tant de fruits éprouvés."

⁸⁶⁵) Maria Theresia an Merch. 25. Nov. III. 268—270.

⁸⁶⁶) Maria Theresia an Marie Antoinette. 25. Nov. S. 284.

⁸⁶⁷) Oesterreichische Antwort vom 25. Nov. auf die am 20. Oct. durch Galizin übergebene russische Denkschrift. Die Angabe Beers (S. 459), Maria Theresia habe persönlich an die Kaiserin Katharina geschrieben, ist irrig.

⁸⁶⁸) Maria Theresia an Ludwig XVI. 25. Nov.

⁸⁶⁹) Friedrich an den Prinzen Heinrich. 8. und 10. Nov. S. 196. 197.

⁸⁷⁰) An Merch. 11. Dez. Einen Tag früher, am 10. erließ Maria Theresia das folgende Handschreiben an Kreßl:

„Es dorffte mit seiner dermaligen anstellung, wann der Frieden durch die „zurückgab von Bayern erzieltet werden kan, bald zum Ende kommen, und ver-„muthe Ich, daß ihme eben nicht unangenehm seyn werde, den aufenthalt zu „Straubingen zu verlassen; indessen habe dem Grafen Philipp von Clary auf-„getragen, bey seiner durchreise durch Straubingen nach Wien Sich mit ihme „wegen der Graf Schönburgischen angelegenheit in betref des lehens Glaucha und „über die von Bayern in Rucksicht auf Böheim allenfalls Sich auszubedingende „Vortheile, nahmentlich in betref des Stifts Waldsassen zu besprechen."

„Ihme allein aber und ohne daß er hierüber gegen den grafen von Clary „oder jemanden anderen Sich äussere, will in engester geheime eröffnen, daß bey „vornehmender friedenshandlung in Antrag kommen dürfte, die Obere Pfalz bis „an dem fluß Nab, und etwas von sultzbach *), oder allenfalls den „district von Burghausen an Mein Haus zu übertragen. diesen district will man „wegen der hierinnen eingeschlossenen beträchtlichen Ortschafften, namentlich „Schärding, sehr gelten machen, allein mir scheinet die aquisition von Braunau „eine vorzügliche Aufmerksamkeit zu verdienen, verlange dahero seine Meinung „zu wissen, wie es dahin einzuleitten, damit in solchem fall Braunau mir zu „Theil würde, oder was in anderen fall zu beobachten, wann Man auf die Ab-„trettung der Pfalz an Mein Haus verfiele, jedoch gestehe ihme, daß gar kein „Stück Landes von Bayern verlange und Mir weit angenehmer wäre, auch es „für nüzlicher hielte, wann anstatt dessen wesentliche Vortheil in ansehen des „commercij mit und durch Bayern und Pfalz, wie auch anderer mit dem besten „meiner angränzenden Erblanden verknüpften derley gegenständen für je und „allezeit erhielte, so auch öffentlich zu erklähren bereit wäre, wann Mir die Ab-„trettung eines Stück der Bayerischen landen angetragen würde. Nur möchte „wissen, worinnen obgedachte Vortheile bestehen könten, worüber seine umständliche „äusserung aus billigen Vertrauen in seine Einsicht und seinen Dienst-Eifer „erwarte, zugleich aber der genauesten geheimhaltung mich versehe."

                                                             „**Maria Theresia**."

(Eigenhändig geschriebener Zusatz.)

„gebe ihme parte das blanc die vogtey von rottenburg gegeben und ihme „auff drey wochen hieher beruffen, das alle ungnad auffgehoben sehe. hoffe „K. May. werde ihme auch vorlassen. habe ein grossen stein dessenthalben von „mein hertzen. habe auch seines in diser gelegenheit mit freüden gesehen."

--- --

*) Einschaltung von der Hand der Kaiserin.

[871]) Ludwig XVI. an Maria Therefia. Verfailles, 9. Dez.

[872]) Joseph an Kaunitz. Ganz eigenhändig. „Mon chere Prince. apres
„quelsques reflections faites sur ce qui s'est parlé hier, il m'est venu dans
„l'esprit que, si l'on veut proposer une extension de plus pour en marchander,
„il vaudroit mieux qu'on la proposa du côté de la droite de nos frontières
„nouvelles et par consequent qu'on tacha d'etendre nos frontières devant
„l'Eveché de passau vers le Danube, en y comprenant Philtzhofen et avançant
„vers Straubing plustot que par la gauche vers Wasserbourg; le premier
„seroit plus avantageux et le second pour l'avoisinage de Munic et l'inclusion
„du pellerinage de Altöttingen plus difficile à obtenir. je ne vous comunique
„ceci que pour votre direction. point d'argent surtout, parce que cela devient
„humiliant a doner. au reste la paix et de quelconque facon, car plus que
„je vois ici l'etat des choses, S. M. et ses departemens et finances, il n'y a
„pas moyen de rien faire de vigoureux. adieu, mon chere prince, vous ferés
„ce que votre bon esprit vous dictera.“

„ce 20 Xbre 1778.“

Am nächsten Tage schrieb Joseph gleichfalls mit eigener Hand das folgende
Billet an Kaunitz:

„Mon chere Prince. en vous renvoyant vos papiers, je n'ai d'autre con-
„sideration à y faire que je croirais que, dès que l'on demande quelque chose
„de plus pour pouvoir marchander, que je croirais que pour la comunication
„necessaire et pour que la forteresse de Braunau eut les deux bords de l'Inn
„à sa disposition, qu'il faudroit ajouter la ligne noire que j'ai faite sur la
„carte, qui ote le rentrant que feroit sans cella notre frontiere vers passau,
„et qui joint la partie de l'Inn avec celle du Danube. je soumets le tout à
„votre opinion et ne puis qu'ajouter que le temps presse, pour que quelque
„chose d'efficace se fasse, et pour que l'on épargne les dépenses le plus que
„l'on peut.“

[873]) Friedrich an Heinrich. 17. Dez. S. 214.

[874]) Kaunitz an Breteuil. 22. Dez. An Maria Therefia. 23. Dez.

[875]) Hierauf deutet wenigstens die eigenhändige Erwiederung der Kaiferin
auf den Bericht des Staatskanzlers vom 19. Jänner 1773, mit dem er ihr
anzeigte, Lichnowsky bewerbe sich um die Stelle eines öfterreichischen Gefandten
in Berlin, und bitte um eine Richtschnur für das Verfahren, welches er den
Anerbietungen gegenüber beobachten solle, die ihm von Seite Preußens für den
Fall feiner dortigen Niederlassung gemacht worden feien. „nach deme wir“, so
lautete die Antwort der Kaiferin, „niemahls ihme kunten ersetzen dise grosse
„vortheil, die er meldet man ihme angetragen habe, so wolte man feinen glid
„nicht einhalt thun und freylassen, selbe anzunehmen, indeme hier keine stelle vor
„ihme sehe.“

[876]) Copie d'une lettre du Prince de Lignowsky à S. M. l'Imperatrice-
Reine de Breslau le . . décembre 1778.

[877]) Friedrich an Heinrich. 6. Dez. S. 210.

[878]) Friedrich an Heinrich. 29. Dez. S. 220. 221.

⁸⁷⁹) Heinrich an Friedrich. 2. Jänner 1779. S. 222.

⁸⁸⁰) De Pons an Breteuil. Breslau, 1. Jänner 1779.

⁸⁸¹) Repnin an Galitzin. Breslau, 1. Jänner 1779.

⁸⁸²) Declaration de la Cour de Russie en date du 8 decembre 1778 ensuite de la réponse à la représentation, par laquelle la Cour de Russie se charge de la médiation offerte par la Cour de Vienne.

⁸⁸³) Berichte des Grafen Joseph Kaunitz vom 19. Dez. 1778.

⁸⁸⁴) Referat vom 4. Jänner 1779. „vous pouvez juger par mon abba-„tement, combien la nouvelle que vous m'envoye, me touche. je n'ais jamais „doutée que vous me tirerois d'affaire; j'en ais trop d'epreuve."   .

⁸⁸⁵) Note pour M. le baron de Breteuil. 11 janvier 1779.

⁸⁸⁶) Referat des Staatskanzlers vom 11. Jänner 1779. „nous trouvons „tout deux ces expeditions entierement conforme aux circonstances et qui „vous ressemblent et font honneur à votre ministère."

⁸⁸⁷) Joseph an Kaunitz. 11. Jänner. „Mon chere Prince. j'ai recu votre „billiet, et votre confiance m'oblige infiniment. S. M., comme vous aurés vu, „a aprouver les expeditions; il auroit été impossible d'en juger autrement; „la clarté, la justesse, la précision y regnoit. pour moi je ne doute pas „qu'elles feront grand effet."

⁸⁸⁸) Breteuil an Repnin. 14. Jänner 1779.

⁸⁸⁹) Repnin an Breteuil. 19. Jänner.

⁸⁹⁰) De Pons an Breteuil. 20. Jänner 1779. „M. le Prince de Repnin „me paroit être arrivé dans des sentimens entièrement pacifiques; il me les „a fait voir dès le premier moment, et son langage depuis n'a pas varié. il „témoigne un grand desir de remplir avec succès le role de Mediateur, mais „je ne serois point du tout étonné, qu'il ne se laissat eblouir par celui de „General, auquel il est destiné, si malgré ses soins, il voyoit la négociation „prendre une tournure trop defavorable." So lautet die Stelle in dem Schreiben des Marquis de Pons an Breteuil vom 20. Jänner, welche Beer (S. 469) gänzlich mißverstand. Denn weder von Hintergedanken, die man gewittert, noch von der Möglichkeit, daß Repnin schon seine Meinung gewechselt habe, ist darin die Rede. Nur das ist gesagt, daß letzteres geschehen könnte, wenn die Friedens-verhandlungen trotz Repnins entgegengesetzter Bemühung eine allzu ungünstige Wendung nehmen sollten.

⁸⁹¹) Friedrich an Heinrich. 22. Jänner. S. 231.

⁸⁹²) Lacy an Joseph. 8. Nov.

⁸⁹³) „c'est a Koniggratz ou j'arrive, que je trouve cette lettre. si vous „ete mon ami, si vous ete juste vis a vis de moi et vis à vis de vous meme, „vous ne me refuserés pas les conseils qui seules peuvent me soutenir, sauver „l'état et mon honneur. toutes les facons sonts egales, pourvu que je puisse „etre à porté d'avoir vos avis, si la guerre a lieu. je ne puis, je ne veux „garder cette piece, qui me fait trop de peine, et je proteste que je ne vous

„tiens pas quitte de venir avec moi. arrangés cella pour votre santé comme
„il vous plaira, je consent avec plaisir à tout, mais dans la délicate situation
„dans laquelle nous nous trouverions, ne m'abandonés pas; je l'attens et
„l'espère. adieu."

⁸⁹⁴) 10. Nov. „je vous suis infiniment obligé pour tout ce que vous
„me dite. je tacherai d'en tirer mon bon profit, surtout pour les Russes; ce
„sonts de grands coquins qui tousjours doivent nous casser le cou. adieu,
„ménagés bien votre santé; avec vous et une armée je ne crains neamoins
„rien; il n'y a qu'aller battre l'un apres l'autre."

⁸⁹⁵) Wurmsers Bericht vom 23. Jänner 1779 wurde veröffentlicht von
Janko in seiner Lebensskizze Wurmsers. Mittheilungen des k. k. Kriegsarchivs.
1878. S. 86—90.

⁸⁹⁶) Prinz Albert sagt hierüber in seinen Memoiren: „comme il paroissoit
„que des deux cotes on avoit pris pour principe de recompenser avec eclat
„dans cette guerre des actions dont les gazettes auroient à peine fait mention
„jadis, le Roi de Prusse ne resta pas en arrière de ce côté-là, puis qu'il
„envoya peu après au Général Möllendorff le grand Cordon de l'aigle noire".

⁸⁹⁷) Friedrich an Heinrich. Schweibnitz, 4. Febr. 1779. S. 241.

⁸⁹⁸) Voriger Brief.

⁸⁹⁹) Friedrich an Heinrich. Reichenbach, 11. Febr. 1779. 246. „il m'appelle
„Anti-César protégé par les Russes."

⁹⁰⁰) Panin an den Fürsten Galitzin in Wien und den Fürsten Bariatinsky
in Paris. 25. Jänner.

⁹⁰¹) Friedrich an Heinrich. 13. Febr. S. 249.

⁹⁰²) Repnin an Breteuil und an Galitzin. Breslau, 10. Febr. 1779.

⁹⁰³) Referat vom 13. Febr.

⁹⁰⁴) Kremsier in Mähren. Das Wort „cremsier" ist von der Kaiserin ganz
deutlich geschrieben; Beer aber liest (S. 471, Anm. 2) „Wem hier", was gar
keinen Sinn gibt.

⁹⁰⁵) Joseph schrieb nach Empfang dieser Nachricht an Lacy: „Un courier
„arrivé hier de Breslau, nous a aporté la nouvelle que nous allons avoire la
„paix. le Roi de prusse accepte pure et simplement notre ultimatum; il ofre
„de faire cesser les hostilités et qu'on nome un endroit pour signer d'abord
„les préliminaires. ceci exige que nous fassions tout de suite les dispositions
„pour arreter, s'il est possible, les troupes en marche, et diminuer les depenses.
„je vous prie d'y penser et de m'en dire votre avis, ce que vous croiriés
„que la chose exige pour le moment. vous m'avés si bien guidé à faire la
„guerre, aidés moi aussi à faire nos arrangemens de paix."

⁹⁰⁶) Maria Theresia an Joseph. (Ohne Datum. 13. Febr.) III. 195.

⁹⁰⁷) Friedrich an Heinrich. 11. Febr.

⁹⁰⁸) Vom 16. Febr. 1779.

⁹⁰⁹) Schöning. S. 251. 259.

⁹¹⁰) Am 19. Febr.

⁹¹¹) Repnin an Breteuil und an Galitzin, de Pons an Breteuil. Breslau, 24. Febr.

⁹¹²) 17. Febr. „je suis au desespoir de l'attaque qui doit se faire cette „nuit, tres-mal-à-propos sacrifier l'elite des nos troupes, ce qui pouroit avoir „des suites pour la paix, si nous fachons trop le roi, et faira tres-mauvais „effet dans le public. je tremble que le prince de prusse ne s'y trouve; c'est „son regiment. mais cette anecdote vous ne dirois à personne; l'Emp. ne me „l'ayant pas dite, je trahirois celui qui me l'at rendue: elle est donc pour „vous toute seule.“

⁹¹³) Friedrich an Heinrich. Silberberg, 1. März. S. 260. 261.

⁹¹⁴) Referat vom 26. Febr.

⁹¹⁵) 28. Febr. „à la diminution de l'honorifique de la Couronne de „Bohème.“

⁹¹⁶) Note pour M. le baron de Breteuil. 28. Febr.

⁹¹⁷) Vom 28. Febr.

⁹¹⁸) Cobenzl bat um die Summe von zehntausend Gulden und sie wurde ihm auf Antrag des Staatskanzlers vom 2. März auch zu Theil.

⁹¹⁹) Foscarini. 6. März. „La veloce progressione che fece nei due pas-„sati giorni l'incomodo di Podagra sopraggiunto a questo Conte di Cobentzel, „accompagnato da febbre e da altri non leggieri sintomi, fece risolvere questi „Sovrani di destinare il Conte Filippo di Cobentzel suo cugino, Vice-„presidente di questa deputazione daziale, nel caso che il primo, in avanti „nominato, non potesse intraprendere, come pur troppo si teme, il viaggio di „Teschen, non ammettendo l'importanza dell' oggetto alcuna ulteriore di-„lazione . . . .“

⁹²⁰) Referat vom 6. März 1778.

⁹²¹) Vom 8. März.

⁹²²) Joseph an Leopold. 25. März. III. 198.

⁹²³) Repnin an Galitzin. Teschen, 16. März. „Je suis sincerement faché „que cette idée soit venue au Roi; je lui ai representé qu'elle rencontreroit „des difficultés, et au fond son droit sera toujours le même: nous attendrons „quelle sera sa reponse.“

⁹²⁴) Breteuil an Kaunitz. 17. März. „Je me suis arrêté avec force au „rôle que le Roy de Prusse s'attribue à la fin de l'article quatre et à la fin „de l'article cinq. j'ai articulé très-nettement à M. le Bᵒⁿ de Riedesel, qu'il „m'etoit impossible de faire aucun usage de son projet de traité, si le Roy „de Prusse vouloit y conserver le titre de garant. J'en ai parlé de même à „M. le Prince Repnin, et il n'a pu s'empecher de sentir la justice de mes „raisons. M. le Bᵒⁿ de Riedesel, après m'avoir dit quelques raisons très-in-„suffisantes, m'a fait sentir qu'il ne pouvoit pas prendre sur lui de rayer „le nom du Roy son maitre qui termine l'article quatre et l'article cinq,

„mais il m'a promis d'ecrire aujourd'hui au Roy de Prusse pour lui rendre
„compte de mon opposition, et de celle de M. de Repnin. Je ne doute pas
„que le Roy de Prusse ne réponde d'une manière satisfaisante sur ce point,
„ainsi je regarde d'avance cette difficulté comme non avenue."

⁹²⁵) Breteuil an Kaunitz. 21. März.

⁹²⁶) Kaunitz an Cobenzl. 22. März.

⁹²⁷) Joseph an Maria Theresia. Eigenhändig. „apres avoir lu avec toute
„l'attention possible la redaction des changemens du traité, je me trouve
„en devoire d'y faire les remarques suivantes:

„1ᵐᵒ on accorde au Roi de prusse la garantie de notre nouvelle convention
„avec l'Electeur pallatin; par la il triomphe et acquiert l'aire de protecteur
„et nous expose à mille chicanes. je croirais donc essentiell de se roidir
„absolument sur cet article. que l'ambassadeur dise ce qu'il veuille, directe-
„ment la france ne nous a rien dit, et je doute encore que cella soit peut-etre
„vrai, qu'il a de pareilles instructions."

„2ᵈᵒ on accorde à l'Electeur pallatin sur les fiefs de boheme, a la
„recquisition du Roi de Prusse seulement, même le lien de féodalité. je
„croirais qu'il faudrait le refuser et s'en tenir purement qu'il les possède
„comme feu l'Electeur de Baviere. de meme les revenus perçus, je ne les
„rendrais jamais, parce que ce sonts des demarches qui denotent qu'on doute
„de la validité de leur possession, et du droit que nous avons eus de les
„occuper;

„3ᵗⁱᵒ pour les fiefs a echanger mutuellement entre nous et les margra-
„viats, je crois qu'il faudra absolument se borner à la généralité, et ne rien
„nomer;

„4ᵗᵒ pour l'accession du duc des deux-ponts je crois qu'on doit inva-
„riablement y insister, et qu'on ne peut jamais l'admettre comme partie
„contractante;"

„5ᵗᵒ enfin je declarerais nette, que la seule chose que je veux faire pour
„le duc des deux-ponts, c'est de vouloir oublier le passé et sa conduite, et
„pour preuve de cela, la paix faite, lui accorder la meme distinction, comme
„l'année passé a Munic, savoir lui doner la Toison. pour autre cession ou
„argent quelconque je trouverais de la plus grande indignité de le faire et
„ne m'y preterais jamais."

„voici les points essentiells que je crois devoir soumettre à V. M. ils
„me paroissent d'une importance de laquelle rien ne me feroit changer, et
„il s'agit de la consideration de son état et d'avantages desquelles je ne
„me departirais jamais. en tenant ferm, on les obtiendra tous, mais on doit
„être persuadé, qu'Elle fera plustott la guerre que d'y plier, et alors je repon-
„drois presque de leur reussite."

„ce 26. Mars 1779.   Joseph Corr."

⁹²⁸) Friedrich an Heinrich. 20. März. S. 267.

⁹²⁹) Friedrich an Heinrich. 28. März. S. 268.

⁹³⁰) Cobenzl fagt übrigens von Riebefel in feinem Berichte vom 13. Mai er fei „doux et raisonable, et m'a paru temperer plusieurs fois les ordres de „sa Cour. Il convenoit tacitement de la rudesse de M. de Hertzberg et „paroissoit souffrir, lorsqu'il avoit quelque chose de désagréable à me com- „muniquer".

⁹³¹) Kaunitz an Lehrbach. 4. März.

⁹³²) Lehrbach an Kaunitz. München, 25. März 1779. Wie überzeugend diefe Beweisführung war, geht auch aus einem Briefe Repnins an Galitzin vom 1. April hervor. „Tout a changé", heißt es darin, „sur le chapitre de M. de „Lerbach. Nous savons depuis hier au soir, qu'il a fait des démarches vigou- „reuses près de l'Electeur Palatin pour la satisfaction de la Saxe. Aimant „à rendre justice, je m'empresse à communiquer ces nouvelles à V. Exc., me „croyant même obligé de ne pas tarder un instant, parce que les circon- „stances passées avoient malheureusement jetté un voile défavorable sur la „conduite de M. de Lerbach, qui se montre à present, telle qu'elle est, digne „d'eloges."

⁹³³) Referat vom 22. März.

⁹³⁴) Lehrbach an Kaunitz. 25. und 26. März.

⁹³⁵) Breteuil an O'Dune. 2. April.

⁹³⁶) Repnin an Galitzin. 1. und 2. April. Breteuil an Kaunitz. 2. April.

⁹³⁷) Philipp Cobenzl an Kaunitz. Teschen, 13. Mai. „Repnin, homme „vain, d'un ton imposant, d'un esprit inquiet et soupçonneux, vif et colère, „habitué d'ailleurs en Pologne à emporter tout de haute lutte, de plus difficile, „minutieux, aussi changeant dans ses idées qu'opiniâtre à les faire adopter, „quoiqu'il n'ait qu'une connaissance très-superficielle du train des affaires. Au „reste la déference que lui temoignoit le Roi de Prusse, et qui approchoit de „la bassesse, le rendoit d'un cote exigeant et despotique envers le Pléni- „potentiaire Prussien, et de l'autre lui faisoit épouser les interets de la Prusse „plus en ministre de la Cour de Berlin qu'en médiateur."

⁹³⁸) In einem Schreiben an Mercy vom 1. April nennt Kaunitz den Botschafter Breteuil „cet ignorant et insolent personnage".

⁹³⁹) Maria Therefia an Marie Antoinette. 1. April 1779. S. 286.

⁹⁴⁰) Kaunitz an Lehrbach. 4. April.

⁹⁴¹) Lehrbach an Kaunitz. 6. April. Karl Theodor an Breteuil. 6. April.

⁹⁴²) Repnin an Galitzin. Breteuil an Kaunitz. Cobenzl an Kaunitz. 5. April.

⁹⁴³) 10. April.

⁹⁴⁴) Gleichfalls vom 10. April.

⁹⁴⁵) Abgedruckt bei Beer. S. 476. Die Worte der Kaiferin find jedoch offenbar an Jofeph und nicht an Kaunitz gerichtet, und Beer faßt fowohl Zielpunkt als Sinn derfelben irrthümlich auf, wenn er S. 474 meint, Maria Therefia habe an Kaunitz gefchrieben: „Retten Sie die Monarchie".

⁹⁴⁶) Abgedruckt in der Correspondenz der Kaiserin mit Joseph. III. 206, mit dem irrigen Datum des 10. statt des 11. April.

⁹⁴⁷) Fehlerhaft abgedruckt bei Beer. S. 475.

⁹⁴⁸) Joseph an Leopold. 12. April. III. 208.

⁹⁴⁹) Mit Referat vom 13. April.

⁹⁵⁰) Abgedruckt in der Correspondenz der Kaiserin mit Joseph. III. 209. Anmerkung.

⁹⁵¹) Vom 14. April. III. 209.

⁹⁵²) Kaunitz an Breteuil. 13. April.

⁹⁵³) Kaunitz an Cobenzl. 13. und 14. April.

⁹⁵⁴) Repnin und Breteuil an Kaunitz. 16. April.

⁹⁵⁵) Referat vom 18. April.

⁹⁵⁶) „Il est odieux d'ailleurs de voir dans presque chaque lettre quel„que nouvelle prétention ou proposition, et surtout de les voir venir de la „part des Ministres Médiateurs conjointement ou séparément, tandis que c'est „exactement de leur part que l'on devoit le moins s'y attendre. Tachés donc „de leur faire sentir tout cela bel modo, si vous en trouvés l'occasion, et „faites leur bien entendre, s'il le faut, que nous n'admettrons plus ni aucun „changement, ni aucune nouvelle proposition, ne fût-ce même que d'un mot. „Car je vous avoue qu'on se lasse et qu'on s'impatiente à la fin, et qu'entre „autres nous serions très en droit d'être blessés de l'injuste perseverance de „leurs soupçons relativement à notre conduite sur tout ce qui regarde M. „l'Electeur Palatin, et qu'ils devroient être honteux de s'être jamais permis, „après que, coup sur coup, nous les avons toujours detruits par le fait. „Finissez, je vous prie, car je commence à être furieusement ennuyé de toutes „les petitesses et de toutes les chicanes qui renaissent à tout bout de champ, „et dont, par peu que cela durât, je serai dans le cas de ne plus pouvoir „accorder la privative à M. de Herzberg, que j'avois cru jusqu'ici être le „Roi des pedants et des chicaneurs, ainsi que la haine personnifiée."

⁹⁵⁷) Maria Theresia an Mercy. 30. April. III. 309.

⁹⁵⁸) Zuerst abgedruckt in der Correspondenz der Kaiserin mit Joseph. III. 215. 216.

⁹⁵⁹) Cobenzl. 14. Mai.

⁹⁶⁰) Abgedruckt in ihrer Correspondenz mit Joseph. III. 216.

⁹⁶¹) Karl Theodor an Maria Theresia. 3. Jänner 1779.

⁹⁶²) Referat des Staatskanzlers vom 11. Jänner 1779.

⁹⁶³) Kaunitz an Lehrbach. 17. Jänner.

⁹⁶⁴) Lehrbach. 22. Jänner 1779.

⁹⁶⁵) Kaunitz an Ritter. 8. Febr.

⁹⁶⁶) Lehrbach. 16. Febr.

⁹⁶⁷) Lehrbach. 17. Febr.

⁹⁶⁸) Auf beſſen Referat vom 16. Febr.

⁹⁶⁹) Kauniß an Lehrbach. 27. Febr.

⁹⁷⁰) Kauniß an Kreßl. 19. März.

⁹⁷¹) Kauniß an Kreßl. 22. April.

⁹⁷²) Referat des Staatskanzlers vom 26. April.

· ⁹⁷³) Kreßl an Kauniß. Straubing, 29. Mai.

⁹⁷⁴) Lehrbach. 1. Juni.

⁹⁷⁵) Referat vom 6. Mai.

⁹⁷⁶) Vom 24. April.

⁹⁷⁷) „je vous prie de changer la fin de la note et de ne pas citer que „dans une cas de necessite la note de fevrier; des alors on l'at desaprouvé. „je l'ais resolue non obstant comme de justice et je le soutiendrois de meme, „mais si on peut y venir sans cet eclat, je le souhaiterois. vous ne metterois „non plus une somme arbitraire de 150 a 200000 fl., vous metterois 200 „a 300000 fl. Krösel at conté aussi comme particulier, non en souvrains. le „mieux seroit de mettre quelques cent mille florins sans les nommer, en bloc; „les contes seroient dificil et longs. je donnerois tout de suite 500000 fl., si cela „dependoit uniquement de moi, et ferois meme des avances pour la suite „des payement de l'electeur, et passeroit sur les fiefs de boeme. cela n'est „que pour vous seul. je serois bien aise d'avoir votre note sur ces fiefs."

⁹⁷⁸) Kauniß an Ritter. 29. Dez. 1779.

⁹⁷⁹) Abgedruckt in der Correſpondenz der Kaiſerin mit Joſeph. III. 216.

⁹⁸⁰) Mit Referat vom 21. Mai.

⁹⁸¹) Abgedruckt in der Correſpondenz der Kaiſerin mit Joſeph. III. 216. Der Kaiſer aber gab ſeine Zuſtimmung zu dem Vorſchlage des Staatskanzlers in folgendem, für denſelben höchſt ſchmeichelhaftem Billete vom 1. Mai zu er= kennen: „le peux de mots que vous avés dite à S. M., m'onts effrayés et „touchés; elle les a meritée depuis un temps. mon seul mouvement étoit de „vous acrocher et tenir par le pant de l'habit. vous savés trop vous même ce „que c'est qu'un homme pour en faire valoire des millions, pour croire que „l'on puisse, quand on a eu le sort de vous avoire, vous perdre. votre pro- „position pour Cobentzel me paroit sans aucune difficulté, et je ne puis con- „cevoire pourquoi S. M. ne l'a pas tout de suite agréé. comptés sur mon „envie de vous témoigner en toute occassion mon estime, ma reconnoissance „et mon amitié. quelconques moyens que vous desirerés pour votre soulagement, „ne soufriront de ma part aucune difficulté. adieu, mon chere prince, soyés „bien persuadé de la vérité de tout ce que je vous marque".

⁹⁸²) Anonyme Denkſchrift, wahrſcheinlich von einem Polen und aus dem Herbſte 1780 herrührend. „Autrefois le Baron Binder avoit ce departement; „c'etoit le plus habile politique de l'Autriche et l'oracle du Prince Kaunitz. „Depuis deux ans, il s'est retiré des affaires à cause de sa grande vieillesse,

„mais toujours logé dans la maison du Prince, il en est encore consulté dans „tous les points qui tirent à conséquence."

⁹⁸³) Am 9. Nov. 1779.

⁹⁸⁴) „je vous sais bien bon grée de cette attention; j'en sens tout le „prix qui rejailit sur votre caracterre et facon de penser aussi vis à vis de „moi. je veux ésperer que le mal n'aura des suite, mais a son age, a un „corp usé cela fais plus craindre. vous m'obligerois de me marquer à l'avenir „les suites, et si on peut envoier directement à faire demander de ces „nouvelles."

⁹⁸⁵) Referat des Staatskanzlers vom 23. Mai 1779.

⁹⁸⁶) Thuguts Bericht vom 6. Juni 1779.

⁹⁸⁷) Referat vom 9. Mai.

⁹⁸⁸) Referat vom 4. Juni.

⁹⁸⁹) Auf den Vorschlag des Staatskanzlers (10. Juni), Herbert gleich seinen Vorgängern 10.000 Gulben als Ausstattung, 8000 Gulben als Gehalt und 4000 Gulben als Personalzulage zu Theil werden zu laffen, entgegnete Maria Therefia: „placet; bie einzige zulag ad personam von 4000 fl. wäre nicht zu „einen ordinaire gehalt zu machen, indeme biser poften noch alzeit alf einer der „vortheilhaffteften, wo jeber fich fein glück gemacht, angefehen worben, mithin in „bifen jetzigen umbftänben zu erfparen".

⁹⁹⁰) Referat vom 30. Juni.

⁹⁹¹) Foscarini. 12. Juni. „Avendo il Barone di Thugut ottenuta l'im-„plorata permissione del Ministero d'Internuncio in Costantinopoli, da lui „per molti anni sostenuto con pienissima sodisfazione di questi Sovrani, fù in „suo luogo destinato con lo stesso carattere il Sig. di Herbert, Consigliere di „Corte nel Dipartimento degli affari forestieri. La scelta di questo soggetto, „che viene qualificato fornito di molti talenti, è attribuita in gran parte alli „buoni uffizj del ... Cobenzl, essendo egli stato appresso di lui al congresso „di Teschen, ove si è meritato il pienissimo suo contentamento."

⁹⁹²) Thugut an Kaunitz. 9. Sept. Beilage bes Referates vom 13. Sept. 1779.

⁹⁹³) Referat vom 7. Dez. 1779. Maria Therefia entgegnete hierauf: „thugutt finbet Kayfer May. nützlich in warfchau zum lanbtag mit bem gehalt „wie alle Königl. ministre, unb feine pension ich ihme noch a parte resolvire".

⁹⁹⁴) „je vous fais mon compl. pour la satisfaction que vous recevez de „votre fils. je la partage comme souvraine et comme amie."

⁹⁹⁵) Referat vom 16. Juli. „l'Emp. est d'accord avec moi qui ne depend „que de vous, de faire venir votre fils pour votre satisfaction et à nous con-„server un bon sujet. mais je dois vous faire souvenir que le secretaire de „legation at depuis long tems la permition de revenir; il n'est resté que pour „votre fils; il est juste qu'il jouisse aussi de sa permition. il faut donc voir „qui envoier, car cette cour ne peut rester seule en attendant qu'on nomme „un autre ministre, ou le nomant meme le successeur de votre fils. revitzgi ne „seroit-il pas l'homme? mais de meme un secretaire metzburg, qui est èn

„danemarck, ne conviendroit-il pas, le voulant sans cela avantager, et me „paroissant avoir de talents?"

⁹⁹⁶) Therefia Johanna, geborne Gräfin von Monte Labate, Befiherin der anfehnlichen Herrfchaft Rapagebl in Mähren, am 17. Jänner 1774 mit Ludwig Cobenzl vermält.

⁹⁹⁷) Bom 16. Auguft 1779.

⁹⁹⁸) Jofeph an Maria Therefia. 24. Sept. 1779. III. 220.

⁹⁹⁹) Bom 24. Mai 1779. Abgedrudt in feiner Correfpondenz mit Maria Therefia. III. 211—215.

¹⁰⁰⁰) Anonyme Denkfchrift. 1780. „Aujourd'hui le conseil de guerre en „Autriche n'est que pour la forme. L'Empereur dirige tout et fait de l'armée „absolument ce qu'il veut. Il est à présumer que ce conseil sera entièrement „aboli après la mort de l'Impératrice."

¹⁰⁰¹) Foscarini. 1. Mai 1779. „S. M. l' Imperatore, sodisfattissimo della „direzione tenuta da questo Maresciallo Lacy in tutto ciò che appartiene alle „cose da lui operate nella passata campagna, e con l' oggetto ancora di „retribuire il lungo suo benemerito servizio di questo illustre Generale, gli „ha fatto tenere un decreto scritto di sua propria mano, con il quale, facendo-„gli li più nobili elogj, gli ha stabilito per tutto il tempo di sua vita lo „stesso annuo stipendio di 24000 fiorini, che gli venivano corrisposti nel solo „caso di guerra."

¹⁰⁰²) Sie befinden fich im Befihe des Freiherrn Ernft von Laudon.

¹⁰⁰³) S. 196.

¹⁰⁰⁴) Jofeph an Maria Therefia. Linz, 3. Nov. 1779. III. 283.

¹⁰⁰⁵) Foscarini. 12. Juni.

¹⁰⁰⁶) Foscarini. 22. Mai.

¹⁰⁰⁷) Anonyme Denkfchrift. „L'artillerie autrichienne, commandée par le „comte Colloredo, est aujourd'hui sur un excellent pied. A juger par la grande „quantité de canons que l'Empereur fait faire tous les mois, et qui monte „jusqu'à vingt pièces de différent calibre, on croiroit que ce Prince y a mis „toute sa confiance."

¹⁰⁰⁸) Foscarini. 17. Juli.

¹⁰⁰⁹) Sehr ausführlich verbreitet fich auch hierüber ein ganz eigenhändiger Brief des Kaifers an Lacy aus Eger vom 4. Oct. 1779.

¹⁰¹⁰) Foscarini. 23. Oct. 1779. „Non può negarsi che non sia riuscito „di moltissimo conforto a quei sudditi la presenza di Cesare dopo le sofferte „calamità loro cagionate dalle ostilità delli Nemici. Giacchè S. M. ordinò che tutte „le contribuzioni che furono ritratte da queste truppe nei Paesi Prussiani, doves-„sero essere ripartimente distribuite a quelli, che più degli altri fossero stati „danneggiati in tale incontro, e siccome trovò la Maestà Sua affatto privi di ogni „genere di sussistenza li sudditi della Moravia e della Boemia, non rimanendo in „loro potere che alcune telerie da essi travagliate, ed atte solo all' uso de' soldati,

„così per ristorarli vieppiù nella loro indigenza, ordinò l' acquisto di tal genere
„per ordine suo proprio, ascendente al valore di 400.000 fiorini, raccogliendolo
„a picciole partite da quelli che lo possiedono, con un prezzo assai loro van-
„taggioso.“

1011) Joseph an Maria Theresia. Prag, 21. Nov.

1012) Langlois an den Kaiser. Linz, 3. und 8. Sept. 1779.

1013) Joseph an Maria Theresia. Gmunden, 27. Oct. III. 226—228.

1014) Joseph an Maria Theresia. Schärding, 31. Oct. III. 228. 229.

1015) Pillwein. Der Innkreis. I. S. 267.

1016) Schreiben vom 31. Oct. III. 229.

1017) Joseph an Maria Theresia. Linz, 3. Nov. III. 230—233.

1018) Handbillet des Kaisers an Thürheim. Schärdenberg, 1. Nov.

1019) Journal der Reyse Anno 1779.

1020) Bericht aus Wien vom 28. Dez. 1779 bei Raumer. III. 339. 340.

1021) Breteuil an Vergennes. 20. Aug. 1780. „Quand je me représente
„la haine, la jalousie particulière que cette Princesse m'a souvent montrée
„contre l'Impératrice Reine, quand je rassemble ce que M. le Prince Repnin
„m'a dit de la durée, de l'accroissement de ce sentiment . . . .

1022) Bericht vom 28. Nov. 1779 bei Raumer. III. 343. 344.

1023) Sir James Harris to Morton Eden. St. Petersburg, 25. Febr./7. März
1780. Malmesbury. Diaries. I. 285.

1024) Der Inhalt der in russischer Sprache abgefaßten Depesche Galitzins
an die Kaiserin Katharina vom 2. Febr./22. Jänner wurde mir durch Vermittlung des Herrn Professors F. Martens aus dem kais. russischen Staatsarchive
zu Moskau gefälligst mitgetheilt. Die Antwort der Kaiserin an Galitzin vom
15./4. Februar lautet: „La réponse que vous avés faite à l'Empereur, quand
„Il vous a communiqué Son intention d'avoir une entrevue avec moi pendant
„mon voyage par quelques unes des Provinces de l'Empire de Russie, je la
„trouve parfaitement conforme à mes sentimens. Vous ne manquerés point, en
„rendant compte à S. M. du retour de votre courrier, de Lui témoigner, à
„quel point j'ai été sensible à une proposition qui ne me laisse aucun doute
„sur Son amitié pour moi, et combien je désire de profiter de cette occasion
„pour faire Sa connaissance personnelle, et pour être plus à portée de rendre
„justice aux qualités éminentes qui Lui assignent un rang si distingué parmi
„les Souverains de ce siècle.“

    „C'est sans ancune réserve que vous ferés connoitre à l'Empereur, que
„mon voyage sera dirigé par les villes de Pskow et Polocz à Mohilew, et
„que de là je retournerai dans ma résidence, par Smolensk et par Nowgorod.
„J'aurois beaucoup souhaité, pour abréger le chemin à S. M, de m'approcher
„davantage des villes qui sont moins éloignées des frontières de la Gallicie
„et de la Lodomérie, si mes affaires n'y mettoient obstacle, et c'est ainsi que
„la ville de Mohilew seroit l'endroit le plus propre pour me procurer le

„plaisir de recevoir l'Empereur. Mon départ d'ici aura lieu 10./21 de Mai „et mon arrivée à Mohilew le 27. Mai/7. Juin."

¹⁰²⁵) „Mon chere Marechall. voici la reponse que le prince de Gallitzin „vient de me faire parvenir sur le desir que j'avois temoigné de savoire, si „l'Imperatrice viendroit s'aprocher des confins de la Gallicie. lisés-la, et je vous „prie de me la renvoyer ensuite; nous en parlerons ensemble, et je ne puis „cacher etre curieux de faire cette conaissance. pouraye remuer par là la „bile du chere Frederic pour le faire crever. adieu."

„ce 29 fevrier 1780."

¹⁰²⁶) Ich kann die Beweisstücke nicht finden, auf deren Grundlage Ranke (Die deutschen Mächte und der Fürstenbund. I. 130) erzählt, Kaunitz habe im Namen der Kaiserin dem Fürsten Galitzin den ersten Antrag zur Reise Josephs nach Rußland gemacht. Durch die österreichischen Verhandlungsacten wird das Gegentheil bis zur Evidenz bewiesen.

¹⁰²⁷) Kaunitz an den Kaiser. Ganz eigenhändig. 29. Febr. 1780. „Le „Prince Gallitzin ayant persisté a exiger que je me chargea de faire passer „à V. M. I. une lettre qu'il venoit de recevoire, malgré toutes les raisons „que j'ai pu lui dire pour l'engager à m'en dispenser, comme il m'a paru qu'il „en avoit d'importantes, vis-à-vis de lui, pour en user ainsi, et que, quant à „moi, il étoit tout aussi indifférent, que je scû ou que j'ignorat la chose „dont il s'agissoit, j'ai cru ne pas devoir m'obstiner, et c'est en conséquence „que j'ai l'honneur de joindre icy la copie qui m'a été confiée. J'attendrai „les ordres de V. M. sur ce qu'Elle trouvera bon de faire répondre au „Ministre Russe, ou par mon canal, ainsi qu'il le voudroit, ou autrement et „ainsi qu'il lui plaira. Si Elle m'ordonne de venir prendre Ses ordres, je „pourai avoir l'honneur de lui rendre compte de quelques autres petites „particularités que Gallitzin m'a dites de bouche . . . . ."

¹⁰²⁸) Joseph an Kaunitz. Ganz eigenhändig. „Je suis charmé, mon prince, „que cette occassion vous ait informé d'une chose, dont il y a longtemps que „je voulois vous parler, mais vous voyant si rarement, j'avoue que je l'ai „oublié dans les peux de momens que nous avons causés ensemble. or donc „je viendrai demain, mon prince, dans la matinée vous en parler, et pour „concerter ensemble la reponse que je vous prierai ensuite de faire au prince de „Galitzin, qui ne peut etre que tres simple, en acceptant la proposition, Sa „Majesté en ayant été informé, et avant que j'en fis naitre la question, et „actuelement de la reponse. un voyage que je comptais sans cella faire en „Gallicie, donera a la chose le naturelle possible. adieu mon prince, soyés „persuadé de toute mon estime.　　　　　　　　　　　　Joseph Corr."

¹⁰²⁹) Maria Theresia an Mercy. 3. März 1780. III. 404. 405.

¹⁰³⁰) Maria Theresia an Mercy. 30. Juni 1780. III. 443.

¹⁰³¹) Foscarini. 8. April 1780 . . . „Questa Imperatrice Regina a fronte „della di lei apparente dissimulazione non vede di buon occhio un tal passo, „e sò che il Sig. Principe di Caunitz si adoperò presso la Sovrana, onde ella „seconda di buona voglia l'immaginato divisamento del figlio."

[1032]) Maria Theresia an Mercy. 2. April. III. 417.

[1033]) Chiffrirte Depesche des Grafen Cobenzl aus St. Petersburg. 10. April. Vergl. auch die Depesche von Sir James Harris an Lord Stormont vom 18. April. Malmesbury. Diaries. I. 296.

[1034]) Zweiter chiffrirter Bericht Cobenzls vom 10. April.

[1035]) Laut einer von Kaunitz selbst herrührenden Vermerkung trafen Cobenzls Berichte vom 10. April am 24. April in Wien ein. Die von Kaunitz dictirten Réflexions sur l'Entrevue prochaine de S. M. l'Empereur avec l'Impératrice de Russie, welche auch Ranke (I. 133—135) benützte, sind vom 23. April datirt.

[1036]) „ce tissu de noirceurs, mis en œuvre par main de maître . . .“

[1037]) Réflexions . . . „S'il s'en présente l'occasion, on pourroit avouer „aussi sans difficulté, que l'on est parfaitement instruit de toutes les intrigues „du Roi de Prusse à Constantinople, pour engager la Porte à la quadruple „alliance contre nous, dont sans doute l'Impératrice de Russie doit avoir „connoissance, mais que nous avons une trop haute idée de la sagesse et de „la perspicacité de l'Impératrice, pour avoir jamais pu douter un moment „qu'Elle n'ayt senti dans toute son étendue les vues, la noirceur et en même „tems l'absurdité de ce monstrueux projet, et qu'ainsi, bien loin d'avoir la „moindre inquiétude à cet égard, nous sommes persuadés qu'Elle saura prendre „les mesures nécessaires pour prévenir les suites facheuses que pourroit avoir „pareille menée.“

[1038]) Beytrag zu den französischen Réflexions sur l'Entrevue prochaine de S. M. l'Empereur avec l'Impératrice de Russie. 23. April 1780.

[1039]) Joseph an Cobenzl. 13. April. „9⁰ vous voudrés bien, si le cas s'en „donnoit, faire connoitre, que je serois tres faché de recevoir quelque présent „de la part de S. M. dans quelconque genre, et si néanmoins sa munificence „ne pourroit point rester court même avec moi, je vous assure que les seuls „joyaux qui pourroient me faire plaisir, seroient Schweidnitz, Glatz, Neiss et „Kosel; mais vous sentés bien qu'il faudroit du tems aux Jouilliers pour „les monter.“

[1040]) Joseph an Lacy. Tarnow, 10. Mai.

[1041]) Schon in dem Titel, den der Kaiser seinem Aufsatze gab, spricht sich dieß aus. Er lautet: „Anmerkungen über die so vortrefflich als detaillirt „gefaßten Punkten des Fürsten von Kaunitz, die gar keinem Widerspruch in thesi „unterliegen können, und über die daraus bey der vorfallenden Entrevue mit „der Russischen Kaiserin zu beobachtende Hauptsätze“.

[1042]) „Ungezweifelt hat der König in Preußen seine ganz ängstliche und „kurzsichtige Galle auf seine mit Lügen und Verläumbungen gezierte Art, auch „auf das niedrigste und witzigste allda in dieser Gelegenheit angebracht.“

[1043]) Referat des Staatskanzlers vom 12. Mai.

[1044]) Joseph an Maria Theresia. Lemberg, 19. Mai 1780. III. 244. 245.

¹⁰⁴⁵) Joseph an Kaunitz. Lemberg, 19. Mai. Abgedruckt bei Beer. Joseph II., Leopold II. und Kaunitz. Ihr Briefwechsel. Wien, 1873. S. 14.

¹⁰⁴⁶) Beide Briefe find abgedruckt in Josephs Correspondenz mit seiner Mutter (III. 247) und in der mit Katharina (S. 6 und 7).

¹⁰⁴⁷) Joseph an Maria Theresia. Mohilew, 4. Juni. III. 246–250.

¹⁰⁴⁸) „j'ai fais copier a la hate ma lettre qu'une garde a porté a „9 heures; vous pouvez garder le tout. le comencement est beau, Dieu donne „la fin et le retour heureux. voila un portrait pour galizin pour 24ᵐ fl., si „vous le trouvez convenable. s'il n'en veut, on le reprendra pour la meme „somme."

¹⁰⁴⁹) Mohilew. 8. Juni. III. 250–255.

¹⁰⁵⁰) Joseph an Maria Theresia. Smolensk, 14. Juni. III. 258. 259.

¹⁰⁵¹) Joseph an Maria Theresia. St. Petersburg, 4. Juli. III. 267–273.

¹⁰⁵²) Joseph an Maria Theresia. 8. Juni.

¹⁰⁵³) Joseph an Maria Theresia. St. Petersburg, 28. Juni. III. 263.

¹⁰⁵⁴) Joseph an Maria Theresia. 4. Juli.

¹⁰⁵⁵) Joseph an Maria Theresia. St. Petersburg, 12. Juli. III. 278. 279.

¹⁰⁵⁶) Joseph an Maria Theresia. St. Petersburg, 18. Juli. III. 284–287.

¹⁰⁵⁷) 12. Juli.

¹⁰⁵⁸) 16. Aug. „dans lés procedez et flateries on at rien laissé a desirer; „il faut voir le reste."

¹⁰⁵⁹) Sie sind abgedruckt in dem Briefwechsel Josephs mit Katharina. S. 8–24.

¹⁰⁶⁰) Joseph an Cobenzl. Riga, 25. Juli. Eigenhändig. „vous pourrés „m'écrire parfois, quand vous n'aurés rien de mieux à faire, en vous servant „du nouveau chifre. l'adresse pourra etre au Lieutenant Collonell Weber de „Felsenblühe à Vienne, sous l'envelope de votre banquier Brentano. en „observant de près ces Messieurs et même les Souverains de Russie dans „cette occassion, vous pourrés former un jugement et m'éclairer, si toutes „leurs paroles et demonstrations n'onts étés que des faussetés, on si elles „sonts reelles et que je reste gravé dans leur opinion."

¹⁰⁶¹) Cobenzl an den Kaiser. 4. Aug. 1780. Seine Angaben werden auch durch die Depeschen des Sir James Harris vollkommen bestätigt. Malmesbury. Diaries. I.

¹⁰⁶²) Cobenzl an den Kaiser. 29. Sept., 3. und 13. Oct. 1780.

¹⁰⁶³) Sir James Harris an Sir Robert Keith. 29. Nov. 1780. Malmesbury. Diaries. I. 343.

¹⁰⁶⁴) Maria Theresia an Marie Antoinette. 31. Aug. S. 342.

¹⁰⁶⁵) 22. Aug. 1780.

¹⁰⁶⁶) VII. 481.

¹⁰⁶⁷) VII. 490. 574. (Anm. 721.)

¹⁰⁶⁸) Joseph an Maria Theresia. Turnau, 5. Mai 1778. II. 240.

¹⁰⁶⁹) Maria Theresia an Joseph. 10. Oct. 1778. III. 148.

¹⁰⁷⁰) Joseph an Maria Theresia. Gitschin (wohl vom 12., nicht 10. Oct.) 1778. III. 150.

¹⁰⁷¹) Joseph an Leopold. 8. Nov. 1779. III. 234.

¹⁰⁷²) Maria Theresia an Mercy. 1. Nov. 1779. III. 364. 365.

¹⁰⁷³) VII. 476. 477.

¹⁰⁷⁴) Referat vom 30. Nov. 1769.

¹⁰⁷⁵) Referat vom 6. Jänner 1770.

¹⁰⁷⁶) Referat des Staatskanzlers vom 28. März 1771.

¹⁰⁷⁷) Referat des Staatskanzlers vom 30. Dez. 1773.

¹⁰⁷⁸) Referat des Staatskanzlers vom 20. Juni 1775.

¹⁰⁷⁹) Daß der Großherzog von Toscana hiebei seinen Sohn Karl im Auge hatte, läßt sich mit Bestimmtheit aus der Stelle des Briefes der Kaiserin an Mercy (III. 365) vom 1. Nov. 1779 schließen: „le bas âge, de huit ans, „du petit-fils ne convient pas". Erzherzog Karl aber, am 5. Sept. 1771 geboren, war damals acht Jahre alt, während sein Bruder Ferdinand schon zehn, Alexander Leopold aber erst sieben Jahre zählte.

¹⁰⁸⁰) Referat des Staatskanzlers vom 20. Sept. 1779.

¹⁰⁸¹) Maria Theresia an Mercy. 1. Nov. III. 365.

¹⁰⁸²) Referat des Staatskanzlers vom 28. Oct. 1779.

¹⁰⁸³) Schon auf das Referat des Staatskanzlers vom 12. Juli 1774, in welchem von dem Wunsche der Kaiserin die Rede war, daß Leykam nicht aus der Reichskanzlei nach Mainz gezogen werde, schrieb Maria Theresia die folgenden Worte: „von meiner seithe mache mir eine ehre und freüd, disen würdigen man „in allen gelegenheiten meine danckbahrkeit erkennen zu geben. was es seye, „indeme weder von Kayser noch Coloredo mir sein nahm genant worden, und „ich, ihme nutz zu sein, sehr vorsichtig handeln mus".

¹⁰⁸⁴) Joseph an Leopold. 14. Nov. 1779. III. 236.

¹⁰⁸⁵) Liegt bei dem Referate des Reichsvicekanzlers vom 3. Nov. Auch in ihrem schon mehrfach citirten Briefe an Mercy vom 1. Nov. (III. 365) spricht Maria Theresia in dem gleichen Sinne sich aus.

¹⁰⁸⁶) Joseph an Leopold. 14. Nov. III. 236.

¹⁰⁸⁷) Referat Colloredo's vom 18. Nov. 1779.

¹⁰⁸⁸) Referat des Staatskanzlers vom 28. Nov. 1779.

¹⁰⁸⁹) Leopold an Maria Theresia und an Joseph. 3. Dez. 1779.

¹⁰⁹⁰) Die eigenhändige Resolution der Kaiserin auf das Referat des Staatskanzlers vom 22. Jänner 1780 lautet: „nach gestriger meinung, die er von uns „vernohmen, kombt es ab von disen beeden schreiben. doch die sach nicht abzu „brechen, von Zeit und umbständen, die sich leicht ändern können, profitirn zu „können".

1091) Maria Theresia an Mercy. 31. Jänner 1780. III. 395.

1092) Referat des Staatskanzlers vom 31. Jänner 1780.

1093) Ennen. Geschichte von Stadt und Churstaat Köln. 1856. II. 403.

1094) Colloredo's Referat vom 22. März 1780.

1095) Antwort an Brabeck. 31. März 1780.

1096) Die Geschichte mit dem Prinzen Joseph von Hohenlohe-Bartenstein, welche der in diesen Dingen keineswegs verläßliche Dohm (I. 312) zuerst auftischt und Ennen II. 404 gläubig nacherzählt, ist durch gar nichts bewiesen und trägt den Stempel der Unwahrscheinlichkeit an sich. Nach Metternichs Berichten that Belderbusch dem Prinzen Hohenlohe gegenüber nichts, als daß er ihn von dem aus eigenem Antriebe gefaßten Gedanken nicht abhielt, den Kurfürsten um dessen Protection zu seiner Erwählung zum Coadjutor zu bitten. Denn Belderbusch wünschte, der Kurfürst möge auch von anderer Seite her darauf aufmerksam gemacht werden, daß die Wahl eines Coadjutors sich kaum mehr länger umgehen lasse. (Metternich an Kaunitz. Mainz, 17. April 1780).

1097) Referat des Staatskanzlers vom 6. April 1780.

1098) Die Resolution der Kaiserin ist nicht mehr im Original, sondern nur noch in Abschrift vorhanden, weßhalb ihre eigenthümliche Orthographie nicht beibehalten werden konnte. Wie ungern sie aber den Wunsch des Fürsten Kaunitz erfüllte, geht auch daraus hervor, daß sie dessen ohnehin nicht langen Entwurf ihres Briefes an den Kurfürsten nicht nur weit mehr änderte, als sie selbst zugab, sondern ihn auch noch wesentlich kürzte. Die wenigen Zeilen, die sie dem Kurfürsten wirklich schrieb, lauteten folgendermaßen: „Monsieur mon Cousin! Quarante années d'un règne pénible, soixante et trois ans et plusieurs couches „m'ont affoibli, qu'il me coûte d'écrire longuement de ma main. La lettre „que je joins ici, est d'une main affidée et sûre, dont je me servirai même „à l'avenir, et de vouloir être persuadée de mes sentimens le plus sincères . . ." Wer diese wenigen Worte mit den langen Briefen vergleicht, welche Maria Theresia gleichzeitig und noch später nach verschiedenen Richtungen hin schrieb, wird leicht erkennen, daß sie dem Kurfürsten nicht mehr schreiben wollte, während sie es doch sehr gut gekonnt hätte.

1099) Maria Theresia an den Kurfürsten von Köln. 7. April 1780.

1100) Der Kurfürst von Köln an Maria Theresia. 19. April.

1101) Auf Colloredo's Referat vom 7. Mai 1780.

1102) Kaunitz an Joseph. 13. Mai.

1103) Referat des Staatskanzlers vom 24. Mai.

1104) „on ne sauroit etre plus touchée que je suis de la promptitude „avec laquelle vous traitez l'etablissement de mon fils. je metterois la lettre „dans la mienne à l'Emp., et vous devrois encore la reussite de cette affaire „delicate et interessante."

1105) Referat des Staatskanzlers vom 24. Mai.

^{1106}) Auf das Referat des Staatskanzlers vom 30. Mai 1780. „la prompte „reuissite passe mon atente et doit vous satisfaire."

^{1107}) Belderbusch an Metternich. Eigenhändig. Bonn, 29. Mai 1780. „wenn diesem aber also wäre, so setze er von seinem König befehliget zu sagen, „daß er dieses niemahlen zugeben, auch Mittel finden würde, solches zu hinderen."

^{1108}) Dohm. Denkwürdigkeiten. I. 314—317.

^{1109}) Dohm. I. 337. Doch kann sein Zeugniß nur in Bezug auf die Maß-regeln Preußens Anspruch auf volle Glaubwürdigkeit erheben. In Vielem, was Oesterreich betrifft, ist er feindselig und unzuverläßig, letzteres sogar hinsichtlich der von ihm behaupteten Thatsachen. So läßt er den Grafen Metternich erst am 24. Juni in Münster erscheinen, um dort um die Stimmen der Domherren für Oesterreich zu werben, während er schon seit dem 25. Mai daselbst anwesend war. Auch das, was Dohm von Bestechungen sagt, deren sich Oesterreich bedient habe, ist durch gar nichts bewiesen. Metternich berichtet vielmehr ausdrücklich am 13. Juni 1780 aus Münster an Kaunitz: „So viel kann ich gehorsamst versichern, „daß die so beträchtliche Stimmenanzahl ohne die geringsten Geldverheißungen „beygebracht worden ist, welches ich zur Ehre des hiesigen Kapitels um so mehr „anzurühmen mich schuldig erachte, als ein solch edler Betrag in den Westphälischen „Stiftern ganz unbekannt gewesen ist".

^{1110}) Referat des Staatskanzlers vom 23. Juni.

^{1111}) Referat des Staatskanzlers vom 4. Juli.

^{1112}) Prinz Joseph Hohenlohe an den Erzherzog Maximilian. Köln, 22. Juni. „Je m'empresse à Vous réitérer, Monseigneur, l'offre que j'ai déjà faite à „S. M. l'Impératrice de ma voix, et l'assurance que j'ai désisté de toute „prétention. Mes confrères auront le même désir de concourir au succès de „V. A. R., et Elle voudra bien recevoir mon respectueux compliment d'avance."

^{1113}) Auf das Referat des Staatskanzlers vom 29. Juli schrieb Maria Theresia: „der nuntius ist ertag umb 9 uhr in die burg zu bestellen, wo mein „sohne alf dem ersten die weyhe nehmen wird."

^{1114}) Metternichs Berichte aus Münster vom 12. und 16. Aug. 1780. Dohm. I. 366—372.

^{1115}) Maria Theresia an Marie Antoinette. 31. Aug. S. 342.

^{1116}) Referat des Staatskanzlers vom 8. Sept.

^{1117}) Referat des Staatskanzlers vom 8. Oct. 1780.

^{1118}) Maria Theresia an Marie Antoinette. 31. Aug.

^{1119}) Maria Theresia an Marie Antoinette. 3. Nov. 1780.

^{1120}) VII. 269—286.

^{1121}) Mit Referat vom 16. Oct. 1780.

^{1122}) Joseph an Cobenzl. 25. Oct.

^{1123}) Kaunitz an Cobenzl. 18. Oct. 1780. In Chiffern.

¹¹²⁴) Breteuil an Bergennes. 17. April 1778. Mir von Dr. Fournier mitgetheilt.

¹¹²⁵) Maria Theresia an Mercy. 4. Aug. 1779. III. 338.

¹¹²⁶) Maria Theresia an Mercy. 31. Juli 1779. III. 335.

¹¹²⁷) Mit Referat vom 19. Juni 1780.

¹¹²⁸) Maria Theresia an Marie Antoinette. 30. Juni. S. 334.

¹¹²⁹) Marie Antoinette an Maria Theresia. 13. Juli 1780. S. 336.

¹¹³⁰) Maria Theresia an Marie Antoinette. 2. Aug. S. 339.

¹¹³¹) Joseph an Maria Theresia. Prag, 13. Oct. 1780. III. 314.

¹¹³²) Joseph an Leopold. 14. Nov. 1780. III. 322.

¹¹³³) Maria Theresia an Mercy. 3. Nov. III. 484.

¹¹³⁴) Maria Theresia an Marie Antoinette. 3. Nov. S. 348.

¹¹³⁵) Maria Theresia an Marie Antoinette. 30. Juni 1780. S. 333.

¹¹³⁶) X. 233.

¹¹³⁷) Maria Theresia an Mercy. 3. Nov. III. 485.

¹¹³⁸) Das Kloster der Elisabethinerinnen zu Klagenfurt besitzt eine sehr ausführliche, von seiner ehemaligen Aebtissin, der Erzherzogin Marianne verfaßte Darstellung der letzten Lebenstage und des Endes der Kaiserin Maria Theresia. Die wortgetreue Abschrift dieses Aufsatzes, die ich der Güte des hochwürdigsten Herrn Fürstbischofs Dr. Wiery verdanke, umfaßt fünf und zwanzig Quartseiten. Meiner eigenen Schilderung dieser Ereignisse liegt hauptsächlich die der Erzherzogin zu Grunde.

¹¹³⁹) Maria Theresia an Marie Antoinette. 3. Nov. S. 349.

¹¹⁴⁰) Wiener Zeitung vom 11. Nov. 1780.

¹¹⁴¹) Foscarini. 25. Nov. „il chè fù anche effettuato, abbenchè questo „Sig. Sterck, primo medico di Corte, non fosse assai persuaso."

¹¹⁴²) Memoiren des Prinzen Albert. „L'Empereur qui vint bientôt après „chés nous, se recria beaucoup sur le bruit que faisoit, disoit-il, ce Medecin „de la Maladie de la Souveraine . . . Il eut même la-dessus une prise assós „forte avec lui, et dans laquelle il lui fit le reproche de vouloir grossir le „mal, pour se faire ensuite d'autant plus d'honneur de la guérison."

¹¹⁴³) An Leopold. III. 323.

¹¹⁴⁴) An Leopold. 23. Nov. III. 322.

¹¹⁴⁵) „mes plus que tendres et pretieux enfants. je suis désolée du „courier qui vous at été envoyée hier, sentant l'impression qu'il vous aura „faite, conoissant l'etendue de vostre attachement pour moi. jugez de mes „inquietudes; vous est chretien et vertueux, ce qui me console, et vous trouvez „toujours votre bonheur en vous-même. Dieu vous conserve; je vous donne „a tout deux et a vos 10 chers enfants ma benediction. **Marie Therese."**
Das Facsimile am Schlusse dieses Bandes.

1146) Joseph an Leopold. 27. Nov. III. 324.

1147) Memoiren des Prinzen Albert. „Ce fut après cette triste fonction „que, rassemblant autour d'elle ses enfants, elle les recommanda a l'Empereur, „auquel elle tint en cette occasion un discours si touchant, que les larmes „lui tombèrent tout d'un coup des yeux comme un torrent, et que je n'ai „jamais vu un homme plus emu qu'il ne l'etoit en ce moment-là.“

1148) Zahlmeister Mayer schrieb auf das von der Kaiserin erhaltene Billet: „accepi den 28. Nov. 1780 Nachmittag um 5 Uhr“.

1149) Dieses Billet des Kaisers an Kaunitz vom 28. Nov. ist abgedruckt in dem von Beer veröffentlichten Briefwechsel der Kaiser Joseph und Leopold mit Kaunitz. S. 20.

1150) Memoiren des Prinzen Albert.

1151) Abgedruckt bei Beer. S. 20.

1152) Memoiren des Prinzen Albert. „La nouvelle qui s'en repandit dans „ceux-là (les Etats qui composoient la Monarchie Autrichienne), y jetta la „plus grande consternation et tristesse. Elle fut des plus vives surtout chés „tous les gens de la cour et de la ville de Vienne, qui avoient été à même „de la connoitre de près, et d'aprécier ses grandes qualités et ses vertus. „Mais ce qui prouve combien des petites choses peuvent influer sur les sen- „timens de la populace, c'est que celle de la capitale, d'ailleurs si bonne et „si attachée à ses Maîtres, ne témoigna pas en cette occasion celle qu'on „devoit s'en attendre, un impot qui avoit été mis peu avant sur la boisson, „l'ayant indisposée au point, que beaucoup d'individus de celle-là assistèrent „même avec une indifférence tout-à-fait scandaleuse à son convoy funèbre.“

1153) Sir Robert Keith an Lord Stormont. 2. Dez. 1780. Bei Coxe. IV. 562.

1154) Kraft seines Testamentes vom 10. Mai 1621.

1155) Originalurkunde auf Pergament, von der Kaiserin eigenhändig unter-zeichnet. Auf dem Umschlage sind die von der Kaiserin gleichfalls eigenhändig niedergeschriebenen Worte zu lesen: „in disen verschlossenen paquet ist mein letzter „wille enthalten, welchen ich den 3ten april 1754 ausgefertiget habe“.

„Maria Theresia.“

1156) Testament vom 15. Jänner 1764. Von der Kaiserin eigenhändig unterzeichnet und datirt. In der Mitte durchschnitten.

Alphabetisches Namen-Register.